economia
INTERNACIONAL

Para Robin – P. K.
Para a minha família – M. O.
Para Clair, Benjamin e Max – M. M.

K94e   Krugman, Paul R.
          Economia internacional : teoria e política / Paul R. Krugman,
       Maurice Obstfeld, Marc J. Melitz ; tradução: Francisco Araújo
       da Costa ; revisão técnica: Rogério Mori. – 12. ed. – [São Paulo] :
       Pearson ; Porto Alegre : Bookman, 2023.
          xxvi, 790 p. : il. ; 28 cm.

          ISBN 978-85-8260-610-0

          1. Economia. I. Obstfeld, Maurice. II. Melitz, Marc J.
       II. Título.

                                                         CDU 339.9

Catalogação na publicação: Karin Lorien Menoncin – CRB 10/2147

Paul R. KRUGMAN
Graduate Center of the City University of New York

Maurice OBSTFELD
University of California, Berkeley

Marc J. MELITZ
Harvard University

economia
INTERNACIONAL
TEORIA E POLÍTICA

12ª EDIÇÃO

Tradução
Francisco Araújo da Costa

Revisão técnica
Rogério Mori
Professor da Escola de Economia de São Paulo da Fundação Getúlio Vargas (FGV/EESP).
Coordenador acadêmico dos cursos de pós-graduação *Lato Sensu* e de Educação Continuada da FGV/EESP.

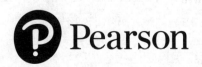

Porto Alegre
2023

Obra originalmente publicada sob o título *International economics: theory and policy*, 12th edition

ISBN 9780135766859

Authorized translation from the English language edition entitled *International economics: theory and policy*, 12th edition, by Paul R. Krugman; Maurice Obstfeld; and Marc J. Melitz, published by Pearson Education, Inc., publishing as Pearson, Copyright©2022.

All rights reserved.

No part of this book may be reproduced or transmitted in any form or by any means, electronic, or mechanical, including photocopying, recording, or by any storage retrieval system, without permission from Pearson Education, Inc. Portuguese language translation copyright ©2023, by Grupo A Educação S.A., publishing as Bookman.

Tradução autorizada a partir do original em língua inglesa da obra intitulada *International economics: theory and policy*, 12ª edição, autoria de Paul R. Krugman; Maurice Obstfeld e Marc J. Melitz, publicado por Pearson Education, Inc., sob o selo Pearson, Copyright © 2023.

Todos os direitos reservados.

Este livro não poderá ser reproduzido nem em parte, nem na íntegra, armazenado em qualquer meio, seja mecânico ou eletrônico, inclusive fotorreprogramação, sem permissão da Pearson Education, Inc. A edição em língua portuguesa desta obra é publicada por Grupo A Educação S.A., selo Bookman, Copyright © 2023.

Gerente editorial: *Letícia Bispo de Lima*

Colaboraram nesta edição:

Consultora editorial: *Arysinha Jacques Affonso*

Editora responsável: *Simone de Fraga*

Leitura final: *Mirela Favaretto*

Capa (arte sobre capa original): *Márcio Monticelli*

Editoração: *Clic Editoração Eletrônica Ltda.*

Reservados todos os direitos de publicação, em língua portuguesa, à
GRUPO A EDUCAÇÃO S.A.
(Bookman é um selo editorial do GRUPO A EDUCAÇÃO S.A.)
Rua Ernesto Alves, 150 – Bairro Floresta
90220-190 – Porto Alegre – RS
Fone: (51) 3027-7000

SAC 0800 703 3444 – www.grupoa.com.br

É proibida a duplicação ou reprodução deste volume, no todo ou em parte, sob quaisquer formas ou por quaisquer meios (eletrônico, mecânico, gravação, fotocópia, distribuição na Web e outros), sem permissão expressa da Editora.

IMPRESSO NO BRASIL
PRINTED IN BRAZIL

Prefácio

Não há exemplo melhor de como o movimento de pessoas, os fluxos de dados e o comércio conectam nosso mundo interdependente do que a pandemia da covid-19. Como patógenos não respeitam fronteiras nacionais, o vírus Sars-CoV-2 causou um choque econômico global e uma recessão mundial e forçou os governos a correrem atrás de políticas capazes de impedir a disseminação da doença ao mesmo tempo em que apoiavam as suas economias. Quando este livro foi ao prelo, a crise ainda não havia acabado, mas a chegada de várias vacinas eficazes dava esperança de que haveria um caminho de volta à normalidade. A experiência recente da pandemia oferece muitas lições, mas uma delas é a importância de uma perspectiva internacional para a análise de eventos economicamente significativos em nível mundial e as respostas nacionais. O propósito deste livro é preparar os estudantes com ferramentas intelectuais para entender as consequências econômicas da interdependência global.

Novidades desta 12ª edição

O conteúdo foi completamente atualizado e vários capítulos foram extensivamente revisados. Essas revisões respondem às sugestões dos usuários e de alguns desenvolvimentos importantes do lado teórico e prático da economia internacional. As mudanças mais significativas são as seguintes:

- **Capítulo 2, Comércio mundial: uma visão geral** O mundo atingiu um alto grau de interdependência econômica às vésperas da Primeira Guerra Mundial, mais de um século atrás, mas os governos se esconderam atrás de barreiras comerciais em meio à Grande Depressão do período entreguerras. Uma nova tendência à abertura econômica, a "segunda grande globalização", teve início após a Segunda Guerra Mundial. Este capítulo utiliza novos dados para apresentar um quadro das tendências de longo prazo na globalização, destacando como o mundo atingiu níveis historicamente sem precedentes de interconexão econômica após 1990.

- **Capítulo 4, Fatores específicos e distribuição de renda** A imprensa e os políticos gostam de apontar a concorrência de importações dos países em desenvolvimento, especialmente da China, como principais culpados para o declínio do emprego industrial nos Estados Unidos. Este capítulo atualiza o nosso estudo de caso sobre as possíveis relações entre as duas tendências. Ele também atualiza a nossa análise sobre a política das restrições ao comércio de açúcar. Um novo quadro apresenta a nossa cobertura sobre as políticas comerciais restritivas do governo Trump nos Estados Unidos a partir de 2017.

- **Capítulo 6, Modelo padrão de comércio** O capítulo inclui um novo estudo de caso sobre os ganhos obtidos pelos consumidores americanos com as importações chinesas. Um novo quadro trabalha o impacto dos choques dos termos de troca nos países em desenvolvimento e, em especial, a experiência durante a pandemia da covid-19.

- **Capítulo 7, Economias externas de escala e localização internacional da produção** O capítulo revisado apresenta uma nova ênfase nos centros financeiros (especialmente Nova York e Londres), além de uma discussão sobre os impactos da Brexit e da covid-19.

- **Capítulo 8, Empresas na economia global: decisões de exportação e abastecimento no estrangeiro e as empresas multinacionais** Cada vez mais, os bens que consumimos são produzidos em "cadeias de valor globais" que se estendem por todo o mundo. O capítulo apresenta um modelo de comércio ao nível da empresa que descreve como as organizações tomam decisões sobre abastecimento global. Um quadro empírico relacionado detalha as decisões sobre abastecimento no estrangeiro de empresas industriais

vi Prefácio

americanas. Um quadro atualizado discute ações *antidumping* recentes do governo americano relativas a pneus e máquinas de lavar roupa.

- **Capítulo 9, Os instrumentos da política de comércio** Nos últimos anos, a política comercial recebeu uma atenção descabida na cobertura sobre o ciclo crescente de restrições comerciais americanas e retaliações dos seus parceiros comerciais durante o governo Trump. Um novo estudo de caso detalha a evolução dessa guerra comercial e quantifica o seu impacto nos consumidores e produtores americanos. Um novo quadro descreve como a disputa de longa data entre os Estados Unidos e a Europa devido aos subsídios à exportação para a Boeing e para a Airbus foi finalmente resolvida. O capítulo também apresenta uma discussão atualizada sobre o Acordo Estados Unidos-México-Canadá (USMCA), que substituiu o Nafta, com foco nas consequências para as cadeias de suprimentos automobilísticas da América do Norte.

- **Capítulo 10, A economia política da política de comércio** Nos últimos anos, a expansão do livre comércio sofreu alguns reveses significativos. Um campo de batalha crítico do conflito comercial que provavelmente continuará ativo nos próximos anos é a relação das economias de livre mercado com a China. Para acompanhar esses fatos, o capítulo agora inclui um foco adicional nas tensões comerciais entre EUA e China.

- **Capítulo 12, Controvérsias na política comercial** Em resposta às tensões políticas relacionadas à maneira como as mudanças tecnológicas afetam os padrões de comércio, o desenvolvimento regional dentro dos países e as perspectivas de emprego entre grupos de mão de obra com diferentes níveis de capacitação, surgiu um novo foco nas perspectivas para políticas industriais nos Estados Unidos e na Europa. Este capítulo atualiza a nossa discussão anterior sobre política industrial, concentrando-se em produtos de P&D intensivo, sobre os quais a maior parte do debate atual está centrada.

- **Capítulo 13, Contabilidade de renda nacional e a balança de pagamentos** Uma tendência recente importante é o movimento de propriedade intelectual e outros ativos de capital intangíveis através das fronteiras para fins de minimizar as cargas tributárias corporativas. O capítulo inclui um novo quadro que descreve como o regime fiscal acomodatício da Irlanda levou a anomalias nos dados do PIB do país. A descrição da transferência de lucros internacional interessará os estudantes por si só, mas o exemplo irlandês também demonstra as limitações do PIB como medida do bem-estar ou da atividade econômica nacional.

- **Capítulo 14, Taxas de câmbio e mercado de câmbio: uma abordagem de ativos** Uma regularidade empírica marcante do período que teve início com a crise financeira global de 2008-2009 é a ausência contínua da paridade coberta de juros. O capítulo revisado transfere o material sobre paridade coberta de juros do apêndice para o texto principal, intensifica a ênfase na distinção entre paridade coberta e não coberta de juros e serve de prelúdio para a nova discussão, no Capítulo 20, sobre os motivos por trás dos desvios recentes em relação à paridade coberta de juros.

- **Capítulo 15, Moeda, taxas de juros e taxas de câmbio** Este capítulo agora utiliza a hiperinflação recente na Venezuela como exemplo para destacar a relação de longo prazo entre oferta de moeda e preços.

- **Capítulo 17, Produção e a taxa de câmbio no curto prazo** O capítulo acrescenta material sobre como as cadeias de valor globais influenciam o *pass-through* da taxa de câmbio.

- **Capítulo 19, Sistemas monetários internacionais: uma visão histórica** Estendemos a narrativa histórica para abranger os efeitos da guerra comercial de Trump no comércio internacional e a pandemia da covid-19. Um acréscimo importante é o novo quadro sobre a questão da manipulação cambial, tema que recorre a boa parte do material que os estudantes viram até esse ponto no livro e que provavelmente continuará a ser relevante nos próximos anos.

Prefácio **vii**

- **Capítulo 20, Globalização financeira: crise e oportunidade** Ligamos os desvios contínuos da paridade coberta de juros com mudanças nas regulamentações financeiras e também introduzimos o enigma da desconexão da taxa de câmbio.
- **Capítulo 21, Áreas monetárias ótimas e o euro** O capítulo atualiza a discussão sobre a Brexit para abranger o acordo de comércio parcial de última hora que a UE e o Reino Unido fecharam em dezembro de 2020, além do acordo de retirada anterior e as suas consequências para a fronteira irlandesa. Também inclui cobertura sobre inovações políticas na área do euro em resposta à pandemia da covid-19.
- **Capítulo 22, Países em desenvolvimento: crescimento, crise e reforma** Um novo quadro destaca o papel crítico das condições financeiras globais para estimular o crescimento das economias emergentes: o ciclo financeiro global. Os principais tópicos explorados incluem as motivações para as economias dos mercados emergentes administrarem suas taxas de câmbio e os benefícios da flexibilidade cambial perante forças financeiras globais.

Resolvendo desafios de aprendizagem e ensino

A ideia de escrever este livro saiu de nossa experiência no ensino de economia internacional para estudantes universitários e alunos de negócios desde a década de 1970. Percebemos dois desafios principais no ensino. O primeiro era comunicar aos alunos os avanços intelectuais emocionantes neste campo dinâmico. O segundo era mostrar como o desenvolvimento da teoria econômica internacional tradicionalmente tem sido moldado pela necessidade de entender a economia mundial em mutação e analisar problemas reais de política econômica internacional.

Na nossa experiência, os livros didáticos publicados não atendiam adequadamente a esses desafios. Muitas vezes, os livros didáticos de economia internacional confrontam os alunos com um desconcertante conjunto de modelos especiais e suposições do qual é difícil extrair as lições básicas. Uma vez que muitos desses modelos especiais são ultrapassados, os alunos ficam sem conseguir enxergar a relevância da análise no mundo real. Como resultado, muitos livros geralmente deixam uma lacuna entre o material um pouco antiquado a ser coberto em classe e as questões palpitantes que dominam os debates de política e pesquisa atuais. Essa lacuna aumentou drasticamente conforme crescem a importância dos problemas econômicos internacionais – e as matrículas nos cursos de economia internacional.

Este livro é a nossa tentativa de fornecer um quadro analítico atualizado e compreensível para iluminar os acontecimentos atuais e trazer a emoção da economia internacional para a sala de aula. Na análise de ambos os lados monetários e reais do assunto, nossa abordagem tem sido construir, passo a passo, um quadro simples e unificado para comunicar as grandes ideias tradicionais, bem como os achados e as abordagens mais recentes. Para ajudar o aluno a captar e reter a lógica subjacente à economia internacional, motivamos o desenvolvimento teórico em cada fase por questões políticas e dados pertinentes.

Os alunos assimilam a economia internacional mais prontamente quando ela é apresentada como um método de análise vitalmente ligado aos acontecimentos na economia mundial, em vez de um corpo abstrato de teoremas sobre modelos abstratos. Nosso objetivo tem sido, portanto, salientar conceitos e sua aplicação em vez de ficarmos voltados para o formalismo teórico. Nesse sentido, o livro não pressupõe uma extensa experiência em economia. O livro é acessível para os alunos que tiveram um curso em princípios econômicos, mas também apresenta uma forte oferta de novos materiais para aqueles que cursaram disciplinas adicionais de micro ou macroeconomia. Apêndices especializados e pós-escritos matemáticos foram incluídos para desafiar os alunos mais avançados.

Para um curso de dois semestres, seguimos a prática habitual de dividir o livro em duas metades, dedicadas ao comércio e às questões monetárias. Embora as seções de comércio e política monetária da economia internacional sejam frequentemente tratadas como

viii   Prefácio

disciplinas independentes, mesmo dentro de um único livro, temas e métodos similares são comuns a ambas as subáreas. Fizemos questão de esclarecer as conexões entre os temas comerciais e monetários quando relevante. Ao mesmo tempo, garantimos que as duas metades do livro serão completamente autocontidas. Assim, um curso de um semestre na teoria de comércio pode ser baseado nos Capítulos 2 a 12, e um curso de um semestre sobre economia monetária internacional pode basear-se nos Capítulos 13 a 22.

Nossa visão

Anos após a crise financeira global de 2008-2009, a economia mundial ainda sofre com o crescimento econômico pífio e, para muitas pessoas, com a estagnação da renda. Esse quadro sombrio piorou com o choque econômico causado pela pandemia da covid-19. Amplas tentativas por parte dos governos de apoiar suas economias tiveram sucesso em evitar os piores cenários, mas deixaram uma herança de endividamento elevado, setores de serviços dizimados e o mercado de trabalho profundamente afetado. Os mercados emergentes ainda estão vulneráveis ao vai e vem do capital global e aos altos e baixos dos preços das *commodities* mundiais. A incerteza pesa sobre os investimentos em nível global, sendo um fator importantíssimo as preocupações com o futuro do regime de comércio internacional liberal, fruto de muitos esforços desde a Segunda Guerra Mundial.

Esta 12ª edição, portanto, sai em um momento em que estamos mais conscientes do que nunca de como os eventos na economia global influenciam as riquezas econômicas, as políticas públicas e os debates políticos de cada país. No mundo que emergiu da Segunda Guerra Mundial, as relações comerciais, financeiras e até mesmo de comunicação entre países eram limitadas. Após duas décadas do século XXI, no entanto, o quadro é muito diferente. A globalização chegou para ficar. O comércio internacional de bens e serviços tem se expandido constantemente ao longo de seis décadas, graças a quedas nos custos de transporte e comunicação, a reduções negociadas globalmente nas barreiras comerciais impostas pelos governos, à terceirização generalizada das atividades de produção e a uma maior consciência dos produtos e culturas estrangeiras. Tecnologias de comunicação novas e melhores, especialmente a internet, revolucionaram a forma como as pessoas em todos os países obtêm e trocam informações. O comércio internacional em ativos financeiros, como moedas, ações e títulos, expandiu-se em um ritmo muito mais rápido até mesmo do que o comércio internacional de produtos. Esse processo traz benefícios para os proprietários de riqueza, mas também cria riscos de instabilidade financeira contagiosa. Esses riscos foram sentidos durante a recente crise financeira global, que se espalhou rapidamente pelas fronteiras nacionais e tem representado um custo enorme para a economia mundial. De todas as mudanças no cenário internacional nas últimas décadas, no entanto, talvez a maior delas continue a ser a emergência da China – um fato que já está redefinindo o equilíbrio internacional de poder econômico e político no próximo século.

Imagine o espanto da geração que viveu a depressão da década de 1930 como adultos se visse a economia do mundo de hoje! No entanto, as preocupações econômicas por trás do debate internacional não diferem tanto das que dominaram a década de 1930, nem, na verdade, desde que foram analisadas primeiro pelos economistas há mais de dois séculos. Quais são os méritos do livre comércio entre as nações em comparação com o protecionismo? O que faz os países terem déficits ou superávits comerciais com os seus parceiros, e como tais desequilíbrios são resolvidos ao longo do tempo? O que causa as crises bancárias e monetárias em economias abertas, o que produz o contágio financeiro entre as economias, e como os governos devem lidar com a instabilidade financeira internacional? Como os governos podem evitar o desemprego e a inflação, qual é o papel que as taxas de câmbio desempenham nos seus esforços, e como os países podem cooperar melhor para alcançar seus objetivos econômicos? Como sempre na economia internacional, a interação de eventos e ideias levou a novos modos de análise. Por sua vez, esses avanços analíticos, por mais estranhos que possam parecer, em última análise, acabam tendo um papel importante nas políticas governamentais, nas negociações internacionais e na vida cotidiana das pessoas.

Prefácio **ix**

A globalização fez os cidadãos de todos os países serem muito mais conscientes do que nunca das forças econômicas mundiais que influenciam seus destinos. Apesar das previsões de que a pandemia atual poderia frear a globalização, parece mais provável que a maioria dos aspectos desse processo sobreviverá após a derrota final do vírus da covid-19. Como ilustra este livro, a globalização pode ser um gerador de prosperidade, mas como qualquer máquina poderosa, pode também causar danos se não for administrada com sabedoria. O desafio para a comunidade global é aproveitar ao máximo a integração, mas ao mesmo tempo lidar com os desafios que ela cria para a política econômica.

Para ajudar os estudantes a explorarem esse panorama complexo, este livro cobre os desenvolvimentos recentes mais importantes na economia internacional, sem esquecer dos *insights* teóricos e históricos duradouros que costumam formar o núcleo dessa disciplina. Conseguimos esta abrangência ao enfatizarmos como as teorias recentes evoluíram de achados anteriores, em resposta a uma economia mundial em evolução. Tanto a parte real do comércio (Capítulos 2 a 12) quanto a parte monetária (Capítulos 13 a 22) subdividem-se em um núcleo de capítulos focado na teoria, seguido por outros que aplicam a teoria às questões políticas importantes, passadas e atuais.

No Capítulo 1 descrevemos em detalhes como este livro aborda os principais temas da economia internacional. Aqui destacamos alguns dos tópicos que autores anteriores não puderam tratar de forma sistemática.

Retornos crescentes e estrutura de mercado Mesmo antes de discutir o papel da vantagem comparativa na promoção do intercâmbio internacional e os ganhos de bem-estar associados, revisitamos a vanguarda da pesquisa teórica e empírica, definindo o modelo da gravidade do comércio (Capítulo 2). Voltamos para a fronteira das pesquisas (Capítulos 7 e 8) explicando como os crescentes retornos e a diferenciação do produto afetam o comércio e o bem-estar. Os modelos explorados nesta discussão capturam aspectos significativos da realidade, como o comércio intraindustrial e as mudanças nos padrões de comércio devidas às economias de escala dinâmicas. Os modelos mostram, também, que o comércio mutuamente benéfico não precisa ser baseado em vantagem comparativa.

Empresas no comércio internacional O Capítulo 8 também resume as novas pesquisas estimulantes que enfocam o papel das empresas no comércio internacional. O capítulo enfatiza que diferentes empresas podem ter destinos diversos diante da globalização. A expansão de alguns e a contração dos outros deslocam a produção global em direção a produtores mais eficientes dentro de setores industriais, aumentando a produtividade global e gerando ganhos de comércio. Essas empresas que se expandem em um ambiente de livre comércio podem ter incentivos para terceirizar algumas de suas atividades de produção no exterior ou retomar a produção multinacional, como descrevemos no capítulo.

Política e teoria da política comercial Começando no Capítulo 4, salientamos o efeito do comércio na distribuição de renda como o principal fator político por trás de restrições ao livre comércio. Essa ênfase esclarece para os alunos por que as receitas da análise de bem--estar padrão da política comercial raramente prevalecem na prática. O Capítulo 12 explora a noção popular de que os governos devem adotar políticas de comércio ativista destinadas a estimular setores da economia considerados cruciais. O capítulo inclui uma discussão teórica de tal política de comércio baseada em ideias simples da Teoria dos Jogos.

Abordagem de mercado ativo para a determinação da taxa de câmbio O mercado de câmbio moderno e a determinação das taxas de câmbio pelas taxas de juro e expectativas nacionais estão no centro da nossa abordagem da macroeconomia das economias abertas. O principal ingrediente do modelo macroeconômico que desenvolvemos é a relação de paridade de juros, posteriormente aumentada por prêmios de risco (Capítulo 14). Entre os tópicos que abordamos usando o modelo estão a "superação" da taxa de câmbio; as metas de inflação; o comportamento das taxas de câmbio reais; crises de balanço de pagamentos sob taxas de câmbio fixas; e as causas e os efeitos da intervenção do banco central no mercado cambial (Capítulos 15 a 18).

Coordenação da política macroeconômica internacional Nossa discussão da experiência monetária internacional (Capítulos 19 a 22) enfatiza o tema de que diferentes sistemas de taxa de câmbio levaram a diferentes problemas de coordenação política para seus membros. Assim como a corrida do ouro do entreguerras mostrou como as políticas de empobrecimento do vizinho (*beggar-thy-neighbor*) podem ser autodestrutivas, o *float* atual desafia os legisladores nacionais a reconhecerem sua interdependência e a formularem políticas cooperativamente.

O mercado de capitais mundial e os países em desenvolvimento Uma ampla discussão do mercado de capitais mundial é dada no Capítulo 20, que retoma as consequências para o bem-estar da diversificação da carteira internacional, bem como problemas de supervisão prudencial dos bancos internacionalmente ativos e outras instituições financeiras. O Capítulo 22 é dedicado às perspectivas de crescimento em longo prazo e para a estabilização macroeconômica específica e problemas de liberalização de industrialização e países recém-industrializados. O capítulo revisa as crises nos mercados emergentes e coloca em perspectiva histórica as interações entre os países em desenvolvimento devedores, os países desenvolvidos credores e as instituições financeiras oficiais, como o Fundo Monetário Internacional.

Recursos

O livro incorpora uma série de características especiais de aprendizagem que vão manter o interesse dos alunos na apresentação e ajudá-los a dominar suas lições.

Estudos de caso Estudos de caso que têm o papel triplo de reforçar o material abordado anteriormente, ilustrando a sua aplicabilidade no mundo real e fornecendo importantes informações históricas, muitas vezes acompanhados de discussões teóricas.

Quadros especiais Temas menos centrais que, no entanto, oferecem ilustrações particularmente vívidas de pontos abordados no texto são tratados nos quadros. Entre eles temos o embargo comercial do presidente americano Thomas Jefferson de 1807-1809 (Capítulo 3); um relato sobre a cadeia de valor global do iPhone, que destaca como déficits comerciais bilaterais são extremamente mal medidos (Capítulo 8); por que uma disputa comercial em torno da exportação de galinhas americanas mais de 60 anos atrás torna proibitiva a importação de veículos de transporte de carga para os Estados Unidos ainda hoje (Capítulo 9); o papel das linhas de *swap* entre os bancos centrais e a dominância internacional do dólar (Capítulo 20); e o superciclo de *commodities* enfrentado pelos países em desenvolvimento (Capítulo 22).

Diagramas legendados Mais de 200 diagramas são acompanhados de legendas descritivas que reforçam a discussão no texto e ajudam o aluno na revisão do material.

Objetivos de aprendizagem Uma lista de conceitos essenciais prepara o ambiente para introduzir cada capítulo do livro. Esses objetivos de aprendizagem ajudam o aluno a avaliar seu domínio da matéria.

Resumo e termos-chave Cada capítulo se encerra com um resumo sintetizando os pontos principais. Expressões e termos-chave aparecem em negrito quando são introduzidos no capítulo e são listados no final de cada capítulo. Para ajudar ainda mais a revisão dos materiais, os termos-chave estão em itálico quando aparecem no resumo do capítulo.

Questões Cada capítulo é acompanhado de questões destinadas a testar e solidificar a compreensão dos alunos. As questões vão desde exercícios computacionais de rotina até perguntas "amplas", apropriadas para discussão em sala de aula. Em muitas questões, pedimos que os alunos apliquem o que aprenderam aos dados de mundo real ou a questões de políticas públicas.

Leituras adicionais Para os instrutores que preferem complementar o livro didático com leituras adicionais e para alunos que desejam investigar mais profundamente por conta própria, cada capítulo tem uma bibliografia comentada que inclui clássicos estabelecidos, bem como análises atualizadas de edições recentes.

PROFESSOR, encontre recursos complementares para suas aulas em loja.grupoa.com.br: basta fazer o seu cadastro, buscar pela página do livro e acessar a área de Material Complementar, para ter acesso a apresentações em formato PowerPoint®.

Agradecimentos

Nosso agradecimento especial é para Thomas Hayward, o analista de conteúdo da Pearson responsável pelo projeto. Também somos gratos a Shweta Jain, produtora de conteúdo da Pearson, e Alison Kalil, produtora administrativa da Pearson. Os esforços de Kelly Murphy como gerente de projetos com a Straive foram essenciais e eficientes. Também gostaríamos de agradecer a equipe de produtos digitais da Pearson (Noel Lotz, Courtney Kamauf e Melissa Honig) por todo seu árduo trabalho no curso MyLab para a 12ª edição. Por fim, agradecemos os demais editores que ajudaram a tornar tão boas as edições anteriores deste livro.

Gostaríamos também de reconhecer a assistência de pesquisa primorosa de Lydia Cox, Joan Jennifer Martinez e Jianlin Wang. Agradecemos os seguintes revisores, passados e presentes, por suas ideias e recomendações:

A. G. Malliaris, Quinlan School of Business, Loyola University Chicago
Abdulhamid Sukar, Cameron University
Adhip Chaudhuri, Georgetown University
Aileen Thompson, Carleton University
Amitrajeet Batabyal, Rochester Institute of Technology
Amy Glass, Texas A&M University
Ann Davis, Marist College
Anthony Paul Andrews, Governors State University
Arja H. Turunen-Red, University of New Orleans
Arvind Jaggi, Franklin & Marshall College
Arvind Panagariya, Columbia University
Barbara Craig, Oberlin College
Bodil Olai Hansen, Escola de Negócios de Copenhague
Brian Copeland, University of British Columbia
Bruce Wydick, University of San Francisco
Bun Song Lee, University of Nebraska, Omaha
Byron Gangnes, University of Hawaii em Manoa
Corinne Krupp, Duke University
Craig Schulman, Texas A&M University
Daniel Lee, Shippensburg University
Debajyoti Chakrabarty, University of Sydney
Diana Fuguitt, Eckerd College
Dick vander Wal, Universidade Livre de Amsterdã
Dmitri Nizovtsev, Washburn University
Donald Schilling, University of Missouri, Columbia
E. Wayne Nafziger, Kansas State University
Enrico Spolaore, Tufts University

Faik Koray, Louisiana State University
Francis A. Lees, St. Johns University
Francisco Carrada-Bravo, W.P. Carey School of Business, ASU
George H. Borts, Brown University
Gerald Epstein, University of Massachusetts em Amherst
Gerald Willmann, Universidade de Kiel
Gina Pieters, Trinity University
Gopal C. Dorai, William Paterson University
Henk Jager, Universidade de Amsterdã
Hugh Kelley, Indiana University
Hyeongwoo Kim, Auburn University
Iordanis Petsas, University of Scranton
Jaiho Chung, Universidade Nacional de Singapura
Jaleel Ahmad, Concordia University
James E. Rauch, University of California, San Diego
Jamus Jerome Lim, Grupo Banco Mundial
Jay Pil Choi, Michigan State University
Jeffrey Steagall, University of North Florida
Jiawen Yang, The George Washington University
JoAnne Feeney, State University of New York em Albany
Jonathan Conning, Hunter College e The Graduate Center, The City University of New York
Kaz Miyagiwa, Emory University
Kevin Cotter, Wayne State University
Kevin H. Zhang, Illinois State University
Lian An, University of North Florida
Lourenco Paz, Baylor University

xii Prefácio

Marc-Andreas Muendler, University of California, San Diego
Marcel Mérette, University of Ottawa
Margaret Simpson, The College of William and Mary
Mark Gius, Quinnipiac University
Mark Jelavich, Northwest Missouri State University
Maureen Kilkenny, University of Nevada
Michael Arghyrou, Cardiff University
Michael Hoffman, U.S. Government Accountability Office
Michael Kevane, Santa Clara University
Michael L. McPherson, University of North Texas
Michael Ryan, Western Michigan University
Myrvin Anthony, University of Strathclyde, Reino Unido
Neil Gilfedder, Stanford University
Nina Pavcnik, Dartmouth College
Patrice Franko, Colby College
Patricia Higino Schneider, Mount Holyoke College
Patrick Gormely, Kansas State University
Peter Rangazas, Indiana University-Purdue University Indianapolis
Philip R. Jones, University of Bath and University of Bristol, Reino Unido
Ranjeeta Ghiara, California State University, San Marcos
Rebecca Taylor, University of Portsmouth, Reino Unido
Richard Ault, Auburn University
Robert Driskill, Vanderbilt University
Robert F. Brooker, Gannon University

Robert Foster, American Graduate School of International Management
Robert G. Murphy, Boston College
Robert M. Stern, University of Michigan
Robert Staiger, University of Wisconsin-Madison
Rodney Ludema, Georgetown University
Ronald B. Davies, University College Dublin
Ronald M. Schramm, Columbia University
Rossitza Wooster, California State University, Sacramento
Sarah Tinkler, Portland State University
Scott Taylor, University of British Columbia
Shahriar Mostashari, Campbell University
Shannon Mitchell, Virginia Commonwealth University
Shannon Mudd, Ursinus College
Steen Nielsen, Universidade de Aarhus
Stephen A. King, San Diego State University, Imperial Valley
Stephen V. Marks, Pomona College
Susan Dadres, University of North Texas
Susan Wolcott, State University of New York, Binghamton
Terutomo Ozawa, Colorado State University
Thitima Puttitanun, San Diego State University
Thomas Grennes, North Carolina State University
Tibor Besedes, Georgia Tech
Ton M. Mulder, Erasmus University, Roterdã
Tsvetanka Karagyozova, Lawrence University
Van Pham, Salem State University
Yochanan Shachmurove, University of Pennsylvania

Embora não tenhamos sido capazes de fazer todas as alterações sugeridas, achamos as observações dos revisores inestimáveis na revisão do livro. Obviamente, temos responsabilidade exclusiva pelas deficiências remanescentes na obra.

Paul R. Krugman
Maurice Obstfeld
Marc J. Melitz

Sumário

| Capítulo 1 | Introdução | 1 |

PARTE I — Teoria de comércio internacional — 10

Capítulo 2	Comércio mundial: uma visão geral	10
Capítulo 3	Produtividade da mão de obra e a vantagem comparativa: o modelo ricardiano	24
Capítulo 4	Fatores específicos e distribuição de renda	51
Capítulo 5	Recursos e comércio: o modelo de Heckscher-Ohlin	87
Capítulo 6	Modelo padrão de comércio	123
Capítulo 7	Economias externas de escala e localização internacional da produção	151
Capítulo 8	Empresas na economia global: exportação e decisões na terceirização estrangeira e as empresas multinacionais	170

PARTE II — Política de comércio internacional — 216

Capítulo 9	Os instrumentos da política de comércio	216
Capítulo 10	A economia política da política de comércio	250
Capítulo 11	Política comercial nos países em desenvolvimento	287
Capítulo 12	Controvérsias na política comercial	301

PARTE III — Taxas de câmbio e macroeconomia da economia aberta — 324

Capítulo 13	Contabilidade nacional e o balanço de pagamentos	324
Capítulo 14	Taxas de câmbio e mercado de câmbio: uma abordagem de ativos	355
Capítulo 15	Moeda, taxas de juros e taxas de câmbio	391
Capítulo 16	Níveis de preço e a taxa de câmbio em longo prazo	426
Capítulo 17	Produto e a taxa de câmbio no curto prazo	464
Capítulo 18	Taxas de câmbio fixas e intervenção cambial	517
Capítulo 19	Sistemas monetários internacionais: uma visão histórica	563

| PARTE IV | Política macroeconômica internacional | 563 |

Capítulo 20   Globalização financeira: crise e oportunidade   627

Capítulo 21   Áreas monetárias ótimas e o euro   664

Capítulo 22   Países em desenvolvimento: crescimento, crise e reforma   704

Pós-escritos matemáticos   750

Pós-escrito do Capítulo 5: O modelo de proporção dos fatores 750

Pós-escrito do Capítulo 6: Economia mundial de comércio 754

Pós-escrito do Capítulo 8: O modelo de concorrência monopolística 762

Pós-escrito do Capítulo 20: Aversão ao risco e diversificação
da carteira internacional 764

Índice   776

Sumário detalhado

Capítulo 1 Introdução **1**
Do que trata a economia internacional? 3
    Os ganhos do comércio 4
    O padrão do comércio 5
    Quanto comércio? 5
    Balanço de pagamentos 6
    Determinação da taxa de câmbio... 7
    Coordenação da política internacional... 7
    O mercado de capitais internacional.. 8
Economia internacional: comércio e moedas.. 9

PARTE I   Teoria de comércio internacional   10

Capítulo 2 Comércio mundial: uma visão geral   **10**
Quem negocia com quem? 10
    O tamanho é importante: o modelo de gravidade 11
    Usando o modelo de gravidade à procura de anomalias 13
    Impedimentos ao comércio: distância, barreiras e fronteiras......................... 14
As mudanças no padrão do comércio mundial.. 16
    O mundo encolheu? 16
    O que comercializamos?.. 18
    Offshoring de serviços... 20
As regras antigas ainda se aplicam? 21
Resumo.. 22

Capítulo 3 Produtividade da mão de obra e a vantagem comparativa: o modelo ricardiano   **24**
O conceito de vantagem comparativa.. 25
Economia de fator único.. 26
    Possibilidades de produção.. 27
    Oferta e preços relativos.. 28
Comércio em um mundo de um fator... 29
    Determinação do preço relativo após comércio 30
    QUADRO: *Vantagem comparativa na prática: O caso de Babe Ruth*............... 33
    Os ganhos de comércio 34
    Uma nota sobre os salários relativos.. 35
    QUADRO: *As perdas de não comercialização*.. 36
Equívocos sobre a vantagem comparativa 37
    Produtividade e competitividade 37
    QUADRO: *Os salários refletem a produtividade?* 38
    Argumento da mão de obra pobre.. 39
    Exploração... 39
Vantagem comparativa com muitos bens 40
    Montando o modelo 40
    Salários relativos e especialização... 40
    Determinação do salário relativo no modelo multimercadorias...................... 42
Adicionando os custos de transporte e as mercadorias não comercializáveis 44
Evidências empíricas sobre o modelo ricardiano 45
Resumo.. 48

Capítulo 4 Fatores específicos e distribuição de renda   **51**
O modelo de fatores específicos.. 52
    Pressupostos do modelo.. 53

xvi | Sumário detalhado

QUADRO: *O que é um fator específico?* *53*
    Possibilidades de produção 54
    Preços, salários e alocação de mão de obra 57
    Preços relativos e a distribuição de renda 61
Comércio internacional no modelo de fatores específicos **63**
Distribuição de renda e os ganhos de comércio **64**
A economia política do comércio: uma visão preliminar **67**
    A política da proteção comercial 68
    Comércio e desemprego 69
ESTUDO DE CASO: *O emprego industrial americano e a competição das importações chinesas* *70*
QUADRO: *A guerra comercial de Trump* *72*
Mobilidade internacional da mão de obra **73**
ESTUDO DE CASO: *Convergência salarial na União Europeia* *75*
ESTUDO DE CASO: *Imigração e a economia dos Estados Unidos* *77*
Resumo **79**
APÊNDICE DO CAPÍTULO 4: *Mais detalhes sobre os fatores específicos* *84*
    Produto marginal e total 84
    Preços relativos e a distribuição de renda 85

Capítulo 5   **Recursos e comércio: o modelo de Heckscher-Ohlin**   **87**
Modelo de uma economia de dois fatores **88**
    Preços e produção 88
    Escolhendo o conjunto de fatores 91
    Preços dos fatores e preços de mercadorias 93
    Recursos e produção 96
Efeitos do comércio internacional entre as economias de dois fatores **97**
    Preços relativos e o padrão de comércio 98
    Comércio e distribuição de renda 99
ESTUDO DE CASO: *Comércio Norte-Sul e desigualdade de renda* *100*
    Mudança tecnológica enviesada pela habilidade e desigualdade de renda 102
QUADRO: *A participação decrescente da mão de obra na renda e a complementaridade entre capital e habilidade* *106*
    Equalização dos preços dos fatores 107
Evidências empíricas sobre o modelo de Heckscher-Ohlin **109**
    Comércio de mercadorias como um substituto para o comércio de fatores: conteúdo dos fatores do comércio 109
    Padrões de exportações entre países desenvolvidos e em desenvolvimento 112
    Consequências dos testes 115
Resumo **115**
APÊNDICE DO CAPÍTULO 5: *Preços dos fatores, preços de mercadorias e decisões de produção* *119*
    Escolha da técnica 119
    Preços de mercadorias e preços dos fatores 120
    Mais sobre os recursos e a produção 121

Capítulo 6   **Modelo padrão de comércio**   **123**
Um modelo padrão de uma economia comercial **124**
    Possibilidades de produção e oferta relativa 124
    Preços relativos e demanda 125
    O efeito de bem-estar das alterações nos termos de troca 128
    Determinação dos preços relativos 129
QUADRO: *O que os consumidores americanos ganham com as importações chinesas* *129*
    Crescimento econômico: um deslocamento da curva *RS* 131
    Crescimento e a fronteira de possibilidade de produção 131
    Oferta mundial relativa e os termos de troca 133
    Efeitos internacionais do crescimento 133

ESTUDO DE CASO: *O crescimento dos países recém-industrializados prejudicou as nações desenvolvidas?* *135*

Tarifas aduaneiras e subsídios à exportação: desvios simultâneos em *RS* e *RD* **137**

QUADRO: *A exposição dos países em desenvolvimento a choques dos termos de troca e a pandemia da Covid-19* *137*

Demanda relativa e efeitos na oferta de uma tarifa aduaneira 138

Efeitos de um subsídio à exportação 139

Consequências dos efeitos dos termos de troca: quem ganha e quem perde? 139

Empréstimos internacionais **141**

Possibilidades de produção intertemporais e comércio intertemporal 141

A taxa de juros real 142

Vantagem comparativa intertemporal 143

Resumo **144**

APÊNDICE DO CAPÍTULO 6: *Mais sobre o comércio intertemporal* *148*

Capítulo 7   **Economias externas de escala e localização internacional da produção**   **151**

Economias de escala e o comércio internacional: uma visão geral **152**

Economias de escala e estrutura de mercado **153**

A teoria das economias externas **154**

Fornecedores especializados **154**

Agrupamento do mercado de trabalho **155**

Transbordamentos de conhecimento **156**

Economias externas e equilíbrio de mercado 157

Economias externas e comércio internacional **158**

Economias externas, produção e preços 158

Economias externas e os padrões de comércio 159

Comércio e bem-estar com economias externas 161

QUADRO: *Unindo o mundo* *162*

Retornos crescentes dinâmicos 163

Comércio inter-regional e geografia econômica **164**

QUADRO: *A cidade e a rua* *166*

Resumo **167**

Capítulo 8   **Empresas na economia global: exportação e decisões na terceirização estrangeira e as empresas multinacionais**   **170**

A teoria da concorrência imperfeita **171**

Monopólio: uma breve revisão 172

Concorrência monopolística 174

Concorrência monopolística e comércio **179**

Os efeitos do aumento de tamanho do mercado 179

Ganhos de mercado integrado: um exemplo numérico 181

A importância do comércio intraindústria 184

ESTUDO DE CASO: *Comércio intraindústria em ação: o Pacto Automobilístico Norte-Americano de 1964 e o Acordo de Livre Comércio da América do Norte (Nafta)* *186*

Respostas das empresas ao comércio: vencedores, perdedores e desempenho da indústria **187**

Diferenças de desempenho entre produtores 188

Os efeitos do aumento de tamanho do mercado 190

Os custos do comércio e as decisões de exportação **192**

Dumping **194**

ESTUDO DE CASO: Antidumping *como protecionismo: a centrífuga global* *195*

Multinacionais e investimento estrangeiro direto **197**

Os padrões de investimento estrangeiro direto fluem ao redor do mundo 198

Investimento estrangeiro direto e decisões de terceirização estrangeira **201**

A decisão de IED horizontal 201

A decisão de terceirização estrangeira 202

xviii Sumário detalhado

QUADRO: *Terceirização estrangeira por empresas industriais americanas* *203*
A decisão de terceirização: fazer ou comprar 204
QUADRO: *De quem é o comércio?* *205*
ESTUDO DE CASO: *Envio de empregos para o exterior? Offshoring e desemprego nos Estados Unidos* *207*
Consequências de multinacionais e terceirização estrangeira 209
Resumo **210**
APÊNDICE DO CAPÍTULO 8: *Determinando a receita marginal* *215*

PARTE II — Política de comércio internacional — 216

Capítulo 9 — Os instrumentos da política de comércio — 216

Análise da tarifa aduaneira básica **216**
Oferta, demanda e comércio de indústria única 217
Os efeitos de uma tarifa aduaneira 219
Medindo a quantidade de proteção 220
Custos e benefícios de uma tarifa aduaneira **222**
Excedentes do consumidor e do produtor 222
Medindo os custos e benefícios 224
ESTUDO DE CASO: *Vencedores e perdedores da guerra comercial de Trump* *227*
Outros instrumentos da política comercial **231**
QUADRO: *Carga pesada de tarifas* *231*
Subsídio de exportação: teoria 232
Quotas de importação: teoria 233
QUADRO: *Os céus antipáticos: Como a disputa comercial mais antiga foi resolvida* *233*
ESTUDO DE CASO: *Uma quota de importação na prática: açúcar dos Estados Unidos* *234*
Restrições voluntárias de exportação 238
Requisitos de conteúdo local 239
QUADRO: *Fechando o espaço* *240*
Outros instrumentos de política comercial 241
Os efeitos da política comercial: um resumo **241**
Resumo **242**
APÊNDICE DO CAPÍTULO 9: *Tarifas aduaneiras e quotas de importação na presença de monopólio* *246*
O modelo com o livre comércio 246
O modelo com uma tarifa aduaneira 247
O modelo com uma quota de importação 248
Comparação entre tarifa aduaneira e quota 248

Capítulo 10 — A economia política da política de comércio — 250

O caso para o livre comércio **251**
Livre comércio e eficiência 251
Ganhos adicionais do livre comércio 252
Busca de renda 253
Argumento político para o livre comércio 253
Argumentos de bem-estar nacional contra o livre comércio **254**
O argumento dos termos de troca para uma tarifa aduaneira 254
O argumento de falha de mercado interno contra o livre comércio 255
Quão convincente é o argumento de falha de mercado? 257
Distribuição de renda e as políticas de comércio **258**
Concorrência eleitoral 259
Ação coletiva 260
QUADRO: *Políticos à venda: provas desde a década de 1990* *261*
Modelagem do processo político 262
Quem ganha proteção? 262

Sumário detalhado **xix**

Negociações internacionais e política de comércio **264**
As vantagens da negociação 265
Acordos comerciais internacionais: uma breve história 266
A Rodada Uruguai 268
Liberalização do comércio... 268
Reformas administrativas: do GATT à OMC 269
Benefícios e custos... 270
QUADRO: *Solucionando uma disputa – e criando uma* *271*
ESTUDO DE CASO: *Teste de metal da OMC* *272*
O fim dos acordos de comércio? **273**
QUADRO: *Os subsídios agrícolas prejudicam o Terceiro Mundo?* *274*
Acordos de comércio preferencial... 275
QUADRO: *Zona de livre comércio versus união aduaneira* *277*
ESTUDO DE CASO: *Desvio de comércio na América do Sul* *278*
QUADRO: *Brexit* *278*
A Parceria Transpacífica... 279
Resumo **280**
APÊNDICE DO CAPÍTULO **10:** *Provando que a melhor tarifa é positiva* *284*
Oferta e procura... 284
As tarifas e os preços... 284
A tarifa aduaneira e o bem-estar nacional 285

Capítulo 11   Política comercial nos países em desenvolvimento   287

Industrialização por substituição de importações **288**
O argumento da indústria nascente... 288
O uso da proteção para promover o setor industrial 290
ESTUDO DE CASO: *O México abandona a industrialização por substituição
de importações*.. *292*
**Resultados do favorecimento da indústria: problemas da industrialização
por substituição de importações** **293**
Liberalização do comércio desde 1985 .... **294**
Comércio e crescimento: decolagem na Ásia **296**
QUADRO: *O* boom *indiano* *298*
Resumo **299**

Capítulo 12   Controvérsias na política comercial   301

Argumentos sofisticados para a política comercial ativista **302**
Tecnologia e externalidades 302
Concorrência imperfeita e a política comercial estratégica............................ 305
QUADRO: *Um aviso do fundador da Intel* *307*
ESTUDO DE CASO: *A aposta dos* chips.. *308*
Globalização e mão de obra de baixo salário **310**
O movimento antiglobalização.. 310
Comércio e salários mais uma vez 310
Normas trabalhistas e negociações comerciais... 312
Questões ambientais e culturais 313
A OMC e a independência nacional 314
ESTUDO DE CASO: *Uma tragédia em Bangladesh* *315*
Globalização e meio ambiente **316**
Globalização, crescimento e poluição... 316
O problema dos "refúgios da poluição" 318
A disputa das tarifas de carbono... 319
Choques comerciais e seu impacto nas comunidades **320**
Resumo **321**

xx Sumário detalhado

| PARTE III | Taxas de câmbio e macroeconomia da economia aberta | **324** |

| **Capítulo 13** | **Contabilidade nacional e o balanço de pagamentos** | **324** |

As contas de renda nacional **326**
    Produto nacional e renda nacional 327
    Depreciação de capital e as transferências internacionais 328
    Produto interno bruto 329
Contabilidade nacional para uma economia aberta **329**
    Consumo 329
    Investimento 329
    Compras de governo 330
    A identidade da renda nacional para uma economia aberta 330
    Uma economia aberta imaginária 331
    A conta corrente e a dívida externa 331
    Poupança e conta corrente 334
    Poupanças privada e do governo 335
    QUADRO: *O mistério do déficit desaparecido* *335*
A contabilidade do balanço de pagamentos **337**
    Exemplos de transações emparelhadas 338
    A identidade fundamental do balanço de pagamentos 339
    A conta corrente, mais uma vez 340
    A conta de capital 341
    A conta financeira 342
    Discrepância estatística 342
    QUADRO: *Transferência de lucros das multinacionais e o PIB volátil da Irlanda* *343*
    Transações de reserva oficiais 345
    ESTUDO DE CASO: *Os ativos e passivos do maior devedor do mundo* *346*
Resumo **351**

| **Capítulo 14** | **Taxas de câmbio e mercado de câmbio: uma abordagem de ativos** | **355** |

Taxas de câmbio e transações internacionais **356**
    Preços nacionais e estrangeiros 356
    Taxas de câmbio e preços relativos 358
O mercado de câmbio **359**
    Os atores 359
    Características do mercado 361
    Taxas *spot* (à vista) e taxas a termo 362
    Swaps cambiais 364
    Futuros e opções 364
A demanda por ativos em moeda estrangeira **364**
    Ativos e retornos sobre ativos 365
    Risco e liquidez 366
    Taxas de juros 367
    Taxas de câmbio e retornos sobre ativos 367
    Uma regra simples 369
    Retorno, risco e liquidez no mercado de câmbio 371
Equilíbrio no mercado de câmbio **371**
    Paridade de juros: a condição de equilíbrio básico 372
    Como as mudanças na taxa de câmbio atual afetam os retornos esperados 373
    A taxa de câmbio de equilíbrio 375
    Taxas de juros, expectativas e equilíbrio 376
    O efeito da alteração de taxas de juros na taxa de câmbio atual 377
    O efeito de mudanças nas expectativas na taxa de câmbio atual 378
    ESTUDO DE CASO: *O que explica o* carry trade? *379*
Taxas de câmbio a termo e paridade coberta de juros **382**
Resumo **385**

Sumário detalhado **xxi**

Capítulo 15 — Moeda, taxas de juros e taxas de câmbio — 391

A definição de moeda: uma breve revisão 392
Moeda como um meio de troca 392
Moeda como unidade de conta 392
Moeda como reserva de valor 393
O que é dinheiro? 393
Como a oferta de moeda é determinada 393
A demanda individual por moeda 394
Retornos esperados 394
Risco 395
Liquidez 395
Demanda agregada por moeda 395
Taxa de juros de equilíbrio: a interação entre a oferta e a demanda de moeda 397
Equilíbrio no mercado monetário 398
As taxas de juros e a oferta de moeda 399
Produto e taxa de juros 400
A oferta de moeda e a taxa de câmbio no curto prazo 401
Vinculando o dinheiro, a taxa de juros e a taxa de câmbio 401
Oferta de moeda dos Estados Unidos e a taxa de câmbio dólar/euro 404
Oferta de moeda da Europa e a taxa de câmbio dólar/euro 404
Moeda, o nível de preços e a taxa de câmbio no longo prazo 407
Moeda e preços da moeda 407
Os efeitos de longo prazo de alterações de oferta de moeda 408
Evidências empíricas sobre ofertas de moeda e níveis de preços 409
Moeda e taxa de câmbio no longo prazo 410
Dinâmica da inflação e taxa de câmbio 411
Rigidez de preços de curto prazo *versus* flexibilidade de preços de longo prazo 411
QUADRO: *Crescimento da oferta de moeda e hiperinflação no Zimbábue* *413*
Alterações permanentes de oferta de moeda e a taxa de câmbio 416
Ultrapassagem da taxa de câmbio (*overshooting*) 417
ESTUDO DE CASO: *Uma inflação mais elevada pode levar à valorização da moeda?*
As consequências das metas de inflação *419*
Resumo 422

Capítulo 16 — Níveis de preço e a taxa de câmbio em longo prazo — 426

A lei do preço único 427
Paridade do poder de compra 428
A relação entre a PPC e a lei do preço único 428
PPC absoluta e PPC relativa 429
Um modelo de taxa de câmbio de longo prazo baseado em PPC 430
A equação fundamental da abordagem monetária 430
Inflação em curso, paridade de juros e PPC 432
O efeito Fisher 433
Evidência empírica sobre PPC e a lei do preço único 436
Explicando os problemas com a PPC 438
Barreiras comerciais e bens não comercializáveis 438
Desvios da livre concorrência 439
Diferenças nos padrões de consumo e medição do nível de preços 440
QUADRO: *Dois hambúrgueres, alface, queijo, molho especial, cebola, picles*
e a lei do preço único *440*
PPC no curto e no longo prazos 443
ESTUDO DE CASO: *Por que os níveis de preços são mais baixos nos países pobres* *444*
Além da paridade do poder de compra: um modelo geral de taxas de câmbio
de longo prazo 446
A taxa de câmbio real 446
Demanda, oferta e a taxa de câmbio real de longo prazo 448

xxii Sumário detalhado

QUADRO: *Preços rígidos e a lei do preço único: evidências dos* free shops *escandinavos* *449*
Taxas de câmbio nominais e reais em equilíbrio de longo prazo 451
Diferenças internacionais das taxas de juros e a taxa de câmbio real **454**
Paridade de juros reais **455**
Resumo **456**
APÊNDICE DO CAPÍTULO 16: *O efeito Fisher, a taxa de juros e a taxa de câmbio sob
a abordagem monetária de preço flexível* *461*

Capítulo 17	**Produto e a taxa de câmbio no curto prazo**	**464**

Determinantes da demanda agregada em uma economia aberta **465**
Determinantes da demanda de consumo 465
Determinantes da conta corrente 466
Como as variações na taxa de câmbio real afetam a conta corrente 467
Como variações na renda disponível afetam a conta corrente 468
A equação da demanda agregada **468**
A taxa de câmbio real e a demanda agregada 468
Renda real e demanda agregada 469
Como o produto é determinado no curto prazo **470**
Equilíbrio do mercado de bens no curto prazo: a relação *DD* **471**
Produto, a taxa de câmbio e o equilíbrio do mercado de bens e serviços 471
Derivando a relação *DD* 472
Fatores que mudam a relação *DD* 473
Equilíbrio de mercado de ativos no curto prazo: a relação *AA* **476**
Produto, a taxa de câmbio e o equilíbrio do mercado de ativos 476
Derivando a relação *AA* 478
Fatores que mudam a relação *AA* 478
Equilíbrio de curto prazo para uma economia aberta: juntando as relações *DD* e *AA* **479**
Alterações temporárias nas políticas monetária e fiscal **481**
Política monetária 482
Política fiscal 482
Políticas para manter o pleno emprego 483
Viés de inflação e outros problemas de formulação de políticas **485**
Alterações permanentes nas políticas monetária e fiscal **486**
Um aumento permanente da oferta de moeda 486
Ajuste a um aumento permanente da oferta de moeda 487
Uma expansão fiscal permanente 489
As políticas macroeconômicas e a conta corrente **490**
Ajuste do fluxo de comércio gradual e dinâmica da conta corrente **492**
A curva J 492
Pass-through da taxa de câmbio e inflação 493
Cadeias de valor globais e efeitos da taxa de câmbio nos preços das exportações
e importações 494
A conta corrente, a riqueza e a dinâmica das taxas de câmbio 496
QUADRO: *O* pass-through *para preços de importações e exportações* *496*
A armadilha da liquidez **498**
ESTUDO DE CASO: *Qual é o tamanho do multiplicador fiscal?* *501*
Resumo **503**
APÊNDICE 1 DO CAPÍTULO 17: *Comércio intertemporal e demanda de consumo* *507*
APÊNDICE 2 DO CAPÍTULO 17: *A condição de Marshall-Lerner e estimativas empíricas
de elasticidades do comércio* *509*
APÊNDICE 3 DO CAPÍTULO 17: *O modelo IS-LM e o modelo DD-AA* *512*

Capítulo 18	**Taxas de câmbio fixas e intervenção cambial**	**517**

Por que estudar as taxas de câmbio fixas? **518**
Intervenção do banco central e a oferta de moeda **519**
O balanço do banco central e a oferta de moeda 519

Sumário detalhado **xxiii**

Intervenção cambial e a oferta de moeda 521
Esterilização 522
O balanço de pagamentos e a oferta de moeda 522
Como o banco central fixa a taxa de câmbio **523**
Equilíbrio do mercado de câmbio sob uma taxa de câmbio fixa 524
Equilíbrio do mercado monetário sob uma taxa de câmbio fixa 524
Uma análise diagramática 525
Políticas de estabilização com uma taxa de câmbio fixa **526**
Política monetária 527
Política fiscal 528
Alterações na taxa de câmbio 529
Ajuste da política fiscal e variações cambiais 530
Crises do balanço de pagamentos e a fuga de capitais **531**
Flutuação administrada e intervenção esterilizada **534**
Substitutibilidade perfeita de ativos e a ineficácia da intervenção esterilizada 534
ESTUDO DE CASO: *Os mercados podem atacar uma moeda forte?*
O caso da Suíça, 2011-2015 .... *535*
Equilíbrio no mercado de câmbio com substitutibilidade imperfeita de ativos 538
Os efeitos da intervenção esterilizada com substitutibilidade imperfeita de ativos 539
Evidências sobre os efeitos da intervenção esterilizada 540
Moedas de reserva no sistema monetário mundial **541**
A mecânica de um padrão de moeda de reserva 542
A posição assimétrica do centro de reserva 542
O padrão-ouro **543**
A mecânica de um padrão-ouro 543
Correção monetária simétrica sob um padrão-ouro 544
Vantagens e desvantagens do padrão-ouro 544
O padrão bimetálico 545
O padrão-ouro de câmbio 546
ESTUDO DE CASO: *A demanda por reservas internacionais* *546*
Resumo **550**
APÊNDICE 1 DO CAPÍTULO 18: *Equilíbrio no mercado de câmbio com substitutibilidade*
imperfeita de ativos *555*
Demanda 555
Oferta 556
Equilíbrio 556
APÊNDICE 2 DO CAPÍTULO 18: *A cronologia das crises do balanço de pagamentos* *558*
APÊNDICE 3 DO CAPÍTULO 18: *A abordagem monetária ao balanço de pagamentos* *561*

PARTE IV	Política macroeconômica internacional	563

Capítulo 19	Sistemas monetários internacionais: uma visão histórica	563

Metas de política macroeconômica em uma economia aberta **564**
Equilíbrio interno: pleno emprego e estabilidade do nível de preços 565
Equilíbrio externo: o nível ótimo da conta corrente 566
QUADRO: *Um país pode pedir empréstimos para sempre? O caso da Nova Zelândia* *568*
Classificação dos sistemas monetários: o trilema monetário da economia aberta **572**
Política macroeconômica internacional sob o padrão-ouro, 1870-1914 .... **573**
Origens do padrão-ouro 574
Equilíbrio externo sob o padrão-ouro 574
O mecanismo preço-fluxo-espécie 574
"Regras do jogo" do padrão-ouro: mito e realidade 575
Equilíbrio interno sob o padrão-ouro 576
ESTUDO DE CASO: *A economia política dos regimes de taxa de câmbio: conflito*
sobre o padrão monetário dos Estados Unidos durante a década de 1890 .... *577*

xxiv Sumário detalhado

O Entreguerras, 1918-1939.. **578**
    O retorno fugaz para o ouro.. 579
    Desintegração econômica internacional 579
    ESTUDO DE CASO: *O padrão de ouro internacional e a Grande Depressão* *580*
O sistema de Bretton Woods e o Fundo Monetário Internacional............................... **581**
    Objetivos e estrutura do FMI 582
    Conversibilidade e a expansão dos fluxos financeiros privados 583
    As crises e os fluxos de capitais especulativos 584
Análise de opções de políticas para alcançar os equilíbrios interno e externo.............. **585**
    Manutenção do equilíbrio interno... 586
    Manutenção do equilíbrio externo 587
    Políticas de mudança nas despesas e troca das despesas 587
O problema do equilíbrio externo dos Estados Unidos sob Bretton Woods.................... **589**
    ESTUDO DE CASO: *O fim de Bretton Woods, inflação mundial e a transição para*
as taxas flutuantes *590*
        A mecânica da inflação importada... 591
        Avaliação.. 593
O caso a favor das taxas de câmbio flutuantes... **593**
    Autonomia da política monetária 593
    Simetria... 595
    Taxas de câmbio como estabilizadores automáticos....................................... 595
    Taxas de câmbio e equilíbrio externo 597
    ESTUDO DE CASO: *Os primeiros anos das taxas flutuantes, 1973-1990* *597*
Interdependência macroeconômica sob uma taxa flutuante...................................... **602**
    ESTUDO DE CASO: *Transformação e crise na economia mundial*.................................... *603*
    QUADRO: *O problema complicado da manipulação cambial*..................................... *610*
    ESTUDO DE CASO: *Os perigos da deflação* *612*
O que foi aprendido desde 1973?.. **614**
    Autonomia da política monetária 614
    Simetria... 614
    Taxas de câmbio como estabilizadores automáticos....................................... 616
    Equilíbrio externo.. 616
    O problema da coordenação de políticas.. 617
As taxas de câmbio fixas sequer são uma opção para a maioria dos países? **617**
Resumo **618**
    APÊNDICE DO CAPÍTULO 19: *Falhas de coordenação de políticas em nível internacional* *624*

Capítulo 20   Globalização financeira: crise e oportunidade   627

Mercado internacional de capitais e os ganhos de comércio **628**
    Três tipos de ganho de comércio 628
    Aversão ao risco 630
    Diversificação da carteira como motivo para o comércio internacional de ativos.............. 630
    O cardápio dos ativos internacionais: dívida *versus* capital próprio.................. 631
Sistema bancário internacional e mercado internacional de capitais **632**
    A estrutura do mercado internacional de capitais 632
    Sistema bancário *offshore* e negociação de moeda *offshore* 633
    O sistema bancário paralelo (sombra) 634
Fragilidade financeira e o sistema bancário **635**
    O problema da falência de um banco 635
    Salvaguardas de governo contra a instabilidade financeira 638
    Risco moral e o problema do "grande demais para quebrar"............................ 640
    QUADRO: *A álgebra simples do risco moral* *641*
O desafio da regulação bancária internacional.. **642**
    O trilema financeiro.. 642
    Cooperação regulamentar internacional até 2007 644
    ESTUDO DE CASO: *A crise financeira global de 2007-2009* *645*

Sumário detalhado **XXV**

QUADRO: *Instabilidade cambial e linhas de* swap *do Banco Central* *648*
Iniciativas regulatórias internacionais após a crise financeira global 650
Métricas para o desempenho do mercado internacional de capitais **652**
O grau de diversificação da carteira de ações internacional 653
A extensão do comércio intertemporal 653
A eficiência da arbitragem de preços de ativos internacionais 655
A eficiência do mercado de câmbio 656
Resumo **660**

Capítulo 21   **Áreas monetárias ótimas e o euro**   **664**

A evolução da moeda única europeia **666**
O que impulsionou a cooperação monetária europeia? 666
QUADRO: *Brexit* *667*
O sistema monetário europeu, 1979-1998 670
Dominância monetária alemã e a teoria da credibilidade do SME 671
Iniciativas de integração do mercado 673
União econômica e monetária europeia 673
O euro e a política econômica na zona do euro **674**
Os critérios de convergência de Maastricht e o Pacto de Estabilidade e Crescimento 675
Banco Central Europeu e o Eurossistema 676
O mecanismo de taxas de câmbio revisadas 676
A teoria das áreas monetárias ótimas **677**
Integração econômica e os benefícios de uma área de taxa de câmbio fixa: a curva *GG* 677
Integração econômica e os custos de uma área de taxa de câmbio fixa: a curva *LL* 679
A decisão de entrar para uma área monetária: juntando as curvas *GG* e *LL* 681
O que é uma área monetária ótima? 682
Outras considerações importantes 683
ESTUDO DE CASO: *A Europa é uma área monetária ótima?* *684*
A crise do euro e o futuro da UEM **688**
Origens da crise 688
A moratória autorrealizável do governo e o *"doom loop"* 694
Uma crise mais ampla e respostas políticas 695
Transações Monetárias Diretas do BCE 697
Resposta à pandemia da covid-19 697
O futuro da UEM 698
Resumo **699**

Capítulo 22   **Países em desenvolvimento: crescimento, crise e reforma**   **704**

Renda, riqueza e crescimento na economia mundial **705**
A distância entre ricos e pobres 705
A desigualdade de renda mundial se estreitou com o tempo? 706
A importância dos países em desenvolvimento para o crescimento global 708
Características estruturais dos países em desenvolvimento **709**
QUADRO: *O superciclo de* commodities *711*
Empréstimo e dívida de países em desenvolvimento **714**
A economia de influxos financeiros para países em desenvolvimento 715
O problema da moratória 716
Formas alternativas de influxo financeiro 718
O problema do "pecado original" 719
A crise da dívida da década de 1980 721
Reformas, influxos de capital e o retorno da crise 722
Leste Asiático: sucesso e crise **726**
O milagre econômico do Leste Asiático 726
QUADRO: *Por que os países em desenvolvimento acumularam altos níveis
de reservas internacionais?* *727*
Pontos fracos asiáticos 728
A crise financeira asiática 730

xxvi Sumário detalhado

QUADRO: *O que o Leste Asiático fez certo?* *730*
Lições das crises de países em desenvolvimento **731**
Reforma da "arquitetura" financeira do mundo **733**
    Mobilidade de capitais e o trilema do regime da taxa de câmbio 734
    Medidas "profiláticas" 735
    Como lidar com a crise 736
    QUADRO: *Mercados emergentes e ciclos financeiros globais* *737*
Entendendo os fluxos de capitais globais e a distribuição global de renda:
geografia é destino? **740**
    QUADRO: *Paradoxos do capital* *741*
Resumo **745**

Pós-escritos matemáticos   **750**
Pós-escrito do Capítulo 5: O modelo de proporção dos fatores **750**
    Custos e preços dos fatores 750
    Preços de mercadorias e preços dos fatores 752
    Ofertas de fatores e produção 753
Pós-escrito do Capítulo 6: Economia mundial de comércio **754**
    Oferta, demanda e equilíbrio 754
    Oferta, demanda e a estabilidade do equilíbrio 756
    Efeitos das mudanças na oferta e na demanda 758
    Crescimento econômico 759
    Uma transferência de renda 760
    Uma tarifa 761
Pós-escrito do Capítulo 8: O modelo de concorrência monopolística **762**
Pós-escrito do Capítulo 20: Aversão ao risco e diversificação da carteira
internacional **764**
    Uma derivação analítica da carteira ideal 764
    Uma derivação diagramática da carteira ideal 765
    Os efeitos das variações das taxas de retorno 767

Fluxos de comércio de mercadorias com os Estados Unidos (em dólares de 2018) **772**
Produto Nacional Bruto *per capita* (em dólares de 2019) **774**

Índice **776**

CAPÍTULO 1

Introdução

Podemos dizer que o estudo do comércio e das finanças internacionais é onde começa a economia como nós a conhecemos. Os historiadores do pensamento econômico frequentemente descrevem o ensaio *Do equilíbrio das negociações*, do filósofo escocês David Hume, como a primeira exposição real de um modelo econômico. Hume publicou seu ensaio em 1758, quase vinte anos antes de seu amigo, Adam Smith, publicar *A riqueza das nações*. Os debates sobre a política mercantil britânica no começo do século XIX tiveram grande contribuição para converter a economia de um campo informal e discursivo em uma disciplina orientada por modelos, como se tornou desde então.

Contudo, o estudo da economia internacional nunca foi tão importante quanto agora. No começo do século XXI, as nações estão mais próximas do que nunca em razão do comércio de bens e serviços, dos fluxos financeiros e dos investimentos nas economias estrangeiras. A economia global criada por essas relações é uma área turbulenta: tanto os formuladores de políticas públicas quanto os líderes empresariais em todos os países, inclusive nos Estados Unidos, devem agora prestar atenção em destinos econômicos que podem sofrer reviravoltas súbitas no outro lado do mundo.

Observe algumas tendências básicas que a estatística nos traz com um sentido de importância sem precedentes nas relações econômicas internacionais. A Figura 1.1 mostra o nível de exportações e importações dos EUA como parcelas do produto interno bruto (PIB) de 1960 a 2019. A característica mais evidente da figura é a tendência ascendente prolongada em ambas as parcelas: o comércio internacional praticamente triplicou em importância comparado com a economia como um todo.

É quase tão óbvio que, embora tanto a importação quanto a exportação tenham aumentado, a importação aumentou mais, causando um grande déficit comercial. Como os Estados Unidos conseguem pagar todas essas mercadorias importadas? A resposta é que o dinheiro é fornecido por grandes fluxos de capital – dinheiro investido por estrangeiros que querem participar de uma parcela da economia dos EUA. Fluxos de capital dessa magnitude seriam inconcebíveis no passado. Agora eles são normais. Então a diferença entre importação e exportação é um indicador de outro aspecto das crescentes relações internacionais – nesse caso, as crescentes relações entre os mercados de capitais nacionais.

Por fim, observe que tanto as importações quanto as exportações despencaram temporariamente em 2009, durante a crise econômica global que teve início em 2008; e novamente em 2020, durante a pandemia da Covid-19. Esses declínios nos lembram das relações próximas entre o comércio mundial e o estado geral da economia global.

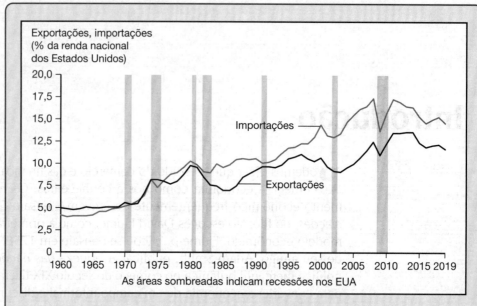

FIGURA 1.1
Exportações e importações como porcentagens da renda nacional dos EUA (as áreas sombreadas indicam recessões nos EUA).

Tanto as importações quanto as exportações subiram como uma parcela da economia dos EUA, mas as importações aumentaram mais.

Fonte: U.S.Bureau of Economic Analysis. research.stlouisfed.org

Se as relações econômicas internacionais tornaram-se cruciais para os Estados Unidos, são ainda mais cruciais para outras nações. A Figura 1.2 mostra a média das importações e exportações como uma porcentagem do PIB para uma série de países. Os Estados Unidos, por seu tamanho e sua diversidade de recursos, dependem menos do comércio internacional do que quase todas as outras nações.

Este texto introduz os principais conceitos e métodos da economia internacional e os ilustra com aplicações originadas no mundo real. Boa parte dele é dedicada a antigas ideias que continuam sendo válidas: a teoria do comércio do século XIX de David Ricardo e mesmo a análise monetária do século XVIII de David Hume continuam sendo altamente relevantes para a economia mundial do século XXI. Ao mesmo tempo, fizemos um esforço especial para atualizar essa análise. Em particular, a crise econômica que começou em 2007 trouxe consigo novos desafios importantes para a economia global. Os economistas eram capazes de aplicar as análises existentes a alguns desses desafios, mas também foram forçados a repensar alguns conceitos importantes. Além disso, surgiram novas abordagens para velhas perguntas, como os impactos das mudanças na política monetária e fiscal. Tentamos transmitir as principais ideias que surgiram nas pesquisas recentes e também enfatizamos a continuidade da importância das ideias antigas.

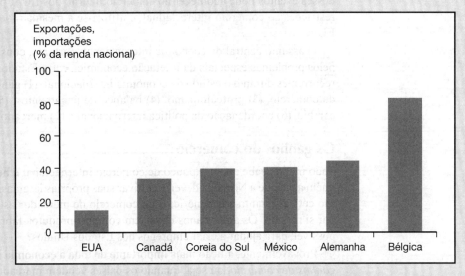

FIGURA 1.2
Média das exportações e importações em porcentagem da renda nacional em 2018.
O comércio internacional é ainda mais importante para a maioria dos outros países do que é para os Estados Unidos.

Fonte: Banco Mundial.

OBJETIVOS DE APRENDIZAGEM

Após a leitura deste capítulo, você será capaz de:
- Distinguir problemas econômicos domésticos de internacionais.
- Explicar por que existem sete temas recorrentes na economia internacional e discutir seu significado.
- Diferenciar entre os aspectos monetários e administrativos da economia internacional.

Do que trata a economia internacional?

A economia internacional usa os mesmos métodos fundamentais de análise que outros ramos da economia, porque os motivos e o comportamento dos indivíduos são os mesmos no comércio internacional e nas transações domésticas. As casas que vendem comida *gourmet* na Flórida oferecem grãos de café do México e do Havaí; a sequência de eventos que levou esses grãos até a loja não é muito diferente, e o café importado percorreu uma distância muito mais curta do que os grãos enviados de dentro dos Estados Unidos! Contudo, a economia internacional envolve preocupações novas e diferentes, porque os investimentos e os negócios internacionais ocorrem entre nações independentes. Os Estados Unidos e o México são Estados soberanos; a Flórida e o Havaí, não. O fornecimento de café do México para a Flórida poderia ser afetado se o governo dos EUA impusesse uma quota limitando as importações; o café do México poderia tornar-se subitamente mais barato para os compradores dos EUA caso o peso passasse a valer menos em relação ao dólar. Por outro lado, nenhum

4 CAPÍTULO 1 ■ Introdução

desses eventos pode acontecer no comércio interno dos EUA, pois a constituição proíbe as restrições ao comércio interestadual, e utiliza-se a mesma moeda em todo o território dos EUA.

O assunto central da economia internacional, portanto, consiste em aspectos levantados pelos problemas especiais da interação econômica entre Estados soberanos. Sete temas são recorrentes durante o estudo da economia internacional: (1) ganhos de comércio, (2) padrão de comércio, (3) protecionismo, (4) balanço de pagamentos, (5) determinação da taxa de câmbio, (6) coordenação da política internacional e (7) mercado de capitais internacional.

Os ganhos do comércio

Todo mundo sabe que um pouco de comércio internacional é benéfico – por exemplo, ninguém acha que a Noruega deveria cultivar suas próprias laranjas. Entretanto, muitas pessoas são céticas quanto aos benefícios do comércio de mercadorias que um país pode produzir por si mesmo. Os americanos deveriam comprar produtos fabricados no país, sempre que possível, para ajudar a criar empregos nos Estados Unidos?

Provavelmente, a lição mais importante de toda a economia internacional é que existem *ganhos de comércio*, ou seja, quando os países vendem mercadorias e serviços uns para os outros, essa troca é quase sempre benéfica para ambos os lados. A variedade de circunstâncias sob as quais o comércio internacional é vantajoso é muito mais ampla do que a maioria das pessoas imagina. Por exemplo, é uma concepção errônea muito comum pensar que o comércio é prejudicial se houver grandes disparidades entre os países em termos de produtividade ou salários. Por um lado, muitos empresários em países menos avançados tecnologicamente, como a Índia, se preocupam que a abertura de suas economias para o comércio internacional provocará desastres, porque suas indústrias não serão capazes de competir. Por outro lado, as pessoas em nações tecnologicamente avançadas, onde os trabalhadores ganham altos salários, com frequência têm medo de que o comércio com países menos avançados e com salários menores puxe o seu padrão de vida para baixo – um candidato à presidência dos Estados Unidos memoravelmente vaticinou sobre o surgimento de um "som de sucção gigante" se os Estados Unidos concluíssem um acordo de livre comércio com o México.

Contudo, o primeiro modelo apresentado por este texto das causas do comércio (Capítulo 3) demonstra que dois países podem negociar para seu benefício mútuo, mesmo quando um deles é mais eficiente do que o outro na produção de tudo e quando os produtores no país menos eficiente podem competir somente por estarem pagando salários mais baixos. Também observamos que o comércio fornece benefícios ao permitir que os países exportem mercadorias cuja produção faz uso relativamente intenso de recursos que são abundantes no local, ao mesmo tempo em que importa mercadorias cuja produção exige recursos que são escassos (Capítulo 5). O comércio internacional também permite que os países se especializem na produção de faixas mais estreitas de alimentos, dando a eles maior eficiência na produção em larga escala.

Os benefícios do comércio internacional não estão limitados apenas ao comércio de bens tangíveis. A migração internacional e os empréstimos internacionais também são formas de negociação mutuamente benéficas – a primeira delas é uma negociação de trabalho em troca de mercadorias e serviços (Capítulo 4); a segunda é uma negociação de mercadorias presentes em troca da promessa de mercadorias futuras (Capítulo 6). Por fim, as trocas internacionais de bens de risco, como títulos e ações, podem beneficiar todos os países ao permitir que cada nação diversifique sua riqueza e reduza a variabilidade da sua renda (Capítulo 20). Essas formas invisíveis de comércio produzem ganhos tão reais quanto o comércio que coloca frutas frescas da América Latina nos mercados de Toronto em fevereiro.

Embora as nações geralmente ganhem com o comércio internacional, é bem possível que ele possa prejudicar grupos específicos *dentro* das nações – em outras palavras, esse comércio internacional terá fortes efeitos sobre a distribuição de renda. Os efeitos do comércio

CAPÍTULO 1 ■ Introdução **5**

sobre a distribuição de renda são há muito tempo uma preocupação dos teóricos de comércio internacional, os quais enfatizam que:

O comércio internacional pode afetar adversamente os proprietários de recursos que são "específicos" de indústrias que competem com importações, ou seja, não podem encontrar emprego alternativo em outras indústrias. Os exemplos incluem os maquinários especializados, como os teares manuais que se tornaram menos valiosos em razão das importações de tecidos, e os trabalhadores com habilidades especializadas, como os pescadores que têm o valor de sua pesca reduzido pelos frutos do mar importados.

O comércio também pode alterar a distribuição de renda entre grupos amplos, como os trabalhadores e os donos do capital.

Essas preocupações se deslocaram da sala de aula para o centro do debate político do mundo real, à medida que se torna cada vez mais claro que os salários reais de trabalhadores menos capacitados nos Estados Unidos estão diminuindo – muito embora o país como um todo continue a enriquecer. Muitos comentaristas atribuem esse desenvolvimento ao comércio internacional crescente, principalmente às exportações em rápido crescimento de mercadorias fabricadas em países de baixos salários. Avaliar essa demanda torna-se uma tarefa importante para os economistas internacionais e é um tema prevalente nos Capítulos 4 a 6.

O padrão do comércio

Os economistas não podem discutir os efeitos do comércio internacional ou recomendar mudanças nas políticas governamentais dirigidas ao comércio com alguma confiança, a menos que eles saibam que sua teoria é boa o suficiente para explicar o comércio internacional observado na realidade. Como resultado, tentativas para explicar o padrão de comércio internacional – quem vende o que para quem – têm sido uma preocupação maior dos economistas internacionais.

Alguns aspectos do padrão do comércio são fáceis de serem entendidos. Clima e recursos explicam com clareza por que o Brasil exporta café e a Arábia Saudita exporta petróleo. Contudo, a maior parte do padrão do comércio é mais sutil. Por que o Japão exporta automóveis, enquanto os Estados Unidos exportam aviões? No início do século XIX, o economista inglês David Ricardo explicou o comércio em termos de diferenças internacionais na produtividade do trabalho, uma explicação que continua sendo uma ideia poderosa (Capítulo 3). No século XX, contudo, explicações alternativas também foram propostas. Uma das mais influentes liga padrões comerciais a uma interação entre os suprimentos relativos das fontes nacionais, como capital, mão de obra e terra, de um lado, e o uso relativo desses fatores na produção de mercadorias, do outro. Apresentamos essa teoria no Capítulo 5. A seguir, discutimos o quanto esse modelo básico deve ser estendido, a fim de gerar previsões empíricas precisas do volume e do padrão do comércio. Do mesmo modo, alguns economistas internacionais propuseram teorias que sugerem um componente aleatório substancial, junto com economias de escala, no padrão de comércio internacional, teorias que são desenvolvidas nos Capítulos 7 e 8.

Quanto comércio?

Se a ideia de ganhos de comércio é o conceito teórico mais importante em economia internacional, o aparente eterno debate sobre quanto comércio deve ser permitido é seu tema político mais importante. Desde o surgimento dos modernos Estados-nações no século XVI, os governos têm se preocupado com o efeito da competição internacional sobre a prosperidade das indústrias domésticas e colocam limites nas importações para tentar protegê-las ou oferecem subsídios às exportações para ajudá-las a competir mundialmente. A missão mais consistente da economia internacional tem sido analisar os efeitos dessas políticas protecionistas, como são chamadas, e, geralmente, embora nem sempre, criticar o protecionismo e mostrar as vantagens do comércio internacional mais livre.

6   CAPÍTULO 1   ■   Introdução

O debate sobre quanto comércio deve ser permitido levou a uma nova orientação nos anos 1990. Após a Segunda Guerra Mundial, as democracias avançadas, lideradas pelos Estados Unidos, adotaram uma ampla política de remover barreiras ao comércio internacional; essa política refletia a visão de que o livre comércio era uma força não apenas para a prosperidade, mas também para promover a paz mundial. Na primeira metade dos anos 1990, foram negociados vários acordos importantes de livre comércio. O mais notável foi o Acordo de Livre Comércio Norte-Americano (Nafta, do termo em inglês North American Free Trade Agreement) entre Estados Unidos, Canadá e México, aprovado em 1993, e a chamada Rodada Uruguai, que estabeleceu a Organização Mundial de Comércio em 1994.

Desde então, entretanto, houve uma reação considerável contra a "globalização". Em 2016, a Grã-Bretanha chocou o *establishment* político quando votou por abandonar a União Europeia, que garante o livre movimento de bens e pessoas entre seus membros. Naquele mesmo ano, alegações de que a concorrência das importações e acordos comerciais injustos criavam desemprego tiveram um papel importante na campanha presidencial americana. Uma consequência dessa reação antiglobalização é que os defensores do livre comércio estão sob mais pressão do que nunca para encontrar maneiras de explicar os seus pontos de vista.

Para fazer justiça à importância histórica e à relevância atual da questão protecionista, cerca de um quarto deste texto é dedicado ao assunto. No decorrer dos anos, os economistas internacionais desenvolveram um quadro analítico simples, mas poderoso, para determinar os efeitos das políticas governamentais que afetam o comércio internacional. Esse quadro ajuda a predizer os efeitos das políticas de comércio ao mesmo tempo em que permite a análise de custo-benefício e define critérios para determinar quando a intervenção do governo é boa para a economia. Apresentamos esse quadro nos Capítulos 9 e 10 e o utilizamos para discutir diversas questões de política governamental neles e nos Capítulos 11 e 12.

No mundo real, contudo, os governos não necessariamente fazem o que a análise de custo-benefício dos economistas diz que deveriam. Isso não significa que a análise é inútil. A análise econômica pode ajudar a interpretar o jogo político em torno das políticas de comércio internacional ao mostrar quem se beneficia e quem perde com as ações governamentais, como as quotas para importações e os subsídios às exportações. O principal *insight* dessa análise é que os conflitos de interesse *dentro* das nações são geralmente mais importantes na determinação da política de comércio do que os conflitos de interesse *entre* as nações. Os Capítulos 4 e 5 mostram que o comércio costuma ter efeitos muito fortes sobre a distribuição de renda dentro dos países, enquanto os Capítulos 10 a 12 revelam que a força relativa de diferentes grupos de interesse dentro dos países, mais do que alguma medida de interesse nacional global, muitas vezes é o principal fator determinante nas políticas governamentais relativas ao comércio internacional.

Balanço de pagamentos

Em 1998, tanto a China quanto a Coreia do Sul tinham grandes superávits comerciais, de cerca de 40 bilhões de dólares cada. No caso da China, não havia nada de mais no superávit comercial, pois o país registrava grandes superávits havia vários anos. Isso gerava queixas dos outros países, incluindo dos Estados Unidos, de que a China não estava obedecendo às regras do jogo. Então é bom registrar um superávit comercial e ruim apresentar um déficit comercial? Não de acordo com os sul-coreanos: seu superávit comercial foi forçado por uma crise econômica e financeira, e eles se ressentiram muito da necessidade de ter tal superávit.

Essa comparação realça o fato de que o *balanço de pagamentos* do país deve ser colocado no contexto de uma análise econômica para compreendermos o que ele significa. Ele surge em uma variedade de contextos específicos: ao discutir investimento direto externo pelas corporações multinacionais (Capítulo 8), ao relatar transações internacionais para uma contabilidade de renda nacional (Capítulo 13) e em discussões sobre praticamente todos os aspectos da política monetária internacional (Capítulos 17 a 22). Assim como o problema

CAPÍTULO 1 ■ Introdução **7**

do protecionismo, o balanço de pagamentos tornou-se uma questão central para os Estados Unidos, porque a nação apresenta déficits comerciais enormes todos os anos desde 1982.

Determinação da taxa de câmbio

Em setembro de 2010, o então ministro da Fazenda do Brasil, Guido Mantega, ganhou as manchetes dos jornais ao declarar que o mundo estava "no meio de uma guerra cambial internacional". A ocasião para seus comentários foi um forte aumento no valor da moeda do Brasil, o real, que valia menos de 45 centavos de dólar no início de 2009, mas tinha aumentado para quase 60 centavos quando ele fez essa declaração (e aumentaria para 65 centavos durante os próximos meses). Mantega acusou os países ricos, especialmente os Estados Unidos, de engendrar esse aumento, que foi devastador para os exportadores brasileiros. Contudo, o aumento de valor do real durou pouco; a moeda começou a cair em meados de 2011, e até o verão de 2013 ela tinha voltado a somente 45 centavos de dólar.

Uma diferença fundamental entre a economia internacional e outras áreas da economia é que os países geralmente têm suas próprias moedas – o euro, que é compartilhado por diversos países europeus, é a exceção que confirma a regra. E como o exemplo do *real* ilustra, os valores relativos das moedas podem mudar com o tempo, algumas vezes de maneira drástica.

Por razões históricas, o estudo da determinação da taxa de câmbio é uma parte relativamente nova da economia internacional. Durante a maior parte da história econômica moderna, as taxas de câmbio eram fixadas mais por ação governamental do que por determinação do mercado. Antes da Primeira Guerra Mundial, os valores das principais moedas do mundo eram fixados com base no ouro. Por uma geração após a Segunda Guerra Mundial, os valores das principais moedas eram fixados em termos de dólar americano. A análise dos sistemas monetários internacionais que fixam taxas de câmbio continua sendo um assunto importante. O Capítulo 18 é dedicado ao estudo dos sistemas de taxa fixa; o Capítulo 19, ao desempenho histórico dos sistemas de taxas de câmbio alternativas; e o Capítulo 21, à economia das áreas monetárias, como a união monetária europeia. Atualmente, contudo, algumas das taxas de câmbio mais importantes do mundo flutuam de minuto a minuto, e o papel dessa mudança continua sendo o centro da história econômica internacional. Os Capítulos 14 a 17 enfocam a teoria das taxas de câmbio flutuantes.

Coordenação da política internacional

A economia internacional abrange as nações soberanas, cada qual livre para escolher suas próprias políticas econômicas. Infelizmente, em uma economia mundial integrada, as políticas econômicas de um país costumam afetar igualmente outros países. Por exemplo, quando o Bundesbank, o banco central alemão, aumentou as taxas de juros, em 1990, medida adotada para controlar o possível impacto inflacionário da reunificação das Alemanhas Oriental e Ocidental, isso ajudou a precipitar uma recessão no restante da Europa Ocidental. Diferenças nas metas entre países frequentemente levam a conflitos de interesse. Mesmo quando têm metas similares, os países podem sofrer perdas se falharem em coordenar suas políticas. Um problema fundamental na economia internacional é determinar como produzir um grau aceitável de harmonia entre o comércio internacional e as políticas monetárias dos diferentes países, na ausência de um governo mundial que diga aos países o que devem fazer.

Por quase 70 anos, as políticas comerciais internacionais foram governadas por um acordo internacional conhecido como Acordo Geral sobre Tarifas Aduaneiras e Comércio (GATT, do termo em inglês General Agreement on Tariffs and Trade). Desde 1994, as regras comerciais são garantidas por uma organização internacional, a Organização Mundial do Comércio, que pode dizer aos países, incluindo os Estados Unidos, que suas políticas violam acordos prévios. Discutiremos a justificativa para esse sistema no Capítulo 9 e apuraremos se as atuais regras do jogo para o comércio internacional na economia mundial podem ou devem sobreviver.

8 CAPÍTULO 1 ■ Introdução

Embora a cooperação nas políticas comerciais internacionais seja uma tradição de longa data, a coordenação das políticas macroeconômicas internacionais é um tópico mais novo e mais incerto. Tentativas de formular princípios para a coordenação macroeconômica internacional datam das décadas de 1980 e 1990 e permanecem controversas até o momento. Ainda assim, tentativas de coordenação macroeconômica internacional estão ocorrendo com frequência crescente no mundo real. Tanto a teoria da coordenação macroeconômica internacional quanto uma experiência em desenvolvimento são revisadas no Capítulo 19.

O mercado de capitais internacional

Em 2007, os investidores que haviam comprado valores mobiliários lastreados por hipotecas, que representavam direitos às rendas de grandes conjuntos de hipotecas residenciais, receberam um choque enorme: conforme os preços das residências começaram a cair, o valor das hipotecas entrou em colapso e os investimentos que elas asseguravam passaram a ser de alto risco. Uma vez que muitos desses títulos pertenciam a instituições financeiras, o problema com os imóveis rapidamente se tornou uma crise bancária. E note o seguinte: não foi apenas uma crise bancária nos Estados Unidos, porque os bancos de outros países, sobretudo na Europa, também haviam comprado muitos desses títulos.

A história não termina aí: a Europa rapidamente também teve sua própria crise do mercado imobiliário. E embora esses problemas tenham ocorrido principalmente no sul do continente, logo tornou-se aparente que muitos bancos europeus do norte, como os bancos da Alemanha que haviam emprestado dinheiro para os da Espanha, também ficaram expostos às consequências financeiras.

Em qualquer economia sofisticada, existe um extenso mercado de capitais: um conjunto de rearranjos pelos quais indivíduos e empresas trocam dinheiro por promessas de pagamento futuro. A crescente importância do comércio internacional desde a década de 1960 foi acompanhada por um crescimento no mercado de capitais *internacional*, que conecta os mercados de capital de diferentes países. Assim, nos anos 1970, as nações do Oriente Médio ricas em petróleo colocaram os seus lucros advindos dessa fonte de recurso nos bancos de Londres e Nova York, os quais, por sua vez, emprestavam recursos para governos e corporações na Ásia e América Latina. Durante os anos 1980, o Japão converteu muito do dinheiro que ganhou com suas exportações em investimentos nos Estados Unidos, incluindo o estabelecimento de um número crescente de subsidiárias americanas de empresas japonesas. Hoje, a China está direcionando seus ganhos em exportação para um leque de ativos estrangeiros, incluindo dólares que seu governo guarda como reserva internacional.

Os mercados de capitais internacionais diferem de maneiras importantes dos mercados de capitais domésticos. Eles devem seguir regulamentações especiais que muitos países impõem ao investimento estrangeiro; em alguns casos, também oferecem oportunidades para a liberação de regulamentações impostas aos mercados internos. Desde 1960, surgiram mercados de capitais internacionais enormes, mais notadamente o mercado de eurodólar de Londres, no qual bilhões de dólares são trocados diariamente sem sequer chegarem aos Estados Unidos.

Alguns riscos especiais estão associados com os mercados de capitais internacionais. Um risco é a flutuação do câmbio: se o euro cai abaixo do dólar, os investidores dos EUA que compraram ações em euro sofrem uma perda de capital. Outro risco é o não pagamento ("calote") nacional: uma nação pode simplesmente recusar-se a pagar suas dívidas (talvez porque não tenha condições) e pode não existir uma maneira efetiva para os credores processarem essa nação. O medo de "calote" por países europeus altamente endividados tem sido uma preocupação importante nos últimos anos.

A crescente importância dos mercados de capitais internacionais e seus novos problemas demandam mais atenção do que nunca. Este livro dedica dois capítulos aos problemas oriundos dos mercados de capitais internacionais: um sobre o funcionamento dos mercados de ativos globais (Capítulo 20) e um sobre empréstimos estrangeiros tomados por países em desenvolvimento (Capítulo 22).

Economia internacional: comércio e moedas

Os fundamentos econômicos da economia internacional podem ser subdivididos em dois subcampos amplos: o estudo do *comércio internacional* e o estudo *monetário internacional*. A análise do comércio internacional enfoca primariamente as transações *reais* na economia internacional, ou seja, as transações que envolvem o movimento físico de mercadorias ou um compromisso tangível de recursos econômicos. A análise monetária internacional enfoca a face *monetária* da economia internacional, ou seja, transações financeiras como compras estrangeiras de dólares americanos. Um exemplo de um problema de comércio internacional é o conflito entre os Estados Unidos e a Europa sobre as exportações subsidiadas de produtos agrícolas da Europa; um exemplo de um problema monetário internacional é a disputa entre a opinião de que se deve deixar que o valor do câmbio do dólar flutue livremente e a de que esse valor deve ser estabilizado por ações governamentais.

No mundo real, não existe uma linha divisória simples entre os problemas comerciais e monetários. A maioria do comércio internacional envolve transações monetárias, embora, como os exemplos deste capítulo já sugeriram, muitos eventos monetários tenham consequências importantes para o comércio. Contudo, a distinção entre comércio internacional e monetário internacional é útil. A primeira metade deste livro aborda os problemas de comércio internacional. A Parte I (Capítulos 2 a 8) desenvolve a teoria analítica do comércio internacional, e a Parte II (Capítulos 9 a 12) aplica a teoria do comércio para a análise das políticas governamentais de comércio. A segunda metade do livro dedica-se aos problemas monetários internacionais. A Parte III (Capítulos 13 a 18) desenvolve a teoria monetária internacional, e a Parte IV (Capítulos 19 a 22) aplica essa análise à política monetária internacional.

CAPÍTULO 2

Comércio mundial: uma visão geral

Em 2019, o mundo como um todo produziu bens e serviços no valor de cerca de US$ 88 trilhões a preços correntes. Desse total, em torno de 30% foram vendidos além das fronteiras nacionais: o comércio mundial de bens e serviços foi de quase US$ 25 trilhões. É uma quantidade enorme de exportações e importações.

Em capítulos posteriores, vamos analisar por que os países vendem muito do que produzem para outros países e por que compram muito do que consomem de outros países. Também examinaremos os benefícios e os custos do comércio internacional e as motivações e os efeitos das políticas governamentais que restringem ou incentivam o comércio.

Antes de chegarmos a isso, no entanto, vamos começar por descrever quem negocia com quem. Uma relação empírica, conhecida como *modelo de gravidade*, ajuda a entender o valor das trocas comerciais entre qualquer par de países e lança luz sobre os obstáculos que continuam a limitar o comércio internacional, mesmo na economia globalizada de hoje.

Vamos, então, analisar a estrutura mutante do comércio mundial. Como veremos, as últimas décadas foram marcadas por um grande aumento da parcela da produção mundial vendida internacionalmente, por uma mudança do centro de gravidade do mundo econômico em direção à Ásia e por grandes mudanças nos tipos de bens que compõem esse comércio.

OBJETIVOS DE APRENDIZAGEM

Após a leitura deste capítulo, você será capaz de:

- Descrever como o valor do comércio entre dois países depende do tamanho de suas economias e explicar as razões para essa relação.
- Discutir como a distância e as fronteiras reduzem o comércio.
- Descrever como a parcela da produção internacional que é negociada tem oscilado ao longo do tempo e por que há duas eras da globalização.
- Explicar como o conjunto de produtos e serviços comercializados internacionalmente mudou ao longo do tempo.

Quem negocia com quem?

A Figura 2.1 mostra o valor total do comércio de mercadorias (exportações mais importações) entre os Estados Unidos e seu 15 parceiros comerciais principais em 2019. (Dados sobre o comércio de serviços não são tão bem discriminados por parceiro comercial; vamos falar sobre a crescente importância do comércio de serviços e as questões levantadas por

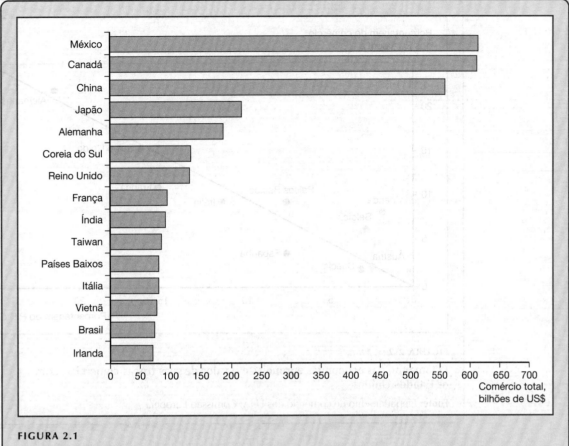

FIGURA 2.1

Comércio total dos EUA com os principais parceiros em 2019.

Comércio dos EUA – medido como a soma das importações e exportações – com os 15 principais parceiros.

Fonte: Departamento de Comércio dos EUA.

esse comércio mais adiante neste capítulo.) Tomados em conjunto, esses 15 países representaram 75% do valor do comércio dos Estados Unidos naquele ano.

Por que os Estados Unidos negociam tanto com esses países? Vamos examinar os fatores que, na prática, determinam quem negocia com quem.

O tamanho é importante: o modelo de gravidade

Três dos 15 principais parceiros comerciais dos EUA são nações europeias: Alemanha, Reino Unido e França. Por que os Estados Unidos negociam mais intensamente com esses três países europeus do que com os outros? A resposta é que essas são as três maiores economias europeias. Ou seja, eles têm os maiores valores do **produto interno bruto (PIB)**, que mede o valor total de todos os bens e serviços produzidos em uma economia. Existe uma forte relação empírica entre o tamanho da economia de um país e o volume de suas importações e exportações.

A Figura 2.2 ilustra essa relação, mostrando a correspondência entre o tamanho das diferentes economias europeias (especificamente, os 10 parceiros comerciais da Europa Ocidental mais importantes dos EUA em 2019) e o comércio desses países com os Estados

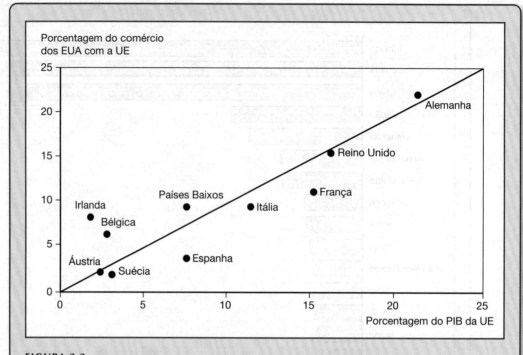

FIGURA 2.2
O tamanho das economias europeias e o valor de suas trocas comerciais com os Estados Unidos.
Fonte: Departamento de comércio dos EUA; Comissão Europeia.

Unidos naquele ano. No eixo horizontal está o PIB de cada país, expresso em porcentagem do PIB total da União Europeia; no eixo vertical temos a quota de cada país do comércio total dos EUA com a UE. Como você pode ver, a dispersão dos pontos é agrupada em torno da linha traçada a 45 graus – ou seja, a quota de comércio de cada país da Europa com os EUA foi mais ou menos igual à quota do país no PIB europeu ocidental. A Alemanha tem uma grande economia, respondendo por 20% do PIB europeu ocidental; é também responsável por 24% do comércio dos EUA com a região. A Suécia tem uma economia muito menor, representando apenas 3,2% do PIB europeu. De maneira correspondente, é responsável por apenas 2,3% do comércio EUA–Europa.

Olhando para o comércio mundial como um todo, os economistas descobriram que a seguinte equação prevê com bastante precisão o volume do comércio entre dois países:

$$T_{ij} = A \times Y_i \times Y_j/D_{ij}, \tag{2.1}$$

em que A é um termo constante, T_{ij} é o valor do comércio entre o país i e o país j, Y_i é o PIB do país i, Y_j é o PIB do país j e D_{ij} é a distância entre os dois países. Ou seja, o valor do comércio entre dois países é proporcional, se tudo o mais for igual, ao *produto* do PIB dos dois países e diminui com a distância entre eles.

Uma equação como (2.1) é conhecida como um **modelo de gravidade** do comércio mundial. A razão para o nome é a analogia à lei de Newton da gravidade: assim como a atração gravitacional entre dois objetos é proporcional ao produto das suas massas e diminui com a

CAPÍTULO 2 ■ Comércio mundial: uma visão geral **13**

distância, o comércio entre dois países é, sendo as outras variáveis iguais, proporcional ao produto de seu PIB e diminui com a distância.

Os economistas frequentemente estimam um modelo de gravidade um pouco mais geral da seguinte forma:

$$T_{ij} = A \times Y_i^a \times Y_j^b / D_{ij}^c. \tag{2.2}$$

Esta equação diz que os três parâmetros que determinam o volume do comércio entre dois países são o tamanho do PIB dos dois países e a distância entre eles, sem pressupor especificamente que o comércio é proporcional ao produto dos dois PIBs e inversamente proporcional à distância. Em vez disso, a, b e c são escolhidos para se encaixarem o mais próximo possível nos dados reais. Se a, b e c fossem todos iguais a 1, a Equação (2.2) seria igual à Equação (2.1). Na verdade, as estimativas em geral apontam que (2.1) é uma aproximação razoável.

Por que o modelo de gravidade funciona? Em termos gerais, as grandes economias tendem a gastar grandes quantias com importações, porque elas possuem uma renda elevada. Também tendem a atrair grandes fatias dos gastos de outros países, pois produzem uma vasta gama de produtos. Então, sendo as outras variáveis iguais, o comércio entre duas economias é maior quanto maior for **qualquer** uma das economias.

Que outras variáveis *não* são iguais? Como já observamos, na prática, os países gastam muito ou a maior parte de sua renda internamente. Os Estados Unidos e a União Europeia representam cerca de 25% do PIB mundial cada, mas atraem apenas cerca de 2% dos gastos do outro. Para compreender os fluxos comerciais reais, precisamos considerar os fatores que limitam o comércio internacional. Antes de chegarmos lá, no entanto, vamos analisar uma razão importante pela qual o modelo de gravidade é útil.

Usando o modelo de gravidade à procura de anomalias

É claro pela Figura 2.2 que um modelo de gravidade se aplica bem aos dados sobre o comércio dos EUA com países europeus – mas não perfeitamente. Na verdade, uma das principais utilidades dos modelos de gravidade é que nos ajudam a identificar anomalias no comércio. Na verdade, quando o comércio entre dois países é muito maior ou menor do que um modelo de gravidade prevê, os economistas procuram a explicação.

Olhando novamente a Figura 2.2, vemos que o comércio dos Países Baixos, Bélgica e Irlanda com os Estados Unidos é consideravelmente maior do que um modelo de gravidade teria previsto. Por que isso ocorre?

Para a Irlanda, a resposta encontra-se, em parte, na afinidade cultural: não só a Irlanda compartilha a mesma língua com os Estados Unidos, mas dezenas de milhões de americanos são descendentes de imigrantes irlandeses. Além dessa consideração, a Irlanda desempenha um papel especial como hospedeira de muitas empresas dos EUA. Discutiremos o papel dessas *corporações multinacionais* no Capítulo 8.

No caso dos Países Baixos e da Bélgica, os custos de transporte e a geografia explicam seu grande comércio com os Estados Unidos. Ambos os países estão localizados perto da foz do rio Reno, maior rio da Europa Ocidental, que atravessa o Ruhr, o coração industrial da Alemanha. Então, os Países Baixos e a Bélgica têm sido tradicionalmente os pontos de entrada de grande parte do noroeste da Europa. Roterdã, na Holanda, é o porto mais importante na Europa, como medido pela tonelagem; e Antuérpia, na Bélgica, o segundo. O grande comércio da Bélgica e da Holanda sugere, em outras palavras, o papel relevante dos custos de transporte e da geografia em determinar o volume do comércio. A importância desses fatores é clara quando nos voltamos para um exemplo mais amplo de dados comerciais.

Impedimentos ao comércio: distância, barreiras e fronteiras

A Figura 2.3 mostra os mesmos dados que a Figura 2.2: o comércio dos EUA como uma porcentagem do comércio total com a Europa Ocidental *versus* PIB como porcentagem do PIB total da região. Contudo, ela acrescenta mais dois países: Canadá e México. Como você pode ver, os dois vizinhos dos Estados Unidos fazem muito mais comércio com os EUA do que as economias europeias de igual tamanho. Na verdade, as economias canadense e mexicana somadas equivalem apenas à economia da França, aproximadamente, mas seu comércio com os EUA é 12 vezes maior.

Por que os Estados Unidos têm muito mais comércio com seus vizinhos norte-americanos do que com os seus parceiros europeus? Uma das principais razões é o simples fato de que o Canadá e o México estão muito mais próximos.

Todos os modelos de gravidade estimados mostram um forte efeito negativo da distância no comércio internacional; estimativas típicas relatam que um aumento de 1% na distância entre dois países está associado com uma queda de 0,7 a 1% no comércio entre esses países. Essa queda, em parte, reflete o aumento dos custos do transporte de mercadorias e serviços. Os economistas também acreditam que fatores menos tangíveis desempenham um papel crucial: o comércio tende a ser intenso quando os países têm contato pessoal, e esse contato tende a diminuir quando as distâncias são grandes. Por exemplo, é fácil para um representante de vendas dos Estados Unidos fazer uma visita rápida a Toronto, mas precisa de um esforço muito maior para ir a Paris. A menos que a empresa esteja situada na costa oeste, é um esforço ainda maior visitar Tóquio.

Além de vizinhos dos Estados Unidos, Canadá e México são parte de um **acordo de comércio** com os Estados Unidos, o Acordo de Livre Comércio Norte-Americano, ou Nafta, substituído em 2020 por um acordo ligeiramente modificado, o Acordo Estados Unidos–México–Canadá (USMCA). O acordo garante que a maioria dos bens enviados entre os três países não seja sujeita a tarifas ou outras barreiras ao comércio internacional. Vamos analisar os efeitos das barreiras ao comércio internacional nos Capítulos 8 e 9, e o papel dos

FIGURA 2.3
Dimensão econômica e o comércio com os Estados Unidos.

Os Estados Unidos têm significativamente mais comércio com seus vizinhos do que com as economias europeias de mesmo tamanho.

Fonte: Departamento de comércio dos EUA; Comissão Europeia.

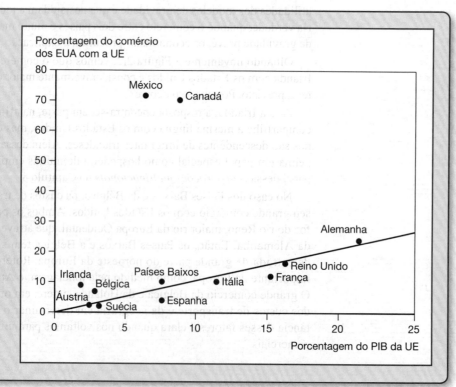

CAPÍTULO 2 ▪ Comércio mundial: uma visão geral **15**

acordos comerciais no Capítulo 10. Por enquanto, vamos observar que os economistas usam modelos de gravidade como uma forma de avaliar o impacto dos acordos comerciais sobre o comércio internacional real: se um acordo de comércio for eficaz, deverá levar a um aumento mais significativo do comércio entre seus parceiros do que se poderia prever por seus PIBs e pelas distâncias um do outro.

É importante observar, no entanto, que apesar de os acordos comerciais muitas vezes acabarem com todas as barreiras formais ao comércio entre os países, eles raramente tornam as fronteiras nacionais irrelevantes. Mesmo quando a maioria dos bens e serviços fornecidos através de uma fronteira nacional não paga tarifas aduaneiras e enfrenta poucas restrições legais, há muito mais comércio entre regiões do mesmo país do que entre regiões equivalentemente situadas em diferentes países. A fronteira Canadá–Estados Unidos é um caso. Os dois países fazem parte de um acordo de livre comércio (na verdade, havia um acordo de livre comércio entre Canadá e EUA mesmo antes do Nafta); a maioria dos canadenses fala inglês; e os cidadãos desses países são livres para cruzar a fronteira com um mínimo de formalidades. Contudo, dados sobre o comércio das províncias canadenses individuais entre si e com estados dos EUA mostram que, se todo o resto for igual, há muito mais comércio entre as províncias do que entre as províncias e os estados americanos.

A Tabela 2.1 ilustra a extensão da diferença. Ela mostra o comércio total (exportações mais importações) da província canadense da Colúmbia Britânica, ao norte do estado de Washington, com outras províncias canadenses e com os estados dos EUA, medidos como uma porcentagem do PIB de cada província ou estado. A Figura 2.4 mostra a localização dessas províncias e estados. Cada província canadense é pareada com um estado dos EUA que esteja mais ou menos à mesma distância da Colúmbia Britânica: o estado de Washington e a província de Alberta fazem, ambos, fronteira com a Colúmbia Britânica; Ontário e Ohio estão ambos no Meio-Oeste; e assim por diante. Com exceção do comércio com a província de Nova Brunswick, no extremo leste do Canadá, o comércio intracanadense cai constantemente com o aumento da distância. Mas em todos os casos, o comércio entre a Colúmbia Britânica e uma província do Canadá é muito maior do que o comércio com um estado dos EUA igualmente distante.

Os economistas usaram dados como os mostrados na Tabela 2.1, junto com as estimativas do efeito da distância em modelos de gravidade, para calcular que a fronteira Canadá–EUA, apesar de ser uma das mais abertas do mundo, tem tanto efeito em dissuadir o comércio quanto se os países estivessem entre 1.500 e 2.500 quilômetros de distância.

Por que as fronteiras têm um grande efeito negativo sobre o comércio? A questão é tema de pesquisas em andamento. O Capítulo 21 descreve um recente foco dessa pesquisa: um esforço para determinar o quanto a existência de diferentes moedas nacionais afeta o comércio internacional de bens e serviços.

TABELA 2.1	Comércio com a Colúmbia Britânica, como porcentagem do PIB em 2009		
Província canadense	Comércio como % do PIB	Comércio como % do PIB	Estados dos EUA com distância similar à Colúmbia Britânica
Alberta	6,9	2,6	Washington
Saskatchewan	2,4	1,0	Montana
Manitoba	2,0	0,3	Califórnia
Ontário	1,9	0,2	Ohio
Quebec	1,4	0,1	Nova York
New Brunswick	2,3	0,2	Maine

Fonte: Estatísticas Canadá; Departamento de Comércio dos EUA.

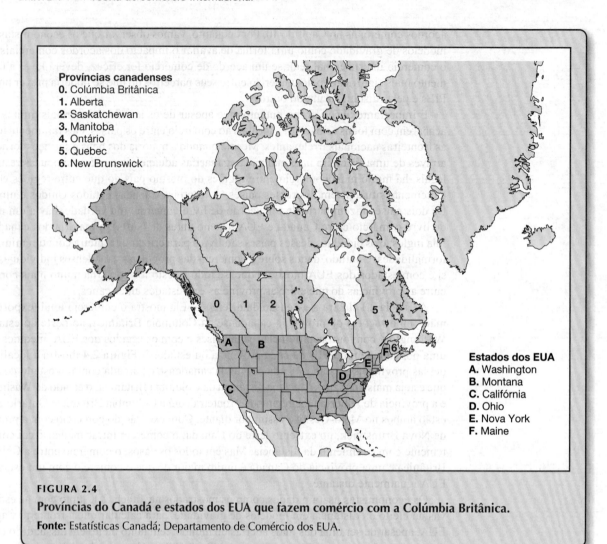

FIGURA 2.4
Províncias do Canadá e estados dos EUA que fazem comércio com a Colúmbia Britânica.
Fonte: Estatísticas Canadá; Departamento de Comércio dos EUA.

As mudanças no padrão do comércio mundial

O comércio mundial é um alvo em movimento. A direção e a composição do comércio mundial são muito diferentes hoje do que era uma geração atrás e ainda mais diferente do que era há um século. Vejamos algumas das principais tendências.

O mundo encolheu?

Em discussões populares sobre a economia mundial, muitas vezes encontramos afirmações de que o transporte moderno e as comunicações aboliram a distância, então o mundo se tornou um lugar pequeno. Claramente, há um pouco de verdade nessas declarações: a internet possibilita a comunicação instantânea e quase gratuita entre pessoas que estão a milhares de quilômetros de distância, enquanto o transporte por aviões a jato permite rápido acesso físico para todas as partes do globo. Por outro lado, os modelos de gravidade continuam a mostrar uma forte relação negativa entre a distância e o comércio internacional. Mas tais efeitos ficaram mais fracos ao longo do tempo? O progresso dos transportes e das comunicações tornou o mundo menor?

A resposta é "sim", mas a história também mostra que as forças políticas podem compensar os efeitos da tecnologia. O mundo ficou menor entre 1840 e 1914, mas voltou a crescer durante boa parte do século XX.

Historiadores econômicos nos dizem que uma economia global, com fortes ligações econômicas entre nações mesmo distantes, não é uma coisa nova. Na verdade, houve duas grandes ondas de globalização, a primeira se baseando não nos aviões a jato e na internet, mas sim em ferrovias, navios a vapor e no telégrafo. Em 1919, o grande economista John Maynard Keynes descreveu os resultados daquela onda de globalização:

> Um episódio extraordinário no progresso econômico do homem foi a era que chegou ao fim em agosto de 1914!... O habitante de Londres podia encomendar por telefone, bebericando seu chá da manhã na cama, os diversos produtos de toda a terra, nas quantidades que achasse melhor, e esperar razoavelmente sua entrega bater em sua porta sem demora.

Observe, no entanto, a declaração de Keynes de que a era "chegou ao fim" em 1914. Na verdade, duas guerras mundiais subsequentes, a Grande Depressão dos anos 1930 e o protecionismo generalizado fizeram muito para deprimir o comércio mundial. A Figura 2.5 mostra uma medida de comércio internacional: a proporção entre as exportações mundiais e o PIB mundial. O comércio mundial cresceu rapidamente nas décadas anteriores à Primeira Guerra Mundial, mas depois caiu de forma significativa. Como você pode ver, de acordo com esse indicador, a globalização não retorna aos níveis pré-Primeira Guerra até a década de 1970.

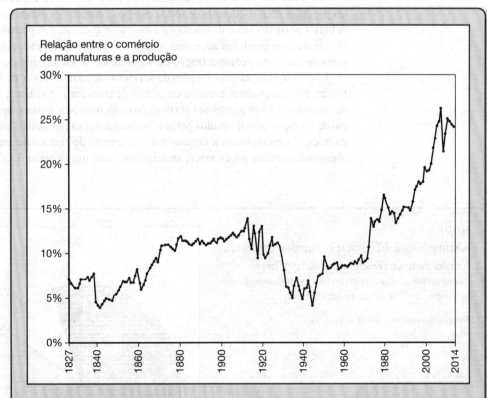

FIGURA 2.5

A ascensão e a queda do comércio mundial.

A proporção entre as exportações mundiais e o PIB mundial aumentou durante as décadas antes da Primeira Guerra Mundial, mas caiu drasticamente diante das guerras e do protecionismo. O indicador não retornou aos níveis de 1913 até a década de 1970, mas bateu novos recordes desde então.

Fonte: Michel Fouquin e Jules Hugot, "Trade Globalisation in the Last Two Centuries," *Voxeu* (setembro 2016).

Desde então, no entanto, o comércio mundial, como parcela da produção mundial, aumentou para níveis sem precedentes. Grande parte desse aumento no valor do comércio mundial reflete a chamada "desintegração vertical" da produção: antes que um produto chegue às mãos dos consumidores, passa, com frequência, por vários estágios de produção em diferentes países. Por exemplo, os produtos eletrônicos para consumidores (celulares, iPhones etc.) muitas vezes são montados nas nações com baixos salários, como a China, a partir de componentes produzidos em países com salários mais altos, como o Japão. Em razão da extensa movimentação dos componentes, um produto de US$ 100 pode dar origem a US$ 200 ou US$ 300 em fluxos de comércio internacional.

O que comercializamos?

Quando os países fazem comércio, o que comercializam? Para o mundo como um todo, a principal resposta é que enviam produtos manufaturados, como automóveis, computadores e roupas, uns para os outros. No entanto, o comércio de produtos minerais (uma categoria que inclui desde o minério de cobre até o carvão, mas cujo componente principal no mundo moderno é o petróleo) continua a ser uma parte importante do comércio mundial. Produtos agrícolas, como trigo, soja e algodão, são outra peça-chave do quadro atual, e serviços de diversos tipos desempenham um papel relevante; a expectativa geral é de que se tornem mais importantes no futuro.

A Figura 2.6 apresenta a distribuição percentual das exportações mundiais em 2017. Os produtos manufaturados de todos os tipos compõem a maior parte do comércio mundial. A maior parte do valor dos bens de mineração consiste em petróleo e outros combustíveis. O comércio de produtos agrícolas, embora crucial na alimentação de muitos países, representa apenas uma pequena fração do valor do comércio do mundo moderno.

Enquanto isso, as exportações de serviços incluem as taxas de transporte tradicional cobradas por companhias aéreas e empresas de transporte marítimo, taxas de seguro recebidas de estrangeiros e os gastos por turistas estrangeiros. Nos últimos anos, novos tipos de comércio de serviços, possibilitados pelas telecomunicações modernas, têm atraído muito a atenção da mídia. O exemplo mais famoso é o surgimento de centros de atendimento telefônico e de assistência remota no exterior: se telefonar para um número 0800 para obter informações

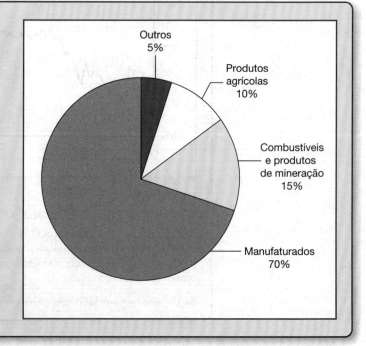

FIGURA 2.6
A composição do comércio mundial em 2017.
A maior parte do comércio mundial é de bens manufaturados, mas os minerais – principalmente o petróleo – continuam a ser importantes.

Fonte: Organização Mundial do Comércio.

ou ajuda técnica, a pessoa do outro lado da linha pode muito bem estar em um país distante (a cidade indiana de Bangalore é um local particularmente popular). Por ora, essas novas formas exóticas de comércio ainda são uma parte relativamente pequena do quadro geral de comércio, mas, como explicaremos mais tarde, isso pode mudar nos próximos anos.

O quadro atual, em que produtos manufaturados dominam o comércio mundial, é relativamente novo. No passado, os produtos primários (agrícolas e de mineração) desempenhavam um papel muito mais importante no comércio mundial. A Tabela 2.2 mostra a participação dos bens manufaturados nas exportações e importações do Reino Unido e dos Estados Unidos em 1910 e 2015. No início do século XX, a Grã-Bretanha, embora exportasse muito mais bens manufaturados do que qualquer outra categoria, importava principalmente produtos primários. Hoje, os produtos manufaturados dominam ambos os lados de seu comércio. Enquanto isso, os Estados Unidos passaram de um padrão de comércio em que produtos primários eram mais importantes do que os bens manufaturados, em ambos os lados, para um padrão em que os bens manufaturados dominam.

Uma transformação mais recente foi a ascensão do Terceiro Mundo nas exportações de bens manufaturados. Os termos **Terceiro Mundo** e **países em desenvolvimento** são aplicados às nações mais pobres do mundo, muitas das quais foram colônias europeias antes da Segunda Guerra Mundial. Até a década de 1970, esses países exportavam principalmente produtos primários. Desde então, no entanto, entraram rapidamente nas exportações de manufaturas. A Figura 2.7 mostra as parcelas de produtos agrícolas e mercadorias

TABELA 2.2	Produtos manufaturados como porcentagem do comércio de mercadorias				
	Reino Unido		Estados Unidos	
	Exportações	Importações	Exportações	Importações
1910	75,4	24,5	47,5	40,7
2015	72,3	73,6	74,8	78,4

Fonte: Dados de 1910 de Simon Kuznets, *Modern Economic Growth: Rate, Structure and Speed*. New Haven: Yale Univ. Press, 1966. Dados de 2015 da Organização Mundial do Comércio.

FIGURA 2.7
A mudança de composição das exportações de países em desenvolvimento.

Nos últimos 50 anos, as exportações dos países em desenvolvimento têm se deslocado na direção dos manufaturados.

Fonte: Conselho das Nações Unidas sobre Comércio e Desenvolvimento.

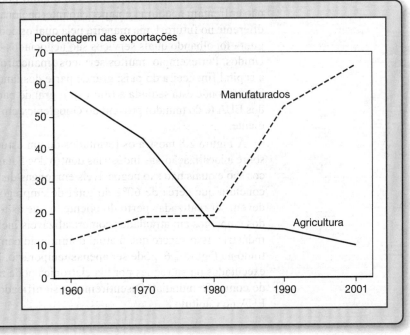

20 PARTE I ■ Teoria de comércio internacional

manufaturadas nas exportações de países em desenvolvimento entre 1960 e 2001. Houve uma inversão quase completa de sua importância relativa. Por exemplo, mais de 90% das exportações da China, a maior economia em desenvolvimento e uma força crescente no comércio mundial, são compostos de bens manufaturados.

Offshoring de serviços

Atualmente, um dos debates mais acalorados em economia internacional é se a moderna tecnologia da informação, que torna possível executar algumas funções econômicas a longa distância, conduzirá a um aumento drástico nas novas formas de comércio internacional. Nós já mencionamos o exemplo dos *call centers*, no qual a pessoa que atende seu pedido para obter informações pode estar a 13.000 quilômetros de distância. Muitos outros serviços também podem ser feitos em um local remoto. Quando um serviço antes feito em um país é deslocado para um local externo, a alteração é conhecida como ***offshoring* de serviços** (às vezes conhecido como **terceirização de serviços**). Além disso, os produtores precisam decidir se devem estabelecer uma subsidiária estrangeira para fornecer os serviços (e operar como uma multinacional) ou terceirizá-los para outra empresa. No Capítulo 8, descreveremos mais detalhadamente como as empresas tomam essas decisões importantes.

Em um artigo famoso, publicado em 2006 na revista *Foreign Affairs*, Alan Blinder, economista da Universidade de Princeton, argumentou que:

> no futuro, e em grande medida já no presente, a principal distinção para o comércio internacional não será entre coisas que podem e que não podem ser colocadas em uma caixa. Em vez disso, será entre os serviços que podem ser entregues por via eletrônica em longas distâncias, com pouca ou nenhuma degradação de qualidade, e aqueles que não podem.

Por exemplo, o trabalhador que reabastece as prateleiras em sua mercearia precisa ir ao local, mas o contador que faz a contabilidade do mercado pode estar em outro país, mantendo contato pela internet. A enfermeira que mede seu pulso necessita estar próxima de você, mas o radiologista que analisa a radiografia pode receber as imagens eletronicamente em qualquer lugar que tenha uma conexão de alta velocidade.

Nesse ponto, a terceirização de serviços chama muito a atenção precisamente porque ainda é bastante rara. A questão é o quanto pode crescer, e quantos trabalhadores que não enfrentam nenhuma competição internacional no momento enfrentarão uma situação diferente no futuro. Uma maneira pela qual os economistas tentaram responder a essa pergunta foi olhando quais serviços são negociados em longas distâncias dentro dos Estados Unidos. Por exemplo, muitos serviços financeiros são fornecidos a partir de Nova York, a capital financeira do país; grande parte dos lançamentos de *software* do país ocorre em Seattle, onde está sediada a Microsoft; grande parte dos serviços de pesquisa por internet dos EUA (e do mundo) provém do Googleplex em Mountain View, Califórnia, e assim por diante.

A Figura 2.8 mostra os resultados de um estudo que utilizou sistematicamente dados sobre a localização das indústrias dentro dos Estados Unidos para determinar quais serviços são e quais não são negociáveis em longas distâncias. Como mostra a figura, o estudo concluiu que cerca de 60% do total de empregos dos EUA consistem em funções que devem ser realizadas perto do cliente, o que as torna não comercializáveis. Mas os 40% dos empregos em atividades comercializáveis incluem mais serviços do que empregos na indústria. Isso sugere que o atual domínio do comércio mundial pelas manufaturas, mostrado na Figura 2.6, pode ser apenas temporário. No longo prazo, o comércio de serviços executados ou entregues por via eletrônica pode tornar-se o componente mais importante do comércio mundial. Discutiremos o significado dessas tendências para o emprego nos EUA no Capítulo 8.

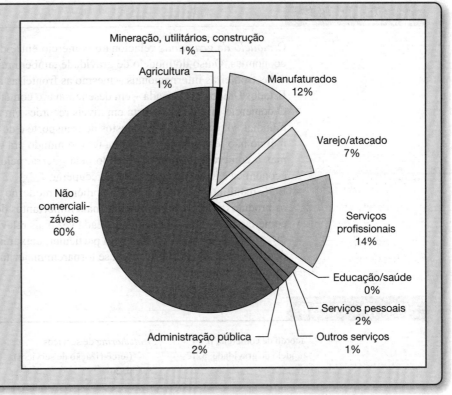

FIGURA 2.8
Parcela das produções comercializáveis do emprego.
Estimativas com base no comércio dentro dos Estados Unidos sugerem que o comércio de serviços pode eventualmente tornar-se maior do que o comércio de manufaturados.

Fonte: J. Bradford Jensen e Lori G. Kletzer, "Tradable Services: Understanding the Scope and Impact of Services Outsourcing", Peterson Institute of Economics Working Paper 5-09, Maio 2005.

As regras antigas ainda se aplicam?

Começaremos nossa discussão sobre as causas do comércio mundial no Capítulo 3, com uma análise de um modelo originalmente apresentado pelo economista britânico David Ricardo, em 1819. Tendo em conta todas as mudanças no comércio mundial desde o tempo de Ricardo, velhas ideias ainda podem ser relevantes? A resposta é um retumbante "sim". Mesmo que muito tenha mudado sobre o comércio internacional, os princípios fundamentais, descobertos por economistas no alvorecer de uma economia global, ainda se aplicam.

É verdade que o comércio mundial tornou-se mais difícil de se caracterizar em termos simples. Um século atrás, as exportações de cada país obviamente eram moldadas em grande parte por seu clima e seus recursos naturais. Países tropicais exportavam produtos tropicais, como café e algodão; países com territórios extensos, como os Estados Unidos e a Austrália, exportavam alimentos para as nações densamente povoadas da Europa. Disputas sobre o comércio também eram fáceis de explicar: as batalhas políticas clássicas em torno de livre comércio *versus* protecionismo eram travadas entre proprietários de terras ingleses, que queriam a proteção contra as importações de alimentos baratos, e os empresários da indústria inglesa, que exportavam grande parte da sua produção.

As fontes do comércio moderno são mais sutis. Os recursos humanos e os recursos criados pelos humanos (na forma de maquinário e outros tipos de capital) são mais importantes do que os recursos naturais. As batalhas políticas sobre o comércio normalmente envolvem trabalhadores cujas habilidades tornam-se menos valiosas em razão das importações – trabalhadores da indústria de vestuário que enfrentam a concorrência de roupas importadas e profissionais de tecnologia que hoje enfrentam a concorrência de Bangalore.

Como veremos em capítulos posteriores, no entanto, a lógica por trás do comércio internacional permanece a mesma. Modelos econômicos desenvolvidos muito antes da invenção dos aviões a jato ou da internet continuam sendo importantes para compreendermos os fundamentos do comércio internacional do século XXI.

22 PARTE I ■ Teoria de comércio internacional

RESUMO

- O *modelo de gravidade* relaciona o comércio entre dois países aos tamanhos de suas economias. O uso do modelo de gravidade também revela os fortes efeitos da distância e das fronteiras internacionais – mesmo as fronteiras amigáveis, como aquelas entre os Estados Unidos e o Canadá – em desencorajar o comércio.
- O comércio internacional está em níveis recordes em relação ao tamanho da economia mundial, graças à queda dos custos de transporte e de comunicações. No entanto, o comércio não tem crescido em linha reta: o mundo era extensamente integrado em 1914, mas o comércio foi muito reduzido pela guerra, pelo protecionismo e pela depressão econômica e levou décadas para se recuperar.
- Bens manufaturados dominam o comércio moderno de hoje. No passado, entretanto, os produtos primários eram muito mais importantes do que são agora; recentemente, o comércio de serviços tem ganhado cada vez mais relevância.
- *Os países em desenvolvimento*, em particular, deixaram de ser principalmente exportadores de produtos primários para se tornarem majoritariamente exportadores de produtos manufaturados.

TERMOS-CHAVE

acordo de comércio, p. 14
modelo de gravidade, p. 12

offshoring de serviços
(terceirização de serviços),
p. 20

países em desenvolvimento, p. 19
produto interno bruto (PIB), p. 11
Terceiro Mundo, p. 19

QUESTÕES

1. Canadá e Austrália são países (em sua maioria) anglófonos, com populações que não são muito diferentes em tamanho (o Canadá é 60% maior). Mas o comércio canadense é duas vezes maior, em relação ao PIB, do que na Austrália. Por que isso ocorre?
2. México e Brasil têm padrões muito diferentes de negociação. Enquanto o México negocia principalmente com os Estados Unidos, o Brasil comercializa em níveis quase iguais com os Estados Unidos e a União Europeia. Além disso, o comércio mexicano é muito maior em relação ao seu PIB. Explique essas diferenças usando o modelo de gravidade.
3. A Equação (2.1) diz que o comércio entre os dois países é proporcional ao produto de seu PIB. Isso significa que, se o PIB de cada país no mundo duplicasse, o comércio mundial quadruplicaria?
4. Ao longo das últimas décadas, as economias do leste asiático aumentaram a sua quota do PIB mundial. Da mesma forma, o comércio intraleste asiático – ou seja, o comércio entre as nações do leste asiático – tem crescido como uma parte do comércio mundial. Mais do que isso, países do leste asiático comercializam em grande parte uns com os outros. Explique o porquê, usando o modelo de gravidade.
5. Um século atrás, a maioria das importações britânicas vinha de locais relativamente distantes: América do Norte, América Latina e Ásia. Hoje, a maioria das importações britânicas é proveniente de outros países europeus. Como isso se encaixa com a mudança nos tipos de bens que compõem o comércio mundial?

LEITURAS ADICIONAIS

Bairoch, P. *Economics and World History*. Londres: Harvester, 1993. Um grande levantamento da economia mundial em função do tempo transcorrido.

Blinder, A. S. "Offshoring: The Next Industrial Revolution?" *Foreign Affairs*, mar./abr. 2006. Um artigo influente, escrito por um conhecido economista, alerta que o crescimento do comércio de serviços pode expor dezenas de milhões de postos de trabalho anteriormente "seguros" à concorrência internacional. O artigo criou uma celeuma enorme quando foi publicado.

Cairncross, F. *The Death of Distance*. London: Orion, 1997. Um olhar sobre como a tecnologia tornou o mundo menor.

Head, K. "Gravity for Beginners." Um guia útil sobre o modelo da gravidade. Disponível em: <http://pacific.commerce.ubc.ca/keith/gravity.pdf>.

James, H. *The End of Globalization: Lessons from the Great Depression*. Cambridge: Harvard University Press, 2001. Um levantamento de como terminou a primeira grande onda de globalização.

Jensen, J. B. e Kletzer, L. G. "Tradable Services: Understanding the Scope and Impact of Services Outsourcing." Peterson Institute Working Paper 5-09, maio 2005. Um olhar sistemático para quais serviços são negociados dentro dos Estados Unidos, com consequências para o futuro do comércio internacional de serviços.

Banco Mundial. *Relatório de desenvolvimento mundial 1995*. A cada ano o Banco Mundial enfoca uma importante questão global; o relatório de 1995 focou sobre os efeitos do crescimento do comércio mundial.

Organização Mundial do Comércio. *Relatório do Comércio Mundial*. Um relatório anual sobre o estado do comércio mundial. O relatório de cada ano tem um tema diferente. Por exemplo, o de 2004 se centrou nos efeitos das políticas internas sobre o comércio mundial, como os gastos em infraestrutura.

CAPÍTULO 3

Produtividade da mão de obra e a vantagem comparativa: o modelo ricardiano

Os países praticam comércio internacional por dois motivos básicos, ambos os quais contribuem para os ganhos de comércio. Primeiro, os países fazem comércio porque são diferentes uns dos outros. As nações, como os indivíduos, podem se beneficiar de suas diferenças, por chegar a um acordo em que cada um faz as coisas que faz relativamente bem. Segundo, para obter economias de escala na produção. Ou seja, se cada país produz apenas uma gama limitada de bens, pode produzir cada um desses bens em maior escala e, portanto, mais eficientemente do que se tentasse produzir tudo. No mundo real, os padrões de comércio internacional refletem a interação desses dois motivos. Em um primeiro passo para a compreensão das causas e efeitos de comércio, no entanto, é útil olhar para modelos simplificados, em que apenas um desses motivos esteja presente.

Os próximos quatro capítulos desenvolvem ferramentas para nos ajudar a entender como as diferenças entre os países dão origem ao comércio entre eles e por que tal comércio é mutuamente benéfico. O conceito essencial nessa análise é o da vantagem comparativa.

Embora a vantagem comparativa seja um conceito simples, a experiência mostra que é surpreendentemente difícil para muitas pessoas entenderem (ou aceitarem). Na verdade, o falecido Paul Samuelson – o economista laureado com o Nobel, que fez muito para desenvolver os modelos de comércio internacional, discutidos nos Capítulos 4 e 5 – uma vez descreveu a vantagem comparativa como o melhor exemplo que ele conhecia de um princípio econômico que é inegavelmente verdadeiro, embora não seja evidente para as pessoas inteligentes.

Neste capítulo, vamos começar com uma introdução geral ao conceito de vantagem comparativa, então prosseguiremos para desenvolver um modelo específico de como a vantagem comparativa determina o padrão do comércio internacional.

OBJETIVOS DE APRENDIZAGEM

Após a leitura deste capítulo, você será capaz de:

- Explicar como funciona o *modelo ricardiano*, o modelo mais básico do comércio internacional, e como ele ilustra o princípio da *vantagem comparativa*.

CAPÍTULO 3 ■ Produtividade da mão de obra e a vantagem comparativa: o modelo ricardiano **25**

- Demonstrar os *ganhos de comércio* e refutar falácias comuns sobre comércio internacional.
- Descrever as evidências empíricas de que os salários refletem produtividade e que padrões de comércio refletem produtividade relativa.

O conceito de vantagem comparativa

No Dia de São Valentim, considerado o Dia dos Namorados nos EUA, que calhou de ser menos de uma semana antes das cruciais eleições primárias em New Hampshire em 1996 (que aconteceram no dia 20 de fevereiro), o candidato presidencial republicano Patrick Buchanan parou em uma floricultura para comprar uma dúzia de camélias para a esposa. Ele aproveitou a ocasião para fazer um discurso denunciando as importações crescentes de flores para os Estados Unidos, que, segundo ele, estariam levando os floricultores americanos à falência. E é verdade que uma parcela crescente do mercado de camélias dos Estados Unidos é fornecida pelas importações trazidas de países sul-americanos, especialmente da Colômbia. Mas isso é uma coisa ruim?

O caso das camélias oferece um excelente exemplo das razões pelas quais o comércio internacional pode ser benéfico. Considere primeiro como é difícil fornecer camélias frescas aos namorados americanos em fevereiro. As flores devem ser cultivadas em estufas aquecidas, com um grande custo em termos de energia, investimento de capital e outros recursos escassos. Esses recursos poderiam ser utilizados para produzir outros bens. Inevitavelmente, há uma troca. A fim de produzir camélias, a economia dos EUA deve produzir menos de outras coisas, como computadores. Os economistas usam o termo **custo de oportunidade** para descrever tais *trade-offs*: o custo de oportunidade das camélias em termos de computadores é o número de computadores que poderiam ter sido produzidos com os recursos utilizados para produzir um determinado número de camélias.

Suponha, por exemplo, que os Estados Unidos cultivem atualmente 10 milhões de camélias para venda no Dia dos Namorados e que os recursos utilizados para plantar as camélias poderiam ter produzido 100 mil computadores em vez disso. Então, o custo de oportunidade desses 10 milhões de camélias é 100 mil computadores. (Por outro lado, se os computadores forem produzidos em vez disso, o custo de oportunidade desses 100 mil computadores seria 10 milhões de flores.)

Os 10 milhões de camélias do Dia dos Namorados poderiam, em vez disso, ter sido cultivados na Colômbia. Parece extremamente provável que o custo de oportunidade dessas camélias em termos de computadores seria menor do que nos Estados Unidos. Para começar, é muito mais fácil cultivar camélias em fevereiro no Hemisfério Sul, onde é verão nessa época do ano. Além disso, os trabalhadores colombianos são menos eficientes do que seus correspondentes dos EUA na fabricação de bens tecnologicamente avançados, como computadores, o que significa que uma determinada quantidade de recursos usados na produção de computadores produziria menos computadores na Colômbia do que nos Estados Unidos. Assim, o *trade-off* na Colômbia pode ser algo como 10 milhões de camélias por apenas 30 mil computadores.

A diferença de custos de oportunidade oferece a possibilidade de um rearranjo mutuamente benéfico da produção mundial. Considere que os Estados Unidos parem de cultivar camélias e dediquem os recursos que isso libera para produzir computadores. Enquanto isso, a Colômbia cultiva as camélias, liberando os recursos necessários da sua indústria de computadores. As alterações resultantes da produção estão representadas na Tabela 3.1.

Veja o que aconteceu: o mundo está produzindo o mesmo número de camélias que antes, mas agora produz mais computadores. Então, esse rearranjo de produção, com os Estados Unidos concentrando-se em computadores e a Colômbia em camélias, aumenta o tamanho do bolo econômico do mundo. Como o mundo como um todo está produzindo mais, é possível, em princípio, elevar a qualidade de vida.

26 PARTE I ■ Teoria de comércio internacional

TABELA 3.1	Mudanças hipotéticas na produção	
	Milhões de rosas	**Mil computadores**
Estados Unidos	−10	+100
Colômbia	+10	−30
Total	0	+70

A razão pela qual o comércio internacional produz esse aumento da produção mundial é que ele permite que cada país especialize-se em produzir a mercadoria em que tem uma vantagem comparativa. Um país tem uma **vantagem comparativa** na produção de um bem se o custo de oportunidade de produzir esse bem, em termos de outros bens, for menor nesse país do que é em outros países.

Neste exemplo, a Colômbia tem uma vantagem comparativa em camélias, e os Estados Unidos têm uma vantagem comparativa em computadores. O padrão de vida pode ser elevado em ambos os locais se a Colômbia produzir camélias para o mercado dos EUA enquanto os Estados Unidos produzirem computadores para o mercado colombiano. Portanto, temos uma visão essencial sobre a vantagem comparativa e o comércio internacional: *o comércio entre os dois países pode beneficiar ambos, se cada um exportar mercadorias nas quais tem uma vantagem comparativa.*

Esta é uma afirmação sobre possibilidades, não sobre o que realmente vai acontecer. No mundo real, não há nenhuma autoridade central que decida qual país deve produzir camélias e qual deve produzir computadores. Nem há alguém distribuindo camélias e computadores para os consumidores em ambos os lugares. Em vez disso, comércio e produção internacional são determinados no mercado, onde quem manda é a lei da oferta e da demanda. Há alguma razão para supor que o potencial de ganhos mútuos de comércio será realizado? Os Estados Unidos e a Colômbia acabarão mesmo produzindo os bens em que cada um tem uma vantagem comparativa? O comércio entre eles realmente melhorará a situação de ambos os países?

Para responder a essas perguntas, devemos ser muito mais explícitos em nossa análise. Neste capítulo, desenvolveremos um modelo do comércio internacional proposto originalmente pelo economista britânico David Ricardo, que introduziu o conceito de vantagem comparativa no início do século XIX.[1] Essa abordagem, em que o comércio internacional é unicamente decorrente das diferenças internacionais na produtividade da mão de obra, é conhecida como o **modelo ricardiano** de comércio internacional.

Economia de fator único

Para introduzir o papel da vantagem comparativa na determinação dos fluxos comerciais internacionais, começamos por imaginar que estamos lidando com uma economia – chamada de Doméstica – que tem apenas um fator de produção. (No Capítulo 4, estenderemos a análise aos modelos em que existem vários fatores.) Vamos imaginar que somente dois bens, vinhos e queijos, sejam produzidos. A tecnologia da economia Doméstica pode ser resumida pela produtividade da mão de obra em cada setor, expressa em termos de **requisitos de mão de obra unitária**, o número de horas de trabalho necessário para produzir um quilo de queijo ou um galão de vinho. Por exemplo, pode ser preciso uma hora de trabalho para produzir um quilo de queijo e duas horas para produzir um galão de vinho. Note, a propósito, que estamos definindo os requisitos de mão de obra unitária como o *inverso* da produtividade – quanto mais queijo ou vinho um trabalhador puder produzir em uma hora, *menores* os requisitos de mão de obra unitária. Para referência futura, definimos a_{LW} e a_{LC}

---

[1] A referência clássica é David Ricardo, *The Principles of Political Economy and Taxation*, publicado pela primeira vez em 1817.

como requisitos de mão de obra unitária na produção de vinho (*wine*) e queijo (*cheese*), respectivamente. Os recursos totais da economia são definidos como L (*labor*), a oferta de mão de obra total.

Possibilidades de produção

Como qualquer economia tem recursos limitados, há limites sobre o que se pode produzir, e sempre há *trade-offs* básicos. Para produzir mais de um bem, a economia deve sacrificar a produção de algum outro bem. Esses *trade-offs* são ilustrados graficamente por uma **fronteira de possibilidade de produção** (linha *PF* na Figura 3.1), que mostra a quantidade máxima de vinho que pode ser produzido, uma vez que a decisão foi tomada para produzir determinada quantidade de queijo, e vice-versa.

Quando há apenas um fator de produção, a fronteira de possibilidade de produção de uma economia é simplesmente uma linha reta. Podemos derivar essa linha como segue: se Q_W for a economia da produção de vinho e Q_C sua produção de queijo, então, a mão de obra utilizada na produção de vinho será $a_{LW}Q_W$, e a mão de obra utilizada na produção de queijo será $a_{LC}Q_C$. A fronteira de possibilidade de produção é determinada pelos limites sobre os recursos da economia – neste caso, a mão de obra. Como a oferta total de mão de obra da economia é L, os limites de produção são definidos pela inequação:

$$a_{LC}Q_C + a_{LW}Q_W \leq L. \tag{3.1}$$

Suponha, por exemplo, que a oferta de mão de obra total da economia seja 1.000 horas, e que leve uma hora de trabalho para produzir um quilo de queijo e duas horas de trabalho para produzir um galão de vinho. Então, a mão de obra total utilizada na produção é (1 × quilos de queijo produzido) + (2 × galões de vinho produzido), e esse total não deve ser superior às 1.000 horas de trabalho disponíveis. Se a economia dedicou toda a sua mão de obra para a produção de queijo, ela poderia, como mostrado na Figura 3.1, produzir L/a_{LC} quilos de queijo (1.000 kg). Se dedicou toda sua mão de obra para a produção de vinho em vez disso, poderia produzir L/a_{LW} galões – 1.000/2 = 500 galões – de vinho. E pode produzir qualquer proporção de vinho e queijo que se encontre em linha reta conectando os dois extremos.

FIGURA 3.1
Fronteira de possibilidade de produção de Doméstica.
A linha *PF* mostra a quantidade máxima de queijo que Doméstica pode produzir dada qualquer produção de vinho, e vice-versa.

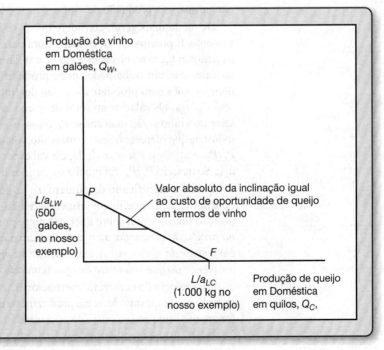

Quando a fronteira de possibilidade de produção é uma linha reta, o *custo de oportunidade* de um quilo de queijo em termos de vinho é constante. Como vimos na seção anterior, esse custo de oportunidade é definido pelo número de galões de vinho que a economia teria que desistir de fazer para produzir um quilo extra de queijo. Neste caso, produzir mais um quilo exigiria a_{LC} de homens-hora. Cada um desses homens-hora, por sua vez, poderia ter sido utilizado para produzir $1/a_{LW}$ galões de vinho. Assim, o custo de oportunidade do queijo em termos de vinho é a_{LC}/a_{LW}. Por exemplo, se precisamos de um homem-hora para fazer um quilo de queijo e duas horas para produzir um galão de vinho, o custo de oportunidade de cada quilo de queijo é meio galão de vinho. Como mostra a Figura 3.1, esse custo de oportunidade é igual ao valor absoluto da inclinação da fronteira de possibilidade de produção.

Oferta e preços relativos

A fronteira de possibilidade de produção ilustra os diferentes conjuntos de bens que a economia *pode* produzir. Para determinar o que a economia de fato vai produzir, no entanto, precisamos analisar os preços. Especificamente, precisamos saber o preço relativo de dois bens da economia, ou seja, o preço de um bem em termos do outro.

Em uma economia competitiva, as decisões de fornecimento são determinadas pelas tentativas de os indivíduos maximizarem seus ganhos. Em nossa economia simplificada, uma vez que a mão de obra é o único fator de produção, o fornecimento de queijo e vinho será determinado pelo movimento de mão de obra para qualquer que seja o setor a pagar o salário mais alto.

Suponha novamente que leve uma hora de trabalho para produzir um quilo de queijo e duas horas para produzir um galão de vinho. Agora, vamos imaginar ainda que o queijo é vendido por US\$ 4 o quilo, enquanto o vinho é vendido por US\$ 7 por galão. O que os trabalhadores produzirão? Bem, se produzirem queijo, podem ganhar \$ 4 por hora. (Tenha em mente que, como a mão de obra é a única entrada na produção aqui, não há nenhum lucro, então os trabalhadores recebem o valor total da sua produção). Por outro lado, se os trabalhadores produzirem vinho, ganharão apenas US\$ 3,50 por hora, porque um galão de vinho de US\$ 7 leva duas horas para ser produzido. Então, se o queijo é vendido por US\$ 4 o quilo, enquanto o vinho é vendido por US\$ 7 o galão, os trabalhadores se darão melhor com a produção de queijo – e a economia como um todo vai se especializar na produção de queijo.

E se os preços do queijo caírem para US\$ 3 o quilo? Nesse caso, os trabalhadores podem ganhar mais na produção de vinho, e a economia vai se especializar nisso.

De modo mais geral, considere que P_C e P_W sejam os preços de queijo e vinho, respectivamente. É preciso a_{LC} de homens-hora para produzir um quilo de queijo; uma vez que não há nenhum lucro no nosso modelo de um fator, o salário por hora no setor de queijo será igual ao valor que um trabalhador pode produzir em uma hora, P_C/a_{LC}. Uma vez que leva a_{LW} homens-hora para produzir um galão de vinho, a taxa horária de salários no setor do vinho será P_W/a_{LW}. Os salários no setor de queijo serão maiores se $P_C/P_W > a_{LC}/a_{LW}$; os salários no setor do vinho serão maiores se $P_C/P_W < a_{LC}/a_{LW}$. Como todo mundo vai querer trabalhar na indústria que oferecer o salário mais alto, a economia se especializará na produção de queijo se $P_C/P_W > a_{LC}/a_{LW}$. Por outro lado, ela vai especializar-se na produção de vinho se $P_C/P_W < a_{LC}/a_{LW}$. Só quando P_C/P_W for igual a a_{LC}/a_{LW} os dois bens serão produzidos.

Qual é o significado do número a_{LC}/a_{LW}? Vimos na seção anterior que ele é o custo de oportunidade do queijo em termos de vinho. Nós apenas, portanto, derivamos de uma proposição fundamental sobre a relação entre preços e produção: *a economia vai se especializar na produção de queijo, se o preço relativo do queijo exceder o seu custo de oportunidade em termos de vinho; vai se especializar na produção de vinho, se o preço relativo do queijo for menor do que seu custo de oportunidade em termos de vinho.*

Na ausência do comércio internacional, a economia Doméstica teria que produzir ambos os bens por si mesma. Mas ela produzirá os dois bens somente se o preço relativo do queijo for apenas igual ao seu custo de oportunidade. Uma vez que o custo de oportunidade é igual à relação entre os requisitos de mão de obra unitária no queijo e vinho, podemos resumir a

CAPÍTULO 3 ■ Produtividade da mão de obra e a vantagem comparativa: o modelo ricardiano **29**

determinação dos preços, na ausência do comércio internacional, com uma simples teoria do valor da mão de obra: *na ausência do comércio internacional, os preços relativos das mercadorias são iguais aos seus requisitos de mão de obra unitária relativos.*

Comércio em um mundo de um fator

Descrever o padrão e os efeitos do comércio entre dois países quando cada país tem apenas um fator de produção é simples. No entanto, as consequências dessa análise podem ser surpreendentes. Na verdade, para aqueles que não pensaram sobre o comércio internacional, muitas dessas consequências parecem entrar em conflito com o senso comum. Mesmo estes modelos mais simples do comércio podem oferecer algumas orientações importantes sobre questões reais, como o que constitui a concorrência internacional justa e o intercâmbio internacional justo.

Antes de chegarmos a essas questões, porém, vamos determinar o modelo. Suponha que há dois países. Um deles novamente chamamos de economia Doméstica e o outro chamamos de Estrangeira. Cada um desses países tem um fator de produção (mão de obra) e pode produzir dois bens, vinho e queijo. Como antes, chamamos a força de trabalho de Doméstica de L e os requisitos de mão de obra unitária de Doméstica na produção de vinho e queijo de a_{LW} e a_{LC}, respectivamente. Para Estrangeira, usaremos uma notação conveniente ao longo deste texto: quando nos referimos a algum aspecto de Estrangeira, usaremos o mesmo símbolo que usamos para Doméstica, mas com um asterisco. Assim, a força de trabalho de Estrangeira vai ser denotada por L^*, os requisitos de mão de obra unitária de Estrangeira em vinho e queijo vão ser indicados por a_{LW}^* e a_{LC}^*, respectivamente, e assim por diante.

Em geral, os requisitos de mão de obra unitária podem acompanhar qualquer padrão. Por exemplo, Doméstica poderia ser menos produtiva do que Estrangeira em vinho, porém mais produtiva em queijo, ou vice-versa. No momento, faremos apenas uma suposição arbitrária, que:

$$a_{LC}/a_{LW} < a_{LC}^*/a_{LW}^* \tag{3.2}$$

ou, de forma equivalente, que:

$$a_{LC}/a_{LC}^* < a_{LW}/a_{LW}^*. \tag{3.3}$$

Traduzindo em palavras, estamos supondo que a relação entre a mão de obra necessária para produzir um quilo de queijo e a exigida para produzir um galão de vinho é menor em Doméstica do que em Estrangeira. De forma mais resumida, estamos dizendo que a produtividade relativa de queijo em Doméstica é maior do que a de vinho.

Mas lembre-se de que a relação entre os requisitos de mão de obra unitária é igual ao custo de oportunidade de queijo em termos de vinho; e lembre-se também que definimos a vantagem comparativa precisamente em termos de tais custos de oportunidade. Então, a suposição sobre as produtividades relativas incorporadas nas Equações (3.2) e (3.3) equivale a dizer que *Doméstica tem uma vantagem comparativa no queijo.*

Um ponto deve ser notado imediatamente: a condição sob a qual Doméstica tem essa vantagem comparativa envolve todos os quatro requisitos de mão de obra unitária, não apenas dois. Você pode pensar que, para determinar quem produzirá queijo, tudo o que você precisa fazer é comparar os requisitos de mão de obra unitária dos dois países na produção de queijo, a_{LC} e a_{LC}^*. Se $a_{LC} < a_{LC}^*$, a mão de obra de Doméstica é mais eficiente do que a de Estrangeira na produção de queijo. Quando um país pode produzir uma unidade de um bem com menos trabalho do que outro país, podemos dizer que o primeiro tem uma **vantagem absoluta** em produzir aquele bem. Em nosso exemplo, Doméstica tem uma vantagem absoluta na produção de queijo.

O que veremos em um momento, no entanto, é que não podemos determinar o padrão de comércio apenas a partir da vantagem absoluta. Uma das mais importantes fontes de erro em discutir o comércio internacional é confundir a vantagem comparativa com a vantagem absoluta.

FIGURA 3.2
Fronteira de possibilidade de produção de Estrangeira.
Como os requisitos de mão de obra unitária de Estrangeira em queijo são superiores aos de Doméstica (é preciso desistir de muito mais unidades de vinho para produzir uma unidade de queijo), sua fronteira de possibilidade de produção é mais acentuada.

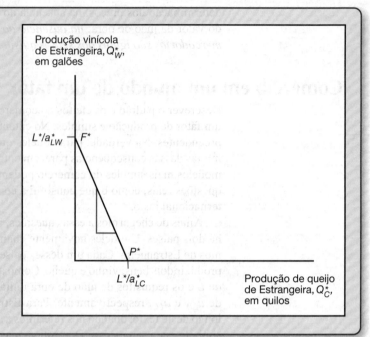

Levando em consideração as forças de trabalho e os requisitos de mão de obra unitária nos dois países, podemos traçar a fronteira de possibilidade de produção de cada país. Já fizemos isso para Doméstica, desenhando *PF* na Figura 3.1. A fronteira de possibilidade de produção para Estrangeira é mostrada como *P*F** na Figura 3.2. Como a inclinação da fronteira de possibilidade de produção é igual ao custo de oportunidade de queijo em termos de vinho, a fronteira de Estrangeira é mais acentuada do que a de Doméstica.

Na ausência de comércio, os preços relativos de queijo e vinho em cada país seriam determinados pelos requisitos relativos de mão de obra unitária. Assim, em Doméstica, o preço relativo do queijo seria a_{LC}/a_{LW}; em Estrangeira seria a^*_{LC}/a^*_{LW}.

Uma vez que permitimos a possibilidade de comércio internacional, no entanto, os preços já não serão determinados puramente por considerações de ordem doméstica. Se o preço relativo do queijo é maior em Estrangeira do que em Doméstica, vai ser rentável mandar queijo de Doméstica para Estrangeira e vinho de Estrangeira para Doméstica. No entanto, isso não pode continuar indefinidamente. Em algum momento, Doméstica exportará queijo o suficiente, e Estrangeira vinho o suficiente, para igualar o preço relativo. Mas o que determina o nível no qual o preço é estabelecido?

Determinação do preço relativo após comércio

Os preços de mercadorias comercializadas internacionalmente, assim como outros preços, são determinados pela oferta e demanda. Ao discutir a vantagem comparativa, no entanto, temos de aplicar a análise de oferta e demanda com cuidado. Em alguns contextos, como algumas das análises de política de comércio nos Capítulos 9 a 12, é aceitável se concentrar apenas na oferta e na demanda em um mercado único. Na avaliação dos efeitos das quotas de importação de açúcar dos EUA, por exemplo, é razoável usar a **análise de equilíbrio parcial**, ou seja, estudar um mercado único, o mercado de açúcar. Quando estudamos a vantagem comparativa, no entanto, é crucial controlar as relações entre os mercados (em nosso exemplo, os mercados de vinho e queijo). Uma vez que Doméstica exporta queijo apenas em troca de importações de vinho, e Estrangeira exporta vinho em troca de queijo, pode ser enganoso olhar para os mercados de queijo e vinho isoladamente. O que é necessário é a **análise de equilíbrio geral**, que leva em conta os vínculos entre os dois mercados.

CAPÍTULO 3 ■ Produtividade da mão de obra e a vantagem comparativa: o modelo ricardiano 31

FIGURA 3.3
Demanda e oferta relativa mundial.
As curvas *RD* e *RD'* mostram que a demanda de queijo em relação ao vinho é uma função decrescente do preço do queijo em relação ao do vinho, enquanto a curva *RS* mostra que a oferta de queijo em relação ao vinho é uma função crescente do mesmo preço relativo.

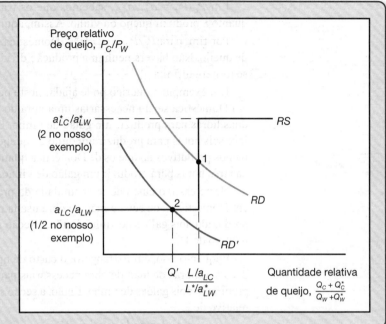

Uma maneira útil para manter o controle de dois mercados ao mesmo tempo é focar não apenas em quantidades de queijo e vinho ofertados e demandados, mas também na oferta e demanda *relativa*, isto é, no número de quilos de queijo ofertado ou demandado dividido pelo número de galões de vinho ofertado ou demandado.

A Figura 3.3 mostra oferta e demanda mundial de queijo em relação ao vinho como funções do preço do queijo em relação ao do vinho. A **curva de demanda relativa** é indicada por *RD*; a **curva de oferta relativa** é indicada por *RS*. O equilíbrio geral mundial exige que a oferta relativa seja igual à demanda relativa, e, portanto, o preço relativo no mundo é determinado pela interseção de *RD* e *RS*.

A característica marcante da Figura 3.3 é a forma estranha da curva de oferta relativa *RS*: é um "degrau" com seções planas ligadas por uma seção vertical. Uma vez que entendemos a derivação da curva *RS*, estaremos quase a um passo de entender todo o modelo.

Primeiro, como traçado, a curva *RS* mostra que não haveria *nenhuma* oferta de queijo se o preço mundial caísse abaixo de a_{LC}/a_{LW}. Para entender por quê, lembre-se de que mostramos que Doméstica se especializará na produção de vinho sempre que $P_C/P_W < a_{LC}/a_{LW}$. Da mesma forma, Estrangeira se especializará na produção de vinho sempre que $P_C/P_W < a^*_{LC}/a^*_{LW}$. No início de nossa discussão da Equação (3.2), supomos que $a_{LC}/a_{LW} < a^*_{LC}/a^*_{LW}$. Assim, em preços relativos de queijo abaixo de a_{LC}/a_{LW}, não haveria nenhuma produção de queijo no mundo.

Em seguida, quando o preço relativo P_C/P_W do queijo for exatamente a_{LC}/a_{LW}, sabemos que os trabalhadores em Doméstica podem ganhar exatamente a mesma quantidade ao fazer vinho ou queijo. Então, Doméstica estará disposta a fornecer qualquer quantidade relativa das duas mercadorias, produzindo uma seção plana para a curva de oferta.

Já vimos que, se P_C/P_W estiver acima de a_{LC}/a_{LW}, Doméstica se especializará na produção de queijo. No entanto, desde que $P_C/P_W < a^*_{LC}/a^*_{LW}$, Estrangeira continuará a se especializar na produção de vinho. Quando Doméstica se especializa na produção de queijo, ela produz L/a_{LC} quilos. Da mesma forma, quando Estrangeira se especializa em vinhos, ela produz L^*/a^*_{LW} galões. Assim, para qualquer preço relativo de queijo entre a_{LC}/a_{LW} e a^*_{LC}/a^*_{LW}, a oferta relativa de queijo é:

$$(L/a_{LC}) > (L^*/a^*_{LW}). \tag{3.4}$$

32 PARTE I ■ Teoria de comércio internacional

Em $P_C/P_W = a^*_{LC}/a^*_{LW}$, sabemos que os trabalhadores de Estrangeira são indiferentes quanto a produzir queijo ou vinho. Assim, aqui temos uma seção plana da curva de oferta.

Por fim, para $P_C/P_W > a^*_{LC}/a^*_{LW}$, Doméstica e Estrangeira se especializarão na produção de queijo. Não haverá nenhuma produção de vinho, de modo que a oferta relativa de queijo se tornará infinita.

Um exemplo numérico pode ajudar neste ponto. Vamos supor, como fizemos antes, que em Doméstica sejam necessárias uma hora de trabalho para produzir um quilo de queijo e duas horas para produzir um galão de vinho. Enquanto isso, suponhamos que Estrangeira leve seis horas para produzir um quilo de queijo (os trabalhadores de Estrangeira são muito menos produtivos do que os de Doméstica quando se trata da produção de queijos), mas apenas três horas para produzir um galão de vinho.

Neste caso, o custo de oportunidade da produção de queijo em termos de vinho é 1/2 em Doméstica – ou seja, a mão de obra usada para produzir um quilo de queijo poderia ter produzido dois galões de vinho. Então, a seção inferior plana do RS corresponde a um preço relativo de 1/2.

Enquanto isso, em Estrangeira o custo de oportunidade de queijo em termos de vinho é 2: as seis horas de mão de obra necessárias para produzir um quilo de queijo poderiam ter produzido dois galões de vinho. Então, a seção superior plana do RS corresponde a um preço relativo de 2.

A curva de demanda relativa RD não exige tal análise exaustiva. A inclinação descendente de RD reflete os efeitos da substituição. Conforme o preço relativo do queijo aumenta, os consumidores tendem a comprar menos queijo e mais vinho, então a demanda relativa por queijo cai.

O preço relativo de equilíbrio do queijo é determinado pela interseção das curvas de oferta relativa e de demanda relativa. A Figura 3.3 mostra uma curva de demanda relativa RD que intercepta a curva RS no ponto 1, onde o preço relativo do queijo fica entre os preços de pré-comercialização dos dois países – ou seja, a um preço relativo de 1, entre os preços pré-comercialização de 1/2 e 2. Nesse caso, cada país se especializa na produção da mercadoria em que tem uma vantagem comparativa: Doméstica produz apenas queijo, enquanto Estrangeira produz apenas vinho.

Esse não é, no entanto, o único resultado possível. Se a curva de RD relevante fosse RD', por exemplo, a oferta relativa e a demanda relativa se cruzariam em uma das seções horizontais de RS. No ponto 2, o preço relativo mundial do queijo depois da comercialização é a_{LC}/a_{LW}, o mesmo que o custo de oportunidade do queijo em termos de vinho em Doméstica.

Qual é a importância desse resultado? Se o preço relativo do queijo for igual ao seu custo de oportunidade em Doméstica, a economia de Doméstica não precisa se especializar na produção de queijo ou vinho. Na verdade, no ponto 2, Doméstica deve estar produzindo tanto um pouco de vinho quanto de queijo; podemos inferir isso do fato de que a oferta relativa de queijo (ponto Q' no eixo horizontal) é menor do que seria se Doméstica fosse, de fato, completamente especializada. No entanto, uma vez que P_C/P_W está abaixo do custo de oportunidade de queijo em termos de vinho em Estrangeira, ela se especializa completamente na produção de vinho. Portanto, continua a ser verdade que, se um país especializar-se, ele o fará no bem em que tem uma vantagem comparativa.

Por enquanto, vamos deixar de lado a possibilidade de um dos dois países não ser totalmente especializado. Só que neste caso, o resultado normal do comércio é que o preço de um bem negociado (p. ex., queijo) em relação ao de outro bem (vinho) acaba em algum lugar entre seus níveis pré-comercialização nos dois países.

O efeito dessa convergência dos preços relativos é que cada país se especializa na produção daquele bem que tem a exigência de requisitos de mão de obra unitária relativamente mais baixa.

VANTAGEM COMPARATIVA NA PRÁTICA: O CASO DE BABE RUTH

Todo mundo sabe que Babe Ruth foi o maior rebatedor da história do beisebol. Somente os verdadeiros fãs do esporte sabem, no entanto, que Ruth também foi um dos maiores *arremessadores* de todos os tempos. Como Ruth parou de arremessar após 1918 e jogou no campo externo durante todo o tempo em que conquistou seus famosos recordes de rebatidas, a maioria das pessoas sequer imaginava que ele sabia arremessar. O que explica a reputação desigual de Ruth como um batedor? A resposta é fornecida pelo princípio da vantagem comparativa.

No início da carreira, quando jogava no Boston Red Sox, Ruth certamente tinha uma vantagem *absoluta* nos arremessos. De acordo com o historiador Geoffrey C. Ward e o cineasta Ken Burns:

> Nos melhores anos do Red Sox, ele foi seu maior jogador, o melhor arremessador canhoto na American League, ganhando 89 jogos em seis temporadas. Em 1916, teve sua primeira oportunidade de arremessar na World Series e aproveitou-a ao máximo. Após permitir que o outro time marcasse um ponto na primeira jogada, ele próprio rebateu o ponto de empate e então impediu o Brooklyn Dodgers de pontuar por onze entradas, até seus companheiros conseguirem marcar o ponto decisivo. (...) Na série de 1918, ele mostraria que ainda poderia dominar a situação, aumentando seu recorde da série de $29^{2/3}$ entradas sem pontuar, recorde que perdurou por 43 anos.[2]

O recorde de lançamentos de Babe na World Series foi quebrado por Whitey Ford, jogador do New York Yankees, em 1961, no mesmo ano em que seu companheiro Roger Maris quebrou o recorde de 1927 de Ruth de 60 *home runs* em uma única temporada.

Embora Ruth tivesse uma vantagem absoluta em arremessos, sua habilidade como um rebatedor em relação às habilidades dos seus companheiros era ainda maior: sua vantagem *comparativa* foi decisiva. Como arremessador, no entanto, Ruth precisava descansar o braço entre as jogadas e, portanto, não poderia rebater em todos os jogos. Para explorar a vantagem *comparativa* de Ruth, o Red Sox transferiu-o para a posição de campista central em 1919 para que pudesse rebater mais frequentemente.

O resultado de fazer com que Ruth se especializasse em rebatidas foi enorme. Em 1919, ele fez 29 *home runs*, "mais do que qualquer jogador tinha feito em uma única temporada," de acordo com Ward e Burns. Os Yankees mantiveram Ruth no campo externo (e na base) depois que compraram seu passe em 1920. Eles sabiam o que era bom quando viam. Naquele ano, Ruth fez 54 *home runs*, estabeleceu um recorde (bases divididas por vezes ao bastão) que permanece imbatível até hoje e transformou os Yankees na franquia mais renomada do beisebol.

O aumento no preço relativo de queijo em Doméstica levará Doméstica a se especializar na produção de queijo, produzindo no ponto *F* na Figura 3.4a. A queda no preço relativo de queijo em Estrangeira vai levar Estrangeira a se especializar na produção de vinho, produzindo o ponto *F** na Figura 3.4b.

---

[2]Veja: Geoffrey C. Ward e Ken Burns, *Baseball: An Illustrated History.* Nova York: Knopf, 1994. p. 155. A carreira de Ruth precedeu a regra do rebatedor designado, então os arremessadores da American League, como os da National League da atualidade, revesavam-se ao bastão. Para uma discussão mais ampla da relação de Babe Ruth com o princípio da vantagem comparativa, leia Edward Scahill, "Did Babe Ruth Have a Comparative Advantage as a Pitcher?" *Journal of Economic Education* v. 21, n. 4, p.402-410, outono 1990.

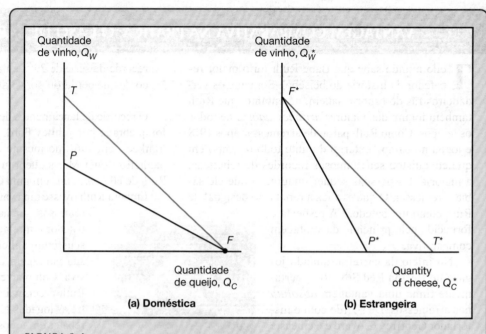

FIGURA 3.4

Comércio expande as possibilidades de consumo.

O comércio internacional permite que Doméstica e Estrangeira consumam em qualquer lugar dentro das linhas externas, que se encontram fora das fronteiras de produção dos países.

Os ganhos de comércio

Agora vimos que países cujas produtividades relativas da mão de obra diferem de um produto para outro se especializarão na produção de bens diferentes. Em seguida, mostramos que ambos os países obtêm **ganhos de comércio** a partir dessa especialização. Esse ganho mútuo pode ser demonstrado de duas formas alternativas.

A primeira maneira de mostrar que a especialização e o comércio são benéficos é pensar no comércio como um método indireto de produção. Doméstica poderia produzir vinho diretamente, mas o comércio com Estrangeira permite que ela "produza" vinho produzindo queijo e comercializando em seguida o queijo em troca de vinho. Este método indireto de "produzir" um galão de vinho é um método mais eficiente do que a produção direta.

Considere novamente o nosso exemplo numérico: em Doméstica, pressupomos que pode levar uma hora de trabalho para produzir um quilo de queijo e duas horas para produzir um galão de vinho. Isso significa que o custo de oportunidade de queijo em termos de vinho é 1/2. Mas sabemos que o preço relativo do queijo depois de comercializado será superior a isso, digamos 1. Então, temos aqui uma maneira de ver os ganhos de comércio para Doméstica: em vez de usar duas horas de trabalho para produzir um galão de vinho, pode usar essa mão de obra para produzir um quilo de queijo e trocar esse queijo por *dois* galões de vinho.

De modo mais geral, considere duas formas alternativas de usar uma hora de trabalho. De um lado, Doméstica poderia usar a hora diretamente para produzir $1/a_{LW}$ galões de vinho. Por outro lado, Doméstica poderia usar a hora para produzir $1/a_{LC}$ quilos de queijo. Esse queijo pode então ser trocado por vinho, com cada quilo comercializado por P_C/P_W galões, então nossa hora original de trabalho rende $(1/a_{LC})(P_C/P_W)$ galões de vinho. Teremos mais vinho do que a hora poderia ter produzido diretamente, enquanto:

$$(1/a_{LC})(P_C/P_W) > 1/a_{LW}, \tag{3.5}$$

ou

$$P_C/P_W > a_{LC}/a_{LW}.$$

Mas vimos que, no equilíbrio internacional, se nenhum país produz ambas as mercadorias, teremos $P_C/P_W > a_{LC}/a_{LW}$. Isso mostra que Doméstica pode "produzir" vinho mais eficientemente ao fazer queijo e comercializá-lo do que mediante a produção de vinho diretamente por si mesma. Da mesma forma, Estrangeira pode "produzir" queijo mais eficientemente ao fazer vinho e comercializá-lo. Essa é uma maneira de ver que ambos os países ganham.

Outra maneira de ver os ganhos mútuos do comércio é examinar como o comércio afeta as possibilidades de consumo de cada país. Na ausência de comércio, as possibilidades de consumo são iguais às possibilidades de produção (as linhas contínuas PF e P^*F^* na Figura 3.4). No entanto, uma vez que o comércio é permitido, cada economia pode consumir uma mistura diferente de queijo e vinho da mistura que produz. As possibilidades de consumo de Doméstica são indicadas pela linha externa TF na Figura 3.4a, enquanto as possibilidades de consumo de Estrangeira são indicadas por T^*F^* na Figura 3.4b. Em ambos os casos, o comércio ampliou o leque de opções, e, portanto, leva à maior prosperidade dos moradores de cada país.

Uma nota sobre os salários relativos

Discussões políticas sobre o comércio internacional frequentemente enfocam comparações de salários em diferentes países. Por exemplo, adversários do comércio entre os Estados Unidos e o México muitas vezes enfatizam o ponto de que os trabalhadores no México são pagos apenas cerca de US$ 6,50 por hora, em comparação com o salário de mais de US$ 35 por hora para o trabalhador médio nos Estados Unidos. Nossa discussão sobre o comércio internacional até este ponto não tem comparado explicitamente os salários nos dois países, mas é possível, no contexto de nosso exemplo numérico, determinar como se comparam as taxas de salário nos dois países.

No nosso exemplo, uma vez que os países se especializaram, todos os trabalhadores de Doméstica são empregados produzindo queijo. Considerando que se leva uma hora de trabalho para produzir um quilo de queijo, os trabalhadores em Doméstica ganham o valor de um quilo de queijo por hora do seu trabalho. Da mesma forma, os trabalhadores de Estrangeira produzem vinho; como leva três horas para produzir cada galão, eles ganham o valor de 1/3 de um galão de vinho por hora.

Para converter esses números em dólares, precisamos saber os preços do queijo e do vinho. Suponha que um quilo de queijo e um galão de vinho sejam vendidos ambos por US$ 12. Então, os trabalhadores de Doméstica vão ganhar US$ 12 por hora, enquanto os trabalhadores de Estrangeira ganharão US$ 4 por hora. O **salário relativo** dos trabalhadores de um país é a quantidade que recebem por hora, em comparação com a quantidade que os trabalhadores em outro país recebem por hora. O salário relativo dos trabalhadores de Doméstica, portanto, será 3.

Claramente, esse salário relativo não depende de o preço de um quilo de queijo ser US$ 12 ou US$ 20, desde que um galão de vinho seja vendido pelo mesmo preço. Contanto que o preço relativo do queijo – o preço de um quilo de queijo dividido pelo preço de um galão de vinho – seja 1, o salário dos trabalhadores de Doméstica será três vezes o dos trabalhadores de Estrangeira.

Observe que essa taxa salarial situa-se entre as proporções de produtividade dos dois países nas duas produções. Doméstica é seis vezes mais produtiva do que Estrangeira no queijo, mas somente uma e meia vez mais produtiva em vinho, e ela termina com uma taxa salarial três vezes mais alta do que Estrangeira. É precisamente porque o salário relativo fica entre as produtividades relativas que cada país acaba com uma vantagem de *custo* em uma mercadoria. Em razão de sua baixa taxa salarial, Estrangeira tem uma vantagem de custo em vinho, mesmo que tenha menor produtividade. Doméstica tem uma vantagem de custo em

AS PERDAS DE NÃO COMERCIALIZAÇÃO

Nossa discussão sobre os ganhos de comércio tomou a forma de um "experimento mental" que comparou duas situações: uma em que os países não comercializariam nada e outra em que eles têm o livre comércio. É um caso hipotético que nos ajuda a compreender os princípios da economia internacional, mas não tem muito a ver com eventos reais. Afinal, países não vão partir de repente de nenhum comércio ao comércio livre, ou vice-versa. Ou vão?

Como o historiador econômico Douglas Irwin[3] observou, no início da história dos Estados Unidos, o país realmente fez algo muito parecido com o experimento mental de passar do livre comércio para nenhum comércio. O contexto histórico foi o seguinte: no início do século XIX, a Grã-Bretanha e a França estavam engajadas em um conflito militar maciço, as guerras napoleônicas. Ambos os países tentavam aplicar pressões econômicas: a França tentou impedir os países europeus de negociarem com a Grã-Bretanha, enquanto a Grã-Bretanha impôs um bloqueio à França. Os jovens Estados Unidos eram neutros no conflito, mas sofreram consideravelmente. Em particular, a marinha britânica frequentemente apreendia navios mercantes dos Estados Unidos e, às vezes, recrutava à força suas tripulações a seu serviço.

Em um esforço para pressionar a Grã-Bretanha para cessar essas práticas, o presidente Thomas Jefferson declarou uma proibição completa ao transporte ultramarino. Esse embargo privaria os Estados Unidos e a Grã-Bretanha dos ganhos de comércio, mas Jefferson esperava que a Grã-Bretanha fosse mais prejudicada e concordasse em parar suas depredações.

Irwin apresenta evidências sugerindo que o embargo foi bastante eficaz: embora algum contrabando tenha ocorrido, o comércio entre os Estados Unidos e o resto do mundo foi drasticamente reduzido. Na prática, os Estados Unidos desistiram do comércio internacional por um tempo.

Os custos foram substanciais. Embora os cálculos envolvam muitas aproximações e conjecturas, Irwin sugere que a renda real nos Estados Unidos pode ter caído em cerca de 8% em consequência do embargo. Quando lembramos que, no início do século XIX, apenas uma fração da produção poderia ser negociada –, os custos de transporte ainda estavam muito altos, por exemplo, para permitir as remessas em larga escala de *commodities*, como o trigo, pelo Atlântico –, esse é um valor bastante substancial.

Infelizmente para o plano de Jefferson, a Grã-Bretanha não pareceu sentir prejuízo igual e não mostrou nenhuma inclinação para ceder às exigências dos EUA. Catorze meses depois que foi imposto, o embargo foi revogado. A Grã-Bretanha continuou suas práticas de apreender navios e marinheiros americanos; três anos mais tarde, os dois países entraram em guerra.

---

queijo, apesar de sua maior taxa salarial, porque o salário mais alto é mais do que compensado por sua maior produtividade.

Assim, agora desenvolvemos o mais simples de todos os modelos possíveis do comércio internacional. Mesmo que o modelo ricardiano de um fator seja simples demais para ser uma análise completa das causas ou dos efeitos do comércio internacional, um foco nas produtividades relativas da mão de obra pode ser muito útil para pensar em questões comerciais. Em especial, o modelo simples de um fator é uma boa maneira de lidar com vários equívocos comuns sobre o significado da vantagem comparativa e a natureza dos ganhos do livre comércio. Esses equívocos aparecem tão frequentemente no debate público sobre a política econômica internacional e até mesmo nas demonstrações por aqueles que se consideram especialistas, que na próxima seção dedicaremos um tempo para discutir alguns dos equívocos mais comuns sobre a vantagem comparativa à luz de nosso modelo.

---

[3]Douglas Irwin, "The Welfare Cost of Autarky: Evidence from the Jeffersonian Trade Embargo, 1807-1809", *Review of International Economics* 13 (set. 2005), p. 631-645.

Equívocos sobre a vantagem comparativa

Não há escassez de ideias confusas em economia. Políticos, empresários e até mesmo os economistas fazem, com frequência, declarações que não resistem à análise econômica. Por alguma razão, isso parece ser especialmente verdadeiro em economia internacional. Abra a seção de negócios de qualquer *site* de notícias e você provavelmente vai encontrar pelo menos um artigo que faz afirmações tolas sobre o comércio internacional. Três equívocos em particular revelaram-se altamente persistentes. Nesta seção, usaremos nosso modelo simples de vantagem comparativa para ver por que eles estão incorretos.

Produtividade e competitividade

Mito 1: O livre comércio é benéfico somente se seu país for forte o suficiente para enfrentar a concorrência estrangeira. Esse argumento parece extremamente plausível para muitas pessoas. Por exemplo, um historiador conhecido uma vez criticou o livre comércio afirmando que poderia não ser capaz de se sustentar na realidade: "O que acontecerá se não houver nada que você possa produzir mais barato ou de modo mais eficiente do que qualquer outro país, exceto por constantemente fazer um corte nos custos trabalhistas?", ele questionou preocupado.[4]

O problema com o ponto de vista desse analista é que ele não conseguiu entender o ponto essencial do modelo ricardiano – que os ganhos de comércio dependem da vantagem *comparativa*, não da vantagem *absoluta*. Ele está preocupado que seu país possa acabar não tendo nada para produzir mais eficientemente do que qualquer outro – ou seja, que você pode não ter vantagem absoluta em nada. Mesmo assim, por que isso seria uma coisa tão terrível? Em nosso exemplo numérico simples de comércio, Doméstica tem menores requisitos de mão de obra unitária e, portanto, maior produtividade nos setores do queijo e do vinho. Contudo, como vimos, ambos os países ganham com o comércio.

É sempre tentador supor que a capacidade de exportar um bem depende do seu país ter uma vantagem absoluta em produtividade. Mas a vantagem de produtividade absoluta sobre outros países em produzir uma mercadoria não é uma condição necessária, nem suficiente para se ter uma vantagem *comparativa* nessa mercadoria. Em nosso modelo de um fator, a razão pela qual uma vantagem absoluta de produtividade em uma indústria não é necessária, nem suficiente para gerar vantagem competitiva é clara: *a vantagem competitiva de uma indústria depende não só da sua produtividade em relação à indústria estrangeira, mas também da taxa salarial doméstica em relação à taxa salarial estrangeira.* A taxa salarial de um país, por sua vez, depende da produtividade relativa em suas outras indústrias. Em nosso exemplo numérico, Estrangeira é menos eficiente do que Doméstica na fabricação de vinho, mas está em desvantagem de produtividade relativa ainda maior no queijo. Em razão de sua menor produtividade total, Estrangeira deve pagar salários mais baixos do que Doméstica, suficientemente mais baixos para que termine com menores custos na produção de vinho. Da mesma forma, no mundo real, Portugal tem baixa produtividade em produzir, por exemplo, vestuário, em comparação com os Estados Unidos, mas como a desvantagem de produtividade de Portugal é ainda maior em outras indústrias, o país paga salários baixos o bastante para ter uma vantagem comparativa na indústria de roupas sobre os Estados Unidos.

Mas uma vantagem competitiva baseada em baixos salários não é, de alguma forma, injusta? Muitas pessoas pensam assim; suas crenças são resumidas por nosso segundo equívoco.

---

[4]Paul Kennedy, "The Threat of Modernization", *New Perspectives Quarterly*, p.31-33, inverno 1995. Usado com permissão de John Wiley & Sons, Ltd.

OS SALÁRIOS REFLETEM A PRODUTIVIDADE?

No exemplo numérico que usamos para abordar os equívocos comuns sobre a vantagem comparativa, supomos que o salário relativo dos dois países reflete sua produtividade relativa – mais especificamente, que a relação entre os salários de Doméstica e Estrangeira está em um intervalo que dá a cada país uma vantagem de custo em um dos dois bens. É uma consequência necessária do nosso modelo teórico. Mas muitas pessoas não se deixam convencer por esse modelo. Em particular, rápidos aumentos de produtividade nas economias "emergentes", como a China, têm preocupado alguns observadores ocidentais, que argumentam que esses países continuarão a pagar salários baixos, mesmo à medida que sua produtividade aumentar – colocando países com salários elevados em uma desvantagem de custo –, e descartam as previsões contrárias dos economistas ortodoxos, consideradas especulações teóricas irrealistas. Deixando de lado a lógica dessa posição, quais são as evidências?

A resposta é que, no mundo real, as taxas salariais nacionais realmente refletem as diferenças na produtividade. A Figura 3.5 compara as estimativas de produtividade com as estimativas das taxas salariais para diversos países em 2015. Ambas as medidas são expressas como porcentagens dos níveis dos EUA. Nossa estimativa de produtividade é PIB por trabalhador, medida em dólares americanos. Como veremos na segunda metade deste texto, essa base deve indicar a produtividade na produção de mercadorias comercializadas. Os salários são medidos por salários na indústria.

Se os salários fossem exatamente proporcionais à produtividade, todos os pontos neste gráfico recairiam ao longo da linha de 45 graus indicada. Na realidade, o ajuste não é ruim. Em particular, os baixos salários na China e na Índia refletem sua baixa produtividade.

A baixa estimativa da produtividade global chinesa pode parecer surpreendente, tendo em conta todas as histórias que se ouvem sobre os americanos que precisam competir com as exportações chinesas. Os trabalhadores chineses que produzem essas exportações não parecem ter produtividade extremamente baixa. Mas lembre-se do que a teoria da vantagem comparativa diz: os países exportam as mercadorias em que têm produtividade relativamente alta. Então, é de se esperar que a produtividade global relativa da China esteja muito abaixo do nível das suas indústrias de exportação.

A figura a seguir nos diz que a visão dos economistas ortodoxos de que as taxas salariais nacionais refletem a produtividade nacional é, na verdade, confirmada pelos dados em um ponto no tempo. Também

Produtividade e salários

Taxa de salário de um país é aproximadamente proporcional à produtividade do país.

Fonte: Fundo Monetário Internacional e The Conference Board.

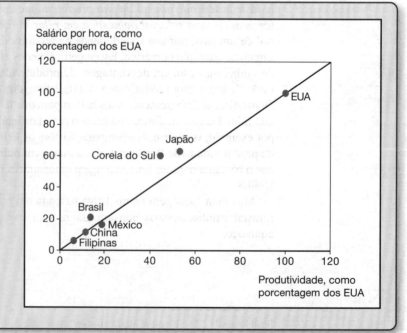

CAPÍTULO 3 ■ Produtividade da mão de obra e a vantagem comparativa: o modelo ricardiano **39**

é verdade que, no passado, o aumento da produtividade relativa levou ao aumento de salários. Considere, por exemplo, o caso da Coreia do Sul. Em 2015, a produtividade da mão de obra coreana tinha cerca de metade do nível americano, e o mesmo acontecia com a sua taxa salarial. Mas nem sempre foi assim: no passado não muito distante, a Coreia do Sul era uma economia de baixa produtividade e baixos salários.

Mesmo em 1975, não muito tempo atrás, os salários sul-coreanos eram apenas 5% dos salários dos Estados Unidos. Mas quando a produtividade da Coreia do Sul aumentou, sua taxa salarial também cresceu.

Em suma, as evidências apoiam firmemente essa visão, com base em modelos econômicos, de que os aumentos de produtividade se refletem em aumentos salariais.

Argumento da mão de obra pobre

Mito 2: A concorrência estrangeira é injusta e fere outros países quando é baseada em baixos salários. Esse argumento, por vezes referido como o **argumento da mão de obra pobre**, é um grande favorito dos sindicatos que buscam proteção contra a concorrência estrangeira. As pessoas que aderem a essa crença argumentam que as indústrias não devem lidar com indústrias estrangeiras que sejam menos eficientes, mas pagam salários mais baixos. Essa opinião é generalizada e adquiriu considerável influência política. Em 1993, Ross Perot, um bilionário que fizera a própria fortuna e se candidatara a presidente, afirmou que o livre comércio entre os Estados Unidos e o México, com os salários muito mais baixos do último, levaria a um "som de sucção gigante" conforme a indústria dos EUA se mudasse para o sul. No mesmo ano, outro bilionário, Sir James Goldsmith, um influente membro do Parlamento Europeu, deu uma opinião semelhante, embora expressa menos pitorescamente, em seu livro *The Trap*, que se tornou um *best-seller* na França.

Outra vez, nosso exemplo simples revela a falácia desse argumento. No exemplo, Doméstica é mais produtiva do que Estrangeira em ambas as indústrias, e a redução do custo de Estrangeira na produção de vinho é inteiramente decorrente de sua taxa salarial muito menor. A menor taxa salarial de Estrangeira, no entanto, é irrelevante para a questão de Doméstica ganhar com o comércio. Não importa se o menor custo do vinho produzido em Estrangeira for pela alta produtividade ou pelos salários baixos. Tudo o que importa para Doméstica é que seja mais barato *em termos de sua própria mão de obra* para Doméstica produzir queijo e trocá-lo por vinho do que para produzir vinho por si só.

Isso é bom para Doméstica, mas e para Estrangeira? Há algo de errado em basear as exportações em baixos salários? Certamente não é uma posição atrativa para se estar, mas a ideia de que o comércio é bom apenas se você receber altos salários é nossa última falácia.

Exploração

Mito 3: O comércio explora um país e o torna pior se os seus trabalhadores receberem salários muito mais baixos do que aqueles em outras nações. Esse costuma ser expresso em termos emocionais. Por exemplo, um colunista contrastou a renda de milhões de dólares do diretor executivo da cadeia de vestuário Gap com os baixos salários – muitas vezes menos de US$ 1 por hora – pagos aos trabalhadores da América Central que produzem algumas das suas mercadorias.[5] Pode parecer insensível tentar justificar os salários terrivelmente baixos pagos a muitos trabalhadores do mundo todo.

Se estamos perguntando sobre a conveniência do livre comércio, no entanto, o ponto não é perguntar se os trabalhadores de baixos salários merecem ganhar mais, mas perguntar se a sua situação e a do seu país são piores porque exportam bens com base em salários baixos do que seriam caso se recusassem a entrar em tal comércio degradante. E ao fazer essa pergunta, também devemos perguntar: *Qual é a alternativa?*

---

[5] Bob Herbert, "Sweatshop Beneficiaries: How to Get Rich on 56 Cents an Hour", *New York Times*, p. A13, 24 jul. 1995.

40 PARTE I ■ Teoria de comércio internacional

Por mais abstrato que seja, nosso exemplo numérico defende que não podemos declarar que um salário baixo representa exploração, a menos que se saiba qual é a alternativa. Neste exemplo, os trabalhadores de Estrangeira recebem muito menos do que os de Doméstica, e poderíamos facilmente imaginar uma colunista escrevendo furiosa sobre como são explorados. Contudo, se Estrangeira se recusasse a negociar com Doméstica e, portanto, deixasse de ser "explorada" (ou insistisse em receber salários muito mais altos em seu setor de exportação, o que teria o mesmo efeito), os salários reais seriam ainda menores: o poder aquisitivo do salário por hora do trabalhador cairia de 1/3 para 1/6 de quilo de queijo.

A colunista que apontou o contraste dos rendimentos entre o executivo da Gap e os trabalhadores que produzem suas roupas estava zangada com a pobreza dos trabalhadores centro-americanos. Mas negar-lhes a oportunidade de exportação e comércio pode ser condená-los à pobreza ainda mais profunda.

Vantagem comparativa com muitos bens

Em nossa discussão até agora, baseamo-nos em um modelo em que somente dois bens são produzidos e consumidos. Essa análise simplificada permite capturar muitos pontos essenciais sobre a vantagem comparativa e o comércio e, como vimos na última seção, nos dá uma quantidade surpreendente de espaço para discutirmos questões de políticas públicas. Para se aproximar da realidade, no entanto, é necessário compreender as funções da vantagem comparativa em um modelo com um número maior de mercadorias.

Montando o modelo

De novo, imagine um mundo de dois países, Doméstica e Estrangeira. Como antes, cada país tem apenas um fator de produção, a mão de obra. No entanto, vamos supor que cada um desses países consuma e seja capaz de produzir um grande número de bens – digamos, N mercadorias diferentes no total. Vamos atribuir a cada uma delas um número de 1 a N.

A tecnologia de cada país pode ser descrita por seus requisitos de mão de obra unitária de cada bem, ou seja, o número de horas de trabalho necessário para produzir uma unidade de cada bem. Nós rotulamos os requisitos de mão de obra unitária de Doméstica para uma determinada mercadoria como a_{Li}, onde i é o número atribuído àquela mercadoria. Se o número 7 for atribuído ao queijo, a_{L7} significa os requisitos de mão de obra unitária na produção de queijo. Seguindo nossa regra de sempre, rotulamos os requisitos de mão de obra unitária correspondentes à Estrangeira como a_{Li}^*.

Para analisar o comércio, podemos também usar mais um recurso. Para qualquer mercadoria, podemos calcular a_{Li}/a_{Li}^*, a razão entre os requisitos de mão de obra unitária de Doméstica e os de Estrangeira. O truque é reclassificar os bens para que, quanto menor o número, menor essa relação. Ou seja, vamos reorganizar a ordem em que numeramos as mercadorias de tal forma que

$$a_{L1}/a_{L1}^* < a_{L2}/a_{L2}^* < a_{L3}/a_{L13}^* < \cdots < a_{LN}/a_{LN}^*. \tag{3.6}$$

Salários relativos e especialização

Estamos agora preparados para olhar para o padrão de comércio. Esse padrão depende apenas de uma coisa: a relação dos salários de Doméstica para Estrangeira. Uma vez que conhecemos essa relação, podemos determinar quem produz o quê.

Considere w a taxa salarial por hora em Doméstica e w^* a taxa salarial em Estrangeira. A relação de salários é então w/w^*. A regra para a alocação da produção mundial, então, é simplesmente a seguinte: os bens serão sempre produzidos onde for mais barato fazê-los. O custo de produzir alguma mercadoria, digamos a mercadoria i, é o produto dos requisitos de mão de obra unitária pela taxa salarial.

CAPÍTULO 3 ■ Produtividade da mão de obra e a vantagem comparativa: o modelo ricardiano **41**

Produzir a mercadoria i em Doméstica vai custar wa_{Li}. Produzir a mesma mercadoria em Estrangeira custará $w^*a_{Li}^*$. Vai ser mais barato produzir o bem em Doméstica, se:

$$wa_{Li} < w^* a_{Li}^*,$$

que podem ser rearranjadas para produzir:

$$a_{Li}^*/a_{Li} > w/w^*.$$

Por outro lado, será mais barato produzir o bem em Estrangeira se:

$$wa_{Li} > w^* a_{Li}^*,$$

que podem ser rearranjadas para produzir:

$$a_{Li}^*/a_{Li} < w/w^*.$$

Assim, podemos reafirmar a regra de alocação: qualquer mercadoria para a qual $a_{Li}^*/a_{Li} > w/w^*$ será produzida em Doméstica, enquanto qualquer mercadoria para a qual $a_{Li}^*/a_{Li} < w/w^*$ será produzida em Estrangeira.

Já alinhamos as mercadorias em ordem crescente de aLi/a^*Li [Equação (3.6)]. Esse critério para especialização nos mostra que há uma "linha de corte" na lista, determinada pela proporção das taxas salariais dos dois países, w/w^*. Todos os bens à esquerda desse ponto acabam sendo produzidos em Doméstica; todos os bens à direita acabam sendo produzidos em Estrangeira. (É possível, como veremos em breve, que a relação de salários seja exatamente igual à relação entre os requisitos de mão de obra unitária para uma mercadoria. Nesse caso, essa mercadoria limite pode ser produzida em ambos os países.)

A Tabela 3.2 oferece um exemplo numérico no qual tanto Doméstica quanto Estrangeira consomem e são capazes de produzir *cinco* bens: maçãs, bananas, caviar, tâmaras e enchiladas.

As duas primeiras colunas da tabela são autoexplicativas. A terceira é a relação entre os requisitos de mão de obra unitária de Estrangeira e de Doméstica para cada mercadoria – ou, em outras palavras, a vantagem de produtividade relativa de Doméstica em cada produto. Nós rotulamos as mercadorias por ordem de vantagem de produtividade em Doméstica, sendo a vantagem de Doméstica maior para maçãs e menor para enchiladas.

Que país produz quais mercadorias depende da relação das taxas salariais entre Doméstica e Estrangeira. Doméstica terá uma vantagem de custo em qualquer produto para o qual sua produtividade relativa for maior do que seu salário relativo, e Estrangeira terá a vantagem nos outros. Se, por exemplo, a taxa salarial de Doméstica for cinco vezes a de Estrangeira (uma relação de salário de Doméstica para salário de Estrangeira de cinco para um), maçãs e bananas serão produzidas em Doméstica; e caviar, tâmaras e enchiladas, em Estrangeira. Se a taxa salarial de Doméstica for apenas três vezes a de Estrangeira, Doméstica produzirá maçãs, bananas e caviar, enquanto Estrangeira produzirá apenas tâmaras e enchiladas.

TABELA 3.2	Requisitos de mão de obra unitária em Doméstica e Estrangeira		
Mercadoria	**Requisito de mão de obra unitária em Doméstica a_{Li}**	**Requisitos de mão de obra unitária em Estrangeira (a_{Li}^*)**	**Vantagem relativa da produtividade de Doméstica (a_{Li}^*/a_{Li})**
Maçãs	1	10	10
Bananas	5	40	8
Caviar	3	12	4
Tâmaras	6	12	2
Enchiladas	12	9	0,75

42 PARTE I ■ Teoria de comércio internacional

Tal padrão de especialização é benéfico para ambos os países? Podemos ver que sim, usando o mesmo método já utilizado: comparando o custo da mão de obra para produzir um bem diretamente em um país com o de "produzir" indiretamente, produzindo outro bem e comercializando-o pelo bem desejado. Se a taxa salarial de Doméstica for três vezes o salário de Estrangeira (dito de outra forma, a taxa salarial de Estrangeira for um terço da de Doméstica), Doméstica importará tâmaras e enchiladas. Uma unidade de tâmaras requer 12 unidades de mão de obra de Estrangeira para ser produzida, mas seu custo em termos de mão de obra de Doméstica, dada a proporção de salários de três para um, é de apenas quatro horas (12/4 = 3). Esse custo de quatro homens-hora é inferior às seis horas que seriam necessárias para produzir a unidade de tâmaras em Doméstica. Para as enchiladas, Estrangeira tem maior produtividade junto com salários mais baixos; vai custar para Doméstica apenas três homens-hora para adquirir uma unidade de enchiladas pelo comércio, em comparação com 12 homens-hora que seriam necessários para produzi-la internamente. Um cálculo semelhante mostrará que Estrangeira também ganha; para todas as importações de mercadorias de Estrangeira, parece ser mais barato em termos de mão de obra de Doméstica comercializar a mercadoria, em vez de produzir o bem. Por exemplo, levaria 10 horas de mão de obra de Estrangeira para produzir uma unidade de maçãs; mesmo com uma taxa salarial de apenas um terço daquela dos trabalhadores de Doméstica, serão necessárias apenas três horas de mão de obra para ganhar o suficiente para comprar aquela unidade de maçãs de Doméstica.

Ao fazer esses cálculos, no entanto, apenas assumimos que a taxa salarial relativa é 3. Como é que essa taxa salarial relativa efetivamente pode ser determinada?

Determinação do salário relativo no modelo multimercadorias

No modelo de duas mercadorias, determinamos os salários relativos calculando primeiro o salário de Doméstica em termos de queijo e os salários de Estrangeira em termos de vinho. Então, usamos o preço do queijo em relação ao do vinho para deduzir a relação entre os salários nos dois países. Pudemos fazer isso porque sabíamos que Doméstica produziria queijo; e Estrangeira, vinho. No caso de muitos bens, quem produz o quê pode ser determinado somente depois que sabemos a taxa salarial relativa, então precisamos de um novo procedimento. Para determinar os salários relativos em uma economia multimercadorias, devemos olhar por trás da demanda relativa por bens e analisar a demanda implícita relativa por mão de obra. Não é uma demanda direta por parte dos consumidores. Pelo contrário, é uma **demanda derivada** que resulta da demanda por bens produzidos com mão de obra de cada país.

A demanda derivada relativa para a mão de obra de Doméstica vai cair quando a proporção de salários de Doméstica para Estrangeira subir, por duas razões. Primeiro, conforme a mão de obra de Doméstica fica mais cara em relação à de Estrangeira, os bens produzidos em Doméstica também se tornam relativamente mais caros e a demanda mundial por esses produtos cai. Segundo, à medida que aumentam os salários de Doméstica, menos bens serão produzidos ali e muitos mais em Estrangeira, reduzindo ainda mais a demanda para a mão de obra de Doméstica.

Podemos ilustrar esses dois efeitos usando nosso exemplo numérico, conforme ilustrado na Tabela 3.2. Talvez devêssemos começar com a seguinte situação: o salário de Doméstica é inicialmente 3,5 vezes o salário de Estrangeira. Nesse nível, Doméstica produziria maçãs, bananas e caviar, enquanto Estrangeira produziria tâmaras e enchiladas. Se o salário relativo de Doméstica aumentasse de 3,5 para 3,99, o padrão de especialização não mudaria. No entanto, como os bens produzidos em Doméstica ficariam relativamente mais caros, a demanda relativa por esses bens cairia e a demanda relativa pela mão de obra de Doméstica cairia junto.

Suponha agora que o salário relativo aumentou ligeiramente de 3,99 para 4,01. Esse pequeno crescimento no salário relativo de Doméstica traria uma mudança no padrão de especialização. Como agora é mais barato produzir caviar em Estrangeira do que em Doméstica, a produção de caviar se desloca de Doméstica para Estrangeira. O que isso implica para a demanda relativa por mão de obra em Doméstica? Claramente, que, quando o salário relativo sobe de pouco menos de 4 para pouco mais de 4, há uma queda brusca na demanda relativa, conforme a produção de caviar de Doméstica cai para zero e Estrangeira adquire uma nova indústria. Se o salário relativo continuar a aumentar, a demanda relativa para a mão de obra de Doméstica vai aos poucos declinar, então cairá abruptamente em um salário relativo de 8, ponto em que a produção de bananas se desloca para Estrangeira.

Podemos ilustrar a determinação de salários relativos com um diagrama como o da Figura 3.5. Ao contrário da Figura 3.3, este diagrama não tem quantidades relativas das mercadorias ou dos preços relativos das mercadorias em seus eixos. Em vez disso, ele mostra a quantidade relativa de mão de obra e a taxa salarial relativa. A demanda mundial para mão de obra de Doméstica em relação à demanda por mão de obra de Estrangeira é mostrada pela curva *RD*. A oferta mundial de mão de obra de Doméstica em relação à de Estrangeira é mostrada pela linha *RS*.

A oferta relativa de mão de obra é determinada pelos tamanhos relativos das forças de trabalho de Doméstica e Estrangeira. Supondo que o número de homens-hora disponíveis não varie com o salário, o salário relativo não tem efeito sobre a oferta de mão de obra relativa e *RS* é uma linha vertical.

Nossa discussão sobre a demanda relativa de mão de obra explica a forma "escalonada" de *RD*. Sempre que aumentamos a taxa salarial dos trabalhadores de Doméstica em relação aos trabalhadores de Estrangeira, a demanda relativa por bens produzidos em Doméstica diminui, e a demanda de mão de obra de Doméstica diminui junto. Além disso, a demanda relativa por mão de obra de Doméstica cai abruptamente sempre que um aumento no salário relativo de Doméstica torna um bem mais barato de se produzir em Estrangeira. Então, a curva alterna entre seções suavemente inclinadas para baixo, onde não há alteração do padrão de especialização, e "planas", nas quais a demanda relativa muda abruptamente pelas mudanças no padrão de especialização. Como mostrado na figura, esses "planos" correspondem aos salários relativos que igualam a proporção da produtividade de Doméstica para Estrangeira para cada um dos cinco produtos.

O salário relativo de equilíbrio é determinado pela interseção de *RD* e *RS*. Como traçado, o salário relativo de equilíbrio é 3. Com esse salário, Doméstica produz maçãs, bananas e

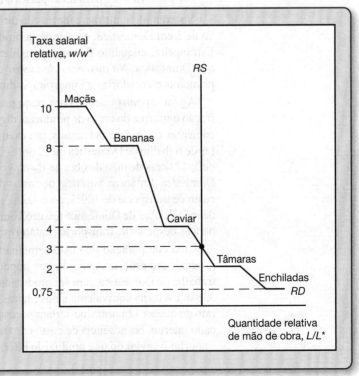

FIGURA 3.6
Determinação de salários relativos.
Em um modelo ricardiano de muitos bens, os salários relativos são determinados pela interseção da curva de demanda relativa derivada de mão de obra, *RD*, com a oferta relativa, *RS*.

44 PARTE I ■ Teoria de comércio internacional

caviar, enquanto Estrangeira produz tâmaras e enchiladas. O resultado depende do tamanho relativo dos países (que determina a posição do *RS*) e da demanda relativa pelos bens (que determina a forma e a posição de *RD*).

Se a interseção de *RD* e *RS* situar-se em um dos planos, os dois países produzem o bem ao qual se aplica o plano.

Adicionando os custos de transporte e as mercadorias não comercializáveis

Agora estendemos nosso modelo um passo adiante para a realidade, considerando os efeitos dos custos de transporte. Esses custos não alteram os princípios fundamentais de vantagem comparativa ou os ganhos de comércio. No entanto, como os custos de transporte representam entraves à circulação de mercadorias e serviços, eles têm importantes consequências para a forma como uma economia de comércio mundial é afetada por diversos fatores, como problemas de balanço de pagamentos, investimentos internacionais e ajuda externa. Embora ainda não lidemos com os efeitos desses fatores, o modelo de um fator de multimercadorias é um bom lugar para introduzirmos os efeitos dos custos de transporte.

Primeiro, observe que a economia mundial, descrita pelo modelo da última seção, é marcada por especialização internacional muito extrema. No máximo, há uma mercadoria que ambos os países produzem; todos os outros bens são produzidos em Doméstica ou em Estrangeira, mas não em ambos.

Existem três razões principais por que a especialização em economia internacional real não é assim extrema:

1. A existência de mais de um fator de produção reduz a tendência para a especialização (como veremos nos Capítulos 4 e 5).

2. Os países, às vezes, protegem as indústrias da concorrência estrangeira (discutido em detalhes nos Capítulos 9 a 12).

3. O transporte de mercadorias e serviços tem custos. Em alguns casos, o custo de transporte é suficiente para levar países à autossuficiência em certos setores.

No exemplo multimercadorias da última seção, encontramos que com um salário relativo de 3 em Doméstica, esta poderia produzir maçãs, bananas e caviar mais baratos do que Estrangeira, enquanto Estrangeira poderia produzir tâmaras e enchiladas mais baratas do que Doméstica. *Na ausência de custos de transporte,* então, Doméstica exportará as três primeiras mercadorias e importará as duas últimas.

Agora suponha que haja um custo para o transporte de mercadorias e que este seja uma fração uniforme do custo de produção, digamos 100%. Tal custo de transporte desencorajará o comércio. Considere as tâmaras, por exemplo. Uma unidade dessa mercadoria requer seis horas de trabalho de Doméstica ou 12 horas de Estrangeira para produzi-la. A um salário relativo de 3, 12 horas de mão de obra de Estrangeira custam tanto quanto quatro horas de trabalho de Doméstica. Então, na ausência de custos de transporte, Doméstica importa tâmaras. Com um custo de transporte de 100%, no entanto, importar tâmaras custaria o equivalente a oito horas de mão de obra de Doméstica (quatro horas de mão de obra, mais o equivalente a quatro horas para as despesas de transporte), então Doméstica produzirá o bem para si mesma.

Uma comparação de custo semelhante mostra que será mais barato para Estrangeira produzir seu próprio caviar do que importá-lo. Uma unidade de caviar requer três horas de trabalho de Doméstica para ser produzida. Mesmo com um salário relativo de Doméstica de 3, o que o torna equivalente a nove horas de mão de obra de Estrangeira, o custo é mais barato do que as 12 horas que seriam necessárias para Estrangeira produzir caviar para o mercado interno. Na ausência de custos de transporte, então, seria mais barato para Estrangeira importar o caviar do que produzi-lo internamente. Com um custo de 100% de transporte, no

CAPÍTULO 3 ■ Produtividade da mão de obra e a vantagem comparativa: o modelo ricardiano **45**

entanto, o caviar importado custaria o equivalente a 18 horas de mão de obra de Estrangeira e seria, portanto, produzido localmente.

O resultado da introdução dos custos de transporte neste exemplo, então, é que Doméstica ainda exportará maçãs e bananas e importará enchiladas, mas tâmaras e caviar se tornarão **bens não comercializáveis**, que cada país produzirá por si próprio.

Neste exemplo, partimos do princípio de que os custos de transporte são a mesma fração do custo de produção em todos os setores. Na prática, há uma grande variação de custos de transporte. Em alguns casos, o transporte é praticamente impossível: serviços como cortes de cabelo e conserto de carros não podem ser negociados internacionalmente (exceto onde a fronteira cruza uma área metropolitana, como Detroit, Michigan–Windsor, Ontário). Também há pouco comércio internacional de mercadorias com altas proporções de peso-valor, como o cimento. (Simplesmente não vale a pena o custo de transporte da importação de cimento, mesmo se puder ser produzido muito mais barato no exterior.) Muitos bens acabam sendo não comercializáveis em razão da ausência de fortes vantagens de custo nacional ou pelos custos elevados de transporte.

O ponto importante é que as nações gastam uma grande parte de sua renda em bens não comercializáveis. Essa observação é de relevância surpreendente em nossa discussão posterior sobre economia monetária internacional.

Evidências empíricas sobre o modelo ricardiano

O modelo ricardiano de comércio internacional é uma ferramenta extremamente útil para pensar sobre as razões pelas quais o comércio pode acontecer e sobre os efeitos do comércio internacional no bem-estar nacional. Mas será que é um modelo que se ajusta bem ao mundo real? O modelo ricardiano faz previsões precisas sobre os fluxos reais de comércio internacional?

A resposta é um "sim" com fortes ressalvas. Claro, há diversas maneiras pelas quais o modelo ricardiano faz previsões enganosas. Primeiro, como mencionado em nossa discussão sobre bens não comercializáveis, o modelo ricardiano simples prevê um extremo grau de especialização que não observamos no mundo real. Segundo, parte da premissa de que o comércio internacional não impacta a distribuição de renda *dentro* dos países e, portanto, prevê que os países como um todo irão sempre ganhar com o comércio. Na prática, o comércio internacional tem fortes efeitos na distribuição de renda. Terceiro, o modelo ricardiano não permite nenhum espaço para as diferenças de recursos entre os países como causa de comércio, o que ignora um aspecto importante do sistema de comércio (foco dos Capítulos 4 e 5). Por fim, negligencia o possível papel das economias de escala como causa de comércio, que o torna incapaz de explicar os grandes fluxos de comércio entre nações aparentemente similares – uma questão discutida nos Capítulos 7 e 8.

Apesar dessas falhas, no entanto, a previsão básica do modelo ricardiano – de que países deveriam tender a exportar aqueles bens em que sua produtividade é relativamente elevada – foi fortemente confirmada por vários estudos ao longo dos anos.

Vários testes clássicos do modelo ricardiano, realizados utilizando dados dos primeiros anos após a Segunda Guerra Mundial, compararam o comércio e a produtividade britânica com a americana.[6] Foi uma comparação extraordinariamente esclarecedora, porque revelou que a produtividade da mão de obra britânica era inferior à americana em quase todos os setores. Como resultado, os Estados Unidos tinham uma vantagem absoluta em tudo. Ainda assim, o montante das exportações britânicas totais era mais ou menos igual à quantidade

---

[6] O estudo pioneiro de G. D. A. MacDougall está listado em Leituras adicionais no final do capítulo. Um estudo de seguimento conhecido, no qual nos baseamos aqui, foi Bela Balassa, "An Empirical Demonstration of Classical Comparative Cost Theory", *Review of Economics and Statistics*, p. 231-238, ago. 1963; usamos os números de Balassa como uma ilustração.

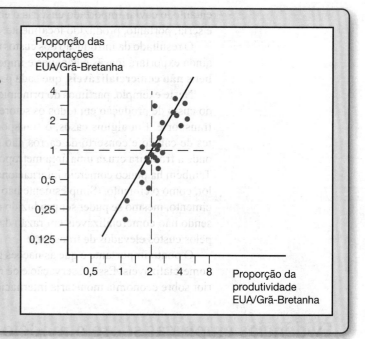

FIGURA 3.7
Produtividade e as exportações.
Um estudo comparativo mostrou que as exportações dos EUA eram altas em relação às exportações britânicas nas indústrias em que os Estados Unidos tinham alta produtividade relativa da mão de obra. Cada ponto representa um setor diferente.

das exportações americanas da época. Apesar de sua baixa produtividade absoluta, devia haver alguns setores em que a Grã-Bretanha tinha uma vantagem comparativa. O modelo ricardiano preveria que esses seriam os setores em que a vantagem de produtividade dos Estados Unidos era menor.

A Figura 3.7 ilustra as evidências a favor do modelo ricardiano, usando os dados apresentados em um artigo do economista húngaro Bela Balassa em 1963. A figura compara a proporção das exportações dos EUA e britânicas, em 1951, com a proporção da produtividade da mão de obra dos EUA e britânica para 26 indústrias manufatureiras. A proporção de produtividade é medida no eixo horizontal; a relação de exportação no eixo vertical. Ambos os eixos são dados em uma escala logarítmica, o que acaba por produzir uma imagem mais clara.

Em linhas gerais, a teoria ricardiana nos levaria a esperar que quanto maior a produtividade relativa na indústria dos EUA, mais os EUA seriam propensos, ao contrário das empresas do Reino Unido, a exportar para essa indústria. E é isso o que mostra a Figura 3.6. Na verdade, o gráfico de dispersão encontra-se muito perto de uma linha inclinada para cima, também mostrada na figura. Tendo em conta que os dados utilizados para essa comparação estão, como todos os dados econômicos, sujeitos a erros de medição substanciais, o encaixe é muito próximo.

Como esperado, as evidências na Figura 3.6 confirmam o pensamento básico de que o comércio depende da vantagem *comparativa*, não da *absoluta*. Na época a que os dados se referem, a indústria dos EUA tinha produtividade muito maior da mão de obra do que a indústria britânica – em média, cerca de duas vezes mais alta. O equívoco comum de que um país só pode ser competitivo se conseguir igualar-se à produtividade dos outros países, que discutimos anteriormente neste capítulo, teria nos levado a prever uma vantagem geral das exportações americanas. O modelo ricardiano nos diz, no entanto, que ter alta produtividade em uma indústria em comparação com a de um país estrangeiro não é suficiente para garantir que um país exportará produtos dessa indústria; a produtividade relativa deve ser alta em comparação com a produtividade relativa em outros setores. Por acaso, a produtividade dos EUA excedia a britânica em todos os 26 setores (indicado por pontos), como mostrado na Figura 3.6, com margens que variavam de 11% a 366%. Em 12 dos setores, no entanto, a

CAPÍTULO 3 ■ Produtividade da mão de obra e a vantagem comparativa: o modelo ricardiano **47**

Grã-Bretanha, na verdade, tinha exportações maiores do que a dos Estados Unidos. Como mostra a figura, em geral, as exportações dos EUA eram maiores do que as do Reino Unido somente em indústrias em que a vantagem de produtividade dos EUA era um pouco mais de dois para um.

Evidências mais recentes sobre o modelo ricardiano têm sido menos definitivas. Em parte, isso ocorre porque o crescimento do comércio mundial e a resultante especialização das economias nacionais significam que não temos a oportunidade de ver o que os países fazem mal! Na economia mundial do século XXI, os países muitas vezes não produzem mercadorias para as quais têm desvantagem comparativa, então não há nenhuma maneira de medir a sua produtividade nesses setores. Por exemplo, a maioria dos países não produz aviões; por isso, não existem dados sobre quais seriam seus requisitos de mão de obra unitária se os produzissem. Todavia, várias evidências sugerem que as diferenças na produtividade da mão de obra continuam a desempenhar um papel importante na determinação do comércio mundial.

Talvez a demonstração mais impressionante da utilidade contínua da teoria ricardiana da vantagem comparativa seja a maneira como ela explica o surgimento de países de produtividade global muito baixa como potências de exportação em algumas indústrias. Considere, por exemplo, o caso das exportações de vestuário de Bangladesh. A indústria de vestuário desse país recebeu o pior tipo de publicidade em abril de 2013, quando um edifício que abrigava cinco fábricas de vestuário desabou, matando mais de mil pessoas. O contexto dessa tragédia, no entanto, era o crescimento das exportações de vestuário de Bangladesh, que aproximavam-se rapidamente das da China, antes o fornecedor dominante. Esse rápido crescimento ocorreu apesar de Bangladesh ser um país muito pobre, com baixíssima produtividade geral, mesmo em comparação com a China, que, como já vimos, é ainda de baixa produtividade em comparação com os EUA.

Qual era o segredo do sucesso de Bangladesh? O país tem produtividade bastante baixa, mesmo na produção de vestuário – mas sua desvantagem de produtividade é muito menor do que em outras indústrias, então a nação tem uma vantagem comparativa na indústria de vestuário. A Tabela 3.3 ilustra esse ponto com algumas estimativas com base em dados de 2011.

Em comparação com a China, Bangladesh ainda tem uma desvantagem *absoluta* na produção de vestuário, com produtividade significativamente menor. Mas como sua produtividade relativa em vestuário é muito maior do que em outras indústrias, Bangladesh tem uma forte vantagem comparativa em vestuário – e sua indústria de vestuário está criando um páreo duro para a China.

Em suma, embora alguns economistas acreditem que o modelo ricardiano seja uma descrição totalmente adequada das causas e consequências do comércio mundial, suas duas consequências principais – que as diferenças de produtividade desempenham um papel importante no comércio internacional e que é a vantagem comparativa que importa, não a absoluta – parecem ser apoiadas pelas evidências.

TABELA 3.3	**Bangladesh *versus* China, 2011**	
	Produção de Bangladesh por trabalhador como % da China	**Exportações de Bangladesh como % da China**
Todas as indústrias	28,5	1,0
Vestuário	77	15,5

Fonte: McKinsey and Company, "Bangladesh's Ready-Made Garments Industry: The Challenge of Growth", 2012; Boletim Mensal de Estatística das Nações Unidas.

48 PARTE I ■ Teoria de comércio internacional

RESUMO

- Nós examinamos o modelo ricardiano, o modelo mais simples que mostra como as diferenças entre países dão origem ao comércio e aos ganhos de comércio. Nesse modelo, a mão de obra é o único fator de produção, e os países diferem apenas na produtividade do trabalho em diferentes indústrias.
- No modelo ricardiano, os países exportarão mercadorias que sua mão de obra produz de modo relativamente eficiente e importarão as que sua mão de obra produz de modo relativamente ineficiente. Em outras palavras, o padrão de produção de um país é determinado pela vantagem comparativa.
- Podemos mostrar que o comércio beneficia um país de duas maneiras. Primeiro, podemos pensar no comércio como um método indireto de produção. Em vez de produzir um bem por si só, um país pode produzir outro bem e trocá-lo pelo bem desejado. O modelo simples mostra que sempre que um bem é importado, deve ser verdade que essa "produção" indireta requer menos trabalho do que a direta. Segundo, podemos demonstrar que o comércio amplia as possibilidades de consumo do país, o que implica ganhos a partir do comércio.
- A distribuição dos ganhos de comércio depende dos preços relativos das mercadorias que os países produzem. Para determinar esses preços relativos, é necessário olhar para a oferta mundial relativa e a demanda de mercadorias. O preço relativo implica também uma taxa salarial relativa.
- A proposição de que o comércio é benéfico não admite reservas ou restrições. Em outras palavras, não há nenhuma exigência de que um país seja "competitivo" ou que o comércio seja "justo". Em especial, podemos demonstrar que três ideias do senso comum sobre o comércio estão erradas. Primeiro, um país ganha com o comércio, mesmo que tenha menor produtividade do que seu parceiro comercial em todas as indústrias. Segundo, o comércio é benéfico, mesmo que as indústrias estrangeiras sejam competitivas apenas por causa de baixos salários. Terceiro, o comércio é benéfico, mesmo que as exportações de um país exijam mais mão de obra do que suas importações.
- Estender o modelo de um fator e duas mercadorias para um mundo de muitas *commodities* não altera essas conclusões. A única diferença é que se torna necessário focar diretamente na demanda relativa por mão de obra para determinar os salários relativos em vez de trabalhar por meio de demanda relativa por bens. Além disso, um modelo de muitas *commodities* pode ser usado para ilustrar o ponto importante de que os custos de transporte podem dar origem a uma situação em que alguns bens são não comercializáveis.
- Embora algumas das previsões do modelo ricardiano sejam claramente irrealistas, sua previsão básica, de que os países tendem a exportar bens nos quais eles têm produtividade relativamente alta, foi confirmada por vários estudos.

TERMOS-CHAVE

análise de equilíbrio geral, p. 30
análise de equilíbrio parcial, p. 30
argumento da mão de obra pobre, p. 39
bens não comercializáveis, p. 45
curva de demanda relativa, p. 31
curva de oferta relativa, p. 31

custo de oportunidade, p. 25
demanda derivada, p. 42
fronteira de possibilidade de produção, p. 27
ganhos de comércio, p. 34
modelo ricardiano, p. 26

requisitos de mão de obra unitária, p. 26
salário relativo, p. 35
vantagem absoluta, p. 29
vantagem comparativa, p. 26

CAPÍTULO 3 ■ Produtividade da mão de obra e a vantagem comparativa: o modelo ricardiano **49**

QUESTÕES

1. Doméstica possui 1.200 unidades de mão de obra disponíveis. Pode produzir dois bens, maçãs e bananas. Os requisitos de mão de obra unitária na produção de maçã são 3, enquanto na de banana são 2.
   a. Faça o gráfico da fronteira de possibilidade de produção de Doméstica.
   b. Qual é o custo de oportunidade de maçãs em termos de bananas?
   c. Na ausência de comércio, qual seria o preço das maçãs em termos de bananas? Por quê?
2. Considere Doméstica conforme descrita na Questão 1. Há também outro país, Estrangeira, com uma força de trabalho de 800 mãos de obra. Os requisitos de mão de obra unitária de Estrangeira na produção de maçã são 5, enquanto na produção de banana são 1.
   a. Faça o gráfico da fronteira de possibilidade de produção de Estrangeira.
   b. Construa a curva de oferta relativa mundial.
3. Agora suponha que a demanda mundial relativa assume a seguinte forma: demanda por maçãs/demanda por bananas = preço das bananas/preço das maçãs.
   a. Faça o gráfico da curva de demanda relativa junto com a curva de oferta relativa.
   b. Qual é o preço de equilíbrio relativo das maçãs?
   c. Descreva o padrão de comércio.
   d. Demonstre que Doméstica e Estrangeira ganham com o comércio.
4. Suponha que, em vez de 1.200 trabalhadores, Doméstica tem 2.400. Encontre o preço de equilíbrio relativo. O que você pode dizer sobre a eficiência da produção mundial e a divisão dos ganhos de comércio entre Doméstica e Estrangeira neste caso?
5. Suponha que Doméstica tenha 2.400 trabalhadores, mas apenas metade da produtividade em ambas as indústrias em relação aos valores supostos anteriormente. Construa a curva de oferta relativa mundial e determine o preço de equilíbrio relativo. Compare os ganhos de comércio com aqueles do caso descrito na Questão 4.
6. "Para o Ocidente, foi tudo ladeira abaixo desde que a China entrou no mercado mundial. Simplesmente não dá para concorrer com centenas de milhões de pessoas dispostas a trabalhar em troca de uma miséria". Discuta essa afirmação.
7. Apesar dos ganhos significativos, os operários chineses têm produtividade muito menor do que os seus equivalentes americanos. Os trabalhadores chineses dos setores de serviços são relativamente mais produtivos, mas a maioria dos serviços não pode ser comercializada internacionalmente. Assim, o que importa para os salários chineses: produtividade na indústria ou em serviços?
8. O custo de vida geral é muito menor na China do que nos Estados Unidos ou na Europa. Por quê? (Reflita sobre a sua resposta para a Questão 7.)
9. As tecnologias de comunicação modernas possibilitam a prestação de muitos serviços (p. ex., interpretar raios X ou até mesmo pesquisa jurídica) de forma remota. Como isso afeta os possíveis ganhos de comércio?
10. Focamos o caso do comércio envolvendo apenas dois países. Suponha que existam muitos países capazes de produzir dois bens, e que cada país tenha apenas um fator de produção, a mão de obra. O que podemos dizer sobre o padrão de produção e comércio neste caso? (Dica: construa a curva de oferta relativa mundial.)

50 PARTE I ■ Teoria de comércio internacional

LEITURAS ADICIONAIS

Davis, D. "Intraindustry Trade: A Heckscher-Ohlin-Ricardo Approach". *Journal of International Economics*, v. 39, p. 201-226, nov. 1995. Uma revisão recente da abordagem ricardiana para explicar o comércio entre os países com recursos semelhantes.

Dornbusch, R.; Fischer, S. e Samuelson, P. "Comparative Advantage, Trade and Payments in a Ricardian Model with a Continuum of Goods". *American Economic Review*, v. 67, p. 823-839, dez. 1977. Modelagem teórica mais moderna, no modelo ricardiano, que desenvolve a ideia de simplificar o modelo ricardiano de muitos bens e pressupõe que o número de bens é tão grande que pode formar um contínuo uniforme.

Dosi, G.; Pavitt, K. e Soete, L. *The Economics of Technical Change and International Trade*. Brighton: Wheatsheaf, 1988. Um exame empírico que sugere que o comércio internacional de bens manufaturados é guiado principalmente pelas diferenças nas competências tecnológicas nacionais.

Golub, S.; Hsieh, C. "Classical Ricardian Theory of Comparative Advantage Revisited". *Review of International Economics*, v. 8, n. 2, p. 221-234, 200. Uma análise estatística moderna da relação entre produtividade relativa e padrões de comércio, que encontra correlações razoavelmente fortes.

MacDougall, G. D. A. "British and American Exports: A Study Suggested by the Theory of Comparative Costs". *Economic Journal*, v. 61, p. 697-724, dez. 1951; v. 62, p. 487-521, set. 1952. Neste estudo famoso, MacDougall usou dados comparativos sobre a produtividade dos EUA e do Reino Unido para testar as previsões do modelo ricardiano.

Mill, J. S. *Principles of Political Economy*. Londres: Longmans, Green, 1917. O tratado de Mill de 1848 ampliou o trabalho de Ricardo para um modelo completo de comércio internacional.

Ricardo, D. *The Principles of Political Economy and Taxation*. Homewood, IL: Irwin, 1963. A fonte básica para o modelo ricardiano é o próprio Ricardo, neste livro, publicado originalmente em 1817.

CAPÍTULO 4

Fatores específicos e distribuição de renda

Como vimos no Capítulo 3, o comércio internacional pode ser mutuamente benéfico para as nações que o praticam. Mesmo assim, ao longo da história, os governos têm protegido certos setores da economia da concorrência das importações. Mesmo antes do recente surto de protecionismo sob o governo Trump (consulte o quadro neste capítulo para mais detalhes), os Estados Unidos limitavam as importações de vestuário, têxteis, açúcar, etanol e produtos lácteos, entre muitos outros itens. Durante os ciclos de reeleição presidencial, tarifas punitivas são muitas vezes impostas na importação de mercadorias produzidas nos principais estados que alternam entre os dois grandes partidos políticos americanos.[1] Se o comércio é uma coisa boa para a economia, por que há oposição aos seus efeitos? Para entender a política comercial, é necessário olhar para os efeitos do comércio não só em um país como um todo, mas em sua distribuição de renda.

O modelo ricardiano de comércio internacional, desenvolvido no Capítulo 3, ilustra os benefícios em potencial do comércio. Nesse modelo, o comércio leva à especialização internacional, sendo que cada país transfere sua força de trabalho de indústrias em que a mão de obra é relativamente ineficiente para outras em que é relativamente mais eficiente. Como a mão de obra é o único fator de produção naquele modelo, e presume-se que ela possa transitar livremente entre as diversas indústrias, não há nenhuma possibilidade de que os indivíduos sejam prejudicados com o comércio. O modelo ricardiano, assim, sugere não só que todos os *países* ganham com o comércio, mas também que a situação de cada *indivíduo* melhora devido ao comércio internacional, uma vez que este não afeta a distribuição de renda. No mundo real, entretanto, o comércio tem efeitos substanciais sobre a distribuição de renda dentro de cada nação participante, o que faz com que, na prática, os benefícios do comércio sejam, muitas vezes, distribuídos de forma muito desigual.

Existem duas razões principais pelas quais o comércio internacional tem fortes efeitos sobre a distribuição de renda. Primeiro, os recursos não podem mover-se imediatamente ou sem custo de uma indústria para outra – uma consequência de curto prazo do comércio. Segundo, as indústrias diferem nos fatores de produção que demandam. Uma mudança no conjunto de mercadorias que um país produz normalmente reduzirá a demanda por alguns fatores de produção, enquanto elevará a demanda por outros – uma consequência de longo prazo do comércio. Por

---

[1] A escala das proteções instituídas pelo governo Trump não tem precedentes no período do pós-guerra. Contudo, os governos anteriores ainda utilizaram tarifas temporárias altas para agradar estados politicamente importantes. Durante o seu primeiro mandato, Barack Obama impôs uma tarifa de 35% sobre pneus (importados da China), enquanto o presidente George W. Bush impôs uma tarifa de 30% sobre o aço. A produção de aço e pneus está concentrada em Ohio, um estado crítico para definir o resultado das eleições presidenciais anteriores nos Estados Unidos.

52 PARTE I ▪ Teoria de comércio internacional

ambas as razões, o comércio internacional não é tão inequivocamente benéfico como parecia ser no Capítulo 3. Embora o comércio possa beneficiar uma nação como um todo, muitas vezes ele prejudica grupos significativos dentro do país no curto prazo e, potencialmente, mas em menor grau, também no longo prazo.

Descreveremos em maiores detalhes a política das restrições à importação de açúcar para os Estados Unidos posteriormente neste capítulo. Cultivar cana-de--açúcar é significativamente mais caro nos Estados Unidos do que nos países tropicais. Eliminar essas restrições reduziria drasticamente o preço do açúcar nos Estados Unidos, o que elevaria o padrão de vida geral. Mas os fazendeiros produtores de cana de açúcar, assim como aqueles que cultivam milho e beterraba (culturas usadas para produzir adoçantes que substituem a cana-de-açúcar), seriam prejudicados pelo comércio mais livre: isso reduziria o preço das suas safras nos Estados Unidos. Nesse caso, os fazendeiros poderiam cultivar outras plantas ou encontrar empregos em outros setores, mas essas transições seriam difíceis e custosas. Não surpreende que esses fazendeiros se oponham veementemente à eliminação das restrições à importação de açúcar. Os políticos que representam esses distritos agrícolas votam consistentemente para preservar as restrições.

Uma análise realista do comércio deve ir além do modelo ricardiano, chegando a modelos em que o comércio pode afetar a distribuição de renda. Neste capítulo, enfocamos as consequências de curto prazo do comércio sobre a distribuição de renda quando fatores de produção não podem se mover sem custo entre os setores. Para simplificar o nosso modelo, vamos supor que o custo de troca de setor para alguns fatores é alto o suficiente para que essa mudança seja impossível no curto prazo. Esses fatores são *específicos* para um determinado setor.

OBJETIVOS DE APRENDIZAGEM

Após a leitura deste capítulo, você será capaz de:

- Entender como um fator móvel vai responder às mudanças de preços, movendo-se de um setor para outro.
- Explicar por que o comércio irá gerar tanto vencedores quanto perdedores no curto prazo.
- Compreender o significado dos ganhos de comércio quando existem perdedores.
- Discutir por que o comércio é uma questão politicamente controversa.
- Explicar os argumentos a favor do livre comércio, apesar da existência de perdedores.

O modelo de fatores específicos

O modelo de **fatores específicos** foi desenvolvido por Paul Samuelson e Ronald Jones.[2] Assim como o modelo ricardiano simples, ele pressupõe uma economia que produz dois bens e que pode alocar sua mão de obra entre os dois setores. Entretanto, ao contrário do ricardiano, o modelo de fatores específicos permite a existência de fatores de produção além da mão de obra. Considerando que a mão de obra seja um **fator móvel** que pode transitar entre os setores, esses outros fatores são considerados *específicos*. Ou seja, eles podem ser usados somente na produção de determinados bens.

---

[2]Veja: Paul Samuelson. "Ohlin was right". *Swedish Journal of Economics*, v. 73, p. 365-384, 1971; e Ronald W. Jones. "A Three-Factor Model in Theory, Trade, and History". In: Jagdish Bhagwati et al. (Eds.). *Trade, Balance of Payments, and Growth*. Amsterdam: North-Holland, 1971, p. 3-21.

CAPÍTULO 4 ■ Fatores específicos e distribuição de renda

O QUE É UM FATOR ESPECÍFICO?

No modelo desenvolvido neste capítulo, pressupomos que dois fatores de produção, terra e capital, estão permanentemente ligados a determinados setores da economia. No entanto, nas economias desenvolvidas, as terras agrícolas recebem apenas uma parte pequena da renda nacional. Quando os economistas aplicam o modelo de fatores específicos a economias como as dos Estados Unidos ou da França, a especificidade de fator geralmente não é considerada uma condição permanente, e sim uma questão de tempo. Por exemplo, as cubas usadas para fermentar cerveja e as prensas de estampagem usadas para fabricar a lataria de veículos não podem ser substituídas uma pela outra, então esses diferentes tipos de equipamentos são específicos de suas indústrias. No entanto, com o tempo, seria possível redirecionar o investimento das fábricas de automóveis para as cervejarias ou vice-versa. Por consequência, no longo prazo, tanto as cubas quanto as prensas de estampagem podem ser consideradas duas manifestações de um único fator móvel, chamado de capital.

Então, na prática, a distinção entre fatores específicos e móveis não é absoluta. Pelo contrário, trata-se da velocidade de ajuste. Quanto mais tempo demora para transferir um fator de uma indústria para outra, mais específico ele é. Mas quão específicos são os fatores de produção na economia real?

A mobilidade dos trabalhadores varia de acordo com as características do trabalhador (como a idade) e o emprego (se necessita de habilidades gerais ou específicas). No entanto, analisar a duração do desemprego após a demissão do trabalhador nos permite medir uma taxa média de mobilidade. Após quatro anos, um trabalhador demitido nos Estados Unidos tem a mesma probabilidade de ser empregado que um trabalhador semelhante que não foi demitido.[3] Esse intervalo de tempo de quatro anos se compara com um tempo de vida de 15 ou 20 anos para uma máquina especializada típica e de 30 a 50 anos para estruturas (um *shopping center*, um prédio de escritórios ou uma planta de produção). Portanto, a mão de obra é certamente um fator menos específico do que a maioria dos tipos de capital. No entanto, embora a maioria dos trabalhadores possa encontrar novo emprego em outros setores dentro de um intervalo de tempo de quatro anos, mudar de carreira implica custos adicionais: um trabalhador deslocado que é reempregado em uma ocupação diferente sofre uma queda salarial permanente de 18% (em média). Isso se compara com uma queda de 6%, se o trabalhador não mudar de carreira.[4] Assim, a mão de obra somente é flexível de fato antes de um trabalhador ter investido em habilidades específicas a um determinado emprego.

Pressupostos do modelo

Imagine uma economia que pode produzir dois bens, tecido e alimentos. No entanto, em vez de um fator de produção, o país tem *três*: mão de obra (L), capital (K) e solo (T de *terra*). Tecido é produzido usando capital e mão de obra (mas sem terra), enquanto o alimento é produzido usando terra e mão de obra (mas não capital). A mão de obra é, portanto, um fator *móvel* que pode ser usado em qualquer setor, ao passo que a terra e o capital são os dois fatores *específicos* que podem ser usados somente na produção de uma das mercadorias. A terra também pode ser pensada como um tipo diferente de capital, que é específico para o setor de alimentos (veja o quadro "O que é um fator específico?").

Quanto de cada bem a economia vai produzir? A produção de tecido da economia depende de quanto capital e mão de obra são usados nesse setor. Essa relação é resumida por uma **função de produção** que nos diz a quantidade de tecido que pode ser produzido dada uma determinada entrada de capital e mão de obra. A função de produção para o tecido pode ser resumida algebricamente como:

$$Q_T = Q_T(K, L_T),$$ (4.1)

---

[3]Veja: Bruce Fallick. "The Industrial Mobility of Displaced Workers". *Journal of Labor Economics*, v. 11, p. 302-323, abr. 1993.

[4]Veja: Magno Kambourov e Iourii Manovskii. "Occupational Specificity of Human Capital". *International Economic Review*, v. 50, p. 63-115, fev. 2009.

sendo Q_T a produção de tecido da economia, K o estoque de capital da economia, e L_T a força de trabalho empregada no tecido. Da mesma forma, para os alimentos podemos escrever a função de produção

$$Q_A = Q_A(T, L_A), \qquad (4.2)$$

sendo Q_A a produção de alimentos da economia, T a oferta de terra da economia e L_A a mão de obra dedicada à produção de alimentos. Para a economia como um todo, a mão de obra empregada deve ser igual à oferta de mão de obra total L:

$$L_T + L_A = L. \qquad (4.3)$$

Possibilidades de produção

O modelo de fatores específicos pressupõe que cada um dos fatores específicos, capital ou terra, possa ser usado em apenas um setor, tecidos ou alimentos, respectivamente. Apenas a mão de obra pode ser usada nos dois setores. Assim, para analisar as possibilidades de produção da economia, precisamos apenas perguntar como o conjunto de produção da economia muda conforme a mão de obra é deslocada de um setor para outro. Isso pode ser feito graficamente, primeiro representando as funções de produção pelas Equações (4.1) e (4.2) e, em seguida, juntando-as para derivar a **fronteira de possibilidade de produção**.

A Figura 4.1 ilustra a relação entre a entrada de mão de obra e a produção de tecido. Quanto maior a entrada de mão de obra para uma determinada oferta de capital, maior será a produção. Na Figura 4.1, a inclinação de $Q_T(K, L_T)$ representa o **produto marginal da mão de obra**, ou seja, a adição à produção gerada pela inclusão de mais um homem-hora. No entanto, se a entrada de mão de obra for aumentada, sem aumentar o capital, geralmente haverá **rendimentos decrescentes**: uma vez que adicionar um trabalhador significa que cada trabalhador tem menos capital para trabalhar, cada incremento sucessivo de mão de obra adicionará menos à produção do que o anterior. Os rendimentos decrescentes são refletidos na forma da função de produção: $Q_T(K, L_T)$ fica mais plana à medida que avançamos para a direita, indicando que o produto marginal da mão de obra diminui conforme mais mão de obra é usada.[5] A Figura 4.2 mostra as mesmas informações de outra maneira. Nela,

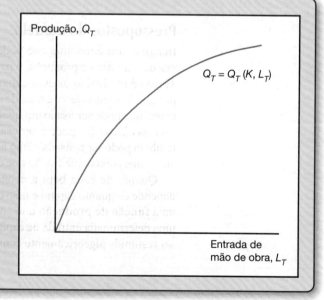

FIGURA 4.1

A função de produção para tecido.

Quanto mais mão de obra é empregada na produção de tecido, maior é a produção. Devido aos rendimentos decrescentes, cada homem-hora sucessivo aumenta menos a produção do que o anterior, como demonstra o fato de que a curva que relaciona entrada de mão de obra e produção fica mais plana em níveis mais elevados de emprego.

---

[5] Os rendimentos decrescentes para um único fator não implicam rendimentos de escala decrescentes quando todos os fatores de produção são ajustados. Assim, os rendimentos decrescentes para a mão de obra são absolutamente consistentes com rendimentos de escala constantes para a mão de obra e para o capital.

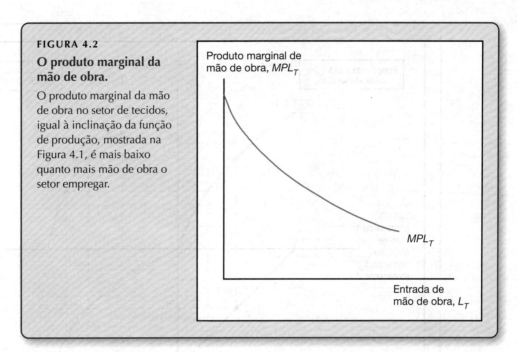

FIGURA 4.2
O produto marginal da mão de obra.

O produto marginal da mão de obra no setor de tecidos, igual à inclinação da função de produção, mostrada na Figura 4.1, é mais baixo quanto mais mão de obra o setor empregar.

traçamos diretamente o produto marginal da mão de obra em função da mão de obra empregada. (No Apêndice deste capítulo, mostramos que a área sob a curva de produto marginal representa a produção total de tecido).

Um par semelhante de diagramas pode representar a função de produção de alimentos. Esses diagramas podem então ser combinados, para derivar a fronteira de possibilidade de produção para a economia, conforme ilustrado na Figura 4.3. Como vimos no Capítulo 3, a fronteira de possibilidade de produção mostra o que a economia é capaz de produzir. Neste caso, mostra quanto alimento ela pode produzir para um nível de produção de tecido qualquer e vice-versa.

A Figura 4.3 é um diagrama de quatro quadrantes. No quadrante inferior direito, mostramos a função de produção para o tecido, ilustrada na Figura 4.1. Desta vez, no entanto, podemos girar a figura 90°: um movimento para baixo ao longo do eixo vertical representa um aumento na entrada de mão de obra para o setor de tecidos, enquanto um movimento para a direita ao longo do eixo horizontal representa um aumento na produção de tecido. No quadrante superior esquerdo, mostramos a função correspondente à produção de alimentos. Essa parte da figura também é invertida, de modo que um movimento para a esquerda ao longo do eixo horizontal indica um aumento na entrada de mão de obra para o setor de alimentos, enquanto um movimento ascendente ao longo do eixo vertical indica um aumento da produção de alimentos.

O quadrante inferior esquerdo representa a alocação de mão de obra da economia. Ambas as quantidades são medidas ao inverso do sentido habitual. Um movimento descendente ao longo do eixo vertical indica um aumento na mão de obra empregada em tecido; um movimento para a esquerda ao longo do eixo horizontal indica um aumento da mão de obra empregada em alimentos. Uma vez que o aumento da mão de obra em um setor significa que menos mão de obra está disponível para o outro, as possíveis alocações são indicadas por uma linha inclinada para baixo. Essa linha, rotulada AA, inclina para baixo em um ângulo de 45 graus, ou seja, ela tem uma inclinação de −1. Para ver por que essa linha representa as alocações de mão de obra possíveis, observe que, se toda a mão de obra fosse empregada na produção de alimentos, L_A se igualaria a L, enquanto L_T seria igual a 0. Se então movêssemos a mão de obra gradualmente para o setor de tecidos, cada homem-hora movido aumentaria L_T em uma unidade, ao mesmo tempo em que reduziria L_A em uma unidade, traçando uma linha com uma inclinação de −1, até a oferta de toda mão de obra L ser empregada no

56 PARTE I ■ Teoria de comércio internacional

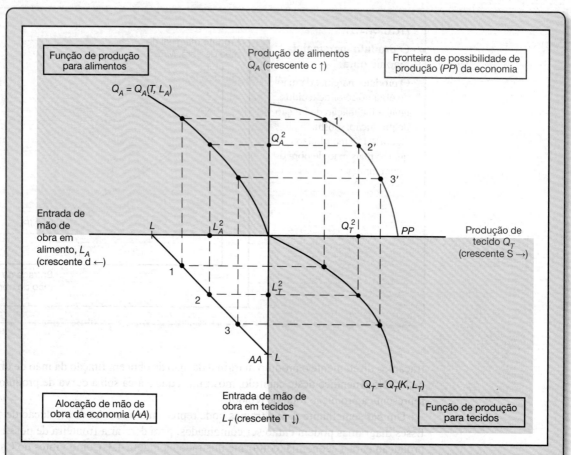

FIGURA 4.3

A fronteira de possibilidade de produção no modelo de fatores específicos.

A produção de tecidos e alimentos é determinada pela alocação de mão de obra. No quadrante inferior esquerdo, a alocação de mão de obra entre os setores pode ser ilustrada por um ponto na linha *AA*, que representa todas as combinações de entrada de mão de obra para tecidos e alimentos que se somam à oferta de mão de obra total correspondente a *L*. Para um ponto qualquer em *AA*, como o ponto 2, existe uma entrada de mão de obra para tecidos (L_T^2) e uma entrada de mão de obra para alimentos (L_A^2). As curvas nos quadrantes inferior direito e superior esquerdo representam as funções de produção para tecidos e alimentos, respectivamente. Elas permitem a determinação da produção (Q_T^2, Q_A^2) dada a entrada de mão de obra.
Em seguida, no quadrante superior direito, a curva *PP* mostra como a produção das duas mercadorias varia conforme a alocação de mão de obra é deslocada de alimentos para tecidos, com os pontos de produção 1' 2', 3' correspondentes às alocações de mão de obra, 1, 2, 3. Em razão dos rendimentos decrescentes, *PP* é uma curva arqueada para fora, em vez de ser uma linha reta.

setor de tecidos. Portanto, qualquer alocação específica de mão de obra entre os dois setores pode ser representada por um ponto sobre *AA*, tal como o ponto 2.

Agora vemos como determinar a produção dada uma alocação de mão de obra específica qualquer entre os dois setores. Suponha que a alocação de mão de obra seja representada pelo ponto 2 no quadrante inferior esquerdo, ou seja, com L_T^2 horas em tecido e L_A^2 horas em alimentos. Então, podemos usar a função de produção para cada setor para determinar a produção: Q_T^2 unidades de tecido, Q_A^2 unidades de alimentos. Usando as coordenadas Q_T^2, Q_A^2, o ponto 2' no quadrante superior direito da Figura 4.3 mostra as produções resultantes de tecido e de alimentos.

Para traçar toda a fronteira de possibilidade de produção, imaginamos simplesmente repetir esse exercício para muitas alocações alternativas de mão de obra. Podemos começar

CAPÍTULO 4 ■ Fatores específicos e distribuição de renda   **57**

com a maioria da mão de obra alocada para a produção de alimentos, como no ponto 1 no quadrante inferior esquerdo, então gradualmente aumentar a quantidade de mão de obra utilizada no tecido, até que muito poucos trabalhadores estejam empregados em alimentos, como no ponto 3; os pontos correspondentes no quadrante superior direito traçarão a curva que vai de 1' para 3'. Assim, o PP no quadrante superior direito mostra as possibilidades de produção da economia para determinadas ofertas de terra, mão de obra e capital.

No modelo ricardiano, em que a mão de obra é o único fator de produção, a fronteira de possibilidade de produção é uma linha reta, porque o custo de oportunidade de tecido em termos de alimento é constante. Entretanto, no modelo de fatores específicos, a inclusão de outros fatores de produção transforma a fronteira de possibilidade de produção PP em uma curva. A curvatura de PP reflete os rendimentos decrescentes para a mão de obra em cada setor, que são a diferença crucial entre o modelo de fatores específicos e o modelo ricardiano.

Observe que, quando traçamos PP, podemos desviar a mão de obra do alimento para o setor de tecidos. Se desviamos um homem-hora de mão de obra de alimentos para tecido, no entanto, essa entrada extra aumentará a produção no setor pelo produto marginal da mão de obra no tecido, MPL_T. Portanto, para aumentar a produção de tecido em uma unidade, temos de aumentar a entrada $1/MPL_T$ horas. Entretanto, cada entrada de unidade de mão de obra deslocada da produção de alimentos reduzirá a produção no setor pelo produto marginal da mão de obra em alimento, MPL_A. Então, para aumentar a produção de tecido em uma unidade, a economia deve reduzir a produção de alimentos em MPL_A/MPL_T unidades. A inclinação de PP, que mede o custo de oportunidade de tecido em termos de alimentos – ou seja, o número de unidades de alimento produzido que deve ser sacrificado para aumentar a produção de tecido em uma unidade – é, portanto:

$$\text{inclinação da curva de possibilidades de produção} = -MPL_A/MPL_T.$$

Agora entendemos por que PP tem o formato arqueado característico. Conforme passamos de 1' para 3', L_T sobe e L_A cai. Vimos na Figura 4.2, no entanto, que conforme L_T aumenta, o produto marginal da mão de obra em tecido cai. De maneira correspondente, conforme L_A cai, aumenta o produto marginal da mão de obra para alimentos. Como cada vez mais mão de obra é movida para o setor de tecidos, cada unidade adicional de mão de obra torna-se menos valiosa no setor de tecidos e mais valiosa no setor alimentício: o custo de oportunidade (produção perdida de alimentos) de cada unidade adicional de tecido aumenta, e PP, assim, fica mais acentuada à medida que avançamos muito para a direita.

Mostramos como a produção é determinada levando em conta a alocação de mão de obra. O próximo passo é perguntar como uma economia de mercado determina como deve ser a alocação de mão de obra.

Preços, salários e alocação de mão de obra

Quanta mão de obra será empregada em cada setor? Para responder, precisamos olhar para a oferta e a demanda no mercado de trabalho. A demanda de mão de obra em cada setor depende do preço de produção e da taxa salarial. Esta última, por sua vez, depende da demanda combinada por mão de obra dos produtores de alimentos e de tecido. Tendo em conta os preços de tecido e de alimentos, assim como a taxa salarial, podemos determinar o emprego e a produção de cada setor.

Primeiro, vamos nos concentrar na demanda de mão de obra. Em cada setor, empregadores interessados em maximizar os lucros vão demandar mão de obra até o ponto em que o valor produzido por um homem-hora adicional seja igual ao custo de empregar aquela hora. No setor de tecidos, por exemplo, o valor de um homem-hora adicional é o produto marginal da mão de obra em tecido multiplicado pelo preço de uma unidade de tecido: $MPL_T \times P_T$. Se w é a taxa salarial da mão de obra, os empregadores, portanto, vão contratar trabalhadores até o ponto em que

$$MPL_T \times P_T = w. \tag{4.4}$$

Mas o produto marginal da mão de obra em tecido, já ilustrado na Figura 4.2, se inclina para baixo por causa de rendimentos decrescentes. Então, para qualquer preço dado de tecido, P_T, o valor do produto marginal, $MPL_T \times P_T$, também se inclinará para baixo. Podemos, portanto, pensar na Equação (4.4) como definitória da curva de demanda de mão de obra no setor de tecidos: se a taxa salarial cai, ficando as outras variáveis iguais, os empregadores do setor de tecidos vão querer contratar mais trabalhadores.

Da mesma forma, o valor de um homem-hora adicional em alimentos é $MPL_A \times P_A$. Portanto, a curva da demanda de mão de obra no setor de alimentos pode ser escrita como:

$$MPL_A \times P_A = w. \tag{4.5}$$

A taxa salarial w deve ser a mesma em ambos os setores, dada a suposição de que a mão de obra move-se livremente entre os setores. Ou seja, como a mão de obra é um fator móvel, se moverá do setor de salários baixos para o de salários elevados, até que os salários sejam equalizados. A taxa salarial, por sua vez, é determinada pela exigência de que a demanda de mão de obra total (emprego total) seja igual à oferta de mão de obra total. Essa condição de equilíbrio é representada na Equação (4.3).

Ao representar essas duas curvas de demanda de mão de obra em um diagrama (Figura 4.4), podemos ver como as taxas salarial e de emprego em cada setor são determinadas levando-se em conta os preços dos alimentos e do tecido. Ao longo do eixo horizontal da Figura 4.4, mostramos a oferta de mão de obra total L. Medindo a partir do lado esquerdo do diagrama, mostramos o valor do produto marginal da mão de obra em tecidos, que é apenas a curva MPL_T da Figura 4.2 multiplicada por P_T. Essa é a curva da demanda de mão de obra no setor de tecidos. Medindo a partir da direita, mostramos o valor do produto marginal da mão de obra em alimentos, que é a demanda de mão de obra em alimentos. A taxa salarial

FIGURA 4.4
A alocação de mão de obra.
A mão de obra é alocada para que o valor de seu produto marginal ($P \times MPL$) seja o mesmo nos setores de tecidos e alimentos. Em equilíbrio, a taxa salarial é igual ao valor do produto marginal de mão de obra.

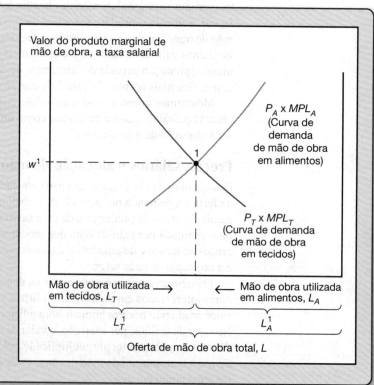

de equilíbrio e alocação de mão de obra entre os dois setores é representada pelo ponto 1. Na taxa salarial w^1, a soma da mão de obra demandada nos setores de alimentos (L_A^1) e tecidos (L_T^1) é apenas igual à oferta de mão de obra total L.

Uma relação útil entre preços relativos e produção emerge claramente dessa análise da alocação de mão de obra. A relação se aplica a situações mais gerais do que as descritas pelo modelo de fatores específicos. As Equações (4.4) e (4.5) implicam que

$$MPL_T \times P_T = MPL_A \times P_A = w$$

ou, rearranjando, que

$$-MPL_A/MPL_T = -P_T/P_A. \tag{4.6}$$

Do lado esquerdo da Equação (4.6) temos a inclinação da fronteira de possibilidade de produção no ponto de produção efetiva; o lado direito é a subtração do preço relativo de tecido. Esse resultado nos diz que, *no ponto de produção, a fronteira de possibilidade de produção deve ser tangente a uma linha cuja inclinação é a subtração do preço do tecido dividida pelo preço de alimentos.* Como veremos nos capítulos seguintes, isso é um resultado muito geral que caracteriza as respostas de produção às mudanças de preços relativos, ao longo de uma fronteira de possibilidade de produção. Está ilustrado na Figura 4.5: se o preço relativo do tecido é $(P_T/P_A)^1$, a economia produz no ponto 1.

O que acontece com a alocação de mão de obra e a distribuição de renda quando os preços dos alimentos e do tecido mudam? Observe que qualquer alteração de preço pode ser dividida em duas partes: uma mudança proporcionalmente igual em P_T e P_A e uma mudança em apenas um dos preços. Por exemplo, suponha que o preço do tecido suba 17% e o dos alimentos 10%. Podemos analisar os efeitos dessa situação perguntando primeiro o que acontece se os preços dos alimentos e do tecido sobem 10% e, em seguida, ao descobrirmos o que acontece se apenas o preço do tecido subir 7%. Isso permite-nos separar o efeito das mudanças de preços relativos do efeito das alterações no nível geral de preços.

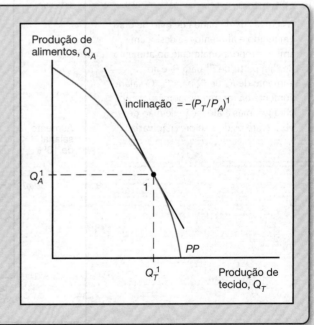

FIGURA 4.5
Produção no modelo de fatores específicos.
A economia produz no ponto em sua fronteira de possibilidade de produção (PP), onde a inclinação da fronteira é igual a menos o preço relativo do tecido.

Uma alteração proporcionalmente igual nos preços A Figura 4.6 mostra o efeito de um aumento proporcional igual no P_T e no P_A. P_T aumenta de P_T^1 para P_T^2. P_A aumenta de P_A^1 para P_A^2. Se os preços de ambos os bens aumentarem 10%, as curvas de demanda de mão de obra mudarão também 10%. Como vemos no diagrama, essas mudanças levam a um aumento de 10% na taxa salarial, de w^1 (ponto 1) para w^2 (ponto 2). No entanto, não alteram a alocação de mão de obra entre os setores e as produções dos dois bens.

Na verdade, quando P_T e P_A mudam na mesma proporção, não ocorrem mudanças reais. O salário aumenta na mesma proporção que os preços, então as taxas dos salários *reais*, as proporções da taxa salarial para os preços dos bens, não são afetadas. *Com a mesma quantidade de mão de obra empregada em cada setor, recebendo a mesma taxa salarial real, os rendimentos reais dos proprietários de capital e donos de terras também permanecem os mesmos. Então, todo mundo está exatamente na mesma posição de antes.* Isso ilustra um princípio geral: as alterações no nível geral de preços não têm efeitos reais, ou seja, não mudam as quantidades físicas na economia. Apenas variações nos preços relativos – o que, neste caso, significa o preço do tecido em relação ao preço dos alimentos, P_T/P_A – afetam o bem-estar ou a alocação de recursos.

Uma mudança nos preços relativos Considere o efeito de uma mudança de preços que *afeta* os preços relativos. A Figura 4.7 mostra o efeito de uma variação no preço de apenas um bem, nesse caso, um aumento de 7% no P_T de P_T^1 para P_T^2. O aumento de P_T desloca a curva de demanda de mão de obra de tecido na mesma proporção do aumento de preço e desloca o equilíbrio do ponto 1 para o ponto 2. Observe dois fatos importantes sobre os resultados dessa mudança. Primeiro, embora o salário aumente, ele sobe *menos* do que o aumento do preço do tecido. Se os salários tivessem subido na mesma proporção que o preço do tecido (aumento de 7%), então os salários teriam subido de w^1 para $w^{2\prime}$. Em vez disso, os salários subiram uma proporção menor, de w^1 para w^2.

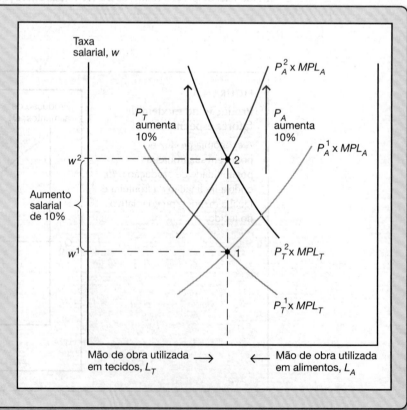

FIGURA 4.6
Um aumento de igualdade proporcional dos preços de tecido e alimentos.

As curvas de demanda de mão de obra em tecido e alimentos se deslocam ambas proporcionalmente ao aumento de P_T a partir de P_T^1 para P_T^2 e ao aumento de P_A de P_A^1 para P_A^2. O salário aumenta na mesma proporção, de w^1 para w^2, mas a alocação de mão de obra entre os dois setores não varia.

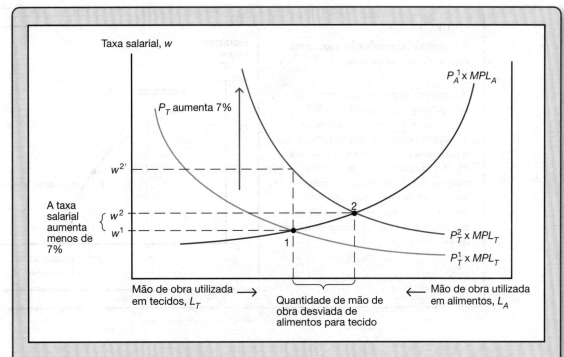

FIGURA 4.7
Um aumento no preço do tecido.
A curva de demanda de mão de obra de tecido sobe proporcionalmente ao aumento de 7% no P_T, mas o salário aumenta menos do que proporcionalmente. A mão de obra se move do setor de alimentos para o setor de tecidos. A produção de tecido sobe; a produção de alimentos cai.

Segundo, quando apenas P_T sobe, em contraste com um aumento simultâneo em P_T e P_A, a mão de obra desloca-se do setor de alimentos para o de tecidos e a produção de tecido aumenta, enquanto a de alimentos cai. (Eis porque w não sobe tanto quanto P_T: como o número de empregos em tecidos sobe, o produto marginal da mão de obra nesse setor cai.)

O efeito de um aumento no preço relativo do tecido também pode ser visto diretamente, olhando para a curva de possibilidade de produção. Na Figura 4.8, mostramos os efeitos do aumento no preço do tecido, que eleva o preço *relativo* do produto de $(P_T/P_A)^1$ para $(P_T/P_A)^2$. O ponto de produção, que sempre está localizado onde o declive da PP é igual à subtração do preço relativo, muda de 1 para 2. A produção de alimentos cai e a de tecido aumenta devido ao aumento no preço relativo do tecido.

Uma vez que os maiores preços relativos do tecido conduzem a uma maior produção de tecido em relação à de alimentos, podemos traçar uma curva de oferta relativa mostrando Q_T/Q_A como uma função de P_T/P_A. Essa curva de oferta relativa é mostrada como RS na Figura 4.9. Como mostramos no Capítulo 3, podemos também desenhar uma curva de demanda relativa, que é ilustrada por uma linha RD descendente inclinada. Na ausência do comércio internacional, o preço relativo de equilíbrio $(P_T/P_A)^1$ e a produção $(Q_T/Q_A)^1$ são determinados pela interseção da oferta e da demanda relativas.

Preços relativos e a distribuição de renda

Até aqui, analisamos os seguintes aspectos do modelo de fatores específicos: (1) a determinação das possibilidades de produção, dados a tecnologia e os recursos de uma economia; e (2) a determinação de preços relativos, produção e alocação de recursos numa economia de

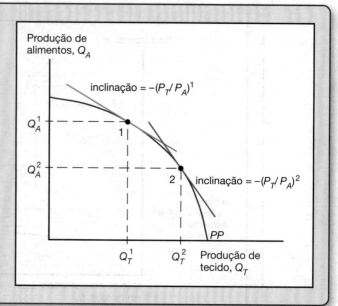

FIGURA 4.8
A resposta de produção para uma mudança no preço relativo de tecido.

A economia sempre produz no ponto em sua fronteira de possibilidade de produção (PP) onde a inclinação da fronteira é igual a menos o preço relativo dos tecidos. Assim, um aumento em P_T/P_A faz com que a produção mova-se para baixo e para a direita ao longo da fronteira de possibilidade de produção correspondente à maior produção de tecido e à menor produção de alimentos.

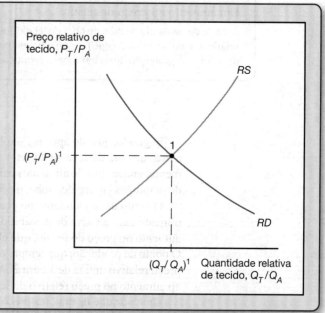

FIGURA 4.9
Determinação de preços relativos.

No modelo de fatores específicos, um preço relativo maior de tecido conduzirá a um aumento na produção de tecido em relação à de alimentos. Assim, a curva de oferta relativa RS é inclinada para cima. Preços e quantidades relativas de equilíbrio são determinados pela interseção de RS com a curva da demanda relativa RD.

mercado. Antes de nos voltarmos para os efeitos do comércio internacional, devemos considerar o efeito das alterações dos preços relativos na distribuição de renda.

Analise novamente a Figura 4.7, que mostra o efeito de um aumento do preço do tecido. Já observamos que a curva da demanda de mão de obra no setor será deslocada para cima na proporção do aumento no P_T, de modo que se P_T cresce 7%, a curva definida por $P_T \times MPL_T$ também aumenta 7%. Vimos também que, a não ser que o preço dos alimentos também se

CAPÍTULO 4 ■ Fatores específicos e distribuição de renda **63**

eleve em pelo menos 7%, *w* aumentará *menos* do que P_T. Assim, se só os preços de tecidos subirem 7%, esperamos que a taxa salarial suba apenas, digamos, 3%.

Vamos ver o que esse resultado implica para os rendimentos dos três grupos: trabalhadores, proprietários de capital e proprietários de terra. A taxa salarial dos trabalhadores aumentou, mas menos do que em proporção ao aumento de P_T. Assim, seu salário real em termos de tecido (a quantidade de tecido que podem comprar com seus rendimentos salariais), w/P_T, cai, enquanto seu salário real em termos de alimentos, w/P_A, sobe. Dada essa informação, não podemos dizer se os trabalhadores vão melhor ou pior. Isso depende da importância relativa do tecido e dos alimentos no consumo dos trabalhadores (determinado por suas preferências), uma questão em que não nos aprofundaremos mais.

Os proprietários do capital, no entanto, vão definitivamente melhor. A taxa salarial real em termos de tecido caiu, então seus lucros em termos do que produzem (tecido) aumentou. Ou seja, a renda dos proprietários do capital subirá mais do que proporcionalmente com o aumento de P_T. Uma vez que P_T sobe em relação a P_A, a renda dos capitalistas claramente sobe em termos de ambos os bens. Por outro lado, os proprietários de terras estão definitivamente em pior situação. Eles perdem por dois motivos: o salário real em termos de alimentos (o bem que eles produzem) sobe, reduzindo sua renda, e o aumento do preço do tecido reduz o poder de compra independente do nível de renda. (O apêndice deste capítulo descreve em mais detalhes as alterações de bem-estar dos capitalistas e proprietários de terras.)

Se o preço relativo tivesse avançado na direção oposta e o preço relativo do tecido tivesse *diminuído*, então as previsões poderiam ser revertidas: proprietários de capital ficariam piores, e os proprietários de terra, melhores. A mudança no bem-estar dos trabalhadores novamente seria ambígua, porque seu salário real em termos de tecido subiria, mas seu salário real em termos de alimentos cairia. O efeito de uma mudança do preço relativo sobre a distribuição de renda pode ser resumido da seguinte forma:

- O fator específico para o setor cujo preço relativo aumenta definitivamente está em situação melhor.
- O fator específico para o setor cujo preço relativo diminui definitivamente está em situação pior.
- A mudança no bem-estar para o fator móvel é ambígua.

Comércio internacional no modelo de fatores específicos

Vimos como as mudanças de preços relativos têm fortes repercussões para a distribuição de renda, criando tanto ganhadores quanto perdedores. Agora iremos vincular essa mudança de preço relativo com o comércio internacional e combinar as previsões para os ganhadores e os perdedores com a orientação de comércio de um setor.

Para o comércio ocorrer, um país deve enfrentar um preço relativo mundial que seja diferente do preço relativo que prevaleceria na ausência de comércio. A Figura 4.9 mostra como esse preço relativo foi determinado para a nossa economia de fatores específicos. Na Figura 4.10, acrescentamos também uma curva de oferta relativa para o mundo.

Por que a curva de oferta relativa para o mundo seria diferente da curva para a nossa economia de fatores específicos? Os outros países do mundo poderiam ter tecnologias diferentes, como no modelo ricardiano. Entretanto, agora que nosso modelo tem mais de um fator de produção, os outros países também podem diferir em seus recursos: as quantidades totais de terra, capital e mão de obra disponíveis. O importante aqui é que a economia enfrenta um preço relativo diferente quando está aberta ao comércio internacional.

A variação no preço relativo é mostrada na Figura 4.10. Quando a economia está aberta ao comércio, o preço relativo do tecido é determinado pela oferta e pela demanda relativa para o mundo. Isso corresponde ao preço relativo $(P_T/P_A)^2$. Se a economia não fizesse

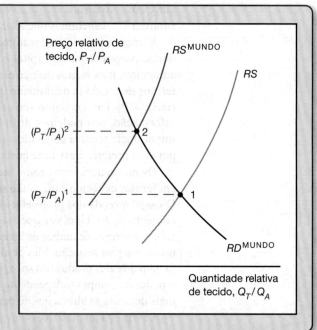

FIGURA 4.10
Comércio e preços relativos.
A figura mostra a curva de oferta relativa para a economia de fatores específicos, junto com a curva de oferta relativa do mundo. As diferenças entre as duas curvas de oferta relativa podem ser decorrentes de diferenças de tecnologia ou recursos entre os países. Não há nenhuma diferença na demanda relativa entre os países. A abertura para o comércio induz um aumento no preço relativo de $(P_T/P_A)^1$ para $(P_T/P_A)^2$.

comércio, então o preço relativo seria inferior, em $(P_T/P_A)^{1}$.[6] O aumento no preço relativo de $(P_T/P_A)^1$ para $(P_T/P_A)^2$ induz a economia a produzir relativamente mais tecido. (Isso também é mostrado como o movimento do ponto 1 ao ponto 2, ao longo da fronteira de possibilidade de produção da economia na Figura 4.8.) Ao mesmo tempo, os consumidores respondem ao preço relativo maior de tecido exigindo relativamente mais alimentos. No preço relativo mais elevado $(P_T/P_A)^2$, a economia então exporta tecido e importa alimentos.

Se a abertura ao comércio tivesse sido associada com uma diminuição no preço relativo de tecido, então as mudanças na oferta e demanda relativas seriam revertidas e a economia se tornaria uma exportadora de alimentos e uma importadora de tecido. Podemos resumir os dois casos com a previsão intuitiva de que, quando ocorre a abertura ao comércio, uma economia exporta o bem cujo preço relativo aumentou e importa o bem cujo preço relativo diminuiu.[7]

Distribuição de renda e os ganhos de comércio

Já vimos como as possibilidades de produção são determinadas pelos recursos e pela tecnologia; como a escolha do que produzir é determinada pelo preço relativo do tecido; como as mudanças no preço relativo do tecido afetam o rendimento real dos diferentes fatores de produção; e como o comércio afeta tanto os preços relativos quanto a resposta da economia a essas alterações de preço. Agora podemos fazer a pergunta crucial: quem ganha e quem perde com o comércio internacional? Começamos por perguntar como o bem-estar de grupos específicos é afetado e, em seguida, como o comércio afeta o bem-estar do país como um todo.

Para avaliar os efeitos do comércio sobre grupos específicos, o ponto-chave é que o comércio internacional desloca o preço relativo dos bens negociados. Vimos na seção anterior

---

[6]Na figura, presumimos que não houve diferenças nas preferências em todos os países, então temos uma curva de demanda relativa única para cada país e para o mundo como um todo.

[7]Descrevemos mais detalhadamente como as mudanças dos preços relativos afetam o padrão de comércio de um país no Capítulo 6.

CAPÍTULO 4 ■ Fatores específicos e distribuição de renda **65**

que a abertura ao comércio aumentará o preço relativo do bem no novo setor de exportação. Podemos vincular essa previsão com nossos resultados em matéria de como as alterações do preço relativo se traduzem em mudanças na distribuição de renda. Mais precisamente, vimos que o fator específico do setor cujo preço relativo aumenta vai ganhar e que o fator específico no outro setor (cujo preço relativo diminui) vai perder. Vimos também que as mudanças de bem-estar para o fator móvel são ambíguas.

O resultado geral, então, é simples: *O comércio beneficia o fator específico para o setor de exportação de cada país, mas prejudica o fator específico para os setores que concorrem com a importação, com efeitos ambíguos sobre os fatores móveis.*

Os ganhos de comércio superam as perdas? Uma maneira de tentar responder a essa pergunta seria resumir os ganhos dos ganhadores e as perdas dos perdedores e compará-los. O problema com tal procedimento é que estamos comparando bem-estar, que é inerentemente subjetivo. A melhor maneira de avaliar os ganhos totais do comércio é fazer uma pergunta diferente: aqueles que ganham com o comércio poderiam compensar os que perdem e ainda ficarem em situação melhor? Se assim for, então o comércio é *potencialmente* uma fonte de ganhos para todos.

A fim de mostrar os ganhos agregados do comércio, precisamos de algumas relações básicas entre os preços, produção e consumo. Em um país que não pode fazer comércio, a produção de uma mercadoria deve ser igual a seu consumo. Se D_T for o consumo de tecido e D_A o consumo de alimentos, então, em uma economia fechada, $D_T = Q_T$ e $D_A = Q_A$. O comércio internacional possibilita que o conjunto de tecidos e alimentos consumidos seja diferente do produzido. No entanto, enquanto as quantidades de cada bem que um país consome e produz podem diferir, um país não pode gastar mais do que ele ganha: o *valor* do consumo deve ser igual ao valor da produção. Isto é

$$P_T \times D_T + P_A \times D_A = P_T \times Q_T + P_A \times Q_A. \tag{4.7}$$

A Equação (4.7) pode ser rearranjada para produzir o seguinte:

$$D_A - Q_A = (P_T/P_A) \times (Q_T - D_T). \tag{4.8}$$

$D_A - Q_A$ é a *importação* de alimentos da economia, o montante pelo qual o consumo de alimentos excede a sua produção. Do lado direito da equação temos o produto do preço relativo do tecido e o montante pelo qual a produção de tecido excede o consumo, ou seja, a *exportação* de tecido da economia. A equação, então, afirma que as importações de alimentos são iguais às exportações de tecido vezes o preço relativo do tecido. Embora isso não nos diga quanto a economia vai importar ou exportar, a equação mostra que a quantidade que a economia pode importar é limitada ou restrita pelo montante que exporta. Portanto, a Equação (4.8) é conhecida como uma **restrição orçamentária.**[8]

A Figura 4.11 ilustra duas características importantes da restrição orçamentária para uma economia comercial. Primeiro, a inclinação da restrição orçamentária é menos P_T/P_A, o preço relativo do tecido. A razão é que consumir uma unidade a menos de tecido economiza P_T para a economia. Isso é suficiente para comprar P_T/P_A unidades extras de alimentos. Em outras palavras, uma unidade de tecido pode ser trocada nos mercados mundiais por P_T/P_A unidades de alimentos. Segundo, a restrição orçamentária é tangente à fronteira de possibilidade de produção no ponto de produção escolhido (mostrado como ponto 2 aqui). Então, a economia sempre pode consumir o que produz.

---

[8]A restrição de que o valor do consumo é igual ao de produção (ou, de forma equivalente, que as importações são iguais às exportações em valor) não se sustenta quando os países podem tomar emprestado de outros países ou emprestar a eles. Por enquanto, supomos que essas possibilidades não estejam disponíveis e que, portanto, a restrição orçamentária (Equação 4.8) se sustenta. A contratação internacional de empréstimos é examinada no Capítulo 6, que mostra que o consumo de uma economia *ao longo do tempo* ainda é restrito pela necessidade de pagar suas dívidas aos credores estrangeiros.

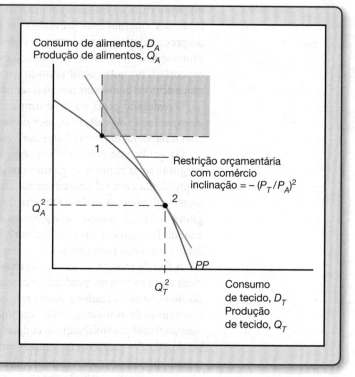

FIGURA 4.11
Restrição orçamentária para uma economia comercial e ganhos de comércio.
O Ponto 2 representa a produção da economia. A economia pode escolher seu ponto de consumo ao longo de sua restrição orçamentária (uma linha que passa pelo ponto 2 e tem uma inclinação igual a menos o preço relativo do tecido). Antes do comércio, a economia deve consumir o que produz, tal como o ponto 1 na fronteira de possibilidade de produção (PP). A porção da restrição orçamentária na região preenchida consiste em escolhas de consumo de pós-negociação viáveis, com consumo de ambas as mercadorias mais elevado do que no ponto 1 pré-comércio.

Para ilustrar que o comércio é uma fonte potencial de ganho para todos, vamos proceder em três etapas:

1. Primeiro, notamos que, na ausência de comércio, a economia teria de produzir o que consome e vice-versa. Assim, o *consumo* da economia na ausência de comércio teria de ser um ponto na fronteira de possibilidade de *produção*. Na Figura 4.11, um ponto de consumo pré-comércio típico é mostrado como ponto 2.
2. Em seguida, percebemos que é possível para uma economia comercial consumir mais de *ambos* os bens do que poderia na ausência de comércio. A restrição orçamentária na Figura 4.11 representa todas as combinações possíveis de alimentos e tecido que o país poderia consumir, dado o preço relativo mundial do tecido igual a $(P_T/P_A)^2$. Parte dessa restrição orçamentária – a parte na região preenchida – representa as situações em que a economia consome mais tecido e alimentos do que poderia na ausência de comércio. Observe que esse resultado não depende da suposição de que a produção e o consumo pré-comércio estejam no ponto 1; a menos que a produção pré-comércio esteja no ponto 2, fazendo com que o comércio não tenha efeito sobre a produção, há sempre uma parte da restrição orçamentária que permite o consumo de mais de ambos os bens.
3. Por fim, observe que se a economia como um todo consome mais de ambos os bens, então é possível, em princípio, dar a cada *indivíduo* mais de ambos os bens. Isso seria melhor para todos. Isso mostra, então, que é possível garantir que o comércio melhore a situação de todas as pessoas. Claro, a situação de todos melhoraria ainda mais se tivessem menos de uma mercadoria e mais da outra, mas isso só reforça a conclusão de que todo mundo tem o potencial de ganhar com o comércio.

A razão fundamental pela qual o comércio tem o potencial de beneficiar um país é que ele *expande as escolhas da economia*. Essa expansão de escolhas significa que é sempre possível redistribuir renda de tal forma que todos ganhem com o comércio.[9]

---

[9] O argumento de que o comércio é benéfico porque aumenta as escolhas de uma economia é muito mais geral do que esse exemplo específico. Para uma discussão detalhada, veja: Paul Samuelson. "The Gains from International Trade Once Again". *Economic Journal*, v. 72, p. 820-829, 1962.

CAPÍTULO 4 ■ Fatores específicos e distribuição de renda **67**

Dizer que todos *poderiam* ganhar com o comércio infelizmente não significa dizer que todos realmente *vão* ganhar. No mundo real, a presença de perdedores, bem como de ganhadores, com o comércio é uma das razões mais importantes pelas quais o comércio não é livre.

A economia política do comércio: uma visão preliminar

O comércio muitas vezes produz perdedores, assim como ganhadores. Essa ideia é crucial para entendermos as considerações que realmente determinam a política comercial da economia mundial moderna. Nosso modelo de fatores específicos nos informa que aqueles que perdem mais com o comércio (pelo menos no curto prazo) são os fatores imóveis no setor que concorre com a importação. No mundo real, além dos donos do capital, isso inclui também uma parte da força de trabalho nos setores que concorrem com a importação. Alguns desses trabalhadores (especialmente os menos qualificados) têm dificuldade em fazer a transição dos setores que concorrem com a importação (em que o comércio induz reduções no emprego) para setores de exportação (em que o comércio induz o aumento do emprego). Como resultado, alguns são assombrados pelo fantasma do desemprego. Nos Estados Unidos, os trabalhadores nos setores que concorrem com a importação ganham salários substancialmente abaixo do salário médio, e aqueles que ganham o salário mais baixo enfrentam o maior risco de afastamento de seu emprego atual por causa da concorrência das importações. (Por exemplo, o salário médio dos trabalhadores de produção no setor de vestuário em 2019 era 25% menor que o salário médio para todos os trabalhadores da produção.) Um resultado dessa disparidade salarial é a solidariedade generalizada pela situação dos trabalhadores e, consequentemente, as restrições à importação de vestuário. Os ganhos que os consumidores mais ricos obteriam se mais importações fossem autorizadas e os aumentos associados do emprego no setor de exportação (que contrata, em média, os trabalhadores relativamente mais qualificados) não fazem tanta diferença.

Isso significa que o comércio deve ser permitido apenas se não prejudicar as pessoas de baixa renda? Poucos economistas internacionais concordariam. Apesar da importância real da distribuição de renda, a maioria dos economistas permanece fortemente a favor do comércio mais ou menos livre. Existem três razões principais pelas quais os economistas geralmente *não* enfatizam os efeitos de distribuição de renda do comércio:

1. Os efeitos de distribuição de renda não são uma especificidade do comércio internacional. Todas as mudanças na economia de uma nação – incluindo o progresso tecnológico, mudanças nas preferências dos consumidores, a exaustão dos recursos antigos e a descoberta de novos, e assim por diante – afetam a distribuição de renda. Por que um trabalhador da indústria têxtil, que sofre com o fantasma do desemprego pela concorrência das importações crescentes, deveria ser tratado de forma diferente de um operador de impressoras desempregado (cujo jornal que o empregava fechou por causa da concorrência de *sites* de notícias na internet) ou de um trabalhador da construção civil desempregado, demitido após uma queda no setor imobiliário?

2. É sempre melhor permitir o comércio e compensar aqueles que estão prejudicados por ele do que proibi-lo. Todos os países industriais modernos fornecem algum tipo de "rede de segurança" na forma de programas de apoio à renda (como seguro-desemprego e programas de reciclagem e realocação subsidiados) que podem amortecer as perdas dos grupos prejudicados pelo comércio. De acordo com os economistas, se esses programas forem considerados inadequados, a resposta é dar mais apoio, não reduzir o comércio. (Esse apoio também pode ser estendido a todos os necessitados, em vez de ajudar indiretamente apenas aqueles trabalhadores afetados pelo comércio).[10]

3. Aqueles que podem perder por causa do aumento das trocas comerciais são em geral mais bem organizados do que os que têm a ganhar (porque os primeiros são mais

---

[10]Uma coluna de opinião argumenta esse ponto: Robert Z. Lawrence e Matthew J. Slaughter. "More Trade and More Aid". *New York Times*, 8 jun. 2011.

PARTE I ■ Teoria de comércio internacional

concentrados dentro das regiões e indústrias). Esse desequilíbrio cria um viés no processo político que requer um contrapeso, especialmente levando em conta os ganhos de comércio agregados. Muitas restrições comerciais tendem a favorecer os grupos mais organizados, que, com frequência, não são os que mais necessitam de apoio à renda (em muitos casos, ao contrário).

A maioria dos economistas, reconhecendo os efeitos do comércio internacional na distribuição de renda, acredita que é mais importante salientar os ganhos potenciais globais do comércio do que as possíveis perdas de alguns grupos em um país. Os economistas, no entanto, muitas vezes não têm voz decisiva na política econômica, especialmente quando interesses conflitantes estão em jogo. Qualquer entendimento realista de como a política comercial é determinada deve analisar as reais motivações dessa política.

A política da proteção comercial

É fácil enxergar por que grupos que perdem com o comércio pressionam seus governos a restringi-lo e a proteger os seus rendimentos. É de esperar que quem ganha com o comércio faça *lobby* tão intenso quanto aqueles que perdem com ele, mas esse raramente é o caso. Nos Estados Unidos e na maioria dos outros países, aqueles que querem comércio limitado são politicamente mais eficazes do que aqueles que querem sua liberação. Em geral, quem ganha com o comércio de qualquer produto específico forma um grupo muito menos concentrado, informado e organizado do que aqueles que perdem.

Um bom exemplo desse contraste entre os dois lados é a indústria de açúcar americana. Os Estados Unidos limitam as importações de açúcar há muitos anos; nos últimos 30 anos, o preço médio do produto no mercado americano tem sido mais do que o dobro do preço médio no mercado mundial (consulte o Estudo de Caso no Capítulo 9 para mais detalhes). Em 2015, os preços mais elevados do açúcar associados com as restrições à importação resultaram em uma perda de US$ 3,5 bilhões para os consumidores americanos, o que equivale a US$ 30 para cada família americana. Não é apenas uma transferência de renda dos consumidores para os produtores nos EUA. Embora parte da diferença realmente vá para os produtores de açúcar do país, seus ganhos são substancialmente menores, porque as restrições de importação também geram distorções no mercado de açúcar, e os produtores estrangeiros que recebem o direito de vender açúcar para os Estados Unidos ficam com a diferença entre o preço mais elevado dos Estados Unidos e o preço mundial menor.

Se os produtores e os consumidores americanos fossem igualmente capazes de ter seus interesses representados, essa política nunca teria sido decretada. No entanto, em termos absolutos, cada consumidor sofre muito pouco. Trinta dólares por ano não é muito. Além disso, a maior parte do custo é oculta, porque mais açúcar é consumido como ingrediente de outros alimentos, não comprado diretamente. Por consequência, a maioria dos consumidores desconhece que a quota de importação sequer existe, quanto mais que reduz seu nível de vida. Mesmo que estivessem cientes, US$ 30 não é uma soma grande o suficiente para levar as pessoas a organizarem protestos e escreverem cartas aos seus deputados.

A situação dos produtores de açúcar (aqueles que perderiam com o aumento do comércio) é bastante diferente. Os lucros mais elevados da quota de importação são altamente concentrados em um pequeno número de produtores. (Dezessete fazendas de cana-de-açúcar geram mais da metade dos lucros para todo o setor.) Os produtores estão organizados em associações comerciais que ativamente fazem *lobby* em nome de seus membros e grandes contribuições de campanha. (A Aliança do Açúcar Americano gastou mais de 20 milhões de dólares em despesas de *lobby* desde 2005 até 2014, quando o Congresso dos Estados Unidos votou a U.S. Farm Bill [Lei Agrícola dos EUA], que reautoriza as restrições sobre as importações de açúcar).

Como seria de esperar, a maioria dos benefícios resultantes das restrições à importação de açúcar vai para aquele pequeno grupo de proprietários de fazendas de cana-de-açúcar, e não para seus empregados. Claro, as restrições do comércio de fato impedem as perdas de emprego para os trabalhadores, mas o custo ao consumidor por trabalho economizado é astronomicamente alto: mais de 3 milhões de dólares por posto de trabalho poupado. Além disso, as restrições à importação também reduzem o emprego em outros setores que

CAPÍTULO 4 ■ Fatores específicos e distribuição de renda   **69**

dependem de grandes quantidades de açúcar em seus processos de produção. Em resposta aos preços elevados do produto nos Estados Unidos, por exemplo, as fabricantes de doces transferem suas unidades de produção para o Canadá, onde os preços do açúcar são substancialmente menores. (Não há fazendeiros de açúcar no Canadá, portanto não há pressão política para restrições às importações.) Assim, em termos líquidos, as restrições ao açúcar geram *perdas* de emprego para os trabalhadores dos Estados Unidos.

Comércio e desemprego

A proteção para a indústria açucareira representa um resultado extremo, dado o enorme desequilíbrio entre o poder político arraigado e a concentração da indústria em relação àqueles que são prejudicados pelo preço alto do produto. Como descrito anteriormente, a pressão por proteção surge, muitos casos, de preocupações com perdas de emprego em setores que concorrem com importações. Alguns dos trabalhadores afetados têm dificuldade para encontrar novos empregos em outros setores (incluindo os setores exportadores em crescimento) e acabam desempregados. O **programa de Assistência de Ajuste de Comércio dos Estados Unidos** oferece seguro-desemprego prolongado (por mais um ano) e reembolso de custos com educação para aquisição de novas habilidades de trabalho para alguns desses trabalhadores – aqueles que podem demonstrar que perderam o emprego devido à concorrência de importações ou de transferência para um país que recebe acesso preferencial aos Estados Unidos. Contudo, relativamente poucos trabalhadores se qualificam para esse programa, que sofre com uma falta grave de recursos. E os que se qualificam muitas vezes precisam de seguro-desemprego por períodos ainda maiores. Como o programa discrimina injustamente contra trabalhadores que perdem seus empregos devido a forças econômicas que não o comércio, muitos economistas defendem um programa de seguro social que se estenderia a todos os trabalhadores deslocados. A nova política representaria um aumento significativo no número de trabalhadores deslocados atendidos pelo programa.

Embora receba muita atenção na mídia, o fechamento de fábricas em razão de concorrência das importações ou a transferência de fábricas para o exterior representam uma parte muito pequena das demissões involuntárias. O Bureau of Labor Statistics dos Estados Unidos controla a causa primária de todas as demissões em massa prolongadas, definidas como uma onda de desemprego que dure mais de 30 dias e afete mais de 50 trabalhadores do mesmo empregador. Durante as últimas décadas, as ondas de desemprego causadas pela concorrência das importações ou transferências para o exterior representaram menos de 2% do total das demissões involuntárias associadas com demissões em massa prolongadas.

No nosso modelo teórico do comércio no curto prazo, os empregos perdidos nos setores que concorrem com importações são substituídos por novos empregos nos setores exportadores. Na economia americana, alguns desses novos empregos em setores exportadores são criados fora da indústria (p. ex., empresas que prestam serviços de negócios para clientes estrangeiros). E como muitos bens importados são usados como bens intermediários, novos empregos também são criados em empresas que se beneficiam de insumos mais baratos no seu processo de produção.[11] É muito mais difícil identificar todos os novos empregos criados pelo comércio. Não surpreende, então, que a perda de emprego gerada pelo comércio receba muito mais atenção do público. Muitas vezes, isso deixa a impressão de que abrir-se para o comércio, ou para a globalização de forma mais geral, é responsável por aumentos no nível geral de desemprego, não por mudanças na composição do emprego em todos os setores.

A Figura 4.12 mostra que, para os últimos 60 anos nos Estados Unidos, não há evidências de uma correlação positiva entre a taxa de desemprego e as importações (em relação ao PIB americano).[12] (Na verdade, a correlação entre as mudanças no desemprego e as im-

---

[11]Discutimos as exportações de serviços e o impacto dos bens intermediários em mais detalhes no Capítulo 8.

[12]A principal exceção a essa tendência ocorre entre 2012 e 2016, quando ambos o desemprego e as importações diminuem significativamente. Contudo, a queda nas importações foi totalmente motivada pela queda no preço mundial do petróleo. Quando excluímos o petróleo, as importações permaneceram estáveis durante o período (em relação ao PIB dos Estados Unidos).

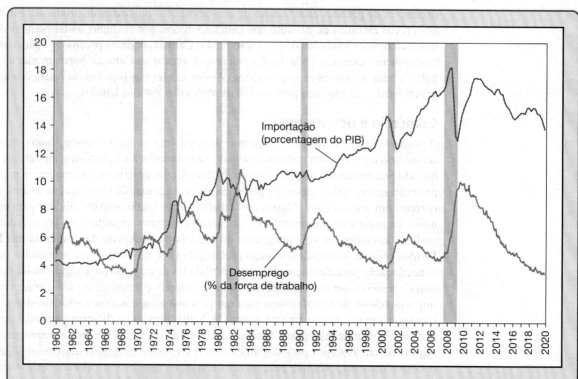

FIGURA 4.12
Desemprego e penetração de importações nos Estados Unidos.
Os anos destacados são de recessão, conforme determinado pelo Departamento Nacional de Pesquisa Econômica dos Estados Unidos.

Fonte: U.S. Bureau of Economic Analysis 2 para as importações e U.S. Bureau of Labor Studies para o desemprego.

ESTUDO DE CASO

O emprego industrial americano e a competição das importações chinesas

E quanto ao impacto do comércio no emprego mais especificamente no setor manufatureiro? A concorrência das importações dos países em desenvolvimento, especialmente da China, costuma ser destacada na imprensa e pelos políticos como principal culpado pela queda do emprego industrial nos Estados Unidos. Estudos rigorosos também mostram que as indústrias americanas que mais competem com as importações chinesas tendem a sofrer as piores perdas de emprego. Os estudos também documentam o alto custo dessas perdas de emprego (como observamos anteriormente neste capítulo), especialmente para trabalhadores com escolaridade relativamente baixa e cujas habilidades estão fortemente ligadas a um setor em queda nos Estados Unidos. Muitos desses trabalhadores sofrem períodos de desemprego prolongados e precisam aceitar salários muito menores quando finalmente arranjam outro trabalho. E como o emprego industrial nos setores mais atingidos está geograficamente concentrado, o impacto da concorrência das importações também leva a choques negativos prolongados para algumas das regiões afetadas.

Como vimos, essas perdas de emprego são compensadas por aumentos no emprego em setores voltados para a exportação e por outros empregadores, que se beneficiam dos bens intermediários importados mais baratos. Como alguns dos novos empregos surgirão nos setores de serviços crescentes, fora da indústria manufatureira, há motivos para preocupar-se com a possibilidade de que as perdas de emprego causadas pela concorrência das importações chinesas representem um saldo negativo para o emprego industrial americano. Fechar os Estados Unidos para o comércio com a China ajudaria a aumentar a proporção dos trabalhadores americanos empregados na indústria?[13]

A Figura 4.13 mostra que a participação do emprego industrial tem diminuído constantemente desde a década de 1960, mas estabilizou-se entre 8,5 e 9% desde 2010. Durante esse período, o setor manufatureiro americano ainda produzia a mesma

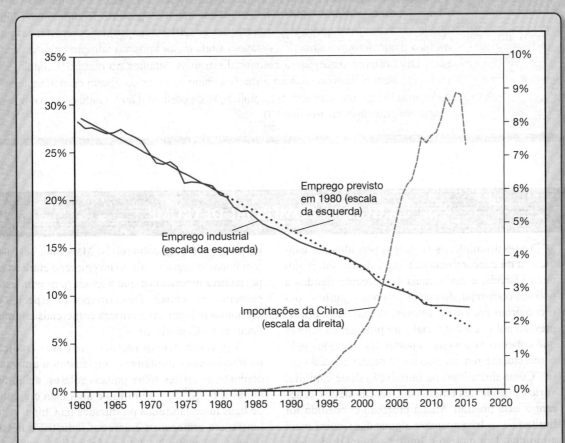

FIGURA 4.13

O emprego industrial americano e as importações chinesas.

O emprego industrial é medido como uma porcentagem do emprego não agrícola total dos EUA.
As importações da China são medidas como uma porcentagem da produção industrial americana.

---

[13] O governo Trump travou uma guerra comercial principalmente contra a China, prometendo que isso traria de volta milhões de empregos na indústria. No quadro a seguir, discutimos o impacto dessa guerra comercial no emprego nos EUA.

quantidade de bens, mas atingia esses níveis de produção com cada vez menos trabalhadores.[14] A linha pontilhada mostra a parcela do emprego industrial prevista após 1980 usando apenas dados anteriores a esse ano (o ajuste linear da participação do emprego entre 1960 e 1980). Assim, se tivéssemos previsto em 1980 qual seria a participação da indústria no emprego americano em 2010 com base no declínio entre 1960 e 1980, teríamos chegado a uma participação de 8,8%, quase exatamente a participação real em 2010. Durante as duas décadas entre 1960 e 1980, entretanto, as importações da China foram praticamente nulas. A Figura 4.13 destaca o crescimento explosivo dessas importações (medidas em relação à produção industrial total dos EUA) após esse período, especialmente forte após 2001, quando a China entrou na Organização Mundial do Comércio (OMC). Assim, é difícil argumentar que o declínio da participação da indústria no emprego americano para 8,8% em 2010 foi causado pelo crescimento das importações chinesas. Afinal, é exatamente o que teríamos previsto para esse indicador em 1980, quando os Estados Unidos praticamente não tinham relações comerciais com a China. Também vemos o impacto da guerra comercial do governo Trump com a China, que levou a uma forte queda das importações em 2019 (as exportações americanas para a China diminuíram por uma porcentagem ainda maior após a retaliação chinesa contra elas). Discutiremos essa guerra comercial em mais detalhes no quadro a seguir. Seja como for, nem o aumento das importações chinesas antes da guerra comercial, nem a redução subsequente alteraram a estabilização da participação da indústria no emprego americano, que teve início em 2010.

A GUERRA COMERCIAL DE TRUMP

Como discutido, os empregos perdidos por causa da concorrência das importações são muito mais visíveis, e muito mais diretamente ligados à política comercial, do que os empregos ganhos com o comércio em outros setores. O resultado é uma pressão política substancial para proteger os setores que concorrem com as importações, afetados pelo comércio, mesmo que isso leve a perdas no saldo geral. Como discutimos na introdução deste capítulo, vários presidentes americanos recém-eleitos cederam a essa pressão. Mas a proteção concedida foi limitada e restrita apenas a alguns dos setores mais atingidos. Um motivo é limitar o número de bens intermediários importados afetados: proteger esses bens eleva os seus preços e tem um impacto negativo direto no emprego entre os produtores americanos que dependem desses insumos. Outro motivo é que os parceiros comerciais retaliam com as suas próprias proteções comerciais. Mais uma vez, isso tem impacto negativo direto no emprego entre os exportadores americanos que negociariam com esses parceiros comerciais. Discutiremos os aspectos de economia política das políticas comerciais em mais detalhes no Capítulo 10.

O governo Trump rompeu com essa tradição de intervenções limitadas e implementou um vasto conjunto de tarifas sobre painéis solares, máquinas de lavar roupa, aço, alumínio e uma lista crescente de bens manufaturados produzidos na China. A intenção era proteger os empregos industriais nesses setores, concentrados em estados politicamente estratégicos. Como previsto, os governos da China e de outros países que exportam os bens afetados para os Estados Unidos retaliaram com as próprias tarifas aduaneiras, que impuseram aos exportadores americanos (para mais detalhes sobre essas tarifas

---

[14]Essa tendência é bastante semelhante àquela observada para a porcentagem dos trabalhadores rurais nos EUA, que era de mais de 40% no início do século XX e diminuiu continuamente até atingir menos de 2% cem anos depois.

e retaliações e seus efeitos gerais na economia americana, consulte o Capítulo 9). Esses países reconheceram o cálculo político por trás das tarifas e tomaram cuidado para elaborar suas contratarifas de modo a atingir especificamente os bens importantes para os distritos dos líderes no Congresso e vários outros distritos de maioria republicana (com forte apoio para as políticas protecionistas do governo Trump).[15]

Além disso, muitos dos setores protegidos continham uma alta proporção de bens intermediários importados por produtores americanos: por exemplo, praticamente todo o aço e alumínio importados são usados como bens intermediários. E os empregos afetados nos chamados setores *downstream* (usuários de aço e alumínio, por exemplo) são muitíssimo mais numerosos do que os empregos nos setores protegidos. Um estudo recente de Lydia Cox e Kadee Russ estima que os empregos nos setores usuários de aço superam os empregos no setor produtor de aço em uma proporção de 80 para 1.[16] Assim, não surpreende que as tarifas do governo Trump levaram à perda de empregos na indústria, exatamente o contrário do seu suposto objetivo.

Um estudo recente de Aaron Flaaen e Justin Pierce estima que essas tarifas tenham gerado perdas de empregos em setores industriais *downstream* nos Estados Unidos equivalentes ao dobro do número de empregos criados nos setores protegidos pelas tarifas. E os empregos perdidos por causa das tarifas retaliatórias equivaleram a mais do que o triplo do número de empregos criados.[17]

portações é negativa.) Por outro lado, a figura mostra claramente como o desemprego é um fenômeno macroeconômico que responde às condições econômicas globais: o desemprego tem picos durante os anos de recessão realçados. Assim, os economistas recomendam o uso de políticas macroeconômicas, não de políticas comérciais, para trabalhar preocupações relacionadas ao desemprego.

Mobilidade internacional da mão de obra

Nesta seção, mostraremos como o modelo de fatores específicos pode ser adaptado para analisar os efeitos da mobilidade da mão de obra. No mundo moderno, há inúmeras restrições ao fluxo de mão de obra – quase todos os países impõem restrições à imigração. Assim, a mobilidade da mão de obra é menos prevalente na prática do que a mobilidade do capital. No entanto, a análise do movimento do capital físico é mais complexa, já que este se combina com outros fatores na decisão de uma multinacional de investir no estrangeiro (ver Capítulo 8). Ainda assim, é importante entender as forças econômicas internacionais que guiam a imigração *desejada* dos trabalhadores através das fronteiras e as consequências de curto prazo desses fluxos imigratórios sempre que são realizados. Também exploraremos as consequências de longo prazo das mudanças nas dotações de mão de obra e de capital de um país no próximo capítulo (Capítulo 5).

Nas seções anteriores, vimos como os trabalhadores se movem entre os setores de tecidos e alimentos dentro de um país até que os salários nos dois setores sejam equalizados. Sempre que a imigração internacional for possível, os trabalhadores também vão querer mudar-se de um país de baixos salários para um de salários elevados.[18] Para facilitar e para nos

---

[15]Alguns exemplos dessas tarifas direcionadas: uísque (produzido no Kentucky, estado de Mitch McConnell, líder do Senado na época) e airelas e motocicletas (produzidas no Wisconsin, estado de Paul Ryan, líder da Câmara na época).

[16]Veja Lydia Cox e Kadee Russ, "Will Steel Tariffs Put U.S. Jobs at Risk?", http://econofact.org/will-steel-tariffs-put-u-s-jobs-at-risk.

[17]Veja Aaron Flaaen e Justin Pierce, "Disentangling the Effects of the 2018-2019 Tariffs on a Globally Connected U.S. Manufacturing Sector", Finance and Economics Discussion Series, Federal Reserve Board, Washington, D.C.

[18]Pressupomos que os gostos dos trabalhadores são semelhantes, de modo que as decisões de localização baseiam-se em diferenciais de salário. Os diferenciais de salário reais entre os países são muito grandes, a ponto de, para muitos trabalhadores, superarem suas preferências pessoais por determinados países.

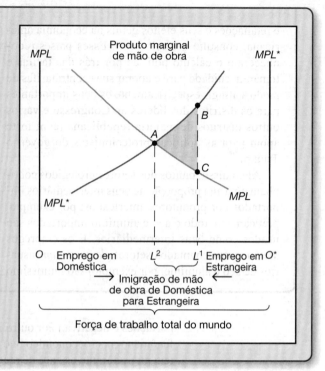

FIGURA 4.14

Causas e efeitos da mobilidade internacional de mão de obra.

Inicialmente, OL^1 trabalhadores são empregados em Doméstica, enquanto L^1O^* trabalhadores estão empregados em Estrangeira. A mão de obra migra de Doméstica para Estrangeira até que OL^2 trabalhadores estejam empregados em Doméstica, L^2O^* em Estrangeira, e os salários sejam equalizados.

concentrarmos na imigração internacional, vamos supor que dois países produzem um único bem com mão de obra e um fator imóvel, terra. Desde que haja somente um único bem, não há nenhuma razão para trocá-lo. No entanto, haverá "comércio" em serviços de mão de obra quando os trabalhadores se mudam em busca de salários mais elevados. Na ausência da imigração, as diferenças salariais entre os países podem ser motivadas por diferenças de tecnologia ou então por diferenças na disponibilidade de terra em relação à mão de obra.

A Figura 4.13 ilustra as causas e os efeitos da mobilidade internacional da mão de obra. É muito semelhante à Figura 4.4, exceto que o eixo horizontal representa a força de trabalho total do mundo (em vez de ser a força de trabalho em um determinado país). As duas curvas de produto marginal agora representam a produção do mesmo bem em diferentes países (em vez da produção de duas mercadorias diferentes no mesmo país). Não multiplicamos as curvas pelos preços do bem; em vez disso, pressupomos que o salário medido no eixo vertical representa os salários reais (o salário dividido pelo preço do bem exclusivo de cada país). Inicialmente, supomos que haja OL^1 trabalhadores em Doméstica e L^1O^* trabalhadores em Estrangeira. Tendo em conta esses níveis de emprego, as diferenças de dotação de tecnologia e de terra são tais que os salários reais são mais elevados em Estrangeira (ponto B) do que em Doméstica (ponto C).

Agora, suponha que os trabalhadores sejam capazes de mover-se entre os dois países. Eles passarão de Doméstica para Estrangeira. Esse movimento reduzirá a força de trabalho e, assim, aumentará o salário real em Doméstica ao aumentar a força de trabalho e reduzir o salário real em Estrangeira. Se não existissem obstáculos para o movimento da mão de obra, esse processo continuaria até que as taxas dos salários reais fossem equalizadas. A distribuição final da força de trabalho do mundo será com OL^2 trabalhadores em Doméstica e L^2O^* trabalhadores em Estrangeira (ponto A).

Três pontos devem ser observados sobre a redistribuição da força de mão de obra do mundo.

1. Isso leva a uma convergência das taxas de salário real. Os salários reais sobem em Doméstica e caem em Estrangeira.

CAPÍTULO 4 ■ Fatores específicos e distribuição de renda **75**

2. Aumenta a produção mundial como um todo. A produção em Estrangeira sobe pela área sob a curva do produto marginal de L^1 para L^2, enquanto cai em Doméstica pela área sob a curva correspondente ao produto marginal (consulte o apêndice para obter detalhes). Vemos pela Figura 4.13 que o ganho de Estrangeira é maior do que a perda de Doméstica, de um montante igual à área colorida ABC na figura.

3. Apesar desse ganho, algumas pessoas são prejudicadas pela mudança. Aqueles que originalmente teriam trabalhado em Doméstica recebem salários reais mais elevados, mas aqueles que originalmente teriam trabalhado em Estrangeira recebem salários reais mais baixos. Os proprietários de terras de Estrangeira se beneficiam da maior oferta de mão de obra, mas os proprietários em Doméstica são mais prejudicados.

Portanto, assim como no caso dos ganhos advindos do comércio internacional, a mobilidade internacional da mão de obra, ao permitir em princípio que a situação de todos possa melhorar, na prática piora a de alguns grupos. Esse resultado principal não mudaria em um modelo mais complexo em que os países produzissem e comercializassem mercadorias diferentes, desde que alguns fatores de produção fossem imóveis em curto prazo. No entanto, veremos no Capítulo 5 que esse resultado não precisa se manter no longo prazo quando todos os fatores são móveis em todos os setores. As mudanças na dotação de mão de obra do país, desde que o país esteja integrado nos mercados mundiais por meio do comércio, podem manter o bem-estar de todos os fatores inalterado. Isso tem consequências muito importantes para a imigração em longo prazo e tem demonstrado ser empiricamente relevante em casos em que os países experimentam grandes aumentos da imigração.

ESTUDO DE CASO

Convergência salarial na União Europeia

Durante a última década, a União Europeia (UE) expandiu-se para o leste. República Tcheca, Estônia, Chipre, Letônia, Lituânia, Hungria, Malta e Polônia entraram na UE em 2004, seguidos por Bulgária e Romênia em 2007 e pela Croácia em 2013.[19] Assim, o novo milênio testemunhou grandes fluxos migratórios dentro da nova união ampliada. Dadas as grandes diferenças salariais entre a Europa Ocidental e seus novos parceiros na Europa Oriental, os fluxos migratórios predominantes foram na direção leste-oeste. O processo está associado com uma convergência salarial, como previsto pelo nosso modelo de mobilidade da mão de obra? Sim, está. A Figura 4.15 mostra o salário relativo dos trabalhadores industriais dos novos países-membros de 2004 em relação à Europa Ocidental. Em 1997, a remuneração média do trabalhador industrial na Europa Oriental equivalia a 14% dos seus colegas na Europa Ocidental, mas o número dobrou na década seguinte e atingiu 27% em 2015. Claramente, os grandes diferenciais de remuneração ainda persistem, mas a tendência é de convergência. Uma década antes, um processo semelhante de convergência salarial foi observado entre a Alemanha Ocidental e a Oriental, após a reunificação em 1990. Naquele ano, o diferencial de remuneração (a favor da Alemanha Ocidental) aumentou de 7 para 37%. Cinco anos depois, os alemães orientais recebiam 72% da remuneração dos ocidentais (embora o crescimento da convergência tenha desacelerado-se significativamente desde então).

Nosso modelo de mobilidade da mão de obra parte de um pressuposto forte, a saber, de uma mão de obra homogênea tanto no país que envia imigrantes como no que recebe. Como discutimos no Estudo de Caso a seguir, sobre o impacto da imigração nos

---

[19]Para uma discussão sobre o euro, moeda adotada por um subconjunto de países da UE, consulte o Capítulo 21.

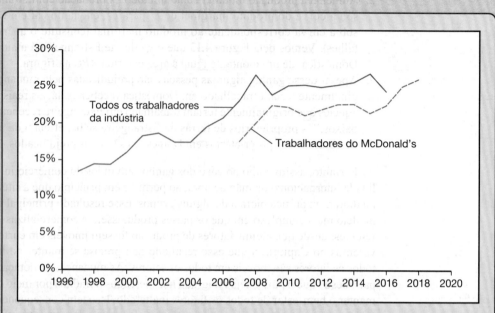

FIGURA 4.15

Remuneração relativa na Europa Oriental e Ocidental, 1997-2019.

A Europa Ocidental (para todos os trabalhadores da indústria) inclui Alemanha, Áustria, Bélgica, Dinamarca, Espanha, Finlândia, França, Grécia, Irlanda, Itália, Noruega, Países Baixos, Portugal, Reino Unido, Suécia e Suíça. A Europa Oriental (para todos os trabalhadores da indústria) inclui República Tcheca, Eslováquia, Estônia, Hungria e Polônia. A Europa Ocidental (para os trabalhadores do McDonald's) inclui Alemanha, Áustria, Bélgica, Dinamarca, Espanha, Finlândia, França, Irlanda, Itália, Noruega, Países Baixos, Reino Unido, Suécia e Suíça. A Europa Oriental (para os trabalhadores do McDonald's) inclui Azerbaijão, Bielorrússia, República Tcheca, Estônia, Geórgia, Letônia, Lituânia, Polônia e Ucrânia.

Fonte: The Conference Board International Labor Comparisons, 2016; e Orley Ashenfelter e Stepan Jurajda, "Comparing Real Wage Rates using McWages", cópia, 2020.

Estados Unidos, os trabalhadores imigrantes costumam ter características muito diferentes dos nativos do país que os recebe. Assim, os diferenciais salariais entre os países também refletem uma distribuição diferente das características dos trabalhadores, assim como diferentes tipos de emprego. Para contornar esse problema de mensuração, um estudo recente sobre os diferenciais salariais concentra-se em um emprego bastante específico, cujos requisitos são incrivelmente padronizados (de propósito) entre os países: trabalhadores do McDonald's. A expansão global da rede de restaurantes cria um ambiente ideal para coletar dados significativos sobre diferenças salariais entre diversos países para um cargo idêntico: o McSalário (os salários relativos dos trabalhadores do McDonald's em diferentes países). A Figura 4.15 sobrepõe o diferencial de McSalário para a Europa Oriental e a Ocidental entre 2007 e 2019. O conjunto de países da Europa Oriental no estudo é muito mais amplo do que aquele utilizado para a comparação salarial anterior e inclui diversos países de fora da UE e ex-membros do bloco soviético, que têm níveis significativamente menores de PIB *per capita* (e salários menores de forma mais geral). Assim, não surpreende que o diferencial salarial é menor do que os números encontrados no estudo anterior que descrevemos. Entretanto, a tendência de convergência é incrivelmente parecida entre as duas medidas de diferencial salarial.

ESTUDO DE CASO

Imigração e a economia dos Estados Unidos

Como mostra a Figura 4.16, a participação dos imigrantes na população dos Estados Unidos tem variado bastante nos últimos dois séculos. Na virada do século XX, o número de residentes estrangeiros nos Estados Unidos aumentou drasticamente em razão da grande imigração da Europa Oriental e meridional. Fortes restrições à imigração impostas na década de 1920 trouxeram um fim a essa época, e na década de 1960, os imigrantes eram um fator menor na cena americana. Uma nova onda de imigração começou em 1970, dessa vez com a maioria dos imigrantes provenientes da América Latina e Ásia. Embora a porcentagem de imigrantes tenha aumentado continuamente desde então, ainda está abaixo dos níveis alcançados durante a primeira onda de imigração.

Como a nova onda de imigração afetou a economia dos Estados Unidos? O efeito mais direto é que a imigração tem expandido a força de trabalho. Em 2019, os trabalhadores nascidos no exterior compunham 17,4% da força de trabalho dos Estados Unidos. Em outras palavras, sem os imigrantes, os Estados Unidos teriam 17,4% menos trabalhadores.

Mantendo tudo igual, esperaríamos que esse aumento na força de trabalho reduzisse os salários. Uma estimativa amplamente citada é que o salário médio nos Estados Unidos é 3% mais baixo do que seria sem a imigração.[20] No entanto, as comparações entre salários médios podem ser enganosas, porque os imigrantes para os Estados Unidos têm

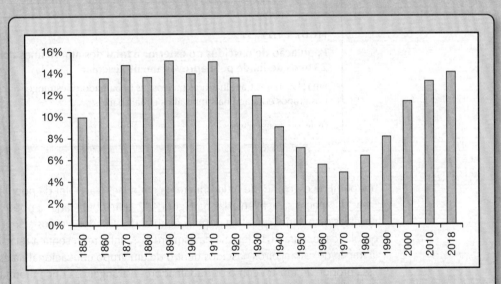

FIGURA 4.16
População nascida no estrangeiro em porcentagem sobre a população dos EUA.
Restrições sobre a imigração na década de 1920 levaram a um declínio acentuado na população nascida no estrangeiro em meados do século XX, mas a imigração aumentou de forma acentuada novamente em décadas recentes.

Fonte: U.S. Census Bureau.

---

[20] George Borjas. "The Labor Demand Curve Is Downward Sloping: Reexamining the Impact of Immigration on the Labor Market". *Quarterly Journal of Economics*, v. 118, p. 1335-1374, nov. 2003.

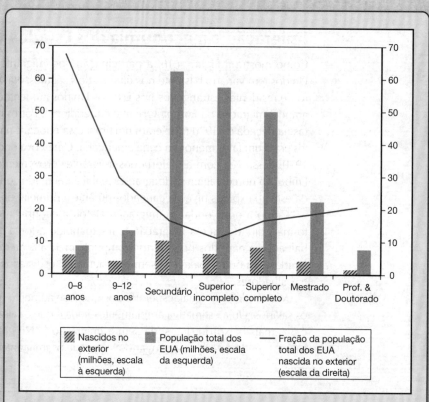

FIGURA 4.17
População de nascidos no exterior e total dos americanos com mais de 25 anos de idade pelo aproveitamento escolar.

Em relação aos trabalhadores nativos, os trabalhadores estrangeiros concentram-se nos grupos educacionais mais altos e mais baixos.

Fonte: U.S. Census Bureau.

um perfil de escolaridade muito diferente em relação ao total da população americana. Essas diferenças são salientadas na Figura 4.17, que tabula tanto a população de pessoas nascidas no exterior quanto a população total dos Estados Unidos acima de 25 anos, por escolaridade, para 2019 (escala da esquerda). A linha representa a relação entre as duas (a fração de estrangeiros nascidos dentro de um grupo educacional na escala da direita). Essa proporção mostra como os trabalhadores estrangeiros concentram-se tanto nos grupos educacionais mais baixos quanto nos mais altos em relação aos trabalhadores nativos. Em uma extremidade da escala educacional, os trabalhadores nascidos no exterior, com diplomas profissionais e doutorado, fornecem à economia dos Estados Unidos competências muito necessárias, especialmente nas áreas de ciências, tecnologia, engenharia e matemática (STEM). Entre os trabalhadores com doutorado nesses campos STEM, 55%, em 2013, haviam nascido no exterior, e o mesmo valia para 70% dos engenheiros de *software* no Vale do Silício naquele ano. Em 2016, o presidente Barack Obama parabenizou seis cientistas que trabalhavam nos EUA e haviam recebido o Prêmio Nobel e observou que todos eles eram imigrantes.

Os trabalhadores nascidos no exterior também estão concentrados nos grupos educacionais mais baixos: em 2019, 24,3% da força de trabalho imigrante não tinha

CAPÍTULO 4 ■ Fatores específicos e distribuição de renda

concluído o ensino médio ou equivalente, em comparação com apenas 9,9% dos nativos. Como os trabalhadores com níveis diferentes de escolaridade representam entradas diferentes na produção (e não podem ser facilmente substituídos um pelo outro), a maioria das estimativas sugere que a imigração realmente aumenta o salário da maioria dos americanos nativos. Quaisquer efeitos negativos sobre os salários recaem sobre os americanos de menor escolaridade. Contudo, há uma controvérsia significativa entre os economistas a respeito da magnitude desses efeitos negativos sobre os salários. No curto prazo, estima-se que a queda dos salários dos americanos nativos que não completaram o ensino médio varie entre 1 e 8%.

E quanto aos efeitos globais sobre a renda dos Estados Unidos? O PIB americano – o valor total de todos os bens e serviços produzidos naquele país – é claramente maior por causa de trabalhadores imigrantes. No entanto, grande parte desse aumento no valor da produção é usada para pagar salários aos próprios imigrantes. As estimativas do "excedente de imigração" – a diferença entre o ganho no PIB e o custo dos salários pagos aos imigrantes – são geralmente pequenas, da ordem de 0,1% do PIB.[21]

Há mais uma complicação em avaliar os efeitos econômicos da imigração: os efeitos sobre as receitas fiscais e os gastos do governo. De um lado, os imigrantes pagam impostos, ajudando a cobrir o custo do governo. Do outro lado, impõem custos ao governo, porque seus carros precisam de estradas para trafegar, seus filhos precisam de escolas para estudar e assim por diante. Como muitos imigrantes ganham salários baixos e, portanto, pagam impostos baixos, algumas estimativas sugerem que custam mais em gastos adicionais do que trazem de receita. No entanto, as estimativas do custo fiscal líquido, como as estimativas dos efeitos econômicos líquidos, são pequenas, novamente na ordem de 0,1% do PIB.

A imigração é, naturalmente, uma questão política muito controversa. A economia da imigração, no entanto, provavelmente não explica essa controvérsia. Em vez disso, pode ser útil lembrar o autor suíço Max Frisch, quando falou sobre os efeitos da imigração em seu próprio país, que em dado momento dependia fortemente dos trabalhadores de outros países: "Pedimos mão de obra, mas vieram pessoas". E é o fato de que os imigrantes são pessoas que torna a questão da imigração tão difícil.

RESUMO

- O comércio internacional muitas vezes tem fortes efeitos sobre a distribuição de renda dentro dos países, de modo que frequentemente produz perdedores, bem como ganhadores. Os efeitos da distribuição de renda surgem por dois motivos: os fatores de produção não podem mover-se instantaneamente e sem custo de uma indústria para outra, e as mudanças no conjunto de produção de uma economia têm efeitos diferenciais sobre a demanda por diferentes fatores de produção.
- Um modelo útil de efeitos de distribuição de renda do comércio internacional é o modelo dos *fatores específicos*, que permite uma distinção entre os fatores de uso geral que podem ser movidos entre setores e fatores específicos para fins específicos. Nesse modelo, as diferenças de recursos podem fazer com que os países tenham curvas de oferta relativa diferentes e assim promovam o comércio internacional.

---

[21]Veja: Gordon Hanson. "Challenges for Immigration Policy". In: C. Fred Bergsten (Ed.). *The United States and the World Economy: Foreign Economic Policy for the Next Decade*. Washington, D.C.: Institute for International Economics, 2005, p. 343-372.

80 PARTE I ■ Teoria de comércio internacional

- No modelo de fatores específicos, os fatores específicos para os setores em cada país de exportação ganham com o comércio, enquanto os fatores específicos para os setores que concorrem com a importação perdem. Os fatores móveis que podem atuar em qualquer setor podem ganhar ou perder.
- O comércio, no entanto, produz ganhos globais no sentido limitado de que os que ganham em princípio podem compensar quem perde, permanecendo ainda melhor do que antes.
- A maioria dos economistas não considera os efeitos do comércio internacional na distribuição de renda uma boa razão para limitar o comércio. Em seus efeitos distributivos, o comércio não é diferente de muitas outras formas de mudança econômica, que não são normalmente regulamentadas. Além disso, os economistas preferem resolver o problema da distribuição de renda diretamente, em vez de interferir com os fluxos de comércio.
- No entanto, na atual legislação da política comercial, a distribuição de renda é crucial. Isso é verdade em particular porque aqueles que perdem com o comércio são geralmente um grupo muito mais informado, coeso e organizado do que os que ganham.
- Os movimentos de fatores internacionais às vezes podem substituir o comércio, portanto, não é surpreendente que a imigração internacional da mão de obra seja similar em suas causas e efeitos ao comércio internacional. A mão de obra move-se de países onde é abundante para países onde é escassa. Esse movimento eleva a produção mundial total, mas também gera fortes efeitos de distribuição de renda, de modo que alguns grupos são prejudicados como resultado.

TERMOS-CHAVE

fator específico, p. 52
fator móvel, p. 52
fronteira de possibilidade de produção, p. 54

função de produção, p. 53
produto marginal da mão de obra, p. 54

programa de Assistência de Ajuste de Comércio dos Estados Unidos, p. 69
rendimentos decrescentes, p. 54

QUESTÕES

1. Em 1986, o preço do petróleo nos mercados mundiais caiu drasticamente. Uma vez que os Estados Unidos são um país importador de petróleo, isso foi amplamente considerado bom para sua economia. Contudo, no Texas e na Louisiana, 1986 foi um ano de declínio econômico. Por quê?

2. Uma economia pode produzir a mercadoria 1 usando mão de obra e capital e a mercadoria 2 usando mão de obra e terra. A oferta total de mão de obra é de 100 unidades. Dada a oferta de capital, a produção das duas mercadorias depende da mão de obra ofertada, como segue:

Entrada de mão de obra para a Mercadoria 1	Produção da Mercadoria 1	Entrada de mão de obra para a Mercadoria 2	Produção da Mercadoria 2
0	0,0	0	0,0
10	25,1	10	39,8
20	38,1	20	52,5
30	48,6	30	61,8
40	57,7	40	69,3
50	66,0	50	75,8
60	73,6	60	81,5
70	80,7	70	86,7
80	87,4	80	91,4
90	93,9	90	95,9
100	100	100	100

CAPÍTULO 4 ■ Fatores específicos e distribuição de renda **81**

    a. Faça um gráfico das funções de produção para a mercadoria 1 e a mercadoria 2.

    b. Faça um gráfico da fronteira de possibilidade de produção. Por que ele é curvo?

3. O produto marginal das curvas de mão de obra correspondentes às funções de produção na Questão 2 são as seguintes:

Trabalhadores empregados	MPL no Setor 1	MPL no Setor 2
10	1,51	1,59
20	1,14	1,05
30	1,00	0,82
40	0,87	0,69
50	0,78	0,60
60	0,74	0,54
70	0,69	0,50
80	0,66	0,46
90	0,63	0,43
100	0,60	0,40

    a. Suponha que o preço da mercadoria 2 em relação ao da mercadoria 1 seja 2. Determine graficamente a taxa salarial e a alocação de mão de obra entre os dois setores.

    b. Usando o gráfico desenhado para a Questão 2, determine a produção de cada setor. A seguir, confirme graficamente que a inclinação da fronteira de possibilidade de produção nesse ponto é igual ao preço relativo.

    c. Suponha que o preço relativo da mercadoria 2 caia para 1,3. Repita (a) e (b).

    d. Calcule os efeitos da mudança de preço de 2 para 1,3 sobre os rendimentos dos fatores específicos nos setores 1 e 2.

4. Considere dois países (Doméstica e Estrangeira) que produzem as mercadorias 1 (com mão de obra e capital) e 2 (com mão de obra e terra), de acordo com as funções de produção descritas nas Questões 2 e 3. Inicialmente, os dois países têm a mesma oferta de mão de obra (100 unidades de cada), capital e terra. O estoque de capital em Doméstica então cresce. Essa mudança desloca-se para fora da curva de produção para a mercadoria 1 em função da mão de obra empregada (descrito na Questão 2) e o produto marginal associado da curva de mão de obra (descrito na Questão 3). Nada acontece com a produção e as curvas de produto marginal para a mercadoria 2.

    a. Mostre como o aumento da oferta de capital para Doméstica afeta sua fronteira de possibilidade de produção.

    b. No mesmo gráfico, trace a curva de fornecimento relativo para a economia de Doméstica e de Estrangeira.

    c. Se essas duas economias se abrem ao comércio, o que acontece com os padrões de comércio (ou seja, qual país exporta qual mercadoria)?

    d. Descreva como a abertura ao comércio afeta todos os três fatores (mão de obra, capital, terra) em ambos os países.

5. Em Doméstica e Estrangeira, existem dois fatores de produção, terra e mão de obra, usados para produzir apenas uma mercadoria. O estoque de terra em cada país e a tecnologia de produção são exatamente os mesmos. O produto marginal da mão de obra em cada país varia de acordo com o emprego da seguinte forma:

Número de trabalhadores empregados	Produto marginal do último trabalhador
1	20
2	19
3	18
4	17
5	16

82 PARTE I ■ Teoria de comércio internacional

Número de trabalhadores empregados	Produto marginal do último trabalhador
6	15
7	14
8	13
9	12
10	11
11	10

Inicialmente, existem 11 trabalhadores empregados em Doméstica, mas apenas 3 em Estrangeira.

Determine o efeito da livre circulação de mão de obra de Doméstica para Estrangeira na produção, no emprego, em salários reais e renda dos proprietários de terras em cada país.

6. Usando o exemplo numérico na Questão 5, suponha agora que Estrangeira limita a imigração para que apenas dois dos trabalhadores possam se mudar de Doméstica para lá. Calcule como o movimento desses dois trabalhadores afeta o rendimento dos cinco grupos diferentes:
   a. Os trabalhadores que estavam originalmente em Estrangeira.
   b. Os proprietários de terra de Estrangeira.
   c. Os trabalhadores que ficam em Doméstica.
   d. Os proprietários de terra de Doméstica.
   e. Os trabalhadores que se deslocam.

7. Estudos sobre os efeitos da imigração do México para os Estados Unidos tendem a descobrir que os grandes ganhadores são os próprios imigrantes. Explique esse resultado com base no exemplo da Questão 6. O que mudaria se a fronteira fosse aberta, sem restrições à imigração?

LEITURAS ADICIONAIS

David Card. "Immigration and Inequality". *American Economic Review* 99 (2) (2009), pp. 1-21.

Dixit, A. e Norman, V. *Theory of International Trade*. Cambridge: Cambridge University Press, 1980. O problema de estabelecer ganhos de comércio quando a situação de algumas pessoas pode piorar tem sido objeto de um longo debate. Dixit e Norman mostram que, em princípio, sempre é possível para o governo de um país utilizar impostos e subsídios para redistribuir a renda de tal forma que a situação de todos melhore com o livre comércio em relação a nenhum comércio.

Edwards, L. e Lawrence, R. Z. *Rising Tide: Is Growth in Emerging Economies Good for the United States?* Peterson Institute for International Economics, 2013. Um livro acessível, que examina como o aumento do comércio com economias emergentes (como China e Índia) afetou os Estados Unidos e seus trabalhadores.

Hanson, G. H. "The Economic Consequences of the International Migration o fLabor". *Annual Review of Economics*, v. 1, n. 1, p. 179-208, 2009. Um trabalho de pesquisa que analisa como o aumento da migração afetou os países de partida e chegada de migrantes.

Irwin, D. A. *Free Trade under Fire*. 3. ed. Princeton, NJ: Princeton University Press, 2009. Um livro acessível que fornece inúmeros detalhes e dados de apoio para o argumento de que o comércio mais livre gera ganhos de bem-estar geral. O Capítulo 4 discute em detalhes a ligação entre o comércio e o desemprego (uma questão que foi brevemente discutida neste capítulo).

Irwin, D. A. "The Truth About Trade." *Foreign Affairs* 95 (2016), pp. 84-95. Um economista especializado em comércio internacional responde à retórica acalorada direcionada contra o comércio internacional durante a eleição presidencial americana de 2016.

CAPÍTULO 4 ■ Fatores específicos e distribuição de renda **83**

Mundell, R. A. "International Trade and Factor Mobility". *American Economic Review*, v. 47, p. 321-335, 1957. O primeiro artigo a apresentar o argumento de que o comércio e o movimento de fatores podem substituir um ao outro.

Mussa, M. "Tariffs and the Distribution of Income: The Importance of Factor Specificity, Substitutability, and Intensity in the Short and Long Run". *Journal of Political Economy*, v. 82, p. 1191-1204, 1974. Uma extensão do modelo de fatores específicos que relaciona o modelo às proporções dos fatores do Capítulo 5.

Neary, J. P. "Short-Run Capital Specificity and the Pure Theory of International Trade". *Economic Journal*, v. 88, p. 488-510, 1978. Um tratamento adicional do modelo de fatores específicos que salienta como diferentes suposições sobre a mobilidade dos fatores entre os setores afetam as conclusões do modelo.

Olson, M. *The Logic of Collective Action*. Cambridge: Harvard University Press, 1965. Um livro altamente influente, que argumenta que, na prática, as políticas governamentais favorecem pequenos grupos concentrados em detrimento dos grandes grupos.

Ricardo, D. *The Principles of Political Economy and Taxation*. Homewood, IL: Irwin, 1963. Embora o livro de Ricardo enfatize os ganhos nacionais do comércio, em outras partes de *Principles*, o conflito de interesses entre os proprietários e os capitalistas é uma questão central.

APÊNDICE DO CAPÍTULO 4

Mais detalhes sobre os fatores específicos

O modelo de fatores específicos desenvolvido neste capítulo é uma ferramenta de análise tão conveniente que investiremos um tempo aqui para explicitar alguns de seus detalhes mais plenamente. Daremos um tratamento mais completo a duas questões relacionadas: (1) a relação entre o produto marginal e o total dentro de cada setor e (2) os efeitos de distribuição de renda das mudanças de preços relativos.

Produto marginal e total

No texto, ilustramos a função de produção de tecido de duas formas diferentes. Na Figura 4.1, mostramos a produção total em função da entrada de mão de obra, mantendo o capital constante. Observamos, então, que a inclinação da curva é o produto marginal da mão de obra, ilustrando-o na Figura 4.2. Agora queremos demonstrar que a produção total é medida pela área sob a curva do produto marginal (para os estudantes familiarizados com cálculo, isso é óbvio: o produto marginal é a derivada do total, então o total é a integral do marginal. Mesmo para esses alunos, no entanto, uma abordagem intuitiva pode ser útil).

Na Figura 4A.1, mostramos mais uma vez a curva do produto marginal na produção de tecido. Suponha que empregamos L_T homens-hora. Como podemos mostrar a produção total de tecido? Vamos aproximar isso usando a curva do produto marginal. Primeiro, vamos perguntar o que acontecerá se usarmos um pouco menos de homens-hora, digamos dL_T menos. Então, a produção seria menor. A queda na produção seria aproximadamente

$$dL_T * MPL_T,$$

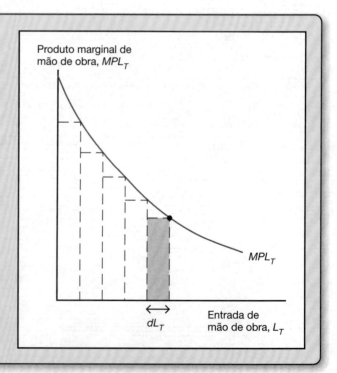

FIGURA 4A.1

Mostrando que a produção é igual à área sob a curva do produto marginal.

Pela aproximação da curva de produto marginal com uma série de retângulos finos, pode-se mostrar que a produção total de tecido é igual à área sob a curva.

ou seja, a redução na força de trabalho vezes o produto marginal da mão de obra no nível inicial de emprego. Essa redução na produção é representada pela área do retângulo na Figura 4A.1. Subtraia agora mais alguns homens-hora; a perda de produção será outro retângulo. Dessa vez o retângulo será mais alto, porque o produto marginal da mão de obra aumenta conforme a quantidade de mão de obra cai. Se continuarmos esse processo até que toda a mão de obra se vá, nossa aproximação da perda total da produção será a soma de todos os retângulos mostrados na figura. Quando nenhuma mão de obra é empregada, no entanto, a produção vai cair a zero. Então, podemos aproximar a produção total do setor de tecidos pela soma das áreas de todos os retângulos abaixo da curva do produto marginal.

Isto é, no entanto, apenas uma aproximação, porque usamos o produto marginal apenas do primeiro homem-hora em cada lote de mão de obra removido. Podemos obter uma aproximação melhor se tomarmos grupos menores – quanto menor, melhor. Conforme os grupos de mão de obra removidos ficarem infinitamente pequenos, no entanto, os retângulos ficarão cada vez mais finos e nos aproximaremos cada vez mais estreitamente da área total sob a curva do produto marginal. No final, então, encontramos a produção total do tecido produzido com a mão de obra L_T. Q_T é igual à área sob a curva do produto marginal da mão de obra MPL_T até L_T.

Preços relativos e a distribuição de renda

A Figura 4A.2 usa o resultado que encontramos para mostrar a distribuição de renda no setor de tecidos. Vimos que os empregadores de tecidos contratam mão de obra L_T até o valor do produto marginal dos trabalhadores, $P_T \times MPL_T$, ser igual ao salário w. Podemos reescrever isso em termos de salário real de tecido como $MPL_T = w/P_T$. Assim, a um determinado salário real, digamos $(w/P_T)^1$, a curva do produto marginal na Figura 4A.2 nos diz que serão empregados L_T^1 trabalhadores-hora. A produção total com esses trabalhadores é dada pela área sob a curva do produto marginal até L_T^1. Essa produção é dividida pela renda real (em termos de tecido) dos trabalhadores e proprietários de capital. A parte da remuneração paga aos trabalhadores é o salário real $(w/P_T)^1$ vezes o nível de emprego L_T^1, que é a área do retângulo mostrado. O restante é a renda real dos proprietários de capital. Podemos determinar a distribuição da produção de alimentos entre a mão de obra e os proprietários de terra da mesma forma, em função do salário real em termos de alimentos, w/P_A.

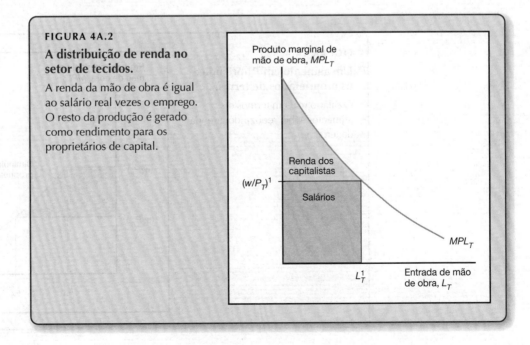

FIGURA 4A.2
A distribuição de renda no setor de tecidos.

A renda da mão de obra é igual ao salário real vezes o emprego. O resto da produção é gerado como rendimento para os proprietários de capital.

Suponha que o preço relativo dos tecidos suba. Vimos na Figura 4.7 que um aumento em P_T/P_A reduz o salário real em termos de tecido (porque o salário sobe menos que P_T) ao mesmo tempo em que aumenta em termos de alimentos. Os efeitos disso sobre os rendimentos dos capitalistas e proprietários de terra podem ser vistos nas Figuras 4A.3 e 4A.4. No setor de tecidos, o salário real cai de $(w/P_T)^1$ para $(w/P_T)^2$; como resultado, os capitalistas recebem um aumento de renda real em termos de tecido. No setor de alimentos, o salário real sobe de $(w/P_A)^1$ para $(w/P_A)^2$, e os proprietários recebem renda real menor em termos de alimentos.

Esse efeito sobre a renda real é reforçado pela mudança na própria relação P_T/P_A. A renda real dos proprietários de capital em termos de alimentos sobe mais do que sua renda real em termos de tecido – porque os alimentos agora são relativamente mais baratos do que o tecido. Por outro lado, a renda real dos proprietários em termos de tecido cai mais do que sua renda em termos de alimentos – porque o tecido agora é relativamente mais caro.

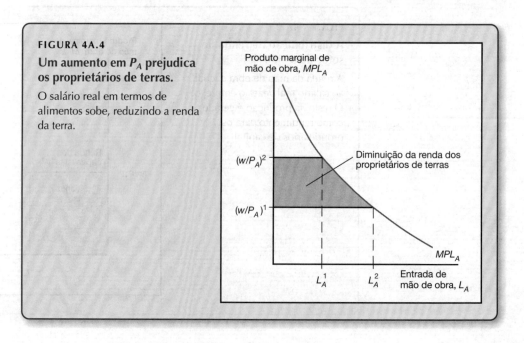

FIGURA 4A.3
Um aumento em P_T beneficia os donos do capital.
O salário real em termos de tecido cai, levando a um aumento na renda dos donos do capital.

FIGURA 4A.4
Um aumento em P_A prejudica os proprietários de terras.
O salário real em termos de alimentos sobe, reduzindo a renda da terra.

CAPÍTULO 5

Recursos e comércio: o modelo de Heckscher-Ohlin

Se a mão de obra fosse o único fator de produção, como o modelo ricardiano supõe, a vantagem comparativa poderia surgir apenas por causa de diferenças internacionais na produtividade da mão de obra. No mundo real, no entanto, embora o comércio seja em parte explicado pelas diferenças na produtividade da mão de obra, também reflete diferenças nos *recursos* dos países. O Canadá exporta produtos florestais para os Estados Unidos não porque seus lenhadores são mais produtivos em relação a seus colegas dos EUA, mas porque o Canadá, pouco povoado, tem mais terra arborizada por habitante que os Estados Unidos. Assim, uma visão realista do comércio deve observar a importância não só da mão de obra, mas também de outros fatores de produção, como terra, capital e recursos minerais.

Para explicar o papel das diferenças dos recursos no comércio, neste capítulo examinaremos um modelo no qual as diferenças de recursos são a única fonte de comércio. Esse modelo mostra que a vantagem comparativa é influenciada pela interação entre os recursos das nações (a **abundância relativa dos fatores** de produção) e a tecnologia de produção (que influencia a intensidade relativa com que os diferentes fatores de produção são usados na produção de mercadorias diferentes, chamada de **intensidade dos fatores**). Algumas dessas ideias foram apresentadas no modelo de fatores específicos do Capítulo 4, mas o modelo que estudamos neste capítulo salienta a interação entre abundância e intensidade ao olhar para os resultados de longo prazo, quando todos os fatores de produção são móveis em todos os setores.

Uma das teorias mais influentes na economia internacional é que o comércio internacional é, em grande parte, impulsionado pelas diferenças de recursos dos países. Desenvolvida por dois economistas suecos, Eli Heckscher e Bertil Ohlin (Ohlin recebeu o prêmio Nobel de economia em 1977), a teoria é muitas vezes chamada de **teoria de Heckscher-Ohlin**. Como a teoria enfatiza a interação entre as proporções nas quais diferentes fatores de produção estão disponíveis em diferentes países e as proporções em que são usados para produzir mercadorias diferentes, é também chamada de **teoria das proporções dos fatores**.

Para desenvolver a teoria das proporções dos fatores, começamos por descrever uma economia que não tem comércio e depois nos perguntamos o que acontece quando duas dessas economias estabelecem comércio entre si. Vamos ver que, ao contrário do modelo ricardiano com um único fator de produção, o comércio pode afetar a distribuição de renda entre os fatores, até mesmo no longo prazo. Podemos discutir a extensão com que o comércio pode estar contribuindo para

88   PARTE I   ■   Teoria de comércio internacional

aumentos na desigualdade de salários nos países desenvolvidos. Então concluímos com uma revisão adicional das evidências empíricas a favor (e contra) as previsões da teoria das proporções dos fatores do comércio.

OBJETIVOS DE APRENDIZAGEM

Após a leitura deste capítulo, você será capaz de:

- Explicar como as diferenças de recursos geram um padrão específico de comércio.
- Discutir por que os ganhos de comércio não se estendem igualmente em longo prazo e identificar os prováveis ganhadores e perdedores.
- Compreender as possíveis ligações entre o aumento das trocas comerciais e a crescente desigualdade de salários no mundo desenvolvido.
- Ver como os padrões de comércio empíricos e os preços dos fatores apoiam algumas (mas não todas) predições da teoria das proporções dos fatores.

Modelo de uma economia de dois fatores

Neste capítulo, nos concentraremos na versão mais simples do modelo das proporções dos fatores, por vezes chamado de "$2 \times 2 \times 2$": dois países, duas mercadorias, dois fatores de produção. No nosso exemplo, vamos chamar os dois países de Doméstica e Estrangeira. Vamos ficar com as mesmas duas mercadorias, tecido (medido em jardas) e alimentos (medidos em calorias), que usamos no modelo dos fatores específicos do Capítulo 4. A principal diferença é que, neste capítulo, presumimos que os fatores imóveis que eram específicos para cada setor (capital em tecido e terra em alimentos) agora são móveis no longo prazo. Assim, as terras utilizadas para a agricultura podem ser usadas para construir uma fábrica de produtos têxteis; por outro lado, o capital utilizado para pagar por um tear mecânico pode ser usado para pagar por um trator. Por uma questão de simplicidade, modelamos um único fator adicional, que chamamos de capital, usado em conjunto com a mão de obra para produzir alimentos ou tecidos. No longo prazo, tanto o capital quanto a mão de obra podem mover-se em todos os setores, assim igualando seus rendimentos (taxa de aluguel e salário) em ambos os setores.

Preços e produção

Tanto tecidos quanto alimentos são produzidos usando o capital e a mão de obra. A quantidade de cada bem produzido, tendo em conta quanto capital e mão de obra são empregados em cada setor, é determinada por uma função da produção de cada mercadoria:

$$Q_T = Q_T(K_T, L_T),$$

$$Q_A = Q_A(K_A, L_A),$$

onde Q_T e Q_A são os níveis de produção de tecido e alimentos; K_T e L_T são as quantidades de capital e mão de obra empregados na produção de tecidos; e K_A e L_A são as quantidades de capital e mão de obra empregados na produção de alimentos. Em geral, a economia tem um suprimento fixo de capital K e mão de obra L que é dividido entre os empregos dos dois setores.

Definimos as seguintes expressões que estão relacionadas com as duas tecnologias de produção:

a_{KT} = capital usado para produzir uma jarda de tecido;

a_{LT} = mão de obra usada para produzir uma jarda de tecido;

a_{KA} = capital usado para produzir uma caloria de alimento;

a_{LA} = mão de obra usada para produzir uma caloria de alimento.

CAPÍTULO 5 ■ Recursos e comércio: o modelo de Heckscher-Ohlin **89**

Esses requisitos de entrada unitários são muito parecidos com os definidos no modelo ricardiano (apenas para mão de obra). No entanto, há uma diferença crucial: nessas definições, podemos falar da quantidade de capital ou de mão de obra *utilizada* para produzir uma determinada quantidade de tecido ou de alimentos, em vez da quantidade *necessária* para produzir essa quantidade. A razão para essa mudança do modelo ricardiano é que quando há dois fatores de produção, pode haver espaço para a escolha no uso de insumos.

Em geral, essas escolhas dependem dos preços dos fatores para mão de obra e capital. No entanto, vamos primeiro examinar um caso especial em que há apenas uma maneira de produzir cada mercadoria. Considere o seguinte exemplo numérico: a produção de uma jarda do tecido requer uma combinação de duas horas de mão de obra e duas horas de máquina. A produção de alimentos é mais automatizada. Como resultado, a produção de uma caloria de alimento requer apenas uma hora de mão de obra junto com três horas de máquina. Assim, todos os requisitos de entrada unitários são fixos no $a_{KT} = 2$; $a_{LT} = 2$; $a_{KA} = 3$; $a_{LA} = 1$; e não há nenhuma possibilidade de substituição da mão de obra pelo capital, ou vice-versa. Suponha que uma economia seja dotada de 3.000 unidades de horas de máquina junto com 2.000 unidades de horas de mão de obra. Nesse caso especial, sem substituição dos fatores de produção, a fronteira de possibilidade de produção da economia pode ser derivada usando essas duas restrições de recursos para o capital e a mão de obra. A produção de Q_T jardas de tecido requer $2Q_T = a_{KT} \times Q_T$ horas de máquina e $2Q_T = a_{LT} \times Q_T$ horas de mão de obra. Da mesma forma, a produção de Q_A calorias de alimentos requer $3Q_A = a_{KA} \times Q_A$ horas de máquina e $1Q_A = a_{LA} \times Q_A$ horas de mão de obra. O total de horas de máquina utilizadas para a produção de tecido e alimentos não pode exceder a oferta total de capital:

$$a_{KT} \times Q_T + a_{KA} \times Q_A \leq K \text{ ou } 2Q_T + 3Q_A \leq 3.000. \tag{5.1}$$

Essa é a restrição de recursos para o capital. Da mesma forma, a restrição de recursos para a mão de obra afirma que as horas de mão de obra totais utilizadas na produção não podem exceder a oferta total de mão de obra:

$$a_{LT} \times Q_T + a_{LA} \times Q_A \leq L \text{ ou } 2Q_T + Q_A \leq 2.000. \tag{5.2}$$

A Figura 5.1 mostra as consequências das Equações (5.1) e (5.2) para as possibilidades de produção em nosso exemplo numérico. Cada restrição de recurso é desenhada da mesma forma que traçamos a linha de possibilidade de produção para o caso ricardiano da Figura 3.1. Neste caso, no entanto, a produção da economia deve estar sujeita a *ambas* as restrições, então a fronteira de possibilidade de produção é a linha contínua. Se a economia se especializar na produção de alimentos (ponto 1), então pode produzir 1.000 calorias de alimentos. Naquele ponto da produção, há capacidade de mão de obra ociosa: apenas 1.000 horas de mão de obra das 2.000 são empregadas. Por outro lado, se a economia se especializar na produção de tecidos (ponto 2), então poderá produzir 1.000 jardas de tecido. Naquele ponto de produção, há capacidade de capital ociosa: apenas 2.000 horas de máquina das 3.000 são empregadas. No ponto 3 de produção, a economia está empregando todos os seus recursos de mão de obra e capital (1.500 horas de máquina e 1.500 horas de mão de obra na produção de tecido; e 1.500 horas de máquina junto com 500 horas de mão de obra na produção de alimentos).[1]

A característica importante nessa fronteira de possibilidade de produção é que o custo de oportunidade de produzir uma jarda extra de tecido, em termos de alimentos, não é constante. Quando a economia está produzindo principalmente alimentos (à esquerda do ponto 3),

---

[1] O caso sem substituição dos fatores é especial, pois há um único ponto de produção que emprega totalmente ambos os fatores; alguns fatores não são empregados em todos os outros pontos de produção na fronteira de possibilidades de produção. No caso mais geral, a seguir, com a substituição dos fatores, essa peculiaridade desaparece e ambos os fatores são totalmente empregados ao longo de toda a fronteira de possibilidade de produção.

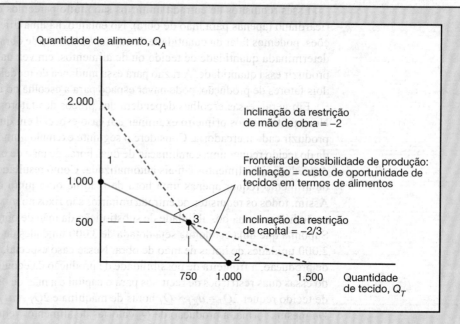

FIGURA 5.1

A fronteira de possibilidade de produção sem substituição dos fatores: exemplo numérico.

Se o capital não pode ser substituído pela mão de obra, ou vice-versa, a fronteira de possibilidade de produção no modelo de proporções dos fatores seria definida por duas restrições de recursos: a economia não pode usar mais do que a oferta de mão de obra (2.000 horas de mão de obra) ou capital (3.000 horas de máquina) disponíveis. Então, a fronteira de possibilidade de produção é definida pela linha contínua nesta figura. No ponto 1, a economia se especializa na produção de alimentos, e nem todas as horas de mão de obra disponíveis são empregadas. No ponto 2, a economia se especializa na produção de tecidos, e nem todas as horas de máquina disponíveis são empregadas. No ponto 3 de produção, a economia emprega toda a sua mão de obra e recursos de capital. A característica importante dessa fronteira de possibilidade de produção é que o custo de oportunidade do tecido em termos de alimentos não é constante. Ele sobe de 2/3 para 2 quando o conjunto de produção da economia desloca-se em direção ao tecido.

então há capacidade de mão de obra ociosa. Produzir duas unidades a menos de alimentos libera seis máquina-horas que podem ser usadas para produzir três jardas de tecido: o custo de oportunidade do tecido é 2/3. Quando a economia está produzindo principalmente tecido (à direita do ponto 3), então há capacidade de capital disponível. Produzir duas unidades a menos de alimentos libera duas horas de mão de obra que podem ser usadas para produzir uma jarda de tecido: o custo de oportunidade do tecido é 2. Assim, o custo de oportunidade do tecido é maior quando mais unidades de tecido estão sendo produzidas.

Agora vamos tornar o modelo mais realista e permitir a possibilidade de substituição de capital por mão de obra, e vice-versa, na produção. Essa substituição remove a irregularidade na fronteira de possibilidade de produção. Em vez disso, a fronteira *PP* tem a forma curva mostrada na Figura 5.2. A forma curva nos diz que o custo de oportunidade em termos de alimentos para produzir mais uma unidade de tecido aumenta conforme a economia produz mais tecido e menos alimentos. Ou seja, nossa visão básica sobre como os custos de oportunidade mudam com o conjunto de produção permanece válida.

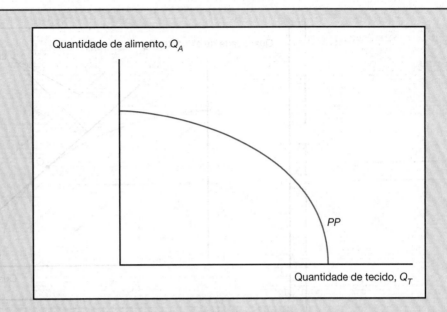

FIGURA 5.2
A fronteira de possibilidade de produção com substituição dos fatores.
Se o capital pode ser substituído pela mão de obra, e vice-versa, a fronteira de possibilidade de produção já não tem uma torção. Mas continua a ser verdade que o custo de oportunidade de tecido em termos de alimentos aumenta conforme o conjunto de produção da economia se desvia em direção ao tecido e afasta-se de alimentos.

Onde é que a economia produz na fronteira de possibilidade de produção? Depende dos preços. Mais especificamente, a economia produz no ponto em que se maximiza o valor da produção. A Figura 5.3 mostra o que isso implica. O valor da produção da economia é:

$$V = P_T \times Q_T + P_A \times Q_A,$$

onde P_T e P_A são os preços do tecido e dos alimentos, respectivamente. Uma linha de isocusto – linha ao longo da qual o custo de produção é constante – tem uma inclinação de $-P_T/P_A$. A economia produz no ponto Q, o ponto na fronteira de possibilidade de produção que toca a maior linha de isocusto possível. Nesse ponto, a inclinação da fronteira de possibilidade de produção é igual a $-P_T/P_A$. Então o custo de oportunidade em termos de alimentos de produzir outra unidade de tecido é igual ao preço relativo do tecido.

Escolhendo o conjunto de fatores

Como já observamos, em um modelo de dois fatores, os produtores podem ter espaço para escolher o uso de fatores. Um fazendeiro, por exemplo, pode escolher entre usar relativamente mais equipamentos mecanizados (capital) e menos trabalhadores, ou vice-versa. Assim, o agricultor pode escolher quanta mão de obra e capital vai usar por unidade de produção produzida. Em cada setor, então, os produtores enfrentarão requisitos de entrada não fixos (como no modelo ricardiano), mas encontrarão os *trade-offs* básicos – como o ilustrado pela curva *II* na Figura 5.4, que mostra combinações de entrada alternativas que podem ser usadas para produzir uma caloria de alimentos.

Qual opção de uso de fatores que os produtores realmente fazem? Depende dos custos relativos do capital e da mão de obra. Se as taxas de aluguel de capital forem altas e os salários

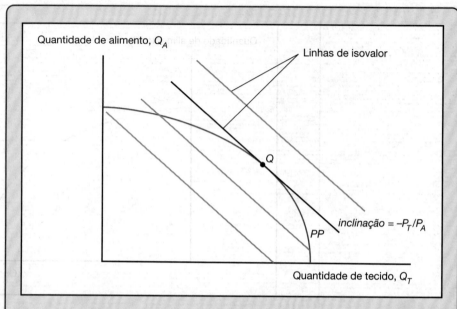

FIGURA 5.3
Preços e produção.

A economia produz no ponto em que maximiza o valor da produção, dados os preços que enfrenta. Esse é o ponto mais alto possível na linha isocusto. Nesse ponto, o custo de oportunidade de tecido em termos de alimentos é igual ao preço relativo de tecido, P_T/P_A.

FIGURA 5.4
Possibilidades de uso de fatores de produção de alimentos.

Um agricultor pode produzir uma caloria de alimento com menos capital se ele usar mais mão de obra, e vice-versa.

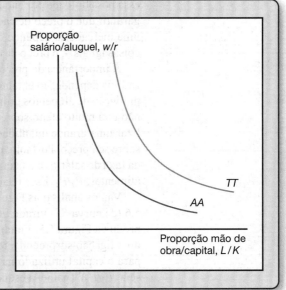

FIGURA 5.5
Preços dos fatores e opções de uso.
Em cada setor, a proporção entre mão de obra e capital utilizado na produção depende do custo da mão de obra em relação ao custo do capital, w/r. A curva AA mostra as opções de proporção mão de obra-capital na produção de alimentos, enquanto a curva TT mostra as escolhas correspondentes na produção de tecido. A uma proporção qualquer entre salário e aluguel, a produção de tecido usa uma razão maior entre mão de obra e capital. Nesse caso, dizemos que a produção de tecido é *mão de obra intensiva* e que a produção de alimentos é *capital intensiva*.

forem baixos, os agricultores escolherão produzir usando relativamente pouco capital e muita mão de obra; por outro lado, se as taxas de aluguel forem baixas e os salários forem altos, eles economizarão em mão de obra e usarão muito mais capital. Se w é a taxa salarial e r o custo do aluguel do capital, então, a escolha de uso de fatores dependerá da proporção desses dois **preços dos fatores**: w/r.[2] A relação entre os preços dos fatores e a proporção de mão de obra para capital usada na produção de alimentos é mostrada na Figura 5.5 pela curva AA.

Há uma relação correspondente entre w/r e a proporção capital/mão de obra na produção de tecido. Essa relação é mostrada na Figura 5.5 pela curva TT. Como traçado, TT é deslocada para fora em relação à AA, indicando que para quaisquer preços dos fatores, a produção de tecido sempre usará mais mão de obra em relação ao capital do que a produção de alimentos. Quando isso é verdade, dizemos que a produção de tecido é *mão de obra intensiva*, enquanto a de alimentos é *capital intensiva*. Observe que a definição de intensidade depende da proporção de mão de obra para capital utilizada na produção, não da proporção de mão de obra ou capital para a produção. Assim, uma mercadoria não pode ser tanto capital intensiva quanto mão de obra intensiva.

As curvas TT e AA na Figura 5.5 são chamadas de curvas de demanda relativa dos fatores. Elas são muito semelhantes à curva de demanda relativa para mercadorias. Sua inclinação descendente caracteriza o efeito de substituição na demanda de fatores dos produtores. Conforme o salário w sobe em relação à taxa de locação r, os produtores substituem capital por mão de obra nas suas decisões de produção. O caso anterior, considerado sem substituição de fatores, foi um caso limitante, em que a curva de demanda relativa é uma linha vertical: a proporção de mão de obra para o capital exigido é fixa e não varia com as mudanças na proporção de salário/aluguel w/r. No restante deste capítulo, consideraremos o caso mais geral, com substituição dos fatores, em que as curvas de demanda relativa dos fatores são inclinadas para baixo.

Preços dos fatores e preços de mercadorias

Suponha por um momento que a economia produza tanto tecido quanto alimentos (se a economia participa do comércio internacional, isso não é necessariamente verdade, pois ela pode especializar-se completamente na produção de um bem ou outro, mas vamos ignorar

---

[2] A escolha ótima da proporção mão de obra-capital é explorada em maior profundidade no Apêndice deste capítulo.

essa possibilidade por enquanto). Então, a concorrência entre os produtores em cada setor irá garantir que o preço de cada bem seja igual a seus custos de produção. O custo de produzir uma mercadoria depende dos preços dos fatores: se os salários subirem – ficando as outras coisas iguais –, o preço de qualquer bem cuja produção usa mão de obra também aumentará.

A importância do preço de um fator específico em relação ao custo de produzir uma mercadoria depende, no entanto, de quanto daquele fator envolve a produção da mercadoria. Se a produção de alimentos utiliza pouca mão de obra, por exemplo, então um aumento no salário não terá muito efeito sobre o preço dos alimentos ao passo que, se a produção de tecido utilizar uma grande quantidade de mão de obra, um aumento no salário *terá* um grande efeito sobre seu preço. Portanto, podemos concluir que existe uma relação linear entre a proporção da taxa de salários e a taxa de aluguel, w/r, e a proporção do preço do tecido em relação ao de alimentos, P_T/P_A. Essa relação é ilustrada pela curva inclinada ascendente SS na Figura 5.6.[3]

Vamos analisar as Figuras 5.5 e 5.6 juntas. Na Figura 5.7, o painel da esquerda é a Figura 5.6 (da curva SS) virado 90 graus em sentido anti-horário, enquanto o painel da direita reproduz a Figura 5.5. Juntando esses dois diagramas, vemos o que pode parecer, a princípio, uma ligação surpreendente entre os preços das mercadorias e a proporção de mão de obra para o capital utilizado na produção de cada bem. Suponha que o preço relativo do tecido seja $(P_T/P_A)^1$ (painel à esquerda da Figura 5.7); se a economia produz dois bens, a proporção entre a taxa salarial e a taxa de aluguel de capital deve ser igual a $(w/r)^1$. Essa proporção implica, então, que as relações de mão de obra para o capital empregado na produção de tecido e de alimentos devem ser $(L_T/K_T)^1$ e $(L_A/K_A)^1$, respectivamente (painel à direita da Figura 5.7). Se o preço relativo do tecido subir para o nível indicado pelo $(P_T/P_A)^2$, a proporção entre a taxa salarial e a taxa de aluguel de capital subiria para $(w/r)^2$. Como a mão de obra é agora relativamente mais cara, as relações de mão de obra para o capital empregado na produção de tecidos e alimentos, portanto, cairiam para $(L_T/K_T)^2$ e $(L_A/K_A)^2$.

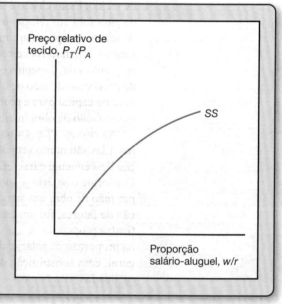

FIGURA 5.6
Preços dos fatores e preços de mercadorias.
Como a produção de tecidos é mão de obra intensiva, enquanto a produção de alimentos é capital intensiva, há uma relação de um para um entre a proporção do fator preço, w/r, e o preço relativo do tecido, P_T/P_A. Quanto maior o custo relativo da mão de obra, maior deve ser o preço relativo da mercadoria mão de obra intensiva. A proporção é ilustrada pela curva SS.

---

[3]Essa relação é válida apenas quando a economia produz tanto tecido quanto alimentos, o que está associado com um determinado intervalo para o preço relativo do tecido. Se o preço relativo se elevar além de um determinado limite superior, a economia se especializa na produção de tecido. Por outro lado, se o preço relativo cair abaixo de um limite inferior, a economia se especializa na produção de alimentos.

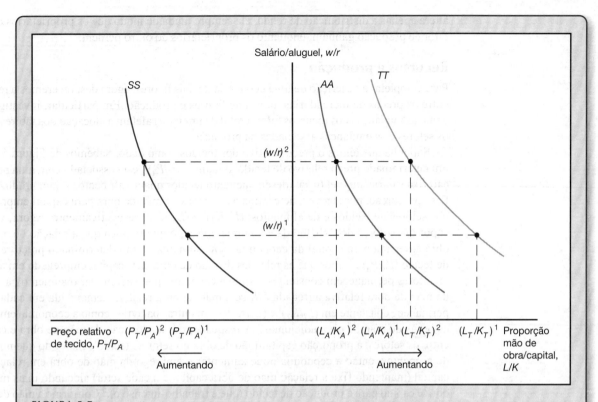

FIGURA 5.7
De preços de mercadorias para opções de entrada.
Dado o preço relativo do tecido $(P_T/P_A)^1$, a proporção entre a taxa salarial e a taxa de aluguel de capital deve ser igual $(w/r)^1$. Essa proporção de salário/aluguel então implica que as relações de mão de obra para o capital empregado na produção de tecido e alimentos devem ser, respectivamente, $(L_T/K_T)^1$ e $(L_A/K_A)^1$. Se o preço relativo do tecido sobe para $(P_T/P_A)^2$, a razão salário/aluguel deve crescer para $(w/r)^2$. Isso fará com que a proporção mão de obra/capital utilizada na produção de ambas as mercadorias caia.

Podemos aprender mais uma lição importante a partir desse diagrama. O painel da esquerda já nos diz que um aumento no preço do tecido em relação ao de alimentos aumentará o rendimento dos trabalhadores em relação ao de proprietários de capital. Mas é possível fazer uma declaração mais forte: essa mudança de preços relativos inequivocamente aumentará o poder de compra dos trabalhadores e diminuirá o poder aquisitivo dos proprietários de capital ao elevar os salários reais e baixar as rendas reais em termos de *ambas* as mercadorias.

Como sabemos disso? Quando P_T/P_A aumenta, a proporção de mão de obra para capital cai na produção de alimentos e de tecido. Mas em uma economia competitiva, os fatores de produção são pagos com seu produto marginal – o salário real dos trabalhadores em termos de tecido é igual à produtividade marginal da mão de obra de produção de tecido e assim por diante. Quando a proporção da mão de obra para o capital cai na produção de qualquer bem, o produto marginal da mão de obra em termos daquela mercadoria aumenta – então os trabalhadores sentem seu salário real mais alto em termos de ambos os bens. Por outro lado, se o produto marginal do capital cai em ambas as indústrias, então os rendimentos reais dos proprietários de capital caem em termos de ambos os bens.

Nesse modelo, então, como no de fatores específicos, as variações nos preços relativos têm fortes efeitos na distribuição de renda. Uma mudança nos preços das mercadorias não

96 PARTE I ■ Teoria de comércio internacional

altera apenas a distribuição de renda, ela sempre muda de modo que os proprietários de um fator de produção ganham, enquanto os proprietários do outro perdem.[4]

Recursos e produção

Para completar a descrição de uma economia de dois fatores, agora descreveremos a relação entre os preços de mercadorias, oferta de fatores e produção. Em particular, investigamos como as mudanças nos recursos (oferta total de um fator) afetam a alocação dos fatores entre os setores e as mudanças associadas na produção.

Suponha que temos o preço relativo dos tecidos como dado. Sabemos da Figura 5.7 que um determinado preço relativo de tecido, digamos $(P_T/P_A)^1$, está associado com uma proporção fixa salário/aluguel $(w/r)^1$ (desde que tanto tecidos quanto alimentos sejam produzidos). Essa proporção, por sua vez, determina as relações de mão de obra para capital empregado nos setores de tecidos e de alimentos: $(L_T/K_T)^1$ e $(L_A/K_A)^1$, respectivamente. Agora, vamos supor que a força de trabalho da economia cresça, o que implica que a relação de mão de obra agregada para capital da economia, L/K, aumenta. A um determinado preço relativo de tecido $(P_T/P_A)^1$, vimos que as relações de mão de obra para capital empregado em ambos os setores permanecem constantes. Como a economia pode acomodar o aumento na oferta de mão de obra relativa agregada L/K se a mão de obra relativa demandada em cada setor permanece constante em $(L_T/K_T)^1$ e $(L_A/K_A)^1$? Em outras palavras, como a economia emprega as horas de mão de obra adicionais? A resposta está na alocação de mão de obra e capital entre os setores: a proporção capital/mão de obra no setor de tecido é maior do que no setor de alimentos, então a economia pode aumentar o emprego da mão de obra em relação ao capital (mantendo fixa a relação mão de obra/capital em cada setor) alocando mais mão de obra e capital para a produção de tecido (que é trabalho-intensivo).[5] Conforme a mão de obra e o capital se movem do setor de alimentos para o setor de tecidos, a economia produz mais tecido e menos alimentos.

A melhor maneira de pensar sobre esse resultado é em termos de como os recursos afetam as possibilidades de produção da economia. Na Figura 5.8, a curva TT^1 representa as possibilidades de produção da economia antes do aumento da oferta de mão de obra. A produção está no ponto 1, onde a inclinação da fronteira de possibilidade de produção é igual a menos o preço relativo do tecido, $-P_T/P_A$, e a economia produz Q_T^1 e Q_A^1 de tecido e de alimentos. A curva TT^2 mostra a fronteira de possibilidade de produção depois de um aumento da oferta de mão de obra. A fronteira de possibilidade de produção desloca-se para fora, para TT^2. Após esse aumento, a economia pode produzir mais tecido e alimentos do que antes. O desvio para fora da fronteira é, contudo, muito maior na direção do tecido do que dos alimentos – ou seja, **expansão enviesada das possibilidades de produção**, que ocorre quando a fronteira de possibilidade de produção desvia-se muito mais em uma direção do que na outra. Nesse caso, a expansão é tão fortemente inclinada para produção de tecido que, em preços relativos inalterados, a produção move-se do ponto 1 ao ponto 2, que envolve uma queda real na produção de alimentos de Q_A^1 para Q_A^2 e um aumento grande na produção de tecido de Q_T^1 para Q_T^2.

O efeito enviesado dos aumentos de recursos sobre as possibilidades de produção é fundamental para entender como diferenças de recursos dão origem ao comércio internacional.[6] Um aumento da oferta de mão de obra expande as possibilidades de produção

---

[4]Essa relação entre os preços de mercadorias e os preços dos fatores (e os efeitos de bem-estar associados) foi esclarecida em um artigo clássico de Wolfgang Stolper e Paul Samuelson, "Protection and Real Wages", *Review of Economic Studies*, v. 9, p. 58-73, nov. 1941; e, portanto, é conhecido como o *efeito Stolper-Samuelson*.

[5]Veja o Apêndice para uma derivação mais formal desse resultado e detalhes adicionais.

[6]O efeito tendencioso das alterações de recursos na produção foi apontado em um artigo do economista polonês T. M. Rybczynski, "Factor Endowments and Relative Commodity Prices", *Economica*, v. 22, p. 336-341, nov. 1955. Portanto, é conhecido como o *efeito Rybczynski*.

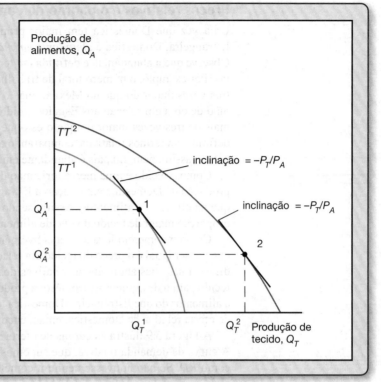

FIGURA 5.8
Recursos e possibilidades de produção.
Um aumento da oferta de mão de obra desloca a fronteira de possibilidade de produção da economia para fora, de TT^1 para TT^2, mas desproporcionalmente na direção da produção de tecido. O resultado é que, em um preço relativo inalterado de tecido (indicado pela inclinação $-P_T/P_A$), a produção de alimentos na verdade declina de Q_A^1 para Q_A^2.

desproporcionalmente na direção da produção de tecido, enquanto um aumento na oferta de capital amplia desproporcionalmente as possibilidades na direção da produção de alimentos. Assim, uma economia com alta oferta relativa de mão de obra para o capital será relativamente melhor em produzir tecidos do que uma economia com baixa oferta relativa de mão de obra para o capital. *Em geral, uma economia tende a ser relativamente eficaz na produção de bens que são intensivos em fatores com os quais o país é relativamente bem dotado.*

Veremos mais adiante algumas evidências empíricas que confirmam que variações nos recursos de um país levam ao crescimento que está enviesado para os setores que usam intensivamente o fator cuja oferta aumentou. Documentamos isso para a economia chinesa, que recentemente passou por um crescimento substancial na oferta de mão de obra qualificada.

Efeitos do comércio internacional entre as economias de dois fatores

Tendo delineado a estrutura de produção de uma economia de dois fatores, podemos agora analisar o que acontece quando duas dessas economias, Doméstica e Estrangeira, fazem comércio. Como sempre, Doméstica e Estrangeira são semelhantes ao longo de muitas dimensões. Têm os mesmos gostos e, portanto, têm idênticas demandas relativas por alimentos e tecidos, quando confrontadas com os mesmos preços relativos dos dois bens. Também têm a mesma tecnologia: uma determinada quantidade de mão de obra e de capital produz a mesma quantidade de tecido ou de alimentos nos dois países. A única diferença entre os países está em seus recursos: em Doméstica, há uma proporção maior de mão de obra para capital do que em Estrangeira.

Preços relativos e o padrão de comércio

Uma vez que Doméstica tem maior proporção de mão de obra para o capital do que Estrangeira, Doméstica é *abundante em mão de obra* e Estrangeira *abundante em capital*. Observe que a abundância é definida em termos de proporção e não de quantidades absolutas. Por exemplo, o número total de trabalhadores nos Estados Unidos é aproximadamente três vezes maior do que no México, mas o México seria ainda considerado abundante em mão de obra em relação aos Estados Unidos, uma vez que o estoque de capital dos EUA é mais de três vezes maior do que o estoque de capital do México. "Abundância" é sempre definida em termos relativos, comparando a proporção entre mão de obra e capital dos dois países; assim, nenhum país é abundante em tudo.

Como o tecido é uma mercadoria mão de obra intensiva, a fronteira de possibilidade de produção de Doméstica em relação a Estrangeira é deslocada mais na direção de tecido do que na direção de alimentos. Assim, sendo o resto igual, Doméstica tende a produzir uma proporção maior de tecido do que de alimentos.

Como o comércio leva a uma convergência dos preços relativos, uma das outras coisas que vai ser igual é o preço do tecido em relação ao de alimentos. No entanto, como os países diferem nas suas abundâncias relativas dos fatores, para qualquer proporção do preço do tecido para o de alimentos, Doméstica produzirá uma proporção maior de tecido em relação a alimentos do que Estrangeira: Doméstica terá uma *oferta relativa* maior de tecido. A curva de oferta relativa de Doméstica, então, encontra-se à direita da de Estrangeira.

A Figura 5.9 ilustra as curvas de oferta relativa de Doméstica (RS) e Estrangeira (RS^*). A curva da demanda relativa, que supomos ser a mesma para ambos os países, é mostrada como RD. Se não houvesse nenhum comércio internacional, o equilíbrio para Doméstica seria no ponto 1, e o preço relativo do tecido estaria $(P_T/P_A)^1$. O equilíbrio para Estrangeira estaria no ponto 3, com um preço relativo de tecidos dado por $(P_T/P_A)^3$. Assim, na ausência de comércio, o preço relativo do tecido seria menor em Doméstica do que em Estrangeira.

Quando Doméstica e Estrangeira fazem comércio entre si, seus preços relativos convergem. O preço relativo do tecido sobe em Doméstica e cai em Estrangeira, e um novo preço relativo mundial do tecido é estabelecido em um ponto em algum lugar entre os preços relativos pré-comércio, digamos em $(P_T/P_A)^2$. No Capítulo 4, discutimos como uma economia

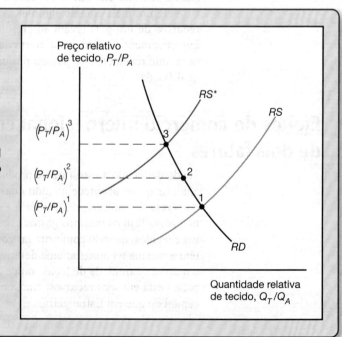

FIGURA 5.9

O comércio leva a uma convergência dos preços relativos.

Na ausência de comércio, o equilíbrio de Doméstica seria no ponto 1, onde a oferta relativa interna RS intercepta a curva da demanda relativa RD. Da mesma forma, o equilíbrio de Estrangeira seria no ponto 3. O comércio leva a um preço relativo mundial que se encontra entre os preços pré-comércio $(P_T/P_A)^1$ e $(P_T/P_A)^3$, como $(P_T/P_A)^2$ no ponto 2.

CAPÍTULO 5 ■ Recursos e comércio: o modelo de Heckscher-Ohlin **99**

responde ao comércio com base na direção da mudança do preço relativo dos bens: a economia exporta o bem cujo preço relativo aumenta. Assim, Doméstica irá exportar tecido (o preço relativo do tecido sobe em Doméstica), enquanto Estrangeira exportará alimentos (o preço relativo dos tecidos cai em Estrangeira, o que significa que o preço relativo dos alimentos sobe nesse país).

Doméstica torna-se um exportador de tecido, porque a mão de obra é abundante (em relação à Estrangeira) e porque a produção de tecido é mão de obra intensiva (em relação à produção de alimentos). Da mesma forma, Estrangeira torna-se um exportador de alimentos, porque é abundante em capital e a produção de alimentos é capital intensiva. Essas previsões para o padrão de comércio (na versão duas-mercadorias, dois-fatores, dois-países que estudamos) podem ser generalizadas com o seguinte teorema, que recebeu seu nome dos desenvolvedores originais deste modelo de comércio:

Teorema de Heckscher-Ohlin: *O país que é abundante em um fator exporta o bem cuja produção é intensiva nesse fator.*

Em um caso mais realista (com vários países, fatores de produção e números de bens), podemos generalizar esse resultado como uma correlação entre a abundância de um fator de um país e suas exportações de mercadorias que usam esse fator intensamente: *Os países tendem a exportar mercadorias cuja produção seja intensiva nos fatores com os quais os países são dotados abundantemente.*[7]

Comércio e distribuição de renda

Discutimos como o comércio induz uma convergência dos preços relativos. Anteriormente, vimos que as alterações dos preços relativos, por sua vez, têm fortes efeitos sobre os ganhos relativos de mão de obra e capital. Um aumento do preço do tecido aumenta o poder de compra da mão de obra em termos de ambos os bens, reduzindo o poder aquisitivo do capital em termos dos dois bens. Um aumento no preço dos alimentos tem o efeito inverso. Assim, o comércio internacional pode ter um efeito poderoso sobre a distribuição de renda, até mesmo no longo prazo. Em Doméstica, onde o preço relativo dos tecidos sobe, as pessoas que recebem seus rendimentos da mão de obra ganham com o comércio, mas a situação daquelas que derivam os seus rendimentos do capital piora. Em Estrangeira, onde o preço relativo do tecido cai, o oposto acontece: os trabalhadores são prejudicados e os donos de capital são beneficiados.

O recurso do qual um país tem uma oferta relativamente grande (mão de obra em Doméstica, capital em Estrangeira) é o **fator abundante** naquele país, e o recurso do qual tem uma oferta relativamente pequena (capital em Doméstica, mão de obra em Estrangeira) é o **fator escasso**. A conclusão geral a respeito dos efeitos do comércio internacional sobre a distribuição de renda em longo prazo é: *Os proprietários de fatores abundantes de um país ganham com o comércio, mas os proprietários de fatores escassos de um país perdem.*

Na nossa análise do caso de fatores específicos, observamos que os fatores de produção que estão "presos" em uma indústria que compete com a importação perdem com a abertura do comércio. Aqui, observamos que os fatores de produção que são usados intensamente pela indústria que compete com a importação são prejudicados pela abertura do comércio – independentemente da indústria em que são empregados. Além disso, o argumento teórico sobre os ganhos agregados do comércio é idêntico ao caso dos fatores específicos: a abertura ao comércio expande as possibilidades de consumo de uma economia (veja a Figura 4.11), então não há uma maneira de beneficiar a todos. No entanto, existe uma diferença crucial relativa aos efeitos de distribuição de renda nesses dois modelos. A especificidade de fatores para indústrias específicas muitas vezes é apenas um problema temporário: fabricantes de vestuário não podem se tornar fabricantes de computadores da noite para o dia, mas com

---

[7]Veja: Alan Deardorff, "The General Validity of the Heckscher-Ohlin Theorem", *American Economic Review*, v. 72, p. 683-694, set.1982; para uma derivação formal dessa extensão para múltiplas mercadorias, fatores e países.

100 PARTE I ▪ Teoria de comércio internacional

o tempo, a economia dos EUA pode deslocar seu emprego industrial dos setores em queda para os que estão em expansão. Assim, os efeitos de distribuição de renda, que surgem porque a mão de obra e outros fatores de produção são imóveis, representam um problema temporário, transitório (o que não quer dizer que não sejam dolorosos para aqueles que perdem). Por outro lado, os efeitos do comércio sobre a distribuição de renda entre terra, mão de obra e capital são mais ou menos permanentes.

Comparados ao resto do mundo, os Estados Unidos são abundantemente dotados com mão de obra altamente qualificada, enquanto a mão de obra pouco qualificada é proporcionalmente escassa. Isso significa que o comércio internacional tem o potencial de prejudicar os trabalhadores pouco qualificados dos Estados Unidos – não apenas de forma temporária, mas continuamente. O efeito negativo do comércio sobre os trabalhadores pouco qualificados constitui um problema político persistente, que não pode ser remediado por políticas que proporcionam alívio temporário (como o seguro-desemprego). Por consequência, o efeito potencial do aumento das trocas comerciais na desigualdade de renda nas economias avançadas como a dos Estados Unidos tem sido tema de grandes quantidades de pesquisas empíricas. Vamos rever algumas dessas evidências no Estudo de Caso a seguir e concluir que o comércio tem sido, no máximo, um fator que contribui para os aumentos registrados na desigualdade de renda nos Estados Unidos.

ESTUDO DE CASO

Comércio Norte-Sul e desigualdade de renda

A distribuição dos salários nos Estados Unidos tornou-se consideravelmente mais desigual desde a década de 1970. Naquela época, um trabalhador do sexo masculino com um salário no 90º percentil da distribuição salarial (ganhando mais do que os 90% abaixo dele, mas menos que os 10% mais bem assalariados) ganhava 3,2 vezes o salário de um trabalhador do 10º percentil inferior da distribuição. Em 2016, aquele trabalhador no 90º percentil ganhava mais de 5,5 vezes o salário do trabalhador do 10º percentil inferior. A desigualdade salarial para trabalhadores do sexo feminino aumentou a um ritmo semelhante durante esse mesmo período. Grande parte desse aumento na desigualdade salarial estava associado com um aumento do prêmio ligado à educação, especialmente desde a década de 1980. Em 1980, um trabalhador com diploma universitário ganhava 40% a mais do que um trabalhador com apenas o ensino médio. Esse prêmio da educação aumentou constantemente ao longo das décadas de 1980 e de 1990 até atingir 80%. Desde então, ele permaneceu mais ou menos estável (embora as disparidades salariais entre trabalhadores com diploma universitário tenham continuado a aumentar).

Por que a desigualdade salarial tem aumentado? Muitos observadores atribuem a mudança ao crescimento do comércio mundial e, em particular, à intensificação nas exportações de bens manufaturados das economias recém-industrializadas (NIEs, do inglês *newly industrializing economies*), como o México e a China. Até a década de 1970, o comércio entre as nações industriais avançadas e as economias menos desenvolvidas – muitas vezes chamado de comércio "Norte-Sul", porque as nações mais avançadas ainda estão na zona temperada do Hemisfério Norte – consistia, em sua maioria esmagadora, em trocas de produtos manufaturados do Norte por matérias-primas e produtos agrícolas, como petróleo e café, vindos do Sul. De 1970 em diante, no entanto, antigos exportadores de matérias-primas começaram a vender cada vez mais produtos manufaturados para os países de alta renda, como os Estados Unidos. Como aprendemos no Capítulo 2, os países em desenvolvimento mudaram drasticamente os tipos de mercadorias que exportam, se afastando de sua tradicional dependência de produtos agrícolas e

CAPÍTULO 5 ■ Recursos e comércio: o modelo de Heckscher-Ohlin **101**

minerais e focando em produtos manufaturados. Embora as NIEs também representem um mercado de rápido crescimento para as exportações das nações de alta renda, as exportações das economias recém-industrializadas obviamente diferem em muito na intensidade dos fatores de suas importações. Na sua grande maioria, as exportações das NIEs para as nações avançadas consistiam em roupas, calçados e outros produtos relativamente simples ("mercadorias de baixa tecnologia"), cuja produção é intensiva em mão de obra pouco qualificada, enquanto as exportações dos países avançados para as NIEs consistiam em bens capital-intensivos ou qualificação-intensivos, como os produtos químicos e as aeronaves ("mercadorias de alta tecnologia").

Para muitos observadores, a conclusão parecia simples: o que estava acontecendo era um movimento em direção à igualdade dos preços dos fatores. O comércio entre os países avançados, que são abundantes em capital e qualificação, e as NIEs, com sua abundante oferta de mão de obra não qualificada, estava aumentando os salários dos trabalhadores altamente qualificados e reduzindo os salários dos trabalhadores menos qualificados nos países abundantes em qualificação e capital, tal como prevê o modelo de proporções dos fatores.

A importância desse argumento é muito mais do que puramente acadêmica. Se entendermos a crescente desigualdade de renda em nações avançadas como um problema grave, como muitas pessoas consideram, e se também acreditarmos que o crescimento do comércio mundial é a principal causa desse problema, torna-se difícil sustentar o tradicional apoio dos economistas ao livre comércio. (Como já discutimos anteriormente, em princípio, os impostos e os pagamentos do governo podem compensar o efeito do comércio na distribuição de renda, mas seria possível argumentar que isso é improvável de acontecer na prática.) Alguns analistas influentes argumentam que as nações avançadas terão de restringir seu comércio com os países de baixa renda se quiserem continuar a ser basicamente sociedades de classe média.

Enquanto alguns economistas acreditam que o crescente comércio com os países de baixos salários tem sido a principal causa da crescente desigualdade de renda nos Estados Unidos, a maioria dos pesquisadores empíricos acreditava, no momento da redação deste texto, que o comércio internacional tem sido, no máximo, um fator contribuinte para tal crescimento, e que as principais causas são outras.[8] Esse ceticismo baseia-se em três observações principais.

Primeiro, o modelo das proporções dos fatores diz que o comércio internacional afeta a distribuição de renda mediante uma mudança dos preços relativos das mercadorias. Então, se o comércio internacional foi a principal força motriz por trás da crescente desigualdade de renda, deveria haver evidências claras de aumento dos preços dos produtos qualificação-intensivos em comparação com os preços dos produtos mão de obra não qualificada-intensivos. Estudos de dados relativos aos preços internacionais, no entanto, não conseguiram encontrar evidências claras desse tipo de variações nos preços relativos.

Segundo, o modelo prevê que os fatores relativos a preços devem convergir: se os salários dos trabalhadores qualificados estão subindo e os dos trabalhadores não qualificados estão caindo no país abundante em qualificação, o inverso devia acontecer no

---

[8]Entre as informações importantes na discussão sobre o impacto do comércio na distribuição de renda temos Robert Lawrence e Matthew Slaughter, "Trade and US Wages: Giant Sucking Sound or Small Hiccup?" *Brookings Papers on Economic Activity: Microeconomic*, v. 2, p. 161-226, 1993; Jeffrey D. Sachs e Howard Shatz, "Trade and Jobs in U.S. Manufacturing", *Brookings Papers on Economic Activity*, v. 1, p. 1-84, 1994; e Adrian Wood, *North-South Trade, Employment, and Income Inequality*. Oxford: Oxford University Press, 1994. Para uma pesquisa com esse debate e assuntos relacionados, consulte o Capítulo 9 em Lawrence Edwards e Robert Z. Lawrence, *Rising Tide: Is Growth in Emerging Economies Good for the United States?* Peterson Institute for International Economics, 2013.

PARTE I ■ Teoria de comércio internacional

país abundante em mão de obra. Estudos sobre a distribuição de renda nos países em desenvolvimento que se abriram ao comércio têm mostrado que, pelo menos em alguns casos, o inverso é verdadeiro. No México, em particular, estudos cuidadosos têm mostrado que a transformação do comércio do país no final da década de 1980 – quando o México abriu-se às importações e tornou-se um grande exportador de produtos manufaturados – foi acompanhada por aumento de salários para trabalhadores qualificados e crescente desigualdade salarial global, em forte paralelo com o que ocorreu nos Estados Unidos. Mais recentemente, a China passou por uma transformação semelhante após entrar na Organização Mundial do Comércio (OMC) em 2001; lá essa transformação também associou-se com o aumento da desigualdade salarial.

Terceiro, embora o comércio entre os países avançados e as NIEs tenha crescido rapidamente, ainda constitui apenas uma pequena porcentagem do total de gastos nas nações avançadas. Como resultado, as estimativas do "conteúdo de fatores" desse comércio – a mão de obra qualificada exportada, na prática, pelos países avançados, incorporada às exportações de qualificação-intensiva, e a mão de obra não qualificada importada, na prática, nas importações mão de obra-intensivas – são ainda apenas uma pequena fração das ofertas totais de mão de obra qualificada e não qualificada. Isso sugere que esses fluxos de comércio não poderiam ter tido um impacto muito grande na distribuição de renda.

O que, então, é responsável pelo distanciamento crescente entre trabalhadores qualificados e não qualificados nos Estados Unidos? A opinião da maioria é que o vilão não é o comércio, mas sim as novas tecnologias de produção que enfatizam mais a qualificação de mão de obra (como a introdução generalizada de computadores e outras tecnologias avançadas no ambiente de trabalho), muitas vezes chamada de complementaridade entre tecnologia e trabalho qualificado ou **mudança tecnológica enviesada pela habilidade**.[9]

Discutiremos as ligações entre esse tipo de mudança tecnológica e a crescente desigualdade de salários na seção a seguir.

Mudança tecnológica enviesada pela habilidade e desigualdade de renda

Agora estendemos o nosso modelo de produção de dois fatores para incorporar a mudança tecnológica que é enviesada pela habilidade. Discutiremos como isso se encaixa muito melhor com os padrões empíricos associados à crescente desigualdade salarial nos Estados Unidos. Também descrevemos algumas novas pesquisas que relacionam parte dessa mudança tecnológica ao comércio e à terceirização.

Considere a variante do nosso modelo de duas mercadorias e dois fatores em que mãos de obra qualificada e não qualificada são usadas para produzir bens de "baixa tecnologia" e "alta tecnologia". A Figura 5.10 mostra as demandas de fator relativas dos produtores em ambos os setores: a proporção de trabalhadores qualificados/não qualificados em função da proporção salarial qualificada/não qualificada (curva *LL* de baixa tecnologia e *HH* para alta tecnologia).

Partimos do princípio de que a produção de bens de alta tecnologia é intensiva de mão de obra qualificada, então a curva *HH* é deslocada para fora em relação à curva *LL*. No fundo, uma curva *SS* (ver Figuras 5.6 e 5.7) determina a proporção entre os salários da mão de obra qualificada e não qualificada como uma função crescente do preço relativo dos bens de alta tecnologia (em relação às mercadorias de baixa tecnologia).

---

[9]Veja: Claudia Goldine Lawrence F. Katz, "The Origins of Technology-Skill Complementarity", *The Quarterly Journal of Economics*, p. 693-732, 1998.

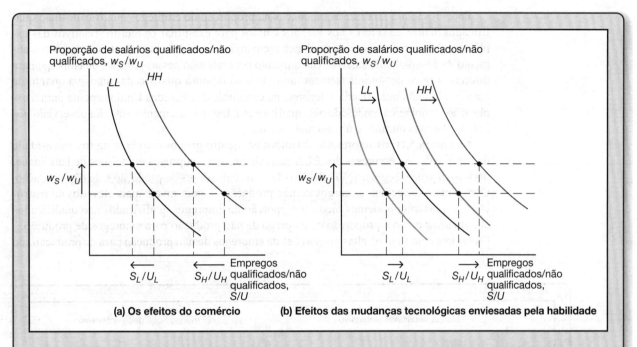

FIGURA 5.10
Desigualdade de aumento salarial: mudança tecnológica enviesada pela habilidade ou pelo comércio?
As curvas *LL* e *HH* mostram a proporção de emprego qualificado/não qualificado, *S/U*, em função da proporção salarial de qualificado/não qualificado, w_S/w_U, nos setores de baixa tecnologia e alta tecnologia. O setor de alta tecnologia é mais qualificação-intensiva que o setor de baixa tecnologia, então a curva *HH* é deslocada para fora em relação à curva *LL*. O painel (a) mostra o caso em que o aumento das trocas comerciais com os países em desenvolvimento leva a uma maior proporção de salários qualificados/não qualificados. Os produtores em ambos os setores respondem, *diminuindo* seu emprego relativo para trabalhadores qualificados: ambos S_L/U_L e S_H/U_H diminuem. O painel (b) mostra o caso em que a mudança tecnológica enviesada pela habilidade leva a uma maior taxa de salários qualificados/não qualificados. As curvas *LL* e *HH* desviam para fora (aumento relativo da demanda por trabalhadores qualificados em ambos os setores). Contudo, neste caso, os produtores em ambos os setores respondem com um *aumento* do seu emprego relativo de trabalhadores qualificados: ambos S_L/U_L e S_H/U_H aumentam.

No painel (a), mostramos o caso em que o aumento das trocas comerciais com os países em desenvolvimento gera um aumento na desigualdade salarial (a proporção entre salários de qualificados/não qualificados) nesses países (por um aumento no preço relativo dos bens de alta tecnologia). O aumento do custo relativo de trabalhadores qualificados induz produtores em ambos os setores a *reduzir* o número de empregos de trabalhadores qualificados em relação a trabalhadores não qualificados.

No painel (b), mostramos o caso em que a mudança tecnológica em ambos os setores gera um aumento na desigualdade salarial. Essa mudança de tecnologia é classificada como "enviesada pela qualificação", porque desloca para fora a demanda relativa de trabalhadores qualificados em ambos os setores (tanto as curvas *LL* quanto *HH* se deslocam para fora). Também induz maiores ganhos de produtividade no setor de alta tecnologia, por sua complementaridade com os trabalhadores qualificados. Assim, para um preço relativo qualquer dos bens de alta tecnologia, a mudança de tecnologia é associada com uma maior proporção de salários de qualificados/não qualificados (a curva de *SS* se desloca). Apesar de a mão de obra qualificada ser relativamente mais cara, os produtores em ambos os setores respondem à mudança tecnológica com o *aumento* do emprego de trabalhadores qualificados em relação a trabalhadores não qualificados. (Note que a explicação de comércio no painel [a] prevê uma resposta oposta para o emprego em ambos os setores.)

Podemos agora analisar as mudanças na proporção de empregos qualificados/não qualificados dentro de setores nos Estados Unidos para examinar os méritos relativos das explicações do comércio *versus* mudança tecnológica enviesada pela qualificação para o aumento da desigualdade salarial. Um aumento generalizado nessas relações de emprego para diferentes tipos de setores (setores tanto de mão de obra qualificada-intensiva quanto de mão de obra não qualificada-intensiva) na economia dos Estados Unidos aponta para a explicação tecnológica enviesada pela qualificação. Isso é exatamente o que foi observado nos Estados Unidos durante o último meio século.

Na Figura 5.11, os setores são divididos em quatro grupos com base na sua intensidade de habilidade. As empresas dos EUA não relatam seus empregos em termos de habilidade, mas usam uma categorização relacionada de trabalhadores de produção e de não produção. Com poucas exceções, os cargos de não produção exigem níveis mais elevados de instrução – e, portanto, podemos medir a proporção de empregos qualificados/não qualificados em um setor como a proporção de emprego de não produção para empregos de produção.[10] Os setores com as mais altas proporções de empregos de não produção para de produção são

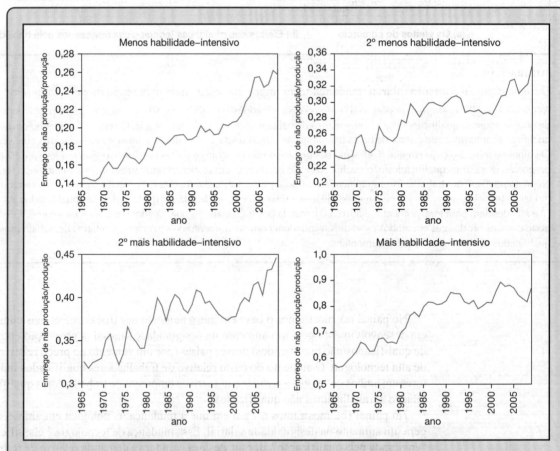

FIGURA 5.11
Evolução das relações de emprego de não produção/produção nos EUA em quatro grupos de setores.
Os setores são agrupados com base na sua intensidade de habilidade. A proporção de emprego de não produção/produção aumentou ao longo do tempo em todos os quatro grupos setoriais.

Fonte: NBER-CES Manufacturing Productivity Database.

---

[10] Em média, o salário de um trabalhador de não produção é 60% maior do que o de um trabalhador de produção.

CAPÍTULO 5 ■ Recursos e comércio: o modelo de Heckscher-Ohlin **105**

classificados como os mais habilidade-intensivos. Cada quadrante da Figura 5.11 mostra a evolução dessa proporção de empregos ao longo do tempo, para cada grupo de setores (a taxa média de emprego em todos os setores do grupo). Apesar de existirem grandes diferenças na intensidade de habilidade média entre os grupos, podemos ver claramente que as proporções de emprego estão aumentando ao longo do tempo para todos os quatro grupos. Esse aumento generalizado na maior parte dos setores da economia dos EUA é uma das principais evidências de que a tecnologia explica os aumentos na desigualdade salarial dos Estados Unidos.

No entanto, mesmo que a maioria dos economistas concorde que ocorreu uma mudança tecnológica enviesada pela qualificação, pesquisas recentes revelaram algumas novas maneiras pelas quais o comércio tem sido um contribuinte indireto para o aumento associado da desigualdade salarial ao acelerar esse processo de mudança tecnológica. Essas explicações são baseadas no princípio de que as opções de métodos de produção das empresas são influenciadas pela abertura ao comércio e ao investimento estrangeiro. Por exemplo, alguns estudos mostram que as empresas que começam a exportar também evoluem para tecnologias de produção mais qualificação-intensivas. No lado das importações, outros estudos mostraram que a concorrência das NIEs também acelera a inovação em tecnologias mais qualificação-intensivas (como a automação). A liberalização do comércio, então, pode gerar mudanças tecnológicas generalizadas ao induzir uma grande parte das empresas a fazer essas escolhas de atualização tecnológica.

Outro exemplo está relacionado com a terceirização estrangeira e a liberalização do comércio e do investimento estrangeiro. Em particular, o Acordo de Livre Comércio Norte-Americano (Nafta), descrito no Capítulo 2, rebatizado recentemente de Acordo Estados Unidos-México-Canadá (USMCA), facilitou de modo significativo que as empresas transferissem diferentes partes de seus processos de produção (pesquisa e desenvolvimento, produção de componentes, montagem, comercialização) para diferentes locais na América do Norte. Como os salários dos trabalhadores de produção são substancialmente menores no México, as empresas dos EUA têm um incentivo para levar para o México os processos que usam os trabalhadores de produção mais intensa (como a produção de componentes e a montagem). Os processos que dependem mais intensamente dos trabalhadores mais qualificados, de não produção (como pesquisa e desenvolvimento e comercialização) tendem a permanecer nos Estados Unidos (ou no Canadá). Na perspectiva dos Estados Unidos, essa divisão do processo de produção aumenta a demanda relativa por trabalhadores qualificados e é muito semelhante à mudança tecnológica enviesada pela habilidade. Um estudo constatou que esse processo de terceirização dos Estados Unidos para o México pode explicar de 21% a 27% do aumento do diferencial de salário entre trabalhadores de não produção e de produção.[11]

Assim, algumas das mudanças tecnológicas enviesadas pela qualificação observadas, e seus efeitos sobre a crescente desigualdade salarial, remontam à maior abertura ao comércio e ao investimento estrangeiro. E, como mencionado, os aumentos na desigualdade salarial nas economias avançadas são uma preocupação genuína. No entanto, o uso de restrições comerciais visando a limitar as inovações tecnológicas – porque essas inovações favorecem os trabalhadores relativamente mais qualificados – é particularmente problemático: essas inovações também trazem ganhos agregados substanciais (junto com os ganhos de comércio padrão) que seriam perdidos. Por consequência, os economistas defendem as políticas de mais longo prazo que facilitam o processo de qualificação para todos os trabalhadores, de modo que os ganhos com as inovações tecnológicas possam ser disseminadas tão amplamente quanto possível.

---

[11]Veja: Robert Feenstra e Gordon Hanson, "The Impact of Outsourcing and High-Technology Capital on Wages: Estimates for the United States, 1979-1990", *Quarterly Journal of Economics*, v. 144, p. 907-940, ago. 1999.

A PARTICIPAÇÃO DECRESCENTE DA MÃO DE OBRA NA RENDA E A COMPLEMENTARIDADE ENTRE CAPITAL E HABILIDADE

No Estudo de Caso anterior, documentamos a divergência nos salários dos trabalhadores americanos ao longo do último meio século. Os trabalhadores qualificados não foram o único fator de produção a vivenciar ganhos de remuneração nessas décadas. Durante o mesmo período, a remuneração dos proprietários de capital também aumentou. Para medir o ocorrido, podemos analisar a parcela da renda total destinada à remuneração da mão de obra: o restante da renda total é o retorno (remuneração) sobre o capital. A Figura 5.12 mostra como a participação da mão de obra na renda nos EUA caiu de 65% em 1975 para 60% em 2012 (em outras palavras, o retorno para os proprietários de capital aumentou de 35 para 40%).[12]

Uma explicação possível para essa tendência, assim como fora para a remuneração crescente dos trabalhadores qualificados, é o aumento do comércio com as economias recém-industrializadas (NIEs), abundantes em mão de obra. Isso induziria uma mudança na direção da equalização dos preços dos fatores para a remuneração do capital e da mão de obra: a remuneração do capital aumentaria para os Estados Unidos, abundantes em capital, e diminuiria para as NIEs, abundantes em mão de obra. Mais uma vez, as evidências contradizem fortemente essa previsão. A Figura 5.12 também mostra a tendência mundial média para a participação da mão de obra com base em uma amostra ampla de 59 países (com dados disponíveis de 1975 a 2012). A tendência a uma menor participação da mão de obra na renda (e maior participação do capital) é um fenômeno mundial, observado em países abundantes em mão de obra (incluindo a China, a Índia e o México) na mesma medida em que ocorreu em países abundantes em capital, como os Estados Unidos. Assim, mais uma vez, as evidências apoiam uma explicação baseada em mudanças

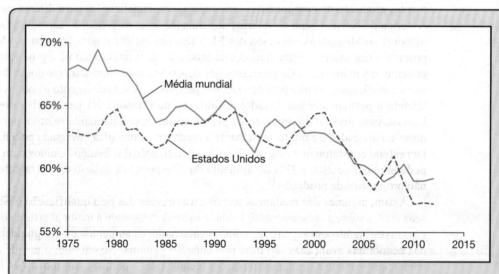

FIGURA 5.12

Participação da mão de obra, EUA e média mundial.

Média mundial não ponderada para todos os 59 países para os quais há dados disponíveis.

Fonte: Loukas Karabarbounis e Brent Neiman, "The Global Decline of the Labor Share", *The Quarterly Journal of Economics* 129.1 (2014), pp. 61-103.

---

[12]Devido às dificuldades envolvidas em separar os salários da renda de capital para sociedades e trabalhadores autônomos, a figura baseia-se em medidas de renda de empresas.

CAPÍTULO 5 ■ Recursos e comércio: o modelo de Heckscher-Ohlin **107**

tecnológicas dentro dos diversos setores (os aumentos no retorno sobre o capital também ocorrem predominantemente dentro dos setores).

Uma maneira popular de modelar esse tipo de mudança tecnológica nas pesquisas recentes é introduzir uma função de produção com três fatores (mão de obra qualificada, mão de obra não qualificada e capital), em que o capital é um substituto muito mais próximo para a mão de obra não qualificada do que para a qualificada. É a chamada **complementaridade entre capital e habilidade** (porque a baixa substituição entre trabalhadores qualificados e capital torna esses fatores complementares na produção). A mudança tecnológica assume a forma de máquinas novas e melhores (capital) que substituem os trabalhadores não qualificados, mas ainda exigem o trabalho da mão de obra qualificada. Isso gera retornos mais elevados para o capital e para os trabalhadores qualificados ao mesmo tempo que reduz os retornos para os trabalhadores não qualificados. Esse tipo de mudança tecnológica (automação) pode explicar os aumentos mundiais observados em desigualdade salarial e retornos sobre capital, assim como os aumentos dentro dos setores em participação no emprego dos trabalhadores (relativamente qualificados) de não produção (consulte o Estudo de Caso anterior).

Equalização dos preços dos fatores

Na ausência de comércio, a mão de obra ganharia menos em Doméstica do que em Estrangeira, e o capital seria mais rentável. Sem o comércio, Doméstica, abundante em mão de obra, teria tecido com preço relativo inferior ao de Estrangeira, abundante em capital, e a diferença dos preços relativos das *mercadorias* implica uma diferença ainda maior dos preços relativos dos *fatores*.

Quando Doméstica e Estrangeira fazem comércio, os preços relativos das mercadorias convergem. Essa convergência, por sua vez, faz com que haja convergência dos preços relativos de capital e mão de obra. Assim, há claramente uma tendência à **equalização dos preços dos fatores**. Até onde vai essa tendência?

A resposta surpreendente é que, no modelo, a tendência segue indefinidamente. O comércio internacional leva à completa equalização dos preços dos fatores. Embora Doméstica tenha uma proporção maior de mão de obra para o capital do que Estrangeira, uma vez que elas fazem comércio entre si, a proporção salarial e a taxa de aluguel de capital são as mesmas em ambos os países. Para ver isto, consulte novamente a Figura 5.6; ela ilustra que, dados os preços de tecido e alimentos, podemos determinar a taxa salarial e a taxa de aluguel sem referência às ofertas de capital e mão de obra. Se Doméstica e Estrangeira enfrentarem os mesmos preços relativos de tecido e alimentos, elas também terão os mesmos preços de fatores.

Para compreender como essa equalização ocorre, temos que perceber que quando Doméstica e Estrangeira fazem comércio uma com a outra, está acontecendo algo mais do que uma simples troca de mercadorias. De uma maneira indireta, os dois países estão, na verdade, comercializando fatores de produção. Doméstica permite que Estrangeira use um pouco da sua mão de obra abundante, não vendendo a mão de obra diretamente, mas negociando mercadorias produzidas com uma razão elevada entre mão de obra e capital, em troca de bens produzidos com uma baixa proporção mão de obra/capital. As mercadorias que Doméstica vende exigem mais mão de obra para serem produzidas do que as que ela recebe em troca; ou seja, mais mão de obra é *incorporada* nas exportações de Doméstica do que em suas importações. Assim, Doméstica exporta sua mão de obra, incorporada nas exportações mão de obra-intensivas. Por outro lado, uma vez que as exportações de Estrangeira incorporam mais capital do que suas importações, Estrangeira está indiretamente exportando seu capital. Visto dessa forma, não é de se estranhar que o comércio leva à equalização dos preços dos fatores dos dois países.

Embora essa visão de comércio seja simples e atraente, há um grande problema com ela: no mundo real, os preços dos fatores *não* são equalizados. Por exemplo, existe um vastíssimo leque de taxas salariais em todos os países (Tabela 5.1). Embora algumas dessas discrepâncias possam refletir diferenças na qualidade da mão de obra, elas são muito grandes para serem explicadas somente por isso.

108 PARTE I ■ Teoria de comércio internacional

TABELA 5.1	Taxas salariais comparativas internacionais (Estados Unidos = 100)
País	**Remuneração horária dos trabalhadores de produção, 2016 (Estados Unidos = 100)**
Suíça	154,64
Alemanha	110,63
Estados Unidos	100,00
Reino Unido	72,79
Japão	67,80
Coreia do Sul	58,87
Argentina	42,97
Grécia	40,22
Portugal	28,08
Chéquia	27,43
Polônia	21,85
Brasil	20,45
Turquia	15,61
México	10,02
Filipinas	5,27

Fonte: The Conference Board, International Labor Comparisons.

Para entender por que o modelo não nos dá uma previsão precisa, precisamos olhar para seus pressupostos. Três pressupostos fundamentais para a previsão da igualização dos preços dos fatores são, na realidade, certamente falsos. São as premissas de que (1) as tecnologias são as mesmas; (2) o livre comércio equaliza os preços das mercadorias nos dois países; e (3) os dois países produzem ambas as mercadorias.

1. A proposição de que o comércio equaliza os preços dos fatores não se sustentará se os países tiverem diferentes tecnologias de produção. Por exemplo, um país com tecnologia superior pode ter tanto uma maior taxa salarial quanto uma maior taxa de aluguel do que um país com menos tecnologia.
2. A equalização completa dos preços dos fatores também depende da completa convergência dos preços das mercadorias. No mundo real, os preços das mercadorias não são totalmente equalizados pelo comércio internacional. Essa falta de convergência decorre das barreiras naturais (como os custos de transporte) e barreiras ao comércio, como tarifas, quotas de importação e outras restrições.
3. Ainda que todos os países usassem as mesmas tecnologias e enfrentassem os mesmos preços de bens, a equalização dos preços dos fatores dependeria ainda da suposição de que os países produzissem o mesmo conjunto de bens. Pressupomos isso quando derivamos as taxas de aluguel e o salário dos preços de tecido e alimentos na Figura 5.6. No entanto, os países podem ser induzidos a se especializarem na produção de bens diferentes. Um país com uma proporção muito elevada de mão de obra em relação ao capital pode produzir apenas tecido, enquanto um país com uma proporção muito alta de capital em relação à mão de obra pode produzir apenas alimentos. Isso implica que a equalização dos preços dos fatores ocorre somente se os países envolvidos forem suficientemente semelhantes em suas dotações de fatores relativos. (Uma discussão mais completa sobre essa questão é apresentada no Apêndice deste capítulo). Assim, os preços dos fatores não precisam ser equalizados entre os países com proporções radicalmente diferentes de capital para mão de obra ou de mão de obra qualificada para a não qualificada.

CAPÍTULO 5 ■ Recursos e comércio: o modelo de Heckscher-Ohlin **109**

Evidências empíricas sobre o modelo de Heckscher-Ohlin

A essência do modelo de Heckscher-Ohlin é que o comércio é impulsionado por diferenças na abundância dos fatores entre os países. Vimos como isso leva à previsão natural de que o comércio de mercadorias substitui o de fatores, e, portanto, o comércio de mercadorias entre os países deveria *incorporar* essas diferenças de fatores. Essa previsão, com base no **conteúdo de fatores do comércio**, é muito poderosa e pode ser testada empiricamente. No entanto, veremos que o sucesso empírico desse teste rigoroso é muito limitado – principalmente pelas mesmas razões que minam a previsão para a equalização dos preços dos fatores. Isso significa que as diferenças na abundância dos fatores *não* ajudam a explicar os padrões de comércio observados entre os países? De modo algum. Primeiro, vamos mostrar que flexibilizar os pressupostos que geram a equalização dos preços dos fatores melhora muito a capacidade preditiva para o conteúdo dos fatores do comércio. Segundo, vamos analisar diretamente o padrão das mercadorias comercializadas entre os países desenvolvidos e em desenvolvimento – e ver como se encaixam com as previsões do modelo de Heckscher-Ohlin.

Comércio de mercadorias como um substituto para o comércio de fatores: conteúdo dos fatores do comércio

Testes em dados dos Estados Unidos. Até recentemente, e em certa medida mesmo agora, os Estados Unidos têm sido um caso especial entre os países. Até poucos anos atrás, os Estados Unidos eram muito mais ricos do que os outros países, e os trabalhadores dos EUA visivelmente trabalhavam com mais capital por pessoa do que seus colegas de outros países. Mesmo hoje, apesar de alguns países da Europa Ocidental e Japão terem alcançado os americanos, os Estados Unidos continuam entre os países com as maiores proporções capital/mão de obra.

Então seria de se esperar que os Estados Unidos fossem um exportador de mercadorias capital-intensivas e um importador de mercadorias mão de obra-intensivas. Surpreendentemente, no entanto, esse não foi o caso nos 25 anos após a Segunda Guerra Mundial. Em um famoso estudo publicado em 1953, o economista Wassily Leontief (vencedor do Prêmio Nobel em 1973) observou que as exportações dos EUA eram menos capital-intensivas do que suas importações.[13] Esse resultado é conhecido como o **paradoxo de Leontief**.

A Tabela 5.2 ilustra o paradoxo de Leontief, bem como outras informações sobre os padrões de comércio dos EUA. Comparamos os fatores de produção utilizados para produzir um milhão em exportações dos EUA de 1962 com aqueles usados para produzir o mesmo valor de importações dos EUA de 1962. Como mostram as duas primeiras linhas da tabela,

TABELA 5.2	Conteúdo dos fatores das exportações e importações dos EUA para 1962	
	Importações	**Exportações**
Capital por milhões de dólares	$ 2.132.000	$ 1.876.000
Mão de obra (homem-ano) por US$ 1 milhão	119	131
Proporção capital/mão de obra (dólares por trabalhador)	$17.916	$14.321
Média de anos de educação por trabalhador	9,9	10,1
Proporção de engenheiros e cientistas na força de trabalho	0,0189	0,0255

Fonte: Robert Baldwin, "Determinants of the Commodity Structure of U.S. Trade", *American Economic Review* 61 (mar. 1971), p. 126-145.

---

[13]Veja: Wassily Leontief, "Domestic Production and Foreign Trade: The American Capital Position Re-Examined", *Proceedings of the American Philosophical Society*, v. 7, p. 331-349, set. 1953.

110 PARTE I ■ Teoria de comércio internacional

o paradoxo de Leontief estava ainda presente naquele ano: as exportações dos EUA foram produzidas com uma menor proporção capital/mão de obra do que as importações dos EUA. Como o resto da tabela mostra, no entanto, outras comparações entre importações e exportações estão mais alinhadas do que se seria de esperar. Os Estados Unidos exportaram produtos que eram mais intensivos em mão de obra *qualificada* do que suas importações, conforme medido pela média de anos de instrução. Também mostraram tendência em exportar produtos que eram "tecnologia-intensivos", exigindo mais cientistas e engenheiros por unidade de vendas. Essas observações são consistentes com a posição dos Estados Unidos como um país altamente qualificado, com uma vantagem comparativa em produtos sofisticados. Por que, então, observamos o paradoxo de Leontief? Ele está restrito aos Estados Unidos e/ou aos tipos de fatores considerados? A resposta é não.

Testes com dados globais Um estudo realizado por Harry P. Bowen, Edward E. Leamer e Leo Sveikauskas[14] estendeu as previsões de Leontief para o conteúdo dos fatores do comércio de 27 países e 12 fatores de produção. Com base no conteúdo dos fatores das exportações e importações do país, eles verificaram se um país era um exportador líquido de um fator de produção sempre que era relativamente abundante nesse fator (e por outro lado, se o país era um importador líquido dos outros fatores). Para avaliar a abundância do fator, eles compararam a dotação de um fator no país (como uma parcela da oferta mundial daquele fator) com o quanto o país respondia pelo PIB mundial. Por exemplo, os Estados Unidos tinham cerca de 24% da renda do mundo em 2019, mas apenas cerca de 4% dos trabalhadores. Isso resulta na previsão original de Leontief, de que o conteúdo dos fatores do comércio dos EUA deve mostrar importações líquidas de mão de obra. Bowen et al. registraram em seu estudo o sucesso/fracasso desse teste do sinal para 27 países e 12 fatores. Eles acabaram com uma taxa de sucesso de apenas 61% – não é muito melhor do que se jogássemos "cara ou coroa"! Em outras palavras, o conteúdo dos fatores do comércio corre na direção oposta à previsão da teoria de proporções dos fatores em 39% dos casos.

Esses resultados confirmaram que o paradoxo de Leontief não era um caso isolado. No entanto, esse desempenho negativo empírico talvez não seja surpreendente, dado que representa um teste exigente de uma teoria que prevê também a equalização dos preços dos fatores (que está claramente em desacordo com as evidências empíricas sobre as diferenças salariais entre os diferentes estados do país). Como discutimos, a suposição de uma tecnologia comum em todos os países desempenha um papel crucial para aceitarmos essa previsão.

O caso do comércio faltante Outra indicação de grandes diferenças na tecnologia entre os países vem das discrepâncias entre os volumes de comércio observados e aqueles previstos pelo modelo de Heckscher-Ohlin. Em um artigo influente, Daniel Trefler,[15] da Universidade de Toronto, salientou que o modelo de Heckscher-Ohlin também pode ser usado para derivar previsões sobre o volume de comércio de um país com base nas diferenças na abundância dos fatores do país em relação ao resto do mundo (pois, nesse modelo, o comércio de mercadorias substitui o comércio de fatores). Na verdade, o comércio de fatores acaba por ser substancialmente menor do que o modelo de Heckscher-Ohlin prevê.

Uma grande parte da razão para essa disparidade vem de uma falsa previsão das trocas de mão de obra em larga escala entre nações ricas e pobres. Considere o nosso exemplo para os Estados Unidos em 2011, com 25% da renda mundial, mas apenas 5% dos trabalhadores do mundo. Nossa teoria simples das proporções dos fatores deve prever não apenas que o comércio americano deve incorporar as importações líquidas de mão de obra – mas que o *volume* desses serviços de mão de obra importados deve ser enorme, porque precisam dar conta da baixíssima abundância de mão de obra dos Estados Unidos em relação ao restante do

---

[14]Veja: Harry P. Bowen, Edward E. Leamer e Leo Sveikauskas, "Multicountry, Multifactor Tests of the Factor Abundance Theory", *American Economic Review*, v. 77, p. 791-809, dez.1987.

[15]Daniel Trefler, "The Case of the Missing Trade and Other Mysteries", *American Economic Review*, v. 85, p. 1029-1046, dez. 1995.

CAPÍTULO 5 ■ Recursos e comércio: o modelo de Heckscher-Ohlin **111**

TABELA 5.3	Estimativa da eficiência tecnológica, 1983 (Estados Unidos = 1)
País	
Bangladesh	0,03
Tailândia	0,17
Hong Kong	0,40
Japão	0,70
Alemanha Ocidental	0,78

Fonte: Daniel Trefler, "The Case of the Missing Trade and Other Mysteries", *American Economic Review*, v. 85, p. 1029-1046, dez. 1995.

mundo. Na verdade, o volume do conteúdo de fatores do comércio entre os países abundantes em mão de obra e capital é várias ordens de magnitude menor do que o volume previsto pela teoria das proporções de fatores (com base nas diferenças observadas na abundância dos fatores nos diferentes países).

Trefler mostrou que, ao permitir as diferenças de tecnologia entre os países, isso ajudou a resolver o sucesso preditivo do teste do sinal para a direção do conteúdo dos fatores do comércio, bem como o comércio faltante (embora ainda faltasse bastante comércio). A maneira como essa resolução funciona é mais ou menos a seguinte: se os trabalhadores nos Estados Unidos são muito mais eficientes do que a média mundial, então a oferta de mão de obra "efetiva" nos Estados Unidos é correspondentemente maior – e, portanto, o volume esperado de serviços de mão de obra importados para os Estados Unidos é correspondentemente menor.

Se adotarmos a premissa de que as diferenças tecnológicas entre os países assumem uma forma multiplicativa simples – isto é, um determinado conjunto de entradas em qualquer país produz um múltiplo ou fração da produção nos Estados Unidos – é possível usar dados sobre o comércio de fatores para estimar a eficiência relativa da produção em diferentes países. A Tabela 5.3 mostra as estimativas de Trefler para uma amostra de países (a constante multiplicativa em relação aos Estados Unidos). Elas sugerem que as diferenças tecnológicas, na verdade, são muito grandes.

Um melhor ajuste empírico para o conteúdo de fatores do comércio
Posteriormente, um importante estudo de Donald Davis e David Weinstein, da Universidade de Columbia, mostrou que, se flexibilizarmos essa suposição sobre tecnologias comuns, junto com os dois pressupostos restantes por trás da equalização dos preços dos fatores (os países produzem o mesmo conjunto de mercadorias e o comércio sem custos equaliza os preços das mercadorias), então as previsões para a direção e o volume do conteúdo de fatores do comércio se alinham substancialmente melhor com as evidências empíricas – em última análise, gerando um bom ajuste. A Tabela 5.4 mostra a melhoria no ajuste empírico, medido tanto pelo sucesso preditivo para o teste de sinal (a direção do conteúdo de fatores do comércio) quanto pela proporção de comércio faltante: a proporção entre o volume real de comércio de conteúdo de fatores e o volume previsto (se um, então não há nenhum comércio faltante; conforme a proporção diminui abaixo de um, uma proporção crescente de comércio previsto está faltando). Para esse estudo, os dados necessários (que incluíram informações detalhadas sobre as tecnologias utilizadas por cada país) estavam disponíveis apenas para dois fatores (mão de obra e capital) e 10 países.

Na primeira coluna da Tabela 5.4, todas as três suposições por trás da equalização dos preços dos fatores são impostas (mesmas tecnologias nos países, os países produzem o mesmo conjunto de mercadorias e o comércio sem custo equaliza os preços das mercadorias). Esse teste é bem similar ao feito por Bowen et al., embora o sucesso preditivo para o teste de sinal seja substancialmente pior (32% de sucesso *versus* 61% relatado por Bowen *et al.*). Isso acontece por causa da amostra diferente de países e fatores considerados e procedimentos de limpeza de dados baseados em informações recém-disponíveis sobre técnicas de produção.

112 PARTE I ▪ Teoria de comércio internacional

TABELA 5.4	Um ajuste empírico melhor para o conteúdo de fatores do comércio			
		Pressupostos eliminados*		
	Nenhum	Eliminação (1)	Eliminação (1)–(2)	Eliminação (1)–(3)
Sucesso preditivo (teste do sinal)	0,32	0,50	0,86	0,91
Comércio ausente (observado/previsto)	0,0005	0,008	0,19	0,69

*Pressupostos: (1) tecnologias comuns em todos os países; (2) os países produzem o mesmo conjunto de mercadorias; e (3) comércio sem custos iguala os preços das mercadorias.
Fonte: Donald R. Davis e David Weinstein, "An Account of Global Factor Trade", *American Economic Review*, p. 1423-1453, 2001.

Também vemos a extensão do comércio faltante: praticamente todo o volume previsto do comércio de fatores está ausente. Esses resultados confirmam mais uma vez que o rigoroso teste para o modelo de Heckscher-Ohlin funciona muito mal.

Os resultados na segunda coluna foram obtidos uma vez que a suposição de tecnologias comuns foi deixada de lado, como no estudo de Trefler. Existe uma melhora substancial em ambos os testes empíricos, embora o sucesso preditivo geral deles ainda esteja muito fraco. Na terceira coluna, a suposição de que os países produzem o mesmo conjunto de mercadorias também foi deixada de lado. Vemos como isso induz uma melhora enorme no sucesso preditivo do teste de sinal para a direção do conteúdo dos fatores de comércio (até 86% de sucesso). A extensão do comércio faltante também é imensamente reduzida, embora o volume de comércio observado ainda represente somente 19% do comércio previsto. Na quarta e última coluna, a suposição de equalização dos preços de mercadorias por meio do comércio sem custo também é deixada de lado. O sucesso preditivo para a direção do comércio aumenta para 91%. Neste ponto, podemos dizer que o paradoxo de Leontief é relegado a uma anomalia estatística. A quarta coluna também mostra uma enorme melhora na extensão do comércio faltante: o comércio faltante representa agora 69% do comércio previsto.

No geral, a Tabela 5.4 ressalta grandes diferenças no sucesso preditivo da teoria das proporções dos fatores para a direção e o volume do conteúdo dos fatores de comércio. De um lado (coluna um), encontramos praticamente nenhum apoio para as previsões do modelo de Heckscher-Ohlin. Entretanto, também vemos como essa falha é motivada por premissas específicas embutidas no nosso modelo "puro" de Heckscher-Ohlin. Quando essas suposições são deixadas de lado, podemos reformular um modelo de comércio baseado nas diferenças em proporções de fatores, que se encaixam muito bem no padrão observado de conteúdo dos fatores de comércio (coluna quatro).

Padrões de exportações entre países desenvolvidos e em desenvolvimento

Outra forma de vermos como as diferenças nas proporções dos fatores moldam padrões de comércio empíricos é comparar as exportações de nações com mão de obra abundante e com qualificação escassa, no mundo em desenvolvimento, com as exportações de nações com qualificação em abundância e com mão de obra escassa. Em nosso modelo teórico "2 × 2 × 2" (2 mercadorias, 2 países, 2 fatores), obtivemos o teorema de Heckscher-Ohlin, segundo o qual o país abundante em um fator exporta o bem cuja produção é intensiva naquele fator. Um trabalho de John Romalis, da Universidade de Sydney,[16] mostrou que essa previsão para

---

[16]John Romalis, "Factor Proportions and the Structure of Commodity Trade", *American Economic Review*, v. 94, p. 67-97, mar. 2004.

o padrão de exportações pode ser estendida para múltiplos países produzindo múltiplas mercadorias: enquanto a abundância em qualificação de um país aumenta, suas exportações são cada vez mais concentradas em setores com maior intensidade de qualificação. Vemos agora como essa previsão sustenta-se ao compararmos as exportações de países em extremidades opostas do espectro de abundância de qualificação, bem como ao compararmos como as exportações mudam quando um país, tal como a China, cresce e torna-se relativamente mais abundante em qualificação.

A Figura 5.13 contrasta as exportações de três países em desenvolvimento (Bangladesh, Camboja e Haiti), na extremidade inferior do espectro de abundância de qualificação, com as três maiores economias europeias (Alemanha, França e Reino Unido), na extremidade superior do espectro de abundância de qualificação. As exportações dos países por setor para os Estados Unidos são particionadas em quatro grupos, em ordem crescente de intensidade de qualificação. São os mesmos quatro grupos de setores utilizados na Figura 5.11.[17] A Figura 5.13 mostra com clareza como as exportações dos três países em desenvolvimento para os Estados Unidos estão esmagadoramente concentradas em setores com a menor intensidade de qualificação. Suas exportações em setores de alta intensidade de qualificação são praticamente zero. O contraste com o padrão de exportações dos três países europeus é

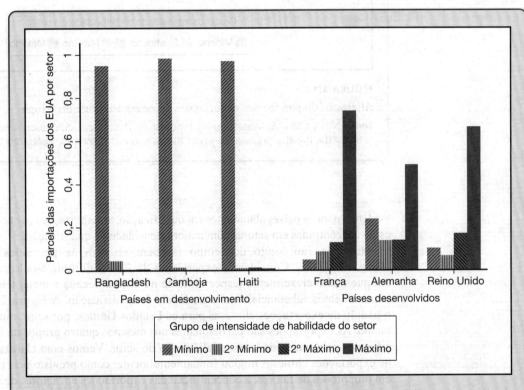

FIGURA 5.13
Padrões de exportação para alguns países desenvolvidos e em desenvolvimento (2008-2012).

Fonte: NBER-CES U.S. Manufacturing Productivity Database, U.S. Census Bureau, e Peter K. Schott, "The Relative Sophistication of Chinese Exports", *Economic Policy* (2008), pp. 5-49.

---

[17]Conforme discutido anteriormente, a intensidade de habilidade de um setor é medida pela proporção entre os trabalhadores de não produção e os de produção nesse setor.

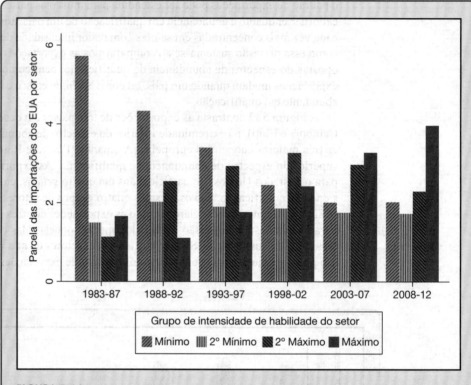

FIGURA 5.14
Alteração do padrão das exportações chinesas ao longo do tempo.
Fonte: NBER-CES U.S. Manufacturing Productivity Database, U.S. Census Bureau, e Peter K. Schott, "The Relative Sophistication of Chinese Exports", *Economic Policy* (2008), pp. 5-49.

evidente: para os países abundantes em qualificação, as exportações para os Estados Unidos estão concentradas em setores com maior intensidade de qualificação.

Mudanças ao longo do tempo também seguem as previsões do modelo de Heckscher-Ohlin. Considere a experiência da China durante as últimas três décadas, em que o alto crescimento (especialmente na última década e meia) tem sido associado com aumentos substanciais em abundância de qualificação. A Figura 5.14 mostra como o padrão de exportações chinesas para os Estados Unidos, por setor, mudou ao longo do tempo. As exportações são particionadas nos mesmos quatro grupos da Figura 5.13, classificados pela intensidade em qualificação do setor. Vemos com clareza como o padrão de exportações chinesas mudou fundamentalmente: como previsto pela mudança chinesa em proporções de fatores, a concentração das exportações em setores de alta qualificação aumenta de forma constante ao longo do tempo. Nos anos mais recentes, vimos como a maior parte das exportações ocorre nos setores de maior intensidade em qualificação, enquanto as exportações eram concentradas nos setores de menor intensidade de qualificação em anos anteriores.[18]

---

[18]Comparando as Figuras 5.12 e 5.13 (últimos anos), vemos que o padrão das exportações chinesas para os EUA não é (ainda) tão concentrado em setores de alta intensidade de habilidade como as três economias europeias. No entanto, as exportações chinesas ainda estão notavelmente concentradas em setores altamente especializados, considerando o atual PIB *per capita* da China. Veja Peter K. Schott, "The Relative Sophistication of Chinese Exports", *Economic Policy*, p. 5-49, 2008.

CAPÍTULO 5 ■ Recursos e comércio: o modelo de Heckscher-Ohlin **115**

Consequências dos testes

Não observamos a equalização dos preços dos fatores em todos os países. Quando testamos a versão "pura" do modelo de Heckscher-Ohlin, que sustenta todas as suposições por trás da equalização dos preços dos fatores, descobrimos que o conteúdo de fatores do comércio de um país em pouco se assemelha com as previsões teóricas baseadas na abundância de fatores do país. Entretanto, uma versão menos restritiva do modelo de proporções de fatores encaixa-se nos padrões previstos para o conteúdo dos fatores de comércio. O padrão das mercadorias comercializadas entre os países desenvolvidos e em desenvolvimento também se encaixa muito bem nas previsões do modelo.

Por fim, o modelo de Heckscher-Ohlin permanece vital para entendermos os *efeitos* do comércio, especialmente na distribuição de renda. De fato, o crescimento do comércio Norte-Sul em mercadorias manufaturadas, um comércio no qual a intensidade dos fatores das importações do Norte é muito diferente da de suas exportações, trouxe a abordagem das proporções dos fatores para o centro de debates práticos sobre política de comércio internacional.

RESUMO

- Para entender o papel dos recursos no comércio, desenvolvemos um modelo em que dois bens são produzidos usando dois fatores de produção. Os dois bens diferem em sua *intensidade de fatores*, ou seja, em qualquer proporção determinada de salário-aluguel, a produção de uma das mercadorias utilizará uma proporção maior de capital para mão de obra do que a produção da outra.
- Enquanto um país produz ambas as mercadorias, há uma proporção um para um entre os preços relativos das *mercadorias* e os preços relativos dos *fatores* usados para produzi-las. Um aumento no preço relativo da mão de obra intensiva de uma mercadoria mudará extremamente a distribuição de renda em favor da mão de obra: o salário real da mão de obra subirá em termos de ambas as mercadorias, enquanto a renda real dos proprietários de capital cairá em termos de ambas as mercadorias.
- Um aumento da oferta de um fator de produção expande as possibilidades de produção, mas de uma forma bastante *tendenciosa*: em preços relativos de mercadorias inalterados, a produção da mercadoria intensiva naquele fator aumenta, enquanto a produção da outra mercadoria cai.
- Um país com grande oferta de um recurso em relação à oferta de outros é *abundante* naquele recurso. Um país tenderá a produzir relativamente mais mercadorias que utilizam de maneira intensiva seus recursos abundantes. O resultado é a teoria do comércio de Heckscher-Ohlin básica: os países tendem a exportar mercadorias que são intensivas nos fatores com os quais eles são fornecidos abundantemente.
- Como as alterações dos preços relativos das mercadorias têm efeitos muito fortes sobre o lucro relativo dos recursos, e como o comércio altera os preços relativos, o comércio internacional tem fortes efeitos de distribuição de renda. Os proprietários de fatores abundantes do país ganham com o comércio, mas os proprietários de fatores escassos do país perdem. Em teoria, no entanto, ainda existem os ganhos de comércio, no sentido limitado de que os ganhadores *poderiam* compensar os perdedores e todo mundo estaria melhor.
- A crescente integração comercial entre países desenvolvidos e em desenvolvimento conseguiria *potencialmente* explicar a crescente desigualdade de salários nos países desenvolvidos. No entanto, poucas evidências empíricas suportam essa relação direta. Pelo contrário, as evidências empíricas sugerem que as mudanças tecnológicas, recompensando a habilidade do trabalhador, têm desempenhado um papel muito maior no aumento da desigualdade salarial.
- Em um modelo idealizado, o comércio internacional poderia realmente levar à equalização dos preços dos fatores, como a mão de obra e o capital entre os países. Na realidade,

116 PARTE I ■ Teoria de comércio internacional

a completa *equalização dos preços dos fatores* não é observada em virtude de grandes diferenças de recursos, barreiras ao comércio e diferenças internacionais em tecnologia.

■ As evidências empíricas relativas ao modelo de Heckscher-Ohlin são controversas. Contudo, uma versão menos restritiva do modelo se encaixa muito bem nos padrões previstos para o conteúdo dos fatores do comércio. Além disso, o modelo de Heckscher-Ohlin gera bons resultados quando tenta prever o padrão de comércio entre países desenvolvidos e em desenvolvimento.

TERMOS-CHAVE

abundância relativa dos fatores, p. 87

complementaridade entre capital e habilidade, p. 107

conteúdo de fatores do comércio, p. 109

equalização dos preços dos fatores, p. 107

expansão enviesada das possibilidades de produção, p. 96

fator abundante, p. 99

fator escasso, p. 99

intensidade dos fatores, p. 87

mudança tecnológica enviesada pela habilidade, p. 102

paradoxo de Leontief, p. 109

preços dos fatores, p. 93

teoria das proporções dos fatores, p. 87

teoria de Heckscher-Ohlin, p. 87

QUESTÕES

1. Volte para o exemplo numérico sem substituição dos fatores que resulta na fronteira de possibilidade de produção na Figura 5.1.

   a. Qual é o intervalo para o preço relativo do tecido para que a economia produza tanto tecido quanto alimentos? Que mercadoria é produzida se o preço relativo estiver fora desse intervalo?

   Para as partes (b) até (f), considere que a variação do preço é tal que ambas as mercadorias são produzidas.

   b. Escreva o custo unitário de produção de uma jarda de tecido e uma caloria de alimento como uma função do preço de uma hora de máquina, r, e e uma hora de mão de obra, w. Em um mercado competitivo, esses custos serão iguais aos preços de tecido e de alimentos. Resolva para os preços dos fatores r e w.

   c. O que acontece com esses preços de fatores quando se eleva o preço do tecido? Quem ganha e quem perde com essa alteração no preço do tecido? Por quê? Essas alterações estão em conformidade com as alterações descritas para o caso de substituição dos fatores?

   d. Agora considere que a oferta da economia de horas de máquina aumenta de 3.000 para 4.000. Derive a nova fronteira de possibilidade de produção.

   e. Quanto tecido e alimentos a economia produzirá após esse aumento em sua oferta de capital?

   f. Descreva como a alocação de horas de máquina e de horas de mão de obra entre os setores de tecido e alimentos muda. Essas alterações estão em conformidade com as alterações descritas para o caso de substituição dos fatores?

2. Nos Estados Unidos, onde a terra é barata, a proporção de terra para mão de obra utilizada na pecuária é maior do que a terra usada no cultivo de trigo. Mas em países mais povoados, onde a terra é cara e a mão de obra é barata, é comum criar vacas usando menos terra e mais mão de obra do que os americanos usam para plantar trigo. Podemos ainda dizer que criar gado é terra-intensivo em comparação com o cultivo de trigo? Por que sim ou por que não?

3. "Os países mais pobres do mundo não conseguem encontrar nada para exportar. Não há nenhum recurso que seja abundante – certamente não capital ou terra, e em pequenas nações pobres nem a mão de obra é abundante." Discuta essa afirmação.

CAPÍTULO 5 ▪ Recursos e comércio: o modelo de Heckscher-Ohlin **117**

4. O movimento da mão de obra nos Estados Unidos – que representa principalmente trabalhadores operacionais em vez de profissionais e trabalhadores altamente instruídos – tradicionalmente favoreceu as limitações às importações provenientes de países menos ricos. Essa é uma política míope ou racional, tendo em conta os interesses dos membros dos sindicatos? Como a resposta depende do modelo de comércio?

5. Recentemente, programadores de computador em países em desenvolvimento, como a Índia, começaram a fazer o trabalho antes feito nos Estados Unidos. Essa mudança causou, sem dúvida, cortes de salário substanciais para alguns programadores nos Estados Unidos. Responda às duas perguntas seguintes: como isso é possível, uma vez que os salários dos trabalhadores qualificados estão subindo nos Estados Unidos como um todo? Que argumento os economistas comerciais usariam contra esses cortes de salários como uma razão para bloquear a terceirização da programação de computadores?

6. Explique por que o paradoxo de Leontief e os resultados mais recentes de Bowen, Leamer e Sveikauskas relatados no texto contradizem a teoria das proporções dos fatores.

7. Na discussão dos resultados empíricos sobre o modelo de Heckscher-Ohlin, observamos que trabalhos recentes sugerem que a eficiência dos fatores de produção parece diferir internacionalmente. Explique como isso afetaria o conceito da equalização dos preços dos fatores.

LEITURAS ADICIONAIS

Davis, D. R. e Weinstein, D. E. "An Account of Global Factor Trade". *American Economic Review*, v. 91, p. 1423-1453, dez. 2001. O artigo confirma os resultados de estudos anteriores, de que o desempenho empírico de um modelo de Heckscher-Ohlin "puro" é muito fraco. Em seguida, mostra como o sucesso empírico de uma versão modificada do modelo é muito melhor.

Deardorff, A. "Testing Trade Theories and Predicting Trade Flows". In JONES, R. W. e KENEN, P. B. (Eds.). *Handbook of International Economics*. v. 1. Amsterdã: North-Holland, 1984. Um levantamento de evidências empíricas sobre teorias de comércio, especialmente a teoria das proporções dos fatores.

Edwards, L.; Lawrence, R. Z. *Rising Tide: Is Growth in Emerging Economies Good for the United States?* Peterson Institute for International Economics, 2013. Um novo livro que discute o impacto para os Estados Unidos da maior integração com os países de rápido crescimento no mundo em desenvolvimento.

Hanson, G.; Harrison, A. "Trade and Wage Inequality in Mexico". *Industrial and Labor Relations Review*, v. 52, p. 271-288, 1999. Um estudo cuidadoso sobre os efeitos do comércio nas desigualdades de renda no nosso vizinho mais próximo, mostrando que os preços dos fatores se moveram na direção oposta da qual um modelo simples de proporções dos fatores nos levaria a esperar. Os autores também propõem hipóteses sobre por que isso pode ter acontecido.

Jones, R. W. "Factor Proportions and the Heckscher-Ohlin Theorem". *Review of Economic Studies*, v. 24, p. 1-10, 1956. Estende a análise de Samuelson de 1948-1949 (também citada nesta seção Leituras Adicionais), que enfoca principalmente a proporção entre comércio e distribuição de renda, em um modelo geral de comércio internacional.

Jones, R, W. "The Structure of Simple General Equilibrium Models". *Journal of Political Economy*, v. 73, p. 557-572, dez. 1965. Uma elegante reformulação algebraica do modelo de Heckscher-Ohlin-Samuelson.

Jones, R. W. e Neary, J. P. "The Positive Theory of International Trade". In JONES, R. W. e KENEN, P. B. (Eds.) *Handbook of International Economics*. v. 1. Amsterdã: North-Holland, 1984. Um levantamento atualizado de muitas teorias de comércio, incluindo a teoria das proporções dos fatores.

Ohlin, B. *Interregional and International Trade*. Cambridge: Harvard University Press, 1933. O livro original de Ohlin apresentando a visão das proporções dos fatores do comércio continua interessante – sua rica e complexa visão do comércio contrasta com os modelos matemáticos mais rigorosos e simplificados que se seguiram.

118 PARTE I ■ Teoria de comércio internacional

Romalis, J. "Factor Proportions and the Structure of Commodity Trade". *The American Economic Review*, v. 94, p. 67-97, mar. 2004. Um artigo que mostra uma versão modificada do modelo de Heckscher-Ohlin que tem muito poder explicativo.

Samuelson, P. "International Trade and the Equalisation of Factor Prices". *Economic Journal*, v. 58, p. 163-184, 1948; e "International Factor Price Equalisation Once Again". *Economic Journal*, v. 59, p. 181-196, 1949. O mais influente formalizador das ideias de Ohlin é Paul Samuelson (de novo!), cujos dois artigos do *Economic Journal* sobre o assunto são clássicos.

Reenen, J. Van. "Wage Inequality, Technology and Trade: 21st Century Evidence". *Labour Economics*, p. 30-741, dez. 2011. Um levantamento recente que discute como o comércio e as novas tecnologias estão ligadas a aumentos na desigualdade salarial nos Estados Unidos e no Reino Unido.

APÊNDICE DO CAPÍTULO 5

Preços dos fatores, preços de mercadorias e decisões de produção

No corpo principal deste capítulo, fizemos três afirmações que são verdadeiras, mas não cuidadosamente derivadas. Primeiro foi a afirmação, ilustrada na Figura 5.5, de que a proporção de mão de obra e capital investida em cada indústria depende da proporção salário/aluguel, w/r. Segundo, a afirmação, ilustrada na Figura 5.6, de que existe uma proporção de um para um entre os preços relativos das mercadorias, P_T/P_A, e a proporção salário/aluguel. A terceira afirmação foi a de que um aumento na oferta de mão de obra de um país (a um determinado preço relativo de mercadorias, P_T/P_A) levará aos movimentos de mão de obra e capital do setor de alimentos para o de tecidos (setor de mão de obra intensiva). Este apêndice demonstra brevemente essas três proposições.

Escolha da técnica

A Figura 5A.1 ilustra novamente o *trade-off* entre a mão de obra e a entrada de capital na produção de uma unidade de alimentos – a *unidade isoquanta* para a produção de alimentos, mostrada na curva *II*. No entanto, também ilustra uma série de *linhas de isocusto*: combinações de entrada de capital e de mão de obra que custam o mesmo montante.

Uma linha de isocusto pode ser construída da seguinte forma: o custo de aquisição de uma determinada quantidade de mão de obra L é wL; o custo de alugar uma determinada quantidade de capital K é rK. Então, se formos capazes de produzir uma unidade de

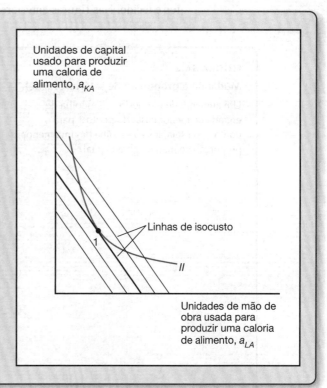

FIGURA 5A.1

Escolhendo a proporção capital-mão de obra ideal

Para minimizar custos, um produtor deve chegar à menor linha de isocusto possível. Isso significa escolher o ponto sobre a unidade isoquanta (curva *II*) onde a inclinação é igual a menos a proporção de salário-aluguel, w/r.

alimentos usando unidades de mão de obra e de capital, o custo total de produção dessa unidade, c, é:

$$c = wa_{LA} + ra_{KA}.$$

Uma linha que mostra todas as combinações de a_{LA} e a_{KA} com o mesmo custo tem a equação:

$$a_{KA} = (c/r) - (w/r)a_{LA}.$$

Ou seja, é uma linha reta com uma inclinação de $-w/r$.

A figura mostra um conjunto de tais linhas, cada uma correspondendo a um nível diferente de custos; linhas mais distantes da origem indicam custos totais mais elevados. Um produtor vai escolher o menor custo possível, tendo em conta a compensação tecnológica delineada pela curva *II*. Aqui, isso ocorre no ponto 1, onde *II* é *tangente* à linha de isocusto e a inclinação de *II* é igual a $-w/r$. (Se esses resultados lembram a proposição na Figura 4.5 que a economia produz em um ponto na fronteira de possibilidade de produção, cuja inclinação é igual a menos P_T/P_A, você está certo: o mesmo princípio está envolvido.)

Agora, compare a escolha da proporção mão de obra/capital para duas relações diferentes de preços dos fatores. Na Figura 5A.2, mostramos as opções de entrada dadas a um baixo preço relativo da mão de obra, $(w/r)^1$ e a um alto preço relativo da mão de obra $(w/r)^2$. No primeiro caso, a escolha de entrada está em 1. Neste segundo caso, em 2. Ou seja, o preço relativo maior da mão de obra leva à escolha de uma menor proporção de mão de obra/capital, como considerado na Figura 5.5.

Preços de mercadorias e preços dos fatores

Voltamo-nos agora para a proporção entre os preços de mercadorias e os preços dos fatores. Existem várias maneiras equivalentes de abordar esse problema; aqui, seguimos a análise introduzida por Abba Lerner na década de 1930.

A Figura 5A.3 mostra as entradas de capital e mão de obra na produção de alimentos e tecido. Nas figuras anteriores, mostramos as entradas necessárias para produzir uma

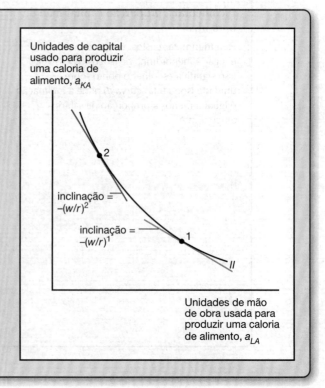

FIGURA 5A.2
Mudando a proporção de salário/aluguel.
Um aumento de w/r desloca a escolha de entrada de menor custo do ponto 1 para o ponto 2; ou seja, leva à escolha de uma menor proporção de mão de obra/capital.

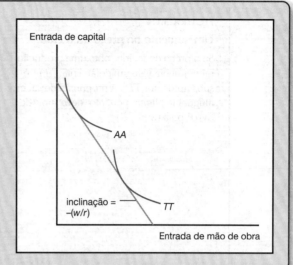

FIGURA 5A.3
Determinando a proporção de salário/aluguel.
As duas isoquantas *TT* e *AA* mostram as entradas necessárias para produzir *o equivalente a um dólar* de tecido e de alimentos, respectivamente. Uma vez que o preço deve ser igual ao custo de produção, as entradas em cada mercadoria devem também custar um dólar. Isso significa que a proporção de salário/aluguel deve ser igual a menos a inclinação da linha tangente a ambas as isoquantas.

unidade de uma mercadoria. Nesta figura, no entanto, mostramos as entradas necessárias para produzir *o equivalente a um dólar* de cada mercadoria. (Na verdade, qualquer quantia serve, desde que seja a mesma para ambas as mercadorias.) Assim, a isoquanta para tecido, *TT*, mostra as combinações possíveis de entrada para a produção de $1/P_T$ unidades de tecido. A isoquanta para alimentos, *AA*, mostra as combinações possíveis para a produção de $1/P_A$ unidades de alimentos. Observe que, como desenhado, a produção de tecido é mão de obra-intensiva (e a produção de alimentos é capital-intensiva): para um valor qualquer de w/r, a produção de tecido sempre usará uma proporção maior de mão de obra/capital do que a produção de alimentos.

Se a economia produz duas mercadorias, então deve ser o caso em que o custo de produzir o equivalente a um dólar de cada mercadoria seja, de fato, um dólar. Os dois custos de produção vão ser iguais um ao outro apenas se os pontos de custo mínimo de produção para as duas mercadorias situarem-se na *mesma* linha de isocusto. Assim, a inclinação da linha mostrada, que é apenas tangente a ambas as isoquantas, deve ser igual a (menos) proporção de salário/aluguel w/r.

Por fim, agora, considere os efeitos de um aumento dos preços do tecido sobre a proporção salário/aluguel. Se o preço do tecido sobe, é necessário produzir menos jardas de tecido para poder ter um dólar. Assim, a isoquanta correspondente ao valor de um dólar de tecido volta-se para dentro. Na Figura 5A.4, a isoquanta original é mostrada como TT^1 e a nova isoquanta como TT^2.

Mais uma vez, devemos desenhar uma linha tangente às duas isoquantas; a inclinação da linha é menos a proporção salário/aluguel. Fica imediatamente claro pela maior inclinação da linha de isocusto (inclinação = $-(w/r)^2$) que a nova w/r é maior do que a anterior: um preço relativo maior de tecido implica uma proporção maior de salário/aluguel.

Mais sobre os recursos e a produção

Vamos agora examinar mais rigorosamente como uma mudança nos recursos – mantendo os preços dos tecidos e alimentos constantes – afeta a alocação desses fatores de produção em setores e, logo, como isso afeta as respostas de produção. O emprego agregado de mão de obra em relação ao capital, L/K, pode ser escrito como uma média ponderada da razão mão de obra/capital empregada no setor de tecidos (L_T/K_T) e no setor de alimentos (L_A/K_A):

$$\frac{L}{K} = \frac{K_T}{K}\frac{L_T}{K_T} + \frac{K_A}{K}\frac{L_A}{K_A} \qquad (5A.1)$$

FIGURA 5A.4
Um aumento no preço do tecido.
Se o preço do tecido sobe, uma produção menor agora vale um dólar. Então, TT^1 é substituído por TT^2. A proporção de salário/aluguel implícita, portanto, deve subir de $(w/r)^1$ para $(w/r)^2$.

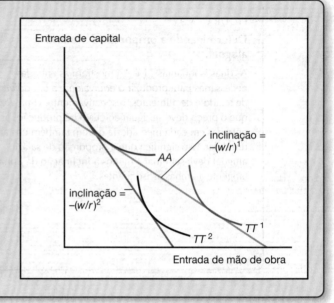

Observe que os pesos nesta média, K_T/K e K_A/K, somam 1 e são as proporções do capital empregado nos setores de tecido e alimentos. Já vimos que um determinado preço relativo do tecido está associado com uma determinada proporção salário/aluguel (desde que a economia produza tanto tecido quanto alimentos), que, por sua vez, está associada com determinados níveis de emprego da mão de obra/capital em ambos os setores (L_T/K_T e L_A/K_A). Agora considere os efeitos de um aumento na oferta de mão de obra, L, na economia em um determinado preço relativo de tecido: L/K aumenta enquanto ambos L_T/K_T e L_A/K_A permanecem constantes. Para a Equação (5A.1) continuar a valer, o peso sobre a maior proporção mão de obra/capital, L_T/K_T, deve aumentar. Isso implica um aumento do peso de K_T/K e uma diminuição correspondente do peso de K_A/K. Assim, o capital se move do setor de alimentos para o setor de tecidos (uma vez que a oferta de capital total K permanece constante neste exemplo). Além disso, como L_A/K_A permanece constante, a diminuição de K_A também deve estar associada a uma diminuição no emprego de mão de obra, L_A, no setor de alimentos. Isso mostra que o aumento da oferta de mão de obra, a um determinado preço relativo de tecido, deve estar associado com os movimentos de *ambos*, mão de obra e capital, do setor de alimentos para o setor de tecidos. A expansão da fronteira de possibilidade de produção da economia é tão inclinada em direção ao tecido que – a um preço relativo constante de tecido – a economia produz *menos* alimentos.

Conforme a oferta de mão de obra da economia aumenta, a economia concentra cada vez mais dos dois fatores no setor de tecido, de mão de obra-intensivo. Se for adicionada mão de obra suficiente, a economia se especializa na produção de tecido e já não produz mais alimentos. Nesse ponto, a proporção um para um entre o preço relativo das mercadorias P_T/P_A e a proporção salário/aluguel w/r é rompida; novos aumentos da oferta de mão de obra L são, então, associados com a diminuição da proporção salário/aluguel ao longo da curva TT na Figura 5.7.

Um processo similar poderia ocorrer se a oferta de capital da economia aumentasse – novamente mantendo fixo o preço relativo das mercadorias, P_T/P_A. Enquanto a economia produz tanto tecido quanto alimentos, sua resposta ao aumento da oferta de capital é concentrar a produção no setor de alimentos (que é capital-intensivo): mão de obra e capital movem-se para o setor de alimentos. A economia passa por um crescimento que é fortemente enviesado para alimentos. A certa altura, a economia se especializa totalmente no setor de alimentos, e o relacionamento de um para um entre o preço relativo de mercadorias, P_T/P_A, e a proporção do salário/aluguel, w/r é rompida mais uma vez. Novos aumentos na oferta de capital K estão, então, associados com o aumento da proporção salário/aluguel ao longo da curva AA na Figura 5.7.

CAPÍTULO 6

Modelo padrão de comércio

Os capítulos anteriores desenvolveram inúmeros modelos diferentes de comércio internacional, cada um deles com diferentes pressupostos sobre os determinantes das possibilidades de produção. Para mostrar pontos importantes, cada um desses modelos deixa de fora aspectos da realidade que os outros realçam. Esses modelos são:

- *O modelo ricardiano.* As possibilidades de produção são determinadas pela alocação de um único – mão de obra – entre setores. Este modelo transmite a ideia essencial da vantagem comparativa, mas não nos permite falar sobre a distribuição de renda.
- *O modelo de fatores específicos.* Este modelo inclui múltiplos fatores de produção, mas alguns são específicos dos setores nos quais são utilizados. O modelo também captura as consequências de curto prazo do comércio na distribuição de renda.
- *O modelo de Heckscher-Ohlin.* Os múltiplos fatores de produção neste modelo podem mover-se entre setores. As diferenças em recursos (a disponibilidade desses fatores em nível de país) guiam os padrões de comércio. O modelo também captura as consequências de longo prazo do comércio na distribuição de renda.

Quando analisamos os problemas reais, queremos basear nossa compreensão em uma mescla desses modelos. Por exemplo, nas últimas duas décadas, uma das mudanças centrais no comércio mundial foi o rápido crescimento nas exportações de economias recentemente industrializadas. Esses países vivenciaram rápido crescimento de produtividade; para discutir as consequências desse aumento de produtividade, poderíamos aplicar o modelo ricardiano do Capítulo 3. Os novos padrões do comércio têm efeitos diferenciais em grupos diversos nos Estados Unidos; para entender os efeitos do aumento do comércio na distribuição de renda nos EUA, poderíamos aplicar os modelos de fatores específicos (para os efeitos de curto prazo) ou os modelos de Heckscher-Ohlin (para os efeitos de longo prazo) dos Capítulos 4 e 5.

Apesar das diferenças em seus detalhes, nossos modelos compartilham uma série de características:

1. A capacidade produtiva de uma economia pode ser resumida por sua fronteira de possibilidade de produção, e as diferenças nessas fronteiras dão origem ao comércio.
2. As possibilidades de produção determinam o esquema de oferta relativa de um país.
3. O equilíbrio mundial é determinado pela demanda relativa mundial e a estrutura de oferta relativa mundial, que se situa entre as estruturas de oferta relativas nacionais.

PARTE I ■ Teoria de comércio internacional

Em razão dessas características em comum, os modelos que estudamos podem ser vistos como casos especiais de um modelo mais geral de economia comercial mundial. Existem muitas questões importantes em economia internacional cujas análises podem ser conduzidas nos termos desse modelo geral, com os detalhes dependendo somente de qual modelo especial você escolher. Essas questões incluem os efeitos das mudanças na oferta mundial, resultantes de um crescimento econômico, e mudanças simultâneas na oferta e na demanda, resultantes de tarifas aduaneiras e subsídios à exportação.

Este capítulo realça essas ideias oriundas da teoria do comércio internacional que não dependem fortemente dos detalhes do lado da oferta da economia. Nós desenvolvemos um modelo padrão de uma economia de negociação mundial, do qual os modelos dos capítulos 3 e 5 podem ser considerados casos especiais, e usamos esse modelo para perguntar como uma variedade de mudanças em parâmetros subjacentes afeta a economia mundial.

OBJETIVOS DE APRENDIZAGEM

Após a leitura deste capítulo, você será capaz de:

- Entender como os componentes do modelo padrão de comércio, as fronteiras de possibilidade de produção, linhas de isovalor e curvas de indiferença se ajustam para ilustrar como padrões de comércio são estabelecidos por uma combinação de fatores do lado da oferta e do lado da demanda.

- Reconhecer como mudanças nos termos de troca e crescimento econômico afetam o bem-estar de nações que participam do comércio internacional.

- Entender os efeitos das tarifas aduaneiras e dos subsídios nos padrões de comércio e no bem-estar de nações que negociam e na distribuição de renda dentro dos países.

- Relacionar empréstimos internacionais com o modelo padrão de comércio, no qual bens são trocados ao longo do tempo.

Um modelo padrão de uma economia comercial

O **modelo padrão de comércio** baseia-se em quatro relações-chave: (1) a relação entre a fronteira de possibilidade de produção e a curva de oferta relativa; (2) a relação entre preços relativos e demanda relativa; (3) a determinação do equilíbrio mundial pela oferta mundial relativa e a demanda mundial relativa; e (4) o efeito dos **termos de troca**, o preço das exportações de um país dividido pelo preço de suas importações, no bem-estar de uma nação.

Possibilidades de produção e oferta relativa

Para os propósitos do nosso modelo padrão, pressupomos que cada país produz dois bens, alimento (A) e tecido (T), e que a fronteira de possibilidade de produção de cada país é uma curva suave, como a que está ilustrada por TT na Figura 6.1.[1] O ponto em sua fronteira de possibilidade de produção no qual uma economia efetivamente produz depende do preço do tecido em relação ao do alimento, P_T/P_A. Em dados preços de mercado, uma economia de

---

[1]Vimos que quando só existe um fator de produção, como no Capítulo 3, a fronteira de possibilidade de produção é uma linha reta. Para a maioria dos modelos será uma curva suave, e o resultado ricardiano pode ser visto como um caso extremo.

CAPÍTULO 6 ■ Modelo padrão de comércio 125

FIGURA 6.1
Os preços relativos determinam a produção da economia.
Uma economia cuja fronteira de possibilidade de produção é *TT* produzirá em *Q*, que é a linha de isovalor mais alta possível.

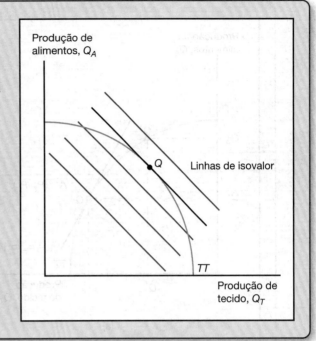

mercado escolherá níveis de produção que maximizem o valor de saída $P_T Q_T + P_A Q_A$, onde Q_T é quantidade de tecido produzido e Q_A é a quantidade de alimento produzido.

Podemos indicar o valor de mercado da produção ao desenhar uma série de **linhas de isovalor** — isto é, linhas ao longo das quais o valor da produção é constante. Cada uma dessas linhas é definida por uma equação da forma $P_T Q_T + P_A Q_A = V$, ou, reorganizando, $Q_A = V/P_A - (P_T/P_A)Q_T$, onde V é o valor da produção. Quanto mais alto é o V, mais distante encontra-se a linha de isovalor; portanto, as linhas de isovalor mais distantes da origem correspondem aos maiores valores de produção. O declive de uma linha de isovalor é $-P_T/P_A$. Na Figura 6.1, o maior valor de produção é alcançado com a produção no ponto Q, onde TT é só tangente a uma linha de isovalor.

Agora, suponha que P_T/P_A aumentasse (tecido torna-se mais valioso em relação ao alimento). Então as linhas de isovalor seriam mais inclinadas do que antes. Na Figura 6.2, a maior linha de isovalor que a economia poderia alcançar antes da mudança em P_T/P_A é indicada por VV^1; a linha mais alta após a mudança de preço é VV^2, o ponto no qual a produção econômica muda de Q^1 para Q^2. Portanto, como deveríamos esperar, um aumento no preço relativo do tecido leva a economia a produzir mais tecido e menos alimentos. A oferta relativa de tecido irá, portanto, aumentar quando o preço relativo do tecido aumentar. Essa relação entre preços relativos e produção relativa é refletida na curva de oferta relativa da economia, indicada na Figura 6.2b.

Preços relativos e demanda

A Figura 6.3 mostra a relação entre produção, consumo e comércio no modelo padrão. Como mostramos no Capítulo 5, o valor do consumo de uma economia se iguala ao valor de sua produção:

$$P_T Q_T + P_A Q_A = P_T D_T + P_A D_A = V,$$

onde D_T e D_A são o consumo de tecido e o de alimentos, respectivamente. A equação anterior diz que produção e consumo devem situar-se na mesma linha de isovalor.

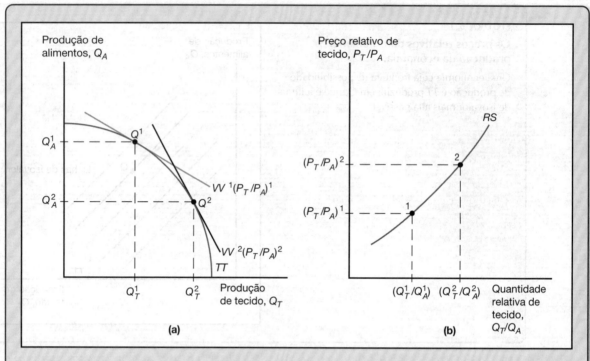

FIGURA 6.2
Como um aumento no preço relativo do tecido afeta a oferta relativa.
No painel (a), as linhas de isovalor tornam-se mais inclinadas quando o preço relativo do tecido aumenta de $(P_T/P_A)^1$ para $(P_T/P_A)^2$ (mostrado pela rotação de VV^1 para VV^2). Como resultado, a economia produz mais tecido e menos alimentos e o equilíbrio da produção move-se de Q^1 para Q^2. O painel (b) mostra a curva de oferta relativa associada com a fronteira de possibilidade de produção TT. O aumento de $(P_T/P_A)^1$ para $(P_T/P_A)^2$ leva a um aumento na produção relativa de tecido de Q_T^1/Q_A^1 para Q_T^2/Q_A^2.

A escolha da economia de um ponto na linha de isovalor depende dos gostos de seus consumidores. Para o nosso modelo padrão, supomos que as decisões de consumo da economia podem ser representadas como se fossem baseadas nos gostos de um único indivíduo representativo.[2]

Os gostos de um indivíduo podem ser representados graficamente por uma série de **curvas de indiferença**. Uma curva de indiferença traça um conjunto de combinações de consumo de tecido (T) e alimentos (A) que deixa o indivíduo em condições igualmente boas. Como ilustrado na Figura 6.3, as curvas de indiferença têm três propriedades:

1. São inclinadas para baixo: se um indivíduo recebe menos alimentos (A), então, para sua situação ser igualmente boa, deve receber mais tecido (T).
2. Quanto mais longa e mais para a direita uma curva de indiferença se situa, maior é o nível de bem-estar ao qual corresponde: um indivíduo vai preferir ter mais de ambos os bens do que menos.
3. Cada curva de indiferença fica mais achatada conforme nos movemos para a direita (elas curvam-se para a origem): quanto mais T e menos A um indivíduo consome, mais valiosa é a unidade de A na margem em comparação com a unidade de T, então mais T deverá ser fornecido para compensar por qualquer redução adicional em A.

---
[2] Diversos conjuntos de circunstâncias podem justificar essa suposição. Um deles é o de que todos os indivíduos têm os mesmos gostos e a mesma parcela de todos os recursos. Outro é o de que o governo redistribui a renda de forma a maximizar o que acredita ser o bem-estar social geral. Essencialmente, essa suposição requer que efeitos da mudança de distribuição de renda na demanda não sejam tão importantes.

FIGURA 6.3
Produção, consumo e comércio no modelo padrão.
A economia produz no ponto Q, onde a fronteira de possibilidade de produção é tangente à linha de isovalor mais alta possível. E consome no ponto D, onde a linha de isovalor é tangente à curva de indiferença mais alta possível. A economia produz mais tecido do que consome e, portanto, exporta tecido. De forma correspondente, ela consome mais alimentos do que produz e, portanto, importa alimentos.

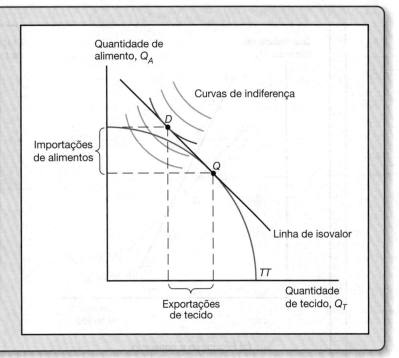

Como você pode ver na Figura 6.3, a economia vai escolher consumir no ponto da linha de isovalor que produz o maior bem-estar possível. Esse ponto é onde a linha de isovalor é tangente à maior curva de indiferença atingível, indicada aqui como ponto D. Note que nesse ponto a economia exporta tecido (a quantidade de tecido produzida excede a quantidade consumida) e importa alimentos.

Agora considere o que acontece quando P_T/P_A aumenta. O painel (a) na Figura 6.4 mostra os efeitos. Primeiro, a economia produz mais T e menos A, mudando a produção de Q^1 para Q^2. Isso muda, de VV^1 para VV^2, a linha de isovalor na qual o consumo deve situar-se. A opção de consumo da economia, portanto, também muda de D^1 para D^2.

A mudança de D^1 para D^2 reflete dois efeitos do aumento em P_T/P_A. Primeiro, a economia moveu-se para uma curva de indiferença mais alta, o que significa que está em melhor situação. A razão é que essa economia é uma exportadora de tecido. Quando o preço relativo do tecido aumenta, a economia pode trocar uma dada quantidade de tecido por uma quantia maior de alimentos importados. Portanto, o maior preço relativo de sua exportação de bens representa uma vantagem. Segundo, a mudança nos preços relativos leva a um deslocamento ao longo da curva de indiferença em direção aos alimentos e para longe do tecido (uma vez que o tecido agora é relativamente mais caro).

Esses dois efeitos são familiares da teoria de economia básica. O aumento no bem-estar é um *efeito de renda*; a mudança no consumo em um dado nível de bem-estar é um *efeito de substituição*. O efeito de renda tende a aumentar o consumo de ambos os bens, enquanto o efeito de substituição leva a economia a consumir menos T e mais A.

O painel (b) na Figura 6.4 mostra a oferta relativa e as curvas de demanda associadas com a fronteira de possibilidade de produção e as curvas de indiferença.[3] O gráfico mostra como o aumento no preço relativo do tecido induz um aumento na produção relativa de tecido (vai do ponto 1 para o 2), bem como uma redução no consumo relativo de tecido (vai

---
[3]Para preferências gerais, a curva de demanda relativa dependerá da renda total do país. Em todo este capítulo, supomos que a curva de demanda relativa é independente da renda. É o caso para um tipo amplamente utilizado de preferências chamado de preferências homotéticas.

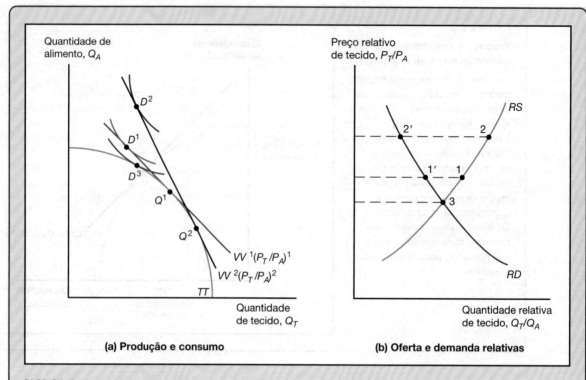

FIGURA 6.4

Efeitos de um aumento no preço relativo do tecido e ganhos de comércio.

No painel (a), o declive das linhas de isovalor é igual a menos o preço relativo do tecido, P_T/P_A. Como resultado, quando o preço relativo aumenta, todas as linhas de isovalor tornam-se mais inclinadas. Em particular, o valor máximo de linha gira de VV^1 para VV^2. A produção move-se de Q_1 para Q_2 e o consumo move-se de D^1 para D^2. Se a economia não pode realizar comércio, então produz e consome no ponto D^3. O painel (b) mostra os efeitos do aumento no preço relativo do tecido na produção relativa (move-se de 1 para 2) e na demanda relativa (move-se de 1' para 2'). Se a economia não pode realizar comércio, então consome e produz no ponto 3.

do ponto 1' para o 2'). Essa mudança no consumo relativo captura o efeito de substituição da mudança de preço. Se o efeito de renda da mudança de preço for grande o bastante, então os níveis de consumo de ambos os bens poderiam aumentar (D_T e D_A aumentam); mas o efeito de substituição de demanda determina que o consumo *relativo* de tecido, D_T/D_A, diminui. Se a economia não pode realizar comércio, então ela consome e produz no ponto 3, associado com o preço relativo $(P_T/P_A)^3$.

O efeito de bem-estar das alterações nos termos de troca

Quando P_T/P_A aumenta, um país que inicialmente exporta tecido está em melhor situação, como ilustrado pelo movimento de D^1 para D^2 no painel (a) da Figura 6.4. Por outro lado, se P_T/P_A diminui, a condição do país piora; por exemplo, o consumo poderia voltar de D^2 para D^1.

Se o país fosse, inicialmente, um exportador de alimentos em vez de tecido, a direção desse efeito seria revertida. Um aumento P_T/P_A significaria uma queda em P_A/P_T e o país ficaria em situação pior: o preço relativo do bem que exporta (alimentos) cairia. Englobamos todos esses casos ao definir os termos de troca como: o preço do bem que o país exporta inicialmente dividido pelo preço do bem que o país importa inicialmente. O enunciado

CAPÍTULO 6 ■ Modelo padrão de comércio **129**

O QUE OS CONSUMIDORES AMERICANOS GANHAM COM AS IMPORTAÇÕES CHINESAS

Um dos principais componentes dos ganhos agregados decorrentes do comércio é determinado pelo acesso dos consumidores a bens importados mais baratos. Boa parte da atenção gerada pelo aumento do comércio entre os Estados Unidos e a China enfocou as repercussões para os trabalhadores nos EUA, que discutimos no Capítulo 4. Ao mesmo tempo, os consumidores americanos se beneficiaram de aumentos no seu poder de compra graças aos preços baixos induzidos pela concorrência crescente das importações chinesas. Um estudo recente analisou o impacto dessa concorrência nos preços de centenas de milhares de produtos consumidos nos Estados Unidos.[4] Os autores observaram que o aumento do comércio com a China entre 2000 e 2007 induziu fortes reduções nesses preços, o que gerou aumentos significativos do poder de compra das famílias americanas. Em média, os ganhos representaram US\$ 1.500 por família por ano. Mais de metade desses ganhos foram gerados por reduções de preço para bens produzidos nos EUA em resposta ao aumento da concorrência das importações chinesas. E como as quedas de preço foram maiores para bens consumidos por famílias relativamente pobres, com renda anual de menos de US\$ 30.000, o ganho médio de US\$ 1.500 foi 36% maior para essas famílias em relação às mais ricas, com renda acima de US\$ 100.000.

geral, então, é de que *um crescimento nos termos de troca aumenta o bem-estar de um país, enquanto um declínio nos termos de troca reduz seu bem-estar.*

Note, entretanto, que mudanças nos termos de troca de um país nunca diminuem o bem-estar abaixo de seu nível de bem-estar em caso de ausência de comércio (representado pelo consumo em D^3). Os ganhos de comércio mencionados nos Capítulos 3, 4 e 5 ainda são aplicados a essa abordagem mais geral. As mesmas ressalvas discutidas anteriormente também valem: ganhos agregados raramente são distribuídos de modo uniforme, o que leva tanto a ganhos como perdas para os consumidores individuais.

Determinação dos preços relativos

Agora vamos supor que a economia mundial seja composta de dois países, novamente chamados Doméstica (que exporta tecido) e Estrangeira (que exporta alimentos). Os termos de troca de Doméstica são mensurados por P_T/P_A, enquanto os de Estrangeira são mensurados por P_A/P_T. Pressupomos que esses padrões de comércio são induzidos por diferenças na capacidade de produção de Doméstica e Estrangeira, como representado pelas curvas de oferta relativa associadas no painel (a) da Figura 6.5. Consideramos também que os dois países compartilham das mesmas preferências e, por isso, têm a mesma curva de demanda relativa. A um determinado preço relativo, P_T/P_A, Doméstica vai produzir respectivamente as quantidade de tecido e alimentos Q_T e Q_A, enquanto Estrangeira produz quantidades Q_T^* e Q_A^*, onde $Q_T/Q_A > Q_T^*/Q_A^*$. A oferta relativa para o mundo é, então, obtida pela soma desses níveis de produção para ambos tecido e alimentos e pela relação: $(Q_T + Q_T^*)/(Q_A + Q_A^*)$. Por construção, essa curva de oferta relativa para o mundo deve situar-se entre as curvas de oferta relativa para ambos os países.[5] A demanda relativa para o mundo também agrega a demanda para

---

[4]Veja: Xavier Jaravel e Erick Sager, "What Are the Price Effects of Trade? Evidence from the U.S. and Implications for Quantitative Trade Models". Finance and Economics Discussion Series 2019-068. Washington: Board of Governors of the Federal Reserve System, 2019.

[5]Para qualquer número positivo X_1, X_2, Y_1, Y_2, se $X_1/Y_1 < X_2/Y_2$, então $X_1/Y_1 < (X_1 + X_2)/(Y_1 + Y_2) < X_2/Y_2$.

130 PARTE I ■ Teoria de comércio internacional

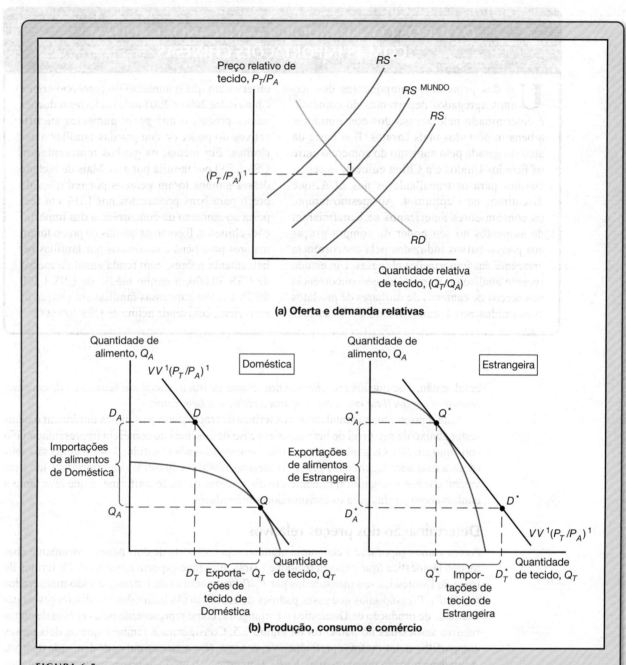

FIGURA 6.5
Preço relativo de equilíbrio com comércio e fluxos associados de comércio.

O painel (a) mostra a oferta relativa de tecido em Doméstica (RS), em Estrangeira (RS*) e para o mundo. Doméstica e Estrangeira têm a mesma demanda relativa, que é também a demanda relativa do mundo. O preço relativo de equilíbrio $(P_T/P_A)^1$ é determinado pela interseção da oferta relativa do mundo e das curvas de demanda. O painel (b) mostra o equilíbrio associado dos fluxos de comércio entre Doméstica e Estrangeira. No preço relativo de equilíbrio, $(P_T/P_A)^1$, as exportações de tecidos de Doméstica se igualam às importações de tecido de Estrangeira e as importações de alimentos de Doméstica se igualam às exportações de alimentos de Estrangeira.

tecido e alimentos pelos dois países: $(D_T + D_T^*)/(D_A + D_A^*)$. Já que não existem diferenças nas preferências dos dois países, a curva de demanda relativa para o mundo sobrepõe-se à mesma curva de demanda relativa para cada país.

O preço relativo de equilíbrio para o mundo (quando Doméstica e Estrangeira negociam) é então dado pela interseção de oferta relativa mundial e demanda no ponto 1. O preço relativo determina quantas unidades das exportações de tecido de Doméstica são trocadas pelas exportações de Estrangeira. No preço relativo de equilíbrio, as exportações de tecido desejadas por Doméstica, $Q_T - D_T$, igualam-se às importações de tecido desejadas por Estrangeira, $D_T^* - Q_T^*$. O mercado de alimentos também está em equilíbrio, de modo que as importações de alimentos desejadas por Doméstica, $D_A - Q_A$, correspondem às exportações de alimentos desejadas por Estrangeira, $Q_A^* - D_A^*$. As fronteiras de possibilidade de produção para Doméstica e Estrangeira, junto com as restrições de orçamento e escolhas de produção e de consumo associados ao preço relativo de equilíbrio $(P_T/P_A)^1$, estão ilustradas no painel (b).

Agora que sabemos como a oferta relativa, a demanda relativa, os termos de troca e o bem-estar são determinados no modelo padrão, podemos utilizá-los para entender uma série de questões importantes em economia internacional.

Crescimento econômico: um deslocamento da curva *RS*

Os efeitos do crescimento econômico em uma economia mundial de comércio internacional são uma fonte permanente de preocupações e controvérsias. O debate gira em torno de duas questões. A primeira é: o crescimento econômico em outros países é bom ou ruim para a nossa nação? E a segunda: o crescimento em um país é mais ou menos valioso quando essa nação é parte de uma economia mundial altamente integrada?

Ao avaliar os efeitos do crescimento em outros países, ambos os lados do debate podem oferecer argumentos baseados no senso comum. De um lado, o crescimento econômico no resto do mundo pode ser bom para nossa economia, pois significa mercados maiores para nossas exportações e preços mais baixos para nossas importações. Do outro, o crescimento em outros países pode significar aumento da competição para nossos exportadores e produtores domésticos, que precisam concorrer com exportadores estrangeiros.

Encontramos ambiguidades semelhantes quando analisamos os efeitos do crescimento em Doméstica. Por um lado, crescimento na capacidade de produção de uma economia deveria ser mais valioso quando o país pode vender parte de seu aumento na produção para o mercado mundial. Por outro lado, os benefícios do crescimento podem ser repassados para os estrangeiros na forma de preços mais baixos para as exportações do país em vez de serem mantidos no próprio país.

O modelo padrão de comércio, desenvolvido na última seção, fornece uma estrutura que pode acabar com essas contradições aparentes e esclarecer os efeitos do crescimento econômico em um mundo de comércio.

Crescimento e a fronteira de possibilidade de produção

Crescimento econômico significa uma expansão da fronteira de possibilidade de produção de um país. Esse crescimento pode resultar tanto de aumentos nos recursos ou de melhorias na eficiência com que esses recursos são utilizados.

Os efeitos do crescimento no comércio internacional resultam do fato de que tal crescimento tipicamente tem um *viés*. O **crescimento enviesado** acontece quando a fronteira de possibilidade de produção move-se mais em uma direção do que na outra. O painel (a) da Figura 6.6 ilustra o crescimento enviesado para o tecido (move-se de TT^1 para TT^2), enquanto o painel (b) mostra o crescimento enviesado para os alimentos (move-se de TT^1 para TT^3).

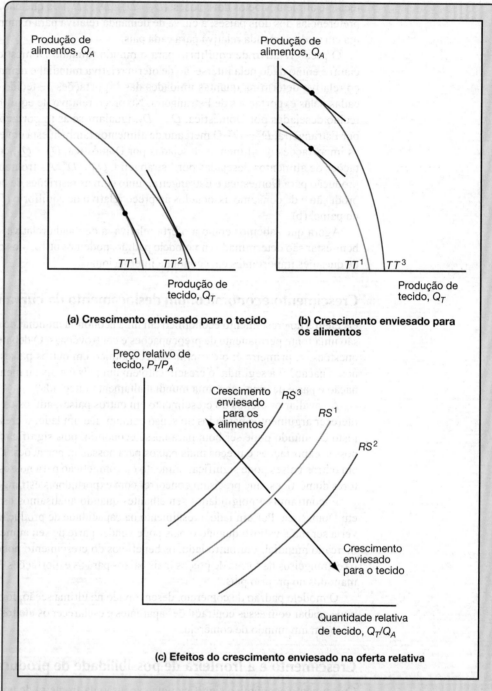

FIGURA 6.6

Crescimento enviesado.

O crescimento é enviesado quando move as possibilidades de produção mais para a direção de um bem do que de outro. No caso (a), o crescimento é enviesado para o tecido (move-se de TT^1 para TT^2), enquanto no caso (b) o crescimento é enviesado para os alimentos (move-se de TT^1 para TT^3). Os movimentos associados na curva de oferta relativa são mostrados no painel (c): move-se para a direita (de RS^1 para RS^2) quando o crescimento é enviesado para o tecido e move-se para a esquerda (de RS^1 para RS^3) quando o crescimento é enviesado para os alimentos.

CAPÍTULO 6 ■ Modelo padrão de comércio **133**

O crescimento pode ser enviesado por duas razões principais:

1. O modelo ricardiano do Capítulo 3 mostrou que o progresso tecnológico em um setor da economia expandirá as possibilidades de produção da economia na direção da produção daquele setor.
2. O modelo de Heckscher-Ohlin do Capítulo 5 mostrou que o aumento de um fator de oferta de produção em um país – digamos, um aumento nas ações de capital resultante de economia e investimento – produzirá expansão enviesada das possibilidades de produção. O viés será na direção do bem para o qual o fator é específico ou na do bem cuja produção é intensiva no fator em que oferta aumentou. Portanto, as mesmas considerações que aumentam o comércio internacional também conduzirão o crescimento enviesado em uma economia que participa de comércio.

As tendências de crescimento nos painéis (a) e (b) são fortes. Em cada caso, a economia é capaz de produzir mais de ambos os bens. Entretanto, a um preço relativo inalterado para o tecido, a produção de alimentos na verdade cai no painel (a), enquanto a produção de tecido na verdade cai no painel (b). Embora o crescimento não seja sempre fortemente enviesado, como é nesses exemplos, mesmo o crescimento que é enviesado de forma mais branda para o tecido conduzirá, *para qualquer preço relativo de tecido*, a um aumento na produção *relativa* de tecido em relação à saída de alimentos. Em outras palavras, a curva de oferta relativa do país move-se para a direita. Essa mudança é representada no painel (c) pela transição de RS^1 para RS^2. Quando o crescimento está enviesado para os alimentos, a curva de oferta relativa move-se para a esquerda, como mostrado pela transição de RS^1 para RS^3.

Oferta mundial relativa e os termos de troca

Supomos agora que Doméstica vivencie um crescimento fortemente enviesado para o tecido, de modo que a sua produção de tecido aumenta em qualquer preço relativo dado, enquanto a sua produção de alimentos diminui, como mostrado no painel (a) da Figura 6.6. Então a produção de tecido em relação à de alimentos vai aumentar, independentemente do preço para o mundo como um todo, e a curva de oferta relativa mundial irá mover-se para a direita, assim como a curva de oferta relativa para Doméstica. Esse movimento na oferta relativa mundial é mostrado no painel (a) da Figura 6.7 pelo movimento de RS^1 para RS^2. Os resultados são uma queda no preço relativo do tecido de $(P_T/P_A)^1$ para $(P_T/P_A)^2$, uma piora nos termos de troca de Doméstica e uma melhora nos termos de troca de Estrangeira.

Perceba que a consideração importante aqui não é *qual* economia cresce, mas sim o viés desse crescimento. Se Estrangeira tiver vivenciado um crescimento fortemente enviesado para o tecido, os efeitos na curva de oferta relativa mundial e, portanto, nos termos de troca, teriam sido similares. Por outro lado, o crescimento de Doméstica ou Estrangeira fortemente enviesado para os alimentos levará a um deslocamento para a *esquerda* da curva RS (RS^1 para RS^3) para o *mundo* e, portanto, a um aumento no preço relativo do tecido de $(P_T/P_A)^1$ para $(P_T/P_A)^3$ (como mostrado no painel [b]). O aumento do preço relativo é uma melhora nos termos de troca de Doméstica, mas uma piora nos de Estrangeira.

O crescimento que expande desproporcionalmente as possibilidades de produção de um país na direção do bem que ele exporta (tecido para Doméstica, alimentos para Estrangeira) é um **crescimento enviesado pela exportação**. De modo similar, o crescimento enviesado para o bem que o país importa é um **crescimento enviesado pela importação**. Nossa análise leva ao seguinte princípio geral: *crescimento enviesado pela exportação tende a piorar os termos de troca de um país em crescimento em benefício do resto do mundo; crescimento enviesado pela importação tende a melhorar os termos de troca de um país em crescimento à custa do resto do mundo.*

Efeitos internacionais do crescimento

Agora, utilizando esse princípio, estamos aptos a resolver nossas questões sobre os efeitos internacionais de crescimento. O crescimento no resto do mundo é bom ou ruim para nosso país? O fato de nosso país fazer parte de uma economia de comércio mundial aumenta

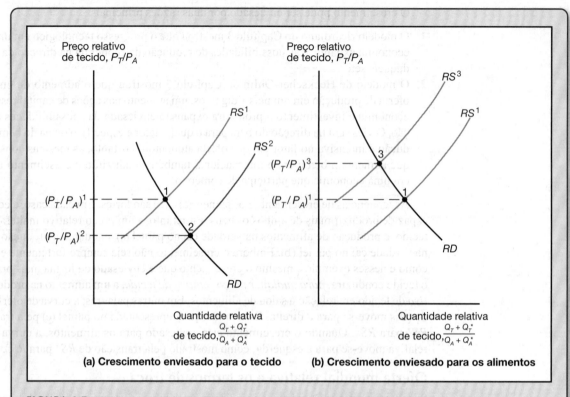

FIGURA 6.7
Crescimento e oferta relativa mundial
O crescimento enviesado para o tecido move a curva RS para o mundo à direita (a), enquanto o crescimento enviesado para os alimentos move-a para a esquerda (b).

ou diminui os benefícios do crescimento? Em cada caso, a resposta depende do *viés* do crescimento. Crescimento enviesado pela exportação no resto do mundo é bom para nós e melhora nossos termos de troca, enquanto crescimento enviesado pela importação no exterior piora nossos termos de troca. Crescimento enviesado pela exportação em nosso próprio país piora nossos termos de troca, reduzindo os benefícios diretos do crescimento, enquanto crescimento enviesado pela importação leva a uma melhoria em nossos termos de troca, um benefício secundário.

Durante os anos 1950, muitos economistas de países mais pobres acreditavam que suas nações, que exportavam principalmente matérias-primas, tenderiam a sofrer uma queda contínua dos termos de troca ao longo do tempo. Eles acreditavam que o crescimento no mundo industrial seria marcado por um desenvolvimento crescente de substitutos sintéticos para matérias-primas, enquanto o crescimento nas nações mais pobres tomaria a forma da ampliação adicional da sua capacidade de produzir o que já exportavam, não um avanço no sentido da industrialização. Em outras palavras, o crescimento no mundo industrial seria enviesado pela importação, enquanto no mundo menos desenvolvido, seria enviesado pela exportação.

Alguns analistas até mesmo sugerem que o crescimento nas nações mais pobres poderia, na verdade, ser um tiro no pé. Eles argumentam que o crescimento enviesado pela exportação das nações mais pobres pioraria tanto seus termos de troca que elas ficariam em pior situação do que se não tivessem crescido nada. Os economistas chamam essa situação de **crescimento empobrecedor**.

CAPÍTULO 6 ▪ Modelo padrão de comércio **135**

Em um artigo famoso de 1958, o economista Jagdish Bhagwati, da Universidade de Columbia, mostrou que tais efeitos perversos do crescimento podem, de fato, ocorrer dentro de um modelo econômico rigorosamente especificado.[6] Entretanto, as condições sob as quais o crescimento empobrecedor pode ocorrer são extremas: o forte crescimento enviesado pela exportação deve ser combinado com curvas de *RS* e *RD* mais inclinadas para que a mudança nos termos de troca seja grande o suficiente para equilibrar os efeitos favoráveis diretos de um aumento na capacidade produtiva de um país. Hoje em dia, a maioria dos economistas vê o conceito de crescimento empobrecedor como uma ideia mais teórica do que como um problema do mundo real.

Enquanto o crescimento nacional normalmente aumenta nosso próprio bem-estar, mesmo em um mundo de comércio, isso não é necessariamente verdade sobre o crescimento no exterior. O crescimento enviesado pela importação não é uma possibilidade improvável e toda vez que o resto do mundo vivencia tal crescimento, isso piora nossos termos de troca. No Estudo de Caso a seguir, investigamos se os Estados Unidos sofreram alguma perda de renda real (deterioração dos seus termos de troca) durante as últimas quatro décadas à medida que alguns de seus parceiros comerciais mais importantes passaram por períodos de crescimento rápido. No quadro seguinte, discutimos o caso de alguns países em desenvolvimento que estão significativamente mais expostos a perdas de renda geradas por deteriorações nos seus termos de troca.

ESTUDO DE CASO

O crescimento dos países recém-industrializados prejudicou as nações desenvolvidas?

Nos dois estudos de caso anteriores, exploramos o impacto do aumento do comércio com economias recém-industrializadas (NIEs, do inglês *newly industrializing economies*) entre os trabalhadores americanos no curto prazo (demissões nos setores que concorrem com importações; Capítulo 4) e no longo prazo (maior desigualdade de renda; Capítulo 5). Como enfatizamos diversas vezes, o comércio tem o potencial de criar vencedores e perdedores (variações na distribuição de renda) dentro de cada país, mesmo que os ganhos de renda agregada sejam positivos. Neste Estudo de Caso, exploramos se os Estados Unidos sofreram uma deterioração nos seus termos de troca à medida que alguns dos seus principais parceiros comerciais vivenciaram períodos de crescimento rápido (especialmente a China). Isso representaria uma perda de renda agregada para os EUA.

Como os prejuízos causados pelo comércio internacional tendem a ser mais visíveis e concentrados do que os ganhos (ao menos nos países desenvolvidos), talvez não surpreenda que a grande maioria dos respondentes americanos das pesquisas de opinião da Gallup desde 2013 (entre 84 e 91%) acreditem que o poder econômico (crescente) da China representa uma ameaça aos interesses essenciais dos EUA, o que pode ser interpretado como uma perda de renda agregada para os Estados Unidos.

Podemos analisar se o crescimento rápido da economia chinesa nas duas últimas décadas gerou perdas agregadas para a economia americana por meio do declínio de longo prazo dos termos de troca dos EUA (e da valorização correspondente dos termos de troca chineses). No Pós-escrito Matemático deste capítulo, mostramos que o efeito renda real percentual de uma mudança nos termos de troca é mais ou menos igual à

---

[6]"Immiserizing Growth: A Geometrical Note", *Review of Economic Studies*, v. 25, p. 201 -205, jun. 1958.

mudança percentual nos termos de troca multiplicada pela participação das importações na renda. Para os Estados Unidos, onde as importações representam 15% do PIB, uma diminuição de 1% nos termos de troca reduziria a renda real em apenas 0,15%. Assim, os termos de troca deveriam diminuir vários pontos percentuais por ano para causarem um atraso perceptível no crescimento econômico.

A Figura 6.8 mostra a evolução dos termos de troca tanto para os Estados Unidos quanto para a China nos últimos 40 anos (normalizados em 100 em 2000). Os termos de troca são medidos empiricamente pelas médias dos preços da cesta de bens exportados e a sua divisão por uma média similar para o cesto de bens importados. Vemos que a magnitude das flutuações anuais nos termos de troca para os Estados Unidos é pequena: a variação percentual média de um ano para o outro é de menos de 2%, sem que haja uma tendência clara ao longo do tempo. Os termos de troca dos Estados Unidos em 2018 estão no mesmo nível que estavam em 2000 e, antes disso, em 1986. Portanto, não há evidências de que os Estados Unidos tenham sofrido qualquer tipo de perda contínua por uma deterioração de longo prazo em seus termos de troca. Além disso, não há evidências de que os termos de troca da China tenham aumentado continuamente à medida que o país se integrou à economia mundial. Na verdade, os termos de troca chineses deterioraram-se ao longo da última década.

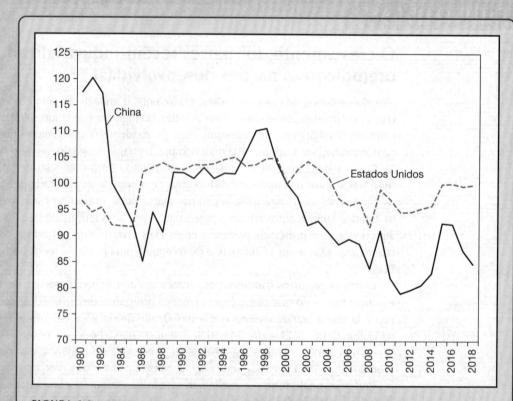

FIGURA 6.8

A evolução dos termos de troca para os Estados Unidos e a China (1980–2018, 2000 = 100).

Fonte: Indicadores de Desenvolvimento Mundial, Banco Mundial.

CAPÍTULO 6 ■ Modelo padrão de comércio   **137**

O resultado é consistente com as evidências discutidas anteriormente no quadro sobre o ganho dos consumidores americanos com as importações chinesas, motivado pela redução dos preços de bens importados da China (além de bens similares produzidos nos EUA). A média desses preços é parte do denominador usado para calcular os termos de troca dos EUA, então a sua queda contribui para aumentos nos termos de troca. Por fim, uma queda nos termos de troca dos EUA também é consistente com as evidências relativas ao crescimento explosivo do comércio com a China discutido no Capítulo 4: se os termos de troca dos Estados Unidos tivessem piorado, o bem-estar teria diminuído devido a uma redução no comércio e nos ganhos agregados associados decorrentes dele. Os piores resultados para o bem-estar agregado seriam um retorno à autarquia e a eliminação completa do comércio.

A EXPOSIÇÃO DOS PAÍSES EM DESENVOLVIMENTO A CHOQUES DOS TERMOS DE TROCA E A PANDEMIA DA COVID-19

A maioria dos países desenvolvidos tende a vivenciar oscilações leves em seus termos de troca, em torno de 1% ou menos por ano (em média), como ilustra a Figura 6.8 para os Estados Unidos. Entretanto, algumas exportações dos países em desenvolvimento estão altamente concentradas em setores minerais e de agricultura. Os preços desses bens nos mercados mundiais são muito voláteis e levam a grandes oscilações nos termos de troca. Essas oscilações, por sua vez, se refletem em variações substanciais no bem-estar, pois o comércio é concentrado em um número pequeno de setores e representa uma porcentagem substancial do PIB. Considere o conjunto de 38 economias de baixa renda e emergentes com PIB *per capita* de menos de US$ 25.000 (em dólares de 2005, ajustados para diferenças em poder de compra) estudado pelo Banco Mundial. Em metade desses países, as exportações apenas das três *commodities* principais representam mais de metade das exportações agregadas do país.

Como os preços dessas *commodities* é tão volátil, um estudo recente estima que as variações induzidas nos termos de troca representavam 40% das oscilações do PIB, em média, para todos os 38 países.[7]

Além do impacto direto na saúde pública causado pela covid-19, a pandemia mundial também provocou grandes oscilações nos preços de *commodities* que atingiram especialmente os países em desenvolvimento. O preço do petróleo despencou quando as fábricas do mundo todo fecharam as portas durante os *lockdowns*. Durante um breve período em abril de 2020, o preço do petróleo bruto ficou *negativo*: "vendedores" de petróleo tinham que pagar os "compradores" para se livrar dos seus estoques. Antes da pandemia, o petróleo representava 80% das exportações da Nigéria e 50% da receita total do governo. De acordo com o Banco Mundial, a queda no preço do petróleo induzida pela pandemia provocou a pior recessão em quatro décadas na economia nigeriana.

Tarifas aduaneiras e subsídios à exportação: desvios simultâneos em *RS* e *RD*

Tarifas de importação (impostos cobrados sobre importações) e **subsídios à exportação** (pagamentos feitos aos produtores domésticos que vendem um bem ao exterior) não costumam ser adotados para afetar os termos de troca de um país. Essas intervenções governamentais no comércio geralmente acontecem para fins de distribuição de renda, para a promoção de indústrias consideradas cruciais à economia ou para o balanço de pagamentos.

---

[7]Veja: F. DiPace, L. Juvenal, e I. Petrella, *Terms-of-Trade Shocks Are Not All Alike*. Londres: Centre for Economic Policy Research, 2020.

PARTE I ■ Teoria de comércio internacional

(Obs.: examinaremos essas motivações nos Capítulos 10, 11 e 12). Entretanto, qualquer que seja o motivo para as tarifas aduaneiras e para os subsídios, eles *têm* efeitos nos termos de troca que podem ser compreendidos por meio do modelo padrão de comércio.

A característica distintiva das tarifas aduaneiras e dos subsídios à exportação é que criam uma diferença entre os preços pelos quais os bens são comercializados no mercado mundial e os preços pelos quais podem ser comprados dentro de um país. O efeito direto de uma tarifa aduaneira é fazer bens importados serem mais caros dentro de um país do que fora dele. Um subsídio à exportação dá aos produtores um incentivo para exportar. Portanto, será mais rentável vender para o exterior do que nacionalmente, a não ser que o preço interno seja maior, então tal subsídio aumenta o preço dos bens exportados dentro de um país. Note que isso é muito diferente dos efeitos de um subsídio de produção, que também reduz o preço nacional dos bens afetados (desde que tal subsídio não os discrimine com base no destino dos bens vendidos).

Quando os países são grandes exportadores ou importadores de um bem (relativo ao tamanho do mercado mundial), as mudanças de preço causadas pelas tarifas aduaneiras e pelos subsídios alteram tanto a oferta quanto a demanda relativas nos mercados mundiais. O resultado é uma mudança nos termos de troca, tanto do país que impõe a mudança na política quanto do resto do mundo.

Demanda relativa e efeitos na oferta de uma tarifa aduaneira

Tarifas aduaneiras e subsídios causam um atrito entre os preços pelos quais os bens são comercializados internacionalmente (**preços externos**) e os preços pelos quais são trocados dentro de um país (**preços internos**). Isso significa que temos de ter cuidado ao definir os termos de troca que pretendem medir a razão pela qual os países comercializam os bens. Por exemplo, quantas unidades de alimento Doméstica pode importar para cada unidade de tecido que exportar? Isso significa que os termos de troca correspondem aos preços externos, não aos internos. Quando analisamos os efeitos de uma tarifa aduaneira ou de um subsídio à exportação, portanto, queremos saber como essa tarifa aduaneira ou subsídio afeta a oferta e a demanda relativas *em função dos preços externos*.

Se Doméstica impõe uma tarifa aduaneira de 20% sobre o valor de importação de alimentos, por exemplo, o preço interno do alimento em relação ao do tecido enfrentado pelos produtores e consumidores de Doméstica será 20% mais alto do que o preço relativo externo de alimentos no mercado mundial. De forma equivalente, o preço relativo interno do tecido no qual os residentes de Doméstica baseiam suas decisões estará menor do que o preço relativo do mercado externo.

A um determinado preço relativo mundial dado do tecido, então, os produtores de Doméstica enfrentarão um preço relativo mais baixo do tecido e, portanto, produzirão menos tecido e mais alimentos. Ao mesmo tempo, os consumidores de Doméstica mudarão seu consumo em direção ao tecido e se distanciarão dos alimentos. Do ponto de vista do mundo como um todo, a oferta relativa de tecido vai cair (de RS^1 para RS^2, na Figura 6.9), enquanto a demanda relativa por tecido vai aumentar (de RD^1 para RD^2). Claramente, o preço relativo mundial do tecido aumenta de $(P_T/P_A)^1$ para $(P_T/P_A)^2$ e, por conseguinte, os termos de troca de Doméstica melhoram à custa de Estrangeira.

A extensão desse efeito dos termos de troca depende da magnitude da tarifa aduaneira imposta pelo país em relação ao resto do mundo. Se o país é somente uma pequena parte do mundo, seu efeito na oferta e demanda relativas mundiais deve ser pequeno e, portanto, o mesmo deve ocorrer para os preços relativos. Algumas estimativas sugerem que se os Estados Unidos, um país muito grande, impusessem uma tarifa aduaneira de 20%, seus termos de troca poderiam aumentar em 15%. Em outras palavras, o preço das importações americanas em relação às exportações poderiam cair até 15% no mercado mundial, enquanto o preço relativo das importações subiria somente 5% dentro dos Estados Unidos. Por outro lado, se Luxemburgo ou Paraguai impusessem uma tarifa aduaneira de 20%, os efeitos nos termos de troca provavelmente seriam pequenos demais para serem medidos.

FIGURA 6.9
Efeitos de uma tarifa aduaneira de alimentos nos termos de troca.

Uma tarifa de importação de alimentos imposta por Doméstica reduz a oferta relativa de tecido (de RS^1 para RS^2) e aumenta a demanda relativa (de RD^1 para RD^2) para o mundo como um todo. Como resultado, o preço relativo do tecido deve aumentar de $(P_T/P_A)^1$ para $(P_T/P_A)^2$.

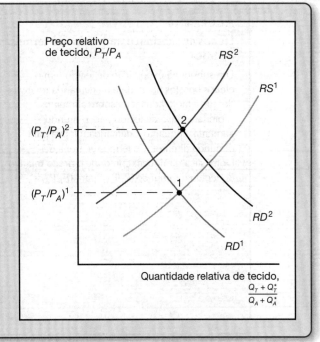

Efeitos de um subsídio à exportação

Tarifas aduaneiras e subsídios à exportação muitas vezes são tratados como políticas similares, já que ambos parecem apoiar os produtores nacionais, mas têm efeitos opostos nos termos de troca. Suponha que Doméstica ofereça um subsídio de 20% sobre o valor de qualquer roupa exportada. Para um dado preço mundial, esse subsídio aumenta o preço interno do tecido de Doméstica em relação ao preço dos alimentos em 20%. O aumento no preço relativo do tecido vai levar os produtores de Doméstica a produzir mais tecido e menos alimentos, e os consumidores a substituir alimentos por tecido. Como ilustrado na Figura 6.10, o subsídio vai aumentar a oferta relativa mundial de tecido (de RS^1 para RS^2) e diminuir a demanda relativa mundial por tecido (de RD^1 para RD^2), movendo o equilíbrio do ponto 1 para o ponto 2. Um subsídio à exportação de Doméstica piora os termos de troca de Doméstica e melhora os de Estrangeira.

Consequências dos efeitos dos termos de troca: quem ganha e quem perde?

Se Doméstica impuser uma tarifa aduaneira, isso melhora seus termos de troca à custa de Estrangeira. Portanto, tarifas aduaneiras prejudicam o resto do mundo. O efeito no bem-estar de Doméstica não tem um contorno nítido. A melhora nos termos de troca beneficia Doméstica; entretanto, a tarifa aduaneira também impõe custos ao distorcer os incentivos de produção e de consumo dentro de sua economia (veja o Capítulo 9). Os ganhos dos termos de troca prevalecerão sobre as perdas de distorção somente enquanto a tarifa aduaneira não for muito grande. Veremos mais tarde como definir uma tarifa ótima que maximiza o benefício líquido. (Para países pequenos que não podem ter muito impacto em seus termos de troca, a tarifa ótima é próxima de zero).

Os efeitos de um subsídio à exportação são bem claros. Os termos de troca de Estrangeira melhoram à custa de Doméstica, deixando-a claramente em melhor situação. Ao mesmo tempo, Doméstica perde com a deterioração dos termos de troca *e* com os efeitos de distorção de sua política.

Essa análise parece mostrar que os subsídios à exportação nunca fazem sentido. Na verdade, é difícil listar situações nas quais os subsídios à exportação serviriam ao interesse

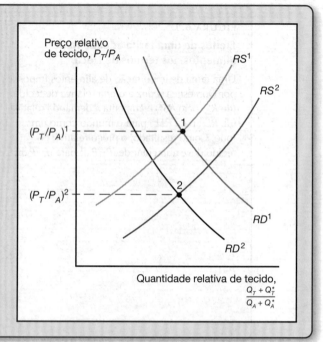

FIGURA 6.10
Efeitos de subsídio para tecido nos termos de troca.
Um subsídio à exportação de tecido tem os efeitos opostos na oferta e na demanda relativas do que a tarifa aduaneira sobre alimentos. A oferta relativa de tecido para o mundo aumenta, enquanto a demanda relativa para o mundo diminui. Os termos de troca de Doméstica diminuem conforme o preço relativo do tecido diminui de $(P_T/P_A)^1$ para $(P_T/P_A)^2$.

nacional. O uso de subsídios à exportação como uma ferramenta política geralmente tem mais a ver com as peculiaridades das políticas de comércio do que com a lógica econômica.

Tarifas aduaneiras estrangeiras são sempre ruins para um país e subsídios à exportação são sempre benéficos? Não necessariamente. Nosso modelo é de um mundo de dois países, no qual o outro país exporta o bem que importamos e vice-versa. No mundo real, de múltiplas nações, um governo estrangeiro pode subsidiar a exportação de um bem que compete com as exportações dos Estados Unidos. Esse subsídio estrangeiro, obviamente, prejudicará os termos de troca americanos. Um bom exemplo para esse efeito são os subsídios europeus às exportações agrícolas (veja o Capítulo 9). Por outro lado, um país pode impor uma tarifa aduaneira sobre algo que os Estados Unidos também importam, baixando seu preço e beneficiando os Estados Unidos. Portanto, temos de qualificar nossas conclusões a partir de uma análise de dois países: subsídios à exportação de coisas que *os Estados Unidos importam* ajudam o comércio americano, enquanto tarifas aduaneiras *contra as exportações americanas* o prejudicam.

O ponto de vista de que vendas estrangeiras subsidiadas para os Estados Unidos são boas para o comércio americano não é popular. Quando governos estrangeiros são acusados de subsidiar as vendas nos Estados Unidos, ambas as reações popular e política são de que isso é competição injusta. Portanto, quando o Departamento de Comércio determinou, em 2012, que o governo chinês estava subsidiando a exportação de painéis solares para os Estados Unidos, sua resposta foi impor uma tarifa aduaneira sobre importações de painéis solares da China.[8] O modelo padrão nos diz que preços menores para painéis solares são uma coisa boa para a economia americana (que é uma importadora líquida de painéis solares). Por outro lado, alguns modelos baseados na competição imperfeita e em retornos crescentes de escala de produção apontam para algumas perdas potenciais de bem-estar do subsídio chinês. Ainda assim, o maior impacto do subsídio recai sobre a distribuição de renda dentro dos Estados Unidos. Se a China subsidia exportações de painéis solares para os Estados Unidos, a maioria dos residentes americanos ganha com energia solar mais barata e o mundo se beneficia da redução nas emissões de carbono. Entretanto, trabalhadores e investidores

---

[8]Veja: U.S. Will Place Tariffs on Chinese Solar Panels, *The New York Times*, 10 out. 2012.

CAPÍTULO 6 ■ Modelo padrão de comércio **141**

da indústria americana de painéis solares são prejudicados pelos baixos preços das importações (contudo, há cerca de seis vezes mais trabalhadores empregados na venda, distribuição e instalação de painéis solares, que se beneficiam dos preços mais baixos das importações). Outra consequência das tarifas americanas sobre painéis solares importados da China foi o desvio de comércio: o preço mais elevado dos painéis solares da China alimentou um *boom* de investimentos na produção de painéis solares na Malásia.[9] Em 2016, a Malásia superou a China e tornou-se a maior fonte de painéis solares importados nos EUA. Em 2018, os Estados Unidos impuseram uma tarifa de 30% sobre as importações de painéis solares de todos os países.

Empréstimos internacionais

Até aqui, todas as relações de comércio que descrevemos não foram referenciadas por uma dimensão de tempo: um bem, por exemplo, tecido, é trocado por um bem diferente, digamos, alimentos. Nesta seção, mostramos como o modelo padrão de comércio que desenvolvemos também pode ser utilizado para analisar outro tipo muito importante de comércio entre países que ocorre ao longo do tempo: empréstimos internacionais. Qualquer transação internacional que ocorra ao longo do tempo tem um aspecto financeiro, e esse aspecto é um dos principais tópicos que abordamos na segunda metade deste livro. Entretanto, também podemos abstrair daqueles aspectos financeiros e pensar em empréstimos internacionais como outro tipo de comércio: em vez de comercializar um bem por outro em um ponto do tempo, trocamos bens hoje em troca de alguns bens no futuro. Esse tipo de comércio é conhecido como **comércio intertemporal**. Falaremos muito mais sobre isso mais à frente neste texto, mas, por enquanto, vamos analisá-lo usando uma variação do nosso modelo padrão de comércio com uma dimensão de tempo.[10]

Possibilidades de produção intertemporais e comércio intertemporal

Mesmo na ausência de movimento de capital internacional, qualquer economia enfrenta uma troca entre consumo agora e consumo no futuro. Geralmente, as economias não consomem toda a sua produção atual; uma parte toma forma de investimento em máquinas, edifícios e outras formas de capital produtivo. Quanto mais investimento uma economia faz agora, mais ela vai ser capaz de produzir e consumir no futuro. Para investir mais, entretanto, uma economia deve liberar recursos consumindo menos (a não ser que sejam recursos não aplicados, uma possibilidade que descartamos temporariamente). Portanto, existe uma troca entre consumo atual e futuro.

Imaginemos uma economia que consome somente um bem e existirá somente por dois períodos, os quais chamaremos de *atual* e *futuro*. Então existirá uma troca entre produção atual e futura do consumo do bem, o que pode ser resumido ao desenhar uma **fronteira de possibilidade de produção intertemporal**. Tal fronteira é ilustrada na Figura 6.11. Ela se parece exatamente com as fronteiras de possibilidade de produção entre dois bens em um ponto do tempo que estivemos desenhando.

A forma da fronteira de possibilidade de produção intertemporal vai diferir entre países. Alguns terão possibilidades de produção enviesadas para a produção atual, enquanto outras serão enviesadas para a produção futura. Em breve, questionaremos a que diferenças reais esses vieses correspondem, mas primeiro vamos apenas supor que existem dois países, Doméstica e Estrangeira, com diferentes possibilidades de produção intertemporal. As possibilidades de Doméstica são enviesadas para o consumo atual, enquanto as de Estrangeira são enviesadas para o consumo futuro.

Raciocinando por analogia, já sabemos o que esperar. Na ausência de empréstimos internacionais, esperaríamos que o preço relativo do consumo futuro fosse mais alto em

---

[9]Veja: "Solar Rises in Malaysia During Trade Wars Over Panels", *New York Times*, 11 dez. 2014.

[10]Veja o Apêndice para derivações e detalhes adicionais.

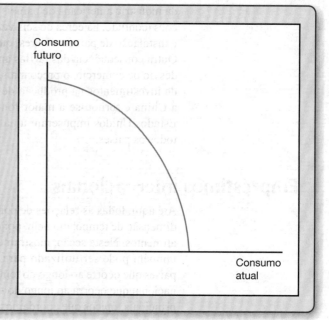

FIGURA 6.11
A fronteira de possibilidade de produção intertemporal.
Um país pode trocar o consumo atual pelo consumo futuro da mesma forma que pode produzir mais de um bem ao produzir menos de outro.

Doméstica do que em Estrangeira e, portanto, se abríssemos a possibilidade de comércio ao longo do tempo, esperaríamos que Doméstica exportasse o consumo atual e importasse o consumo futuro.

Entretanto, isso pode parecer um pouco confuso. Qual é o preço relativo do consumo futuro e como um país comercializa ao longo do tempo?

A taxa de juros real

Como um país pratica comércio ao longo do tempo? Assim como um indivíduo, um país pode comercializar ao longo do tempo por meio de empréstimos. Considere o que acontece com alguém que toma um empréstimo: inicialmente, poderá gastar acima de sua renda ou, em outras palavras, consumir acima de sua produção. Entretanto, mais tarde, deve pagar o empréstimo com juros e, portanto, no futuro, vai consumir *menos* do que produz. Ao tomar o empréstimo, então, efetivamente trocou consumo futuro por consumo atual. O mesmo vale para um país que toma um empréstimo.

Claramente, o preço do consumo futuro em termos de consumo atual tem algo a ver com a taxa de juros. Como veremos na segunda metade deste livro, no mundo real, a interpretação das taxas de juros é complicada pela possibilidade de mudanças no nível geral de preços. Por enquanto, ignoraremos esse problema supondo que os contratos de empréstimo são especificados em termos "reais": quando um país pega um empréstimo, ele tem o direito de comprar uma quantidade de consumo agora em troca do pagamento de uma quantia maior no futuro. Mais especificamente, a quantidade do pagamento no futuro será $(1 + r)$ vezes a quantidade emprestada no presente, onde r é a **taxa de juros real** do empréstimo. Já que a troca é uma unidade de consumo atual por $(1 + r)$ unidades no futuro, o preço relativo do consumo futuro é $1/(1 + r)$.

Quando esse preço relativo do consumo futuro aumenta (isto é, a taxa de juros real r cai), um país responde investindo mais. Isso aumenta a oferta do consumo futuro em relação ao consumo atual (um movimento para a esquerda ao longo da fronteira de possibilidade de produção intertemporal na Figura 6.11) e sugere uma curva de oferta relativa com inclinação ascendente para o consumo futuro. Anteriormente, vimos como as preferências de um

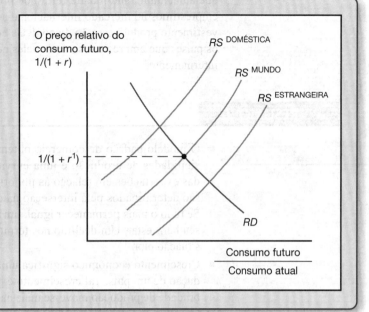

FIGURA 6.12
A taxa de juros de equilíbrio com empréstimos internacionais.
A oferta de consumo futuro de Estrangeira (relativa ao consumo atual) é deslocada para fora em relação à oferta relativa de Doméstica. Doméstica e Estrangeira têm a mesma demanda relativa por consumo futuro, que é também a demanda relativa para o mundo. A taxa de juros de equilíbrio $1/(1 + r^1)$ é determinada pela interseção da oferta e da demanda relativas do mundo.

consumidor por tecido e alimentos poderiam ser representadas por uma curva de demanda relativa relacionando o consumo relativo aos preços relativos desses bens. De forma similar, um consumidor também terá preferências ao longo do tempo que capturam o quanto ele está disposto a substituir o consumo atual pelo futuro e vice-versa. Esses efeitos de substituição também são capturados por uma curva de demanda intertemporal relativa, que relaciona a demanda relativa por consumo futuro (a relação entre consumo futuro e consumo atual) ao seu preço relativo $1/(1 + r)$.

O paralelo com o nosso modelo padrão de comércio está completo agora. Se empréstimos internacionais são permitidos, o preço relativo do consumo futuro e, portanto, a taxa de juros real mundial serão determinados pela oferta relativa e pela demanda mundiais pelo consumo futuro. A determinação do preço relativo de equilíbrio $1/(1 + r^1)$ é mostrada na Figura 6.12 (note o paralelo com o comércio de bens e o painel [a] da Figura 6.5). As curvas de oferta relativa intertemporal para Doméstica e Estrangeira refletem como as possibilidades de produção de Doméstica estão enviesadas ao consumo atual, enquanto as possibilidades de produção de Estrangeira estão enviesadas ao consumo futuro. Em outras palavras, a oferta relativa de Estrangeira para o consumo futuro move-se para fora em relação à oferta relativa de Doméstica. Na taxa de juros real de equilíbrio, Doméstica exporta o consumo atual em troca de importações do consumo futuro. Isto é, Doméstica empresta para Estrangeira no presente e recebe o pagamento no futuro.

Vantagem comparativa intertemporal

Pressupomos que as possibilidades de produção intertemporal de Doméstica estejam enviesadas para a produção atual. Mas o que isso significa? As origens da vantagem comparativa intertemporal são um pouco diferentes daquelas que promovem o comércio comum.

Um país que tem uma vantagem comparativa na produção futura de bens de consumo é um país que, na ausência de empréstimos internacionais, teria um preço relativo baixo de consumo futuro, isto é, uma alta taxa de juros real. Essa taxa de juros real corresponde a um alto retorno em investimento, ou seja, um alto retorno para desviar recursos da produção atual de bens de consumo para a produção de bens de capital, construção e outras atividades

144 PARTE I ■ Teoria de comércio internacional

que aumentam a habilidade futura de produzir da economia. Então, os países que tomam empréstimos no mercado internacional serão aqueles nos quais altas oportunidades de investimento produtivo estão disponíveis em relação à capacidade produtiva atual, enquanto os países que emprestam serão aqueles nos quais tais oportunidades não estão disponíveis internamente.

RESUMO

- O modelo padrão de comércio obtém uma curva de oferta relativa mundial das possibilidades de produção e uma curva de demanda relativa das preferências. O preço das exportações em relação às importações, ou melhor, os termos de troca de um país, são determinados pela interseção da oferta relativa mundial e das curvas de demanda. Se tudo o mais permanecer igual, um aumento nos termos de troca de um país aumenta seu bem-estar. Um declínio nos termos de troca de um país, por sua vez, leva-o a uma situação pior.

- Crescimento econômico significa uma ampliação da fronteira de possibilidade de produção de um país. Tal crescimento é geralmente enviesado, isto é, a fronteira de possibilidade de produção move-se mais na direção de alguns bens do que de outros. O efeito imediato do crescimento enviesado é causar, se o resto se mantiver igual, um aumento na oferta relativa mundial dos bens aos quais o crescimento é enviesado. Esse movimento na curva de oferta relativa mundial, por sua vez, leva a uma mudança nos termos de troca de um país que cresce, o que pode ir em qualquer direção. Se os termos de troca do país que cresce melhoram, isso reforça o crescimento nacional inicial, mas prejudica o crescimento no resto do mundo. Se os termos de troca do país que cresce pioram, esse declínio compensa alguns dos efeitos favoráveis do crescimento nacional, mas beneficia o resto do mundo.

- A direção dos efeitos dos termos de troca depende da natureza do crescimento. O crescimento que é enviesado pela exportação (crescimento que expande a habilidade de uma economia em produzir bens que exportava inicialmente mais do que expande a habilidade da economia em produzir bens que competem com as importações) piora os termos de troca. Por outro lado, o crescimento que é enviesado pela importação, que aumenta desproporcionalmente a habilidade de produzir bens que competem com a importação, melhora os termos de troca do país. É possível para o crescimento enviesado pela importação no exterior prejudicar um país.

- Tarifas de importação e subsídios à exportação afetam tanto a oferta relativa quanto a demanda relativa. Uma tarifa aduaneira aumenta a oferta relativa do bem importado por um país ao mesmo tempo em que reduz a demanda relativa. Uma tarifa aduaneira inequivocamente melhora os termos de troca de um país à custa do resto do mundo. Um subsídio à exportação tem o efeito reverso, aumentando a oferta relativa e reduzindo a demanda relativa para o bem de exportação do país e, portanto, piorando seus termos de troca. Os efeitos nos termos de troca de um subsídio à exportação prejudicam o país subsidiário e beneficiam o resto do mundo, enquanto os efeitos da tarifa aduaneira fazem o contrário. Isso sugere que os subsídios à exportação não fazem sentido de um ponto de vista nacional e que os subsídios à exportação estrangeiros deveriam ser recebidos de braços abertos, não contestados. Tanto as tarifas aduaneiras quanto os subsídios, entretanto, têm fortes efeitos na distribuição de renda dentro dos países, e esses efeitos frequentemente pesam mais em políticas do que em preocupações com os termos de troca.

- Empréstimos internacionais podem ser vistos como um tipo de comércio internacional, mas um que envolve negociações de consumo atual por consumo futuro em vez de comércio de um bem por outro. O preço relativo no qual esse comércio intertemporal situa-se é 1 mais a taxa de juros real.

CAPÍTULO 6 ■ Modelo padrão de comércio **145**

TERMOS-CHAVE

comércio intertemporal, p. 141
crescimento empobrecedor, p. 134
crescimento enviesado, p. 131
crescimento enviesado pela exportação, p. 133
crescimento enviesado pela importação, p. 133

curvas de indiferença, p. 126
fronteira de possibilidade de produção intertemporal, p. 141
linhas de isovalor, p. 125
modelo padrão de comércio, p. 124
preços internos, p. 138
preços externos, p. 138

subsídios à exportação, p. 137
tarifas de importação, p. 137
taxa de juros real, p. 142
termos de troca, p. 124

QUESTÕES

1. Suponha que a Noruega e a Suécia comercializem entre si, com a Noruega exportando peixe para a Suécia e esta exportando Volvos (automóveis) para a Noruega. Ilustre os ganhos de comércio entre os dois países utilizando o modelo padrão de comércio, supondo primeiro que as preferências por bens são as mesmas em ambos os países, mas que as fronteiras de possibilidade de produção diferem: a Noruega tem uma costa longa que faz fronteira com o Atlântico Norte, o que a torna relativamente mais produtiva na pesca. A Suécia tem uma maior dotação de capital, o que a torna mais produtiva em automóveis.

2. No cenário de comércio na Questão 1, por causa da sobrepesca, a Noruega fica impossibilitada de pescar a quantidade de peixes que conseguiria em anos anteriores. Essa mudança causa tanto uma redução na quantidade potencial de peixe que pode ser produzida na Noruega quanto um aumento no preço mundial relativo do peixe, P_f/P_a.
   a. Mostre como o problema de sobrepesca pode resultar em um declínio do bem-estar para a Noruega.
   b. Também mostre como é possível que o problema da sobrepesca resulte em um *aumento* do bem-estar para a Noruega.

3. Em algumas economias, a oferta relativa pode não corresponder a mudanças nos preços. Por exemplo, se fatores de produção fossem completamente fixos entre os setores, a fronteira de possibilidade de produção seria em ângulo reto e a quantidade produzida dos dois bens não dependeria de seus preços relativos. Ainda é verdade que, nesse caso, um aumento nos termos de troca aumenta o bem-estar? Analise graficamente.

4. A contrapartida para fatores fixos do lado da oferta seria a falta de substituição do lado da demanda. Imagine uma economia na qual os consumidores sempre comprem bens em proporções rígidas (p. ex., uma peça de roupa para cada quilo de alimento), independentemente do preço dos dois bens. Mostre também como uma melhora nos termos de troca também beneficia essa economia.

5. O Japão exporta principalmente bens manufaturados, enquanto importa matérias-primas, como alimentos e petróleo. Analise o impacto dos seguintes eventos nos termos de troca do Japão:
   a. Uma guerra no Oriente Médio interrompe o fornecimento de petróleo.
   b. A Coreia do Sul desenvolve a habilidade de produzir automóveis que podem ser vendidos no Canadá e nos Estados Unidos.
   c. Engenheiros americanos desenvolvem um reator de fusão que substitui as usinas elétricas movidas a combustíveis fósseis.
   d. Uma safra ruim da Rússia.
   e. Uma redução nas tarifas aduaneiras do Japão para carne e frutas cítricas importadas.

6. A internet permitiu o aumento de comércio de serviços, como suporte técnico e programação, um fato que reduziu os preços de tais serviços em relação aos de bens manufaturados. A Índia, em particular, tem sido vista recentemente como uma "exportadora" de serviços de tecnologia, uma área na qual os Estados Unidos eram um dos maiores exportadores. Utilizando a indústria e os serviços como bens comercializáveis, crie um

146 PARTE I ▪ Teoria de comércio internacional

modelo padrão de comércio para as economias americana e indiana que mostre como o preço relativo declina em serviços exportáveis que levam à "terceirização" de serviços e podem reduzir o bem-estar nos Estados Unidos e aumentar o bem-estar na Índia.

7. Os países A e B têm dois fatores de produção, capital e trabalho, com os quais produzem dois bens, X e Y. A tecnologia é a mesma em ambos. X é capital-intensivo; A é abundante em capital.

Analise os efeitos nos termos de troca e no bem-estar dos dois países nas situações a seguir:

a. Um aumento no estoque de capital de A.

b. Um aumento na oferta de mão de obra de A.

c. Um aumento no estoque de capital de B.

d. Um aumento na oferta de mão de obra de B.

8. O crescimento econômico é suscetível tanto a piorar os termos de troca de um país quanto de melhorá-los. Então por que a maioria dos economistas considera que o crescimento empobrecedor, no qual o crescimento prejudica o país que está crescendo, é improvável na prática?

9. De um ponto de vista econômico, a Índia e a China são um pouco similares: ambos são países enormes e de baixos salários, provavelmente com padrões similares de vantagem comparativa, e que até pouco tempo atrás eram relativamente fechados para o comércio internacional. A China foi a primeira a abrir-se. Agora que a Índia também está se abrindo para o comércio mundial, como você espera que isso afete o bem-estar da China? E dos Estados Unidos? (Dica: pense em adicionar uma nova economia idêntica à da China à economia mundial).

10. Suponha que o país X subsidie suas exportações e o país Y imponha uma tarifa aduaneira de "compensação" que equilibra o efeito do subsídio para que, no final, os preços relativos no país Y permaneçam inalterados. O que acontece com os termos de troca? E quanto ao bem-estar nos dois países? Suponha que, por outro lado, o país Y retalie com um subsídio à exportação próprio. Contraste os resultados.

11. Explique a analogia entre empréstimos internacionais e o comércio internacional comum.

12. Quais dos seguintes países você esperaria que tivessem as possibilidades de produção intertemporal enviesadas a bens de consumo atuais ou enviesadas para bens de consumo futuros?

a. Um país como a Argentina ou o Canadá no último século, que só abriu-se recentemente para uma colonização de longa escala e está recebendo grandes influxos de imigrantes.

b. Um país como o Reino Unido no fim do século XIX ou os Estados Unidos atuais, que lideram o mundo tecnologicamente, mas têm visto essa liderança ruir à medida que os outros países os alcançam.

c. Um país como a Arábia Saudita, que descobriu grandes reservas de petróleo que podem ser exploradas com pouco investimento novo.

d. Um país que descobriu grandes reservas de petróleo que podem ser exploradas com investimento massivo, como a Noruega, cujo petróleo situa-se abaixo do Mar do Norte.

e. Um país como a Coreia do Sul, que descobriu a habilidade de produzir bens industriais e está alcançando rapidamente os países desenvolvidos.

LEITURAS ADICIONAIS

Dornbusch, R.; Fischer, S. e Samuelson, P. "Comparative Advantage, Trade, and Payments in a Ricardian Model with a Continuum of Goods", *American Economic Review*, v. 67, 1977. Esse artigo, citado no Capítulo 3, também apresenta uma exposição clara do papel dos bens não comercializáveis em estabelecer a premissa de que a transferência melhora os termos de troca do beneficiário.

CAPÍTULO 6 ■ Modelo padrão de comércio **147**

Edwards, L. e Lawrence, R. Z. *Rising Tide: Is Growth in Emerging Economies Good for the United States?* Peterson Institute for International Economics, 2013, Cap. 5. O capítulo fornece uma análise detalhada da questão levantada no Estudo de Caso sobre os efeitos do crescimento dos países em desenvolvimento sobre o bem-estar geral dos Estados Unidos.

Fisher, I. *The theory of interest*. Nova York: Macmillan, 1930. A abordagem "intertemporal" descrita neste capítulo deve sua origem a Fisher.

Hicks, J. R. "The Long Run Dollar Problem", *Oxford Economic Papers*, v. 2, p. 117-135, 1953. A análise moderna do crescimento e do comércio tem suas origens no receio dos europeus, nos primeiros anos após a Segunda Guerra Mundial, de que os Estados Unidos tivessem uma liderança econômica que não poderia ser ultrapassada. (Isso soa ultrapassado hoje, mas muitos dos mesmos argumentos voltaram à tona mais recentemente por causa do Japão). O trabalho de Hicks é a mais famosa exposição.

Johnson, H. G. "Economic Expansion and International Trade", *Manchester School of Social and Economic Studies*, v. 23, p. 95-112, 1955. O trabalho que explicou a distinção crucial entre crescimento enviesado pela exportação e pela importação.

Krugman, P. "Does Third World Growth Hurt First World Prosperity?" *Harvard Business Review*, v. 72, p. 113-121, jul./ago. 1994. Uma análise que tenta explicar por que o crescimento em países em desenvolvimento não precisa prejudicar os países desenvolvidos em princípio e provavelmente não deve fazê-lo na prática.

Sachs, J. "The Current Account and Macroeconomic Adjustment in the 1970s", *Brookings Papers on Economic Activity*, 1981. Um estudo sobre os fluxos de capital internacional que os considera como comércio intertemporal.

APÊNDICE DO CAPÍTULO 6

Mais sobre o comércio intertemporal

Este apêndice contém um exame mais detalhado do modelo de comércio intertemporal de dois períodos descrito no capítulo. Primeiro, considere Doméstica, cuja fronteira de possibilidade de produção intertemporal é mostrada na Figura 6A.1. Lembre-se de que as quantidades de bens de consumo atuais e futuros produzidos por Doméstica dependem da quantidade de bens de consumo atuais investidos para produzir bens futuros. À medida que os recursos atualmente disponíveis são desviados do consumo atual para investimento, a produção de consumo atual, Q_C, cai, e a produção de consumo futuro, Q_F, aumenta. Portanto, o aumento do investimento move a economia para cima e para a esquerda ao longo da fronteira de possibilidade de produção intertemporal.

O capítulo mostrou que o preço do consumo futuro em termos de consumo atual é $1/(1 + r)$, onde r é a taxa de juros real. Mensurado em termos de consumo atual, o valor da produção total da economia ao longo dos dois períodos de sua existência é, portanto:

$$V = Q_C + Q_F/(1 + r).$$

A Figura 6A.1 mostra as linhas de isovalor correspondentes ao preço relativo $1/(1 + r)$ para diferentes valores de V. Essas são linhas retas com declive $-(1 + r)$ (porque o consumo futuro está no eixo vertical). Como no modelo padrão de comércio, decisões das empresas levam a um padrão de produção que maximiza o valor da produção a preços de mercado $Q_C + Q_F/(1 + r)$. Portanto, a produção ocorre no ponto Q. A economia investe a quantidade mostrada, deixando Q_C disponível para consumo atual e produzindo uma quantidade Q_F de consumo

FIGURA 6A.1

Determinando o padrão de produção intertemporal de doméstica.

A uma taxa de juros r no mundo real, o nível de investimento de Doméstica maximiza o valor da produção durante os dois períodos em que a economia existe.

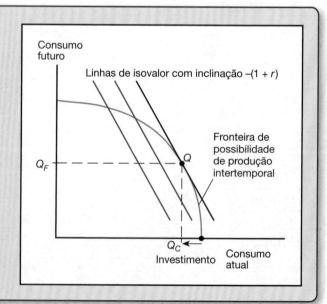

futuro quando o primeiro período de investimento é compensado. (Repare o paralelo com a Figura 6.1, na qual os níveis de produção de tecidos e alimentos são escolhidos para um único período a fim de maximizar o valor de produção.)

No ponto de produção escolhido, Q, o consumo futuro extra que resultaria do investimento em uma unidade adicional de consumo atual se iguala a $(1 + r)$. Seria ineficiente impulsionar o investimento além do ponto Q, porque a economia poderia melhorar se, em vez disso, emprestasse consumo atual adicional para estrangeiros. A Figura 6A.1 sugere que um aumento na taxa de juros real mundial r, que aumenta as linhas de isovalor, causa queda nos investimentos.

A Figura 6A.2 mostra que o padrão de consumo de Doméstica é determinado por uma dada taxa de juros mundial. D_C e D_F representam as demandas atuais e futuras por bens de consumo, respectivamente. Já que a produção está no ponto Q, as possibilidades de consumo da economia ao longo desses dois períodos são limitadas pela *restrição de orçamento intertemporal*:

$$D_C + D_F/(1 + r) = Q_C + Q_F/(1 + r).$$

Essa restrição afirma que o valor do consumo de Doméstica durante os dois períodos (mensurado em termos de consumo atual) se iguala ao valor dos bens de consumo produzidos nos dois períodos (também mensurado em unidades de consumo atual). Em outras palavras, produção e consumo devem situar-se na mesma linha de isovalor.

O ponto D, no qual a restrição de orçamento de Doméstica encosta na mais alta curva de indiferença atingível, mostra os níveis de consumo atual e futuro escolhidos pela economia. A demanda de Doméstica por consumo atual, D_C, é menor do que sua produção de consumo atual, Q_C, então ela exporta (isto é, empresta) $Q_C - D_C$ unidades de consumo atual para Estrangeira. De modo correspondente, Doméstica importa $D_F - Q_F$ unidades de consumo futuro do exterior quando o primeiro período de empréstimos é pago a ela com

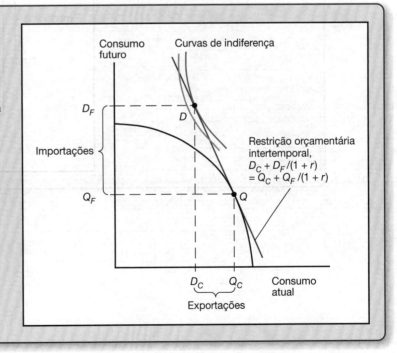

FIGURA 6A.2
Determinando o padrão de consumo intertemporal de Doméstica.

O consumo de Doméstica coloca-a na curva de indiferença mais alta que encosta na sua restrição de orçamento intertemporal. A economia exporta $Q_C - D_C$ unidades de consumo atual e importa $D_F - Q_F = (1 + r) \times (Q_C - D_C)$ unidades de consumo futuro.

juros. A restrição de orçamento intertemporal sugere que $D_F - Q_F = (1 + r) \times (Q_C - D_C)$, então o comércio é *intertemporalmente* equilibrado. (Mais uma vez, observe o paralelo com a Figura 6.3, na qual a economia exporta tecido em troca de importações de alimentos.)

A Figura 6A.3 mostra como o investimento e o consumo são determinados em Estrangeira. Supõe-se que Estrangeira tem uma vantagem comparativa em produzir bens de consumo *futuros*. O diagrama mostra que a uma taxa de juros real de r, Estrangeira toma emprestados bens de consumo no primeiro período e paga o empréstimo utilizando bens de consumo produzidos no segundo período. Por causa dessas oportunidades de investimento interno relativamente rico e de sua preferência relativa por consumo atual, Estrangeira é um importador de consumo atual e um exportador de consumo futuro.

As diferenças entre as fronteiras de possibilidade de produção de Doméstica e Estrangeira levam às diferenças nas curvas de oferta relativa representadas na Figura 6.11. Na taxa de juro de equilíbrio $1/(1 + r)$, a exportação de consumo atual desejada por Doméstica se iguala às importações de consumo atual desejadas por Estrangeira. Em outras palavras, a essa taxa de juros, o empréstimo de primeiro período desejado por Doméstica se iguala ao empréstimo de primeiro período desejado por Estrangeira. Oferta e demanda são, portanto, iguais em ambos os períodos.

FIGURA 6A.3
Determinando os padrões de produção e consumo intertemporais de Estrangeira.
Estrangeira produz no ponto Q^* e consome no ponto D^*, importando $D_C^* - Q_C^*$ unidades de consumo atual e exportando $Q_F^* - D_F^* = (1 + r) \times (D_C^* - Q_C^*)$ unidades de consumo futuro.

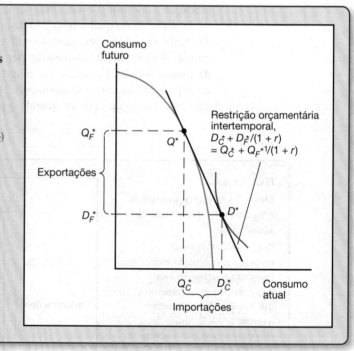

CAPÍTULO 7

Economias externas de escala e localização internacional da produção

No Capítulo 3, mostramos que existem dois motivos para os países se especializarem e negociarem. Primeiro, eles diferem em seus recursos ou em sua tecnologia e especializam-se em coisas que fazem relativamente bem. Segundo, economias de escala (ou retornos crescentes) fazem com que seja vantajoso para cada país especializar-se na produção de uma variedade limitada de mercadorias e serviços. Os Capítulos 3 a 6 consideraram modelos nos quais todo o comércio se baseia na vantagem comparativa, isto é, as diferenças entre países são a única razão para o comércio. Este capítulo introduz o papel das economias de escala.

A análise do comércio baseada nas economias de escala apresenta certos problemas que temos evitado até o momento. Por ora, supusemos que os mercados sejam perfeitamente competitivos, de modo que todos os lucros de monopólio sempre são eliminados pela concorrência. Entretanto, quando existem retornos crescentes, grandes empresas podem ter uma vantagem sobre as pequenas, de modo que os mercados tendem a ser dominados por uma empresa (monopólio) ou, com mais frequência, por algumas poucas empresas (oligopólio). Se isso acontecer, nossa análise de comércio terá de levar em conta os efeitos da concorrência imperfeita.

Contudo, as economias de escala não precisam levar à concorrência imperfeita se tomarem a forma de economias *externas*, que são aplicadas no nível da indústria, não no da empresa individual. Neste capítulo, focaremos no papel de tais economias externas de escala no comércio, deixando a discussão sobre as economias internas para o Capítulo 8.

OBJETIVOS DE APRENDIZAGEM

Após a leitura deste capítulo, você será capaz de:

- Identificar por que os retornos crescentes de escala frequentemente dão origem ao comércio internacional.
- Entender as diferenças entre economias de escala internas e externas.
- Discutir as origens das economias externas.
- Discutir os papéis das economias externas e o transbordamento de conhecimento em moldar a vantagem comparativa e dos padrões internacionais de comércio.

152 PARTE I ■ Teoria de comércio internacional

Economias de escala e o comércio internacional: uma visão geral

Os modelos de vantagem comparativa apresentados até aqui baseavam-se na premissa de retornos constantes de escala. Isto é, supusemos que, se os fatores de produção para uma indústria forem dobrados, a produção também será dobrada. Na prática, entretanto, muitas indústrias são caracterizadas por **economias de escala** (também chamadas de *retornos crescentes*), de modo que a produção é mais eficiente quanto maior for a escala na qual se situa. Onde existem economias de escala, dobrar os fatores de produção para uma indústria vai mais do que dobrar sua produção.

Um simples exemplo pode ajudar a comunicar a importância das economias de escala para o comércio internacional. A Tabela 7.1 mostra a relação entre o uso de fatores e a produção de uma indústria hipotética. *Widgets* são produzidos utilizando somente um fator, mão de obra. A tabela mostra como a quantidade de mão de obra necessária depende do número de *widgets* produzidos. Para fabricar 10 *widgets*, por exemplo, são necessárias 15 horas de mão de obra, enquanto para produzir 25 *widgets* são necessárias 30 horas. A presença de economias de escala pode ser confirmada pelo fato de que dobrar o fator mão de obra de 15 para 30 resulta em mais do que o dobro da produção da indústria. Na verdade, a produção aumenta por um fator de 2,5. De forma equivalente, é possível observar a existência de economias de escala quando analisamos a quantidade média de mão de obra utilizada para produzir cada unidade de saída: se a produção é só de cinco *widgets*, a utilização média de mão de obra por *widget* é de duas horas, enquanto se a produção for de 25 unidades, a utilização média de mão de obra cairá para 1,2 horas.

Podemos utilizar esse exemplo para ver por que as economias de escala fornecem um incentivo para o comércio internacional. Imagine um mundo que consiste em dois países, os Estados Unidos e a Grã-Bretanha, os quais possuem a mesma tecnologia para produzir *widgets*. Suponha que cada país produza, inicialmente, 10 *widgets*. De acordo com a tabela, isso requer 15 horas de mão de obra em cada país, então, no mundo todo, 30 horas de mão de obra produzem 20 *widgets*.

Mas agora suponha que concentremos a produção de *widgets* em um país, digamos nos Estados Unidos, e deixemos que ele empregue 30 horas de mão de obra nessa indústria. Em um único país, essas 30 horas de mão de obra produzem 25 *widgets*. Então, ao concentrar a produção de *widgets* nos Estados Unidos, a economia mundial pode utilizar a mesma quantidade de mão de obra para produzir 25% a mais. Mas onde os Estados Unidos encontram mão de obra extra para produzir *widgets*, e o que acontece com a mão de obra que foi empregada nessa indústria da Grã-Bretanha? Para fazer com que a mão de obra expanda sua produção de algumas mercadorias, os Estados Unidos devem diminuir ou abandonar a produção de outras mercadorias. Elas serão então produzidas na Grã-Bretanha, utilizando a mão de obra anteriormente empregada nas indústrias cuja produção expandiu nos Estados Unidos. Imagine que há muitas mercadorias sujeitas às economias de escala em produção e numere-as 1, 2, 3, etc. Para aproveitar as economias de escala, cada país deve concentrar-se em produzir somente um número limitado de mercadorias. Portanto, por exemplo, os Estados Unidos podem produzir mercadorias 1, 3, 5, e assim por diante, enquanto a Grã-Bretanha

TABELA 7.1	Relação entre uso do fator mão de obra e produção em uma indústria hipotética	
Produção	**Total de mão de obra utilizada**	**Média da mão de obra utilizada**
5	10	2
10	15	1,5
15	20	1,333333
20	25	1,25
25	30	1,2
30	35	1,166667

CAPÍTULO 7 ■ Economias externas de escala e localização internacional da produção **153**

produz 2, 4, 6, e assim por diante. Se cada país produz somente algumas das mercadorias, então cada mercadoria pode ser produzida em maior escala do que se cada país tentasse produzir tudo. O resultado é que a economia mundial pode produzir mais de cada mercadoria.

Como o comércio internacional entra nessa história? Os consumidores em cada país ainda vão querer consumir uma variedade de mercadorias. Suponha que a indústria 1 fique nos Estados Unidos e a indústria 2, na Grã-Bretanha. Então os consumidores americanos da mercadoria 2 terão de comprar mercadorias importadas da Grã-Bretanha, enquanto os consumidores britânicos da mercadoria 1 terão de importá-la dos Estados Unidos. O comércio internacional desempenha um papel crucial: ele torna possível para cada país produzir uma variedade restrita de mercadorias e tirar proveito de economias de escala sem sacrificar a variedade no consumo. Na verdade, como veremos no Capítulo 8, o comércio internacional geralmente promove um aumento na variedade de mercadorias disponíveis.

Nosso exemplo, então, sugere como o comércio mutuamente benéfico pode surgir em decorrência das economias de escala. Cada país especializa-se em produzir uma variedade limitada de produtos, o que lhe permite produzir essas mercadorias de forma mais eficiente do que se tentasse produzir tudo para si próprio. Então, essas economias especializadas negociam entre si para serem capazes de consumir toda a gama de mercadorias.

Infelizmente, sair dessa história sugerida, indo para um modelo explícito de comércio baseado em economias de escala, não é tão simples. A razão é que as economias de escala podem levar a uma estrutura de mercado diferente daquela da concorrência perfeita, e precisamos ter cuidado ao analisar essa estrutura de mercado.

Economias de escala e estrutura de mercado

No exemplo da Tabela 7.1, representamos as economias de escala supondo que o fator mão de obra por unidade de produção é menor quanto mais unidades forem produzidas. Isso sugere que a uma determinada taxa salarial por hora, o custo médio de produção cai, ao passo que a produção aumenta. Não dissemos como esse aumento de produção foi alcançado – se as empresas existentes simplesmente produziram mais ou se, em vez disso, houve um aumento no número de empresas. No entanto, para analisar os efeitos das economias de escala na estrutura do mercado, é preciso saber claramente que tipo de aumento de produção é necessário para reduzir o custo médio. **Economias externas de escala** acontecem quando o custo por unidade depende do tamanho do setor, mas não necessariamente do tamanho de alguma empresa. **Economias internas de escala** acontecem quando o custo por unidade depende do tamanho de uma empresa individual, mas não necessariamente do tamanho do setor.

A distinção entre economias externas e internas pode ser ilustrada com um exemplo hipotético. Imagine uma indústria que consiste, inicialmente, em 10 empresas, cada uma produzindo 100 *widgets* para uma produção industrial total de 1.000 *widgets*. Agora considere dois casos. Primeiro, suponha que a indústria dobrasse em tamanho, de modo que agora consistiria em 20 empresas, cada uma ainda produzindo 100 *widgets*. É possível que os custos de cada uma das empresas caísse como resultado do aumento no tamanho da indústria. Por exemplo, uma indústria maior pode permitir oferta mais eficiente de serviços especializados ou maquinário. Se esse for o caso, o setor apresenta economias externas de escala. Isto é, a eficiência das empresas aumenta por ter uma indústria maior, mesmo que cada empresa tenha o mesmo tamanho de antes.

Segundo, suponha que a produção da indústria seja mantida constante em 1.000 *widgets*, mas que o número de empresas será cortado pela metade, de modo que as cinco que sobrarem produzirão 200 *widgets*. Se, nesse caso, os custos de produção caírem, então existem economias internas de escala. A empresa é mais eficiente se a sua produção for maior.

Economias externas e internas de escala têm diferentes consequências para a estrutura das indústrias. Um setor no qual as economias de escala são puramente externas (isto é, onde não existem vantagens para empresas grandes) geralmente consistirá em muitas empresas pequenas e pode ser perfeitamente competitivo. Economias internas de escala, por outro lado, dão às grandes empresas uma vantagem de custo sobre as pequenas e criam estruturas de mercado imperfeitamente competitivas.

Tanto as economias de escala internas quanto as externas são importantes causas do comércio internacional. Contudo, por terem diferentes consequências para a estrutura do mercado, é difícil discutir os dois tipos de comércio baseados em economia de escala no mesmo modelo. Vamos, portanto, lidar com eles um de cada vez. Neste capítulo, focamos nas economias externas, enquanto o Capítulo 8 enfocará as economias internas.

A teoria das economias externas

Como já observamos, nem todas as economias de escala se aplicam no nível da empresa individual. Por diversas razões, é frequente o caso em que concentrar a produção de uma indústria em um ou poucos locais reduz os custos da indústria, mesmo que as empresas da indústria permaneçam pequenas. Quando as economias de escala são aplicadas no nível da indústria, não no da empresa individual, elas são chamadas de *economias externas*. A análise das economias externas remonta a mais de um século pelo economista Alfred Marshall, que ficou impressionado com o fenômeno dos "distritos industriais": concentrações geográficas de indústrias que não podem ser facilmente explicadas por recursos naturais. Na época de Marshall, os exemplos mais famosos incluíam concentrações de indústrias como o conjunto de fabricantes de talheres de Sheffield e o conjunto de empresas de meias em Northampton.

Existem muitos exemplos modernos de indústrias nos quais parecem existir poderosas economias externas. Nos Estados Unidos, os exemplos incluem a indústria de semicondutores, concentrada no famoso Vale do Silício, na Califórnia; os bancos de investimento, concentrados em Nova York; e a indústria do entretenimento, concentrada em Hollywood. Na crescente indústria manufatureira de países em desenvolvimento, como a China, as economias externas estão por toda parte. Por exemplo, uma cidade na China é responsável por uma grande parcela da produção mundial de roupa íntima, outra produz quase todos os isqueiros do mundo, outra produz um terço das cabeças de fita magnética, e assim por diante. As economias externas também desempenharam um papel-chave na emergência da Índia como um grande exportador de serviços de informação, com grande parte dessa indústria ainda agrupada em volta da cidade de Bangalore.

Marshall argumentou que existem três razões principais para que um conjunto de empresas seja mais eficiente do que uma empresa individual isoladamente: a habilidade de um aglomerado de sustentar **fornecedores especializados**; a maneira que uma indústria geograficamente concentrada permite um **agrupamento do mercado de trabalho**; e a maneira como as indústrias geograficamente concentradas ajudam a promover o **transbordamento de conhecimento**. Esses mesmos fatores continuam a ser válidos atualmente.

Fornecedores especializados

Em muitas indústrias, a produção de mercadorias e serviços (e, em maior extensão, o desenvolvimento de novos produtos) requer a utilização de equipamentos ou serviços de apoio especializados. Além disso, uma empresa individual não representa um mercado grande o suficiente para esses serviços para manter os fornecedores no negócio. Um conjunto de indústrias localizadas pode resolver esse problema ao reunir várias empresas que criam, coletivamente, um mercado grande o suficiente para sustentar uma grande variedade de fornecedores especializados. Esse fenômeno foi extensivamente documentado no Vale do Silício: um estudo de 1994 reconta como, à medida que a indústria cresceu,

engenheiros deixaram empresas de semicondutores estabelecidas para fundarem empresas que produziam bens de capital, como fornos de difusão, câmeras de repetição e testadores, e materiais e componentes, como fotomáscaras, dispositivos de testes para

CAPÍTULO 7 ■ Economias externas de escala e localização internacional da produção   **155**

máquinas e produtos químicos especializados. (...) Esse setor de equipamentos independente promoveu a formação contínua de empresas do ramo de semicondutores ao libertar produtores individuais da despesa de desenvolver equipamentos de capital internamente e ao distribuir os custos do desenvolvimento. Isso também reforçou a tendência em direção à localização industrial, já que a maioria dessas entradas especializadas não estava disponível em nenhum outro lugar no país.

Como a citação sugere, a disponibilidade dessa densa rede de fornecedores especializados deu às empresas de alta tecnologia no Vale do Silício algumas vantagens consideráveis sobre as empresas de outros lugares. Insumos críticos são mais baratos e mais facilmente disponíveis, porque existem muitas empresas competindo para fornecê-los e elas podem concentrar-se no que fazem de melhor, terceirizando outros aspectos de seus negócios. Por exemplo, algumas empresas do Vale do Silício, que se especializaram em fornecer *chips* de computador altamente sofisticados para determinados consumidores, escolheram se tornar *fabless*, isto é, não têm fábricas onde o *chip* poderia ser fabricado. Em vez disso, concentram-se em projetar os *chips* e então contratam outra empresa para, de fato, fabricá-los.

Uma empresa que tentasse entrar na indústria em outro lugar, por exemplo, em um país que não tivesse um conjunto de indústrias comparável, estaria em desvantagem imediata, porque não teria fácil acesso aos fornecedores do Vale do Silício e teria de fornecê-los ela própria ou enfrentaria a tarefa de ter que lidar com os fornecedores baseados no Vale do Silício a distância.

Agrupamento do mercado de trabalho

Uma segunda fonte de economias externas é a forma pela qual um conjunto de empresas pode criar um mercado agrupado para trabalhadores com habilidades altamente especializadas. Esse mercado agrupado é vantajoso tanto para produtores quanto para trabalhadores, já que os produtores correm menos risco de escassez de mão de obra e os trabalhadores correm menos risco de ficarem desempregados.

A melhor maneira de apresentar esse argumento é com um exemplo simplificado. Imagine que existam duas empresas que usam o mesmo tipo de mão de obra especializada, digamos, dois estúdios de cinema que contratam *experts* em animação computadorizada. Entretanto, os dois empregadores não têm certeza sobre quantos trabalhadores terão de contratar: se a demanda pelo seu produto for alta, as duas companhias terão de contratar 150 trabalhadores, mas se for baixa, terão de contratar somente 50. Suponha também que existam 200 trabalhadores com essa habilidade específica. Agora compare duas situações: uma na qual as duas empresas e todos os 200 trabalhadores estão na mesma cidade, e outra em que as empresas, cada uma com 100 trabalhadores, situam-se em duas cidades diferentes. É evidente que tanto os trabalhadores quanto seus empregadores estão em melhor situação se todos estiverem no mesmo lugar.

Primeiro, considere a situação do ponto de vista das empresas. Se estão em locais diferentes, sempre que uma estiver indo bem, enfrentará escassez de mão de obra: vai querer contratar 150 trabalhadores, mas somente 100 estarão disponíveis. Entretanto, se as empresas estiverem perto uma da outra, é ao menos possível que uma delas esteja indo bem enquanto a outra estiver indo mal, então ambas podem ser capazes de contratar quantos trabalhadores quiserem. Ao ficarem próximas, as companhias aumentam a possibilidade de poder tirar vantagem das oportunidades de negócio.

Do ponto de vista dos trabalhadores, ter a indústria concentrada em uma localidade também é uma vantagem. Se a indústria é dividida entre duas cidades, então sempre que uma das empresas tiver uma baixa demanda por trabalhadores, o resultado será o desemprego: a empresa estará disposta a contratar só 50 dos 100 trabalhadores que vivem perto. Mas se a indústria estiver concentrada em uma única cidade, a baixa demanda por mão de obra

156 PARTE I ■ Teoria de comércio internacional

em uma empresa será, ao menos algumas vezes, compensada pela alta demanda da outra. Assim, os trabalhadores terão um menor risco de desemprego.

Novamente, essas vantagens foram documentadas para o Vale do Silício, onde é comum tanto as empresas se expandirem rapidamente quanto os trabalhadores trocarem de empregador. O mesmo estudo sobre o Vale do Silício citado anteriormente observa que a concentração de empresas em uma única localidade facilita a troca de emprego. Um engenheiro citado diz que "não era uma grande catástrofe pedir demissão de seu emprego na sexta-feira e ter um trabalho novo na segunda-feira (...). Você nem precisa contar para sua esposa. Só pega seu carro e vai para um lado diferente na segunda-feira de manhã".[1] Essa flexibilidade faz do Vale do Silício uma localidade atraente tanto para trabalhadores altamente qualificados quanto para as empresas que os empregam.

Transbordamentos de conhecimento

Já é um clichê dizer que, na economia moderna, o conhecimento é, ao menos, fator tão importante quanto os demais fatores de produção, como a mão de obra, o capital e as matérias-primas. Isso é sobretudo verdade em indústrias altamente inovadoras, em que um atraso de poucos meses nas técnicas de ponta de produção ou de *design* de produtos pode representar uma enorme desvantagem para a empresa.

Mas de onde vem esse conhecimento especializado, crucial para o sucesso nas indústrias inovadoras? As empresas podem adquirir tecnologia por meio de pesquisa própria e esforços de desenvolvimento. Também podem tentar aprender com os concorrentes ao estudar seus produtos e, em alguns casos, ao desmontá-los e usar "engenharia reversa" para entender como são projetados e fabricados. Uma fonte importante de *know-how* técnico, entretanto, é a troca informal de conhecimentos e ideias, que acontece no nível pessoal. E esse tipo de difusão de informações com frequência parece acontecer mais efetivamente quando a indústria é concentrada em uma pequena área, de modo que os empregados de diferentes empresas misturam-se socialmente e falam com liberdade sobre questões técnicas.

Marshall descreveu esse processo memoravelmente quando escreveu que, em um distrito com muitas empresas da mesma indústria

> Os mistérios do comércio se desfazem e estão, por assim dizer, no ar (...). O bom trabalho é apreciado, invenções e melhorias no maquinário, no processo e na organização geral do negócio têm seus méritos prontamente discutidos: se um homem começa uma nova ideia, ela é retomada por outros e combinada com sugestões próprias e, portanto, torna-se a fonte de outras novas ideias".

Um jornalista descreve como esses transbordamentos de conhecimento funcionaram durante o surgimento do Vale do Silício (e também deu uma excelente ideia da quantidade de conhecimento especializado envolvido na indústria) da seguinte forma:

> Todo ano tinha algum lugar (no Wagon Wheel, no Chez Yvonne, no Rickey's, no Roundohuse) no qual os membros dessa fraternidade esotérica, os jovens homens e mulheres da indústria de semicondutores, iam após o trabalho para tomar uma bebida, fofocar e trocar histórias sobre *jitters* de fase, circuitos fantasmas, memórias bolhas, trens de pulsos, contato sem pulso, modos de rajada, testes de salto, junções p-n, modos de doença do sono, episódios de morte lenta, RAMs, NAKs, MOSs, PCMs, queimadores de PROM e teramgnitudes...[2]

---

[1]Saxenian, p. 35.
[2]Tom Wolfe, citado em Saxenian, p. 33.

Esse tipo de fluxo de informação informal significa que é mais fácil para as empresas na área do Vale do Silício ficarem próximas da fronteira tecnológica do que é para as companhias de outros lugares. Na verdade, muitas empresas multinacionais estabeleceram centros de pesquisa e até mesmo fábricas no Vale do Silício apenas para manterem-se a par das tecnologias mais recentes.

Economias externas e equilíbrio de mercado

Como acabamos de ver, uma indústria geograficamente concentrada é capaz de sustentar fornecedores especializados, criar um mercado de trabalho agrupado e facilitar os transbordamentos de conhecimento de formas que uma indústria geograficamente dispersa não conseguiria. Mas a força dessas economias provavelmente depende do tamanho da indústria: se todo o resto for igual, uma indústria maior vai gerar economias externas mais fortes. O que isso diz sobre a determinação da produção e dos preços?

Embora os detalhes das economias externas na prática sejam frequentemente bem sutis e complexos (como o exemplo do Vale do Silício mostra), pode ser útil simplesmente pressupor que quanto maior a indústria, menores seus custos, como forma de abstrair os detalhes e representar as economias externas. Se ignorarmos o comércio internacional por um momento, então o equilíbrio do mercado pode ser representado por um diagrama de oferta e demanda, como o da Figura 7.1, que ilustra o mercado de *widgets*. Em uma imagem comum do equilíbrio de mercado, a curva de demanda está inclinada para baixo, enquanto a curva de oferta está inclinada para cima. Contudo, na presença de economias externas de escala, existe uma **curva de oferta em queda futura**: quanto maior for a produção da indústria, menor vai ser o preço pelo qual as empresas vão querer vender, porque seu **custo médio de produção** cai ao passo que a produção da indústria aumenta.

Na ausência de comércio internacional, a inclinação estranha da curva na Figura 7.1 não parece importar muito. Como em uma análise convencional de oferta-e-demanda, o preço de equilíbrio, P_1, e a produção, Q_1, são determinados pela interseção da curva de demanda e da curva de oferta. Entretanto, como veremos a seguir, as economias externas de escala fazem uma grande diferença em nossa visão sobre as causas e os efeitos do comércio internacional.

FIGURA 7.1

Economias externas e equilíbrio de mercado.

Quando existem as economias externas de escala, o custo médio para produzir uma mercadoria cai conforme a quantidade produzida aumenta. Dada a competição entre tantos produtores, a curva de custo com inclinação descendente *AC* pode ser interpretada como uma *curva de oferta em queda futura*. Como na análise comum de oferta-e-demanda, o equilíbrio de mercado está no ponto 1, onde a curva de oferta faz interseção com a curva de demanda, *D*. O nível de equilíbrio de produção é Q_1, e o equilíbrio de preço é P_1.

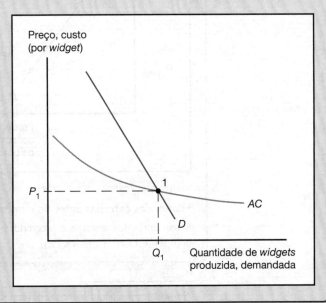

Economias externas e comércio internacional

As economias externas estão por trás de boa parte do comércio entre e dentro dos países. Por exemplo, a cidade de Nova York exporta serviços financeiros para o resto dos Estados Unidos, em grande parte porque as economias externas no setor de investimento levaram a uma concentração de empresas financeiras em Manhattan. De forma similar, a Grã-Bretanha exporta serviços financeiros para o resto da Europa, em grande parte porque aquelas mesmas economias externas levaram a uma concentração de empresas financeiras em Londres. Mas quais são as consequências desse tipo de comércio? Primeiro, analisaremos os efeitos do comércio na produção e nos preços, depois os determinantes do padrão de comércio e, por fim, os efeitos do comércio sobre o bem-estar.

Economias externas, produção e preços

Imagine, por um momento, que vivemos em um mundo no qual é impossível comprar e vender botões de outros países. Suponha também que só existam dois países nesse mundo: China e Estados Unidos. E, por último, imagine que a produção de botões esteja sujeita a economias externas de escala, o que resulta em uma curva de oferta em queda futura para botões em cada país. (Como mostra o estudo de caso "Unindo o mundo", isso é realmente verdade na indústria de botões).

Nesse caso, o equilíbrio na indústria mundial de botões deveria parecer-se com a situação mostrada na Figura 7.2.[3] Tanto na China quanto nos Estados Unidos, preços de equilíbrio e produção estariam no ponto onde a curva de oferta nacional cruza com a curva de demanda nacional. No caso mostrado na Figura 7.2, os preços dos botões chineses na ausência de comércio seriam menores do que os preços dos botões americanos.

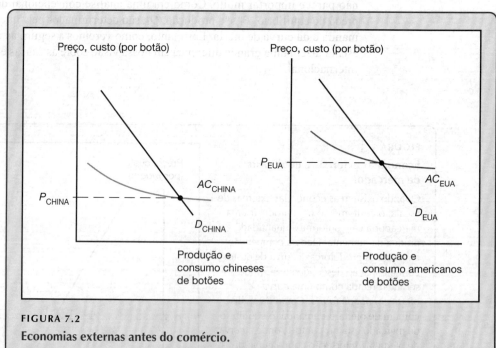

FIGURA 7.2
Economias externas antes do comércio.
Na ausência de comércio, o preço dos botões na China, P_{CHINA}, é menor do que o preço dos botões nos Estados Unidos, P_{EUA}.

---

[3]Nessa exposição, por uma questão de simplicidade, enfocamos o *equilíbrio parcial* no mercado de botões, não o equilíbrio geral na economia como um todo. É possível, mas muito mais complicado, fazer a mesma análise em termos de equilíbrio geral.

CAPÍTULO 7 ■ Economias externas de escala e localização internacional da produção   **159**

FIGURA 7.3
Comércio e preços.
Quando o comércio é aberto, a China acaba produzindo botões para o mercado mundial, o que consiste no mercado nacional e no mercado americano. A produção aumenta de Q_1 para Q_2, levando a uma queda no preço dos botões de P_1 para P_2, que é menor do que o preço dos botões em qualquer um dos países antes do comércio.

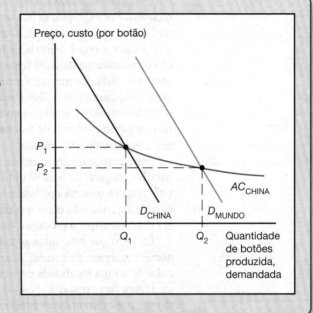

Agora suponha que abrimos o potencial para o comércio de botões. O que acontecerá?

Parece claro que a indústria de botões chinesa vai se expandir, enquanto a americana vai encolher. E esse processo vai alimentar a si próprio: ao passo que a produção da indústria chinesa aumenta, seus custos cairão ainda mais. Conforme a produção da indústria americana cai, seus custos aumentarão. No fim, podemos esperar que toda a produção de botões esteja concentrada na China.

A Figura 7.3 ilustra os efeitos dessa concentração. Antes da abertura do comércio, a China abastecia somente seu mercado nacional de botões. Depois do comércio, ela fornece para o mercado mundial, produzindo botões para consumidores tanto chineses quanto americanos.

Observe os efeitos dessa concentração da produção nos preços. Porque a curva de oferta da China está em queda futura, o aumento de produção, como resultado do comércio, leva a um preço para os botões que é menor do que aquele anterior ao comércio. E tenha em mente que os preços dos botões chineses eram menores do que os preços dos botões americanos antes do comércio. O que isso nos mostra é que o comércio resulta em preços menores para os botões do que os preços em *qualquer* país antes do comércio.

Isso é muito diferente das consequências dos modelos sem retornos crescentes. No modelo de comércio padrão, como desenvolvido no Capítulo 6, os preços relativos convergem como resultado do comércio. Se o tecido for relativamente barato em Doméstica e relativamente caro em Estrangeira antes de abrirem-se para o comércio, o efeito do comércio será de aumentar os preços do tecido em Doméstica e diminuí-los em Estrangeira. Em nosso exemplo dos botões, por outro lado, o efeito do comércio é reduzir os preços em todos os lugares. A razão para essa diferença é que, quando existem economias externas de escala, o comércio internacional possibilita concentrar a produção mundial em uma única localidade e, portanto, reduzir os custos por colher os benefícios de gerar economias externas ainda mais fortes.

Economias externas e os padrões de comércio

Em nosso exemplo de comércio mundial de botões, simplesmente supusemos que a indústria chinesa começou com custos de produção mais baixos do que a americana. O que pode levar a tal vantagem inicial?

160 PARTE I ■ Teoria de comércio internacional

Uma possibilidade é a vantagem comparativa: diferenças subjacentes em tecnologia e recursos. Por exemplo, existe uma boa razão para o Vale do Silício ser na Califórnia e não no México. As indústrias de alta tecnologia necessitam de uma força de trabalho altamente qualificada, e esta é muito mais fácil de encontrar nos Estados Unidos, onde 40% da população economicamente ativa tem curso superior, do que no México, no qual esse número está abaixo de 16%. Da mesma forma, existe uma boa razão para a produção mundial de botões estar concentrada na China e não na Alemanha. A produção de botões é uma indústria de trabalho-intensivo, melhor implementada em um país onde a média dos trabalhadores de fábrica ganha em torno de 5 dólares por hora, não em um país em que o salário por hora está entre os mais altos do mundo.

Entretanto, em setores caracterizados por economias externas de escala, a vantagem comparativa em geral fornece só uma explicação parcial do padrão de comércio. Talvez fosse inevitável que a maioria dos botões do mundo fosse feita em um país de salários relativamente baixos, mas não está claro que esse país teria de ser necessariamente a China. E decerto não era necessário que a produção fosse concentrada em qualquer lugar específico na China.

Então, o que determina o padrão de especialização e comércio nas indústrias com economias externas de escala? A resposta, frequentemente, é contingência histórica: alguma coisa dá a uma localidade específica uma vantagem inicial em um setor específico, e essa vantagem fica "travada" pelas economias externas de escala mesmo depois de as circunstâncias que criaram essa vantagem inicial não serem mais relevantes. Os centros financeiros em Londres e em Nova York são exemplos claros. Londres tornou-se o centro financeiro dominante da Europa no século XIX, quando a Grã-Bretanha era a economia líder mundial e o centro de um império que abrangia todo o globo. O país manteve esse papel apesar de o império ter acabado faz tempo e a Grã-Bretanha moderna ser uma potência econômica de médio porte. Nova York tornou-se o centro financeiro da América graças ao canal de Erie, que a tornou o principal porto da nação. A cidade manteve esse papel apesar de o canal ser utilizado hoje em dia, principalmente, por barcos de recreação.

Muitas vezes, o puro acaso desempenha um papel crucial na criação de uma concentração industrial. Os geógrafos gostam de contar a história sobre como um acolchoado, criado por uma adolescente do século XIX como presente de casamento, deu origem a um conjunto de fabricantes de tapete ao redor de Dalton, na Geórgia. A existência do Vale do Silício se deve muito ao fato de que dois egressos de Stanford, chamados Hewlett e Packard, decidiram começar um negócio em uma garagem naquela área. Bangalore poderia não ser o que é hoje se os caprichos da política local não tivessem levado a Texas Instruments a escolhê-la para um projeto de investimento, lá em 1984, em vez de outra cidade indiana.

Uma consequência do papel da história em determinar a localização industrial é que as indústrias não são sempre localizadas no lugar "certo": uma vez que um país estabelece uma vantagem em uma indústria, pode manter essa vantagem mesmo que outro país tivesse o potencial de produzir as mercadorias de forma mais barata.

A Figura 7.4, que mostra o custo de produzir botões como uma função do número de botões produzidos anualmente, ilustra esse ponto. Dois países são mostrados: China e Vietnã. O custo chinês para produzir um botão é mostrado como AC_{CHINA} e o custo vietnamita como $AC_{VIETNÃ}$. D_{MUNDO} representa a demanda mundial por botões, que pressupomos poder ser satisfeita tanto pela China quanto pelo Vietnã.

Suponha que as economias externas de escala em produção de botões sejam totalmente externas às empresas. Uma vez que não existem economias de escala no nível da empresa, a indústria de botões em cada país consiste em muitas empresas pequenas e perfeitamente competitivas. Portanto, a competição baixa o preço dos botões para seu custo médio.

Supomos que a curva de custo vietnamita situe-se abaixo da curva chinesa porque, digamos, os salários vietnamitas são menores do que os chineses. Isso significa que em um dado nível de produção, o Vietnã poderia produzir botões de forma mais barata do que a China. Seria de esperar que isso sempre implicasse que o Vietnã iria, de fato, abastecer o mercado mundial. Infelizmente, não é o caso. Suponha que a China, por razões históricas, estabeleça sua indústria de botões primeiro. Então, inicialmente, o equilíbrio mundial de botões será

FIGURA 7.4
A importância da vantagem estabelecida.

A curva de custo médio para o Vietnã, $AC_{VIETNÃ}$, situa-se abaixo da curva de custo médio para a China, AC_{CHINA}. Portanto, o Vietnã teria o potencial de abastecer o mercado mundial de forma mais barata do que a China. No entanto, se a indústria chinesa for estabelecida primeiro, pode ser capaz de vender botões a um preço P_1, que é abaixo do custo C_0 que uma empresa vietnamita enfrentaria para começar sua própria produção. Então um padrão de especialização estabelecido por um acidente histórico pode persistir mesmo quando novos produtores potencialmente tenham custos menores.

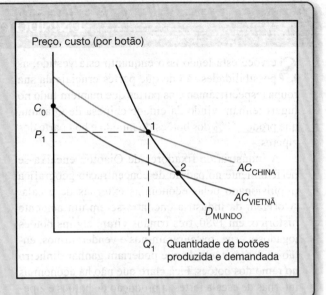

estabelecido no ponto 1 da Figura 7.4, com a produção chinesa de Q_1 unidades por ano e o preço de P_1. Agora, introduza a possibilidade da produção vietnamita. Se o Vietnã pudesse dominar o mercado mundial, o equilíbrio iria mover-se para o ponto 2. Entretanto, se não existe uma produção vietnamita inicial ($Q = 0$), qualquer empresa vietnamita individual que esteja considerando produzir botões vai enfrentar um custo de produção C_0. Como desenhamos, esse custo está acima do preço pelo qual a indústria chinesa estabelecida pode produzir botões. Então, embora a indústria vietnamita tenha o potencial de produzir botões de forma mais barata do que a chinesa, a vantagem da China permite que ela segure a indústria.

Como esse exemplo mostra, as economias externas podem dar um papel crucial aos acidentes da história para determinar quem produz o quê e podem permitir que padrões estabelecidos de especialização persistam mesmo quando vão de encontro à vantagem comparativa.

Comércio e bem-estar com economias externas

Em geral, podemos presumir que as economias externas de escala levam a ganhos de comércio além daqueles referentes à vantagem comparativa. O mundo é mais eficiente e, portanto, mais rico porque o comércio internacional permite que as nações especializem-se em diferentes indústrias e, assim, colham os frutos das economias externas, bem como os da vantagem comparativa.

Entretanto, esse pressuposto admite algumas ressalvas possíveis. Como vimos na Figura 7.4, a importância da vantagem estabelecida significa que não existe garantia de que o país certo produzirá uma mercadoria sujeita às economias externas. Na verdade, é possível que o comércio baseado nas economias externas possa, na verdade, piorar a situação do país em relação ao que teria ocorrido na ausência de comércio.

Um exemplo de como um país pode de fato ficar pior com o comércio do que sem ele é mostrado na Figura 7.5. Nesse exemplo, imaginamos que tanto a Tailândia quanto a Suíça podem produzir relógios, que a Tailândia pode produzi-los de forma mais barata, mas que a Suíça começou a produzir primeiro. D_{MUNDO} é a demanda mundial por relógios e, dado que a Suíça produz os relógios, o equilíbrio está no ponto 1. Entretanto, adicionamos agora à figura a demanda tailandesa por relógios, D_{TAI}. Se o comércio de relógios fosse proibido e a Tailândia fosse forçada a ser autossuficiente, então o equilíbrio tailandês estaria no ponto 2. Por causa de sua curva de custo médio menor, o preço do relógio feito na Tailândia no ponto 2, P_2, é, na realidade, menor do que o preço dos relógios feitos na Suíça no ponto 1, P_1.

UNINDO O MUNDO

Se você está lendo isso enquanto está vestido, as possibilidades são de que partes cruciais da sua roupa (especificamente as partes que mantém tudo no lugar) tenham vindo da cidade chinesa de Qiaotou, que produz 60% dos botões do mundo e boa parte dos zíperes.

A indústria de fixadores de Qiaotou encaixa-se perfeitamente no padrão de concentração geográfica impulsionado pelas economias externas de escala. A origem da indústria encontra-se em um acidente histórico: em 1980, três irmãos viram alguns botões jogados na rua, restauraram-nos e venderam-nos, então se deram conta de que poderiam ganhar dinheiro no ramo dos botões. Fica claro que não há economias internas de escala fortes: a produção de botões e zíperes da cidade é feita por centenas de pequenas empresas familiares. Ainda assim, existem vantagens claras para cada um desses pequenos produtores por operarem próximos uns aos outros.

Qiaotou não é única. Como um artigo fascinante sobre a indústria da cidade afirmou,[4] na China: muitas cidades pequenas, daquelas que nem valem um pontinho na maioria dos mapas, também se tornaram campeões mundiais ao enfocarem os nichos mão de obra-intensivos (...). Começou na cidade da escova de dente, Hang Ji, passou pela meca das gravatas, Sheng Zou, foi em direção ao leste para a casa dos isqueiros baratos, em Zhang Qi, desceu pela costa para as gigantes fábricas de sapatos de Wen Ling, e então voltou para o interior em Yiwu, que além de fabricar mais meias do que qualquer outro lugar do planeta, também vende quase tudo o que há no mundo.

Em nível mais amplo, o papel da China como um enorme exportador de produtos de trabalho-intensivo reflete a vantagem comparativa: a mão de obra claramente é abundante na China em comparação com as economias desenvolvidas. Muitas das mercadorias mão de obra-intensivas, entretanto, são produzidas por indústrias altamente localizadas, que se beneficiam fortemente das economias externas de escala.

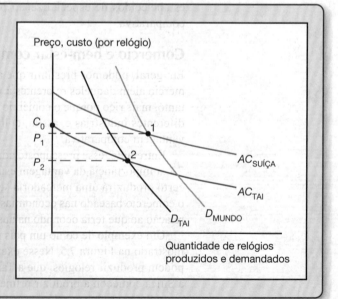

FIGURA 7.5
Economias externas e perdas com comércio.

Quando existem economias externas, o comércio tem como, potencialmente, deixar um país em pior situação do que ele estaria na ausência de comércio. Neste exemplo, a Tailândia importa relógios da Suíça, que é capaz de abastecer o mercado mundial (D_{MUNDO}) a um preço (P_1) baixo o bastante para bloquear a entrada de produtores tailandeses, que devem produzir inicialmente relógios a custo C_0. Contudo, se a Tailândia bloqueasse todo o comércio de relógios, seria capaz de abastecer seu mercado nacional, (D_{TAI}), a um preço menor, P_2.

---

[4]"The Tiger's Teeth", *The Guardian*, 25 maio de 2005.

Apresentamos uma situação na qual o preço de uma mercadoria que a Tailândia importa seria, na realidade, menor se não houvesse comércio e o país fosse forçado a produzir a mercadoria para si próprio. Claramente, nesse caso, o comércio deixa o país em pior situação do que estaria na ausência de comércio.

Existe um incentivo nesse caso para a Tailândia proteger sua indústria de relógio em potencial da competição estrangeira. No entanto, antes de concluir que isso justifica o protecionismo, devemos notar que, na prática, identificar casos como o mostrado na Figura 7.5 está longe de ser fácil. Na verdade, como enfatizaremos nos Capítulos 10 e 11, a dificuldade de identificar as economias externas na prática é um dos principais argumentos contra as políticas ativistas de governo em relação ao comércio.

Também é importante ressaltar que enquanto as economias externas podem, às vezes, levar a padrões de especialização e comércio desvantajosos, é praticamente certo que isso acontece ainda para o benefício da economia *mundial* tirar vantagem dos ganhos das indústrias concentradas. O Canadá poderia estar em melhor situação se o Vale do Silício ficasse perto de Toronto em vez de São Francisco. A Alemanha poderia estar em melhor situação se a City (o distrito financeiro de Londres, que, junto com Wall Street, domina os mercados financeiros mundiais) pudesse ser levado para Frankfurt. Mas, no geral, é melhor para o mundo que cada uma dessas indústrias esteja concentrada *em algum lugar*.

Retornos crescentes dinâmicos

Algumas das mais importantes economias externas provavelmente surgiram do acúmulo de conhecimento. Quando uma empresa individual melhora seus produtos ou técnicas de produção por meio de experiência, outras empresas tendem a imitá-la e se beneficiam do seu conhecimento. O transbordamento de conhecimento dá origem a uma situação na qual os custos de empresas individuais caem enquanto a indústria como um todo acumula experiência.

Repare que as economias externas que surgem a partir do acúmulo de conhecimento diferem um pouco das economias externas consideradas até agora, nas quais os custos da indústria dependem da produção atual. Nessa situação alternativa, os custos da indústria dependem de experiência, medida normalmente pela produção acumulada da indústria até o presente. Por exemplo, o custo de produzir uma tonelada de aço pode depender negativamente do número total de toneladas de aço produzido por um país desde que a indústria começou. Esse tipo de relação é frequentemente resumido por uma **curva de aprendizado** que relaciona custo da unidade com produção acumulada. Tais curvas de aprendizado são ilustradas na Figura 7.6. Elas têm inclinação descendente em razão do efeito nos custos

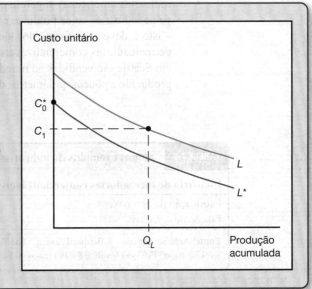

FIGURA 7.6
A curva de aprendizado.
A curva de aprendizado mostra que o custo unitário é menor quanto maior for a produção acumulada da indústria de um país até hoje. Um país que tem extensa experiência em uma indústria (L) pode ter menor custo por unidade do que um país com pouca ou nenhuma experiência, mesmo que a curva de aprendizado do segundo país (L^*) seja menor, por exemplo, por causa de salários menores.

164 PARTE I ■ Teoria de comércio internacional

da experiência adquirida por meio da produção. Quando os custos caem com a produção acumulada ao longo do tempo e não com a taxa atual de produção, chamamos esse caso de **retornos crescentes dinâmicos**.

Como as economias externas comuns, as economias externas dinâmicas podem garantir uma vantagem inicial ou um começo precoce em uma indústria. Na Figura 7.6, a curva de aprendizado L é a do país que foi pioneiro na indústria, enquanto L^* é a do país que tem custos de insumos menores (p. ex., salários baixos), mas menos experiência de produção. Já que o primeiro país partiu suficientemente na frente do segundo, os custos baixos potenciais do segundo país podem não permitir que ele entre no mercado. Por exemplo, suponha que o primeiro país tenha uma produção acumulada de Q_L unidades, dando à unidade o custo de C_1, enquanto o segundo país nunca tenha produzido a mercadoria. Então o segundo país terá um custos de abertura inicial, C_0^*, que é maior do que a unidade de custo atual, C_1, da indústria estabelecida.

Economias de escala dinâmica, como as economias externas em um ponto do tempo, potencialmente justificam o protecionismo. Suponha que um país possa ter um custo baixo o suficiente para produzir uma mercadoria para exportação se tivesse mais experiência de produção, mas dada a atual falta de experiência, a mercadoria não pode ser produzida competitivamente. Tal país poderia aumentar seu bem-estar no longo prazo se encorajasse a produção da mercadoria por um subsídio ou se a protegesse da competição estrangeira até que a indústria conseguisse se sustentar sem ajuda. O argumento em prol da proteção temporária das indústrias para permitir que ganhem experiência é conhecido como **argumento da indústria nascente** e tem um papel importante em debates sobre o papel da política de comércio no desenvolvimento econômico. Discutiremos o argumento da indústria nascente mais extensamente no Capítulo 10, mas, por enquanto, apenas observamos que situações como aquelas ilustradas na Figura 7.6 são tão difíceis de identificar na prática quanto aquelas que envolvem retornos crescentes não dinâmicos.

Comércio inter-regional e geografia econômica

As economias externas desempenham um papel importante na modelagem do padrão do comércio internacional, mas são ainda mais decisivas na modelagem do padrão de **comércio inter-regional** – o comércio que ocorre entre regiões *dentro* dos países.

Para entender o papel das economias externas no comércio inter-regional, primeiro precisamos discutir a natureza das economias regionais, isto é, como as economias das regiões dentro de uma nação encaixam-se na economia nacional. Estudos sobre a localização das indústrias americanas sugerem que mais de 60% dos trabalhadores do país são empregados pelas indústrias cujos produtos não são comercializáveis, mesmo dentro dos Estados Unidos – isto é, devem ser fornecidos localmente. A Tabela 7.2 mostra alguns exemplos de indústria de mercadorias comercializáveis e não comercializáveis. Portanto, as aeronaves fabricadas em Seattle são vendidas no mundo todo, mas o concreto usado nas fundações dos edifícios é produzido a poucos quilômetros de distância. As equipes de programadores do Vale do Silício

TABELA 7.2	Alguns exemplos de indústrias de mercadorias comercializáveis e não comercializáveis
Indústria de mercadorias comercializáveis	**Indústria de mercadorias não comercializáveis**
Fabricação de aeronaves	Fabricação de cimento
Edição de *software*	Serviços de preparação de declarações de impostos

Fonte: Antoine Gervais e J. Bradford Jensen, "The Tradability of Services: Geographic Concentration and Trade Costs", working paper, Peterson Institute for International Economics, 2015.

CAPÍTULO 7 ■ Economias externas de escala e localização internacional da produção **165**

criam aplicativos usados em todo o país, mas os contadores que ajudam a preencher o seu imposto de renda provavelmente moram na mesma cidade que você, talvez até no mesmo bairro.

Como seria de esperar, a proporção do emprego concentrado nas indústrias de mercadorias não comercializáveis é praticamente a mesma ao redor dos Estados Unidos. Por exemplo, restaurantes empregam por volta de 5% da força de trabalho em toda grande cidade americana. Por outro lado, as indústrias de mercadorias comercializáveis variam muito em importância nas regiões. Manhattan representa apenas 2% do total de empregos nos Estados Unidos, mas um quarto daqueles que estão empregados no mercado de ações e títulos e por volta de um sétimo dos empregos na indústria de publicidade.

Mas o que determina a localização das indústrias de mercadorias comercializáveis? Em alguns casos, os recursos naturais desempenham papel-chave. Por exemplo, Houston é o centro para a indústria de petróleo porque o petróleo está no leste do Texas. Entretanto, fatores de produção, como mão de obra e capital, desempenham um papel menos decisivo no comércio inter-regional do que no comércio internacional, pela simples razão de que tais fatores são altamente móveis dentro dos países. Como resultado, fatores tendem a mover-se para onde as indústrias estão, em vez do contrário. Por exemplo, o Vale do Silício, na Califórnia, perto de São Francisco, tem uma força de trabalho altamente instruída, com alta concentração de engenheiros e *experts* em computação. Isso não acontece porque a Califórnia treina muitos engenheiros, mas porque os engenheiros vão para o Vale do Silício para conseguir empregos na indústria de alta tecnologia da região.

Assim, os recursos desempenham um papel secundário no comércio inter-regional. O grande fator por trás da especialização e do comércio, na verdade, é as economias externas. Por exemplo, por que tantas agências de publicidade estão localizadas em Nova York? A resposta é: porque muitas *outras* agências de publicidade estão localizadas em Nova York. Um estudo colocou da seguinte forma:

> O compartilhamento e a difusão de informações é crítico para o sucesso de uma equipe e de uma agência (…). Em cidades como Nova York, as agências aglomeram-se no nível da vizinhança. Agrupamentos promovem o *networking* localizado, para melhorar a criatividade. Agências trocam informação e ideias e ter esse contato cara a cara é crucial".[5]

Na verdade, as evidências sugerem que as economias externas que apoiam o negócio de publicidade são *muito* localizadas: para obter benefícios dos transbordamentos de informação, as agências de publicidade precisam estar localizadas a mais ou menos 300 metros umas das outras!

Mas se as economias externas são a principal razão para a especialização regional e o comércio inter-regional, o que explica como uma determinada região desenvolve economias externas que apoiam uma indústria? A resposta, no geral, é que acidentes da história desempenham um papel crucial. Como observado antes, há um século e meio, Nova York era a cidade portuária mais importante da América porque tinha acesso aos Grandes Lagos através do canal de Erie. Isso levou Nova York a tornar-se o centro financeiro da América. E ela permanece como centro financeiro ainda hoje graças às economias externas que a indústria financeira criou para si mesma. Los Angeles tornou-se o centro da indústria cinematográfica nos primeiros anos do setor, quando os filmes eram gravados ao ar livre e precisavam de boas condições meteorológicas. E permanece como o centro da indústria cinematográfica ainda hoje, apesar de muitos filmes serem gravados em locais fechados ou em locações.

Você pode estar se perguntando se as forças que impulsionam o comércio inter-regional são realmente diferentes daquelas que impulsionam o comércio internacional. A resposta é que não são, sobretudo quando olhamos o comércio entre economias intimamente integradas, como aquelas da Europa Ocidental. Na verdade, como explica o quadro a seguir,

---

[5] J. Vernon Henderson, "What Makes Big Cities Tick? A Look at New York", cópia, Brown University, 2004.

166 PARTE I ■ Teoria de comércio internacional

Londres desempenha o papel de capital financeira da Europa, similar ao papel desempenhado por Nova York como capital financeira dos Estados Unidos. Nos últimos anos, houve um movimento crescente entre economistas para imitar o comércio inter-regional e internacional e identificar fenômenos como o surgimento de cidades e diferentes aspectos do mesmo fenômeno – interação econômica através do espaço. Tal abordagem é frequentemente chamada de **geografia econômica**.

A CIDADE E A RUA

Dezenas de trilhões de dólares de bens e serviços atravessam as fronteiras nacionais todos os anos. O que mantém esse fluxo? O transporte, com todos aqueles navios e aviões cargueiros, é apenas parte da história. A informação, com os dados que voam pelos cabos de fibra óptica sob os oceanos, é outra. Mas o sistema como um todo também é movido a dinheiro. As empresas precisam angariar e transferir fundos, muitas vezes para parceiros que estão literalmente no outro lado do mundo.

O gerenciamento de transações financeiras desse tipo é, em si, uma indústria que exige recursos e habilidades especiais, então o comércio de serviços financeiros, no qual moradores de um país pagam moradores de outros para prestar serviços bancários, estruturar seus contratos e assim por diante, é uma parte significativa do comércio mundial. Os Estados Unidos são a maior potência nesse campo, com exportações de US$ 136 bilhões em 2019. Mas, de acordo com a maioria dos indicadores, o Reino Unido não fica longe.

De certa forma, falar sobre como "a Grã-Bretanha" ou "os Estados Unidos" exportam serviços financeiros é enganoso. O setor financeiro britânico está concentradíssimo em Londres, especialmente no distrito financeiro chamado de *the City* ("a Cidade"). Nos EUA, o quadro é mais diverso, mas os serviços financeiros sofisticados ainda estão concentrados em Nova York, e especialmente em Wall Street ("Rua do Muro"), o equivalente americano à City.

Por que City e Street têm um papel tão proeminente no comércio mundial de serviços financeiros? Ambas estabeleceram seus papéis dominantes no passado longínquo, quando o Império Britânico estendia-se por boa parte do mundo e Nova York tinha uma vantagem única por ser a estação terminal do Canal de Erie. Ambas podem beneficiar-se um pouco de estarem localizadas em países anglófonos, pois o inglês ainda é o idioma dominante no mundo dos negócios internacionais.

Mas as economias externas são a principal fonte das vantagens de Londres e de Nova York. Financiar negócios internacionais é um trabalho que exige indivíduos com uma ampla variedade de habilidades altamente especializadas, incluindo analistas de setores específicos, gestores financeiros, contadores, tributaristas focados em diferentes sistemas nacionais, profissionais de tecnologia da informação com o conhecimento certo, talvez até executivos inteligentes. Historicamente, a experiência do setor financeiro é que a maneira mais eficaz de aplicar essas habilidades diversas é permitir que as pessoas relevantes realizem reuniões presenciais com facilidade – e isso é mais fácil nos centros financeiros existentes, onde já há muitas pessoas com as habilidades relevantes.

Em outras palavras, historicamente, se alguém queria praticar o tipo sofisticado de transações financeiras que estão por trás da globalização, era preciso realizá-las em Nova York ou em Londres.

Londres e Nova York conseguirão preservar os seus papéis especiais nos próximos anos? Na época da redação deste livro (2020), havia algumas dúvidas. Em 2016, a Grã-Bretanha votou por abandonar a União Europeia, o que prejudicará o movimento de pessoas entre Londres e as outras cidades europeias. E em 2020, a pandemia da covid-19 levou a uma forte tendência de trocar reuniões presenciais por diversas formas de interação remota.

Se boa parte dos negócios que antes eram conduzidos em arranha-céus urbanos puder ser realizada igualmente bem de escritórios domésticos, os grandes centros financeiros, que são, de certa forma, monumentos ao poder das economias externas de escala, poderão ser fortemente impactados pela pandemia. A maioria dos observadores ainda duvida dessa possibilidade: os primeiros indícios eram de que a interação *on-line* estava perdendo alguns dos seus atrativos iniciais e que os gestores estavam ansiosos para retomar o contato pessoal. Saberemos o resultado em alguns anos.

CAPÍTULO 7 ■ Economias externas de escala e localização internacional da produção **167**

RESUMO

- O comércio não precisa ser o resultado da vantagem comparativa. Em vez disso, pode resultar do aumento dos retornos ou das economias de escala, isto é, de uma tendência de os custos de unidade serem menores com maiores produções. Economias de escala dão aos países um incentivo para especializarem-se e negociarem mesmo na ausência de diferenças nos recursos ou na tecnologia entre países. As economias de escala podem ser internas (dependendo do tamanho da empresa) ou externas (dependendo do tamanho da indústria).
- As economias de escala podem levar a um colapso de competição perfeita, a não ser que tomem a forma de economias externas, o que ocorre no nível da indústria em vez de no nível da empresa.
- As economias externas dão um papel importante à história e aos acidentes ao determinar o padrão do comércio internacional. Quando as economias externas são importantes, um país que começa com uma grande vantagem pode reter essa vantagem mesmo que outro país possa potencialmente produzir as mesmas mercadorias de forma mais barata. Quando as economias externas são importantes, os países podem possivelmente perder com o comércio.

TERMOS-CHAVE

agrupamento do mercado de
  trabalho, p. 154
argumento da indústria nascente,
  p. 164
comércio inter-regional, p. 164
curva de aprendizado, p. 163
curva de oferta em queda futura,
  p. 157
custo médio de produção, p. 157

economias de escala, p. 152
economias externas de escala,
  p. 153
economias internas de escala,
  p. 153
fornecedores especializados,
  p. 154
geografia econômica, p. 166

retornos crescentes dinâmicos,
  p. 164
transbordamento de
  conhecimento, p. 154

QUESTÕES

1. Para cada um dos exemplos seguintes, explique se é um caso de economias externas ou internas de escala:
   a. Uma quantidade de empresas fazendo contrato de pesquisa para a indústria farmacêutica está concentrada no sudeste da Carolina do Norte.
   b. Todos os Hondas produzidos nos Estados Unidos vêm das fábricas de Ohio, Indiana ou Alabama.
   c. Todas as fuselagens do Airbus, único produtor de aviões de grande porte da Europa, são montadas em Toulouse, na França.
   d. Cranbury, em Nova Jersey, é a capital do sabor artificial dos Estados Unidos.
2. Costuma-se argumentar que a existência dos retornos crescentes é uma fonte de conflito entre os países, já que a situação de cada um melhora se puder aumentar sua produção nas indústrias caracterizadas pelas economias de escala. Avalie esse ponto de vista em termos de modelo de economia externa.
3. Dê dois exemplos de produtos que são negociados nos mercados internacionais para os quais existem retornos crescentes dinâmicos. Em cada um de seus exemplos, mostre como a inovação e o aprendizado na prática são importantes para os retornos crescentes dinâmicos na indústria.

168 PARTE I ■ Teoria de comércio internacional

4. Avalie a importância relativa das economias de escala e da vantagem comparativa em causar o seguinte:
   a. O Brasil produz um terço do café mundial.
   b. Metade dos aviões a jato do mundo é montada em Seattle.
   c. A maioria dos semicondutores é produzida nos Estados Unidos ou no Japão.
   d. A maioria do uísque escocês vem da Escócia.
   e. Boa parte dos melhores vinhos do mundo vem da França.
5. Considere uma situação similar à da Figura 7.3, na qual dois países que podem produzir uma mercadoria estão sujeitos às curvas de oferta em queda futura. Entretanto, neste caso, suponha que os dois países tenham os mesmos custos, de forma que as duas curvas de oferta sejam idênticas.
   a. Qual padrão de especialização e comércio internacional você esperaria? O que determinaria quem vai produzir a mercadoria?
   b. Quais são os *benefícios* do comércio internacional neste caso? Eles serão obtidos somente pelo país que recebe a indústria?
6. É bastante comum que um agrupamento industrial se divida e a produção mude-se para localidades com salários menores quando a tecnologia da indústria deixa de melhorar rapidamente – quando não é mais essencial ter o maquinário absolutamente mais moderno, quando a necessidade por trabalhadores altamente qualificados diminui e quando estar na vanguarda da inovação traz somente uma pequena vantagem. Explique essa tendência dos agrupamentos industriais de dividirem-se em termos da teoria das economias externas.
7. Recentemente, uma crescente escassez de mão de obra tem feito os salários chineses aumentarem. Se essa tendência continuar, o que você espera que aconteça com as indústrias de economia externa dominadas pela China hoje? Considere, em especial, a situação ilustrada na Figura 7.4. Como a mudança ocorreria?
8. Em nossa discussão sobre agrupamento do mercado de trabalho, enfatizamos as vantagens de ter duas empresas na mesma localidade: se uma empresa está aumentando enquanto a outra está diminuindo, é vantagem tanto para os trabalhadores quanto para as empresas que sejam capazes de juntar-se em um único agrupamento de mão de obra. Mas pode acontecer de as duas empresas quererem expandir ou diminuir ao mesmo tempo. Isso constitui um argumento contra a concentração geográfica? (Analise o exemplo numérico cuidadosamente).
9. Como afirmamos no texto, as exportações de vestuário de Bangladesh cresceram rapidamente com o aumento dos salários na China. Contudo, um problema é que os produtores bangladeses estão situados na capital Dhaka ou nos seus arredores, que tem literalmente o pior trânsito do mundo. O que essa combinação lhe diz sobre a vantagem comparativa *versus* economias de escala na produção de vestuário?

LEITURAS ADICIONAIS

Graham, F. "Some Aspects of Protection Further Considered". *Quarterly Journal of Economics*, v. 37, p. 199-227, 1923. Um dos primeiros a avisar que o comércio internacional poderia ser prejudicial na presença de economias externas de escala.

Li & Fung Research Centre. *Industrial Cluster Series*, 2006-2010. Li & Fung, um grupo de comércio baseado em Hong Kong, publicou uma série de relatórios sobre o surgimento de concentrações industriais na produção chinesa.

Linder, S. B. *An Essay on Trade and Transformation*. Nova York: John Wiley and Sons, 1961. Uma apresentação inicial e influente da visão de que o comércio de manufaturas entre países desenvolvidos reflete principalmente forças que não a vantagem comparativa.

CAPÍTULO 7 ▪ Economias externas de escala e localização internacional da produção **169**

Porter, M. *The Competitive Advantage of Nations*. Nova York: Free Press, 1990. Um *best-seller* que explica o sucesso da exportação nacional como resultado do autorreforço de agrupamentos industriais, isto é, economias externas.

Saxenian, A. *Regional Advantage*. Cambridge: Harvard University Press, 1994. Uma comparação fascinante de dois distritos industriais de alta tecnologia: o Vale do Silício, na Califórnia, e a Rota 128, de Boston.

Banco Mundial. *Relatório sobre o Desenvolvimento Mundial de 2009*. Um enorme levantamento das evidências sobre geografia econômica, com extensa discussão sobre os agrupamentos industriais na China e em outras economias emergentes.

CAPÍTULO 8

Empresas na economia global: exportação e decisões na terceirização estrangeira e as empresas multinacionais

Neste capítulo, continuaremos a explorar como as economias de escala geram incentivos para a especialização e o comércio internacional. Nele, focaremos nas economias de escala que são internas à empresa. Como mencionado no Capítulo 7, essa forma de retornos crescentes leva a uma estrutura de mercado que apresenta concorrência imperfeita. As **economias internas de escala** significam que o custo médio de produção de uma empresa diminui quanto mais ela produz. A concorrência perfeita que baixa o preço de uma mercadoria para o custo marginal deveria implicar perdas para essas empresas, pois não seriam capazes de recuperar os altos custos incorridos da produção das unidades iniciais.[1] Como resultado, a concorrência perfeita forçaria essas empresas para fora do mercado e esse processo continuaria até que um equilíbrio com a concorrência imperfeita fosse atingido.

Modelar a concorrência imperfeita significa que consideraremos explicitamente o comportamento de empresas individuais. Isso nos permite introduzir duas características adicionais das empresas que são predominantes no mundo real: (1) na maioria dos setores, as empresas produzem mercadorias que são diferenciadas umas das outras. No caso de certas mercadorias (como água mineral, grampos, etc.), as diferenças entre os produtos podem ser pequenas; em outras (como carros, celulares, etc.), as diferenças são muito mais significativas. (2) Medidas de desempenho (como tamanho e lucros) variam amplamente entre as empresas. Vamos incorporar essa primeira característica (diferenciação de produto) em nossa análise ao longo deste capítulo. Para facilitar a exposição e estimular a intuição, vamos, inicialmente, considerar o caso no qual não existem diferenças de desempenho entre as empresas. Veremos, portanto, como as economias internas de escala e a diferenciação do produto combinam-se para gerar novas fontes de ganhos de comércio por meio de integração econômica.

Introduziremos diferenças entre as empresas para que possamos analisar como elas respondem diferentemente às forças internacionais. Veremos como a

---

[1] Sempre que o custo médio estiver diminuindo, o custo de produzir uma unidade extra (custo marginal) é menor do que o custo médio de produção (já que aquela média inclui o custo dessas unidades iniciais que foram produzidas a custos unitários maiores).

CAPÍTULO 8 ■ Empresas na economia global: exportação e decisões na terceirização estrangeira ... **171**

integração econômica gera tanto vencedores como perdedores entre diferentes tipos de empresas. As organizações de melhor desempenho prosperam e se expandem, enquanto as de pior desempenho encolhem. Isso gera uma fonte adicional de ganho de comércio: como a produção é concentrada no sentido das empresas de melhor desempenho, a eficiência global da indústria melhora. Por fim, estudaremos o motivo pelo qual essas empresas de melhor desempenho têm maior incentivo para envolverem-se na economia global, seja por meio da exportação, da terceirização de alguns dos processos de produção intermediários no estrangeiro ou ao tornarem-se multinacionais e operarem em vários países.

OBJETIVOS DE APRENDIZAGEM

Após a leitura deste capítulo, você será capaz de:

- Entender como as economias internas de escala e a diferenciação de produto levam ao comércio internacional e ao comércio intraindústria.
- Reconhecer novos tipos de ganhos de bem-estar do comércio de intraindústria.
- Descrever como a integração econômica pode levar tanto a vencedores como a perdedores entre empresas do mesmo setor.
- Explicar como os economistas acreditam que o "*dumping*" não deve ser destacado como uma prática de comércio injusta e por que a aplicação de leis *antidumping* leva ao protecionismo.
- Explicar por que as empresas que se envolvem na economia global (exportadores, terceirizados, multinacionais) são substancialmente maiores e têm melhor desempenho do que empresas que não interagem com os mercados estrangeiros.
- Entender as teorias que explicam a existência de multinacionais e a motivação para investimento estrangeiro direto entre economias.

A teoria da concorrência imperfeita

Em um mercado perfeitamente competitivo – no qual existem muitos compradores e vendedores, dos quais nenhum representa uma grande parte do mercado –, as empresas são *tomadoras de preços*. Isto é, são vendedoras de produtos que acreditam que podem vender tanto quanto gostariam pelo preço atual, mas não podem influenciar o preço que recebem pelo produto. Por exemplo, um produtor de trigo pode vender tanto trigo quanto quiser sem preocupar-se que, ao tentar vender mais, vai diminuir o preço de mercado. A razão pela qual não precisa preocupar-se com o efeito de suas vendas nos preços é que qualquer produtor individual de trigo representa somente uma minúscula fração do mercado mundial.

Entretanto, quando somente algumas empresas produzem uma mercadoria, a situação é diferente. Para utilizar talvez o exemplo mais dramático, a Boeing, uma gigante da aviação, divide o mercado de aeronaves grandes com somente um grande rival, a europeia Airbus. Por isso, a Boeing sabe que se produzir mais aeronaves, vai ter um efeito significativo na oferta total de aviões no mundo e, portanto, diminuirá significativamente o preço dos aviões. Ou, em outras palavras, a Boeing sabe que se quer vender mais aviões, só vai conseguir isso se reduzir seu preço significativamente. Então, na **concorrência imperfeita**, as empresas têm consciência de que podem influenciar os preços de seus produtos e que só podem vender mais ao reduzirem seu preço. Essa situação ocorre de uma das duas formas: quando existem somente alguns grandes produtores de uma mercadoria em especial, ou quando cada empresa produz uma mercadoria que é diferenciada (aos olhos do consumidor) daquelas produzidas pelas concorrentes. Como mencionamos na introdução, esse tipo de competição é um resultado inevitável quando existem economias de escala no nível da empresa: o número de empresas sobreviventes é forçado a diminuir para um número pequeno e/ou as empresas devem desenvolver produtos que são claramente diferenciados daqueles produzidos pelos seus rivais. Nessas condições, cada empresa vê a si mesma como *formadora de preço*, ao escolher o preço de seus produtos, em vez de ser uma tomadora de preço.

Quando as empresas não são tomadoras de preço, é necessário desenvolver ferramentas adicionais para descrever como os preços e a produção são determinados. A estrutura de mercado imperfeitamente competitivo mais simples para examinarmos é a do **monopólio puro**, um mercado no qual a empresa não enfrenta nenhuma competição. As ferramentas que desenvolvemos para essa estrutura podem, então, ser utilizadas para examinar estruturas de mercado mais complexas.

Monopólio: uma breve revisão

A Figura 8.1 mostra a posição de uma única empresa monopolista. A empresa enfrenta uma curva de demanda com inclinação decrescente, representada na figura como *D*. Essa inclinação decrescente de *D* indica que a empresa pode vender mais unidades de produção somente se o preço da produção cair. Como você deve se lembrar do básico da microeconomia, a curva de **receita marginal** corresponde à curva de demanda. A receita marginal é a receita extra, ou marginal, que a empresa ganha por vender uma unidade adicional. A receita marginal para uma empresa monopolista é sempre menor do que o preço, porque para vender uma unidade adicional, ela deve baixar o preço de *todas* as unidades (e não só da unidade marginal). Portanto, para uma empresa monopolista, a curva de receita marginal, *MR*, sempre vai estar abaixo da curva de demanda.

Receita marginal e preço Para nossa análise do modelo da concorrência monopolística, que vem adiante nesta seção, é importante determinar a relação entre o preço que a empresa monopolista recebe por unidade e a receita marginal. A receita marginal é sempre menor do que o preço, mas quanto menor? A relação entre a receita marginal e o preço depende

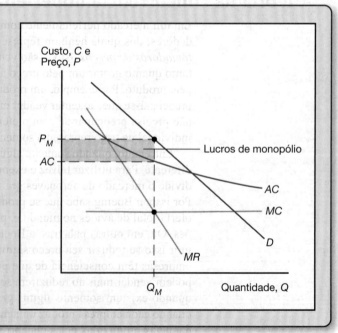

FIGURA 8.1

Preços monopolísticos e decisões de produção.

Uma empresa monopolista escolhe uma produção na qual a receita marginal (o aumento na receita por vender uma unidade adicional) se iguala ao custo marginal (o custo de produzir uma unidade adicional). Essa produção que maximiza o lucro é mostrada como Q_M. O preço no qual essa produção é demandada é P_M. A curva de receita marginal *MR* situa-se abaixo da curva de demanda *D*, porque, para um monopólio, a receita marginal é sempre menor do que o preço. Os lucros do monopólio são iguais aos da área do retângulo sombreado, a diferença entre preço e custo médio vezes a quantidade de produção vendida.

CAPÍTULO 8 ▪ Empresas na economia global: exportação e decisões na terceirização estrangeira ...   **173**

de duas coisas. Primeiro, de quanta produção a empresa já está vendendo: uma firma que não está vendendo muitas unidades não perderá muito ao diminuir o preço que recebe por essas unidades. Segundo, a diferença entre preço e receita marginal depende da inclinação da curva de demanda, que nos informa quanto a empresa monopolista precisa cortar seu preço para vender mais uma unidade de produção. Se a curva for muito achatada, a empresa monopolista pode vender uma unidade adicional com um pequeno corte no preço. Como resultado, ela não terá de baixar muito o preço nas unidades que venderia de qualquer forma, então a receita marginal será próxima ao preço por unidade. Por outro lado, se a curva de demanda for muito inclinada, vender uma unidade adicional vai requerer um grande corte no preço, o que implica que a receita marginal será bem menor do que o preço.

Podemos ser mais específicos sobre a relação entre preço e receita marginal se supusermos que a curva de demanda que a empresa enfrenta é uma linha reta. Nesse caso, a dependência do total de vendas da empresa monopolista sob o preço que cobra pode ser representada por uma equação da seguinte forma:

$$Q = A - B \times P, \tag{8.1}$$

onde Q é o número de unidades que a empresa vende, P é o preço que ela cobra por unidade e A e B são constantes. Mostraremos no apêndice deste capítulo que nesse caso a receita marginal é:

$$\text{Receita marginal} = MR = P - Q/B, \tag{8.2}$$

o que implica:

$$P - MR = Q/B.$$

A Equação (8.2) revela que a diferença entre preço e receita marginal depende das vendas iniciais, Q, da empresa e que o parâmetro de inclinação, B, depende da curva de demanda. Se a quantidade de vendas, Q, é maior, a receita marginal é menor, porque a redução necessária no preço para vender uma maior quantidade custa mais para a empresa. Em outras palavras, quanto maior for B, mais as vendas caem para qualquer aumento no preço e a receita marginal fica mais próxima do preço da mercadoria. A Equação (8.2) é crucial para a nossa análise do modelo de concorrência monopolística do comércio na seção a seguir.

Custos médios e marginais Voltando à Figura 8.1, AC representa o **custo médio** de produção da empresa, isto é, o custo total dividido por sua produção. A inclinação para baixo reflete nossa suposição de que existem economias de escala, então quanto maior a produção da empresa, menor seu custo por unidade. MC representa o **custo marginal** da empresa (o quanto custa para a empresa produzir uma unidade extra). Na figura, supusemos que o custo marginal da empresa é constante (a curva de custo marginal é achatada). Então, as economias de escala devem vir de um custo fixo (sem relação com a escala de produção). O custo fixo impulsiona o custo médio acima do custo marginal constante de produção, embora a diferença entre os dois torne-se cada vez menor à medida que o custo fixo é dividido entre um número crescente de unidades produzidas.

Se considerarmos c como o custo marginal da empresa e F como o custo fixo, então podemos escrever o custo total da empresa (C) como:

$$C = F + c \times Q, \tag{8.3}$$

onde Q é novamente a produção da empresa. Dada essa função linear de custo, o custo médio da empresa é:

$$AC = C/Q = (F/Q) + c. \tag{8.4}$$

FIGURA 8.2
Custo médio *versus* custo marginal.
Esta figura ilustra os custos médio e marginal correspondentes à função de custo total $C = 5 + x$. O custo marginal é sempre 1, o custo médio diminui conforme a produção aumenta.

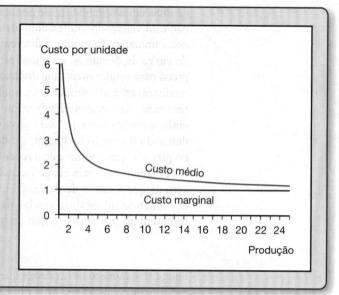

Como discutimos, esse custo médio é sempre maior que o custo marginal c, e diminui com o produto produzido Q.

Se, por exemplo, $F = 5$ e $c = 1$, o custo médio para produzir 10 unidades é $(5/10) + 1 = 1,5$, e o custo médio para produzir 25 unidades é $(5/25) + 1 = 1,2$. Esses números podem parecer familiares, porque foram utilizados para construir a Tabela 7.1 no Capítulo 7. (Entretanto, neste caso, supomos um custo unitário de salário para o fator mão de obra e que a tecnologia agora se aplica a uma empresa, não a toda a indústria.) As curvas de custo médio e marginal para esse exemplo numérico específico estão traçadas na Figura 8.2. O custo médio aproxima-se do infinito na produção zero e aproxima-se do custo marginal em grande produção.

A produção que maximiza o lucro de uma empresa monopolista é aquela na qual a receita marginal (a receita obtida por vender uma unidade extra) se iguala ao custo marginal (o custo de produzir uma unidade extra), isto é, na interseção das curvas MC e MR. Na Figura 8.1, podemos ver que o preço no qual a produção que maximiza o lucro, Q_M, é demandada é P_M, que é maior do que o custo médio. Quando $P > AC$, a empresa monopolista obtém alguns lucros de monopólio, como indicado pela caixa sombreada.[2]

Concorrência monopolística

Os lucros de monopólio raramente são incontestados. A empresa que tem lucros altos normalmente atrai concorrência. Portanto, as situações de monopólio puro são raras na prática. Na maioria dos casos, a concorrência não vende os mesmos produtos – seja porque não pode (por razões legais ou tecnológicas) ou porque prefere abrir seu próprio nicho de produto. Isso leva a um mercado no qual os concorrentes vendem **produtos diferenciados**. Portanto, mesmo quando existem muitos concorrentes, a **diferenciação do produto** permite que as empresas continuem a ditar o preço para sua própria "variedade" de produto individual ou marca. Entretanto, mais concorrência implica menos vendas para qualquer empresa em qualquer preço escolhido: a curva de demanda de cada empresa muda quando existem mais

---

[2] A definição econômica de *lucros* não é mesma que a utilizada em contabilidade convencional, em que qualquer receita acima dos custos de mão de obra e de material é chamada de lucro. Uma empresa que obtém uma taxa de retorno sobre seu próprio capital menor do que este poderia ter obtido em outras indústrias não gera lucros. Do ponto de vista das ciências econômicas, a taxa de retorno normal sobre capital representa parte dos custos da empresa, e somente retornos acima da taxa de retorno normal representam lucros.

CAPÍTULO 8 ▪ Empresas na economia global: exportação e decisões na terceirização estrangeira ... **175**

concorrentes (modelaremos isso de forma mais explícita nas seções seguintes). Baixa demanda, por sua vez, leva a lucros reduzidos.

O incentivo para o surgimento de novos concorrentes persiste enquanto tal entrada for lucrativa. Uma vez que a competição alcança certo nível, entradas adicionais não seriam mais lucrativas e um equilíbrio de longo prazo é atingido. Em alguns casos, isso ocorre quando só existe um pequeno número de empresas que concorrem no mercado (tal como no mercado de grandes aeronaves). Isso leva a uma estrutura de mercado chamada de **oligopólio**. Nessa situação, uma única empresa tem uma parte suficiente do mercado para influenciar agregados de mercado, como o total da produção da indústria e seu preço médio.[3] Isso, por sua vez, afeta as condições da demanda para outras empresas. Elas terão, portanto, um incentivo para ajustar seus preços em resposta à decisão de preço da empresa maior, e vice-versa, quando as outras empresas também são grandes. Portanto, as decisões de preço das companhias são *interdependentes* em uma estrutura de mercado oligopolista: cada empresa em um oligopólio vai considerar as respostas esperadas dos concorrentes na hora de estabelecer o preço. Essas repostas, entretanto, dependem, por sua vez, das expectativas dos concorrentes sobre o comportamento da empresa – e, portanto, estamos em um jogo complexo no qual as empresas tentam adivinhar as estratégias umas das outras. Discutiremos brevemente um exemplo de um modelo de oligopólio com duas empresas no Capítulo 12.

Por enquanto, vamos focar em um caso muito mais simples de concorrência imperfeita, conhecido como **concorrência monopolística**. Essa estrutura de mercado surge quando o número de equilíbrio de empresas concorrentes é grande e nenhuma atinge uma parcela substancial de mercado. Então, a decisão de preço de qualquer uma das empresas não vai afetar os agregados de mercado e as condições de demanda para as outras, assim as decisões de preço não são mais inter-relacionadas. Cada empresa define seu preço de acordo com aqueles agregados de mercado, sabendo que a resposta de qualquer outra empresa individual seria sem importância. A seguir, desenvolvemos tal modelo de concorrência monopolística e, na seção seguinte, introduzimos o comércio sob essa estrutura de mercado.

Suposições do modelo Começamos descrevendo a demanda voltada para uma empresa de concorrência monopolística típica. Em geral, esperaríamos que a empresa vendesse mais quanto maior fosse a demanda total para o produto de sua indústria e maiores fossem os preços cobrados por seus rivais. Por outro lado, esperaríamos que a empresa vendesse menos quanto maior o número de empresas na indústria e maior o seu próprio preço. Uma equação especial para a demanda voltada a uma empresa que tem essas propriedades é:[4]

$$Q = S \times [1/n - b \times (P - \bar{P})], \tag{8.5}$$

onde Q é a quantidade de produção demandada; S é o total de produção da indústria; n é o número de empresas na indústria; b é o termo constante positivo que representa a capacidade de reposta das vendas de uma empresa para o seu preço; P é o preço cobrado pela própria empresa; e $\bar{P}$ é o preço médio cobrado por seus concorrentes. À Equação (8.5) pode ser dada a seguinte justificativa intuitiva: se todas as empresas cobram o mesmo preço, cada uma terá uma parcela de mercado $1/n$. Uma empresa que cobra mais do que a média das outras empresas vai ter uma parcela de mercado similar, considerando que a empresa que cobra menos terá uma parcela maior.[5]

---

[3]Em geral, isso ocorre quando o custo fixo F é alto em relação às condições de demanda: cada empresa deve operar em grande escala a fim de diminuir o custo médio e ser lucrativa, e o mercado não é grande o suficiente para suportar tantas empresas grandes.

[4]A Equação (8.5) pode ser derivada de um modelo no qual os consumidores têm diferentes preferências e as empresas produzem variedades adaptadas para segmentos particulares do mercado. Veja: Stephen Salop, "Monopolistic Competition with Outside Goods," *Bell Journal of Economics*, v. 10, p.141-156, 1979, para um desenvolvimento dessa abordagem.

[5]A Equação (8.5) pode ser reescrita como $Q = (S/n) - S \times b \times (P - \bar{P})$. Se $P = \bar{P}$, essa equação é reduzida para $Q = S/n$. Se $P < \bar{P}$, $Q > S/n$, enquanto se $P < \bar{P}$, $Q > S/n$.

176 PARTE I ■ Teoria de comércio internacional

É útil supor que a produção total da indústria S não é afetada pelo preço médio P cobrado pela empresas da indústria. Isto é, supomos que as empresas podem ganhar clientes somente à custa umas das outras. Não é uma suposição realista, mas simplifica a análise e ajuda-nos a focar na concorrência entre as empresas. Em especial, isso significa que S é a medida do tamanho do mercado e que se todas as empresas cobrarem o mesmo preço, cada uma vende S/n unidades.[6]

A seguir, voltamos aos custos de uma empresa típica. Aqui, simplesmente pressupomos que o custo total e o médio de uma empresa típica são descritos pelas Equações (8.3) e (8.4). Note que, nesse modelo inicial, supomos que todas as empresas são *simétricas*, mesmo que produzam produtos diferenciados: todas enfrentam a mesma curva de demanda [Equação (8.5)] e têm a mesma função de custo [Equação (8.3)]. Abrandaremos essa suposição na próxima seção.

Equilíbrio de mercado Quando empresas individuais são simétricas, o estado da indústria pode ser descrito sem nenhuma das características das empresas individuais: tudo o que realmente precisamos saber para descrever a indústria é quantas empresas existem e que preço a empresa típica cobra. Para analisar a indústria – por exemplo, para avaliar os efeitos do comércio internacional – precisamos determinar o número de empresas n e o preço médio que cobram $\bar{P}$. Uma vez que temos o método para determinar n e $\bar{P}$, podemos perguntar como elas são afetadas pelo comércio internacional.

Nosso método para determinar n e $\bar{P}$ envolve três passos. (1) Primeiro, obtemos uma relação entre o número de empresas e o *custo médio* de uma empresa típica. Mostramos que essa relação tem uma inclinação ascendente, isto é, quanto mais empresas existem, menor é a produção de cada uma e, portanto, maior é o custo por unidade de produção de cada empresa. (2) A seguir, mostramos a relação entre o número de empresas e o preço que cada uma cobra, que deve se igualar a $\bar{P}$ em equilíbrio. Mostramos que essa relação tem uma inclinação descendente: quanto mais empresas existem, mais intensa é a concorrência entre elas e, como resultado, menores são os preços que cobram. (3) Por fim, introduzimos decisões de entrada e saída das empresas com base nos lucros que cada uma aufere. Quando o preço excede o custo médio, as empresas obtêm lucro positivo, e empresas adicionais entrarão na indústria. Por outro lado, quando o preço é menor do que o custo médio, os lucros são negativos, e essas perdas induzem à saída de algumas empresas. No longo prazo, esse processo de entrada e saída leva os lucros a zero. Então o preço $\bar{P}$ que cada empresa estabelece deve se igualar ao custo médio do passo (1).

1. *O número de empresas e custo médio.* Como primeiro passo para determinar n e $\bar{P}$, perguntamos como o custo médio de uma empresa típica depende do número de empresas na indústria. Já que todas as empresas são simétricas nesse modelo, no equilíbrio, todas cobrarão o mesmo preço. Mas quando todas as empresas cobram o mesmo preço, de forma que $P = \bar{P}$, a Equação (8.5) mostra-nos que $Q = S/n$; isto é, a produção Q de cada empresa é uma parcela $1/n$ do total de vendas S da indústria. Mas nós vimos na Equação (8.4) que o custo médio depende inversamente da produção de uma empresa. Portanto, concluímos que o custo médio depende do tamanho do mercado e do número de empresas na indústria:

$$AC = F/Q + c = (n \times F/S) + c. \tag{8.6}$$

A Equação (8.6) nos mostra que, com todo o resto igual, *quanto mais empresas existirem em uma indústria, mais alto é o custo médio*. A razão para isso é que quanto mais empresas existem, menos cada uma produz. Por exemplo, imagine uma indústria com um total de vendas de 1 milhão de *widgets* por ano. Se existem cinco empresas na indústria, cada uma venderá 200 mil anualmente. Se existem dez empresas, cada uma vai vender

---

[6]Mesmo que as empresas definam preços diferentes, a equação de demanda (8.5) garante que a soma de Q em relação a todas as empresas seja sempre igual à produção total S (porque o resultado de $P - \bar{P}$ em relação a todas as empresas deve ser zero).

somente 100 mil e, portanto, cada empresa terá um custo médio maior. A relação de inclinação ascendente entre n e o custo médio é mostrada como CC na Figura 8.3.

2. *O número de empresas e o preço.* Entretanto, o preço que a empresa típica cobra também depende do número de empresas na indústria. Em geral, seria de se esperar que quanto mais empresas existam, mais intensa seja a concorrência entre elas e, consequentemente, menor o preço. Isso acaba por ser verdade nesse modelo, mas provar o enunciado não é tão simples. O truque básico é mostrar que cada empresa enfrenta uma curva de demanda de linha reta, como mostramos na Equação (8.1), e então utilizar a Equação (8.2) para determinar os preços.

Primeiro, lembre-se que no modelo de concorrência monopolística supõe-se que as empresas apenas aceitam os preços das outras, isto é, cada empresa ignora a possibilidade de que, caso mudem seu preço, outras empresas também mudarão o delas. Se cada empresa trata $\bar{P}$ como dado, podemos reescrever a curva de demanda da Equação (8.5) na forma:

$$Q = [(S/n) + S \times b \times \bar{P}] - S \times b \times P, \qquad (8.7)$$

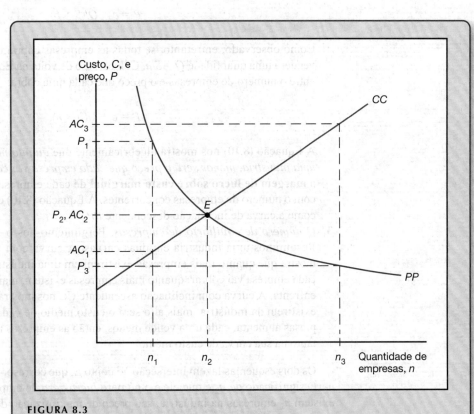

FIGURA 8.3
Equilíbrio em um mercado monopolístico competitivo.
A quantidade de empresas em um mercado monopolisticamente competitivo e os preços que elas cobram são determinados por duas relações. De um lado, quanto mais empresas existem, mais intensamente elas competem, e, por consequência, menor é o preço da indústria. Essa relação é representada por PP. Do outro lado, quanto mais empresas existem, menos cada uma vende e, portanto, maior é o custo médio da indústria. Essa relação é representada por CC. Se o preço ultrapassa o custo médio (isto é, se a curva PP está acima da curva CC), a indústria terá lucros, e empresas adicionais entrarão nela. Se o preço for menor do que o custo médio, a indústria sofrerá perdas, e empresas a deixarão. O preço de equilíbrio e a quantidade de empresas ocorrem quando o preço iguala o custo médio, na interseção entre PP e CC.

178 PARTE I ■ Teoria de comércio internacional

onde b é o parâmetro na Equação (8.5) que mediu a sensibilidade de cada parcela de mercado das empresas para o preço que ela cobra. Agora, esta equação está na mesma forma da Equação (8.1), com $(S/n) + S \times b \times \bar{P}$ no lugar do termo constante A e $S \times b$ no lugar do coeficiente de inclinação B. Se colocarmos esses valores de volta na fórmula para a receita marginal, Equação (8.2), temos a receita marginal para uma empresa típica de:

$$MR = P - Q/(S \times b). \tag{8.8}$$

Empresas que maximizam os lucros vão definir a receita marginal igual ao custo marginal, c, de modo que:

$$MR = P - Q/(S \times b) = c,$$

o que pode ser reorganizado para dar a seguinte equação para o preço cobrada por uma empresa típica:

$$P = c + Q/(S \times b). \tag{8.9}$$

Como observado, entretanto, se todas as empresas cobram o mesmo preço, cada uma venderá uma quantidade $Q = S/n$. Colocar isso de volta na Equação (8.9) nos dá a relação entre o número de empresas e o preço que cada uma cobra:

$$P = c + 1/(b \times n). \tag{8.10}$$

A Equação (8.10) nos mostra algebricamente que *quanto mais empresas existirem em uma indústria, menor será o preço que cada empresa vai cobrar.* Isso acontece porque a **margem de lucro sobre custo marginal** de cada empresa, $P - c = 1/(b \times n)$, diminui com o número de empresas concorrentes. A Equação (8.10) é representada na Figura 8.3 como a curva de inclinação descendente *PP*.

3. *O número de equilíbrio de empresas.* Perguntemo-nos o que a Figura 8.3 significa. Resumimos uma indústria em duas curvas. A curva com inclinação descendente *PP* mostra que quanto mais empresas existirem em uma indústria, menor será o preço que cada empresa vai cobrar: quanto mais empresas existem, mais competição cada empresa enfrenta. A curva com inclinação ascendente *CC* nos mostra que quanto mais empresas existirem na indústria, mais alto será o custo médio de cada uma: se o número de empresas aumenta, cada uma vende menos, então as empresas não serão capazes de descer tanto na sua curva de custo médio.

Os dois esquemas fazem interseção no ponto E, que corresponde ao número de empresas n_2. O significado de n_2 é que ele é o número *lucro-zero* de empresas na indústria. Quando existem n_2 empresas na indústria, seu preço de maximização de lucro é P_2, o que é exatamente igual ao seu custo médio AC_2. Isso é o equilíbrio de concorrência monopolística de longo prazo que descrevemos anteriormente.

Para entender o porquê, suponha que n era menos do que n_2, digamos n_1. Então o preço cobrado pelas empresas seria P_1, enquanto seu custo médio seria somente AC_1. Deste modo, as empresas ganhariam lucros positivos.[7] Agora suponha que n fosse maior do que n_2, digamos n_3. Então as empresas cobrariam somente o preço P_3, enquanto seu custo médio seria AC_3. As empresas sofreriam perdas (lucros no negativo). Ao longo do tempo, empresas entrarão em uma indústria que é lucrativa e sairão da indústria na qual perdem dinheiro. O nú-

---

[7]Lembre-se que isso representa lucro *econômico*, o que exclui todos os custos fixos e de capital, em oposição ao lucro *contábil* (que não exclui nada).

CAPÍTULO 8 ■ Empresas na economia global: exportação e decisões na terceirização estrangeira ... **179**

mero de empresas aumentará com o tempo se for menor do que n_2 e diminuirá se o número for maior, o que levará ao preço de equilíbrio P_2 com n_2 empresas.[8]

Acabamos de desenvolver um modelo de uma indústria monopolisticamente competitiva, na qual podemos determinar o número de equilíbrio de empresas e o preço médio que cada empresa cobra. Agora utilizaremos esse modelo para derivar algumas conclusões importantes sobre o papel das economias de escala no comércio internacional.

Concorrência monopolística e comércio

Fundamentando a aplicação do modelo de concorrência monopolística para o comércio, existe a ideia de que o comércio aumenta o tamanho do mercado. Em indústrias nas quais existem economias de escala, tanto a variedade de mercadorias que um país pode produzir quanto a escala de sua produção são limitadas pelo tamanho do mercado. Ao comercializarem entre si e, portanto, formarem um mercado mundial integrado que é maior do que qualquer mercado nacional individual, as nações tornam-se capazes de afrouxar essas limitações. Cada país pode, portanto, especializar-se em produzir uma variedade de produtos mais restrita do que produziria na ausência de comércio. Ainda, ao comprar de outros países as mercadorias que não produz, cada nação pode simultaneamente aumentar a variedade de mercadorias disponíveis para seus consumidores. Como resultado, o comércio oferece uma oportunidade de ganho mútuo mesmo quando os países não diferem em recursos ou tecnologias.

Suponha, por exemplo, que existam dois países, cada um com um mercado anual para um milhão de automóveis. Ao negociarem entre si, eles podem criar um mercado combinado de dois milhões de automóveis. Nesse mercado combinado, pode ser produzida uma variedade maior de automóveis, com custos médios menores do que em cada mercado sozinho.

O modelo de concorrência monopolística pode ser usado para mostrar como o comércio melhora o *trade-off* entre escala e variedade que as nações individuais enfrentam. Começaremos mostrando como um mercado maior resulta tanto em um preço médio menor, quanto na disponibilidade de uma variedade maior de mercadorias no modelo de concorrência monopolística. Ao aplicar esse resultado no comércio internacional, observamos que o comércio cria um mercado mundial maior do que qualquer um dos mercados nacionais que o compõem. Integrar mercados por meio do comércio internacional, portanto, tem os mesmos efeitos do crescimento de um mercado dentro de um único país.

Os efeitos do aumento de tamanho do mercado

O número de empresas em uma indústria monopolisticamente competitiva e os preços que cobra são afetados pelo tamanho do mercado. Nos mercados maiores, haverá geralmente mais empresas e mais vendas por empresa. Os consumidores de um mercado maior terão preços menores e uma variedade maior de produtos do que os de mercados menores.

Para enxergar isso no contexto do nosso modelo, olhe novamente para a curva *CC* na Figura 8.3, que mostrou que os custos médios por empresa são maiores quanto mais empresas existem na indústria. A definição da curva *CC* é dada pela Equação (8.6):

$$AC = F/Q + c = n \times F/S + c.$$

Ao examinar essa equação, vemos que um aumento na produção total da indústria S reduzirá os custos médios para qualquer número dado de empresas n. A razão é que se o mercado

---

[8]Essa análise passa por um pequeno problema: a quantidade de empresas em uma indústria deve ser, naturalmente, um número inteiro como 5 ou 8. E se n_2 acaba por ser igual a 6,37? A resposta é que existirão seis empresas na indústria, todas ganhando um pequeno lucro positivo. O lucro não é contestado por novas empresas, porque todo mundo sabe que uma indústria de sete empresas perderia dinheiro. Na maioria dos exemplos de concorrência monopolística, esse problema de número inteiro ou "restrição de inteiro" acaba não sendo muito importante, por isso, vamos ignorá-lo aqui.

cresce enquanto o número de empresas mantém-se constante, a produção por empresa vai aumentar e o custo médio de cada empresa vai, portanto, diminuir. Desse modo, se compararmos dois mercados, um com S maior do que o outro, a curva CC do mercado maior estará abaixo da do mercado menor.

Ao mesmo tempo, a curva PP na Figura 8.3, que relaciona o preço cobrado pelas empresas ao número de empresas, não é alterada. A definição dessa curva foi dada pela Equação (8.10):

$$P = c + 1/(b \times n).$$

O tamanho do mercado não entra nessa equação, então um aumento de S não altera a curva PP.

A Figura 8.4 utiliza essa informação para mostrar o efeito de um aumento no tamanho do mercado em equilíbrio de longo prazo. Inicialmente, o equilíbrio está no ponto 1, com um preço P_1 e um número de empresas n_1. Um aumento no tamanho do mercado, medido pelas vendas S da indústria, move a curva CC para baixo, de CC_1 para CC_2, ao passo que não tem efeito nenhum na curva PP. O novo equilíbrio está no ponto 2: o número de empresas aumenta de n_1 para n_2, enquanto o preço cai de P_1 para P_2.

Claramente, os consumidores preferem fazer parte de um mercado maior em vez de um mercado menor. No ponto 2, uma maior variedade de produtos está disponível por um preço menor do que no ponto 1.

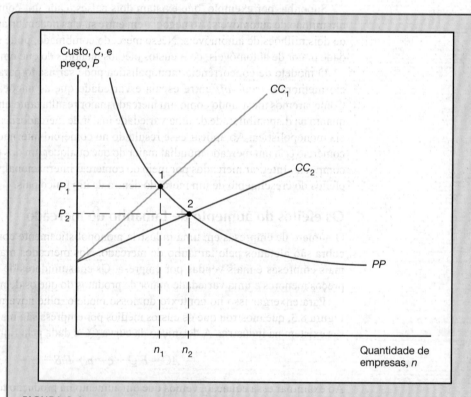

FIGURA 8.4

Os efeitos de um mercado maior.

Um aumento no tamanho do mercado permite que cada empresa, sem outras mudanças, produza mais e, portanto, tenha um custo médio menor. Isso é representado por uma mudança descendente de CC_1 para CC_2. Os resultados são um aumento simultâneo na quantidade de empresas (e, por consequência, na variedade de mercadorias disponíveis) e uma queda no preço de cada uma.

Ganhos de mercado integrado: um exemplo numérico

O comércio internacional é capaz de criar um mercado maior. Podemos ilustrar os efeitos do comércio nos preços, na escala e na variedade de mercadorias disponíveis com um exemplo numérico específico.

Suponha que automóveis sejam produzidos por uma indústria monopolisticamente competitiva. A curva de demanda voltada para qualquer produtor de automóveis é descrita pela Equação (8.5), com $b = 1/30.000$ (esse valor não tem significado especial, foi escolhido para fazer o exemplo sair limpo). Portanto, a demanda voltada para qualquer produtor é:

$$Q = S \times [(1/n) - (1/30.000) \times (P - \bar{P})],$$

onde Q é o número de automóveis vendidos por empresa; S é o número total de vendas para a indústria; n é o número de empresas; P é o preço que uma empresa cobra; e $\bar{P}$ é o preço médio de outras empresas. Também supomos que a função de custo para produzir automóveis seja descrita pela Equação (8.3), com um custo fixo $F = $ US$ 750.000.000 e um custo marginal $c = $ US$ 5.000 por automóvel (novamente, esses valores foram escolhidos para termos bons resultados). O custo total é:

$$C = 750.000.000 + (5.000 \times Q).$$

Portanto, a curva de custo médio é:

$$AC = (750.000.000/Q) + 5.000.$$

Agora, suponha que existam dois países, Doméstica e Estrangeira. Doméstica tem vendas anuais de 900 mil automóveis e Estrangeira tem vendas anuais de 1,6 milhão. Suponhamos que os dois países, por ora, tenham os mesmos custos de produção.

A Figura 8.5a mostra as curvas PP e CC para a indústria automotiva de Doméstica. Observamos que, na ausência de comércio, Doméstica teria seis empresas de automóveis, vendendo-os a US$ 10.000 cada. (Também é possível resolver n e P algebricamente, como é mostrado no pós-escrito matemático deste capítulo.) Para confirmar que esse é o equilíbrio de longo prazo, precisamos mostrar que a Equação (8.10) de preços é satisfeita e que o preço se iguala ao custo médio.

Ao substituir os valores reais do custo marginal c, do parâmetro de demanda b e do número de empresas n em Doméstica na Equação (8.10), chegamos a:

$$P = \$ 10.000 = c + 1/(b \times n) = \$ 5.000 + 1/[(1/30.000) \times 6]$$
$$= \$ 5.000 + \$ 5.000,$$

então a condição para maximização de lucro – receita marginal igual a custo marginal – é satisfeita. Cada empresa vende 900.000 unidades/6 empresas = 150.000 unidades/empresa. Seu custo médio é, portanto:

$$AC = (\$ 750.000.000/150.000) + \$ 5.000 = \$ 10.000.$$

Já que o custo médio de US$ 10.000 por unidade é o mesmo que o preço, a concorrência eliminou todos os lucros de monopólio. Desse modo, seis empresas vendendo cada unidade ao preço de US$ 10.000, com cada empresa produzindo 150 mil carros, é o equilíbrio de longo prazo no mercado de Doméstica.

E o que acontece em Estrangeira? Ao desenhar as curvas PP e CC (painel [b] da Figura 8.5), observamos que quando o mercado está em 1,6 milhão de automóveis, as curvas fazem interseção em $n = 8$, $P = 8.750$. Isto é, na ausência de comércio, o mercado de Estrangeira suportaria oito empresas, cada uma produzindo 200 mil automóveis e vendendo-os pelo preço de US$ 8.750. Podemos novamente confirmar que essa solução satisfaz as condições de equilíbrio:

$$P = \$ 8.750 = c + 1/(b \times n) = \$ 5.000 + 1/[(1/30.000) \times 8] = \$ 5.000 + \$ 3.750,$$

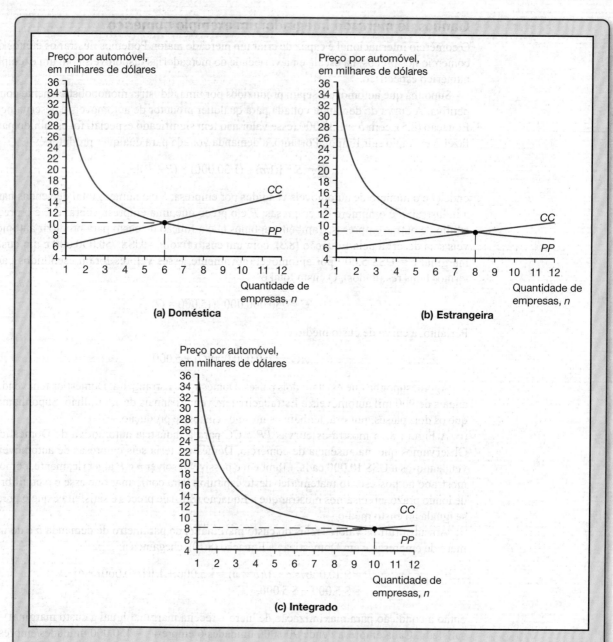

FIGURA 8.5
Equilíbrio no mercado de automóveis.
(a) O mercado de Doméstica: com um tamanho de mercado de 900 mil automóveis, seu equilíbrio, determinado pela interseção das curvas PP e CC, ocorre com seis empresas e um preço de indústria de US$ 10.000 por automóvel. (b) O mercado de Estrangeira: com um tamanho de mercado de 1,6 milhão de automóveis, seu equilíbrio ocorre com oito empresas e um preço de indústria de US$ 8.750 por automóvel. (c) O mercado combinado: a integração dos dois mercados cria um mercado de 2,5 milhões de automóveis. Esse mercado suporta dez empresas e o preço do automóvel é US$ 8.000.

CAPÍTULO 8 ■ Empresas na economia global: exportação e decisões na terceirização estrangeira ... **183**

e

$$AC = (\$\ 750.000.000/200.000) + \$\ 5.000 = \$\ 8.750.$$

Agora suponha que seja possível para Doméstica e Estrangeira negociarem automóveis entre si sem custo. Isso cria um novo mercado integrado (painel [c] na Figura 8.5) com um total de 2,5 milhões em vendas. Ao desenhar as curvas *PP* e *CC* mais uma vez, observamos que esse mercado integrado suportará dez empresas, cada uma produzindo 250 mil carros e vendendo-os ao preço de US$ 8.000. As condições para maximização do lucro e lucro-zero são, mais uma vez, satisfeitas:

$$P = 8.000 = c + 1/(b \times n) = 5.000 + 1/[(1/30.000) \times 10]$$
$$= \$\ 5.000 + \$\ 3.000,$$

e

$$AC = (\$\ 750.000.000/250.000) + \$\ 5.000 = \$\ 8.000.$$

Na Tabela 8.1, resumimos os resultados da criação de um mercado integrado. A tabela compara cada mercado individual com o mercado integrado. O mercado integrado suporta mais empresas, cada uma produzindo em maior escala e vendendo a um preço menor do que os mercados nacionais vendem por si próprios.

Claramente, todos estão em melhor situação em razão da integração. No mercado maior, os consumidores têm uma variedade maior de escolhas, já que cada empresa produz mais e é, portanto, capaz de oferecer seu produto a um preço menor. Para concretizar esses ganhos da integração, os países devem se envolver no comércio internacional. Para chegar nas economias de escala, cada empresa deve concentrar sua produção em um país – Doméstica ou Estrangeira. Contudo, a empresa deve vender sua produção para consumidores dos dois mercados. Então, cada produto será produzido em um só país e exportado para o outro.

Esse exemplo numérico destaca duas novas características importantes sobre o comércio com concorrência monopolística em relação aos modelos de comércio baseados na vantagem comparativa, que vimos entre os Capítulos 3 e 6: (1) primeiro, o exemplo mostra como a diferenciação de produto e as economias internas de escala levam a um comércio entre países similares sem diferenças de vantagem comparativa entre si. É um tipo muito diferente de comércio do que aquele baseado na vantagem comparativa, em que cada país exporta a mercadoria na qual possui uma vantagem comparativa. Neste exemplo, tanto Doméstica quanto Estrangeira exportam automóveis uma para a outra. Doméstica paga pela importação de alguns modelos de automóveis (aqueles produzidos pelas empresas em Estrangeira) com exportação de diferentes tipos de modelos (aqueles produzidos pelas empresas em Doméstica) e vice-versa. Isso leva ao chamado **comércio intraindústria**: trocas mútuas de mercadorias similares. (2) Segundo, o exemplo destaca dois novos canais para benefícios de

TABELA 8.1	Exemplo hipotético de ganhos com a integração de mercado		
	Mercado de Doméstica, antes do comércio	Mercado de Estrangeira, antes do comércio	Mercado integrado, depois do comércio
Produção da indústria (número de automóveis)	900.000	1.600.000	2.500.000
Quantidade de empresas	6	8	10
Produção por empresa (número de automóveis)	150.000	200.000	250.000
Custo médio	$ 10.000	$ 8.750	$ 8.000
Preço	$ 10.000	$ 8.750	$ 8.000

184 PARTE I ■ Teoria de comércio internacional

bem-estar com o comércio. No mercado integrado, após o comércio, tanto os consumidores de Doméstica quanto os de Estrangeira beneficiam-se de uma variedade maior de modelos de automóveis (dez *versus* seis ou oito), a um preço menor (US$ 8.000 *versus* US$ 8.750 ou US$ 10.000), enquanto as empresas são capazes de consolidar sua produção destinada aos dois lugares e aproveitar as economias de escala.[9]

Empiricamente, o comércio intraindústria é relevante e percebemos ganhos de comércio na forma de variedade maior de produtos e produção consolidada em menor custo médio? A resposta é sim.

A importância do comércio intraindústria

A proporção do comércio intraindústria no comércio mundial cresceu de forma constante ao logo dos últimos 50 anos. A medição do comércio intraindústria depende de um sistema de classificação industrial que categoriza as mercadorias em diferentes indústrias. Dependendo do nível de refinamento da classificação industrial utilizada (centenas de classificações industriais diferentes *versus* milhares), o comércio intraindústria é responsável por entre um quarto e quase metade de todo o fluxo do comércio mundial. O comércio intraindústria desempenha um papel ainda mais proeminente no mercado de bens manufaturados entre as nações industrializadas avançadas, que corresponde à maior parte do comércio mundial.

A Tabela 8.2 mostra medidas da importância do comércio intraindústria para diversas indústrias manufatureiras americanas em 2009. A medida mostrada é o comércio intraindústria como uma proporção do comércio total.[10] A medida varia entre 0,97 para equipamentos metalúrgicos e produtos químicos inorgânicos (indústrias nas quais os Estados Unidos exportam e importam quase igualmente) e 0,10 para calçados, uma indústria na qual os Estados Unidos têm grandes importações, mas praticamente nenhuma exportação. A medida seria 0 para uma indústria na qual os Estados Unidos são somente exportadores ou somente importadores, mas não ambos. A medida seria 1 para uma indústria na qual os Estados Unidos exportam exatamente o mesmo que importam.

A Tabela 8.2 mostra que o comércio intraindústria é um importante componente do comércio para os Estados Unidos em várias indústrias diferentes. Tais indústrias tendem a ser aquelas que produzem mercadorias sofisticadas, como produtos químicos, farmacêuticos e maquinário especializado. Essas mercadorias são exportadas principalmente por nações desenvolvidas e estão, provavelmente, sujeitas a importantes economias de escala na produção. Na outra ponta da escala estão as indústrias com pouco comércio intraindústria, que produzem em geral produtos de trabalho-intensivos, como calçados e vestuário. São mercadorias que os Estados Unidos importam principalmente de países menos desenvolvidos, e a vantagem comparativa é o principal determinante do comércio americano com esses países.

E o que acontece com os novos tipos de ganhos de bem-estar por meio do aumento na variedade de produtos e das economias de escala? Um trabalho recente de Christian Broda, na Duquesne Capital Management, e de David Weinstein, na Universidade de Columbia,

---

[9]Também notamos que os consumidores de Doméstica ganham mais do que os consumidores de Estrangeira com a integração comercial. É uma característica padrão dos modelos de comércio com retornos crescentes e diferenciação de produto: um país menor tem mais a ganhar da integração do que um país maior. Isso acontece porque os ganhos da integração são guiados pelo aumento associado ao tamanho do mercado. O país que é inicialmente menor beneficia-se de um maior aumento no tamanho do mercado após a integração.

[10]Para ser mais preciso, a fórmula padrão para calcular a importância do comércio intraindústria dentro de uma determinada indústria é:

$$I = \frac{\min \{\text{exportações, importações}\}}{(\text{exportações} + \text{importações})/2},$$

onde min {exportações, importações} refere-se ao menor valor entre as exportações e as importações. Essa é a quantidade de troca mútua de mercadorias refletida *tanto* nas exportações *quanto* nas importações. Esse número é medido como uma proporção do fluxo médio de comércio (média de exportações e importações). Se o comércio em uma indústria flui em uma só direção, então $I = 0$, já que o menor fluxo de comércio é zero: não existe comércio intraindústria. Por outro lado, se as exportações e importações de um país dentro de uma indústria são iguais, temos o oposto extremo de $I = 1$.

CAPÍTULO 8 ■ Empresas na economia global: exportação e decisões na terceirização estrangeira ...   **185**

TABELA 8.2	Índices do comércio intraindústria para as indústrias americanas, 2009
Equipamentos metalúrgicos	0,97
Produtos químicos inorgânicos	0,97
Máquinas de geração de energia	0,86
Produtos médicos e farmacêuticos	0,85
Equipamento científico	0,84
Produtos químicos orgânicos	0,79
Ferro e aço	0,76
Veículos rodoviários	0,70
Máquinas de escritório	0,58
Equipamentos de telecomunicações	0,46
Mobiliários	0,30
Vestuário	0,11
Calçados	0,10

estima que o número de produtos disponíveis nas importações americanas tenha triplicado no período de 30 anos entre 1972 e 2001. Eles também estimam que o aumento da variedade de produtos para os consumidores americanos represente um ganho de bem-estar igual a 2,6% do PIB dos Estados Unidos![11]

A Tabela 8.1 do nosso exemplo numérico mostrou que os maiores ganhos de integração gerados pelas economias de escala foram aqueles que beneficiaram a menor economia: antes da integração, a produção era particularmente ineficiente, já que a economia não podia tirar vantagem das economias de escala na produção devido ao tamanho pequeno do país. Isso foi exatamente o que aconteceu quando os Estados Unidos e o Canadá seguiram um caminho de integração econômica crescente, que se iniciou com o Pacto Automobilístico Norte-Americano de 1964. O acordo foi expandido para incluir o México e a maioria dos bens comercializados na América do Norte (primeiro na forma do Acordo de Livre Comércio da América do Norte [Nafta], recentemente renegociado e transformado no Acordo Estados Unidos-México-Canadá [USMCA]). O estudo de caso a seguir descreve como essa integração levou à consolidação e aos ganhos de eficiência na indústria automobilística, especialmente do lado canadense (cuja economia tem um décimo do tamanho da economia dos Estados Unidos).

Ganhos similares com o comércio também foram medidos para outros exemplos do mundo real de maior integração econômica. Um dos exemplos mais proeminentes aconteceu na Europa durante o último meio século. Em 1957, os maiores países da Europa Ocidental estabeleceram uma área de livre comércio de mercadorias manufaturadas chamada de Mercado Comum ou Comunidade Econômica Europeia (CEE). (O Reino Unido entrou para a CEE mais tarde, em 1973.) O resultado foi um rápido crescimento do comércio, dominado pelo comércio intraindústria. O comércio dentro da CEE cresceu duas vezes mais rápido do que o mundial durante a década de 1960. Essa integração expandiu-se lentamente e transformou-se na União Europeia. Quando um subconjunto desses países (em sua maior parte, aqueles que tinham formado a CEE) adotou a moeda comum, o euro, em 1999, o comércio intraindústria entre eles aumentou ainda mais (mesmo em relação ao comércio de outros países da União Europeia). Estudos recentes também descobriram que a adoção do euro levou a um aumento substancial no número de produtos diferentes que são comercializados dentro da zona do euro.

---

[11]Veja: Christian Broda e David E. Weinstein, "Globalization and the Gains from Variety", *Quarterly Journal of Economics*, v. 121, p. 541-585, abr. 2006.

ESTUDO DE CASO

A ponte Ambassador liga Detroit, nos Estados Unidos, a Windsor, no Canadá. Em um dia normal, 250 milhões de dólares em carros e peças de carros cruzam essa ponte.

Comércio intraindústria em ação: o Pacto Automobilístico Norte-Americano de 1964 e o Acordo de Livre Comércio da América do Norte (Nafta)

Um exemplo claríssimo e incomum do papel das economias de escala em gerar comércio internacional benéfico é fornecido pelo crescimento no comércio automotivo entre os Estados Unidos e o Canadá durante a segunda metade dos anos de 1960. Embora o caso não se encaixe exatamente no nosso modelo por envolver empresas multinacionais, ele mostra que os conceitos básicos que desenvolvemos são úteis no mundo real.

Antes de 1965, a proteção de tarifas aduaneiras pelo Canadá e pelos Estados Unidos produziu uma indústria canadense de automóveis praticamente autossuficiente, sem nem importar, nem exportar demais. A indústria canadense era controlada pelas mesmas empresas que a indústria americana (uma característica que discutiremos mais tarde neste capítulo), mas o custo de ter dois grandes sistemas de produção separados era menor para essas empresas do que seria pagar as tarifas aduaneiras. Desse modo, a indústria canadense era, na prática, uma versão em miniatura da americana, com cerca de 1/10 da escala.

As subsidiárias canadenses das empresas dos Estados Unidos descobriram que essa pequena escala era uma desvantagem substancial. Isso foi em parte porque as fábricas canadenses tinham de ser menores do que as empresas americanas. Talvez acima de tudo, as fábricas dos Estados Unidos frequentemente eram "dedicadas", ou seja, concentravam-se exclusivamente na produção de um único modelo ou componente, enquanto as canadenses tinham de produzir várias coisas diferentes, o que tornava necessário interromper o seu funcionamento periodicamente para mudar da produção de um item para a de outro, manter estoques maiores, utilizar maquinário menos especializado e assim por diante. A indústria automobilística canadense, portanto, tinha uma produtividade da mão de obra por volta de 30% menor do que a americana.

Na tentativa de eliminar esses problemas, os Estados Unidos e o Canadá concordaram em estabelecer uma área de livre comércio de automóveis (sujeita a certas restrições) em 1964. Isso permitiu que as empresas do setor reorganizassem sua produção. As subsidiárias canadenses das empresas de automóveis reduziram drasticamente o número de produtos feitos no Canadá. Por exemplo, a General Motors cortou pela metade o número de modelos montados no Canadá; entretanto, o nível global de produção e de empregos canadenses foi mantido. Os níveis de produção para os modelos produzidos no Canadá aumentaram consideravelmente, conforme aquelas fábricas tornaram-se uma das principais (e, muitas vezes, as únicas) fornecedoras daquele modelo para todo o mercado da América do Norte. Por outro lado, o Canadá passou a importar dos Estados Unidos os modelos que não produzia mais. Em 1962, o Canadá exportou 16 milhões de dólares em produtos automotivos para os Estados Unidos e importou 519 milhões de dólares. Em 1968, os números eram 2,4 e 2,9 bilhões, respectivamente. Em outras palavras, tanto as exportações quanto as importações aumentaram significativamente: comércio intraindústria em ação.

Os ganhos de produtividade da indústria automobilística parecem ter sido substanciais. No começo dos anos 1970, a indústria canadense era comparável à americana em produtividade (discutiremos os ganhos de produtividade gerais para o setor industrial canadense decorrentes da maior integração com os Estados Unidos na seção seguinte). Mais tarde, essa transformação da indústria automobilística foi ampliada para incluir o México. Em 1989, a Volkswagen consolidou sua operação norte-americana no México, fechando a fábrica da Pensilvânia. Esse processo continuou com a implementação do Nafta (o Acordo de Livre Comércio da América do Norte entre Estados Unidos, Canadá e México). Em 1994, a Volkswagen começou a produzir o novo Fusca em Puebla, no México. Hoje, essa fábrica produz todas as novas versões dos modelos Golf, Jetta e Fusca para todo o mercado da América do Norte. Em 2011, a Volkswagen voltou ao mercado americano com uma fábrica de montagem em Chattanooga, no Tennessee, onde todos os modelos do Passat para o mercado da América do Norte são produzidos (antes eles eram importados da Europa).

Esse processo de consolidação que aumentou a produtividade não se limitou ao estágio de montagem final da produção. A fabricação de autopeças também se consolidou em todo o mercado norte-americano. Na primeira década após o Nafta, o comércio de autopeças entre os Estados Unidos e o México mais do que dobrou nos *dois* sentidos. Ambos os fluxos comerciais dobraram mais uma vez na década seguinte, o que destaca a importância crescente do comércio intraindústria.

Contudo, a transferência de unidades de montagem final específicas dos EUA para o México recebeu uma atenção desproporcional da mídia em relação ao impacto do Nafta nos Estados Unidos.[12] As notícias raramente mencionam o forte crescimento das exportações de automóveis e autopeças dos EUA para o México: em 2002, mais de dois terços das importações automotivas mexicanas eram originárias dos Estados Unidos. Um estudo recente estimou o impacto do desmonte do Nafta (hoje chamado de USMCA) na produção mundial de automóveis.[13] A produção no México e no Canadá sofreria o maior impacto, mas a menor concorrência das importações desses países não resultaria no aumento da produção de automóveis nos Estados Unidos. A queda na demanda por importações americanas no México e no Canadá (aliada a preços maiores para todos os consumidores) levaria a uma *queda* na produção de automóveis nos Estados Unidos. Apenas a produção de automóveis fora da América do Norte aumentaria em resposta ao aumento do preço dos veículos produzidos na região.

Respostas das empresas ao comércio: vencedores, perdedores e desempenho da indústria

Em nosso exemplo numérico da indústria automobilística com dois países, vimos como a integração econômica leva a um aumento na competição entre as empresas. Das 14 empresas que produziam automóveis antes do comércio (seis em Doméstica e oito em Estrangeira), somente dez "sobreviveram" após a integração econômica. Entretanto, cada uma dessas empresas agora produz em escala maior (250 mil automóveis produzidos por empresa *versus*

---

[12]O presidente Trump chamou o Nafta de "o pior acordo de comércio da história" e insistiu que fosse rebatizado de "Acordo Estados Unidos-México-Canadá" (USMCA).

[13]Keith Head e Thierry Mayer, "Brands in Motion: How Frictions Shape Multinational Production". *American Economic Review*, 109 (9): 3073-3124 (2019).

188 PARTE I ■ Teoria de comércio internacional

150 mil para as empresas de Doméstica e 200 mil para as empresas de Estrangeira antes do comércio). Nesse exemplo, pressupunha-se que as empresas eram simétricas, então exatamente quais saíram e quais sobreviveram e se expandiram não tinha importância. Entretanto, no mundo real, o desempenho varia amplamente entre as empresas, então os efeitos de aumento de concorrência pelo comércio estão longe de serem sem importância. Como é de se esperar, o aumento da concorrência tende a prejudicar mais as empresas com pior desempenho, porque são aquelas forçadas a retirarem-se do mercado. Se o aumento da concorrência vem do comércio (ou da integração econômica), então também está associado às oportunidades de venda em novos mercados para as empresas sobreviventes. Mais uma vez, como seria de esperar, são as empresas de melhor desempenho que tiram a maior vantagem dessas novas oportunidades de vendas e se expandem mais.

Essas mudanças de composição têm uma consequência crucial no nível da indústria: quando as empresas de melhor desempenho se expandem e as de pior desempenho diminuem ou se retiram do mercado, o desempenho global da indústria melhora. Isso significa que o comércio e a integração econômica podem ter impacto direto no desempenho da indústria: é como se houvesse um crescimento tecnológico no nível da indústria. Empiricamente, essas mudanças de composição geram melhoras substanciais na produtividade da indústria.

Pegue o exemplo da maior integração econômica do Canadá com os Estados Unidos (veja o estudo de caso anterior e as discussões no Capítulo 2). Discutimos como essa integração levou os produtores de automóveis a consolidar a produção em um número menor de fábricas canadenses, cujos níveis de produção aumentaram consideravelmente. O Acordo de Livre Comércio Canadá-Estados Unidos, que passou a vigorar em 1989, estendeu o Pacto Automobilístico Norte-Americano para a maioria dos setores de produção. Um processo similar de consolidação ocorreu em todos os setores industriais canadenses. Entretanto, isso também foi associado a um processo de seleção: os produtores de pior desempenho fecharam as portas, enquanto os melhores se expandiram por meio de grandes aumentos nas exportações para o mercado americano. Daniel Trefler, na Universidade de Toronto, estudou os efeitos desse acordo de comércio em detalhe, examinando as diversas respostas das empresas canadenses.[14] Ele descobriu que a produtividade nas indústrias canadenses mais afetadas teve um aumento dramático de 14 a 15% (replicado em toda a economia, um aumento de 1% na produtividade se traduz em um aumento de 1% no PIB, mantendo o nível de emprego constante). Por si sós, o encolhimento e a saída das empresas de pior desempenho em resposta ao aumento de concorrência das empresas americanas foram responsáveis por metade dos 15% de aumento nesses setores.

Diferenças de desempenho entre produtores

Agora nós afrouxaremos a suposição de simetria, que impusemos em nosso desenvolvimento anterior do modelo de concorrência monopolística, para podermos examinar como a concorrência do aumento do tamanho de mercado afeta as empresas de forma diferente.[15] A suposição da simetria significava que todas as empresas tinham a mesma curva de custo, Equação (8.3), e a mesma curva de demanda, Equação (8.5). Suponha agora que as empresas tenham curvas de custo diferentes, porque produzem com níveis de custos marginais, c_i, diferentes. Suponhamos que todas as empresas ainda enfrentem a mesma curva de demanda. As diferenças de qualidade de produto entre as empresas levarão a previsões para o desempenho da empresa muito similares àquelas que derivamos agora para as diferenças de custo.

A Figura 8.6 ilustra as diferenças de desempenho entre as empresas 1 e 2 quando c_1/c_2. No painel (a), desenhamos a curva comum de demanda, a Equação (8.5), bem como

---

[14]Veja: Daniel Trefler, "The Long and Short of the Canada-U. S. Free Trade Agreement", *American Economic Review*, v. 94, p. 870-895, set. 2004, e o resumo desse trabalho em Virginia Postrel, *New York Times*: "What Happened When Two Countries Liberalized Trade? Pain, Then Gain", 27 jan. 2005; e Marc J. Melitz e Daniel Trefler, "Gains from Trade When Firms Matter", *Journal of Economic Perspectives*, v. 26, p. 91-118, 2012.

[15]Uma exposição mais detalhada desse modelo é apresentada em Marc J. Melitz e Daniel Trefler, "Gains from Trade When Firms Matter", *Journal of Economic Perspectives*, v. 26, p. 91-118, 2012.

CAPÍTULO 8 ■ Empresas na economia global: exportação e decisões na terceirização estrangeira ... **189**

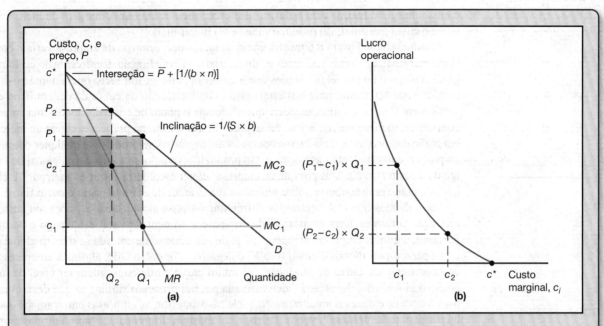

FIGURA 8.6
Diferenças de desempenho entre as empresas.

(a) As curvas de demanda e custo para as empresas 1 e 2. A empresa 1 tem um custo marginal menor do que a empresa 2: $c_1 < c_2$. Ambas enfrentam a mesma curva de demanda e de receita marginal. Em relação à empresa 2, a empresa 1 define um preço menor e produz mais. As áreas sombreadas representam os lucros operacionais para as duas empresas (antes de o custo fixo ser deduzido). A empresa 1 obtém lucros operacionais mais altos do que a empresa 2. (b) Lucros operacionais como uma função do custo marginal c_i da empresa. Os lucros operacionais diminuem ao passo que o custo marginal aumenta. Qualquer empresa com custo marginal acima de c^* não pode operar lucrativamente e retira-se do mercado.

sua curva de receita marginal, a Equação (8.8). Perceba que as duas curvas têm a mesma interseção no eixo vertical (coloque $Q = 0$ dentro da Equação [8.8] para obter $MR = P$). Essa interseção é dada pelo preço P da Equação (8.5), quando $Q = 0$, cuja inclinação da curva de demanda é $1/(S \times b)$. Como já discutimos, a curva da receita marginal é mais inclinada do que a curva de demanda. As empresas 1 e 2 escolheram níveis de produção Q_1 e Q_2, respectivamente, para maximizar seus lucros. Isso ocorre onde suas respectivas curvas de custo marginal fazem interseção com a curva comum de receita marginal. Elas definiram preços P_1 e P_2, que correspondem aos níveis de produção na curva comum de demanda. Vemos imediatamente que a empresa 1 definirá um preço menor e produzirá um nível de produção maior do que a empresa 2. Já que a curva de receita marginal é mais inclinada do que a curva de demanda, também vemos que a empresa 1 definirá uma margem de lucro maior sobre o custo marginal do que a empresa 2: $P_1 - c_1 > P_2 - c_2$.

As áreas sombreadas representam lucros operacionais para as duas empresas, iguais à receita $P_i \times Q_i$ menos os custos operacionais $c_i \times Q_i$ (para as duas empresas, $i = 1$ e $i = 2$). Aqui, supomos que o custo fixo F (suposto como sendo o mesmo para todas as empresas) não pode ser recuperado e não entra nos lucros operacionais (isto é, é um custo irrecuperável). Já que os lucros operacionais podem ser reescritos como o produto da margem de lucro vezes o número de unidades de produção vendidas, $(P_i - c_i) \times Q_i$, podemos determinar que a empresa 1 lucrará mais do que a empresa 2 (lembre-se de que a empresa 1 definiu uma margem de lucro maior e produz mais do que a empresa 2). Podemos, portanto, resumir todas as diferenças de desempenho relevantes com base nas diferenças de custo marginal entre as empresas. Em comparação a uma empresa com um custo marginal maior, a empresa com

PARTE I ■ Teoria de comércio internacional

o custo marginal menor vai (1) definir um preço menor, mas uma margem de lucro maior sobre o custo marginal; (2) produzir mais; e (3) lucrar mais.[16]

O painel (b) na Figura 8.6 mostra como os lucros operacionais da empresa variam com o custo marginal, c_i. Como acabamos de dizer, isso será uma função decrescente do custo marginal. Voltando ao painel (a), vemos que a empresa pode ter um lucro operacional positivo, contanto que seu custo marginal esteja abaixo da interseção da curva de demanda no eixo vertical em $\bar{P} + [1/(b \times n)]$. Considere que c^* denota o ponto de corte do custo. Uma empresa com um custo marginal, c_i, acima desse ponto de corte está, na prática, excluída do mercado em razão dos preços, e teria lucros operacionais negativos se produzisse qualquer coisa. Tal empresa escolheria fechar as portas e não produzir (expondo-se a uma perda global de lucro igual ao custo fixo F). Mas por que tal empresa sequer escolheria entrar no mercado? É claro que não entraria se soubesse sobre seu custo alto c_i antes de entrar e pagar o custo fixo F.

Suponhamos que esses entrantes enfrentam algumas aleatoriedades sobre seu custo de produção futura c_i. Essa aleatoriedade desaparece somente *após F* estar pago e perdido. Portanto, algumas empresas arrependem-se de sua decisão de entrada se o lucro global (lucros operacionais menos o custo fixo F) é negativo. Por outro lado, algumas empresas vão descobrir que seu custo de produção c_i é muito baixo e que conseguem ter nível de lucro positivo global alto. A entrada é determinada por um processo similar ao que descrevemos para o caso de empresas simétricas. Naquele caso anterior, as empresas entraram até que os lucros para todas fossem levados a zero. Aqui existem diferenças de lucro entre as empresas, e a entrada ocorre até que os lucros *esperados* em todos os níveis de custo potenciais c_i sejam levados a zero.

Os efeitos do aumento de tamanho do mercado

O painel (b) da Figura 8.6 resume o equilíbrio da indústria dado um tamanho de mercado S. Ele nos mostra quais empresas sobrevivem e produzem (com o custo c_i abaixo do c^*) e como seus lucros vão variar com os níveis de custo c_i. O que acontece quando as economias integram-se em um mercado único maior? Como foi o caso com as empresas simétricas, um mercado maior pode suportar um número maior de empresas do que um mercado menor. Isso leva a mais concorrência, além do efeito direto do aumento do tamanho de mercado S. Como veremos, essas mudanças terão diferentes repercussões nas empresas com diferentes custos de produção.

A Figura 8.7 resume essas repercussões induzidas pela integração de mercado. No painel (a), começamos com a curva de demanda D enfrentada por cada empresa. Com todo o resto igual, esperamos aumento de concorrência para deslocar a demanda para dentro para cada empresa. Por outro lado, também esperamos um maior tamanho de mercado S, por si só, para deslocar a demanda para fora. Essa intuição está correta e leva a uma mudança global na demanda de D para D', mostrada no painel (a). Observe como a curva de demanda gira, induzindo uma mudança para dentro para as empresas menores (com menor quantidade de produção), bem como uma mudança para fora para as empresas maiores. Basicamente, os efeitos do aumento da concorrência predominam para essas empresas menores, ao passo que os efeitos do aumento de tamanho de mercado são dominantes para as empresas maiores.

Analiticamente, também podemos caracterizar os efeitos do aumento da concorrência e do tamanho do mercado na curva de demanda D. Lembre-se que a interseção vertical dessa curva de demanda é $\bar{P} + [1/(b \times n)]$, enquanto sua inclinação é $1/(S \times b)$. O aumento da concorrência (um maior número de empresas n) segurando o tamanho do mercado em S diminui a interseção vertical para a demanda, deixando sua inclinação inalterada: essa é a mudança interior induzida por mais concorrência.[17] O efeito direto do aumento do tamanho do mercado S achata a curva de demanda (menor inclinação), deixando a interseção

---

[16]Lembre-se de que supusemos que todas as empresas enfrentam o mesmo custo fixo F não recuperável. Se uma empresa ganha lucros operacionais altos, então também ganha lucros globais altos (isso deduzido o custo fixo F).

[17]No equilíbrio, o aumento de concorrência também leva a um preço médio menor $\bar{p}$, o que mais para a frente diminuirá a linha de interseção.

CAPÍTULO 8 ■ Empresas na economia global: exportação e decisões na terceirização estrangeira ... 191

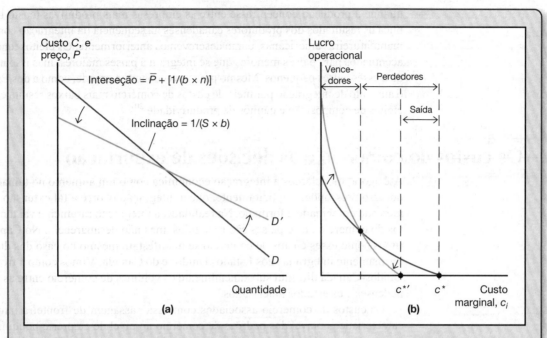

FIGURA 8.7
Vencedores e perdedores da integração econômica.

(a) A curva de demanda para todas as empresas muda de D para D'. Ela é mais achatada e tem menor interseção vertical. (b) Os efeitos da mudança na demanda nos lucros operacionais das empresas com custo marginal c_i diferente. As empresas com custo marginal entre o ponto de corte antigo, c^*, e o novo, $c^{*\prime}$, são forçadas a sair do mercado. Algumas empresas com os menores níveis de custo marginal ganham com a integração e seus lucros aumentam.

inalterada: isso gera uma rotação para fora da demanda. Ao combinar esses dois efeitos, obtemos a nova curva de demanda D', que tem uma interseção vertical menor e mais achatada do que a curva de demanda original D.

O painel (b) da Figura 8.7 mostra as consequências dessa mudança de demanda para os lucros operacionais de empresas com diferentes níveis de custo c_i. A diminuição na demanda para as empresas pequenas se traduz em um novo ponto de corte de mais baixo custo, $c^{*\prime}$: algumas empresas com níveis de custo maiores acima de $c^{*\prime}$ não conseguem sobreviver a essa diminuição da demanda e são forçadas a retirarem-se do mercado. Por outro lado, a curva de demanda mais achatada é vantajosa para algumas empresas com níveis de custo baixos: elas podem se adaptar ao aumento da concorrência baixando sua margem de lucro (e, consequentemente, seu preço) e expandir a sua participação de mercado.[18] Isso se traduz em aumento dos lucros para algumas das empresas de melhor desempenho com os menores níveis de custo c_i.[19]

A Figura 8.7 ilustra como o aumento do tamanho de mercado gera tanto ganhadores quanto perdedores entre empresas de uma indústria. As empresas de custo baixo prosperam e aumentam seus lucros e sua participação de mercado, enquanto as empresas de custo alto contraem-se e as empresas com o maior custo de todos retiram-se do mercado. Essas mudanças de composição implicam que a produtividade global na indústria está crescendo

---

[18]Lembre-se de que quanto menor o custo marginal c_i da empresa, maior sua margem de lucro sobre o custo marginal $P_i - C_i$. Empresas de custo alto já estão definindo margens de lucro baixas e não podem diminuir seus preços para induzir demanda positiva, já que isso significaria colocar o preço abaixo de seu custo marginal de produção.

[19]Outra forma de concluir que o lucro aumenta para algumas empresas é utilizar a condição de entrada que leva a média dos lucros para zero: se o lucro diminui para algumas das empresas de custo alto, então deve aumentar para algumas das empresas de custo baixo, já que a média através das empresas deve permanecer igual a zero.

192 PARTE I ■ Teoria de comércio internacional

quando a produção concentra-se entre as empresas mais produtivas (custo baixo). Isso replica os resultados dos produtores canadenses na sequência da integração com as indústrias manufatureiras americanas, como descrevemos anteriormente. Os efeitos tendem a ser mais acentuados para países menores que se integram a países maiores, mas isso não está limitado a esses países pequenos. Mesmo para uma economia grande, como a dos Estados Unidos, o aumento de integração por meio de custos de comércio mais baixos resulta em importantes efeitos de composição e ganhos de produtividade.[20]

Os custos do comércio e as decisões de exportação

Até agora, modelamos a integração econômica como um aumento no tamanho de mercado. Isso pressupõe, implicitamente, que a integração ocorre a tal extensão que um único mercado combinado é formado. Na realidade, a integração raramente vai tão longe: os custos do comércio entre países são reduzidos, mas não desaparecem. No Capítulo 2, discutimos como esses custos de comércio se manifestam mesmo no caso das duas economias intimamente integradas dos Estados Unidos e do Canadá. Vimos como a fronteira Estados Unidos-Canadá diminui substancialmente os volumes de comércio entre as províncias canadenses e os estados americanos.

Os custos de comércio associados com essa passagem de fronteira também são uma característica notável dos padrões de comércio no nível de empresa: pouquíssimas empresas nos Estados Unidos alcançam os consumidores canadenses. Na verdade, a maioria das empresas americanas não relata *nenhuma* atividade de exportação (porque vendem somente para consumidores dos Estados Unidos). Em 2007, somente 4% das 5,5 milhões de empresas que operavam nos EUA informaram alguma venda de exportação. As empresas manufatureiras têm probabilidade significativamente maior de exportarem (os custos de comércio são relativamente menores do que nos setores agrícola, de mineração e de serviços). Ainda assim, mesmo nesse setor mais predisposto à exportação, apenas 35% das empresas manufatureiras exportam. A Tabela 8.3 mostra as porcentagens das empresas exportadoras por indústria específica do setor manufatureiro. Vemos que há variação significativa na proporção das empresas exportadoras entre as indústrias. Essa variação está relacionada à vantagem comparativa das indústrias americanas (como descrito em mais detalhes no Capítulo 5): as exportações americanas concentram-se em indústrias relativamente capital-intensivas

TABELA 8.3	Proporção de empresas americanas que relatam vendas por exportação por indústria, 2007
Impressão	15%
Mobiliários	16%
Produtos de madeira	21%
Vestuário	22%
Metais fabricados	30%
Petróleo e carvão	34%
Equipamento de transporte	57%
Maquinário	61%
Produtos químicos	65%
Equipamentos e aparelhos elétricos	70%
Computador e eletrônicos	75%

Fonte: Bernard, Andrew B., J. Bradford Jensen, Stephen J. Redding e Peter K. Schott. "Global Firms". *Journal of Economic Literature* 56, n. 2 (junnnnn. 2018): 565-619.

---

[20]Veja: A. B. Bernard; J. B. Jensen e P. K. Schott, "Trade Costs, Firms and Productivity", *Journal of Monetary Economics*, v. 53, p. 917-937, jul. 2006.

CAPÍTULO 8 ■ Empresas na economia global: exportação e decisões na terceirização estrangeira ... **193**

e qualificação-intensivas, e as empresas nelas têm probabilidade significativamente maior de exportarem. Contudo, mesmo nas indústrias mais orientadas à exportação, uma parcela significativa das empresas não informa atividades de exportação (vendem apenas para consumidores americanos). Isso destaca um dos principais motivos para os custos de comércio associados com as fronteiras nacionais reduzirem tanto o comércio: eles cortam drasticamente a quantidade de empresas dispostas ou capazes de alcançar consumidores no outro lado da fronteira. (A outra razão é que os custos do comércio também reduzem as vendas de exportação das empresas que alcançam os clientes em outros países.)

Em nossa economia integrada sem custos de comércio, as empresas estavam indiferentes em relação à localização de seus consumidores. Agora introduzimos os custos de comércio para explicar por que elas na verdade se importam com a localização de seus consumidores e por que muitas escolhem não atender os consumidores em outro país. Como veremos brevemente, isso também nos permitirá explicar importantes diferenças entre as empresas que escolhem sujeitar-se aos custos do comércio e exportar e aquelas que não se sujeitam. Por que algumas empresas escolhem não exportar? Em poucas palavras, os custos do comércio reduzem a rentabilidade das exportações para todas as empresas. Para algumas, essa redução em rentabilidade faz com que a exportação não seja rentável. A seguir, formalizamos esse argumento.

Por uma questão de simplicidade, consideraremos a resposta de empresas em um mundo com dois países idênticos (Doméstica e Estrangeira). Agora considere que o parâmetro de tamanho de mercado S reflete o tamanho de cada mercado, de forma que $2 \times S$ reflete o tamanho do mercado mundial. Não podemos analisá-lo como um único mercado de tamanho $2 \times S$, pois esse mercado não é mais perfeitamente integrado em razão dos custos de comércio.

Mais especificamente, supomos que a empresa deve sujeitar-se a um custo adicional t para cada unidade de produção que vender aos consumidores através da fronteira. Agora temos de acompanhar o comportamento das empresas em cada mercado. Devido ao custo de comércio t, as empresas definirão preços diferentes em seu mercado de exportação em relação ao seu mercado nacional. Isso levará a diferentes quantidades vendidas em cada mercado e, por fim, a diferentes níveis de lucro obtidos em cada mercado. Como o custo marginal de cada empresa é constante (não varia com os níveis de produção), essas decisões em relação ao preço e à quantidade vendida em cada mercado podem ser separadas: uma decisão em relação ao mercado nacional não terá impacto na lucratividade de diferentes decisões para o mercado exportador.

Considere o caso das empresas localizadas em Doméstica. A situação delas em relação ao mercado nacional (Doméstica) é exatamente como foi ilustrado na Figura 8.6, exceto que todos os resultados, como preço, produção e lucro, estão relacionados com o mercado nacional.[21] Agora considere as decisões das empresas 1 e 2 (com custos marginais c_1 e c_2) em relação ao mercado exportador (Estrangeira). Eles enfrentam a mesma curva de demanda em Estrangeira e em Doméstica (lembre-se de que supusemos que os dois países são idênticos). A única diferença é que o custo marginal das empresas no mercado exportador é movido pelo custo de comércio t. A Figura 8.8 mostra a situação para duas empresas nos dois mercados.

Quais são os efeitos do custo de comércio nas decisões das empresas em relação ao mercado exportador? A nossa análise anterior nos mostrou que um custo marginal maior induz a empresa a aumentar seu preço, o que leva a uma quantidade menor de produção vendida e a lucros menores. Também sabemos que se o custo marginal é aumentado acima do nível limiar c^*, então a empresa não pode operar lucrativamente naquele mercado. Isso é o que acontece com a empresa 2 na Figura 8.8. A empresa 2 pode operar lucrativamente no seu mercado nacional porque seu custo ali está abaixo do limiar: $c_2 \leq c^*$. Entretanto, ela não pode operar com lucro no mercado exportador porque seu custo ali está acima do limiar: $c_2 + t > c^*$. A empresa 1, por outro lado, tem um custo baixo o bastante para conseguir operar

---

[21]A quantidade de empresas n é a quantidade total de empresas que vendem no mercado de Doméstica (isso inclui tanto as empresas localizadas em Doméstica quanto aquelas localizadas em Estrangeira e que exportam para Doméstica). $\overline{P}$ é o preço médio entre todas aquelas empresas que vendem em Doméstica.

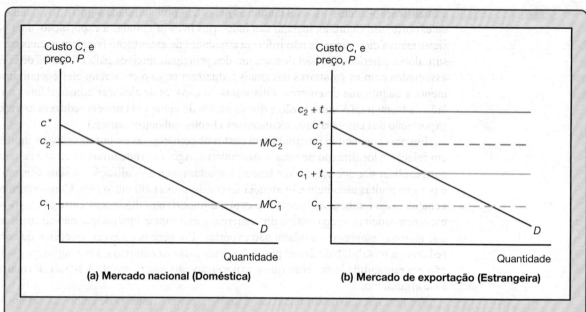

FIGURA 8.8

Decisões de exportação com custos de comércio.

(a) As empresas 1 e 2 operam em seus mercados nacionais (Doméstica). (b) Somente a empresa 1 exporta para o mercado de Estrangeira. Não é lucrativo para a empresa 2 exportar, dado o custo de comércio t.

lucrativamente tanto no mercado nacional quanto nos mercados de exportação: $c_1 + t \leq c^*$. Podemos estender essa previsão para todas as empresas com base em seu custo marginal c_i. As empresas de custo baixo com $c_i \leq c^* - t$ exportam; as de custo alto com $c^* - t < c_i \leq c^*$ ainda produzem para seu mercado nacional, mas não exportam; e as empresas de custo altíssimo com $c_i > c^*$ não podem operar com lucro em nenhum mercado e, portanto, retiram-se deles.

Acabamos de ver como a modelagem dos custos de comércio adiciona duas previsões importantes para o nosso modelo de concorrência e comércio monopolísticos: esses custos explicam por que um subconjunto de empresas exporta e também por que esse subconjunto será composto de empresas relativamente maiores e mais produtivas (aquelas com menor custo marginal). Análises empíricas das decisões de exportação das empresas de inúmeros países forneceram apoio esmagador para essa previsão de que as exportadoras são maiores e mais produtivas do que as empresas de uma mesma indústria que não exportam. Nos Estados Unidos, em uma típica indústria manufatureira, uma empresa exportadora é, na média, mais do que duas vezes maior do que a que não exporta. A empresa exportadora média também produz 21% a mais de valor agregado (produção menos entradas intermediárias) por trabalhador do que a empresa não exportadora média. Diferenças semelhantes entre exportadores e não exportadores também são observadas em países europeus.[22]

Dumping

Incluir os custos do comércio em nosso modelo de concorrência monopolística também acrescentou outra dimensão de realismo: como os mercados não são mais perfeitamente integrados por meio de comércio sem custo, as empresas podem escolher definir preços

[22] Veja Andrew B. Bernard, J. Bradford Jensen, Stephen J. Redding e Peter K. Schott, "Global Firms", *Journal of Economic Literature* 56, no. 2 (jun. 2018), pp. 565-619; e Thierry Mayer e Gianmarco I. P. Ottaviano, "The Happy Few: The Internationalisation of European Firms: New Facts Based on Firm-Level Evidence". *Intereconomics*, v. 43, p. 135-148, maio/jun. 2008.

CAPÍTULO 8 ■ Empresas na economia global: exportação e decisões na terceirização estrangeira ... **195**

diferentes em diferentes mercados. Os custos do comércio também afetam como uma empresa responde à concorrência em um mercado. Lembre-se de que uma empresa com custo marginal maior escolherá definir uma margem de lucro menor sobre o custo marginal (ela enfrenta concorrência mais intensa por sua pequena parcela de mercado). Isso significa que uma empresa exportadora vai responder ao custo de comércio baixando sua margem de lucro para o mercado exportador.

Considere o caso da empresa 1 na Figura 8.8. Ela enfrenta um maior custo marginal c_1 + t no mercado exportador de Estrangeira. Considere que P_1^D e P_1^X denotam os preços que a empresa 1 define em seu mercado nacional (Doméstica) e de exportação (Estrangeira), respectivamente. A empresa 1 define uma margem de lucro baixa $P_1^X - (c_1 + t)$ no mercado de exportação em relação à sua margem de lucro $P_1^D - c_1$ no mercado nacional. Isso, por sua vez, implica que $P_1^X - t < P_1^D$ e que a empresa 1 define um preço de exportação (líquido dos custos do comércio) menor do que seu preço nacional.

Isso é considerado ***dumping*** pela empresa 1 e é visto pela maioria dos países como uma prática de comércio "injusta". Qualquer empresa de Estrangeira pode recorrer às autoridades locais (nos Estados Unidos, o Departamento de Comércio e a Comissão de Comércio Internacional são as autoridades relevantes) e buscar uma indenização punitiva da empresa 1. Isso normalmente toma a forma de uma **tarifa *antidumping*** imposta à empresa 1 e, em geral, seria dimensionada pela diferença de preço entre P_1^D e $P_1^X - t$.[23]

O *dumping* é uma questão controversa em política do comércio (consulte o estudo de caso a seguir). Por ora, observamos apenas que a empresa 1 não está se comportando diferente das empresas estrangeiras com as quais compete no mercado de Estrangeira. Nesse mercado, a empresa 1 define exatamente a mesma margem sobre o custo marginal que a empresa 2 de Estrangeira, com o custo marginal $c_2 = c_1 + t$. O comportamento de preços da empresa 2 é perfeitamente legal, então por que a decisão de preço de exportação da empresa 1 é considerada como uma prática de comércio "injusta"? Essa é uma das principais razões de os economistas acreditarem que a aplicação dessas queixas sobre *dumping* é equivocada (veja o estudo de caso a seguir para uma discussão mais aprofundada) e que não existe nenhuma boa justificativa econômica para o *dumping* ser considerado particularmente prejudicial.

Nosso modelo de concorrência monopolística ressaltou como os custos do comércio têm uma tendência natural de induzir empresas a baixar suas margens de lucro em mercados de exportação, onde enfrentam uma competição mais intensa em razão de sua participação de mercado reduzida. Isso faz com que seja relativamente fácil para empresas nacionais apresentarem uma queixa de *dumping* contra exportadores em seus mercados. Na prática, aquelas leis *antidumping* podem, então, ser utilizadas para erguer barreiras ao comércio por discriminação contra os exportadores em um mercado.

ESTUDO DE CASO

Antidumping como protecionismo: a centrífuga global

Nos Estados Unidos e em diversos outros países, o *dumping* é considerado uma prática de concorrência injusta. As empresas americanas que alegam ter sido prejudicadas por empresas estrangeiras que descarregam (*dump*) seus produtos no mercado nacional a preços baixos podem utilizar um procedimento parajudicial e pedir socorro ao Departamento de Comércio. Se a queixa for julgada válida, uma "tarifa *antidumping*" é

---

[23] $P_1^X - t$ é chamado de *preço ex-fábrica* da empresa 1 para o mercado de exportação (o preço no "portão da fábrica" antes que os custos do comércio incorram). Se a empresa 1 incorreu em custos de transporte ou de entrega em seu mercado nacional, então esses custos serão deduzidos de seu preço nacional P_1^D para obter um preço ex--fábrica para o mercado nacional. As tarifas *antidumping* baseiam-se nas diferenças entre os preços ex-fábrica de uma empresa no mercado nacional e de exportação.

196 PARTE I ■ Teoria de comércio internacional

imposta, igual à diferença calculada entre o preço atual e o preço "justo" das importações. Na prática, o Departamento de Comércio aceita a maioria das queixas feitas por empresas americanas sobre preços estrangeiros injustos. A determinação de que esse preço injusto realmente tenha causado prejuízo, entretanto, está nas mãos de uma agência diferente, a Comissão de Comércio Internacional, que rejeita em torno da metade dos casos.

Os economistas nunca ficaram felizes com a ideia de considerar o *dumping* uma prática proibida. Para começar, definir preços diferentes para consumidores diferentes é uma estratégia de negócios perfeitamente legítima – como os descontos que as empresas aéreas oferecem a estudantes, a cidadãos idosos e a viajantes dispostos a passar o fim de semana todo em seu destino de viagem. Do mesmo modo, a definição de *dumping* afasta-se substancialmente da definição econômica. Já que é muitas vezes difícil provar que as empresas estrangeiras cobram preços maiores nacionalmente do que para importadores, os Estados Unidos e outras nações muitas vezes tentam calcular um preço supostamente justo com base nas estimativas dos custos da produção estrangeira. Essa regra do "preço justo" interfere em práticas de negócios perfeitamente normais: uma empresa pode estar disposta a vender um produto com prejuízo enquanto baixa seus custos por meio de experiência ou ao entrar em um novo mercado. Mesmo se ignorarmos tais considerações dinâmicas, nosso modelo ressaltou como as empresas monopolisticamente competitivas têm um incentivo para baixar suas margens de lucro nos mercados de exportação devido aos efeitos da concorrência associados com os custos de comércio.

No entanto, apesar das avaliações quase que universalmente negativas de economistas, reclamações formais sobre *dumping* foram apresentadas com crescente frequência desde cerca de 1970. No começo dos anos 1990, a maior parte das queixas de *antidumping* era direcionada a países desenvolvidos; desde 1995, no entanto, os países em desenvolvimento representam a maioria. E entre esses países, a China tem atraído um número particularmente grande de reclamações. Como discutido no Capítulo 4, as exportações chinesas cresceram rapidamente desde que o país entrou na OMC, em 2001. Empresa nenhuma gosta de enfrentar um endurecimento na concorrência, e a legislação *antidumping* permite que as empresas aumentem os custos dos concorrentes como forma de se isolarem dessa competição.

Como a proteção *antidumping* é dirigida contra uma determinada empresa, que produz em um determinado país, ela muitas vezes é contornada quando as empresas acabam transferindo a sua produção para outros locais ou quando surgem novas empresas, não afetadas pela queixa original. Quando os fabricantes de pneus americanos defenderam com sucesso a imposição de uma tarifa *antidumping* sobre pneus chineses em 2009, a produção foi transferida para a Coreia do Sul, Tailândia e Indonésia. As exportações desses países dobraram, o que compensou a queda das importações de pneus chineses.

Mais recentemente, em 2012, a Whirlpool venceu o seu processo *antidumping* contra as importações de máquinas de lavar roupa produzidas pela LG e pela Samsung na Coreia do Sul (ambas são multinacionais coreanas). Em resposta, a LG e a Samsung transferiram a sua produção de máquinas de lavar roupa destinadas ao mercado americano para a China. Em 2016, a Whirlpool venceu um novo processo *antidumping* contra as lavadouras produzidas na China, o que levou a LG e a Samsung a investirem em unidades de produção no Vietnã e na Tailândia. Essas rodadas sucessivas de casos *antidumping* malsucedidos e desvio de comércio terminaram em 2018, quando o governo Trump instituiu uma tarifa "protetiva" global contra a importação de máquinas de lavar roupa de todos os países. Isso forçou a LG e a Samsung a começarem a produzir máquinas de lavar roupa para o mercado americano nos próprios Estados Unidos. Os custos de produção mais elevados nos EUA, junto com as margens de lucro mais elevadas induzidas

pela menor concorrência no mercado americano protegido, levaram a preços significativamente maiores para as lavadoras: um estudo recente estima que as tarifas foram responsáveis por um aumento de US$ 86 no preço mediano de uma máquina de lavar roupa (o preço das secadoras também aumentou devido à tarifa).[24] A transferência da produção da LG e da Samsung criou 1.800 empregos adicionais nos EUA, mas o custo anual dos preços maiores para os consumidores americanos totalizou US$ 815.000 por emprego criado.

Multinacionais e investimento estrangeiro direto

Quando uma corporação é **multinacional**? Nas estatísticas americanas, uma empresa americana é considerada de controle estrangeiro – sendo, portanto, uma subsidiária de uma multinacional sediada no exterior – se 10% ou mais de suas ações pertencem a uma empresa estrangeira. A ideia é que 10% bastam para transmitir controle efetivo. Da mesma forma, uma companhia baseada nos Estados Unidos é considerada multinacional se possui mais do que 10% de uma empresa estrangeira. A empresa que controla (dona) é chamada de *matriz multinacional*, enquanto as empresas "controladas" são chamadas de *filiais multinacionais*.

Quando uma empresa americana compra mais do que 10% de uma empresa estrangeira, ou quando uma empresa americana constrói uma nova instalação de produção no exterior, esse investimento é considerado uma saída de **investimento estrangeiro direto (IED)** dos Estados Unidos. Este último é chamado de IED *greenfield*, enquanto o primeiro é chamado de IED *brownfield* (ou fusões e aquisições internacionais). Por outro lado, investimentos por parte de empresas estrangeiras em instalações de produção nos Estados Unidos são considerados entradas de IED americanas. Descrevemos os padrões mundiais de entradas de IED na seção a seguir. Por ora, focamos na decisão de uma empresa em tornar-se uma matriz multinacional. Por que uma empresa escolheria operar uma filial em uma localidade estrangeira?

---

[24]Veja A. Flaaen, A. Hortaçsu e F. Tintelnot, "The Production Relocation and Price Effects of US Trade Policy: The Case of Washing Machines", *American Economic Review* 110, no. 7 (2020), pp. 2103-2127.

198 PARTE I ■ Teoria de comércio internacional

A resposta depende, em parte, das atividades de produção que a filial executa. Essas atividades dividem-se em duas categorias principais: (1) a filial repete o processo de produção (aquele que a matriz utiliza em suas instalações nacionais) em outro lugar do mundo; e (2) a cadeia de produção é quebrada e partes do processo são transferidas para a localidade afiliada. Investir em filiais que fazem o primeiro tipo de atividades é categorizado como **IED horizontal**. Investir em filiais que fazem o segundo tipo de atividades é categorizado como **IED vertical**.[25]

O IED vertical é determinado principalmente pelas diferenças do custo de produção entre países (para aquelas partes do processo de produção que podem ser feitas em outra localidade). O que causa essas diferenças de custo entre países? É apenas o resultado da teoria da vantagem comparativa que desenvolvemos entre os Capítulos 3 e 7. Por exemplo, a Intel (a maior produtora de *chips* de computadores do mundo) dividiu a produção de *chips* em fabricação de *wafers*, montagem e teste. A fabricação de *wafers* e a pesquisa e o desenvolvimento associados a ela exigem um nível alto de habilidade, então a Intel ainda realiza a maioria dessas atividades nos Estados Unidos, assim como na Irlanda e em Israel (onde a mão de obra qualificada ainda é relativamente abundante).[26] Por outro lado, a montagem e o teste de *chips* requerem trabalho-intensivo, e a Intel transferiu esses processos de produção para países onde a mão de obra é relativamente abundante, como a Malásia, as Filipinas, a Costa Rica e a China. Esse tipo de IED vertical é um dos que crescem mais rápido e está por trás do grande aumento de influxos de IED nos países em desenvolvimento (veja a Figura 8.9).

Quando uma multinacional pratica IED vertical, ela passa a transportar bens intermediários através da sua rede de filiadas nacionais e estrangeiras, e o comércio resultante é classificado como comércio intraempresa. Este representa aproximadamente um terço do comércio mundial e mais de 40% do comércio americano.

Em contrapartida à IED vertical, a IED horizontal é dominada pelos fluxos entre países desenvolvidos, isto é, tanto a matriz multinacional como as filiais estão localizadas em países desenvolvidos. A razão principal para esse tipo de IED é localizar a produção próxima das grandes bases de consumidores da empresa. Por consequência, os custos do comércio e do transporte desempenham um papel muito mais importante do que as diferenças de custo de produção para essas decisões de IED. Considere o exemplo da Toyota, que é a maior produtora de veículos motorizados (ao menos no momento em que escrevo, apesar de a Volkswagen não estar distante). No começo dos anos 1980, a Toyota produzia quase todos os carros e caminhões no Japão e exportava-os pelo mundo, mas principalmente para a América do Norte e a Europa. Altos custos de comércio para esses mercados (em grande parte devido às restrições do comércio, veja o Capítulo 9) e aumentos na demanda nesses locais induziram a montadora a expandir lentamente sua produção para o exterior. Em 2009, a Toyota produzia mais de metade de seus veículos em fábricas de montagem no exterior. A empresa repetiu o processo de produção para seu modelo de carro mais popular, o Corolla, em fábricas de montagem na África do Sul, no Brasil, Canadá, China, Estados Unidos, Índia, Japão, Paquistão, Reino Unido, Tailândia, Taiwan, Turquia, Venezuela e Vietnã. É o IED horizontal em ação.

Os padrões de investimento estrangeiro direto fluem ao redor do mundo

A Figura 8.9 mostra como a magnitude dos fluxos de IED ao redor do mundo evoluiu nos últimos 50 anos. Primeiro examinaremos os padrões para o mundo, em que os fluxos de IED devem ter saldo zero: os influxos mundiais são iguais às saídas mundiais. Vemos que existe

---

[25]Na realidade, as distinções entre IED horizontal e vertical podem não ser claras. Algumas matrizes de grandes multinacionais operam largas redes de filiais que repetem partes do processo de produção, mas também estão verticalmente conectadas a outras filiais na rede da matriz. Isso é chamado de IED "complexo".

[26]Em 2010, a Intel abriu uma nova instalação de fabricação de *wafer* em Dalian, na China, onde modelos de *chip* mais antigos são produzidos.

CAPÍTULO 8 ■ Empresas na economia global: exportação e decisões na terceirização estrangeira ... **199**

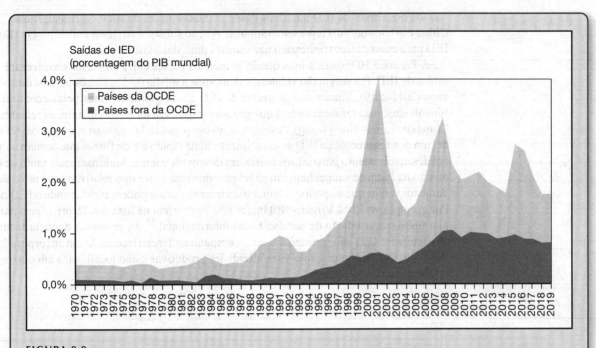

FIGURA 8.9
Influxos de investimento estrangeiro direto, 1970-2019 (porcentagem do PIB mundial).
Os fluxos mundiais de IED têm aumentado de forma significativa desde meados dos anos 1990, embora as taxas de aumento tenham sido desiguais. Historicamente, a maioria dos influxos de IED foi para países desenvolvidos na Organização para a Cooperação e o Desenvolvimento Econômico (OCDE). Entretanto, a proporção de influxos de IED para economias em desenvolvimento e de transição aumentou constantemente ao longo do tempo, e representa mais da metade dos fluxos de IED no mundo desde 2009.

Fonte: Conferência das Nações Unidas sobre Comércio e Desenvolvimento (UNCTAD), *World Investment Report*, 2019.

um aumento massivo na atividade mundial a partir da segunda metade da década de 1990, quando os fluxos mundiais de IED mais do que quadruplicaram em relação ao PIB mundial. Também vemos que a taxa de crescimento do IED é muito desigual, com altos picos e depressões, os quais correlacionam-se com os altos e baixos das bolsas de valores mundiais (fortemente dominadas pela flutuação no mercado de ações dos Estados Unidos) e as ondas relacionadas de fusões e aquisições internacionais (o IED *greenfield* é muito mais estável ao longo do tempo). O colapso financeiro em 2000 (o estouro da bolha das empresas pontocom) e mais recentemente a crise financeira de 2007-2009 também induziram grandes colapsos nos fluxos de IED ao redor do mundo. As oscilações nos fluxos de IED também sofrem forte influência de mudanças nas políticas tributárias para pessoas jurídicas. Nos EUA, a Lei do Emprego e Cortes de Impostos (Tax Cuts and Jobs Act), sancionada em 2017, reduziu significativamente a alíquota tributária para as multinacionais americanas. Em resposta, essas empresas repatriaram uma parcela significativa dos seus lucros no estrangeiro, o que levou a uma forte redução no valor dos seus investimentos estrangeiros e a uma queda no valor do IED mundial.

Uma análise da distribuição de influxos de IED entre grupos de países mostra que, historicamente, os países da OCDE têm sido os maiores recebedores de IED estrangeiro. Entretanto, também vimos que esses influxos são muito mais voláteis (é aqui que o IED relacionado com aquisições e fusões está concentrado) do que o IED que vai para os países remanescentes com rendas baixas. Por último, vemos também que existe uma expansão constante na parcela do IED que flui para esses países de fora da OCDE, que representa mais de metade dos fluxos de IED mundiais desde 2009. Os países do BRICS (Brasil, Rússia, Índia, China e África do Sul) representaram uma porção substancial desse aumento. Os fluxos de IED para esses países triplicaram nas últimas duas décadas.

A Figura 8.10 mostra a lista dos 25 principais países cujas empresas envolveram-se em saídas de IED. Por serem tão voláteis, calculou-se a média desses fluxos para os últimos três anos (2017-2019). Vemos que as saídas de IED ainda são dominadas pelas economias desenvolvidas, mas também vemos que grandes países em desenvolvimento, especialmente a China (incluindo Hong Kong), desempenham um papel cada vez mais importante. Na verdade, um dos segmentos de IED de crescimento mais rápido é o de fluxos que partem *de* países em desenvolvimento *para* outros países em desenvolvimento. Multinacionais tanto na China quanto na Índia desempenham um papel proeminente nesse tipo relativamente novo de IED. Também vemos que as políticas tributárias internacionais podem moldar onde o IED ocorre. Por exemplo, as Ilhas Virgens Britânicas não figurariam na lista dos 25 principais países se não fosse sua condição de paraíso fiscal internacional.[27] As empresas daquela localidade que realizam IED são, principalmente, companhias terceirizadas: foram incorporadas nas Ilhas Virgens Britânicas, mas suas atividades produtivas estão localizadas em outros lugares do mundo.

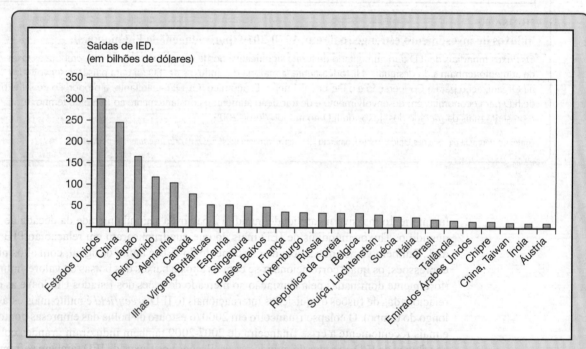

FIGURA 8.10

Investimento estrangeiro direto externo para os 25 principais países, média anual para 2017-2019 (em bilhões de dólares).

Os países desenvolvidos dominam o topo da lista de países cujas empresas envolvem-se em IED externo. Mais recentemente, as empresas de alguns grandes países em desenvolvimento, como a China e a Índia, têm realizado significativamente mais IEDs.

Fonte: Conferência das Nações Unidas sobre Comércio e Desenvolvimento (UNCTAD), *World Investment Report*, 2019.

---

[27] As Ilhas Virgens Britânicas, assim como as Ilhas Cayman, também recebem IED desproporcional (em relação ao tamanho de suas economias): ambas encontram-se entre os 25 maiores recebedores de IED do mundo.

CAPÍTULO 8 ■ Empresas na economia global: exportação e decisões na terceirização estrangeira ...   **201**

Os fluxos de IED não são a única maneira de medir a presença de multinacionais na economia mundial. Outras medidas são baseadas em atividades econômicas, como vendas, valor agregado (vendas menos bens intermediários comprados) e emprego. As vendas de filiais de IED frequentemente são utilizadas como referência da atividade multinacional. Isso fornece a referência relevante quando comparamos as atividades de multinacionais com os volumes de exportação. Entretanto, as vendas das multinacionais também são muitas vezes comparadas com o PIB do país, mostrando, por exemplo, que as grandes multinacionais têm volumes de venda mais altos do que os PIBs de muitos países. Para o mundo todo, em 2015, o total de vendas das maiores multinacionais (*top* 100) somou 10,7% do PIB mundial.

Por mais chocante que seja, essa comparação pode induzir ao erro e exagera a influência das multinacionais, porque o PIB do país é medido em termos de valor agregado: bens intermediários utilizados na produção final não são contados duas vezes na medição do PIB. Por outro lado, os bens intermediários que uma multinacional vende para outra são contados duas vezes nas vendas totais da multinacional (uma vez nas vendas do produtor do bem intermediário e outra vez como parte do valor final das mercadorias vendidas pelo usuário do bem intermediário). Por consequência, a comparação apropriada entre multinacionais e PIBs deveria ser baseada no valor agregado (consulte o quadro "De quem é o comércio?", na próxima seção, para uma discussão adicional sobre essa importante questão de mensuração). Como o valor agregado produzido pelas multinacionais é de aproximadamente 20% do total das suas vendas, o uso dessa métrica reduz a contribuição das 100 maiores multinacionais a cerca de 2% do PIB mundial. Não é uma porcentagem desprezível, mas não é tão chamativa quanto a medida baseada no total das vendas.

Investimento estrangeiro direto e decisões de terceirização estrangeira

O modelo desenvolvido para analisar as decisões sobre exportações das empresas será, agora, aplicado às decisões adicionais sobre as suas operações no mercado global. As empresas podem optar por investir em unidades de produção internacionais, mais próximas dos seus clientes no estrangeiro; em outras palavras, praticar IED horizontal. No lado das compras, as empresas podem optar por adquirir parte dos seus insumos intermediários de fontes no estrangeiro. Sempre que as empresas adquirem uma participação acionária nos seus fornecedores estrangeiros, trata-se de IED vertical (posteriormente, discutiremos a decisão adicional da empresa de integrar-se com os seus fornecedores).

A decisão de IED horizontal

Como mencionado anteriormente, as empresas têm um incentivo para situar unidades de produção próximas aos seus clientes estrangeiros de modo a evitar os altos custos de comércio associados com exportações para o estrangeiro. Por outro lado, também há retornos crescentes de escala na produção. Por consequência, há uma má relação custo-benefício em replicar o processo de produção por muitas vezes e operar instalações que produzem pouco para tirar vantagem desses retornos crescentes. Isso é chamado de *trade-off proximidade- -concentração* para o IED. As evidências empíricas sobre a extensão do IED entre os setores confirmam fortemente a relevância desse *trade-off*: a atividade do IED é concentrada nos setores cujos custos de comércio são altos (como a indústria automobilística). Entretanto, quando os retornos crescentes de escala são importantes e o tamanho médio das fábricas é grande, observa-se maior volume de exportações em relação ao IED. As evidências empíricas também mostram que existe um padrão de organização ainda mais forte para o IED no nível da empresa *dentro* das indústrias: as multinacionais tendem a ser substancialmente maiores e mais produtivas do que as não multinacionais no mesmo país. Mesmo quando comparamos multinacionais a subconjuntos de empresas exportadoras em um país, ainda encontramos um diferencial de tamanho e de produtividade em favor das multinacionais.

202 PARTE I ■ Teoria de comércio internacional

Nosso modelo teórico das decisões sobre exportações das empresas, capturado na Figura 8.8, também pode ser usado para explicar essas diferentes respostas ao *trade-off* proximidade-concentração entre as empresas. Lá, se a empresa quer alcançar consumidores em Estrangeira, só tem uma possibilidade: exportar e incorrer no custo de comércio t por unidade exportada. Agora vamos introduzir a escolha de tornar-se uma multinacional por meio de IED horizontal: uma empresa poderia evitar o custo de comércio t ao construir uma instalação de produção em Estrangeira. Naturalmente, construir essa unidade de produção é custoso e incorre novamente no custo fixo F para a filial estrangeira. (Observe, entretanto, que esse custo fixo adicional não precisa ser igual ao custo fixo para construir a instalação de produção original da empresa em Doméstica; as características específicas ao país individual afetarão esse custo.) Por uma questão de simplicidade, continue a supor que Doméstica e Estrangeira são países similares, de forma que essa empresa poderia produzir uma unidade de uma mercadoria com o mesmo custo marginal nessa instalação estrangeira. (Lembre-se de que o IED horizontal envolve principalmente países desenvolvidos com preços de fatores semelhantes.)

A escolha da empresa entre exportação e IED vai, então, envolver *trade-offs* entre o custo de exportação por unidade t e o custo fixo F de estabelecer uma instalação de produção adicional. Quaisquer *trade-offs* entre custo unitário e custo fixo resumem-se à escala. Se a empresa vende Q unidades no mercado estrangeiro, então se expõe a um custo relacionado ao comércio total de $Q \times t$ para exportar. Isso pesa contra a alternativa de custo fixo F. Se $Q > F/t$, então exportar é mais caro e o IED é a escolha que maximiza o lucro.

Isso leva a um ponto de corte de escala para o IED, que resume o *trade-off* proximidade-concentração: custos altos de comércio de um lado e custos fixos baixos de produção do outro; tanto um quanto o outro diminuem o ponto de corte do IED. A escala da empresa, entretanto, depende da medida de seu desempenho. Uma empresa com custo c_i baixo o suficiente vai querer vender mais do que Q unidades para consumidores estrangeiros. O jeito de fazer isso com a melhor relação custo-benefício é construir uma filial em Estrangeira e tornar-se uma multinacional. Algumas empresas com níveis de custo intermediário ainda vão querer atender os clientes em Estrangeira, mas suas vendas pretendidas Q são baixas o suficiente para que as exportações, não o IED, sejam a forma com melhor relação custo-benefício de alcançar esses consumidores.

A decisão de terceirização estrangeira

A decisão de uma empresa de dividir a sua cadeia de produção e transferir partes dela para um fornecedor estrangeiro também vai envolver *trade-offs* entre custos por unidade e fixos. Então, a escala da atividade da empresa será, mais uma vez, um elemento crucial para determinar o seu resultado. Quando se trata de **terceirização estrangeira**, a economia de custo crítica não está relacionada com o envio de mercadorias além das fronteiras. Em vez disso, envolve diferenças no custo de produção para as partes da cadeia de produção que estão sendo movidas. Como discutimos anteriormente, essas diferenças de custo derivam principalmente das forças da vantagem comparativa.

Não discutiremos essas diferenças de custo além daqui, mas em vez disso perguntaremos por que (dadas essas diferenças de custo) todas as empresas não escolhem operar filiais em países de baixo salário, para desempenhar as atividades além do trabalho-intensivo e que podem ser desempenhadas em uma localidade diferente. A razão é que, como no caso do IED horizontal, a terceirização estrangeira requer um investimento substancial de custo fixo em uma relação com um fornecedor estrangeiro, em um país com as características apropriadas.[28] Novamente, como no caso do IED horizontal, existirá um ponto de corte de escala para a terceirização estrangeira que depende dos diferenciais de custo da produção, de um

---

[28]Claramente, preços dos fatores, como salários, são componentes cruciais, mas outras características do país, como sua infraestrutura pública e de transporte, a qualidade de suas instituições jurídicas e suas políticas tributárias e regulamentares em relação a multinacionais também podem ser críticas.

CAPÍTULO 8 ■ Empresas na economia global: exportação e decisões na terceirização estrangeira ... **203**

lado, e do custo fixo de coordenar as operações com um fornecedor estrangeiro, do outro.[29] Somente as empresas que operam em uma escala acima daquele ponto de corte escolherão trabalhar com um fornecedor estrangeiro.

Esse esquema de classificação para empresas que importam bens intermediários é similar ao que descrevemos para a escolha de exportação e IED horizontal da empresa: somente um subconjunto de empresas relativamente mais produtivas (custo baixo) escolherá terceirizar no estrangeiro e importar alguns bens intermediários.

E, mais uma vez, as evidências empíricas oferecem um apoio fortíssimo para essa previsão sobre a terceirização estrangeira: as empresas industriais que importam bens intermediários são substancialmente maiores e mais produtivas do que as concorrentes do mesmo setor que não importam. Nos Estados Unidos, em um setor industrial típico, uma importadora é duas vezes e meia maior do que uma não importadora. E a importadora média também é 25% mais produtiva em termos de valor agregado por trabalhador.[30] Esses prêmios de desempenho, como são chamados, associados à terceirização estrangeira, são ainda maiores do que aqueles mencionados anteriormente, associados à exportação. E, como seria de esperar, há uma enorme coincidência entre os dois conjuntos de empresas, ou seja, entre as que usam fornecedores estrangeiros e as que exportam, pois ambas as atividades envolvem um *trade-off* que favorece a ampliação da escala. E entre esse subconjunto de empresas, as maiores e mais produtivas são, em sua esmagadora maioria, as multinacionais. Para o mundo como um todo, as multinacionais são responsáveis por 80% de todos os fluxos comerciais.

TERCEIRIZAÇÃO ESTRANGEIRA POR EMPRESAS INDUSTRIAIS AMERICANAS

Na nossa descrição sobre a decisão de terceirização estrangeira por parte de uma empresa, pressupomos implicitamente uma única decisão binária em relação às compras de um determinado insumo, vendido por um determinado fornecedor estrangeiro. Na realidade, a empresa precisa tomar muitas dessas decisões, para diversos bens intermediários e locais de produção no estrangeiro.[31] A escala de produção ainda determina esses *trade-offs* entre custos fixos e custos de produção menores, mas as decisões de usar fornecedores diferentes em países diferentes passam a estar interconectadas: usar um fornecedor estrangeiro específico afeta o custo de produção total, o que, por sua vez, afeta a escala de produção. Isso afeta a decisão de usar outros fornecedores estrangeiros. Quando o efeito de escala é forte, as decisões de usar um conjunto de fornecedores estrangeiros são complementares: usar alguns, o que reduz os custos de produção, aumenta a probabilidade de usar outros. Por outro lado, quando o efeito de escala é fraco, é possível que as decisões sejam substitutas: as peças adquiridas de um fornecedor estrangeiro substituem aquelas fornecidas por outros e reduzem a probabilidade de a empresa trabalhar com outros fornecedores. Um estudo recente de Pol Antràs, Teresa Forte e Felix Tintelnot analisou os padrões de terceirização estrangeira de todas as empresas industriais americanas e encontrou evidências convincentes de que tais decisões são complementares: as empresas americanas que trabalham com fornecedores de uma gama mais ampla de países têm vantagens de custo e escalas de produção maiores.[32] O estudo também recuperou as combinações implícitas de economias de custo e custos fixos entre diversos locais de fornecimento estrangeiro usados por empresas industriais

---

[29]Empresas industriais costumam fazer investimentos significativos nos seus principais fornecedores, mesmo quando não possuem participação societária formal neles, como no caso da IED vertical. Elas "incorporam" seus próprios funcionários nas unidades dos fornecedores responsáveis por componentes e sistemas importantes; de forma mais geral, dedicam recursos significativos ao monitoramento desses fornecedores.

[30]Veja Andrew B. Bernard, J. Bradford Jensen, Stephen J. Redding e Peter K. Schott, "Global Firms", *Journal of Economic Literature* 56, no. 2 (jun. 2018), pp. 565-619.

[31]A Boeing trabalha com mais de 50 fornecedores "nível 1" em oito países diferentes (além dos Estados Unidos) para os principais componentes e sistemas que integram o novo 787 Dreamliner. No total, mais de 5.400 fábricas, localizadas em 19 países, produzem peças para a aeronave.

[32]Veja Pol Antràs, Teresa C. Fort e Felix Tintelnot, "The Margins of Global Sourcing: Theory and Evidence from US Firms", *American Economic Review* 107, no. 9 (set. 2017), pp. 2514-2564.

americanas, apresentadas na Figura 8.11. Os três locais estrangeiros mais importantes em termos do número de empresas são (1) Canadá, (2) China e (3) Alemanha, enquanto os três principais em termos de valor das peças importadas são (1) Canadá, (2) México e (3) China. A Figura 8.11 mostra que essas opções de abastecimento baseiam-se em diferentes *trade-offs* entre economias de custo e os custos fixos de coordenar as operações com fornecedores nesses locais: a China e o México oferecem as maiores economias de custo, mas têm custos fixos relativamente altos (sobretudo no caso da China). Por outro lado, os custos fixos são significativamente menores para a Alemanha e, em especial, para o Canadá.

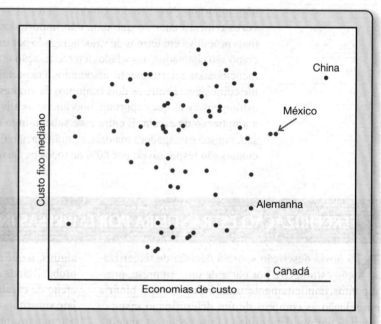

FIGURA 8.11

Economias de custo e custo fixo de terceirização estrangeira para empresas industriais americanas (escala logarítmica).

Cada ponto representa a economia de custo média e o custo fixo mediano associados com um fornecedor em um determinado local no estrangeiro. A China e o México oferecem as maiores economias de custo, mas são acompanhados de custos fixos relativamente altos (sobretudo no caso da China). Por outro lado, os custos fixos são significativamente menores para a Alemanha e, em especial, para o Canadá.

Fonte: Pol Antràs, Teresa C. Fort e Felix Tintelnot, "The Margins of Global Sourcing: Theory and Evidence from US Firms," *American Economic Review* 107, no. 9 (set. 2017), pp. 2514-2564.

A decisão de terceirização: fazer ou comprar

Até este ponto, nossa discussão sobre multinacionais negligenciou um motivo importante. Discutimos o **motivo de localização** para fábricas de produção que leva à formação de multinacionais. Entretanto, não discutimos o porquê de as empresas matrizes escolherem *possuir* a filial naquela localidade e operá-la como uma empresa multinacional única. Isso é conhecido como **motivo de internalização**.

Como um substituto para o IED horizontal, uma matriz poderia licenciar uma empresa independente para produzir e vender seus produtos em uma localidade estrangeira. Como um substituto para o IED vertical, uma matriz poderia contratar uma empresa independente (um fornecedor) para executar partes específicas do processo de produção na localidade estrangeira com a melhor vantagem de custo.

Quais são os elementos-chave que determinam essa escolha de internalização? O controle sobre a tecnologia proprietária de uma empresa oferece uma clara vantagem para a internalização. Licenciar outra empresa para executar todo o processo de produção em outra localidade (como substituta para o IED horizontal) frequentemente envolve um risco substancial de perder alguma tecnologia proprietária. Por outro lado, não existem razões claras de por que uma empresa independente deveria ser capaz de repetir aquele processo de produção a um custo menor do que a matriz. Isso dá à internalização uma forte vantagem; dessa forma, o IED horizontal é amplamente favorecido em relação à alternativa de licenciamento de tecnologia para replicar o processo de produção.

O *trade-off* da terceirização estrangeira e IED vertical têm contornos bem menos nítidos. Existem muitas razões pelas quais uma empresa independente poderia produzir algumas partes do processo de produção a um custo menor do que a matriz (na mesma localidade). Primeiro, e acima de tudo, uma empresa independente pode especializar-se exatamente em uma determinada parte específica do processo de produção. Como resultado, ela também pode beneficiar-se das economias de escala se executar esses processos para diferentes empresas matrizes.[33] Outras razões salientam as vantagens da propriedade local no alinhamento e na monitoração de incentivos administrativos na unidade de produção.

Mas a internalização também fornece seus próprios benefícios quando se trata da integração vertical entre a empresa e seu fornecedor de um insumo crítico para a produção: isso evita (ou ao menos reduz) o potencial de um conflito de renegociação custoso após chegarem a um acordo inicial. Tais conflitos podem surgir em relação a muitos atributos de produção que não podem ser especificados (ou impostos) por um contrato legal no momento do acordo inicial. Isso pode levar qualquer uma das partes a interromper a produção. Por exemplo, a empresa que compra pode alegar que a qualidade da peça não é exatamente como especificada e solicitar um preço menor. A fornecedora pode alegar que algumas mudanças solicitadas pela compradora resultam em aumento dos custos e exigir um preço maior na hora da entrega.

As pesquisas recentes que formalizam esses *trade-offs* avançaram muito. As pesquisas explicam como essa escolha importante de internalização é feita ao descrever quando uma empresa escolhe integrar-se com seu fornecedor por meio de IED vertical e quando escolhe uma relação contratual independente com fornecedores no exterior.[34] Desenvolver essas teorias está além do âmbito deste texto. Em última análise, muitas outras teorias resumem-se a diferentes *trade-offs* entre economias no custo de produção e no custo fixo de transferir partes do processo de produção para o exterior.

DE QUEM É O COMÉRCIO?

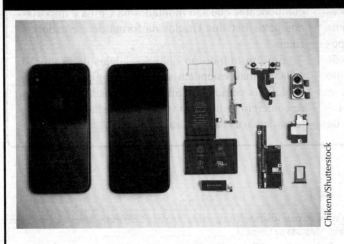

Quando um consumidor americano compra o novo iPhone 11 Pro Max da Apple (o último lançado na época da redação deste quadro), a transação é registrada como uma importação de US$ 490 da China (onde o aparelho é montado e testado). É o custo de fabricação total da unidade. Obviamente, o consumidor paga muito mais do que isso pelo telefone (preços não subsidiados variam entre US$ 1.100 e US$ 1.450). A diferença não é puro lucro para a Apple, pois abrange o custo da mão de obra americana da empresa envolvida em *marketing*, *design* e engenharia do dispositivo (a Apple emprega mais de 50.000

---

[33]Companhias que fornecem mercadorias e serviços terceirizados ampliaram sua lista de clientes de tal modo que transformaram-se elas próprias em grandes multinacionais. Elas especializam-se em prestar um conjunto limitado de serviços (ou partes do processo de produção), mas repetem isso muitas vezes para clientes corporativos do mundo todo.

[34]Veja Pol Antràs, *Global Production: Firms, Contracts, and Trade Structure,* Princeton, NJ: Princeton University Press, 2015.

206 PARTE I ■ Teoria de comércio internacional

trabalhadores fora do setor de varejo, além de outros 26.000 em suas lojas).[35] Dadas as dezenas de milhões de iPhones compradas pelos consumidores americanas, o preço de importação de US$ 590 por telefone representa dezenas de bilhões de dólares em importações da China que contribuem para o forte déficit comercial dos EUA com aquele país. Esse déficit comercial bilateral (que totalizou US$ 344 bilhões em 2019) representa 56% do déficit comercial geral dos EUA (em bens e serviços) com o resto do mundo e tem um papel proeminente na imprensa e no discurso político (muitas vezes, como sinal de práticas comerciais injustas).[36]

Contudo, o aumento no comércio de bens intermediários (consulte também o estudo de caso a seguir) torna essas estatísticas agregadas bastante enganosas. Pense no exemplo do iPhone. Menos de US$ 10 do custo total de US$ 490 representam os custos de montagem e testagem (realizadas na China). O custo restante representa os custos dos componentes do iPhone, que são produzidos, em sua grande maioria, fora da China (a bateria do dispositivo é produzida na China atualmente, mas isso acrescenta apenas outros US$ 10 ao valor agregado chinês). A fabricação desses componentes está espalhada por toda a Ásia (Coreia do Sul, Japão e Taiwan são os maiores fornecedores), Europa e Américas. Esta última região inclui 75 unidades nos Estados Unidos que contribuem para a produção de componentes para o iPhone e empregam 257.000 trabalhadores.[37] Por exemplo, as telas de vidro são produzidas no Kentucky; e os *chips* de Face ID, no Texas. E muitos dos produtores de componentes fora dos Estados Unidos empregam pesquisadores e engenheiros americanos. Por exemplo, a coreana Samsung, um dos maiores fornecedores de componentes para iPhones (em valor), emprega milhares de trabalhadores nas instalações de pesquisa que tem no Texas e na Califórnia.

Assim, as importações de iPhones da China informadas representam, na verdade, importações de muitos outros países, incluindo os Estados Unidos, que exportam componentes de iPhone para a China. Isso envole decompor o custo de importação bruto de US$ 490 por valor agregado geograficamente (com base no país onde o valor foi agregado).[38] Com essa medida mais precisa de comércio por valor agregado, apenas uma fração mínima dos US$ 490 do custo de importação representa, de fato, uma importação da China. As dezenas de bilhões de dólares em iPhones que os EUA importam da China, assim, inflacionam gigantescamente o verdadeiro valor do déficit bilateral entre os dois países.

Uma decomposição semelhante do valor bruto para o valor agregado poderia ser realizada para todo o comércio internacional americano (exportações e importações) com todos os parceiros comerciais do país. Esses fluxos de comércio e déficits comerciais bilaterais podem, por sua vez, ser convertidos de valor bruto (como são informados normalmente) para valor agregado. Essa mudança contábil não altera o déficit comercial dos EUA (com o resto do mundo), mas pode afetar drasticamente as medidas de déficits comerciais bilaterais com diversos parceiros. E nenhuma medida de déficit comercial bilateral é mais afetada do que a chinesa: um artigo recente calcula que o verdadeiro déficit bilateral entre os Estados Unidos e a China (por valor agregado) equivale a aproximadamente metade do déficit comercial bilateral informado com base em valor bruto.[39] Por outro lado, os déficits comerciais com a Alemanha, o Japão e a Coreia do Sul são ampliados quando medidos por valor agregado, pois esses países fabricam muitos dos componentes que são montados na China e importados pelos Estados Unidos na forma de mercadorias finais.

Em um mundo no qual as cadeias de produção cada vez mais estendem-se por todo o globo, medidas de déficits comerciais bilaterais baseadas em fluxos de comércio padrão (em valor bruto) estão rapidamente perdendo a sua relevância.

---

[35]De onde vem o lema inscrito no verso de cada unidade: *Designed by Apple in California. Assembled in China.* ("Projetado pela Apple na Califórnia. Montado na China".)

[36]Em uma pesquisa de 2015 do Pew Research Center Survey, 52% dos respondentes americanos acreditavam que o déficit comercial com a China era um problema muito grave.

[37]"How and Where iPhone Is Made: A Surprising Report on How Much of Apple's Top Product Is US-Manufactured", *Finances On-line*, 30 jul. 2013.

[38]Esse método contábil, baseado no valor agregado, é o mesmo usado para medir o PIB produzido pelo país.

[39]Robert C. Johnson, "Five Facts about Value-Added Exports and Implications for Macroeconomics and Trade Research", *The Journal of Economic Perspectives* 28 (2014), pp. 119-142.

CAPÍTULO 8 ■ Empresas na economia global: exportação e decisões na terceirização estrangeira ... **207**

ESTUDO DE CASO

"Nós os criamos aqui, mas a mão de obra é mais barata no inferno".

Envio de empregos para o exterior? *Offshoring* e desemprego nos Estados Unidos

Quando uma empresa troca fornecedores nacionais por estrangeiros, a prática costuma ser chamada de **offshoring**. Por exemplo, uma empresa pode importar uma peça, um componente ou até mesmo um produto inteiro montado, ou importar serviços de negócios utilizando contadores e/ou *call centers* localizados no exterior. Como discutiremos na próxima seção, os efeitos globais do comércio nesses bens intermediários são muito similares aos do comércio em mercadorias finais no qual temos nos concentrado até agora. Mas quando se trata dos efeitos do *offshoring* no emprego, existe uma dimensão adicional: o menor preço dos bens intermediários importados não beneficia somente os donos de uma empresa e seus consumidores, mas também o restante dos trabalhadores da empresa – porque o menor preço induz as empresas a aumentarem suas compras de bens intermediários, o que melhora a produtividade dos trabalhadores restantes.[40]

Esse efeito de produtividade também induz a empresa que pratica *offshoring* a contratar trabalhadores adicionais dedicados às partes remanescentes do processo de produção. Em muitos casos, o efeito global sobre o emprego para as empresas que praticam *offshoring* é positivo: diversos estudos sobre multinacionais americanas descobriram que quando elas expandem seus empregos no exterior, simultaneamente, também expandem seus empregos nos Estados Unidos.[41]

E o que acontece com terceirizadores estrangeiros que não são mais donos de seus fornecedores estrangeiros? Um estudo recente de todo o setor manufatureiro americano descobriu que, em geral, os aumentos no *offshoring* entre 2001 e 2007 tiveram um impacto negativo no emprego industrial americano.[42] Entretanto, essas perdas ligadas a *offshoring* só representaram uma minúscula fração (2,3%) do total de perdas em emprego durante esse período. Essas perdas totais de emprego foram, de fato, substanciais: a diminuição no emprego industrial americano totalizou 2 milhões (o emprego industrial tem diminuído constantemente nos últimos 30 anos), mas o *offshoring* desempenhou um papel minúsculo nessa tendência.

---

[40]Para uma discussão sobre essa dimensão adicional da terceirização internacional e seus efeitos para trabalhadores não qualificados, veja: Gene M. Grossman e Esteban Rossi-Hansberg." The Rise of Offshoring: It's Not Wine for Cloth Anymore". *The New Economic Geography: Effects and Policy Implications*, p. 59-102, 2006.
[41]Veja: Mihir Desai; C. Fritz Foley e James R Hines. "Domestic Effects of the Foreign Activities of US Multinationals". *American Economic Journal: Economic Policy*, jan. 2009.
[42]Veja: Greg C. Wright. "Revisiting the Employment Impact of Offshoring". *University of Essex*, cópia, 2013.

208 PARTE I ▪ Teoria de comércio internacional

Esse estudo também descobriu que o efeito de produtividade para o restante dos trabalhadores desempenhou um papel importante: os benefícios de custo do *offshoring* levaram as empresas a expandirem substancialmente suas operações nos Estados Unidos e a contratarem trabalhadores adicionais. Trabalhadores da não produção, principalmente, beneficiaram-se desse aumento de emprego, porque, para começar, era muito menos provável que sofressem diretamente o efeito de deslocação de *offshoring*. Entretanto, os trabalhadores de produção também se beneficiaram desse efeito de expansão ligado ao *offshoring*: o desemprego inicial causado pelo deslocamento para aqueles trabalhadores de produção diminuiu pela metade por essa resposta de aumento do emprego.

Outro canal que atenua os efeitos de deslocamento do trabalhador causados pelo *offshoring* é que (assim como no comércio de mercadorias finais), bens e serviços são comercializados em ambos os sentidos. Nos Estados Unidos, a imprensa popular e muitos políticos destacam as perdas de emprego associadas com o *offshoring*.[43] Particularmente preocupante são as perdas empregos de serviço para *offshoring*, dadas as tendências tecnológicas recentes que têm expandido radicalmente a gama dos serviços de negócios "terceirizáveis" (veja a discussão no Capítulo 2). Isso tem levado a manchetes como "Mais empregos de serviços americanos vão para o exterior: espera-se que o *offshoring* cresça" no *USA Today*.[44] Contudo, o *offshoring* em um país é o *inshoring* em outro: isto é, para cada transação de importação de um serviço ou bem intermediário, existe uma transação de exportação correspondente para o país que recebe a parte do processo de produção terceirizada. E isso significa que, para os Estados Unidos, esse *inshoring* de empregos de serviços (exportações de serviços intermediários) está crescendo até mais rápido do que o *offshoring* de serviços para o exterior (importações de serviços intermediários), o que leva a um superávit que tem crescido ao longo do tempo. A Figura 8.12 junta todo o comércio internacional americano nas categorias de serviço relacionadas ao *offshoring* (financeira, seguros, telecomunicações e serviços empresariais, isto é, todos os serviços comercializados, exceto turismo, transporte e *royalties*).[45] Claramente, não há nada de ameaçador na tendência do comércio em serviços empresariais para o emprego americano em geral.

Dados todos os fatos do impacto do *offshoring* para o emprego nos Estados Unidos, o ponto de vista de que ele apenas significa "enviar trabalho para o exterior" é ilusório. É verdade que quando uma empresa baseada nos Estados Unidos transfere seu *call center* para a Índia, ou a montagem de seus produtos para a China, alguns trabalhos específicos que costumavam ser feitos nos Estados Unidos agora serão realizados na Índia ou na China. Entretanto, as evidências mostram que, em termos de emprego global, esses trabalhos são substituídos por outros nos Estados Unidos: alguns relacionados ao efeito de expansão nas empresas de *offshoring* e outros por empresas que fornecem bens e serviços intermediários para empresas localizadas no exterior (*inshoring*).

Ainda, assim como outras formas de comércio, o comércio de intermediários tem consequências substanciais para a distribuição de renda. Os trabalhadores do *call center ou os de produção deslocados pelo offshoring* não são, normalmente, aqueles que são contratados pelas empresas em expansão. Seu sofrimento não é aliviado pelos ganhos que são revertidos para outros trabalhadores. Discutiremos essas consequências globais de bem-estar na próxima seção.

---

[43]A *Public Citizen* relatou um aumento drástico nos anúncios políticos condenando o *offshoring* nas eleições legislativas americanas em 2012 (a organizações registrou 90 anúncios que condenavam o *offshoring* em campanhas abrangendo 30 estados).

[44]*USA Today*, 7 dez. 2012.

[45]Esses fluxos de comércio também incluem as transações das multinacionais com suas filiais no exterior. A balança comercial é positiva para os Estados Unidos, tanto para as transações multinacionais quanto para as transações entre partes não afiliadas.

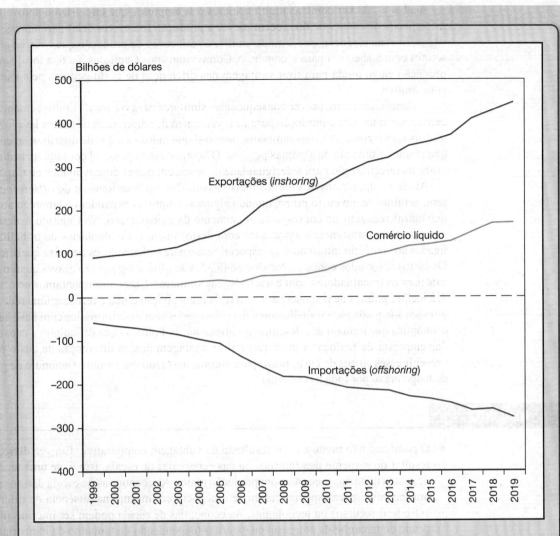

FIGURA 8.12
Comércio internacional americano em serviços de negócios (todos os serviços comercializados, excluindo transporte, viagens, construção, governo e taxas para o uso de propriedade intelectual), 1999-2019.

O *offshoring* de serviços americano é capturado pelas importações americanas de serviços de negócios. Embora o *offshoring* de serviços tenha aumentado consideravelmente ao longo da década passada, o *inshoring* americano (exportação de serviços de negócios) cresceu ainda mais rápido. O saldo é positivo e também aumentou substancialmente ao longo da década passada.

Fonte: U.S. Bureau of Economic Analysis.

Consequências de multinacionais e terceirização estrangeira

Anteriormente neste capítulo, mencionamos que as economias internas de escala, a diferenciação de produto e as diferenças de desempenho entre as empresas combinam-se para proporcionar novos canais de ganhos de comércio: aumento da variedade de produtos e maior desempenho da indústria à medida que as empresas descem na sua curva de custo médio e a produção é concentrada nas empresas maiores e mais produtivas. Quais são as consequências da expansão da produção multinacional e da terceirização para o bem-estar?

210   PARTE I ■ Teoria de comércio internacional

Acabamos de ver como as multinacionais e as empresas que terceirizam aproveitam os diferenciais de custo que favorecem mover a produção (ou partes dela) para outras localidades. Em sua essência, isso é muito similar à realocação de produção que ocorreu *entre* os setores com a abertura para o comércio. Como vimos nos Capítulos 3 a 6, a localização da produção então muda para tirar vantagem das diferenças de custo geradas pela vantagem comparativa.

Podemos, portanto, prever consequências similares para o caso de multinacionais e terceirização: transferir a produção para tirar vantagem das diferenças de custos leva a ganhos globais com o comércio, mas também é provável que induza efeitos de distribuição de renda que pioram a situação de algumas pessoas. Discutimos uma possível consequência de longo prazo da terceirização para a desigualdade de renda em países desenvolvidos no Capítulo 5.

Ainda assim, alguns dos efeitos mais visíveis das multinacionais e do *offshoring* ocorrem, geralmente, no curto prazo, quando algumas empresas expandem o emprego ao passo que outras reduzem-no em resposta ao aumento da globalização. No Capítulo 4, descrevemos os custos substanciais associados com deslocamentos involuntários de trabalhadores ligados ao comércio intraindústria (especialmente para trabalhadores de baixa qualificação). Os custos associados com o deslocamento ligados ao *offshoring* são tão graves quanto os outros para os trabalhadores com características similares. Como argumentamos no Capítulo 4, a melhor política de resposta para essa séria preocupação ainda é fornecer uma rede de segurança adequada para trabalhadores desempregados sem discriminá-los com base na força econômica que induziu seu desemprego involuntário. Políticas que dificultam a capacidade das empresas de realocar a produção e tirar vantagem dessas diferenças de custo podem prevenir esses custos de curto prazo para alguns, mas também evitam o acúmulo de ganhos de longo prazo por toda a economia.

RESUMO

- O comércio não precisa ser o resultado da vantagem comparativa. Em vez disso, pode resultar do aumento nos retornos ou das economias de escala, isto é, de uma tendência de custos unitários menores com produção maior. As economias de escala dão aos países um incentivo para especializarem-se e negociarem mesmo na ausência de diferenças entre seus recursos ou tecnologias. As economias de escala podem ser internas (dependendo do tamanho da empresa) ou externas (dependendo do tamanho da indústria).

- As economias de escala internas às empresas resultam em quebra na concorrência perfeita. Os modelos de concorrência imperfeita devem ser utilizados para analisar as consequências do aumento nos retornos no nível da empresa. Um importante modelo desse tipo é o modelo de concorrência monopolística, amplamente utilizado para analisar modelos de empresas e comércio.

- Na concorrência monopolística, uma indústria contém um determinado número de empresas que produzem produtos diferenciados. Essas empresas agem como monopolistas individuais, mas empresas adicionais entram em uma indústria lucrativa até que os lucros do monopólio sejam perdidos por meio da concorrência. O equilíbrio é afetado pelo tamanho do mercado: um mercado maior suportará uma quantidade maior de empresas, cada qual produz em escala maior e, por consequência, por um custo médio menor do que em um mercado menor.

- O comércio internacional permite a criação de um mercado integrado que é maior do que o mercado de qualquer país. Como resultado, é possível oferecer simultaneamente ao consumidor uma variedade maior de produtos e preços menores. O tipo de comércio gerado por esse modelo é o comércio intraindústria.

- Quando as empresas diferem em termos de desempenho, a integração econômica gera ganhadores e perdedores. As empresas produtivas (custo baixo) prosperam e expandem, enquanto as empresas menos produtivas (custo alto) contraem-se. As empresas menos produtivas são forçadas a se retirar do mercado.

CAPÍTULO 8 ■ Empresas na economia global: exportação e decisões na terceirização estrangeira ... **211**

- Na presença de custos de comércio, os mercados não são mais perfeitamente integrados por meio do comércio. As empresas podem diferenciar os preços pelos mercados. Esses preços refletem tanto os custos do comércio quanto o nível de concorrência notados pela empresa. Quando existem custos de comércio, somente um subconjunto de empresas mais produtivas escolhe exportar. O restante das empresas serve somente o mercado nacional.
- O *dumping* ocorre quando uma empresa define um preço menor (líquido de custos de comércio) nas exportações do que cobra nacionalmente. A consequência dos custos de comércio é que essas empresas sentirão a concorrência mais intensamente em mercados de exportação, porque têm menores parcelas naqueles mercados de exportação. Isso leva as empresas a reduzirem a margem de lucro para as vendas de exportação em relação às vendas nacionais. Esse comportamento é caracterizado como *dumping*. O *dumping* é visto como uma prática injusta de comércio, mas surge naturalmente em um modelo de concorrência monopolística e custos de comércio, em que empresas dos dois países comportam-se da mesma forma. Políticas contra o *dumping* são frequentemente utilizadas para discriminar empresas estrangeiras em um mercado e levantar barreiras ao comércio.
- Algumas multinacionais utilizam seus processos de produção em instalações estrangeiras próximas de grandes bases de consumidores. Isso é categorizado como investimento estrangeiro direto (IED) horizontal. Uma alternativa é exportar para um mercado em vez de operar com uma filial estrangeira naquele mercado. O *trade-off* exportações e IED envolve um baixo custo por unidade para o IED (sem custo de comércio), mas um custo fixo adicional associado à instalação estrangeira. Somente empresas que operam em escala grande o suficiente vão escolher a opção de IED sobre as exportações.
- Algumas multinacionais separam sua cadeia de produção e executam algumas partes dessa cadeia em instalações estrangeiras. Isso é categorizado como investimento estrangeiro direto (IED) vertical. Uma alternativa é terceirizar essas partes da cadeia de produção em uma empresa estrangeira independente. Tanto um quanto o outro modo de operação são caracterizados como terceirização estrangeira. Em relação à opção de não terceirizar, a terceirização estrangeira envolve baixos custos de produção, mas um custo fixo adicional. Somente empresas que operam em escala grande o suficiente vão escolher terceirizar no estrangeiro.
- Empresas multinacionais e nacionais que terceirizam partes de sua produção para países estrangeiros aproveitam as diferenças de custo entre diversos locais de produção. Isso é similar aos modelos de vantagem comparativa, em que a produção no nível da indústria é determinada pelas diferenças em custos relativos pelos países. As consequências de bem-estar também são similares: existem ganhos agregados do aumento da produção multinacional e terceirização, mas também mudanças na distribuição de renda que deixam algumas pessoas em pior condição.

TERMOS-CHAVE

comércio intraindústria, p. 183
concorrência imperfeita, p. 171
concorrência monopolística,
  p. 175
custo marginal, p. 173
custo médio, p. 173
diferenciação de produto, p. 174
dumping, p. 195
economias internas de escala,
  p. 170

IED horizontal, p. 198
IED vertical, p. 198
investimento estrangeiro direto
  (IED), p. 197
margem de lucro sobre custo
  marginal, p. 178
monopólio puro, p. 172
motivo de internalização, p. 204
motivo de localização, p. 204
multinacional, p. 197

offshoring, p. 207
oligopólio, p. 175
produtos diferenciados, p. 174
receita marginal, p. 172
tarifa *antidumping*, p. 195
terceirização estrangeira, p. 202

212 PARTE I ■ Teoria de comércio internacional

QUESTÕES

1. Na concorrência perfeita, as empresas definem o preço igual ao custo marginal. Por que elas não conseguem fazer isso na presença de economias internas de escala?

2. Suponha que os dois países que consideramos no exemplo numérico (ver Figura 8.5) fossem integrar seus mercados de automóveis com um terceiro país que tem um mercado anual de 3,75 milhões de automóveis. Encontre a quantidade de empresas, a produção por empresa e o preço por automóvel no novo mercado integrado após o comércio.

3. Suponha que os custos fixos para uma empresa na indústria de automóveis (custos abertura de fábricas, maquinário e assim por diante) sejam de 5 bilhões de dólares e que os custos variáveis sejam iguais a 17 mil dólares por automóvel finalizado. Como a existência de mais empresas aumenta a concorrência no mercado, o preço de mercado cai à medida que mais empresas entram no mercado de automóveis, ou, mais especificamente, $P = 17.000 + (150/n)$, onde n representa a quantidade de empresas em um mercado. Suponha que o tamanho inicial dos mercados americano e europeu de automóveis seja de 300 milhões e 533 milhões de pessoas, respectivamente.
   a. Calcule o número de equilíbrio de empresas nos mercados americano e europeu *sem* comércio.
   b. Qual é o preço de equilíbrio de automóveis nos Estados Unidos e na Europa se a indústria de automóveis está fechada para comércio estrangeiro?
   c. Agora suponha que os Estados Unidos decidam pelo livre comércio de automóveis com a Europa. O acordo de comércio com os europeus adiciona 533 milhões de consumidores ao mercado de automóveis, além dos 300 milhões nos Estados Unidos. Quantas empresas automotivas existirão, ao todo, nos Estados Unidos e na Europa? Qual será o novo preço de equilíbrio dos automóveis?
   d. Por que os preços nos Estados Unidos são diferentes em (c) e em (b)? A situação dos consumidores é melhor com o livre comércio? De que formas?

4. Volte ao modelo com diferenças de desempenho de empresa em um único mercado integrado (páginas 181-184). Agora suponha que uma nova tecnologia torne-se disponível. Qualquer empresa pode adotar a nova tecnologia, mas sua utilização requer um investimento de custo fixo adicional. O benefício da nova tecnologia é que reduz o custo marginal de produção da empresa por uma dada quantidade.
   a. Adotar a nova tecnologia poderia maximizar o lucro para algumas empresas, mas não para outras que adotarem a mesma tecnologia? Quais empresas escolheriam adotar a nova tecnologia? No que elas seriam diferentes das empresas que escolhessem não adotá-la?
   b. Agora suponha que também existam custos de comércio. No novo equilíbrio, tanto com os custos de comércio quanto com a adoção da tecnologia, as empresas decidem se exportam e também se adotam a nova tecnologia. As empresas que exportam teriam maior ou menor probabilidade de adotar a nova tecnologia em relação aos não exportadores? Por quê?

5. Neste capítulo, descrevemos a situação na qual o *dumping* ocorre entre dois países simétricos. Descreva brevemente como as coisas mudariam se os dois países tivessem tamanhos diferentes.
   a. Como a quantidade de empresas que competem em um determinado mercado afeta a possibilidade de quem exporta para esse mercado ser acusado de *dumping*? (Suponha que a possibilidade de acusação de *dumping* esteja relacionada à diferença de preço da empresa entre seu preço nacional e o preço de exportação: quanto maior a diferença de preço, mais provável é a acusação de *dumping*).
   b. Uma empresa de um país pequeno teria maior ou menor probabilidade de ser acusada de *dumping* quando exporta para um país maior (em relação a uma empresa do país maior exportando para o país menor)?

6. Quais das opções seguintes são investimentos estrangeiros diretos?

CAPÍTULO 8 ■ Empresas na economia global: exportação e decisões na terceirização estrangeira ... **213**

    a. Um empresário saudita compra 10 milhões de dólares em ações da IBM.

    b. O mesmo empresário compra um prédio de apartamentos em Nova York.

    c. Uma companhia francesa funde-se com uma americana. Acionistas da companhia americana trocam suas ações por participação na empresa francesa.

    d. Uma empresa italiana constrói uma fábrica na Rússia e administra-a como terceirizada do governo russo.

7. Para cada uma das opções a seguir, especifique se o investimento estrangeiro direto é horizontal ou vertical. Além disso, descreva se ele representa uma entrada ou saída de IED dos países mencionados.

    a. O McDonald's (multinacional americana) abre e opera novos restaurantes na Europa.

    b. A Total (multinacional petrolífera francesa) compra direitos de propriedade e exploração em campos de petróleo em Camarões.

    c. A Google adquire a Waze, uma empresa de mapeamento israelense, e integra a tecnologia desta ao seu *software* existente.

    d. A Nestlé (multinacional suíça produtora de alimentos e bebidas) constrói uma nova fábrica na Bulgária para produzir barras do chocolate Kit Kat (as barras de Kit Kat são produzidas pela Nestlé em 17 países).

8. Se existem economias internas de escala, por que faria sentido para uma empresa produzir a mesma mercadoria em mais de uma unidade de produção?

9. A maioria das empresas nas indústrias de vestuário e calçados escolheu terceirizar sua produção em países onde a mão de obra é abundante (principalmente no sudeste da Ásia e no Caribe), mas não se integra com seus fornecedores nesses locais. Por outro lado, as empresas em muitas indústrias de capital intensivo escolhem integrar-se com seus fornecedores. Quais poderiam ser algumas diferenças entre as indústrias de vestuário e calçados de trabalho-intensivas, de um lado, e as indústrias capital-intensivas, de outro, que poderiam explicar essas escolhas?

10. Considere o exemplo das indústrias na Questão 9. Quais seriam as consequências dessas para a extensão do comércio *intraempresa* entre diferentes indústrias? Isto é, em quais indústrias uma maior proporção de comércio ocorreria dentro das empresas?

LEITURAS ADICIONAIS

Antràs, P. *Global Production: Firms, Contracts, and Trade Structure*. Princeton, NJ: Princeton University Press, 2015. Excelente referência sobre a teoria e a realidade empírica do *offshoring*, terceirização e cadeias de valor globais.

Bernard, A. B. et. al. "Firms in International Trade". *Journal of Economic Perspectives*, v. 21, p. 105-130, verão 2007. Uma descrição não técnica de padrões empíricos de comércio no nível da empresa que foca nas empresas americanas.

_____ "Importers, Exporters, and Multinationals: A Portrait of Firms in the US that Trade Goods". In: Dunne, T.; Jensen, J. B. e Roberts, M. J. (Eds.). *Producer Dynamics: New Evidence from Micro Data*. Chicago: University of Chicago Press, 2009. Uma descrição não técnica de padrões empíricos de comércio no nível da empresa que foca nas empresas americanas e em multinacionais que operam nos Estados Unidos.

Feenstra, R. "Integration of Trade and Disintegration of Production in the Global Economy". *Journal of Economic Perspectives*, v. 12, p. 32-50, outono 1998. Uma descrição de como a cadeia de suprimentos foi dividida em múltiplos processos que são realizados em diferentes localidades.

Hanson, G.; Mataloni, R.; Slaughter, M. "Vertical Production Networks in Multinational Firms". *Review of Economics and Statistics*, v. 87, p. 664-678, mar. 2005. Uma descrição empírica dos padrões de IED vertical em multinacionais que operam nos Estados Unidos.

Head, K. *Elements of Multinational Strategy*. Nova York: Springer, 2007. Um livro-texto com foco em multinacionais.

Helpman, E. "Trade, FDI, and the Organization of Firms". *Journal of Economic Perspectives*, v. 44, p. 589-630, set. 2006. Um levantamento técnico de pesquisas recentes sobre modelos que incorporam diferenças de desempenho de empresas e sobre multinacionais e terceirização.

214 PARTE I ▪ Teoria de comércio internacional

Helpman, E. *Understanding Global Trade*. Cambridge, MA: Harvard University Press, 2011. Um livro não técnico que cobre tanto as teorias do comércio baseadas em vantagem comparativa quanto as teorias recentes de comércio baseadas na empresa.

Helpman, E. e Krugman, P. R. *Market Structure and Foreign Trade*. Cambridge: MIT Press, 1985. Uma apresentação técnica da concorrência monopolística e de outros modelos de comércio com economias de escala.

Jensen, J. B. *Global Trade in Services: Fear, Facts, and Offshoring*. Washington, DC: Peterson Institute for International Economics, 2011. Um livro não técnico com foco nos efeitos do aumento do comércio em serviços para a economia americana.

Markusen, J. "The Boundaries of Multinational Enterprises and the Theory of International Trade". *Journal of Economic Perspectives*, v. 9, p. 169-189, primavera 1995. Um levantamento não técnico dos modelos de comércio e multinacionais.

Mayer, T. e Ottaviano, G. I. P. "The Happy Few: The Internationalisation of European Firms: New Facts Based on Firm-Level Evidence". *Intereconomics*, v. 43, p. 135-148, maio/jun. 2008.

Melitz, M. J. e Trefler, D. "Gains from Trade When Firms Matter", *Journal of Economic Perspectives*, v. 26, p. 91-118, 2012. Uma pesquisa não técnica que desenvolve o modelo de concorrência monopolística com diferenças de desempenho entre as empresas em maior detalhe do que neste capítulo. O artigo também contém uma descrição detalhada das evidências associadas relativas a empresas canadenses após a implementação do Acordo de Livre Comércio Canadá-Estados Unidos.

APÊNDICE DO CAPÍTULO 8

Determinando a receita marginal

Em nossa exposição do monopólio e da concorrência monopolística, foi útil ter um enunciado algébrico da receita marginal enfrentada por uma empresa dada a curva de demanda que ela enfrentava. Mais especificamente, afirmamos que se a empresa enfrenta uma curva de demanda

$$Q = A - B \times P, \qquad (8A.1)$$

sua receita marginal é:

$$MR = P - (1/B) \times Q. \qquad (8A.2)$$

Neste apêndice, demonstraremos por que isso é verdade.

Primeiro, repare que a curva de demanda pode ser rearranjada para declarar o preço como uma função das vendas da empresa em vez do contrário. Ao rearranjar a Equação (8A.1), ficamos com:

$$P = (A/B) - (1/B) \times Q. \qquad (8A.3)$$

A receita de uma empresa é simplesmente o preço que ela recebe por unidade multiplicado pelo número de unidades que vende. Se R denota a receita da empresa, temos:

$$R = P \times Q = [(A/B) - (1/B) \times Q] \times Q. \qquad (8A.4)$$

A seguir, perguntamos como a receita de uma empresa muda se suas vendas mudam. Suponha que a empresa decida aumentar suas vendas em uma pequena quantidade, dX, para que o novo nível de vendas seja $Q = Q + dQ$. Então, a receita da empresa após o aumento nas vendas, R', será:

$$\begin{aligned} R' = P' \times Q' &= [(A/B) - (1/B) \times (Q + dQ)] \times (Q + dQ) \\ &= [(A/B) - (1/B) \times Q] \times Q + [(A/B) - (1/B) \times Q] \times dQ \\ &\quad - (1/B) \times Q \times dQ - (1/B) \times (dQ)^2. \end{aligned} \qquad (8A.5)$$

A Equação (8A.5) pode ser simplificada pela substituição de termos das Equações (8A.1) e (8A.4) para ter

$$R' = R + P \times dQ - (1/B) \times Q \times dQ - (1/B) \times (dQ)^2. \qquad (8A.6)$$

Entretanto, quando a mudança nas vendas dQ é menor, seu quadrado $(dQ)_2$ é muito pequeno (p. ex., o quadrado de 1 é 1, mas o quadrado de 1/10 é 1/100). Então para uma pequena mudança em Q, o último termo na Equação (8A.6) pode ser ignorado. Isso nos dá o resultado de que a *mudança* na receita causada por uma pequena mudança nas vendas é:

$$R' = R = [P - (1/B) \times Q] \times dQ. \qquad (8A.7)$$

Então o aumento na receita *por unidade de vendas adicionais*, que é a definição de receita marginal, é:

$$MR = (R' - R)/dQ = P - (1/B) \times Q,$$

o que é exatamente o que afirmamos na Equação (8A.2).

CAPÍTULO 9

Os instrumentos da política de comércio

Os capítulos anteriores responderam à pergunta: "por que as nações negociam?" *descrevendo* as causas e os efeitos do comércio internacional e o funcionamento de uma economia mundial de comércio. Embora essa questão seja interessante por si própria, sua resposta é ainda mais interessante se também ajudar a responder à pergunta: "qual deveria ser a política de comércio de uma nação?". Por exemplo, os Estados Unidos deveriam utilizar uma tarifa ou uma quota de importação para proteger sua indústria automotiva contra a concorrência do Japão e da Coreia do Sul? Quem vai se beneficiar e quem vai perder com uma quota de importação? Os benefícios prevalecerão sobre os custos?

Este capítulo examina as políticas que os governos adotam em relação ao comércio internacional, políticas que envolvem diversas ações, que incluem impostos sobre algumas transações internacionais, subsídios para outras transações, limites legais sobre o valor ou volume de determinadas importações e muitas outras medidas. Este capítulo, portanto, oferece uma estrutura para entendermos os efeitos dos mais importantes instrumentos da política de comércio.

OBJETIVOS DE APRENDIZAGEM

Após a leitura deste capítulo, você será capaz de:

- Estimar os custos e os benefícios, os efeitos de bem-estar e os ganhadores e perdedores das políticas de tarifa aduaneira.
- Discutir o que são subsídios à exportação e subsídios agrícolas e explicar como afetam o comércio agrícola nos Estados Unidos e na União Europeia.
- Reconhecer o efeito das restrições voluntárias de exportação (RVEs) tanto nos países importadores quanto nos exportadores e comparar os efeitos de bem-estar dessas RVEs com os de tarifas aduaneiras e políticas de quota.

Análise da tarifa aduaneira básica

Uma tarifa aduaneira, a mais simples das políticas de comércio, é um imposto cobrado quando uma mercadoria é importada. As **tarifas aduaneiras específicas** são cobradas como uma taxa fixa para cada unidade de mercadorias importadas (p. ex., três dólares por barril de petróleo). As **tarifas aduaneiras *ad valorem*** são impostos cobrados como uma fração do valor das mercadorias importadas (p. ex., 25% de tarifa aduaneira nos Estados Unidos sobre caminhões importados – veja o quadro "Carga pesada de tarifas"). Nos dois casos, o efeito da tarifa aduaneira é aumentar o custo do envio de mercadorias para um país.

As tarifas aduaneiras são a forma de política de comércio mais antiga, tradicionalmente utilizadas como fonte de renda para o governo. Até a introdução do imposto de renda, por exemplo, o governo americano levantava a maior parte de sua receita das tarifas aduaneiras. Seu verdadeiro propósito, entretanto, tem sido geralmente duplo: fornecer receita e proteger determinados setores nacionais. No começo do século XIX, por exemplo, o Reino

CAPÍTULO 9 ■ Os instrumentos da política de comércio   **217**

Unido utilizava tarifas aduaneiras (as famosas Leis dos Grãos que levaram David Ricardo a desenvolver a sua teoria da vantagem comparativa; veja o Capítulo 3) para proteger sua agricultura da concorrência de importação. No fim do século XIX, tanto a Alemanha quanto os Estados Unidos impunham tarifas aduaneiras às importações de mercadorias manufaturadas para proteger seus novos setores industriais. A importância das tarifas aduaneiras diminuiu nos tempos atuais porque os governos modernos, em geral, preferem proteger as indústrias nacionais por meio de diversas **barreiras não tarifárias**, como as **quotas de importação** (limitações na quantidade de importações) e as **restrições de exportação** (limitações na quantidade de exportações, geralmente impostas pelo país exportador a pedido do país importador), além de subsídios diretos para os produtores. Ainda assim, praticamente todos os países do mundo ainda utilizam as tarifas. E a guerra comercial do governo Trump, iniciada em 2018 (veja o Capítulo 4 e o estudo de caso neste capítulo) mostra a rapidez com a qual essas reduções tarifárias podem ser revertidas. Assim, a compreensão dos efeitos de uma tarifa aduaneira permanece essencial, tanto porque ainda são utilizadas – e seu uso frequentemente ameaçado – quanto porque os efeitos de outras políticas de comércio costumam ser avaliados em relação aos efeitos paradigmáticos das tarifas aduaneiras.

Ao desenvolvermos a teoria do comércio nos Capítulos 3 a 8, adotamos uma perspectiva de *equilíbrio geral*. Isto é, estávamos profundamente cientes de que os eventos em uma parte da economia têm repercussões em outra parte. Entretanto, em muitos casos – embora não em todos –, as políticas de comércio em direção a um setor podem ser razoavelmente bem compreendidas sem entrar em detalhes sobre as repercussões dessas políticas no resto da economia. Na sua maior parte, então, a política de comércio pode ser examinada em um quadro de *equilíbrio parcial*. Quando os efeitos na economia como um todo se tornam cruciais, vamos nos referir novamente à análise de equilíbrio geral.

Oferta, demanda e comércio de indústria única

Vamos supor que existam dois países, Doméstica e Estrangeira, que consomem e produzem trigo, o qual pode ser transportado entre eles sem custo. Em cada país, o trigo é uma indústria competitiva simples, na qual as curvas de oferta e de demanda são funções do preço do mercado. Normalmente, a oferta e a demanda de Doméstica vão depender do preço em termos da moeda de Doméstica, e a oferta e a demanda de Estrangeira vão depender do preço em termos da moeda de Estrangeira. Entretanto, vamos supor que a taxa de câmbio entre as moedas não seja afetada por qualquer que seja a política de comércio realizada nesse mercado. Portanto, indicamos os preços nos dois mercados em termos da moeda de Doméstica.

O comércio surgirá em tal mercado se os preços forem diferentes na ausência de comércio. Suponha que, na ausência de comércio, o preço do trigo seja maior em Doméstica do que é em Estrangeira. Agora, vamos permitir que haja o comércio exterior. Já que o preço do trigo em Doméstica ultrapassa o preço em Estrangeira, os exportadores começam a levar trigo de Estrangeira para Doméstica. A exportação de trigo aumenta seu preço em Estrangeira e abaixa seu preço em Doméstica, até que a diferença de preços tenha sido eliminada.

Para determinar o preço mundial e a quantidade comercializada, é útil definir duas novas curvas: a **curva de demanda de importação** de Doméstica e a **curva de oferta de exportação** de Estrangeira, que são derivadas das curvas de oferta e demanda nacionais subjacentes. A demanda de importação de Doméstica é o excesso do que os consumidores de Doméstica demandam sobre o que os produtores de Doméstica fornecem. A oferta de exportação de Estrangeira é o excesso que os produtores de Estrangeira fornecem sobre o que os consumidores de Estrangeira demandam.

A Figura 9.1 mostra como a curva de demanda de importação de doméstica é obtida. No preço P^1, os consumidores de Doméstica demandam D^1, enquanto os produtores de Doméstica fornecem somente S^1. Como resultado, a demanda de importação de Doméstica é $D^1 - S^1$. Se aumentamos o preço para P^2, os consumidores de Doméstica demandam somente D^2, enquanto os produtores de Doméstica aumentam a quantidade que fornecem para S^2, então a demanda de importação cai para $D^2 - S^2$. Essas combinações de preço-quantidade são traçadas como pontos 1 e 2 do lado direito do painel da Figura 9.1. A curva de

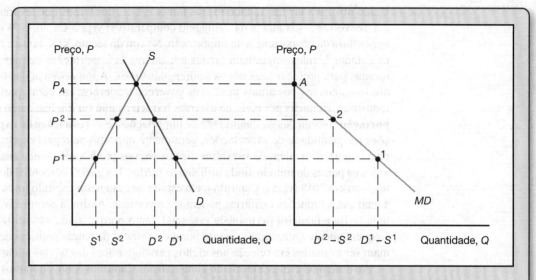

FIGURA 9.1
Obtendo a curva de demanda de importação de Doméstica.
Conforme o preço da mercadoria aumenta, os consumidores de Doméstica demandam menos enquanto os produtores de Doméstica fornecem mais, assim a demanda por importações diminui.

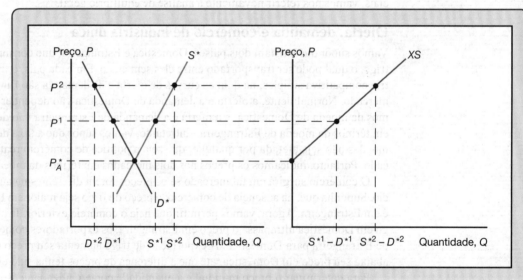

FIGURA 9.2
Obtendo a curva de oferta de exportação de Estrangeira.
Conforme o preço da mercadoria aumenta, os consumidores de Estrangeira demandam mais enquanto os produtores de Estrangeira demandam menos, de forma que a oferta disponível para exportação aumenta.

importação MD tem inclinação para baixo, porque conforme os preços aumentam, a quantidade de importações demandada diminui. Em P_A, a oferta e a demanda de Doméstica são iguais na ausência de comércio, de forma que a curva de demanda de importação intercepta o eixo do preço em P_A (demanda de importação = zero em P_A).

A Figura 9.2 mostra como a curva de demanda de exportação de Estrangeira XS é obtida. Em P^1, os produtores de Estrangeira fornecem S^{*1}, enquanto os consumidores de

> **FIGURA 9.3**
> **Equilíbrio mundial**
> O preço mundial de equilíbrio é onde a demanda de importação de Doméstica (curva *MD*) se iguala à oferta de exportação de Estrangeira (curva *XS*).

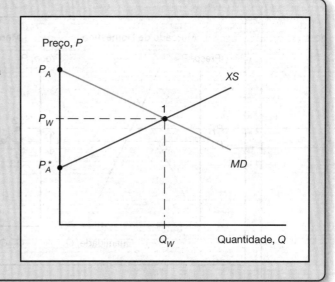

Estrangeira demandam somente D^{*1}, então a quantidade total de oferta disponível para exportação é $S^{*1} - D^{*1}$. Em P^2, os produtores aumentam a quantidade que fornecem para S^{*2} e os consumidores de Estrangeira diminuem a quantidade que demandam para D^{*2}, então a quantidade total de oferta disponível para exportação sobe para $S^{*2} - D^{*2}$. Como a oferta de mercadorias disponíveis para exportação aumenta conforme o preço aumenta, a curva de oferta de exportação de Estrangeira tem inclinação para cima. Em P^*_A, a oferta e a demanda seriam iguais na ausência de comércio, de forma que a curva de oferta de exportação de Estrangeira faz interseção com o eixo do preço em P^*_A (oferta de exportação = zero em P^*_A).

O equilíbrio mundial ocorre quando a demanda de importação de Doméstica se iguala à oferta de exportação de Estrangeira (Figura 9.3). No preço P_W, onde as duas curvas cruzam, a oferta mundial se iguala à demanda mundial. No ponto de equilíbrio 1 na Figura 9.3,

demanda de Doméstica – oferta de Doméstica = oferta de Estrangeira – demanda de Estrangeira.

Ao adicionar e subtrair dos dois lados, essa equação pode ser rearranjada para afirmar que:

demanda de Doméstica + demanda de Estrangeira = oferta de Doméstica + oferta de Estrangeira.

Ou, em outras palavras,

demanda mundial = oferta mundial.

Os efeitos de uma tarifa aduaneira

Do ponto de vista de alguém que envia mercadorias, a tarifa aduaneira é como um custo de transporte. Se Doméstica impõe uma taxa de US$ 2 sobre cada alqueire de trigo importado, quem envia a mercadoria relutará em transportá-la, a não ser que a diferença de preço entre os dois mercados seja de ao menos US$ 2.

A Figura 9.4 ilustra os efeitos de uma tarifa aduaneira específica de t por unidade de trigo (mostrada como t na figura). Na ausência da tarifa aduaneira, o preço do trigo seria igualado em P_W tanto em Doméstica quanto em Estrangeira, como é visto no ponto 1 no meio do painel, que ilustra o mercado mundial. Com a tarifa aduaneira em vigor, quem envia a mercadoria fica relutante em mandar o trigo de Estrangeira para Doméstica, a não ser que o preço de Doméstica ultrapasse o de Estrangeira por, pelo menos, t. No entanto, se o trigo não for enviado, existirá um excesso de demanda por trigo em Doméstica e um excesso de oferta em Estrangeira. Portanto, o preço em Doméstica aumentará e em Estrangeira cairá até que a diferença no preço seja t.

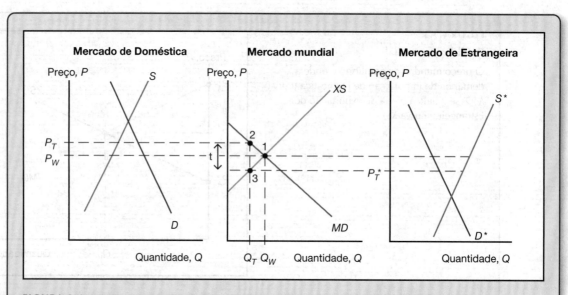

FIGURA 9.4

Os efeitos de uma tarifa aduaneira.

Uma tarifa aduaneira aumenta o preço em Doméstica enquanto baixa o preço em Estrangeira. Portanto, o volume comercializado diminui.

Introduzir uma tarifa aduaneira, então, abre uma brecha entre os preços dos dois mercados. A tarifa aduaneira aumenta o preço em Doméstica para P_T e baixa o preço em Estrangeira para $P^*_T = P_T - t$. Em Doméstica, os produtores ofertam mais ao preço maior, enquanto os consumidores demandam menos, de forma que poucas importações são demandadas (como você pode ver no deslocamento do ponto 1 para o ponto 2 na curva MD). Em Estrangeira, os preços mais baixos resultam na oferta reduzida e no aumento de demanda e, portanto, em uma oferta de exportação menor (como vemos no deslocamento do ponto 1 para o ponto 3 na curva XS). Portanto, o volume de trigo comercializado diminui de Q_W, o volume de livre comércio, para Q_T, o volume com a tarifa aduaneira. No volume de comércio Q_T, a demanda de importação de Doméstica se iguala à oferta de exportação de Estrangeira quando $P_T - P_{T^*} = t$.

O aumento no preço em Doméstica, de P_W para P_T, é menor do que o valor da tarifa aduaneira, pois parte dela se reflete em uma diminuição no preço de exportação de Estrangeira e, por consequência, não é repassada para os consumidores de Doméstica. Esse é o resultado normal de uma tarifa aduaneira e de qualquer política de comércio que limita as importações. Entretanto, o tamanho desse efeito no preço dos exportadores, na prática, costuma ser muito pequeno. Quando um país pequeno impõe uma tarifa aduaneira, a parcela do mercado mundial para as mercadorias que ele importa é, para começar, geralmente muito pequena, de forma que sua redução das importações tem pouquíssimo efeito no preço mundial (exportação estrangeira).

Os efeitos da tarifa aduaneira no caso do "país pequeno", em que ele não pode afetar os preços estrangeiros de exportação, são ilustrados na Figura 9.5. Nesse caso, a tarifa aduaneira aumenta o preço da mercadoria importada no país que a impõe pela quantidade total da tarifa, de P_W a $P_W + t$. A produção da mercadoria importada aumenta de S^1 para S^2, enquanto o consumo da mercadoria cai de D^1 para D^2. Então, como resultado da tarifa aduaneira, as importações caem no país que a impõe.

Medindo a quantidade de proteção

Uma tarifa aduaneira sobre uma mercadoria importada aumenta o preço recebido pelos produtores nacionais daquela mercadoria. Esse efeito muitas vezes é o principal objetivo da tarifa aduaneira: *proteger* os produtores nacionais dos preços baixos que seriam o resultado

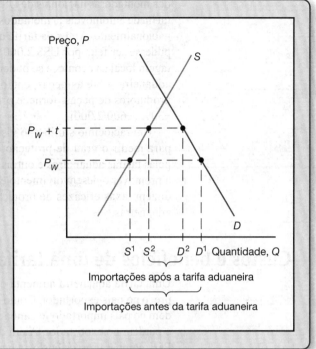

FIGURA 9.5
Uma tarifa aduaneira em um país pequeno.
Quando um país é pequeno, uma tarifa aduaneira que é imposta não pode baixar o preço estrangeiro da mercadoria que é importada. Como resultado, o preço da importação aumenta de P_W para $P_W + t$ e a quantidade de importações demandada cai de $D_1 - S_1$ para $D_2 - S_2$.

da concorrência das importações. Ao analisar a política de comércio na prática, é importante nos perguntarmos quanta proteção uma tarifa aduaneira ou outra política de comércio pode realmente fornecer. A resposta geralmente é expressa como uma porcentagem do preço que prevaleceria sob livre comércio. Uma quota de importação sobre o açúcar poderia, por exemplo, aumentar o preço recebido pelos produtores de açúcar americanos em 35%.

Medir a proteção pareceria simples no caso de uma tarifa aduaneira: se ela for um imposto *ad valorem* proporcional ao valor das importações, a alíquota da tarifa em si deveria medir a quantidade de proteção. Se a tarifa for específica, dividi-la pelo seu preço líquido nos daria o *ad valorem* equivalente.

Entretanto, existem dois problemas em tentar calcular a taxa de proteção de forma tão simples. Primeiro, se a premissa do país pequeno não for uma boa aproximação, parte do efeito da tarifa aduaneira será de baixar os preços das exportações estrangeiras em vez de aumentar os preços nacionais. Em alguns casos, esse efeito das políticas de comércio nos preços das exportações estrangeiras é significativo.

O segundo problema é que as tarifas aduaneiras podem ter diferentes efeitos em diferentes estágios da produção de uma mercadoria. Um exemplo simples ilustra esse ponto. Suponha que um automóvel seja vendido no mercado mundial por US$ 8.000 e as peças das quais ele é feito sejam vendidas por US$ 6.000. Vamos comparar dois países: um que quer desenvolver uma indústria de montagem de automóveis e outro que já tem uma indústria de montagem e quer desenvolver uma indústria de peças de automóvel.

Para encorajar uma indústria nacional de automóveis, o primeiro país coloca uma tarifa aduaneira de 25% sobre carros importados, permitindo que as montadoras nacionais cobrem US$ 10.000 em vez de US$ 8.000. Nesse caso, seria errado dizer que as montadoras recebem somente 25% de proteção. Antes da tarifa, a montagem em solo nacional aconteceria somente se pudesse ser feita por US$ 2.000 (a diferença entre o preço de um automóvel completo, US$ 8.000, e o custo das peças, US$ 6.000) ou menos. Agora, vai acontecer mesmo que custe até US$ 4.000 (a diferença entre o preço de US$ 10.000 e o custo das peças). Isto é, a alíquota de 25% da tarifa aduaneira dá às montadoras uma **taxa de proteção efetiva** de 100%.

Agora, suponha que o segundo país, para encorajar a produção nacional de peças, imponha uma tarifa aduaneira de 10% sobre as peças importadas, aumentando o custo das peças

PARTE II ■ Política de comércio internacional

das montadoras nacionais de US$ 6.000 para US$ 6.600. Mesmo que não exista mudança na tarifa de automóveis já montados, essa política fará com que seja menos vantajoso montá-los nacionalmente. Antes da tarifa aduaneira, teria valido a pena montar o carro localmente se pudesse ser feito por US$ 2.000 (US$ 8.000 − US$ 6.000). Após a tarifa aduaneira, a montagem local só acontece se puder ser feita por US$ 1.400 (US$ 8.000 − US$ 6.600). A tarifa aduaneira sobre as peças, então, ao mesmo tempo em que fornece proteção positiva para produtores de peças, fornece proteção eficaz negativa para as montadoras, a uma taxa de −30% (−600/2.000).

Um raciocínio similar ao visto nesse exemplo levou economistas a elaborarem cálculos para medir o grau de proteção eficaz efetivamente fornecido para indústrias específicas pelas tarifas aduaneiras e outras políticas de comércio. As políticas de comércio que visam a promover o desenvolvimento econômico, por exemplo (Capítulo 11), frequentemente produzem taxas eficazes de proteção muito maiores do que as próprias alíquotas das tarifas aduaneiras.[1]

Custos e benefícios de uma tarifa aduaneira

Uma tarifa aduaneira aumenta o preço de uma mercadoria no país importador e diminui o preço no país exportador. Como resultado dessas mudanças de preço, os consumidores perdem no país importador e ganham no exportador. Os produtores ganham no país importador e perdem no exportador. Além disso, o governo ganha receita impondo a tarifa aduaneira. Para comparar esses custos e benefícios, é necessário quantificá-los. O método para medir custos e benefícios de uma tarifa aduaneira depende de dois conceitos comuns a muitas análises microeconômicas: excedentes do consumidor e do produtor.

Excedentes do consumidor e do produtor

O **excedente do consumidor** mede a quantidade que um consumidor ganha em uma compra ao computar a diferença entre o preço que ele realmente paga e o preço que estaria disposto a pagar. Se, por exemplo, um consumidor estivesse disposto a pagar US$ 8 por um alqueire de trigo, mas o preço é somente US$ 3, o excedente do consumidor ganho com a compra é US$ 5.

O excedente do consumidor pode derivar da curva de demanda do mercado (Figura 9.6). Por exemplo, suponha que o preço máximo pelo qual os consumidores comprarão dez unidades de uma mercadoria seja US$ 10. Então, a décima unidade da mercadoria comprada deve valer US$ 10 para os consumidores. Se valesse menos, eles não comprariam; se valesse mais, estariam dispostos a comprá-la mesmo se o preço fosse maior. Agora, suponha que a fim de conseguir que os consumidores comprem 11 unidades, o preço deva ser diminuído para US$ 9. Então, a décima primeira unidade deve valer apenas US$ 9 para os consumidores.

Suponha que o preço seja US$ 9. Então, os consumidores estarão dispostos a comprar somente a décima primeira unidade da mercadoria e, portanto, não recebem excedente do consumidor com a compra daquela unidade. Entretanto, eles estariam dispostos a pagar US$ 10 pela décima unidade, e, portanto, receberiam US$ 1 de excedente do consumidor dessa unidade. Eles também estariam dispostos a pagar US$ 12 pela nona unidade. Nesse caso, teriam recebido US$ 3 de excedente do consumidor nessa unidade e assim por diante.

Generalizando a partir desse exemplo, se P é o preço de uma mercadoria e Q é a quantidade de demanda nesse preço, então o excedente do consumidor é calculado subtraindo P

---

[1]A taxa de proteção efetiva para um setor é formalmente definida como $(V_T - V_W)/V_W$, onde V_W é o valor agregado no setor em preços mundiais e V_T é o valor agregado na presença de políticas de comércio. Nos termos do nosso exemplo, considere que P_A é o preço mundial de um automóvel montado, P_C o preço mundial de seus componentes, t_A a alíquota de tarifa aduaneira *ad valorem* sobre automóveis importados e t_C a alíquota da tarifa aduaneira *ad valorem* sobre os componentes. Como vemos, se não afetam os preços mundiais, as tarifas aduaneiras fornecem aos montadores uma taxa de proteção efetiva de: $\dfrac{V_T - V_W}{V_W} = t_A + P_C\left(\dfrac{t_A - t_C}{P_A - P_C}\right)$.

FIGURA 9.6
Obtendo o excedente do consumidor para a curva de demanda.
O excedente do consumidor em cada unidade vendida é a diferença entre o preço real e o que os consumidores estariam dispostos a pagar.

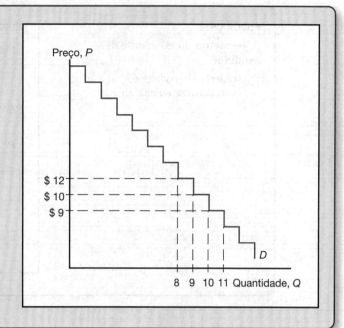

FIGURA 9.7
A geometria do excedente do consumidor.
O excedente do consumidor é igual à área abaixo da curva de demanda e acima do preço.

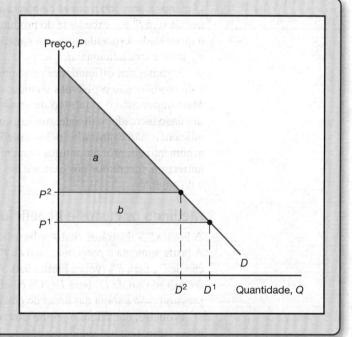

vezes Q da área sob a curva de demanda até Q (Figura 9.7). Se o preço é P^1, a quantidade demandada é D^1 e o excedente do consumidor é medido pelas áreas denominadas a mais b. Se o preço aumenta para P^2, a quantidade demandada cai para D^2 e o excedente do consumidor cai por b para se igualar somente a a.

O **excedente do produtor** é um conceito análogo. Um produtor disposto a vender uma mercadoria por US$ 2, mas que recebe o preço de US$ 5, ganha um excedente do produtor de US$ 3. O mesmo procedimento utilizado para obter o excedente do consumidor da curva de demanda pode ser utilizado para obter a curva de oferta do excedente do produtor. Se P é

FIGURA 9.8
A geometria do excedente do produtor.
O excedente do produtor é igual à área acima da curva de oferta e abaixo do preço.

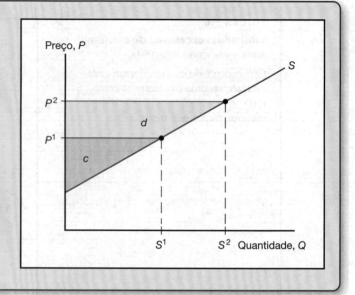

o preço e Q é a quantidade fornecida àquele preço, então o excedente do produtor é P vezes Q menos a área sob a curva de oferta até Q (Figura 9.8). Se o preço é P^1, a quantidade fornecida será S^1 e o excedente do produtor é medido pela área c. Se o preço aumenta para P^2, a quantidade fornecida aumenta para S^2 e o excedente do produtor aumenta para se igualar a c mais a área adicional d.

Algumas das dificuldades relacionadas a esses conceitos de excedentes do consumidor e do produtor são problemas técnicos de cálculo que seguramente podemos desconsiderar. Mais importante é a questão de se os ganhos diretos para produtores e consumidores em um dado mercado realmente medem com precisão os ganhos *sociais*. Os benefícios e custos adicionais não capturados pelos excedentes do consumidor e do produtor fundamentam o argumento em prol da política comercial ativista que discutiremos no Capítulo 10. Agora, entretanto, focaremos nos custos e nos benefícios medidos pelos excedentes do consumidor e do produtor.

Medindo os custos e benefícios

A Figura 9.9 ilustra os custos e benefícios de uma tarifa aduaneira para o país importador. A tarifa aumenta o preço nacional de P_W para P_T, mas reduz o preço estrangeiro de exportação de P_W para P_T^* (veja a Figura 9.4). A produção nacional aumenta de S^1 para S^2, enquanto o consumo cai de D^1 para D^2. Os custos e benefícios para diferentes grupos podem ser expressos como a soma das áreas de cinco regiões, denominadas a, b, c, d, e.

Primeiro, considere o ganho dos produtores nacionais. Eles recebem um preço maior e, portanto, têm um maior excedente do produtor. Como vimos na Figura 9.8, o excedente do produtor é igual à área abaixo do preço, mas acima da curva de oferta. Antes da tarifa aduaneira, o excedente do produtor era igual ao da área abaixo de P_W, mas acima da curva de oferta. Com o aumento do preço para P_T, esse excedente aumenta pela área denominada a. Isto é, os produtores ganham com a tarifa aduaneira.

Os consumidores nacionais também enfrentam um preço maior, o que piora a sua situação. Como vimos na Figura 9.7, o excedente do consumidor é igual à área acima do preço, mas sob a curva de demanda. Já que o preço que os consumidores enfrentam aumenta de P_W para P_T, o excedente do consumidor cai pela área indicada por $a + b + c + d$. Assim, os consumidores são prejudicados pela tarifa aduaneira.

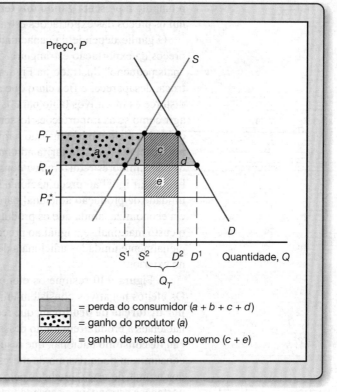

FIGURA 9.9
Custos e benefícios de uma tarifa aduaneira para o país importador.
Os custos e benefícios para diferentes grupos podem ser representados como a soma das cinco áreas *a, b, c, d* e *e*.

Aqui também existe uma terceira parte: o governo. O governo ganha coletando receita da tarifa aduaneira. Isso é igual à alíquota da tarifa aduaneira *t* vezes o volume de importações $Q_T = D^2 - S^2$. Já que $t = P_T - P_T^*$, a receita do governo é igual à soma das duas áreas *c* e *e*.

Uma vez que esses ganhos e perdas são revertidos para diferentes pessoas, a estimativa do custo-benefício global de uma tarifa aduaneira depende do quanto valorizamos o equivalente a um dólar de benefício para cada grupo. Se, por exemplo, o ganho do produtor é revertido principalmente para indivíduos ricos que são donos de recursos, enquanto os consumidores são mais pobres do que a média, a tarifa aduaneira será vista diferentemente do que se a mercadoria for um luxo comprado pelos ricos, mas produzido por trabalhadores com baixos salários. A ambiguidade aumenta quando consideramos o papel do governo: ele vai utilizar sua receita para financiar serviços públicos essenciais ou vai desperdiçar a receita em assentos de banheiro de US$ 1.000? Apesar desses problemas, é comum que os analistas de política de comércio tentem computar o efeito líquido de uma tarifa aduaneira no bem-estar nacional supondo que, na margem, um dólar de ganho ou perda para cada grupo tenha o mesmo valor social.

Vamos olhar, então, para o efeito líquido de uma tarifa aduaneira no bem-estar. O custo líquido de uma tarifa aduaneira é:

perda do consumidor − ganho do produtor − receita do governo   (9.1)

ou, substituindo esses conceitos pelas áreas na Figura 9.9,

$$(a + b + c + d) - a - (c + e) = b + d - e. \qquad (9.2)$$

Isto é, existem dois "triângulos" cujas áreas medem a perda para a nação como um todo e um "retângulo" cuja área mede um ganho de compensação. Uma forma útil de interpretar esses ganhos e perdas é a seguinte: os triângulos representam a **perda de eficiência** que surge porque uma tarifa aduaneira distorce incentivos para consumir e produzir, enquanto o retângulo representa **ganho dos termos de troca** que surge porque a tarifa aduaneira diminui os preços das exportações estrangeiras.

O ganho depende da capacidade do país que impõe a tarifa aduaneira de diminuir os preços da exportação estrangeira. Se o país não pode afetar os preços mundiais (o caso do "país pequeno" ilustrado na Figura 9.5), a região *e*, que representa o ganho dos termos de troca, desaparece, e fica claro que a tarifa aduaneira reduz o bem-estar. A tarifa aduaneira distorce os incentivos tanto para os produtores quanto para os consumidores ao induzi-los a agir como se as importações fossem mais caras do que elas realmente são. O custo de uma unidade adicional de consumo para a economia é o preço de uma unidade adicional de importação, mas como a tarifa aduaneira aumenta o preço nacional acima do preço mundial, os consumidores reduzem seu consumo até o ponto em que a unidade marginal rende-lhes bem-estar igual ao preço nacional com a tarifa incluída. Isso significa que o valor de uma unidade de produção adicional para a economia é o preço das unidades de importação que ela economiza, ainda que os produtores nacionais expandam a produção até o ponto em que o custo marginal seja igual ao preço com a tarifa incluída. Portanto, a economia produz nacionalmente unidades adicionais da mercadoria que poderia comprar de forma mais barata no exterior.

A Figura 9.10 resume os efeitos líquidos de uma tarifa aduaneira sobre o bem-estar. Os efeitos negativos consistem em dois triângulos, *b* e *d*. O primeiro triângulo é a **perda por distorção de produção**, que resulta do fato de que a tarifa aduaneira leva os produtores nacionais a produzirem muito dessa mercadoria. O segundo triângulo é a **perda por distorção de consumo** nacional, que resulta do fato que a tarifa aduaneira leva os consumidores a consumirem pouquíssimo da mercadoria. Contra essas perdas, devem-se definir os ganhos dos termos de troca, medidos pelo retângulo *e*, que resulta da diminuição no preço das exportações estrangeiras causada pela tarifa aduaneira. No importante caso do pequeno país que não pode afetar os preços estrangeiros de forma significativa, esse último efeito deixa de existir. Portanto, os custos de uma tarifa aduaneira superam de forma inequívoca seus benefícios.

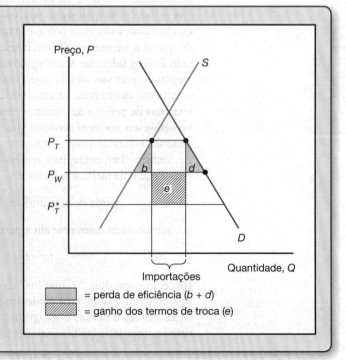

FIGURA 9.10

Os efeitos líquidos de bem-estar de uma tarifa aduaneira.

Os triângulos preenchidos representam perdas de eficiência, enquanto o retângulo representa um ganho dos termos de troca.

ESTUDO DE CASO

Vencedores e perdedores da guerra comercial de Trump

No Capítulo 4, discutimos as considerações de economia política por trás da guerra comercial do governo Trump. Embora o objetivo das proteções comerciais fosse fortalecer o emprego industrial nos EUA, detalhamos por que os impactos negativos no emprego foram gigantescamente maiores do que os efeitos positivos. Neste estudo de caso, usamos a análise de custo-benefício desenvolvida neste capítulo para examinar em mais detalhes as consequências daquela guerra comercial para o bem-estar.

A Figura 9.11 apresenta uma linha do tempo das tarifas aduaneiras médias impostas pelo governo Trump em 2018 a 2019. Algumas tarifas sobre bens específicos (painéis solares, máquinas de lavar roupa, aço e alumínio) foram impostas sobre um grande conjunto de países exportadores; algumas eram direcionadas a países específicos (principalmente a China, mas também a União Europeia mais tarde) e abrangiam muitos bens diferentes. Em 2019, mais de 66% das exportações chinesas para os Estados Unidos foram atingidas pelas tarifas apresentadas na Figura 9.11. As tarifas impostas sobre a União Europeia afetavam um conjunto muito mais limitado de bens, em retaliação a uma disputa comercial diferente (consulte o quadro sobre a disputa Boeing-Airbus posteriormente neste capítulo).

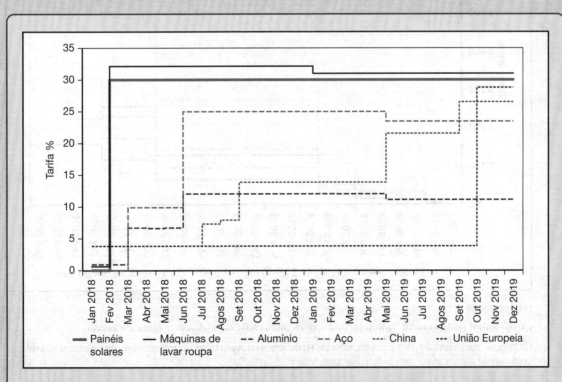

FIGURA 9.11

Tarifas médias sobre importações americanas.

Durante o período de 2018-2019, o governo Trump aumentou drasticamente as tarifas aduaneiras sobre bens específicos e também para parceiros comerciais específicos.

Fonte: Atualização de 2019 de Pablo D. Fajgelbaum, Pinelopi K. Goldberg, Patrick J. Kennedy e Amit K. Khandelwal, "The Return to Protectionism". *The Quarterly Journal of Economics* 135, no. 1 (1º fev. 2020), pp. 1-55.

Diversos estudos analisaram como esses aumentos de tarifas afetaram os preços dos bens consumidos nos Estados Unidos.[2] Como o país é grande (a premissa do país pequeno não é válida), as tarifas poderiam pressionar os exportadores a reduzir seus preços para os Estados Unidos. É o ganho dos termos de troca de uma tarifa aduaneira. Na verdade, os defensores da guerra comercial afirmavam que os consumidores americanos (e as empresas que compram bens intermediários) não sofreriam um aumento de preços muito forte, pois os exportadores estrangeiros absorveriam boa parte da tarifa nos preços de exportação reduzidos. Contudo, as evidências desses estudos não deixam dúvida: os ganhos dos termos de troca em potencial foram ínfimos. Assim, quase todo o custo das tarifas aduaneiras foi arcado pelas empresas e pelos consumidores dos próprios Estados Unidos.

A Figura 9.12 mostra que o custo anual desses preços de importação maiores aumentou em proporção às tarifas aduaneiras para as famílias americanas. Após a última

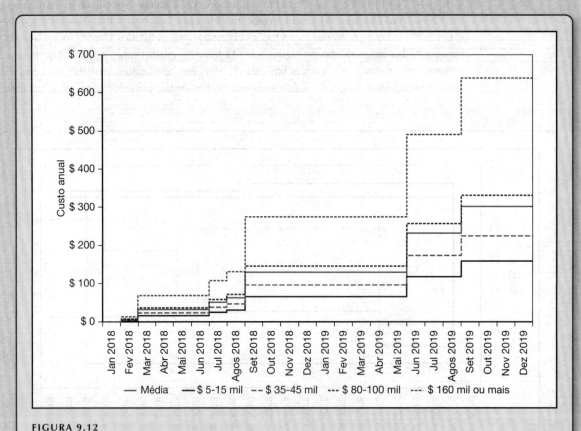

FIGURA 9.12

Custo anual de preços de importações americanas mais elevados por faixa de renda.

Os preços mais elevados dos bens importados se devem às novas tarifas, representadas por um aumento de custo anual significativo para as famílias americanas.

Fonte: Kirill Borusyak e Xavier Jaravel, "The Distributional Effects of Trade: Theory and Evidence from the United States", SSRN Scholarly Paper, 6 out. 2018.

---

[2]Veja: Mary Amiti, Stephen J. Redding e David E. Weinstein, "The Impact of the 2018 Tariffs on Prices and Welfare", *Journal of Economic Perspectives* 33, no. 4 (nov. 2019), pp. 187-210; Kirill Borusyak e Xavier Jaravel, "The Distributional Effects of Trade: Theory and Evidence from the United States". SSRN Scholarly Paper, 6 out. 2018; e Pablo D. Fajgelbaum, Pinelopi K. Goldberg, Patrick J. Kennedy e Amit K. Khandelwal, "The Return to Protectionism". *The Quarterly Journal of Economics* 135, no. 1 (1º fev. 2020), pp. 1-55.

CAPÍTULO 9 ▪ Os instrumentos da política de comércio **229**

rodada de aumento das tarifas em 2019, o custo anual médio para uma família americana era de mais de US$ 300. Contudo, esse valor não reflete o custo total das tarifas para os consumidores americanos. Alguns dos bens importados são adquiridos pelo governo americano e levam a custos mais elevados para os serviços que este presta. Alguns dos bens importados representam investimentos de capital por parte das empresas americanas. Em última análise, estes também levam a custos mais altos para os bens produzidos com esse capital. Por fim, as tarifas aduaneiras também levam a preços maiores para os bens produzidos nos EUA que competem com os bens importados atingidos pela tarifa.

Incorporar esses custos adicionais quase triplica o custo anual médio por família, que chega a US$ 891. É aí que se concentram as perdas da guerra comercial, junto com as empresas que utilizam os bens afetados como insumos intermediários. No total, essa perda de excedente do consumidor, representada pelas áreas $a + b + c + d$ na Figura 9.9, é igual a US$ 114,1 bilhões por ano para a economia americana.[3] Como destaca a figura, parte da perda para os consumidores é compensada pelos ganhos de alguns produtores americanos decorrentes dos preços maiores. Quem ganha são as empresas que produzem aço, alumínio, painéis solares e máquinas de lavar roupa, além de quem mais fabrica produtos que competem diretamente com as importações chinesas. Estes se beneficiam dos preços mais elevados causados pelo aumento da proteção: são os vencedores da guerra comercial. Estima-se que o aumento associado no seu excedente do produtor, a área a, seja de US$ 31,8 bilhões anuais. Por fim, alguns dos preços mais elevados pagos pelos consumidores americanos eram coletados pelo governo dos EUA na forma de receita das tarifas aduaneiras. Essa receita, a área $c + e$, somava US$ 65,9 bilhões. Como mencionamos anteriormente, a área e, que representaria um ganho dos termos de troca para a economia americana, foi zero. Assim, as tarifas de importação americanas mais altas da guerra comercial de Trump geraram uma perda de eficiência global, a área $b + d$, igual a US$ 114,1 – US$ 31,8 – US$ 65,9 = $ 16,4 bilhões de dólares por ano para a economia dos EUA.

Como discutimos no Capítulo 4, as novas tarifas impostas pelos Estados Unidos inevitavelmente levaram à retaliação por parte dos seus parceiros comerciais. Os impactos dessas tarifas retaliatórias no bem-estar não foram incluídos nos custos listados anteriormente. A Figura 9.13 mostra o avanço dessas tarifas retaliatórias (calculadas como média relativa ao conjunto de bens afetados) ao longo do tempo. A China respondeu com tarifas mais altas, acompanhando aquelas impostas pelos Estados Unidos. E os grandes exportadores de aço e alumínio para os EUA (além da China) responderam com tarifas sobre esses bens com suas próprias tarifas sobre diversas importações dos EUA.[4] Todas essas tarifas retaliatórias enfocaram, em sua grande maioria, os produtos agrícolas (as tarifas chinesas abrangiam praticamente todas as exportações agrícolas dos EUA).

Em contrapartida ao argumento em prol do país importador que impõe uma tarifa, os impactos no bem-estar do país exportador são totalmente absorvidos pelos produtores dos bens atingidos: os consumidores não são afetados, e o governo não coleta receita alguma com as tarifas. No caso das tarifas retaliatórias, o impacto negativo sobre os agricultores e pecuaristas americanos foi especialmente forte. Após a imposição das tarifas a partir de 2018, as exportações de produtos agrícolas americanos para a China caíram 63%. O governo Trump preocupou-se com as repercussões políticas dessas tarifas (dada

---

[3]Todas as estimativas da divisão dos efeitos sobre o bem-estar de consumidores, produtores e receita de tarifas baseiam-se na atualização de 2019 de Pablo D. Fajgelbaum, Pinelopi K. Goldberg, Patrick J. Kennedy e Amit K. Khandelwal, "The Return to Protectionism". *The Quarterly Journal of Economics* 135, no. 1 (1º fev. 2020), pp. 1-55.

[4]A União Europeia preparava uma rodada de tarifas em resposta àquelas impostas pelos Estados Unidos em relação à disputa em torno da Boeing e da Airbus, mas um acordo foi negociado antes que elas entrassem em vigor.

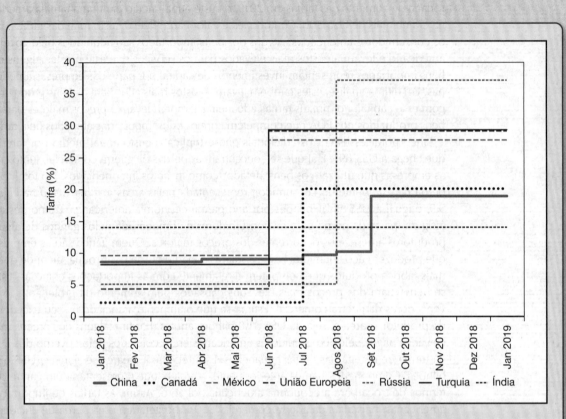

FIGURA 9.13
Tarifas aduaneiras retaliatórias médias sobre exportações americanas.
Todos os principais parceiros comerciais dos Estados Unidos reagiram às tarifas aduaneiras sobre as suas exportações com as próprias tarifas direcionadas às exportações americanas.

Fonte: Atualização de 2019 de Pablo D. Fajgelbaum, Pinelopi K. Goldberg, Patrick J. Kennedy e Amit K. Khandelwal, "The Return to Protectionism". *The Quarterly Journal of Economics* 135, no. 1 (1º fev. 2020), pp. 1-55.

a sua clara relação com as tarifas anteriores impostas pelos EUA aos mesmos países) e autorizou um novo e inédito programa no Departamento de Agricultura (o "Programa de Facilitação de Mercado") para cobrir pagamentos diretos aos fazendeiros impactados pelas tarifas retaliatórias. Em 2018 e 2019, esses pagamentos somavam pouco menos de US$ 20 bilhões. As perdas totais para os agricultores decorrentes da guerra comercial provavelmente tenham sido muito maiores: apesar das somas distribuídas diretamente pelo governo, o número de falências agrícolas aumentou 24% em 2019.

CARGA PESADA DE TARIFAS

No estudo de caso anterior, descrevemos os vencedores e perdedores da guerra comercial de Trump. Apesar do ganho de US$ 31,8 bilhões para alguns produtores ser apenas uma fração da perda de US$ 114,1 bilhões dos consumidores, ele ainda representa um ganho bastante substancial, concentrado em um pequeno número de setores. Isso ajuda a organizar politicamente esse pequeno grupo de produtores e lhes dá fortes incentivos para fazer *lobby* em defesa de manter a proteção e fazer contribuições generosas para os políticos que se comprometem com tais políticas comerciais (veja o estudo de caso sobre a proteção para o setor de açúcar posteriormente neste capítulo). Da perspectiva política, isso faz com que as tarifas (ou outras formas de proteção) sejam muito difíceis de eliminar mais tarde, mesmo que as condições econômicas estejam completamente diferentes.

No caso da tarifa aduaneira conhecida como "imposto do frango", ela dura há tanto tempo (ainda está em vigor) que terminou por prejudicar os mesmos produtores que haviam feito *lobby* intenso para mantê-la![5] Essa tarifa ganhou esse nome porque foi uma retaliação do governo americano sob o presidente Lyndon Johnson contra uma tarifa aduaneira sobre as exportações de frango americano, imposta pela Europa Ocidental no começo dos anos 1960. A retaliação americana, focada na Alemanha (uma das principais forças políticas por trás da tarifa do frango original), impôs uma tarifa aduaneira de 25% sobre as importações de caminhões comerciais leves. Na época, a Volkswagen era uma grande produtora desses veículos e exportava muitos deles para os Estados Unidos. Com o passar do tempo, muitas das tarifas aduaneiras originais foram retiradas, exceto pelas tarifas sobre frangos e sobre caminhões comerciais leves. A Volkswagen parou de produzir esses veículos, mas os "três grandes"

produtores de automóveis e caminhões estavam preocupados com a competição de caminhões japoneses, então fizeram *lobby* para manter a tarifa aduaneira em vigor. Os produtores japoneses, por sua vez, passaram a construir esses caminhões leves nos Estados Unidos em resposta (veja o Capítulo 8).[6]

A última companhia a ser atingida pelas consequências da tarifa aduaneira foi a Ford, uma daquelas "três grandes" produtoras americanas! A Ford produz uma pequena perua comercial na Europa, a "Transit Connect", que é projetada (com tamanho menor e com habilidade para andar por ruas antigas e estreitas) para as cidades europeias. O recente aumento nos preços do combustível aumentou drasticamente a demanda por esse caminhão em algumas cidades americanas. Em 2009, a Ford começou a vender esses veículos nos Estados Unidos. Para contornar a tarifa aduaneira de 25%, a Ford instala janelas e bancos traseiros e cintos de segurança antes de enviar os veículos para os Estados Unidos. Esses veículos não são mais classificados como caminhões comerciais, e sim como veículos de passageiro, sujeitos a uma tarifa bem menor, de 2,5%. Após chegarem a Baltimore, Maryland, os assentos traseiros são imediatamente retirados, e as janelas traseiras, substituídas por painéis de metal. Isso acontece antes da entrega às concessionárias da Ford. Em 2013, o Serviço de Alfândegas e Proteção das Fronteiras dos Estados Unidos determinou que todos os veículos convertidos importados devem ser classificados como caminhões comerciais, sujeitos à tarifa de 25%. A Ford venceu um recurso no Tribunal de Comércio Internacional dos EUA em 2017, derrubado pelo Tribunal de Apelação dos EUA em 2019. A Suprema Corte rejeitou uma petição para tomar conhecimento do caso em 2020 e a Ford pagou uma multa de US$ 196 milhões para o Serviço de Alfândegas.

Outros instrumentos da política comercial

As tarifas aduaneiras são as políticas de comércio mais simples, mas, no mundo moderno, a maioria das intervenções governamentais no comércio internacional toma outras formas, como subsídios à exportação, quotas de importação, restrições voluntárias de exportação e

---

[5]Veja: Matthew Dolan. "To Outfox the Chicken Tax, Ford Strips Its Own Vans", *Wall Street Journal*, 23 set. 2009.

[6]Antes de abrir fábricas nos Estados Unidos, a Subaru contornava a tarifa aduaneira sobre caminhonetes comerciais parafusando dois assentos de plástico na área de carga traseira da sua picape (Subaru BRAT) exportada para os Estados Unidos. Com isso, a BRAT era classificada como veículo de passageiros e conseguia evitar a tarifa aduaneira.

requisitos de conteúdo local. Felizmente, uma vez que tenhamos compreendido as tarifas aduaneiras, não é muito difícil compreender esses outros instrumentos de comércio.

Subsídio de exportação: teoria

Um **subsídio à exportação** é um pagamento a uma empresa ou indivíduo que envia a mercadoria para o exterior. Como a tarifa aduaneira, um subsídio à exportação pode ser tanto específico (um montante fixo por unidade) como *ad valorem* (uma proporção do valor exportado). Quando o governo oferece um subsídio à exportação, os vendedores exportam a mercadoria até o ponto em que o preço nacional ultrapassa o preço estrangeiro pelo valor do subsídio.

Os efeitos de um subsídio à exportação nos preços são exatamente o inverso daqueles de uma tarifa aduaneira (Figura 9.14). O preço no país exportador aumenta de P_W para P_S, mas porque o preço no país importador cai de P_W para P_S^*, o aumento de preço é menor do que o subsídio. No país exportador, os consumidores são prejudicados, os produtores ganham e o governo perde, porque deve gastar dinheiro no subsídio. A perda do consumidor é a área $a + b$, o ganho dos produtores é a área $a + b + c$, o subsídio do governo (o valor das exportações vezes o valor do subsídio) é a área $b + c + d + e + f + g$. A perda de bem-estar líquido é, portanto, a soma das áreas $b + d + e + f + g$. Dessas, b e d representam as perdas de distorção de consumo e produção do mesmo tipo que a tarifa aduaneira produz. Além disso, e em contrapartida à tarifa aduaneira, o subsídio à exportação *piora* os termos de troca, pois diminui o preço da exportação no mercado estrangeiro de P_W para P_S^*. Isso leva à perda adicional de termos de troca $e + f + g$, que é igual a $P_W - P_S^*$ vezes a quantidade exportada com o subsídio. Então, um subsídio à exportação, de forma inequívoca, leva a custos que ultrapassam seus benefícios.

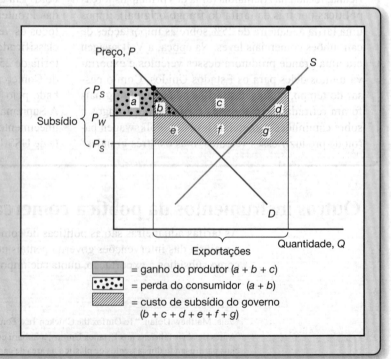

FIGURA 9.14
Efeitos de um subsídio à exportação.
Um subsídio à exportação aumenta os preços no país exportador, enquanto baixa-os no país importador.

OS CÉUS ANTIPÁTICOS: COMO A DISPUTA COMERCIAL MAIS ANTIGA FOI RESOLVIDA

A Organização Mundial do Comércio (OMC) proíbe subsídios que dependem do desempenho das exportações.[7] Mas e quanto a subsídios à produção mais gerais para empresas que exportam, mesmo que tais subsídios não estejam diretamente ligados ao seu desempenho enquanto exportadores? (É o caso que descrevemos em nosso modelo teórico dos subsídios à exportação.) Quando é possível demonstrar que esses subsídios prejudicam os produtores em outros países, a OMC os considera "litigáveis" e permite que os países impactados imponham tarifas compensatórias contra o país subsidiador.

Em 2021, os Estados Unidos e a União Europeia finalmente concordaram em encerrar a sua disputa comercial de 17 anos relativa aos subsídios à produção recebidos pela Boeing e pela Airbus (os dois maiores fabricantes de aviões de passageiros do mundo). Em 2004, os Estados Unidos abriram um processo na OMC no qual reclamavam que a Airbus europeia recebera contratos de empréstimos privilegiados para o desenvolvimento das novas aeronaves de grande porte A380 e A350. A União Europeia imediatamente abriu um processo no qual reclamava que a Boeing recebia reembolsos fiscais e disposições contratuais favoráveis do governo americano. Ambos os governos alegaram que o auxílio recebido pelos fabricantes de aviões representava subsídios à exportação litigáveis, dadas a natureza global do mercado de aviões de passageiros e a competição intensa entre as duas empresas. Após 14 anos de disputas judiciais e múltiplas rodadas de recursos, a OMC decidiu a favor de ambos os casos e permitiu que tanto os Estados Unidos quanto a União Europeia impusessem tarifas compensatórias.

Em 2019, os Estados Unidos impuseram tarifas sobre vinhos e alimentos de luxo europeus. Em retaliação, a União Europeia impôs tarifas sobre uísque, nozes e tabaco dos EUA. Após várias rodadas adicionais de tarifas retaliatórias e uma mudança de governo nos EUA, em 2021, o governo Biden e a União Europeia concordaram em eliminar as tarifas e resolver os tratamentos financeiros favoráveis recebidos por ambas as fabricantes de aviões.

Quotas de importação: teoria

Uma quota de importação é uma restrição direta na quantidade que pode ser importada de alguma mercadoria. A restrição é normalmente aplicada com a emissão de licenças para um grupo de empresas ou indivíduos. Por exemplo, os Estados Unidos têm uma quota para as importações de queijo estrangeiro. As únicas empresas autorizadas a importar queijo são certas companhias de comércio, e a cada uma delas é atribuído o direito de importar um número máximo de quilos de queijo por ano. O tamanho da quota de cada empresa é baseado na quantidade de queijo que importou no passado. Em alguns casos importantes, especialmente açúcar e vestuário, o direito de vender nos Estados Unidos é dado diretamente aos governos dos países exportadores.

É importante evitar o equívoco de que as quotas de importação, de alguma maneira, limitam as importações sem aumentar os preços nacionais. A verdade é que *uma quota de importação sempre aumenta o preço nacional da mercadoria importada*. Quando as

---

[7]Inicialmente, havia exceções para países em desenvolvimento que sustentavam setores agrícolas críticos, mas um acordo de 2015 compromete-se com o fim dessas exceções.

234 PARTE II ■ Política de comércio internacional

importações são limitadas, o resultado imediato é que, ao preço inicial, a demanda por aquela mercadoria ultrapasse a oferta nacional mais as importações. Isso faz o preço subir até que o mercado se equilibre. No fim, uma quota de importação aumentará o preço nacional pelo mesmo valor de uma tarifa aduaneira que limita as importações ao mesmo nível (exceto no caso de monopólio nacional, no qual a quota aumenta os preços mais do que isso. Veja o Apêndice deste capítulo).

A diferença entre a quota e a tarifa aduaneira é que com a quota o governo não recebe nenhuma receita. Quando a quota, em vez da tarifa aduaneira, é utilizada para restringir as importações, a soma recursos que teria surgido com a tarifa como receita do governo é obtida por quem quer que receba as licenças de importação. Os donos de licenças, portanto, conseguem comprar importações e revendê-las a um preço maior no mercado nacional. Os lucros recebidos pelos donos das licenças de importação são conhecidos como **rendas das quotas.** Ao avaliar os custos e benefícios de uma quota de importação, é crucial determinar quem recebe as rendas. Quando os direitos de vender no mercado nacional são atribuídos aos governos de países exportadores, como acontece com frequência, a transferência de rendas para o exterior torna o custo de uma quota substancialmente maior do que o da tarifa aduaneira equivalente.

ESTUDO DE CASO

Uma quota de importação na prática: açúcar dos Estados Unidos

A quota de açúcar americana é um exemplo de como as rendas de quotas vão para os bolsos dos governos estrangeiros, para os quais são alocadas licenças para exportar determinadas quantidades de açúcar ao mercado americano. As quotas restringem as importações tanto do açúcar bruto (quase que exclusivamente cana-de-açúcar) quanto do refinado. A Figura 9.15 mostra o efeito das restrições de importação americanas no preço do açúcar bruto nos Estados Unidos em relação ao preço mundial. Como podemos ver, essas restrições de importação têm sido muito bem-sucedidas no aumento do preço nacional americano acima do preço mundial. Quando o preço mundial do açúcar aumentou drasticamente entre 2010 e 2011, as restrições de importação foram aliviadas, mas não o suficiente para limitar o aumento acentuado no preço americano, que ainda permaneceu bem acima do preço mundial. Desde então, o preço do açúcar no mercado mundial despencou de volta: em 2019, o preço mundial era de menos da metade do valor máximo em 2011. Os consumidores de açúcar dos EUA também se beneficiaram dos preços menores do açúcar até 2013, pois o México expandiu suas produção e exportação para os Estados Unidos; sob o Nafta (veja o Capítulo 8), as exportações de açúcar mexicanas foram isentadas lentamente das quotas. O diferencial de preço do açúcar americano caiu para o seu menor nível em mais de 25 anos, apenas 15% acima do preço mundial. Os produtores de açúcar americanos reclamaram e o Departamento de Comércio dos EUA interviu para reduzir radicalmente as importações de açúcar do México (primeiro com uma tarifa *antidumping* de 64%, depois negociando uma suspensão da tarifa em troca de menos exportações e preços maiores para os compradores americanos).[8] Com o acesso ao mercado mundial de açúcar limitado mais uma vez, o

---

[8]Veja: "U.S. Sugar Soars Above World Prices", *Wall Street Journal*, 7 dez. 2014.

FIGURA 9.15
Preços americano e mundial de açúcar bruto em dólares por tonelada (tonelada curta, valor bruto), 1989-2019.

Fonte: Departamento de Agricultura dos EUA.

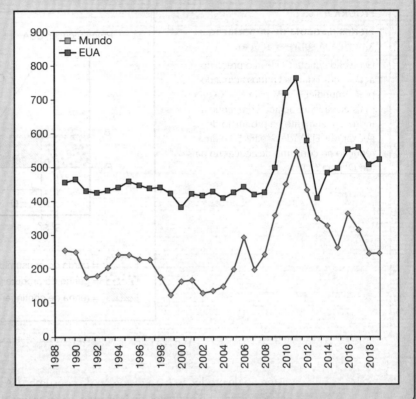

preço do açúcar nos EUA voltou a aumentar significativamente. Desde 2018, o preço americano voltou a ser mais do que o dobro do preço mundial.

Agora descreveremos os efeitos dessas restrições às importações e dos preços maiores do açúcar associados a elas no bem-estar. A Figura 9.16 mostra o equilíbrio de mercado do açúcar bruto com e sem a restrição da quota. A figura pressupõe que os Estados Unidos são "pequenos" no mercado mundial de açúcar bruto, de modo que eliminar a quota não teria um efeito significativo no preço mundial, então o preço americano seria igual a esse preço constante, P_W. A esse preço, a produção de açúcar americana seria S^1 e o consumo de açúcar nos EUA seria D^1. Assim, as importações de açúcar seriam iguais a $D^1 - S^1$. A quota americana para o açúcar restringe as importações a uma quantidade menor, Q. A demanda em excesso por açúcar resultante aumenta o preço nos Estados Unidos. Por sua vez, os preços mais elevados levam a um consumo menor, D_2, e a uma produção maior, S^2. Um preço de equilíbrio americano, P_Q, é atingido quando as importações reduzidas de açúcar, $D^2 - S^2$, são iguais ao nível da quota Q. A diferença de preço, $P_Q - P_W$, é chamada de **equivalente tarifário** da quota, pois essa tarifa induziria a mesma resposta no preço do açúcar nos EUA, o que levaria a níveis equivalentes de produção e consumo de açúcar no país.

Os efeitos de bem-estar da quota de importação são indicados pelas áreas a, b, c e d. Os consumidores perdem pelo excedente $a + b + c + d$ associado com o maior preço. Parte dessa perda do consumidor representa uma transferência para os produtores americanos de açúcar, que ganham o excedente do produtor a. Parte da perda representa a

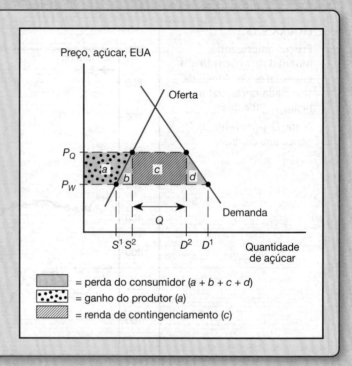

FIGURA 9.16
Efeitos da quota de importação americana sobre o açúcar.
O nível da quota Q eleva o preço do açúcar nos Estados Unidos acima do preço mundial (de P_W para P_Q). O preço mais elevado associado com a quota induz um aumento na produção de açúcar nos EUA (de S^1 para S^2) e uma redução no consumo de açúcar no país (de D^1 para D^2).

distorção de produção b e a distorção de consumo d. As rendas para os governos estrangeiros que recebem direitos de importação são resumidas pela área c.

Um estudo de 2013 estimou essas mudanças no bem-estar para 2014, sob o pressuposto hipotético de que as restrições à importação teriam sido eliminadas em 2013.[9] Na época, estimava-se que o diferencial de preço do açúcar americano, $P_Q - P_W$, representava 34% do preço americano mais elevado sob a quota (P_Q) em 2014, o que corresponde a quase exatamente o diferencial realizado para 2014, como vemos na Figura 9.15. Eliminar esse diferencial de preço e reduzir o preço americano até o nível de preço mundial resultaria em um aumento de 84% nas importações de açúcar, $D^2 - S^2$, em relação ao nível da quota Q. A produção nacional diminuiria 11% (a redução de S^2 para S^1).

A fim de colocar valores em dólar nos efeitos de bem-estar associados, deve se levar em conta como um preço maior para o açúcar bruto leva a um preço maior para o açúcar refinado, que então afeta os preços mais elevados de todos os produtos alimentícios que contêm açúcar. Embora o aumento final no preço dos alimentos pagos pelos consumidores americanos seja modesto, na ordem de 0 a 2%, as perdas totais do excedente do consumidor são enormes, porque esses aumentos de preço se aplicam a uma enorme quantidade de mercadorias amplamente consumidas. A perda do consumidor estimada para 2014 (associada com a quota do açúcar) é de 3,5 bilhões de dólares! Além disso, os altos preços para o açúcar refinado também geram perdas de excedente do produtor para a indústria de alimentos (todos os produtores de alimentos que utilizam açúcar refinado). Isso adiciona outros 909 milhões de dólares às perdas do consumidor, para um custo total estimado de 4,4 bilhões associados à quota do açúcar nos EUA.

---

[9]Veja: John Christopher Beghin e Amani Elobeid, "The Impact of the U.S. Sugar Program Redux". *Applied Economic Perspectives and Policy* 37 (2015), pp. 1-33.

Os produtores americanos de açúcar ganham com os preços altos, é claro. O ganho estimado dos produtores para 2014 totaliza 3,9 bilhões de dólares. (A maioria desses ganhos vai para as processadoras/refinarias de açúcar, com "somente" 486 milhões de dólares ficando na mão dos agricultores). Por fim, os exportadores de açúcar aos quais foi atribuído o direito de vender o produto para os Estados Unidos também se beneficiam desses direitos de quotas, pois embolsam a diferença entre o maior preço americano em relação ao preço mundial. (Muitos desses exportadores estrangeiros de açúcar são de propriedade dos grandes processadores americanos de açúcar). Esse ganho compõe a maior parte da diferença entre a perda de 4,4 bilhões de dólares para quem utiliza o açúcar (consumidores e produtores de alimentos) e o ganho de 3,9 bilhões de dólares para os produtores, já que as perdas de peso morto são relativamente pequenas.

A quota do açúcar ilustra de forma extrema a tendência da proteção em fornecer benefícios para um pequeno grupo de produtores, os quais recebem um grande benefício, à custa de um grande número de consumidores, cada um dos quais arca com somente um pequeno custo. Nesse caso, a perda anual do consumidor soma para "somente" US$ 11 *per capita*, ou pouco menos de US$ 30 para uma família típica. Não surpreendentemente, o eleitor médio americano desconhece a existência da quota de açúcar e por isso existe pouca oposição efetiva.

Do ponto de vista dos produtores do açúcar bruto (agricultores e processadores), entretanto, a quota é uma questão de vida ou morte. Esses produtores empregam somente por volta de 20 mil trabalhadores, então os ganhos do produtor advindos da quota representam um subsídio implícito de cerca de 200 mil dólares por trabalhador. Não deveria ser surpresa nenhuma que esses produtores de açúcar são altamente mobilizados na defesa da sua proteção. Eles doaram mais de 4,5 milhões de dólares em eleições legislativas federais em 2012, e a American Sugar Alliance gastou outros 3 milhões de dólares em despesas de *lobby* nos 12 meses que antecederam a votação da U.S. Farm Bill (Lei Agrícola dos EUA) no Congresso em 2013 (essa lei reautoriza as restrições nas importações americanas de açúcar).[10] As restrições ao açúcar foram reautorizadas em 2013, e novamente na versão de 2018 da lei agrícola.

Produtores de alimentos que utilizam açúcar, junto com os consumidores, são prejudicados pela quota do açúcar, que aumenta artificialmente o preço do açúcar nos Estados Unidos. Estima-se que o emprego nas fábricas de chocolate e de produtos de confeitaria aumentaria em até 34% se a quota de açúcar fosse retirada. Os pirulitos Dum Dums ainda são produzidos em Ohio, apesar de seu produtor, a Spangler Inc., ter levado a produção de suas bengalas doces para o México. Uma porção substancial da indústria de confeitaria americana foi para o Canadá e para o México, onde os preços do açúcar são significativamente menores. O CEO da Spangler, Kirk Vashawm, estima que poderia economizar US$ 15.000 *por dia* se levasse sua produção de Ohio para o Canadá.[11]

Muitos oponentes da proteção tentam enquadrar suas críticas não em termos do excedente do consumidor e do produtor, mas em termos do custo de cada emprego

---

[10]Uma emenda para acabar com as restrições à importação de açúcar foi introduzida ao projeto de Lei agrícola de 2013 (2013 Farm Bill – Sugar Reform Act of 2013). Foi derrotada por uma margem apertada de 45-54 no Senado e de 206-221 na Câmara dos Deputados.

[11]Veja: "Farm Bill's Subsidy for Sugar under Pressure". *Columbia Dispatch*, 20 jun. 2013.

"economizado" por uma restrição de importação. Claramente, a perda do subsídio de 200 mil dólares por empregado fornecido indiretamente pela quota forçaria os produtores de açúcar a encolher e reduzir seus empregados. As estimativas para essa redução de emprego variam entre 500 e 2.000 trabalhadores. Mesmo levando em conta essa grande perda nos empregos, a quota de açúcar ainda custaria aos consumidores americanos 1,75 milhão por emprego economizado. E esse custo não inclui todas as perdas de emprego que os preços altos do açúcar impõem à indústria de alimentos.

Se as restrições ao açúcar fossem retiradas, a queda no preço do produto refinado induziria uma expansão substancial na indústria de alimentos que utiliza açúcar. Já mencionamos o aumento associado de 909 milhões no excedente do produtor para esses setores, mas essa expansão também geraria de 17.000 a 20.000 novos empregos. Na verdade, a expansão seria grande o suficiente para transformar os Estados Unidos de importador líquido para exportador líquido de alimentos que contêm açúcar. Comparando os números para empregos salvos pelos produtores de açúcar (500 a 2.000) com os números relativos a empregos perdidos no setor de alimentos (17.000 a 20.000), vemos que a dimensão empregatícia da proteção não é mais o fato de que o custo para o consumidor por emprego salvo é astronomicamente alto. Em vez disso, é claramente que os empregos estão sendo *perdidos*, não salvos, pela quota do açúcar.

Restrições voluntárias de exportação

Uma variante na quota de importação é a **restrição voluntária de exportação (RVE)**, também conhecida como acordo de restrição voluntária (ARV). (Bem-vindo ao mundo burocrático da política de comércio, onde tudo tem uma sigla de três letras!) A RVE é uma quota de comércio imposta pelo país exportador, não pelo importador. O exemplo mais famoso é a limitação nas exportações de automóveis para os Estados Unidos imposta pelo Japão após 1981. A crise do petróleo de 1979 elevou drasticamente o preço dos combustíveis e fez com que a demanda no mercado americano mudasse abruptamente no sentido de veículos menores. A vantagem de custo dos automóveis produzidos no Japão foi especialmente destacada nesse segmento do mercado, e as importações americanas de carros japoneses foram às alturas ao mesmo tempo em que a produção nos EUA decaiu. Forças políticas poderosas nos Estados Unidos exigiram proteção. Em vez de agir de forma unilateral e correr o risco de criar uma guerra comercial, os governos dos EUA e do Japão negociaram um limite "voluntário" para as exportações de automóveis japoneses para os Estados Unidos.

Assim como no exemplo, as restrições voluntárias de exportações normalmente são impostas a pedido do importador e aceitas pelo exportador para prevenir outras restrições de comércio. Como veremos no Capítulo 10, certas vantagens políticas e jurídicas tornaram as RVEs os instrumentos preferidos de política de comércio em alguns casos. No entanto, de um ponto de vista econômico, uma restrição voluntária de exportação é exatamente como uma quota de importação – em que as licenças são atribuídas para governos estrangeiros – e é, portanto, muito dispendiosa para o país importador. Uma RVE é sempre mais dispendiosa para o país importador do que uma tarifa aduaneira que limita as importações pelo mesmo valor. A diferença é que o que teria sido receita sob uma tarifa aduaneira torna-se renda ganha pelos estrangeiros sob a RVE, então a RVE claramente produz uma perda para o país importador. O governo americano estima que a RVE com o Japão tenha custado aos consumidores de automóveis americanos US$ 3,2 bilhões somente em 1984, sem que o governo coletasse receitas de tarifas para compensar essa perda.

CAPÍTULO 9 ■ Os instrumentos da política de comércio **239**

Alguns acordos voluntários de exportação abrangem mais de um país. O acordo multilateral mais famoso é o Acordo Multifibras, que limitava as exportações têxteis de 22 países até o começo de 2005. Tais acordos voluntários de restrição multilateral são conhecidos por outra abreviação de três letras: OMA, sigla em inglês para "acordos de comercialização ordenada". Desde então, a OMC mudou as regras e não permite mais as RVEs. Contudo, isso se aplica apenas a um acordo negociado por governos e imposto a exportadores. Em 2013, uma disputa comercial entre União Europeia e China sobre um aumento nas exportações chinesas de painéis solares foi resolvida com a "aceitação" dos produtores chineses em limitar suas exportações para países da UE abaixo do valor de sete gigawatts de painéis solares por ano (junto com um piso de preço mínimo para essas unidades).

Requisitos de conteúdo local

Um **requisito de conteúdo local** (também chamado de *regras de origem*) é uma regulamentação que exige que uma determinada fração de uma mercadoria final seja produzida nacionalmente. Em alguns casos, essa fração é especificada em unidades físicas, como a quota de importação de petróleo americana nos anos 1960. Em outros casos, a exigência é especificada em termos de valores, ao requerer que uma parcela mínima do preço da mercadoria represente valor agregado nacional.

Do ponto de vista dos produtores nacionais de peças, uma regulamentação de conteúdo local fornece proteção da mesma forma que uma quota de importação. Entretanto, do ponto de vista das empresas que devem comprar localmente, os efeitos são um pouco diferentes. O conteúdo local não impõe um limite rigoroso às importações. Em vez disso, permite que as empresas importem mais, contanto que também comprem mais nacionalmente. Isso significa que o preço efetivo dos insumos para a empresa é uma média do preço dos insumos importados e daqueles produzidos nacionalmente.

Considere o exemplo dado anteriormente sobre os automóveis, no qual o custo das peças importadas é de US$ 6.000. Suponha que comprar as mesmas peças nacionalmente custaria US$ 10.000, mas seria exigido que as montadoras utilizassem 50% de peças nacionais. Então, elas enfrentariam um custo médio de partes de US$ 8.000 (0,5 × 6.000 + 0,5 × 10.000), o que refletiria no preço final do carro.

O importante é que o requisito de conteúdo local não produz nem receita para o governo, nem rendas de contingenciamento. Em vez disso, a diferença entre os preços das mercadorias importadas e nacionais, na realidade, é embutida na média do preço final e repassada para os consumidores.

Os requisitos de conteúdo local são muito comuns em algumas indústrias, como a automobilística. Quando o Acordo de Livre Comércio da América do Norte (Nafta; veja o estudo de caso no Capítulo 8) foi renegociado recentemente e transformado no Acordo Estados Unidos-México-Canadá (USMCA), em 2020, os requisitos de conteúdo regional para veículos subiram de 62,5 para 75%. Isso significa que qualquer carro ou caminhão exportado dentro da América da Norte deve conter, no mínimo, 75% de conteúdo produzido na região. E foi adicionado um requisito adicional que estipulava que 45% do conteúdo precisava ser produzido por trabalhadores que ganhavam, no mínimo, US$ 16 por hora. Na prática, isso exclui a maior parte das autopeças fabricadas no México, onde os salários ficam abaixo desse nível. Como discutiremos no Capítulo 10 (consulte o quadro sobre zona de livre comércio *versus* união aduaneira), é comum que zonas de livre comércio como o Nafta-USMCA incluam requisitos de conteúdo local para lidar com as diferenças nas tarifas que cada país impõe aos parceiros comerciais de fora da região. Contudo, essas restrições de conteúdo são muito mais estritas do que aquelas necessárias para garantir que os importadores não se aproveitarão das diferenças entre as tarifas automotivas dos diversos países norte-americanos. Por exemplo, o custo da montagem dos veículos (mão de obra e serviços de capital) é de menos de 20%. Um requisito de conteúdo de 75% vai muito além de garantir que o veículo será montado na América do Norte; ele exige que a maioria das peças usadas no processo de montagem seja produzida no continente e que 45% sejam produzidas nos Estados Unidos ou no Canadá, dada a exigência salarial. Os negociadores do novo tratado USMCA deixaram claro que o seu objetivo seria impor restrições adicionais aos veículos montados no México e destinados ao mercado americano. Um veículo montado e vendido nos Estados Unidos, por outro lado, não precisaria atender a nenhuma dessas restrições de conteúdo.

Como descrevemos na seção a seguir, os governos também enfrentam requisitos de conteúdo local para as próprias compras.

FECHANDO O ESPAÇO

No Capítulo 8, discutimos como o comércio de bens intermediários (assim como o comércio de mercadorias finais) gera ganhos agregados de bem-estar (apesar de os ganhos estarem longe de ser distribuídos igualmente). Além disso, o acesso a bens intermediários importados mais baratos gera ganhos privados para empresas à medida que ampliam a sua produção. Pode, então, parecer surpreendente que as agências do governo americano (em níveis local, estadual e federal) estejam expressamente proibidas de aproveitar tais oportunidades. A Lei Buy American ("comprar produtos americanos"), originalmente aprovada em 1933, exige que as agências do governo comprem muitos insumos específicos de empresas americanas, a não ser que a oferta estrangeira para esse insumo esteja mais do que 25% abaixo da menor oferta de uma empresa dos EUA. Essa disposição foi incluída na Lei de Recuperação e Reinvestimento de 2009 (ARRA, American Recovery and Re-Investment Act), o pacote de estímulo de 831 bilhões de dólares que foi aprovado na esteira da grave recessão econômica. Qualquer obra pública financiada pela ARRA deve utilizar ferro, aço e bens manufaturados produzidos nos Estados Unidos (sujeitos ao mesmo diferencial de 25%).

Em geral, a diferença entre as ofertas americanas e estrangeiras está substancialmente abaixo dos 25%, de forma que a disposição da Lei Buy American resulta em um aumento de custo bem abaixo do máximo de 25%. Entretanto, a China está desenvolvendo capacidades únicas na produção de alguns produtos de aço altamente específicos, dedicados a projetos de infraestrutura de alta escala (em grande parte graças à experiência gerada pela alta demanda de tais projetos na China). Para esses produtos de aço específicos, a diferença de custo entre os produtores chineses e o pequeno punhado de empresas americanas com a capacidade de produção necessária está aproximando-se do máximo de 25%, um diferencial muito grande, especialmente dada a escala massiva de vários projetos de infraestrutura.

A nova Bay Bridge liga San Francisco a Oakland.

Para a construção da nova Bay Bridge que liga São Francisco a Oakland, os 23% de diferença entre a proposta chinesa e a solitária proposta americana para alguns componentes de aço cruciais totalizaram uma diferença de custo de 400 milhões de dólares, tão grande que o estado da Califórnia foi forçado a renunciar aos recursos federais advindos da ARRA e depender de títulos financiados por pedágios futuros. Essa opção de financiamento não está disponível para muitos outros projetos de infraestrutura, que precisam então arcar com os custos mais altos associados com as disposições de compras de produtos nacionais.

Além de aumentar o custo para os contribuintes americanos, essas disposições também induzem atrasos substanciais em alguns projetos essenciais, pois os administradores precisam enfrentar a papelada necessária para mostrar que alguns

CAPÍTULO 9 ■ Os instrumentos da política de comércio **241**

componentes-chave estão completamente indisponíveis nos Estados Unidos. Isso aconteceu com o Departamento de Segurança Interna, que não podia operar seus sistemas eletrônicos de triagem de bagagem até que a sua terceirizada pudesse comprar alguns componentes estrangeiros necessários para a integração com os sistemas de segurança dos aeroportos. Por fim, as provisões da Lei Buy American também desencadearam cláusulas protecionistas similares de outros governos estrangeiros, deixando as empresas americanas de fora dessas oportunidades de negócio.

Outros instrumentos de política comercial

Os governos influenciam o comércio de várias outras formas. Listaremos algumas delas brevemente.

1. *Subsídios de crédito à exportação.* É como um subsídio à exportação, exceto que toma a forma de um empréstimo subsidiado ao comprador. Os Estados Unidos, como a maioria dos outros países, têm uma instituição governamental, o Export-Import Bank (Ex-Im Bank, ou Banco de Exportação e Importação), dedicado a fornecer, ao menos, empréstimos ligeiramente subsidiados para ajudar as exportações.

2. *Compras nacionais.* Compras feitas pelo governo ou por empresas fortemente regulamentadas podem ser direcionadas a mercadorias produzidas nacionalmente, mesmo quando essas mercadorias são mais caras do que as importações. Em muitos países, as principais empresas que operam em setores como telecomunicações, geração e distribuição de energia, transporte e mineração são estatais ou parcialmente estatais. Essas empresas muitas vezes sofrem pressão para adquirir seus insumos de fornecedores nacionais.

3. *Barreiras burocráticas.* De vez em quando, um governo quer restringir as importações de uma maneira não tão formal. Felizmente ou infelizmente, é fácil distorcer procedimentos normais de saúde, de segurança e alfandegários a fim de impor obstáculos substanciais ao comércio. O exemplo clássico é o do decreto francês, em 1982, de que todos os videocassetes japoneses teriam de passar pela minúscula alfândega de Poitiers (uma cidade do interior, longe de todos os grandes portos), o que, na prática, limitava as importações reais a um punhado de aparelhos.

Os efeitos da política comercial: um resumo

Os efeitos dos principais instrumentos da política de comércio estão resumidos na Tabela 9.1, que compara o efeito dos quatro principais tipos de política de comércio no bem-estar dos consumidores.

TABELA 9.1	Os efeitos de políticas de comércio alternativas			
Política	**Tarifa**	**Subsídio à Exportação**	**Quota de Importação**	**Restrição Voluntária à Exportação**
Excedente do produtor	Aumenta	Aumenta	Aumenta	Aumenta
Excedente do consumidor	Diminui	Diminui	Diminui	Diminui
Receita do Governo	Aumenta	Diminui (gastos do governo aumentam)	Nenhuma mudança (rendas para titulares de licenças)	Nenhuma mudança (rendas para estrangeiros)
Bem-estar geral nacional	Ambíguo (diminui para país pequeno)	Diminui	Ambíguo (diminui para país pequeno)	Diminui

242 PARTE II ■ Política de comércio internacional

Essa tabela certamente não parece uma propaganda para política de comércio intervencionista. Todas as quatro políticas de comércio beneficiam os produtores e prejudicam os consumidores. Os efeitos das políticas no bem-estar econômico são, na melhor das hipóteses, ambíguos. Duas das políticas definitivamente prejudicam a nação como um todo, enquanto as tarifas aduaneiras e as quotas de importação são potencialmente benéficas somente para países grandes que podem diminuir os preços mundiais.

Por que, então, os governos agem tão frequentemente para limitar as importações ou promover as exportações? Voltamo-nos para essa questão no Capítulo 10.

RESUMO

- Em contrapartida à nossa análise anterior, que ressaltou o equilíbrio global de interação de mercados, para análises de política de comércio costuma ser suficiente utilizar uma abordagem de equilíbrio parcial.

- Uma tarifa aduaneira cria um espaço entre preço nacional e estrangeiro, aumentando o preço nacional, mas por menos do que a alíquota da tarifa aduaneira. Contudo, um caso especial que é importante e relevante é o de um país "pequeno", que não pode ter nenhuma influência substancial nos preços estrangeiros. No caso do país pequeno, uma tarifa aduaneira é completamente refletida em seus preços nacionais.

- Os custos e benefícios de uma tarifa aduaneira ou de outra política de comércio podem ser medidos com a utilização de conceitos de excedente do consumidor e excedente do produtor. Utilizando esses conceitos conseguimos mostrar que os produtores nacionais de uma mercadoria ganham porque a tarifa aduaneira aumenta o preço que recebem. Os consumidores nacionais perdem pela mesma razão. Também existe um ganho em receita do governo.

- Se juntarmos os ganhos e perdas advindos de uma tarifa aduaneira, encontramos que o efeito líquido no bem-estar nacional pode ser dividido em duas partes: de um lado está uma perda de eficiência, que resulta da distorção nos incentivos voltados enfrentados por produtores e consumidores nacionais. E de outro lado estão os ganhos dos termos de troca, que refletem a tendência da tarifa aduaneira de baixar os preços das exportações estrangeiras. No caso de um país pequeno que não tem como afetar os preços estrangeiros, o segundo efeito é zero, de forma que exista uma perda não ambígua.

- A análise de uma tarifa aduaneira pode ser facilmente adaptada para analisar outras medidas de políticas comerciais, como subsídios à exportação, quotas de importação e restrições voluntárias de exportação. Um subsídio à exportação causa perdas de eficiência similares àquelas da tarifa aduaneira, mas intensifica-as ao causar uma deterioração dos termos de troca. As quotas de importação e as restrições voluntárias de exportação diferem das tarifas aduaneiras, pois o governo não recebe nenhuma receita. Em vez disso, o que teria sido receita do governo resulta em renda para os destinatários de licenças de importação (no caso de uma quota) e para os estrangeiros (no caso das restrições voluntárias de exportação).

TERMOS-CHAVE

barreiras não tarifárias, p. 217
curva de demanda de importação, p. 217
curva de oferta de exportação, p. 217
equivalente tarifário, p. 235
excedente do consumidor, p. 222
excedente do produtor, p. 223
ganho dos termos de troca, p. 226

perda de eficiência, p. 225
perda por distorção de consumo, p. 226
perda por distorção de produção, p. 226
quota de importação, p. 217
renda de quota, p. 234
requisito de conteúdo local, p. 239

restrição de exportação, p. 217
restrição voluntária de exportação (RVE), p. 238
subsídio à exportação, p. 232
tarifa aduaneira *ad valorem*, p. 216
tarifa aduaneira específica, p. 216
taxa de proteção efetiva, p. 221

CAPÍTULO 9 ■ Os instrumentos da política de comércio   **243**

QUESTÕES

1. A curva de demanda de Doméstica para trigo é:

$$D = 100 - 20P.$$

Sua curva de oferta é:

$$S = 20 + 20P.$$

Obtenha e coloque em forma de gráfico o esquema de demanda de *importação* de Doméstica. Qual seria o preço do trigo na ausência de comércio?

2. Agora adicione Estrangeira, que tem uma curva de demanda

$$D^* = 80 - 20P$$

e uma curva de oferta

$$S^* = 40 + 20P.$$

   a. Obtenha e coloque em forma de gráfico a curva de oferta de exportação de Estrangeira e encontre o preço do trigo que prevaleceria em Estrangeira na ausência de comércio.
   b. Agora permita que Estrangeira e Doméstica comercializem entre si, com custo zero de transporte. Encontre e coloque em forma de gráfico o equilíbrio sob livre comércio. Qual seria o preço mundial? Qual é o volume de comércio?

3. Doméstica impõe uma tarifa aduaneira específica de 0,5 em importações de trigo.
   a. Determine e coloque em forma de gráfico os efeitos da tarifa aduaneira sobre os seguintes: (1) o preço do trigo em cada país; (2) a quantidade de trigo fornecida e demandada em cada país; (3) o volume de comércio.
   b. Determine o efeito da tarifa aduaneira no bem-estar de cada um dos seguintes grupos: (1) produtores que concorrem com importações de Doméstica; (2) os consumidores de Doméstica; (3) o governo de Doméstica.
   c. Mostre graficamente e calcule os ganho dos termos de troca, a perda de eficiência e o efeito total no bem-estar da tarifa aduaneira.

4. Suponha que Estrangeira seja um país muito maior, com uma demanda nacional

$$D^* = 800 - 200P, S^* = 400 + 200P.$$

(Observe que isso sugere que o preço de trigo de Estrangeira na ausência de comércio teria sido o mesmo que na Questão 2).

Recalcule o equilíbrio do livre comércio e os efeitos de uma tarifa aduaneira específica de 0,5 por Doméstica. Relacione a diferença nos resultados com a discussão do caso do país pequeno no texto.

5. Qual seria a taxa de proteção efetiva sobre bicicletas na China se a China colocasse uma tarifa aduaneira de 50% sobre bicicletas, que têm um preço mundial de US$ 200, e nenhuma tarifa aduaneira para componentes de bicicleta, que juntos têm um preço mundial de US$ 100?

6. Os Estados Unidos simultaneamente limitam as importações de etanol para fins de combustível e fornecem incentivos para a utilização do etanol na gasolina, o que aumenta o preço do etanol em torno de 15% em relação ao que seria sem essas medidas. Temos, entretanto, livre comércio de milho, que é fermentado e destilado para fazer etanol e representa aproximadamente 55% de seu custo. Qual é a taxa de proteção efetiva sobre o processo de transformar milho em etanol?

244 PARTE II ■ Política de comércio internacional

7. Volte ao exemplo da Questão 2. Começando com o livre comércio, suponha que Estrangeira oferece aos exportadores um subsídio de 0,5 por unidade. Calcule os efeitos no preço de cada país e no bem-estar, tanto dos grupos individuais quanto da economia, como um todo, nos dois países.

8. Utilize seu conhecimento sobre política de comércio para avaliar cada uma das afirmações a seguir:

   a. Uma forma excelente de reduzir o desemprego é decretar tarifas aduaneiras sobre mercadorias importadas.

   b. Tarifas aduaneiras têm um efeito mais negativo no bem-estar em países maiores do que em países menores.

   c. Os empregos da produção de automóveis estão indo para o México porque os salários lá são muito menores do que nos Estados Unidos. Como resultado, deveríamos implementar tarifas aduaneiras sobre automóveis para igualar a diferença entre as taxas de salário de Estados Unidos e México.

9. A nação de Acirema é "pequena" e não tem capacidade de afetar os preços mundiais. Ela importa amendoins ao preço de US$ 10 o saco. A curva de demanda é:

$$D = 400 - 10P.$$

A curva de oferta é:

$$S = 50 + 5P.$$

Determine o equilíbrio do livre comércio. A seguir, calcule e coloque em forma de gráfico os seguintes efeitos de uma quota de importação que limita as importações para 50 sacos.

   a. O aumento no preço nacional.

   b. A renda de quota.

   c. A perda por distorção de consumo.

   d. A perda por distorção de produção.

10. Se as tarifas aduaneiras, as quotas e os subsídios causam perdas de bem-estar, por que são tão comuns, especialmente na agricultura, entre os países industrializados como os Estados Unidos e os membros da União Europeia?

11. Suponha que os trabalhadores envolvidos na produção industrial ganhem menos do que todos os outros trabalhadores da economia. Qual seria o efeito na *distribuição* de renda real dentro da economia se uma tarifa aduaneira substancial fosse cobrada sobre mercadorias manufaturadas?

LEITURAS ADICIONAIS

Bhagwati, J. "On the Equivalence of Tariffs and Quotes". In: BALDWIN, R. E. et al. (Eds.). *Trade, Growth, and the Balance of Payments*. Chicago: Rand McNally, 1965. A clássica comparação de tarifas aduaneiras e quotas sob monopólio.

Corden, W. M. *The Theory of Protection*. Oxford: Clarendon Press, 1971. Um levantamento geral dos efeitos das tarifas aduaneiras, quotas e outras políticas de comércio.

Crandall, R. W. *Regulating the Automobile*. Washington, D.C.: Brookings Institution, 1986. Contém uma análise da mais famosa de todas as restrições voluntárias de exportação.

Feenstra, R. C. "How Costly Is Protectionism?" *Journal of Economic Perspectives*, v. 6, p. 159-178, 1992. Um levantamento que resume o trabalho empírico de medir os custos associados com políticas protecionistas.

Hufbauer, G. C.; Elliot, K. A. *Measuring the Costs of Protection in the United States*. Washington, D.C.: Institute for International Economics, 1994. Uma avaliação das políticas de comércio americanas em 21 setores diferentes.

Krishna, K. "Trade Restrictions as Facilitating Practices". *Journal of International Economics*, v. 26, p. 251-270, maio 1989. Uma análise pioneira dos efeitos das quotas de importação quando

CAPÍTULO 9 ▪ Os instrumentos da política de comércio **245**

produtores, tanto estrangeiros quanto nacionais, têm o poder de monopólio, mostrando que o resultado normal é um aumento nos lucros de ambos os grupos – à custa dos consumidores.

Messerlin, P. *Measuring the Costs of Protection in Europe: European Commercial Policy in the 2000s*. Washington, D.C.: Institute for International Economics, 2001. Um levantamento das políticas de comércio europeias e seus efeitos, similar ao trabalho de Hufbauer e Elliot sobre os Estados Unidos.

Rousslang, D. e Suomela, A. "Calculating the Consumer and Net Welfare Costs of Import Relief." U.S. International Trade Commission Staff Research Study 15. Washington, D.C.: International Trade Commission, 1985. Uma exposição da estrutura utilizada neste capítulo, com a descrição de como ela é aplicada na prática em indústrias reais.

U.S. International Trade Commission. *The Economic Effects of Significant U.S. Import Restraints*. Washington, D.C., 2009. Uma análise econômica atualizada regularmente sobre os efeitos de proteção na economia americana.

APÊNDICE DO CAPÍTULO 9

Tarifas aduaneiras e quotas de importação na presença de monopólio

A análise da política de comércio neste capítulo supõe que os mercados sejam perfeitamente competitivos, de forma que todas as empresas aceitem os preços dados. Como argumentamos no Capítulo 8, entretanto, muitos mercados para itens comercializados internacionalmente são de concorrência imperfeita. Os efeitos das políticas de comércio internacional podem ser afetados pela natureza da competição em um mercado.

Quando analisamos os efeitos da política de comércio em mercados de concorrência imperfeita, uma nova consideração surge: o comércio internacional limita o poder do monopólio e as políticas que limitam o comércio podem, por consequência, aumentar o poder do monopólio. Mesmo que a empresa seja a única produtora de uma mercadoria em um país, ela terá pouca capacidade para aumentar os preços se existirem muitos fornecedores estrangeiros e livre comércio. Entretanto, se as importações forem limitadas por uma quota, a mesma empresa será livre para aumentar os preços sem medo de concorrência.

Para entendermos a relação entre políticas comerciais e poder de monopólio, podemos examinar um modelo no qual um país importa uma mercadoria e sua produção que compete com a importação é controlada somente por uma empresa. O país é pequeno em mercados mundiais, de forma que o preço da importação não é afetado por sua política de comércio. Para esse modelo, examinamos e comparamos os efeitos do livre comércio, de uma tarifa aduaneira e de uma quota de importação.

O modelo com o livre comércio

A Figura 9A.1 mostra o livre comércio em um mercado onde a empresa monopolista nacional enfrenta concorrência das importações. D é a curva de demanda nacional: demanda pelo produto pelos residentes nacionais. P_W é o preço mundial da mercadoria. As mercadorias importadas estão disponíveis em quantidades ilimitadas a esse preço. Supõe-se que a indústria nacional consiste em uma única empresa, cuja curva de custo marginal é MC.

FIGURA 9A.1

Uma indústria monopolística sob livre comércio.

A ameaça da concorrência de importação força a indústria monopolística a comportar-se como uma indústria perfeitamente competitiva.

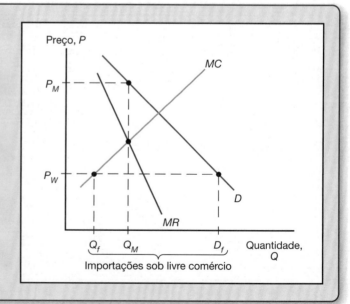

Se não existisse comércio nesse mercado, a empresa nacional se comportaria como uma monopolista comum, que maximiza o lucro. Correspondente a D é a curva de receita marginal MR, e a empresa escolheria o nível de produção monopolista que maximiza lucro Q_M e o preço P_M.

Com o livre comércio, entretanto, esse comportamento de monopólio não é possível. Se a empresa tentasse cobrar P_M, ou qualquer outro preço acima de P_W, ninguém compraria seu produto, porque importações mais baratas estariam disponíveis. Portanto, o comércio internacional coloca um limite no preço monopolista em P_W.

Dado esse limite em seu preço, o melhor que a empresa monopolista pode fazer é produzir até o ponto em que o custo marginal é igual ao preço mundial, em Q_f. No preço P_W, os consumidores nacionais demandarão D_f unidades da mercadoria, de forma que as importações serão $D_f - Q_f$. Esse resultado, entretanto, é exatamente o que teria acontecido se a indústria nacional tivesse sido perfeitamente competitiva. Então, com o livre comércio, o fato de que a indústria nacional é um monopólio não faz diferença nenhuma no resultado.

O modelo com uma tarifa aduaneira

O efeito de uma tarifa aduaneira é de aumentar o preço máximo que a indústria nacional pode cobrar. Se uma tarifa aduaneira específica t é cobrada sobre as importações, a indústria nacional agora pode cobrar $P_W + t$ (Figura 9A.2). No entanto, a indústria ainda não está livre para aumentar seu preço até o preço do monopólio, porque os consumidores ainda se voltarão para as importações se o preço subir acima do preço mundial mais a tarifa aduaneira. Portanto, o melhor que o monopolista consegue é definir o preço igual ao custo marginal, em Q_t. A tarifa aduaneira aumenta o preço nacional assim como a produção da indústria nacional, enquanto a demanda cai para D_t e, portanto, as importações caem. Entretanto, a indústria nacional ainda produz a mesma quantidade, como se fosse perfeitamente competitiva.[12]

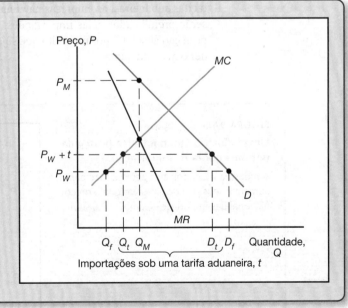

FIGURA 9A.2
Uma indústria monopolística protegida por uma tarifa aduaneira.
A tarifa aduaneira permite que a indústria monopolística aumente seu preço, mas o preço ainda é limitado pela ameaça de importações.

---

[12]Existe um caso no qual a tarifa aduaneira terá diferentes efeitos em uma indústria monopolística do que teria em uma indústria perfeitamente competitiva. Esse é o caso no qual a tarifa aduaneira é tão alta que as importações são completamente eliminadas (uma tarifa aduaneira proibitiva). Para uma indústria competitiva, uma vez que as importações foram eliminadas, qualquer aumento nas tarifas aduaneiras não tem efeito algum. Uma indústria monopolista, entretanto, será forçada a limitar seu preço pela *ameaça* de importações mesmo se as importações atuais sejam iguais a zero. Portanto, um aumento em uma tarifa aduaneira proibitiva permitirá à indústria monopolística aumentar o preço próximo ao preço de maximização de lucro P_M.

O modelo com uma quota de importação

Suponha que o governo imponha um limite nas importações, restringindo sua quantidade a um nível fixo Q. Então o monopolista sabe que quando ele cobra um preço acima de P_W não perderá todas as suas vendas. Em vez disso, venderá qualquer que seja a demanda nacional a esse preço, menos as importações permitidas Q. Dessa forma, a demanda enfrentada pelo monopolista será a demanda nacional menos as importações permitidas. Definimos a curva de demanda de pós-quota como D_q. Ela está paralela à curva de demanda nacional D, mas moveu-se Q unidades para a esquerda (contanto que a quota seja obrigatória e o preço nacional esteja acima do preço mundial P_W, veja a Figura 9A.3).

Correspondente a D_q é a nova curva de receita marginal MR_q. A empresa protegida por uma quota de importação maximiza o lucro ao definir o custo marginal igual a essa nova receita marginal, produzindo Q_q e cobrando o preço P_q. (A licença para importar uma unidade de uma mercadoria irá, portanto, produzir uma renda de $P_q - P_W$).

Comparação entre tarifa aduaneira e quota

Agora perguntamos como os efeitos de uma tarifa aduaneira e uma quota podem ser comparados. Para fazer isso, comparamos a tarifa aduaneira e a quota que resultam *no mesmo nível de importações* (Figura 9A.4). O nível da tarifa aduaneira t leva a um nível de importações Q. Perguntamos, portanto, o que aconteceria se em vez de uma tarifa aduaneira o governo simplesmente limitasse as importações para Q.

Vemos pela figura que os resultados não são os mesmos. A tarifa aduaneira resulta na produção nacional Q_t e no preço nacional $P_W + t$. A quota leva a um nível menor de produção nacional, Q_q, e a um preço maior, P_q. Quando protegida por uma tarifa aduaneira, a indústria nacional monopolista comporta-se como se fosse perfeitamente competitiva; quando protegida por uma quota, o mesmo claramente não acontece.

A razão para essa diferença é que uma quota de importação cria mais poder de monopólio do que uma tarifa aduaneira. Quando as indústrias monopolistas são protegidas por tarifas aduaneiras, as empresas nacionais sabem que se aumentarem demais os seus preços, serão prejudicados pelas importações. Uma quota de importação, por outro lado, fornece proteção absoluta: por mais alto que seja o preço nacional, as importações não podem exceder o nível da quota.

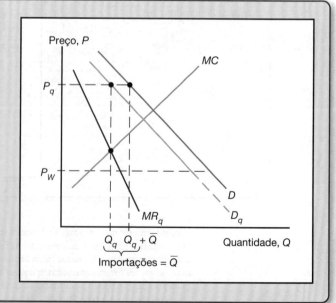

FIGURA 9A.3
Uma indústria monopolística protegida por uma quota de importação.

A indústria monopolística agora é livre para aumentar seus preços, sabendo que o preço nacional das importações também vai subir.

FIGURA 9A.4

Comparação entre tarifa aduaneira e quota.

Uma quota leva a uma produção nacional menor e a um preço maior do que a tarifa aduaneira produz em um mesmo nível de importações.

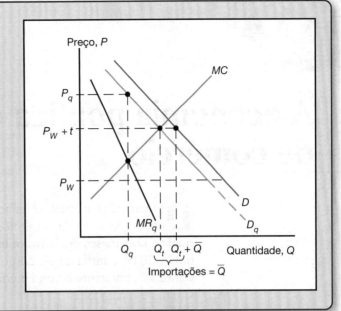

Essa comparação parece dizer que se os governos estão preocupados com o poder de monopólio nacional, eles deveriam preferir as tarifas aduaneiras às quotas como instrumentos de política de comércio. No entanto, na verdade, a proteção tem se distanciado cada vez mais das tarifas aduaneiras em direção às barreiras não tarifárias, incluindo as quotas de importação. Para explicar isso, precisamos olhar para outras considerações além da eficiência econômica que motiva os governos.

CAPÍTULO 10

A economia política da política de comércio

Durante 2018 e 2019, os Estados Unidos e a China travaram uma guerra comercial, uma série de aumentos de tarifas de importação de ambos os lados na qual os dois países declaravam estar reagindo às ações anteriores do outro. No final de 2019, a tarifa média sobre as importações americanas da China subira de 3 para 21%, enquanto a tarifa média imposta pela China às exportações americanas subira de 8 para 21%.

O consenso entre os economistas era que a guerra comercial prejudicou a economia americana (veja o estudo de caso sobre a guerra comercial de Trump no Capítulo 9). Os representantes do governo americano alegavam, no entanto, que suas ações foram necessárias para pressionar a China a alterar as suas políticas, especialmente os subsídios a determinados setores industriais, que poderiam prejudicar os Estados Unidos no longo prazo.

Contudo, quando os dois países firmaram um acordo de comércio em janeiro de 2020, este não teve muito impacto nas políticas industriais chinesas. Em vez disso, a China concordou em comprar mais produtos agrícolas americanos, mesmo que fosse possível adquiri-los por preços menores de outras fontes. E aquelas tarifas altas dos EUA permaneceram onde estavam.

Tanto o governo chinês quanto o americano, então, estavam determinados a adotar políticas que, de acordo com a análise de custo-benefício desenvolvida no Capítulo 9, produziram mais custos do que benefícios. Claramente, as políticas de governo refletem objetivos que vão além das simples medidas de custo e benefício.

Neste capítulo, examinaremos algumas das razões pelas quais os governos não deveriam basear ou, ao menos, não baseiam sua política de comércio em cálculos de custo-benefício de economistas. Essa verificação das forças que motivam a política de comércio na prática continua nos Capítulos 11 e 12, que discutem as questões características da política comercial enfrentadas pelos países em desenvolvimento e desenvolvidos, respectivamente. O primeiro passo para entender as políticas de comércio reais é perguntar quais são as razões que existem para os governos *não* interferirem no comércio, isto é, qual é o argumento em prol do livre comércio? Com essa questão respondida, os argumentos a favor da intervenção podem ser examinados como desafios para as premissas por trás do caso a favor do livre comércio.

OBJETIVOS DE APRENDIZAGEM

Após a leitura deste capítulo, você será capaz de:

- Articular argumentos para o livre comércio que vão além dos ganhos de comércio convencionais.
- Avaliar argumentos de bem-estar nacional contra o livre comércio.
- Relacionar a teoria e as evidências por trás de visões de "economia política" da política de comércio.
- Explicar como as negociações internacionais e os acordos promovem o comércio mundial.
- Discutir as questões especiais levantadas pelos acordos de comércio preferencial.

O caso para o livre comércio

Poucos países têm algo que se aproxime de um livre comércio por completo. A cidade de Hong Kong, que é legalmente parte da China, mas mantém uma política econômica separada, deve ser a única economia moderna sem tarifas aduaneiras ou quotas de importação. No entanto, desde o tempo de Adam Smith, os economistas têm defendido o livre comércio como um ideal cuja direção a política de comércio deveria ambicionar. As razões para essa defesa não são tão simples como a ideia em si. A um dado nível, os modelos teóricos sugerem que o livre comércio evita as perdas de eficiência associadas à proteção. Muitos economistas acreditam que o livre comércio produz ganhos adicionais além da eliminação das distorções de produção e de consumo. Por fim, mesmo entre os economistas que acreditam que o livre comércio não é uma política perfeita, muitos creem que o livre comércio quase sempre é melhor do que qualquer outra política que um governo provavelmente seguiria.

Livre comércio e eficiência

O **argumento da eficiência para o livre comércio** é simplesmente o inverso da análise de custo-benefício de uma tarifa aduaneira. A Figura 10.1 mostra novamente o ponto básico para o caso de um país pequeno que não pode influenciar os preços de exportação

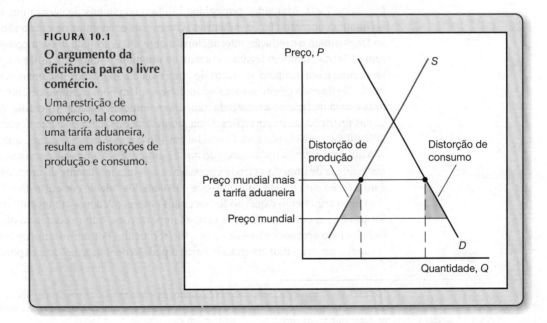

FIGURA 10.1
O argumento da eficiência para o livre comércio.
Uma restrição de comércio, tal como uma tarifa aduaneira, resulta em distorções de produção e consumo.

252 PARTE II ■ Política de comércio internacional

TABELA 10.1	Benefícios de uma mudança para o livre comércio ao redor do mundo (porcentagem do PIB)
Estados Unidos	0,57
União Europeia	0,61
Japão	0,85
Países em desenvolvimento	1,4
Mundo	0,093

Fonte: William Cline, *Trade Policy and Global Poverty*. Washington, D.C.: Institute for International Economics, 2004, p. 180.

estrangeiros. Uma tarifa aduaneira causa uma perda líquida para a economia, medida pela área dos dois triângulos. Ela causa isso ao distorcer os incentivos econômicos tanto dos produtores quanto dos consumidores. Por outro lado, o avanço na direção do livre comércio elimina essas distorções e aumenta o bem-estar nacional.

No mundo moderno, por razões que explicaremos mais tarde neste capítulo, as alíquotas das tarifas aduaneiras em geral são baixas e as quotas de importação são relativamente raras. Como resultado, estimativas dos custos totais das distorções decorrentes de tarifas aduaneiras e quotas de importação tendem a ter dimensões modestas. A Tabela 10.1 mostra uma estimativa dos ganhos da adoção do livre comércio em nível mundial, medidos como uma porcentagem do PIB. Para o mundo como um todo, de acordo com essas estimativas, a proteção custa menos de 1% do PIB. Os ganhos com o livre comércio são um pouco menores para economias desenvolvidas, como as dos Estados Unidos e Europa, e um pouco maiores para países pobres "em desenvolvimento".

Ganhos adicionais do livre comércio[1]

Existe uma crença generalizada entre os economistas de que tais cálculos, mesmo que informem ganhos substanciais com o livre comércio em alguns casos, não representam a história completa. No caso de países pequenos, em geral, e de países em desenvolvimento, em particular, muitos economistas argumentariam que existem ganhos importantes com o livre comércio que a análise de custo-benefício convencional não leva em conta.

Um tipo de ganho adicional envolve as economias de escala, que foram o tema dos Capítulos 7 e 8. Mercados protegidos limitam os ganhos de economias externas de escala ao inibir a concentração de indústrias. Quando as economias de escala são internas, elas não só fragmentam a produção internacionalmente, mas, ao reduzirem a competição e aumentarem os lucros, também levam à entrada de um número alto demais de empresas na indústria protegida. Com o rápido aumento de empresas em mercados nacionais restritos, a escala de produção de cada empresa torna-se ineficiente. Um bom exemplo de como a proteção leva a uma escala ineficiente é o caso da indústria automobilística da Argentina, que surgiu por causa das restrições às importações. Uma montadora de escala eficiente deveria produzir de 80 a 200 mil automóveis por ano. Contudo, em 1964, a indústria argentina, que produzia somente 166 mil carros, tinha nada menos do que 13 empresas! Alguns economistas argumentam que a necessidade de impedir entrada excessiva, e a escala ineficiente de produção resultante disso, é uma razão para o livre comércio que vai além dos cálculos de custo-benefício padrão.

Outro argumento é que, ao fornecer aos empreendedores um incentivo para buscar novas formas de exportar ou competir com as importações, o livre comércio oferece mais oportunidades para aprender e inovar do que são fornecidas por um sistema de comércio "dirigido", no qual o governo dita em grande parte o padrão de importações e exportações. O Capítulo

---

[1]Os ganhos adicionais do livre comércio discutidos aqui também são chamados de ganhos "dinâmicos", porque o aumento da concorrência e da inovação precisa de mais tempo para funcionar do que a eliminação da produção e as distorções de consumo.

CAPÍTULO 10 ■ A economia política da política de comércio **253**

11 discute as experiências de países menos desenvolvidos que descobriram oportunidades de exportações inesperadas quando passaram de sistemas de quotas de importação e tarifas aduaneiras para políticas de comércio mais abertas.

Uma forma relacionada de ganhos com o livre comércio envolve a tendência, documentada no Capítulo 8, de empresas mais produtivas realizarem exportações, enquanto as menos produtivas ficam limitadas ao mercado nacional. Isso sugere que uma mudança para o livre comércio torna a economia como um todo mais eficiente ao fazer com que o conjunto das indústrias desloque-se no sentido das empresas com maior produtividade.

Esses argumentos adicionais em prol do livre comércio são difíceis de quantificar, mas alguns economistas tentaram. No geral, os modelos que tentam levar em conta as economias de escala e a concorrência imperfeita rendem números maiores do que aqueles relatados na Tabela 10.1. Entretanto, não há consenso sobre o quanto os ganhos com o livre comércio realmente são maiores. Se os ganhos adicionais com o livre comércio são tão grandes quanto alguns economistas acreditam, os custos de distorcer o comércio com tarifas aduaneiras, quotas, subsídios à exportação e assim por diante são correspondentemente maiores do que as medidas geradas pela análise de custo-benefício convencional.

Busca de renda

Quando as importações são restringidas com uma quota em vez de uma tarifa aduaneira, o custo é, às vezes, ampliado por um processo conhecido como **busca de renda**. Lembre-se de que, como visto no Capítulo 9, para fazer valer uma quota de importação, um governo tem de emitir licenças de importação e as rendas vão para quem recebê-las. Em alguns casos, indivíduos e companhias expõem-se a custos substanciais (o que, na prática, desperdiça parte dos recursos produtivos da economia) na tentativa de obter licenças de importação.

Um exemplo famoso envolveu a Índia nos anos 1950 e 1960. Naquela época, as companhias indianas recebiam o direito de adquirir insumos importados em proporção à sua capacidade instalada. Isso criava um incentivo para sobreinvestir. Por exemplo, uma siderúrgica construiria mais altos-fornos do que acreditava ser necessário simplesmente porque isso lhe daria um número maior de licenças de importação. Os recursos utilizados para construir essa capacidade ociosa representavam um custo de proteção que se somaria àqueles mostrados na Figura 10.1.

Um exemplo mais moderno e menos comum de busca de renda envolve as importações americanas de atum enlatado. O atum é protegido por uma "quota tarifária": uma pequena quantidade de atum (4,8% do consumo americano) pode ser importada a uma alíquota baixa, 6%, mas quaisquer importações além desse nível enfrentam uma tarifa aduaneira de 12,5%. Por alguma razão, não existem licenças de importação. Todos os anos, o direito de importar atum à alíquota baixa é atribuído na base do "quem chegar primeiro, leva". O resultado é uma corrida dispendiosa para trazer o atum para os Estados Unidos o mais rápido possível. Veja como a Comissão de Comércio Internacional dos Estados Unidos descreve o processo de busca de renda:

> Os importadores tentam qualificar-se para a maior parcela possível da QT (quota tarifária) armazenando grandes quantidades de atum enlatado em entrepostos aduaneiros no final de dezembro e liberando o produto armazenado assim que o ano começa.

> O dinheiro que os importadores gastam em armazenar grandes quantidades de atum em dezembro representa uma perda para a economia americana que se soma aos custos padrão de proteção.

Argumento político para o livre comércio

Um **argumento político para o livre comércio** reflete o fato de que um compromisso político com o livre comércio pode ser uma boa ideia na prática, mesmo que possa haver melhores políticas em princípio. Os economistas frequentemente argumentam que, na prática, as políticas de comércio são dominadas pela competição política entre grupos de interesse,

254 PARTE II ■ Política de comércio internacional

não pela consideração dos custos e benefícios nacionais. Às vezes, os economistas podem mostrar que, na teoria, um conjunto seleto de tarifas aduaneiras e subsídios à exportação poderia aumentar o bem-estar nacional, mas, na realidade, qualquer agência do governo que tente adotar um programa sofisticado de intervenção no comércio provavelmente seria capturada por grupos de interesse e convertida em um dispositivo para redistribuição de renda para setores politicamente influentes. Se o argumento está correto, pode ser melhor defender o livre comércio sem exceções, apesar de que, com base pura e exclusivamente nos ditames da ciência econômica, o livre comércio possa nem sempre ser a melhor política imaginável.

Os três argumentos esboçados na seção anterior provavelmente representam a visão padrão da maioria dos economistas internacionais, ao menos aqueles nos Estados Unidos:

1. Os custos de desviar do livre comércio medidos de forma convencional são grandes.
2. Existem outros benefícios do livre comércio que contribuem para os custos de políticas protecionistas.
3. Qualquer tentativa de buscar desvios sofisticados do livre comércio será subvertida pelo processo político.

Apesar disso, existem argumentos intelectualmente respeitáveis para desviar do livre comércio, e esses argumentos merecem ser ouvidos.

Argumentos de bem-estar nacional contra o livre comércio

A maioria das tarifas aduaneiras, quotas de importação e outras medidas de política de comércio são empreendidas principalmente para proteger a renda de determinados grupos de interesse. No entanto, os políticos com frequência afirmam que as políticas estão sendo realizadas para o interesse da nação como um todo e, algumas vezes, até estão dizendo a verdade. Embora os economistas muitas vezes argumentem que desvios do livre comércio reduzem o bem-estar nacional, existem bases teóricas para acreditar que políticas comerciais ativistas podem, em alguns casos, aumentar o bem-estar do país como um todo.

O argumento dos termos de troca para uma tarifa aduaneira

Um argumento para desviar do livre comércio vem diretamente da análise de custo-benefício: Para um país grande que é capaz de afetar os preços de exportadores estrangeiros, uma tarifa aduaneira diminui o preço das importações e, portanto, gera benefícios nos termos de troca. Esse benefício deve ser comparado com os custos da tarifa aduaneira, que surgem porque a tarifa distorce os incentivos de produção e consumo. Entretanto, é possível que, em alguns casos, os benefícios dos termos de troca de uma tarifa aduaneira prevaleçam sobre seus custos, de forma que existe um **argumento dos termos de troca para uma tarifa aduaneira**.

O Apêndice deste capítulo mostra que para uma tarifa aduaneira suficientemente pequena, os benefícios dos termos de troca devem prevalecer sobre os custos. Portanto, com baixos níveis tarifários, o bem-estar de um país grande é maior do que com o livre comércio (Figura 10.2). Contudo, à medida que a tarifa aduaneira aumenta, os custos começam a subir com mais rapidez do que os seus benefícios, e a curva que relaciona o bem-estar nacional à alíquota da tarifa aduaneira volta-se para baixo. A alíquota que proíbe completamente o comércio (t_p na Figura 10.2) deixa o país em pior situação do que com o livre comércio. Novos aumentos na taxa da tarifa além de t_p não têm efeito, de forma que a curva é achatada.

No ponto 1 na curva da Figura 10.2, correspondente à taxa da tarifa t_o, o bem-estar nacional é maximizado. A alíquota t_o da tarifa que maximiza o bem-estar nacional é a **melhor tarifa**. (Por convenção, o termo *melhor tarifa* normalmente é utilizado para referir-se à tarifa aduaneira justificada pelo argumento dos termos de troca, não pela melhor tarifa, dadas todas as considerações possíveis). A alíquota da melhor tarifa é sempre positiva, mas menor do que a alíquota proibitiva (t_p), que eliminaria todas as importações.

Qual política o argumento dos termos de troca ditaria para os setores de *exportação*? Já que um subsídio à exportação *piora* os termos de troca e, portanto, inequivocamente reduz o

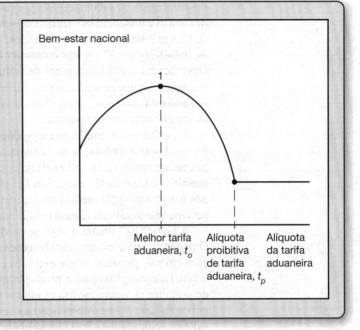

FIGURA 10.2
A melhor tarifa aduaneira.
Para um país grande, existe uma melhor tarifa, t_o, na qual o ganho marginal da melhoria dos termos de troca se iguala à perda de eficiência marginal da distorção da produção e do consumo.

bem-estar nacional, a política ideal em setores de exportação deve ser um subsídio negativo, isto é, um *imposto* sobre exportações que aumenta o preço de exportação para os estrangeiros. Como a melhor tarifa, o melhor imposto de exportação é sempre positivo, mas menor do que o imposto proibitivo que eliminaria as exportações por completo.

A política da Arábia Saudita e de outros exportadores de petróleo tem sido a de taxar suas exportações de petróleo, aumentando o preço para o resto do mundo. Apesar de os preços do petróleo terem flutuado ao longo dos anos, é difícil argumentar que a Arábia Saudita estaria em melhor situação sob o livre comércio.

Entretanto, o argumento dos termos de troca contra o livre comércio têm algumas limitações importantes. A maioria dos países pequenos tem pouquíssima capacidade de afetar os preços mundiais, tanto de suas importações quanto de suas exportações, e, portanto, esse argumento tem pouca importância prática para eles. Para países grandes, como os Estados Unidos, o problema é que o argumento dos termos de troca equivale a um argumento para utilizar o poder de monopólio nacional a fim de extrair ganhos à custa de outros países. Os Estados Unidos poderiam certamente fazer isso até certo ponto, mas tal política predatória provavelmente atrairia retaliações de outros países grandes. Um ciclo de comércio retaliativo, por sua vez, minaria as tentativas de coordenação internacional de política de comércio descritas mais adiante neste capítulo.

Assim, o argumento dos termos de troca contra o livre comércio são intelectualmente impecáveis, mas duvidosos em utilidade. Na prática, são mais frequentemente enfatizados pelos economistas como uma proposição teórica do que de fato utilizados por governos como uma justificativa para a política de comércio.

O argumento de falha de mercado interno contra o livre comércio

Deixando de lado a questão dos termos de troca, o argumento teórico básico para o livre comércio apoiava-se sobre a análise de custo-benefício utilizando os conceitos de excedente do consumidor e do produtor. Muitos economistas atacaram o livre comércio com base no contra-argumento de que esses conceitos, especialmente o de excedente do produtor, não medem de forma correta os custos e benefícios.

Por que o excedente do produtor pode não medir de forma correta os benefícios da produção de uma mercadoria? Nós consideraremos diversas razões nos Capítulos 11 e 12, incluindo a possibilidade de que a mão de obra utilizada em um setor seria de alguma forma desempregada ou subempregada; a existência de defeitos nos mercados de capital ou de mão de obra que impedem os recursos de serem transferidos rapidamente como deveriam para os setores que rendem retornos elevados; e a possibilidade de transbordamentos tecnológicos de indústrias que são novas ou particularmente inovadoras. Todas essas razões podem ser classificadas sob o título geral de **falhas de mercado interno**. Isto é, em cada um desses exemplos, algum mercado no país não está fazendo seu trabalho direito: o mercado de trabalho não está entrando em equilíbrio, o mercado de capital não está alocando os recursos de forma eficiente e assim por diante.

Suponha, por exemplo, que a produção de algumas mercadorias produza experiência que vai melhorar a tecnologia da economia como um todo, mas que as empresas no setor não podem apropriar-se desse benefício e, portanto, não podem levá-lo em conta na decisão do quanto produzir. Então existe um **benefício social marginal** para a produção adicional que não é capturado pela medida do excedente do produtor. Esse benefício social marginal pode servir como justificativa para tarifas aduaneiras ou outras políticas de comércio.

A Figura 10.3 ilustra o argumento de falha de mercado interno contra o livre comércio. O painel superior mostra a análise convencional de custo-benefício de uma tarifa aduaneira para um país pequeno (o que exclui os efeitos dos termos de troca). O painel inferior mostra o benefício marginal para a produção que não é levado em conta pela medida do excedente do produtor. A figura mostra os efeitos de uma tarifa aduaneira que aumenta o preço nacional de P_W para $P_W + t$. A produção aumenta de S_1 para S_2, com uma distorção de produção resultante indicada pela área denominada a. O consumo cai de D_1 para D_2, com a distorção de consumo resultante indicada pela área b. Se considerássemos somente o excedente do consumidor e do produtor, encontraríamos que os custos da tarifa aduaneira ultrapassam seus benefícios. O painel inferior mostra, entretanto, que esse cálculo deixa passar um benefício

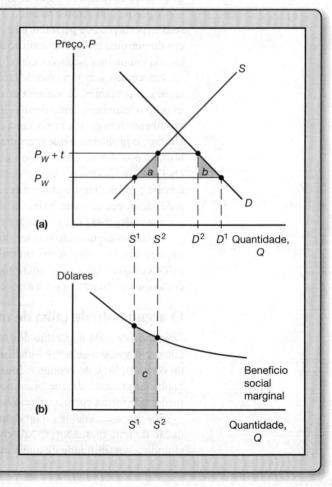

FIGURA 10.3

O argumento de falhas de mercado interno para uma tarifa aduaneira.

Se a produção de uma mercadoria rende benefícios sociais extras (medidos no painel (b) pela área c) não capturados como excedente do produtor, uma tarifa aduaneira pode aumentar o bem-estar.

CAPÍTULO 10 ■ A economia política da política de comércio **257**

adicional que pode tornar a tarifa aduaneira preferível ao livre comércio. O aumento na produção rende um benefício social que pode ser medido pela área abaixo da curva de benefício social marginal de S_1 para S_2, indicada por c. Na verdade, com um argumento similar ao do caso dos termos de troca, podemos mostrar que se a tarifa aduaneira é pequena o suficiente, a área c pode sempre ultrapassar a área $a + b$ e que existe uma tarifa aduaneira maximizadora de bem-estar que rende um nível social de bem-estar maior do que o livre comércio.

O argumento de falha de mercado interno contra o livre comércio é um caso específico de um conceito mais geral, conhecido na economia como **teoria do segundo melhor**. Essa teoria afirma que uma política de não intervenção é desejável em qualquer mercado somente se todos os outros mercados estiverem funcionando corretamente. Se não estiverem, uma intervenção do governo que aparenta distorcer os incentivos em um mercado pode, na verdade, aumentar o bem-estar ao compensar as consequências das falhas de mercado em outro lugar. Por exemplo, se o mercado de trabalho não está funcionando bem e não consegue atingir o pleno emprego, a política de subsidiar indústrias de trabalho-intensivas, que seriam indesejáveis em uma economia de pleno emprego, pode vir a ser uma boa ideia. Seria melhor, por exemplo, tornar os salários mais flexíveis para consertar o mercado de trabalho, mas se, por alguma razão, isso não puder ser feito, intervir em outros mercados pode ser a "segunda melhor" maneira de atenuar o problema.

Quando os economistas aplicam a teoria do segundo melhor à política de comércio, eles argumentam que as imperfeições no funcionamento *interno* de uma economia podem justificar a interferência em suas relações econômicas externas. Esse argumento aceita que o comércio internacional não é a fonte do problema, mas sugere, no entanto, que a política de comércio pode fornecer ao menos uma solução parcial.

Quão convincente é o argumento de falha de mercado?

Quando foram propostos originalmente, os argumentos de falha de mercado para a proteção pareceram minar grande parte da defesa do livre comércio. Afinal de contas, quem alegaria que as economias reais em que vivemos estão isentas de falhas de mercado? Em nações mais pobres, em especial, as imperfeições de mercado parecem ser inúmeras. Por exemplo, desemprego e diferenças massivas entre salários urbanos e rurais estão presentes em muitos países menos desenvolvidos (Capítulo 11). As evidências de que mercados funcionam mal são menos gritantes em países desenvolvidos, mas é fácil desenvolver hipóteses sugerindo grandes falhas de mercado lá também – por exemplo, a incapacidade de empresas inovadoras de colher todos os frutos das suas inovações. Como podemos defender o livre comércio, dada a probabilidade de intervenções que poderiam aumentar o bem-estar nacional?

Existem duas linhas de defesa para o livre comércio: a primeira argumenta que as falhas de mercado interno deveriam ser corrigidas pelas políticas nacionais voltadas diretamente para as fontes dos problemas. A segunda defende que os economistas não podem diagnosticar falhas de mercado bem o bastante para prescrever políticas.

Para explicar a ideia de que as falhas de mercado interno pedem mudanças de política nacional, e não políticas de comércio internacional, podemos utilizar a análise de custo-benefício modificada para levar em conta quaisquer benefícios sociais marginais não medidos. A Figura 10.3 mostrou que a tarifa aduaneira pode aumentar o bem-estar, independentemente das distorções de produção e consumo que causa, porque leva à produção adicional que rende benefícios sociais. No entanto, se o mesmo aumento da produção fosse alcançado por meio de subsídio à produção em vez de por uma tarifa aduaneira, o preço para os consumidores não aumentaria e a perda de consumo b seria evitada. Em outras palavras, se adotarmos políticas que afetam diretamente a atividade específica que queremos encorajar, um subsídio à produção evitaria alguns dos custos secundários associados com a tarifa aduaneira.

Esse exemplo ilustra um princípio geral quando lida com falhas de mercado: é sempre preferível lidar com as falhas de mercado da forma mais direta possível, porque respostas de políticas indiretas levam a distorções de incentivos não intencionais em outras partes da economia. Portanto, políticas de comércio justificadas por falhas de mercado interno nunca são a resposta mais eficiente. Elas sempre serão as "segundas melhores" políticas em vez de serem as "primeiras melhores".

258 PARTE II ■ Política de comércio internacional

Essa ideia tem consequências importantes para os formuladores de políticas de comércio: qualquer política de comércio proposta deveria sempre ser comparada com uma política puramente nacional, voltada para corrigir o mesmo problema. Se a política nacional parece muito dispendiosa ou tem efeitos colaterais indesejáveis, a política de comércio é quase que certamente menos desejável, mesmo que os custos sejam menos evidentes.

Nos Estados Unidos, por exemplo, uma quota de importação sobre carros é defendida com base na ideia de que é necessário salvar o emprego dos trabalhadores da indústria de automóveis. Os defensores da quota de importação argumentam que os mercados de trabalho americanos são muito inflexíveis para manter esses trabalhadores empregados, seja por conta de cortes nos seus salários ou pela busca de novos empregos em outros setores. Agora considere uma política puramente nacional voltada para o mesmo problema: um subsídio para empresas que empregam esses trabalhadores. Tal prática enfrentaria uma oposição política enorme. Para começar, preservar os níveis atuais de emprego sem proteção exigiria o pagamento de subsídios consideráveis, o que aumentaria o déficit orçamentário do governo federal ou necessitaria de um aumento de imposto. Além disso, os trabalhadores da indústria automobilística estão entre os mais bem pagos no setor manufatureiro. O público em geral com certeza se oporia a subsidiá-los. É difícil de acreditar que um subsídio ao emprego para esses trabalhadores seria aprovado no Congresso. Contudo, uma quota de importação *seria ainda mais cara,* porque enquanto traria mais ou menos o mesmo aumento no emprego, também distorceria as escolhas dos consumidores. A única diferença é que os custos seriam menos visíveis, tomando a forma de preços maiores para os automóveis em vez de gastos diretos de governo.

Os críticos da justificativa de falhas de mercado interno para a proteção argumentam que esse caso é comum: a maioria dos desvios do livre comércio é adotada não porque seus benefícios ultrapassam seus custos, mas porque o público não consegue entender seus verdadeiros custos. Comparar os custos da política de comércio com políticas nacionais alternativas é, portanto, uma forma útil de focar a atenção na verdadeira dimensão desses custos.

A segunda defesa do livre comércio é que como as falhas de mercado costumam ser difíceis de identificar precisamente, é complicado ter certeza de qual deve ser a resposta política apropriada. Por exemplo, suponha que exista um desemprego urbano em um país menos desenvolvido. Qual é a política apropriada? Uma hipótese (examinada mais de perto no Capítulo 11) diz que uma tarifa aduaneira para proteger os setores industriais urbanos atrairá os desempregados para o trabalho produtivo e, logo, gerará benefícios sociais que mais do que compensariam os custos da tarifa. Entretanto, outra hipótese afirma que a política encorajará tanta migração para as áreas urbanas que o desemprego vai, na verdade, aumentar. É difícil dizer qual dessas hipóteses está certa. Enquanto a teoria econômica fala muito sobre os mercados de trabalho que funcionam corretamente, ela fornece muito menos orientação sobre os mercados que não funcionam; existem muitas maneiras pelas quais os mercados podem ter mau funcionamento, e a escolha da segunda melhor política depende dos detalhes da falha do mercado.

A dificuldade de determinar a segunda melhor política de comércio a ser seguida reforça o argumento político em prol do livre comércio mencionado anteriormente. Se os *experts* em política de comércio não têm certeza sobre como a política deveria desviar o livre comércio e divergem entre eles mesmos, fica muito fácil para a política de comércio ignorar o bem-estar nacional por completo e ser dominada pelos políticos de interesse especial. Para começar, se as falhas do mercado não são muito ruins, um compromisso com o livre comércio pode, no fim, ser uma política melhor do que abrir a caixa de Pandora de uma abordagem mais flexível.

Isso, entretanto, é uma avaliação política, não sobre economia. Precisamos entender que a teoria econômica *não* fornece uma defesa dogmática do livre comércio, mesmo que seja constantemente acusada de fazer isso.

Distribuição de renda e as políticas de comércio

Por ora, a discussão enfocou os argumentos de bem-estar nacional a favor e contra a política de tarifas aduaneiras. É um ponto de partida apropriado, pois a distinção entre o bem-estar nacional e o bem-estar de grupos específicos ajuda a esclarecer as questões e por que os defensores das políticas de comércio normalmente afirmam que elas vão beneficiar a nação como um todo. No entanto, quando analisamos o jogo político real em torno das políticas comerciais, torna-se necessário lidar com a realidade de que o "bem-estar nacional" não existe. Existem somente os desejos de indivíduos, que são mais ou menos imperfeitamente refletidos nos objetivos do governo.

Como as preferências individuais se juntam para produzir a política de comércio que vemos de fato? Não existe uma resposta única e aceita por todos, mas existe um conjunto crescente de análises econômicas que exploram modelos nos quais se supõe que os governos tentam maximizar o sucesso político, não uma medida abstrata de bem-estar nacional.

Concorrência eleitoral

Os cientistas políticos utilizam há muito tempo um modelo simples de concorrência entre partidos políticos que mostra como as preferências dos eleitores podem ser refletidas em políticas públicas reais.[2] Suponha que dois partidos rivais estejam dispostos a prometer qualquer coisa que os permita ganhar a próxima eleição e que a política possa ser descrita por meio de uma única dimensão, digamos, a alíquota da tarifa aduaneira. E, por fim, suponha que os eleitores difiram nas políticas que preferem. Por exemplo, imagine um país que exporta mercadorias de qualificação intensiva e importa mercadorias de trabalho-intensivas. Então, os eleitores com alto nível de qualificação favorecerão as alíquotas baixas, mas os eleitores com baixo nível de qualificação estarão em melhor situação se o país impuser uma tarifa alta (em razão do efeito de Stolper-Samuelson, discutido no Capítulo 5). Podemos, portanto, pensar em alinhar os eleitores por ordem de preferência de alíquota, com os que estão a favor da menor alíquota à esquerda e os que estão a favor da maior à direita.

Então, quais políticas os dois partidos prometerão seguir? A resposta é que tentarão encontrar um meio-termo; mais especificamente, os dois partidos tenderão a convergir em na alíquota preferida pelo **eleitor mediano**, o eleitor que está exatamente no meio do alinhamento. Para entender o porquê, considere a Figura 10.4. Nela, os eleitores estão alinhados por preferência de alíquota, que é mostrada pela curva hipotética com inclinação para cima; t_M é a alíquota preferida pelo eleitor mediano. Agora, suponha que um dos partidos tenha proposto uma alíquota t_A, que é consideravelmente acima daquela preferida pelo eleitor

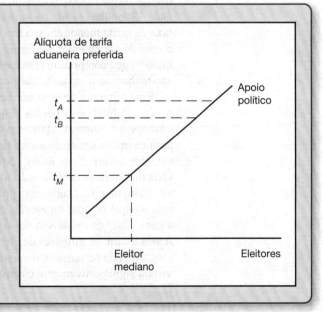

FIGURA 10.4
Concorrência política
Os eleitores são alinhados na ordem da alíquota de tarifa aduaneira que preferem. Se uma parte propõe uma tarifa aduaneira alta, t_A, a outra parte pode obter mais eleitores ao oferecer uma tarifa aduaneira um pouco menor, t_B. Essa concorrência política leva as duas partes a proporem tarifas aduaneiras próximas a t_M, a tarifa aduaneira preferida pelo eleitor mediano.

---

[2] Veja: Anthony Downs, *An Economic Theory of Democracy*. Washington, D.C.: Brookings Institution, 1957.

260 PARTE II ■ Política de comércio internacional

mediano. Então, o outro partido poderia propor uma alíquota um pouco mais baixa, t_B, e seu programa seria preferido por quase todos os eleitores que querem uma tarifa menor, isto é, pela maioria. Em outras palavras, seria sempre do interesse político de um partido diminuir qualquer proposta de tarifa que fosse maior do que aquela desejada pelo eleitor mediano.

Um raciocínio similar mostra que políticos com interesses particulares vão sempre querer prometer uma tarifa maior se seus oponentes propuserem uma tarifa menor do que a preferida dos eleitores medianos. Então os dois partidos acabam propondo uma tarifa próxima àquela que os eleitores medianos querem.

Os cientistas políticos modificaram esse modelo simples de variadas formas. Por exemplo, alguns analistas enfatizam a importância de ativistas de partidos para conseguir o voto. Já que esses ativistas são frequentemente motivados por ideologias, a necessidade desse apoio pode impedir os partidos de serem tão cínicos ou de adotar plataformas tão indistinguíveis quanto esse modelo sugere. No entanto, o modelo do eleitor mediano de concorrência eleitoral tem sido útil como uma forma de pensar sobre como decisões políticas são tomadas no mundo real, onde os efeitos da política na distribuição de renda podem ser mais importantes do que os efeitos na eficiência.

Entretanto, uma área na qual o modelo do eleitor mediano não parece funcionar bem é na política de comércio! Na verdade, ele faz uma previsão quase exatamente errada. De acordo com esse modelo, a prática deveria ser escolhida com base em quantos eleitores ela agrada: uma política que impõe grandes perdas para poucas pessoas, mas beneficia um grande número de pessoas, deveria ser a vencedora. Uma política que impõe perdas generalizadas, mas ajuda um pequeno grupo, deveria ser a perdedora. Na realidade, as políticas protecionistas tendem a se encaixar mais na segunda descrição do que na primeira. Por exemplo, a indústria americana de laticínios é protegida da concorrência estrangeira por um sistema complexo de tarifas aduaneiras e quotas. Essas restrições impõem perdas a quase todas as famílias dos EUA, enquanto fornecem benefícios muito menores para uma indústria de laticínios que emprega em torno de 0,1% da mão de obra do país. Como tal coisa pode acontecer politicamente?

Ação coletiva

Em um livro que se tornou famoso, o economista Mancur Olson observou que a atividade política em favor de um grupo é um bem público, isto é, os benefícios de tal atividade são revertidos para todos os membros do grupo, não só para o indivíduo que desempenha a atividade.[3] Suponha que um consumidor escreva uma carta para o seu congressista exigindo uma taxa de tarifa menor em sua mercadoria importada favorita e que essa carta ajude a mudar o voto do parlamentar, de forma que a redução da tarifa é aprovada. Então todos os consumidores que comprarem essa mercadoria beneficiam-se dos preços mais baixos, mesmo que não tenham se dado ao trabalho de escrever cartas.

Essa natureza de bem público da política significa que práticas que impõem grandes perdas no total, mas perdas pequenas para um indivíduo qualquer, podem não enfrentar uma oposição efetiva. Mais uma vez, pegue o exemplo do protecionismo dos laticínios. Essa política impõe um custo a uma família típica americana de cerca de US$ 3 por ano. Um consumidor deveria fazer *lobby* com seu congressista para eliminar essa prática? Do ponto de vista do interesse próprio individual, certamente não. Uma vez que uma carta tem somente um efeito marginal sobre essa prática, o resultado individual de tal carta provavelmente não vale o papel no qual foi escrita, quanto mais o selo. (Na verdade, certamente não vale nem a pena saber da existência dessa política, a não ser que você se interesse por essas coisas). Ainda assim, se milhares de eleitores escrevessem exigindo um fim à proteção dos laticínios, ela seria certamente revogada, trazendo benefícios para os consumidores que ultrapassariam significativamente os custos de envio das cartas. Na expressão de Olson, existe um

---

[3]Mancur Olson, *The Logic of Collective Action*. Cambridge: Harvard University Press, 1965.

CAPÍTULO 10 ■ A economia política da política de comércio

POLÍTICOS À VENDA: PROVAS DESDE A DÉCADA DE 1990

Como explicamos no texto, é difícil entender a política de comércio do mundo real se pressupomos que os governos estão genuinamente tentando maximizar o bem-estar nacional. Por outro lado, a política de comércio real faz sentido se você presume que grupos de interesse especial podem comprar influência. Mas existe alguma evidência direta de que políticos realmente estão à venda?

A votação do Congresso americano em algumas questões comerciais cruciais durante a década de 1990 oferece casos de teste úteis. A razão é que as leis americanas de financiamento de campanha exigem que os políticos revelem as quantias e as fontes de contribuição da campanha. Essa divulgação permite que economistas e cientistas políticos procurem relações entre essas contribuições e os votos.

Um estudo de 1998, de Robert Baldwin e Christopher Magee,[4] focou em duas votações cruciais: a votação de 1993 do Acordo de Livre Comércio da América do Norte (normalmente conhecido como Nafta e descrito melhor logo a seguir) e, em 1994, a votação que ratificou o último acordo sob o Acordo Geral sobre Tarifas Aduaneiras e Comércio (normalmente conhecido como GATT, também descrito a seguir). As duas votações foram acirradas, geralmente divididas entre interesses empresariais e trabalhistas; os grupos empresariais eram totalmente a favor, e os sindicatos trabalhistas, totalmente contra. Nos dois casos, a defesa do livre comércio apoiada pelos grupos de negócio saiu-se vitoriosa. Na votação do Nafta, o resultado era incerto até o último minuto, e a margem de vitória, 34 votos na Câmara dos Deputados, não foi muito grande.

Baldwin e Magee estimaram um modelo econométrico de votos do Congresso que controla fatores como as características econômicas dos distritos dos deputados, assim como as contribuições de grupos trabalhistas e empresariais para o deputado. Eles encontraram um grande impacto de recursos financeiros no padrão de votação. Uma forma de avaliar esse impacto é aplicar uma análise "contrafactual": Qual seria a diferença na votação geral se não existissem contribuições empresariais, contribuições trabalhistas ou contribuições de nenhum tipo?

A tabela a seguir resume os resultados. A primeira linha mostra quantos deputados votaram a favor de cada projeto de lei. Mantenha em mente que a aprovação exigia ao menos 214 votos. A segunda linha mostra o número de votos previstos pelas equações de Baldwin e Magee: o modelo deles acerta no caso do Nafta, mas superestima por alguns votos no caso do GATT. A terceira linha mostra quantos votos cada projeto de lei teria recebido, de acordo com o modelo, na ausência de contribuições trabalhistas. A próxima linha mostra quantos deputados teriam votado a favor na ausência de contribuições empresariais. A última linha mostra quantos teriam votado a favor tanto se as contribuições empresariais quanto as trabalhistas não existissem.

	Voto para o Nafta	Voto para o GATT
Real	229	283
Previsto pelo modelo	229	290
Sem contribuições trabalhistas	291	346
Sem contribuições empresariais	195	257
Sem contribuição alguma	256	323

Se essas estimativas estão corretas, as contribuições não tiveram impacto significativo no total de votos. No caso do Nafta, as contribuições de interesses trabalhistas induziram 62 membros – que, se não fosse pela contribuição, teriam apoiado o projeto – a votarem contra. As contribuições empresariais levaram 34 membros na direção oposta. Se não existissem contribuições empresariais, de acordo com essa estimativa, o Nafta teria recebido somente 195 votos, que não seriam suficientes para a aprovação.

Por outro lado, dado que os dois lados contribuíram, seus efeitos tendem a cancelar um ao outro. As estimativas de Baldwin e Magee sugerem que no caso de ausência de contribuições, tanto de interesses trabalhistas quanto empresariais, o Nafta e o GATT teriam sido aprovados de qualquer forma.

Provavelmente seria errado enfatizar o fato de que nesses casos específicos, as contribuições dos dois lados não mudaram o resultado final. O resultado realmente importante é que os políticos estão, de fato, à venda. Isso significa que as teorias de política de comércio que enfatizam os interesses especiais estão no caminho certo.

---

[4]Robert E. Baldwin e Christopher S. Magee. "Is Trade Policy for Sale? Congressional Voting on Recent Trade Bills", Working Paper 6376, National Bureau of Economic Research, jan. 1998.

262 PARTE II ■ Política de comércio internacional

problema de **ação coletiva**: embora seja do interesse do grupo como um todo pressionar por políticas favoráveis, não é do interesse de qualquer indivíduo fazê-lo.

A melhor maneira de superar o problema da ação coletiva é quando um grupo é pequeno (de forma que cada indivíduo obtém uma parcela significativa dos benefícios de políticas favoráveis) e/ou bem organizado (de forma que os membros do grupo podem ser mobilizados a agir em interesse coletivo). A razão pela qual uma política como a proteção dos laticínios pode acontecer é que os produtores de laticínios formam um grupo relativamente pequeno e bem organizado, que tem consciência do tamanho do subsídio implícito que seus membros recebem, enquanto os consumidores de laticínios são uma população enorme, que nem consegue perceber-se como um grupo de interesse. O problema da ação coletiva, então, pode explicar por que as práticas que não só parecem produzir mais custos do que benefícios, mas também prejudicar muito mais eleitores do que ajudá-los, pode ser adotada.

Modelagem do processo político

Enquanto a lógica da ação coletiva tem sido invocada há tempos pelos economistas para explicar políticas de comércio aparentemente irracionais, a teoria é um pouco vaga sobre as maneiras pelas quais grupos de interesse organizados realmente conseguem influenciar a política. Um conjunto crescente de análises tenta preencher essa lacuna com modelos simplificados do processo político.[5]

O ponto de partida dessa análise é óbvio: enquanto os políticos vencem eleições em parte por defenderem políticas populares, uma campanha de sucesso também exige dinheiro para publicidade, pesquisas de intenção de voto e assim por diante. Portanto, pode ser de interesse de um político adotar posições contra o interesse do eleitor comum se lhe oferecerem uma contribuição financeira suficientemente grande para mudar de posição. O dinheiro extra pode valer mais do que os votos que vai perder por tomar uma posição impopular.

Os modelos modernos da economia política das políticas comerciais, portanto, vislumbram uma espécie de leilão no qual grupos de interesse "compram" políticas por meio de contribuições que dependem das políticas seguidas pelo governo. Os políticos não irão ignorar o bem-estar geral, mas estarão dispostos a trocar alguma redução no bem-estar dos eleitores em troca de um fundo de campanha maior. Por consequência, grupos bem organizados, isto é, grupos que são capazes de superar o problema da ação coletiva, serão capazes de conseguir políticas a favor de seus interesses, à custa do público como um todo.

Quem ganha proteção?

Na prática, quais indústrias realmente são protegidas da concorrência das importações? Muitos países em desenvolvimento tradicionalmente protegem uma vasta gama de indústrias manufatureiras, em uma política conhecida como industrialização por substituição de importações. Discutiremos essa política e as razões pelas quais perdeu muito da sua popularidade nos últimos anos no Capítulo 11. A variedade de protecionismo em países avançados é muito mais restrita. Na verdade, boa parte do protecionismo está concentrada em somente dois setores: agrícola e têxtil.

Agricultura As economias modernas não têm muitos agricultores. Nos Estados Unidos, a agricultura emprega apenas cerca de 2,5 milhões de trabalhadores, de um total de mais de 160 milhões. Os agricultores, entretanto, em geral um grupo bem organizado e politicamente poderoso, têm sido capazes, em muitos casos, de alcançar altas taxas de proteção efetiva. Discutimos a Política Agrícola Comum da Europa no Capítulo 9; os subsídios à exportação naquele programa significam que diversos produtos agrícolas são vendidos a duas ou três vezes os preços mundiais. No Japão, o governo tradicionalmente proíbe as importações de

---

[5]Veja, em particular: Gene Grossman e Elhanan Helpman. "Protection for Sale", *American Economic Review*, v. 89, p. 833-850, set. 1994.

CAPÍTULO 10 ■ A economia política da política de comércio **263**

arroz, o que eleva os preços internos do alimento básico do país mais do que cinco vezes acima do preço mundial. Essa proibição foi levemente relaxada diante das péssimas colheitas em meados da década de 1990, mas no fim de 1998 (sob protestos de outras nações, incluindo os Estados Unidos), o Japão impôs uma tarifa aduaneira de 1.000% sobre as importações de arroz.

Os Estados Unidos são, em geral, um exportador de alimentos, o que significa que as tarifas aduaneiras e as quotas de importação não podem aumentar os preços. (O açúcar e os laticínios são exceções). Na verdade, os agricultores foram gravemente afetados pela guerra comercial sino-americana descrita no início deste capítulo, mas receberam US$ 28 bilhões em auxílio especial para compensá-los pelos seus prejuízos. E, como vimos, em 2020, as promessas chinesas de comprar produtos agrícolas americanos foram a peça-chave do acordo firmado com o intuito de frear a guerra comercial.

Roupas A indústria têxtil consiste em duas partes: tecelagem (fiação e tecelagem de tecidos) e vestuário (montagem do tecido em roupa). As duas indústrias, mas em especial a de vestuário, historicamente foram protegidas de forma massiva por tarifas aduaneiras e quotas de importação. Até 2005, estavam sujeitas ao Acordo Multifibras (AMF), que definia quotas de exportação e de importação para um grande número de países.

A produção de vestuário tem duas características-chave. É trabalho-intensivo: um trabalhador precisa de relativamente pouco capital, em alguns casos nada além de uma máquina de costura, e pode fazer o trabalho sem uma educação formal extensiva. E a tecnologia é relativamente simples: não existe uma grande dificuldade em transferir a tecnologia, mesmo para países muito pobres. O resultado é que as nações de baixo salário têm uma grande vantagem comparativa, e os países de alto salário, uma forte desvantagem comparativa na indústria de vestuário. Também é um setor tradicionalmente bem organizado em países desenvolvidos. Por exemplo, muitos trabalhadores americanos da indústria de vestuário são representados há muito tempo pelo International Ladies' Garment Worker's Union (Sindicato Internacional dos Trabalhadores do Vestuário Feminino).

Mais para frente neste capítulo, descreveremos como as negociações de comércio funcionam. Uma das mais importantes disposições dos acordos comerciais da Rodada Uruguai, assinados em 1994, foi a eliminação da AMF, que aconteceu no fim de 2004. Apesar de as quotas de importação terem sido restabelecidas para a China em 2005, elas foram eliminadas gradualmente desde então. No momento, o comércio de vestuário não enfrenta muitas restrições.

A Tabela 10.2 mostra o quão importante o vestuário costumava ser no protecionismo americano e quanta diferença o fim das restrições sobre vestuário faz. Em 2002, com o AMF ainda em vigência, as restrições de vestuário eram responsáveis por mais de 80% dos custos gerais de bem-estar do protecionismo americano. Como o AMF atribuía licenças de importação para países exportadores, a maior parte do custo de bem-estar para os Estados Unidos não vinha da distorção da produção e do consumo, mas da transferência de rendas de contingenciamento para estrangeiros.

Com o fim da AMF, os custos da proteção da indústria têxtil e, logo, os custos gerais de proteção dos EUA caíram drasticamente.

TABELA 10.2	Custos de bem-estar da proteção comercial dos EUA (em bilhões de dólares)	
	2002 estimado	**2015**
Total	14,1	2,6
Têxteis e vestuário	11,8	0,5
Fonte: Comissão de Comércio Internacional dos EUA.		

Negociações internacionais e política de comércio

Nossa discussão sobre as disputas políticas em torno das políticas comerciais não tem sido muito encorajadora. Argumentamos que é difícil inventar políticas de comércio que aumentem o bem-estar nacional e que elas são frequentemente dominadas por grupos de interesse políticos. Não faltam "histórias de terror" sobre políticas de comércio que produzem custos que excedem em muito quaisquer benefícios concebíveis. Portanto, é fácil ser bastante cínico sobre o lado prático da teoria de comércio.

Mas na verdade, entre meados da década de 1930 até por volta de 1980, os Estados Unidos e outros países desenvolvidos gradualmente retiraram tarifas aduaneiras e algumas outras barreiras ao comércio e, no processo, promoveram um rápido crescimento na integração internacional. A Figura 10.5 mostra a alíquota média da tarifa aduaneira americana sobre importações tributáveis de 1891 a 2010. Após um aumento drástico no começo da década de 1930, a alíquota diminuiu constantemente.[6] (A guerra comercial com a China e as tarifas sobre outros países elevaram a média desde então, mas em apenas alguns poucos pontos

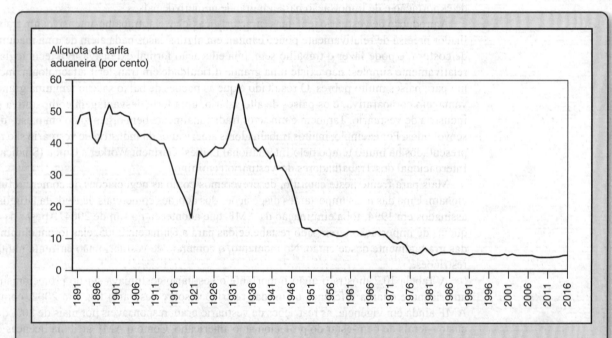

FIGURA 10.5

A alíquota da tarifa aduaneira dos Estados Unidos.

Após aumentar drasticamente no começo dos anos 1930, a alíquota média da tarifa aduaneira dos Estados Unidos diminuiu constantemente até as vésperas da guerra comercial entre China e EUA.

---

[6] Medidas de mudanças na taxa média de proteção podem ser problemáticas porque a composição das importações muda (em parte porque as tarifas aduaneiras classificam a si próprias). Imagine, por exemplo, um país que impõe uma tarifa aduaneira tão alta sobre algumas mercadorias que acaba com todas as importações dessas mercadorias. Então, a alíquota média da tarifa aduaneira em mercadorias de fato importadas será zero! Para tentar corrigir isso, a medida que utilizamos na Figura 10.5 mostra a alíquota só nas importações "tributáveis", isto é, exclui as importações que por alguma razão foram isentas das tarifas aduaneiras. Em seu pico, as taxas das tarifas aduaneiras americanas eram tão altas que mercadorias sujeitas às tarifas representavam somente um terço das importações; em 1975, essa parcela tinha aumentado para dois terços. Como resultado, a alíquota média da tarifa aduaneira sobre todas as mercadorias caiu muito menos do que a alíquota sobre mercadorias tributáveis. Os números mostrados na Figura 10.5, entretanto, mostram uma imagem mais precisa da grande liberalização do comércio que ocorreu de fato nos Estados Unidos.

percentuais). A maioria dos economistas acredita que essa liberalização progressiva do comércio foi bastante benéfica. Entretanto, dado o que dissemos sobre as disputas políticas em tornos das políticas comerciais, como foi politicamente possível essa remoção de tarifas?

Ao menos parte dessa resposta é que uma grande liberalização do comércio pós-guerra foi alcançada por meio de **negociação internacional**. Isto é, governos concordaram em envolverem-se em redução mútua da tarifa aduaneira. Esses acordos vincularam a proteção reduzida para as indústrias de concorrência de importação em cada país à proteção reduzida de outros países contra as indústrias de exportação daquele país. Tal vinculação, que discutiremos agora, ajuda a compensar algumas das dificuldades políticas que impediriam os países de adotarem boas políticas de comércio.

As vantagens da negociação

Existem ao menos duas razões pelas quais é mais fácil baixar as tarifas aduaneiras como parte de um acordo mútuo do que como uma política unilateral. Primeiro, o acordo mútuo ajuda a mobilizar apoio para o comércio mais livre. Segundo, acordos negociados de comércio ajudam os governos a evitarem entrar em guerras comerciais destrutivas.

O efeito das negociações internacionais no apoio ao comércio mais livre é simples. Anteriormente, observamos que os produtores que concorrem com importações geralmente são mais bem informados e organizados do que os consumidores. As negociações internacionais podem trazer exportadores nacionais para servir como contrapeso. Por exemplo, os Estados Unidos e o Japão poderiam chegar a um acordo no qual os Estados Unidos deixam de impor quotas de importação para proteger alguns de seus fabricantes da concorrência japonesa, em troca de uma retirada de barreiras japonesas contra as exportações americanas de produtos agrícolas ou de alta tecnologia para o Japão. Os consumidores americanos podem não ser politicamente bem-sucedidos na oposição a essas quotas de importação sobre mercadorias estrangeiras, mesmo que essas quotas possam ser dispendiosas para eles, mas os exportadores que querem acessar o mercado estrangeiro podem, por meio de *lobby* para a eliminação mútua de quotas de importação, proteger os interesses dos consumidores.

A negociação internacional também pode ajudar a evitar uma **guerra comercial**. A melhor maneira de ilustrar o conceito de guerra comercial é com um exemplo estilizado.

Imagine que só existam dois países no mundo, os Estados Unidos e o Japão, e que esses dois países tenham somente duas escolhas de política: livre comércio ou proteção. Suponha que ambos sejam governos excepcionalmente lúcidos, capazes de atribuir valores numéricos precisos para sua satisfação com qualquer resultado político (Tabela 10.3).

Os valores específicos dos pagamentos dados na tabela representam duas suposições. Primeiro, supomos que o governo de cada país escolheria a proteção se pudesse pressupor a política do outro país. Isto é, seja qual for a política que o Japão escolher, o governo americano estará em melhor situação com a proteção. Essa suposição não é, de forma alguma, necessariamente verdade. Muitos economistas argumentariam que o livre comércio é a melhor política para a nação, independentemente do que os outros governos fazem. Entretanto, os governos não devem agir somente pelo interesse público, mas também pelos seus próprios

TABELA 10.3 O problema do estado de guerra do comércio

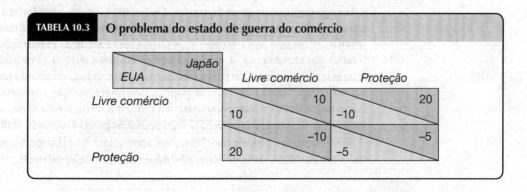

266 PARTE II ▪ Política de comércio internacional

interesses políticos. Pelas razões discutidas na seção anterior, os governos com frequência acham politicamente difícil evitar dar proteção para algumas indústrias.

A segunda suposição incorporada à Tabela 10.3 é a de que mesmo que cada governo agindo individualmente estivesse em melhor situação com a proteção, os dois estariam em melhor situação se escolhessem o livre comércio. Isto é, o governo americano tem mais a ganhar com uma abertura dos mercados japoneses do que tem a perder com a abertura de seus mercados, e o mesmo é verdade para o Japão. Podemos justificar essa suposição simplesmente apelando para os ganhos de comércio.

Para aqueles que estudaram teoria dos jogos, essa situação é conhecida como **dilema do prisioneiro**. Cada governo, tomando a melhor decisão para si, vai escolher proteger. Essas escolhas levam ao resultado na caixa inferior direita da tabela. Mas os dois governos estariam em melhor situação se nenhum deles se protegesse: a caixa do lado esquerdo superior gera um *payoff* que é maior para os dois países. Ao agirem unilateralmente em busca do que parece ser o seu interesse próprio, os governos deixam de alcançar o melhor resultado possível. Se os países agem unilateralmente para adotar proteções, ocorre uma guerra comercial que deixa os dois em pior situação. As guerras comerciais não são tão sérias quanto as guerras com armas e bombas, mas evitá-las é similar ao problema de evitar conflito armado ou corridas armamentistas.

É óbvio que o Japão e os Estados Unidos precisam estabelecer um acordo (como um tratado) para absterem-se da proteção. Cada governo ficará em melhor situação se limitar sua própria ação de liberdade, desde que o outro país também limite sua liberdade de ação. Um tratado pode fazer com que todos fiquem em melhor situação.

Esse é um exemplo bastante simplificado. No mundo real existem muitos países e muitas gradações de política de comércio entre o livre comércio e a proteção total contra importações. Apesar disso, o exemplo sugere aos dois países que existe a necessidade de coordenar as políticas de comércio por meio de acordos internacionais e que tais acordos podem, de fato, fazer diferença. Na verdade, o sistema atual de comércio internacional está construído em torno de uma série de acordos internacionais.

Acordos comerciais internacionais: uma breve história

A redução de tarifas coordenada internacionalmente como uma política de comércio remonta à década de 1930. Em 1930, os Estados Unidos aprovaram uma lei de tarifa aduaneira extraordinariamente irresponsável, a Lei Smoot-Hawley. Sob essa lei, as alíquotas aumentaram de modo vertiginoso e o comércio americano caiu drasticamente. Alguns economistas argumentam que a Lei Smoot-Hawley ajudou a aprofundar a Grande Depressão. Dentro de poucos anos após a sua aprovação, o governo americano concluiu que as tarifas precisavam ser reduzidas, mas isso representava sérios problemas para a construção de coalizões políticas. Qualquer redução das tarifas enfrentaria a oposição de deputados cujos distritos tivessem empresas que produziam as mercadorias concorrentes, enquanto os benefícios seriam tão amplamente difundidos que poucos no Congresso poderiam ser mobilizados no outro lado. Para reduzir as alíquotas das tarifas, a redução precisaria ser acoplada a alguns benefícios concretos para os exportadores. A solução inicial para esse problema político foi a de negociações bilaterais de tarifas. Os Estados Unidos abordariam algum país que fosse um grande exportador de uma mercadoria (digamos, de açúcar) e ofereceria tarifas menores sobre o açúcar se o país baixasse suas tarifas sobre algumas exportações americanas. A atratividade do acordo para os exportadores americanos ajudou a combater o peso político dos interesses açucareiros. No país estrangeiro, a atratividade do acordo para os exportadores de açúcar compensaria a influência política dos interesses que concorriam com exportações. Essas negociações bilaterais ajudaram a reduzir a tarifa média sobre as importações americanas de 59%, em 1932, para 25% logo após a Segunda Guerra Mundial.

Entretanto, as negociações bilaterais aproveitam ao máximo a coordenação internacional. Para começar, os benefícios advindos da negociação bilateral podem se "transbordar"

CAPÍTULO 10 ■ A economia política da política de comércio **267**

para partes que não fizeram quaisquer concessões. Por exemplo, se os Estados Unidos reduzem as tarifas sobre o café devido a um acordo com o Brasil, a Colômbia também vai ganhar com um preço mundial maior do café. Além disso, alguns acordos vantajosos podem envolver intrinsecamente mais de dois parceiros: os Estados Unidos vendem mais para a Europa, a Europa vende mais para a Arábia Saudita, a Arábia Saudita vende mais para o Japão e o Japão vende mais para os Estados Unidos. Portanto, o próximo passo na liberalização do comércio internacional foi prosseguir para negociações multilaterais, envolvendo uma grande quantidade de países.

As negociações multilaterais começaram logo após o fim da Segunda Guerra Mundial. Originalmente, os diplomatas dos Aliados vitoriosos imaginaram que tais negociações aconteceriam sob os auspícios de um órgão proposto, chamado Organização Internacional de Comércio, paralelo ao Fundo Monetário Internacional e ao Banco Mundial (descrito na segunda metade deste livro). Em 1947, relutantes em esperar até que a OIC estivesse montada, um grupo de 23 países começou as negociações comerciais sob um conjunto de regras provisórias que ficou conhecido como **Acordo Geral sobre Tarifas Aduaneiras e Comércio (GATT**, do inglês General Agreement on Tariffs and Trade). A OIC acabou por nunca ser estabelecida, pois esbarrou em oposição política ferrenha, especialmente nos Estados Unidos. Assim, o acordo provisório acabou governando o comércio mundial pelos 48 anos seguintes.

Oficialmente, o GATT era um acordo e não uma organização. Os países participantes do acordo eram oficialmente designados como "partes contratantes" e não membros. Na prática, o GATT mantinha um "secretariado" permanente em Genebra, ao qual todos se referiam como "o GATT". Em 1995, a **Organização Mundial do Comércio (OMC**) foi estabelecida, finalmente criando a organização formal vislumbrada 50 anos antes. Entretanto, as regras do GATT permanecem em vigência, e a lógica básica do sistema permanece a mesma.

Uma forma de pensar sobre a abordagem GATT-OMC ao comércio é utilizar uma analogia mecânica: é como um dispositivo criado para empurrar um objeto pesado, a economia mundial, gradualmente para subir uma inclinação: o caminho para o livre comércio. Chegar lá exige tanto "alavancas" para empurrar o objeto na direção certa, quanto "catracas" que impedem o retrocesso.

A principal catraca no sistema é o processo de **vinculação**. Quando uma tarifa é "vinculada", o país que a impõe concorda em não aumentar a alíquota no futuro. Atualmente, quase todas as alíquotas tarifárias nos países desenvolvidos estão vinculadas, assim como três quartos das alíquotas nos países em desenvolvimento. Existe, porém, alguma margem de manobra nas tarifas vinculadas: um país pode aumentar uma tarifa se conseguir o consentimento de outros países, o que normalmente significa reduzir outras tarifas como forma de compensação. Na prática, a vinculação tem sido altamente efetiva, com pouco retrocesso nas tarifas ao longo dos últimos 50 anos.

Além de vincular as tarifas, o sistema GATT-OMC geralmente tenta impedir intervenções não tarifárias no comércio. Os subsídios à exportação não são permitidos, com uma importante exceção: na criação do GATT, os Estados Unidos insistiram em uma brecha para as exportações agrícolas, explorada em grande escala pela União Europeia desde então.

Como observamos anteriormente neste capítulo, a maior parte do custo real da proteção nos Estados Unidos vem de quotas de importação. O sistema GATT-OMC vigente estabelece um "direito adquirido" para as quotas de importação existentes, embora exista um esforço constante, e muitas vezes bem-sucedido, para removê-las ou convertê-las em tarifas. As novas quotas de importação geralmente são proibidas, exceto como medidas temporárias para lidar com "ruptura de mercado", um termo nebuloso, em geral interpretado como surtos de importações que ameaçam levar um setor da economia nacional à falência de uma hora para a outra.

A alavanca utilizada para fazer progressos é um processo um pouco estilizado, conhecido como **rodada de negociação**, no qual um grupo grande de países junta-se para negociar um conjunto de reduções de tarifa e outras medidas para liberalizar o comércio. Oito rodadas de negociação foram completadas desde 1947, sendo que a última delas – a Rodada

268 PARTE II ■ Política de comércio internacional

Uruguai, terminada em 1994 – estabeleceu a OMC. Em 2001, uma reunião na cidade de Doha, no Golfo Pérsico, inaugurou a nona rodada, mas apesar de muitos anos de negociações, esta nunca chegou a um acordo. Discutiremos as razões por trás desse fracasso mais à frente neste capítulo.

As cinco primeiras rodadas de negociação sob o GATT tomaram a forma de negociações bilaterais "paralelas", em que cada país negocia em pares com um determinado número de países de cada vez. Por exemplo, se a Alemanha oferecesse uma redução de tarifa que beneficiasse tanto a França quanto a Itália, poderia pedir aos dois países concessões recíprocas. A capacidade de fazer acordos mais extensos, junto com a recuperação econômica mundial da guerra, ajudou a permitir reduções substanciais das tarifas aduaneiras.

O sexto acordo comercial multilateral, conhecido como Rodada Kennedy, foi finalizado em 1967. Esse acordo envolveu uma redução geral de 50% nas tarifas dos principais países industriais, exceto para indústrias específicas cujas tarifas não foram modificadas. As negociações trataram de quais indústrias isentar, não da dimensão do corte para as indústrias que não receberiam o tratamento especial. No geral, a Rodada Kennedy reduziu as tarifas médias em torno de 35%.

A chamada Rodada Tóquio de negociações comerciais (finalizada em 1979) reduziu as tarifas por uma fórmula mais complexa que aquela da Rodada Kennedy. Além disso, novos códigos foram estabelecidos em um esforço para controlar a proliferação de barreiras não tarifárias, como as restrições voluntárias das exportações e os acordos de comercialização ordenada. Por fim, em 1994, uma oitava rodada de negociações, a chamada Rodada Uruguai, foi finalizada. As disposições daquela rodada foram aprovadas pelo Congresso americano após um debate acirrado. Descrevemos os resultados dessas negociações posteriormente.

A Rodada Uruguai

Grandes negociações de comércio internacional invariavelmente começam com uma cerimônia em algum local exótico e terminam com um cerimonial de assinaturas em outro. A oitava rodada das negociações comerciais globais realizada sob o GATT começou em 1986, com uma reunião no *resort* litoral de Punta del Este, no Uruguai (por isso o nome Rodada Uruguai). Os participantes, então, dirigiram-se para Genebra, onde participaram de anos de ofertas e contraofertas, ameaças e contra-ameaças e, acima de tudo, dezenas de milhares de horas de reuniões tão chatas que até o diplomata mais experiente tinha dificuldade em ficar acordado. A rodada tinha sido agendada para terminar em 1990, mas enfrentou sérias dificuldades políticas. No fim de 1993, as negociações finalmente produziram um documento básico que consistia em 400 páginas de acordos, junto com documentos suplementares que detalhavam os compromissos específicos dos países-membros no que diz respeito a determinados mercados e produtos, em torno de 22 mil páginas no total. O acordo foi assinado em Marrakesh, no Marrocos, em abril de 1994 e ratificado pelas principais nações (após controvérsias políticas amargas em alguns casos, incluindo os Estados Unidos) até o final daquele ano.

Como a extensão do documento sugere, os resultados finais da Rodada Uruguai não são fáceis de resumir. Os resultados mais importantes, entretanto, podem ser agrupados sob duas rubricas: liberalização do comércio e reformas administrativas.

Liberalização do comércio

A Rodada Uruguai, assim com as negociações anteriores do GATT, cortou taxas de tarifas ao redor do mundo. Os números podem parecer impressionantes: a tarifa média imposta por países desenvolvidos caiu quase 40% por causa da rodada. Entretanto, as alíquotas já estavam bem baixas. Na verdade, a alíquota média caiu de 6,3% para 3,9%, o suficiente para produzir somente um pequeno aumento no comércio mundial.

No entanto, mais importantes do que essa redução geral da tarifa foram os movimentos para liberalizar o comércio em dois setores fundamentais: agrícola e têxtil.

CAPÍTULO 10 ■ A economia política da política de comércio   **269**

O comércio mundial de produtos agrícolas tem sido altamente distorcido. O Japão é conhecido pelas restrições às importações que levam os preços internos do arroz, da carne e de outros alimentos a serem muitas vezes mais altos do que os preços do mercado mundial. Os subsídios massivos à exportação da Europa sob a Política Agrícola Comum foram descritos no Capítulo 9. No começo da Rodada Uruguai, os Estados Unidos tinham uma meta ambiciosa: o livre comércio de produtos agrícolas no ano 2000. O sucesso real foi muito mais modesto, mas, ainda assim, significativo. O acordo exigia que os exportadores agrícolas reduzissem o valor dos subsídios em 36% e o volume de exportações subsidiadas em 21% durante um período de seis anos. Países como o Japão, que protegem seus agricultores com quotas de importação, foram obrigados a substituir as quotas por tarifas que não poderiam ser aumentadas no futuro.

O comércio mundial de produtos têxteis e vestuário também era altamente distorcido pelo Acordo Multifibras, igualmente descrito no Capítulo 9. A Rodada Uruguai acabou com o AMF em um período de dez anos, eliminando todas as restrições quantitativas no comércio de produtos têxteis e vestuário. (Algumas tarifas altas continuaram em vigor.) Foi uma liberalização bem dramática – lembre-se, a maioria das estimativas sugeriam que a proteção de vestuário impunha um custo maior aos consumidores americanos do que todas as outras medidas protecionistas combinadas. Vale observar, entretanto, que a fórmula utilizada para a eliminação gradual do AMF protelava significativamente as mudanças: boa parte da liberalização foi adiada até 2003 e 2004, com o fim real das quotas apenas em 1º de janeiro de 2005.

Com certeza, o fim do AMF acelerou as exportações de vestuário da China. Por exemplo, em janeiro de 2005, a China enviou 27 milhões de pares de calças de algodão para os Estados Unidos, comparados com 1,9 milhão no ano anterior. E houve uma reação política feroz por parte dos produtores de vestuário nos Estados Unidos e na Europa. Embora novas restrições fossem impostas sobre as exportações chinesas de vestuário, essas seriam eliminadas gradualmente com o tempo; o comércio mundial de vestuário foi, de fato, praticamente liberalizado. Uma última ação comercial importante sob a Rodada Uruguai foi um novo conjunto de regras relacionadas às aquisições governamentais, compras que são feitas não por empresas privadas ou consumidores, mas por agências do governo. Tais aquisições sempre criaram mercados protegidos para diversos tipos de mercadorias, desde equipamentos de construção até veículos. (Lembre-se do estudo de caso sobre os caminhões importados no Capítulo 9.) A Rodada Uruguai definiu novas regras que deveriam abrir uma gama de contratos governamentais para produtos importados.

Reformas administrativas: do GATT à OMC

Boa parte da publicidade em torno da Rodada Uruguai e muito da controvérsia que gira em torno do sistema de comércio mundial desde então enfocam a criação de uma nova instituição, a Organização Mundial do Comércio. Em 1995, essa organização substituiu o secretariado *ad hoc* que administrava o GATT. Como veremos no Capítulo 12, a OMC tornou-se a organização que os oponentes da globalização amam odiar. Ela já foi acusada, tanto pela direita quanto pela esquerda, de agir como uma espécie de governo mundial que mina a soberania nacional.

Qual é a diferença entre a OMC e o GATT? De um ponto de vista jurídico, o GATT era um acordo provisório, ao passo que a OMC é uma organização internacional plena. Entretanto, a burocracia real continua pequena (uma equipe de 500 pessoas). Uma versão atualizada do texto original da GATT foi incorporada às regras da OMC. O GATT, no entanto, aplicava-se somente ao comércio de mercadorias; já o comércio mundial em serviços – isto é, coisas intangíveis como seguro, consultoria e serviços bancários – não estava sujeito a qualquer conjunto de regras acordadas. Como resultado, muitos países aplicavam regulamentações que discriminavam abertamente ou na prática fornecedores estrangeiros. O fato de o GATT ignorar o comércio de serviços tornou-se uma omissão cada vez mais

270 PARTE II ■ Política de comércio internacional

evidente, pois as economias modernas enfocam cada vez mais a produção de serviços em vez da produção de mercadorias físicas. Por isso o acordo da OMC inclui regras sobre o comércio de serviços (o Acordo Geral sobre o Comércio de Serviços [GATS]). Na prática, essas regras ainda não tiveram muito impacto no comércio de serviços. Seu principal propósito é servir como base para negociar rodadas de comércio futuras.

Além de uma ampla transição da produção de bens para a de serviços, os países desenvolvidos também vivenciaram uma mudança advinda de depender de capital físico para depender de "propriedade intelectual", que é protegida por patentes e direitos autorais. (Há trinta anos, a General Motors era a quintessência da corporação moderna, agora é a Apple ou o Google.) Portanto, definir a aplicação internacional de direitos de propriedade intelectual também se tornou uma grande preocupação. A OMC tenta assumir essa missão com o Acordo sobre Aspectos dos Direitos de Propriedade Intelectual Relacionados ao Comércio (TRIPS). A aplicação do TRIPS na indústria farmacêutica está no centro de um debate acalorado.

Contudo, o mais importante novo aspecto da OMC é geralmente reconhecido como seu processo de "resolução de disputas". Um problema básico surge quando um país acusa outro de violar as regras do sistema de comércio. Suponha, por exemplo, que o Canadá acuse os Estados Unidos de limitar de forma desleal as importações de madeira e os Estados Unidos neguem a acusação. O que acontece então?

Antes da OMC, existiam tribunais internacionais nos quais o Canadá podia apresentar seu caso, mas o procedimento tendia a arrastar-se por anos, até décadas. E mesmo quando uma decisão era publicada, não existia nenhuma forma de fazê-la valer. Isso não significava que as regras do GATT não tivessem efetividade: nem os Estados Unidos, nem os outros países queriam adquirir a reputação de país que zomba das leis, então faziam esforços consideráveis para manter suas ações "legais sob o GATT". Mas os casos limítrofes tendiam a ficar sem solução.

A OMC tem um procedimento muito mais formal e efetivo. Painéis de *experts* são selecionados para ouvir os casos, normalmente chegando a uma conclusão final em menos de um ano. Mesmo com os recursos, o procedimento não deve levar mais do que 15 meses.

Suponha que a OMC conclua que a nação, de fato, violou as regras, mas o país recusa-se a mudar sua política. Então o que acontece? A OMC por si própria não tem poderes para fazer com que isso se cumpra. O que ela pode fazer é conceder ao país que prestou queixa o direito de retaliar. Para utilizar nosso exemplo Canadá-Estados Unidos, o governo canadense poderia receber o direito de impor restrições nas exportações americanas sem que isso fosse considerado uma violação das regras da OMC.

A esperança e a expectativa são que poucas disputas cheguem tão longe. Em muitos casos, a ameaça de levar a disputa à OMC deveria levar a uma resolução; na grande maioria dos outros casos, os países aceitam a decisão da OMC e mudam suas políticas.

O quadro a seguir descreve um exemplo do procedimento de resolução de disputas da OMC em funcionamento: a disputa Estados Unidos-Venezuela sobre gasolina importada. Como explica o quadro, esse caso também se tornou um excelente exemplo para aqueles que acusam a OMC de minar a soberania nacional.

Benefícios e custos

É difícil estimar o impacto econômico da Rodada Uruguai. Para começar, pense na logística: para fazer uma estimativa, é preciso traduzir um documento imenso, recheado de um jargão impenetrável (juridiquês) para outro (economês), atribuir números para a tradução, então colocar tudo isso em um modelo de computador da economia mundial.

As estimativas mais amplamente citadas são aquelas do próprio GATT e da Organização para a Cooperação e o Desenvolvimento Econômico (OCDE), outra organização internacional (que consiste somente em países ricos e é sediada em Paris). As duas estimativas sugerem um ganho para a economia mundial como um todo de mais de 200 bilhões de

CAPÍTULO 10 ■ A economia política da política de comércio   **271**

SOLUCIONANDO UMA DISPUTA – E CRIANDO UMA

A primeira aplicação do novo procedimento de resolução de disputa da OMC também foi uma das mais controversas. Para os apoiadores da OMC, ela ilustra a efetividade do novo sistema. Para os oponentes, mostra que a organização é um obstáculo para importantes metas sociais, tal como proteger o meio ambiente.

O caso surgiu após os novos padrões sobre poluição de ar dos Estados Unidos. Esses padrões definiam regras para a composição química da gasolina vendida nos Estados Unidos. Um padrão uniforme claramente seria legal sob as regras da OMC. Entretanto, os novos padrões incluíam algumas brechas: as refinarias nos Estados Unidos, ou aquelas vendendo 75% ou mais de sua produção nos Estados Unidos, recebiam "linhas de base" que dependiam de seus níveis de poluentes de 1990. Essa disposição geralmente definia um padrão menos rigoroso do que aquele definido para a gasolina importada e, portanto, na prática, introduzia uma preferência pela gasolina das refinarias nacionais.

A Venezuela, que envia quantidades consideráveis de gasolina para os Estados Unidos, apresentou uma queixa contra as novas regras de poluição no começo de 1995. Ela argumentou que as regras violavam o princípio do "tratamento nacional", o qual diz que as mercadorias importadas deveriam estar sujeitas às mesmas regras que as mercadorias nacionais (de forma que a regulamentação não seja utilizada como forma indireta de protecionismo). Um ano depois, o painel apontado pela OMC decidiu em favor da Venezuela. Os Estados Unidos apelaram, mas o recurso foi rejeitado. Os Estados Unidos e a Venezuela então negociaram um novo conjunto de regras.

Em um nível, esse resultado foi uma demonstração da OMC fazendo exatamente o que deve fazer. Os Estados Unidos introduziram medidas que violavam claramente a letra de seus acordos comerciais; quando um país menor e menos influente apelou contra essas medidas, conseguiu resultados rápidos.

Por outro lado, os ambientalistas estavam compreensivelmente aborrecidos: a decisão da OMC, na prática, bloqueava uma medida que teria deixado o ar mais limpo. Além disso, ninguém questionava que as regras sobre poluição atmosférica tivessem sido promulgadas de boa fé – isto é, elas realmente tinham a intenção de reduzir a poluição do ar e não a de excluir exportações.

Os defensores da OMC apontam que os Estados Unidos claramente poderiam ter escrito uma regra que não discriminasse as importações. O fato de não terem feito isso foi uma concessão política para a indústria de refino, o que, na prática, constituía uma espécie de protecionismo. O máximo que se pode dizer é que as regras da OMC tornaram mais difícil para os ambientalistas americanos chegarem a um acordo com a indústria.

Na mitologia do movimento antiglobalização, que discutiremos no Capítulo 12, a intervenção da OMC contra os padrões de ar limpo tornou-se icônica: o caso é visto como um excelente exemplo de como a organização priva as nações de sua soberania, impedindo-as de seguir políticas social e ambientalmente responsáveis. A realidade do caso, entretanto, está longe de ser tão clara: se os Estados Unidos tivessem imposto uma regra "limpa" de ar limpo que não discriminasse entre as fontes, a OMC não teria recebido queixa alguma.

dólares anuais, aumentando a renda mundial em torno de 1%. Como sempre, há estimativas dissidentes dos dois lados. Alguns economistas afirmam que os ganhos estimados são exagerados, em especial porque as estimativas presumem que as exportações e importações reagem fortemente às novas medidas de liberalização. Uma minoria provavelmente maior de críticos argumenta que essas estimativas são baixas demais, por causa das razões "dinâmicas" discutidas anteriormente neste capítulo.

Em qualquer caso, é claro que a lógica tradicional da liberalização do comércio se aplica: os custos da Rodada Uruguai foram sentidos por grupos concentrados, muitas vezes bem organizados, enquanto os benefícios foram revertidos para amplas e difusas populações. O progresso na agricultura prejudicou as pequenas – mas influentes – populações de agricultores na Europa, no Japão e em outros países onde os preços da agricultura estavam muito acima dos níveis mundiais. Essas perdas foram muito mais do que compensadas pelos

272 PARTE II ▪ Política de comércio internacional

ganhos para os consumidores e contribuintes nesses países, mas como esses benefícios foram amplamente espalhados, ficaram quase imperceptíveis. De forma similar, a liberalização do comércio em têxteis e vestuário produziu um pouco de dor concentrada para os trabalhadores e as empresas nessas indústrias, compensada por ganhos consideravelmente maiores, mas muito menos visíveis, para os consumidores.

Dados esses fortes impactos distribucionais da Rodada Uruguai, é realmente extraordinário que tenham chegado a um acordo. Na verdade, depois do fracasso de não chegar nem perto de um acordo em 1990, muitos analistas começaram a dizer que o processo de negociação como um todo estava morto. O fato de um acordo ter sido alcançado, no final das contas, mesmo que em uma escala mais modesta do que originalmente esperado, pode ser atribuído a um conjunto interligado de cálculos políticos. Nos Estados Unidos, os ganhos para os exportadores agrícolas e os ganhos em perspectiva para os exportadores de serviços se o GATT abrisse a porta para a liberalização substancial ajudaram a compensar as reclamações da indústria de vestuário. Muitos países em desenvolvimento apoiaram a rodada por causa das novas oportunidades que ofereceriam às suas próprias exportações de têxteis e vestuário. Além disso, algumas das "concessões" negociadas sob o acordo eram desculpa para fazer mudanças políticas que aconteceriam eventualmente de qualquer forma. Por exemplo, o custo exorbitante da Política Agrícola Comum da Europa em tempos de déficit no orçamento tornava-a um alvo fácil para cortes, com ou sem acordo.

No entanto, um fator importante no sucesso final da rodada foi o medo do que aconteceria se ela fracassasse. Em 1993, correntes protecionistas estavam claramente em ascensão nos Estados Unidos e em outros lugares. Os negociadores de países que poderiam ter se recusado a seguir em frente com o acordo – como França, Japão e Coreia do Sul, nos quais poderosos *lobbies* agrícolas raivosamente se opunham à liberalização do comércio – temiam, portanto, que não concordar fosse perigoso. Isto é, eles temiam que uma rodada fracassada não significasse meramente a ausência de progresso, mas o retrocesso substancial no progresso feito em direção ao livre comércio durante as quatro décadas anteriores.

ESTUDO DE CASO

Teste de metal da OMC

Em março de 2002, o governo americano impôs tarifas aduaneiras de 30% sobre diversos produtos de aço importados. A razão oficial para essa ação foi que a indústria americana enfrentava um surto nas importações e precisava de tempo para se reestruturar. Mas a razão real, quase todo mundo concordava, era política: esperava-se que West Virginia, Ohio e Pensilvânia, onde a indústria do aço estava concentrada, fossem estados críticos na eleição de 2004, que poderiam oscilar entre os dois partidos que dominam a política americana.

A Europa, o Japão, a China e a Coreia do Sul moveram uma ação contra a tarifa americana sobre aço na OMC, afirmando que a ação dos EUA era ilegal. Em julho de 2003, o painel da OMC concordou, decidindo que a ação americana não tinha justificativa. Muitos observadores consideraram a resposta dos Estados Unidos a essa decisão um teste crucial para a credibilidade da OMC: o governo da nação mais poderosa do mundo realmente permitiria que uma organização internacional lhe mandasse retirar uma tarifa importante politicamente? Falava-se até em uma guerra comercial iminente.

Na verdade, os Estados Unidos obedeceram à decisão e suspenderam as tarifas sobre o aço em dezembro de 2003. A explicação oficial para a decisão foi de que as tarifas tinham servido a seu propósito. Apesar disso, muitos observadores acreditaram que a motivação principal tenha sido uma ameaça da União Europeia, que naquele momento tinha recebido a liberação para uma ação retaliadora e estava pronta para impor tarifas

CAPÍTULO 10 ■ A economia política da política de comércio

aduaneiras em mais de dois bilhões de dólares em exportações americanas. (Os europeus, que entendem de política tanto quanto os Estados Unidos, miraram suas tarifas em mercadorias produzidas – adivinhe onde – nos estados que alternam entre os dois grandes partidos políticos americanos.)

Então a OMC passou por um grande teste. Ainda assim, uma coisa é os Estados Unidos se submeterem a uma queixa da União Europeia, que é uma superpotência econômica cuja economia tem mais ou menos o tamanho da americana. A próxima questão é o que acontecerá quando a OMC decidir em favor de economias menores contra potências econômicas como os Estados Unidos e a UE.

Em março de 2005, em uma decisão histórica, a OMC concordou com a queixa brasileira de que os subsídios americanos para os produtores de algodão eram ilegais. Os Estados Unidos disseram que cumpririam a decisão e eliminariam os subsídios, mas em 2009 tinham feito somente mudanças parciais para cumprir a decisão. Nesse ponto, a OMC autorizou o Brasil a retaliar com substanciais sanções às exportações americanas. Em 2010, no entanto, o Brasil retirou a sua queixa – não porque os Estados Unidos eliminaram os seus subsídios, mas porque os dois países firmaram um acordo paralelo pelo qual o Brasil receberia centenas de milhões de dólares como forma de compensação. Foi um exemplo perturbador de como os interesses especiais podem ser poderosos.

O fim dos acordos de comércio?

A nona grande rodada de negociações de comércio mundial começou em 2001, com uma cerimônia na cidade de Doha, no Golfo Pérsico. Como observado, entretanto, os participantes não chegaram a um acordo.

É importante entender que o fracasso da Rodada Doha não desfaz o progresso alcançado nas negociações comerciais anteriores. Lembre-se de que o sistema de comércio mundial é uma combinação de "alavancas" (negociações internacionais de comércio que impulsionam a liberalização do comércio para a frente) e "catracas", principalmente a prática de tarifas vinculantes, que previnem o retrocesso. As alavancas parecem ter falhado na última rodada de negociação, mas as catracas não foram derrubadas: as reduções nas alíquotas tarifárias que ocorreram nas últimas oito rodadas ainda permanecem em vigor. Como resultado, o comércio mundial permanece muito mais livre do que em qualquer outro ponto da história moderna.

Na verdade, o fracasso de Doha deve muito ao sucesso das negociações comerciais anteriores. Como as negociações anteriores foram tão bem-sucedidas em reduzir as barreiras ao comércio, as barreiras remanescentes são relativamente baixas, de modo que os ganhos com novas liberalizações do comércio são modestos. De fato, as barreiras ao comércio na maioria das mercadorias manufaturadas, com exceção do vestuário e de produtos têxteis, são mais ou menos irrelevantes. A maioria dos ganhos potenciais advindos do avanço na direção do comércio mais livre viria da redução de tarifas aduaneiras e dos subsídios à exportação na agricultura, que foi o último setor a ser liberalizado, pois é o mais sensível politicamente.

A Tabela 10.4 ilustra esse ponto. Ela mostra uma estimativa do Banco Mundial de onde vêm os ganhos de bem-estar da "liberalização completa", isto é, a eliminação de todas as barreiras remanescentes ao comércio e os subsídios à exportação, e como eles seriam distribuídos entre os países. No mundo moderno, os produtos agrícolas representam menos de 10% do total do comércio internacional. Ainda assim, de acordo com a estimativa do Banco Mundial, a liberalização do comércio agrícola produziria 63% do total de ganhos mundiais advindos do livre comércio para o mundo como um todo. E esses ganhos são muito difíceis

274 PARTE II ■ Política de comércio internacional

TABELA 10.4	Distribuição de porcentagem dos possíveis ganhos com o livre comércio			
	Liberalização completa de:			
Economia	Agricultura e alimentos	Têxteis e vestuário	Outras mercadorias	Todas as mercadorias
Desenvolvidos	46	6	3	55
Em desenvolvimento	17	8	20	45
Todos	63	14	23	100

Fonte: Kym Anderson e Will Martin. "Agricultural Trade Reform and the Doha Agenda", *The World Economy*, v. 28, p. 1301-1327, set. 2005.

de concretizar. Como já descrevemos, os agricultores nos países ricos são extremamente eficazes em obter favores do processo político.

As propostas que chegaram mais perto de serem aceitas na Rodada Doha, na verdade, ficaram muito aquém da liberalização completa. Como resultado, os ganhos possíveis mesmo de uma rodada bem-sucedida teriam sido relativamente pequenos. A Tabela 10.5 mostra as estimativas do Banco Mundial dos ganhos de bem-estar, como uma porcentagem da renda, sob dois cenários de como Doha poderia ter concluído: um cenário "ambicioso", que seria muito difícil de ser alcançado, e um cenário "menos ambicioso", no qual os setores "sensíveis" teriam sido poupados de uma liberalização mais profunda. Os ganhos para o mundo como um todo, mesmo no cenário ambicioso, teriam sido de somente 0,18% do PIB. No cenário mais plausível, os ganhos teriam sido menos de um terço desse valor. Para países de rendas média e baixa, os ganhos teriam sido ainda menores. (Por que a China teria, na verdade, saído perdendo? Porque, como veremos no quadro sobre subsídios agrícolas, o país teria acabado pagando preços altos por produtos agrícolas importados).

OS SUBSÍDIOS AGRÍCOLAS PREJUDICAM O TERCEIRO MUNDO?

Uma das maiores reclamações dos países em desenvolvimento durante a rodada de negociações de Doha foi sobre a existência contínua de grandes subsídios à exportação e produção agrícola nos países ricos. O subsídio americano ao algodão, que reduz os preços mundiais e, portanto, prejudica os produtores de algodão da África Ocidental, é o exemplo mais citado.

Mas aprendemos no Capítulo 9 que um subsídio à exportação normalmente aumenta o bem-estar do país importador, que pode comprar mercadorias de forma mais barata. Então os subsídios à exportação dos países ricos não deveriam, na verdade, ajudar os países mais pobres?

A resposta é que, em muitos casos, eles ajudam. As estimativas mostradas na Tabela 10.5 indicam que uma Rodada Doha bem-sucedida teria, na verdade, prejudicado a China. Por quê? Porque a China, que exporta mercadorias manufaturadas e importa alimentos e outros produtos agrícolas, seria prejudicada com a remoção dos subsídios agrícolas.

E não é só a China que pode realmente se beneficiar dos subsídios à exportação dos países ricos. Alguns agricultores do Terceiro Mundo são prejudicados pelos baixos preços das exportações de alimentos subsidiadas da Europa e dos Estados Unidos, mas a população urbana do Terceiro Mundo se beneficia, e também os agricultores que produzem mercadorias, como o café, que não competem com produtos subsidiados.

A África é um bom exemplo. Um levantamento de estimativas dos efeitos prováveis da Rodada Doha sobre as nações africanas de baixa renda descobriu que, na maioria dos casos, a situação dos países africanos, na verdade, pioraria, pois os efeitos negativos de preços altos de alimentos mais do que compensariam os ganhos obtidos pelos preços altos para culturas como o algodão.

CAPÍTULO 10 ■ A economia política da política de comércio **275**

TABELA 10.5	Porcentagem de ganhos em renda sob dois cenários de Doha	
	Ambiciosa	**Menos ambiciosa**
Renda alta	0,20	0,05
Renda média	0,10	0,00
China	−0,02	−0,05
Baixa renda	0,05	0,01
Mundo	0,18	0,04

Fonte: Veja a Tabela 10.4.

A pequenez dos números na Tabela 10.5 ajuda a explicar por que a rodada falhou. Os países pobres não enxergaram grandes vantagens para si nas propostas e pressionaram por concessões muito maiores dos países ricos. Os governos dos países ricos, por sua vez, recusaram-se a assumir o risco político de enfrentar grupos de interesse poderosos, especialmente os agricultores, sem algo em troca – e os países pobres não estavam dispostos a oferecer grandes cortes em suas tarifas remanescentes, o que poderia ter sido suficiente.

Acordos de comércio preferencial

Todos os acordos de comércio internacional que descrevemos até agora envolveram uma redução "não discriminatória" nas alíquotas de tarifas. Por exemplo, quando os Estados Unidos concordam com a Alemanha em baixar sua tarifa aduaneira sobre maquinário importado, a nova alíquota é aplicada ao maquinário de qualquer nação, não somente às importações da Alemanha. Tal não discriminação é normal na maioria das tarifas aduaneiras. De fato, os Estados Unidos concedem a muitos países o *status* formalmente conhecido como "nação mais favorecida" (NMF), uma garantia de que seus exportadores pagarão tarifas aduaneiras que não são mais altas do que as da nação que paga a menor tarifa. Todos os países que recebem *status* de NMF, portanto, pagam as mesmas alíquotas. As reduções das tarifas aduaneiras sob o GATT sempre (só com uma importante exceção) são feitas na base da NMF.

Contudo, existem alguns casos importantes nos quais as nações estabelecem **acordos de comércio preferencial**, pelos quais as tarifas que aplicam aos produtos um do outro são menores do que as alíquotas sobre os mesmos produtos que vêm de outros países. Em geral, o GATT proíbe tais acordos, mas faz uma exceção um tanto estranha: é contra as regras o país A ter tarifas aduaneiras menores sobre as importações do país B do que sobre as importações do país C, mas é aceitável se os países B e C concordarem em ter zero tarifas sobre os produtos um do outro. Isto é, o GATT proíbe os acordos de comércio preferencial no geral, considerados uma violação do princípio de NMF, mas permite-os se resultarem no livre comércio entre os países.[7]

No geral, dois ou mais países que concordam em estabelecer o livre comércio podem fazê-lo de uma das duas formas. Podem estabelecer uma **zona de livre comércio** na qual as mercadorias de cada país podem ser enviadas para o outro sem tarifas aduaneiras, mas na

---

[7] A lógica aqui parece ser jurídica, não econômica. É permitido que as nações tenham livre comércio dentro de suas fronteiras: ninguém insiste que o vinho californiano pague a mesma tarifa aduaneira que o vinho francês quando é mandado para Nova York. Isto é, o princípio do MFN não se aplica dentro de unidades políticas. Mas o que é uma unidade política? Para contornar essa questão potencialmente espinhosa, o GATT permite que qualquer grupo de economias faça o que os países fazem e estabeleça o livre comércio dentro de algumas fronteiras definidas.

PARTE II ■ Política de comércio internacional

qual definem tarifas aduaneiras contra o mundo exterior de forma independente. Ou podem estabelecer uma **união aduaneira** na qual devem chegar a um acordo sobre as alíquotas da tarifa.

O Acordo de Livre Comércio da América do Norte (Nafta), que estabelecia o livre comércio entre Canadá, Estados Unidos e México, criou uma zona de livre comércio: não havia nenhuma exigência no acordo de que, por exemplo, o Canadá e o México cobrassem a mesma alíquota sobre produtos têxteis da China. Alguns detalhes desse acordo foram renegociados recentemente e ele foi rebatizado de Acordo Estados Unidos-México-Canadá (USMCA). Contudo, a estrutura básica do acordo permanece a mesma: os três países formam uma zona de livre comércio, não uma união aduaneira.

A União Europeia, por outro lado, é uma união aduaneira completa. Todos os países devem concordar em cobrar a mesma tarifa sobre cada mercadoria importada. Cada sistema tem tanto vantagens quanto desvantagens. Elas são discutidas no quadro a seguir.

Sujeita às qualificações mencionadas anteriormente neste capítulo, a redução de tarifa aduaneira é uma coisa boa que aumenta a eficiência econômica. À primeira vista, pode parecer que reduções preferenciais de tarifa aduaneira também são boas, mesmo que não tanto quanto uma redução geral das tarifas. Afinal, meio pão não é melhor do que pão nenhum?

Talvez, surpreendentemente, essa conclusão seja otimista demais. É possível que um país piore a sua situação ao entrar para uma união aduaneira. A razão pode ser ilustrada por um exemplo hipotético utilizando a Grã-Bretanha, a França e os Estados Unidos. Os Estados Unidos são um produtor de trigo de custo baixo (US$ 4 por alqueire), a França é um produtor de custo médio (US$ 6 por alqueire) e a Grã-Bretanha é um produtor de custo alto (US$ 8 por alqueire). Tanto a Grã-Bretanha quanto a França mantêm tarifas aduaneiras contra todas as importações de trigo. Se a Grã-Bretanha forma uma união aduaneira com a França, a tarifa contra o trigo francês, mas não contra o americano, será abolida. Isso é bom ou ruim para a Grã-Bretanha? Para responder a essa pergunta, considere dois casos.

Primeiro, suponha que a tarifa britânica inicial seja alta o suficiente para excluir as importações de trigo tanto da França quanto dos Estados Unidos. Por exemplo, com uma tarifa aduaneira de US$ 5 por alqueire, custaria US$ 9 importar o trigo americano e US$ 11 importar o trigo francês, então os consumidores britânicos comprariam o trigo britânico por US$ 8. Quando a tarifa aduaneira sobre o trigo francês é eliminada, as importações da França substituirão a produção britânica. Do ponto de vista britânico, é um ganho, pois custa US$ 8 para produzir um alqueire de trigo nacionalmente, enquanto a Grã-Bretanha só precisa produzir US$ 6 em valor de mercadorias de exportação para pagar por um alqueire de trigo francês.

Por outro lado, suponha que a tarifa aduaneira fosse menor, por exemplo, US$ 3 por alqueire, de forma que antes de entrar na união aduaneira, a Grã-Bretanha comprava seu trigo dos Estados Unidos (a um custo de US$ 7 por alqueire para o consumidor) em vez de produzir seu próprio trigo. Quando a união aduaneira é formada, os consumidores comprarão trigo francês por US$ 6 em vez de trigo americano por US$ 7. Então as importações de trigo dos Estados Unidos cessarão. Entretanto, o trigo americano é realmente mais barato do que o trigo francês. Os US$ 3 de imposto que os consumidores britânicos devem pagar sobre o trigo americano retornam para o governo britânico em forma de receita e, portanto, não são um custo líquido para a economia britânica. A Grã-Bretanha terá de dedicar mais recursos às exportações para pagar pelo trigo que importa e ficará em pior situação, não em melhor.

Essa possibilidade de perda é outro exemplo da teoria do segundo melhor. Imagine que a Grã-Bretanha inicialmente tinha duas políticas que distorcem incentivos: uma tarifa aduaneira contra o trigo americano e uma tarifa aduaneira contra o trigo francês. Embora pareça que a tarifa aduaneira contra o trigo francês distorça os incentivos, ela pode, na verdade, ajudar a compensar a distorção de incentivos resultantes da tarifa aduaneira contra os Estados Unidos ao encorajar o consumo do trigo americano, que é mais barato. Portanto, retirar a tarifa aduaneira do trigo francês pode, de fato, reduzir o bem-estar.

CAPÍTULO 10 ▪ A economia política da política de comércio **277**

Voltando aos nossos dois casos, repare que a Grã-Bretanha ganha se a formação de uma união aduaneira resulta em novo comércio (o trigo francês substituindo a produção nacional), enquanto perde se o comércio dentro da união aduaneira simplesmente substitui o comércio com países de fora da união. Na análise dos acordos de comércio preferenciais, o primeiro caso é chamado de **criação de comércio**, enquanto o segundo é chamado de **desvio de comércio**. Se uma união aduaneira é desejável ou não, depende se leva principalmente à criação de comércio ou ao desvio de comércio.

ZONA DE LIVRE COMÉRCIO *VERSUS* UNIÃO ADUANEIRA

A diferença entre uma zona de livre comércio e uma união aduaneira é, em resumo, que a primeira é politicamente simples, apesar de ser uma dor de cabeça administrativa, enquanto a segunda é o oposto.

Primeiro, considere o caso de uma união aduaneira. Uma vez que tal união é estabelecida, a administração das tarifas é relativamente fácil: as mercadorias devem pagar tarifas aduaneiras quando cruzam a fronteira da união, mas daí em diante podem ser transportadas livremente entre os países. Uma carga que é descarregada em Marselha ou Roterdã deve pagar as tarifas lá, mas não terá cobranças adicionais se for de caminhão para Munique. Entretanto, para fazer esse simples sistema funcionar, os países devem concordar com as alíquotas da tarifa, que deve ser a mesma independentemente de a carga ser descarregada em Marselha, Roterdã ou até mesmo em Hamburgo. Sem isso, os importadores escolherão o ponto de entrada que minimiza suas taxas. Então, uma união aduaneira requer que a Alemanha, a França, a Holanda e todos os outros países concordem em cobrar as mesmas tarifas aduaneiras. Não é fácil: os países, na verdade, estão cedendo parte de sua soberania para uma entidade supranacional, a União Europeia.

Isso é possível na Europa por diversas razões, incluindo a crença de que a união da economia vai ajudar a consolidar a aliança política pós-guerra entre as democracias europeias. (Um dos fundadores da União Europeia brincou uma vez que ergueria uma estátua de Joseph Stalin, sem cuja ameaça a União nunca teria sido criada.) Mas em outros lugares faltam essas condições. As três nações que formaram o Nafta, agora rebatizado de USMCA, teriam muita dificuldade em ceder controle sobre tarifas aduaneiras para qualquer órgão supranacional. No mínimo, seria difícil imaginar qualquer acordo que daria a devida importância para os interesses americanos sem, na prática, permitir que os EUA ditassem a política de comércio do Canadá e do México. O USMCA, portanto, enquanto permite que as mercadorias mexicanas entrem nos Estados Unidos sem tarifas e vice-versa, não obriga o México e os Estados Unidos a adotarem uma tarifa externa comum sobre mercadorias que importam de outros países.

Isso, entretanto, levanta um problema diferente. Sob o USMCA, uma camiseta feita por trabalhadores mexicanos pode ser levada para os Estados Unidos livremente. Mas suponha que os Estados Unidos queiram manter tarifas aduaneiras altas sobre camisetas importadas de outros países, enquanto o México não impõe tarifas similares. O que impede alguém de enviar uma camiseta, digamos, de Bangladesh para o México, depois colocá-la em um caminhão com destino a Chicago?

A resposta é que embora os Estados Unidos e o México tenham livre comércio, as mercadorias enviadas do México para os Estados Unidos devem passar por inspeções alfandegárias. E elas podem entrar nos Estados Unidos sem tarifas somente se tiverem documentos provando que são de fato mercadorias mexicanas e não importações transbordadas de países terceiros.

Mas o que é uma camiseta mexicana? Se uma camiseta vem de Bangladesh, mas os mexicanos costuram os botões, isso faz dela uma camiseta mexicana? Provavelmente não. Mas se tudo, exceto os botões, foi feito no México, então provavelmente ela deve ser considerada mexicana. A questão é que administrar a zona de livre comércio que não é uma união aduaneira requer não só que os países continuem a verificar as mercadorias na fronteira, mas que especifiquem um conjunto elaborado de "regras de origem" para determinar se uma mercadoria tem ou não permissão para atravessar a fronteira sem pagar a tarifa.

Como resultado, os acordos de livre comércio impõem uma grande carga de papelada, o que pode ser um obstáculo significativo para o comércio, mesmo quando tal comércio é, em princípio, livre.

278 PARTE II ■ Política de comércio internacional

BREXIT

A União Europeia teve início em 1957, na forma do Mercado Comum, uma união aduaneira entre seis nações. Desde então, a UE é o maior exemplo mundial de como uma união aduaneira pode funcionar – e, durante quase meio século, foi uma história de sucesso absoluta. Com o tempo, a integração econômica da Europa se ampliou e se aprofundou; em outras palavras, mais países se uniram à união aduaneira, e a gama de atividades nas quais a Europa está unida expandiu-se. Em 2016, no entanto, a União Europeia sofreu um baque chocante: a Grã-Bretanha realizou um referendo sobre permanecer ou deixar a união, proposta que veio a ser conhecida pelo nome "Brexit" (de *British exit*, "saída britânica"), e uma pequena maioria do público votou por sair da UE.

O que aconteceu? Provavelmente não foi uma questão de comércio de bens e serviços; ou seja, o problema não era a união aduaneira. Em vez disso, houve uma reação contra as maneiras pelas quais a Europa tentou se tornar algo maior do que uma união aduaneira, um esforço simbolizado pela mudança de nome que transformou o Mercado Comum em União Europeia.

Mais especificamente, em 1992, o grupo que então era chamado de Comunidade Econômica Europeia estabeleceu novas regras para harmonizar as regulamentações e, possivelmente mais importante, garantir o livre trânsito de pessoas entre os países-membros. No início, a medida pareceu não causar grandes problemas. Após 2004, no entanto, a União também passou por expansões significativas e acrescentou diversos países ex-comunistas da Europa Oriental. Esses países são relativamente pobres; por exemplo, a renda *per capita* na Romênia e na Bulgária é de menos de metade da britânica. O resultado foi que números significativos de trabalhadores começaram a migrar para os países mais ricos da Europa.

Nos países que recebem essa migração, há uma forte percepção de que os imigrantes têm um efeito adverso nos cidadãos nativos: roubam seus empregos, sobrecarregam os serviços públicos, etc. A maior parte das análises econômicas sugere que essa percepção exagera, e muito, a realidade, e não leva em consideração os benefícios dos trabalhadores adicionais. Contudo, não é difícil enxergar por que essas afirmações são bem recebidas pelo público, especialmente quando consideramos a queda dos salários da classe trabalhadora. Junto com o medo de que a identidade nacional estaria sendo minada, isso criou as condições para uma reação populista.

Na época da redação deste livro, diversas questões, desde a situação da fronteira com a Irlanda até os direitos pesqueiros, ainda não haviam sido resolvidas, então não era claro qual seria a forma das relações econômicas futuras dentro da Europa. O que a história da Brexit deixa claro, no entanto, é que a economia política da política econômica internacional continua a ser difícil e que não podemos imaginar que a tendência histórica de redução das barreiras à integração econômica seja irreversível.

ESTUDO DE CASO

Desvio de comércio na América do Sul

Em 1991, quatro nações sul-americanas, Argentina, Brasil, Paraguai e Uruguai, formaram uma área de livre comércio conhecida como Mercosul. O pacto teve efeito imediato e dramático no comércio: em quatro anos, o valor do comércio entre as nações triplicou. Os líderes da região orgulhosamente proclamaram o Mercosul como um grande sucesso, parte de um pacote de reforma econômica ainda mais amplo.

O Mercosul claramente foi bem-sucedido em aumentar o comércio intrarregional, mas a teoria das áreas de comércio preferencial nos diz que isso não é necessariamente uma coisa boa: se um novo comércio veio à custa do comércio que, de outra maneira, aconteceria com o resto do mundo – isto é, se o pacto desviou o fluxo do comércio em vez de criá-lo –, isso pode ter, na verdade, reduzido o bem-estar. E como esperado, em 1996, um estudo preparado pelo economista-chefe de comércio do Banco Mundial concluiu que embora o Mercosul tenha tido sucesso em aumentar o comércio regional (ou melhor, porque esse sucesso veio à custa de outros comércios), o efeito líquido nas economias envolvidas provavelmente tenha sido negativo.

Em essência, o relatório argumentava que, devido ao Mercosul, os consumidores nos países-membros estavam sendo induzidos a comprar mercadorias produzidas de forma mais cara pelos países vizinhos do que mercadorias mais baratas, mas fortemente tarifadas, de outros países. Em especial, por causa do Mercosul, a indústria automobilística brasileira, altamente protegida e um tanto ineficiente, na prática adquirira um mercado cativo na Argentina, substituindo as importações de outros lugares, assim como o nosso exemplo no qual o trigo francês tirou o lugar do trigo americano no mercado britânico. "Esses achados", conclui o rascunho inicial do relatório, "parecem constituir a evidência mais convincente e perturbadora jamais produzida em relação aos potenciais efeitos adversos dos acordos de comércio regional".

Mas isso não é o que o relatório final e publicado diz. O rascunho inicial vazou para a imprensa e gerou uma chuva de protestos dos governos do Mercosul, principalmente do Brasil. Sob pressão, primeiro o Banco Mundial atrasou a publicação do relatório, então, eventualmente, lançou a versão que incluía uma série de ressalvas. Ainda assim, mesmo na versão publicada, o relatório apresenta uma defesa relativamente forte da ideia de que o Mercosul, se não é contraprodutivo por completo, ainda assim produziu uma quantidade considerável de desvio de comércio.

A Parceria Transpacífica

No início de 2016, negociadores de doze países do Círculo do Pacífico, incluindo os Estados Unidos, mas não a China, concordaram com a proposta de um novo acordo econômico, batizado de Parceria Transpacífica (TPP, do inglês Trans-Pacific Partnership). Em certos aspectos, a TPP lembrava acordos de comércio anteriores, e os negociadores pareciam esperar que a proposta seguisse a mesma trajetória que esforços anteriores, como a Rodada Uruguai ou o Nafta. Em outras palavras, a expectativa era de que haveria bastante controvérsia, mas que o interesse econômico levaria as nações envolvidas a ratificá-lo.

Mas a TPP acabou não chegando a lugar nenhum. Um dos motivos foi a reação geral contra a globalização, que discutiremos em mais detalhes no Capítulo 12. Mas outro motivo é que a TPP possivelmente não pudesse ser considerada um acordo de comércio no sentido tradicional do termo. Em outras palavras, ela não trabalhava muito no sentido de reduzir tarifas ou eliminar quotas de importação, em grande parte porque acordos anteriores haviam eliminado muitas das barreiras convencionais ao comércio.

Mas o que a TPP fazia, então? Um aspecto importante era o fortalecimento dos "direitos de propriedade intelectual", a capacidade de proteger patentes e direitos autorais em nível internacional. Outro aspecto era a "arbitragem de litígios investidor-Estado", que tratava de disputas entre empresas privadas e governos nacionais. A TPP teria criado painéis especiais, com representantes de ambos os setores, para resolver essas disputas.

Seria possível defender ambos os aspectos do acordo, que poderiam oferecer às empresas a garantia de um tratamento justo e promover o comércio e os investimentos. Também seria possível apresentar um argumento razoável contra o acordo, no entanto, segundo o qual a TPP reforçaria os interesses corporativos em detrimento dos trabalhadores; por exemplo, as empresas farmacêuticas teriam maior facilidade para cobrar preços altos. O importante não

280 PARTE II ▪ Política de comércio internacional

é que um lado estava certo e o outro, errado, e sim que a lógica simples do livre comércio não nos ajudaria a decidir se a TPP era ou não desejável.

Essa confusão, aliada ao ceticismo crescente em relação ao comércio internacional em geral, fez com que convencer o público sobre a importância da TPP fosse praticamente impossível. E o fracasso aparente da TPP, assim como da Rodada Doha, somou-se à sensação de que os grandes acordos de comércio viraram coisa do passado.

RESUMO

- Apesar de poucos países praticarem o livre comércio, a maioria dos economistas continua a tratá-lo como uma política desejável. Essa defesa baseia-se em três linhas de argumento. Primeiro, temos uma defesa formal dos ganhos de eficiência do livre comércio, que é simplesmente a análise da relação custo-benefício da política de comércio lida ao contrário. Segundo, muitos economistas acreditam que o livre comércio produz ganhos adicionais que vão além dessa análise formal. Por fim, dada a dificuldade em traduzir análises econômicas complexas em políticas reais, mesmo aqueles que não enxergam o livre comércio como a melhor política imaginável veem-na como uma regra útil.

- Existe um caso intelectualmente respeitável para desviar do livre comércio. Um argumento que é claramente válido em princípio é o de que os países podem melhorar seus termos de troca por meio de tarifas aduaneiras e taxas de exportação melhores. Entretanto, na prática, esse argumento não é muito importante. Os países pequenos não têm muita influência em seus preços de importação e exportação, então não podem utilizar tarifas aduaneiras ou outras políticas para fortalecer seus termos de troca. Os países maiores, por outro lado, podem influenciar seus termos de troca, mas ao imporem tarifas aduaneiras, correm o risco de romper acordos comerciais e provocar retaliação.

- O outro argumento para desviar do livre comércio apoia-se nas falhas de mercado interno. Se algum mercado nacional, como o mercado de trabalho, deixa de funcionar da forma correta, desviar do livre comércio pode, às vezes, ajudar a reduzir as consequências desse mau funcionamento. A teoria do segundo melhor afirma que se um mercado falha em trabalhar corretamente, já não é melhor para o governo abster-se de intervenção em outros mercados. A tarifa aduaneira pode aumentar o bem-estar se existe um benefício social marginal para a produção de uma mercadoria que não é capturada pelas medidas do excedente do produtor.

- Apesar de falhas de mercado serem provavelmente comuns, o argumento de falha de mercado interno não deveria ser aplicado livremente. Primeiro, é um argumento para políticas nacionais em vez de políticas de comércio. As tarifas aduaneiras são sempre uma "segunda melhor" forma, inferior, de compensar a falha de mercado interno, que é sempre mais bem tratada em sua fonte. Segundo, é difícil analisar bem o suficiente a falha de mercado para ter certeza da recomendação da política apropriada.

- Em 2004, os Estados Unidos assinaram um acordo de livre comércio com diversos países centro-americanos e a República, chamado de CAFTA-DR. Esperava-se que o acordo aumentasse as exportações de vestuário desses países, que até então sofriam com a concorrência crescente da Ásia. Pressupondo que o acordo funcionou nesse sentido, o que isso diria sobre o seu impacto econômico geral?

- Um tema importante da eleição presidencial americana de 2016 foi a reação contra os acordos de comércio em geral; uma parcela significativa do eleitorado estava convencida de que os acordos comerciais americanos se resumiam a uma entrega da soberania e que os Estados Unidos deveriam parar de atar as próprias mãos e adotar as políticas comerciais que melhor atendessem os seus próprios interesses. Como você responderia a essa declaração?

- Apesar de ter ocorrido progresso no sentido de liberalização do comércio por meio de acordos bilaterais durante a década de 1930, desde a Segunda Guerra Mundial, a

CAPÍTULO 10 ■ A economia política da política de comércio **281**

coordenação internacional tem ocorrido principalmente por meio de acordos multilaterais sob os auspícios do Acordo Geral sobre Tarifas Aduaneiras e Comércio. O GATT, que compreende uma burocracia e um conjunto de regras de conduta, é a instituição central do sistema de comércio internacional. O mais recente acordo mundial do GATT também estabeleceu uma nova entidade, a OMC, para monitorar e garantir a execução dos acordos.

■ Além da redução global em tarifas aduaneiras que tem acontecido por meio de negociações multilaterais, alguns grupos de países negociaram acordos de comércio preferencial pelos quais eles diminuem as tarifas aduaneiras em relação uns aos outros, mas não em relação ao resto do mundo. São permitidos dois tipos de acordos de comércio preferencial sob o GATT: uniões aduaneiras, nas quais os membros do acordo definem tarifas aduaneiras externas comuns; e as áreas de livre comércio, nas quais os membros não cobram tarifas aduaneiras sobre os produtos uns dos outros, mas definem suas próprias taxas de tarifa aduaneira contra o resto do mundo. Os dois tipos de acordos têm efeitos ambíguos no bem-estar econômico. Se juntar-se a tal acordo resulta na substituição do alto custo nacional de produção ao importar de outros membros do acordo (o caso da criação de comércio), o país ganha. Mas se juntar-se ao acordo resulta na substituição de importações de baixo custo de fora da zona por mercadorias de alto custo das nações-membro (o caso do desvio de comércio), o país perde.

■ A produção de produtos de alta tecnologia, como *smartphones*, depende criticamente do uso de "terras raras", um pequeno grupo de metais exóticos. Por coincidência, a China domina a produção de terras raras; dada a possibilidade de tensões internacionais, há quem defenda a adoção de políticas especiais para incentivar a produção de terras raras nos Estados Unidos. Esse argumento tem justificativa em termos econômicos? Como a justificativa se encaixaria com a análise deste capítulo?

TERMOS-CHAVE

Acordo Geral sobre Tarifas Aduaneiras e Comércio (GATT), p. 267
acordos de comércio preferencial, p. 275
argumento da eficiência para o livre comércio, p. 251
argumento dos termos de troca para uma tarifa aduaneira, p. 254

argumento político para o livre comércio, p. 253
ação coletiva, p. 262
benefício social marginal, p. 256
busca de renda, p. 253
criação de comércio, p. 277
desvio de comércio, p. 277
dilema do prisioneiro, p. 266
eleitor mediano, p. 259
falhas de mercado interno, p. 256

guerra comercial, p. 265
melhor tarifa, p. 254
negociação internacional, p. 265
Organização Mundial do Comércio (OMC), p. 267
rodada de negociação, p. 267
teoria do segundo melhor, p. 257
união aduaneira, p. 276
vinculação, p. 267
zona de livre comércio, p. 275

QUESTÕES

1. "Para um país pequeno como as Filipinas, o avanço na direção do livre comércio teria enormes vantagens. Permitiria que consumidores e produtores fizessem suas escolhas baseadas nos custos reais das mercadorias e não em preços artificiais determinados pela política do governo. Permitiria escapar dos confins de um mercado nacional limitado. Abriria novos horizontes para o empreendedorismo e, acima de tudo, ajudaria a fazer uma faxina na política nacional". Separe e identifique os argumentos para o livre comércio nessa declaração.

2. Quais dos seguintes argumentos são potencialmente válidos para tarifas aduaneiras ou subsídios à exportação, e quais não são? Explique suas respostas.
   a. "Quanto mais petróleo os Estados Unidos importam, mais o preço do petróleo vai subir na próxima escassez mundial".

PARTE II ■ Política de comércio internacional

b. "As crescentes exportações de fruta fora de estação do Chile, que hoje representam 80% da oferta americana de frutas como as uvas de inverno, estão contribuindo para a queda acentuada dos preços dessas ex-mercadorias de luxo".

c. "As exportações agrícolas americanas não significam somente maiores rendas para os agricultores, elas significam uma renda maior para todos os que vendem mercadorias e serviços para o setor agrícola dos EUA".

d. "Os semicondutores são o petróleo bruto da tecnologia. Se não produzimos nossos próprios *chips*, o fluxo de informação que é crucial para toda indústria que utiliza microeletrônicos será comprometido".

e. "O preço real da madeira caiu 40% e milhares de madeireiros foram forçados a procurar outros empregos".

3. Um país pequeno pode importar uma mercadoria a um preço mundial de 10 por unidade. A curva de oferta nacional dessa mercadoria é

$$S = 20 + 10P.$$

A curva de demanda é

$$D = 400 - 5P.$$

Além disso, cada unidade produzida rende um benefício social marginal de 10.

a. Calcule o efeito total no bem-estar de uma tarifa aduaneira de 5 por unidade cobrado sobre importações.

b. Calcule o efeito total de um subsídio de produção de 5 por unidade.

c. Por que o subsídio de produção produz um ganho maior em bem-estar do que uma tarifa aduaneira?

d. Qual seria o melhor subsídio de produção?

4. Suponha que demanda e oferta sejam exatamente como as descritas no Problema 3, mas não exista benefício social marginal para a produção. Entretanto, por razões políticas, o governo estima que um dólar de ganho para os produtores equivalha a US$ 3 de ganho do consumidor ou receita do governo. Calcule os efeitos *no objetivo do governo* de uma tarifa aduaneira de 5 por unidade.

5. Suponha que quando a Polônia entra na União Europeia, descobre-se que o custo da produção de automóveis no país é de € 20.000, enquanto na Alemanha é de € 30.000. Suponha que a UE, que tem uma união aduaneira, tenha uma tarifa aduaneira de X por cento sobre automóveis e os custos da produção sejam iguais a Y (avaliado em euros) no Japão. Comente se a entrada da Polônia na União Europeia resultará em *criação* de comércio ou em *desvio* de comércio sob os seguintes cenários:

a. $X = 50\%$ e $Y = €\ 18.000$

b. $X = 100\%$ e $Y = €\ 18.000$

c. $X = 100\%$ e $Y = €\ 12.000$

6. "Não existe motivo para a reclamação dos Estados Unidos sobre as políticas de comércio no Japão e na Europa. Cada país tem direito a fazer o que quer que seja para seu melhor interesse. Em vez de reclamar sobre as políticas de comércio estrangeiras, os Estados Unidos deveriam deixar outros países seguirem seu rumo, largar mão de nossos próprios preconceitos sobre o livre comércio e seguir o exemplo deles". Discuta essa questão tanto do ponto de vista da ciência econômica como da economia política.

7. Dê uma explicação intuitiva para o argumento da melhor tarifa aduaneira.

8. Se os governos fazem as políticas de comércio com base no bem-estar econômico nacional, o problema do estado de guerra do comércio ainda é representado pelo jogo do dilema do prisioneiro, como na Tabela 10.3? Qual é a solução de equilíbrio para o jogo se os governos formulam suas políticas dessa forma? Será que eles escolheriam a estratégia de protecionismo?

CAPÍTULO 10 ■ A economia política da política de comércio **283**

9. Os Estados Unidos tomaram medidas para restringir importações de certas mercadorias chinesas, como brinquedos que contêm chumbo e frutos do mar que não cumprem os padrões de saúde, a fim de proteger os consumidores americanos. Algumas pessoas disseram que isso mostra um padrão duplo: se estamos dispostos a restringir mercadorias com base nessas justificativas, por que não deveríamos restringir importações de mercadorias que são produzidas com mão de obra mal paga? Por que esse argumento é ou não válido?

LEITURAS ADICIONAIS

Corden, W. M. *Trade Policy and Economic Welfare*. Oxford: Clarendon Press, 1974. A clássica pesquisa dos argumentos econômicos a favor e contra a proteção.

Destler, I. M. *American Trade Politics*, 4. ed. Washington, D.C.: Peterson Institute for International Economics, 2005. Um retrato abrangente dos processos reais de formulação de políticas comerciais e sua evolução ao longo do tempo.

Grossman, G. M.; Helpman, E. *Interest Groups and Trade Policy*. Princeton: Princeton University Press, 2002. Um conjunto de trabalhos e estudos de caso sobre modelos modernos de política comercial baseados em economia política.

Schott, J. *The Uruguay Round: An Assessment*. Washington, D.C.: Institute for International Economics, 1994. Uma pesquisa felizmente breve e de leitura agradável sobre as questões e conquistas da mais recente rodada do GATT, junto com um levantamento de boa parte das pesquisas relevantes.

Bossche, P. *The Law and Policy of the World Trade Organization*. Cambridge: Cambridge University Press, 2008. Um levantamento abrangente, com textos e outros materiais, da estrutura jurídica do comércio internacional.

Organização Mundial do Comércio, *Understanding the WTO*. Genebra: World Trade Organization, 2007. Uma autoavaliação útil do papel e da história da instituição.

APÊNDICE DO CAPÍTULO 10

Provando que a melhor tarifa é positiva

Uma tarifa aduaneira sempre melhora os termos de troca de um país grande, mas ao mesmo tempo distorce a produção e o consumo. Este Apêndice mostra que para uma tarifa aduaneira suficientemente pequena, o ganho dos termos de troca é sempre maior do que a perda por distorção. Portanto, existe sempre uma melhor tarifa que é positiva.

Para provar esse ponto, focamos no caso no qual todas curvas de demanda e oferta são *lineares*, isto é, são linhas retas.

Oferta e procura

Supomos que Doméstica, o país importador, tem uma curva de demanda cuja equação é:

$$D = a - b\tilde{P}, \tag{10A.1}$$

onde $\tilde{P}$ é o preço interno da mercadoria; e uma curva de oferta cuja equação é:

$$Q = e + f\tilde{P}. \tag{10A.2}$$

A demanda de importação de Doméstica é igual à diferença entre demanda e oferta nacional,

$$D - Q = (a - e) - (b + f)\tilde{P}. \tag{10A.3}$$

A oferta de exportação de Estrangeira também é uma linha reta,

$$(Q^* - D^*) = g + hP_W, \tag{10A.4}$$

onde P_W é o preço mundial. O preço interno em Doméstica supera o preço mundial pela tarifa aduaneira:

$$\tilde{P} = P_W + t. \tag{10A.5}$$

As tarifas e os preços

Uma tarifa aduaneira deixa uma brecha entre preços internos e mundiais, elevando o preço interno de Doméstica e reduzindo o preço mundial (Figura 10A.1).

No equilíbrio mundial, a demanda de importação de Doméstica se iguala à oferta de exportação de Estrangeira:

$$(a - e) - (b + f) \times (P_W + t) = g + hP_W. \tag{10A.6}$$

Suponha que P_F seja o preço mundial que prevaleceria se não existisse tarifa aduaneira. Então uma tarifa aduaneira, t, aumentará o preço interno para

$$\tilde{P} = P_F + th/(b + f + h), \tag{10A.7}$$

ao mesmo tempo em que diminui o preço mundial para

$$P_W = P_F - t(b + f)/(b + f + h). \tag{10A.8}$$

(Para um país pequeno, a oferta estrangeira é altamente elástica, isto é, h é muito grande. Então, para um país pequeno, a tarifa aduaneira terá pouco efeito no preço mundial, enquanto aumenta o preço nacional em quase um-para-um.)

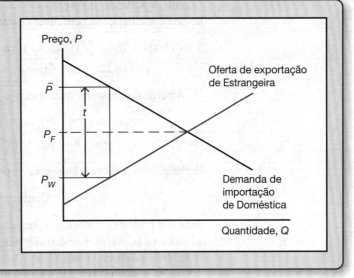

FIGURA 10A.1
Os efeitos de uma tarifa aduaneira nos preços.
Em um modelo linear, podemos calcular o efeito exato de uma tarifa aduaneira nos preços.

A tarifa aduaneira e o bem-estar nacional

Agora utilizaremos o que aprendemos para obter os efeitos de uma tarifa aduaneira no bem-estar de Doméstica (Figura 10A.2). Q^1 e D^1 representam os níveis de consumo e produção no livre comércio. Com uma tarifa aduaneira, o preço interno aumenta, com o resultado de que Q aumenta para Q^2 e D cai para D^2, onde

$$Q^2 = Q^1 + tfh / (b + f + h) \qquad (10A.9)$$

e

$$D^2 = D^1 - tbh / (b + f + h). \qquad (10A.10)$$

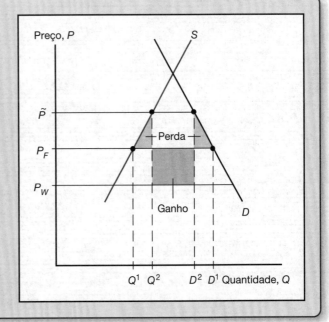

FIGURA 10A.2
Os efeitos de bem-estar de uma tarifa aduaneira.
O benefício líquido de uma tarifa aduaneira é igual a área do retângulo menos a área dos dois triângulos.

PARTE II ▪ Política de comércio internacional

O ganho a partir de um preço mundial menor é a área do retângulo na Figura 10A.2, a queda no preço multiplicada pelo nível de importações após a tarifa aduaneira:

$$\text{Ganho} = (D^2 - Q^2) \times t(b + f) / (b + f + h) \tag{10A.11}$$
$$= t \times (D^1 - Q^1) \times (b + f) \times (b + f + h) - (t)^2 \times h(b + f)^2 / (b + f + h)^2.$$

A perda do consumo distorcido é a soma das áreas dos dois triângulos na Figura 10A.2:

$$\text{Perda} = (1/2) \times (Q^2 - Q^1) \times (\widetilde{P} - P_F) + (1/2) \times (D^1 - D^2) \times (\widetilde{P} - P_F)$$
$$= (t)^2 \times (b + f) \times (h)^2 / 2(b + f + h)^2. \tag{10A.12}$$

O efeito líquido sobre o bem-estar é, portanto,

$$\text{Ganho} - \text{perda} = t \times U - (t)^2 \times V, \tag{10A.13}$$

onde U e V são expressões complicadas que são, entretanto, independentes do nível da tarifa aduaneira e positivas. Isto é, o efeito líquido é a soma de um número positivo vezes a alíquota da tarifa aduaneira e um número negativo vezes o *quadrado* da taxa da tarifa aduaneira.

Agora podemos ver que quando uma tarifa aduaneira é pequena o suficiente, o efeito líquido deve ser positivo. A razão é que quando diminuímos um número, o quadrado desse número diminui mais rápido do que o próprio número. Suponha que uma tarifa aduaneira de 20% acabe por produzir uma perda líquida. Então tente uma tarifa aduaneira de 10%. O termo positivo no efeito dessa tarifa será somente metade do tamanho do de uma tarifa de 20%, mas a parte negativa terá somente um quarto do tamanho. Se o efeito líquido ainda for negativo, experimente uma tarifa aduaneira de 5%. Isso mais uma vez reduzirá o efeito negativo duas vezes mais do que o efeito positivo. A uma tarifa aduaneira suficientemente baixa, o efeito negativo terá de ser superado pelo efeito positivo.

CAPÍTULO 11

Política comercial nos países em desenvolvimento

Até agora, analisamos os instrumentos de política de comércio e seus objetivos sem especificar o contexto, isto é, sem dizer muito sobre o país que adota essas políticas. Cada país tem sua própria história e questões, mas ao discutir política econômica, uma diferença entre eles torna-se óbvia: seus níveis de renda. Como a Tabela 11.1 sugere, as nações diferem extremamente em suas rendas *per capita*. De um lado do espectro estão as nações desenvolvidas, um clube cujos membros incluem Europa Ocidental, vários países colonizados principalmente pelos europeus (incluindo os Estados Unidos) e o Japão. Esses países têm rendas *per capita* que, em alguns casos, ultrapassam US$ 60.000 por ano. A maior parte da população mundial, entretanto, vive em nações que são substancialmente mais pobres. A faixa de renda entre esses **países em desenvolvimento**[1] é muito ampla. Alguns deles, como a Coreia do Sul, cresceram gradualmente e atingiram o *status* de país desenvolvido. Outros, como Bangladesh, permanecem desesperadamente pobres. Ainda assim, para praticamente todos os países em desenvolvimento, a tentativa de eliminar a diferença de renda com nações mais desenvolvidas tem sido uma preocupação fundamental da sua política econômica.

Por que alguns países são tão mais pobres do que outros? Por que alguns países que eram pobres há uma geração conseguiram ter um progresso drástico enquanto outros não conseguiram? Essas são perguntas profundamente controversas, e tentar respondê-las, ou até mesmo descrever longamente as respostas que os economistas propuseram ao longo dos anos, estaria além do escopo deste livro. O que podemos dizer, entretanto, é que mudanças de opinião sobre o desenvolvimento econômico tiveram um papel importante em determinar a política de comércio.

Por cerca de 30 anos após a Segunda Guerra Mundial, as políticas de comércio em muitos países em desenvolvimento eram fortemente influenciadas pela crença de que o segredo para o desenvolvimento econômico era a criação de um forte setor industrial e que a melhor forma de criá-lo era proteger os produtores nacionais da competição internacional. A primeira parte deste capítulo descreve a razão para essa estratégia de industrialização por substituição de importações, bem como as críticas a essa estratégia, que se tornaram cada vez mais comuns após 1970, e o surgimento de um novo consenso no fim da década de 1980, que enfatizava as virtudes do livre comércio. A segunda parte do capítulo descreve a mudança

---

[1]*País em desenvolvimento* é um termo utilizado pelas organizações internacionais que se tornou padrão, embora alguns países "em desenvolvimento" tenham passado por longos períodos de declínio dos padrões de vida. Um termo mais descritivo, mas menos educado, é *países menos desenvolvidos* (PMDs).

PARTE II ▪ Política de comércio internacional

TABELA 11.1	Produto interno bruto *per capita*, 2019 (dólares, ajustado para diferenças em níveis de preço)
Estados Unidos	64.747
Alemanha	55.110
Japão	43.445
Coreia do Sul	44.203
México	21.294
China	13.548
Bangladesh	4.513

Fonte: Conference Board Total Economy Database.

notável na política de comércio dos países em desenvolvimento que ocorreu desde a década de 1980.

Por fim, embora os economistas tenham debatido as razões para as grandes diferenças de renda entre as nações, desde meados da década de 1960, um crescente grupo de nações asiáticas surpreendeu o mundo ao alcançar taxas espetaculares de crescimento econômico. A terceira parte deste capítulo é voltada para a interpretação do "milagre asiático" e suas consequências (muito controversas) para a política do comércio internacional.

OBJETIVOS DE APRENDIZAGEM

Após a leitura deste capítulo, você será capaz de:

▪ Recapitular o caso para o protecionismo da forma como tem sido historicamente praticado em países em desenvolvimento e discutir a industrialização por substituição de importações e o argumento da "indústria nascente".

▪ Resumir as ideias básicas por trás do "dualismo econômico" e sua relação com o comércio internacional.

▪ Discutir a história econômica recente dos países asiáticos, como a China e a Índia, e detalhar a relação entre seu rápido crescimento econômico e sua participação no comércio internacional.

Industrialização por substituição de importações

Da Segunda Guerra Mundial até a década de 1970, muitos países em desenvolvimento tentaram acelerar seu crescimento limitando as importações de mercadorias manufaturadas, a fim de nutrir um setor manufatureiro que servisse ao mercado nacional. Essa estratégia tornou-se popular por uma série de razões, mas argumentos econômicos teóricos para a substituição de importações desempenharam um papel importante para seu crescimento. Provavelmente, o mais importante desses argumentos foi o *argumento da indústria nascente*, que mencionamos no Capítulo 7.

O argumento da indústria nascente

De acordo com o argumento da indústria nascente, os países em desenvolvimento têm uma vantagem comparativa *potencial* na manufatura, mas suas novas indústrias manufatureiras não conseguem competir inicialmente com indústrias estabelecidas dos países desenvolvidos. Então, para permitir que a indústria tenha um ponto de apoio, os governos devem apoiar as novas indústrias temporariamente até que estejam fortes para enfrentar a concorrência

CAPÍTULO 11 ■ Política comercial nos países em desenvolvimento **289**

internacional. Portanto, faz sentido, de acordo com esse argumento, utilizar tarifas aduaneiras e quotas de importação como medidas temporárias para começar a industrialização. É um fato histórico que algumas das maiores economias de mercado do mundo começaram a sua industrialização atrás de barreiras ao comércio: os Estados Unidos tinham altas alíquotas tarifárias para manufaturas durante o século XIX, enquanto o Japão tinha controles de importação extensos até a década de 1970.

Problemas com o argumento da indústria nascente O argumento da indústria nascente parece altamente plausível e, na realidade, tem sido persuasivo para muitos governos. Ainda assim, os economistas apontaram muitas armadilhas no argumento, sugerindo que é preciso ter cautela para utilizá-lo.

Primeiro, não é sempre uma boa ideia tentar entrar hoje nas indústrias que terão vantagem comparativa no futuro. Suponha que um país que atualmente é abundante em mão de obra esteja em processo de acumulação de capital. Quando acumular capital suficiente, terá uma vantagem comparativa nas indústrias de capital intensivo. Entretanto, isso não significa que deveria tentar desenvolver essas indústrias imediatamente. Na década de 1980, por exemplo, a Coreia do Sul tornou-se exportadora de automóveis. Provavelmente não teria sido uma boa para a Coreia do Sul tentar desenvolver sua indústria automobilística na década de 1960, quando o capital e o trabalho qualificado ainda eram bem escassos.

Segundo, proteger a indústria manufatureira não adianta nada se a proteção em si não ajudar a tornar a indústria competitiva. Por exemplo, o Paquistão e a Índia protegeram seus setores manufatureiros por décadas e, recentemente, começaram a desenvolver exportações significativas de mercadorias manufaturadas. Esses artigos que exportam, entretanto, são produtos da indústria leve, como os têxteis, e não os produtos manufaturados pesados que protegeram; é possível argumentar que ambos teriam desenvolvido suas exportações de manufaturas mesmo se nunca tivessem protegido a indústria. Alguns economistas alertam sobre o argumento da "indústria pseudonascente", no qual uma indústria começa protegida, então se torna competitiva por razões que não têm nada a ver com a proteção. Nesse caso, a proteção da indústria nascente acaba parecendo um sucesso, mas pode ter sido, na verdade, um custo líquido para a economia.

De modo mais geral, o fato de que é dispendioso e demorado construir uma indústria não é argumento para intervenção do governo, a não ser que exista alguma falha de mercado interno. Se uma indústria deveria ser capaz de ganhar retornos altos o suficiente sobre capital, mão de obra e outros fatores de produção, de modo que o seu desenvolvimento valha a pena, então por que os investidores privados não a desenvolvem sem a ajuda do governo? Há quem defenda que os investidores privados levam em conta somente os retornos atuais em uma indústria e deixam de levar em conta a prospecção futura, mas esse argumento não é consistente com o comportamento do mercado. Em países desenvolvidos, ao menos, os investidores frequentemente apoiam projetos cujos retornos são incertos e se concretizarão apenas em um futuro distante. (Considere, por exemplo, a indústria de biotecnologia americana, que atraiu centenas de milhões de dólares de capital anos antes de fazer uma única venda comercial.)

Justificativas de falha de mercado para a proteção da indústria nascente Para justificar o argumento da indústria nascente, é necessário ir além da visão plausível, mas questionável, de que as indústrias sempre precisam ser protegidas quando são novas. Se a proteção da indústria nascente é justificável, isso depende do tipo de análise sobre o qual discutimos no Capítulo 10. Isto é, o argumento para proteção de uma indústria em sua fase de crescimento inicial deve estar relacionado a algum conjunto particular de falhas no mercado que impede os mercados privados de desenvolverem a indústria tão rápido quanto deveriam. Defensores sofisticados do argumento da indústria nascente identificaram duas falhas de mercado como as razões de por que a proteção da indústria nascente pode ser uma boa ideia: **mercados de capitais imperfeitos** e o problema da **apropriabilidade**.

290 PARTE II ■ Política de comércio internacional

A *justificativa dos mercados de capitais imperfeitos* para a proteção da indústria nascente é a seguinte: se um país em desenvolvimento não tem um conjunto de instituições financeiras (como mercados de ações e bancos eficientes) que permitiriam que as poupanças dos setores tradicionais (como a agricultura) fossem utilizadas para financiar investimentos em novos setores (como a manufatura), então o crescimento de novas indústrias ficaria restrito pela capacidade de as empresas nessas indústrias obterem lucros correntes. Portanto, baixos lucros iniciais serão um obstáculo para investir, mesmo se os retornos de longo prazo sobre o investimento forem altos. A política ideal é criar um mercado de capital melhor, mas a proteção das novas indústrias, que aumentaria os lucros e, portanto, permitiria um crescimento mais rápido, pode ser justificada como uma segunda opção de melhor política.

O *argumento de apropriabilidade* para a proteção da indústria nascente pode assumir várias formas, mas todas terão em comum a ideia de que as empresas em uma nova indústria geram benefícios pelos quais elas não são compensadas. Por exemplo, as empresas que entrarem primeiro na indústria podem ficar sujeitas aos custos iniciais de adaptar a tecnologia às circunstâncias locais ou de abertura de novos mercados. Se as outras empresas são capazes de seguir seus passos sem se sujeitarem a esses custos iniciais, os pioneiros não conseguirão colher os retornos desses gastos. Dessa forma, as empresas pioneiras, além de produzirem produtos físicos, criam benefícios intangíveis (como conhecimento ou novos mercados), sobre os quais não podem estabelecer direitos de propriedade. Em alguns casos, os benefícios sociais advindos da criação de uma nova indústria superarão os custos, porém, por causa do problema da apropriabilidade, nenhum empreendedor privado vai estar disposto a entrar na indústria. A melhor resposta de todas é compensar as empresas pelas suas contribuições intangíveis. No entanto, quando isso não é possível, existe uma segunda opção, que é encorajar a entrada em uma nova indústria utilizando tarifas aduaneiras ou outras políticas de comércio.

Tanto o argumento para os mercados de capitais imperfeitos quanto o caso da apropriabilidade para proteção da indústria nascente são claramente casos especiais da justificativa de *falha de mercado* para interferência no livre comércio. A diferença é que, nesse caso, os argumentos aplicam-se especificamente a *novas* indústrias, não a *qualquer* indústria. Entretanto, os problemas gerais com a abordagem da falha de mercado permanecem válidos. Na prática, é difícil avaliar quais indústrias realmente justificam o tratamento especial, e há risco de que a política destinada a promover o desenvolvimento acabe sendo capturada por interesses especiais. Existem muitas histórias de indústrias nascentes que nunca cresceram e continuam dependentes da proteção.

O uso da proteção para promover o setor industrial

Embora existam dúvidas sobre o argumento da indústria nascente, muitos países em desenvolvimento consideram esse argumento uma razão convincente para fornecer apoio especial para o desenvolvimento de indústrias manufatureiras. Em princípio, tal apoio pode assumir diversas formas. Por exemplo, os países poderiam fornecer subsídios para a produção manufatureira em geral, ou focar seus esforços em subsídios para a exportação de algumas mercadorias manufaturadas nas quais acreditem que poderiam desenvolver uma vantagem comparativa. Na maioria dos países em desenvolvimento, entretanto, a estratégia básica da industrialização tem sido desenvolver indústrias orientadas ao mercado nacional por meio da utilização de restrições ao comércio, como as tarifas e quotas que encorajam a substituição das mercadorias importadas pelos produtos nacionais. A estratégia de encorajar a indústria nacional limitando as importações de mercadorias manufaturadas é conhecida como a estratégia da **industrialização por substituição de importações**.

Você poderia se perguntar por que é necessário escolher. Por que não encorajar tanto a substituição de importações quanto as exportações? Essa resposta remete à análise do equilíbrio geral das tarifas no Capítulo 6: uma tarifa aduaneira que reduz as importações também reduz necessariamente as exportações. Ao proteger as indústrias que substituem as importações, os países tiram recursos dos setores de exportação reais ou potenciais. Então a

CAPÍTULO 11 ■ Política comercial nos países em desenvolvimento   **291**

escolha de um país em buscar substituir as importações também é a escolha de desencorajar o crescimento da exportação.

As razões pelas quais a substituição de importações, não o crescimento das exportações, tem sido escolhida como uma estratégia de industrialização é uma mistura de economia e política. Primeiro, até a década de 1970, muitos países em desenvolvimento duvidavam da possibilidade de exportar mercadorias manufaturadas (apesar de tal ceticismo também questionar o argumento da indústria nascente para a proteção da produção). Eles acredita-vam que a industrialização era necessariamente baseada em substituir as importações pela indústria nacional, não pelo crescimento nas exportações de manufaturas. Segundo, em muitos casos, as políticas de industrialização por substituição de importações encaixaram--se naturalmente com as tendências políticas existentes. Já observamos o caso das nações da América Latina que precisaram desenvolver substitutos para as importações durante a década de 1930, por causa da Grande Depressão, e durante a primeira metade da década de 1940, devido à interrupção do comércio durante a guerra (Capítulo 10). Nesses países, a substituição das importações beneficiou diretamente grupos de interesse poderosos e esta-belecidos, enquanto a promoção da exportação não teve apoio natural.

Também vale a pena apontar que alguns defensores da política de substituição de im-portações acreditavam que a economia mundial jogava contra os novos entrantes, que as vantagens de indústrias nacionais estabelecidas eram simplesmente grandes demais para se-rem superadas por economias recém-industrializadas. Os defensores ferrenhos desse ponto de vista clamavam por uma política geral de desligamento dos países em desenvolvimento das nações desenvolvidas. Mas mesmo entre defensores mais moderados das estratégias de desenvolvimento protecionista, a visão de que o sistema econômico internacional trabalha sistematicamente contra os interesses dos países em desenvolvimento permaneceu comum até a década de 1980.

As décadas de 1950 e 1960 foram o auge da industrialização por substituição de impor-tações. Os países em desenvolvimento geralmente começaram protegendo os estágios finais da indústria, como processamento de alimentos e montagem de automóveis. Nos maiores países em desenvolvimento, os produtos nacionais quase que completamente substituíram os bens de consumo importados (embora a produção tenha sido frequentemente feita pelas empresas multinacionais estrangeiras). Uma vez que as possibilidades para substituir os bens de consumo importados esgotaram-se, esses países voltaram-se para a proteção dos bens intermediários, como autopeças, aço e produtos petroquímicos.

Na maioria das economias em desenvolvimento, a busca pela substituição de importa-ções não atingiu o seu limite lógico: mercadorias manufaturadas sofisticadas, como com-putadores, máquinas-ferramenta de alta precisão e assim por diante, continuaram a ser im-portadas. Ainda assim, os países maiores que adotaram a industrialização por substituição de importações reduziram suas importações para níveis incrivelmente baixos. O caso mais extremo foi o da Índia: no começo da década de 1970, as importações de produtos, com ex-ceção do petróleo, representavam apenas cerca de 3% do PIB.

Como uma estratégia para encorajar o crescimento da manufatura, a industrialização por substituição de importações claramente funcionou. Nas economias da América Latina, a indústria manufatureira começou a representar uma parcela quase tão grande da produção quanto nas nações desenvolvidas. (A Índia gerou menos, mas somente porque sua população pobre continuou a gastar uma grande proporção de sua renda em alimentos.) Contudo, para esses países, o encorajamento da manufatura não era um objetivo em si mesmo; em vez dis-so, era um meio para o objetivo final de desenvolvimento econômico. A industrialização por substituição de importações promoveu o desenvolvimento econômico? Aqui surgem sérias dúvidas. Embora muitos economistas aprovassem medidas de substituição de importações na década de 1950 e no começo de 1960, desde então, a industrialização por substituição de importações tem sido cada vez mais alvo de críticas duras. De fato, boa parte do foco dos analistas econômicos e dos formuladores de políticas públicas passou de tentar encorajar a substituição de importações para tentar corrigir os danos causados pelas más políticas de substituição de importações.

ESTUDO DE CASO

O México abandona a industrialização por substituição de importações

Em 1994, o México, junto com o Canadá e os Estados Unidos, assinou o Acordo de Livre Comércio da América do Norte (Nafta) – acordo que, como explicaremos no Capítulo 12, tornou-se altamente controverso (no papel, o Nafta foi substituído por um novo acordo, o Acordo Estados Unidos-México-Canadá, mas o USMCA é quase igual ao Nafta). Contudo, o abandono da industrialização por substituição de importações e a adoção do comércio relativamente livre por parte do México começaram, na verdade, quase uma década antes de o país entrar para o Nafta.

A transformação do México em direção ao livre comércio reverteu meio século de história. Como muitos países em desenvolvimento, o México virou protecionista durante a Grande Depressão da década de 1930. Após a Segunda Guerra Mundial, a política de industrialização para atender um mercado nacional protegido tornou-se explícita. Durante as décadas de 1950 e 1960, barreiras ao comércio foram elevadas ainda mais, ao mesmo tempo em que a indústria mexicana tornava-se cada vez mais autossuficiente. Quando chegou à década de 1970, o México praticamente limitava as importações de mercadorias manufaturadas a itens como maquinário sofisticado, que não poderiam ser produzidos nacionalmente, exceto a um custo proibitivo.

A indústria mexicana produzia muito pouco para exportação. Os ganhos em moeda estrangeira do país vinham, na sua maioria, de petróleo e turismo, com as únicas exportações significativas de manufatura vindo das *maquiladoras*, fábricas especiais localizadas próximas à fronteira com os EUA, que eram isentas de algumas restrições de comércio.

Por volta do fim da década de 1970, no entanto, o México passava por dificuldades econômicas, incluindo o aumento da inflação e a crescente dívida externa. Os problemas culminaram em 1982, quando o país encontrou-se incapaz de pagar as prestações da dívida externa. Isso levou a uma prolongada crise econômica e a uma mudança radical na política.

Entre 1985 e 1988, o México reduziu drasticamente suas tarifas aduaneiras e retirou a maior parte de suas quotas de importação que protegiam sua indústria. A nova meta da política era transformar o país em um grande exportador de mercadorias manufaturadas, altamente integrado com a economia americana. A chegada do Nafta na década de 1990 não teve grande importância para reduzir as barreiras ao comércio, pois o México já tinha feito o trabalho duro da liberalização do comércio na década de 1980. O Nafta, entretanto, reassegurou aos investidores que a mudança na política não seria revertida.

Então como a mudança de política funcionou? As exportações, de fato, explodiram. Em 1980, as exportações mexicanas eram somente 10,7% do PIB, e muito disso era do petróleo. Em 2012, estavam em 34% do PIB, principalmente manufaturas. Atualmente, a manufatura mexicana, em vez de ser voltada a servir o pequeno mercado nacional, é absolutamente parte de um sistema manufatureiro norte-americano integrado.

No entanto, os resultados para a economia mexicana como um todo foram um pouco decepcionantes. A renda *per capita* aumentou ao longo dos últimos 30 anos, mas a taxa de crescimento foi, na verdade, menor do que a alcançada quando o México tinha uma política de industrialização por substituição de importações.

Isso significa que a liberalização do comércio foi um erro? Não necessariamente. A maioria (mas não todos) dos economistas que analisaram o desempenho mexicano culpa o crescimento relativamente baixo em fatores como a baixa escolaridade. Mas o fato é que o afastamento do México da substituição de importações, embora altamente bem-sucedido em torná-lo uma nação exportadora, não produziu os resultados esperados em termos de um progresso econômico mais amplo.

Resultados do favorecimento da indústria: problemas da industrialização por substituição de importações

A industrialização por substituição de importações começou a se tornar menos popular quando ficou claro que os países que a adotavam não estavam alcançando os países desenvolvidos. Na verdade, alguns países em desenvolvimento ficaram mais para trás ainda, mesmo quando desenvolveram uma base manufatureira nacional. A Índia era mais pobre em relação aos Estados Unidos em 1980 do que em 1950, o primeiro ano após alcançar sua independência.

Por que a industrialização por substituição de importações não funcionou da maneira pretendida? A razão mais importante parece ser a de que o argumento da indústria nascente não é tão universalmente válido quanto muitas pessoas supunham. Um período de proteção não vai criar um setor manufatureiro competitivo se existem razões fundamentais pelas quais um país não tem uma vantagem comparativa em manufatura. A experiência mostrou que as razões para a incapacidade de se desenvolver muitas vezes são mais profundas do que uma simples falta de experiência com a manufatura. Os países pobres não têm mão de obra qualificada, empreendedores e competência administrativa, e têm problemas de organização social que dificultam a manutenção de um abastecimento confiável de diversos insumos, desde peças de reposição à eletricidade. Esses problemas podem não estar além do alcance da política econômica, mas não podem ser resolvidos pela política de *comércio*: uma quota de importação pode permitir que um setor manufatureiro ineficiente sobreviva, mas não pode agir diretamente de forma a tornar o setor mais eficiente. O argumento da indústria nascente é que, dada a proteção temporária de tarifas aduaneiras e quotas, as indústrias manufatureiras das nações menos desenvolvidas aprenderão a ser eficientes. Na prática, isso não é sempre, ou mesmo geralmente, verdade.

Com a substituição de importações incapaz de produzir os benefícios prometidos, a atenção voltou-se para os custos das políticas utilizadas para promover a indústria. Sobre essa questão, evidências crescentes mostram que as políticas protecionistas de muitos países menos desenvolvidos distorceram gravemente os incentivos. Parte do problema era que muitos países utilizavam métodos excessivamente complexos para promover suas indústrias nascentes. Isto é, eles utilizavam quotas de importação complexas, que muitas vezes se sobrepunham umas às outras, controles de câmbio e regras de conteúdo nacional em vez de simples tarifas aduaneiras. É muito difícil determinar quanta proteção uma regra administrativa pode de fato fornecer, e estudos mostram que o grau de proteção é geralmente mais alto e mais variável para todas as indústrias do que o governo pretendia. Como a Tabela 11.2 mostra, algumas indústrias na América Latina e no sul da Ásia foram protegidas por regras que equivaliam a alíquotas de 200% ou mais. Essas taxas altas de proteção efetiva permitiam que as indústrias existissem mesmo quando o seu custo de produção era três ou quatro vezes o preço das importações que substituíam. Mesmo os maiores entusiastas e defensores

TABELA 11.2	Proteção industrial efetiva em alguns países em desenvolvimento (%)
México (1960)	26
Filipinas (1965)	61
Brasil (1966)	113
Chile (1961)	182
Paquistão (1963)	271

Fonte: Bela Balassa, *The Structure of Protection in Developing Countries*. Baltimore: Johns Hopkins Press, 1971, p. 82.

294 PARTE II ▪ Política de comércio internacional

dos argumentos de falha de mercado para a proteção têm dificuldade para defender taxas de proteção efetiva tão altas.

Um custo adicional que recebeu atenção considerável é a tendência das restrições à importação de promoverem a produção em uma escala pequena ineficiente. Os mercados nacionais, até mesmo dos maiores países em desenvolvimento, são somente uma pequena fração do tamanho do mercado dos Estados Unidos ou da União Europeia. Com frequência, o mercado nacional inteiro não é grande o suficiente para permitir uma fábrica com escala de produção eficiente. Mas quando esse pequeno mercado é protegido, digamos, por uma quota de importação, se somente uma empresa entrar nele, ela poderia ganhar os lucros de monopólio. A concorrência por esses lucros normalmente leva várias empresas a entrarem em um mercado que sequer tem espaço para uma delas, e a produção ocorre em uma escala altamente ineficiente. A resposta para o problema de escala para países pequenos é, como observado no Capítulo 8, especializar-se na produção e exportação de uma variedade limitada de produtos e importar outras mercadorias. A industrialização por substituição de importações elimina essa opção ao focar a produção industrial no mercado nacional.

Aqueles que criticam a industrialização por substituição de importações também argumentam que ela agravou outros problemas, como a desigualdade de renda e o desemprego.

No fim da década de 1980, as críticas à industrialização por substituição de importações eram amplamente aceitas, não só pelos economistas, mas também pelas organizações internacionais, como o Banco Mundial, e até mesmo pelos formuladores de políticas públicas nos próprios países em desenvolvimento. As evidências estatísticas pareciam sugerir que os países em desenvolvimento que seguiram políticas de comércio relativamente livres tinham, em média, crescido mais rápido do que aqueles que seguiram políticas protecionistas (embora essas evidências estatísticas tenham sido questionadas por alguns economistas).[2] Essa virada intelectual radical levou a mudanças consideráveis nas políticas reais adotadas pelos governos quando muitos países em desenvolvimento eliminaram as quotas de importação e diminuíram as alíquotas de tarifas aduaneiras.

Liberalização do comércio desde 1985

A partir de meados da década de 1980, diversos países em desenvolvimento adotaram alíquotas tarifárias menores e eliminaram as quotas de importação e outras restrições ao comércio. Essa mudança dos países em desenvolvimento em direção a um comércio mais livre é a grande história da política de comércio das últimas duas décadas e meia.

Após 1985, muitos países em desenvolvimento reduziram tarifas aduaneiras, retiraram as quotas de importação e, no geral, abriram suas economias para concorrência das importações. A Figura 11.1 mostra as tendências nas alíquotas das tarifas aduaneiras para uma média de todos os países em desenvolvimento e para dois importantes entre eles, a Índia e o Brasil, que costumavam depender fortemente da substituição de importações como estratégia de desenvolvimento. Como se pode ver, existe uma queda dramática nas alíquotas tarifárias nesses dois países. Mudanças similares na política comercial, porém menos drásticas, aconteceram em outros países em desenvolvimento.

A liberalização em países em desenvolvimento teve dois efeitos claros. Um foi o aumento drástico no volume do comércio. A Figura 11.2 traça as exportações e importações de países em desenvolvimento, medidas como porcentagens do PIB, desde 1970. Como se pode ver, a parcela do comércio no PIB triplicou durante esse período, com a maior parte do crescimento acontecendo após 1985.

O outro efeito foi uma mudança na natureza do comércio. Antes da mudança na política de comércio, os países em desenvolvimento exportavam, principalmente, produtos agrícolas

---

[2]Veja: Francisco Rodriguez e Dani Rodrik. "Trade Policy and Economic Growth: A Skeptic's Guide to the Cross-National Evidence". In: Ben Bernanke; Kenneth S. Rogoff (Eds.). *NBER Macroeconomics Annual 2000*. Cambridge, MA: MIT Press for NBER, 2001.

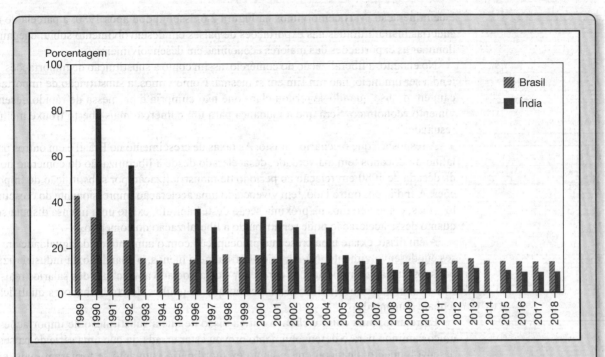

FIGURA 11.1

Alíquotas de tarifas aduaneiras em países em desenvolvimento.

Uma medida do distanciamento da industrialização por substituição de importações é a drástica queda nas alíquotas das tarifas aduaneiras nos países em desenvolvimento, que caíram de uma média de mais de 30% no começo da década de 1980 para apenas cerca de 10% hoje. Os países que algum dia tiveram políticas de substituição de importações especialmente fortes, como a Índia e o Brasil, também tiveram os maiores declínios nas suas alíquotas.

Fonte: Banco Mundial.

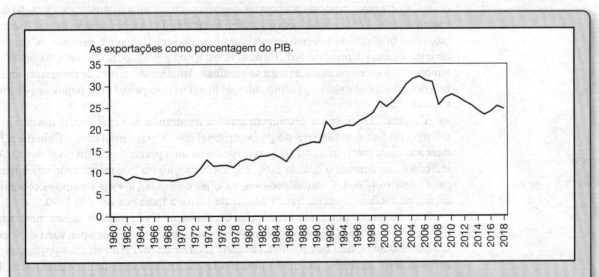

FIGURA 11.2

O crescimento do comércio nos países em desenvolvimento.

A partir da década de 1980, muitos países em desenvolvimento passaram a distanciar-se das políticas de substituição de importações. Um dos resultados foi o grande aumento das exportações como porcentagem do PIB.

Fonte: http://data.worldbank.org/indicator/NE.EXP.GNFS.ZS, http://data.worldbank.org/indicator/NE.IMP.GNFS.ZS

PARTE II ■ Política de comércio internacional

e de mineração. Mas como vimos na Figura 2.6, isso mudou após 1980: a parcela de mercadorias manufaturadas nas exportações de países em desenvolvimento subiu, chegando a dominar as exportações das maiores economias em desenvolvimento.

No entanto, a liberalização do comércio, assim como a substituição de importações, pretendia ser um meio, não um fim em si mesma. Como vimos, a substituição de importações caiu em desuso quando se tornou claro que não cumpria a promessa de rápido desenvolvimento econômico. Será que a mudança para um comércio mais aberto trouxe melhores resultados?

A resposta é que o cenário é misto. As taxas de crescimento no Brasil e em outros países latino-americanos têm, na verdade, desacelerado desde a liberalização do comércio no fim da década de 1980 em relação ao período de industrialização por substituição de importações. A Índia, por outro lado, tem vivenciado uma aceleração impressionante do crescimento – mas, como veremos na próxima seção deste capítulo, existe uma intensa disputa sobre quanto dessa aceleração pode ser atribuído à liberalização do comércio.

Além disso, existe uma crescente preocupação com o aumento da desigualdade em países em desenvolvimento. Na América Latina, pelo menos, o abandono da industrialização por substituição de importações parece ter sido associado ao declínio dos salários reais dos trabalhadores menos qualificados, mesmo que os ganhos dos trabalhadores qualificados tenham aumentado.

Entretanto, uma coisa é clara: a antiga visão de que a substituição de importações é o único caminho para o desenvolvimento provou estar errada, já que uma série de países em desenvolvimento alcançou crescimento extraordinário enquanto se tornaram mais, e não menos, abertos ao comércio.

Comércio e crescimento: decolagem na Ásia

Como vimos, na década de 1970, a desilusão com a industrialização por substituição de importações enquanto estratégia de desenvolvimento era geral. Mas o que poderia substituí-la?

Uma possível resposta começou a surgir quando economistas e formuladores de políticas públicas perceberam algumas histórias de sucesso surpreendentes no mundo em desenvolvimento – casos de economias que vivenciaram uma dramática aceleração em seu crescimento e começaram a convergir com as rendas das nações desenvolvidas. No princípio, essas histórias de sucesso envolviam um grupo relativamente pequeno de economias do leste asiático: Coreia do Sul, Taiwan, Hong Kong e Singapura. No entanto, ao longo do tempo, esses sucessos começaram a se espalhar. Atualmente, a lista de países que vivenciaram decolagens econômicas surpreendentes inclui os dois países mais populosos do mundo: China e Índia.

A Figura 11.3 ilustra a decolagem asiática mostrando as experiências dos três países: a Coreia do Sul, o maior país do grupo original dos "tigres" asiáticos; a China; e a Índia. Em cada caso, mostramos o PIB *per capita* como uma porcentagem do nível dos EUA, um indicador que destaca o quanto essas nações conseguiram "alcançar" economicamente os países desenvolvidos. Como se pode ver, a Coreia do Sul iniciou sua ascensão econômica na década de 1960, a China no fim da década de 1970 e a Índia por volta de 1990.

O que fez com que essas economias decolassem? Cada um dos países mostrados na Figura 11.3 vivenciou grandes mudanças em sua política econômica por volta da época de sua decolagem. Essa nova política envolvia reduzir as regulamentações governamentais em uma série de áreas, incluindo uma mudança em direção a um comércio mais livre. A mudança mais espetacular foi na China, onde Deng Xiaoping, que assumira o poder em 1978, transformou uma economia planejada centralmente em uma economia de mercado na qual o motivo do lucro tinha operação relativamente livre. Mas como explicado no estudo de caso "O *boom* indiano", a seguir, as mudanças de política na Índia também foram dramáticas.

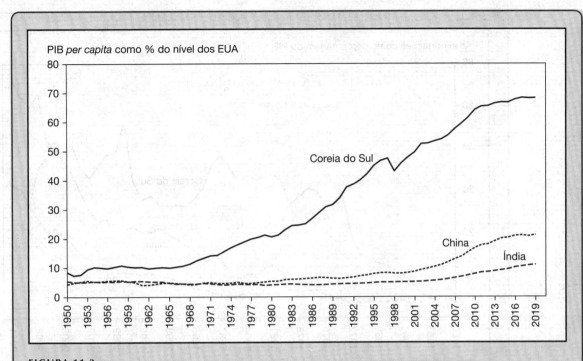

FIGURA 11.3

A decolagem asiática.

A partir da década de 1960, uma série de economias começou a convergir em níveis de renda de países desenvolvidos. Aqui mostramos o PIB *per capita* como uma porcentagem de seu nível nos Estados Unidos, utilizando uma escala proporcional para destacar as mudanças. A Coreia do Sul iniciou sua ascensão na década de 1960; a China no fim da década de 1970; e a Índia mais ou menos uma década depois.

Fonte: Total Economy Database.

Em cada caso, tais mudanças na política econômica foram seguidas por um amplo aumento na abertura econômica, como medido pela participação das exportações no PIB (Figura 11.4). Então parece justo dizer que as histórias de sucesso na Ásia demonstram que os defensores da industrialização por substituição de importações estavam errados: é possível alcançar desenvolvimento mediante um crescimento orientado para a exportação.

O que é menos claro é até que ponto a liberalização do comércio explica tais casos de sucesso. Como acabamos de observar, as reduções nas tarifas e a eliminação de outras restrições à importação foram apenas parte das reformas econômicas que essas nações empreenderam, o que dificulta avaliar a importância da liberalização do comércio em si. Além disso, nações latino-americanas como México e Brasil, que também liberalizaram fortemente o comércio e se moveram para a exportação, não tiveram decolagem econômica comparável, o que sugere, ao menos, que outros fatores desempenharam um papel crucial no milagre asiático.

Portanto, as consequências da decolagem da economia asiática permanecem um tanto controversas. Uma coisa é clara, porém: provou-se, de forma espetacular, que a antiga visão de que as regras do jogo da economia mundial são injustas com os novos entrantes e que países pobres não podem se tornar ricos está completamente errada. Nunca antes na história humana tanta gente vivenciou um progresso tão rápido em seu padrão de vida.

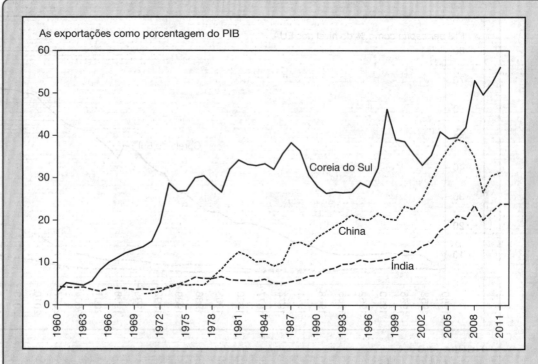

FIGURA 11.4
O crescente comércio da Ásia.
Fonte: Banco Mundial.

O *BOOM* INDIANO

A Índia, com uma população de mais de 1,1 bilhão de pessoas, é o segundo país mais populoso do mundo. É também uma força em ascensão no comércio mundial, especialmente em novas formas de comércio, que envolvem informações em vez de mercadorias físicas. A cidade indiana de Bangalore tornou-se famosa por seu papel crescente na indústria global de tecnologia da informação.

Uma geração atrás, no entanto, a Índia tinha um papel minúsculo no comércio mundial. Em parte, isso ocorria porque a economia do país tinha desempenho fraco em geral: até por volta de 1980, a Índia tinha uma taxa de crescimento econômico (algumas vezes ridicularizada como "taxa de crescimento hindu") que ficava apenas cerca de 1 ponto percentual acima do crescimento da população.

Esse crescimento lento era amplamente atribuído ao efeito sufocante das restrições burocráticas. Os observadores falavam de um "*Raj* das licenças": praticamente qualquer tipo de iniciativa de negócios precisava de permissões governamentais difíceis de conseguir, o que abafava os investimentos e as inovações; e a lenta economia indiana pouco participava do comércio mundial. Depois de o país ter alcançado sua independência, em 1948, seus líderes adotaram uma forma particularmente extrema de industrialização por substituição de importações como estratégia de desenvolvimento: a Índia não importava quase nada que pudesse produzir nacionalmente, mesmo se o produto nacional fosse bem mais caro e de qualidade inferior ao que poderia ser comprado no exterior. Os altos custos, por sua vez, limitavam as exportações. Portanto a Índia era uma economia bastante "fechada". Na década de 1970, as importações e exportações eram, em média, apenas 5% do PIB, próximo aos menores níveis de qualquer grande nação.

Então tudo mudou. O crescimento indiano acelerou drasticamente: o PIB *per capita*, que aumentara a uma taxa anual de somente 1,3% de 1960 a 1980, cresceu próximo de 4% anualmente desde 1980. E a participação da Índia no comércio mundial subiu ao mesmo tempo em que as tarifas aduaneiras foram diminuídas e as quotas de importação, retiradas. Em suma, a Índia tornou-se uma economia de alto desempenho. Ainda

CAPÍTULO 11 ■ Política comercial nos países em desenvolvimento **299**

é um país muito pobre, mas está enriquecendo rapidamente e começa a rivalizar com a China como o foco da atenção mundial.

A grande questão, claro, é por que a taxa de crescimento da Índia aumentou de forma tão drástica. Isso é tema de debates acalorados entre os economistas. Alguns argumentaram que a liberalização do comércio, que permitiu à Índia participar da economia global, foi crucial.[3] Outros apontam que o crescimento indiano começou a acelerar por volta de 1980, enquanto as grandes mudanças na política de comércio não ocorreram até o começo da década de 1990.[4]

O que quer que tenha causado a mudança, a transição indiana tem sido um fato positivo. Agora, mais de um bilhão de pessoas têm muito mais esperança de ter um padrão de vida decente.

RESUMO

- A política de comércio em países menos desenvolvidos pode ser analisada com as mesmas ferramentas analíticas empregadas para discutir os países desenvolvidos. Entretanto, as questões particulares características dos *países em desenvolvimento* são diferentes daquelas dos países desenvolvidos. Em especial, a política de comércio nesses países refere-se a dois objetivos: promover a industrialização e lidar com o desenvolvimento desigual da economia nacional.

- A política de governo para promover a industrialização frequentemente é justificada pelo argumento da indústria nascente, segundo o qual novas indústrias precisam de um período temporário de proteção contra a concorrência de indústrias já estabelecidas em outros países. Entretanto, o argumento da indústria nascente é válido somente se puder ser enunciado como um argumento de falha de mercado em prol da intervenção. As duas justificativas comuns são a existência de *mercados de capitais imperfeitos* e o problema da *apropriabilidade* de conhecimento gerado pelas empresas pioneiras.

- Utilizando o argumento da indústria nascente como justificativa, muitos países menos desenvolvidos adotaram políticas de *industrialização por substituição de importações* nas quais as indústrias nacionais são criadas sob a proteção de tarifas aduaneiras e quotas de importação. Embora essas políticas tenham sido bem-sucedidas em promover a indústria, em sua absoluta maioria, elas não trouxeram os ganhos esperados em crescimento econômico e padrão de vida. Hoje, muitos economistas são críticos duros dos resultados da substituição de importações, argumentando que incentiva a produção de custo alto e ineficiente.

- A partir de cerca de 1985, muitos países em desenvolvimento, insatisfeitos com os resultados das políticas de substituição de importações, implementaram fortes reduções nas taxas de proteção para a indústria. Como resultado, o comércio de países em desenvolvimento cresceu rapidamente, assim como a participação das mercadorias manufaturadas nas exportações. Os resultados dessa mudança de política em termos de desenvolvimento econômico, contudo, têm sido, na melhor das hipóteses, mistos.

- A visão de que o desenvolvimento econômico deve acontecer por meio de substituição de importações e o pessimismo quanto ao desenvolvimento econômico, que disseminou-se com o aparente fracasso da industrialização por substituição de importações, estão em conflito com o rápido crescimento econômico de uma série de economias asiáticas. Essas economias asiáticas cresceram não por meio de substituição de importações, mas por meio das exportações. Elas são caracterizadas por altos índices de comércio em relação à renda nacional e por taxas de crescimento extremamente altas. As razões para o sucesso dessas economias são muito discutidas, havendo controvérsias sobre o papel desempenhado pela liberalização do comércio.

---

[3]Veja: Arvind Panagariya, "The Triumph of India's Market Reforms: The Record of the 1980s and 1990s". Policy Analysis, v. 554, Cato Institute, nov. 2005.

[4]Veja: Dani Rodrik e Arvind Subramanian, "From 'Hindu Growth' to Productivity Surge: The Mystery of the Indian Growth Transition", *IMF Staff Papers*, v. 55, p. 193-228, fev. 2005.

300 PARTE II ■ Política de comércio internacional

TERMOS-CHAVE

apropriabilidade, p. 289
industrialização por substituição
de importações, p. 290

mercados de capitais imperfeitos,
p. 289

países em desenvolvimento,
p. 287

QUESTÕES

1. Quais países parecem ter sido mais beneficiados com o comércio internacional durante as últimas décadas? Quais políticas esses países parecem ter em comum? As experiências desses países apoiam o argumento da indústria nascente ou ajudam a argumentar contra ela?[5]

2. Volte à Figura 10.5, mais especificamente à parte esquerda da figura. Compare as políticas comerciais históricas dos Estados Unidos com as dos países em desenvolvimento durante o século XX. Por que você acha que os resultados parecem ser tão diferentes?

3. Atualmente, um país importa automóveis a US$ 8.000 cada. Seu governo acredita que, com o tempo, os produtores nacionais podem produzir automóveis por US$ 6.000, mas que isso envolveria um período de início das operações durante o qual os automóveis custariam US$ 10.000 para serem produzidos nacionalmente.

   a. Suponha que cada empresa que tente produzir os automóveis deva passar sozinha por esse período inicial de custos altos. Sob quais circunstâncias a existência desses custos altos iniciais justifica a proteção da indústria nascente?

   b. Agora suponha, pelo contrário, que uma vez que essa empresa tenha suportado os custos de aprender a produzir automóveis a US$ 6.000 cada, outras empresas podem imitá-la e fazer o mesmo. Explique como isso pode impedir o desenvolvimento de uma indústria nacional e como a proteção da indústria nascente pode ajudar.

4. O Brasil e o México liberalizaram o comércio desde a década de 1980. Contudo, a liberalização comercial mexicana foi muito mais profunda; o Brasil ainda é uma economia relativamente voltada para o mercado interno. O que explicaria essa diferença nas duas trajetórias?

5. Quais são algumas das razões para o declínio na estratégia da industrialização por substituição de importações em favor da estratégia que promove o comércio aberto?

LEITURAS ADICIONAIS

Lewis, W. A. *The Theory of Economic Development*. Homewood, IL: Irwin, 1995. Um bom exemplo da visão otimista tirada das políticas de comércio para desenvolvimento econômico durante a maré alta da substituição de importações nas décadas de 1950 e 1960.

Little, I. M. D.; Scitovsky, T. e Scott, M. *Industry and Trade in Some Developing Countries*. Nova York: Oxford University Press, 1970. Um trabalho fundamental para o surgimento de uma visão pessimista sobre a industrialização por substituição de importações nas décadas de 1970 e 1980.

Naughton, B. *The Chinese Economy: Transitions and Growth*. Cambridge: MIT Press, 2007. Um bom resumo das mudanças radicais na política chinesa ao longo do tempo.

Rodrik, D. *One Economics, Many Recipes*. Princeton: Princeton University Press, 2007. Visões sobre comércio e desenvolvimento de um dos principais economistas a questionar as ortodoxias dominantes.

Srinivasan, T. N. e Tendulkar, S. D. *Reintegrating India with the World Economy*. Washington: Instituto de Economias Internacionais, 2003. Como a Índia afastou-se da substituição de importações e quais foram as consequências disso.

---

[5]Essa questão destina-se a desafiar os estudantes e ampliar a teoria apresentada neste capítulo.

CAPÍTULO 12

Controvérsias na política comercial

Como vimos, a teoria da política de comércio internacional, como a teoria do comércio internacional em si, tem uma longa tradição intelectual. Economistas internacionais experientes tendem a ter uma atitude cínica em relação às pessoas que aparecem com "novas" questões no comércio: o sentimento geral tende a ser que supostas novas preocupações são as mesmas falácias de sempre em nova embalagem.

No entanto, de vez em quando, questões verdadeiramente novas aparecem. Este capítulo descreve quatro controvérsias sobre o comércio internacional que surgiram durante os últimos 40 anos, cada uma delas levantando questões que antes não tinham sido seriamente analisadas pelos economistas internacionais.

Primeiro, na década de 1980, um novo conjunto de argumentos sofisticados para a intervenção do governo no comércio surgiu nos países desenvolvidos. Esses argumentos focavam nas indústrias de "alta tecnologia" que ganharam destaque como resultado do surgimento do *chip* de silício. Embora alguns desses argumentos estivessem intimamente relacionados à análise de falha de mercado, vista no Capítulo 10, a nova teoria da **política comercial estratégica** baseava-se em ideias diferentes e criou um grande rebuliço. A disputa sobre as indústrias de alta tecnologia e o comércio diminuiu por um tempo na década de 1990, mas voltou à tona nos últimos anos com o surgimento de novas preocupações sobre a inovação americana.

Segundo, na década de 1990, uma disputa acalorada surgiu a respeito dos efeitos do crescente comércio internacional sobre os trabalhadores dos países em desenvolvimento e se os argumentos do comércio deveriam incluir padrões para taxas de salário e condições de trabalho. Essa disputa muitas vezes cresceu para um debate mais amplo sobre os efeitos da globalização. O debate não se limitou às revistas acadêmicas; em alguns casos, transformou-se em conflitos nas ruas.

Mais recentemente, surgiu uma preocupação crescente com a interseção entre as questões ambientais, que transcendem cada vez mais as barreiras nacionais, e a política de comércio, com uma séria disputa econômica e jurídica sobre se políticas como as "tarifas de carbono" são apropriadas.

Por fim, após cerca de 2010, alguns economistas passaram a argumentar que a análise convencional subestima os efeitos disruptivos nas comunidades causados por mudanças rápidas no comércio internacional, como a aceleração das exportações chinesas após o ano 2000, que afetaram adversamente diversas regiões industriais dos Estados Unidos.

302 PARTE II ■ Política de comércio internacional

OBJETIVOS DE APRENDIZAGEM

Após a leitura deste capítulo, você será capaz de:

- Resumir os argumentos mais sofisticados para política de comércio intervencionista, especialmente aqueles relacionados às externalidades e às economias de escala.
- Avaliar as reivindicações do movimento antiglobalização relacionadas aos efeitos do comércio sobre os trabalhadores, às normas trabalhistas e ao meio ambiente à luz dos contra-argumentos.
- Discutir o papel da Organização Mundial do Comércio (OMC) como um fórum para a resolução de disputas de comércio e a tensão entre as decisões da OMC e os interesses nacionais individuais.
- Discutir as questões-chave no debate sobre política de comércio e meio ambiente.

Argumentos sofisticados para a política comercial ativista

Nada no quadro analítico desenvolvido nos Capítulos 9 e 10 exclui que uma intervenção do governo no comércio possa ser desejável. O que o quadro mostra é que a política comercial ativista precisa de um tipo específico de justificativa; notadamente, ela deve compensar uma falha de mercado nacional preexistente. O problema com muitos argumentos para a política comercial ativista é precisamente que eles não vinculam o argumento em prol da intervenção do governo com uma falha específica dos pressupostos que embasam o argumento em prol do *laissez-faire*.

A dificuldade com os argumentos de falha de mercado para intervenção é ser capaz de reconhecer uma falha de mercado quando se vê uma. Os economistas que estudam os países industriais identificaram dois tipos de falhas de mercado que parecem estar presentes e que são relevantes para as políticas de comércio de países desenvolvidos: (1) a incapacidade das empresas das indústrias de alta tecnologia de capturarem os benefícios da parte da sua contribuição para o conhecimento que transborda para as outras empresas; e (2) a presença de lucros de monopólio em indústrias oligopolistas altamente concentradas.

Tecnologia e externalidades

A discussão sobre o argumento da indústria nascente no Capítulo 11 observou que existe uma falha de mercado potencial decorrente das dificuldades de apropriação do conhecimento. Se as empresas em uma indústria geram conhecimento que outras empresas podem utilizar sem pagar por ele, a indústria tem, na prática, uma produção extra – o benefício social marginal do conhecimento – que não se reflete nos incentivos das empresas. Onde é possível demonstrar que tais **externalidades** (benefícios apropriados por outros grupos além das empresas que os geram) são importantes, temos um bom argumento para subsidiar a indústria.

Em um nível abstrato, esse argumento é o mesmo para as indústrias nascentes de países menos desenvolvidos e para as indústrias estabelecidas dos países desenvolvidos. Em países desenvolvidos, entretanto, o argumento tem uma vantagem especial, porque nesses países existem indústrias importantes de alta tecnologia, nas quais a geração de conhecimento é, de várias formas, o aspecto central do empreendimento. Nas indústrias de alta tecnologia, as empresas dedicam grande parte de seus recursos para melhorar a tecnologia, tanto ao gastar explicitamente em pesquisa e desenvolvimento quanto ao estar dispostas a aceitar as perdas iniciais em novos produtos e processos para ganhar experiência. Como essas atividades ocorrem em praticamente todas as indústrias, não existe uma linha nítida entre a alta tecnologia e o resto da economia. Contudo, existem claras diferenças em termos de intensidade e, logo, faz sentido falar em um setor de alta tecnologia no qual o investimento em conhecimento é a parte essencial do negócio.

CAPÍTULO 12 ■ Controvérsias na política comercial **303**

O ponto para a política comercial ativista é que enquanto as empresas podem apropriar-se de alguns benefícios do seu próprio investimento em conhecimento (caso contrário, não investiriam!), elas normalmente não podem se apropriar da totalidade deles. Alguns dos benefícios são revertidos para outras empresas que podem imitar as ideias e as técnicas dos líderes. Em eletrônica, por exemplo, não é raro que empresas utilizem "engenharia reversa" nos produtos de seus rivais, comprando seus produtos para descobrir como funcionam e como foram feitos. Como as leis de patentes oferecem apenas uma fraca proteção para os inovadores, seria razoável pressupor que, sob o *laissez-faire*, as empresas de alta tecnologia não recebem um incentivo para inovar tão forte quanto deveriam.

O argumento a favor do apoio governamental para as indústrias de alta tecnologia O governo americano deveria subsidiar indústrias de alta tecnologia? Embora exista um ótimo argumento a favor desse subsídio, precisamos tomar um certo cuidado. Duas questões, em particular, surgem: (1) o governo pode direcioná-lo às indústrias ou atividades corretas? E (2) qual seria a importância quantitativa dos ganhos de tal direcionamento?

Embora as indústrias de alta tecnologia provavelmente produzam benefícios sociais extras em razão do conhecimento que geram, muito do que ocorre, mesmo nessas indústrias, não tem nada a ver com geração de conhecimento. Não existe razão para subsidiar o emprego de capital ou de trabalhadores não técnicos nas indústrias de alta tecnologia. Por outro lado, a inovação e os transbordamentos de tecnologia acontecem até certo ponto mesmo nas indústrias que não têm nada de alta tecnologia. Um princípio geral é que a política comercial e industrial deveria mirar especificamente na atividade na qual a falha de mercado ocorre. Portanto, a política deveria buscar subsidiar a geração de conhecimento da qual as empresas não podem se apropriar. O problema, entretanto, é que nem sempre é fácil identificar a geração de conhecimento; como veremos a seguir, os praticantes com frequência argumentam que focar somente nas atividades especificamente rotuladas como "pesquisa" significa adotar uma visão muito restrita do problema.

A ascensão, queda e ascensão das preocupações com a alta tecnologia Os argumentos de que os Estados Unidos em particular deveriam considerar uma política consciente de promoção das indústrias de alta tecnologia e ajudá-las a competir contra os rivais estrangeiros têm uma história curiosa. Tais argumentos ganharam atenção generalizada e popularidade na década de 1980 e no começo da década de 1990, então caíram em desuso, apenas para renascerem com toda força nos últimos anos.

As discussões sobre alta tecnologia na década de 1980 e no começo da década de 1990 foram impulsionadas principalmente pelo surgimento das empresas japonesas em alguns setores proeminentes dessa indústria, antes dominados pelos produtores americanos. Em especial, entre 1978 e 1986, a participação americana na produção mundial de *chips* de memória RAM, um componente-chave de muitos dispositivos eletrônicos, caiu de cerca de 70% para 20%, enquanto a japonesa aumentou de 30% para 75%. Havia uma preocupação generalizada de que outros produtos de alta tecnologia pudessem sofrer o mesmo destino. Mas como descrito no estudo de caso "A aposta dos *chips*", o medo de que o domínio japonês no mercado de memória de semicondutores se traduzisse em um domínio geral em computadores e tecnologias relacionadas provou não ter fundamento. Além disso, o crescimento geral do Japão patinou na década de 1990, enquanto os Estados Unidos vivenciaram um período de renascença do seu domínio tecnológico, tomando a liderança em aplicações para a internet e outras indústrias de informação.

No entanto, mais recentemente, preocupações sobre o *status* das indústrias de alta tecnologia americanas voltaram à tona. Um fator central dessas preocupações tem sido o declínio do emprego americano nos chamados produtos P&D-intensivos. Como a Figura 12.1 mostra, os Estados Unidos entraram em um grande déficit nesses bens, enquanto a Figura 12.2 mostra que o emprego americano na produção de computadores e mercadorias relacionadas despencou desde 2000, com uma queda significativamente mais acelerada do que aquela observada para o emprego industrial em geral.

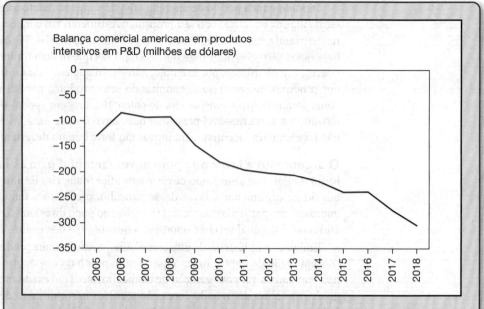

FIGURA 12.1

Balança comercial americana em bens intensivos em P&D.

Desde 2005, os Estados Unidos desenvolveram um grande déficit comercial em produtos intensivos em P&D, amplamente vistos como a vanguarda da inovação.

Fonte: National Science Foundation, *Science and Engineering Indicators* 2020.

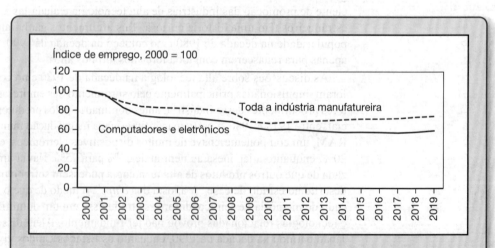

FIGURA 12.2

Emprego industrial americano.

Desde 2000, o número de trabalhadores que produzem computadores e mercadorias relacionadas nos Estados Unidos caiu drasticamente, ultrapassando o declínio geral do emprego na indústria.

Fonte: Departamento de Estatísticas de Trabalho dos EUA.

Isso importa? Os Estados Unidos poderiam continuar na vanguarda da inovação em tecnologia da informação enquanto terceirizam a maior parte da produção real de bens de alta tecnologia para fábricas no exterior. Entretanto, como explicado no quadro "Um aviso do fundador da Intel", algumas vozes influentes alertam que a inovação não pode prosperar a não ser que os inovadores estejam próximos, em termos físicos e de negócios, das pessoas que transformam essas inovações em mercadorias físicas.

É um debate difícil de resolver, em grande parte por que não está nada claro como converter essas preocupações em números. No entanto, parece provável que o debate sobre se as indústrias de alta tecnologia precisam ou não de consideração especial se intensificará cada vez mais nos próximos anos.

Concorrência imperfeita e a política comercial estratégica

Durante a década de 1980, um novo argumento para o foco em indústrias específicas recebeu substancial atenção teórica. Originalmente proposta pelos economistas Barbara Spencer e James Brander, da Universidade de British Columbia, esse argumento identifica a falha de mercado que justifica a intervenção do governo como a ausência de concorrência perfeita. Em determinadas indústrias, eles apontam que existem somente algumas empresas em concorrência efetiva. Em razão do número pequeno de empresas, os pressupostos de concorrência perfeita não se aplicam. Em particular, normalmente existirão **retornos em excesso**, isto é, as empresas terão lucros acima dos investimentos igualmente arriscados em outros setores da economia. Existirá, portanto, uma concorrência internacional para ver quem consegue obter esses lucros.

Spencer e Brander notaram que, nesse caso, é possível para um governo, em princípio, alterar as regras do jogo para mover esses retornos em excesso das empresas estrangeiras para as empresas nacionais. No caso mais simples, um subsídio para as empresas nacionais, desencorajando o investimento e a produção de competidores estrangeiros pode aumentar os lucros das empresas nacionais em mais do que a quantia do subsídio. Colocando de lado os efeitos sobre os consumidores, por exemplo, quando as empresas vendem só no mercado estrangeiro, essa captura de lucros dos competidores estrangeiros poderia significar que o subsídio aumenta a renda nacional à custa de outro país.

A análise de Brander-Spencer: um exemplo A **análise de Brander-Spencer** pode ser ilustrada com um simples exemplo no qual duas empresas concorrem, cada uma de um país diferente. Tendo em mente que qualquer semelhança com eventos reais pode ser coincidência, vamos chamar as empresas de Boeing e Airbus e os países de Estados Unidos e Europa. Suponha que exista um novo produto, um avião superjumbo, que as duas empresas são capazes de produzir. Para simplificar, considere que cada uma pode tomar somente uma decisão de sim/não: produzir o avião superjumbo ou não.

A Tabela 12.1 ilustra como os lucros obtidos pelas duas empresas podem depender de suas decisões. (A configuração é similar àquela que utilizamos para examinar a interação

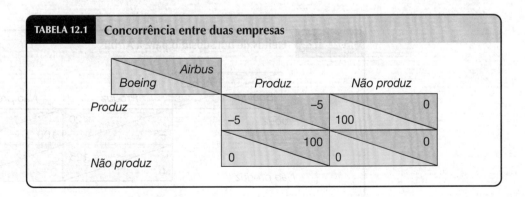

TABELA 12.1 Concorrência entre duas empresas

das políticas de comércio de diferentes países no Capítulo 10.) Cada linha corresponde a uma decisão específica da Boeing, cada coluna corresponde a uma decisão da Airbus. Em cada caixa temos duas entradas: a entrada do lado esquerdo inferior representa os lucros da Boeing, enquanto a entrada do lado direito superior representa os lucros da Airbus.

Como definido, a tabela reflete a seguinte suposição: cada empresa sozinha poderia ganhar lucros ao produzir o avião superjumbo, mas se as duas produzirem-no, ambas incorrerão em prejuízos. Qual empresa vai, de fato, ficar com os lucros? Isso depende de quem chegar primeiro. Suponha que a Boeing seja capaz de ter uma pequena vantagem inicial e se comprometa a produzir o avião superjumbo antes que a Airbus o faça. A Airbus vai descobrir que não tem incentivo para entrar no mercado. O resultado estará do lado direito superior da tabela, com a Boeing ganhando os lucros.

Agora vem o ponto de Brander-Spencer: o governo europeu pode reverter essa situação. Suponha que o governo europeu comprometa-se a pagar à empresa um subsídio de 25% se ela entrar no mercado. O resultado mudará a tabela de resultados para aquela representada na Tabela 12.2. Nesse caso, será lucrativo para a Airbus produzir o avião superjumbo independentemente do que a Boeing faça.

Vamos trabalhar com as consequências dessa mudança. Agora, a Boeing sabe que, independentemente do que faça, terá de competir com a Airbus e, portanto, perderá dinheiro se escolher produzir o avião. Então agora é a Boeing que será desencorajada a entrar no mercado. Na prática, o subsídio do governo retirou a vantagem inicial que pressupomos ser da Boeing e, em vez disso, conferiu-a à Airbus.

O resultado final é que o equilíbrio muda do lado superior direito da Tabela 12.1 para o lado inferior esquerdo da Tabela 12.2. A Airbus fica com os lucros de 125 em vez de 0, lucros que surgem por causa de um subsídio do governo de somente 25%. Isto é, o subsídio aumenta os lucros em mais do que a quantidade de subsídio em si, em razão do desincentivo para a concorrência estrangeira. O subsídio tem esse efeito porque cria uma vantagem para a Airbus, comparável com a vantagem *estratégica* que teria tido se a Boeing não tivesse tido uma vantagem inicial na indústria.

Problemas com a análise de Brander-Spencer O exemplo hipotético pode parecer indicar que essa política de comércio estratégica fornece um argumento convincente para o ativismo do governo. Um subsídio por parte do governo europeu aumenta drasticamente os lucros da empresa europeia à custa de seus rivais estrangeiros. Deixando de lado o interesse dos consumidores, isso parece claramente aumentar o bem-estar europeu (e reduzir o americano). O governo dos EUA não devia colocar esse argumento em prática?

Na verdade, essa justificativa estratégica para a política de comércio, embora tenha atraído muito interesse, também recebeu muitas críticas. Os críticos argumentam que fazer uso prático da teoria demandaria mais informações do que provavelmente estarão disponíveis, que tais políticas correriam o risco de retaliação estrangeira e que, seja como for, os interesses políticos internos em torno do comércio internacional e a política industrial impediriam a utilização de ferramentas de análise sutis.

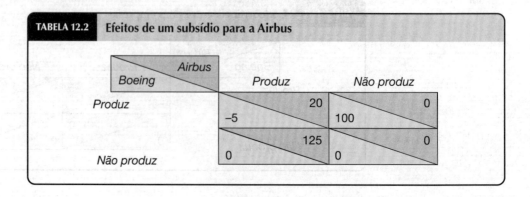

TABELA 12.2 Efeitos de um subsídio para a Airbus

CAPÍTULO 12 ■ Controvérsias na política comercial **307**

O problema de informação insuficiente tem dois aspectos. O primeiro é que mesmo quando analisamos uma indústria isolada, pode ser difícil de preencher uma tabela como a Tabela 12.1 com qualquer nível de confiança. E, segundo, se o governo errar a mão, uma política de subsídio pode tornar-se um equívoco dispendioso. Suponha, por exemplo, que a Boeing tem uma vantagem fundamental, talvez uma melhor tecnologia, de forma que mesmo que a Airbus entre no mercado, ainda será lucrativo para a Boeing produzir o avião. A Airbus, entretanto, não pode produzir aviões lucrativamente se a Boeing entrar no mercado.

Na ausência de um subsídio, o resultado será que a Boeing produz e a Airbus não produz. Agora suponha que, como no caso anterior, o governo europeu forneça um subsídio suficiente para induzir a Airbus a produzir. No entanto, nesse caso, por causa da vantagem da Boeing, o subsídio não vai desencorajar a Boeing, e os lucros da Airbus ficarão aquém do valor do subsídio – em resumo, a política terá sido um erro dispendioso.

O ponto é que embora os dois casos possam parecer similares, em um deles o subsídio parece ser uma boa ideia, enquanto no outro parece ser uma ideia terrível. Parece que a conveniência das políticas de comércio estratégicas depende de uma leitura exata da situação. Isso leva alguns economistas a perguntar se existe alguma possibilidade de um dia termos informações suficientes para utilizar a teoria efetivamente.

O requisito de informações é complexo, pois não podemos considerar as indústrias isoladamente. Se um setor é subsidiado, vai extrair recursos e levar a aumentos nos custos de outros. Portanto, mesmo uma política que seja bem-sucedida em dar às empresas americanas uma vantagem estratégica em uma indústria, tenderá a causar desvantagem estratégica em outro lugar. Para perguntar se a política é justificada, o governo americano teria de pesar esses efeitos de compensação. Mesmo que o governo tenha um entendimento exato de uma indústria, isso não é o suficiente, porque também precisa de um entendimento igualmente exato daqueles setores com os quais essa indústria compete por recursos.

UM AVISO DO FUNDADOR DA INTEL

Quando Andy Grove fala sobre tecnologia, as pessoas escutam. Em 1968, ele cofundou a Intel, que inventou o microprocessador – o *chip* que comanda seu computador – e dominou o negócio de semicondutores por décadas.

Muitas pessoas prestaram atenção, em 2010, quando Grove emitiu um alerta chocante sobre o destino da alta tecnologia americana: a erosão do emprego industrial nos setores de tecnologia, ele argumentou, mina as condições para a inovação futura.[1] Grove escreveu:

As *startups* são uma coisa incrível, mas não podem aumentar o emprego na tecnologia sozinhas. Igualmente importante é o que vem após esse momento mítico da criação na garagem, conforme a tecnologia passa do protótipo para a produção em massa. Essa é a fase na qual as empresas ampliam a escala. Elas resolvem detalhes de *design*,

descobrem como fazer as coisas mais acessíveis, constroem fábricas e contratam pessoas aos milhares. Ampliar a escala é um trabalho duro, mas necessário, para fazer a inovação ter importância.

O processo de ampliação da escala não ocorre mais nos Estados Unidos. E enquanto isso acontecer, injetar capital em companhias jovens que constroem suas fábricas em outros lugares continuará a render um retorno ruim em termos de empregos para os americanos.

Na prática, Grove estava argumentando que os transbordamentos tecnológicos exigem mais do que pesquisadores. Eles exigem a presença de um grande número de trabalhadores que colocam as ideias em funcionamento. Se estiver certo, sua afirmação constitui um forte argumento para o foco em indústrias específicas.

---

[1] Andy Grove, "How to Make an American Job Before It's Too Late", Bloomberg.com, 1º jul. 2010.

308 PARTE II ■ Política de comércio internacional

Se a política comercial estratégica proposta puder superar essas críticas, ela ainda enfrentará o problema da retaliação estrangeira, essencialmente o mesmo problema experimentado quando se considera a utilização de uma tarifa aduaneira para melhorar os termos de troca (Capítulo 10). Políticas estratégicas são **políticas de empobrecimento do vizinho** (*beggar-thy-neighbor*) que aumentam nosso bem-estar à custa de outro país. Essas políticas, portanto, arriscam uma guerra comercial que deixam todos em pior situação. Poucos economistas defenderiam que os Estados Unidos fossem os iniciadores de tais políticas. Em vez disso, o mais longe que a maioria dos economistas está disposta a ir é argumentar que os Estados Unidos deveriam estar preparados para retaliar quando outros países parecerem utilizar políticas estratégicas de forma agressiva.

Por fim, teorias como essa podem ser utilizadas em um contexto político? Discutimos isso no Capítulo 10, no qual as razões para o ceticismo foram colocadas no contexto do argumento em prol do livre comércio do ponto de vista de um cético político.

ESTUDO DE CASO

A aposta dos *chips*

Durante os anos em que os argumentos sobre a efetividade da política comercial estratégica estavam no auge, defensores de uma política comercial mais intervencionista por parte dos Estados Unidos afirmavam com frequência que o Japão tinha prosperado com a promoção intencional de indústrias-chave. No começo da década de 1990, um exemplo em particular, o dos *chips* semicondutores, tornara-se a grande prova de que promover indústrias-chave "funciona". De fato, quando o autor James Fallows publicou uma série de artigos em 1994 nos quais atacava a ideologia do livre comércio e enunciava a superioridade do intervencionismo ao estilo japonês, ele começou com uma peça intitulada *A parábola dos chips*. Contudo, no fim da década de 1990, o exemplo dos semicondutores parecia ter se transformado em uma lição prática das armadilhas da política comercial ativista.

Um *chip* semicondutor é uma pequena peça de silício, na qual são gravados circuitos complexos. Como vimos anteriormente, a indústria começou nos Estados Unidos, quando a empresa americana Intel lançou o primeiro microprocessador, o cérebro de um computador em um *chip*. Desde então, a indústria vivenciou uma rápida, porém curiosamente previsível, mudança tecnológica: mais ou menos a cada 18 meses, o número de circuitos que pode ser gravado em um *chip* dobra, uma regra conhecida como Lei de Moore. Esse progresso constitui a base de boa parte da revolução da tecnologia de informação das últimas três décadas.

O Japão entrou no mercado de semicondutores no fim da década de 1970. O governo japonês definitivamente concentrou suas atenções na indústria e apoiou um esforço de pesquisa que ajudou a construir a capacidade tecnológica nacional. Os valores envolvidos nesse subsídio, entretanto, eram bem pequenos. O principal componente da política comercial ativista do Japão, de acordo com os críticos americanos, era um protecionismo implícito. Embora o Japão tivesse algumas tarifas formais ou outras barreiras às importações, as empresas americanas descobriram que uma vez que o Japão foi capaz de produzir certo tipo de *chip* semicondutor, poucos produtos americanos eram vendidos no país. Os críticos alegavam que existia um acordo implícito entre as empresas japonesas em indústrias como eletroeletrônicos, nas quais o Japão já tinha uma posição de liderança, de que deviam comprar semicondutores nacionais, mesmo se o preço fosse maior ou se a qualidade fosse inferior à dos produtos concorrentes americanos. Essa afirmação era verdadeira? A controvérsia sobre os fatos do caso continua ainda hoje.

CAPÍTULO 12 ■ Controvérsias na política comercial   **309**

Os observadores também afirmavam que o mercado japonês protegido (se era mesmo protegido) promovia indiretamente a capacidade japonesa de exportar semicondutores. O argumento era o seguinte: a produção de semicondutores é caracterizada por uma curva de aprendizado íngreme (lembre-se da discussão sobre as economias de escala dinâmicas no Capítulo 7). Com a garantia de um mercado nacional grande, os produtores japoneses de semicondutores tinham certeza de que seriam capazes de avançar na curva de aprendizado, o que significava que estavam dispostos a investir em novas fábricas que também poderiam produzir para a exportação.

Ainda não está claro até que ponto essas políticas levaram ao sucesso do Japão em conquistar uma grande parcela do mercado de semicondutores. Algumas características do sistema industrial japonês podem ter dado ao país uma vantagem comparativa "natural" na produção de semicondutores, na qual o controle de qualidade é uma preocupação fundamental. Durante as décadas de 1970 e 1980, as fábricas japonesas desenvolveram uma nova abordagem industrial baseada, entre outros fatores, na definição de níveis aceitáveis de defeitos muito menores do que aqueles que eram padrão nos Estados Unidos.

De qualquer forma, em meados da década de 1980, o Japão ultrapassou os Estados Unidos em vendas de um tipo de semicondutor, amplamente considerado crucial para o sucesso da indústria: as memórias de acesso aleatório, ou memória RAM. O argumento de que a produção de memória RAM seria a chave para dominar toda a indústria de semicondutores baseava-se na crença de que renderia tanto fortes externalidades tecnológicas quanto retornos em excesso. As memórias RAM eram a forma de semicondutores de maior volume. Os *experts* da indústria afirmavam que o *know-how* adquirido na produção da memória RAM seria essencial para a capacidade do país de acompanhar os avanços tecnológicos em outros semicondutores, como os microprocessadores. Então, havia um consenso de que o domínio japonês em memórias RAM logo se traduziria em domínio na produção de semicondutores em geral, e que essa supremacia, por sua vez, daria ao Japão uma vantagem na produção de muitas outras mercadorias que utilizavam semicondutores.

Também se acreditava que embora a produção de memórias RAM não tivesse sido um negócio altamente lucrativo antes de 1990, em algum momento viria a se transformar em uma indústria caracterizada pelos retornos em excesso. A razão era que o número de empresas produzindo memórias RAM tinha caído constantemente: em cada geração consecutiva de *chips*, alguns produtores tinham saído do setor, sem novos entrantes. Mais cedo ou mais tarde, muitos observadores acreditavam, sobrariam somente dois ou três produtores altamente lucrativos de memória RAM.

No entanto, durante a década de 1990, as duas justificativas para focar nas memórias RAM (externalidades tecnológicas e retornos em excesso) aparentemente não se materializaram. De um lado, a liderança do Japão em memórias RAM acabou por não se traduzir em uma vantagem em outros tipos de semicondutores: por exemplo, as empresas americanas mantiveram uma liderança firme em microprocessadores. Por outro lado, em vez de continuar diminuindo, o número de produtores de memória RAM voltou a aumentar, com os principais novos entrantes vindos da Coreia do Sul e de outras economias recém-industrializadas. No fim na década de 1990, a produção de memória RAM era considerada um negócio de *commodities*: muita gente podia fabricar memórias RAM e o setor não tinha nada de particularmente estratégico.

A lição importante parece ser o quão difícil é selecionar as indústrias a promover. A indústria de semicondutores parecia, à primeira vista, ter todos os atributos para um setor adequado à política comercial ativista. Mas, no fim, não rendeu nem fortes externalidades, nem retornos em excesso.

Globalização e mão de obra de baixo salário

É uma boa aposta que a maioria das roupas que você está usando enquanto lê isso veio de um país bem mais pobre do que os Estados Unidos. O aumento das exportações de bens manufaturados dos países em desenvolvimento tem sido uma das maiores mudanças na economia mundial durante a última geração. Até mesmo uma nação miserável como Bangladesh, com um PIB *per capita* equivalente a menos de 5% do americano, hoje depende mais de exportações de mercadorias manufaturadas do que dos tradicionais produtos agrícolas ou minerais. (Um funcionário do governo em um país em desenvolvimento comentou com um dos autores: "Não somos uma república das bananas, somos uma república dos pijamas".)

Não deveria surpreender que os trabalhadores que produzem mercadorias manufaturadas para exportação em países em desenvolvimento recebam muito pouco pelos padrões dos países desenvolvidos, frequentemente menos de US$ 1 por hora, às vezes menos de US$ 0,50. Afinal, os trabalhadores têm poucas boas alternativas em economias nas quais a pobreza é tão generalizada. Tampouco deveria surpreender que as condições de trabalho também sejam, em muitos casos, péssimas, e em alguns, até letais, como explicamos no estudo de caso "Uma tragédia em Bangladesh".

Os baixos salários e as condições de trabalho precárias deveriam ser causa de preocupação? Muitas pessoas acreditam que sim. Na década de 1990, o movimento antiglobalização atraiu muitos adeptos em países desenvolvidos, especialmente nos *campi* de universidades. A revolta com os salários superbaixos e as condições de trabalho precárias em indústrias de exportação nos países em desenvolvimento eram grande parte do apelo do movimento, embora outras preocupações (discutidas a seguir) também fossem parte da história.

É justo dizer que, na opinião da maioria dos economistas, o movimento antiglobalização é, na melhor das hipóteses, equivocado. A análise padrão da vantagem comparativa sugere que o comércio é mutualmente benéfico para os países que nele se envolvem. Sugere, ainda, que quando os países com abundância em mão de obra exportam mercadorias mão de obra-intensivas, como vestuário, não somente suas rendas nacionais aumentam, mas a distribuição de renda também muda em favor da mão de obra. Mas o movimento de antiglobalização está completamente enganado?

O movimento antiglobalização

Antes de 1995, a maioria das reclamações sobre o comércio internacional feitas por cidadãos de países desenvolvidos era sobre os efeitos dele nas pessoas que também eram cidadãs de países desenvolvidos. Nos Estados Unidos, a maioria dos críticos do livre comércio na década de 1980 focava na suposta ameaça da competição japonesa. No começo da década de 1990, existia uma preocupação substancial, tanto nos Estados Unidos quanto na Europa, com os efeitos das importações de países de baixos salários nos salários de trabalhadores nacionais menos qualificados.

Na segunda metade da década de 1990, entretanto, um movimento que crescia rapidamente (atraindo considerável apoio de estudantes universitários) começou a enfatizar o suposto mal que o comércio mundial estava causando aos trabalhadores nos países em desenvolvimento. Os ativistas apontavam para os baixos salários e para as condições de trabalho precárias nas fábricas do Terceiro Mundo que produziam mercadorias para o mercado ocidental. Esse movimento antiglobalização ganhou bastante visibilidade, opondo-se às propostas de novos acordos de comércio a plenos pulmões. Mas qual era o objetivo do movimento? E ele estava certo?

Comércio e salários mais uma vez

Encontramos uma vertente da oposição à globalização na análise no Capítulo 3. Os ativistas apontavam para os salários muito baixos recebidos por muitos trabalhadores nas indústrias de exportação de países em desenvolvimento. Esses críticos argumentavam que os baixos salários (e as condições de trabalho precárias associadas a eles) mostravam que, ao contrário dos argumentos oferecidos pelos defensores do livre comércio, a globalização não estava ajudando os trabalhadores em países em desenvolvimento.

CAPÍTULO 12 ■ Controvérsias na política comercial **311**

Por exemplo, alguns ativistas apontavam para o exemplo das *maquiladoras* do México, as fábricas próximas à fronteira com os EUA que haviam se expandido rapidamente, quase dobrando os empregos nos cinco anos seguintes à assinatura do Acordo de Livre Comércio da América do Norte. Os salários nessas fábricas eram, em alguns casos, menores do que US$ 5 por dia, e as condições de trabalho, horrorosas pelos padrões americanos. Os oponentes do acordo de livre comércio argumentavam que ao facilitar que os empregadores substituíssem trabalhadores de altos salários nos Estados Unidos por trabalhadores de baixos salários no México, o acordo havia prejudicado a mão de obra nos dois lados da fronteira.

A resposta padrão dos economistas para esse argumento remete à nossa análise, no Capítulo 3, dos equívocos sobre a vantagem comparativa. Vimos ser um equívoco comum que o comércio deve necessariamente envolver a exploração de trabalhadores se eles ganham salários muito menores do que seus pares em um país rico.

A Tabela 12.3 repete essa análise brevemente. Nesse caso, supomos que existam dois países, os Estados Unidos e o México, e duas indústrias: alta tecnologia e baixa tecnologia. Também supomos que a mão de obra seja o único fator de produção e que a mão de obra americana seja mais produtiva do que a mexicana em todas as indústrias. Mais especificamente, leva somente uma hora para a mão de obra americana produzir uma unidade de produção em qualquer indústria. Leva duas horas para a mão de obra mexicana produzir uma unidade da produção de baixa tecnologia e oito horas para produzir uma unidade de produção de alta tecnologia. A parte de cima da tabela mostra os salários reais dos trabalhadores em cada país em termos de cada mercadoria na ausência de comércio: o salário real em cada caso é simplesmente a quantidade de cada mercadoria que o trabalhador poderia produzir em uma hora.

Agora suponha que o comércio seja aberto. No equilíbrio após o comércio, as taxas relativas de salário dos trabalhadores americanos e mexicanos seriam algo entre a produtividade relativa dos trabalhadores nas duas indústrias – por exemplo, os salários americanos poderiam ser quatro vezes os dos mexicanos. Portanto, seria mais barato produzir mercadorias de baixa tecnologia no México e mercadorias de alta tecnologia nos Estados Unidos.

Um crítico da globalização poderia olhar para esse equilíbrio comercial e concluir que o comércio trabalha contra o interesse dos trabalhadores. Primeiro, nas indústrias de baixa tecnologia, os trabalhos muito bem pagos nos Estados Unidos são substituídos por trabalhos mal pagos no México. Além disso, alguém poderia afirmar de modo plausível que os trabalhadores mexicanos são mal pagos: embora produzam metade do que os trabalhadores americanos que substituem na manufatura de baixa tecnologia, sua taxa de salário é somente ¼ (e não ½) da dos trabalhadores americanos.

No entanto, como mostrado na parte inferior da Tabela 12.3, nesse exemplo, o poder de compra dos salários na verdade aumentou nos dois países. Os trabalhadores americanos, que agora estão todos empregados na indústria de alta tecnologia, podem comprar mais mercadorias de baixa tecnologia do que antes: duas unidades por hora de trabalho *versus* uma. Os trabalhadores mexicanos, que agora estão todos empregados na indústria de baixa tecnologia, descobrem que podem comprar mais mercadorias de alta tecnologia com uma hora

TABELA 12.3	Salários reais	
(A) Antes do comércio		
	Mercadorias de alta tecnologia/hora	**Mercadorias de baixa tecnologia/hora**
Estados Unidos	1	1
México	⅛	½
(B) Depois do comércio		
	Mercadorias de alta tecnologia/hora	**Mercadorias de baixa tecnologia/hora**
Estados Unidos	1	2
México	¼	½

PARTE II ■ Política de comércio internacional

de trabalho do que antes: ¼ em vez de ⅛. Graças ao comércio, o preço de cada mercadoria importada dos países, em termos de sua taxa de salário, caiu.

O ponto nesse exemplo não é o de reproduzir situações reais de forma exata, mas mostrar que as evidências geralmente citadas como prova de que a globalização prejudica os trabalhadores nos países em desenvolvimento são exatamente o que você esperaria ver mesmo se o mundo fosse bem descrito por um modelo que afirma que o comércio, de fato, beneficia os trabalhadores tanto nos países desenvolvidos quanto nos países em desenvolvimento.

Pode-se argumentar que esse modelo é enganoso, porque supõe que a mão de obra é o único fator de produção. É verdade que se passarmos do modelo ricardiano para o modelo das proporções dos fatores, discutido no Capítulo 5, torna-se possível que o comércio prejudique os trabalhadores no país de mão de obra escassa e salários altos – isto é, os Estados Unidos nesse exemplo. Mas isso não ajuda a alegação de que o comércio prejudica os trabalhadores nos países em desenvolvimento. Pelo contrário, o argumento para a crença de que o comércio é benéfico para os trabalhadores no país de baixo salário, na verdade, torna-se mais forte: a análise econômica padrão afirma que enquanto os trabalhadores em uma nação de capital abundante como os Estados Unidos podem ser prejudicados pelo comércio com um país de mão de obra abundante como o México, os trabalhadores no país de mão de obra abundante deveriam beneficiar-se de uma mudança na distribuição de renda em seu favor.

No caso específico das *maquiladoras*, os economistas argumentam que, embora os salários sejam muito baixos comparados com os salários nos Estados Unidos, a situação é inevitável em razão da falta de outras oportunidades no México, que tem uma produtividade bem menor. E, por consequência, embora os salários e as condições de trabalho nas *maquiladoras* possam parecer terríveis, eles representam uma melhora em relação às alternativas disponíveis no México. Na verdade, o rápido aumento do emprego nessas fábricas indica que os trabalhadores preferem os empregos que encontram lá às alternativas. (Muitos dos novos trabalhadores nas *maquiladoras* são, na verdade, camponeses de áreas remotas e miseráveis do México. Poderia-se dizer que fugiram da pobreza extrema, porém invisível, para a pobreza menos severa, porém evidente, alcançando simultaneamente uma melhora em suas vidas e tornando-se uma fonte de culpa para os residentes americanos que desconheciam sua antiga situação).

O argumento padrão dos economistas, em outras palavras, é que independentemente dos baixos salários recebidos pelos trabalhadores em países em desenvolvimento, eles estão em melhor situação do que estariam se a globalização não tivesse acontecido. Alguns ativistas não aceitam esse argumento – eles sustentam que o aumento do comércio faz com que os trabalhadores tanto nos países desenvolvidos quanto nos países em desenvolvimento fiquem em pior situação. Entretanto, é difícil encontrar um enunciado claro sobre os mecanismos pelos quais isso supostamente aconteceria. Talvez o argumento mais popular seja o de que o capital tem alta mobilidade internacional, enquanto a mão de obra não; e essa mobilidade dá aos capitalistas uma vantagem de barganha. Como vimos no Capítulo 4, entretanto, a mobilidade internacional dos fatores é similar em seus efeitos ao comércio internacional.

Normas trabalhistas e negociações comerciais

Os proponentes do livre comércio e os ativistas da antiglobalização podem debater sobre grandes questões como: a globalização é ou não é boa para os trabalhadores? Entretanto, questões mais limitadas de políticas públicas estão em jogo: se e até que ponto os acordos de comércio internacional deveriam conter também disposições que objetivam melhorar os salários e as condições de trabalho em países pobres.

As propostas mais modestas vêm de economistas que defendem um sistema que monitore os salários e as condições de trabalho e disponibilize os resultados da monitoração para os consumidores. O argumento deles é uma versão da análise de falha do mercado do Capítulo 10. Suponha, sugerem eles, que os consumidores nos países desenvolvidos se sentem mais à vontade para comprar mercadorias manufaturadas se sabem que foram produzidas por trabalhadores que recebem salários decentes. Então um sistema que permita que esses consumidores saibam, sem fazer muito esforço para obter a informação, que os trabalhadores realmente receberam salários decentes oferece uma oportunidade de ganhos

CAPÍTULO 12 ■ Controvérsias na política comercial **313**

mútuos. (Kimberly Ann Elliott, citada na lista de Leituras Adicionais no fim do capítulo, cita um adolescente: "Olha só, eu não tenho tempo para virar, tipo, um ativista político toda vez que vou ao *shopping*. Só me digam quais tipos de calçados são OK para eu comprar, certo?".) Como os consumidores podem escolher comprar somente mercadorias "certificadas", eles ficam em melhor situação, pois se sentem melhor sobre suas compras. Enquanto isso, os trabalhadores nas fábricas certificadas ganham um melhor padrão de vida do que teriam sem esse processo.

Os proponentes desse sistema admitem que ele não teria um grande impacto no padrão de vida nos países em desenvolvimento, principalmente porque isso afetaria somente os salários dos trabalhadores nas fábricas de exportação, uma pequena minoria da força de trabalho mesmo em economias altamente voltadas para a exportação. Mas eles argumentam que faria algum bem e pouco mal.

Um passo mais firme seria incluir normas trabalhistas formais, isto é, condições que as indústrias de exportação devem atender, como parte dos acordos de comércio. Tais normas têm apoio político considerável em países desenvolvidos. Na verdade, o presidente Bill Clinton discursou a favor dessas normas na desastrosa reunião de Seattle, descrita anteriormente.

O argumento econômico a favor das normas trabalhistas em acordos de comércio é similar ao argumento em favor de um salário mínimo para os trabalhadores nacionais: embora a teoria econômica sugira que o salário mínimo reduz o número de empregos disponíveis para trabalhadores de baixa qualificação, alguns (mas não todos, nem de perto!) economistas razoáveis argumentam que tais efeitos são pequenos e superados pelo efeito do salário mínimo em aumentar a renda dos trabalhadores que continuam empregados.

Contudo, as normas trabalhistas no comércio sofrem forte oposição da maioria dos países em desenvolvimento, que acreditam que as normas inevitavelmente seriam utilizadas como ferramenta protecionista: os políticos nos países desenvolvidos definiriam padrões em níveis que os países desenvolvidos não teriam como atender, o que, na prática, tornaria seus produtos caros demais para os mercados mundiais. Uma preocupação em especial (na verdade, foi uma das preocupações que levou ao colapso das negociações em Seattle) é que as normas trabalhistas seriam utilizadas como base para processos judiciais privados contra empresas estrangeiras, de modo similar à forma com a qual a legislação *antidumping* é utilizada por empresas privadas para incomodar os concorrentes estrangeiros.

Questões ambientais e culturais

As reclamações contra a globalização vão além das questões trabalhistas. Muitos críticos argumentam que a globalização é ruim para o meio ambiente. É inegavelmente verdadeiro que as normas ambientais nas indústrias de exportação em países em desenvolvimento são bem mais fracas do que nos países desenvolvidos. Também é verdade que em uma série de casos, danos ambientais substanciais foram e são causados a fim de fornecer mercadorias para os mercados dos países desenvolvidos. Um exemplo famoso é a devastação nas florestas do Sudeste Asiático, que visa atender a demanda por produtos florestais vendidos nos mercados japonês e ocidentais.

Por outro lado, existe ao menos o mesmo número de casos de dano ambiental que ocorreram em nome das políticas voltadas para o mercado interno dos países que relutaram em integrar-se à economia global. Um exemplo famoso é a destruição de inúmeros quilômetros quadrados de floresta tropical no Brasil, consequência, em parte, de uma política nacional que subsidia o desenvolvimento no interior. Essa política não tem nada a ver com as exportações e, na verdade, começou durante os anos em que o Brasil buscava o desenvolvimento voltado para o mercado interno.

Como no caso das normas trabalhistas, existe um debate sobre se os acordos de comércio deveriam incluir normas ambientais. De um lado, os proponentes argumentam que os acordos podem levar, ao menos, a modestas melhoras no meio ambiente, beneficiando todos os interessados. Do outro, os opositores insistem que vincular normas ambientais a acordos de

314 PARTE II ■ Política de comércio internacional

comércio irá, na verdade, acabar com indústrias exportadoras potenciais nos países pobres, que não podem se dar ao luxo de se aproximar dos padrões ocidentais.

E uma questão ainda mais complicada envolve o efeito da globalização na cultura nacional e local. É inegável que a crescente integração dos mercados levou a uma homogeneização das culturas ao redor do mundo. As pessoas de todo o mundo cada vez mais tendem a vestir as mesmas roupas, comer a mesma comida, escutar a mesma música e assistir aos mesmos filmes e programas de TV.

Boa parte dessa homogeneização, mas não toda, também é americanização. Por exemplo, o McDonald's espalhou-se por todo o mundo, mas o *sushi* também. Os filmes de ação de Hollywood dominaram as bilheterias globais, mas cenas de luta estilizadas nos megassucessos de Hollywood, como *Matrix*, baseiam-se nos filmes de artes marciais de Hong Kong.

É difícil negar que alguma coisa se perde devido a essa homogeneização cultural. Seria possível, portanto, usar um argumento de falha de mercado em nome de políticas que tentem preservar as diferenças culturais nacionais ao, por exemplo, limitar o número de filmes americanos exibidos nos cinemas, ou a fração de tempo de TV que pode ser ocupada pela programação estrangeira.

Assim que esse argumento é utilizado, no entanto, torna-se claro que outro princípio está envolvido: o direito dos indivíduos em sociedades livres de entreterem-se como bem entenderem. Como você se sentiria se alguém lhe negasse o direito de escutar os Rolling Stones ou assistir aos filmes do Jackie Chan com o fundamento de que a independência cultural americana tem de ser protegida?

A OMC e a independência nacional

Um tema recorrente no movimento antiglobalização é que a busca do livre comércio e do livre fluxo de capital minou a soberania nacional. Nas versões mais extremas dessa reclamação, a OMC é caracterizada como um poder supranacional capaz de impedir os governos nacionais de adotarem políticas que atendam seus próprios interesses. Qual é o embasamento dessa acusação?

A resposta curta é que a OMC não se parece em nada com um governante mundial. Sua autoridade é basicamente limitada a requerer que os países cumpram seus acordos de comércio internacional. Entretanto, o pequeno grão de verdade na visão de que a OMC é uma autoridade supranacional é que seu mandato lhe permite monitorar, além dos instrumentos tradicionais da política de comércio (tarifas aduaneiras, subsídios à exportação e restrições quantitativas), também políticas nacionais que são, na prática, políticas de comércio. E já que a linha entre políticas nacionais legítimas e o protecionismo de fato é complicada, existem casos nos quais a OMC pareceu, para alguns observadores, interferir na política doméstica.

Anteriormente, descrevemos um exemplo bem conhecido que ilustra a ambiguidade dessa questão. Como vimos, os Estados Unidos alteraram a Lei do Ar Limpo (*Clean Air Act*) para exigir que a gasolina importada não fosse mais poluente do que a média da gasolina fornecida pelas refinarias nacionais. A OMC julgou que essa exigência era uma violação dos acordos de comércio existentes. Para os críticos da OMC, a decisão exemplifica como a instituição pode frustrar uma tentativa de um governo democraticamente eleito de melhorar o meio ambiente.

No entanto, como os defensores da OMC observaram, a decisão foi baseada no fato de que os Estados Unidos estavam aplicando normas diferentes para as importações e para a produção nacional. Afinal, algumas refinarias americanas fornecem gasolina que é mais poluente do que a média, e ainda é permitido que continuem operando. Assim, na prática, a regra impedia a venda de gasolina poluente da Venezuela nos mercados americanos, mas permitia a venda de gasolina igualmente poluente de uma refinaria nacional. Se a nova regra aplicasse os mesmos padrões à gasolina nacional e à estrangeira, teria sido aceita pela OMC.

CAPÍTULO 12 ▪ Controvérsias na política comercial **315**

ESTUDO DE CASO

Uma tragédia em Bangladesh

Bangladesh é um país muito pobre. De acordo com as estimativas do Banco Mundial, em 2010, cerca de 77% dos bangladeses viviam com o equivalente a menos de US$ 2 por dia, e 43% com menos de US$ 1,25 por dia. Incrivelmente, entretanto, esses números refletem uma enorme melhora em relação a um passado não tão distante: em 1992, 93% da população vivia com menos de US$ 2 por dia em dólares atuais, e 67% com menos de US$ 1,25.

Esse declínio na pobreza foi o subproduto de duas décadas de um crescimento econômico impressionante, que dobrou o PIB *per capita* da nação. O crescimento dos bangladeses, por sua vez, dependia crucialmente das exportações crescentes, especificamente as de vestuário. Como apontamos no Capítulo 11, a indústria bangladesa de vestuário é um caso clássico de vantagem comparativa: ela tem produtividade relativamente baixa, mesmo comparada com outros países em desenvolvimento, mas Bangladesh tem produtividade relativa ainda menor em outras indústrias, então se tornou uma potência nas exportações de vestuário.

Contudo, a competitividade bangladesa em vestuário depende de baixos salários e condições de trabalho precárias. Quão precárias? Em 24 de abril de 2013, o mundo ficou chocado com as notícias de que um prédio de oito andares em Bangladesh, que abrigava uma série de fábricas de vestuário, tinha desmoronado, matando mais de 1.200 pessoas. As investigações revelaram que rachaduras tinham aparecido no prédio no dia anterior, mas os trabalhadores tinham sido mandados de volta ao trabalho mesmo assim. Também parecia que o prédio era estruturalmente impróprio para usos industriais e que andares adicionais podem ter sido construídos sem permissão.

E quem comprava o vestuário feito sob essas condições pouco seguras? Nós: as fábricas no prédio forneciam vestuário para uma série de marcas de roupas ocidentais populares.

Claramente, Bangladesh precisa dar um passo em direção à proteção de seus trabalhadores, começando por fazer valer suas leis de construção e segurança do trabalho. Mas como os consumidores nas nações ricas (e isso inclui, entre outros, você, leitor) devem responder a isso?

Uma resposta imediata e instintiva é não comprar mais mercadorias produzidas em países nos quais os trabalhadores são tão maltratados. Mas como acabamos de ver, Bangladesh precisa desesperadamente continuar exportando roupas, e só pode fazer isso se os trabalhadores receberem salários muito baixos para padrões ocidentais. De fato, o país precisa pagar até mesmo menos do que a China, cuja indústria de vestuário tem maior produtividade. E baixos salários e condições de trabalho precárias tendem, gostemos ou não, a andar juntos.

Então isso significa que nada pode ser feito para ajudar os trabalhadores bangladeses que não vá acabar por prejudicá-los? Não. Podemos imaginar, tanto por meio da lei quanto por meio de simples pressão do consumidor, alguns padrões básicos para condições de trabalho que se aplicam não só a Bangladesh, mas a seus concorrentes também. Desde que não sejam ambiciosas demais, essas normas poderiam melhorar a vida dos trabalhadores bangladeses sem aniquilar as exportações das quais o país depende.

Mas não será fácil, e não se deve esperar muito dessas medidas. No futuro próximo, dois fatos incômodos continuarão a ser verdadeiros quando se trata de comércio com países pobres: os trabalhadores nesses países sofrerão com piores salários e condições de trabalho do que os ocidentais podem imaginar, mas recusar-se a comprar o que produzem pioraria muito a sua situação.

Globalização e meio ambiente

As preocupações em relação aos impactos humanos no meio ambiente estão crescendo em grande parte do mundo. Por sua vez, essas preocupações desempenham um papel crescente nas políticas nacionais. Por exemplo, em novembro de 2007, os eleitores australianos derrubaram o governo do primeiro-ministro John Howard. A maioria dos analistas políticos acredita que a derrota decisiva do partido que estava no governo teve muito a ver com a opinião pública de que o Partido Liberal da Austrália (que é, na verdade, conservador – o Partido Trabalhista é a esquerda) não estava disposto a agir contra as ameaças ambientais.

Então, inevitavelmente, as questões ambientais também desempenham um papel crescente nas disputas sobre o comércio internacional. Alguns ativistas antiglobalização afirmam que o crescente comércio internacional prejudica automaticamente o meio ambiente; alguns alegam que os acordos de comércio internacional – e o papel da OMC em especial – têm o efeito de bloquear as ações ambientais. A maioria dos economistas internacionais considera a primeira afirmação simplista e discorda da segunda. Isto é, eles negam que existe uma relação simples entre a globalização e o dano ambiental e não acreditam que os acordos de comércio impedem os países de terem políticas ambientais esclarecidas. Ainda assim, a interseção entre o comércio e o meio ambiente levanta uma série de questões importantes.

Globalização, crescimento e poluição

Tanto a produção quanto o consumo frequentemente têm, como subproduto, o dano ambiental. As fábricas emitem poluição no ar e, às vezes, jogam efluentes nos rios. Os agricultores utilizam fertilizantes e pesticidas que acabam na água. Os consumidores dirigem carros que emitem poluição. Como resultado, com todos os parâmetros iguais, o crescimento econômico, que aumenta tanto a produção quanto o consumo, resulta em maior dano ambiental.

Entretanto, os outros parâmetros não são todos iguais. Por um lado, os países mudam o *mix* de sua produção e consumo conforme ficam mais ricos, até o ponto em que tendem a reduzir o impacto ambiental. Por exemplo, à medida que a economia americana se dedica cada vez mais à produção de serviços em vez de mercadorias, ela tende a utilizar menos energia e menos matérias-primas por dólar do PIB.

Além disso, enriquecer tende a levar a crescentes demandas políticas por qualidade ambiental. Como resultado, os países ricos geralmente impõem regras mais rigorosas para assegurar ar e água mais limpos do que os países pobres (uma diferença evidente para qualquer um que já viajou entre uma cidade grande nos Estados Unidos ou na Europa e uma em um país em desenvolvimento e respirou fundo nos dois lugares).

No começo da década de 1990, os economistas de Princeton, Gene Grossman e Alan Krueger, ao estudarem a relação entre os níveis de renda nacional e de poluentes como o dióxido de enxofre, descobriram que esses efeitos compensatórios do crescimento econômico resultam em uma distinta relação de "U invertido" entre a renda *per capita* e o dano ambiental, conhecido como **curva ambiental de Kuznets**.[2] Esse conceito, cuja relevância foi confirmada por uma grande quantidade de pesquisas adicionais, está ilustrado esquematicamente na Figura 12.3.

A ideia é que conforme a renda per capita de um país aumenta devido ao crescimento econômico, o efeito inicial é o dano crescente ao meio ambiente. Portanto, a China, cuja economia cresceu nas décadas recentes, está, de fato, movendo-se do ponto A para o ponto B: conforme queima mais carvão em suas usinas de energia e produz mais mercadorias em suas fábricas, o país emite mais dióxido de enxofre no ar e joga mais efluentes nos rios.

---

[2]Gene Grossman e Alan Krueger. "Environmental Effects of a North American Free Trade Agreement". In: Peter Garber (Ed.). *The U.S. Mexico Free Trade Agreement*. MIT Press, 1994.

FIGURA 12.3
Curva ambiental de Kuznets
As evidências empíricas sugerem que, no início do seu crescimento, as economias causam danos ambientais crescentes, mas tornam-se mais ambientalmente corretas uma vez que ficam ricas o suficiente. A China, onde o meio ambiente está se deteriorando à medida que a economia expande, está, na prática, movendo-se de A para B. Os países mais ricos podem mover-se de C para D, utilizando uma parte do seu crescimento para melhorar o meio ambiente.

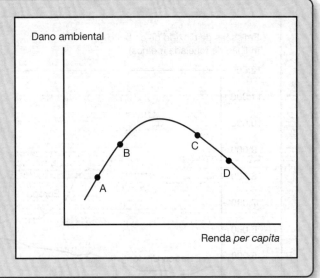

Mas quando um país fica suficientemente rico, ele pode arcar com as ações para proteger o meio ambiente. Conforme os Estados Unidos ficaram ricos nas décadas recentes, eles também limitaram a poluição. Por exemplo, os carros têm de ter conversores catalíticos que reduzem a poluição atmosférica, e um sistema de licenciamento do governo limita as emissões de dióxido de enxofre das usinas de energia. Em termos da Figura 12.3, os Estados Unidos mudaram em algumas frentes, como poluição local do ar, de C para D: ficaram mais ricos e causaram menos dano ao meio ambiente.

O que isso tem a ver com o comércio internacional? A liberalização do comércio é frequentemente defendida com o fundamento de que promoverá o crescimento econômico. Na medida em que consegue ser bem-sucedida em alcançar esse fim, a renda *per capita* aumenta. Isso vai melhorar ou piorar a qualidade ambiental? Isso depende do lado da curva ambiental de Kuznets em que a economia está. No trabalho original, que era em parte uma resposta aos críticos do Acordo de Livre Comércio Norte Americano que argumentavam que o acordo seria prejudicial ao meio ambiente, Grossman e Krueger sugeriram que o México pudesse estar do lado certo da curva. Isto é, na medida em que o Nafta aumenta a renda mexicana, ele pode, na verdade, levar a uma redução dos danos ambientais.

Entretanto, a curva ambiental de Kuznets não implica, sob hipótese alguma, necessariamente que a globalização é boa para o meio ambiente. Na verdade, é bastante fácil argumentar que, em nível mundial, a globalização de fato prejudicou o meio ambiente, pelo menos até agora.

O argumento seria o seguinte: o maior beneficiário de todos da globalização provavelmente foi a China, cuja economia liderada pela exportação vivenciou um crescimento incrível desde 1980. Enquanto isso, a maior questão ambiental é, com certeza, a mudança climática: existe um amplo consenso científico de que as emissões de dióxido de carbono e outros gases do efeito estufa estão causando um aumento da temperatura média da Terra.

O *boom* chinês tem sido associado com um enorme aumento em suas emissões de dióxido de carbono. A Figura 12.4 mostra as emissões de dióxido de carbono dos Estados Unidos, Europa e China de 1980 a 2011. Em 1980, a China era um fator menor no aquecimento global. Em 2008, por uma margem substancial, era o principal emissor mundial de gases do efeito estufa.

No entanto, é importante perceber que o problema não é a globalização em si. É o sucesso econômico chinês, que é até certo ponto um resultado da globalização. E apesar das

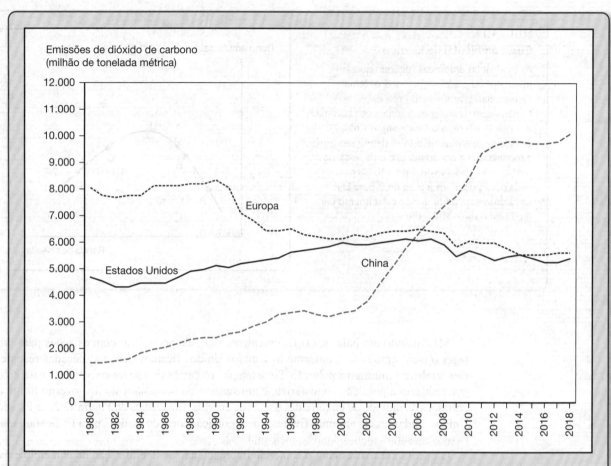

FIGURA 12.4

Emissões de dióxido de carbono

O rápido crescimento econômico da China transformou o país, que era um fator pequeno na mudança climática, no maior emissor de dióxido de carbono do mundo.

Fonte: Global Carbon Project.

preocupações ambientais, é difícil argumentar que o crescimento chinês, que tirou centenas de milhões de pessoas da pobreza extrema, é uma coisa ruim.

O problema dos "refúgios da poluição"

Quando os navios ficam velhos demais para continuarem a operar, eles são desmontados para recuperar a sucata de metal e outros materiais. Uma maneira de analisar essa "demolição naval" é como uma forma de reciclagem: em vez de deixar o navio enferrujar, uma empresa de demolição naval extrai e reutiliza seus componentes. Em última análise, esse processo implica que menos minério de ferro precisa ser minerado, menos petróleo precisa ser extraído e assim por diante. Seria de esperar que a demolição naval fosse boa para o meio ambiente. A tarefa em si, entretanto, pode ser ambientalmente perigosa: tudo, desde os resíduos de combustível nos tanques do navio ao plástico em suas cadeiras e interiores, precisa ser manuseado com cuidado, pois pode ser tóxico para o meio ambiente local.

CAPÍTULO 12 ■ Controvérsias na política comercial **319**

Como resultado, a demolição naval em países desenvolvidos está sujeita a regulamentação ambiental rigorosa. Quando um navio é desmontado em Baltimore ou Roterdã, toma-se muito cuidado para evitar danos ambientais. Mas hoje, a demolição naval raramente acontece em países desenvolvidos. Em vez disso, é realizada em lugares como o centro indiano de demolição naval em Alang, onde os navios são encalhados em uma praia e então desmontados por homens com maçaricos, que deixam muita poluição em seu rastro.

Na prática, Alang tornou-se um **refúgio da poluição**: graças ao comércio internacional, uma atividade econômica sujeita a fortes controles ambientais em alguns países pode ser realizada em outros países com regulamentações menos rigorosas. Alguns grupos ativistas estão muito preocupados com o problema dos paraísos de poluição. De fato, o grupo ambiental Greenpeace transformou Alang em causa célebre, exigindo que normas ambientais mais fortes sejam impostas. Os refúgios da poluição suscitam duas questões: (1) eles são um fator importante de verdade? e (2) eles merecem ser objeto de negociação internacional?

Sobre a primeira pergunta, a maioria das pesquisas empíricas sugere que o efeito do refúgio da poluição no comércio internacional é relativamente pequeno. Isto é, não existem muitas evidências de que indústrias "sujas" mudam-se para países com regulamentação ambiental permissiva.[3] Mesmo no caso da indústria de demolição naval, os baixos salários indianos parecem ter sido um atrativo mais importante do que as restrições ambientais fracas.

Segundo, as nações têm um interesse legítimo nas políticas ambientais umas das outras? Isso depende da natureza do problema ambiental.

A poluição é um exemplo clássico de externalidade negativa, um custo que os indivíduos impõem aos outros, mas pelo qual não pagam. É por isso que a poluição é uma razão válida para intervenção do governo. Entretanto, diferentes formas de poluição têm diferentes alcances geográficos, e somente aqueles que atravessam as fronteiras nacionais obviamente justificam a preocupação internacional.

Portanto, na medida em que a demolição naval indiana polui o meio ambiente local em Alang, isso é um problema da Índia; é menos claro que seja um problema para outros países. Da mesma forma, a poluição atmosférica na Cidade do México é um problema do México. Não está claro por que é um interesse válido para os Estados Unidos. Por outro lado, as emissões de dióxido de carbono afetam o clima futuro para todos os países: são uma externalidade internacional e merecem ser objeto de negociação internacional.

No momento, é difícil encontrar exemplos importantes de indústrias nas quais o fenômeno do refúgio da poluição, na medida em que ocorre, resulte em externalidades internacionais negativas. No entanto, a situação pode mudar drasticamente se algumas das principais economias, mas não todas, adotarem fortes políticas para limitar a mudança climática.

A disputa das tarifas de carbono

Em 2009, a Câmara dos Deputados dos Estados Unidos aprovou um projeto de lei que criaria um sistema de *cap-and-trade* (limitação e comércio) para os gases do efeito estufa – isto é, um sistema pelo qual um número limitado de licenças de emissão é emitido e as empresas precisam comprar licenças suficientes para cobrir suas emissões reais, o que, na prática, coloca um preço no dióxido de carbono e em outros gases. O Senado não aprovou qualquer projeto de lei comparável, então a legislação da mudança climática está em espera e não sabemos quando se tornará realidade. Apesar disso, havia uma disposição de comércio fundamental no projeto de lei da Câmara que pode representar a forma que as coisas serão no futuro: ela impõe **tarifas de carbono** nas importações de países que não implementam políticas similares.

Mas de que se trata? Uma questão que tem sido levantada sobre a legislação da mudança climática é se ela pode ser efetiva se somente alguns países agirem. Os Estados Unidos

---

[3]Veja, por exemplo: Josh Ederington, Arik Levinson e Jenny Minier. "Trade Liberalization and Pollution Havens", Working Paper 10585, National Bureau of Economic Research, jun. 2004.

320 PARTE II ■ Política de comércio internacional

representam somente uma parte da emissão mundial de gases do efeito estufa – na verdade, como vimos na Figura 12.4, não são sequer o principal emissor. Então, a redução unilateral nas emissões pelos Estados Unidos teria somente um efeito limitado nas emissões globais e, consequentemente, na mudança climática futura. Além disso, as políticas que colocam um preço alto no carbono podem fazer o efeito do refúgio da poluição ser muito maior do que tem sido até agora, levando a um "vazamento do carbono" à medida que as indústrias com altos índices de emissões se mudam para países sem políticas fortes de combate à mudança climática.

A resposta óbvia para essas preocupações é tornar a iniciativa global, a fim de conseguir que todas as principais economias adotem políticas similares. Mas não existe garantia de que tal acordo ocorreria, especialmente quando alguns países, como a China, acreditam que merecem o direito de ter políticas ambientais menos estritas do que os países ricos, que já alcançaram um padrão de vida alto.

Então, qual é a resposta? A ideia por trás das tarifas de carbono é cobrar dos importadores de mercadorias de países sem políticas de mudança climática uma quantia proporcional ao dióxido de carbono emitido na produção dessas mercadorias. A cobrança por tonelada de emissões seria igual ao preço das licenças de emissão de dióxido de carbono no mercado nacional. Isso daria aos produtores estrangeiros um incentivo para limitar suas emissões de carbono e retiraria o incentivo de mudar a produção para países como regulamentações mais frouxas. Além disso, possivelmente daria aos países com regulamentações mais permissivas um incentivo para adotarem suas próprias políticas de combate à mudança climática.

Os críticos das tarifas de carbono argumentam que as políticas seriam protecionistas e também violariam as regras do comércio internacional, que proíbem a discriminação entre os produtos nacionais e estrangeiros. Seus defensores argumentam que as políticas simplesmente colocariam os produtores de mercadorias importadas e nacionais em condições iguais na hora da venda aos consumidores nacionais, pois ambos teriam de pagar pelas suas emissões de gases do efeito estufa. E como as tarifas de carbono criam condições iguais, argumentam, tais tarifas (cuidadosamente aplicadas) também deveriam ser legais sob as regras de comércio existentes.

Atualmente, a questão das tarifas de carbono é hipotética, já que nenhuma grande economia colocou um preço significativo nas emissões de gases do efeito estufa ainda. Da mesma forma, a OMC não emitiu nenhuma decisão sobre a legalidade dessas tarifas e provavelmente não vai emitir, a não ser que surja um caso real. Mas se a legislação da mudança climática retornar – e é uma boa aposta que vai, mais cedo ou mais tarde –, claramente levará a novas questões importantes na política de comércio.

Choques comerciais e seu impacto nas comunidades

Ao contrário da visão caricatural do senso comum, a análise econômica do comércio internacional não diz que o livre comércio é bom para todo mundo. Como vimos, entende-se muito bem que o aumento do comércio pode afetar a distribuição de renda dentro dos países e criar perdedores, não apenas ganhadores. Mas os modelos padrão levam totalmente em conta as perdas causadas por mudanças rápidas no comércio?

Nos últimos anos, diversos autores sugeriram que a resposta é "não". Uma análise especialmente influente foi realizada por David Autor, David Dorn e Gordon Hanson, segundo os quais o crescimento rápido das exportações chinesas após 1990, e especialmente após 2001, quando o país entrou na OMC, criou muito mais dificuldades nos Estados Unidos do que a maioria dos economistas percebera.[4]

---

[4]David H. Autor, David Dorn e Gordon H. Hanson, "The China Shock: Learning from Labor-Market Adjustment to Large Changes in Trade", *Annual Review of Economics*, out. 2016.

CAPÍTULO 12 ■ Controvérsias na política comercial   **321**

A análise de Autor *et al.* dependia de três observações fundamentais:

- O crescimento das exportações chinesas foi bastante heterogêneo entre as diversas indústrias. Por exemplo, a China praticamente dominou a produção mundial de calçados não esportivos femininos, mas seus avanços em outros setores foram muito mais modestos.
- Muitas indústrias manufatureiras americanas têm ou tinham altos índices de concentração geográfica, provavelmente devido às economias externas discutidas no Capítulo 7, então o impacto desproporcional da China em determinadas indústrias foi pesadíssimo em algumas comunidades, mas praticamente não afetou outras.
- Por fim, os trabalhadores e as famílias dos EUA estão muito menos dispostos, ou são muito menos capazes, de se mudar de regiões em depressão econômica do que seria de esperar.

Por esses motivos, eles defendem que o rápido crescimento das exportações chinesas impactou mais os trabalhadores americanos do que uma análise dos números gerais sugeriria. Autor *et al.* estimam que o "choque da China" deslocou, no total, cerca de um milhão de empregos industriais americanos. Não é um número tão grande assim em uma economia que emprega 150 milhões de trabalhadores e na qual 1,5 milhão deles perdem seus empregos todos os meses. Mas os empregos perdidos relacionados à China concentraram-se em uma quantidade relativamente pequena de regiões e levou a perdas adicionais nessas mesmas regiões à medida que a demanda por serviços decaiu. O resultado, segundo os autores, foi um impacto devastador em algumas comunidades.

Esse tipo de análise sugere que mudanças rápidas no comércio internacional são mais dolorosas do que os economistas imaginavam. E essa realidade pode explicar parte da reação política contra a globalização que era evidente em 2016, quando a Grã-Bretanha votou por deixar a União Europeia e os Estados Unidos elegeram um candidato com uma plataforma política altamente protecionista.

RESUMO

- Alguns novos argumentos para a intervenção do governo no comércio surgiram ao longo do último quarto de século: a teoria da *política comercial estratégica* propôs razões de por que os países poderiam ganhar em promover indústrias específicas. Na década de 1990 surgiu uma nova crítica à globalização que focava nos seus efeitos sobre os trabalhadores em países em desenvolvimento. E a possível ação na mudança climática levantou algumas importantes questões, incluindo aquela sobre se as *tarifas de carbono* são legais e desejáveis.
- Os argumentos dos ativistas da política de comércio baseiam-se em duas ideias. Uma é o argumento de que os governos deveriam promover as indústrias que rendem *externalidades* tecnológicas. O outro, que representa um maior afastamento dos argumentos padrão de falha de mercado, é a *análise de Brander-Spencer*, que sugere que a intervenção estratégica pode permitir que as nações capturem *retornos em excesso*. Esses argumentos são teoricamente persuasivos; entretanto, muitos economistas preocupam-se que sejam sutis demais e exijam informações demais para serem úteis na prática.
- Com o aumento da exportação de bens manufaturados dos países em desenvolvimento, um novo movimento oposto à globalização surgiu. A preocupação central desse movimento é com os baixos salários pagos aos trabalhadores que produzem as exportações, embora também existam outros temas. A resposta da maioria dos economistas é que os trabalhadores de países em desenvolvimento podem ganhar baixos salários pelos padrões ocidentais, mas isso permite que ganhem mais do que conseguiriam de outra forma.

322 PARTE II ■ Política de comércio internacional

- Uma análise de casos sugere a verdadeira dificuldade de discutir a globalização, especialmente quando tentamos pensar nela como uma questão moral; é muito fácil que as pessoas causem prejuízo quando estão tentando ajudar. As causas preferidas dos ativistas, como as normas trabalhistas, são temidas pelos países em desenvolvimento, que acreditam que essas normas serão utilizadas como dispositivos de protecionismo.
- Na medida em que promove o crescimento econômico, a globalização causa efeitos ambíguos no meio ambiente. A *curva ambiental de Kuznets* diz que, no princípio, o crescimento econômico tende a aumentar o dano ambiental conforme um país enriquece, mas que, após certo ponto, o crescimento na verdade é bom para o meio ambiente. Infelizmente, algumas das economias de crescimento mais rápido ainda são relativamente pobres e estão do lado "errado" da curva.
- Existe uma crescente preocupação de que a globalização possa permitir que indústrias altamente poluidoras se mudem para *refúgios da poluição*, onde as regras são mais permissivas. Não há muitas evidências de que isso seja um fator importante nas decisões atuais de localização, ao menos por ora. Mas isso pode mudar se políticas sérias para combater a mudança climática forem implementadas. Nesse caso, existe um forte argumento a favor das *tarifas de carbono*, assim como também muitas críticas ao conceito.
- Uma preocupação recente, provocada pelo crescimento das exportações chinesas, é que mudanças rápidas e fortes no comércio internacional podem causar prejuízos graves para grupos de trabalhadores geograficamente concentrados e suas comunidades, de modo que os efeitos adversos são mais sérios do que os economistas imaginavam anteriormente.

TERMOS-CHAVE

análise de Brander-Spencer, p. 305
curva ambiental de Kuznets, p. 316

externalidades, p. 302
política comercial estratégica, p. 301
políticas de empobrecimento do vizinho, p. 308

refúgio da poluição, p. 319
retornos em excesso, p. 305
tarifas de carbono, p. 319

QUESTÕES

1. Quais são as desvantagens de praticar política comercial estratégica mesmo em casos nos quais é evidente que ela pode render um aumento no bem-estar de um país?
2. Existe um consenso de que os veículos autônomos se tornarão parte do nosso cotidiano em um futuro relativamente próximo, e que o seu crescimento será rápido por muitos anos. Isso não significa que os Estados Unidos deveriam adotar políticas públicas projetadas para garantir que o país seja um líder na indústria de veículos autônomos?
3. Se os Estados Unidos pudessem escolher, exigiriam que o Japão gastasse mais dinheiro em pesquisa básica em ciência e menos em pesquisa aplicada em aplicações industriais. Explique o porquê em termos da análise da apropriabilidade.
4. Quais são as principais suposições que permitem que a política comercial estratégica trabalhe no exemplo de Brander-Spencer da Airbus e da Boeing?
5. Alguns varejistas dos países avançados vendem produtos dos países em desenvolvimento com baixos salários, mas garantem aos seus clientes que esses bens são produzidos sob condições de trabalho aceitáveis. Exigir esse tipo de garantia é o mesmo que impor uma tarifa às exportações dos países de baixa renda? Há alguma maneira de essa prática beneficiar os trabalhadores no exterior?
6. Qual é a principal crítica contra a OMC em relação à proteção ambiental? Como a OMC justifica sua posição em disputas comerciais que envolvem questões ambientais?

CAPÍTULO 12 ■ Controvérsias na política comercial **323**

7. A França, além de seus surtos ocasionais de política comercial estratégica, adota uma política *cultural* nacionalista ativa que promove a arte, a música, a moda, a culinária francesa e assim por diante. Isso pode ser, antes de mais nada, uma tentativa de preservar a identidade nacional em um mundo crescentemente homogêneo, mas alguns funcionários do governo também defendem essa política em termos econômicos. Em que sentido algumas características de tal política poderiam ser defendidas como um tipo de política comercial estratégica?

8. Muitos países têm impostos sobre valor agregado – impostos que são pagos pelos produtores, mas que se destinam a recair sobre os consumidores. (Basicamente, são uma forma indireta de impor impostos sobre vendas.) Tais impostos sobre valor agregado sempre são acompanhados por um imposto igual sobre as importações. Tais impostos de importação são considerados legais porque, como o imposto sobre valor agregado, eles são, na verdade, uma forma indireta de tributar todas as compras do consumidor com a mesma alíquota. Compare essa situação ao argumento sobre as tarifas de carbono. Por que seus defensores podem argumentar que tais tarifas são legais? Quais objeções você consegue imaginar?

9. Nossos modelos tradicionais do comércio pressupõem que empregos perdidos em uma indústria serão compensados por empregos ganhos em outras. O artigo de Autor *et al.* defende, entretanto, que as comunidades que perdem empregos industriais para as importações acabam perdendo outros empregos também. Há uma contradição nessa história?

LEITURAS ADICIONAIS

Brander, J. A. e Spencer, B. J. "Export Subsidies and International Market Share Rivalry". *Journal of International Economics*, v. 16, p. 83-100, 1985. Uma referência básica sobre o papel potencial dos subsídios como uma ferramenta de política comercial estratégica.

Elliott, K. A. *Can Labor Standards Improve Under Globalization?* Washington, D.C.: Institute for International Economics, 2001. Um levantamento das questões por uma economista simpatizante da causa dos ativistas.

Graham, E. M. *Fighting the Wrong Enemy: Antiglobalization Activists and Multinational Corporations.* Washington, D.C.: Institute for International Economics, 2001. Um levantamento das questões por um economista que simpatiza menos com os ativistas.

Helpman, E. e Krugman, P. *Trade Policy and Market Structure.* Cambridge: MIT Press, 1989. Um levantamento e síntese da literatura sobre política comercial estratégica e tópicos relacionados.

Langewiesche, W. "The Shipbreakers". *The Atlantic Monthly*, ago. 2000. Uma descrição fascinante da indústria de reciclagem de navios de Alang e a disputa que gerou.

Hearing on Trade Aspects of Climate Change Legislation, Before the Subcommittee on Trade, 112th Cong., 24 mar. 2009 (testemunho de Joost Pauwelyn). Uma discussão clara e concisa, feita por um advogado de comércio, sobre as questões em torno das tarifas de carbono, na qual argumenta que se as tarifas fossem elaboradas com cuidado, seriam legais sob os acordos existentes.

CAPÍTULO **13**

PARTE III — Taxas de câmbio e macroeconomia da economia aberta

Contabilidade nacional e o balanço de pagamentos

Entre 2014 e 2019, o produto real da economia mundial cresceu a uma velocidade média de quase 3,5% ao ano. O crescimento global foi relativamente estável, flutuando entre cerca de 3,9% (em 2017) e 2,9% (em 2019). Quando a pandemia da Covid-19 estourou, em 2020, no entanto, o crescimento econômico mundial despencou e tornou-se negativo de repente, e muitas economias contraíram-se em níveis sem precedentes desde a Grande Depressão da década de 1930. O desemprego aumentou rapidamente em todo o mundo, incluindo nos Estados Unidos, mas alguns países (p. ex., diversos no Leste Asiático) sofreram muito menos do que outros. A análise econômica pode ajudar-nos a entender o comportamento da economia global e as razões pelas quais as sortes dos diferentes países diferem tanto?

A preocupação principal dos capítulos anteriores foi com o problema de fazer o melhor uso dos recursos produtivos escassos do mundo em um único ponto no tempo. O ramo da economia chamado de **microeconomia** estuda esse problema a partir da perspectiva de empresas e consumidores individuais. A microeconomia funciona "de baixo para cima" para mostrar como protagonistas econômicos individuais, ao trabalharem em prol dos seus próprios interesses, determinam coletivamente quais recursos são utilizados. Em nosso estudo sobre a microeconomia internacional, aprendemos como as decisões individuais sobre produção e consumo geram padrões de comércio internacional e especialização. Também vimos que, embora o livre comércio normalmente encoraje a utilização eficiente dos recursos, a intervenção do governo ou as falhas de mercado podem causar desperdícios mesmo quando todos os fatores de produção são plenamente empregados.

Neste capítulo, mudamos o foco e perguntamos: como a política econômica garante que os fatores de produção *sejam* plenamente empregados? E o que determina como a capacidade de uma economia de produzir mercadorias e serviços mude com o tempo? Para responder a essas questões, devemos entender a **macroeconomia**, que é o ramo da economia que estuda como os níveis globais de emprego, produção e crescimento econômico são determinados. Como a microeconomia, a macroeconomia preocupa-se com a utilização eficaz de recursos escassos. Mas enquanto a microeconomia foca nas decisões econômicas de indivíduos, a macroeconomia analisa o comportamento de uma economia como um todo. Em nosso estudo de macroeconomia internacional, aprenderemos como as interações das economias nacionais influenciam o padrão mundial de atividade macroeconômica.

CAPÍTULO 13 ▪ Contabilidade nacional e o balanço de pagamentos   **325**

A análise macroeconômica enfatiza quatro aspectos da vida econômica que, até agora, temos mantido em segundo plano para simplificar nossa discussão de economia internacional:

1. *Desemprego.* Sabemos que, no mundo real, os trabalhadores podem estar desempregados e as fábricas podem estar ociosas. A macroeconomia estuda os fatores que causam o desemprego e as medidas que os governos podem tomar para impedi-lo. Uma das principais preocupações da macroeconomia internacional é o problema de garantir o pleno emprego nas economias abertas ao comércio internacional.

2. *Poupança.* Nos capítulos anteriores, normalmente supúnhamos que todo país consome uma quantidade exatamente igual à sua renda, nada mais, nada menos do que isso. Entretanto, na verdade, as famílias podem separar parte de sua renda para ter recursos no futuro ou podem fazer um empréstimo temporário para gastar mais do que ganham. O comportamento de poupança e de realização de empréstimos de um país afeta o emprego nacional e os níveis futuros de riqueza nacional. Do ponto de vista da economia internacional como um todo, a taxa de poupança mundial determina a velocidade com a qual o estoque de capital produtivo mundial pode crescer.

3. *Desequilíbrios comerciais.* Como vimos nos capítulos anteriores, o valor das importações de um país se iguala ao valor de suas exportações quando o gasto se iguala à renda. No entanto, as economias reais raramente produzem esse comércio equilibrado. Nos capítulos seguintes, os desequilíbrios desempenham um grande papel, porque redistribuem a riqueza entre os países e são o principal canal pelo qual as políticas macroeconômicas de um país afetam seus parceiros comerciais. Não deve surpreender, então, que os desequilíbrios comerciais, especialmente quando são grandes e persistentes, podem rapidamente tornar-se fonte de discórdia internacional.

4. *Moeda e o nível de preços.* A teoria do comércio que estudamos até agora é uma teoria do escambo, na qual as mercadorias são trocadas diretamente por outras mercadorias com base em seus preços relativos. Na prática, é mais conveniente utilizar moeda – um meio de troca amplamente aceito – em transações e cotar preços em termos monetários. Como a moeda troca de mãos em praticamente toda transação que acontece na economia moderna, flutuações na oferta de moeda ou na demanda por ela podem afetar tanto a produção quanto o emprego. A macroeconomia internacional leva em conta que todo país utiliza uma moeda e que uma mudança monetária em um país (p. ex., uma mudança na oferta de moeda) pode ter efeitos que atravessam as fronteiras e atingem outros países. A estabilidade nos níveis de preços é uma meta importante da política macroeconômica internacional.

Este capítulo dá o primeiro passo em nosso estudo de macroeconomia internacional ao explicar os conceitos de contabilidade que os economistas utilizam para descrever o nível de produção de um país e suas transações internacionais. Para termos o quadro geral das ligações macroeconômicas entre as economias que se envolvem no comércio internacional, temos de dominar duas ferramentas relacionadas e essenciais. A primeira delas, a **contabilidade nacional**, registra todas as despesas que contribuem para a renda e para a produção de um país. A segunda,

326 PARTE III ▪ Taxas de câmbio e macroeconomia da economia aberta

a **contabilidade do balanço de pagamentos**, nos ajuda a acompanhar e controlar tanto as mudanças do endividamento de um país com os estrangeiros quanto a riqueza de suas indústrias de exportação e importação. A contabilidade do balanço de pagamentos também mostra a conexão entre transações estrangeiras e a oferta da moeda nacional.

OBJETIVOS DE APRENDIZAGEM

Após a leitura deste capítulo, você será capaz de:

- Discutir o conceito do saldo de conta corrente.
- Utilizar o saldo de conta corrente para estender a contabilidade nacional para economias abertas.
- Aplicar a contabilidade nacional para a interação de poupança, investimento e exportações líquidas.
- Descrever a contabilidade do balanço de pagamentos e explicar sua relação com o saldo de conta corrente.
- Relacionar a conta corrente às mudanças na riqueza externa líquida de um país.

As contas de renda nacional

Uma preocupação central da análise macroeconômica é o **produto nacional bruto (PNB)** de um país, que corresponde ao valor de todas as mercadorias e serviços finais produzidos pelos fatores de produção do país e vendidos no mercado em um dado período de tempo. O PNB, que é a medida básica da produção de um país estudada pela macroeconomia, é calculado pela soma do valor de mercado de todas as despesas com a produção final. Portanto, o PNB inclui o valor de mercadorias como o pão vendido em um supermercado e os livros vendidos em uma livraria, assim como o valor dos serviços prestados por corretores da bolsa e por encanadores. Como a produção exige o uso de fatores produtivos, as despesas que compõem o PNB estão intimamente ligadas a emprego de mão de obra, capital e outros fatores de produção.

Para distinguir entre os diferentes tipos de despesas que compõem o PNB, os economistas do governo e os estatísticos que compilam as contas nacionais dividem o PNB entre os quatro possíveis usos para os quais a produção final de um país é comprada: *consumo* (a quantia consumida pelos residentes nacionais), *investimento* (a quantia reservada por empresas privadas para construir novas fábricas e equipamentos para produção futura), *compras do governo* (a quantia utilizada pelo governo) e o *saldo de conta corrente* (a quantia de exportações líquidas de mercadorias e serviços para o exterior). O termo *contas nacionais* (*ou contas da renda nacional*), em vez de *contas de produção nacional*, é utilizado para descrever essa classificação quádrupla porque a renda de um país, de fato, se iguala à produção. Portanto, as contas de renda nacional podem ser pensadas como uma forma de classificar cada transação que contribui para a renda nacional de acordo com o tipo de despesa que dá origem a ela. A Figura 13.1 mostra como o PNB americano foi dividido em seus quatro componentes no primeiro trimestre (janeiro a março) de 2020.[1]

---

[1]Na Figura 13.1, o PNB trimestral e seus componentes são medidos a uma taxa anual (isto é, são multiplicados por quatro). Nossa definição da conta corrente não é rigorosamente precisa quando um país é um doador ou recebedor líquido de presentes do exterior. Essa possibilidade, junto com algumas outras, também complica nossa identificação do PNB com a renda nacional. Descrevemos mais adiante neste capítulo como as definições da renda nacional e da conta corrente devem ser mudadas em tais casos.

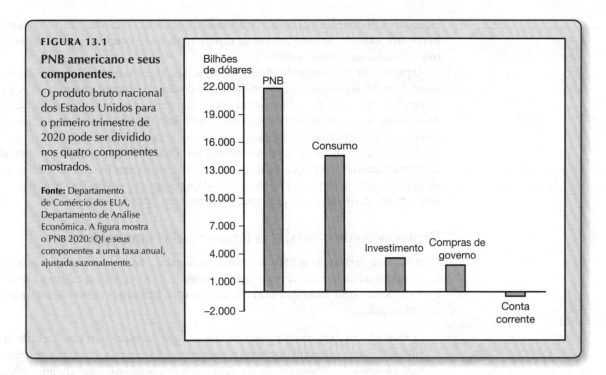

FIGURA 13.1
PNB americano e seus componentes.

O produto bruto nacional dos Estados Unidos para o primeiro trimestre de 2020 pode ser dividido nos quatro componentes mostrados.

Fonte: Departamento de Comércio dos EUA, Departamento de Análise Econômica. A figura mostra o PNB 2020: QI e seus componentes a uma taxa anual, ajustada sazonalmente.

Por que é útil dividir o PNB em consumo, investimento, compras de governo e conta corrente? Uma das razões mais importantes é que seria impossível entender a causa de uma recessão específica ou de um *boom* sem saber como as principais categorias de despesas mudaram. E sem tal entendimento, não podemos recomendar uma boa política como resposta. Além disso, as contas de renda nacional fornecem informações essenciais para estudar o motivo de alguns países serem ricos – isto é, ter um nível maior de PNB em relação ao tamanho da população – enquanto outros países são pobres.

Produto nacional e renda nacional

Nossa primeira tarefa na compreensão de como os economistas analisam o PNB é explicar em maiores detalhes por que o PNB que um país gera durante um determinado período de tempo deve se igualar à sua **renda nacional**, a renda ganha nesse período por seus fatores de produção.

A razão para essa igualdade é que todo dólar utilizado para comprar mercadorias ou serviços automaticamente acaba no bolso de alguém. Uma visita ao médico fornece um exemplo simples de como um aumento na produção nacional aumenta a renda nacional pela mesma quantia. Os US$ 75 que você paga ao médico representam o valor de mercado dos serviços que ele presta para você, então a sua ida ao médico aumenta o PNB em US$ 75. Mas os US$ 75 que você paga ao médico também aumentam a renda dele. Então a renda nacional aumenta em US$ 75.

O princípio de que a produção e a renda são as mesmas também se aplica às mercadorias, mesmo as produzidas com a ajuda de muitos fatores de produção. Considere o exemplo de um livro de economia. Quando você compra um livro novo da editora, o valor de sua compra entra no PNB. Mas o seu pagamento entra na renda dos fatores produtivos que cooperam na produção do livro, porque a editora deve pagar pelos seus serviços com o produto das vendas. Primeiro, existem autores, editores, artistas e diagramadores que fornecem a mão de obra necessária para a produção do livro. Segundo, existem os acionistas da editora, que

328 PARTE III ■ Taxas de câmbio e macroeconomia da economia aberta

recebem os dividendos por terem financiado a aquisição do capital utilizado na produção. E, por fim, existem os fornecedores de papel e tinta, que oferecem os materiais intermediários utilizados na produção do livro.

O papel e a tinta comprados pela editora para produzir o livro *não* são contados separadamente no PNB porque sua contribuição para o valor da produção nacional já está incluída no preço do exemplar. É para evitar uma contagem dupla que permitimos somente a entrada da venda de mercadorias e serviços *finais* na definição do PNB. As vendas de bens intermediários, como papel e tinta comprados por uma editora, não são levadas em conta. Perceba também que a venda de um livro usado não entra no PNB. Nossa definição considera somente mercadorias e serviços finais que são *produzidos*, e um livro usado não se qualifica: ele já foi levado em conta no PNB ao ser vendido pela primeira vez. De forma equivalente, a venda de um livro usado não gera renda para nenhum fator de produção.

Depreciação de capital e as transferências internacionais

Uma vez que definimos o PNB e a renda nacional de forma que sejam necessariamente iguais, sua igualdade é, na verdade, uma identidade. Entretanto, dois ajustes à definição do PNB são necessários antes de a identificação do PNB e da renda nacional estar inteiramente correta na prática.

1. O PNB não leva em conta a perda econômica que acontece pela tendência de maquinário e estruturas sofrerem desgastes com o tempo. Essa perda, chamada de *depreciação*, reduz a renda dos donos de capital. Para calcular a renda nacional em um dado período, devemos, portanto, subtrair do PNB a depreciação do capital durante o período. O PNB menos a depreciação é chamado de *produto interno líquido* (PIL).
2. A renda de um país pode incluir presentes não correspondidos de residentes de países estrangeiros, além de impostos pagos a, ou subsídios recebidos de, governos estrangeiros. Chamamos esses incrementos à renda corrente de *transferências unilaterais*. Alguns exemplos de transferências unilaterais de renda são pensões pagas a cidadãos aposentados que vivem no exterior; pagamentos de indenizações e reparações; e ajuda externa, como fundos doados para nações atingidas pela seca. Para os Estados Unidos, em 2019, o balanço de tais pagamentos somou cerca de −140 bilhões de dólares, representando 0,65% da transferência líquida do PNB para estrangeiros. Transferências unilaterais líquidas são parte da renda de um país, mas não são parte de seu produto, e devem ser adicionadas ao PIL em cálculos de renda nacional.

A renda nacional é igual ao PNB *menos* a depreciação *mais* as transferências unilaterais líquidas. A diferença entre o PNB e a renda nacional está longe de ser uma quantia insignificante, mas a macroeconomia não trata muito sobre isso, e a questão tem pouca importância para a análise macroeconômica. Portanto, para os fins deste texto, normalmente utilizaremos os termos *PNB* e *renda nacional* como sinônimos, enfatizando a distinção entre os dois somente quando essencial.[2] Muitos países enfatizam o conceito contábil de *renda nacional bruta* (RNB), igual à renda nacional sem um ajuste para a depreciação. Para a maioria dos países e na maioria dos anos, não há grandes diferenças entre o PNB e a RNB.

---

[2]Propriamente falando, os estatísticos do governo referem-se ao que chamamos de "renda nacional" como *renda nacional disponível*. Seu conceito oficial de renda nacional omite as transferências unilaterais líquidas estrangeiras. No entanto, mais uma vez, a diferença entre renda nacional e renda nacional disponível geralmente não tem importância para a análise macroeconômica. As transferências unilaterais também são chamadas de *pagamentos de rendimentos secundários* para distingui-las dos *pagamentos de rendimentos primários*, que consistem em salários e renda de investimentos do exterior. Veremos essa terminologia mais adiante, quando estudarmos a contabilidade do balanço de pagamentos.

CAPÍTULO 13 ▪ Contabilidade nacional e o balanço de pagamentos **329**

Produto interno bruto

A maioria dos países, exceto os Estados Unidos, há muito tempo utiliza o **produto interno bruto (PIB)** em vez do PNB como principal medida de atividade econômica nacional. Em 1991, os Estados Unidos também começaram a seguir essa prática. Presume-se que o PIB mede o volume da produção dentro das fronteiras do país, enquanto o PNB é igual ao PIB *mais* as receitas líquidas do fator de renda do resto do mundo. Para os Estados Unidos, essas receitas líquidas são primariamente a renda nacional que os residentes ganham sobre os ativos que mantêm em outros países, menos os pagamentos que realizam para os donos estrangeiros de ativos localizados no seu país.

O PIB não corrige, como o PNB, a porção da produção dos países que utiliza os serviços prestados por capital e mão de obra estrangeiras. Considere um exemplo: os lucros de uma fábrica espanhola com donos britânicos são contados no PIB da Espanha, mas são parte do PNB britânico. Os serviços que o capital britânico fornece na Espanha são um serviço exportado da Grã-Bretanha, portanto, são adicionados ao PIB britânico ao calcular seu PNB. Ao mesmo tempo, para encontrar o PNB da Espanha, devemos subtrair de seu PIB o serviço importado correspondente da Grã-Bretanha.

Na prática, os movimentos no PIB e no PNB normalmente não diferem muito. No entanto, neste texto vamos focar no PNB, pois ele acompanha a renda nacional mais de perto do que o PIB, e o bem-estar nacional depende mais diretamente da renda nacional do que do produto interno.

Contabilidade nacional para uma economia aberta

Nesta seção, estendemos a estrutura da contabilidade nacional de uma economia fechada, que você deve ter encontrado em outros cursos de economia, para o caso de uma economia aberta. Começamos a discussão com as contas nacionais porque elas destacam o papel-chave do comércio internacional na teoria macroeconômica das economias abertas. Já que os residentes de uma economia fechada não podem comprar produção estrangeira ou vender a sua produção para os estrangeiros, toda a renda nacional deve ser alocada ao consumo nacional, investimento e compras do governo. Contudo, em uma economia aberta ao comércio internacional, a versão da conta de renda nacional de economia fechada deve ser modificada, porque parte da produção nacional é exportada para estrangeiros, enquanto parte da renda nacional é gasta em produtos estrangeiros importados.

A lição principal desta seção é a relação entre a poupança nacional, o investimento e os desequilíbrios comerciais. Veremos que, nas economias abertas, poupança e investimento não são necessariamente iguais, como são na economia fechada. Isso ocorre porque os países podem poupar na forma de riqueza exterior ao exportar mais do que importam e podem *despoupar* – isto é, reduzir a riqueza exterior – exportando menos do que importam.

Consumo

A porção do PNB comprada por domicílios particulares para atender suas necessidades atuais é chamada de **consumo**. Compras de ingressos de cinema, alimentos, tratamentos dentários e máquinas de lavar caem nessa categoria. Despesas com o consumo são o maior componente do PNB na maioria das economias. Nos Estados Unidos, por exemplo, a fração do PNB dedicada ao consumo flutuou entre 62% e 70% nos últimos 70 anos.

Investimento

A parte da produção utilizada por empresas particulares para produzir coisas no futuro é chamada de **investimento**. Despesas de investimento podem ser vistas como a porção do PNB utilizada para aumentar o estoque de capital da nação. Aço e tijolos utilizados para

330 PARTE III ▪ Taxas de câmbio e macroeconomia da economia aberta

construir uma fábrica são parte das despesas de investimento, assim como os serviços fornecidos por um técnico que ajuda a montar computadores para a empresa. As compras de estoque das empresas também são contadas como despesa de investimento, pois manter um estoque é só outra forma de as empresas transferirem produção atual para utilização no futuro.

O investimento geralmente é mais viável do que o consumo. Nos Estados Unidos, o investimento (bruto) tem flutuado entre 11% e 22% do PNB nos últimos anos. Utilizamos frequentemente a palavra *investimento* para descrever compras de ações da bolsa, títulos ou bens imóveis por parte de famílias individuais, mas deve-se ter cuidado para não confundir esse significado cotidiano da palavra com a definição econômica de investimento como parte do PNB. Quando você compra uma ação da Microsoft, não está comprando nem um bem, nem um serviço, então a sua compra não aparece no PNB.

Compras de governo

Quaisquer mercadorias ou serviços comprados por governos federais, estaduais ou locais são classificadas como **compras de governo** nas contas de renda nacional. Inclusos nas compras de governo estão os gastos militares federais, o apoio do governo à pesquisa sobre o câncer e os recursos do governo gastos em reparos de estradas e com educação. As compras de governo incluem tanto o investimento quanto as compras de consumo. Os pagamentos de transferência do governo, como o seguro social e o seguro-desemprego, não requerem que o recebedor dê ao governo nenhuma mercadoria ou serviço em troca. Portanto, os pagamentos de transferências não estão inclusos nas compras de governo.

As compras de governo atualmente representam em torno de 18% do PNB americano e essa parcela não mudou muito desde o fim da década de 1950. (O valor correspondente para 1959, por exemplo, era em torno de 22%). No entanto, em 1929, as compras de governo representavam apenas cerca de 8,5% do PNB americano.

A identidade da renda nacional para uma economia aberta

Em uma economia fechada, qualquer mercadoria ou serviço final que não é comprado pelas famílias ou pelo governo deve ser utilizado pelas empresas para produzir novas fábricas, equipamentos e estoques. Se as mercadorias de consumo não são vendidas imediatamente para os consumidores ou para o governo, as empresas (talvez de forma relutante) adicionam-nas ao estoque existente e, dessa forma, aumentam seu investimento.

Essa informação leva a uma identidade fundamental para as economias fechadas. Considere que Y representa o PNB, C o consumo, I o investimento e G as compras de governo. Já que toda a produção da economia fechada deve ser consumida, investida ou comprada pelo governo, podemos escrever:

$$Y = C + I + G.$$

Derivamos a identidade da renda nacional para uma economia fechada ao supor que toda sua produção é consumida ou investida pelos cidadãos do país ou comprada pelo seu governo. Entretanto, quando o comércio com o exterior é possível, parte da produção é comprada por estrangeiros, enquanto parte do gasto nacional vai para a compra de mercadorias e serviços produzidos no exterior. A identidade do PNB para as economias abertas mostra como a renda nacional que um país ganha por vender suas mercadorias e serviços é dividida entre vendas para residentes nacionais e vendas para residentes estrangeiros.

Já que os residentes de uma economia aberta podem gastar uma parte de sua renda em importações, isto é, mercadorias e serviços comprados do exterior, somente a porção de seus gastos não utilizados para importações é parte do PNB interno. O valor das importações, indicado por IM, deve ser subtraído do total do gasto nacional, $C + I + G$, para encontrar a porção do gasto nacional que gera a renda nacional. As importações do exterior aumentam o PNB dos países estrangeiros, mas não aumentam diretamente o PNB nacional.

CAPÍTULO 13 ■ Contabilidade nacional e o balanço de pagamentos **331**

De modo similar, mercadorias e serviços vendidos para os estrangeiros compõem as exportações de um país. As exportações, indicadas por *EX*, são a quantidade que as compras dos estrangeiros adicionam à renda nacional da economia nacional.

A renda nacional de uma economia aberta é, portanto, a soma das despesas nacionais e estrangeiras com mercadorias e serviços produzidos pelos fatores de produção nacionais. Portanto, a identidade da renda nacional para uma economia aberta é:

$$Y = C + I + G + EX - IM. \tag{13.1}$$

Uma economia aberta imaginária

Para tornar concreta a identidade, Equação (13.1), consideremos uma economia fechada imaginária, Agrária, cuja única produção é trigo. Cada cidadão de Agrária é um consumidor de trigo, mas cada um deles também é agricultor e, portanto, pode ser visto como uma empresa. Para investir, os agricultores reservam uma porção da colheita de cada ano como semente para plantar no ano seguinte. Também existe um governo que se apropria de parte da colheita para alimentar o exército de Agrária. A colheita anual total de Agrária é de 100 alqueires de trigo. Agrária pode importar leite do resto do mundo em troca de exportações de trigo. Não podemos compor as contas de renda nacional de Agrária sem saber o preço do leite em termos de trigo, porque todos os componentes na identidade do PNB – Equação (13.1) – devem ser medidos nas mesmas unidades. Se supusermos que o preço do leite é 0,5 alqueires de trigo por galão e que, a esse preço, os agrarianos querem consumir 40 galões de leite, então as importações de Agrária são iguais em valor a 20 alqueires do trigo.

Na Tabela 13.1 vemos que a produção total de Agrária é de 100 alqueires de trigo. O consumo é dividido entre trigo e leite, com 55 alqueires de trigo e 40 galões de leite (igual em valor a 20 alqueires de trigo) consumidos durante o ano. O valor do consumo em termos de trigo é 55 + (0,5 × 40) = 55 + 20 = 75.

Os 100 alqueires de trigo produzidos por Agrária são utilizados conforme segue: 55 alqueires são consumidos pelos residentes nacionais, 25 são investidos, 10 são comprados pelo governo e 10 são exportados. A renda nacional ($Y = 100$) é igual à despesa nacional ($C + I + G = 110$) mais as exportações ($EX = 10$) menos as importações ($IM = 20$).

A conta corrente e a dívida externa

Na verdade, é muito raro que o comércio exterior de um país seja exatamente equilibrado. As diferenças entre as exportações e importações de mercadorias e serviços são conhecidas como **saldo de conta corrente** (ou conta corrente). Se indicarmos a conta corrente com *CA*, podemos expressar essa definição em símbolos como:

$$CA = EX - IM.$$

TABELA 13.1	Contabilidade da renda nacional de Agrária, uma economia aberta (alqueires de trigo)									
PNB (produção total)	=	**Consumo**	+	**Investimento**	+	**Compras de governo**	+	**Exportações**	–	**Importações**
100	=	75[a]	+	25	+	10	+	10	–	20[b]

[a] 55 alqueires de trigo + (0,5 alqueire por galão) × (40 galões de leite).
[b] 0,5 alqueires por galão × 40 galões de leite.

332 PARTE III ■ Taxas de câmbio e macroeconomia da economia aberta

Quando as importações de um país superam suas exportações, dizemos que o país tem um *déficit em conta corrente*. Um país tem um *superávit em conta corrente* quando suas exportações excedem suas importações.[3]

A identidade do PNB, a Equação (13.1), mostra uma razão de por que a conta corrente é importante na macroeconomia internacional. Uma vez que o lado direito da Equação (13.1) dá o total das despesas na produção nacional, mudanças na conta corrente podem ser associadas com as mudanças na produção e, portanto, no emprego.

A conta corrente também é importante porque mede o tamanho e a direção do empréstimo internacional. Quando um país importa mais do que exporta, está comprando mais dos estrangeiros do que vende para eles e deve, de alguma forma, financiar esse déficit em conta corrente. Como o país paga pelas importações adicionais já que gastou seus ganhos com exportações? Uma vez que o país como um todo pode importar mais do que exporta somente se conseguir pegar emprestada a diferença com estrangeiros, um país com um déficit em conta corrente deve aumentar seus débitos estrangeiros líquidos pela quantidade do déficit. Esta é a atual posição dos Estados Unidos, que têm um déficit em conta corrente significativo (e pegaram emprestada uma soma igual a cerca de 2,3% do seu PNB em 2019).[4]

De modo similar, um país com um superávit em conta corrente está ganhando mais com as exportações do que gastando em importações. Esse país financia o déficit em conta corrente de seu parceiro de comércio emprestando recursos a ele. A riqueza estrangeira de um país com superávit aumenta porque os estrangeiros pagam mais por qualquer importação não coberta por suas exportações por meio da emissão de notas promissórias que terão de resgatar um dia. O raciocínio anterior mostra que *o saldo da conta corrente de um país é igual à mudança em sua riqueza externa líquida*.[5]

Definimos a conta corrente como a diferença entre exportações e importações. A Equação (13.1) diz que a conta corrente também é igual à diferença entre a renda nacional e o total de despesas dos residentes nacionais $C + I + G$:

$$Y - (C + I + G) = CA.$$

É somente pegando um empréstimo no exterior que um país pode ter um déficit em conta corrente e utilizar mais do que está produzindo atualmente. Se o país utiliza menos do que sua produção, tem um superávit em conta corrente e empresta o superávit para os estrangeiros.[6] Os empréstimos internacionais foram identificados como *comércio intertemporal* no Capítulo 6. Um país com um déficit em conta corrente importa o consumo presente e exporta o consumo futuro. Um país com um superávit em conta corrente exporta o consumo presente e importa o consumo futuro.

---

[3] Além das exportações líquidas de mercadorias e serviços, o saldo da conta corrente inclui transferências unilaterais líquidas de renda, que discutimos brevemente em um momento anterior. Seguindo nossa suposição anterior, continuamos a ignorar tais transferências por enquanto para simplificar a discussão. Mais adiante neste capítulo, quando analisarmos o balanço dos pagamentos americanos em detalhes, veremos como as transferências de renda atual entram na conta corrente.

[4] Por outro lado, um país poderia financiar um déficit em conta corrente utilizando riqueza exterior acumulada anteriormente para pagar pelas importações. Esse país diminuiria sua riqueza externa líquida, o que tem o mesmo efeito na riqueza geral como se sua dívida externa aumentasse. Nossa discussão aqui ignora a possibilidade de que um país receba *presentes* de ativos estrangeiros (ou dê esses presentes), como quando um país concorda em perdoar a dívida de outro. Como discutiremos posteriormente, tais transferências de ativos (ao contrário das transferências de renda atual) não são parte da conta corrente, mas ainda assim afetam a riqueza externa líquida. Elas são registradas na *conta de capital* do balanço dos pagamentos.

[5] Infelizmente, essa declaração também não está exatamente correta, porque existem fatores que influenciam a riqueza externa líquida que não são capturados pelas contas de renda e produto nacional. Vamos nos abstrair desse fato até o estudo de caso que conclui este capítulo.

[6] A soma $A = C + I + G$ é frequentemente chamada de *absorção* doméstica na literatura de macroeconomia internacional. Utilizando essa terminologia, podemos descrever o superávit em conta corrente como a diferença entre renda e absorção, $Y - A$.

Por exemplo, considere novamente a economia imaginária de Agrária, descrita na Tabela 13.1. O valor total de seu consumo, investimento e compras de governo, em 110 alqueires de trigo, é maior do que sua produção de 100 alqueires. Essa desigualdade seria impossível em uma economia fechada. Ela é possível em uma economia aberta porque agora Agrária importa 40 galões de leite, que valem 20 alqueires de trigo, mas exporta somente 10 alqueires de trigo. O déficit em conta corrente de 10 alqueires é o valor que Agrária pegou emprestado no exterior e que o país terá de devolver no futuro.

A Figura 13.2 ilustra de forma vívida como uma sequência de déficits em conta corrente pode se acumular e criar uma enorme dívida externa. A figura traça o saldo da conta corrente americana desde o fim da década de 1970, junto com a medida do estoque de riqueza externa líquida da nação, sua **posição de investimento internacional líquido** (IIP, do inglês *international investment position*), a diferença entre seus créditos com os estrangeiros e suas responsabilidades em relação a eles. Como se pode ver, os Estados Unidos acumularam uma riqueza externa substancial até o começo da década de 1980, quando surgiu um déficit em conta corrente contínuo de proporções nunca vistas no século XX. Em 1989, o país tornou-se um devedor líquido ao exterior pela primeira vez desde a Primeira Guerra Mundial. Essa dívida externa continuou a crescer e, no começo de 2020, estava em torno de 50% do PNB.

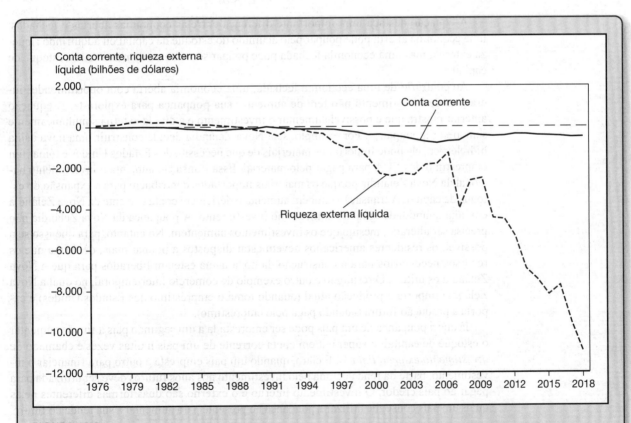

FIGURA 13.2
A conta corrente americana e a posição de investimento internacional líquido, 1976-2019.

Uma sequência de déficits em conta corrente a partir do início da década de 1980 reduziu a riqueza externa líquida americana até que, no início do século XXI, o país acumulava uma dívida externa substancial.

Fonte: Departamento de Comércio dos EUA, Departamento de Análise Econômica.

Poupança e conta corrente

Por mais simples que seja, a identidade do PNB tem muitas consequências esclarecedoras. Para explicar a mais importante delas, definimos o conceito de **poupança nacional**, isto é, a porção da produção, Y, que não é dedicada ao consumo das famílias, C, ou às compras de governo, G.[7] *Em uma economia fechada, a poupança nacional se iguala ao investimento.* Isso nos diz que a economia fechada como um todo pode aumentar sua riqueza somente ao acumular novo capital.

Suponha que S represente a poupança nacional. Nossa definição de S nos diz que:

$$S = Y - C - G.$$

Uma vez que a identidade do PNB da economia fechada, $Y = C + I + G$, também pode ser escrita como $I = Y - C - G$, então

$$S = I,$$

e a poupança nacional deve se igualar ao investimento em uma economia fechada.

Enquanto em uma economia fechada poupança e investimento devem ser sempre iguais, em uma economia aberta eles podem diferir. Lembrando que a poupança nacional, S, iguala $Y - C - G$ e que $CA = EX - IM$, podemos reescrever a identidade do PNB da Equação (13.1) como:

$$S = I + CA.$$

A equação destaca uma importante diferença entre as economias abertas e fechadas: uma economia aberta pode poupar pelo acúmulo do estoque de capital ou adquirindo riqueza externa, mas uma economia fechada pode poupar somente ao aumentar o seu estoque de capital.

Ao contrário de uma economia fechada, uma economia aberta com oportunidades lucrativas de investimento não tem de aumentar sua poupança para explorá-la. A equação anterior mostra que é possível aumentar o investimento e a dívida externa simultaneamente sem afetar a poupança. Por exemplo, se a Nova Zelândia decide construir uma nova usina hidrelétrica, ela pode importar os materiais de que necessita dos Estados Unidos e tomar um empréstimo dos EUA para pagar pelo material. Essa transação aumenta o investimento nacional da Nova Zelândia porque os materiais importados contribuem para a expansão do estoque de capital. A transação também aumenta o déficit em conta corrente da Nova Zelândia em uma quantidade igual ao aumento no investimento. A poupança da Nova Zelândia não precisa ser alterada, mesmo que os investimentos aumentem. No entanto, para que isso seja possível, os residentes americanos devem estar dispostos a poupar mais, de forma que os recursos necessários para a construção da nova usina estejam liberados para que a Nova Zelândia os utilize. O resultado é outro exemplo de comércio intertemporal, no qual a Nova Zelândia importa a produção atual (quando toma o empréstimo dos Estados Unidos) e exporta a produção futura (quando paga pelo empréstimo).

Já que a poupança de um país pode ser emprestada a um segundo país a fim de aumentar o estoque de capital, o superávit em conta corrente de um país muitas vezes é chamado de *investimento externo líquido*. É claro, quando um país empresta a outro para financiar o investimento, parte da renda gerada pelo investimento nos anos futuros deve ser utilizada para pagar ao país credor. O investimento interno e o externo são duas formas diferentes pelas quais um país consegue utilizar a poupança no presente para aumentar a sua renda no futuro.

---

[7] A conta de renda nacional americana supõe que as compras de governo não ajudam a aumentar o estoque capital nacional. Seguimos essa convenção aqui ao subtrair *todas* as compras de governo da produção para calcular a poupança nacional. A maioria das contas nacionais dos países diferencia entre o consumo do governo e o investimento do governo (p. ex., os investimentos das empresas estatais) e inclui o último como parte da poupança nacional. No entanto, frequentemente, os números do investimento do governo incluem compras de equipamento militar.

CAPÍTULO 13 ■ Contabilidade nacional e o balanço de pagamentos **335**

Poupanças privada e do governo

Por ora, nossa discussão sobre poupança não enfatizou a distinção entre as decisões de poupança tomadas pelo setor privado e aquelas tomadas pelo governo. Ao contrário das decisões privadas sobre poupança, as decisões de poupança do governo frequentemente consideram o seu efeito na produção e no emprego. A identidade de renda nacional pode ajudar-nos a analisar os canais pelos quais as decisões de poupança do governo influenciam as condições macroeconômicas nacionais. Para utilizar a identidade de renda nacional dessa forma, primeiro temos de dividir a poupança nacional em seus componentes governamentais e privados.

A **poupança privada** é definida como a parte da renda disponível que é poupada em vez de consumida. A renda disponível é a renda nacional, Y, menos os impostos líquidos coletados das famílias e empresas pelo governo, T.[8] Portanto, a poupança privada, indicada por S_p, pode ser expressa como:

$$S^p = Y - T - C.$$

A *poupança governamental* é definida de forma similar à poupança privada. A "renda" governamental é sua receita tributária líquida, T, enquanto seu "consumo" são as compras de governo, G. Se S_g representa a poupança governamental, então

$$S^g = T - G.$$

A soma dos dois tipos de poupança que definimos, privada e governamental, é igual à poupança nacional. Para entender o porquê, lembre-se da definição da poupança nacional, S, como $Y - C - G$. Então

$$S = Y - C - G = (Y - T - C) + (T - G) = S^p + S^g.$$

Podemos utilizar as definições de poupanças privada e governamental para reescrever a identidade de renda nacional de uma forma que seja útil para analisar os efeitos das decisões de poupança governamental em economias abertas. Porque $S = S^p + S^g = I + CA$,

$$S^p = I + CA - S^g = I + CA - (T - G) = I + CA + (G - T). \tag{13.2}$$

A Equação (13.2) relaciona a poupança privada ao investimento nacional, ao superávit em conta corrente e à poupança governamental. Para interpretar a Equação (13.2), definimos o **déficit orçamentário governamental** como $G - T$, isto é, como a poupança governamental precedida por um sinal de menos. O déficit orçamentário governamental mede o ponto até o qual o governo está tomando empréstimos para financiar suas despesas. A Equação (13.2) então afirma que a poupança privada de um país pode tomar três formas: investimento em capital nacional (I), compras de riqueza do exterior (CA) e compras de títulos de dívidas recém-emitidos pelo governo nacional ($G - T$).[9]

O MISTÉRIO DO DÉFICIT DESAPARECIDO

Como as exportações de cada país são as importações de outro país, os saldos de conta corrente mundiais devem somar zero. Mas isso não acontece. A figura mostra o padrão nos dados. Entre 1980 e 2003, com exceção de um ano, a soma das contas correntes globais era negativa, o que significa que ou os superávits eram subestimados ou os déficits eram exagerados. Mas em 2004, o "mistério do superávit desaparecido" tornou-se o "mistério do déficit

---

[8]Os impostos líquidos são os impostos menos os pagamentos de transferências do governo. O termo *governo* refere-se aos governos federais, estaduais e locais, considerados como se fossem uma única unidade.

[9]Em uma economia fechada, a conta corrente é sempre zero, então a Equação (13.2) é simplesmente $S_p = I + (G - T)$.

desaparecido". Desde aquele ano, a conta corrente global medida tem sido positiva.

Considerando os erros inevitáveis na coleta de dados detalhados de pagamentos internacionais de muitas agências nacionais com diferentes níveis de precisão e cobertura, algumas discrepâncias são inevitáveis. O que é confuso é que a discrepância global seja *persistentemente* positiva ou negativa. O padrão sugere que alguma coisa sistemática está acontecendo.

Quando o saldo da conta corrente global era negativo, imaginava-se que um grande fator contribuinte era a renda de investimento internacional não declarada. Por exemplo, os bancos reportam esse investimento aos seus governos nacionais, mas os recebedores do investimento, pessoas que podem querer evitar impostos, podem não declará-los após o recebimento.

Contudo, não só as autoridades fiscais melhoraram a sua capacidade de exigir o cumprimento da declaração, o nível geral de taxas de juros agora é menor do que era nas décadas de 1980 e 1990. Uma melhor medição da renda de investimento internacional poderia ser responsável pelo encolhimento da conta corrente mundial negativa. Mas o que pode ter tornado a conta positiva?

Um possível culpado é o crescente comércio internacional de serviços. Por exemplo, é provável que uma grande empresa de advocacia declare suas exportações de serviço com bastante precisão, mas as compras de vários de seus clientes menores podem escapar da detecção. Em uma revisão detalhada da questão em 2011, a revista *The Economist* apontou que erros na medição do comércio de mercadorias também aumentaram drasticamente, e é menos óbvio que isso criaria um viés sistemático em direção a um aparente superávit global.[10] O mistério continua sendo mistério. Em 2019, ele valia 290 bilhões de dólares, cerca de um terço de 1% da produção mundial.

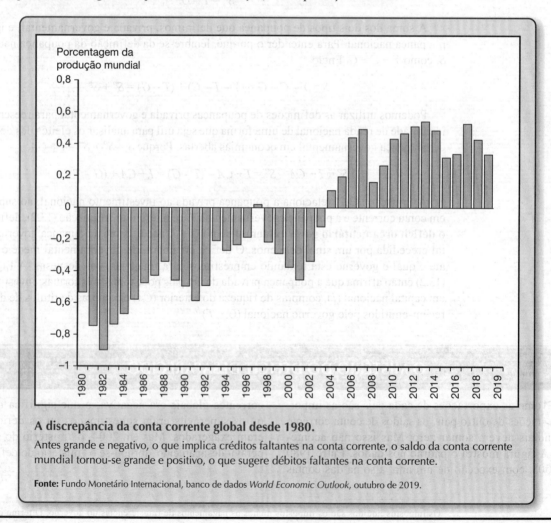

A discrepância da conta corrente global desde 1980.
Antes grande e negativo, o que implica créditos faltantes na conta corrente, o saldo da conta corrente mundial tornou-se grande e positivo, o que sugere débitos faltantes na conta corrente.

Fonte: Fundo Monetário Internacional, banco de dados *World Economic Outlook*, outubro de 2019.

---

[10] Veja: "Economics Focus: Exports to Mars". *The Economist*, 12 nov. 2011. Disponível em: <http://www.economist.com/node/21538100>.

A contabilidade do balanço de pagamentos

Além das contas de renda nacional, os economistas e os estatísticos do governo também mantêm uma contabilidade do balanço de pagamentos, um registro detalhado da composição do saldo de conta corrente e das várias transações que o financiam.[11] Os números do balanço de pagamentos são de grande interesse ao público em geral, como indica a atenção que diversos veículos de mídia dão a eles. Mas, de vez em quando, a imprensa informa medidas confusas e diferentes de fluxos de pagamentos internacionais. Devemos ficar assustados ou felizes com uma manchete do *Wall Street Journal* que diz: "Estados Unidos acumulam déficit recorde do balanço de pagamentos"? Uma compreensão completa da contabilidade do balanço de pagamentos irá ajudar-nos a avaliar as consequências das transações internacionais de um país.

A contabilidade do balanço de pagamentos de um país registra tanto seus pagamentos quanto seus recebimentos do exterior. Qualquer transação que resulte em um recebimento do exterior é lançada na contabilidade do balanço de pagamentos como um *crédito*. Qualquer transação que resulte em um pagamento ao exterior é lançada como um *débito*. São três os tipos de transações internacionais registradas no balanço de pagamentos:

1. Transações que surgem da exportação ou importação de mercadorias ou serviços e, portanto, entram diretamente na conta corrente. Quando um consumidor francês importa uma calça *jeans* americana, por exemplo, a transação entra na contabilidade do balanço de pagamentos americana como um crédito na conta corrente. Por outro lado, importações americanas de queijo francês são lançadas como débito no balanço de pagamentos dos EUA. Um saldo em conta corrente positivo significa que os créditos são maiores do que os débitos e que os residentes do país exportam mais bens e serviços para residentes de países estrangeiros do que importam deles.

2. Transações decorrentes da compra ou venda de ativos financeiros. Um **ativo** é qualquer uma das formas que as pessoas utilizam para guardar seu patrimônio, como dinheiro, ações, fábricas ou títulos de dívida do governo. A **conta financeira** do balanço de pagamentos registra todas as compras ou vendas internacionais de ativos financeiros. Quando uma empresa americana compra uma fábrica francesa, a transação entra na contabilidade do balanço de pagamentos americana como um débito na conta financeira. Ela é lançada como um débito porque essa transação requer um pagamento dos Estados Unidos para estrangeiros. De forma correspondente, a venda americana de ativos para o exterior entra na conta financeira americana como um crédito. As estatísticas do balanço de pagamentos apresentam a conta financeira como débitos menos créditos, ou seja, como a diferença entre as compras e vendas de ativos estrangeiros. Os contadores que trabalham no balanço de pagamentos também chamam isso de *saldo da conta financeira* ou de *fluxos financeiros líquidos*. O resultado é positivo quando os residentes do país acumulam créditos (líquidos) sobre os residentes de países estrangeiros, ou seja, quando compram mais ativos financeiros do estrangeiro do que vendem para eles.

3. Algumas outras atividades que resultam em transferências de riqueza entre países são registradas na **conta de capital**. Essas movimentações de ativos internacionais, que geralmente são bem pequenas para os Estados Unidos, diferem daquelas registradas na conta financeira. Na maioria das vezes, elas resultam de atividades não mercantis ou representam a aquisição ou a liquidação de ativos não produzidos, não financeiros e

---

[11] O Departamento de Análise Econômica dos Estados Unidos (DAE ou BEA, do inglês Bureau of Economic Analysis) alterou a apresentação de seu balanço de pagamentos para adaptar-se às normas internacionais predominantes, então nossa discussão neste capítulo difere em alguns aspectos daquelas nas edições anteriores. Seguimos a nova metodologia descrita por Kristy L. Howell e Robert E. Yuskavage, "Modernizing and Enhancing BEA's International Economic Accounts: Recent Progress and Future Directions". *Survey of Current Business*, p.6-20, maio 2010. O DAE completou a transição para o novo sistema em junho de 2014. Para uma atualização, veja Jeffrey R. Bogen, Mai-Chi Hoang, Kristy L. Howell e Erin M. Whitaker, "Comprehensive Restructuring and Annual Revision of the U.S. International Transactions Accounts", *Survey of Current Business* (jul. 2014), pp. 1-24.

338   PARTE III ■ Taxas de câmbio e macroeconomia da economia aberta

possivelmente intangíveis (como direitos autorais e marcas registradas). Por exemplo, se o governo americano perdoa uma dívida de um bilhão de dólares devida pelo governo do Paquistão, o patrimônio dos EUA declina em um bilhão de dólares e o valor é lançado como débito na conta de capital americana.

Você verá que as complexidades das contas do balanço de pagamentos serão menos confusas se você tiver em mente a simples regra da contabilidade das partidas dobradas a seguir: *Toda transação internacional entra automaticamente no balanço de pagamentos duas vezes, uma vez como crédito e uma como débito.* Esse princípio de contabilidade do balanço de pagamentos vale porque cada transação tem dois lados: se você compra algo do exterior, deve pagar de alguma forma, e o vendedor deve, de alguma forma, gastar ou guardar seu pagamento.

Exemplos de transações emparelhadas

Alguns exemplos mostrarão como o princípio da contabilidade das partidas dobradas opera na prática.

1. Imagine que você comprou uma máquina de fax a jato de tinta da companhia italiana Olivetti e pagou por essa compra com um cheque de US$ 1.000. Seu pagamento para comprar uma mercadoria (máquina de fax) de um residente estrangeiro entra na conta corrente americana como um débito. Mas onde está o crédito de compensação do balanço de pagamentos? O vendedor da Olivetti nos Estados Unidos deve fazer algo com o seu cheque – digamos que deposite na conta da Olivetti no Citibank em Nova York. Nesse caso, a Olivetti comprou e o Citibank vendeu um ativo americano, um depósito bancário no valor de US$ 1.000, e a transação aparece como US$ 1.000 de crédito na conta financeira americana. A transação cria as duas entradas correspondentes na contabilidade no balanço dos pagamentos dos EUA:

	Crédito	Débito
Compra de máquina de fax (conta corrente, importação americana de mercadoria)		$ 1.000
Venda do depósito bancário pelo Citibank (conta financeira, venda de ativo americano)	$ 1.000	

2. Em um segundo exemplo, suponha que durante sua viagem à França, você pague US$ 200 por um jantar de luxo no Restaurant de l'Escargot d'Or. Sem dinheiro vivo, você paga a conta com seu cartão de crédito Visa. Seu pagamento, que é uma despesa de turista, será contado como uma importação de serviço para os Estados Unidos e, portanto, como um débito na conta corrente. Onde está o crédito de compensação? Sua assinatura no comprovante Visa dá ao restaurante o direito de receber US$ 200 (na verdade, receber o equivalente em moeda local) da First Card, a empresa que emitiu o seu cartão Visa. Ele é, portanto, um ativo, um crédito sobre um pagamento futuro da First Card. Então, quando você paga por sua comida no exterior com seu cartão de crédito, está vendendo um ativo para a França e gerando um crédito de US$ 200 na conta financeira americana. O padrão de débitos e créditos correspondentes neste caso é:

	Crédito	Débito
Compra de refeição (conta corrente, importação americana de serviço)		$ 200
Venda de crédito no First Card (conta financeira, venda de ativo americano)	$ 200	

CAPÍTULO 13 ■ Contabilidade nacional e o balanço de pagamentos **339**

3. Imagine agora que seu tio Sid, de Los Angeles, comprou uma ação recém-emitida da gigante britânica do petróleo British Petroleum (BP). Ele faz o pedido com a corretora de ações americana Go-for-Broke, Inc., e paga US$ 95 com fundos de sua conta do mercado monetário da Go-for-Broke. A BP, por sua vez, deposita os US$ 95 que Sid pagou em sua própria conta bancária nos Estados Unidos, no Second Bank de Chicago. A aquisição da ação pelo tio Sid cria um débito de US$ 95 na conta financeira americana (ele comprou um ativo de um residente estrangeiro, a BP), enquanto o depósito de US$ 95 da BP em seu banco em Chicago é o crédito correspondente da conta financeira (a BP expandiu sua carteira de ativos americanos). Os efeitos espelhados no balanço de pagamentos dos EUA, portanto, aparecem na conta financeira:

	Crédito	Débito
Compra do tio Sid de uma ação da BP (conta financeira, compra americana de ativo)		$ 95
Depósito do BP do pagamento do tio Sid no Second Bank de Chicago (conta financeira, venda de ativo americano)	$ 95	

4. Por fim, consideremos como a contabilidade do balanço de pagamentos americana é afetada quando os bancos americanos perdoam (isto é, anunciam que simplesmente vão deixar para lá) uma dívida de US$ 5.000 que o governo do país imaginário Bygonia tem com eles. Nesse caso, os Estados Unidos faz uma transferência de capital de US$ 5.000, que aparece como um lançamento de débito na conta de capital. O crédito associado está na conta financeira, na forma de uma redução de US$ 5.000 em ativos que os Estados Unidos possuem no exterior (uma "aquisição" negativa de ativos estrangeiros e, portanto, um crédito no balanço de pagamentos):

	Crédito	Débito
Perdão da dívida pelo banco americano (conta capital, transferência americana de pagamento)		$ 5.000
Redução dos créditos dos bancos sobre Bygonia (conta financeira, venda de ativo americano)	$ 5.000	

Esses exemplos mostram que muitas circunstâncias podem afetar a forma como uma transação gera seu lançamento correspondente no balanço de pagamentos. Nunca podemos prever com certeza onde o outro lado de uma transação em particular vai aparecer, mas podemos ter certeza de que vai aparecer em algum lugar.

A identidade fundamental do balanço de pagamentos

Como qualquer transação internacional origina automaticamente lançamentos de crédito e débito correspondentes no balanço de pagamentos, a soma do saldo da conta corrente e do saldo da conta de capital igualam-se automaticamente ao saldo da conta financeira:

$$\text{Saldo da conta corrente} + \text{saldo da conta de capital}$$
$$= \text{saldo da conta financeira}. \qquad (13.3)$$

340 PARTE III ■ Taxas de câmbio e macroeconomia da economia aberta

Nos exemplos anteriores 1, 2 e 4, os lançamentos na conta corrente ou conta de capital são compensados por contrapartes na conta financeira, enquanto no Exemplo 3, dois lançamentos da conta financeira compensam um ao outro. A contabilidade das partidas dobradas nos ensina que o total recebido do estrangeiro deve corresponder ao pagamento total ao estrangeiro. Portanto, o total dos créditos do balanço de pagamentos deve ser igual ao total dos débitos do balanço de pagamentos. A Equação (13.3) apenas reorganiza essa identidade ao colocar os créditos correntes (e de capital) menos os débitos no lado esquerdo e os débitos financeiros menos os créditos no lado direito.

Você poderia interpretar essa identidade de outra forma. Lembre-se da relação que liga a conta corrente aos empréstimos internacionais. Como a soma das contas correntes e de capital é a variação total nos ativos exteriores líquidos de um país (incluindo, por meio da conta de capital, transferências de ativos não mercantis), essa soma iguala-se necessariamente à diferença entre as compras de ativos estrangeiros de um país e suas vendas de ativos para o exterior, ou seja, o saldo da conta financeira.

Agora nos voltamos para uma descrição mais detalhada da contabilidade do balanço de pagamentos, utilizando como exemplo as contas dos EUA para 2019.

A conta corrente, mais uma vez

Como já aprendemos, o saldo de conta corrente mede as exportações líquidas de mercadorias e serviços de um país. Na prática, também inclui quaisquer pagamentos de transferência unilaterais líquidos que recebe do exterior (que praticamente ignoramos até este momento). A Tabela 13.2 mostra que as exportações americanas (do lado do crédito) foram de 3.805,94 bilhões de dólares em 2019, enquanto as importações (do lado do débito) foram de 4.286,16 bilhões de dólares (incluindo transferências unilaterais).

A contabilidade do balanço de pagamentos subdivide exportações e importações em três categorias. A primeira é o comércio de *mercadorias*, isto é, exportações e importações de produtos. A segunda categoria, *serviços*, inclui itens como pagamentos por assistência jurídica, despesas de turistas e taxas de frete. A categoria final, *renda primária*, é formada principalmente de juros internacionais, pagamentos de dividendos e lucros das operações estrangeiras de empresas nacionais. Se você é dono de ações de uma empresa alemã e recebe um pagamento de dividendo de US$ 5, esse pagamento aparece nas contas americanas como um recibo de renda de investimento de US$ 5. Os salários que trabalhadores ganham no exterior também podem entrar na conta de renda primária.

Incluímos a renda produzida por investimentos estrangeiros na conta corrente porque essa é, na verdade, remuneração pelos *serviços* fornecidos pelos investimentos exteriores. Essa ideia, como vimos anteriormente, está por trás da distinção entre PNB e PIB. Quando uma empresa americana constrói uma fábrica no Canadá, por exemplo, os serviços produtivos que a fábrica gera são vistos como uma exportação de serviço dos Estados Unidos para o Canadá igual em valor aos lucros que a fábrica rende para seu dono americano. Para ser consistente, devemos lembrar de incluir esses lucros no PNB dos Estados Unidos e não no PNB canadense. Lembre-se, a definição do PNB refere-se às mercadorias e serviços gerados pelos fatores de produção de um país, mas isso *não* especifica que esses fatores devem trabalhar dentro da fronteira do país que é dono deles. Antes de calcularmos a conta corrente, devemos considerar as transferências unilaterais, listadas na tabela como *renda secundária*. Na discussão da relação entre PNB e renda nacional, definimos transferências unilaterais entre países como presentes internacionais, isto é, pagamentos que não correspondem à compra de nenhuma mercadoria, serviço ou ativo. As transferências unilaterais líquidas são consideradas parte da conta corrente e da renda nacional e a identidade $Y = C + I + G + CA$ continua exatamente válida se Y é interpretado como PNB *mais* transferências líquidas (iguais à RNB). Em 2019, o saldo do balanço americano das transferências unilaterais foi 141,98 bilhões de dólares – 281,69 bilhões de dólares = –139,71 bilhões de dólares.

A tabela mostra um saldo de conta corrente de 3.805,94 bilhões de dólares – 4.286,16 bilhões de dólares = –480,22 bilhões de dólares, um déficit. O sinal negativo significa que

CAPÍTULO 13 ■ Contabilidade nacional e o balanço de pagamentos   **341**

TABELA 13.2	Contabilidade do balanço de pagamentos dos EUA para 2019 (bilhões de dólares)	
Conta corrente		
(1) Exportações e recebimentos de transferências correntes		**3.805,94**
Das quais:		
Mercadorias		1.652,44
Serviços		875,83
Recebimentos de renda (rendimentos primários)		1.135,69
Recebimentos de transferências correntes (rendimentos secundários)		141,98
(2) Importações e pagamentos de transferências correntes		**4.286,16**
Das quais:		
Mercadorias		2.516,77
Serviços		588,36
Recebimentos de renda (rendimentos primários)		899,35
Pagamentos de transferências correntes (rendimentos secundários)		281,69
Saldo da conta corrente		**−480,22**
[(1) − (2)]		
Conta de capital		
(3)		−6,24
Conta financeira		
(4) Aquisição líquida americana de ativos financeiros, excluindo os derivativos financeiros		**440,75**
Dos quais:		
Ativos de reserva oficial		4,66
Outros ativos		436,09
(5) Incorrência americana de passivos, excluindo os derivativos financeiros		**797,96**
Dos quais:		
Passivos de reserva oficial		61,63
Outros passivos		736,33
(6) Derivativos financeiros além de reservas, líquido		−38,34
Fluxos financeiros líquidos		**−395,54**
[(4) − (5) + (6)]		
Discrepância estatística		**90,92**
[Fluxos financeiros líquidos menos a soma das contas corrente e de capital]		

Fonte: Departamento de Comércio dos EUA, Departamento de Análise Econômica, 19 de junho de 2020, *release*. Os totais podem diferir das somas por causa do arredondamento.

os pagamentos correntes para estrangeiros ultrapassam as receitas atuais e os residentes americanos utilizaram mais do que produziram. Como essas transações de conta corrente já foram pagas de alguma forma, sabemos que esse lançamento de débito líquido de 480,22 bilhões de dólares deve ser compensado por um crédito líquido de 480,22 bilhões em outro lugar no balanço dos pagamentos.

A conta de capital

O lançamento da conta de capital na Tabela 13.2 mostra que, em 2019, os Estados Unidos pagaram a residentes estrangeiros cerca de 6 bilhões de dólares em transferências de capital líquidas. O saldo líquido de −6,24 bilhões de dólares é um débito no balanço de pagamentos. Após adicioná-lo ao déficit de pagamentos indicado pela conta corrente, descobrimos que a necessidade dos Estados Unidos de cobrir seu excesso de pagamentos para o exterior aumentou ligeiramente, de 480,22 bilhões para 486,46 bilhões de dólares. Como um excesso

342 PARTE III ▪ Taxas de câmbio e macroeconomia da economia aberta

de despesa nacional em relação à renda deve ser coberto por empréstimos líquidos do exterior, esse saldo negativo da conta corrente somada à conta de capital deve corresponder a um saldo negativo igual dos fluxos financeiros líquidos, que representa o passivo líquido incorrido pelos Estados Unidos junto a estrangeiros em 2019 a fim de financiar seu déficit.

A conta financeira

Enquanto a conta corrente é a diferença entre vendas de mercadorias e serviços para o exterior e a compra de mercadorias e serviços do exterior, a conta financeira mede a diferença entre as aquisições de ativos do exterior e o acúmulo de dívidas para com eles. Quando os Estados Unidos pegam emprestado US$ 1 do exterior, estão vendendo a ele um ativo – uma promessa de que vai devolver esse US$ 1, com juros, no futuro. Da mesma forma, quando os Estados Unidos emprestam dinheiro, adquirem um ativo: o direito de reivindicar devolução futura dos estrangeiros. É preciso mais vendas de ativos (empréstimos do exterior) do que compras de ativos para financiar um excesso de importações em relação às exportações.

Para cobrir o déficit da conta corrente mais conta de capital de 2019, que é 486,46 bilhões de dólares, os Estados Unidos precisaram fazer um empréstimo com estrangeiros (ou então vender-lhes ativos) no total líquido de 486,46 bilhões de dólares. Podemos analisar novamente a Tabela 13.2 para ver exatamente como essa venda líquida de ativos para estrangeiros aconteceu.

A tabela registra separadamente as aquisições americanas de ativos financeiros do exterior (que são débitos do balanço de pagamentos, porque os Estados Unidos devem pagar aos estrangeiros por esses ativos) e o aumento nos créditos estrangeiros sobre os residentes dos Estados Unidos (que são os créditos do balanço de pagamentos, porque os Estados Unidos recebem pagamentos quando vendem seus ativos no exterior).

Esses dados sobre aumento dos ativos estrangeiros detidos pelos EUA e dos ativos americanos detidos por estrangeiros não incluem *derivativos financeiros*, que são uma classe de ativos mais complicada do que ações e títulos comuns, e cujos valores podem depender dos valores das ações e dos títulos. (Descreveremos alguns derivativos específicos no próximo capítulo.) A partir de 2006, o Departamento de Comércio dos EUA conseguiu reunir dados sobre os fluxos internacionais *líquidos* de derivativos para os Estados Unidos (as compras líquidas americanas de derivativos emitidos no exterior menos as compras líquidas estrangeiras de derivativos emitidos nos EUA). As transações de derivativos entram na contabilidade do balanço de pagamentos da mesma forma que as outras transações de ativos internacionais.

De acordo com a Tabela 13.2, os ativos de propriedade americana no exterior (além de derivativos) aumentaram (em uma base líquida) em 440,75 bilhões de dólares em 2019. O número é "em uma base líquida" porque alguns residentes americanos compraram ativos estrangeiros enquanto outros venderam ativos estrangeiros que já possuíam, com a diferença entre as compras brutas americanas e as vendas de ativos estrangeiros sendo 440,75 bilhões de dólares. No mesmo ano (novamente em uma base líquida), os Estados Unidos incorreram em novos passivos perante estrangeiros iguais a 797,96 bilhões de dólares. Alguns residentes americanos, sem dúvida alguma, pagaram seus débitos no exterior, mas os novos empréstimos no exterior ultrapassaram essas devoluções em 797,96 bilhões de dólares. O balanço de compras e vendas americanas de derivativos financeiros foi de –38,34 bilhões de dólares: os Estados Unidos adquiriram créditos de derivativos com estrangeiros menores em valor do que os créditos de derivativos que os estrangeiros adquiriram com os Estados Unidos. Calculamos o balanço da conta financeira (fluxos financeiros líquidos) como 440,75 bilhões –797,96 bilhões – 38,34 bilhões = –395,54 bilhões de dólares (arredondado). O valor negativo para os fluxos financeiros líquidos significa que, em 2019, os Estados Unidos aumentaram o seu passivo líquido com os estrangeiros (passivos menos ativos) em 395,54 bilhões de dólares.

Discrepância estatística

Chegamos aos fluxos financeiros líquidos de –395,54 bilhões de dólares em vez dos –486,46 bilhões que esperávamos após somar os saldos da conta corrente e da conta capital. De acordo com nossos dados sobre comércio e fluxos financeiros, os Estados Unidos incorreram em 90,92 bilhões de dólares a menos em dívida externa do que realmente precisava para financiar seu déficit em conta corrente mais conta capital, pois 486,46 bilhões (empréstimo necessário medido) menos 395,54 bilhões (empréstimo real medido) é igual a 90,92 bilhões de dólares. Se todo crédito de balanço de pagamentos automaticamente gera uma contraparte de débito igual e vice-versa, como essa diferença é possível? A razão é que as informações sobre os lançamentos de débito e crédito correspondentes associados a uma determinada transação podem ter saído de diferentes fontes. Por exemplo, o débito de importação que o envio de televisores da Coreia gera pode vir do relatório de um inspetor alfandegário americano e do crédito correspondente em conta financeira de um relatório do banco americano no qual o cheque que pagou pelos televisores foi depositado. Como os dados de diferentes fontes podem diferir em cobertura, precisão e tempo, a contabilidade do balanço de pagamentos raramente equilibra-se na prática como deve ser na teoria. Para forçar os dois lados a entrar em equilíbrio, os contadores adicionam às contas um lançamento de *discrepância estatística*. Para 2019, transações internacionais não registradas (ou mal registradas) geraram um crédito contábil de balanceamento de 90,92 bilhões de dólares, a diferença entre os fluxos financeiros líquidos registrados e a soma das contas corrente e capital registradas.

Não temos como saber exatamente como distribuir essa discrepância entre as contas corrente, de capital e financeira. (Se soubéssemos, não seria uma discrepância!) A conta financeira é a culpada mais provável, já que é famosamente difícil controlar e registrar as transações financeiras complexas entre residentes de países diferentes. Mas não podemos concluir que os fluxos financeiros líquidos foram 90,92 bilhões de dólares menores do que o registrado, porque a conta corrente também é altamente suspeita. A contabilidade do balanço de pagamentos considera os dados do comércio de mercadorias confiável, mas os dados sobre os serviços não são. As transações de serviços, como vendas de assessoria financeira e assistência de programação de computadores, podem escapar à detecção. A medição precisa dos recebimentos de juros e dividendos internacionais é particularmente difícil.

TRANSFERÊNCIA DE LUCROS DAS MULTINACIONAIS E O PIB VOLÁTIL DA IRLANDA

Em 12 de julho de 2016, o Departamento de Estatísticas Central (CSO, do inglês Central Statistics Office) fez um anúncio chocante: o PIB real irlandês aumentara incríveis 26,3% entre 2014 e 2015, muito acima da estimativa anterior de 7,8%. O CSO ofereceu um comentário incrivelmente desesclarecedor: "Esta informação baseia-se em dados mais completos e atualizados do que aqueles disponíveis quando as estimativas do quarto trimestre de 2015 foram publicadas em março de 2016". O gráfico a seguir, que mostra o comportamento do PIB da Irlanda desde 1999, deixa clara a magnitude da anomalia que foi o ano de 2015. (A taxa de crescimento do ano foi revisada para "apenas" 25,1% após a disponibilização de dados adicionais).

O que explica esse incrível surto de crescimento? Os estoques de fábricas, terra e mão de obra da Irlanda deram um salto súbito? Na verdade, não ocorreu nenhum aumento gigante dos fatores de produção; por exemplo, os dados não incluem efeitos grandes correspondentes no nível de emprego. Em vez disso, o aumento do PIB foi, em grande parte, um fenômeno contábil que refletia as estratégias de elisão fiscal por parte das grandes multinacionais de outros países. O efeito desproporcional na minúscula economia irlandesa demonstra o modo como o PIB é calculado e também as suas desvantagens para medir o bem-estar econômico.

A Irlanda possui uma alíquota nominal sobre lucros de pessoa jurídica de 12,5% e, na prática, algumas empresas incorporadas no país podem pagar alíquotas ainda menores. Em comparação, a alíquota do imposto de renda de pessoa jurídica nos EUA (sem incluir impostos estaduais) é de 21% desde a sua última redução, em dezembro de 2017. Essa discrepância cria um incentivo para as grandes multinacionais, especialmente em campos como alta tecnologia e produtos farmacêuticos, transferirem os seus ativos de propriedade intelectual (PI) para subsidiárias irlandesas (e outros paraísos fiscais com alíquotas tributárias baixas, incluindo Luxemburgo e as Bermudas) para que

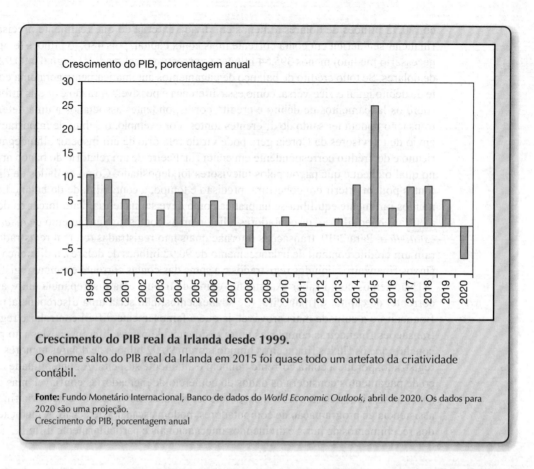

Crescimento do PIB real da Irlanda desde 1999.

O enorme salto do PIB real da Irlanda em 2015 foi quase todo um artefato da criatividade contábil.

Fonte: Fundo Monetário Internacional, Banco de dados do *World Economic Outlook*, abril de 2020. Os dados para 2020 são uma projeção.
Crescimento do PIB, porcentagem anual

os lucros globais sejam lançados e tributados lá e não em seus países de origem.

A propriedade intelectual é "capital intangível" e, logo, fácil de transferir, mas ainda é capital, o que geralmente reflete um histórico de investimentos em pesquisa e desenvolvimento. Quando uma empresa americana transfere PI para uma subsidiária irlandesa, por exemplo, o passivo estrangeiro da Irlanda aumenta pelo valor da PI (seja como for determinado), seu estoque de capital aumenta no mesmo valor e os lucros atribuíveis ao capital de PI imediatamente começam a fluir para o PIB irlandês e não para o americano. Esse "investimento estrangeiro direto" na economia irlandesa ajudou a alimentar o salto do PIB em 2015. Obviamente, esse tipo de investimento interno pode não surtir muito efeito no sentido de aumentar a produção das fábricas, fazendas ou trabalhadores da Irlanda, embora tenda a aumentar as receitas fiscais do Estado irlandês ao mesmo tempo que reduz (muito mais) as dos Estados Unidos.

Todos os países avançados enfrentam o problema das transferências de lucros das multinacionais, que distorcem o custo de financiar os serviços do governo de modo a beneficiar as empresas e onerar as famílias. O problema parece ser particularmente grave para os Estados Unidos, no entanto, dado que o país é sede de gigantes da tecnologia com altos níveis de PI, como Apple, Google e Microsoft. Estimativas recentes sugerem que as multinacionais americanas transferem cerca de 60% dos seus lucros anuais totais para jurisdições com baixos níveis de impostos, enquanto a parcela média dos lucros em nível *global* transferidos pelas multinacionais dos seus países de origem para outros é de cerca de 40%.[12] A única maneira de os governos solucionarem esse problema seria por meio da coordenação significativa das suas políticas tributárias, além de compartilhamento de informações detalhadas. Os esforços nesse sentido tiveram pouco sucesso até 2021, quando os Estados Unidos (sob o presidente Joseph R. Biden, Jr.) e outras grandes economias concordaram em estabelecer uma alíquota mínima para pessoas jurídicas de 15%. Embora o acordo tenha sido um grande avanço, sua implementação enfrenta obstáculos técnicos e políticos. Na época da redação deste livro, ainda não estava claro se poderiam ser superados.

---

[12] Veja o livro de Saez e Zucman na seção Leituras adicionais.

CAPÍTULO 13 ■ Contabilidade nacional e o balanço de pagamentos **345**

Transações de reserva oficiais

Embora existam muitos tipos de transações de conta financeira, um tipo é suficientemente importante para ser digno de discussão separada. Esse tipo de transação é a compra e venda de ativos de reserva oficiais pelos bancos centrais.

O **banco central** de uma economia é a instituição responsável por administrar a oferta de moeda. Nos Estados Unidos, o banco central é o Sistema de Reserva Federal. As **reservas internacionais oficiais** são ativos estrangeiros que estão em posse dos bancos centrais como forma de se protegerem de adversidades econômicas nacionais. Houve uma época em que as reservas oficiais consistiam, em grande parte, em ouro, mas hoje as reservas dos bancos centrais incluem ativos financeiros estrangeiros substanciais, particularmente ativos em dólar americano, como as letras financeiras do Tesouro. A própria Reserva Federal americana tem somente um pequeno nível de ativos de reserva oficiais além do ouro. Seus próprios ativos denominados em dólar não são considerados reservas internacionais.

Os bancos centrais compram ou vendem com frequência reservas internacionais em mercados de ativos privados para afetar as condições macroeconômicas em suas economias. As transações oficiais desse tipo são chamadas de **intervenção cambial oficial**. Uma razão pela qual a intervenção cambial pode alterar as condições macroeconômicas é que é uma forma de o banco central injetar dinheiro na economia ou retirá-lo de circulação. Teremos muito mais a dizer sobre as causas e consequências da intervenção cambial mais tarde.

Além dos bancos centrais, outras agências do governo podem ter reservas estrangeiras e intervir oficialmente nos mercados de câmbio. O Departamento do Tesouro americano, por exemplo, opera um Fundo de Estabilização do Câmbio que, em determinadas situações, desempenhou um papel ativo em negociações de mercado. Entretanto, como as operações dessas agências normalmente não têm impacto perceptível na oferta de moeda, simplificaremos nossa discussão escrevendo (quando não for induzir a equívocos) como se apenas o banco central possuísse reservas estrangeiras e praticasse intervenções.

Quando um banco central compra ou vende ativos estrangeiros, a transação aparece na conta financeira de seu país como se a mesma transação tivesse sido feita por um cidadão privado. Uma transação na qual o banco central do Japão (o Banco do Japão) adquire ativos em dólar pode ocorrer como segue: uma concessionária americana importa um carro da marca Nissan, do Japão, e paga a empresa de automóveis com um cheque de US$ 20.000. A Nissan não quer investir o dinheiro em ativos denominados em dólar, mas acontece que o Banco do Japão está disposto a dar para a Nissan dinheiro japonês em troca do cheque de US$ 20.000. Como resultado do negócio, as reservas internacionais do Banco do Japão aumentam em US$ 20.000. Como as reservas de dólar do Banco do Japão são parte do total dos ativos japoneses mantidos nos Estados Unidos, este último aumenta em US$ 20.000. Essa transação, portanto, resulta em um crédito de US$ 20.000 na conta financeira americana, o outro lado do débito de US$ 20.000 na conta corrente americana por causa da importação do carro.[13]

A Tabela 13.2 mostra que, em 2019, os ativos de reserva oficiais dos Estados Unidos aumentaram em 4,66 bilhões de dólares. Como vemos na tabela, os bancos centrais estrangeiros compraram 61,63 bilhões de dólares em reservas adicionais denominadas em dólares. O aumento líquido nas reservas oficiais americanas *menos* o aumento nos créditos das reservas oficiais estrangeiras sobre os Estados Unidos é o nível líquido dos fluxos financeiros do banco central, que ficaram em 4,66 bilhões − 61,63 bilhões = −56,97 bilhões de dólares em 2019.

Podemos imaginar que esse fluxo financeiro líquido do banco central de −56,97 bilhões de dólares mede o quanto as autoridades monetárias nos Estados Unidos e no exterior geraram passivos americanos líquidos adicionais para estrangeiros, que ajudam a financiar o déficit em conta corrente dos EUA quando o número é negativo, mas aumentam a necessidade de financiamento estrangeiro privado quando é positivo. No nosso exemplo anterior, o Banco do Japão, ao adquirir US$ 20.000 em depósito em um banco americano,

---

[13]Para testar sua compreensão, veja se você consegue explicar por que a mesma sequência de ações causa uma melhora de 20.000 dólares na conta corrente do Japão e um aumento de 20.000 dólares em seus fluxos financeiros líquidos.

346 PARTE III ■ Taxas de câmbio e macroeconomia da economia aberta

indiretamente financia uma importação americana de um carro japonês de US$ 20.000. O nível dos fluxos financeiros líquidos do banco central é chamado de **balanço de compensações oficial** ou (menos formalmente) de **balanço de pagamentos**. Esse balanço é a soma dos saldos da conta corrente e da conta capital, menos a porção não reserva do saldo da conta financeira, e indica o papel das transações de reserva oficiais dos bancos centrais em compensar o saldo da conta corrente. Assim, o balanço de pagamentos dos EUA em 2019 foi de −56,97 bilhões de dólares.

O balanço de pagamentos desempenhou um papel histórico importante como medida do desequilíbrio em pagamentos internacionais e, para muitos países, ainda desempenha esse papel. Um balanço de pagamentos negativo (um déficit) pode sinalizar uma crise, pois significa que o país está diminuindo o nível dos seus ativos de reserva internacional ou incorrendo em dívidas com autoridades monetárias estrangeiras. Se um país enfrenta o risco de perder subitamente o acesso aos empréstimos estrangeiros, vai querer manter um "caixa" de reservas internacionais como precaução. Muitos países em desenvolvimento, em especial, estão nessa posição (veja o Capítulo 22).

No entanto, como qualquer medida sumária, o balanço de pagamentos deve ser interpretado com cuidado. Para retornar ao nosso exemplo, a decisão do Banco do Japão de expandir suas participações em depósitos bancários dos Estados Unidos em US$ 20.000 incha o déficit do balanço de pagamentos americano na mesma quantia. Suponha que, em vez disso, o Banco do Japão deposite esses US$ 20.000 no Banco Barclays de Londres, que por sua vez deposita o dinheiro no Citibank de Nova York. Nesse caso, os Estados Unidos incorrem em um passivo adicional de US$ 20.000 devido a estrangeiros *privados*, e o déficit do balanço de pagamentos americano não sobe. Mas essa "melhora" no balanço de pagamentos não tem importância econômica: não faz diferença real para os Estados Unidos se pegaram emprestado o dinheiro do Banco do Japão diretamente com ele ou por meio de um banco de Londres.

ESTUDO DE CASO

Os ativos e passivos do maior devedor do mundo

Vimos anteriormente que o saldo de conta corrente mede o fluxo de novos créditos líquidos sobre a riqueza estrangeira que um país adquire ao exportar mais mercadorias e serviços do que importa. Entretanto, esse fluxo não é o único fato importante que causa a mudança na riqueza externa líquida. Além disso, as mudanças no preço de mercado da riqueza adquirida anteriormente podem alterar a riqueza externa líquida de um país. Quando o mercado de ações japonês perdeu três quartos do seu valor durante a década de 1990, por exemplo, os donos americanos e europeus das ações japonesas viram o valor de seus créditos sobre o Japão despencarem, e a riqueza *externa* líquida do Japão aumentou como resultado disso. As mudanças na taxa de câmbio têm efeito similar. Quando o dólar se desvaloriza contra as moedas estrangeiras, por exemplo, os estrangeiros que têm ativos de dólar veem sua riqueza cair quando medida em sua moeda nacional.

O Departamento de Análise Econômica (DAE) do Departamento de Comércio dos Estados Unidos, que supervisiona o vasto trabalho de coleta de dados por trás das estatísticas americanas de renda nacional e balanço de pagamentos, informa estimativas anuais da posição de investimento internacional líquido dos Estados Unidos – os ativos estrangeiros do país menos seus passivos estrangeiros. Como variações nos preços de ativos e na taxa de câmbio alteram o valor em dólares de ativos e passivos estrangeiros da mesma forma, o DAE deve ajustar os valores dos créditos existentes para refletir tais ganhos e perdas de capital a fim de estimar a riqueza externa líquida americana. Essas estimativas mostram que, ao fim de 2019, os Estados Unidos tinham uma posição de riqueza externa líquida *negativa* muito maior do que a de outros países.

CAPÍTULO 13 ■ Contabilidade nacional e o balanço de pagamentos **347**

Até 1991, investimentos diretos estrangeiros, como as fábricas estrangeiras que são propriedades de empresas americanas, eram avaliadas pelo seu preço histórico, isto é, preço original, de compra. Agora o DAE utiliza dois métodos diferentes para identificar valores atuais de investimentos diretos estrangeiros: o método de *custo corrente*, que avalia os investimentos diretos ao custo de comprá-los atualmente; e o método de *valor de mercado*, que pretende medir o preço pelo qual os investimentos poderiam ser vendidos. Esses métodos podem levar a diferentes avaliações, porque o custo de substituir um determinado investimento direto e o preço que ele teria se fosse vendido no mercado poderiam ser difíceis de medir. (Os dados de riqueza externa líquida na Figura 13.2 são estimativas de custo corrente, que se acredita serem mais precisas.)

A Tabela 13.3 reproduz a explicação da DAE de como realizou seus ajustes de avaliação para determinar o IIP líquido americano no fim de 2019. Essa estimativa "total" avalia investimentos diretos ao custo corrente. Começando com sua estimativa da riqueza externa líquida de 2018 (–9.674,4 bilhões de dólares), o DAE adicionou a quantia do fluxo financeiro líquido de 2019 de –395,5 bilhões de dólares – lembre-se do valor informado na Tabela 13.2. Então o DAE ajustou os valores de ativos e passivos detidos anteriormente para levar em conta diversas variações nos seus preços em dólar. Como resultado dessas mudanças de avaliação, a riqueza externa líquida americana caiu por uma quantia maior do que os 395,5 bilhões de dólares em novos empréstimos líquidos com estrangeiros; na verdade, a riqueza externa líquida americana diminuiu em 1.376,1 bilhões de dólares. A estimativa do DAE para 2019 da riqueza externa líquida dos EUA, portanto, foi de –11.050,5 bilhões de dólares, equivalente a cerca de metade do PIB dos EUA.

No entanto, as mudanças na taxa de câmbio e nos preços dos títulos têm o potencial de modificar a dívida externa americana drasticamente, porque os ativos passivos *brutos* estrangeiros dos Estados Unidos tornaram-se enormes nos últimos anos. A Figura 13.3 ilustra essa tendência dramática. Em 1976, os ativos estrangeiros americanos equivaliam a apenas 20% do PIB americano, e os passivos a 15% (o que tornava o país um credor líquido estrangeiro de uma quantia equivalente a aproximadamente 5% de seu PIB).

TABELA 13.3	**Variação da posição de investimento internacional líquido dos EUA no fim do ano (bilhões de dólares)**							
				Mudança de posição em 2019				
					Atribuível a:			
					Outras mudanças de posição			
Linha	**Tipo de investimento**	**Posição no fim do ano, 2018^r**	**Total**	**Transações financeiras**	**Total**	**Mudanças de preços**	**Mudanças de taxa de câmbio^1**	**Mudanças de volume e avaliação não inclusa em outros lançamentos^2**	**Posição no fim do ano, 2019^r**
1	**Posição de investimento internacional líquido dos EUA (linha 4 menos linha 36)**	–9.674,4	–1.376,1	–395,5	–980,5	(^{4})	(^{4})	(^{4})	–11.050,5
2	Posição de investimento internacional líquido, excluindo os derivativos financeiros (linha 5 menos linha 37)	–9.716,5	–1.354,2	–357,2	–997,0	–1.104,9	119,5	–11,5	–11.070,7
3	Derivativos financeiros além de reservas, líquido (linha 6 menos linha 38)	42,0	–21,9	–38,3	16,4	(^{4})	(^{4})	(^{4})	20,2

PARTE III ■ Taxas de câmbio e macroeconomia da economia aberta

			Mudança de posição em 2019						
					Atribuível a:				
					Outras mudanças de posição				
Linha	Tipo de investimento	Posição no fim do ano, 2018[r]	Total	Transações financeiras	Total	Mudanças de preços	Mudanças de taxa de câmbio[1]	Mudanças de volume e avaliação não inclusa em outros lançamentos[2]	Posição no fim do ano, 2019[r]
4	**Ativos americanos**	**25.233,8**	**3.919,0**	(³)	(³)	(³)	(³)	(³)	**29.152,8**
5	Ativos excluindo derivativos financeiros (soma das linhas 7, 10, 21 e 27)	23.784,2	3.578,2	440,8	3.137,4	3.080,1	128,3	−71,0	27.362,4
6	Derivativos financeiros além de reservas, valor justo positivo bruto (linha 15)	1.449,6	340,8	(³)	(³)	(³)	(³)	(³)	1.790,4
	Por categoria funcional:								
7	Investimento direto a valor de mercado	7.443,9	1.354,7	188,5	1.166,3	1.104,5	40,5	21,3	8.798,7
8	Patrimônio líquido	6.149,4	1.335,6	173,5	1.162,1	1.104,5	40,5	17,1	7.485,0
9	Instrumentos de dívida	1.294,5	19,1	14,9	4,2	. . . . .	. . . . .	4,2	1.313,6
10	Investimento de carteira	11.433,6	1.942,3	46,6	1.895,7	1.914,0	86,6	−104,9	13.375,9
11	Participações em fundos de investimento	7.899,6	1.559,5	−191,3	1.750,8	1.682,8	77,5	−9,4	9.459,1
12	Títulos de dívida	3.534,0	382,8	237,9	144,9	231,2	9,2	−95,5	3.916,8
13	Curto prazo	651,6	82,4	167,6	−85,2	. . . . .	14,8	−100,0	734,0
14	Longo prazo	2.882,4	300,3	70,3	230,0	231,2	−5,7	4,5	3.182,8
15	Derivativos financeiros além de reservas, valor justo positivo bruto	1.449,6	340,8	(³)	(³)	(³)	(³)	(³)	1.790,4
16	Contratos de balcão	1.408,9	346,4	(³)	(³)	(³)	(³)	(³)	1.755,3
17	Contratos de taxa de juros para uma moeda	928,8	368,7	(³)	(³)	(³)	(³)	(³)	1.297,5
18	Contratos de câmbio	303,6	−15,5	(³)	(³)	(³)	(³)	(³)	288,1
19	Outros contratos	176,4	−6,8	(³)	(³)	(³)	(³)	(³)	169,7
20	Contratos negociados em bolsa	40,7	−5,6	(³)	(³)	(³)	(³)	(³)	35,1
21	Outros investimentos	4.457,6	215,8	201,1	14,8	0	2,1	12,7	4.673,4
22	Outras participações societárias	66,7	1,4	1,4	0,0	0	. . . . .	0,0	68,0
23	Moeda e depósitos	1.854,1	156,5	132,6	23,9	. . . . .	(*)	23,9	2.010,6
24	Empréstimos	2.484,4	56,9	66,1	−9,2	. . . . .	2,0	−11,2	2.541,4
25	Reservas técnicas do setor segurador	n.a.	n.a.	n.a.	n.a.	n.a.	n.a.	n.a.	n.a.
26	Crédito comercial e adiantamentos	52,4	1,0	1,0	(*)	. . . . .	(*)	0,0	53,3
27	Ativos de reserva	449,1	65,3	4,7	60,7	61,6	−1,0	0,0	514,4
28	Ouro monetário	334,5	61,6	0,0	61,6	61,6	. . . . .	0,0	396,1
29	Direitos especiais de saque	50,8	−0,1	0,2	−0,3	. . . . .	−0,3	0,0	50,7
30	Posição de reserva no Fundo Monetário Internacional	22,0	4,1	4,3	−0,1	. . . . .	−0,1	0,0	26,2
31	Outros ativos de reserva	41,8	−0,4	0,2	−0,5	0,0	−0,5	0,0	41,4
32	Moeda e depósitos	27,3	1,9	(*)	1,9	. . . . .	−0,3	2,2	29,3
33	Títulos	14,5	−2,3	0,2	−2,5	0,0	−0,2	−2,2	12,1
34	Derivativos financeiros	. . . . .	. . . . .	. . . . .	. . . . .		. . . . .	. . . . .	. . . . .
35	Outros créditos	0,0	0,0	0,0	0,0	. . . . .	0,0	0,0	0,0
36	**Passivos dos EUA**	**34.908,2**	**5.295,1**	(³)	(³)	(³)	(³)	(³)	**40.203,3**
37	Passivos excluindo derivativos financeiros (soma das linhas 39, 42 e 57)	33.500,7	4.932,4	798,0	4.134,4	4.185,0	8,8	−59,4	38.433,0

CAPÍTULO 13 ■ Contabilidade nacional e o balanço de pagamentos

			Mudança de posição em 2019						
					Atribuível a:				
					Outras mudanças de posição				
Linha	Tipo de investimento	Posição no fim do ano, 2018[r]	Total	Transações financeiras	Total	Mudanças de preços	Mudanças de taxa de câmbio[1]	Mudanças de volume e avaliação não inclusa em outros lançamentos[2]	Posição no fim do ano, 2019[r]
38	Derivativos financeiros além de reservas, valor justo negativo bruto (linha 51)	1.407,5	362,7	(³)	(³)	(³)	(³)	(³)	1.770,3
	Por categoria funcional:								
39	Investimento direto a valor de mercado	8.401,7	2.145,4	351,6	1.793,8	1.743,2	.....	50,5	10.547,1
40	Patrimônio líquido	6.725,5	2.038,7	290,3	1.748,4	1.743,2	.....	5,2	8.764,2
41	Instrumentos de dívida	1.676,2	106,7	61,3	45,4	.....	.....	45,4	1.782,9
42	Investimento de carteira	18.844,2	2.545,6	180,0	2.365,6	2.441,8	9,1	−85,3	21.389,8
43	Participações em fundos de investimento	7.539,2	1.681,0		1.925,1	1.944,3	.....	−19,3	9.220,2
44	Títulos de dívida	11.304,9	864,6	424,0	440,6	497,5	9,1	−66,0	12.169,6
45	Curto prazo	982,2	−44,9	−43,2	−1,8	.....	−1,8	0,0	937,3
46	Títulos e certificados do Tesouro	746,7	−40,4	−40,4	0,0	.....	.....	0,0	706,2
47	Outros títulos de curto prazo	235,5	−4,5	−2,7	−1,8	.....	−1,8	0,0	231,1
48	Longo prazo	10.322,7	909,5	467,2	442,3	497,5	10,9	−66,0	11.232,3
49	Títulos e notas do Tesouro	5.523,5	461,1	266,1	195,0	198,6	.....	−3,6	5.984,6
50	Outros títulos de longo prazo	4.799,3	448,4	201,1	247,3	298,9	10,9	−62,4	5.247,7
51	Derivativos financeiros além de reservas, valor justo negativo bruto	1.407,5	362,7	(³)	(³)	(³)	(³)	(³)	1.770,3
52	Contratos de balcão	1.366,2	371,8	(³)	(³)	(³)	(³)	(³)	1.738,0
53	Contratos de taxa de juros para uma moeda	893,7	382,6	(³)	(³)	(³)	(³)	(³)	1.276,3
54	Contratos de câmbio	299,0	−2,9	(³)	(³)	(³)	(³)	(³)	296,1
55	Outros contratos	173,6	−8,0	(³)	(³)	(³)	(³)	(³)	165,7
56	Contratos negociados em bolsa	41,3	−9,1	(³)	(³)	(³)	(³)	(³)	32,2
57	Outros investimentos	6.254,8	241,3	266,4	−25,0	.....	−0,3	−24,7	6.496,2
58	Outras participações societárias	n.a.	n.a.	n.a.	n.a.	n.a.	n.a.	n.a.	n.a.
59	Moeda e depósitos	3.257,2	201,6	204,1	−2,5	.....	−0,7	−1,8	3.458,8
60	Empréstimos	2.749,7	32,7	52,4	−19,7	.....	0,6	−20,3	2.782,5
61	Reservas técnicas do setor segurador	n.a.	n.a.	n.a.	n.a.	n.a.	n.a.	n.a.	n.a.
62	Crédito comercial e adiantamentos	198,8	7,3	9,8	−2,6	.....	(*)	−2,6	206,1
63	Alocações de direitos especiais de saque	49,1	−0,3	0,0	−0,3	.....	−0,3	0,0	48,8

r: revisado; n/d.: não disponível: . . .: não aplicável; (*) valor entre zero e +/- US$ 50 milhões.

1. Representa ganhos ou perdas sobre ativos e passivos denominados em moeda estrangeira em virtude de sua reavaliação a taxas de câmbio atuais.

2. Inclui mudanças por causa das alterações anuais na composição dos painéis relatores e na incorporação de resultados de pesquisa mais abrangentes. Também inclui ganhos e perdas de capital com filiais de investimento direto e mudanças nas posições que não podem ser alocadas a transações financeiras, mudanças de preço ou mudanças nas taxas de câmbio.

3. As transações financeiras e outras mudanças em posições de derivativos financeiros estão disponíveis somente em base líquida, que é mostrada na linha 3. Elas não estão disponíveis separadamente para valores justos positivos brutos e valores justos negativos brutos dos derivativos financeiros.

4. Não há dados disponíveis separadamente para mudanças de preço, mudanças na taxa de câmbio e mudanças no volume e avaliação não inclusos em outros lançamentos.

Obs.: As somas dos lançamentos podem diferir dos totais devido ao arredondamento.

Fonte: U.S. Bureau of Economic Analysis, 30 jun. 2020.

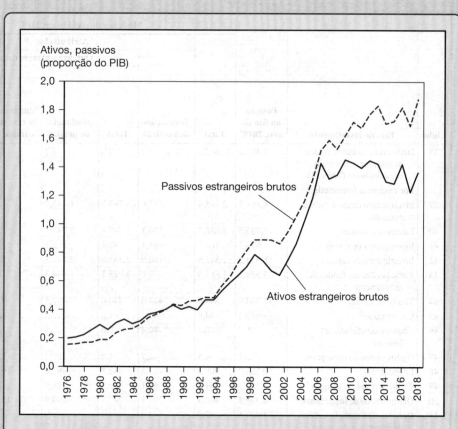

FIGURA 13.3
Ativos e passivos estrangeiros brutos, 1976-2019.

Desde 1976, tanto os ativos quanto os passivos estrangeiros dos Estados Unidos aumentaram drasticamente. Mas os passivos aumentaram mais rapidamente, deixando os Estados Unidos com uma dívida líquida externa substancial.

Fonte: Departamento de Comércio dos EUA, Departamento de Análise Econômica.

Contudo, em 2019, os ativos estrangeiros do país totalizavam cerca de 137% do PIB e seus passivos, cerca de 188%. O tremendo crescimento desse patrimônio reflete a rápida globalização dos mercados financeiros no fim do século XX, um fenômeno que discutiremos em mais detalhes no Capítulo 20.

Entretanto, pense sobre como as posições de riqueza bruta dessa magnitude amplificam os efeitos das mudanças da taxa de câmbio. Suponha que 70% dos ativos estrangeiros americanos sejam denominados em moedas estrangeiras, mas que todos os passivos do país devidos a estrangeiros sejam denominados em dólares (esses são aproximadamente os números corretos). Como o PIB americano de 2019 era em torno de 21,5 trilhões de dólares, uma depreciação de 10% do dólar não afetaria os passivos americanos, mas aumentaria seus ativos (medidos em dólares) em 0,1 × 0,7 × 1,37 = 9,6% do PIB ou pouco mais de 2 trilhões de dólares. Esse número é aproximadamente 4,3 vezes o déficit da conta corrente americana de 2019! Na verdade, em razão dos movimentos bruscos nas taxas de câmbio e nos preços das ações, a economia americana perdeu em torno de 800 bilhões de dólares dessa maneira entre 2007 e 2008 e ganhou uma quantia comparável entre 2008 e 2009 (veja a Figura 13.2). A redistribuição correspondente da riqueza entre estrangeiros e os Estados Unidos teria sido muito menor em 1976.

CAPÍTULO 13 ■ Contabilidade nacional e o balanço de pagamentos **351**

Essa possibilidade significa que os formuladores de políticas públicas deveriam ignorar as contas correntes de seus países em vez de tentar manipular os valores da moeda para impedir grandes acúmulos de dívida externa líquida? Seria uma estratégia arriscada, porque, como veremos no Capítulo 14, as expectativas de taxas de câmbio futuras são fundamentais para o comportamento dos participantes do mercado. Tentativas sistemáticas do governo para reduzir a riqueza dos investidores estrangeiros por meio de mudanças na taxa de câmbio reduziriam drasticamente a demanda estrangeira pelos ativos denominados em moeda nacional, o que reduziria ou eliminaria qualquer benefício de riqueza ao depreciar a moeda local.

RESUMO

- A *macroeconomia* internacional preocupa-se com o pleno emprego dos recursos econômicos escassos e com a estabilidade do nível de preços em toda a economia mundial. Por refletirem os padrões nacionais de despesas e suas repercussões internacionais, as *contas nacionais* e o *balanço de pagamentos* são ferramentas essenciais para o estudo da macroeconomia das economias abertas e interdependentes.
- O *produto nacional bruto* (PNB) de um país é igual à renda recebida pelos seus fatores de produção. As contas nacionais dividem a renda nacional de acordo com os tipos de despesas que a geram: *consumo, investimento, compras de* governo e o *saldo da conta corrente*. O produto interno bruto (PIB), igual ao PNB menos os recebimentos líquidos de rendas de fatores do exterior, mede a produção ocorrida dentro das fronteiras territoriais de um país.
- Em uma economia fechada para o comércio internacional, o PNB deve ser consumido, investido ou comprado pelo governo. Ao utilizar a produção atual para investir em fábricas, equipamentos e estoques, o investimento transforma a produção atual em produção futura. Para uma economia fechada, o investimento é a única forma de poupar no conjunto, então a soma da poupança feita pelos setores privado e público, a *poupança nacional*, deve ser igual ao investimento.
- Em uma economia aberta, o PNB é igual à soma do consumo, do investimento, das compras de governo e das exportações líquidas de mercadorias e serviços. A diferença entre as exportações e as importações não precisa ser igual a zero se a economia pode tomar empréstimos ou emprestar para o resto do mundo. A diferença entre as exportações e importações da economia, o saldo da conta corrente, é igual à diferença entre a produção da economia e sua utilização total de mercadorias e serviços.
- A conta corrente também é igual aos empréstimos líquidos do país para estrangeiros. Ao contrário de uma economia fechada, uma economia aberta pode poupar por meio de investimentos nacionais *e* estrangeiros. Portanto, a poupança nacional é igual ao investimento nacional mais o saldo da conta corrente. A conta corrente está intimamente relacionada à mudança na *posição de investimento internacional líquido*, embora normalmente não seja igual a essa mudança por causa da flutuação nos valores dos ativos não registrados nas contas de renda e produto nacional.
- A contabilidade do balanço de pagamentos fornece uma visão detalhada da composição e do financiamento da conta corrente. Todas as transações entre o país e o resto do mundo são registradas na contabilidade do balanço de pagamentos do país. As contas obedecem à convenção de que qualquer transação que resulte em um pagamento ao exterior é lançada como um débito, enquanto qualquer transação que resulte em um recebimento do exterior é lançada como um crédito.
- As transações que envolvem mercadorias e serviços aparecem na conta corrente do balanço de pagamentos, enquanto as vendas e compras internacionais de *ativos* aparecem

352 PARTE III ■ Taxas de câmbio e macroeconomia da economia aberta

na *conta financeira*. A *conta de capital* registra principalmente transferências de ativos não mercantis e tende a ser pequena para os Estados Unidos. A soma dos saldos das contas corrente e de capital deve ser igual ao saldo da conta financeira (fluxos financeiros líquidos). Essa característica das contas reflete o fato de que as discrepâncias entre ganhos de exportação e despesas de importação devem ser igualadas por uma promessa de devolução da diferença, normalmente com juros, no futuro.

■ As transações de ativos internacionais feitas pelos *bancos centrais* são incluídas na conta financeira. Qualquer transação do banco central em mercados privados para ativos de moeda estrangeira é chamada de *intervenção cambial oficial*. Uma razão pela qual a intervenção é tão importante é que os bancos centrais utilizam-na para alterar a quantidade de moeda em circulação. Um país tem um déficit em seu *balanço de pagamentos* quando suas *reservas internacionais oficiais* estão diminuindo ou quando toma um empréstimo de bancos centrais estrangeiros. Ele tem um superávit na situação inversa.

TERMOS-CHAVE

ativo, p. 337	conta de capital, p. 337	poupança nacional, p. 334
balanço de compensações oficial (ou balanço de pagamentos), p. 346	conta financeira, p. 337	poupança privada, p. 335
	déficit orçamentário governamental, p. 335	produto interno bruto (PIB), p. 329
banco central, p. 345	intervenção cambial oficial, p. 345	produto nacional bruto (PNB), p. 326
compras de governo, p. 330	investimento, p. 329	renda nacional, p. 327
consumo, p. 329	macroeconomia, p. 324	reservas internacionais oficiais, p. 345
contabilidade da renda nacional, p. 325	microeconomia, p. 324	
contabilidade do balanço de pagamentos, p. 326	posição de investimento internacional líquido, p. 333	saldo de conta corrente, p. 331

QUESTÕES

1. Afirmamos neste capítulo que as contas do PNB evitam dupla contagem incluindo somente o valor das mercadorias e dos serviços *finais* vendidos no mercado. Portanto, as medidas de importação utilizadas nas contas do PNB deveriam ser definidas para incluir somente as importações de mercadorias e serviços finais do exterior? E as exportações?

2. A Equação (13.2) nos diz que para reduzir o déficit em conta corrente, um país precisa aumentar sua poupança privada, reduzir o investimento nacional ou cortar seu déficit fiscal. Atualmente, algumas pessoas recomendam restrições sobre as importações da China (e de outros países) para reduzir o déficit em conta corrente dos EUA. Como maiores barreiras às importações nos EUA afetariam sua poupança privada, seu investimento nacional e seu déficit fiscal? Você concorda que as restrições às importações necessariamente reduziriam o déficit em conta corrente dos EUA?

3. Explique como cada uma das transações a seguir gera duas entradas, um crédito e um débito, na contabilidade do balanço de pagamentos dos EUA e descreva como cada entrada seria classificada:

    a. Um americano compra uma ação alemã e paga com um cheque de uma conta em um banco suíço.

    b. Um americano compra uma ação alemã e paga ao vendedor com um cheque de um banco dos EUA.

    c. O governo coreano realiza uma intervenção cambial oficial na qual utiliza os dólares que tem em um banco americano para comprar a moeda coreana de seus cidadãos.

    d. Um turista de Detroit compra uma refeição em um restaurante caro em Lyons, França, e paga com cheque de viagem.

CAPÍTULO 13 ■ Contabilidade nacional e o balanço de pagamentos **353**

    e. Um vinicultor da Califórnia contribui com uma caixa de Cabernet Sauvignon para uma degustação de vinhos em Londres.

    f. Uma fábrica de propriedade americana na Grã-Bretanha utiliza os ganhos locais para comprar maquinário adicional.

4. Um nova-iorquino viaja para Nova Jersey para comprar uma secretária eletrônica de US$ 100. A empresa de Nova Jersey que vende a máquina então deposita o cheque de US$ 100 em sua conta em um banco de Nova York. Como essas transações aparecem na contabilidade do balanço de pagamentos de Nova York e Nova Jersey? E se o nova-iorquino pagar pela máquina em dinheiro?

5. A nação de Pecúnia teve um déficit em conta corrente de 1 bilhão de dólares e um superávit da conta financeira não reserva de 500 milhões de dólares em 2021.

    a. Qual foi o balanço de pagamentos de Pecúnia naquele ano? O que aconteceu com os ativos líquidos estrangeiros do país?

    b. Suponha que os bancos centrais estrangeiros não comprem nem vendam os ativos pecunianos. Como as reservas estrangeiras do banco central pecuniano mudam em 2021? Como essa intervenção oficial aparece na contabilidade do balanço de pagamentos de Pecúnia?

    c. Como você responderia à mudança na letra (b) se soubesse que os bancos centrais estrangeiros tivessem comprado 600 milhões de dólares em ativos pecunianos em 2021? Como essas compras oficiais entram na contabilidade do balanço de pagamentos estrangeira?

    d. Desenhe a contabilidade do balanço de pagamentos pecuniano para 2021 supondo que o evento descrito em (c) ocorresse naquele ano.

6. Você consegue pensar em razões por que um governo pode estar preocupado com um déficit ou superávit em conta corrente? Por que um governo pode estar preocupado com o seu balanço de compensações oficial (isto é, seu balanço de pagamentos)?

7. Os dados do balanço de compensações oficial dos EUA dão uma ideia precisa de quanto os bancos centrais estrangeiros compram e vendem dólares em mercados monetários?

8. É possível que um país tenha um déficit em conta corrente ao mesmo tempo em que tem um superávit em seu balanço de pagamentos? Explique sua resposta utilizando os números hipotéticos para as contas corrente e financeira de não reserva. Lembre-se de discutir as possíveis consequências para os fluxos de reservas internacionais oficiais.

9. Suponha que a dívida externa líquida americana seja 25% do PIB e os ativos e passivos estrangeiros paguem uma taxa de juros de 5% ao ano. Qual seria o custo para o PIB americano (em porcentagem) do pagamento de juros sobre a dívida externa líquida? Você acha que esse é um número grande? E se a dívida externa líquida fosse 100% do PIB? Em qual ponto você acha que o governo de um país deveria começar a se preocupar com o tamanho de sua dívida externa?

10. Se você for ao *site* do DAE para "U.S. International Transactions" ("transações internacionais dos EUA") e fizer *download* da tabela 1.1 (<https://apps.bea.gov/iTable/bp_download_modern.cfm?pid=1>), vai descobrir que, em 2019, as rendas de recebimentos americanos de seus ativos estrangeiros foram de 1,129 trilhão de dólares (linha 6), enquanto os pagamentos do país de seus passivos para estrangeiros foram de apenas 0,881 trilhão de dólares (linha 14). Contudo, vimos neste capítulo que os Estados Unidos são um devedor líquido substancial para os estrangeiros. Como, então, é possível que os Estados Unidos recebam mais renda de ativos estrangeiros do que pagam?

11. Retorne ao exemplo do último estudo de caso deste capítulo, que conta como uma depreciação de 10% do dólar afeta a riqueza externa líquida americana ("Os ativos e passivos do maior devedor do mundo"). Mostre o tamanho do efeito nos créditos líquidos dos *estrangeiros* sobre os Estados Unidos medidos em dólares (como uma porcentagem do PIB americano).

12. Mencionamos neste capítulo que os ganhos e perdas de capital sobre os ativos estrangeiros líquidos não são incluídos na medida da renda nacional da conta corrente. Como os estatísticos econômicos teriam de modificar a identidade da renda nacional na Equação

354 PARTE III ▪ Taxas de câmbio e macroeconomia da economia aberta

(13.1) se quiserem incluir tais ganhos e perdas como parte da definição da conta corrente? Na sua opinião, isso faria sentido? Por que você acha que isso não é feito na prática?

13. Vá ao *site* do DAE em <https://apps.bea.gov/iTable/?ReqID=62&step=1#eyJhcHBpZC I6NjIsInN0ZXBzIjpbMSw1XSwiZGF0YSI6W1siUHJvZHVjdCIsIjUiXV19> e faça o *download* dos dados anuais, começando por 1976, sobre a posição do investimento internacional dos Estados Unidos no fim do ano (dados de IIP). Para o mesmo período, faça o *download* dos dados anuais do PIB nominal americano em <http://www.bea.gov/national/index.htm#gdp>. Então compute a proporção anual do IIP para o PIB nominal a partir de 1976 e coloque os dados em um gráfico. Os Estados Unidos tiveram uma conta corrente deficitária em praticamente todos os anos desde o meio da década de 1980. Os dados que você colocou no gráfico, portanto, o surpreendem? (Dica: para responder a esta questão, você terá de comparar o déficit em conta corrente, como uma porcentagem do PIB nominal, com a taxa de crescimento do PIB nominal, então também precisará examinar os dados anuais da conta corrente no *site* do DAE. Você pode querer voltar a essa questão após ler o Capítulo 19).

LEITURAS ADICIONAIS

Stefan Avdjiev, Mary Everett, Philip R. Lane e Hyun Song Shin. "Tracking the International Footprints of Global Firms". *BIS Quarterly Review* (mar. 2018), pp. 47-66. Analisa o impacto das atividades globais das multinacionais nas estatísticas nacionais referentes ao balanço de pagamentos e à conta corrente.

Comissão Europeia, Fundo Monetário Internacional, Organização para a Cooperação e Desenvolvimento Econômico, Organização das Nações Unidas e Banco Mundial. *System of National Accounts 2008*. Nova York: United Nations, 2009. Diretrizes definitivas para a construção das contas de renda e produto nacional.

Gohrband, C. A.; Howell e K. L. "U.S. International Financial Flows and the U.S. Net Investment Position: New Perspectives Arising from New International Standards". In: Hulten, C. e Reinsdorff, M. (Eds.). *Wealth, Financial Intermediation, and the Real Economy*. Chicago: University of Chicago Press, 2014. Discussão detalhada das estatísticas de IIP para os Estados Unidos.

Griever, W.; Lee, G. e Warnock, F. "The U.S. System for Measuring Cross-Border Investment in Securities: A Primer with a Discussion of Recent Developments". *Federal Reserve Bulletin* 87, p. 633-650, out. 2001. Uma descrição crítica dos procedimentos americanos para medir ativos e passivos estrangeiros.

Fundo Monetário Internacional. *Manual de Balanço de Pagamentos e Posição Internacional de Investimentos*, 6. ed. Washington, D.C.: Fundo Monetário Internacional, 2009. Tratamento definitivo da contabilidade do balanço de pagamentos.

Lane, P. R. e Milesi-Ferretti, G. M. "The External Wealth of Nations Mark II: Revised and Extended Estimates of Foreign Assets and Liabilities, 1970-2004". *Journal of International Economics*, v. 73, p. 223-250, nov. 2007. Aplica uma metodologia comum para construir dados de posição internacional para uma grande amostra de países.

Meade, J. E. *The Balance of Payments*. Londres: Oxford University Press, 1952. Capítulos 1 a 3. A clássica discussão analítica dos conceitos do balanço de pagamentos.

Gian Maria Milesi-Ferretti. "The US is Increasingly a Net Debtor Nation. Should We Worry?" Brookings Up Front Blog, 14 abr. 2021. (Disponível em: https://www.brookings.edu/blog/up-front/2021/04/14/the-us-is-increasingly-a-net-debtor-nation-should-we-worry/.) Análise detalhada dos ativos e passivos estrangeiros líquidos dos Estados Unidos.

Maurice Obstfeld. "Does the Current Account Still Matter?" *American Economic Review*, v. 102, p. 1-23, maio 2012. Discute a importância da conta corrente em um mundo de grandes fluxos internacionais bidirecionais de ativos.

Emmanuel Saez e Gabriel Zucman. *The Triumph of Injustice: How the Rich Dodge Taxes and How to Make Them Pay*. Nova York: W.W. Norton, 2019. O Capítulo 4 discute os paraísos fiscais e a transferência de lucros corporativos.

Tille, C. "The Impact of Exchange Rate Movements on U.S. Foreign Debt". *Current Issues in Economics and Finance* (Federal Reserve Bank of New York), v. 9, p. 1-7, jan. 2003. Discute as consequências das mudanças de preços de ativos para os ativos e passivos estrangeiros americanos.

CAPÍTULO 14

Taxas de câmbio e mercado de câmbio: uma abordagem de ativos

Em julho de 2011, o preço do dólar americano em relação a uma cesta das principais moedas estrangeiras atingiu o seu nível mais baixo em um momento em que os EUA enfrentava altos índices de desemprego e baixo crescimento. Em abril de 2020, entretanto, o valor do dólar atingiu o seu ponto mais alto em 15 anos, cerca de 43% acima do seu menor valor, embora a economia americana enfrentasse o maior desemprego desde a Grande Depressão. Que mudanças na economia americana e na mundial poderiam ter provocado uma mudança tão radical no mercado de câmbio? Neste capítulo, começaremos o nosso estudo sobre as causas e os efeitos das variações cambiais.

O preço de uma moeda em termos de outra é chamado de **taxa de câmbio**. Às 4 da tarde no horário de Londres em 3 de junho de 2020, você precisaria de US$ 1,1219 para comprar uma unidade da moeda europeia, o euro, então a taxa de câmbio do dólar em relação ao euro era US$ 1,1219 por euro. Em razão de sua forte influência na conta corrente e em outras variáveis macroeconômicas, as taxas de câmbio estão entre os preços mais importantes em uma economia aberta.

Devido a uma taxa de câmbio, o preço da moeda de um país em termos da moeda de outro país também é um preço de ativo. Os princípios que governam o comportamento de outros preços de ativos também governam o comportamento das taxas de câmbio. Como você deve lembrar-se do Capítulo 13, a característica definidora de um ativo é a de que ele é uma forma de riqueza, uma maneira de transferir poder de compra do presente para o futuro. O preço que um ativo alcança hoje está, portanto, diretamente relacionado com o poder de compra sobre as mercadorias e os serviços que os compradores esperam que ele renda no futuro. De modo similar, a taxa de câmbio dólar/euro de *hoje* está intimamente ligada às expectativas das pessoas sobre o nível *futuro* dessa taxa. Assim como o preço das ações da Google sobem imediatamente após notícias favoráveis sobre as perspectivas futuras dessa empresa, as taxas de câmbio também respondem imediatamente a quaisquer notícias em relação aos valores futuros da moeda.

Nossas metas gerais neste capítulo são entender o papel das taxas de câmbio no comércio internacional e como elas são determinadas. Para começar, aprenderemos primeiro como as taxas de câmbio permitem-nos comparar os preços de mercadorias e serviços de diferentes países. Em seguida, descreveremos o mercado de ativos internacional no qual as moedas são negociadas e mostraremos como as taxas de câmbio de equilíbrio são determinadas nesse mercado. Uma seção final destaca nossa abordagem do mercado de ativos mostrando como a

356 PARTE III ■ Taxas de câmbio e macroeconomia da economia aberta

taxa de câmbio atual responde às mudanças nos valores futuros esperados das taxas de câmbio.

OBJETIVOS DE APRENDIZAGEM

Após a leitura deste capítulo, você será capaz de:

- Relacionar as mudanças na taxa de câmbio com as mudanças nos preços relativos das exportações do país.
- Descrever a estrutura e as funções do mercado de câmbio.
- Utilizar as taxas de câmbio para calcular e comparar retornos sobre ativos denominados em moedas diferentes.
- Aplicar a condição de paridade de juros para encontrar as taxas de câmbio de equilíbrio.
- Encontrar os efeitos das taxas de juro e das mudanças de expectativas nas taxas de câmbio.

Taxas de câmbio e transações internacionais

As taxas de câmbio desempenham um papel central no comércio internacional, porque nos permitem comparar os preços das mercadorias e dos serviços produzidos em diferentes países. Um consumidor que decidirá qual entre dois carros americanos vai comprar deve comparar seus preços em dólar, por exemplo, US$ 44.500 (para um Lincoln Continental) ou US$ 27.000 (para um Ford Taurus). Mas como o mesmo consumidor pode comparar qualquer um desses preços com os 3,5 milhões de ienes japoneses necessários para comprar um Nissan Leaf do Japão? Para fazer essa comparação, precisa saber o preço relativo entre dólares e ienes.

Os preços relativos das moedas estão disponíveis em tempo real na internet. As taxas de câmbio também são informadas diariamente na editoria de economia dos jornais. A Tabela 14.1 mostra as taxas de câmbio do dólar, do euro e da libra informadas no *Financial Times* em 4 de junho de 2020 (as taxas cotadas em Londres às 16 h anterior, 3 de junho de 2020). Uma taxa de câmbio pode ser cotada de duas formas: como o preço da moeda estrangeira em termos de dólar (p. ex., US$ 1,1219 por euro) ou da forma inversa, o preço de dólares em termos de moeda estrangeira (p. ex., € 0,8913 por dólar). Diz-se que a primeira cotação cambial (dólares pela unidade da moeda estrangeira) está em termos *diretos* (ou "americanos") e a segunda (unidades da moeda estrangeira por dólar) em termos *indiretos* (ou "europeus"). Cada linha da tabela mostra o preço do dólar, do euro e da libra em termos de uma moeda nacional.[1]

Famílias e empresas utilizam as taxas de câmbio para traduzir preços estrangeiros em termos de moeda nacional. Uma vez que os preços em dinheiro das mercadorias nacionais e das importações foram expressos em termos da mesma moeda, famílias e empresas podem computar os preços *relativos* que afetam os fluxos do comércio internacional.

Preços nacionais e estrangeiros

Se soubermos a taxa de câmbio entre as moedas de dois países, podemos computar o preço das exportações de um país em termos da moeda do outro. Por exemplo, quantos dólares custaria um suéter de lã da Edinburgh Woolen Mill, que custa 50 libras esterlinas (£ 50)?

---

[1] As taxas "médias" mostradas são a média dos preços de "venda" e "compra" para o dólar americano. Em geral, um comprador de dólares pagará mais (o preço de compra) do que o vendedor receberá (o preço de venda) por causa dos custos de intermediar a transação (p. ex., de um banco ou corretor). A diferença, o *spread* de compra e venda, é a medida dos custos da transação. No Capítulo 19, vamos nos referir aos índices de taxas de câmbio "efetivas", que são as médias das taxas de câmbio em relação às moedas parceiras comerciais individuais.

CAPÍTULO 14 ■ Taxas de câmbio e mercado de câmbio: uma abordagem de ativos **357**

| TABELA 14.1 | Cotações da taxa de câmbio |

MOEDAS

		DÓLAR		EURO		LIBRA	
3 de junho	Moeda	Fechamento médio	Mudança do dia	Fechamento médio	Mudança do dia	Fechamento médio	Mudança do dia
Argentina	Peso argentino	68,8026	0,0953	77,1927	0,3569	86,6673	0,3917
Austrália	Dólar australiano	1,4423	−0,0088	1,618	−0,0046	1,8168	−0,0053
Bahrein	Dinar do Bahrein	0,3772	0,0000	0,4231	0,0013	0,4751	0,0014
Bolívia	Boliviano	6,9100	–	7,7526	0,0251	8,7042	0,0273
Brasil	Real brasileiro	5,0281	−0,1935	5,6412	−0,1981	6,3336	−0,2231
Canadá	Dólar canadense	1,3489	0,0001	1,5133	0,0050	1,6991	0,0055
Chile	Peso chileno	764,9900	−15,2950	858,2761	−14,3210	963,6213	−16,1809
China	Yuan chinês	7,1099	−0,0006	7,9769	0,0252	8,9560	0,0274
Colômbia	Peso colombiano	3.579,3300	−46,9050	4.015,8094	−39,4294	4.508,7106	−44,7456
Costa Rica	Colon costarriquenho	577,1050	1,7850	647,4796	4,0960	726,9515	4,5235
Chéquia	Coroa tcheca	23,7213	0,0004	26,6139	0,0868	29,8805	0,0943
Dinamarca	Coroa dinamarquesa	6,6449	−0,0199	7,4552	0,0019	8,3702	0,0012
Egito	Libra egípcia	16,0836	0,1097	18,0449	0,1812	20,2598	0,2014
Hong Kong	Dólar de Hong Kong	7,7503	−0,0002	8,6953	0,0279	9,7626	0,0303
Hungria	Florim húngaro	306,7205	−2,1010	344,1232	−1,2335	386,3611	−1,4253
Índia	Rúpia indiana	75,4700	0,1075	84,6731	0,3948	95,0659	0,4334
Indonésia	Rúpia indonésia	14.110,0000	−322,5000	15.830,6500	−309,3157	17.773,7017	−349,1678
Israel	Shekel israelense	3,4763	0,0030	3,9002	0,0161	4,3789	0,0176
Japão	Iene japonês	108,8250	0,2400	122,0956	0,6644	137,0816	0,7317
..Um mês		108,8249	0,2399	122,0956	0,6644	137,0816	0,7316
..Três meses		108,8248	0,2397	122,0956	0,6645	137,0815	0,7314
..Um ano		108,8242	0,2384	122,0957	0,6647	137,0816	0,7309
Quênia	Xelim queniano	106,1000	−0,3500	119,0383	−0,0054	133,6491	−0,0199
Kuwait	Dinar kuwaitiano	0,3081	−0,0002	0,3457	0,0010	0,3881	0,0010
Malásia	Ringgit malaio	4,2625	−0,0150	4,7823	−0,0013	5,3693	−0,0020
México	Peso mexicano	21,5950	−0,0380	24,2284	0,0361	27,2022	0,0377
Nova Zelândia	Dólar neozelandês	1,5570	−0,0139	1,7469	−0,0099	1,9613	−0,0113
Nigéria	Naira nigeriana	388,1800	1,4300	435,5163	3,0116	488,9718	3,3307
Noruega	Coroa norueguesa	9,4775	−0,0501	10,6332	−0,0215	11,9384	−0,0254
Paquistão	Rúpia paquistanesa	164,2000	−0,8500	184,2232	−0,3531	206,8349	−0,4180
Peru	Nuevo Sol peruano	3,3860	−0,0145	3,7989	−0,0039	4,2652	−0,0048
Filipinas	Peso filipino	50,1200	−0,2250	56,2318	−0,0693	63,1338	−0,0843
Polônia	Zloty polonês	3,9347	0,0150	4,4145	0,0311	4,9564	0,0345
Romênia	Leu romeno	4,3079	−0,0185	4,8333	−0,0050	5,4265	−0,0062
Rússia	Rublo russo	68,6488	−0,1112	77,0201	0,1254	86,4735	0,1318
Arábia Saudita	Riyal saudita	3,7550	0,0015	4,2128	0,0153	4,7299	0,0167
Singapura	Dólar de Singapura	1,3970	−0,0026	1,5674	0,0022	1,7597	0,0023
África do Sul	Rand sul-africano	16,9163	−0,1885	18,9791	−0,1492	21,3086	−0,1698
Coreia do Sul	Won sul-coreano	1.216,6500	−8,7500	1.365,0135	−5,3583	1.532,5558	−6,1763
Suécia	Coroa sueca	9,2891	−0,0357	10,4219	−0,0062	11,7011	−0,0082
Suíça	Franco suíço	0,9621	0,0015	1,0794	0,0051	1,2118	0,0056
Taiwan	Novo dólar taiwanês	29,8745	−0,0800	33,5175	0,0192	37,6315	0,0177
Tailândia	Baht tailandês	31,5525	–	35,4001	0,1148	39,7452	0,1248
Tunísia	Dinar tunisiano	2,8531	−0,0050	3,2010	0,0048	3,5939	0,0051
Turquia	Lira turca	6,7298	−0,0028	7,5504	0,0214	8,4771	0,0232
Emirados Árabes Unidos	Dirham dos EAU	3,6732	–	4,1211	0,0134	4,6269	0,0145
Reino Unido	Libra esterlina	0,7939	−0,0025	0,8907	0,0001	–	–
..Um mês		0,7939	−0,0025	0,8906	0,0001	–	–
..Três meses		0,7939	−0,0025	0,8905	0,0001	–	–
..Um ano		0,7941	−0,0025	0,8901	0,0001	–	–
Estados Unidos	Dólar americano	–	–	1,1219	0,0036	1,2597	0,0040
..Um mês		–	–	1,1219	−0,1338	1,2597	0,0040
..Três meses		–	–	1,1217	−0,1338	1,2597	0,0040
..Um ano		–	–	1,1210	−0,1338	1,2599	0,0040
Venezuela	Bolivar Fuerte venezuelano	–	–	–	–	–	–
Vietnã	Dongue vietnamita	23.262,0000	5,5000	26.098,6896	90,7520	29.302,0544	98,8350
União Europeia	Euro	0,8913	−0,0029	–	–	1,1227	−0,0001
..Um mês		0,8912	−0,0029	–	–	1,1227	−0,0001
..Três meses		0,8911	−0,0029	–	–	1,1226	−0,0001
..Um ano		0,8903	−0,0029	–	–	1,1221	−0,0001

As taxas são derivadas das taxas *spot* WM Reuters e MorningStar (últimas taxas na data da produção). Alguns valores foram arredondados. Moeda redenominada em 1000. As taxas de câmbio impressas nesta tabela também estão disponíveis em www.FT.com/marketsdata.

358 PARTE III ■ Taxas de câmbio e macroeconomia da economia aberta

A resposta é encontrada ao multiplicar o preço do suéter em libras, 50, pelo preço de uma libra em termos de dólares – a taxa de câmbio em relação à libra. A uma taxa de câmbio de US$ 1,50 por libra (expressa em termos americanos), o preço em dólar do suéter é:

$$(1,50 \ \$/£) \times (£ \ 50) = \$ \ 75.$$

Uma mudança na taxa de câmbio dólar/euro alteraria o preço em dólar do suéter. A uma taxa de câmbio de US$ 1,25 por libra, o suéter custaria somente

$$(1,25 \ \$/£) \times (£ \ 50) = \$ \ 62,50,$$

supondo que seu preço em termos de libras tenha permanecido o mesmo. A uma taxa de câmbio de US$ 1,75 por libra, o preço em dólar do suéter seria maior, igual a

$$(1,75 \ \$/£) \times (£ \ 50) = \$ \ 87,50.$$

As mudanças nas taxas de câmbio são descritas como depreciações ou valorizações. Uma **depreciação** da libra em relação ao dólar é uma queda no preço em dólar das libras, por exemplo, uma mudança na taxa de câmbio de US$ 1,50 por libra para US$ 1,25 por libra. O exemplo anterior mostra que *com todo o resto igual, a depreciação da moeda de um país faz com que suas mercadorias sejam mais baratas para os estrangeiros*. Um aumento no preço da libra em termos de dólares, por exemplo, de US$ 1,50 por libra para US$ 1,75 por libra, é uma **apreciação** da libra em relação ao dólar. *Com todo o resto igual, a apreciação da moeda de um país faz com que suas mercadorias sejam mais caras para os estrangeiros.*

As mudanças da taxa de câmbio discutidas no exemplo alteram simultaneamente os preços que os britânicos pagam pelas mercadorias americanas. A uma taxa de câmbio de US$ 1,50 por libra, o preço em libra de uma calça *jeans* americana que custa US$ 45 é (US$ 45)/ (1,50 US$/£) = £ 30. Uma mudança na taxa de câmbio de US$ 1,50 por libra para US$ 1,25 por libra, embora seja uma depreciação da libra em relação ao dólar, também é um aumento no preço do dólar em libras, uma *apreciação* do dólar em relação à libra. Essa apreciação do dólar faz com que o *jeans* americano seja mais caro para os britânicos, aumentando seu preço em libra de £ 30 para

$$(\$ \ 45) / (1,25 \ \$/£) = £ \ 36.$$

A mudança na taxa de câmbio de US$ 1,50 para US$ 1,75 por libra – uma apreciação da libra em relação ao dólar, mas uma depreciação do dólar em relação à libra – diminui o preço em libras do *jeans* de £ 30 para

$$(\$ \ 45) / (1,75 \ \$/£) = £ \ 25,71.$$

Como se pode ver, as descrições das mudanças da taxa de câmbio como depreciação ou apreciação podem ser desconcertantes, porque quando uma moeda deprecia em relação a outra, a segunda moeda deve simultaneamente apreciar em relação à primeira. Para evitar confusão na discussão das taxas de câmbio, devemos sempre lembrar qual das duas moedas examinadas depreciou ou apreciou em relação à outra.

Se nos lembrarmos que a depreciação do dólar em relação à libra é ao mesmo tempo uma apreciação da libra em relação ao dólar, chegamos à seguinte conclusão: *quando a moeda de um país deprecia, as exportações dos estrangeiros ficam mais baratas e as importações dos residentes nacionais ficam mais caras. Uma apreciação tem os efeitos opostos: os estrangeiros pagam mais pelos produtos do país e os consumidores nacionais pagam menos pelos produtos estrangeiros.*

Taxas de câmbio e preços relativos

As demandas de importação e exportação, como as demandas por todas as mercadorias e serviços, são influenciadas pelos preços *relativos*, tal como o preço dos suéteres em termos de *jeans* de marca. Acabamos de ver como as taxas de câmbio permitem que indivíduos

CAPÍTULO 14 ■ Taxas de câmbio e mercado de câmbio: uma abordagem de ativos **359**

TABELA 14.2	Taxas de câmbio do dólar e da libra e o preço relativo de calças *jeans* americanas de marca e suéteres britânicos		
Taxa de câmbio $/£	1,25	1,50	1,75
Preço relativo (pares de *jeans*/suéter)	1,39	1,67	1,94

Nota: O cálculo acima supõe preços inalterados em dinheiro de US$ 45 por par de *jeans* e £ 50 por suéter.

comparem os preços das moedas nacional e estrangeira expressando-os em uma unidade monetária comum. Levando essa análise um passo à frente, podemos ver que as taxas de câmbio também permitem que os indivíduos calculem os preços relativos das mercadorias e serviços cujos preços são cotados em diferentes moedas.

Um americano que tenta decidir o quanto gastar em um *jeans* produzido no seu país e o quanto gastar em suéteres britânicos deve traduzir seus preços para uma moeda comum de modo a calcular o preço dos suéteres em termos de jeans. Como temos visto, uma taxa de câmbio de US$ 1,50 por libra significa que um americano paga US$ 75 por um suéter que custa £ 50 na Grã-Bretanha. Como o preço de um par de *jeans* americano é US$ 45, o preço de um suéter em termos de um par de *jeans* é (US$ 75 por suéter)/(US$ 45 por par de jeans) = 1,67 pares de *jeans* por suéter. Naturalmente, um britânico enfrenta o mesmo preço relativo de (£ 50 por suéter)/(US$ 30 por par de *jeans*) = 1,67 pares de *jeans* por suéter.

A Tabela 14.2 mostra os preços relativos implícitos pelas taxas de câmbio de US$ 1,25 por libra, US$ 1,50 por libra e US$ 1,75 por libra, na suposição de que o preço em dólar dos *jeans* e o preço em libra dos suéteres não são afetados pelas mudanças na taxa de câmbio. Para testar sua compreensão, tente calcular sozinho esses preços relativos e confirme que o resultado desse cálculo é o mesmo para um britânico e para um americano.

A tabela mostra que se o preço das mercadorias não muda, uma apreciação do dólar em relação à libra faz com que os suéteres sejam mais baratos em termos de *jeans* (cada par de *jeans* compra mais suéteres), enquanto a depreciação do dólar em relação à libra faz os suéteres serem mais caros em termos de *jeans* (cada par de *jeans* compra menos suéteres). Esses cálculos ilustram um princípio geral: *com todo o resto igual, uma apreciação da moeda de um país aumenta o preço relativo de suas exportações e diminui o preço relativo de suas importações. De forma contrária, uma depreciação diminui o preço relativo das exportações de um país e aumenta o preço relativo de suas importações.*

O mercado de câmbio

Assim como outros preços na economia são determinados pela interação de compradores e vendedores, as taxas de câmbio são determinadas pela interação das famílias, empresas e instituições financeiras que compram e vendem moedas estrangeiras para fazer pagamentos internacionais. O mercado no qual moedas internacionais são negociadas é chamado de **mercado de câmbio**.

Os atores

Os principais participantes do mercado de câmbio são os bancos comerciais, as corporações que se envolvem no comércio internacional, instituições financeiras não bancárias (como empresas de gestão de ativos e companhias de seguro) e bancos centrais. Os indivíduos também podem participar do mercado de câmbio – por exemplo, o turista que compra a moeda estrangeira na recepção de um hotel –, mas tais transações em dinheiro são uma fração insignificante do total do comércio cambial.

Agora descrevemos os principais protagonistas do mercado e seus papéis.

1. *Bancos comerciais*. Os bancos comerciais são o centro do mercado de câmbio, porque quase toda transação internacional significativa envolve o débito e o crédito de contas

360 PARTE III ■ Taxas de câmbio e macroeconomia da economia aberta

em bancos comerciais em diversos centros financeiros. Portanto, a vasta maioria das transações cambiais envolve a troca de depósitos bancários denominados em diferentes moedas.

Vamos analisar um exemplo. Suponha que a ExxonMobil Corporation deseje pagar € 160.000 a um fornecedor alemão. Primeiro a ExxonMobil obtém uma cotação da taxa de câmbio com seu próprio banco comercial, o Third National Bank. Então ela instrui o Third National Bank a debitar na conta em dólar da ExxonMobil e depositar os € 160.000 na conta do fornecedor em um banco alemão. Se a taxa de câmbio cotada para ExxonMobil pelo Third National é de US$ 1,2 por euro, US$ 192.000 (= US$ 1,2 por euro × € 160.000) são debitados da conta da ExxonMobil. O resultado final da transação é uma troca de um depósito US$ 192.000 no Third National Bank (agora de propriedade do banco alemão que forneceu os euros) por um depósito de € 160.000 utilizado pelo Third National para pagar o fornecedor alemão da ExxonMobil.

Como o exemplo mostra, os bancos negociam cotidianamente no mercado de câmbio para atender as necessidades de seus clientes, em sua maioria empresas. Além disso, o banco também cotará para outros bancos taxas de câmbio às quais está disposto a comprar ou vender moedas. As transações cambiais entre bancos, chamadas de **negociação interbancária**, representam boa parte da atividade no mercado de câmbio. Na verdade, as taxas de câmbio listadas na Tabela 14.1 são taxas interbancárias, que os bancos cobram uns dos outros. Nenhuma quantia abaixo de um milhão de dólares é comercializada a essas taxas. As taxas disponíveis para clientes corporativos, chamadas de taxas de "varejo", normalmente são menos favoráveis do que as taxas interbancárias de "atacado". A diferença entre as taxas de varejo e atacado é a remuneração que o banco recebe por intermediar o negócio.

Em razão de as operações internacionais serem tão extensas, grandes bancos comerciais estão bem posicionados para reunir compradores e vendedores de moeda. Para uma multinacional que quer converter US$ 100.000 em coroas suecas, pode ser difícil e custoso encontrar outras corporações que queiram vender a quantidade correta de coroas. Ao atender clientes simultaneamente por meio de uma única compra de coroas suecas, um banco pode economizar nesses custos de busca.

2. *Corporações*. As corporações com operações em vários países frequentemente fazem ou recebem pagamentos em moedas diferentes da do país onde fica sua matriz. Para pagar os trabalhadores em uma fábrica no México, por exemplo, a IBM pode precisar de pesos mexicanos. Se a receita da IBM é apenas em dólares ao vender os computadores nos Estados Unidos, ela pode adquirir os pesos de que precisa comprando-os com seus dólares no mercado de câmbio.

3. *Instituições financeiras não bancárias*. Ao longo dos anos, a desregulamentação dos mercados financeiros nos Estados Unidos, no Japão e em outros países incentivou as instituições financeiras não bancárias, como fundos de investimento, a oferecerem aos seus clientes uma gama maior de serviços, muitos deles indistinguíveis daqueles oferecidos pelos bancos. Entre eles existem serviços envolvendo transações cambiais. Investidores institucionais, como fundos de pensão, negociam moedas estrangeiras com frequência – assim como as companhias de seguro. Os fundos de *hedge*, que atendem indivíduos muito ricos e não estão vinculados às normas governamentais que limitam as estratégias de negociação de fundos de investimento, negociam ativamente no mercado de câmbio.

4. *Bancos centrais*. No capítulo anterior, aprendemos que os bancos centrais de vez em quando intervêm nos mercados de câmbio. Embora o volume das transações do banco central não seja, em geral, amplo, o impacto dessas transações pode ser grande. A razão para esse impacto é que os participantes do mercado de câmbio acompanham de perto as ações do banco central em busca de indicações sobre políticas macroeconômicas futuras que podem afetar as taxas de câmbio. Além dos bancos centrais, as

CAPÍTULO 14 ■ Taxas de câmbio e mercado de câmbio: uma abordagem de ativos **361**

agências do governo também podem negociar no mercado de câmbio, mas os bancos centrais são os participantes oficiais mais regulares.

Características do mercado

As negociações de moeda estrangeira ocorrem em muitos centros financeiros, com os maiores volumes de transações em grandes cidades como Londres (o maior mercado), Nova York, Tóquio, Frankfurt, Hong Kong e Singapura. O volume mundial de transações cambiais é enorme e multiplicou-se nas três últimas décadas. Em abril de 1989, o valor total médio do comércio das transações era próximo de 600 bilhões de dólares *por dia*. Um total de 184 bilhões de dólares era negociado em Londres, 115 bilhões de dólares nos Estados Unidos e 111 bilhões em Tóquio. Trinta anos depois, em abril de 2019, o valor global diário dessas transações atingiu cerca de 6,6 trilhões de dólares. Um total de 3,58 trilhões de dólares era negociado diariamente na Grã-Bretanha, 1,37 trilhão nos Estados Unidos e 376 bilhões no Japão.[2]

O telefone, o fax e *links* da internet entre os principais centros de transações cambiais fazem cada um ser parte de um mercado mundial único, no qual o sol nunca se põe. Notícias sobre economia publicadas em qualquer hora do dia são imediatamente transmitidas ao redor do mundo e podem desencadear uma onda de atividades pelos participantes do mercado. Mesmo após as operações em Nova York estarem encerradas, os bancos e corporações situados em Nova York com filiais em outros fusos horários podem permanecer ativos no mercado. Os operadores de câmbio podem negociar de suas casas quando alertas de comunicação no meio da madrugada os avisam sobre fatos importantes em um centro financeiro em outro continente.

A integração dos centros financeiros sugere que não pode existir diferença significativa entre a taxa de câmbio dólar/euro cotada em Nova York às 9 da manhã e a taxa de câmbio dólar/euro cotada em Londres na mesma hora (que corresponde às 14 horas no horário de Londres). Se o euro estava sendo vendido em Nova York por US$ 1,1 e em Londres por US$ 1,2, seria possível lucrar por meio de **arbitragem**, o processo de comprar uma moeda barata e vendê-la mais caro. Aos preços listados anteriormente, o operador poderia, por exemplo, comprar um milhão de euros em Nova York por 1,1 milhão de dólares e imediatamente vender os euros em Londres por 1,2 milhão de dólares, tendo um lucro puro de US$ 100.000. No entanto, se todos os operadores tentassem se aproveitar disso, sua demanda por euros em Nova York levaria o preço em dólar dos euros para cima ali e sua oferta de euros em Londres levaria para baixo o preço em dólar dos euros lá. Rapidamente, a diferença entre as taxas de câmbio de Nova York e Londres desapareceria. Já que os operadores de câmbio vigiam suas telas de computador atentamente em busca de oportunidades de arbitragem, as raras que ocorrem são pequenas e duram pouquíssimo.

Embora a operação cambial possa igualar quaisquer duas moedas, a maioria das transações (88,3% em abril de 2019) envolve a troca de moedas estrangeiras por dólares americanos. Isso é verdade mesmo quando a meta de um banco é vender e comprar uma moeda que não seja o dólar! Um banco que deseja vender francos suíços e comprar shekels israelenses, por exemplo, normalmente trocará seus francos por dólares e então utilizará os dólares para comprar os shekels. Embora esse procedimento possa parecer tortuoso, ele na verdade é mais barato para o banco do que a alternativa de tentar encontrar proprietários de shekels israelenses que desejem comprar francos suíços. A vantagem de operar por meio de dólar é resultado da importância dos Estados Unidos na economia mundial. Como o volume das transações internacionais envolvendo dólares é tão grande, não é difícil encontrar partes que

---

[2]Os números de abril de 1989 vêm de diferentes pesquisas feitas simultaneamente pela Reserva Federal de Nova York, pelo Banco da Inglaterra, pelo Banco do Japão, pelo Banco do Canadá e por autoridades monetárias da França, Itália, Holanda, Singapura, Hong Kong e Austrália. A pesquisa de abril de 2019 foi feita por 53 bancos centrais. Os números revisados são informados em "Triennial Central Bank Survey: Foreign Exchange Turnover in April 2019," Banco de Compensações Internacionais, Basileia, Suíça, 16 set. 2019. A média das transações cambiais americanas diárias em 1980 era de apenas cerca de 18 bilhões de dólares.

362 PARTE III ■ Taxas de câmbio e macroeconomia da economia aberta

estejam dispostas a trocar dólares por francos suíços ou shekels. Em contrapartida, relativamente poucas transações exigem trocas diretas de francos suíços por shekels.[3]

Em razão de seu papel crucial em tantas operações cambiais, o dólar americano às vezes é chamado de **moeda dominante**. Uma moeda dominante é aquela que é amplamente utilizada para denominar contratos internacionais firmados por partes que não residem no país que a emite. Sugeriu-se que o euro, que foi introduzido no começo de 1999, poderia evoluir e tornar-se uma moeda dominante em pé de igualdade com o dólar. Em abril de 2019, 32,3% das operações cambiais envolviam o euro, menos do que a metade da parcela do dólar e significativamente abaixo dos 39% registrados em 2010. O iene japonês é a terceira moeda mais importante, com uma participação de mercado de 16,8% (todas as participações são referentes a 200, pois duas moedas são necessárias para cada operação cambial). A libra esterlina, que já foi segunda colocada atrás do dólar como moeda internacional mais importante, caiu muito em importância e hoje encontra-se em quarto lugar. O renminbi chinês estava em oitavo lugar entre as moedas mundiais em 2019, com uma participação de mercado de 4,3% – baixa, mas muito acima dos 0,9% de 2010.[4]

Taxas *spot* (à vista) e taxas a termo

As transações cambiais que estamos discutindo acontecem à vista: duas partes concordam em trocar depósitos bancários e executam o acordo imediatamente. As taxas de câmbio que governam tal comércio "à vista" são chamadas de **taxas de câmbio *spot*** e o negócio é chamado de transação *spot*.

As operações cambiais ocasionalmente especificam uma data *futura* para a transação, que pode ser de 30, 90, 180 dias ou até mesmo estar a muitos anos de distância. As taxas de câmbio cotadas nessas transações são chamadas de **taxas de câmbio a termo**. Em uma transação a termo de 30 dias, por exemplo, as duas partes podem comprometer-se em 1º de abril a uma troca à vista de £ 100.000 por US$ 155.000 em 1º de maio. A taxa de câmbio a termo de 30 dias é, portanto, US$ 1,55 por libra e geralmente é diferente da taxa *spot* e das taxas a termo aplicadas a datas futuras diversas. Quando você concorda em vender libras por dólares em uma data futura a uma taxa a termo acordada hoje, você "vendeu libras a termo" e "comprou dólares a termo". A data futura na qual as moedas são de fato trocadas é chamada de data de liquidação (ou *value date*).[5] A Tabela 14.1 mostra as taxas de câmbio a termo para algumas das principais moedas, com vencimentos de um mês, três meses e um ano.

As taxas de câmbio a termo e *spot*, embora não necessariamente iguais, andam bem próximas, como ilustrado pelos dados mensais das taxas dólar/libra na Figura 14.1. A última seção deste capítulo, que discute como as taxas de câmbio a termo são determinadas, explica essa relação próxima entre os movimentos nas taxas *spot* e a termo.

---

[3]A taxa de câmbio franco suíço/shekel pode ser recalculada a partir das taxas de câmbio dólar/franco e dólar/shekel, como a taxa dólar/shekel dividida pela taxa dólar/franco. Se a taxa dólar/franco é US$ 0,80 por franco e a taxa dólar/shekel é US$ 0,20 por shekel, então a taxa franco suíço/shekel é (0,20 dólar/shekel)/(0,80 dólar/franco) = 0,25 franco suíço/shekel. As taxas de câmbio entre moedas não dólar são chamadas de "taxas cruzadas" pelos operadores de câmbio. Para mais detalhes sobre a relação entre taxas de câmbio do dólar e taxas cruzadas, consulte o segundo problema no final deste capítulo.

[4]Para uma discussão mais detalhada das moedas dominantes, veja Richard Portes e Hélène Rey, "The Emergence of the Euro as an International Currency", *Economic Policy*, v. 26, p. 307-343, 26 abr. 1998. Dados sobre saldos de moeda do Banco de Compensações Internacionais, *op. cit.*, tabela 2. Para uma avaliação dos papéis futuros do dólar e do euro, veja as dissertações em Jean Pisani-Ferry e Adam S. Posen. (Eds.) *The Euro at Ten: The Next Global Currency?* Washington, D.C.: Peterson Institute for International Economics, 2009. Os ensaios foram escritos antes da crise da área do euro, que será discutida no Capítulo 21. O livro de Eichengreen, Mehl e Chitu listado na seção Leituras Adicionais representa uma avaliação atualizada do tema.

[5]No passado, levaria até dois dias para compensar até mesmo transações cambiais estrangeiras *spot*. Em outras palavras, a data-valor para uma transação *spot* era, na verdade, de dois dias após o negócio firmado. Atualmente, a maioria das trocas *spot* de moedas importantes é compensada no mesmo dia.

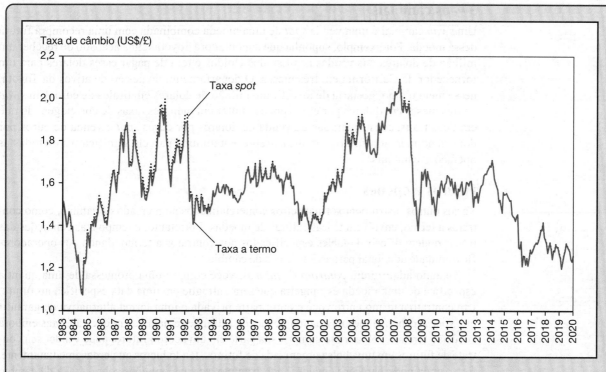

FIGURA 14.1
Taxas de câmbio a termo e *spot* do dólar/libra, 1983-2020.
Taxas de câmbio a termo e *spot* tendem a mover-se de forma altamente correlacionada.

Fonte: *Datastream.* As taxas mostradas são taxas de câmbio a termo de 90 dias e taxas de câmbio *spot* ao fim do mês.

Um exemplo mostra por que as partes podem querer envolver-se em transações cambiais a termo. Suponha que a Best Buy saiba que em 30 dias deve pagar em iene para um fornecedor japonês por um carregamento de rádios que chegará nessa data. A Best Buy pode vender cada rádio por US$ 100 e deve pagar ao fornecedor ¥ 9.000 por rádio. O lucro da empresa depende da taxa de câmbio dólar/iene. A uma taxa de câmbio *spot* atual de US$ 0,0105 por iene, a Best Buy pagaria (US$ 0,0105 por iene) × (¥ 9.000 por rádio) = US$ 94,50 por rádio e, portanto, lucraria US$ 5,50 com cada rádio importado. Mas a Best Buy não terá dinheiro para pagar seu fornecedor até que os rádios cheguem e sejam vendidos. Se durante os próximos 30 dias o dólar sofrer depreciação inesperada para US$ 0,0115 por iene, a Best Buy terá de pagar (US$ 0,0115 por iene) × (¥ 9.000 por rádio) = US$ 103,50 por rádio e então *perderia* US$ 3,50 com cada rádio.

Para evitar esse risco, a Best Buy pode assinar um contrato de câmbio a termo de 30 dias com o Bank of America. Se o Bank of America concordar em vender o iene para a Best Buy em 30 dias a uma taxa de US$ 0,0107 por iene, a Best Buy assegura que vai pagar exatamente (US$ 0,0107 por iene) × (¥ 9.000 por rádio) = US$ 96,30 por rádio para o fornecedor. Ao comprar o iene e vender os dólares no futuro, a Best Buy garante um lucro de US$ 3,70 por rádio e está segura contra a possibilidade de uma variação repentina na taxa de câmbio transformar uma importação lucrativa em prejuízo. No jargão do mercado de câmbio, diríamos que a Best Buy fez um *hedge* (se protegeu) do seu risco em moeda estrangeira.

De agora em diante, quando mencionarmos uma taxa de câmbio, mas não especificarmos se é uma taxa *spot* ou a termo, sempre nos referiremos à taxa *spot*. Contudo, voltaremos à taxa de câmbio a termo e ao seu papel no final deste capítulo e posteriormente neste livro.

364 PARTE III ▪ Taxas de câmbio e macroeconomia da economia aberta

Swaps cambiais

Um *swap* cambial é uma venda *spot* de uma moeda combinada com uma recompra futura dessa moeda. Por exemplo, suponha que a montadora Toyota tenha acabado de receber um milhão de dólares das vendas nos Estados Unidos e terá de pagar esses dólares para um fornecedor da Califórnia em três meses. O departamento de gestão de ativos da Toyota, nesse meio tempo, gostaria de investir um milhão de dólares em títulos de euro. Um *swap* de três meses em dólares por euros pode resultar em menores taxas de corretagem do que em duas transações separadas de venda de dólares por euros *spot* e venda de euros por dólares no mercado futuro. Os *swaps* representam uma parcela significativa de todas as operações cambiais.

Futuros e opções

Vários outros instrumentos financeiros comercializados no mercado de câmbio, como contratos a termo, envolvem trocas futuras de moedas. Entretanto, o tempo e as condições das trocas podem diferir daqueles especificados nos contratos a termo, dando aos operadores flexibilidade adicional para evitar riscos de câmbio.

Quando adquire um *contrato de futuros*, você compra uma promessa de uma quantia específica de uma moeda estrangeira que será entregue em uma data específica no futuro. Um contrato a termo entre você e outra parte privada é uma forma alternativa de garantir que você receberá a mesma quantia de moeda estrangeira na data em questão. Mas embora você não tenha escolha sobre cumprir sua parte em um acordo futuro, pode vender seu contrato de futuros em uma bolsa organizada de futuros, tendo lucros ou perdas imediatamente. Essa venda pode parecer vantajosa, por exemplo, se suas opiniões sobre a taxa de câmbio *spot* futura mudarem.

Uma *opção de câmbio* dá a seu proprietário o direito de comprar ou vender uma determinada quantia de moeda estrangeira a um preço específico, em qualquer momento, até uma data de vencimento específica. A outra parte do acordo, o vendedor da opção, é obrigada a vender ou comprar a moeda estrangeira a critério do proprietário da opção, que não tem nenhuma obrigação de exercer seu direito.[6]

Imagine que você não tenha certeza de quando no próximo mês vai receber um pagamento de moeda estrangeira. Para evitar o risco de perda, você pode querer comprar a *opção de venda* (ou *put*), que lhe dá o direito de vender a moeda estrangeira em uma taxa de câmbio conhecida a qualquer momento durante o mês. Se, em vez disso, você espera para fazer um pagamento no exterior em algum momento do mês, uma *opção de compra* (ou *call*), que lhe dá o direito de comprar a moeda estrangeira para fazer um pagamento a um preço conhecido, pode ser atrativa. As opções podem ser escritas para muitos ativos (incluindo futuros de câmbio) e, como o contrato de futuros, são compradas e vendidas livremente. Contratos a termo, *swaps*, contratos de futuro e opções de compra e venda são todos exemplos de *derivativos financeiros*, que vimos no Capítulo 13.

A demanda por ativos em moeda estrangeira

Agora vimos como os bancos, as corporações e outras instituições negociam depósitos bancários em moeda estrangeira em um mercado de câmbio mundial que opera 24 horas por dia. Para entender como as taxas de câmbio são determinadas pelo mercado de câmbio, primeiro devemos perguntar como as demandas dos principais participantes por diferentes tipos de depósitos de moeda estrangeira são determinadas.

---

[6]Essa descrição refere-se à chamada opção americana, em contraste com a opção europeia, que somente pode ser exercida em uma data predeterminada.

CAPÍTULO 14 ■ Taxas de câmbio e mercado de câmbio: uma abordagem de ativos **365**

A demanda por um depósito bancário em moeda estrangeira é influenciada pelas mesmas considerações que influenciam a demanda por qualquer outro ativo. A principal entre essas considerações é a nossa visão de quanto o depósito valerá no futuro. O valor futuro de um depósito em moeda estrangeira depende, por sua vez, de dois fatores: a taxa de juros que oferece e a mudança esperada na taxa de câmbio da moeda em relação às demais moedas.

Ativos e retornos sobre ativos

Como você deve lembrar-se, as pessoas podem possuir riqueza em várias formas: ações, títulos, dinheiro, imóveis, vinhos raros, diamantes e assim por diante. O objetivo de adquirir riqueza, de poupar, é transferir poder de compra para o futuro. Podemos fazer isso para prover para nossos anos de aposentadoria, para nossos herdeiros ou simplesmente porque ganhamos mais do que precisamos gastar em um determinado ano e preferimos poupar para os tempos de vacas magras.

Definindo os retornos de ativos Como o objetivo de poupar é guardar recursos para o consumo futuro, julgamos a conveniência de um ativo em grande parte com base na sua **taxa de retorno**, isto é, o aumento percentual no valor que ele oferece após um determinado período. Por exemplo, suponha que no começo de 2021 você pague US$ 100 por uma ação emitida pela Financial Soothsayers, Inc. Se a ação rende um dividendo de US$ 1 no começo de 2021, e se o preço da ação sobe de US$ 100 para US$ 109 por ação durante o ano, então você ganhou uma taxa de retorno de 10% sobre a ação durante 2021. Isto é, seu investimento de US$ 100 cresceu em valor para US$ 110, a soma do US$ 1 de dividendo e dos US$ 109 que você poderia ganhar se vendesse a ação. Se a ação da Financial Soothsayers ainda gerasse um dividendo de US$ 1, mas caísse em preço para US$ 89 por ação, seu investimento de US$ 100 valeria somente US$ 90 ao fim do ano, dando uma taxa de retorno de 10% *negativos*.

É frequente não saber com certeza o retorno que um ativo realmente vai render após comprá-lo. Tanto o dividendo gerado pela ação quanto o preço para revenda, por exemplo, podem ser difíceis de prever. Sua decisão, portanto, deve ser baseada em uma taxa de retorno *esperada*. Para calcular uma taxa de retorno esperada após um período de tempo, você deve fazer sua melhor previsão do valor total de um ativo no fim do período. A diferença percentual entre o valor futuro esperado e o preço que você paga pelo ativo hoje deve ser igual à taxa de retorno esperada do ativo após o período de tempo.

Quando medimos a taxa de retorno de um ativo, comparamos como o valor total de um investimento no ativo muda entre duas datas. No exemplo anterior, comparamos como o valor de um investimento na ação da Financial Soothsayers mudou entre 2021 (US$ 100) e 2022 (US$ 110) para concluir que a taxa de retorno da ação foi de 10% por ano. Chamamos isso de taxa de retorno em *dólar*, porque os dois valores que comparamos são expressos em termos de dólares. Entretanto, também é possível calcular diferentes taxas de retorno expressando os dois valores em termos de uma moeda estrangeira ou de uma *commodity* como o ouro.

A taxa real de retorno A taxa de retorno esperada que os poupadores consideram na hora de decidir quais ativos comprar é a **taxa real de retorno** esperada, isto é, a taxa de retorno calculada ao medir os valores do ativo em termos de uma cesta representativa ampla de produtos que os poupadores compram normalmente. É o retorno real esperado que importa, porque o objetivo final de poupar é o consumo futuro, e somente o retorno *real* mede as mercadorias e serviços que um poupador pode comprar no futuro em troca de abrir mão de algum consumo (isto é, poupar) hoje.

Para continuar com nosso exemplo, suponha que o valor em dólar de um investimento na ação da Financial Soothsayers aumente em 10% entre 2021 e 2022, mas que os preços em dólar de todas as mercadorias e serviços *também* aumentem em 10%. Então, em termos

366 PARTE III ■ Taxas de câmbio e macroeconomia da economia aberta

de produção – em *termos reais* – o investimento não valeria mais em 2021 do que vale em 2022. Com uma taxa real de retorno de zero, a ação da Financial Soothsayers não seria um ativo muito desejável (porque, no mundo real, normalmente existem ativos com taxas reais de retorno positivas).

Apesar de os poupadores preocuparem-se com as taxas reais de retorno esperado, as taxas de retorno expressas em termos monetários ainda podem ser utilizadas para *comparar* retornos reais sobre ativos *diferentes*. Mesmo se todos os preços em dólar aumentarem em 10% entre 2021 e 2022, uma garrafa de vinho raro cujo preço em dólar aumenta em 25% ainda é um investimento melhor do que um título cujo valor aumenta em 20%. A taxa real de retorno oferecida pelo vinho é de 15% (= 25% − 10%), enquanto a taxa oferecida pelo título é de somente 10% (= 20% − 10%). Perceba que a diferença entre os retornos em dólar dos dois ativos (25% − 20%) deve ser igual à diferença de seus retornos reais (15% − 10%). A razão para essa igualdade é que dados os retornos em dólar dos dois ativos, uma mudança na taxa pela qual os preços em dólar das mercadorias estão aumentando muda os retornos reais dos dois ativos na mesma quantia.

A distinção entre taxas reais de retorno e taxas de dólar de retorno ilustram um importante conceito no estudo de como os poupadores avaliam diferentes ativos: os retornos sobre dois ativos não podem ser comparados a não ser que sejam medidos nas *mesmas* unidades. Por exemplo, não faz sentido comparar diretamente o retorno real de uma garrafa de vinho (15% em nosso exemplo) com o retorno em dólar do título (20%), ou comparar o retorno em dólar de pinturas antigas com o retorno em euro do ouro. Somente após os retornos serem expressos em termos de uma unidade de medida comum, por exemplo, tudo em termos de dólares, podemos dizer qual ativo oferece a maior taxa real de retorno esperada.

Risco e liquidez

Com todo o resto igual, os indivíduos preferem manter os ativos que oferecem a maior taxa real de retorno esperada. Entretanto, nossas discussões futuras sobre ativos específicos mostrarão que "todo o resto" frequentemente não é igual. Alguns ativos podem ser avaliados pelos poupadores por atributos que não sejam a taxa real de retorno esperada que oferecem. Os poupadores preocupam-se com duas características principais de um ativo além de seu retorno: seu **risco**, a variabilidade que contribui para a riqueza do poupador, e sua **liquidez**, a facilidade com a qual o ativo pode ser vendido ou trocado por mercadorias.

1. *Risco.* O retorno real de um ativo é normalmente imprevisível e pode vir a ser bem diferente do que os poupadores esperavam quando o compraram. Em nosso último exemplo, os poupadores descobriram a taxa real de retorno esperada sobre um investimento em ações (10%) ao subtrair da taxa de aumento esperada no valor do investimento em dólar (20%) a taxa esperada de crescimento em preços de dólar (10%). Mas se as expectativas estão erradas e o valor da ação em dólar permanece constante em vez de aumentar em 20%, o poupador termina com um retorno real de 10% negativo (= 0% − 10%). Os poupadores não gostam de incertezas e hesitam em manter ativos que fazem sua riqueza altamente variável. Portanto, um ativo com alta taxa de retorno esperada pode parecer indesejável para poupadores se sua taxa de retorno realizada flutua amplamente.

2. *Liquidez.* Os ativos também diferem de acordo com o custo e a velocidade com a qual os poupadores podem liquidá-los. Uma casa, por exemplo, não é muito líquida, porque sua venda geralmente requer tempo e serviço de corretores e inspetores. Para vender uma casa rapidamente, a pessoa deve querer vender a um preço relativamente baixo. Em contrapartida, o dinheiro é o mais líquido de todos os ativos: é sempre aceito pelo valor nominal como pagamento para mercadorias e outros ativos. Os poupadores preferem ter alguns ativos líquidos como precaução contra despesas urgentes inesperadas que podem forçá-los a vender menos ativos em uma perda. Eles vão, portanto, considerar a liquidez de um ativo assim como seu retorno e risco esperado na hora de decidir quanto manter.

CAPÍTULO 14 ▪ Taxas de câmbio e mercado de câmbio: uma abordagem de ativos **367**

Taxas de juros

Como em outros mercados de ativos, os participantes no mercado de câmbio baseiam suas demandas por depósitos de diferentes moedas em uma comparação das taxas de retorno esperadas desses ativos. Para comparar retornos sobre diferentes depósitos, os participantes do mercado precisam de duas informações. Primeiro, precisam saber como os valores em dinheiro dos depósitos mudarão. Segundo, precisam saber como as taxas de câmbio mudarão de forma que possam traduzir as taxas de retorno medidas em moedas diferentes em termos comparáveis.

A primeira informação necessária para calcular a taxa de retorno sobre um depósito em uma determinada moeda é a **taxa de juros** da moeda, a quantia da moeda que um indivíduo ganha ao emprestar uma unidade da moeda por ano. A uma taxa de juros de dólar de 0,10 (cotada como 10% ao ano), o credor de um dólar recebe US$ 1,10 no fim do ano, US$ 1 que é o principal e 10 centavos que são os juros. Olhando pelo outro lado da transação, a taxa de juros em dólares também é a quantidade que deve ser paga para pegar emprestado US$ 1 por ano. Quando compra um papel do Tesouro americano, você ganha a taxa de juros em dólares, porque está emprestando dólares para o governo dos EUA.

As taxas de juros desempenham um papel importante no mercado de câmbio, porque os grandes depósitos negociados nele rendem juros, cada um à taxa que reflete sua moeda de valor nominal. Por exemplo, quando a taxa de juros em dólares é de 10% ao ano, um depósito de US$ 100.000 vale US$ 110.000 após um ano. Quando a taxa de juros em euros é 5% ao ano, um depósito de € 100.000 vale € 105.000 após um ano. Os depósitos pagam juros porque são empréstimos do depositante para o banco. Quando uma corporação ou instituição financeira deposita uma moeda em um banco, está emprestando essa moeda a um banco em vez de utilizá-la para despesas correntes. Em outras palavras, o depositante está adquirindo um ativo em valor nominal na moeda em que deposita.

A taxa de juros do dólar é apenas a taxa de retorno de dólar sobre depósitos em dólares. Você "compra" o depósito ao emprestar ao banco US$ 100.000 e quando é pago com 10% de juros no fim do ano, seu ativo vale US$ 110.000. Isso dá uma taxa de retorno de (110.000 − 100.000)/100.000 = 0,10, ou 10% ao ano. Da mesma forma, a taxa de juros de uma moeda estrangeira mede o retorno em moeda estrangeira sobre depósitos naquela moeda. A Figura 14.2 mostra o comportamento mensal das taxas de juros do dólar e do iene japonês de 1978 a 2020. Essas taxas não são medidas em termos comparáveis, então não existe razão para estarem próximas ou comportarem-se de forma similar ao longo do tempo.

Taxas de câmbio e retornos sobre ativos

As taxas de juros oferecidas por um depósito em dólar e em euro nos dizem como os seus valores em dólar e em euro vão mudar durante um ano. A outra parte da informação de que precisamos a fim de comparar as taxas de retorno oferecidas pelos depósitos em dólar e euro é a mudança esperada na taxa de câmbio do dólar/euro durante o ano. Para ver qual depósito, euro ou dólar, oferece uma maior taxa de retorno esperada, você deve perguntar: se eu utilizar dólares para comprar um depósito em euro, quantos dólares vou ter de volta depois de um ano? Quando você responde a essa questão, está calculando a taxa de retorno em *dólar* sobre um depósito em euro, pois compara seu preço em *dólar* hoje com seu valor em *dólar* daqui a um ano.

Para ver como abordar esse tipo de cálculo, vamos analisar a seguinte situação: suponha que a taxa de câmbio de hoje (cotada em termos americanos) seja US$ 1,10 por euro, mas que você espera que ela seja de US$ 1,165 por euro em um ano (talvez porque espere eventos desfavoráveis na economia americana). Suponha também que a taxa de juros do dólar seja 10% ao ano, enquanto a do euro seja 5% ao ano. Isso significa que o depósito de US$ 1 paga US$ 1,10 após um ano, enquanto um depósito de € 1 paga € 1,05 após um ano. Qual desses depósitos oferece o maior retorno?

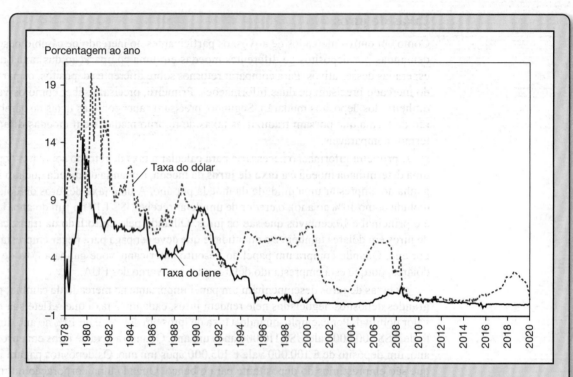

FIGURA 14.2
Taxas de juros sobre depósitos em dólar e em iene, 1978-2020.
Já que as taxas de juros do dólar e do iene não são medidas em termos comparáveis, elas podem mover-se de modos bem diferentes durante o tempo.

Fonte: *Datastream*. A figura mostra as taxas de juros de três meses.

A resposta pode ser encontrada em cinco passos.

Passo 1. Utilize a taxa de câmbio dólar/euro de hoje para descobrir o preço em dólares de um depósito em euro de, digamos, € 1. Se a taxa de câmbio de hoje é US$ 1,10 por euro, o preço em dólares de um depósito de € 1 é, simplesmente, US$ 1,10.

Passo 2. Utilize a taxa de juros do euro para encontrar a quantia de euros que você terá de pagar daqui um ano se comprar um depósito de € 1 hoje. Você sabe que a taxa de juros sobre depósitos em euro é de 5% ao ano. Então, ao fim do ano, seu depósito de € 1 valerá € 1,05.

Passo 3. Utilize a taxa de câmbio que você espera que prevaleça daqui a um ano para calcular o valor esperado em dólar da quantia em euro determinada do Passo 2. Já que você espera que o dólar sofra depreciação em relação ao euro durante o próximo ano, de forma que a taxa de câmbio daqui a 12 meses seja US$ 1,165 por euro, você espera que o valor em dólar do seu depósito em euro após um ano seja de US$ 1,165 por euro × € 1,05 = US$ 1,223.

Passo 4. Agora que você sabe o preço em dólar de um depósito de € 1 hoje (US$ 1,10) e pode prever seu valor em um ano (US$ 1,223), pode calcular a taxa de retorno esperada em *dólar* de um depósito em euro como (1,223 − 1,10)/1,10 = 0,11 ou 11% ao ano.

Passo 5. Já que a taxa de retorno em dólar dos depósitos em dólar (a taxa de juros do dólar) é somente 10% ao ano, você espera ficar em melhor situação ao manter sua riqueza na forma de depósitos em euro. Apesar de a taxa de juros em dólar ultrapassar a do euro em

CAPÍTULO 14 ■ Taxas de câmbio e mercado de câmbio: uma abordagem de ativos **369**

5% ao ano, a apreciação esperada do euro em relação do dólar dá aos proprietários do euro um ganho de capital em potencial, grande o suficiente para tornar os depósitos em euro um ativo de maior rendimento.

Uma regra simples

Uma regra simples reduz esse cálculo. Primeiro, defina a **taxa de depreciação** do dólar em relação ao euro como o aumento da porcentagem na taxa de câmbio dólar/euro durante um ano. No último exemplo, a taxa de depreciação esperada do dólar é $(1,165 - 1,10)/1,10 = 0,059$, aproximadamente 6% ao ano. Uma vez que você calculou a taxa de depreciação do dólar em relação ao euro, nossa regra é: *a taxa de retorno do dólar em depósitos em euro é aproximadamente a taxa de juros de euro mais a taxa de depreciação do dólar em relação ao euro.*

Em outras palavras, para traduzir o retorno em euro de depósitos em euro em termos de dólar, você precisa adicionar a taxa à qual o preço em dólar do euro aumenta durante um ano à taxa de juros do euro.

Em nosso exemplo, a soma da taxa de juros do euro (5%) à taxa de depreciação esperada do dólar (aproximadamente 6%) é em torno de 11%, que é o que descobrimos ser o retorno esperado em dólar sobre depósitos em euro no nosso primeiro cálculo.

Resumimos nossa discussão introduzindo alguns símbolos:

$R_{\mathord{\euro}}$ = taxa de juros de hoje sobre depósitos em euro de um ano,

$E_{\$/\mathord{\euro}}$ = taxa de câmbio dólar/euro de hoje (quantidade de dólares por euro),

$E^e_{\$/\mathord{\euro}}$ = taxa de câmbio dólar/euro (quantidade de dólares por euro) que se espera que prevaleça daqui a um ano.

(O *e* sobrescrito nesta última taxa de câmbio indica que é uma previsão da taxa de câmbio futura baseada no que as pessoas sabem hoje.)

Utilizando esses símbolos, escrevemos a taxa de retorno esperada sobre um depósito em euro, medida em termos de dólares, como a soma de (1) a taxa de juros do euro e (2) a taxa de depreciação do dólar esperada em relação ao euro:

$$R_{\mathord{\euro}} + (E^e_{\$/\mathord{\euro}} - E_{\$/\mathord{\euro}})/E_{\$/\mathord{\euro}}.$$

Esse retorno esperado é o que deve ser comparado com a taxa de juros sobre depósitos em dólar de um ano, $R_\$$, ao decidir se os depósitos em dólar ou em euro oferecem a maior taxa de retorno esperada. [7] A diferença da taxa de retorno esperada entre depósitos em dólar e em euro é, portanto, igual a $R_\$$ menos a expressão anterior,

$$R_\$ - [R_{\mathord{\euro}} + (E^e_{\$/\mathord{\euro}} - E_{\$/\mathord{\euro}})/E_{\$/\mathord{\euro}}] = R_\$ - R_{\mathord{\euro}} - (E^e_{\$/\mathord{\euro}} - E_{\$/\mathord{\euro}})/E_{\$/\mathord{\euro}}. \tag{14.1}$$

---

[7] Se você calcular o retorno esperado em dólar sobre depósitos em euro utilizando o método exato dos cinco passos que descrevemos antes de introduzir a regra simples, você descobrirá que ele na verdade é igual a

$$(1 + R_{\mathord{\euro}})(E^e_{\$/\mathord{\euro}}) (E_{\$/\mathord{\euro}}) - 1.$$

Entretanto, essa fórmula exata pode ser reescrita como

$$R_{\mathord{\euro}} + (E^e_{\$/\mathord{\euro}} - E_{\$/\mathord{\euro}})/E_{\$/\mathord{\euro}} + R_{\mathord{\euro}} \times (E^e_{\$/\mathord{\euro}} - E_{\$/\mathord{\euro}})/E_{\$/\mathord{\euro}}.$$

A expressão acima é bem próxima à fórmula obtida na regra simples, como geralmente é o caso, quando o produto $R_{\mathord{\euro}} \times (E^e_{\$/\mathord{\euro}} - E_{\$/\mathord{\euro}})/E_{\$/\mathord{\euro}}$ é um número menor.

370 PARTE III ■ Taxas de câmbio e macroeconomia da economia aberta

Quando a diferença na Equação (14.1) é positiva, os depósitos em dólar rendem uma maior taxa de retorno esperada. Quando é negativa, os depósitos em euro rendem uma maior taxa de retorno esperada.

A Tabela 14.3 traz outras comparações ilustrativas. No caso 1, a diferença de juros em favor dos depósitos em dólar é 4% ao ano ($R_\$ - R_€ = 0{,}10 - 0{,}06 = 0{,}04$) e nenhuma mudança na taxa de câmbio é esperada [$(E^e_{\$/€} - E_{\$/€})/E_{\$/€} = 0{,}00$]. Isso significa que a taxa real de retorno anual esperada sobre depósitos em dólar é 4% mais alta do que aquelas sobre depósitos em euro, de forma que, com todas as outras coisas iguais, você preferiria manter sua riqueza em depósitos em dólar em vez de euro.

No caso 2, a diferença de juros é a mesma (4%), mas só é compensada por uma taxa de depreciação esperada do dólar de 4%. Portanto, os dois ativos têm a mesma taxa de retorno esperada.

O caso 3 é similar ao que discutimos antes: uma diferença de juros de 4% em favor dos depósitos de dólar é mais do que compensada por uma depreciação do dólar esperada de 8%, então os depósitos em euro são preferidos pelos participantes do mercado.

No caso 4, existe uma diferença de juros de 2% em favor dos depósitos em euro, mas espera-se que o dólar *aprecie* em relação ao euro em 4% durante o ano. Portanto, a taxa de retorno esperada sobre depósitos em dólar é de 2% ao ano mais alta do que os depósitos em euro.

Até agora, temos traduzido todos os retornos em termos de dólar. Mas os diferenciais das taxas de retorno que calculamos teriam sido os mesmos se tivéssemos escolhido expressar os retornos em termos de euros ou em termos de uma terceira moeda. Suponha, por exemplo, que queiramos medir o retorno sobre depósitos em dólar em termos de euros. Seguindo nossa regra simples, poderíamos adicionar à taxa de juros de dólar, $R_\$$, a taxa de depreciação esperada do euro em relação ao dólar. Mas a taxa de depreciação esperada do euro em relação ao dólar é aproximadamente a **taxa de apreciação** esperada do dólar em relação ao euro, isto é, a taxa de depreciação esperada do dólar em relação ao euro com um sinal de menos na frente dela. Isso significa que, em termos de euros, o retorno sobre um depósito em dólar é

$$R_\$ - (E^e_{\$/€} - E_{\$/€})/E_{\$/€}.$$

A diferença entre a expressão acima e $R_€$ é idêntica ao lado direito da Equação (14.1). Portanto, não faz diferença para a nossa comparação se medimos retornos em termos de dólares ou euros, contanto que meçamos os dois em termos da mesma moeda.

TABELA 14.3	Comparando as taxas de retorno sobre depósitos em dólar e em euro			
	Taxa de juros do dólar	Taxa de juros do euro	Taxa de depreciação esperada do dólar em relação ao euro	Diferença entre taxas de retorno sobre depósitos em dólar e em euro
Caso	$R_\$$	$R_€$	$\dfrac{E^e_{\$/€} - E_{\$/€}}{E_{\$/€}}$	$R_\$ - R_€ - \dfrac{(E^e_{\$/€} - E_{\$/€})}{E_{\$/€}}$
1	0,10	0,06	0,00	0,04
2	0,10	0,06	0,04	0,00
3	0,10	0,06	0,08	–0,04
4	0,10	0,12	–0,04	0,02

CAPÍTULO 14 ■ Taxas de câmbio e mercado de câmbio: uma abordagem de ativos **371**

Retorno, risco e liquidez no mercado de câmbio

Observamos anteriormente que um poupador que decide quais ativos manter pode preocupar-se com os riscos e a liquidez dos ativos, além de suas taxas reais de retorno esperadas. De modo similar, a demanda por ativos de moeda estrangeira depende não só dos retornos, mas também do risco e da liquidez. Mesmo se o retorno esperado em dólar para depósitos em euro for mais alto do que aquele sobre depósitos em dólar, por exemplo, as pessoas podem relutar em manter depósitos em euro se o retorno para mantê-los varia de forma imprevisível.

Não existe consenso entre os economistas sobre a importância do risco no mercado de câmbio. Mesmo a definição de "risco cambial" é tópico de debate. Por ora, evitaremos essas questões complexas supondo que os retornos reais sobre todos os depósitos têm grau de risco igual, independentemente da moeda em que estão denominados. Em outras palavras, supomos que as diferenças de riscos não influenciam a demanda por ativos em moeda estrangeira. Entretanto, discutiremos o papel do risco cambial em mais detalhes no Capítulo 18.[8]

Alguns participantes do mercado podem ser influenciados pelos fatores de liquidez na decisão de quais moedas manter. A maioria desses participantes consiste em empresas e indivíduos que participam do comércio internacional. Para um importador americano de produtos de moda ou vinhos de marca francesa, por exemplo, pode ser conveniente manter euros para pagamentos de rotina se a taxa de retorno esperada em euros for menor do que a esperada em dólares. Como os pagamentos ligados ao comércio internacional representam uma fração muito pequena do total das transações cambiais, ignoramos o motivo de liquidez para manter moedas estrangeiras.

Portanto, estamos supondo agora que os participantes do mercado de câmbio baseiam suas demandas por ativos de moedas estrangeiras exclusivamente em uma comparação das taxas de retorno esperadas desses ativos. A razão principal para fazermos essa suposição é que simplifica nossa análise de como as taxas de câmbio são determinadas no mercado de câmbio. Além disso, os motivos de risco e liquidez para manter moedas estrangeiras parecem ser de importância secundária para muitas das questões internacionais macroeconômicas discutidas nos próximos dois capítulos.

Equilíbrio no mercado de câmbio

Agora utilizaremos o que aprendemos sobre a demanda por ativos de moeda estrangeira para descrever como as taxas de câmbio são determinadas. Mostraremos que a taxa de câmbio que o mercado escolhe é a que deixa os participantes satisfeitos em manter as ofertas existentes de depósitos de todas as moedas. Quando os participantes mantêm de bom grado as ofertas existentes de depósitos de todas as moedas, dizemos que o mercado de câmbio está em equilíbrio.

A descrição da determinação da taxa de câmbio dada nesta seção é somente o primeiro passo: uma explicação completa do nível atual da taxa de câmbio pode ser dada somente após examinarmos como os participantes do mercado de câmbio formam suas expectativas

---

[8] Ao discutir as transações cambiais estrangeiras *spot* e a termo, alguns livros fazem uma distinção entre os "especuladores" cambiais, participantes do mercado que supostamente preocupam-se apenas com os retornos esperados, e os "*hedgers*", participantes do mercado cuja preocupação é evitar o risco. Afastamos-nos dessa tradição dos livros porque ela pode enganar os desavisados: embora os motivos especulativos e de *hedge* sejam potencialmente importantes na determinação da taxa de câmbio, a mesma pessoa pode ser tanto um especulador como um *hedger* caso se importe tanto com o retorno quanto com o risco. Nossa suposição provisória de que o risco é desimportante em determinar a demanda por ativos em moeda estrangeira significa, em termos de linguagem tradicional, que o motivo especulativo para manter moedas estrangeiras é muito mais importante do que o motivo de *hedge*. Como observado no texto, entretanto, consideraremos o papel do risco em mais detalhes posteriormente neste livro.

372 PARTE III ■ Taxas de câmbio e macroeconomia da economia aberta

sobre as taxas de câmbio que esperam que prevaleçam no futuro. Os próximos dois capítulos analisam os fatores que influenciam as expectativas das taxas de câmbio futuras. Entretanto, por ora, aceitaremos como dadas as taxas de câmbio futuras.

Paridade de juros: a condição de equilíbrio básico

O mercado de câmbio está em equilíbrio quando depósitos de todas as moedas oferecem a mesma taxa de retorno esperada. Definimos a **condição de paridade de juros** como o requisito de que os retornos esperados sobre depósitos de quaisquer duas moedas sejam iguais quando medidos na mesma moeda. A paridade de juros é satisfeita quando os potenciais proprietários de depósitos de moeda estrangeira consideram todos como ativos igualmente desejáveis, desde que suas taxas de retorno esperadas sejam as mesmas.

Vejamos por que o mercado de câmbio está em equilíbrio somente quando a condição de paridade de juros se sustenta. Suponha que a taxa de juros do dólar seja 10% e a taxa de juros do euro seja 6%, mas espera-se que o dólar sofra depreciação em relação ao euro a uma taxa de 8% sobre um ano. (Esse é o caso 3 da Tabela 14.3.) Nas circunstâncias descritas, a taxa de retorno esperada sobre depósitos em euro seria de 4% ao ano mais alta do que a taxa dos depósitos em dólar. Supusemos no fim da última seção que os indivíduos sempre preferem manter os depósitos das moedas que oferecem o maior retorno esperado. Isso sugere que se o retorno esperado sobre depósitos em euro é 4% maior do que o retorno sobre depósitos em dólar, ninguém estará disposto a manter os depósitos em dólares, e os que ainda têm esses depósitos tentarão trocá-los por depósitos em euro. Portanto, existirá um excesso de oferta de depósitos em dólar e um excesso de demanda por depósitos em euro no mercado de câmbio.

Como um exemplo contrastante, suponha que os depósitos em dólar ofereçam uma taxa de juros de 10%, mas os depósitos em euro ofereçam taxa de 12%, e espera-se que o dólar registre uma apreciação em relação ao euro de 4% durante o próximo ano. (Esse é o caso 4 da Tabela 14.3.) Agora, o retorno sobre depósitos em dólar é 2% mais alto. Nesse caso, não haveria demanda por depósitos em euro, e, então, haveria um excesso de oferta e os depósitos em dólar registrariam um excesso de demanda.

Entretanto, quando a taxa de juros do dólar é 10%, a taxa de juros do euro é 6% e a depreciação esperada do dólar em relação ao euro é 4%, os depósitos em dólar e em euro oferecem a mesma taxa de retorno, e os participantes do mercado de câmbio estão igualmente dispostos a manter as duas moedas (o caso 2 da Tabela 14.3).

Somente quando todas as taxas de retorno esperadas são iguais – isto é, quando a condição de paridade de juros vale – não existe excesso de oferta de algum tipo de depósito, nem excesso de demanda por outro. Dessa forma, o mercado de câmbio está em equilíbrio quando não existe excesso de demanda ou de oferta por algum tipo de depósito. Podemos, portanto, dizer que o mercado de câmbio está em equilíbrio quando, e somente quando, a condição de paridade de juros vale.

Para representar a paridade entre os depósitos em dólar e em euro simbolicamente, utilizamos a Equação (14.1), que mostra a diferença nas taxas de retorno esperadas de dois ativos medidas em dólares. As taxas de retorno esperadas são iguais quando

$$R_\$ = R_\epsilon + (E^e_{\$/\epsilon} - E_{\$/\epsilon})/E_{\$/\epsilon}. \tag{14.2}$$

Você provavelmente suspeita que quando os depósitos em dólar oferecem maior retorno do que os em euro, o dólar vai apreciar em relação ao euro à medida que os investidores migram seus fundos para dólares. Por outro lado, o dólar deve sofrer depreciação em relação ao euro quando são os depósitos em euro que oferecem, de início, maior retorno. Sua intuição está totalmente correta. No entanto, para compreender o funcionamento desse mecanismo,

CAPÍTULO 14 ■ Taxas de câmbio e mercado de câmbio: uma abordagem de ativos **373**

devemos olhar com cuidado para como mudanças na taxa de câmbio desse tipo ajudam a manter o equilíbrio no mercado de câmbio.

Como as mudanças na taxa de câmbio atual afetam os retornos esperados

Um primeiro passo na compreensão de como o mercado de câmbio encontra seu equilíbrio é examinar como as mudanças na taxa de câmbio de hoje afetam o retorno esperado sobre um depósito em moeda estrangeira quando as taxas de juros e as expectativas sobre a taxa de câmbio futura não mudam. Nossa análise mostrará que, com todo o resto igual, a depreciação da moeda de um país hoje *diminui* o retorno esperado em moeda nacional sobre depósitos em moeda estrangeira. Por outro lado, a apreciação da moeda nacional hoje, com todo o resto igual, *aumenta* o retorno esperado em moeda nacional sobre depósitos em moeda estrangeira.

É mais fácil ver por que essas relações se sustentam quando analisamos um exemplo: como uma mudança na taxa de câmbio dólar/euro hoje, com tudo mais mantido constante, muda o retorno esperado, medido em termo de dólares, sobre depósitos em euro? Suponha que a taxa dólar/euro de hoje seja US$ 1 por euro e a taxa de câmbio que você espera para a data de hoje no ano que vem seja US$ 1,05 por euro. Então, a taxa de depreciação esperada do dólar em relação ao euro é $(1,05 - 1,00)/1,00 = 0,05$, ou 5% ao ano. Isso significa que quando você compra um depósito em euro, você não só ganha os juros R_ϵ, mas também recebe um "bônus" de 5% em termos de dólares. Agora suponha que a taxa de câmbio de repente pule para US$ 1,03 por euro (uma depreciação do dólar e uma apreciação do euro), mas que a taxa futura esperada *ainda* seja US$ 1,05 por euro. O que acontece com o "bônus" que você esperava conseguir do aumento no valor do euro em termos de dólares? A taxa de depreciação esperada do dólar agora é somente $(1,05 - 1,03)/1,03 = 0,019$, ou 1,9%, em vez de 5%. Já que R_ϵ não mudou, o retorno em dólar dos depósitos em euro, que é a soma de R_ϵ mais a taxa esperada de depreciação do dólar, *caiu* em 3,1% ao ano $(5\% - 1,9\%)$.

Na Tabela 14.4, organizamos o retorno em dólar de depósitos em euro para vários níveis da taxa de câmbio dólar/euro atual $E_{\$/\epsilon}$, sempre supondo que a taxa de câmbio *futura* esperada permanece fixa em US$ 1,05 por euro e que a taxa de juros do euro é de 5% ao ano. Como se pode ver, um aumento na taxa de câmbio dólar/euro atual (uma depreciação do dólar em

TABELA 14.4	Taxa de câmbio dólar/euro atual e a taxa de retorno esperada em dólar sobre depósitos em euro quando $E_{\$/\epsilon}^e = US\$ 1,05$ por euro		
Taxa de câmbio dólar/euro atual	Taxa de juros sobre depósitos em euro	Taxa de depreciação esperada do dólar em relação ao euro	Retorno esperado em dólar sobre depósitos em euro
$E_{\$/\epsilon}$	R_ϵ	$\dfrac{1,05 - E_{\$/\epsilon}}{E_{\$/\epsilon}}$	$R_\epsilon + \dfrac{1,05 - E_{\$/\epsilon}}{E_{\$/\epsilon}}$
1,07	0,05	−0,019	0,031
1,05	0,05	0,00	0,05
1,03	0,05	0,019	0,069
1,02	0,05	0,029	0,079
1,00	0,05	0,05	0,10

relação ao euro) sempre *diminui* o retorno esperado em dólar de depósitos em euro (como em nosso exemplo), enquanto uma queda na taxa de câmbio dólar/euro atual (uma apreciação do dólar em relação ao euro) sempre *aumenta* esse retorno.

Pode ir contra a sua intuição que uma depreciação do dólar em relação ao euro torne os depósitos em euro menos atrativos em relação aos depósitos em dólar (diminuindo o retorno esperado em dólar de depósitos em euro) enquanto uma apreciação do dólar torna os depósitos em euro mais atrativos. Esse resultado parecerá menos surpreendente se você lembrar que supusemos que a taxa dólar/euro futura esperada e as taxas de juros não mudam. Uma depreciação do dólar hoje, por exemplo, significa que agora o dólar precisa depreciar em uma quantia *menor* para atingir um nível futuro esperado qualquer. Se a taxa de câmbio dólar/euro futura esperada não muda quando o dólar sofre depreciação hoje, a depreciação futura esperada do dólar em relação ao euro, portanto, cai, ou, alternativamente, a apreciação futura esperada do dólar sobe. Já que as taxas de juros também não são alteradas, a depreciação do dólar hoje, por consequência, faz com que os depósitos em euro sejam menos atrativos em comparação com aqueles em dólar.

Em outras palavras, uma depreciação atual do dólar, que não afete nem as expectativas da taxa de câmbio, nem as taxas de juros, não altera o resultado futuro esperado em dólar de um depósito em euro, mas aumenta o custo atual em dólar do depósito. Isso naturalmente torna os depósitos em euro menos atraentes em relação aos depósitos em dólar.

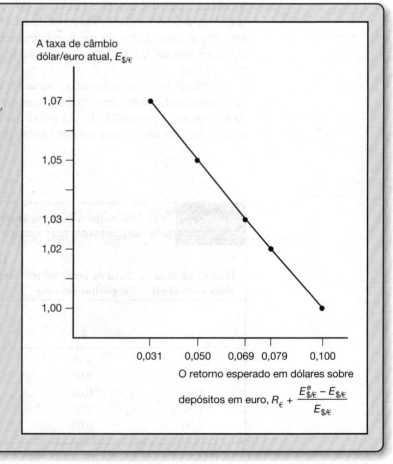

FIGURA 14.3
A relação entre a taxa de câmbio dólar/euro atual e o retorno esperado em dólar sobre depósitos em euro.

Dado que $E^e_{\$/€} = 1,05$ e $R_€ = 0,05$, uma valorização do dólar em relação ao euro aumenta o retorno esperado sobre depósitos em euro, medido em termos de dólares.

Pode também ir contra a sua intuição de que a taxa de câmbio *atual* pode mudar enquanto a taxa de câmbio esperada para o *futuro* não muda. De fato, estudaremos casos mais tarde neste livro em que as duas taxas mudam ao mesmo tempo. No entanto, nós mantemos a taxa de câmbio futura esperada constante na suposição atual, porque essa é a maneira mais clara de ilustrar o efeito da taxa de câmbio atual nos retornos esperados. Se ajudar, você pode imaginar que estamos olhando para o impacto de uma mudança *temporária* tão breve que não tem efeito na taxa de câmbio esperada para o próximo ano.

A Figura 14.3 mostra os cálculos na Tabela 14.4 em forma gráfica, o que será útil em nossa análise da determinação da taxa de câmbio. O eixo vertical na figura mede a taxa de câmbio dólar/euro atual e o eixo horizontal mede o retorno esperado em dólar sobre depósitos em euro. Para valores *fixos* da taxa de câmbio dólar/euro futura esperada e da taxa de juros do euro, a relação entre a taxa de câmbio dólar/euro atual e o retorno esperado em dólar sobre depósitos em euro define uma relação inclinada para baixo.

A taxa de câmbio de equilíbrio

Agora que compreendemos por que a condição de paridade de juros deve valer para o mercado de câmbio ficar em equilíbrio e como a taxa de câmbio atual afeta o retorno esperado sobre depósitos em moeda estrangeira, podemos ver como as taxas de câmbio de equilíbrio são determinadas. Nossa principal conclusão será de que as taxas de câmbio sempre se ajustam para manter a paridade de juros. Continuamos a supor que a taxa de juros do dólar, $R_\$$, a taxa de juros do euro, $R_€$, e a taxa de câmbio futura dólar/euro, $E^e_{\$/€}$, são todas *dadas*.

A Figura 14.4 ilustra como a taxa de câmbio de equilíbrio dólar/euro é determinada sob essas hipóteses. A linha vertical no gráfico indica o nível dado de $R_\$$, o retorno sobre

FIGURA 14.4
Determinação da taxa de câmbio de equilíbrio dólar/euro.
O equilíbrio no mercado de câmbio está no ponto 1, onde os retornos esperados em dólar sobre depósitos em dólar e euro são iguais.

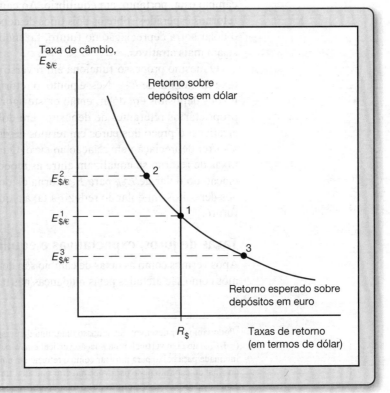

376 PARTE III ▪ Taxas de câmbio e macroeconomia da economia aberta

depósitos em dólar medidos em termos de dólares. A linha inclinada para baixo mostra como o retorno esperado de depósitos em euro, medidos em termos de dólares, depende da taxa de câmbio atual dólar/euro. Essa segunda linha é obtida da mesma forma que a linha mostrada na Figura 14.3.

A taxa de equilíbrio dólar/euro é aquela indicada pela interseção das duas linhas no ponto 1, $E^1_{\$/€}$. Nessa taxa de câmbio, os retornos sobre depósitos em dólar e euro são iguais, de forma que a condição de paridade de juros da Equação (14.2),

$$R_\$ = R_€ + (E^e_{\$/€} - E^1_{\$/€})/E^1_{\$/€},$$

é satisfeita.

Vejamos por que a taxa de câmbio tenderá a estabilizar no ponto 1 na Figura 14.4 se está inicialmente em um ponto como 2 ou 3. Primeiro suponha que estejamos no ponto 2, com a taxa de câmbio igual a $E^2_{\$/€}$. A linha inclinada para baixo, que mede o retorno esperado em dólar para depósitos em euro, nos diz que na taxa de câmbio $E^2_{\$/€}$, a taxa de retorno sobre depósitos em euro, é menor do que a taxa de retorno sobre depósitos em dólar, $R_\$$. Nessa situação, qualquer um que tenha depósitos em euro deseja trocá-los pelos depósitos em dólar mais lucrativos: o mercado de câmbio está fora de equilíbrio porque participantes como bancos e corporações multinacionais *não estão dispostos* a manter depósitos em euro.

Como a taxa de câmbio é ajustada? Os proprietários de depósitos em euro insatisfeitos tentam vendê-los por depósitos em dólar, mas como o retorno sobre depósitos em dólar é maior do que aquele sobre os depósitos em euro na taxa de câmbio $E^2_{\$/€}$, nenhum proprietário de depósito em dólar está disposto a vendê-lo por um depósito em euro a essa taxa. Enquanto os proprietários de euros tentam seduzir os proprietários de dólares oferecendo-lhes um melhor preço por dólares, a taxa de câmbio dólar/euro cai para $E^1_{\$/€}$. Isto é, os euros tornam-se mais baratos do que os dólares. Uma vez que a taxa de câmbio alcance $E^1_{\$/€}$, os depósitos em euro e em dólar oferecem retornos iguais e os proprietários dos depósitos em euro não têm mais um incentivo para tentar vendê-los por dólares. O mercado de câmbio está, portanto, em equilíbrio. Ao cair de $E^2_{\$/€}$ para $E^1_{\$/€}$, a taxa de câmbio iguala os retornos esperados sobre os dois tipos de depósitos ao aumentar a taxa à qual se espera que o dólar sofra depreciação no futuro, fazendo, desse modo, com que os depósitos em euro sejam mais atrativos.

O mesmo processo funciona em reverso se estivermos inicialmente no ponto 3 com a taxa de câmbio de $E^3_{\$/€}$. Nesse ponto, o retorno sobre depósitos em euro ultrapassa o retorno dos depósitos em dólar, então existe agora um excesso de oferta deste último. Quando proprietários relutantes de depósitos em dólar fazem oferta por depósitos em euro mais atrativos, o preço dos euros em termos de dólares tende a aumentar; isto é, o dólar tende a sofrer depreciação em relação ao euro. Quando a taxa de câmbio moveu-se para $E^1_{\$/€}$, as taxas de retorno se equalizam entre as moedas e o mercado está em equilíbrio. A depreciação do dólar de $E^3_{\$/€}$ para $E^1_{\$/€}$ torna os depósitos em euro menos atrativos em relação aos depósitos em dólar ao reduzir a taxa à qual se espera que o dólar sofra depreciação no futuro.[9]

Taxas de juros, expectativas e equilíbrio

Após vermos como as taxas de câmbio são determinadas pela paridade de juros, agora veremos como são afetadas pelas mudanças nas taxas de juros e em expectativas sobre o futuro,

---

[9]Poderíamos ter desenvolvido o nosso diagrama da perspectiva da Europa, com a taxa de câmbio euro/dólar $E_{€/\$}$ (= $1/E_{\$/€}$) no eixo vertical, uma relação vertical em $R_€$ para indicar o retorno sobre depósitos em euro e uma linha inclinada para baixo para mostrar como o retorno em euro sobre depósitos em dólar varia com $E_{€/\$}$. Um exercício no final do capítulo pede para você mostrar que essa forma alternativa de olhar para o equilíbrio no mercado de câmbio dá as mesmas respostas que o método utilizado aqui no texto.

os dois fatores que mantivemos constantes em nossas discussões anteriores. Veremos que a taxa de câmbio (que é o preço relativo de dois ativos) responde a fatores que alteram as taxas de retorno esperadas para esses dois ativos.

O efeito da alteração de taxas de juros na taxa de câmbio atual

Lemos frequentemente no jornal que o dólar é forte porque as taxas de juros dos EUA são altas ou que está caindo porque as taxas de juros do país estão em queda. Essas duas afirmações podem ser explicadas utilizando nossa análise do mercado de câmbio?

Para responder a essa questão, novamente nos voltamos a um diagrama. A Figura 14.5 mostra um aumento na taxa de juros do dólar, de $R_\$^1$ para $R_\$^2$, como um deslocamento para a direita da linha vertical de retorno sobre depósitos em dólar. Na taxa de câmbio inicial $E_{\$/€}^1$, o retorno esperado sobre depósitos em dólar agora é maior do que o esperado sobre depósitos em euro por uma quantia igual à distância entre os pontos 1 e 1'. Como temos visto, essa diferença faz com que o dólar seja valorizado para $E_{\$/€}^2$ (ponto 2). Como não existiu mudança na taxa de juros do euro ou na taxa de câmbio futura esperada, a valorização do dólar hoje aumenta o retorno esperado em dólar dos depósitos em euro ao aumentar a taxa à qual se espera que o dólar sofra depreciação no futuro.

A Figura 14.6 mostra o efeito de um aumento na taxa de juros do euro $R_€$. Essa mudança faz a linha inclinada para baixo (que mede o retorno esperado em dólar dos depósitos em euro) mover-se para a direita. (Para ver o porquê, pergunte-se como um aumento na taxa de juros do euro altera o retorno em dólar dos depósitos em euro, dada a taxa de câmbio atual e a taxa esperada futura.)

À taxa de câmbio inicial $E_{\$/€}^1$, a taxa de depreciação esperada do dólar é a mesma de antes do aumento em $R_€$, de forma que o retorno esperado sobre depósitos em euro agora

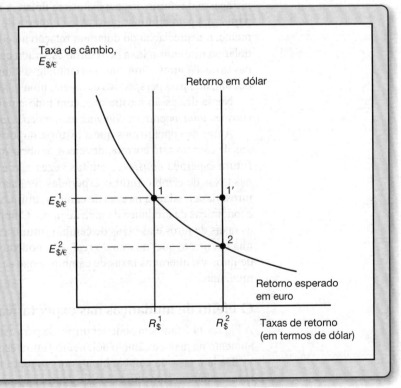

FIGURA 14.5

Efeito de um aumento na taxa de juros do euro.

Um aumento na taxa de juros oferecida pelos depósitos em dólar de $R_\$^1$ para $R_\$^2$ faz com que o dólar seja valorizado de $E_{\$/€}^1$ (ponto 1) para $E_{\$/€}^2$ (ponto 2).

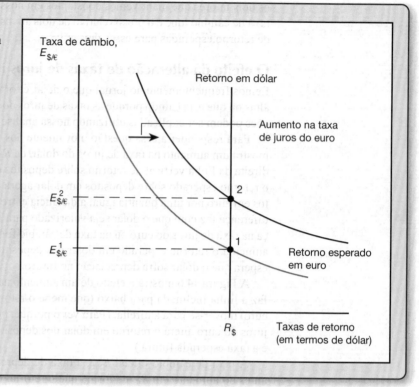

FIGURA 14.6

Efeito de um aumento na taxa de juros do dólar.

Um aumento na taxa de juros paga pelos depósitos em euro faz com que o dólar sofra depreciação $E^1_{\$/€}$ (ponto 1) para $E^2_{\$/€}$ (ponto 2). (Essa figura também descreve o efeito de um aumento na taxa de câmbio futura esperada de $/€.)

ultrapassa o retorno dos depósitos em dólar. A taxa de câmbio dólar/euro aumenta (de $E^1_{\$/€}$ para $E^2_{\$/€}$) para eliminar o excesso de oferta de ativos de dólar no ponto 1. Como anteriormente, a depreciação do dólar em relação ao euro elimina o excesso de oferta de ativos de dólar ao diminuir a taxa de retorno esperada em dólar nos depósitos de euro. Um aumento nas taxas de juros europeias, portanto, leva a uma depreciação do dólar em relação ao euro ou, olhando pela perspectiva europeia, uma valorização do euro em relação ao dólar.

Nossa discussão mostra que, com tudo igual, *um aumento nos juros pagos sobre depósitos em uma moeda faz com que essa moeda aprecie em relação às moedas estrangeiras*.

Antes de concluirmos que a história do jornal sobre o efeito das taxas de juros nas taxas de câmbio está correta, devemos lembrar que nossa suposição de uma taxa de câmbio futura esperada *constante* muitas vezes não é realista. Em muitos casos, uma mudança nas taxas de câmbio futuras esperadas será acompanhada por uma mudança nas taxas de juros. Essa mudança na taxa de câmbio futura esperada dependerá, por sua vez, das causas econômicas da mudança da taxa de juros. Comparamos possíveis relações diferentes entre as taxas de juros e as taxas de câmbio futuras esperadas no Capítulo 16. Por enquanto, tenha em mente que, no mundo real, não podemos prever como uma dada mudança na taxa de juros vai alterar as taxas de câmbio, a não ser que saibamos *por que* a taxa de juros está mudando.

O efeito de mudanças nas expectativas na taxa de câmbio atual

A Figura 14.6 também pode ser utilizada para estudar o efeito na taxa de câmbio atual de um aumento na taxa de câmbio dólar/euro futura esperada, $E^e_{\$/€}$.

Dada a taxa de câmbio atual, um aumento no preço futuro esperado de euros em termos de dólares aumenta a taxa de depreciação esperada do dólar. Por exemplo, se a taxa de

CAPÍTULO 14 ■ Taxas de câmbio e mercado de câmbio: uma abordagem de ativos

câmbio atual é US$ 1 por euro e a taxa esperada para um ano no futuro é US$ 1,05 por euro, a taxa de depreciação esperada do dólar em relação ao euro é $(1,05 - 1,00)/1,00 = 0,05$. Se a taxa de câmbio futura esperada sobe para US$ 1,06 por euro, a taxa de depreciação esperada também sobe, para $(1,06 - 1,00)/1,00 = 0,06$.

Como um aumento da taxa de depreciação esperada do dólar aumenta o retorno esperado em dólar sobre depósitos em euro, a linha inclinada para baixo desloca-se para a direita, como na Figura 14.6. Na taxa de câmbio inicial de $E^1_{\$/€}$, existe agora um excesso de oferta de depósitos em dólar: os depósitos em euro oferecem uma taxa de retorno esperada maior (medida em termos de dólar) do que os depósitos em dólar. Portanto, o dólar sofre depreciação em relação ao euro até que o equilíbrio seja alcançado no ponto 2.

Concluímos que, com tudo igual, *um aumento na taxa de câmbio futura esperada causa um aumento na taxa de câmbio atual. Da mesma forma, uma queda na taxa de câmbio futura esperada causa uma queda na taxa de câmbio atual.*

ESTUDO DE CASO

O que explica o *carry trade*?

Durante boa parte da década de 2000, as taxas de juros do iene japonês eram próximas de zero (como mostra a Figura 14.2), enquanto as taxas de juros australianas eram confortavelmente positivas, subindo para mais de 7% ao ano até a primavera de 2008. Portanto, embora possa parecer interessante pegar ienes emprestados e investi-los em títulos de dólar australiano, a condição de paridade de juros indica que essa estratégia não deve ser *sistematicamente* lucrativa: em média, a vantagem de juros dos dólares australianos não deveria ser eliminada pela apreciação relativa do iene?

No entanto, os participantes do mercado – que vão de donas de casa japonesas a fundos de *hedge* sofisticados –, de fato adotaram essa estratégia, investindo bilhões em dólares australianos e elevando o valor da moeda em vez de depreciá-la em relação ao iene. De forma mais geral, os investidores internacionais frequentemente pegam empréstimos em moedas de baixos juros (chamadas de moedas de "financiamento") e compram moedas de altos juros (chamadas de moedas de "investimento"), com resultados que podem ser lucrativos em períodos longos. Essa atividade é chamada de *carry trade* e, embora seja geralmente impossível documentar precisamente o grau das posições de *carry trade*, ela pode se tornar muito intensa quando diferenciais de juros internacionais consideráveis acontecem. O predomínio do *carry trade* é prova de que a paridade de juros está errada?

A resposta honesta é que embora a paridade de juros valha exatamente na prática, em parte em razão dos fatores risco e liquidez mencionados, os economistas ainda se esforçam para entender se o *carry trade* requer mais explicações. O trabalho deles provavelmente vai esclarecer melhor o funcionamento dos mercados de câmbio em especial e dos mercados financeiros em geral.

Um perigo importante do *carry trade* é que as moedas de investimento (as moedas de altos juros que os *carry traders* buscam) podem sofrer quedas abruptas. A Figura

14.7 ilustra essa característica dos mercados de câmbio, comparando o retorno acumulado de investir ¥ 100 em títulos de iene e em títulos de dólar australiano em diferentes horizontes de investimento, com o investimento inicial sendo feito no primeiro trimestre de 2006. Como se pode ver, o investimento em iene rende quase nada, ao passo que os dólares australianos dão excelentes resultados em quase todos os horizontes temporais, não só por causa de uma taxa de juros alta, mas porque o iene tendeu a cair em relação ao dólar australiano durante o verão de 2008. No entanto, em 2008, o dólar australiano despencou em relação ao iene, caindo de um preço de ¥ 100 para somente ¥ 65 entre julho e dezembro. Todos que entraram nesse mercado após meados de 2009, no entanto, tiveram resultados consistentemente melhores em dólares australianos. E todos que fossem espertos o suficiente para liquidar a estratégia em junho de 2008 poderiam ter obtido um retorno de quase 40% em cerca de dois anos e meio em vez de um prejuízo considerável após três anos. O *carry trade* é, obviamente, um negócio muito arriscado.

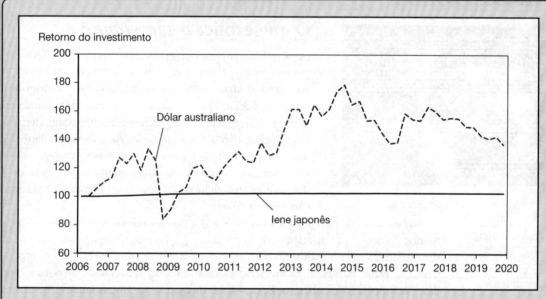

FIGURA 14.7

Total acumulado do retorno sobre o investimento em dólares australianos em comparação com o iene japonês, 2006-2020.

O *carry trade* do dólar australiano-iene tem sido lucrativo em média, mas está sujeito a grandes e súbitas reversões, como ocorreu em 2008.

Fonte: Taxa de câmbio iene/dólar australiano trimestral, taxa de nota bancária australiana de 90 dias e taxa de certificado de depósito bancário japonesa de 90 dias do banco de dados FRED. O gráfico compara o valor acumulado no tempo de um investimento de ¥100 em títulos japoneses de 90 dias, rolados todo trimestre, com o mesmo investimento em ienes convertido em dólares australianos, investido em títulos australianos de 90 dias e rolado todo trimestre, e então convertido de volta para ienes ao final do período de investimento.

CAPÍTULO 14 ■ Taxas de câmbio e mercado de câmbio: uma abordagem de ativos

Podemos entender um pouco esse padrão se imaginarmos que os investidores esperam que ocorra uma apreciação anual gradual de 1% do dólar australiano com alta probabilidade (digamos, 90%) e que ocorra uma grande depreciação de 40% com 10% de probabilidade. Então a taxa de apreciação esperada do dólar australiano é:

$$\text{Apreciação esperada} = (0,9) * 1 - (0,1) * 40 = -3,1\% \text{ ao ano.}$$

A taxa de apreciação esperada negativa significa que, na verdade, espera-se que o iene se aprecie *em média* em relação ao dólar australiano, o que é, ao menos qualitativamente, consistente com a paridade de juros. Contudo, a probabilidade de ocorrer uma queda nos primeiros seis anos do investimento é somente $1 - (0,9)^6 = 1 - 0,53 = 47\%$, menos do que meio a meio.[10] O padrão resultante dos retornos acumulados poderia facilmente ser parecido com aquele mostrado na Figura 14.7. Cálculos como esse são sugestivos e, embora seja improvável que expliquem toda a magnitude dos retornos de *carry trade*, pesquisadores descobriram que as moedas de investimento estão particularmente sujeitas a quedas abruptas e as moedas de financiamento estão sujeitas a valorizações abruptas.[11]

Explicações complementares baseadas em considerações de risco e de liquidez também têm avançado. Com frequência, movimentos abruptos da moeda ocorrem durante crises financeiras, que são situações nas quais outras formas de riqueza estão sendo perdidas e dinheiro vivo é particularmente valioso. Em tais circunstâncias, grandes perdas em posições de *carry trade* são ainda mais dolorosas e podem forçar os operadores a venderem outros ativos que possuem com uma perda.[12] Falaremos mais sobre crise nos próximos capítulos, mas por ora observamos que o colapso do dólar australiano em 2008 ocorreu em meio a uma grave crise financeira global.

Quando surgem grandes posições de *carry trade*, os representantes do governo responsáveis pelas políticas econômicas internacionais geralmente perdem o sono. Em sua fase inicial, a dinâmica do *carry trade* elevará as moedas de investimento conforme os investidores correm para ela e estabelecem posições cada vez mais expostas a uma súbita depreciação da moeda de investimento. Isso faz com que a queda seja maior quando ela ocorre, pois os investidores despreparados atropelam-se para pagar seus empréstimos de financiamento. O resultado é uma maior volatilidade da taxa de câmbio em geral, assim como a possibilidade de maiores perdas para os operadores, com repercussões negativas nos mercados de ações, de títulos e de empréstimos interbancários.

---

[10]Se os *crashes* são eventos independentes ao longo do tempo, a probabilidade de que um *crash não* ocorra em seis anos é $(0,9)^6$. Portanto, a probabilidade de que um *crash* ocorra no período de seis anos é $1 - (0,9)^6$.

[11]Veja: Brunnermeier et al., *ibid.*, assim como: Craig Burnside, "Carry Trades and Risk". In: Jessica James, Ian Marsh e Lucio Sarno (Eds.). *Handbook of Exchange Rates*. Hoboken, NJ: John Wiley & Sons, 2012. p. 283-312.

[12]Veja: Markus K. Brunnermeier, Stefan Nagel e Lasse H. Pedersen, "Carry Trades and Currency Crashes", *NBER Macroeconomics Annual*, v. 23, p. 313-347, 2008. Esses achados são consistentes com o sucesso empírico aparentemente maior da condição de paridade de juros sobre períodos relativamente longos, como documentado por Menzie Chinn, "The (Partial) Rehabilitation of Interest Rate Parity in the Floating Rate Era: Longer Horizons, Alternative Expectations, and Emerging Markets", *Journal of International Money and Finance*, v. 25, p. 7-21, fev. 2006.

382 PARTE III ■ Taxas de câmbio e macroeconomia da economia aberta

Taxas de câmbio a termo e paridade coberta de juros

Vimos que os movimentos da taxa de câmbio a termo têm forte relação com os da taxa *spot*, mas ela tem grande importância por si só, tanto como indicador das expectativas do mercado quanto como um preço crucial que liga os mercados monetários em diferentes moedas. Nesta seção, mostraremos que sob a suposição de que a condição de paridade de juros sempre vale, a taxa de câmbio a termo é igual à taxa de câmbio *spot* esperada para a data de liquidação do contrato a termo. Também mostraremos como as taxas a termo podem estabelecer fortes conexões entre mercados monetários nacionais mesmo que a paridade de juros não se sustente e introduziremos (mas não resolveremos) um mistério do mercado que emergiu desde a crise financeira global que teve início em 2007-2008.

Como primeiro passo na discussão, apontamos a relação próxima entre a taxa de câmbio a termo entre duas moedas, suas taxas de câmbio *spot* e suas taxas de juros sobre depósitos denominados nessas moedas. A conexão é descrita pela condição de **paridade coberta de juros** (PCJ), que é similar à condição de paridade (descoberta) de juros (PDJ) que define o equilíbrio do mercado de câmbio, mas envolve a taxa de câmbio a termo em vez da taxa de câmbio *spot* futura esperada.

Para sermos concretos, consideramos novamente depósitos em dólar e em euro. Suponha que você queira comprar um depósito em euro com dólares, mas gostaria de ter *certeza* da quantidade de dólares que ele valerá no fim do ano. Você pode evitar o risco cambial comprando o depósito de euro e, ao mesmo tempo, vendendo os ganhos do seu investimento a prazo. Quando compra um depósito em euro com dólares e ao mesmo tempo vende o principal e os juros a prazo por dólares, você "cobre" a si mesmo, isto é, evita a possibilidade de uma depreciação inesperada do euro.

A condição de paridade coberta de juros afirma que as taxas de retorno sobre depósitos em dólar e depósitos "cobertos" estrangeiros devem ser as mesmas. Um exemplo vai clarear o significado da condição e ilustrar por que ela deve sempre valer. Considere que $F_{\$/€}$ representa o preço a termo de um ano dos euros em termos de dólares e suponha que $F_{\$/€}$ = US$ 1,113 por euro. Suponha que, ao mesmo tempo, a taxa de câmbio *spot* $E_{\$/€}$ = US$ 1,05 por euro, $R_{\$}$ = 0,10 e $R_{€}$ = 0,04. A taxa de retorno (em dólar) sobre um depósito em dólar é claramente 0,10, ou 10% ao ano. Qual é a taxa de retorno em um depósito em euro coberto?

Responderemos a essa questão como fizemos no capítulo. Um depósito de um euro custa € 1,05 hoje e vale € 1,04 após um ano. Se você vender € 1,04 a prazo hoje na taxa de câmbio a termo de US$ 1,113 por euro, o valor em dólar do seu investimento no fim de um ano é (US$ 1,113 por euro) × (€ 1,04) = US$ 1,158. A taxa de retorno sobre uma compra coberta de depósitos em euro é, portanto, (1,158 – 1,05)/1,05 = 0,103. Esses 10,3% ao ano de taxa de retorno ultrapassam os 10% oferecidos pelos depósitos em dólar, então a paridade coberta de juros não se sustenta. Nessa situação, ninguém estaria disposto a manter depósitos de dólar. Todos prefeririam depósitos em euro cobertos. Em outras palavras, a precificação a mercado criaria uma oportunidade de arbitragem.

De forma mais formal, podemos expressar o retorno coberto sobre depósitos em euro como:

$$\frac{F_{\$/€}(1 + R_{€}) - E_{\$/€}}{E_{\$/€}},$$

que é aproximadamente igual a

$$R_{€} + \frac{F_{\$/€} - E_{\$/€}}{E_{\$/€}}$$

CAPÍTULO 14 ■ Taxas de câmbio e mercado de câmbio: uma abordagem de ativos **383**

quando o produto $R_\epsilon \times (F_{\$/\epsilon} - E_{\$/\epsilon})/E_{\$/\epsilon}$ é um número menor. A condição de paridade coberta de juros pode, portanto, ser escrita:

$$R_\$ = R_\epsilon + (F_{\$/\epsilon} - E_{\$/\epsilon})/E_{\$/\epsilon}. \tag{14.3}$$

A quantidade

$$(F_{\$/\epsilon} - E_{\$/\epsilon})/E_{\$/\epsilon}$$

é chamada de *prêmio a termo* em euros em relação a dólares. (Também é chamada de *desconto a termo* em dólares em relação a euros.) Utilizando essa terminologia, podemos declarar a condição de paridade coberta de juros da seguinte forma: *a taxa de juros de depósitos em dólar é igual à taxa de juros de depósitos em euro mais o prêmio a termo em euros em relação a dólares (o desconto a termo em dólar em relação a euros).*

Até o final da década de 2000, a condição de paridade coberta de juros sustentava-se fortemente para diferentes depósitos em moeda estrangeira emitidos em um único centro financeiro.[13] Desvios da paridade coberta de juros ocorriam, no entanto, se os depósitos comparados estavam localizados em países diferentes. Por exemplo, poderiam ocorrer desvios se os titulares do ativo temessem que os governos imporiam regulamentações para restringir o livre movimento internacional de recursos estrangeiros. Nossa derivação da condição de paridade coberta de juros supõe implicitamente que esse tipo de risco estava ausente, uma boa descrição das condições atuais nas economias avançadas.

Os desvios podem ocorrer também por causa do temor de que os bancos quebrarão, tornando-se incapazes de pagar grandes depósitos, ou que as contrapartes de transações cambiais a termo não cumprirão as suas obrigações de entregar as moedas. Por esses motivos, grandes desvios da paridade coberta de juros emergiram na época da crise bancária mundial que teve início em 2007-2008.[14] A Figura 14.8 ilustra essa ocorrência com o gráfico da diferença entre taxas de juros interbancárias em dólares e o retorno coberto de investimentos em três mercados interbancários estrangeiros, medidos em pontos-base (um ponto-base é igual a um centésimo de 1%).

Surpreendentemente, no entanto, a PCJ não se restabeleceu após o fim da crise de 2007-2008, como a Figura 14.8 também mostra, embora os bancos e outros participantes do mercado tenham se tornado financeiramente mais fortes. Em geral, os desvios na Figura 14.8 tendem a ser negativos, o que sugere que seria uma forma lucrativa de arbitragem tomar dólares emprestados, vendê-los por moedas estrangeiras e investir os resultados em mercados monetários estrangeiros ao mesmo tempo que os resultados são vendidos a termo para completar a jornada de ida e volta dos dólares. Em uma pesquisa importante, Wenxin Du (Universidade de Chicago), Alexander Tepper (Universidade de Columbia) e Adrien

---

[13]As evidências empíricas que apoiam a condição de paridade coberta de juros vêm, por exemplo, de Frank McCormick. "Covered Interest Arbitrage: Unexploited Profits? Comment". *Journal of Political Economy*, v. 87, p. 411-417, abr. 1979; e Kevin Clinton. "Transactions Costs and Covered Interest Arbitrage: Theory and Evidence". *Journal of Political Economy*, v. 96, p. 358-370, abr. 1988. Para um levantamento mais amplo, consulte o artigo recente de Levich listado na seção Leituras Adicionais.

[14]Para uma discussão mais detalhada do papel do risco político no mercado de câmbio a termo, veja: Robert Z. Aliber. "The Interest Parity Theorem: A Reinterpretation". *Journal of Political Economy*, v. 81, p. 1451-1459, nov./dez. 1973. Claro, restrições governamentais reais a movimentos monetários internacionais também podem ser cobertas por desvios da paridade coberta de juros. Sobre o medo de falência bancária e risco de contraparte como causa para desvios da paridade coberta de juros, veja Naohiko Baba e Frank Packer, "Interpreting Deviations from Covered Interest Parity During the Financial Market Turmoil of 2007-2008". Working Paper nº 267, Bank for International Settlements, dez. 2008. Os eventos subjacentes a este último trabalho serão discutidos no Capítulo 20. Sobre a paridade coberta de juros durante a crise do euro (a ser discutida no Capítulo 21), veja: Victoria Ivashina, David S. Scharfstein e Jeremy C. Stein, "Dollar Funding and the Lending Behavior of Global Banks", *Quarterly Journal of Economics* 130 (ago. 2015), pp. 1241-1281.

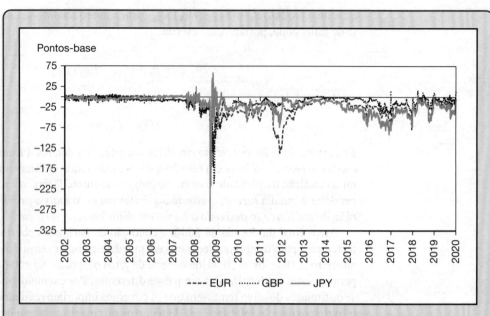

FIGURA 14.8
Taxa de juros de três meses do dólar menos taxa coberta sobre depósitos bancários estrangeiros de três meses.

A paridade coberta de juros se manteve até a crise financeira que iniciou em 2008, mas não valeu tão bem dese então. As três moedas de investimento não americanas mostradas são o euro (EUR), a libra (GBP) e o iene (JPY).

Verdelhan (Massachusetts Institute of Technology) mostraram que o motivo para a falha recente da PCJ quase certamente *não* é um medo de inadimplência de partes das transações de PCJ.[15] Ainda assim, arbitragistas em potencial parecem não estar dispostos (ou não ter capacidade de crédito) para explorar transações de PCJ potencialmente lucrativas. Os motivos por trás desse suposto mistério são importantes para entender as condições atuais nos mercados financeiros e serão discutidos em mais detalhes no Capítulo 20.

Ao comparar a condição de paridade descoberta de juros (PDJ),

$$R_\$ = R_€ + (E^e_{\$/€} - E_{\$/€})/E_{\$/€},$$

com a condição de paridade *coberta* de juros, você observa que as duas condições podem ser verdade ao mesmo tempo somente se a taxa a termo de um ano cotada hoje se igualar à taxa de câmbio *spot* que as pessoas esperam que se materialize em um ano a partir de hoje:

$$F_{\$/€} = E^e_{\$/€}. \qquad (14.4)$$

A conclusão é intuitiva. Quando as partes concordam em trocar moeda em uma data no futuro, a taxa de câmbio que acordam para isso é a taxa *spot* que esperam que prevaleça nessa data. No entanto, a diferença importante entre transações cobertas e descobertas deve ser

---

[15]Veja: Du, Tepper e Verdelhan, "Deviations from Covered Interest Rate Parity", *Journal of Finance* 73 (jun. 2018), pp. 915-957.

CAPÍTULO 14 ■ Taxas de câmbio e mercado de câmbio: uma abordagem de ativos **385**

mantida em mente. As transações cobertas não envolvem risco de taxa de câmbio, ao passo que as transações descobertas envolvem. Essa distinção importante significa que a simples igualdade entre taxas a termo e taxas *spot* futuras esperadas não precisa valer na teoria; o Capítulo 18 voltará a esse tópico. E, como observamos, a PDJ também não parece se sustentar na prática, por motivos que exploraremos no Capítulo 20.

A teoria da paridade coberta de juros ajuda a explicar a forte correlação entre os movimentos das taxas de câmbio *spot* e a termo mostradas na Tabela 14.1, uma correlação típica de todas as principais moedas. Os eventos econômicos inesperados que afetam os retornos esperados dos ativos com frequência têm um efeito relativamente pequeno nas diferenças das taxas de juros internacionais entre depósitos com vencimentos menores (p. ex., três meses). Para manter a paridade coberta de juros, portanto, as taxas *spot* e a termo para os vencimentos correspondentes devem mudar mais ou menos em proporção uma a outra.

Concluímos esta seção com mais uma aplicação da condição de paridade coberta de juros. Para ilustrar o papel das taxas de câmbio a termo, o capítulo utilizou o exemplo de um importador americano de rádios japoneses ansioso com a taxa de câmbio dólar/iene que enfrentaria em 30 dias, quando chegasse a hora de pagar ao fornecedor. No exemplo, a Best Buy resolveu o problema vendendo a termo dólares suficientes por ienes para cobrir o custo dos rádios. Mas a Best Buy poderia ter resolvido o problema de uma forma diferente, mais complicada. Poderia ter (1) pego emprestado dólares de um banco; (2) trocado esses dólares imediatamente por ienes à taxa de câmbio *spot* e colocado os ienes em um depósito bancário de 30 dias; (3) então, após 30 dias, utilizado os rendimentos do depósito vencido de ienes para pagar o fornecedor japonês, e (4) utilizado os rendimentos conseguidos com as vendas americanas dos rádios, menos os lucros, para pagar o empréstimo original em dólares.

Qual plano de ação, a compra a termo de ienes ou a sequência de quatro transações descritas no parágrafo anterior, é mais lucrativo para o importador? Deixamos para você, como um exercício, mostrar que as duas estratégias rendem o mesmo lucro quando a condição de paridade coberta de juros se sustenta.

RESUMO

- A *taxa de câmbio* é o preço da moeda de um país em termos da moeda de outro país. As taxas de câmbio desempenham um papel nas decisões de despesas, porque nos permitem traduzir preços de países diferentes em termos comparáveis. Com todo o resto igual, a *depreciação* da moeda de um país em relação às moedas estrangeiras (um aumento nos preços das moedas estrangeiras na moeda nacional) faz com que suas exportações sejam mais baratas e suas importações mais caras. Uma *apreciação* da moeda de um país (uma queda nos preços das moedas estrangeiras em moeda nacional) faz com que suas exportações sejam mais caras e suas importações mais baratas.

- As taxas de câmbio são determinadas no *mercado de câmbio*. Os principais participantes desse mercado são os bancos comerciais, as corporações internacionais, as instituições financeiras não bancárias e os bancos centrais nacionais. Os bancos comerciais desempenham um papel fundamental no mercado porque facilitam a troca de depósitos bancários remunerados, que compõem a maior parte do comércio de câmbio. Apesar de o comércio de câmbio acontecer em vários centros financeiros ao redor do mundo, a tecnologia de comunicação moderna liga esses centros em um único mercado que está aberto 24 horas por dia. Uma categoria importante de comércio de câmbio é o comércio *futuro*, no qual as partes concordam em trocar moedas em uma data futura, a uma taxa de câmbio previamente negociada. Em contrapartida, os negócios *spot* são fechados imediatamente.

386 PARTE III ▪ Taxas de câmbio e macroeconomia da economia aberta

- Como a taxa de câmbio é o preço relativo de dois ativos, seria mais apropriado considerá-la um preço de ativo em si. O princípio básico da precificação de ativos é que o valor atual do ativo depende de seu poder de compra futuro esperado. Ao avaliar um ativo, os poupadores olham para a *taxa de retorno* esperada que ele oferece, isto é, a taxa à qual se espera que o valor de um investimento em um ativo cresça ao longo do tempo. É possível medir a taxa de retorno esperada de um ativo de formas diferentes, cada uma dependendo das unidades nas quais o valor do ativo é medido. Os poupadores preocupam-se com a *taxa real de retorno* esperada de um ativo, a taxa na qual seu valor é expresso em termos da expectativa de aumento de uma cesta representativa de produção.

- Quando os retornos relativos de um ativo são relevantes, como no mercado de câmbio, é apropriado comparar as mudanças esperadas nos valores monetários dos ativos, desde que esses valores sejam expressos na mesma moeda. Se os fatores de *risco* e *liquidez* não influenciam fortemente as demandas por ativos de moeda estrangeira, os participantes do mercado de câmbio sempre preferem manter seus ativos que produzem a maior taxa de retorno esperada.

- Os retornos sobre os depósitos negociados no mercado de câmbio dependem das *taxas de juros* e das mudanças esperadas da taxa de câmbio. Para comparar as taxas de retorno esperadas oferecidas pelos depósitos em dólar e euro, por exemplo, o retorno sobre depósitos em euro deve ser expresso em dólares ao adicionar à taxa de juros de euro a *taxa de depreciação* esperada do dólar em relação ao euro (ou *taxa de apreciação* do euro em relação ao dólar) durante o período do depósito.

- O equilíbrio no mercado de câmbio exige *paridade de juros*. Isto é, os depósitos de todas as moedas devem oferecer a mesma taxa de retorno esperada quando os retornos são medidos em termos comparáveis.

- Para as taxas de juros e uma expectativa da taxa de câmbio futura dadas, a condição de paridade de juros nos diz qual é a atual taxa de câmbio de equilíbrio. Quando o retorno esperado em dólar sobre depósitos em euro ultrapassa o retorno sobre os depósitos em dólar, por exemplo, o dólar imediatamente sofre depreciação em relação ao euro. Com todas as outras coisas iguais, a depreciação do dólar hoje reduz o retorno esperado em dólar sobre depósitos em euro ao reduzir a taxa de depreciação do dólar em relação ao euro esperado para o futuro. Da mesma forma, quando o retorno esperado sobre depósitos em euro fica abaixo do retorno sobre depósitos em dólar, este deve valorizar imediatamente em relação ao euro. Com todas as outras coisas iguais, uma apreciação atual do dólar faz com que os depósitos em euro tornem-se mais atrativos ao aumentar a depreciação futura esperada em relação à moeda europeia.

- Com tudo igual, um aumento nas taxas de juros do dólar faz com que o dólar valorize em relação ao euro, enquanto um aumento nas taxas de juros do euro faz com que o dólar sofra depreciação em relação ao euro. A taxa de câmbio atual também é alterada por mudanças em seu nível futuro esperado. Por exemplo, se existe um aumento no nível futuro esperado da taxa dólar/euro, então, a taxas de juros inalteradas, a taxa de câmbio dólar/euro atual também aumentará.

- As taxas de juros, taxas de câmbio *spot* e taxas de câmbio a termo devem atender a condição de *paridade coberta de juros* (PCJ) para excluir as oportunidades de arbitragem entre mercados monetários para diferentes moedas. A PCJ difere da condição de paridade descoberta de juros (PDJ) por trás da nossa teoria do equilíbrio do mercado de câmbio, a menos que as taxas de câmbio a termo sejam iguais às taxas de câmbio *spot* futuras esperadas. Como discutiremos em capítulos posteriores, esta última condição nem sempre precisa ser atendida, e até a própria PCJ não valeu totalmente nos últimos anos.

CAPÍTULO 14 ■ Taxas de câmbio e mercado de câmbio: uma abordagem de ativos **387**

TERMOS-CHAVE

apreciação, p. 358
arbitragem, p. 361
condição de paridade de juros, p. 372
depreciação, p. 358
liquidez, p. 366
mercado de câmbio, p. 359

moeda dominante, p. 362
negociação interbancária, p. 360
paridade coberta de juros, p. 382
risco, p. 366
taxa de câmbio, p. 355
taxa de depreciação, p. 369
taxa de juros, p. 367

taxa de retorno, p. 365
taxa de valorização, p. 370
taxa real de retorno, p. 365
taxas de câmbio a termo, p. 362
taxas de câmbio *spot*, p. 362

QUESTÕES

1. Em Munique, a salsicha branca tipo *bratwurst* custa € 5. Um cachorro-quente custa US$ 4 no Fenway Park em Boston. A uma taxa de câmbio de US$ 1,05/por euro, qual é o preço da salsicha *bratwurst* em termos de cachorro-quente? Se não houver outras diferenças, como esse preço relativo muda se o dólar deprecia para US$ 1,25 por euro? Em comparação com a situação inicial, o cachorro-quente torna-se mais ou menos caro em relação à salsicha *bratwurst*?

2. Como definido na nota de rodapé 3, taxas de câmbio cruzadas são taxas de câmbio cotadas em relação a moedas que não o dólar dos EUA. Se você voltar para a Tabela 14.1, notará que ela lista não só as taxas de câmbio em relação ao dólar, mas também as taxas cruzadas em relação ao euro e à libra esterlina. O fato de que podemos obter a taxa de câmbio franco suíço/shekel israelense, digamos, a partir da taxa dólar/franco e da taxa dólar/shekel, decorre de desconsiderarmos uma estratégia de arbitragem potencialmente lucrativa conhecida como *arbitragem triangular*. Por exemplo, suponha que o preço em franco suíço de um shekel esteja abaixo do preço em franco suíço de um dólar vezes o preço em dólar de um shekel. Explique por que em vez de comprar shekels com dólares, seria mais barato comprar francos suíços com dólares e utilizar os francos para comprar os shekels. Desse modo, a situação hipotética oferece uma oportunidade de lucro sem risco e, portanto, não é consistente com a maximização do lucro.

3. A Tabela 14.1 informa as taxas de câmbio não só em relação ao dólar americano, mas também em relação ao euro e à libra esterlina. (Cada linha dá o preço do dólar, do euro e da libra, respectivamente, em termos de uma moeda diferente.) Ao mesmo tempo, a tabela lista os preços em dólar *spot* do euro (US$ 1,1219 por euro) e da libra esterlina (US$ 1,2597 por libra). Escolha quaisquer cinco moedas da tabela e mostre que as três taxas de câmbio *spot* cotadas (em termos de dólares, euros e libras) praticamente excluem a arbitragem triangular. Por que precisamos adicionar a palavra "praticamente"?

4. O petróleo é vendido em um mercado mundial e tende a ser precificado em dólares americanos. O Nippon Steel Chemical Group do Japão necessita importar petróleo para utilizar na produção de plásticos e outros produtos. Como seus lucros são afetados quando o iene sofre depreciação em relação ao dólar?

5. Calcule as taxas de retorno em dólar sobre os seguintes ativos:
   a. Um quadro cujo preço aumenta de US$ 200.000 para US$ 250.000 em um ano.
   b. Uma garrafa de um raro vinho da Borgonha, Domaine de la Romanée-Conti 2011, cujo preço aumenta de US$ 255 para US$ 275 entre 2013 e 2014.
   c. Um depósito de £ 10.000 em um banco em Londres em um ano no qual a taxa de juros de libras é 10% e a taxa de câmbio US$/£ vai de US$ 1,50 por libra para US$ 1,38 por libra.

6. Quais seriam as taxas reais de retorno sobre os ativos na questão anterior se as mudanças de preços descritas fossem acompanhadas por um aumento simultâneo de 10% em todos os preços do dólar?

388 PARTE III ■ Taxas de câmbio e macroeconomia da economia aberta

7. Suponha que a taxa de juros de dólar e a da libra sejam iguais, de 5% ao ano. Qual é a relação entre a taxa de câmbio de equilíbrio atual US\$/£ e seu nível futuro esperado? Suponha que a taxa de câmbio US\$/£ esperada futura, US\$ 1,52 por libra, permaneça constante, enquanto a taxa de juros britânica aumente para 10% ao ano. Se a taxa de juros americana também permanece constante, qual é a nova taxa de câmbio US\$/£ de equilíbrio?

8. Os operadores dos mercados de ativos descobrem subitamente que a taxa de juros dos dólares vai cair em um futuro próximo. Utilize a análise diagramática deste capítulo para determinar o efeito na taxa de câmbio dólar/euro *atual*, supondo que as taxas de juros atuais sobre depósitos em dólar e em euro não mudem.

9. Observamos que poderíamos ter desenvolvido nossa análise diagramática do equilíbrio do mercado de câmbio pela perspectiva da Europa, com a taxa de câmbio euro/dólar $E_{€/\$}(= 1/E_{\$/€})$ no eixo vertical; uma linha vertical em $R_{€}$, para indicar o retorno em euro sobre depósitos em euro; e uma linha inclinada para baixo, mostrando como o retorno em euro sobre depósitos em dólar varia com $E_{€/\$}$. Obtenha essa figura alternativa de equilíbrio e utilize-a para examinar o efeito de mudanças nas taxas de juros e na taxa de câmbio futuro esperada. Suas respostas estão de acordo com aquelas que encontramos anteriormente?

10. A história a seguir apareceu no *New York Times* em 7 de agosto de 1989 ("Dollar's Strength a Surprise", p. D1):

    Mas agora o sentimento é que a economia está se dirigindo para um "pouso suave", com a economia desacelerando significativamente e a inflação retrocedendo, mas sem uma recessão.

    Esse panorama é bom para o dólar por duas razões. Um pouso suave não é tão prejudicial quanto uma recessão, então os investimentos estrangeiros que sustentam o dólar estão mais propensos a permanecerem.

    Também, um pouso suave não forçaria a Reserva Federal a reduzir drasticamente as taxas de juros para estimular o crescimento. Taxas de juros em queda podem exercer uma pressão para baixo no dólar, porque fazem os investimentos em títulos denominados em dólares serem menos atrativos para os estrangeiros, levando à venda de dólares. Além disso, o otimismo suscitado pela expectativa de um pouso suave pode até mesmo compensar algumas das pressões no dólar criadas pelas baixas taxas de juros.

    a. Mostre como você interpretaria o terceiro parágrafo dessa história utilizando o modelo de determinação da taxa de câmbio deste capítulo.

    b. Quais fatores adicionais na determinação da taxa de câmbio poderiam ajudá-lo a explicar o segundo parágrafo?

11. Suponha que as taxas de câmbio em dólar do euro e do iene sejam igualmente variáveis. Entretanto, o euro tende a sofrer depreciação inesperada em relação ao dólar quando o retorno sobre o resto de sua riqueza é inesperadamente alto, enquanto o iene tende a valorizar inesperadamente nas mesmas circunstâncias. Como um residente dos EUA, qual moeda, o euro ou o iene, você consideraria mais arriscada?

12. Alguma das discussões neste capítulo levou-o a acreditar que os depósitos em dólar podem ter características de liquidez diferentes daquelas dos depósitos em outras moedas? Se sim, como essas diferenças afetariam o diferencial de juros entre, digamos, os depósitos em dólar e em peso mexicano? Você tem algum palpite sobre como a liquidez dos depósitos em euro podem mudar com o tempo?

13. Em outubro de 1979, o Banco Central dos EUA (a Reserva Federal ou Federal Reserve System) anunciou que desempenharia um papel menos ativo na limitação das flutuações nas taxas de juros do dólar. Após essa nova política entrar em vigor, as taxas de câmbio do dólar em relação a moedas estrangeiras tornaram-se mais voláteis. A nossa análise do mercado de câmbio sugere alguma relação entre esses dois eventos?

CAPÍTULO 14 ■ Taxas de câmbio e mercado de câmbio: uma abordagem de ativos **389**

14. Imagine que todo mundo no planeta paga um imposto de t por cento sobre ganhos de juros e sobre quaisquer ganhos de capital devido a variações na taxa de câmbio. Como tal imposto altera a análise da condição de paridade de juros? Como a sua resposta muda se o imposto aplica-se aos ganhos de juros, mas *não* aos ganhos de capital, que não são tributados?

15. Suponha que a taxa de câmbio futuro dólar/euro de um ano seja de US$ 1,26 por euro e a taxa de câmbio *spot* seja de US$ 1,2 por euro. Qual é o prêmio futuro em euros (o desconto futuro em dólares)? Qual é a diferença entre a taxa de juros sobre depósitos em dólar de um ano e sobre depósitos em euro de um ano (supondo que não exista risco de pagamento)?

16. A moeda única europeia, o euro, foi introduzida em janeiro de 1999, substituindo todas as moedas dos 11 membros da União Europeia, incluindo França, Alemanha, Itália e Espanha (mas não a Grã-Bretanha; veja o Capítulo 21). Você acha que, imediatamente após a introdução do euro, o valor do mercado de câmbio em euros era maior ou menor do que o valor em euro do mercado de câmbio pré-1999 das 11 moedas nacionais originais? Explique sua resposta.

17. Geralmente, as multinacionais têm fábricas de produção em uma série de países. Por consequência, elas podem mover a produção de localidades caras para outras mais baratas em resposta a diversos eventos econômicos, um fenômeno chamado *outsourcing* ou *terceirização estrangeira* quando uma empresa com sede no país transfere parte de sua produção para o exterior. Se o dólar sofre depreciação, o que você espera que aconteça com a terceirização feita pelas empresas americanas? Explique e forneça um exemplo.

18. A taxa de juros dos títulos do Tesouro dos EUA de três meses caiu para níveis muito baixos no fim de 2008 e permaneceu assim por vários anos. A partir de janeiro de 2009 e com término em dezembro de 2019, encontre os dados da taxa de três meses dos títulos do Tesouro no Federal Reserve Economic Data (FRED), no Federal Reserve de Saint Louis. Encontre os dados da taxa de câmbio do dólar americano em relação ao won coreano do Bank of Korea Economic Statistics System, em: hhttp://ecos.bok.or.kr/ flex/EasySearch_e.jsp e, na mesma fonte, encontre os dados da taxa de juros do Korean 91-day Monetary Stabilization Bond. Imagine que você pegou dólares emprestados à taxa dos títulos do Tesouro dos EUA para investir nos títulos coreanos de estabilização, fazendo assim um *carry trade* que o expõe ao risco das flutuações da taxa de câmbio won/dólar. Como no estudo de caso no texto, calcule o retorno total sobre o seu *carry trade* para cada mês, com início em fevereiro de 2009 e término em dezembro de 2019.

19. O capítulo explicou o motivo da comemoração dos exportadores quando suas moedas nacionais sofrem depreciação. Ao mesmo tempo, os consumidores nacionais acham que pagam preços maiores, então devem ficar desapontados quando a moeda torna-se mais fraca. Por que os exportadores normalmente vencem, de forma que os governos frequentemente parecem receber bem as depreciações enquanto tentam evitar as valorizações? (Dica: pense sobre a analogia com as tarifas aduaneiras protecionistas.)

LEITURAS ADICIONAIS

Geert J. Bekaert e Robert J. Hodrick, *International Financial Management*, 3d edition. Cambridge: Cambridge University Press, 2017. Os Capítulos 2 e 3 focam no mercado de câmbio.

Cross, S. Y. *All about the Foreign Exchange Market in the United States.* Nova York: Books for Business, 2002. Cartilha sobre a porção americana do mercado.

Barry Eichengreen, Arnaud Mehl e Livia Chitu. *How Global Currencies Work: Past, Present and Future.* Princeton, NJ: Princeton University Press, 2017. Este tratado histórico e analítico apresenta a ascensão e queda das moedas globais e as consequências para a estabilidade da existência de múltiplas moedas globais, incluindo, possivelmente, o renminbi chinês.

390 PARTE III ■ Taxas de câmbio e macroeconomia da economia aberta

Federal Reserve Bank Of Nova York. *The Basics of Foreign Trade and Exchange*, em <http://www.ny.frb.org/education/fx/index.html>. Relato abrangente, mas altamente acessível, sobre os mercados de câmbio e suas funções. Também fornece vários *links* úteis para outros *sites* na internet.

Hartmann, P. *Currency Competition and Foreign Exchange Markets: The Dollar, the Yen and the Euro*. Cambridge: Cambridge University Press, 1999. Estudo teórico e empírico micro-orientado do papel das moedas internacionais no comércio mundial e nos mercados de ativos.

Keynes, J. M. *A Tract on Monetary Reform*, Chapter 3. Londres: MacMillan, 1923. Análise clássica do mercado de câmbio a termo e paridade coberta de juros.

King, M. R.; Osler, C. e Rime, D. "Foreign Exchange Market Structure, Players, and Evolution". In: James, J.; Marsh, I. e Sarno, L. (Eds.). *Handbook of Exchange Rates*. Hoboken, NJ: John Wiley & Sons, 2012, p. 3-44. Resumo atualizado da estrutura do mercado de câmbio.

Krugman, P. R. "The International Role of the Dollar: Theory and Prospect". In: Bilson, J. F. O. e Marston, R. C. (Eds.). *Exchange Rate Theory and Practice*. Chicago: University of Chicago Press, 1984, p. 261-278. Análise teórica e empírica da posição do dólar como uma "moeda internacional".

Levich, R. M. *International Financial Markets: Prices and Policies*, 2. ed. Boston: Irwin McGraw-Hill, 2001. Os Capítulos 3 a 8 desse texto abrangente focam no mercado de câmbio.

Richard M. Levich. "CIP Then and Now: A Brief Survey of Measuring and Exploiting Deviations from Covered Interest Parity". Maniscrito não publicado, NYU Stern School of Business, maio de 2017 (Disponível em: https://www.bis.org/events/bissymposium0517/symposium0517_open2.pdf.) Um levantamento histórico abrangente da pesquisa sobre paridade coberta de juros.

Mussa, M. "Empirical Regularities in the Behavior of Exchange Rates and Theories of the Foreign Exchange Market". In: Brunner, K.; Meltzer, A. H. (Eds.). *Policies for Employment, Prices and Exchange Rates*, Carnegie-Rochester Conference Series on Public Policy 11. Amsterdã: North-Holland, 1979, p. 9-57. Um trabalho clássico que examina a base empírica da abordagem do preço do ativo para a determinação da taxa de câmbio.

Sawyer, D. "Continuous Linked Settlement (CLS) and Foreign Exchange Settlement Risk". *Financial Stability Review*, v. 17, p. 86-92, dez. 2004. Descreve o funcionamento e a lógica do sistema Continuous Linked Settlement para a compensação rápida de transações cambiais.

WEITHERS, T. *Foreign Exchange: A Practical Guide to the FX Markets*. Hoboken, NJ: John Wiley & Sons, 2006. Uma introdução clara aos instrumentos e mercados de câmbio.

CAPÍTULO 15

Moeda, taxas de juros e taxas de câmbio

O Capítulo 14 mostrou como a taxa de câmbio entre moedas depende de dois fatores: os juros que podem ser ganhos sobre depósitos dessas moedas e a taxa de câmbio futura esperada. No entanto, para entender por completo a determinação das taxas de câmbio, temos de aprender como as taxas de juros em si são determinadas e como as expectativas das taxas de câmbio futuras são formadas. Neste e nos próximos dois capítulos, examinaremos esses tópicos construindo um modelo econômico que liga as taxas de câmbio, taxas de juros e outras importantes variáveis macroeconômicas, como a taxa de inflação e a produção.

O primeiro passo na construção do modelo é explicar os efeitos da oferta e demanda de moeda de um país sobre suas taxas de juros e de câmbio. Como as taxas de câmbio são os preços relativos das moedas nacionais, fatores que afetam a oferta ou demanda de moeda de um país estão entre os determinantes mais poderosos da taxa de câmbio em relação às moedas estrangeiras. Portanto, é natural começar um estudo mais profundo da determinação da taxa de câmbio com uma discussão sobre oferta e demanda de moeda.

Eventos monetários influenciam a taxa de câmbio ao mudar *tanto* as taxas de juros *quanto* as expectativas das pessoas sobre as taxas de câmbio futuras. As expectativas sobre as taxas de câmbio futuras estão intimamente ligadas com as expectativas sobre os preços futuros dos produtos dos países na sua moeda local. Essas movimentações de preços, por sua vez, dependem de mudanças na oferta e demanda de moeda. Portanto, ao examinar as influências monetárias na taxa de câmbio, analisamos como os fatores monetários influenciam preços de produção junto com as taxas de juros. Entretanto, as expectativas das taxas de câmbio futuras dependem de muitos fatores além da moeda, e esses fatores não monetários serão tratados no próximo capítulo.

Uma vez que as teorias e os determinantes da oferta e da demanda de moeda estiverem definidos, vamos utilizá-los para examinar como o equilíbrio das taxas de juros é determinado pela igualdade da oferta e da demanda de moeda. Então combinaremos nosso modelo de determinação da taxa de juros com a condição de paridade de juros para estudar os efeitos das mudanças monetárias na taxa de câmbio, dados os preços de mercadorias e serviços, o nível de produto e as expectativas do mercado sobre o futuro. Por fim, daremos uma primeira olhada nos efeitos de longo prazo das mudanças monetárias nos preços de produção e nas taxas de câmbio futuras esperadas.

392 PARTE III ■ Taxas de câmbio e macroeconomia da economia aberta

OBJETIVOS DE APRENDIZAGEM

Após a leitura deste capítulo, você será capaz de:

■ Descrever e discutir os mercados monetários nacionais nos quais as taxas de juros são determinadas.

■ Mostrar como a política monetária e as taxas de juros alimentam o mercado de câmbio.

■ Distinguir entre as posições de longo e curto prazos da economia, nas quais os preços em dinheiro e os salários são rígidos.

■ Explicar como os níveis de preços e as taxas de câmbio respondem aos fatores monetários no longo prazo.

■ Traçar a relação entre os efeitos de curto e de longo prazos da política monetária e explicar os conceitos de ultrapassagem da taxa de câmbio (*overshooting*) de curto prazo.

A definição de moeda: uma breve revisão

Estamos tão acostumados a usar moeda que raramente percebemos o papel que ela desempenha em quase todas as nossas transações cotidianas. Assim como muitas outras conveniências modernas, não pensamos na moeda até que algo de errado aconteça com ela! Na verdade, a forma mais fácil de apreciar a importância da moeda é imaginar como seria a vida econômica sem ela.

Nesta seção, faremos exatamente isso. Nosso propósito ao realizar esse "experimento mental" é distinguir moeda de outros ativos e descrever as características da moeda que levam as pessoas a mantê-la. Essas características são centrais para uma análise da demanda por moeda.

Moeda como um meio de troca

A função mais importante da moeda é servir como *meio de troca*, um meio de pagamento geralmente aceito. Para ver por que um meio de troca é necessário, imagine como seria demorado comprar mercadorias e serviços em um mundo onde a única forma de comércio possível fosse o escambo, a troca direta de mercadorias e serviços por outras mercadorias e serviços. Para ter o carro consertado, por exemplo, seu professor teria de encontrar um mecânico que precisasse de aulas de economia!

A moeda elimina esses enormes custos de pesquisa ligados a um sistema de escambo, porque é aceita universalmente. Ela elimina esses custos de pesquisa ao permitir que o indivíduo venda as mercadorias e serviços que produz para pessoas diferentes dos produtores de mercadorias e serviços que ele deseja consumir. Uma economia moderna complexa deixaria de funcionar sem algum meio de pagamento padronizado e conveniente.

Moeda como unidade de conta

O segundo papel importante da moeda é como *unidade de conta*, isto é, com uma medida de valor amplamente reconhecida. É nesse papel que encontramos a moeda no Capítulo 14: preços de mercadorias, serviços e ativos são normalmente expressos em termos de moeda. As taxas de câmbio nos permitem traduzir preços em moedas de diferentes países em termos comparáveis.

A convenção de cotar preços em termos de moeda simplifica cálculos econômicos, pois facilita a comparação de preços entre *commodities* diferentes. As comparações de preços internacionais no Capítulo 14, que utilizaram taxas de câmbio para comparar os preços da produção de diferentes países, são similares aos cálculos que você teria de fazer muitas

CAPÍTULO 15 ■ Moeda, taxas de juros e taxas de câmbio **393**

vezes a cada dia se preços diferentes de *commodities* não fossem expressos em uma unidade contábil padronizada. Se os cálculos no Capítulo 14 lhe deram uma dor de cabeça, imagine como seria calcular os preços relativos de cada mercadoria e serviço que você consome em termos de várias outras mercadorias e serviços – por exemplo, o preço de um pedaço de pizza em termos de bananas. Esse experimento mental deve lhe dar um entendimento mais aguçado sobre como utilizar a moeda como unidade contábil.

Moeda como reserva de valor

Como a moeda pode ser utilizada para transferir poder de compra do presente para o futuro, ela também é um ativo, ou uma *reserva de valor*. Esse atributo é essencial para qualquer meio de troca, porque ninguém estaria disposto a aceitá-lo em pagamento se seu valor em termos de mercadorias e serviços evaporasse imediatamente.

No entanto, a utilidade da moeda como meio de troca transforma-a automaticamente no mais *líquido* dos ativos. Como você deve lembrar do capítulo anterior, diz-se que um ativo é líquido quando pode ser transformado em mercadorias e serviços rapidamente e sem custos de transação altos, como honorários de corretores. Já que a moeda é prontamente aceita como meio de pagamento, ela define o padrão em relação ao qual a liquidez de outros ativos é julgada.

O que é moeda?

O papel-moeda e os depósitos bancários para os quais podemos passar cheques certamente qualificam-se como moeda. Esses são meios de pagamento amplamente aceitos que podem ser transferidos entre proprietários a custo baixo. Famílias e empresas usam papel-moeda e depósitos bancários como uma forma conveniente de financiar transações de rotina conforme ocorrem. Ativos como bens imóveis não se qualificam como moeda porque, ao contrário do papel-moeda e dos depósitos, não têm a propriedade essencial da liquidez.

Quando falamos neste livro da **oferta de moeda**, referimo-nos ao agregado monetário que o *Federal Reserve* dos EUA chama de M1, isto é, a quantia total de moeda e de depósitos bancários mantidos por famílias e empresas. No último trimestre de 2019, nos Estados Unidos, a oferta de moeda total chegava a 3,9 trilhões de dólares, igual a cerca de 19% do PNB daquele ano.[1]

Os grandes depósitos negociados pelos participantes do mercado de câmbio não são considerados parte da oferta de moeda. Esses depósitos são menos líquidos do que a moeda e não são utilizados para financiar transações rotineiras.

Como a oferta de moeda é determinada

A oferta de moeda de uma economia é controlada pelo seu banco central. O banco central regula diretamente a quantidade de moeda que existe e também tem controle indireto sobre a quantidade de depósitos emitidos por bancos privados. Os procedimentos pelos quais o banco central controla a oferta de moeda são complexos e, por ora, supomos que o banco central simplesmente define o tamanho da oferta de moeda no nível que deseja. Entretanto, veremos o processo da oferta de moeda em maiores detalhes no Capítulo 18.

---

[1]Uma medida mais ampla do *Federal Reserve* dos EUA de oferta de moeda, M2, inclui depósitos a prazo, mas eles são menos líquidos do que os ativos inclusos no M1, porque os fundos nele normalmente não podem ser retirados antecipadamente sem custo. Uma medida ainda mais ampla, conhecida como M3, também é monitorada pelo *Federal Reserve*. Uma decisão sobre como demarcar a divisão entre moeda e quase moeda deve ser, em até certo ponto, arbitrária e, portanto, controversa. Para uma discussão mais aprofundada sobre essa questão, veja o Capítulo 3 de: Frederic S. Mishkin. *The Economics of Money, Banking and Financial Markets*, 12. ed. Nova York: Pearson, 2020.

A demanda individual por moeda

Tendo discutido as funções da moeda e a definição da oferta da mesma, examinaremos agora os fatores que determinam a quantidade de moeda que um indivíduo deseja ter. Os determinantes da demanda por moeda individual podem ser derivados da teoria da demanda de ativos discutida no último capítulo.

Vimos no último capítulo que os indivíduos baseiam sua demanda por ativos em três características:

1. O retorno esperado que o ativo oferece em comparação com os retornos oferecidos por outros ativos.
2. O grau de risco do retorno esperado do ativo.
3. A liquidez do ativo.

Embora a liquidez não desempenhe papel importante em determinar as demandas relativas por ativos negociados no mercado de câmbio, as famílias e as empresas detêm moeda *somente* por causa de sua liquidez. Para compreender como as famílias e empresas da economia decidem a quantidade de moeda que desejam manter, devemos olhar mais de perto em como as três considerações listadas influenciam a demanda por moeda.

Retornos esperados

Papel-moeda não remunera juro algum. Depósitos à vista pagam juros com certa frequência, mas oferecem uma taxa de retorno que normalmente não acompanha os retornos mais altos oferecidos por formas menos líquidas de riqueza. Quando retém moeda, você, portanto, sacrifica a maior taxa de juros que poderia ganhar mantendo a sua riqueza em um título do governo, um grande depósito a prazo ou algum outro ativo relativamente ilíquido. É essa última taxa de juros que temos em mente quando mencionamos "a" taxa de juros. Já que os juros gerados pelo papel-moeda são iguais a zero, enquanto os juros pagos sobre os depósitos "à vista" tendem a ser relativamente constantes, a diferença entre a taxa de retorno da moeda em geral e a do retorno daqueles ativos menos líquidos é refletida pela taxa de juros do mercado: quanto maior a taxa de juros, mais você sacrifica ao manter sua riqueza na forma de moeda.[2]

Suponha, por exemplo, que a taxa de juros que você poderia ganhar de um título do Tesouro dos EUA seja 10% ao ano. Se você utilizar US$ 10.000 do seu patrimônio para comprar um título do Tesouro, receberá US$ 11.000 do Tio Sam no fim do ano, mas se, em vez disso, escolher manter os US$ 10.000 em papel-moeda em um cofre, você abre mão de US$ 1.000 de juros que poderia ter ganhado ao comprar o título do Tesouro. Você, portanto, sacrifica uma taxa de retorno de 10% mantendo seus US$ 10.000 em papel-moeda.

A teoria da demanda de ativos desenvolvida no capítulo anterior mostra como as mudanças na taxa de juros afetam a demanda por moeda. A teoria afirma que, com tudo mais constante, as pessoas preferem ativos que oferecem maiores retornos esperados. Como um aumento na taxa de juros é um aumento na taxa de retorno sobre ativos menos líquidos em relação à taxa de retorno sobre a moeda, os indivíduos vão querer manter mais de sua riqueza em ativos não monetários, que pagam a taxa de juros do mercado, e menos de sua riqueza na forma de moeda se a taxa de juros aumenta. Concluímos que,

---

[2]Muitos dos ativos ilíquidos que os indivíduos podem escolher não geram seus retornos na forma de juros. Ações, por exemplo, geram retornos em forma de dividendos e ganhos de capital. A casa de verão da família em Cape Cod gera o retorno nas formas de ganhos de capital e o prazer das férias na praia. A suposição por trás de nossa análise da demanda por moeda é que uma vez que levamos o risco em consideração, todos os ativos que não são moeda oferecem uma taxa de retorno esperada (medida em termos monetários) igual à taxa de juros. Essa suposição permite-nos utilizar a taxa de juros para resumir o retorno do qual um indivíduo abre mão quando mantém moeda em vez de um ativo ilíquido.

CAPÍTULO 15 ■ Moeda, taxas de juros e taxas de câmbio **395**

com tudo mais constante, um aumento na taxa de juros causa uma diminuição na demanda por moeda.

Também podemos descrever a influência da taxa de juros na demanda por moeda em termos do conceito econômico do *custo de oportunidade*, o valor que você sacrifica quando adota uma ação em vez de outra. A taxa de juros mede o custo de oportunidade de deter moeda ao invés de títulos que rendem juros. Portanto, um aumento na taxa de juros aumenta o custo de reter moeda e provoca uma queda na sua demanda.

Risco

O risco não é um fator importante na demanda por moeda. É arriscado reter moeda porque um aumento inesperado nos preços de mercadorias e serviços poderia reduzir o valor do seu dinheiro em termos de *commodities* que você consome. Já ativos que pagam juros, como títulos do governo, têm valores fixos em termos monetários, entretanto, o mesmo aumento inesperado nos preços reduziria o valor real desses ativos pela mesma porcentagem. Como qualquer mudança no grau de risco da moeda causa uma mudança igual no dos títulos, as mudanças no risco de reter moeda não precisam fazer com que os indivíduos reduzam sua demanda por moeda e aumentem sua demanda por ativos que rendem juros.

Liquidez

O maior benefício de reter moeda vem de sua liquidez. Famílias e empresas mantêm moeda porque é a forma mais fácil de financiar suas compras diárias. Algumas compras grandes podem ser financiadas por meio da venda de um ativo ilíquido substancial. Um colecionador de arte, por exemplo, poderia vender um de seus quadros de Picasso para comprar uma casa. No entanto, para financiar um fluxo contínuo de despesas menores em diversos momentos e para diversos valores, as famílias e empresas devem manter algum dinheiro.

A necessidade de um indivíduo por liquidez cresce quando o valor médio diário de suas transações aumenta. Um estudante que pega o ônibus todo dia, por exemplo, não precisa ter tanto dinheiro quanto um executivo que pega táxi durante a hora do *rush*. Concluímos que *um aumento no valor médio das transações realizadas por uma família ou empresa faz com que a sua demanda por moeda aumente.*

Demanda agregada por moeda

Nossa discussão sobre como famílias e empresas individuais determinam suas demandas por moeda pode agora ser aplicada para obter os determinantes da **demanda agregada por moeda**, a demanda total de todas as famílias e empresas da economia por moeda. A demanda agregada por moeda é simplesmente a soma de todas as demandas individuais por moeda da economia.

Três fatores principais determinam a demanda agregada por moeda real:

1. *A taxa de juros*. Um aumento na taxa de juros faz com que cada indivíduo na economia reduza sua demanda por moeda. Portanto, com todo o resto igual, a demanda agregada por moeda cai quando a taxa de juros aumenta.
2. *O nível de preços*. O **nível de preços** da economia é o preço de uma ampla cesta de referência de mercadorias e serviços em termos de moeda. Geralmente, a cesta de referência inclui itens padrões de consumo diário, como alimentos, vestuário e habitação, e compras menos rotineiras, como assistência médica e honorários advocatícios. Se o nível de preços aumenta, as famílias e empresas individuais devem gastar mais dinheiro do que

396 PARTE III ■ Taxas de câmbio e macroeconomia da economia aberta

antes para comprar sua cesta semanal normal de mercadorias e serviços. Portanto, para manter o mesmo nível de liquidez de antes do aumento no nível de preços, precisarão ter mais moeda.

3. *Renda nacional real.* Quando a renda nacional real (PNB) aumenta, mais mercadorias e serviços são vendidos na economia. Esse aumento no valor real das transações aumenta a demanda por moeda dado o nível do preço.

Se P é o nível de preços, R é a taxa de juros e Y é o PNB real, a demanda agregada por moeda, M^d, pode ser expressa como:

$$M^d = P \times L(R, Y),\qquad(15.1)$$

onde o valor de $L(R, Y)$ cai quando R aumenta e sobe quando Y aumenta.[3] Para entender por que especificamos que a demanda agregada por moeda é *proporcional* ao nível de preços, imagine que todos os preços dobraram, mas a taxa de juros e as rendas *reais* de todo mundo permanecem inalteradas. O valor em moeda da média das transações diárias de cada indivíduo então simplesmente dobraria, assim como a quantia de moeda que cada um gostaria de manter.

Normalmente, escrevemos a relação da demanda agregada por moeda da Equação (15.1) na forma equivalente:

$$M^d/P = L(R, Y),\qquad(15.2)$$

e chamamos $L(R, Y)$ de demanda agregada por moeda *real*. Essa forma de expressar a demanda por moeda mostra que a demanda agregada pela liquidez $L(R, Y)$, não é a demanda por certa quantidade de unidades da moeda, mas, em vez disso, é uma demanda para manter certa quantidade de poder de compra real em forma líquida. A relação M^d/P – isto é, as posses desejadas de moeda em termos de uma típica cesta de referência de *commodities* – é igual à quantia de poder de compra real que as pessoas gostariam de ter em forma líquida. Por exemplo, se as pessoas quisessem ter US$ 1.000 em dinheiro a um nível de preços de US$ 100 por cesta de *commodities*, sua detenção real de moeda seria equivalente a US$ 1.000/(US$ 100 por cesta) = 10 cestas. Se o nível de preços dobrasse (para US$ 200 por cesta), o poder de compra dos US$ 1.000 em moeda seria reduzido pela metade, já que agora valeria somente cinco cestas.

A Figura 15.1 mostra como a demanda agregada por moeda real é afetada pela taxa de juros para um nível fixo de renda real, Y. A linha da demanda agregada por moeda real $L(R, Y)$ inclina-se para baixo porque uma queda na taxa de juros aumenta a propriedade real desejada de dinheiro de cada família e empresa na economia.

Para um dado nível de PNB real, mudanças na taxa de juros causam movimento *ao longo* da linha $L(R, Y)$. As mudanças no PNB real, entretanto, fazem com que a própria linha se desloque. A Figura 15.2 mostra como um aumento no PNB real de Y^1 para Y^2 afeta a posição da linha de demanda agregada por moeda real. Como um aumento no PNB real aumenta a demanda agregada por moeda real para uma dada taxa de juros, a linha $L(R, Y^2)$ encontra-se à direita de $L(R, Y^1)$ quando Y^2 é maior que Y^1.

---

[3]Naturalmente, $L(R, Y)$ aumenta quando R cai e diminui quando Y cai.

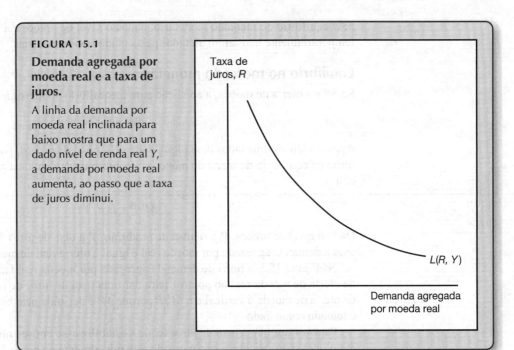

FIGURA 15.1
Demanda agregada por moeda real e a taxa de juros.
A linha da demanda por moeda real inclinada para baixo mostra que para um dado nível de renda real Y, a demanda por moeda real aumenta, ao passo que a taxa de juros diminui.

FIGURA 15.2
O efeito de um aumento na renda real na linha de demanda agregada por moeda real.
Um aumento na renda real de Y^1 para Y^2 aumenta a demanda por saldos monetários reais em todos os níveis de taxa de juros e faz com que a toda a linha de demanda mude para cima.

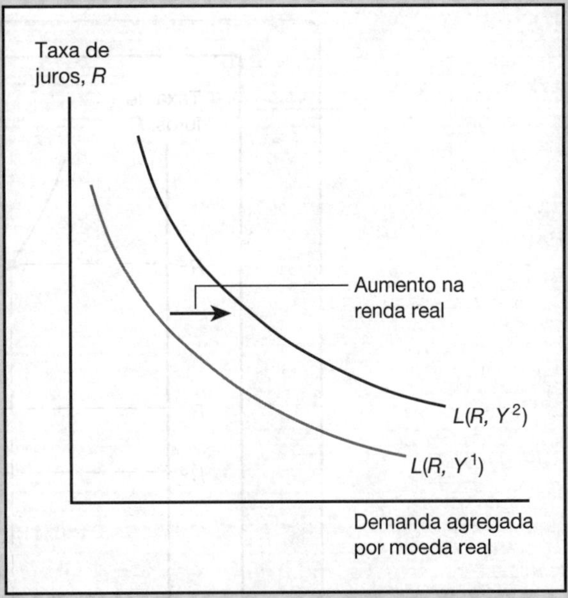

Taxa de juros de equilíbrio: a interação entre a oferta e a demanda de moeda

Como você deve esperar com base em outros cursos de economia que já fez, o mercado monetário está em equilíbrio quando a oferta de moeda definida pelo banco central é igual à demanda agregada por moeda. Nesta seção, vemos como a taxa de juros é determinada pelo equilíbrio do mercado monetário, dados o nível de preços e a produção, que supomos temporariamente não serem afetados pelas mudanças monetárias.

Equilíbrio no mercado monetário

Se M^s é a oferta de moeda, a condição para o equilíbrio no mercado monetário é

$$M^s = M^d. \tag{15.3}$$

Após dividir os dois lados dessa igualdade pelo nível de preços, podemos expressar a condição de equilíbrio do mercado monetário em termos de demanda agregada por moeda real como

$$M^s/P = L(R, Y). \tag{15.4}$$

Dado o nível de preços, P, e o nível de produção, Y, a taxa de juros de equilíbrio é aquela na qual a demanda agregada por moeda real é igual à oferta real de moeda.

Na Figura 15.3, a linha de demanda agregada por moeda real faz interseção com a linha de oferta de moeda real no ponto 1 para dar uma taxa de juros de equilíbrio de R^1. A linha de oferta de moeda é vertical em M^s/P porque M^s é definida pelo banco central, enquanto P é tomado como dado.

Para ver por que a taxa de juros tende a estabilizar-se em seu nível de equilíbrio, consideraremos o que acontece se o mercado está inicialmente no ponto 2, com uma taxa de juros R^2, que está acima de R^1.

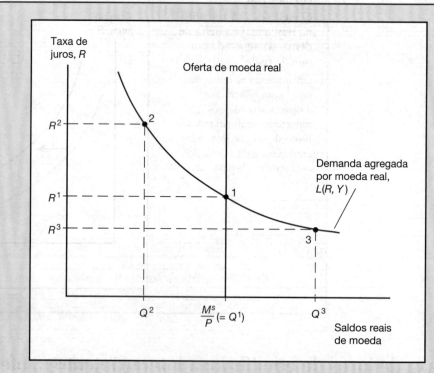

FIGURA 15.3

Determinação da taxa de juros de equilíbrio.

Com P e Y dados e a oferta de moeda real de M^S/P, o equilíbrio do mercado monetário está no ponto 1. Nesse ponto, a demanda agregada por moeda real e a oferta de moeda real são iguais, e a taxa de juros de equilíbrio é R^1.

CAPÍTULO 15 ■ Moeda, taxas de juros e taxas de câmbio **399**

No ponto 2, a demanda por detenções reais de moeda fica abaixo da oferta por $Q^1 - Q^2$, então existe um excesso de oferta de moeda. Se os indivíduos detêm mais moeda do que desejam, dada a taxa de juros de R^2, eles tentarão reduzir sua liquidez utilizando uma parte da moeda para comprar ativos que pagam juros. Em outras palavras, os indivíduos tentarão livrar-se do seu excesso de moeda emprestando-o para outros. Entretanto, uma vez que existe um excesso agregado de oferta de moeda em R^2, nem todo mundo consegue fazer isso: existem mais pessoas que gostariam de emprestar moeda para reduzir sua liquidez do que pessoas querendo tomar recursos emprestados para aumentar a própria liquidez. Aqueles que não conseguem livrar-se dos saldos extras diminuem a taxa de juros que cobram nos empréstimos abaixo de R^2 na tentativa de seduzir tomadores de empréstimo em potencial. A pressão descendente na taxa de juros continua até que ela alcance R^1. A essa taxa de juros, qualquer um que deseje emprestar recursos pode fazê-lo, porque o excesso agregado de oferta de moeda desapareceu, isto é, a oferta é novamente igual à demanda. Portanto, uma vez que o mercado atinge o ponto 1, não existe mais a tendência para a queda da taxa de juros.[4]

De modo similar, se a taxa de juros está inicialmente no nível R^3, abaixo de R^1, ela tenderá a aumentar. Como a Figura 15.3 mostra, existe um excesso de demanda por moeda igual a $Q^3 - Q^1$ no ponto 3. Portanto, os indivíduos tentam vender ativos que pagam juros, como títulos, para aumentar sua liquidez em moeda (isto é, eles vendem títulos por moeda). No ponto 3, entretanto, nem todos conseguem ser bem-sucedidos em vender ativos suficientes que paguem juros para satisfazer sua demanda por moeda. Dessa maneira, as pessoas oferecem-se para tomar empréstimos com taxas de juros progressivamente maiores para tentar obter recursos e empurram a taxa de juros para cima, em direção à R^1. Somente quando o mercado atinge o ponto 1 e o excesso da demanda por moeda é eliminada a taxa de juros para de subir.

Podemos resumir nossos achados da seguinte forma: *o mercado sempre se move em direção a uma taxa de juros à qual a oferta de moeda real é igual à demanda por moeda real. Se existe inicialmente um excesso de oferta de moeda, a taxa de juros cairá, e se existe inicialmente um excesso de demanda, ela aumenta.*

As taxas de juros e a oferta de moeda

A Figura 15.4 ilustra o efeito de aumentar a oferta de moeda a um dado nível de preços. Inicialmente, o mercado monetário está em equilíbrio no ponto 1, com uma oferta de moeda M^1 e uma taxa de juros R^1. Já que mantemos P constante, um aumento na oferta de moeda para M^2 aumenta a oferta real de moeda de M^1/P para M^2/P. Com uma oferta real de moeda de M^2/P, o ponto 2 é o novo equilíbrio e R^2 é a nova e mais baixa taxa de juros, que induz as pessoas a reterem a maior oferta real de moeda.

Agora, já estamos familiarizados com o processo pelo qual a taxa de juros cai. Após o banco central aumentar M^s, existe inicialmente um excesso real de oferta de moeda na taxa de juros de equilíbrio antiga R^1, que anteriormente equilibrava o mercado. Já que os indivíduos retêm mais moeda do que desejam, eles utilizam seus excedentes para tentar a compra de ativos que pagam juros. A economia como um todo não pode reduzir sua posse de moeda, então as taxas de juros são reduzidas à medida que os detentores de dinheiro relutantes competem para emprestar saldos de moeda em excesso. No ponto 2 da Figura 15.4, a taxa de juros caiu o suficiente para induzir um aumento de demanda real por moeda igual ao aumento na oferta real de moeda.

---

[4] Outra forma de interpretar esse processo é a seguinte: vimos no último capítulo que a taxa de retorno de um ativo cai quando seu preço atual aumenta em relação ao seu valor futuro. Quando existe um excesso de oferta de moeda, os preços atuais em dinheiro de ativos ilíquidos que rendem juros serão aumentados conforme os indivíduos tentam reduzir suas participações em dinheiro. Esse aumento nos preços atuais dos ativos diminui a taxa de retorno sobre ativos que não são dinheiro, e já que essa taxa de retorno é igual à taxa de juros (após o ajuste para o risco), a taxa de juros também deve cair.

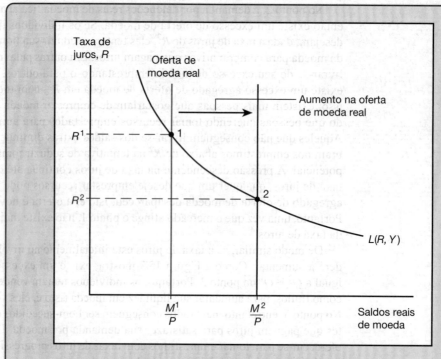

FIGURA 15.4
Efeito de um aumento na oferta monetária na taxa de juros.
Para um dado nível de preços, P, e um nível de renda real, Y, um aumento na oferta de moeda de M^1 para M^2 reduz a taxa de juros de R^1 (ponto 1) para R^2 (ponto 2).

Se executarmos o experimento de política acima ao contrário, veremos como uma redução da oferta de moeda força as taxas de juros a subir. Uma queda em M^s causa um excesso de demanda por moeda a uma taxa de juros que antes equilibrava a oferta e a demanda. As pessoas tentam vender ativos que pagam juros – isto é, emprestar moeda – para reconstruir sua desgastada reserva de moeda real. Já que nem todos podem ser bem-sucedidos quando existe excesso de demanda por moeda, a taxa de juros é elevada até que todo mundo esteja satisfeito em manter o menor estoque real de moeda.

Concluímos que *um aumento na oferta de moeda diminui a taxa de juros, enquanto uma queda na oferta de moeda aumenta a taxa de juros, dados o nível de preços e a produção.*

Produto e taxa de juros

A Figura 15.5 mostra o efeito de um aumento na taxa de juros no nível da saída de Y^1 para Y^2, dados a oferta de moeda e o nível de preços. Como vimos antes, um aumento no nível de produto faz com que a linha inteira da demanda agregada por moeda real mova-se para a direita, afastando o equilíbrio do ponto 1. À antiga taxa de juros R^1, existe um excesso de demanda por moeda para $Q^2 - Q^1$ (ponto 1'). Já que a oferta real de moeda é dada, a taxa de juros é elevada até que atinja o novo nível de equilíbrio mais elevado R^2 (ponto 2). Uma queda no produto tem os efeitos opostos, fazendo com que a linha de demanda agregada por moeda real mova-se para a esquerda, o que provoca uma queda na taxa de juros de equilíbrio.

Concluímos que *um aumento no produto real aumenta a taxa de juros, enquanto uma queda no produto real diminui a taxa de juros, dados o nível de preços e a oferta de moeda.*

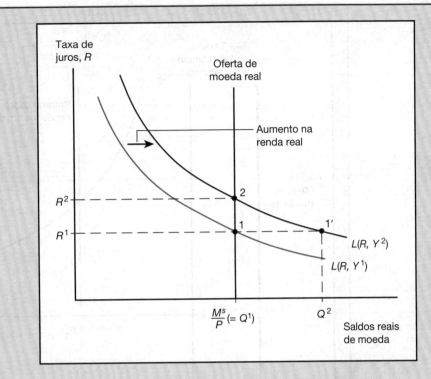

FIGURA 15.5
Efeito na taxa de juros de um aumento da renda real.
Dada a oferta real de moeda, M^S/P (= Q^1), um aumento na renda real de Y^1 para Y^2 aumenta a taxa de juros de R^1 (ponto 1) para R^2 (ponto 2).

A oferta de moeda e a taxa de câmbio no curto prazo

No Capítulo 14, aprendemos sobre a condição de paridade de juros, que prevê como os movimentos da taxa de juros influenciam a taxa de câmbio, dadas as expectativas sobre o nível futuro da taxa de câmbio. Agora que sabemos como as mudanças na oferta de moeda de um país afetam a taxa de juros em ativos não monetários denominados na moeda nacional, podemos ver como as mudanças monetárias afetam a taxa de câmbio. Descobriremos que *um aumento na oferta de moeda de um país faz com que ela sofra depreciação no mercado de câmbio, enquanto uma redução na oferta de moeda faz com que ela se aprecie.*

Nesta seção, continuamos a aceitar o nível de preços como dado (assim como o produto real) e, por essa razão, dizemos que a análise desta seção se refere ao **curto prazo**. A análise de **longo prazo** de um evento econômico considera o ajuste completo do nível de preços (o que pode levar mais tempo) e o pleno emprego de todos os fatores de produção. Mais à frente neste capítulo, examinaremos os efeitos de longo prazo das mudanças da oferta de moeda no nível de preços, a taxa de juros e outras variáveis macroeconômicas. Nossa análise de longo prazo mostrará como a oferta de moeda influencia as expectativas da taxa de câmbio, que também continuamos a aceitar como dada por ora.

Vinculando o dinheiro, a taxa de juros e a taxa de câmbio

Para analisar a relação entre dinheiro e a taxa de juros no curto prazo na Figura 15.6, combinamos dois diagramas que já tínhamos estudado separadamente. Vamos supor mais uma vez que estamos olhando para a taxa de juros dólar/euro, isto é, o preço de euros em termos de dólares.

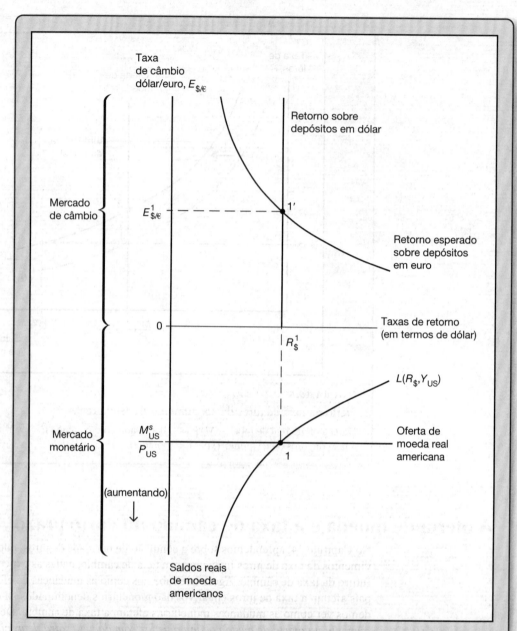

FIGURA 15.6

Equilíbrio simultâneo no mercado monetário americano e no mercado de câmbio.

Os dois mercados de ativos estão em equilíbrio na taxa de juros $R_\$^1$ e na taxa de câmbio $E_{\$/€}^1$. Nesses valores, a oferta de moeda é igual à demanda por moeda (ponto 1) e a condição de paridade de juros é mantida (ponto 1').

O primeiro diagrama (introduzido como Figura 14.4) mostra o equilíbrio no mercado de câmbio e como ele é determinado dadas a taxa de juros e as expectativas sobre as taxas de juros futuras. Esse diagrama aparece como a parte de cima da Figura 15.6. A taxa de juros do dólar $R_\$^1$, que é determinada pelo mercado monetário, define a linha vertical.

Como você deve lembrar do Capítulo 14, a linha de retorno esperado do euro inclinada para baixo mostra o retorno esperado sobre depósitos em euro medidos em dólares. A linha inclina-se para baixo por causa do efeito das mudanças na taxa de câmbio atual sob as expectativas de depreciação futura: um fortalecimento do dólar hoje (uma queda em $E_{\$/€}$) em relação ao seu nível futuro esperado *dado* faz os depósitos de euro serem mais atraentes por levar as pessoas a anteciparem uma depreciação mais acentuada do dólar no futuro.

Na interseção das duas linhas (ponto 1'), as taxas de retorno esperadas sobre depósitos em dólar e em euro são iguais e, portanto, a paridade de juros é mantida. $E_{\$/€}^1$ é a taxa de câmbio de equilíbrio.

No segundo diagrama, precisamos examinar a relação entre dinheiro e taxa de câmbio que foi introduzida como Figura 15.3. Essa figura mostra como a taxa de juros de equilíbrio de um país é determinada em seu mercado monetário e aparece na parte de baixo da Figura 15.6. Por conveniência, entretanto, a figura foi girada 90 graus no sentido horário, de forma que as taxas de juros do dólar são medidas a partir de 0 no eixo horizontal e a oferta real de moeda americana é medida a partir de 0 no eixo vertical descendente. O equilíbrio do mercado monetário é mostrado no ponto 1, onde a taxa de juros do dólar $R_\$^1$ induz as pessoas a exigirem saldos reais iguais à oferta real de moeda americana, M_{US}^s/P_{US}.

A Figura 15.6 enfatiza a ligação entre o mercado monetário americano (embaixo) e o mercado de câmbio (em cima). O mercado monetário americano determina a taxa de juros do dólar, que, por sua vez, afeta a taxa de câmbio que mantém a paridade de juros. (É claro, existe uma ligação similar entre o mercado monetário europeu e o mercado de câmbio que opera por meio das mudanças na taxa de juros do euro.)

A Figura 15.7 ilustra essas ligações. Os bancos centrais americano e europeu, a Reserva Federal e o Banco Central Europeu (BCE), respectivamente, determinam as ofertas de

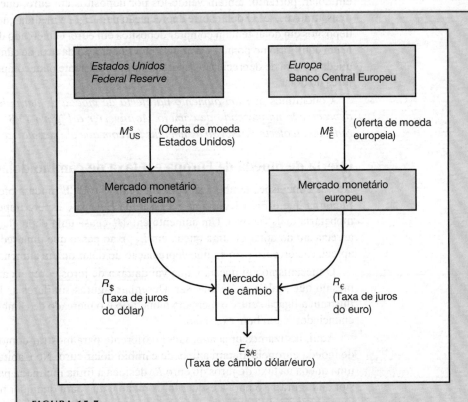

FIGURA 15.7

Ligações mercado monetário/taxa de câmbio

Ações de política monetária do *Federal Reserve* afetam a taxa de juros americana, mudando a taxa de câmbio dólar/euro que equilibra o mercado de câmbio. O BCE pode afetar a taxa de câmbio ao mudar a oferta de moeda europeia e a taxa de juros.

404 PARTE III ■ Taxas de câmbio e macroeconomia da economia aberta

moeda americana e europeia, M_{US}^s e M_E^s. Dados os níveis de preço e as rendas nacionais dos dois países, o equilíbrio nos mercados monetários nacionais resulta nas taxas de juros de dólar e euro $R_\$$ e R_ϵ. Essas taxas de juros alimentam o mercado de câmbio, em que, dadas as expectativas sobre a taxa de câmbio futura dólar/euro, a taxa atual $E_{\$/\epsilon}$ é determinada pela condição de paridade de juros.

Oferta de moeda dos Estados Unidos e a taxa de câmbio dólar/euro

Agora utilizamos nosso modelo de ligações de mercado de ativos (as ligações entre os mercados monetário e de câmbio) para perguntar como a taxa de câmbio dólar/euro muda quando a Reserva Federal muda a oferta de moeda americana M_{US}^s. Os efeitos dessa mudança estão resumidos na Figura 15.8.

À oferta de moeda inicial M_{US}^1, o mercado monetário está em equilíbrio no ponto 1 com uma taxa de juros $R_\$^1$. Dada a taxa de juros do euro e a taxa de câmbio esperada futura, uma taxa de juros de dólar de $R_\$^1$ implica que o equilíbrio do mercado de câmbio ocorra no ponto 1', com uma taxa de câmbio igual a $E_{\$/\epsilon}^1$.

O que acontece quando o *Federal Reserve*, talvez com medo do início de uma recessão, aumenta a oferta de moeda americana para M_{US}^2? Esse aumento desencadeia esta sequência de eventos: (1) à taxa de juros inicial $R_\$^1$, existe um excesso de oferta de moeda no mercado monetário americano, de forma que a taxa de juros do dólar cai para $R_\$^2$, enquanto o mercado monetário alcança sua nova posição de equilíbrio (ponto 2). (2) Dada a taxa de câmbio $E_{\$/\epsilon}^1$ e a nova e menor taxa de juros em dólares $R_\$^2$, o retorno esperado sobre depósitos em euro é maior do que aquele esperado sobre os depósitos em dólar. Aqueles que mantêm depósitos em dólar, portanto, tentam vendê-los por depósitos em euro, que são momentaneamente mais atrativos. (3) O dólar sofre depreciação para $E_{\$/\epsilon}^2$, à medida que as pessoas que mantêm depósitos em dólar tentam comprar depósitos em euro. O mercado de câmbio está novamente em equilíbrio no ponto 2', porque a movimentação da taxa de câmbio para $E_{\$/\epsilon}^2$ causa uma queda na taxa de depreciação esperada futura suficiente para compensar a queda na taxa de juros do dólar.

Concluímos que *um aumento na oferta de moeda de um país faz com que ela sofra depreciação no mercado de câmbio. Ao inverter a Figura 15.8, você pode ver que uma redução na oferta de moeda de um país faz com que ela se valorize no mercado de câmbio.*

Oferta de moeda da Europa e a taxa de câmbio dólar/euro

Nossas conclusões também se aplicam quando o BCE muda a oferta de moeda europeia. Suponha que o BCE tema uma recessão na Europa e espere impedi-la com uma política monetária mais flexível. Um aumento em M_E^s causa uma depreciação do euro (isto é, uma apreciação do dólar ou uma queda em $E_{\$/\epsilon}$), ao passo que uma redução em M_E^s causa uma apreciação do euro (isto é, uma depreciação do dólar ou um aumento em $E_{\$/\epsilon}$).

O mecanismo em questão, que vai da taxa de juros europeia até a taxa de câmbio, é o mesmo que acabamos de analisar. Desenhar figuras similares às Figuras 15.6 e 15.8, que ilustram a ligação entre o mercado monetário e o mercado de câmbio, para confirmar esses enunciados, é um bom exercício.

Aqui, utilizamos uma abordagem diferente para mostrar como as mudanças na oferta de moeda europeia afetam a taxa de câmbio dólar/euro. No Capítulo 14, aprendemos que uma queda na taxa de juros do euro R_ϵ desloca a linha inclinada para baixo na parte superior da Figura 15.6 para a esquerda. A razão é que para qualquer nível da taxa de câmbio, uma queda em R_ϵ diminui a taxa de retorno esperada sobre depósitos em euro. Já que um aumento na oferta de moeda europeia M_E^s diminui R_ϵ, podemos ver o efeito na taxa de câmbio deslocar para a esquerda a linha do retorno em euro esperado na parte superior da Figura 15.6.

CAPÍTULO 15 ■ Moeda, taxas de juros e taxas de câmbio 405

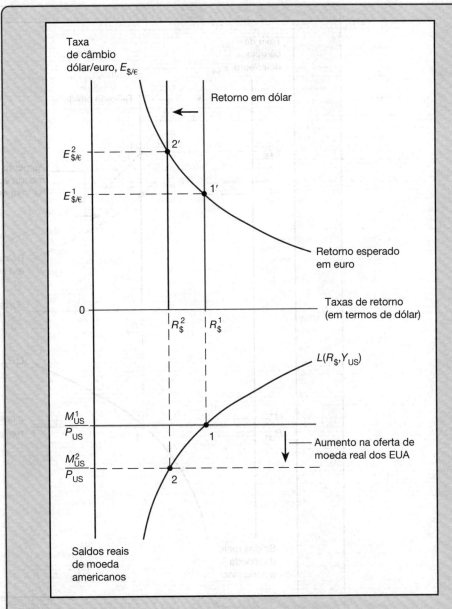

FIGURA 15.8
Efeito da taxa de câmbio dólar/euro e a taxa de juros de dólar de um aumento na oferta de moeda dos EUA.

Dados P_{US} e Y_{US}, quando a oferta de moeda aumenta de M^1_{US} para M^2_{US}, a taxa de juros de dólar declina (à medida que o equilíbrio do mercado monetário é restabelecido no ponto 2) e o dólar sofre depreciação em relação ao euro (ao passo que o equilíbrio do mercado de câmbio é restabelecido no ponto 2′).

O resultado de um aumento na oferta de moeda europeia é mostrado na Figura 15.9. Inicialmente, o mercado monetário americano está em equilíbrio no ponto 1, e o mercado de câmbio está em equilíbrio no ponto 1′, com uma taxa de câmbio $E^1_{\$/€}$. Um aumento na oferta de moeda europeia diminui $R_€$ e, portanto, move para a esquerda a linha que liga o retorno

406 PARTE III ■ Taxas de câmbio e macroeconomia da economia aberta

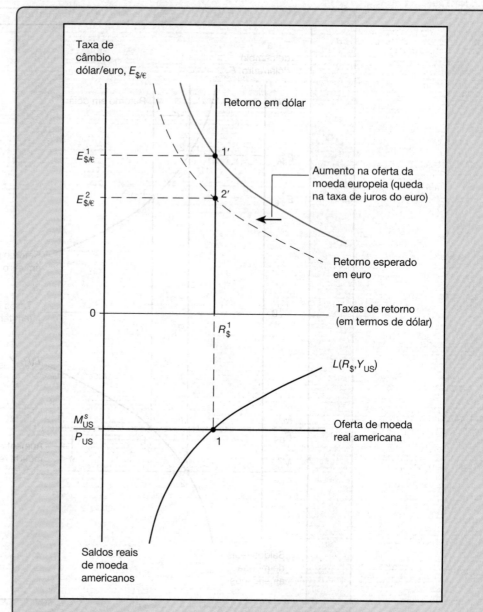

FIGURA 15.9

Efeito de um aumento na oferta de moeda europeia na taxa de câmbio dólar/euro.

Ao diminuir o retorno em dólar de depósitos em euro (mostrado como uma mudança para a esquerda na curva de retorno esperado em euro), um aumento na oferta de moeda europeia faz com que o dólar se aprecie em relação ao euro. O equilíbrio no mercado de câmbio muda do ponto 1' para o ponto 2', mas o equilíbrio no mercado monetário americano permanece no ponto 1.

esperado sobre depósitos em euro para a taxa de câmbio. O equilíbrio no mercado de câmbio é restaurado no ponto 2', com uma taxa de câmbio $E_{\$/€}^2$. Vemos que o aumento na moeda europeia faz o euro sofrer depreciação em relação ao dólar (isto é, causa uma queda no preço em dólar do euro). De forma similar, uma queda na oferta de moeda europeia causaria uma

CAPÍTULO 15 ■ Moeda, taxas de juros e taxas de câmbio **407**

apreciação do euro em relação ao dólar (isto é, $E_{\$/\euro}$ aumentaria). Essa mudança na oferta de moeda europeia não perturba o equilíbrio do mercado monetário americano, que permanece no ponto 1.[5]

Moeda, o nível de preços e a taxa de câmbio no longo prazo

Nossa análise de curto prazo da ligação entre os mercados monetários dos países e o mercado de câmbio apoiou-se na suposição simplificadora de que os níveis de preços e as expectativas da taxa de câmbio eram dados. Para ampliar nosso entendimento sobre como a oferta e a demanda de moeda afetam as taxas de câmbio, devemos examinar como os fatores monetários afetam o nível de preços de um país no longo prazo.

O **equilíbrio de longo prazo** de uma economia é a posição que alcançaria, mais cedo ou mais tarde, se nenhuma surpresa econômica ocorresse durante o ajuste para o pleno emprego. Você pode pensar no equilíbrio de longo prazo como o equilíbrio que seria mantido após todos os salários e preços terem tido tempo suficiente para se ajustar aos seus níveis de equilíbrio de mercado. Uma forma equivalente de pensar nisso é como o equilíbrio ocorreria se os preços fossem flexíveis e sempre se ajustassem de imediato para preservar o pleno emprego.

Ao estudar como as mudanças monetárias se resolvem no longo prazo, examinaremos como essas variações deslocam o equilíbrio de longo prazo da economia. Nossa ferramenta principal é, novamente, a teoria da demanda agregada por moeda.

Moeda e preços da moeda

Se o nível de preços e a produção são fixos no curto prazo, a condição da Equação (15.4) do equilíbrio do mercado monetário,

$$M^s / P = L(R, Y),$$

determina a taxa de juros nacional, R. No entanto, o mercado monetário sempre se move para o equilíbrio, mesmo se deixarmos de lado nossa suposição de "curto prazo" e pensar em períodos durante os quais P e Y, assim como R, podem variar. A condição de equilíbrio anterior pode, portanto, ser rearranjada para resultar:

$$P = M^s / L(R, Y), \tag{15.5}$$

que mostra como o nível de preços depende da taxa de juros, do produto real e da oferta de moeda nacional.

O *nível de preços de equilíbrio de longo prazo* é só o valor de P que satisfaz a condição da Equação (15.5) quando a taxa de juros e o produto estão em seus níveis de longo prazo, isto é, em níveis consistentes de pleno emprego. Quando o mercado monetário está em equilíbrio e todos os fatores de produto são completamente empregados, o nível de preços permanece estável se a oferta de moeda, a função da demanda agregada por moeda e os valores de longo prazo de R e Y permanecem estáveis.

Uma das previsões mais importantes da equação anterior para P refere-se à relação entre o nível de preços de um país e sua oferta de moeda, M^s: *com todo o resto igual, um aumento na oferta de moeda de um país causa um aumento proporcional em seu nível de preços.* Se, por exemplo, a oferta de moeda dobra (para $2M^s$), mas o produto e a taxa de juros não

---

[5]O equilíbrio do mercado monetário americano permanece no ponto 1, pois os ajustes de preço que equilibram o mercado monetário europeu e o mercado de câmbio, após o aumento na oferta de moeda europeia, não mudam nem a oferta de moeda, nem a demanda por moeda nos Estados Unidos, dados Y_{US} e P_{US}.

408 PARTE III ▪ Taxas de câmbio e macroeconomia da economia aberta

mudam, o nível de preços também tem de mudar (para $2P$) para manter o equilíbrio no mercado monetário.

O raciocínio econômico por trás dessa previsão bem precisa é consequência da nossa observação anterior de que a demanda por moeda é uma demanda por retenção de moeda *real*: a demanda real por moeda não é alterada por um aumento em M^s que deixa R e Y (e, portanto, a demanda agregada por moeda real $L[R, Y]$) inalterados. Entretanto, se a demanda por moeda real não muda, o mercado monetário permanece em equilíbrio somente se a oferta real de moeda também permanece a mesma. Para manter a oferta real de moeda M^s/P constante, P deve aumentar em proporção a M^s.

Os efeitos de longo prazo de alterações de oferta de moeda

Nossa teoria de como a oferta de moeda afeta o nível de preços, *dadas* a taxa de juros e a produção, ainda não explica como as mudanças na oferta de moeda afetam o nível de preços no longo prazo. Para desenvolver tal teoria, ainda precisamos determinar os efeitos de longo prazo de uma mudança de oferta de moeda na taxa de juros e na produção. Isso é mais fácil do que você pode pensar. Como argumentamos agora, *uma mudança na oferta de moeda não tem efeito nos valores de longo prazo da taxa de juros ou do produto real.*[6]

A melhor forma de compreender os efeitos de longo prazo da oferta de moeda na taxa de juros e no produto é pensar primeiro sobre uma *reforma monetária*, na qual o governo de um país redefine a unidade monetária nacional. Por exemplo, o governo da Turquia reformou a moeda em 1º de janeiro de 2005, simplesmente ao emitir a "nova" lira turca, cada uma sendo igual a um milhão da "velha" lira turca. O efeito dessa reforma foi baixar a quantidade das unidades da moeda em circulação, e todos os preços de lira, para 1/1.000.000 de seus antigos valores de lira. Mas essa redefinição da unidade monetária não teve nenhum efeito no produto real, na taxa de juros ou nos preços relativos das mercadorias: tudo o que ocorreu foi uma mudança única em todos os valores medidos em lira. Uma decisão de medir distância em meias milhas em vez de milhas teria tão pouco efeito nas variáveis econômicas reais quanto a decisão do governo turco de tirar seis zeros no fim de cada magnitude medida em termos de dinheiro.

Um aumento na oferta da moeda de um país tem o mesmo efeito no longo prazo do que uma reforma na moeda. Duplicar a oferta de moeda, por exemplo, tem o mesmo efeito de longo prazo que uma reforma da moeda na qual cada unidade é substituída por duas unidades da "nova" moeda. Se a economia está, de início, em condição de pleno emprego, todo preço em moeda acaba por dobrar, mas o PNB real, a taxa de juros e todos os preços relativos retornam para seus níveis de pleno emprego ou de longo prazo.

Por que uma mudança na oferta de moeda é como uma reforma monetária em seus efeitos no equilíbrio de longo prazo da economia? O nível de pleno emprego de produção é determinado pelas dotações de mão de obra e de capital da economia, de forma que, no longo prazo, o produto real não depende da oferta de moeda. De forma similar, a taxa de juros é independente da oferta de moeda no longo prazo. Se a oferta de moeda e todos os preços dobram permanentemente, não existe razão pela qual as pessoas que estavam antes dispostas a trocar US$ 1 hoje por US$ 1,10 daqui um ano não estejam dispostas mais tarde a trocarem US$ 2 por US$ 2,20 daqui um ano, então a taxa de juros permanecerá em 10% ao ano. Os preços relativos também permanecem os mesmos se todos os preços em dinheiro dobrarem, já que são apenas índices de preços em dinheiro. Portanto, mudanças na oferta

---

[6]A afirmação anterior refere-se somente a mudanças no *nível* da oferta de moeda nominal e não, por exemplo, a mudanças na *taxa* à qual a oferta de moeda cresce durante o tempo. A proposição de que uma mudança única no nível da oferta de moeda não tem efeitos nos valores de longo prazo das variáveis econômicas reais é frequentemente chamada de *neutralidade da moeda no longo prazo*. Em contrapartida, mudanças na taxa de crescimento da oferta de moeda não precisam ser neutras em longo prazo. No mínimo, uma mudança sustentada na taxa de crescimento monetário acabará por afetar o equilíbrio dos saldos monetários reais ao aumentar a taxa de juros monetária (como discutiremos no próximo capítulo).

CAPÍTULO 15 ■ Moeda, taxas de juros e taxas de câmbio **409**

de moeda não alteram a alocação de recursos no longo prazo. Só o nível absoluto dos preços em moeda muda.[7]

Portanto, quando estudamos o efeito de um aumento na oferta de moeda durante longos períodos de tempo, estamos justificados em supor que os valores de longo prazo R e Y não serão alterados por uma mudança na oferta de moeda. Então, podemos tirar a seguinte conclusão da Equação (15.5): *um aumento permanente na oferta de moeda causa um aumento proporcional no valor de longo prazo do nível de preços. Em especial, se a economia está inicialmente em pleno emprego, um aumento permanente na oferta de moeda será, mais cedo ou mais tarde, seguido por um aumento proporcional no nível de preços.*

Evidências empíricas sobre ofertas de moeda e níveis de preços

Ao analisar os dados reais sobre moeda e preços, não devemos esperar ver uma relação exatamente proporcional durante longos períodos, em parte porque a produção, a taxa de juros e a função da demanda agregada por moeda real podem mudar por razões que não têm nada a ver com a oferta de moeda. Mudanças no produto devido ao acúmulo de capital e avanço tecnológico (p. ex., computadores mais poderosos) e o comportamento da demanda por moeda podem mudar como resultado de tendências demográficas ou inovações financeiras, como sistemas de transferência eletrônica de dinheiro. Além disso, economias reais raramente estão em posições de equilíbrio de longo prazo. Ainda assim, devemos esperar que os dados mostrem uma associação clara e positiva entre ofertas de moeda e níveis de preços. Se os dados do mundo real não fornecessem fortes evidências de que as ofertas de moeda e os níveis de preços andam juntos no longo prazo, a utilidade da teoria da demanda por moeda que desenvolvemos estaria em dúvida.

As grandes oscilações nas taxas de nível de preços na América Latina em décadas recentes tornam a região um estudo de caso ideal da relação entre ofertas de moeda e níveis de preços. A inflação do nível de preços era alta e variável na América Latina havia mais de uma década quando esforços de reforma macroeconômica começaram a diminuir a inflação por volta de meados da década de 1990.

Com base em nossas teorias, esperaríamos encontrar oscilações tão drásticas nas taxas de inflação acompanhadas por oscilações nas taxas de crescimento das ofertas de moeda. Essa expectativa é confirmada pela Figura 15.10, que traça as taxas médias de crescimento da oferta de moeda em relação às taxas anuais de inflação durante o período de 1980 a 2014. Em média, os anos com maior crescimento monetário também tendem a ser os com maior inflação. Além disso, os dados apontam um agrupamento em volta da linha de 45 graus, ao longo da qual as ofertas de moeda e os níveis de preços aumentam em proporção um ao outro.

A principal lição da Figura 15.10 é que os dados confirmam a forte ligação de longo prazo entre as ofertas de moeda nacional e os níveis de preços nacionais previstos pela teoria econômica.

A Figura 15.11 apresta outra ilustração da relação entre crescimento da oferta de moeda e inflação, o caso da Venezuela, que teve níveis excepcionalmente altos de ambos no final da década de 2010. Por ora, no século XXI, a experiência inflacionária da Venezuela só pode ser comparada à do Zimbábue, que discutiremos em mais detalhes posteriormente, e também foi causada pela necessidade do governo de imprimir dinheiro para suprir suas necessidades orçamentárias durante um período de dificuldades econômicas.

---

[7]Para entender de forma mais completa por que uma mudança isolada na oferta de moeda não altera o nível de longo prazo da taxa de juros, pode ser útil imaginar que as taxas de juros medidas em termos de moeda definem os preços relativos de unidades monetárias disponíveis em diferentes datas. Se a taxa de juros do dólar é R por cento ao ano, abrir mão de US$ 1 hoje compra (US$ $1 + R$) ano que vem. Portanto, $1/(1 + R)$ é o preço relativo de dólares futuros em termos de dólares atuais, e esse preço relativo não mudaria se o valor real das unidades monetárias subisse ou descesse pelo mesmo fator em todas as datas.

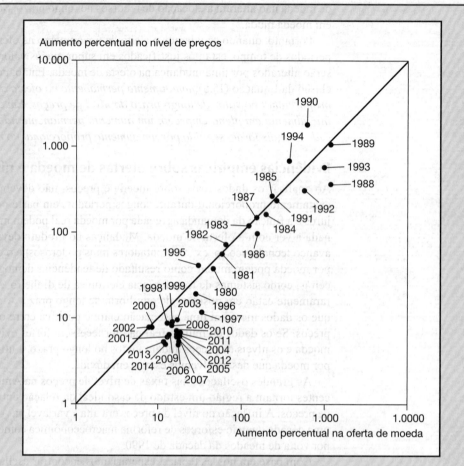

FIGURA 15.10
Crescimento médio da moeda e da inflação em países em desenvolvimento no hemisfério ocidental, 1980-2014.

Mesmo ano por ano, existe uma forte relação positiva entre o crescimento médio da oferta da moeda latino-americana e da inflação (os dois eixos têm escala logarítmica).

Fonte: Banco de dados de indicadores de desenvolvimento do Banco Mundial e cálculos próprios. Agregados regionais são ponderados pelas parcelas do PIB em dólar no total regional do PIB em dólar.

Moeda e taxa de câmbio no longo prazo

O preço da moeda estrangeira em moeda nacional é um dos muitos preços na economia que aumenta no longo prazo após um aumento permanente na oferta de moeda. Se você pensar novamente sobre os efeitos de uma reforma monetária, verá como a taxa de câmbio move-se no longo prazo. Suponha que o governo americano substitua cada par de dólares "velhos" com um "novo" dólar. Então, se a taxa de câmbio dólar/euro fosse 1,20 dólar *velho* por euro antes da reforma, depois ela mudaria imediatamente para 0,60 dólar *novo* por euro. Da mesma forma, uma redução para a metade da oferta de moeda americana faria, mais cedo ou mais tarde, com que o dólar se valorizasse de uma taxa de câmbio de 1,20 dólares/euro para uma de 0,60 dólares/euro. Já que os preços em dólar de todas as mercadorias e serviços americanos também seriam diminuídos pela metade, essa apreciação de 50% do dólar deixaria os preços *relativos* de todas as mercadorias e serviços americanos e estrangeiros inalterados.

Concluímos que, com todo o resto igual, *um aumento permanente na oferta de moeda de um país causa uma depreciação de longo prazo proporcional de sua moeda em relação*

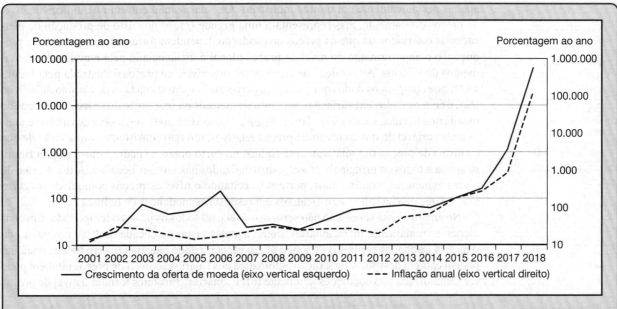

FIGURA 15.11
Crescimento da oferta de moeda e inflação na Venezuela, 2001-2018.
O crescimento da oferta de moeda e a inflação da Venezuela explodiram no final da década de 2010 (ambos os eixos verticais têm escalas logarítmicas).

Fonte: Para a oferta de moeda, Banco Central de Venezuela. Para a inflação de preços ao consumidor, Fundo Monetário Internacional, banco de dados *World Economic Outlook*, abr. 2020.

às moedas estrangeiras. De forma similar, uma queda permanente na oferta de moeda de um país causa uma apreciação de longo prazo proporcional de sua moeda em relação às moedas estrangeiras.

Dinâmica da inflação e taxa de câmbio

Nesta seção, reunimos nossos achados sobre o curto e o longo prazos relativos aos efeitos das mudanças monetárias ao examinar o processo pelo qual o nível de preços se ajusta para sua posição de longo prazo. Uma economia passa por **inflação** quando seu nível de preços está subindo e sofre **deflação** quando seu nível de preços está caindo. Nossa análise sobre a inflação nos dará uma compreensão mais profunda de como a taxa de câmbio ajusta-se às perturbações monetárias na economia.

Rigidez de preços de curto prazo *versus* flexibilidade de preços de longo prazo

Nossa análise dos efeitos de curto prazo das mudanças monetárias supunha que o nível de preços de um país, ao contrário de sua taxa de câmbio, não salta de imediato. Essa suposição não pode estar exatamente correta, porque muitas *commodities*, como produtos agrícolas, são negociadas em mercados nos quais os preços se ajustam bruscamente todos os dias, conforme a oferta ou a demanda mudam. Além disso, as mudanças da taxa de câmbio em si podem afetar os preços de algumas mercadorias e serviços negociáveis que entram na cesta de *commodities* que define o nível de preços.

Muitos preços na economia, entretanto, são definidos em contratos de longo prazo e não podem ser alterados imediatamente quando as mudanças na oferta de moeda ocorrem. Os preços mais importantes desse tipo são os salários dos trabalhadores, que são negociados apenas periodicamente em muitas indústrias. Os salários não entram nos índices de nível de preços diretamente, mas representam uma grande fração do custo de produção de mercadorias e serviços. Já que os preços de produção dependem fortemente dos custos da produção, o comportamento do nível de preços global é influenciado pela lentidão dos movimentos de salários. A "rigidez" de curto prazo dos níveis de preços é ilustrada pela Figura 15.11, que compara os dados em variações percentuais mensais na taxa de câmbio dólar/iene ($E_{\$/¥}$), com os dados em variações percentuais mensais na proporção dos níveis de preços de moeda nos Estados Unidos e no Japão, P_{US}/P_J. Como você pode ver, a taxa de câmbio é muito mais variável do que os níveis de preços relativos, um fato consistente com a visão de que os níveis de preços são relativamente rígidos no curto prazo. O padrão mostrado na figura se aplica a todos os principais países industrializados nas últimas décadas. À luz dessa e de outras evidências, continuamos, portanto, aceitando o nível de preços como dado no curto prazo e que não há saltos significativos em resposta às mudanças de política.

No entanto, essa suposição não seria razoável para todos os países o tempo todo. Em condições extremamente inflacionárias, como aquelas vistas na década de 1980 nos países da América Latina, os contratos de longo prazo especificando pagamentos em moeda nacional podem cair em desuso. A indexação automática dos salários ao nível de preços também pode ser generalizada sob condições altamente inflacionárias. Tais fatos tornam o nível de preços

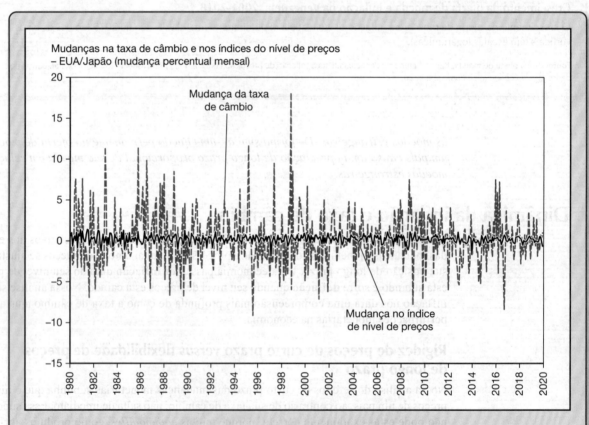

FIGURA 15.12

Variabilidade mensal da taxa de câmbio dólar/iene e da relação dos níveis de preços EUA/Japão, 1980-2019.

A variabilidade mês a mês muito maior da taxa de câmbio sugere que os níveis de preços são relativamente rígidos em curto prazo.

Fonte: Níveis de preços do Fundo Monetário Internacional, *International Financial Statistics*. Taxa de câmbio do Global Financial Data.

CAPÍTULO 15 ■ Moeda, taxas de juros e taxas de câmbio **413**

muito menos rígido do que seria sob inflação moderada, e grandes saltos no nível de preços tornam-se possíveis. No entanto, certa rigidez de preço pode permanecer mesmo diante de taxas de inflação que seriam consideradas altas pelos padrões cotidianos dos países industrializados. Por exemplo, a taxa de inflação turca de 30% em 2002 parece alta até ser comparada com a depreciação de 114% da lira turca em relação ao dólar americano no mesmo ano.

Ainda assim, nossa análise, que supõe a rigidez dos preços no curto prazo, é mais aplicável a países com históricos de níveis de preços comparativamente estáveis, como os Estados Unidos. Mesmo nos casos de países com baixa inflação, existe um debate acadêmico vigoroso sobre a possibilidade de que salários e preços aparentemente rígidos são, na realidade, bastante flexíveis.[8]

Embora o nível de preços pareça demonstrar rigidez no curto prazo em muitos países, uma mudança na oferta de moeda cria pressões imediatas de demanda e custo que, mais cedo ou mais tarde, levam a aumentos *futuros* no nível de preços. Essas pressões vêm de três fontes principais:

1. *Excesso de demanda por produto e mão de obra.* Um aumento na oferta de moeda tem um efeito expansionista na economia, aumentando a demanda total por mercadorias e serviços. Para suprir essa demanda, os produtores de mercadorias e serviços devem empregar hora extra para os trabalhadores e fazer novas contratações. Mesmo se os salários são dados no curto prazo, a demanda adicional por mão de obra permite aos trabalhadores pedirem maiores salários na próxima rodada de negociação. Os produtores estão dispostos a pagar esses salários altos porque sabem que em uma economia em expansão, não será difícil repassar esses custos para os consumidores por meio de preços mais altos dos seus produtos.
2. *Expectativas inflacionárias.* Se todo mundo espera que o nível de preços aumente no futuro, suas expectativas aumentarão o ritmo da inflação hoje. Os trabalhadores negociando contratos de salário insistirão em maiores salários para compensar o efeito do aumento geral antecipado nos preços em seus salários reais. Os produtores, de novo, cederão a essas demandas de salário se esperam que os preços dos produtos aumentem e cubram os custos adicionais de salário.
3. *Preços de matérias-primas.* Muitas matérias-primas utilizadas na produção de mercadorias finais, como produtos petrolíferos e metais, são vendidas em mercados nos quais os preços ajustam-se drasticamente, mesmo no curto prazo. Ao fazer com que os preços de tais materiais saltem assim, um aumento na oferta de moeda faz os custos da produção das indústrias que utilizam os materiais subirem. Mais cedo ou mais tarde, os produtores dessas indústrias aumentarão os preços do produto para cobrir seus custos altos.

CRESCIMENTO DA OFERTA DE MOEDA E HIPERINFLAÇÃO NO ZIMBÁBUE

Desde a Revolução Francesa, ocorreram mais de trinta episódios registrados de *hiperinflação*: uma inflação explosiva e aparentemente incontrolável na qual o dinheiro perde valor rapidamente e pode até cair em desuso. Todas as hiperinflações foram impulsionadas por um crescimento massivo na oferta de moeda, começando com a emissão de uma moeda em papel pelo governo revolucionário francês, chamada de *assignats*, para cobrir suas despesas.

---

[8]Para uma discussão sobre esse debate e as evidências empíricas de que os preços e salários agregados nos Estados Unidos apresentam uma rigidez significativa, veja o livro de Hall e Pappel listado nas Leituras Adicionais. Outros resumos de evidências americanas são dados em Mark A. Wynne. "Sticky Prices: What Is the Evidence?". *Federal Reserve Bank of Dallas Economic Review*, p. 1-12, 1º trim. 1995; e em Peter J. Klenow e Benjamin A. Malin, "Microeconomic Evidence on Price Setting". In: Benjamin M. Friedman e Michael Woodford (Eds.). *Handbook of Monetary Economics*. Amsterdã: Elsevier, 2010, v. 3.

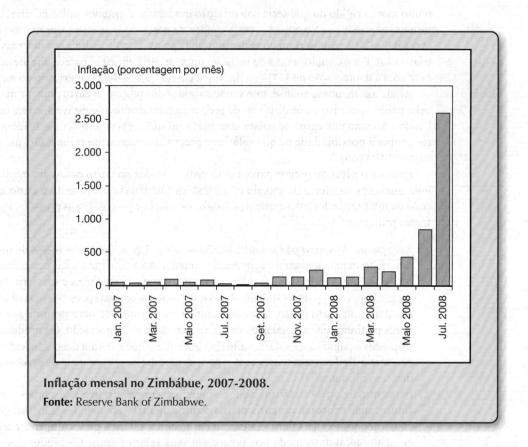

Inflação mensal no Zimbábue, 2007-2008.
Fonte: Reserve Bank of Zimbabwe.

Um dos únicos dois episódios de hiperinflação no século XXI (o outro foi a Venezuela), mas um dos mais extremos já vistos, aconteceu na nação africana do Zimbábue entre 2007 e 2009. Durante as hiperinflações, a magnitude das mudanças monetárias é tão enorme que os efeitos de "longo prazo" do dinheiro no nível de preços podem ocorrer muito depressa. Portanto, esses episódios fornecem condições laboratoriais bem adaptadas para testar as teorias de longo prazo sobre os efeitos das ofertas de moeda nos preços.[9]

Como outras hiperinflações, a do Zimbábue foi alimentada pela necessidade do governo de imprimir dinheiro para cobrir seus gastos. Essas despesas incluíam uma guerra de quatro anos no Congo, que começara em 1998, e o apoio em grande escala à agricultura, tudo em uma época na qual os estrangeiros estavam retirando os empréstimos, o investimento e o auxílio externo por causa da turbulência política interna. O resultado foi a inflação, e a taxa de câmbio da moeda, embora oficialmente controlada pelo governo, sofreu depreciação rapidamente em um mercado negro paralelo em que as forças de mercado prevaleciam. Em 1º de abril de 2006, o governo realizou uma reforma monetária, criando um novo dólar zimbabuano (Z$), equivalente a 1.000 dólares zimbabuanos antigos.

Em 2007, a inflação alta transformou-se em hiperinflação, como ilustrado na Figura 15.12. A taxa de inflação mensal ultrapassou 50% em março de 2007 e subiu a partir daí. Em 1º de julho de 2008, o governo emitiu uma nota de Z$ 100 bilhões (na época, igual a cerca do preço de três ovos) e no mês seguinte realizou uma nova reforma monetária com cada *novo*

---

[9]Em um trabalho clássico, o falecido Phillip Cagan, economista da Universidade de Columbia, estabeleceu o limite entre inflação e hiperinflação em uma taxa de inflação de 50% ao mês (que, por meio do poder dos juros compostos, chega a 12.875% ao ano). Veja: "The Monetary Dynamics of Hyperinflation" em Milton Friedman (Ed.). *Studies in the Quantity Theory of Money.* Chicago: University of Chicago Press, 1956. p. 25-117. O que temos de dados disponíveis do século XVIII indicam que o episódio da Revolução Francesa (1789-1796) atingiu uma taxa de inflação mensal máxima de mais de 143%.

Z$ equivalente a 10 bilhões dos *antigos* dólares zimbabuanos novos. Mas a situação só piorou. De acordo com as estatísticas oficiais do CPI do Reserve Bank do Zimbabwe (RBZ), o banco central, o nível de preços aumentou por um fator de 36.661.304 entre janeiro de 2007 e julho de 2008 (quando o banco parou de informar os dados sobre preços). Os números do RBZ podem estar subestimados. De acordo com um relatório, a taxa de inflação apenas para o mês de outubro de 2008 ultrapassou 33.000.000%![10] Ainda outra reforma monetária, em 3 de fevereiro de 2009, criou o quarto Z$, equivalente a 1 trilhão das unidades monetárias anteriores.

No começo de 2009, entretanto, a hiperinflação estava chegando a um fim por si só, porque as pessoas estavam evitando o instável Z$ e, em vez dele, recorriam a moedas estrangeiras como o dólar americano, o rand sul-africano e o pula de Botsuana. Um novo governo de coalizão legalizou a utilização de moeda estrangeira, suspendeu o estatuto de curso legal do Z$ e anunciou que conduziria todas as suas transações em dólares americanos. É importante dizer que o governo (que não podia mais imprimir dinheiro) adotou uma regra de "orçamento de caixa", que só o permitia gastar o dinheiro que arrecadasse por meio de impostos. Como o Z$ rapidamente caiu em desuso, o RBZ desistiu de informar sua taxa de câmbio após 6 de novembro de 2009. A inflação (agora medida em termos de dólares americanos) caiu drasticamente em 2009.[11] Embora várias moedas tenham continuado a circular lado a lado, o dólar americano tornou-se dominante. Assim, a taxa de inflação medida em dólares americanos tornou-se a mais importante para as empresas e famílias do Zimbábue.

Após 2009, o Zimbábue ainda sofria com diversos problemas econômicos, muitos deles decorrentes dos seus anos de instabilidade macroeconômica extrema e distorções estruturais contínuas, incluindo a corrupção onipresente no país. A inflação, entretanto, não era mais um deles: a inflação dos preços em dólar continuou baixa, de menos de 5% ao ano.

Infelizmente, após 2014, a inflação baixa e positiva transformou-se em deflação, isto é, em uma taxa de inflação negativa. Uma queda persistente nos preços traz suas próprias complicações, como discutiremos no Capítulo 17. A deflação do Zimbábue refletia, além da baixa inflação dos EUA, também um revés mais profundo para a economia do país, um colapso nos preços mundiais das suas principais exportações: *commodities* como minério de ferro, madeira e algodão. Ao adotar uma moeda estrangeira, o governo zimbabuano abriu mão da sua capacidade de controlar a própria oferta de moeda. O governo não tinha como criar moeda para combater a inflação e tinha que depender de superávits da conta corrente, auxílio externo e remessas de trabalhadores no estrangeiro como forma de importar os dólares americanos necessários para compor suas oferta de moeda.

Dada a fraqueza das suas exportações, a economia do Zimbábue precisava desesperadamente de dólares em 2015, então, no ano seguinte, o governo introduziu "notas de títulos" lastreadas por um empréstimo de 200 milhões de dólares do Banco Africano de Exportações e Importações.[12] As notas de títulos logo sofreram depreciação, entretanto, isso levou o governo a criar novas notas eletrônicas como forma de ampliar a oferta. Em fevereiro de 2019, o governo fundiu essas notas com uma nova moeda eletrônica, chamada zimdollar, ou dólar zimbabuano, e começou a emitir papel-moeda do zimdollar em novembro do mesmo ano.

Em meio a esse caos monetário e com o incentivo constante para que o governo emitisse moeda de forma a financiar seus déficits, a inflação alta reapareceu. De acordo com dados do RBZ, a inflação em fevereiro de 2020 foi de 13,5% (equivalente a 540% ao ano), e em março de 2020 foi de 26,6% (676% anuais). Forçados a enfrentar o caos de uma nova recessão global e a pandemia da covid-19, os cidadãos do Zimbábue preparavam-se para meses ainda mais difíceis no seu futuro próximo.

---

[10]Veja: Tara McIndoe-Calder. "Hyperinflation in Zimbabwe". Manuscrito não publicado. Banco Central da Irlanda, mar. 2011.

[11]Para relatos mais detalhados, veja Janet Koech. "Hyperinflation in Zimbabwe". In: *Globalization and Monetary Policy Institute 2011 Annual Report*, Federal Reserve Bank de Dallas, p. 2-12; e Joseph Noko. "Dollarization: The Case of Zimbabwe". *Cato Journal*, v. 31, p. 339-365, primavera/verão 2011.

[12]Veja: "Who Wants to Be a Trillionaire? Zimbabwe's New Currency", *The Economist*, 14 de maio de 2016.

Alterações permanentes de oferta de moeda e a taxa de câmbio

Agora aplicamos nossa análise da inflação para estudar o ajuste da taxa de câmbio dólar/euro após um aumento *permanente* na oferta da moeda americana. A Figura 15.13 mostra os efeitos tanto do curto prazo (Figura 15.13a) quanto do longo prazo (Figura 15.13b) dessa perturbação. Vamos supor que a economia comece com todas as variáveis em seus níveis de longo prazo e que o produto permaneça constante conforme a economia ajusta-se à mudança da oferta de moeda.

A Figura 15.13a supõe que o nível de preços americano é dado inicialmente em P_{US}^1. Um aumento na oferta nominal de moeda de M_{US}^1 para M_{US}^2, portanto, aumenta a oferta real de moeda de M_{US}^1/P_{US}^1 para M_{US}^2/P_{US}^1 no curto prazo, diminuindo a taxa de juros de $R_\$^1$ (ponto 1) para $R_\$^2$ (ponto 2). Até agora, nossa análise procede assim como prosseguiu anteriormente neste capítulo.

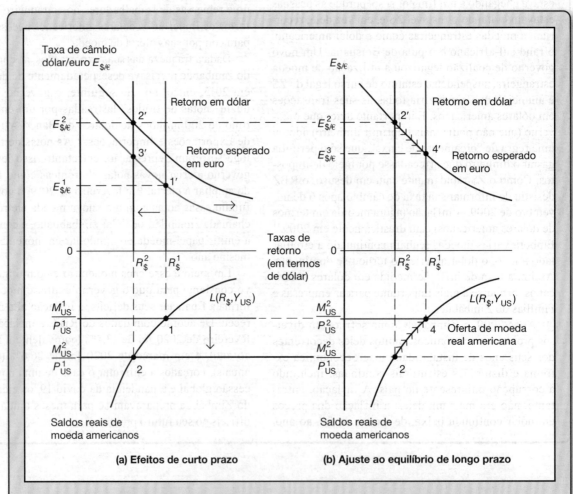

FIGURA 15.13
Efeitos de curto e longo prazo de um aumento na oferta de moeda americana (dado o produto real, *Y*).

(a) Ajuste em curto prazo dos mercados de ativos. (b) Como a taxa de juros, o nível de preços e a taxa de câmbio movem-se ao longo do tempo à medida que a economia aproxima-se do seu equilíbrio de longo prazo.

CAPÍTULO 15 ■ Moeda, taxas de juros e taxas de câmbio **417**

A primeira mudança na nossa análise acontece quando perguntamos como a mudança da oferta da moeda americana (mostrada na parte de baixo do painel [a]) afeta o mercado de câmbio (mostrado na parte de cima do painel [b]). Como antes, uma queda na taxa de juros americana é mostrada como uma mudança para a esquerda na linha vertical que apresenta o retorno sobre depósitos em dólar. No entanto, essa não é mais a história toda, pois o aumento da oferta da moeda agora afeta as *expectativas da taxa de câmbio*. Como a mudança na oferta de moeda americana é permanente, as pessoas esperam um aumento de longo prazo em todos os preços em dólar, incluindo a taxa de câmbio, que é o preço em dólares do euro. Como você deve lembrar do Capítulo 14, um aumento na taxa de câmbio futura esperada do dólar/euro (uma futura depreciação do dólar) aumenta o retorno esperado em dólar de depósitos em euro. Portanto, isso move a linha inclinada para baixo na parte de cima da Figura 15.13a para a direita. O dólar sofre depreciação em relação ao euro, movendo-se de uma taxa de câmbio de $E^1_{\$/\epsilon}$ (ponto 1′) para $E^2_{\$/\epsilon}$ (ponto 2′). Perceba que a depreciação do dólar é maior do que seria se a taxa de câmbio futura esperada dólar/euro ficasse fixa (assim como poderia se o aumento da oferta de moeda fosse temporário em vez de permanente). Se a expectativa $E^e_{\$/\epsilon}$ não mudasse, o novo equilíbrio de curto prazo seria no ponto 3′ em vez de no ponto 2.

A Figura 15.13b mostra como a taxa de juros e a taxa de câmbio comportam-se enquanto o nível de preços aumenta durante o ajuste da economia para o seu equilíbrio de longo prazo. O nível de preços começa a aumentar do nível inicial dado P^1_{US}, eventualmente alcançando P^2_{US}. Como o aumento de longo prazo no nível de preços deve ser proporcional ao aumento da oferta de moeda, a oferta *real* de moeda final, M^2_{US}/P^2_{US}, é mostrada igual à oferta real de moeda inicial, M^1_{US}/P^1_{US}. Já que o produto é dado e a oferta real de moeda voltou ao nível original, a taxa de juros de equilíbrio deve novamente igualar $R^1_\$$ no longo prazo (ponto 4). A taxa de juros, portanto, aumenta de $R^2_\$$ (ponto 2) para $R^1_\$$ (ponto 4) conforme o nível de preços aumenta de P^1_{US} para P^2_{US}.

A crescente taxa de juros dos EUA tem efeitos cambiais que também podem ser observados na Figura 15.13b: o dólar se *aprecia* em relação ao euro no processo de ajuste. Se as expectativas da taxa de câmbio não mudarem mais durante o processo de ajuste, o mercado de câmbio move-se para a posição de longo prazo ao longo da linha inclinada para baixo, definindo o retorno em dólares dos depósitos em euro. A trajetória do mercado é o caminho traçado pela linha vertical da taxa de juros do dólar quando ela se move para a direita, por causa do aumento gradual do nível de preços. No longo prazo (ponto 4′), a taxa de câmbio de equilíbrio, $E^3_{\$/\epsilon}$, é mais alta do que o equilíbrio original, ponto 1′. Como o nível de preços, a taxa de câmbio dólar/euro aumentou proporcionalmente ao aumento na oferta de moeda.

A Figura 15.14 mostra as trajetórias no tempo como as que descrevemos para a oferta de moeda americana, a taxa de juros do dólar, o nível de preços e a taxa de câmbio dólar/euro. A figura é desenhada de forma que os aumentos do nível de preços de longo prazo (Figura 15.14c) e a taxa de câmbio (Figura 5.14d) sejam proporcionais ao aumento na oferta de moeda (Figura 15.14a).

Ultrapassagem da taxa de câmbio (*overshooting*)

Em sua depreciação inicial após o aumento na oferta de moeda, a taxa de câmbio salta de $E^1_{\$/\epsilon}$ até $E^2_{\$/\epsilon}$, uma depreciação maior do que a de *longo prazo*, de $E^1_{\$/\epsilon}$ para $E^3_{\$/\epsilon}$ (veja a Figura 15.14d). Diz-se que ocorre ultrapassagem da taxa de câmbio quando sua resposta imediata a uma alteração é maior do que a de longo prazo. A **ultrapassagem da taxa de câmbio** é um fenômeno importante, pois ajuda a explicar por que as taxas de câmbio movem-se tão drasticamente de um dia para o outro.

A explicação econômica da ultrapassagem vem da condição de paridade de juros. A explicação é mais fácil de compreender se pressupormos que antes que o aumento da oferta de moeda ocorra pela primeira vez, nenhuma mudança na taxa de câmbio dólar/

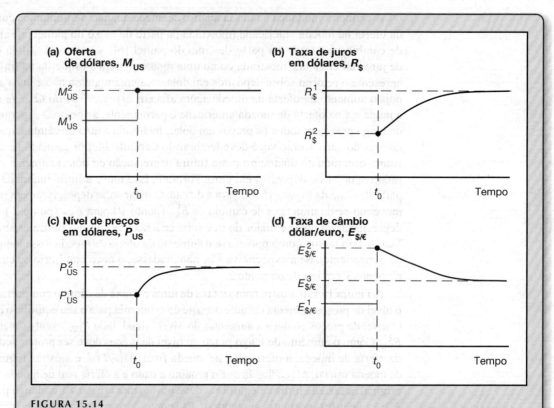

FIGURA 15.14

Trajetória no tempo das variáveis econômicas americanas após um aumento permanente na oferta de moeda dos EUA.

Depois que a oferta de moeda aumenta em t_0 no painel (a), a taxa de juros (no painel [b]), o nível de preços (no painel [c]) e a taxa de câmbio (no painel [d]) movem-se, como mostrado, em direção aos níveis de longo prazo. Como indicado no painel (d) pelo salto inicial de $E^1_{\$/\euro}$ para $E^2_{\$/\euro}$, a taxa de câmbio ultrapassa no curto prazo antes de estabelecer-se em seu nível de longo prazo, $E^3_{\$/\euro}$.

euro é esperada, de forma que $R^1_\$$ é igual a $R_\euro$, a taxa de juros dada de depósitos em euro. Um aumento permanente na oferta de moeda americana não afeta $R_\euro$, de forma que faz $R^1_\$$ cair para baixo de $R_\euro$ e permanecer abaixo dessa taxa de juros (Figura 15.14b) até que o nível de preços americano tenha completado seu ajuste de longo prazo para P^2_{US}, mostrado na Figura 15.14c. No entanto, para que o mercado de câmbio esteja em equilíbrio durante esse processo de ajuste, a diferença de juros a favor dos depósitos em euro deve ser compensada por uma *apreciação* esperada do dólar em relação ao euro, isto é, uma queda esperada em $E_{\$/\euro}$. Apenas se a taxa de câmbio dólar/euro ultrapassar $E^3_{\$/\euro}$ os participantes do mercado esperarão de início uma apreciação subsequente do dólar em relação ao euro.

A ultrapassagem é uma consequência direta da rigidez de curto prazo do nível de preços. Em um mundo hipotético, no qual o nível de preços poderia se ajustar imediatamente para o novo nível de longo prazo após um aumento da oferta de moeda, a taxa de juros do dólar não cairia, porque os preços *se ajustariam* imediatamente e impediriam que a oferta real de moeda aumentasse. Portanto, não existiria necessidade de ultrapassagem para manter o equilíbrio no mercado de câmbio. A taxa de câmbio manteria o equilíbrio simplesmente subindo de imediato para seu novo nível de longo prazo.

CAPÍTULO 15 ■ Moeda, taxas de juros e taxas de câmbio **419**

ESTUDO DE CASO

Uma inflação mais elevada pode levar à *apreciação* da moeda? As consequências das metas de inflação

No modelo de ultrapassagem que acabamos de examinar, um aumento na oferta de moeda resulta em maior inflação e depreciação da moeda, como mostrado na Figura 15.13. Pode parecer confuso, então, que os leitores da editoria de economia frequentemente vejam manchetes como a do *Financial Times* em 24 de maio de 2007: "Inflação impulsiona o dólar canadense para cima". À luz desse modelo aparentemente razoável definido neste capítulo, tais afirmações podem, de alguma forma, fazer sentido?

A leitura da reportagem do *Financial Times* sobre a inflação canadense oferece uma pista. De acordo com o jornal:

> Analistas disseram que o principal fator por trás do surto recente de apreciação do dólar canadense foram os dados da inflação maior do que a esperada para abril, para a qual o mercado de títulos precificou totalmente um aumento de 25 pontos-base nas taxas de juros canadenses até o final do ano.

Se os bancos centrais agem de modo a aumentar as taxas de juros quando a inflação sobe, então uma vez que maiores taxas de juros causam a apreciação da moeda, seria possível resolver a aparente contradição do nosso modelo. No entanto, para fazê-lo por completo, devemos considerar dois aspectos da forma pela qual bancos centrais modernos de fato formulam e implementam a política monetária.

1. *A taxa de juros, não a oferta de moeda, é o instrumento principal da política monetária.* Atualmente, a maioria dos bancos centrais na verdade não visa à oferta de moeda a fim de controlar a inflação. Em vez disso, visam a uma taxa de juros de referência de curto prazo (como a taxa diretora *overnight*, conhecida como *federal funds rate* nos Estados Unidos). Como essa nossa discussão sobre o equilíbrio do mercado monetário ajuda-nos a compreender esse processo? Considere a Figura 15.3 e suponha que o banco central deseja definir uma taxa de juros de R^1. Ele poderia simplesmente concordar em fornecer ou tomar todo o dinheiro que o mercado deseja negociar àquela taxa de juros. Se a oferta de moeda está inicialmente em Q^2, por exemplo, existirá um excesso de demanda por dinheiro à taxa de juros R^1, então as pessoas venderão os títulos para o banco central por moeda (na prática, tomarão empréstimos), até que a oferta de moeda tenha expandido para Q^1 e o excesso de demanda tenha acabado. Os bancos centrais tendem a definir uma taxa de juros, em vez de uma oferta de moeda, porque a linha de demanda por moeda $L(R, Y)$ desloca-se de forma imprevisível na prática. Se o banco central fosse fixar a oferta de moeda, o resultado seria volatilidade elevada e possivelmente prejudicial da taxa de juros. É, portanto, mais prático fixar a taxa de juros e deixar a oferta de moeda ajustar-se automaticamente quando necessário.[13]

---

[13]Para um relato não técnico da implementação das políticas modernas dos bancos centrais, veja Michael Woodford. "Monetary Policy in a World without Money". *International Finance*, v. 3, p. 229-260, jul. 2000. A provocação do título de Woodford ("política monetária em um mundo sem dinheiro") aponta para outra vantagem do instrumento da taxa de juros para os bancos centrais: é possível conduzir políticas monetárias mesmo se depósitos bancários pagam juros a taxas competitivas. Para muitos propósitos, entretanto, é razoável ignorar a variabilidade da linha $L(R, Y)$ e simplesmente supor que o banco central define diretamente a oferta de moeda. No restante do livro adotaremos, em geral, essa suposição simplificadora. A principal exceção será quando introduzirmos as taxas de câmbio fixas no Capítulo 18. Para uma reformulação simples da teoria da política monetária em termos de uma taxa de juros em vez de um instrumento de oferta de moeda, veja o trabalho de David Romer nas Leituras Adicionais deste capítulo.

420 PARTE III ▪ Taxas de câmbio e macroeconomia da economia aberta

No entanto, nossa discussão anterior sobre a relação positiva entre a oferta de moeda e o nível de preços vai levá-lo a um possível problema de um instrumento de taxa de juros. Se a oferta de moeda pode aumentar ou diminuir livremente, conforme os desejos coletivos dos mercados, como o nível de preços e a inflação podem ser mantidos sob controle? Por exemplo, se os atores duvidam da firmeza do banco central para controlar a inflação, e de repente elevam o nível de preços porque esperam preços mais altos no futuro, eles simplesmente poderiam pegar mais dinheiro emprestado do banco central, o que causaria o aumento necessário da oferta de moeda para sustentar preços altos no longo prazo. Essa possibilidade preocupante nos traz para o segundo pilar da política monetária moderna.

2. *A maioria dos bancos centrais ajusta sua política de taxas de juros expressamente de modo a manter a inflação sob controle.* Um banco central pode evitar que a inflação suba ou desça demais ao aumentar a taxa de juros quando descobre que a inflação está acima do esperado e baixá-la quando está menor. Como veremos de forma mais completa no Capítulo 17, um aumento na taxa de juros, que faz a moeda se valorizar, amortece a demanda pelos produtos de um país ao encarecê-los em comparação às mercadorias estrangeiras. Essa queda na demanda, por sua vez, promove preços nacionais menores. Uma queda na taxa de juros, simetricamente, apoia os preços nacionais. Na verdade, muitos bancos centrais agora seguem estratégias formais de *meta de inflação*, sob as quais anunciam uma meta (ou uma faixa) para a taxa de inflação e ajustam a taxa de juros para manter a inflação na meta. Alguns bancos centrais têm como alvo a chamada *inflação de base*, que é a inflação no nível de preços, excluindo componentes voláteis, como preços de energia, em vez da *inflação global*, que é a inflação no índice total de preços ao consumidor. A prática formal de meta de inflação foi iniciada pelo banco central da Nova Zelândia, em 1990, e os bancos centrais de muitas outras áreas desenvolvidas e em desenvolvimento, incluindo Canadá, Chile, México, África do Sul, Suécia, Tailândia, Reino Unido e a zona do euro, seguiram o exemplo.[14]

Agora podemos compreender o "paradoxo" de a inflação maior do que esperada causar apreciação da moeda em vez de depreciação. Suponha que os participantes do mercado elevem os preços inesperadamente e peguem empréstimos para aumentar a oferta de moeda. Portanto, quando o governo canadense libera novos dados de preços, eles mostram um nível de preços maior do que os participantes do mercado previam. Se esperamos que o Banco Central do Canadá aumente as taxas de juros de forma tão rápida a colocar o nível de preços e a oferta de moeda de volta aos trilhos, não existe razão para a taxa de câmbio esperada futura mudar. Mas com taxas de juros canadenses maiores, a paridade de juros exige uma *depreciação* futura esperada do dólar canadense, que é consistente com uma taxa de câmbio futura não alterada apenas se o dólar canadense se *valorizar* imediatamente. O ajuste da economia após o aumento inesperado na moeda e nos preços ficaria como a Figura 15.14 ao contrário (isto é,

---

[14]Sobre as práticas de metas de inflação e a teoria por trás delas, veja os livros de Bernanke et al. e Truman na seção Leituras Adicionais. Para uma crítica da ideia de metas de inflação de base em vez da inflação global, veja Stephen Cecchetti. "Core Inflation Is an Unreliable Guide". *Financial Times*, 12 set. 2006.

CAPÍTULO 15 ■ Moeda, taxas de juros e taxas de câmbio   **421**

construída para refletir uma contração monetária em vez de uma expansão), com o pressuposto adicional de que o Banco Central do Canadá move gradualmente as taxas de juros de volta para seu nível inicial, enquanto o nível de preços retorna para sua trajetória definida.[15]

Os economistas Richard Clarida, da Universidade de Columbia, e Daniel Waldman, do Barclays Capital, oferecem evidências estatísticas impressionantes e consistentes com essa explicação.[16] Eles medem a inflação inesperada como sendo a estimativa da taxa de inflação anunciada inicialmente por um governo, anterior a quaisquer revisões de dados, menos a mediana das projeções de inflação previamente publicadas para esse período por um conjunto de analistas do setor bancário. Para uma amostra de dez países (Austrália, Grã-Bretanha, Canadá, zona do euro, Japão, Nova Zelândia, Noruega, Suécia, Suíça e Estados Unidos), Clarida e Waldman examinaram as mudanças na taxa de câmbio que ocorreram no período que dura de cinco minutos antes do anúncio da inflação até cinco minutos após o anúncio. Suas principais conclusões são:

1. Em média, para as dez moedas estudadas, as notícias de que a inflação está inesperadamente alta de fato leva a uma apreciação da moeda e não depreciação.
2. O efeito é mais forte para a inflação de base do que para a global.
3. O efeito é muito mais forte para os países com meta de inflação do que para os Estados Unidos e o Japão, os dois países que não anunciaram metas de inflação. No caso do Canadá, por exemplo, o anúncio de uma taxa de inflação de base anual 1% ao ano acima da expectativa do mercado leva a uma apreciação imediata do dólar canadense de cerca de 3% em relação ao dólar americano. O efeito correspondente para a taxa de câmbio dólar americano/euro, embora na mesma direção, tem somente em torno de um quarto da sua dimensão.
4. Para países nos quais as séries de dados suficientemente longas estão disponíveis, o efeito do reforço da inflação inesperada na moeda está presente após a introdução da meta de inflação, mas não antes.

Teorias científicas podem ser conclusivamente refutadas, é claro, mas nunca conclusivamente provadas. Até agora, entretanto, a teoria de que a meta de inflação rigorosa transforma as más notícias sobre inflação em boas notícias para a moeda parece bastante convincente.

---

[15]Estritamente falando, a narrativa no texto descreve um cenário com metas de nível de preços, não de inflação. (Você enxerga a diferença?) Entretanto, o raciocínio no caso da meta de inflação é quase idêntico, desde que a taxa de juros do banco central em resposta à alta inflação inesperada seja suficientemente forte.

[16]Veja: Clarida e Waldman. "Is Bad News About Inflation Good News for the Exchange Rate? And If So, Can That Tell Us Anything about the Conduct of Monetary Policy?". In: John Y. Campbell (Ed.). *Asset Prices and Monetary Policy*. Chicago: University of Chicago Press, 2008. Michael W. Klein, da Universidade Tufts, e Linda S. Goldberg, do Federal Reserve Bank de Nova York, utilizaram uma abordagem relacionada para investigar a mudança de percepções do mercado da aversão à inflação do Banco Central Europeu após seu lançamento em 1999. Veja: "Evolving Perceptions of Central Bank Credibility: The European Central Bank Experience". *NBER International Seminar on Macroeconomics*, v. 33, p. 153-182, 2010.

422 PARTE III ■ Taxas de câmbio e macroeconomia da economia aberta

RESUMO

- As pessoas retêm moeda por causa de sua liquidez. Quando considerada em termos reais, a *demanda agregada por moeda* não é uma demanda para certa quantidade de unidades da moeda, mas é, em vez disso, uma demanda por certa quantidade de poder de compra. A demanda agregada por moeda real depende negativamente do custo de oportunidade de reter a moeda (medido pela taxa de juros nacional) e positivamente pelo volume de transações na economia (medida pelo PNB real).

- O mercado monetário está em equilíbrio quando a *oferta real de moeda* é igual à demanda agregada por moeda real. Com o *nível de preços* e o produto real dados, um aumento na oferta de moeda diminui a taxa de juros e uma queda na oferta de moeda aumenta a taxa de juros. Um aumento no produto real aumenta a taxa de juros, dado o nível de preços, enquanto uma queda no produto real tem o efeito oposto.

- Ao diminuir a taxa de juros nacional, um aumento na oferta de moeda faz com que a moeda nacional sofra depreciação no mercado de câmbio (mesmo quando as expectativas das taxas de câmbio futuras não mudam). Da mesma forma, uma queda na oferta de moeda nacional faz com que a moeda nacional seja valorizada em relação às estrangeiras.

- Essa suposição de que o nível de preços é dado no *curto prazo* é uma boa aproximação da realidade em países com uma *inflação* moderada, mas é uma suposição ilusória no *longo prazo*. Mudanças permanentes na oferta de moeda impulsionam o *equilíbrio de longo prazo* do nível de preços proporcionalmente na mesma direção, mas não influenciam os valores de longo prazo da produção, da taxa de juros ou de quaisquer preços relativos. Um importante preço da moeda cujo nível de equilíbrio de longo prazo aumenta em proporção a um aumento permanente na oferta de moeda é a taxa de câmbio, o preço em moeda nacional da moeda estrangeira.

- Um aumento na oferta de moeda pode fazer a taxa de câmbio ultrapassar seu nível de longo prazo no curto prazo. Se o produto é dado, um aumento permanente na oferta de moeda, por exemplo, causa uma depreciação de curto prazo mais do que proporcional da moeda, seguida por uma apreciação da moeda para sua taxa de câmbio de longo prazo. A *ultrapassagem da taxa de câmbio*, que aumenta a volatilidade das taxas de câmbio, é resultado direto de um ajuste lento do nível de preços de curto prazo e da condição de paridade de juros.

TERMOS-CHAVE

curto prazo, p. 401	equilíbrio de longo prazo, p. 407	oferta de moeda, p. 393
deflação, p. 411	inflação, p. 411	ultrapassagem (*overshooting*) da
demanda agregada por moeda, p. 395	longo prazo, p. 401	taxa de câmbio, p. 417
	nível de preços, p. 395	

QUESTÕES

1. Suponha que ocorra uma redução na demanda agregada por moeda real, isto é, uma mudança negativa na função da demanda agregada por moeda real. Trace os efeitos de curto e longo prazo na taxa de câmbio, na taxa de juros e no nível de preços.

2. Na sua opinião, como uma queda na população de um país alteraria a função da demanda agregada por moeda? Faria diferença se a queda na população acontecesse em razão de uma queda no número de famílias ou de uma queda no tamanho da família média?

3. A velocidade do dinheiro, V, é definida como a razão entre o PNB real e as detenções reais de moeda, $V = Y/(M/P)$ na notação deste capítulo. Utilize a Equação (15.4) para obter uma expressão para velocidade e explique como a velocidade varia com mudanças em R e em Y. (Dica: o efeito das mudanças do produto em V depende da elasticidade da

CAPÍTULO 15 ■ Moeda, taxas de juros e taxas de câmbio **423**

demanda agregada por moeda com relação ao produto real, que os economistas acreditam ser menos que a unidade.) Qual é a relação entre a velocidade e a taxa de câmbio?

4. Qual é o efeito de curto prazo na taxa de câmbio de um aumento no PNB real nacional dadas as expectativas sobre as taxas de câmbio futuras?

5. A nossa discussão da utilidade do dinheiro como meio de troca e unidade contábil sugere motivos por que algumas moedas tornam-se moedas de veículo para transações de câmbio? (O conceito de moeda de veículo foi discutido no Capítulo 14.)

6. Se uma reforma monetária não tem efeitos nas variáveis reais da economia, por que os governos normalmente estabelecem reformas monetárias em conexão com programas mais amplos, visando a travar a inflação desenfreada? (Existem muitos exemplos além do caso turco mencionado no texto. Os exemplos incluem a troca israelense da libra pelo shekel; as trocas argentinas do peso para o austral e de volta para o peso; e as mudanças brasileiras do cruzeiro para o cruzado, do cruzado para o cruzeiro, do cruzeiro para o cruzeiro real e do cruzeiro real para o real, a atual moeda que foi introduzida em 1994.)

7. Em 1984 e 1985, o pequeno país latino-americano da Bolívia vivenciou a hiperinflação. A seguir estão alguns dados macroeconômicos importantes desses anos:

Dados macroeconômicos para a Bolívia, abril de 1984 a outubro de 1985

Mês	Oferta de moeda (bilhões de pesos)	Nível do preço (relativo a 1982, média = 1)	Taxa de câmbio (pesos por dólar)
1984			
Abril	270	21,1	3.576
Maio	330	31,1	3.512
Junho	440	32,3	3.342
Julho	599	34,0	3.570
Agosto	718	39,1	7.038
Setembro	889	53,7	13.685
Outubro	1.194	85,5	15.205
Novembro	1.495	112,4	18.469
Dezembro	3.296	180,9	24.515
1985			
Janeiro	4.630	305,3	73.016
Fevereiro	6.455	863,3	141.101
Março	9.089	1.078,6	128.137
Abril	12.885	1.205,7	167.428
Maio	21.309	1.635,7	272.375
Junho	27.778	2.919,1	481.756
Julho	47.341	4.854,6	885.476
Agosto	74.306	8.081,0	1.182.300
Setembro	103.272	12.647,6	1.087.440
Outubro	132.550	12.411,8	1.120.210

Fonte: Juan-Antonio Morales, "Inflation Stabilization in Bolivia". In: Michael Bruno et al. (Eds.). *Inflation Stabilization: The Experience of Argentina, Brazil, Bolivia, and Mexico*. Cambridge, MA: MIT Press, 1988. Tabela 7A-1. A oferta de moeda é M1.

a. A oferta de moeda, o nível de preços e a taxa de câmbio em relação ao dólar americano movem-se amplamente como você esperaria? Explique.

b. Calcule as mudanças percentuais no nível de preços geral e no preço do dólar entre abril de 1984 e julho de 1985. Compare esses dados entre si e com o aumento percentual na oferta de moeda. Como você explicaria os resultados? (Dica: volte para a discussão sobre a *velocidade* do dinheiro no Problema 3.)

424 PARTE III ■ Taxas de câmbio e macroeconomia da economia aberta

   c. O governo boliviano introduziu um plano de estabilização radical perto do fim de agosto de 1985. Analisando os níveis de preços e as taxas de câmbio para os dois meses seguintes, você acha que foi bem-sucedido? À luz de sua resposta, explique por que a oferta de moeda aumentou consideravelmente entre setembro e outubro de 1985.

8. A seguir está uma tabela de países que definem metas de inflação e os anos nos quais adotaram a prática:

País	Ano de adoção
Nova Zelândia	1990
Chile	1991
Canadá	1991
Israel	1991
Suécia	1993
Finlândia	1993
Austrália	1994
Brasil	1999
México	1999
África do Sul	2000
Indonésia	2005

Vá ao mais recente banco de dados do *World Economic Outlook* do Fundo Monetário Internacional (acessível diretamente ou por meio do endereço www.imf.org) e procure a série de taxas de inflação anuais PCPIEPCH para esses países, começando em 1980. A seguir, use os dados para criar um gráfico para cada país utilizando o Excel ou algum outro programa de análise de dados. Só de olhar para os dados, a inflação parece comportar-se de forma diferente após a adoção da meta de inflação?

9. Em nossa discussão sobre a ultrapassagem da taxa de câmbio de curto prazo, supusemos que o produto real era dado. Suponha, em vez disso, que um aumento na oferta de moeda aumente o produto real no curto prazo (uma suposição que será justificada no Capítulo 17). Como isso afeta a dimensão da ultrapassagem da taxa de câmbio quando a oferta de moeda aumenta inicialmente? Qual é a probabilidade de uma "subpassagem" da taxa de câmbio? (Dica: na Figura 15.13a, permita que a linha de demanda agregada por moeda real mude em resposta ao aumento na produção.)

10. A Figura 14.2 mostra que as taxas de juros de curto prazo do Japão tiveram períodos durante os quais estiveram próximas ou iguais a zero. É coincidência o fato de que as taxas de iene mostradas nunca baixam de zero, ou você consegue pensar em alguma razão para que as taxas de juros possam ser delimitadas abaixo pelo zero?

11. Como uma taxa de juros zero poderia complicar a tarefa da política monetária? (Dica: a uma taxa de juros de zero, não existe uma vantagem na troca de dinheiro por títulos.)

12. Como vimos neste capítulo, bancos centrais, em vez de definirem propositadamente o nível da oferta de moeda, em geral definem uma meta para a taxa de juros de curto prazo, estando prontos para emprestar ou pegar emprestado qualquer dinheiro que as pessoas queiram trocar a essa taxa de juros. (Quando as pessoas precisam de mais dinheiro para uma razão além da mudança na taxa de juros, a oferta de moeda, portanto, expande, e contrai quando desejam manter menos dinheiro.)

   a. Descreva os problemas que podem surgir se um banco central mantém a taxa de juros de mercado constante como forma de definir a sua política monetária. (Primeiro, considere o caso do preço flexível e se pergunte se você consegue encontrar um nível de equilíbrio único quando o banco central simplesmente dá às pessoas todo o dinheiro que elas desejam manter a uma taxa indexada. Então considere o caso do preço rígido.)

CAPÍTULO 15 ■ Moeda, taxas de juros e taxas de câmbio **425**

b. A situação muda se o banco central aumenta a taxa de juros quando os preços estão altos, de acordo com uma fórmula como $R - R_0 = a(P - P_0)$, onde a é uma constante positiva e P_0 uma meta do nível de preços?

c. Suponha que a regra de política do banco central seja $R - R_0 = a(P - P_0) + u$, onde u é um movimento aleatório na política da taxa de juros. Com base no modelo de ultrapassagem mostrado na Figura 15.14, descreva como a economia se ajustaria para uma queda única permanente no fator aleatório u e diga por quê. Você pode interpretar a queda em u como um corte da taxa de juros por parte do banco central e, portanto, como uma ação monetária expansionista. Compare sua história com aquela descrita na Figura 15.14.

13. Desde 1942, o pequeno país do Panamá utilizou outra forma de papel-moeda além do dólar dos EUA, que circula livremente no país. O que você esperaria ser verdade sobre a taxa da inflação no Panamá em comparação com a dos Estados Unidos? Por quê? Vá ao mais recente banco de dados *World Economic Outlook* do Fundo Monetário Internacional (acessível diretamente ou por meio do *site* www.imf.org) e examine as taxas de inflação de preços ao consumidor comparáveis para o Panamá e para os Estados Unidos. As taxas de inflação que você vê ali estão em conformidade com sua previsão anterior? (Após ter lido os Capítulos 16 e 18, você deve retornar a esta questão, pois terá desenvolvido um entendimento mais aprofundado dos fatores que determinam o nível de preços em um país como o Panamá.)

LEITURAS ADICIONAIS

Bernanke, B. S. et. al. *Inflation Targeting: Lessons from the International Experience*. Princeton, NJ: Princeton University Press, 1999. Discute a experiência recente da política monetária e as consequências para a inflação e outras variáveis macroeconômicas.

Dornbusch, R. "Expectations and Exchange Rate Dynamics." *Journal of Political Economy*, v. 84, p. 1161-1176, dez. 1976. Uma análise teórica da ultrapassagem da taxa de câmbio.

Frenkel, J. A. e Mussa, M. L. "The Efficiency of Foreign Exchange Markets and Measures of Turbulence." *American Economic Review*, v. 70, p. 374-381, maio 1980. Contrasta o comportamento dos níveis de preços nacionais com as taxas de câmbio e outros preços de ativos.

Hall, R. E.; Papell, D. H. *Macroeconomics: Economic Growth, Fluctuations, and Policy*. 6ª ed. Nova York: W. W. Norton & Company, 2005. O Capítulo 15 discute algumas teorias da rigidez nominal do preço.

Lucrezia Reichlin e Richard Baldwin, eds. *Is Inflation Targeting Dead? Central Banking after the Crisis*. Londres: Centre for Economic Policy Research, 2013. Ensaios inteligentes sobre o sucesso das metas de inflação e possíveis alternativas.

Romer, D. "Keynesian Macroeconomics without the *LM* Curve." *Journal of Economic Perspectives*, v. 14, p. 149-169, primavera 2000. Um modelo macroeconômico no qual o banco central implementa a política monetária por meio de uma taxa de juros em vez de uma oferta de moeda.

Truman, E. M. *Inflation Targeting in the World Economy*. Washington, D.C.: Institute for International Economics, 2003. Visão geral dos aspectos internacionais das estruturas da política monetária que visam à baixa inflação.

CAPÍTULO 16

Níveis de preço e a taxa de câmbio em longo prazo

No final de 1970, você poderia comprar 358 ienes japoneses com um único dólar americano. No natal de 1980, um dólar valia somente 203 ienes. Apesar de uma recuperação temporária durante a década de 1980, o preço do dólar em iene caiu para menos de 110 no verão de 2020. Muitos investidores tinham dificuldade para prever essas variações de preço e, por consequência, fortunas foram perdidas (e feitas) no mercado de câmbio. Que forças econômicas estão por trás de movimentos de longo prazo tão drásticos nas taxas de câmbio?

Vimos que as taxas de câmbio dependem das taxas de juros e expectativas sobre o futuro, que são, por sua vez, influenciadas pelas condições nos mercados monetários nacionais. Para compreender por completo os movimentos de longo prazo da taxa de câmbio, temos de estender nosso modelo em duas direções. Primeiro, devemos completar nossa história sobre as ligações entre políticas monetárias, inflação, taxas de juros e taxas de câmbio. Segundo, devemos examinar outros fatores além das ofertas e demandas de moeda – por exemplo, mudanças de demanda nos mercados por mercadorias e serviços – que também podem ter efeitos sustentados nas taxas de câmbio.

O modelo de comportamento de longo prazo da taxa de câmbio que desenvolveremos neste capítulo cria a estrutura que os atores dos mercados de ativos utilizam para prever as taxas de câmbio futuras. Entretanto, como as expectativas desses agentes influenciam as taxas de câmbio imediatamente, previsões sobre os movimentos de *longo prazo* nas taxas de câmbio são importantes *mesmo no curto prazo*. Portanto, nos apoiaremos fortemente nas conclusões deste capítulo quando começarmos nosso estudo sobre as interações de *curto prazo* entre as taxas de câmbio e o produto no Capítulo 17.

No longo prazo, os níveis de preços nacionais desempenham um papel-chave na determinação tanto das taxas de juros quanto dos preços relativos aos quais os produtos dos países são negociados. A teoria de como os níveis de preços nacionais interagem com as taxas de câmbio é, portanto, central para compreender por que as taxas de câmbio podem mudar drasticamente ao longo de períodos de muitos anos. Começamos nossa análise discutindo a teoria da **paridade do poder de compra (PPC)**, que explica os movimentos na taxa de câmbio entre duas moedas pelas mudanças nos níveis de preços dos países. A seguir, examinamos as razões de por que a PPC pode não oferecer previsões de longo prazo precisas e mostramos como a teoria deve, algumas vezes, ser modificada para levar em conta as mudanças na oferta ou demanda nos mercados de bens e serviços dos países. Por fim, analisaremos as previsões da nossa teoria estendida da PPC sobre como as mudanças nos mercados monetários e de bens e serviços afetam as taxas de câmbio e juros.

CAPÍTULO 16 ■ Níveis de preço e a taxa de câmbio em longo prazo   **427**

OBJETIVOS DE APRENDIZAGEM

Após a leitura deste capítulo, você será capaz de:

- Explicar a teoria da paridade do poder de compra das taxas de câmbio e a relação dela com a integração internacional do mercado de mercadorias.

- Descrever como os fatores monetários, como a inflação contínua do nível de preços, afeta as taxas de câmbio no longo prazo.

- Discutir o conceito da taxa de câmbio real.

- Entender os fatores que afetam as taxas de câmbio reais e os preços relativos da moeda no longo prazo.

- Explicar a relação entre as diferenças nas taxas de juros reais internacionais e as mudanças esperadas nas taxas de câmbio reais.

A lei do preço único

Para compreender as forças do mercado que podem dar origem aos resultados previstos pela teoria da paridade do poder de compra, primeiro discutiremos uma proposição relacionada, porém distinta, conhecida como **lei do preço único**. A lei do preço único afirma que, em mercados competitivos, livres de custos de transporte e barreiras ao comércio oficiais (como tarifas aduaneiras), mercadorias idênticas vendidas em diferentes países devem ser vendidas pelo mesmo preço quando seus preços são expressos em termos da mesma moeda. Por exemplo, se a taxa de câmbio dólar/libra é US$ 1,50 por libra, um suéter que é vendido por US$ 45 em Nova York deve ser vendido por £ 30 em Londres. O preço em dólar de um suéter quando vendido em Londres é então (US$ 1,50 por libra) × (£ 30 por suéter) = US$ 45 por suéter, o mesmo preço que em Nova York.

Vamos continuar com esse exemplo para ver por que a lei do preço único deve valer quando o comércio é livre e não existem custos de transporte ou outras barreiras ao comércio. Se a taxa de câmbio dólar/libra fosse US$ 1,45 por libra, você poderia comprar um suéter em Londres convertendo US$ 43,50 (= US$ 1,45 por libra × £ 30) em £ 30 no mercado de câmbio. Portanto, o preço em dólar de um suéter em Londres seria somente US$ 43,50. Se o mesmo suéter estivesse sendo vendido por US$ 45 em Nova York, os importadores americanos e os exportadores britânicos teriam um incentivo para comprar suéteres em Londres e enviá-los para Nova York, aumentando o preço de Londres e diminuindo o de Nova York até que os preços se igualassem nos dois locais. De modo similar, a uma taxa de câmbio de US$ 1,55 por libra, o preço em dólares dos suéteres em Londres seria de US$ 46,50 (= US$ 1,55 por libra × £ 30), US$ 1,50 a mais do que em Nova York. Os suéteres seriam enviados do oeste para o leste até que um único preço prevalecesse nos dois mercados.

A lei do preço único é uma reafirmação, em termos de moedas, de um princípio que foi importante na parte sobre teoria do comércio deste livro: quando o comércio é aberto e sem custo, mercadorias idênticas devem ser negociadas aos mesmos preços relativos independentemente de onde são vendidas. Lembramos a você desse princípio aqui porque ele fornece uma ligação entre os preços nacionais das mercadorias e as taxas de câmbio. Podemos enunciar a lei do preço único da seguinte forma: considere que P_{US}^{i} é o preço em dólar da mercadoria i quando vendida nos Estados Unidos e P_{E}^{i} o preço correspondente em euro na Europa. Então a lei do preço único implica que o preço em dólar da mercadoria i é o mesmo onde quer que seja vendida.

$$P_{US}^{i} = (E_{\$/\text{€}}) \times (P_{E}^{i}).$$

428 PARTE III ▪ Taxas de câmbio e macroeconomia da economia aberta

De forma equivalente, a taxa de câmbio dólar/euro é a relação de preços em moeda americana e europeia das mercadorias i,

$$E_{\$/\epsilon} = P_{US}^i/(P_E^i).$$

Paridade do poder de compra

A teoria da paridade do poder de compra afirma que a taxa de câmbio entre as moedas de dois países é igual à razão dos níveis de preços desses países. Voltando ao Capítulo 15, lembre-se de que o poder de compra nacional da moeda de um país é refletido no nível de preços do país, o preço em dinheiro de uma cesta de referências de mercadorias e serviços. A teoria da PPC, portanto, prevê que uma queda no poder de compra nacional da moeda (como indicado por um aumento no nível de preços nacional) estará associada a uma depreciação proporcional da moeda no mercado de câmbio. Simetricamente, a PPC prevê que um aumento no poder de compra nacional da moeda estará associado a uma apreciação proporcional da moeda.

A ideia básica da PPC foi apresentada nos escritos de economistas britânicos do século XIX, entre eles David Ricardo (o criador da teoria da vantagem comparativa). O economista sueco Gustav Cassel, que escrevia no começo do século XX, popularizou a PPC e a transformou na peça central de uma teoria de taxas de câmbio. Embora haja muita controvérsia sobre a validade geral da PPC, a teoria destaca fatores importantes por trás dos movimentos da taxa de câmbio.

Para expressar a teoria da PPC em símbolos, considere que P_{US} representa o preço em dólar de uma cesta de *commodities* de referência vendida nos Estados Unidos e P_E o preço em euro dessa mesma cesta na Europa. (Suponha por ora que uma única cesta mede precisamente o poder de compra monetária nos dois países.) Então a PPC prevê uma taxa de câmbio de

$$E_{\$/\epsilon} = P_{US}/P_E. \tag{16.1}$$

Se, por exemplo, a cesta de referência de *commodities* custa US$ 200 nos Estados Unidos e € 160 na Europa, a PPC prevê uma taxa de câmbio dólar/euro de US$ 1,25 por euro (US$ 200 por cesta/€ 160 por cesta). Se o nível de preços americano triplicasse (para US$ 600 por cesta), então o preço em dólar de € 1 também triplicaria: a PPC implicaria uma taxa de câmbio de US$ 3,75 por euro (= US$ 600 por cesta/€ 160 por cesta).

Rearranjando a Equação (16.1) para vermos

$$P_{US} = (E_{\$/\epsilon}) \times (P_E),$$

temos uma interpretação alternativa da PPC. O lado esquerdo da equação é o preço em dólar da cesta de referência de *commodities* nos Estados Unidos. O lado direito é o preço em dólar da cesta de referência quando comprada na Europa (isto é, o preço em euro multiplicado pelo preço em dólar de € 1). Esses dois preços são os mesmos se a PPC se sustentar. A PPC, portanto, afirma que todos os níveis de preços dos países são iguais quando medidos em termos da mesma moeda.

De modo equivalente, o lado direito da última equação mede o poder de compra de US$ 1 quando trocado por euros e gasto na Europa. A PPC, portanto, se sustenta quando, às taxas de câmbio atuais, o poder de compra da moeda nacional é sempre o mesmo que o poder de compra estrangeiro.

A relação entre a PPC e a lei do preço único

Superficialmente, o enunciado da PPC dado pela Equação (16.1) se parece com a lei do preço único, que diz que $E_{\$/\epsilon} = P_{US}^i/P_E^i$ para qualquer *commodity* i. Entretanto, existe uma

CAPÍTULO 16 ▪ Níveis de preço e a taxa de câmbio em longo prazo **429**

diferença entre a PPC e a lei do preço único: a lei do preço único se aplica a *commodities* individuais (como a *commodity i*), enquanto a PPC aplica-se ao nível de preços geral, que é um composto de preços de todas as *commodities* que entram na cesta de referência.

Se a lei do preço único vale para todas as *commodities*, é claro, a PPC deve valer automaticamente, desde que as cestas de referência usadas para calcular os diferentes níveis dos preços de países se mantenham as mesmas. No entanto, os proponentes da teoria da PPC argumentam que sua validade (em particular, sua validade como teoria de longo prazo) não exige que a lei do preço único se sustente exatamente.

Ainda conforme o argumento, mesmo quando a lei do preço único não se sustenta para cada *commodity* individual, preços e taxas de câmbio não desviam muito da relação prevista pela PPC. Quando mercadorias e serviços tornam-se temporariamente mais caros em um país do que em outros, as demandas por sua moeda e seus produtos caem, levando a taxa de câmbio e os preços nacionais de volta à PPC. A situação oposta de produtos nacionais relativamente baratos leva, analogamente, à apreciação da moeda e à inflação do nível de preços. Portanto, a PPC afirma que mesmo quando a lei do preço único não é literalmente verdadeira, as forças econômicas por trás dela ajudarão a equalizar o poder de compra da moeda em todos os países.

PPC absoluta e PPC relativa

O enunciado de que as taxas de câmbio são iguais aos níveis de preços relativos (Equação [16.1]) também é chamado de **PPC absoluta**. A PPC absoluta implica uma proposição conhecida como **PPC relativa**, que afirma que a mudança percentual na taxa de câmbio entre duas moedas durante qualquer período é igual à diferença entre as mudanças percentuais nos níveis de preços nacionais. A PPC relativa, portanto, traduz a PPC absoluta a partir de um enunciado sobre *níveis* de preços e taxa de câmbio em um enunciado sobre *mudanças* de preços e taxa de câmbio. Ela afirma que os preços e as taxas de câmbio mudam de forma a preservar a relação dos poderes de compra da moeda nacional e estrangeira.

Se o nível de preços americano sobe em 10% durante um ano enquanto o europeu sobe somente 5%, por exemplo, a PPC relativa prevê uma desvalorização de 5% do dólar em relação ao euro. A depreciação de 5% do dólar em relação ao euro apenas cancela os 5% pelos quais a inflação americana ultrapassa a europeia, deixando os poderes de compra relativos nacionais e estrangeiros das duas moedas inalterados.

De forma mais formal, a PPC relativa entre os Estados Unidos e a Europa seria escrita como:

$$(E_{\$/\epsilon,t} - E_{\$/\epsilon,t-1})/E_{\$/\epsilon,t-1} = \pi_{US,t} - \pi_{E,t} \tag{16.2}$$

onde π_t indica uma taxa de inflação [isto é, $\pi_t = (P_t - P_{t-1})/P_{t-1}$, a mudança percentual em um nível de preços entre datas t e $t-1$].[1] Diferente da PPC absoluta, a PPC relativa pode ser definida somente em relação ao intervalo de tempo ao longo do qual os níveis de preços e a taxa de câmbio mudam.

---

[1] Para ser preciso, a Equação (16.1) implica uma boa aproximação à Equação (16.2) quando as taxas de mudança não são tão grandes. A relação *exata* é

$$E_{\$/\epsilon,t}/E_{\$/\epsilon,t-1} = (P_{US,t}/P_{US,t-1})>(P_{E,t}/P_{E,t-1}).$$

Após subtrair 1 dos dois lados, escrevemos a equação anterior exata como

$$\begin{aligned}(E_{\$/\epsilon,t} - E_{\$/\epsilon,t-1})/E_{\$/\epsilon,t-1} &= (\pi_{US,t} + 1)(P_{E,t} - 1/P_{E,t}) - (P_{E,t}/P_{E,t}) \\ &= (\pi_{US,t} - \pi_{E,t})(1 + \pi_{E,t}) \\ &= (\pi_{US,t} - \pi_{E,t}) - \pi_{E,t}(\pi_{US,t} - \pi_{E,t})/(1 + \pi_{E,t}).\end{aligned}$$

Mas se $\pi_{US,t}$ e $\pi_{E,t}$ são pequenos, o termo $-\pi_{E,t}(\pi_{US,t} - \pi_{E,t})/(1 + \pi_{E,t})$ na última igualdade é desprezível, implicando uma boa aproximação para a Equação (16.2).

430 PARTE III ▪ Taxas de câmbio e macroeconomia da economia aberta

Na prática, os governos nacionais não se esforçam para calcular os índices de nível de preços que publicam utilizando uma cesta de *commodities* padronizada internacionalmente. No entanto, a PPC absoluta não faz sentido, a não ser que as duas cestas cujos preços são comparados na Equação (16.1) sejam as mesmas. (Não existe razão para esperar que cestas com *commodities diferentes* sejam vendidas pelo mesmo valor!) A noção da PPC relativa, portanto, é útil quando nos apoiamos nas estatísticas de nível de preços dos governos para avaliar a PPC. Faz sentido comparar mudanças percentuais na taxa de câmbio para diferenças de inflação, como anteriormente, mesmo quando os países baseiam suas estimativas de *nível* de preços em cestas de produtos que diferem em cobertura e composição.

A PPC relativa é importante também porque pode ser válida mesmo quando a PPC absoluta não for. Desde que os fatores que causam desvios da PPC absoluta sejam mais ou menos estáveis no tempo, *mudanças* percentuais nos níveis de preços relativos ainda podem aproximar as *mudanças* percentuais nas taxas de câmbio.

Um modelo de taxa de câmbio de longo prazo baseado em PPC

Quando combinada com a estrutura de oferta e demanda de moeda que desenvolvemos no Capítulo 15, a suposição da PPC leva a uma teoria útil de como as taxas de câmbio e os fatores monetários interagem no longo prazo. Como os fatores que não influenciam a oferta ou a demanda de moeda não desempenham nenhum papel explícito nessa teoria, ela é conhecida como **abordagem monetária à taxa de câmbio**. A abordagem monetária é o primeiro passo deste capítulo para desenvolver uma teoria geral de longo prazo das taxas de câmbio.

Pensamos na abordagem monetária como uma teoria de *longo prazo*, e não de curto prazo, porque ela não leva em conta a rigidez de preço, que parece importante para explicar os fatos macroeconômicos de curto prazo, em especial os desvios de pleno emprego. Em vez disso, a abordagem monetária procede como se os preços pudessem ser ajustados imediatamente para manter o pleno emprego, assim como manter a PPC. Aqui, como no Capítulo 15, quando nos referimos a um valor de "longo prazo" de uma variável, queremos dizer o valor de equilíbrio da variável em um mundo hipotético, no qual os preços do mercado de bens e serviços e dos fatores seriam perfeitamente flexíveis.

Na verdade, há uma controvérsia considerável entre os macroeconomistas sobre as fontes da rigidez aparente do nível de preços. Alguns sustentam que os preços e os salários somente aparentam ser rígidos e, na realidade, ajustam-se imediatamente para colocar os mercados em equilíbrio. Para um economista dessa escola, os modelos deste capítulo descrevem o comportamento de curto prazo de uma economia na qual a velocidade do ajuste do nível de preços é tão alta que não ocorre qualquer desemprego significativo.

A equação fundamental da abordagem monetária

Para desenvolver as previsões da abordagem monetária para a taxa de câmbio dólar/euro, vamos supor que, no longo prazo, o mercado de câmbio define a taxa de forma que a PPC valha (veja a Equação [16.1]):

$$E_{\$/€} = P_{US}/P_E.$$

Em outras palavras, supomos que a equação citada seria mantida em um mundo onde não existe rigidez no mercado para impedir que a taxa de câmbio e outros preços ajustem-se imediatamente para níveis consistentes com o pleno emprego.

No Capítulo 15, a Equação (15.5) mostrou como podemos explicar os níveis de preços nacionais em termos de demandas e ofertas de moeda. Nos Estados Unidos,

$$P_{US} = M_{US}^s/L(R_\$, Y_{US}), \tag{16.3}$$

CAPÍTULO 16 ■ Níveis de preço e a taxa de câmbio em longo prazo **431**

enquanto na Europa,

$$P_E = M_E^s / L(R_{\text{€}}, Y_E). \tag{16.4}$$

Como antes, utilizamos o símbolo M^s para representar a oferta de moeda do país e $L(R, Y)$ para sua demanda agregada por moeda real, que diminui quando a taxa de juros sobe e aumenta quando o produto real aumenta.[2]

As Equações (16.3) e (16.4) mostram como a abordagem monetária à taxa de câmbio ganhou esse nome. De acordo com o enunciado da PPC na Equação (16.1), o preço em dólar de € 1 é simplesmente o preço em dólar do produto americana dividido pelo preço em euro do produto europeu. Esses dois níveis de preços, por sua vez, são completamente determinados pela oferta e demanda de moeda de cada área: o nível de preços dos Estados Unidos é a oferta de moeda americana dividida pela demanda de moeda real americana, como mostrado na Equação (16.3), e o nível de preços da Europa, similarmente, é a oferta de moeda europeia dividida pela demanda real dessa moeda, como mostrado na Equação (16.4). A abordagem monetária, portanto, faz a previsão geral de que *a taxa de câmbio, que é o preço relativo da moeda americana e europeia, é completamente determinada no longo prazo pelas ofertas relativas desse dinheiro e das demandas reais relativas por elas.* As mudanças nas taxas de juros e nos níveis de produto afetam a taxa de câmbio somente por meio de suas influências na demanda por moeda.

Além disso, a abordagem monetária faz uma série de previsões específicas sobre os efeitos de longo prazo na taxa de câmbio de mudanças nas ofertas de moeda, nas taxas de juros e nos níveis de produção:

1. *Ofertas de moeda*. Com todo o resto igual, um aumento permanente na oferta de moeda americana M_{US}^s causa um aumento proporcional no nível de preços americano de longo prazo P_{US}, como mostra a Equação (16.3). No entanto, como sob a PPC $E_{\$/\text{€}} = P_{US}/P_E$, $E_{\$/\text{€}}$ também aumenta no longo prazo em proporção ao aumento na oferta de moeda americana. (Por exemplo, se M_{US}^s aumenta em 10%, P_{US} e $E_{\$/\text{€}}$ também crescem eventualmente em 10%.) Portanto, um aumento na oferta de moeda americana causa uma *depreciação* proporcional de longo prazo do dólar em relação ao euro. Por outro lado, a Equação (16.4) mostra que um aumento permanente na oferta de moeda europeia causa um aumento proporcional no nível de preços europeu de longo prazo. Sob a PPC, o aumento do nível de preços implica uma *apreciação* proporcional de longo prazo do dólar em relação ao euro (que é o mesmo que uma depreciação proporcional do euro em relação ao dólar).
2. *Taxas de juros*. Um aumento na taxa de juros $R_{\$}$ em ativos denominados em dólar diminui a demanda real de moeda americana $L(R_{\$}, Y_{US})$. De acordo com a Equação (16.3), o nível de preços americano de longo prazo aumenta e, sob a PPC, o dólar deve sofrer depreciação em relação ao euro, proporcional ao aumento do nível de preços americano. Um aumento na taxa de juros $R_{\text{€}}$ em ativos denominados em euro tem o efeito inverso na taxa de câmbio de longo prazo. Como a demanda real por moeda europeia $L(R_{\text{€}}, Y_E)$ cai, o nível de preços europeu aumenta, de acordo com a Equação (16.4). Sob a PPC, o dólar deve se apreciar em relação ao euro na proporção do aumento do nível de preços europeu.
3. *Níveis de produção*. Um aumento no produto americano aumenta a demanda real por moeda americana $L(R_{\$}, Y_{US})$, resultando, na Equação (16.3), em uma queda no nível de preços americano de longo prazo. De acordo com a PPC, existe uma apreciação do dólar em relação ao euro. Simetricamente, um aumento no produto europeu aumenta $L(R_{\text{€}}, Y_E)$ e, na Equação (16.4), causa uma queda no nível de preços europeu de longo prazo. A PPC prevê que esse fato fará o dólar sofrer depreciação em relação ao euro.

Para compreender essas previsões, lembre-se que a abordagem monetária, como qualquer teoria de longo prazo, supõe essencialmente que os níveis de preços ajustam-se tão

---

[2]Para simplificar a notação, supomos funções idênticas de demanda de moeda para os Estados Unidos e para a Europa.

432 PARTE III ■ Taxas de câmbio e macroeconomia da economia aberta

rápido quanto as taxas de câmbio, isto é, imediatamente. Por exemplo, um aumento no produto real americano aumenta a demanda de transações por saldos reais em moeda americana. De acordo com a abordagem monetária, o nível de preços americano cai *imediatamente* para provocar aumento na oferta de saldos reais de moeda que coloca o mercado em equilíbrio. A PPC implica que essa deflação instantânea do preço americano é acompanhada por uma apreciação instantânea do dólar no mercado de câmbio.

A abordagem monetária leva a um resultado conhecido do Capítulo 15, de que o valor de câmbio de longo prazo da moeda de um país move-se em proporção à sua oferta de moeda (previsão 1). A teoria também levanta o que parece ser um paradoxo (previsão 2). Em nossos exemplos anteriores, sempre descobrimos que uma moeda se *valoriza* quando a taxa de juros que oferece aumenta em relação às taxas de juros estrangeiras. Como é que agora chegamos precisamente à conclusão oposta – um aumento na taxa de juros de um país causa *depreciação* de sua moeda ao reduzir a demanda real pela moeda?

No fim do Capítulo 14, avisamos que nenhuma história sobre como uma mudança nas taxas de juros afeta a taxa de câmbio está completa até que especifiquemos *exatamente por que as taxas de juros mudaram*. Esse ponto explica a contradição aparente em nossos achados sobre as taxas de juros e de câmbio. No entanto, para resolver esse quebra-cabeça, devemos examinar mais de perto como as políticas monetárias e as taxas de juros estão conectadas no longo prazo.

Inflação em curso, paridade de juros e PPC

No Capítulo 15, vimos que um aumento permanente no nível da oferta de moeda de um país, em última análise, resulta em um aumento proporcional em seu nível de preços, mas não tem efeito nos valores de longo prazo da taxa de juros ou do produto real. Embora o experimento conceitual de uma mudança isolada e escalonada na oferta de moeda seja útil para pensar sobre os efeitos de longo prazo da moeda, ele não é muito realista como uma descrição de políticas monetárias reais. De forma mais plausível, as autoridades escolhem uma taxa de crescimento para a oferta de moeda, digamos, 5%, 10% ou 50% ao ano, e então permitem que a moeda cresça progressivamente por meio de aumentos incrementais, mas frequentes. Quais são os efeitos de longo prazo de uma política que permite que a oferta de moeda cresça sempre suavemente a uma taxa positiva?

O raciocínio no Capítulo 15 sugere que um crescimento contínuo da oferta de moeda vai requerer um aumento contínuo no nível de preços – uma situação de uma inflação *em curso*. À medida que as empresas e os trabalhadores percebem o fato de que a oferta de moeda está crescendo de forma constante, digamos, a uma taxa anual de 10%, eles se ajustam com aumentos dos preços e salários pelos mesmos 10% todo ano, mantendo, então, suas rendas reais constantes. O nível de produto de pleno emprego depende do fornecimento de fatores produtivos, mas é seguro supor que as ofertas de fatores e, portanto, o produto não são afetados pelas diferentes escolhas de longo prazo de uma taxa de crescimento constante para a oferta de moeda. *Com o resto igual, o crescimento da oferta de moeda a uma taxa constante resulta, mais cedo ou mais tarde, em inflação em curso do nível de preços à mesma taxa, mas mudanças nessa taxa de inflação de longo prazo não afetam o nível de produto de pleno emprego ou os preços relativos de longo prazo das mercadorias e serviços.*

A taxa de juros, entretanto, definitivamente não é independente da taxa de crescimento da oferta de moeda no longo prazo. Embora a taxa de juros de longo prazo não dependa do *nível* absoluto da oferta de moeda, o *crescimento* contínuo da oferta de moeda, mais cedo ou mais tarde, afetará a taxa de juros. A forma mais fácil de ver como um aumento permanente na inflação afeta a taxa de juros de longo prazo é combinar a PPC com a condição de paridade da taxa de juros na qual nossa análise anterior de determinação da taxa de câmbio foi construída.

Como nos Capítulos 14 e 15, a condição de paridade de juros entre ativos em dólar e em euro é

$$R_\$ = R_\epsilon + (E^e_{\$/\epsilon} - E_{\$/\epsilon})/E_{\$/\epsilon}.$$

CAPÍTULO 16 ■ Níveis de preço e a taxa de câmbio em longo prazo **433**

(Lembre-se da Equação [14.2] na seção "Equilíbrio no mercado de câmbio"). Agora vamos perguntar como essa condição de paridade, que deve valer tanto no longo quanto no curto prazo, encaixa-se com a outra condição de paridade que estamos supondo em nosso modelo de longo prazo, a paridade do poder de compra. De acordo com a PPC relativa, a mudança percentual na taxa de câmbio dólar/euro no próximo ano será igual à diferença entre as taxas de inflação dos Estados Unidos e da Europa durante aquele ano (veja a Equação [16.2]). Entretanto, já que as pessoas compreendem essa relação, também deve ser verdade que *esperam* que a mudança percentual da taxa de câmbio seja igual à diferença de inflação entre EUA e Europa. A condição de paridade de juros descrita acima nos diz agora o seguinte: *se as pessoas esperam que a PPC relativa se sustente, a diferença nas taxas de juros oferecidas pelos depósitos em dólar e em euro serão iguais à diferença entre as taxas de inflação esperada, durante o horizonte relevante, nos Estados Unidos e na Europa.*

Alguma notação adicional é útil para derivar esse resultado de modo mais formal. Se P^e é o nível de preços esperado em um país para daqui um ano, a taxa de inflação esperada nesse país, π^e, é o aumento percentual esperado no nível de preços durante o próximo ano:

$$\pi^e = (P^e - P)/P.$$

Se a PPC relativa se sustentar, os participantes do mercado também *esperarão* que a PPC relativa se sustente, o que significa que podemos substituir as taxas de depreciação real e de inflação na Equação (16.2) com os valores que o mercado espera que ocorram:

$$(E^e_{\$/€} - E_{\$/€})/E_{\$/€} = \pi^e_{US} - \pi^e_{E}.$$

Combinando essa versão "esperada" da PPC relativa com a condição de paridade de juros

$$R_\$ = R_€ + (E^e_{\$/€} - E_{\$/€})/E_{\$/€}$$

e reorganizando-a, chegamos a uma fórmula que expressa a diferença internacional nas taxas de juros como a diferença entre as taxas nacionais de inflação esperadas:

$$R_\$ - R_€ = \pi^e_{US} - \pi^e_{E}. \tag{16.5}$$

Se, como a PPC prevê, espera-se que a depreciação da moeda compense a diferença de inflação internacional (de forma que a taxa de depreciação esperada do dólar é $\pi^e_{US} - \pi^e_{E}$), a diferença da taxa de juros deve ser igual à diferença de inflação esperada.

O efeito Fisher

A Equação (16.5) nos dá uma relação de longo prazo entre a inflação em curso e as taxas de juros de que precisamos para explicar as previsões da abordagem monetária sobre como as taxas de juros afetam as de câmbio. A equação nos diz que *com todo o resto igual, um aumento na taxa de inflação esperada de um país irá, mais cedo ou mais tarde, causar um aumento igual na taxa de juros que os depósitos de sua moeda oferecem. De forma similar, uma queda na taxa de inflação esperada irá, mais cedo ou mais tarde, causar uma queda na taxa de juros.*

Essa relação de longo prazo entre a inflação e as taxas de juros é chamada de **efeito Fisher**. O efeito Fisher implica, por exemplo, que se a inflação americana subisse de modo permanente a partir de um nível constante de 5% ao ano para um nível constante de 10% ao ano, as taxas de juros acabariam por alcançar a inflação mais alta, subindo em 5% ao ano a partir de seu nível inicial. Essas mudanças deixariam a *taxa real de retorno* sobre ativos em dólar, medida em termos de mercadorias e serviços americanos, inalterada. Portanto, o

434 PARTE III ■ Taxas de câmbio e macroeconomia da economia aberta

efeito Fisher é outro exemplo da ideia geral de que, no longo prazo, os eventos puramente monetários não devem afetar os preços relativos da economia.[3]

O efeito Fisher está por trás da previsão aparentemente paradoxal da abordagem monetária em que uma moeda sofre depreciação no mercado de câmbio quando sua taxa de juros aumenta em relação às taxas de juros da moeda estrangeira. No equilíbrio de longo prazo que supusemos para a abordagem monetária, um aumento na diferença entre as taxas de juros nacionais e estrangeiras ocorre somente quando a inflação nacional esperada aumenta em relação à inflação estrangeira esperada. Esse certamente não é o caso no curto prazo, quando o nível de preços nacional é rígido. No curto prazo, como vimos no Capítulo 15, a taxa de juros pode aumentar quando a oferta de moeda nacional *cai* porque o nível de preços nacional rígido leva a um excesso de demanda por saldos reais de moeda à taxa de juros inicial. Sob a abordagem monetária de preços flexíveis, entretanto, o nível de preços cairia imediatamente, deixando a oferta *real* de moeda inalterada e, dessa forma, tornando desnecessária a mudança da taxa de juros.

Podemos compreender melhor como as taxas de juros e as taxas de câmbio interagem sob a abordagem monetária se analisarmos um exemplo passo a passo. Nosso exemplo ilustra por que a abordagem monetária associa aumentos sustentados na taxa de juros com a depreciação atual da moeda, assim como com a depreciação futura, e declínios sustentados na taxa de juros com a valorização da moeda.

Imagine que a um tempo t_0, o *Federal Reserve*, de forma inesperada, aumente a taxa de crescimento da oferta de moeda americana de π para um nível maior $\pi + \Delta\pi$. A Figura 16.1 ilustra como essa mudança afeta a taxa de câmbio dólar/euro, $E_{\$/€}$, bem como as outras variáveis americanas, sob os pressupostos da abordagem monetária. Para simplificar os gráficos, supomos que, na Europa, a taxa de inflação permanece constante em zero.

A Figura 16.1a mostra a súbita aceleração do crescimento da oferta de moeda americana no tempo t_0. (Definimos a escala nos eixos verticais dos gráficos de modo que a inclinação constante represente as taxas de crescimento constante proporcional das variáveis.). A mudança política gera expectativas de depreciação mais rápida da moeda no futuro: sob a PPC, o dólar agora sofrerá depreciação a uma taxa $\pi + \Delta\pi$ em vez de a uma taxa menor π. A paridade de juros, portanto, requer que a taxa de juros do dólar aumente, como mostrado na Figura 16.1b, a partir de seu nível inicial $R_{\$}^1$ para um novo nível que reflete a depreciação esperada extra do dólar, $R_{\$}^2 = R_{\$}^1 + \Delta\pi$ (veja a Equação [16.5]). Note que esse ajuste deixa a taxa de juros do euro inalterada, mas já que a oferta de moeda europeia e o produto não mudaram, a taxa de juros do euro original ainda manterá o equilíbrio no mercado monetário europeu.

Você pode ver na Figura 16.1a que o *nível* da oferta de moeda de fato não dá um salto em t_0, somente a *taxa de crescimento futuro* muda. Já que não existe aumento imediato na oferta de moeda – mas há um aumento na taxa de juros que reduz a demanda por moeda –, existiria um excesso de oferta de saldos reais em moeda americana a um nível de preços praticado antes de t_0. Diante desse potencial excesso de oferta, o nível de preços americano dá um salto em t_0 (veja a Figura 16.1c), reduzindo a oferta real de moeda de forma que ela novamente se iguale à demanda real (veja a Equação [16.3]). Consistentemente com o salto de P_{US} em t_0, a Figura 16.1d mostra o salto simultâneo proporcional em $E_{\$/€}$ implicado pela PPC.

Como podemos visualizar a reação do mercado de câmbio no tempo t_0? A taxa de juros de dólar aumenta não por causa da mudança nos níveis atuais da oferta ou demanda de moeda, mas unicamente porque as pessoas esperam crescimento da oferta de moeda futura e depreciação do dólar mais rápidos. À medida que os investidores reagem e transferem recursos para depósitos estrangeiros, que momentaneamente oferecem maiores retornos

---

[3]O nome do efeito homenageia Irving Fisher, da Universidade de Yale, um dos maiores economistas americanos do início do século XX. O efeito é discutido longamente em seu livro *The Theory of Interest*, Nova York: Macmillan, 1930. Fisher, incidentalmente, fez um relato inicial da condição de paridade de juros que serve de base para a nossa teoria do equilíbrio do mercado de câmbio.

CAPÍTULO 16 ■ Níveis de preço e a taxa de câmbio em longo prazo

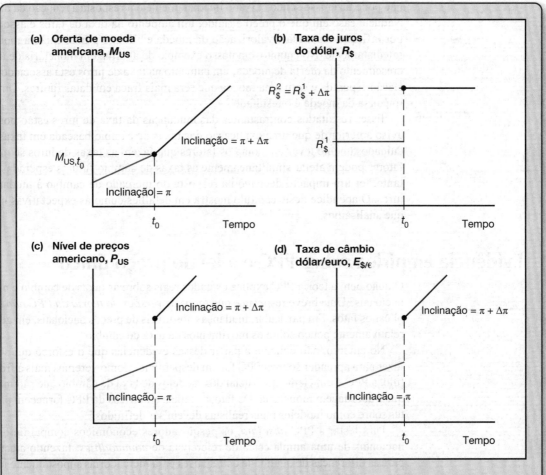

FIGURA 16.1

Trajetória de longo prazo de variáveis econômicas americanas após um aumento permanente na taxa de crescimento da oferta de moeda dos EUA.

Após a taxa de crescimento da oferta de moeda aumentar no tempo t_0 no painel (a), a taxa de juros (painel [b]), o nível de preços (no painel [c]) e a taxa de câmbio (no painel [d]) movem-se para novos caminhos de equilíbrio de longo prazo. (A oferta de moeda, o nível de preços e a taxa de câmbio são todos medidos em uma escala *logarítmica natural*, que faz com que as variáveis que mudam a taxas proporcionais constantes apareçam como linhas retas quando marcadas no gráfico em relação ao tempo. A inclinação da linha é igual à taxa de crescimento proporcional da variável.).

esperados, o dólar sofre depreciação drástica no mercado de câmbio, movendo-se para uma nova linha de tendência ao longo da qual a depreciação é mais rápida do que era no tempo t_0.[4]

Observe como diferentes suposições sobre a velocidade do ajuste do nível de preços levam a previsões contrastantes sobre como as taxas de câmbio e juros interagem. No exemplo da queda no nível da oferta de moeda sob preços rígidos, um aumento da taxa de juros é necessário para preservar o equilíbrio do mercado monetário, dado que o nível de preços

---
[4]No caso geral no qual a taxa de inflação da Europa π_E não é zero, o dólar, em vez de sofrer depreciação em relação ao euro à taxa π antes de t_0 e depois à taxa $\pi + \Delta\pi$, sofre depreciação à taxa $\pi - \pi_E$ até t_0 e à taxa $\pi + \Delta\pi - \pi_E$ depois disso.

436 PARTE III ■ Taxas de câmbio e macroeconomia da economia aberta

não pode fazer isso sendo baixado imediatamente em resposta à redução da oferta de moeda. Naquele caso em que o preço é rígido, um aumento na taxa de juros é associado com menor inflação esperada e valorização da moeda em longo prazo, então a moeda se valoriza imediatamente. No entanto, em nosso exemplo de abordagem monetária de um aumento no crescimento da oferta de moeda, um aumento na taxa de juros está associado com maior inflação esperada e com uma moeda que será mais fraca em datas futuras. Uma *depreciação* imediata da moeda é o resultado.[5]

Esses resultados contrastantes das mudanças da taxa de juros estão por trás do nosso aviso anterior de que uma explicação das taxas de câmbio baseada em taxas de juros deve cuidadosamente levar em conta os fatores que fazem as taxas de juros se moverem. Esses fatores podem afetar simultaneamente as taxas de câmbio futuras esperadas e podem, portanto, ter um impacto decisivo na resposta do mercado de câmbio à mudança na taxa de juros. O apêndice deste capítulo mostra em detalhes como as expectativas mudam no caso que analisamos.

Evidência empírica sobre PPC e a lei do preço único

O quão bem a teoria PPC explica os dados reais sobre as taxas de câmbio e níveis de preços nacionais? Uma breve resposta é que *todas as versões da teoria da PPC não conseguem* explicar os fatos. Em particular, mudanças nos níveis de preços nacionais, em geral, dizem-nos relativamente pouco sobre os movimentos da taxa de câmbio.

No entanto, não conclua a partir dessas evidências que o esforço que você acabou de fazer para aprender sobre a PPC foi um desperdício. Como veremos mais à frente neste capítulo, a PPC é um elemento crucial dos modelos de taxa de câmbio que são mais realistas do que a abordagem monetária. De fato, as falhas empíricas da PPC fornecem pistas importantes sobre como modelos mais realistas devem ser definidos.

Para testar a PPC *absoluta*, os pesquisadores econômicos comparam os preços internacionais de uma ampla cesta de referência de *commodities*, fazendo ajustes cuidadosos para as diferenças de qualidade entre países para mercadorias supostamente idênticas. Essas comparações em geral concluem que a PPC absoluta erra feio: os preços de cestas de *commodities* idênticas, quando convertidos para uma única moeda, diferem substancialmente entre os países. Mesmo a lei do preço único não tem se saído bem em alguns estudos recentes de dados de preço discriminados por tipo de *commodity*. As mercadorias manufaturadas que parecem ser bem similares umas às outras são vendidas a preços amplamente diferentes em diversos mercados desde o início da década de 1970. Como o argumento que leva à PPC absoluta toma como base a lei do preço único, não é surpresa que a PPC não esteja à altura dos dados.[6]

A PPC relativa pode ser uma aproximação razoável dos dados, mas também costuma ter um mau desempenho.

---

[5]As ofertas de moeda nacional normalmente tendem a subir ao longo do tempo, como na Figura 16.1a. Essas tendências levam a tendências de aumento correspondentes nos níveis de preços. Se as tendências dos níveis de preços de dois países diferem, a PPC implica uma tendência em suas taxas de câmbio também. De agora em diante, quando nos referirmos a uma mudança na oferta de moeda, no nível de preços ou na taxa de câmbio, queremos dizer com isso uma mudança no nível da variável em relação ao seu caminho de tendência esperado anterior – isto é, uma mudança paralela no caminho da tendência. Quando, em vez disso, quisermos considerar mudanças nas inclinações dos caminhos de tendência em si, diremos isso explicitamente.

[6]O estudo de caso a seguir discute algumas das evidências negativas sobre a PPC absoluta. Em relação à lei do preço único, veja, por exemplo, Peter Isard. "How Far Can We Push the Law of One Price?". *American Economic Review*, v. 67, p. 942 -948, dez. 1977. Gita Gopinath et al. "International Prices, Costs, and Markup Differences". *American Economic Review*, v. 101, p. 2450 -2486, out. 2011; Mario J. Crucini e Anthony Landry, "Accounting for Real Exchange Rates Using Micro -Data". Working Paper 17812, National Bureau of Economic Research, fev. 2012; e o trabalho de Goldberg e Knetter nas Leituras adicionais.

A Figura 16.2 ilustra a fragilidade da PPC relativa ao traçar a taxa de câmbio iene/dólar, $E_{¥/\$}$, e a relação entre os níveis de preços japoneses e americanos, P_J/P_{US}, até 2019. Os níveis de preços são medidos pelos índices relatados pelos governos japonês e americano.[7]

A PPC relativa prevê que $E_{¥/\$}$ e P_J/P_{US} vão mover-se em proporção, mas eles claramente não o fazem. No início da década de 1980, ocorreu uma apreciação acentuada do dólar em relação ao iene, embora, com o nível de preços japonês caindo consistentemente em relação ao dos Estados Unidos, a PPC relativa sugira que o dólar deveria ter sofrido uma depreciação. Essas mesmas tendências de inflação continuaram após meados da década de 1980, mas então o iene sofreu valorização muito maior do que a quantia que a PPC teria previsto. Somente quando analisamos longos períodos é que a PPC relativa é aproximadamente satisfeita. Em vista dos longos desvios da PPC no ínterim, entretanto, essa teoria parece ser de uso limitado mesmo como uma explicação de longo prazo.

Os estudos de outras moedas confirmam, em grande parte, os resultados na Figura 16.2. A PPC relativa não se sustenta bem.[8] Como você aprenderá mais adiante neste livro, entre o fim da Segunda Guerra Mundial em 1945 e o início da década de 1970, as taxas de câmbio foram fixadas em margens estreitas e internacionalmente acordadas por meio da intervenção de bancos centrais no mercado de câmbio. Durante esse período de taxas de câmbio fixas, a PPC

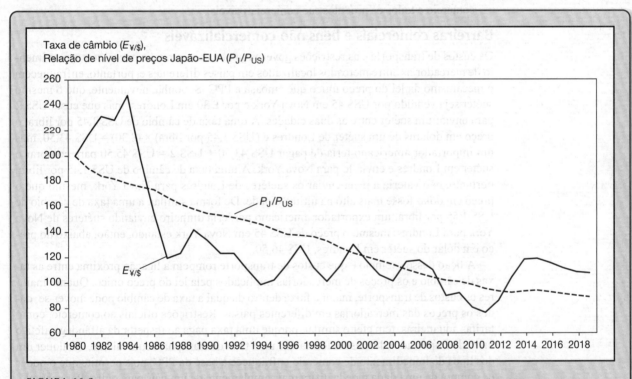

FIGURA 16.2
A taxa de câmbio dólar/iene e os níveis de preços relativos Japão/EUA, 1980-2019.
O gráfico mostra que a PPC relativa não acompanha a taxa de câmbio iene/dólar durante 1980-2015.

Fonte: FMI, *International Financial Statistics*. Taxas de câmbio e níveis de preços são datados do fim do ano.

---

[7]As medidas de nível de preços na Figura 16.2 são números-índice, não quantias em dólar. Por exemplo, o índice de preços ao consumidor (IPC) americano era 100 no ano-base 2000 e somente 50 em 1980, de forma que o preço em dólar de uma cesta de referência de *commodities* de compras de consumo americana dobrou entre 1980 e 2000. Para a Figura 16.2, o ano-base para os índices de preços americanos e japoneses foi escolhido de forma que sua proporção de 1980 igualaria a taxa de câmbio de 1980, mas essa igualdade imposta não significa que a PPC absoluta valia em 1980. Embora a Figura 16.2 utilize IPCs, outros índices de preços levam a figuras similares.

[8]Veja, por exemplo, o trabalho de Taylor e Taylor nas Leituras adicionais deste capítulo.

438 PARTE III ■ Taxas de câmbio e macroeconomia da economia aberta

não se saiu tão mal. Entretanto, durante a primeira metade da década de 1920, quando muitas taxas de câmbio eram determinadas pelo mercado, assim como na década de 1970 e em diante, ocorreram desvios importantes da PPC relativa, assim como nas décadas recentes.[9]

Explicando os problemas com a PPC

O que explica os resultados empíricos negativos descritos na seção anterior? Existem vários problemas imediatos com a nossa justificativa para a teoria da PPC das taxas de câmbio, que foi baseada na lei do preço único:

1. Ao contrário da suposição da lei do preço único, custos de transporte e restrições de comércio certamente existem. Essas barreiras ao comércio podem ser altas o suficiente para impedir que algumas mercadorias e serviços sejam negociados entre os países.
2. As práticas monopolistas ou oligopolistas nos mercados podem interagir com os custos de transporte e outras barreiras ao comércio para enfraquecer ainda mais a ligação entre os preços de mercadorias similares vendidas em países diferentes.
3. Como os dados da inflação relatados em diferentes países são baseados em diferentes cestas de *commodities*, não existe razão para as mudanças na taxa de câmbio compensarem medidas oficiais de diferenças de inflação, mesmo quando não há barreiras ao comércio e todos os produtos são comercializáveis.

Barreiras comerciais e bens não comercializáveis

Os custos de transporte e as restrições governamentais ao comércio encarecem o movimento de mercadorias entre mercados localizados em países diferentes e, portanto, enfraquecem o mecanismo da lei do preço único que embasa a PPC. Suponha, novamente, que o mesmo suéter seja vendido por US$ 45 em Nova York e por £ 30 em Londres, mas que custa US$ 2 para enviar um suéter entre as duas cidades. A uma taxa de câmbio de US$ 1,45 por libra, o preço em dólares de um suéter de Londres é (US$ 1,45 por libra) × (£ 30) = US$ 43,50, mas um importador americano teria de pagar US$ 43,50 + US$ 2 = US$ 45,50 para comprar o suéter em Londres e enviá-lo para Nova York. A uma taxa de câmbio de US$ 1,45 por libra, portanto, não valeria a pena enviar os suéteres de Londres para Nova York, mesmo que o preço em dólar fosse mais alto na última cidade. De forma similar, a uma taxa de câmbio de US$ 1,55 por libra, um exportador americano perderia dinheiro enviando suéteres de Nova York para Londres, mesmo o preço de US$ 45 em Nova York estando, então, abaixo do preço em dólar do suéter em Londres: US$ 46,50.

A lição desse exemplo é que custos de transporte rompem a ligação próxima entre as taxas de câmbio e os preços de mercadorias implicados pela lei do preço único. Quanto maiores os custos de transporte, maior a faixa dentro da qual a taxa de câmbio pode mover-se, dados os preços das mercadorias em diferentes países. Restrições oficiais ao comércio, como tarifas aduaneiras, têm efeito similar, porque uma taxa paga ao inspetor da alfândega afeta o lucro do importador da mesma forma que uma taxa de transporte equivalente. Qualquer um dos tipos de impedimento de comércio enfraquece a base da PPC, pois permite que o poder de compra de uma dada moeda difira mais amplamente de um país para outro. Por exemplo, na presença de impedimentos de comércio, um dólar não precisa comprar tanto em Londres quanto em Chicago – e não consegue, como qualquer pessoa que visite Londres descobre.

Como você deve lembrar da teoria do comércio internacional, os custos do transporte podem ser tão grandes em relação ao custo de produzir algumas mercadorias e serviços que o comércio internacional naqueles itens jamais geraria lucro. Tais mercadorias e serviços são

---

[9]Veja: Paul R. Krugman. "Purchasing Power Parity and Exchange Rates: Another Look at the Evidence", *Journal of International Economics*, v. 8, p. 397-407, ago. 1978. Paul De Grauwe, Marc Janssens e Hilde Leliaert. *Real-Exchange-Rate Variability from 1920 to 1926 and 1973 to 1982*. Princeton Studies in International Finance, v. 56. International Finance Section, Department of Economics, Princeton University, set. 1985; e Hans Genberg. "Purchasing Power Parity under Fixed and Flexible Exchange Rates". *Journal of International Economics*, v. 8, p. 247-276, maio 1978.

CAPÍTULO 16 ■ Níveis de preço e a taxa de câmbio em longo prazo **439**

chamados de *não comercializáveis*. O exemplo consagrado de um serviço não comercializável é o corte de cabelo. Um francês que deseja um corte de cabelo americano teria de transportar-se para os Estados Unidos ou transportar um barbeiro americano para a França. Nos dois casos, o custo do transporte é tão grande em relação ao preço do serviço comprado que (com exceção dos turistas) os cortes franceses são consumidos somente por residentes franceses, enquanto cortes americanos são consumidos somente por residentes dos Estados Unidos.

A existência em todos os países de mercadorias e serviços não comercializáveis, cujos preços não estão ligados internacionalmente, permite desvios sistemáticos mesmo da PPC relativa. Como o preço de um bem não comercializável é inteiramente determinado por suas curvas *nacionais* de oferta e demanda, mudanças nessas curvas fazem o preço de uma cesta de *commodities* de referência ampla mudar em relação ao preço estrangeiro da mesma cesta. Com tudo mais igual, um aumento no preço dos bens não comercializáveis de um país aumentará seu nível de preços em relação aos níveis de preços estrangeiros (medindo os níveis de preços de todos os países em termos de uma única moeda). De outro ponto de vista, o poder de compra de uma moeda qualquer cairá em países onde os preços de bens não comercializáveis subirem.

O nível de preços de cada país inclui uma ampla variedade de bens não comercializáveis, englobando (junto com os cortes de cabelo) tratamento médico de rotina, aulas de dança e moradia, entre outros. De modo geral, podemos identificar mercadorias comercializáveis com produtos manufaturados, matérias-primas e produtos agrícolas. Os não comercializáveis são principalmente serviços e a produção da indústria de construção. Existem, naturalmente, exceções a essa regra. Por exemplo, serviços financeiros prestados por bancos e corretoras com frequência podem ser comercializadas internacionalmente. (O crescimento da internet, em especial, expandiu a gama de serviços comercializáveis.) Além disso, as restrições ao comércio, se severas o bastante, podem fazer com que mercadorias que normalmente seriam comercializadas tornem-se não comercializáveis. Portanto, na maioria dos países, algumas manufaturas são não comercializáveis.

Podemos ter uma ideia aproximada da importância dos bens não comercializáveis na economia americana olhando para a contribuição das indústrias de serviços para o PNB americano. Nos anos recentes, os serviços têm sido responsáveis por cerca de três quartos do valor do produto dos EUA. Embora os serviços tendam a ter menores parcelas nas economias mais pobres, os não comercializáveis são um importante componente do PNB em todos os lugares. Os bens não comercializáveis ajudam a explicar os grandes desvios da PPC relativa ilustrados pela Figura 16.2.

Desvios da livre concorrência

Quando as barreiras ao comércio e estruturas de mercado imperfeitamente competitivas coexistem, as ligações entre os níveis de preços nacionais são enfraquecidas ainda mais. Um caso extremo ocorre quando uma única empresa vende uma mercadoria por diferentes preços em diferentes mercados.

Quando uma única empresa vende o mesmo produto por diferentes preços em diferentes mercados, dizemos que está praticando **precificação a mercado**. A precificação a mercado pode refletir diferentes condições de demanda em diferentes países. Por exemplo, países onde a demanda é mais inelástica aos preços tenderão a cobrar maior margem de lucro sobre o custo de produção do vendedor monopolista. Estudos empíricos de dados de exportação no nível da empresa produziram fortes evidências de precificação a mercado generalizada no comércio de bens manufaturados.[10]

---

[10]Para revisões detalhadas das evidências, veja o trabalho de Goldberg e Knetter e o de Burstein e Gopinath nas Leituras adicionais deste capítulo. As contribuições teóricas sobre a precificação a mercado incluem: Rudiger Dornbusch. "Exchange Rates and Prices". *American Economic Review*, v. 77, p. 93-106, mar. 1987; Paul R. Krugman. "Pricing to Market When the Exchange Rate Changes". In: Sven W. Arndt e J. David Richardson (Eds.). *Real-Financial Linkages among Open Economies*. Cambridge, MA: MIT Press, 1987; e Andrew Atkeson e Ariel Burstein, "Pricing-to-Market, Trade Costs, and International Relative Prices". *American Economic Review*, v. 98, p. 1998-2031, dez. 2008.

Em 2016, por exemplo, um Volkswagen Polo custava US$ 4.000 a mais na Irlanda do que na Áustria, apesar de os países compartilharem a mesma moeda (o euro) e apesar dos esforços da União Europeia, durante muitos anos, para remover as barreiras de comércio intraeuropeias (veja o Capítulo 21). Tais diferenciais de preço seriam difíceis de garantir se não fosse dispendioso para os consumidores comprar carros da Áustria e dirigi-los ou enviá-los para a Irlanda, ou se os consumidores vissem carros mais baratos disponíveis na Irlanda como bons substitutos para o Polo. Entretanto, a combinação de diferenciação de produto e mercados segmentados leva a grandes violações da lei do preço único e da PPC absoluta. As mudanças na estrutura do mercado e da demanda ao longo do tempo podem invalidar a PPC relativa.

Diferenças nos padrões de consumo e medição do nível de preços

As medidas de governo com relação ao nível de preços diferem de um país para outro. Uma razão para isso é que as pessoas que vivem em diferentes países gastam suas rendas de formas diversas. Em geral, consomem proporções relativamente mais altas dos produtos de seu próprio país – incluindo seus produtos comercializáveis – do que de produtos estrangeiros. O norueguês médio consome mais carne de rena do que sua contraparte americana, o japonês médio consome mais *sushi* e o indiano médio consome mais *chutney*. Portanto, ao construir uma cesta de referência de *commodities* para medir o poder de compra, é possível que o governo norueguês atribua um peso relativamente alto à rena, o governo japonês ao *sushi* e o governo indiano ao *chutney*.

Como a PPC relativa faz previsões sobre *mudanças* de preço em vez de *níveis* de preços, é um conceito sensato, independente das cestas utilizadas para definir os níveis de preços nos países comparados. Se todos os preços americanos aumentassem em 10% e o dólar sofresse depreciação em relação às moedas estrangeiras em 10%, a PPC relativa seria satisfeita (supondo que não ocorressem mudanças no exterior) para quaisquer escolhas de índices de níveis de preços nacionais ou estrangeiros.

DOIS HAMBÚRGUERES, ALFACE, QUEIJO, MOLHO ESPECIAL, CEBOLA, PICLES E A LEI DO PREÇO ÚNICO

No verão de 1986, a revista *The Economist* conduziu um extenso levantamento sobre os preços dos hambúrgueres Big Mac nos restaurantes McDonald's ao redor do mundo. Esse projeto aparentemente excêntrico não foi resultado de um surto de hilaridade editorial. Em vez disso, a revista queria zombar dos economistas que confiantemente declararam que as taxas de câmbio estavam "supervalorizadas" ou "subvalorizadas" com base em comparações de PPC. Já que os Big Macs eram "vendidos em 41 países, com somente mudanças triviais na receita", argumentou a revista, uma comparação dos preços do hambúrguer deveria servir como "um guia mal-passado para saber se as moedas são negociadas às taxas de câmbio corretas".[11] Desde 1986, a *The Economist* atualiza periodicamente seus cálculos.

Uma forma de interpretar o levantamento da *The Economist* é como um teste da lei do preço único. Visto dessa maneira, os resultados do teste inicial foram chocantes. O preço em dólar dos Big Macs acabou por ser radicalmente diferente em países diversos. Por exemplo, o preço de um Big Mac em Nova York era 50% maior do que na Austrália e 64% maior do que em Hong

---

[11]"On the Hamburger Standard". *The Economist*, 6-12 set. 1986.

CAPÍTULO 16 ■ Níveis de preço e a taxa de câmbio em longo prazo **441**

Kong. Em contrapartida, um Big Mac parisiense custava 54% a mais do que em Nova York, e um Big Mac em Tóquio custava 50% a mais. Somente na Grã-Bretanha e na Irlanda os preços em dólar dos hambúrgueres eram próximos aos níveis de Nova York.

O padrão hambúrguer

País	Preços do Big Mac		PPC* implícito do dólar	Taxa de câmbio real: 30 de janeiro	Sub (–), sobre (+) valorização em relação ao dólar, %
	Em moeda local	Em dólares			
Estados Unidos	$ 5,67	5,67	1,00	1,00	0,00
Argentina	Peso 171	2,85	30,16	60,07	–49,79
Austrália	A$ 6,45	4,45	1,14	1,45	–21,50
Brasil	Real 19,9	4,80	3,51	4,14	–15,26
Grã-Bretanha	£ 3,39	4,41	0,60	0,77	–22,22
Canadá	C$ 6,77	5,18	1,19	1,31	–8,61
Chile	Peso 2640	3,42	465,61	772,74	–39,75
China	Yuan 21.5	3,12	3,79	6,89	–44,93
Costa Rica	Colon 2350	4,12	414,46	569,97	–27,28
Chéquia	Coroa tcheca 85	3,76	14,99	22,63	–33,76
Dinamarca	DK 30	4,46	5,29	6,72	–21,26
Egito	Libra 42	2,64	7,41	15,88	–53,35
Área do euro	€ 4,12	4,58	0,73	0,90	–19,19
Hong Kong	HK$ 20,5	2,64	3,62	7,78	–53,50
Hungria	Florim 900	3,01	158,73	298,75	–46,87
Índia	Rúpia 188	2,65	33,16	70,88	–53,22
Indonésia	Rúpia 33000	2,41	5.820,11	13.670,00	–57,42
Israel	Shekel 17	4,91	3,00	3,46	–13,33
Japão	¥ 390	3,54	68,78	110,04	–37,49
Malásia	Ringgit 9.5	2,33	1,68	4,07	–58,88
México	Peso 50	2,66	8,82	18,82	–53,15
Nova Zelândia	NZ$ 6,5	4,29	1,15	1,51	–24,26
Noruega	Coroa nor. 53	5,97	9,35	8,88	5,32
Peru	Sol 11.9	3,58	2,10	3,33	–36,93
Filipinas	Peso 142	2,81	25,04	50,58	–50,49
Polônia	Zloty 11	2,90	1,94	3,80	–48,90
Rússia	Rublo 135	2,20	23,81	61,43	–61,24
Arábia Saudita	Riyal 13	3,47	2,29	3,75	–38,89
Singapura	S$ 5,9	4,38	1,04	1,35	–22,76
África do Sul	Rand 31	2,15	5,47	14,39	–62,01
Coreia do Sul	Won 4500	3,89	793,65	1.156,10	–31,35
Suécia	SKR 51,5	5,44	9,08	9,46	–3,98
Suíça	CHF 6,5	6,71	1,15	0,97	18,40
Taiwan	NT$ 72	2,41	12,70	29,88	–57,51
Tailândia	Baht 115	3,80	20,28	30,28	–33,01
Turquia	Lira 12,99	2,21	2,29	5,88	–61,04

*Paridade do poder de compra: preço local dividido pelo preço nos Estados Unidos.

Fontes: McDonald's; *The Economist*, levantamento de jan. 2020. Taxas de câmbio são moeda local por dólar.

442 PARTE III ▪ Taxas de câmbio e macroeconomia da economia aberta

Como explicamos essa drástica violação da lei do preço único? Como a *The Economist* observou, os custos de transporte e as regras do governo são parte da explicação. A diferenciação do produto é provavelmente um fator adicional importante. Como relativamente poucos substitutos para o Big Mac estão disponíveis em alguns países, a diferenciação do produto dá ao McDonald's algum poder para adequar os preços ao mercado local. Por fim, lembre-se de que o preço do Big Mac deve cobrir não somente o custo de carne moída e dos pães, mas também os salários das pessoas que servem, o aluguel, a eletricidade e assim por diante. Os preços desses insumos não alimentares podem diferir bastante entre diferentes países. De fato, a *The Economist* agora introduziu uma versão refinada de seu índice com ajustes para o fato de que os custos de mão de obra tendem a ser menores em países mais pobres.[12]

Reproduzimos os resultados do relatório do levantamento da *The Economist* de janeiro de 2020. A tabela mostra os preços do Big Mac em diversos países, medidos em termos de dólares americanos. Eles variam de um máximo de US$ 6,71 na Suíça (18,4% acima do preço americano) até apenas US$ 2,15 na África do Sul (pouco mais de um terço do preço americano).

Para cada país, podemos calcular uma "PPC do Big Mac", que é o nível hipotético da taxa de câmbio que igualaria o preço em dólar de um Big Mac vendido localmente a seu preço americano de US$ 5,67. Por exemplo, em janeiro de 2020, um dólar americano custava somente 0,97 francos suíços no mercado de câmbio, o que tornava o preço em dólar de um Big Mac suíço US$ 6,71, um pouco mais alto do que nos Estados Unidos. A taxa de câmbio que teria equalizado os preços do hambúrguer americano e suíço era (6,5 francos por hambúrguer)/(5,67 dólares por hambúrguer) = 1,15 francos por dólar, uma taxa de câmbio que torna o franco muito mais barato em termos de dólares (e, portanto, faz com que os hambúrgueres suíços sejam mais baratos também).

Diz-se com frequência que uma moeda está supervalorizada quando sua taxa de câmbio torna as mercadorias nacionais mais caras em relação a mercadorias similares vendidas no exterior e subvalorizada no caso oposto. Para o franco suíço, por exemplo, o grau de supervalorização na escala do Big Mac é a porcentagem

pela qual o preço hipotético do dólar em francos PPC do Big Mac ultrapassa a taxa de mercado, ou

$$100 \times (1,15 - 0,97) / 0,97 = 18,4\%.$$

Naturalmente, além de algum erro de arredondamento, essa é a porcentagem pela qual o preço em dólar de um hambúrguer suíço ultrapassa o de um hambúrguer americano e, portanto, a porcentagem pela qual o preço em Big Mac hipotético de um franco ultrapasso o preço em dólar real. Da mesma forma, em janeiro de 2020, o preço em dólar do yuan chinês estava 44,9% *abaixo* do nível necessário para a paridade de preço do hambúrguer: a moeda do país estava *sub*valorizada em 44,9%, de acordo com a medida Big Mac. A moeda da China teria que se valorizar substancialmente em relação ao dólar para alinhar os preços americanos e chineses do Big Mac. A moeda da Suíça, por outro lado, teria de sofrer depreciação substancial.

Em geral, a "taxa de câmbio PPC" é definida como aquela que iguala os preços internacionais de alguma cesta ampla de mercadorias e serviços, não só de hambúrgueres. Como veremos, existem várias razões de por que podemos esperar que a PPC não se sustente exatamente, mesmo quando consideramos períodos mais longos. Portanto, apesar da utilização generalizada de termos como *supervalorização*, os formuladores de políticas têm de ser muito cautelosos quando avaliam se qualquer nível específico da taxa de câmbio pode sinalizar uma necessidade de mudanças na política econômica.

Entretanto, os formuladores de políticas públicas deveriam levar em conta casos extremos de super ou subvalorização. Considere o caso da Islândia. Em janeiro de 2006, a Islândia tinha um preço em dólar do Big Mac de US$ 7,44 e uma supervalorização da moeda de incríveis 131% na escala Big Mac. Então o pequenino país foi varrido numa crise financeira global que discutiremos em detalhe nos Capítulos 19 e 20. De por volta de 68 coroas islandesas por dólar em 2006, a moeda sofreu depreciação até por volta de 120 coroas por dólar em 2010. O franqueado da rede na Islândia era obrigado pelas regras do McDonald's a importar os ingredientes dos hambúrgueres, cujos preços em coroas aumentaram drasticamente por causa da depreciação. Esse súbito aumento de custo tornou a franquia não lucrativa sem um grande aumento nos

---

[12]Veja o *site* do índice Big Mac em: <https://www.economist.com/news/2020/01/15/the-big-mac-index>, do qual os dados da tabela anterior foram retirados.

CAPÍTULO 16 ■ Níveis de preço e a taxa de câmbio em longo prazo **443**

preços para os consumidores, que teriam destruído a sua competitividade com os restaurantes locais. Assim, o franqueado islandês fechou todos os três restaurantes do McDonald's na Islândia e transformou-se em uma nova (e popular) rede, chamada Metro, que tinha liberdade para usar insumos adquiridos nacionalmente. Devido aos fechamentos, o país não aparece mais no levantamento da *The Economist*.[13]

Uma mudança nos preços relativos dos componentes da cesta, entretanto, pode fazer com que a PPC relativa não passe em testes baseados em índices de preços oficiais. Por exemplo, um aumento no preço relativo do peixe elevaria o preço em dólar de uma cesta de referência de *commodities* do governo japonês em relação ao preço de uma cesta do governo americano, simplesmente porque o peixe representa uma parcela maior da cesta japonesa. Mudanças no preço relativo levariam a violações da PPC, como aquelas vistas na Figura 16.2, mesmo se o comércio fosse livre e sem custo.

PPC no curto e no longo prazos

Os fatores que examinamos até agora para explicar o mau desempenho empírico da teoria da PPC podem fazer os níveis de preços nacionais divergirem mesmo no longo prazo, após todos os preços terem tido tempo para ajustar-se a seus níveis de equilíbrio de mercado. No entanto, como discutimos no Capítulo 15, muitos preços na economia são rígidos e levam tempo para ajustarem-se por completo. Desvios da PPC podem, portanto, ser ainda maiores no curto prazo do que no longo prazo.

Uma depreciação abrupta do dólar em relação às moedas estrangeiras, por exemplo, faz com que equipamentos agrícolas nos Estados Unidos sejam mais baratos em relação a equipamentos produzidos no exterior. Enquanto os agricultores ao redor do mundo mudam sua demanda por tratores e colheitadeiras mecânicas, para os produtores americanos, o preço do equipamento agrícola americano tende a aumentar para reduzir a divergência da lei do preço único causada pela depreciação do dólar. No entanto, leva tempo para que esse processo de aumento de preços esteja completo, e os preços para os equipamentos agrícolas americanos e estrangeiros podem diferir bastante enquanto os mercados se ajustam à mudança da taxa de câmbio.

Você pode suspeitar que a rigidez de preço de curto prazo e a volatilidade da taxa de câmbio ajudam a explicar um fenômeno que observamos ao discutir a Figura 16.2 – que as violações da PPC relativa têm sido muito mais flagrantes ao longo de períodos em que as taxas de câmbio flutuaram. A pesquisa empírica tem apoiado essa interpretação dos dados. A Figura 15.11, que costumávamos utilizar para ilustrar a rigidez dos preços de mercadorias em comparação com taxas de câmbio, é bem típica dos episódios de taxas flutuantes. Em um estudo cuidadoso, que abrangeu muitos países e episódios históricos, o economista Michael Mussa comparou a extensão dos desvios de curto prazo da PPC sob taxas de câmbio fixas e flutuantes. Ele descobriu que as taxas de câmbio flutuantes levam sistematicamente a desvios muito maiores e mais frequentes da PPC relativa.[14] O quadro "Dois hambúrgueres, alface, queijo, molho especial, cebola, picles e a lei do preço único" é uma ilustração especialmente vívida de como a rigidez de preços pode gerar violações da lei do preço único mesmo para mercadorias absolutamente idênticas.

---

[13]Veja: Omar R. Valdimarsson. "McDonald's Closes in Iceland after Krona Collapse". *Bloomberg News*, 26 out. 2009. Disponível em: <http://www.bloomberg.com/apps/news?pid=newsarchive&sid=amu4.WTVaqjI>.

[14]Veja: Mussa. "Nominal Exchange Rate Regimes and the Behavior of Real Exchange Rates: Evidence and Implications". In: Karl Brunner e Allan H. Meltzer (Eds.). *Real Business Cycles, Real Exchange Rates and Actual Policies*. Carnegie-Rochester Conference Series on Public Policy, v. 25. Amsterdã: North-Holland, 1986, p. 117-214. Charles Engel, da Universidade de Wisconsin, descobriu que sob uma taxa de câmbio flutuante, as diferenças de preço internacional para a mesma mercadoria podem ser mais variáveis do que o preço relativo de diferentes mercadorias dentro de um único país. Veja: Engel. "Real Exchange Rates and Relative Prices: An Empirical Investigation". *Journal of Monetary Economics*, v. 32, p. 35-50, ago. 1993. Veja também: Gopinath et al. *op. cit.* (Nota de Rodapé 6).

444 PARTE III ▪ Taxas de câmbio e macroeconomia da economia aberta

Pesquisas recentes sugerem que desvios de curto prazo da PPC, como aqueles decorrentes de taxas de câmbio voláteis, desaparecem ao longo do tempo, com somente metade do efeito de um desvio temporário da PPC permanecendo após quatro anos.[15] No entanto, mesmo quando esses desvios temporários de PPC são removidos dos dados, ainda parece que o efeito acumulado de certas tendências de longo prazo causa desvios previsíveis da PPC para muitos países. O estudo de caso intitulado "Por que os níveis de preços são mais baixos nos países pobres" discute um dos maiores mecanismos por trás de tais tendências.

ESTUDO DE CASO

Por que os níveis de preços são mais baixos nos países pobres

Uma pesquisa sobre diferenças em níveis de preços internacionais descobriu uma regularidade empírica marcante: quando expressada em termos de uma única moeda, os níveis de preços dos países estão positivamente relacionados ao nível de renda real *per capita*. Em outras palavras, um dólar, quando convertido para uma moeda local à taxa de câmbio do mercado, geralmente compra muito mais em um país pobre do que em um país rico. A Figura 16.3 ilustra a relação entre níveis de preços e renda, com cada ponto representando um país diferente.

A discussão da seção anterior sobre o papel de mercadorias não comercializáveis na determinação dos níveis de preços nacionais sugere que as variações internacionais nos preços de bens não comercializáveis podem contribuir para as discrepâncias no nível de preços entre nações ricas e pobres. Os dados disponíveis de fato mostram que bens não comercializáveis tendem a ser mais caros (em relação às mercadorias comercializáveis) em países mais ricos.

Uma razão para o baixo preço relativo dos bens não comercializáveis em países pobres foi sugerida por Bela Balassa e Paul Samuelson.[16] A teoria de Balassa-Samuelson supõe que a mão de obra dos países pobres é menos produtiva do que a dos países ricos no setor de bens comercializáveis, mas as diferenças de produtividade internacional de bens não comercializáveis são insignificantes. No entanto, se os preços das mercadorias comercializáveis são aproximadamente iguais em todos os países, a menor produtividade de mão de obra nas indústrias de bens comercializáveis dos países pobres implica menores salários do que no exterior, menores custos de produção em bens não comercializáveis e, portanto, menor preço dos não comercializáveis. Os países ricos com maior produtividade da mão de obra no setor de mercadorias comercializáveis tenderão a ter maiores preços de bens não comercializáveis e maiores níveis de preço. As estatísticas da produtividade dão algum suporte empírico ao postulado de Balassa-Samuelson sobre o diferencial de produtividade. E é plausível que as diferenças de produtividade internacional sejam mais nítidas nas mercadorias comercializáveis do que nas não comercializáveis. Seja um país pobre ou rico, um barbeiro só pode cortar o cabelo de um

---

[15]Veja, por exemplo: Jeffrey A. Frankel e Andrew K. Rose. "A Panel Project on Purchasing Power Parity: Mean Reversion within and between Countries". *Journal of International Economics*, v. 40, p. 209 -224, fev. 1996. A validade estatística desses resultados foi questionada em: Paul G. J. O'Connell. "The Overvaluation of Purchasing Power Parity". *Journal of International Economics*, v. 44, p. 1-19, fev. 1998.

[16]Veja: Balassa. "The Purchasing Power Parity Doctrine: A Reappraisal". *Journal of Political Economy*, v. 72, p. 584 -596, dez. 1964; e Samuelson, "Theoretical Notes on Trade Problems". *Review of Economics and Statistics*, v. 46, p. 145 -154, maio 1964. A teoria de Balassa-Samuelson foi prenunciada por algumas observações de Ricardo. Veja: Jacob Viner, *Studies in the Theory of International Trade*. New York: Harper & Brothers, 1937, p. 315.

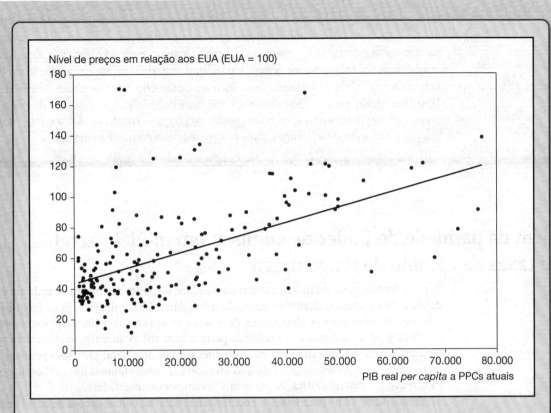

FIGURA 16.3
Níveis de preços e rendas reais, 2017.
Os níveis de preços dos países tendem a aumentar ao passo que sua renda real aumenta. Cada ponto representa um país. A linha reta indica a melhor previsão de um estatístico do nível de preços de um país em relação àquele dos Estados Unidos com base no conhecimento de sua renda *per capita* real.

Fonte: Penn World Table, version 9.1.

certo número de clientes por semana, mas pode existir um potencial significativo para diferenças de produtividade entre os países na manufatura de mercadorias comercializáveis, como computadores pessoais.

Uma teoria alternativa que tenta explicar os baixos níveis de preços dos países pobres foi apresentada por Jagdish Bhagwati, da Universidade de Columbia, Irving Kravis, da Universidade da Pensilvânia, e Robert Lipsey, da City University de Nova York.[17] A visão de Bhagwati-Kravis-Lipsey apoia-se nas diferenças em dotações de capital e mão de obra em vez de nas de produtividade, mas também prevê que o preço relativo de bens não comercializáveis aumenta conforme a renda *per capita* real cresce. Os países ricos têm maior proporção de capital para mão de obra, enquanto os países pobres têm mais mão de obra em relação a capital. Como os países ricos têm maior proporção de capital para mão de obra, a produtividade marginal da mão de obra é maior em países ricos

---

[17]Veja: Kravis e Lipsey. *Toward an Explanation of National Price Levels*. Princeton Studies in International Finance, v. 52. International Finance Section, Department of Economics, Princeton University, nov. 1983; e Bhagwati. "Why Are Services Cheaper in the Poor Countries?". *Economic Journal*, v. 94, p. 279-286, jun. 1984.

446 PARTE III ▪ Taxas de câmbio e macroeconomia da economia aberta

> do que em países pobres, e o primeiro terá, portanto, maior nível de salário do que o último.[18] Os bens não comercializáveis, que consistem em sua maioria em serviços, são naturalmente mão de obra-intensivos em relação aos comercializáveis. Como a mão de obra é mais barata em países pobres e é utilizada intensivamente na produção de bens não comercializáveis, eles também serão mais baratos do que nos países ricos e de salário alto. Mais uma vez, essa diferença internacional nos preços relativos de bens não comercializáveis sugere que os níveis gerais de preços, quando medidos em termos de uma única moeda, devem ser maiores nos países ricos do que nos pobres.

Além da paridade do poder de compra: um modelo geral de taxas de câmbio de longo prazo

Por que dedicar tanta discussão à teoria da paridade do poder de compra quando ela é repleta de exceções e aparentemente contrariada pelos dados? Examinamos as consequências da PPC de perto porque sua ideia básica de relacionar as taxas de câmbio de longo prazo aos níveis de preços nacionais é um ponto de partida bem útil. A abordagem monetária apresentada anteriormente, que supôs a PPC, é simples demais para gerar previsões precisas sobre o mundo real, mas podemos generalizá-la levando em conta algumas das razões de por que a PPC prevê tão mal na prática. Nesta seção, fazemos exatamente isso.

A análise de longo prazo a seguir continua a ignorar as complicações de curto prazo causadas pelos preços rígidos. Entender como as taxas de câmbio comportam-se no longo prazo é, como já mencionado, um pré-requisito para a análise de curto prazo mais complicada que apresentaremos no próximo capítulo.

A taxa de câmbio real

Como primeiro passo para estender a teoria da PPC, definimos o conceito da **taxa de câmbio real**. A taxa de câmbio real entre as moedas de dois países é uma medida sumária ampla dos preços das mercadorias e serviços de um país em relação aos de outro. É natural introduzir o conceito da taxa de câmbio real neste ponto, porque a principal previsão da PPC é que as taxas de câmbio reais nunca mudam, ao menos não de forma permanente. Para estender o modelo de forma que descreva o mundo de maneira mais precisa, temos de examinar sistematicamente as forças que podem causar mudanças drásticas e permanentes nas taxas de câmbio reais.

Como veremos, as taxas de câmbio reais são importantes não somente para qualificar os desvios da PPC, mas também para analisar as condições macroeconômicas de demanda e oferta em economias abertas. Quando quisermos diferenciar a taxa de câmbio real – que é o preço relativo de duas cestas de produção – de um preço relativo de duas moedas, vamos nos referir à última como **taxa de câmbio nominal**. Mas quando não existe risco de confusão, continuaremos a utilizar o termo mais curto, *taxa de câmbio*, para referirmo-nos às taxas de câmbio nominais.

As taxas de câmbio reais são definidas em termos de taxas de câmbio nominais e níveis de preços. Entretanto, antes de podermos dar uma definição precisa das taxas de câmbio reais, precisamos esclarecer a medida de nível de preços que utilizaremos. Considere que P_{US}, como sempre, é o nível de preços nos Estados Unidos e P_E, o nível de preços na Europa.

---

[18]Esse argumento pressupõe que diferenças de dotação de fatores entre países ricos e pobres são suficientemente grandes para que a equalização dos preços dos fatores não se sustente.

CAPÍTULO 16 ■ Níveis de preço e a taxa de câmbio em longo prazo **447**

Já que não iremos supor a PPC absoluta (como fizemos na discussão da abordagem monetária), não supomos que o nível de preços pode ser medido pela mesma cesta de *commodities* nos Estados Unidos e na Europa. Como logo vamos querer ligar nossa análise aos fatores monetários, exigimos, em vez disso, que cada índice de preço do país dê uma boa representação das compras que motivam seus residentes a procurar a sua oferta de moeda.

Nenhuma medida de nível de preços faz isso de forma perfeita, mas devemos escolher alguma definição antes de definir formalmente a taxa de câmbio real. Para sermos específicos, você pode pensar em P_{US} como o preço em dólar de uma cesta inalterável que contém compras semanais típicas das famílias e empresas americanas. De modo similar, P_E é baseado em uma cesta inalterável que reflete as compras semanais típicas das famílias e empresas europeias. O importante é lembrar que *o nível de preços americano atribui um peso relativamente alto a mercadorias produzidas e consumidas nos Estados Unidos e o nível de preços europeu atribui um peso relativamente alto a mercadorias produzidas e consumidas na Europa.*[19]

Tendo descrito a cesta de referência de *commodities* utilizada para medir os níveis de preços, agora definimos formalmente a *taxa de câmbio real dólar/euro*, representada por $q_{\$/\epsilon}$, assim como o preço em dólar da cesta europeia em relação ao da cesta americana. Podemos expressar a taxa de câmbio real como o valor em dólar do nível de preços europeu dividido pelo nível de preços americano ou, em símbolos, como:

$$q_{\$/\epsilon} = (E_{\$/\epsilon} \times P_E)/P_{US}. \tag{16.6}$$

Um exemplo numérico esclarecerá o conceito da taxa de câmbio real. Imagine que a cesta de referências de *commodities* europeia custa € 100 (de forma que P_E = € 100 por cesta europeia), a cesta americana custa US$ 120 (de forma que P_{US} = US$ 120 por cesta americana) e a taxa de câmbio nominal é $E_{\$/\epsilon}$ = US$ 1,20 por euro. A taxa de câmbio real dólar/euro seria então de

$$q_{\$/\epsilon} = \frac{(\$\ 1{,}20\ \text{por euro})\ \times\ (€\ 100\ \text{por cesta europeia})}{(+120\ \text{por cesta americana})}$$

$$= (\$\ 120\ \text{por cesta europeia}) / (\$\ 120\ \text{por cesta americana})$$

$$= 1\ \text{cesta americana por cesta europeia}.$$

Um aumento na taxa de câmbio real dólar/euro $q_{\$/\epsilon}$ (que podemos chamar de **depreciação real** do dólar em relação ao euro) pode ser pensada de várias maneiras equivalentes. De forma mais óbvia, a Equação (16.6) mostra que essa mudança é uma queda no poder de compra do dólar dentro das fronteiras europeias em relação ao poder de compra dentro dos Estados Unidos. Essa mudança em relação ao poder de compra ocorre porque os preços em dólar das mercadorias europeias ($E_{\$/\epsilon} \times P_E$) aumentam em relação aos preços das mercadorias americanas (P_{US}).

Em termos de nosso exemplo numérico, uma depreciação nominal do dólar de 10%, para $E_{\$/\epsilon}$ = US$ 1,32 por euro, faz com que $q_{\$/\epsilon}$ aumente para 1,1 cesta americana por cesta europeia, uma depreciação *real* do dólar de 10% em relação ao euro. (A mesma mudança em $q_{\$/\epsilon}$ poderia resultar a partir de um aumento de 10% em P_E ou uma queda de 10% em P_{US}.). A depreciação real significa que o poder de compra do dólar para mercadorias e serviços europeus cai em 10% em relação ao seu poder de compra para mercadorias e serviços americanos.

Alternativamente, embora muitos itens que entram nos níveis de preços nacionais sejam não comercializáveis, é útil pensar na taxa de câmbio real $q_{\$/\epsilon}$ como o preço relativo dos produtos europeus em geral em termos de produtos americanos, isto é, o preço ao qual transações hipotéticas de cestas de *commodities* americanas por cestas europeias ocorreriam se as transações a preços nacionais fossem possíveis. Considera-se que o dólar

---

[19]Os bens não comercializáveis são um fator importante por trás da preferência relativa por produtos nacionais.

448 PARTE III ■ Taxas de câmbio e macroeconomia da economia aberta

sofrerá *depreciação* em termos reais em relação ao euro quando $q_{\$/\epsilon}$ aumenta, porque o poder de compra hipotético de produtos americanos em relação aos europeus em geral diminui. Mercadorias e serviços americanos tornam-se, portanto, mais baratos em relação aos europeus.

Uma **apreciação real** do dólar em relação ao euro é uma queda em $q_{\$/\epsilon}$. Essa queda indica uma diminuição no preço relativo de produtos comprados na Europa ou um aumento no poder de compra europeu do dólar comparado com aquele nos Estados Unidos.[20]

Nossa convenção para descrever as depreciações e apreciações reais do dólar em relação ao euro é a mesma que utilizamos para as taxas de câmbio nominais (isto é, $E_{\$/\epsilon}$ para cima é uma depreciação do dólar, $E_{\$/\epsilon}$ para baixo é uma valorização). A Equação (16.6) mostra que a um dado nível de preços, a depreciação (valorização) nominal implica uma depreciação (apreciação) real. Nossa discussão sobre as mudanças da taxa de câmbio, portanto, inclui, como um caso especial, uma observação que fizemos no Capítulo 14: com os preços em moeda nacional das mercadorias mantidos constantes, uma depreciação nominal do dólar torna as mercadorias americanas mais baratas em comparação com as mercadorias estrangeiras, enquanto uma valorização nominal do dólar torna as mercadorias mais caras.

A Equação (16.6) torna mais fácil enxergar por que a taxa de câmbio real nunca pode mudar quando a PPC relativa se sustenta. Sob a PPC relativa, um aumento de 10% em $E_{\$/\epsilon}$, por exemplo, seria sempre exatamente compensado por uma queda de 10% na relação de nível de preços P_E/P_{US}, deixando $q_{\$/\epsilon}$ inalterado.

Demanda, oferta e a taxa de câmbio real de longo prazo

Não deve ser nenhuma surpresa que em um mundo onde a PPC não se sustenta, os valores de longo prazo das taxas de câmbio real, assim como outros preços relativos que equilibram os mercados, dependem das condições de demanda e oferta. No entanto, já que uma taxa de câmbio real acompanha as mudanças no preço relativo das cestas de despesas de dois países, as condições nos *dois* países importam. As mudanças nos mercados de bens e serviços nos países podem ser complexas, e não queremos começar uma digressão exaustiva (e desgastante) sobre todas as possibilidades. Em vez disso, focamo-nos em dois casos específicos que são fáceis de compreender e importantes na prática para explicar por que os valores de longo prazo das taxas de câmbio reais podem mudar.

1. *Uma mudança na demanda relativa mundial por produtos americanos*. Imagine que o gasto mundial total em mercadorias e serviços americanos aumente em relação ao gasto mundial total em mercadorias e serviços europeus. Tal mudança poderia surgir de várias fontes, por exemplo, uma mudança na demanda particular dos Estados Unidos por menos mercadorias europeias e mais mercadorias americanas; uma mudança similar na demanda particular estrangeira por mais mercadorias americanas; ou um aumento na demanda do governo dos Estados Unidos caindo principalmente no produto americano. Qualquer aumento na demanda relativa mundial por produtos americanos causa um excesso de demanda por eles a uma taxa de câmbio real anterior. Para restaurar o equilíbrio, o preço relativo do produto americano em termos de produto europeu terá, portanto, de aumentar: os preços relativos dos bens não comercializáveis americanos subirão e os preços dos comercializáveis produzidos nos Estados Unidos, e consumidos intensivamente lá, aumentarão em relação aos preços dos bens comercializáveis feitos na Europa. Todas essas mudanças trabalham para reduzir $q_{\$/\epsilon}$, o preço relativo da cesta de referência de despesas europeias em termos da cesta dos Estados Unidos. Concluímos que um aumento na demanda relativa mundial por produto americano causa uma apreciação real do dólar em

---

[20]Isso é verdade porque $E_{\$/\epsilon} = 1/E_{\epsilon/\$}$, implicando que a depreciação real do dólar em relação ao euro é a mesma que uma valorização real do euro em relação ao dólar (isto é, um aumento no poder de compra do euro dentro dos Estados Unidos em relação ao seu poder de compra dentro da Europa ou uma queda no preço relativo de produtos americanos em termos de produtos europeus).

PREÇOS RÍGIDOS E A LEI DO PREÇO ÚNICO: EVIDÊNCIAS DOS *FREE SHOPS* ESCANDINAVOS

Preços e salários nominais rígidos são centrais para as teorias macroeconômicas, mas justamente por que haveria alguma dificuldade para os preços em dinheiro mudarem de um dia para o outro à medida que mudam as condições de mercado? Uma razão é baseada na ideia de "custos de *menu*". Os custos de *menu* podem surgir de vários fatores, como os custos reais de imprimir novas listas de preços e catálogos. Além disso, as empresas podem notar um tipo de custo de *menu* diferente por causa da informação imperfeita dos clientes sobre os preços dos concorrentes. Quando uma empresa aumenta seu preço, alguns clientes comprarão em outro lugar e decidirão que é conveniente permanecer com um fornecedor concorrente mesmo que todos tenham aumentado seus preços. Na presença desses inúmeros tipos de custos de *menu*, os vendedores frequentemente mantêm os preços constantes após uma mudança nas condições de mercado até que estejam certos de que a mudança é permanente o suficiente para fazer com que incorrer nos custos de mudar os preços valha a pena.[21]

Se realmente não existissem barreiras entre dois mercados com mercadorias precificadas em diferentes moedas, os preços rígidos seriam incapazes de sobreviver ante uma mudança na taxa de câmbio. Todos os compradores simplesmente correriam para o mercado no qual a mercadoria tivesse o menor preço. Mas quando existem alguns impedimentos ao comércio, os desvios da lei do preço único não induzem a arbitragem ilimitada, então é possível que os vendedores mantenham os preços constantes apesar das mudanças na taxa de câmbio. No mundo real, as barreiras ao comércio parecem ser significativas, muito difundidas e frequentemente de naturezas sutis.

Aparentemente, a arbitragem entre dois mercados pode ser limitada mesmo quando a distância física entre eles é zero, como mostra um estudo surpreendente sobre comportamento de precificação nos *free shops* escandinavos. Os economistas suecos Marcus Asplund e Richard Friberg estudaram o comportamento da precificação nos *free shops* de duas linhas de balsas escandinavas, cujos catálogos citam os preços de cada mercadoria em várias moedas para a conveniência dos clientes de diferentes países.[22] Já que é dispendioso imprimir os catálogos, eles são reimpressos com preços revistos somente de tempos em tempos. Nesse ínterim, porém, as flutuações nas taxas de câmbio causam múltiplas variações de preços para a *mesma* mercadoria. Por exemplo, na Linha Birka de balsas entre Suécia e Finlândia, os preços eram listados tanto em markka finlandesa como em coroa sueca entre 1975 e 1998, o que implica que uma depreciação relativa da markka faria ser mais barato comprar cigarros ou vodca pagando em markka em vez de coroa.

Apesar de tais discrepâncias de preço, a Linha Birka sempre foi capaz de fazer negócios nas duas moedas – os passageiros não se apressavam em comprar pelo menor preço. Os passageiros suecos, que detêm quantidades relativamente maiores de sua própria moeda, tendiam a comprar nos preços de coroas, ao passo que os clientes finlandeses tendiam a comprar nos preços de markka.

Normalmente, a Linha Birka aproveitava-se para publicar um novo catálogo para reduzir os desvios da lei do preço único. O desvio médio da lei do preço único no mês anterior ao ajuste de preço era de 7,21%, mas somente 2,22% no mês de ajuste do preço. Um grande entrave para quem pretendia tirar vantagem das oportunidades de arbitragem era o custo de mudar as moedas na cabine de câmbio a bordo, cerca de 7,5%. Esse custo de transação, dadas as diferentes preferências de moeda dos passageiros na hora do embarque, agiu como uma barreira ao comércio efetiva.[23]

---

[21]É quando as condições econômicas estão muito voláteis que os preços parecem tornar-se mais flexíveis. Por exemplo, *menus* de restaurantes de frutos do mar normalmente listarão o prato do dia ao "preço de mercado", de forma que o preço cobrado (e o peixe oferecido) possa refletir a alta variabilidade nos resultados da pesca.

[22]"The Law of One Price in Scandinavian Duty-Free Stores". *American Economic Review*, v. 91, p. 1072-1083, set. 2001.

[23]Os clientes poderiam pagar na moeda de sua escolha, não só em dinheiro, mas também com cartões de crédito, o que envolve menores taxas de conversão de câmbio, mas convertem para a taxa de câmbio que prevalecia alguns dias após a compra das mercadorias. Asplund e Friberg sugerem que, para compras pequenas, a incerteza e os custos de calcular os preços relativos (além das tarifas cambiais do cartão de crédito) poderiam ser um impedimento suficiente para transações em uma moeda relativamente pouco familiar.

450 PARTE III ■ Taxas de câmbio e macroeconomia da economia aberta

> Surpreendentemente, a Linha Birka não eliminou completamente os desvios da lei do preço único quando mudava os preços do catálogo. Em vez disso, praticava uma espécie de precificação a mercado em suas balsas. Em geral, os exportadores que precificam a mercado discriminam entre diferentes consumidores com base em suas diferentes localizações, mas a Birka conseguia discriminar com base na diferença de nacionalidade e preferência de moeda, mesmo com todos os consumidores potenciais localizados no mesmo barco.

relação ao euro (uma queda em $q_{\$/€}$). De modo similar, uma queda na demanda relativa mundial por produto americano causa uma depreciação real de longo prazo do dólar em relação ao euro (um aumento em $q_{\$/€}$).

2. *Uma mudança na oferta de produto relativo.* Suponha que a eficiência produtiva de mão de obra e o capital americano aumentem. Já que os americanos gastam parte de sua renda maior em mercadorias estrangeiras, as ofertas de todos os tipos de mercadorias e serviços americanos aumentam em relação à demanda por eles, e o resultado é um excesso de oferta relativa de produto americano a uma taxa de câmbio real anterior. Uma queda no preço relativo de produtos americanos, tanto não comercializáveis como comercializáveis, muda a demanda em direção a eles e elimina o excesso de oferta. Essa mudança de preço é uma depreciação real do dólar em relação ao euro, isto é, um aumento em $q_{\$/€}$. *Uma expansão relativa de produto americano causa uma depreciação real de longo prazo do dólar em relação ao euro ($q_{\$/€}$ aumenta). Uma expansão relativa de produto europeu causa uma apreciação real de longo prazo do dólar em relação ao euro ($q_{\$/€}$ cai).*[24]

Um diagrama útil resume nossa discussão sobre demanda, oferta e a taxa de câmbio real de longo prazo. Na Figura 16.4, a oferta do produto americano em relação ao produto europeu, Y_{US}/Y_E, é traçada ao longo do eixo horizontal, enquanto a taxa de câmbio real dólar/euro, $q_{\$/€}$, é traçada ao longo do eixo vertical.

O equilíbrio da taxa de câmbio real é determinado pela interseção de duas linhas. A linha *RD* inclinada para cima mostra que a demanda relativa por produtos americanos em geral, em relação à demanda por produtos europeus, aumenta conforme $q_{\$/€}$ sobe, isto é, conforme os produtos americanos tornam-se relativamente mais baratos. Essa curva de "demanda" por mercadorias americanas em relação às europeias tem uma inclinação positiva porque estamos medindo uma *queda* no preço relativo das mercadorias americanas por um movimento *ascendente* ao longo do eixo vertical. E o que acontece com a oferta relativa? No longo prazo, os níveis relativos do produto nacional são determinados pela oferta de fatores e pela produtividade, com pouco, se é que existe algum, efeito na taxa de câmbio real. A curva de oferta relativa, *RS*, portanto, é vertical no longo prazo (isto é, tem pleno emprego) relativo à relação de produto (Y_{US}/Y_E)[1]. O equilíbrio de longo prazo da taxa de câmbio real é aquele que define a demanda relativa igual à oferta relativa de longo prazo (ponto 1).[25]

O diagrama ilustra facilmente como as mudanças nos mercados mundiais afetam a taxa de câmbio real. Suponha que os preços mundiais da gasolina caiam, tornando os utilitários

---

[24]Nossa discussão do efeito de Balassa-Samuelson no estudo de caso "Por que os níveis de preços são mais baixos nos países pobres" nos levaria a esperar que um aumento de produtividade concentrado no setor de bens comercializáveis americano pudesse fazer com que o dólar se valorizasse em vez de sofrer depreciação em termos reais em relação ao euro. No último parágrafo, entretanto, temos em mente um aumento de produtividade balanceado que beneficia os setores comercializáveis e não comercializáveis em igual proporção, resultando, portanto, em uma depreciação real do dólar ao causar uma queda nos preços de mercadorias não comercializáveis e naqueles das mercadorias comercializáveis que são mais importantes no índice de preços ao consumidor americano do que no do europeu.

[25]Note que essas linhas *RD* e *RS* diferem daquelas utilizadas no Capítulo 6. As anteriores referiam-se à demanda mundial relativa e à oferta de dois produtos que poderiam ser produzidos em qualquer um dos dois países. Em contraste, as curvas *RD* e *RS* neste capítulo referem-se à demanda mundial relativa e à oferta do produto geral de um país (seu PIB) em relação a outro país.

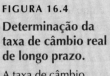

FIGURA 16.4
Determinação da taxa de câmbio real de longo prazo.
A taxa de câmbio real de equilíbrio de longo prazo iguala a demanda relativa mundial ao nível de pleno emprego da oferta relativa.

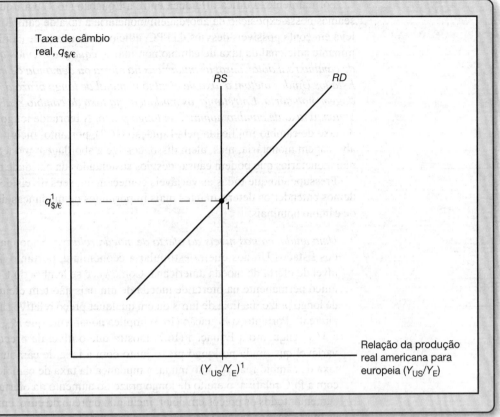

esportivos americanos mais atraentes para as pessoas em todos os lugares. Essa mudança seria um aumento na demanda mundial relativa por mercadorias americanas e moveria RD para a direita, fazendo $q_{\$/€}$ cair (uma valorização real do dólar em relação ao euro). Suponha que os Estados Unidos melhorem seu sistema de saúde, reduzindo as doenças em toda a força de trabalho americana. Se os trabalhadores são capazes de produzir mais mercadorias e serviços em uma hora como resultado, o aumento na produtividade americana move RS para a direita, fazendo que $q_{\$/€}$ aumente (uma depreciação real do dólar em relação ao euro).

Taxas de câmbio nominais e reais em equilíbrio de longo prazo

Agora reunimos o que aprendemos neste capítulo e no Capítulo 15 para mostrar como as taxas de câmbio nominais de longo prazo são determinadas. Uma conclusão central é que as mudanças nas ofertas e demandas nacionais dão origem a movimentos proporcionais de longo prazo nas taxas de câmbio nominais e nas relações de níveis de preços internacionais, previstas pela teoria da paridade do poder de compra relativa. No entanto, as mudanças na oferta e na demanda nos mercados de bens e serviços nacionais resultam em movimentos de taxa de câmbio nominal que não estão em conformidade com a PPC.

Lembre-se de nossa definição da taxa de câmbio real dólar/euro como:

$$q_{\$/€} = (E_{\$/€} \times P_E)/P_{US}.$$

(Veja a Equação [16.6].) Agora, se nós resolvermos essa equação para a taxa de câmbio, temos uma equação que nos dá a taxa de câmbio nominal dólar/euro como a taxa de câmbio real dólar/euro vezes a relação de nível de preços Estados Unidos-Europa:

$$E_{\$/€} = q_{\$/€} \times (P_{US}/P_E). \tag{16.7}$$

452   PARTE III ▪ Taxas de câmbio e macroeconomia da economia aberta

Formalmente, a única diferença entre a Equação (16.7) e a Equação (16.1), na qual baseamos nossa exposição da abordagem monetária à taxa de câmbio, é que a Equação (16.7) leva em conta possíveis desvios da PPC, adicionando a taxa de câmbio *real* como um determinante adicional da taxa de câmbio nominal. *A equação implica que para uma dada taxa de câmbio real dólar/euro, as mudanças na oferta ou demanda de moeda na Europa ou nos Estados Unidos afetam a taxa de câmbio nominal de longo prazo dólar/euro como na abordagem monetária. Entretanto, as mudanças na taxa de câmbio real de longo prazo também afetam a taxa de câmbio nominal de longo prazo.* A teoria de longo prazo da determinação da taxa de câmbio implicada pela Equação (16.7), portanto, inclui os elementos válidos da abordagem monetária, mas, além disso, corrige a abordagem monetária ao permitir fatores não monetários que podem causar desvios sustentados da paridade do poder de compra.

Pressupondo que todas as variáveis começam em seus níveis de longo prazo, agora podemos entender os determinantes mais importantes de mudanças de longo prazo nas taxas de câmbio nominais:

1. *Uma mudança nos níveis da oferta de moeda relativa.* Suponha que o *Federal Reserve* dos Estados Unidos queira estimular a economia e, portanto, realize um aumento no nível de oferta de moeda americana. Como você se lembra do Capítulo 15, um aumento único permanente na oferta de moeda de um país não tem efeito nos níveis de produto de longo prazo, na taxa de juros ou em qualquer preço relativo (incluindo a taxa de câmbio real). Portanto, a Equação (16.3) implica novamente que P_{US} aumenta em proporção a M_{US}, enquanto a Equação (16.7) mostra que o nível de preços americano é a única variável que muda no longo prazo junto com a taxa de câmbio nominal $E_{\$/€}$. Como a taxa de câmbio real $q_{\$/€}$ não muda, a mudança da taxa de câmbio nominal é consistente com a PPC relativa: o efeito de longo prazo do aumento da oferta de moeda americana é aumentar todos os preços em dólar, incluindo o preço do euro, em proporção ao aumento da oferta de moeda. Não deveria ser uma surpresa que esse resultado é o mesmo que obtivemos utilizando a abordagem monetária, já que essa abordagem destina-se a explicar os efeitos de longo prazo das mudanças monetárias.

2. *Uma mudança nas taxas de crescimento da oferta de moeda relativa.* Suponha que o *Federal Reserve* conclua, para sua consternação, que, durante os próximos anos, o nível de preços americano vai cair. (Uma queda de nível de preços consistente é chamada de *deflação*.) Um aumento permanente na *taxa de crescimento* da oferta de moeda americana aumenta a taxa de inflação americana de longo prazo e, por meio do efeito Fisher, aumenta a taxa de juros do dólar em relação à taxa de juros do euro. Como a demanda por moeda real relativa dos Estados Unidos por consequência diminui, a Equação (16.3) implica que P_{US} sobe (como mostrado na Figura 16.1). No entanto, como a mudança que traz esse resultado é puramente monetária, ela é neutra em seus efeitos de longo prazo. Especificamente, ela não altera a taxa de câmbio *real* de longo prazo dólar/euro. De acordo com a Equação (16.7), então, $E_{\$/€}$ aumenta em proporção ao aumento em P_{US} (uma depreciação do dólar em relação ao euro). De novo, uma mudança puramente monetária provoca um movimento da taxa de câmbio nominal de longo prazo alinhado à PPC relativa, assim como a abordagem monetária previu.

3. *Uma mudança na demanda relativa de produto.* Esse tipo de mudança *não* é coberto pela abordagem monetária, então agora a perspectiva mais geral que desenvolvemos, na qual a taxa de câmbio real pode mudar, é essencial. Já que uma mudança na demanda relativa por produto não afeta os níveis de preços nacionais de longo prazo (que dependem somente dos fatores que aparecem nas Equações [16.3] e [16.4]), a taxa de câmbio nominal de longo prazo na Equação (16.7) mudará apenas na medida em que a taxa de câmbio real mudar também. Considere um aumento na demanda relativa mundial por produtos americanos. Anteriormente nesta seção, vimos que um aumento na demanda por produtos americanos causa uma valorização real de longo prazo do dólar em relação ao euro (uma queda em $q_{\$/€}$). Essa mudança é simplesmente um aumento no preço relativo do produto americano. Entretanto, dado que os níveis de preços nacionais de

CAPÍTULO 16 ■ Níveis de preço e a taxa de câmbio em longo prazo **453**

longo prazo estão inalterados, a Equação (16.7) nos diz que a valorização *nominal* de longo prazo do dólar em relação ao euro (uma queda em $E_{\$/€}$) também deve ocorrer. Essa previsão destaca o importante fato de que apesar de as taxas de câmbios serem preços nominais, elas respondem a eventos não monetários assim como a monetários, mesmo quando consideramos longos horizontes temporais.

4. *Uma mudança na oferta relativa de produto.* Como vimos anteriormente nesta seção, um aumento na oferta de produção americana relativa faz com que o dólar sofra depreciação em termos reais em relação ao euro, diminuindo o preço relativo do produto americano. Entretanto, esse aumento em $q_{\$/€}$ não é a única mudança na Equação (16.7) implicada pelo aumento relativo no produto americano. Além disso, o aumento do produto americano aumenta a demanda de transações por saldos reais de dinheiro dos Estados Unidos, aumentando a demanda agregada por moeda real americana e, na Equação (16.3), empurrando o nível de preços americano de longo prazo para baixo. Voltando à Equação (16.7), já que $q_{\$/€}$ aumenta enquanto P_{US} cai, os efeitos do produto e mercado monetário de uma mudança na oferta do produto atuam em direções opostas, fazendo, portanto, o efeito líquido em $E_{\$/€}$ *ser ambíguo*. Nossa análise de uma mudança na oferta de produto ilustra que mesmo quando uma perturbação origina-se de um único mercado (neste caso, o mercado de bens e serviços), sua influência nas taxas de câmbio pode depender dos efeitos de repercussão que são canalizados por meio de outros mercados.

Concluímos que quando todas as perturbações são de natureza monetária, as taxas de câmbio obedecem à PPC relativa no longo prazo. Portanto, no longo prazo, a perturbação monetária afeta somente o poder de compra geral de uma moeda, e essa mudança no poder de compra muda igualmente o valor da moeda em termos de mercadorias nacionais e estrangeiras. Quando as alterações ocorrem em mercados de produção, é improvável que a taxa de câmbio obedeça à PPC relativa, mesmo no longo prazo. A Tabela 16.2 resume essas conclusões em relação aos efeitos das mudanças nos mercados monetário e de bens e serviços nas taxas de câmbio nominais de longo prazo.

Nos capítulos seguintes, recorreremos ao modelo geral de taxa de câmbio de longo prazo desta seção, mesmo quando estivermos discutindo eventos macroeconômicos de *curto prazo*. Os fatores de longo prazo são importantes no curto prazo por causa do papel central que as expectativas sobre o futuro desempenham na determinação cotidiana das taxas de câmbio.

TABELA 16.1	Efeitos das mudanças do mercado monetário e do mercado de bens e serviços na taxa de câmbio dólar/euro de longo prazo, $E_{\$/€}$
Mudança	**Efeito na taxa de câmbio dólar/euro nominal de longo prazo, $E_{\$/€}$**
Mercado monetário	
1. Aumento no nível de oferta de moeda americana	Aumento proporcional (depreciação nominal do dólar)
2. Aumento no nível de oferta de moeda europeia	Diminuição proporcional (depreciação nominal do euro)
3. Aumento na taxa de crescimento da oferta de moeda americana	Aumento (depreciação nominal do dólar)
4. Aumento na taxa de crescimento na oferta de moeda europeia	Diminuição (depreciação nominal do euro)
Mercado de bens e serviços	
1. Aumento na demanda pelo produto americano	Diminuição (apreciação nominal do dólar)
2. Aumento na demanda pelo produto europeu	Aumento (apreciação nominal do euro)
3. Aumento na oferta de produto nos Estados Unidos	Ambíguo
4. Aumento na oferta de produto na Europa	Ambíguo

454 PARTE III ■ Taxas de câmbio e macroeconomia da economia aberta

É por isso que as notícias sobre a conta corrente, por exemplo, podem ter um grande impacto na taxa de câmbio. O modelo de taxa de câmbio de longo prazo desta seção fornecerá o esteio para as expectativas de mercado, isto é, a estrutura que os participantes do mercado utilizam para prever as taxas de câmbio futuras com base nas informações disponíveis hoje.

Diferenças internacionais das taxas de juros e a taxa de câmbio real

Anteriormente neste capítulo, vimos que a PPC relativa, quando combinada com a paridade de juros, implica que as diferenças internacionais da taxa de juros se igualam às diferenças nas taxas de inflação esperadas dos países. Entretanto, como a PPC relativa geralmente não se sustenta, a relação entre as diferenças internacionais nas taxas de juros e taxas de inflação nacionais pode ser mais complexa na prática do que uma simples fórmula sugere. Apesar dessa complexidade, os decisores políticos que esperam influenciar as taxas de câmbio, assim como os indivíduos particulares que desejam prevê-las, não conseguem ter sucesso sem compreender os fatores que fazem as taxas de juros dos países diferirem.

Portanto, nesta seção estenderemos nossa discussão anterior do efeito Fisher para incluir os movimentos da taxa de câmbio real. Para tanto, mostraremos que, em geral, as diferenças da taxa de juros entre dois países não dependem somente das diferenças na inflação esperada, como a abordagem monetária afirma, mas também nas mudanças esperadas na taxa de câmbio real.

Começamos relembrando que a mudança em $q_{\$/€}$, a taxa de câmbio dólar/euro real, é um *desvio* da PPC relativa, isto é, a mudança em $q_{\$/€}$ é a mudança percentual na taxa de câmbio dólar/euro nominal menos a diferença internacional nas taxas de inflação entre os Estados Unidos e a Europa. Portanto, chegamos à relação correspondente entre a mudança *esperada* na taxa de câmbio real, a mudança *esperada* na taxa nominal e a inflação *esperada*:

$$(q_{\$/€}^e - q_{\$/€})/q_{\$/€} = \left[(E_{\$/€}^e - E_{\$/€})/E_{\$/€} \right] - (\pi_{US}^e - \pi_E^e), \qquad (16.8)$$

onde $q_{\$/€}^e$ (como em nossa notação usual) é a taxa de câmbio real esperada para daqui um ano.

Agora voltamos para a condição de paridade de juros entre depósitos em dólar e em euro,

$$R_\$ - R_€ = (E_{\$/€}^e - E_{\$/€})/E_{\$/€}.$$

Uma simples reorganização da Equação (16.8) mostra que a taxa esperada de mudança na taxa de câmbio *nominal* dólar/euro é apenas a taxa esperada de mudança na taxa de câmbio *real* dólar/euro *mais* a diferença de inflação esperada entre Estados Unidos e Europa. Portanto, combinando a Equação (16.8) com a condição de paridade de juros anterior, somos levados ao seguinte resumo da diferença internacional das taxas de juros:

$$R_\$ - R_€ = \left[(q_{\$/€}^e - q_{\$/€})/q_{\$/€} \right] + (\pi_{US}^e - \pi_E^e). \qquad (16.9)$$

Perceba que quando o mercado espera que a PPC relativa prevaleça, $q_{\$/€}^e = q_{\$/€}$ e o primeiro termo do lado direito dessa equação sai fora. Neste caso especial, a Equação (16.9) reduz-se à Equação (16.5) mais simples, que derivamos quando supomos a PPC relativa.

Entretanto, em geral, a diferença de juros dólar/euro é a soma de *dois* componentes: (1) a taxa esperada de depreciação real do dólar em relação ao euro e (2) a diferença de inflação esperada entre Estados Unidos e Europa. Por exemplo, se a inflação americana será de 5% ao ano para sempre e a inflação europeia será de zero para sempre, a diferença de juros de longo prazo entre os depósitos em dólar e em euro não precisa ser os 5% que a PPC (quando combinada com a paridade de juros) sugeriria. Se, além disso, todo mundo sabe que as

CAPÍTULO 16 ■ Níveis de preço e a taxa de câmbio em longo prazo **455**

tendências de demanda e oferta de produto farão o dólar sofrer depreciação em relação ao euro em termos reais a uma taxa de 1% ao ano, o diferencial (*spread*) de juros internacional será, na verdade, de 6%.

Paridade de juros reais

A ciência econômica faz uma importante distinção entre **taxas de juros nominais**, que são as taxas de retorno medidas em termos monetários, e as **taxas de juros reais**, que são as taxas de retorno medidas em termos *reais*, isto é, em termos de produto de um país. Como as taxas reais de retorno frequentemente são incertas, vamos nos referir a elas como taxas de juros reais *esperadas*. As taxas de juros que discutimos em conexão com a condição de paridade de juros e os determinantes da demanda de moeda são taxas nominais; por exemplo, o retorno em dólar sobre depósitos em dólar. Mas para muitos outros propósitos, os economistas precisam analisar o comportamento em termos de taxas reais de retorno. Ninguém que está pensando em investir dinheiro, por exemplo, poderia tomar uma decisão sabendo somente que a taxa de juros nominal é 15%. O investimento seria muito atraente a uma inflação zero, mas desastroso se a inflação estivesse por volta de 100% ao ano![26]

Concluímos este capítulo mostrando que quando a condição de paridade de juros nominal iguala as diferenças das taxas de juros nominais entre moedas com as mudanças esperadas nas taxas de câmbio *nominais*, uma condição de paridade de juros *real* iguala as diferenças de taxa de juros real esperadas com as mudanças esperadas nas taxas de câmbio *reais*. Somente quando se espera que a PPC relativa valha (ou seja, que não se espera nenhuma mudança na taxa de câmbio real), as taxas de juros reais esperadas em todos os países são idênticas.

A taxa de juros real esperada, representada por r_e, é definida como a taxa de juros nominal, R, menos a taxa de inflação esperada, π^e:

$$\pi^e = R - \pi^e.$$

Em outras palavras, a taxa de juros real esperada em um país é somente a taxa real de retorno que um residente nacional espera receber em um empréstimo de sua moeda. A definição da taxa de juros real esperada esclarece os aspectos gerais das forças por trás do efeito Fisher: qualquer aumento na taxa de inflação esperada que não altere a taxa de juros real esperada deve ser refletido, um por um, na taxa de juros nominal.

Uma consequência útil da definição anterior é a fórmula para a diferença nas taxas de juros reais esperadas entre duas áreas monetárias, como Estados Unidos e Europa:

$$r^e_{US} - r^e_{E} = (R_{\$} - \pi^e_{US}) - (R_{\euro} - \pi^e_{E}).$$

Se rearranjarmos a Equação (16.9) e a combinarmos com a equação anterior, temos a *condição de paridade de juros real* desejada:

$$r^e_{US} - r^e_{E} = (q^e_{\$/\euro} - q_{\$/\euro})/q_{\$/\euro}. \tag{16.10}$$

A Equação (16.10) parece muito com a condição de paridade de juros nominal da qual é derivada, mas explica as diferenças nas taxas de juros *reais* esperadas entre os Estados Unidos e a Europa por movimentos esperados na taxa de câmbio dólar/euro *real*.

As taxas de juros reais esperadas são as mesmas em diferentes países quando se espera que a PPC relativa se sustente (em cujo caso a Equação [16.10] implica que $r^e_{US} = r^e_{E}$). No entanto, de forma mais geral, as taxas de juros reais esperadas em diferentes países não

---

[26]Poderíamos apenas examinar as diferenças de retorno nominal no mercado de câmbio porque (como o Capítulo 14 mostrou) as diferenças de retorno nominal são iguais às diferenças de retorno real para um investidor qualquer. No contexto da demanda por moeda, a taxa de juros nominal é a taxa de retorno real que você sacrifica ao manter moeda que não rende juros.

456 PARTE III ■ Taxas de câmbio e macroeconomia da economia aberta

precisam ser iguais, mesmo no longo prazo, se a mudança contínua nos mercados de bens e serviços é esperada.[27] Suponha, por exemplo, que se espera que a produtividade no setor de bens comercializáveis da Coreia do Sul aumente durante as próximas duas décadas, enquanto a produção de bens não comercializáveis sul-coreanos e em todas as indústrias americanas fica estagnada. Se a hipótese de Balassa-Samuelson é válida, as pessoas deveriam esperar que o dólar americano sofra depreciação em termos reais em relação à moeda sul-coreana, o won, enquanto os preços de bens não comercializáveis sul-coreanos tendem a subir. A Equação (16.10), portanto, implica que a taxa de juros real esperada deveria ser maior nos Estados Unidos do que na Coreia do Sul.

Tais diferenças reais de juros implicam oportunidades de lucro não percebidas para investidores internacionais? Não necessariamente. Uma diferença de juros real internacional implica que os residentes dos dois países observam diferentes taxas de retorno reais sobre a riqueza. No entanto, a paridade de juros nominal nos diz que *qualquer* investidor espera o mesmo retorno real sobre ativos em moeda nacional e estrangeira. Dois investidores que moram em diferentes países não precisam calcular essa única taxa real de retorno da mesma forma se a PPC relativa não liga os preços de suas cestas de consumo, mas não existe uma maneira de os dois lucrarem com esse desacordo se transferirem fundos entre as moedas.

RESUMO

- A teoria da *paridade do poder de compra*, em sua forma absoluta, afirma que a taxa de câmbio entre as moedas de dois países é igual à razão dos níveis de preços desses países, medida pelos preços em dinheiro de uma cesta de referência de *commodities*. Uma afirmação equivalente da PPC é que o poder de compra de qualquer moeda é o mesmo em qualquer país. A *PPC absoluta* implica uma segunda versão da teoria PPC, a *PPC relativa*, que prevê que mudanças percentuais nas taxas de câmbio são iguais às diferenças nas taxas de inflação nacional.

- Um dos elementos básicos da teoria da PPC é a *lei do preço único*, que afirma que, sob competição livre e na ausência de impedimento ao comércio, uma mercadoria deve ser vendida por um único preço, independentemente do lugar do mundo no qual é vendida. Os proponentes da teoria da PPC com frequência argumentam, entretanto, que sua validade não exige que a lei do preço único valha para todas as *commodities*.

- A *abordagem monetária à taxa de câmbio* utiliza a PPC para explicar o comportamento de longo prazo da taxa de câmbio exclusivamente em termos de oferta e demanda de moeda. Nessa teoria, os diferenciais nos juros internacionais resultam de taxas nacionais diferentes de inflação em curso, como o *efeito Fisher* prevê. Diferenças internacionais prolongadas em taxas de crescimento monetário estão, por sua vez, por trás de diferentes taxas de longo prazo de inflação em curso. Portanto, a abordagem monetária constata que um aumento na taxa de juros do país será associado com uma depreciação de sua moeda. A PPC relativa implica que diferenças de juros internacionais, que se igualam à mudança percentual esperada na taxa de câmbio, também se igualam à diferença na inflação esperada internacional.

- O apoio empírico para a PPC e para a lei do preço único é fraco em dados recentes. O fracasso dessas proposições no mundo real está relacionado às barreiras ao comércio e a desvios da livre concorrência, fatores que podem resultar em *precificação a mercado* pelos exportadores. Além disso, diferentes definições de níveis de preços em diferentes países atrapalham as tentativas de testar a PPC utilizando os índices de preços

---

[27]Na análise de dois períodos dos empréstimos internacionais no Capítulo 6, todos os países enfrentam uma única taxa de juros real mundial. Entretanto, a PPC relativa deve se sustentar naquela análise, porque só existe uma mercadoria de consumo em cada período.

CAPÍTULO 16 ■ Níveis de preço e a taxa de câmbio em longo prazo **457**

que os governos publicam. Para alguns produtos, incluindo vários serviços, os custos de transporte internacional são tão exorbitantes que esses produtos tornam-se não comercializáveis.

■ Os desvios da PPC relativa podem ser vistos como mudanças na *taxa de câmbio real* de um país, o preço de uma cesta de despesas estrangeiras típica em termos de uma cesta de despesas nacional típica. Com todo o resto igual, a moeda de um país sofre uma *apreciação real* de longo prazo em relação às moedas estrangeiras quando a demanda relativa mundial por seu produto aumenta. Nesse caso, a taxa de câmbio real do país, como acabamos de definir, cai. A moeda de um país sofre uma *depreciação real* de longo prazo em relação às moedas estrangeiras quando o produto nacional aumenta em relação ao produto estrangeiro. Nesse caso, a taxa de câmbio real aumenta.

■ A determinação de longo prazo das *taxas de câmbio nominais* pode ser analisada combinando-se duas teorias: a teoria da taxa de câmbio *real* de longo prazo e a teoria de como os fatores monetários nacionais determinam os níveis de preço de longo prazo. Um aumento gradual no estoque de moeda de um país, por fim, leva a um aumento proporcional em seu nível de preços e a uma queda proporcional no valor de sua moeda no câmbio, assim como a PPC relativa prevê. As mudanças nas taxas de crescimento monetário também têm efeitos de longo prazo consistentes com a PPC. Mudanças de oferta e demanda nos mercados de produção, entretanto, resultam em movimentos de taxa de câmbio que não estão em conformidade com a PPC.

■ A condição de paridade de juros equaciona diferenças internacionais em *taxas de juros nominais* com a mudança percentual esperada na taxa de câmbio nominal. Se a paridade de juros vale nesse sentido, a condição de paridade de juros equaciona diferenças internacionais nas *taxas de juros reais* esperadas com a mudança esperada na taxa de câmbio real. A paridade de juros real também implica que as diferenças internacionais em taxas de juros nominais igualam-se às diferenças na inflação esperada *mais* a mudança percentual esperada na taxa de câmbio real.

TERMOS-CHAVE

abordagem monetária à taxa de câmbio, p. 430
apreciação real, p. 448
depreciação real, p. 447
efeito Fisher, p. 433

lei do preço único, p. 427
paridade do poder de compra (PPC), p. 426
PPC absoluta, p. 429
PPC relativa, p. 429

precificação a mercado, p. 439
taxa de câmbio nominal, p. 446
taxa de câmbio real, p. 446
taxas de juros nominais, p. 455
taxas de juros reais, p. 455

QUESTÕES

1. Suponha que a taxa de inflação russa seja 100% em um ano, mas a taxa de inflação da Suíça seja somente 5%. De acordo com a PPC relativa, o que deve acontecer durante o ano com a taxa de câmbio do franco suíço em relação ao rublo russo?

2. Discuta por que se afirma frequentemente que os exportadores sofrem quando suas moedas nacionais são valorizadas em termos reais em relação às moedas estrangeiras e prosperam quando suas moedas nacionais sofrem depreciação em termos reais.

3. Com o resto igual, como você esperaria que as seguintes mudanças afetassem a taxa de câmbio real de uma moeda em relação às moedas estrangeiras?

   a. O nível geral de despesas não muda, mas os residentes nacionais decidem gastar mais de sua renda em produtos não comercializáveis e menos em produtos comercializáveis.

   b. Os residentes estrangeiros demandam menos as suas próprias mercadorias e mais as exportações do seu país.

458 PARTE III ■ Taxas de câmbio e macroeconomia da economia aberta

4. Guerras de grande escala normalmente provocam a suspensão do comércio internacional e das atividades financeiras. As taxas de câmbio perdem muito de sua relevância sob essas condições, mas uma vez que a guerra termina, os governos que desejam fixar taxas de câmbio enfrentam o problema de decidir quais devem ser as novas taxas. A teoria da PPC foi aplicada frequentemente a esse problema de realinhamento das taxas de câmbio pós-guerra. Imagine que você é o Chanceler do Tesouro britânico e que a Primeira Guerra Mundial acabou agora. Explique como você definiria a taxa de câmbio dólar/libra implicada pela PPC. Quando parece ser uma má ideia utilizar a teoria da PPC dessa forma?

5. No fim da década de 1970, a Grã-Bretanha parecia ter tirado a sorte grande. Tendo desenvolvido seus campos de petróleo no Mar Norte em anos anteriores, a renda real do país elevou-se subitamente devido ao drástico aumento nos preços do petróleo mundial em 1979-1980. Entretanto, no início da década de 1980, os preços do petróleo recuaram conforme a economia mundial caiu em uma recessão profunda e a demanda mundial de petróleo perdeu força. No quadro a seguir, mostramos números-índice para a taxa de câmbio real média da libra em relação a várias moedas estrangeiras. (Tais números-índice médios são chamados de taxas de câmbio *efetivas*.) Um aumento em um desses números indica uma *valorização* real da libra, isto é, um aumento no nível de preços britânico em relação ao nível de preços médio no exterior medido em libras. Uma queda é uma depreciação real.

Taxa de câmbio real efetiva da libra esterlina, 1976-1984 (1980 = 100)

1976	1977	1978	1979	1980	1981	1982	1983	1984
68,3	66,5	72,2	81,4	100,0	102,8	100,0	92,5	89,8

Fonte: Fundo Monetário Internacional, *Estatísticas Financeiras Internacionais*. As medidas da taxa de câmbio real são baseadas nos índices de preços de produtos líquidos chamados de deflatores de valor agregado.

Utilize as pistas que demos sobre a economia britânica para explicar o aumento e a queda da taxa de câmbio real efetiva da libra entre 1978 e 1984. Preste atenção especial ao papel dos bens não comercializáveis.

6. Explique como mudanças permanentes nas funções de demanda real por moeda nacional afetam as taxas de câmbio real e nominal no longo prazo.

7. No fim da Primeira Guerra Mundial, o Tratado de Versalhes impôs uma indenização à Alemanha, um grande pagamento anual para os Aliados vitoriosos. (Muitos historiadores acreditam que essa indenização desempenhou um papel em desestabilizar os mercados financeiros no Entreguerras e até mesmo em provocar a Segunda Guerra Mundial.). Na década de 1920, os economistas John Maynard Keynes e Bertil Ohlin tiveram um debate acalorado no *Economic Journal* sobre a possibilidade de que os pagamentos da indenização imporiam um "segundo fardo" à Alemanha ao piorar os seus termos de troca. Utilize a teoria desenvolvida neste capítulo para discutir os mecanismos pelos quais uma transferência permanente da Polônia para a Chéquia afetaria a taxa de câmbio real de zloty/coroa tcheca no longo prazo.

8. Continuando com o problema 7, discuta como a transferência afetaria a taxa de câmbio *nominal* de longo prazo entre as duas moedas.

9. Um país impõe uma tarifa aduaneira sobre importações do exterior. Como essa ação muda a taxa de câmbio real de longo prazo entre as moedas nacional e estrangeira? Como a taxa de câmbio nominal de longo prazo é afetada?

10. Imagine que dois países idênticos restringiram importações em níveis iguais, mas um utiliza tarifas aduaneiras e o outro utiliza quotas. Após essas políticas estarem em vigor, os dois países passam por expansões idênticas e balanceadas de gastos nacionais. Onde a expansão da demanda causa maior valorização real da moeda: no país que utiliza a tarifa aduaneira ou no que utiliza a quota?

CAPÍTULO 16 ■ Níveis de preço e a taxa de câmbio em longo prazo **459**

11. Explique como a taxa de câmbio nominal dólar/euro seria afetada (com todo o resto igual) por mudanças permanentes na taxa esperada de depreciação real do dólar em relação ao euro.

12. Você pode sugerir um evento que faria com que a taxa de juros nominal de um país aumente e sua moeda se valorize simultaneamente, em um mundo de preços perfeitamente flexíveis?

13. Suponha que a taxa de juros real esperada nos Estados Unidos seja de 9% ao ano, enquanto a taxa de juros na Europa seja de 3% ao ano. O que você espera que aconteça com a taxa de câmbio real dólar/euro durante o próximo ano?

14. No curto prazo de um modelo com preços rígidos, uma redução na oferta de moeda aumenta a taxa de juros nominal e valoriza a moeda (veja o Capítulo 15). O que acontece com a taxa de juros real esperada? Explique por que o caminho subsequente da taxa de câmbio real satisfaz a condição de paridade de juros real.

15. Discuta a seguinte afirmação: "Quando uma mudança na taxa de juros nominal de um país é causada por um aumento na taxa de juros real esperada, a moeda nacional se valoriza. Quando a mudança é causada por um aumento na inflação esperada, a moeda sofre depreciação". (Pode ajudar se você olhar o Capítulo 15.)

16. As taxas de juros nominais são cotadas a uma série de vencimentos, correspondendo a diferentes durações de empréstimos. Por exemplo, no fim de 2004 o governo americano poderia pegar empréstimos de dez anos a uma taxa de juros anual de pouco mais de 4%, enquanto a taxa anual que pagava sobre os empréstimos de somente três meses de duração estava pouco abaixo de 2% (uma taxa de juros anualizada de 2% para um empréstimo de três meses significa que se você pegou um dólar emprestado, vai devolver US$ 1,005 = US$ 1 + (3/12) × US$ 0,02 no fim dos três meses). Em geral, embora não sempre, as taxas de juros de longo prazo estão acima das taxas de curto prazo, como no exemplo acima de 2004. Em termos de efeito Fisher, o que esse padrão diria sobre a inflação esperada e/ou a taxa de juros real futura esperada?

17. Continuando com o problema anterior, podemos definir as taxas *reais* de juros de curto e longo prazo. Em todos os casos, a taxa de juros real relevante (anualizada, isto é, expressada em porcentagem por ano) é a taxa de juros nominal anualizada no vencimento em questão, menos a taxa de inflação anualizada esperada sobre o período do empréstimo. Lembre-se das evidências de que a PPC relativa parece se sustentar melhor durante longos horizontes do que em curtos. Nesse caso, os diferenciais reais de juros internacionais serão maiores em vencimentos mais curtos do que em vencimentos mais longos? Explique seu raciocínio.

18. Por que pode ser verdade que a PPC relativa se sustenta melhor no longo prazo do que no curto prazo? (Pense sobre como as empresas que praticam comércio internacional reagiriam a grandes e persistentes diferenças internacionais nos preços de uma mercadoria comercializável.).

19. Suponha que os residentes dos Estados Unidos consumam relativamente mais das mercadorias que os Estados Unidos exportam do que os residentes dos países estrangeiros. Em outras palavras, as mercadorias exportadas pelos Estados Unidos têm maior peso no IPC americano do que em outros países. Por outro lado, as exportações estrangeiras têm menor peso no IPC americano do que têm no exterior. Qual seria o efeito de um aumento na taxa de câmbio real do dólar nos termos de troca americanos (o preço relativo das exportações americanas em termos de importações do país)?

20. A revista *The Economist* apontou que o preço dos Big Macs está sistemática e positivamente relacionado com o nível de renda do país, assim como é o nível de preços geral (lembre-se do quadro "Dois hambúrgueres, alface, queijo, molho especial, cebola, picles e a lei do preço único"). Se você for ao *site* do Padrão Big Mac da *The Economist* em <http://www.economist.com/content/big-mac-index>, encontrará uma planilha que contém os dados de sobre/subvalorização para junho de 2020 (assim como levantamentos

460 PARTE III ▪ Taxas de câmbio e macroeconomia da economia aberta

dos anos anteriores). Vá ao *site* dos World Development Indicators (Indicadores de Desenvolvimento Mundiais) do Banco Mundial, <http://data.worldbank.org/indicator/> e encontre os dados mais recentes sobre renda nacional bruta (RNB) *per capita*, PPC, para todos os países. Utilize esses dados, junto com os dados da *The Economist* sobre os preços em dólar do Big Mac, para fazer um gráfico da renda *per capita* (eixo horizontal) *versus* o preço em dólar do Big Mac (eixo vertical). O que você encontrou?

LEITURAS ADICIONAIS

Anderson, J. E. e Wincoop, E. van. "Trade Costs". *Journal of Economic Literature*, v. 42, p. 691-751, set. 2004. Um levantamento abrangente sobre a natureza e os efeitos dos custos do comércio internacional.

Ariel Burstein e Gita Gopinath. "International Prices and Exchange Rates," in Gita Gopinath, Elhanan Helpman e Kenneth Rogoff, eds., *Handbook of International Economics*, volume 4. Amsterdã: Elsevier, 2014. Levantamento avançado e valioso sobre a precificação a mercado e tópicos relacionados.

Cassel, G. *Post-War Monetary Stabilization*. Nova York: Columbia University Press, 1928. Aplica a teoria da paridade do poder de compra das taxas de câmbio à análise dos problemas monetários que vieram após a Primeira Guerra Mundial.

Cumby, R. E. "Forecasting Exchange Rates and Relative Prices with the Hamburger Standard: Is What You Want What You Get with McParity?". Working Paper 5675. National Bureau of Economic Research, jul. 1996. Estuda o poder de previsão estatística das medidas do Big Mac de sub e sobrevalorização.

Deaton, A. e Heston, A. "Understanding PPPs and PPP-Based National Accounts". *American Economic Journal: Macroeconomics*, v. 2, p. 1-35, out. 2010. Resumo crítico dos muitos obstáculos para a construção de comparações internacionais de preço precisas.

DevereuX, M. B. "Real Exchange Rates and Macroeconomics: Evidence and Theory". *Canadian Journal of Economics*, v. 30, p. 773-808, nov. 1997. Revisa as teorias dos determinantes e efeitos das taxas de câmbio real.

Dornbusch, R. "The Theory of Flexible Exchange Rate Regimes and Macroeconomic Policy". In: Herin, J; Lindbeck, A e Myhrman, J. (Eds.). *Flexible Exchange Rates and Stabilization Policy*. Boulder, CO: Westview Press, 1977, p. 123-143. Desenvolve um modelo de longo prazo das taxas de câmbio incorporando mercadorias e serviços comercializáveis e não comercializáveis.

GoldberG, P. K. e Knetter, M. M. "Goods Prices and Exchange Rates: What Have We Learned?". *Journal of Economic Literature*, v. 35, p. 1243-1272, set. 1997. Excelente levantamento de evidência em nível micro sobre a lei do preço único, *pass-through* da taxa de câmbio e precificação a mercado.

Patrick Honohan. "Using Purchasing Power Parities to Compare Income and Production across Countries." Policy Brief, Peterson Institute for International Economics, dez. 2020. Revisão crítica do uso de ajustes de PPC para comparar padrões de vida entre países.

Hummels, D. "Transportation Costs and International Trade in the Second Era of Globalization". *Journal of Economic Perspectives*, v. 21, p. 131-154, verão 2007. Levantamentos sobre a economia dos custos de transporte no comércio internacional moderno.

Metzler, L. A. "Exchange Rates and the International Monetary Fund". In: *International Monetary Policies*. Postwar Economic Studies, v. 7. Washington, D.C.: Board of Governors of the Federal Reserve System, 1947, p. 1-45. O autor aplica a paridade do poder de compra com habilidade e ceticismo para avaliar as taxas de câmbio fixas estabelecidas pelo Fundo Monetário Internacional após a Segunda Guerra Mundial.

Mishkin, F. S. *The Economics of Money, Banking and Financial Markets*. 12. ed. Nova York: Pearson, 2000. O Capítulo 5 discute a inflação e o efeito Fisher.

Rogoff, K. "The Purchasing Power Parity Puzzle". *Journal of Economic Literature*, v. 34, p. 647-668, jun. 1996. Levantamento crítico da teoria e de trabalhos empíricos.

Stockman, A. C. "The Equilibrium Approach to Exchange Rates". *Federal Reserve Bank of Richmond Economic Review*, v. 73, p. 12-30, mar./abr. 1987. Teoria e evidências em um modelo de equilíbrio da taxa de câmbio similar ao modelo de longo prazo deste capítulo.

Taylor, A. M. e Taylor, M. P. "The Purchasing Power Parity Debate". *Journal of Economic Perspectives*, v. 18, p. 135-158, outono 2004. Levantamento de pesquisas recentes sobre PPC.

APÊNDICE DO CAPÍTULO 16

O efeito Fisher, a taxa de juros e a taxa de câmbio sob a abordagem monetária de preço flexível

A abordagem monetária às taxas de câmbio, que supõe que os preços das mercadorias são perfeitamente flexíveis, implica que a moeda de um país sofre depreciação quando suas taxas de juros nominais aumentam por causa de alta inflação futura esperada. Este apêndice fornece uma análise detalhada desse resultado importante.

Considere novamente a taxa de câmbio euro/dólar e imagine que o *Federal Reserve* aumente a taxa futura de crescimento da oferta de moeda americana pela quantia $\Delta\pi$. A Figura 16A.1 fornece um diagrama que nos ajudará a acompanhar como diversos mercados respondem a essa mudança.

O quadrante inferior direito na figura é a nossa representação usual do equilíbrio no mercado monetário americano. Ele mostra que antes do aumento no crescimento da oferta de moeda americana, a taxa de juros em dólares é igual a $R_\$^1$ (ponto 1). O efeito Fisher nos diz que um aumento em $\Delta\pi$ na taxa futura do crescimento de oferta de moeda americana, com todo o resto igual, aumentará a taxa de juros nominal em dólares para $R_\$^2 = R_\$^1 + \Delta\pi$ (ponto 2).

Como o diagrama mostra, o aumento na taxa de juros nominal do dólar reduz a demanda por moeda e, portanto, uma queda será necessária para restabelecer o equilíbrio na oferta real de moeda. Mas o estoque nominal de moeda não muda no curto prazo, porque foi somente a taxa *futura* do crescimento da oferta de moeda americana que aumentou. O que acontece? Dada a não alteração na oferta de moeda nominal M_{US}^1, um salto do nível de preços americano de P_{US}^1 para P_{US}^2 causa a redução necessária na detenção real da moeda americana. A suposta flexibilidade de preços permite que esse salto aconteça mesmo no curto prazo.

Para ver a resposta da taxa de câmbio, voltamo-nos para o quadrante inferior esquerdo. A abordagem monetária supõe a paridade do poder de compra, implicando que enquanto P_{US} aumenta (embora o nível de preços europeu permaneça constante, que foi o que supusemos), a taxa de câmbio dólar/euro $E_{\$/\epsilon}$ deve aumentar (uma depreciação do dólar). O quadrante inferior esquerdo da Figura 16A.1 coloca em gráfico a relação implícita entre as detenções reais da moeda americana, M_{US}/P_{US}, e a taxa de câmbio nominal, $E_{\$/\epsilon}$, dada uma oferta de moeda *nominal* inalterada nos Estados Unidos e um nível de preços inalterado na Europa. Utilizando a PPC, podemos escrever a equação colocada no gráfico (que é uma *hipérbole* inclinada para baixo) como:

$$E_{\$/\epsilon} = P_{US}/P_E = \frac{M_{US}/P_E}{M_{US}/P_{US}}.$$

Essa equação mostra que a queda na oferta real de moeda americana, de M_{US}^1/P_{US}^1 para M_{US}^1/P_{US}^2, está associada com a depreciação do dólar à qual a taxa de câmbio nominal dólar/euro aumenta de $E_{\$/\epsilon}^1$ para $E_{\$/\epsilon}^2$ (mostrado como um movimento para a esquerda ao longo do eixo horizontal).

A linha de 45 graus no quadrante superior esquerdo da Figura 16A.1 permite que você traduza a mudança da taxa de câmbio dada no quadrante inferior esquerdo para o eixo vertical do quadrante superior direito do diagrama. O quadrante superior direito contém nossa representação tradicional do equilíbrio no mercado de câmbio.

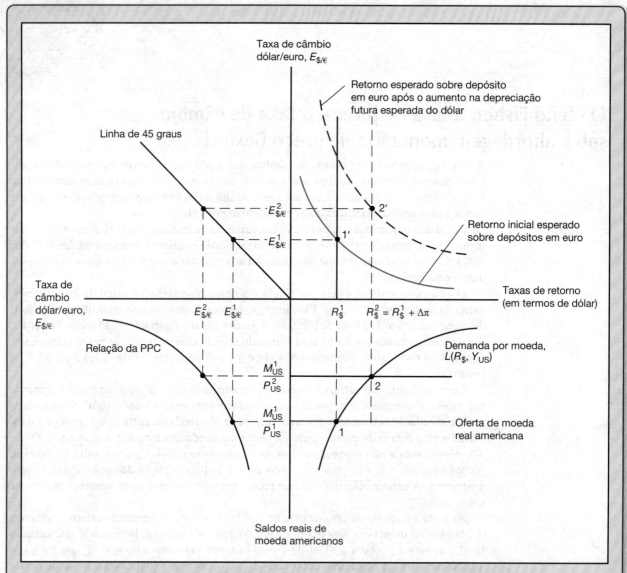

FIGURA 16A.1
Como um aumento no crescimento monetário americano afeta a taxa de juros e a taxa de câmbio dólar/euro quando preços de mercadorias são flexíveis.

Quando os preços das mercadorias são perfeitamente flexíveis, o diagrama de equilíbrio do mercado monetário (quadrante sudeste) mostra dois efeitos de um aumento, $\Delta\pi$, na taxa futura do crescimento da oferta de moeda americana. A mudança (i) aumenta a taxa de juros do dólar de $R_\$^1$ para $R_\$^2 = R_\$^1 + \Delta\pi$, o que está alinhado com o efeito Fisher; e (ii) faz com que o nível de preços americano suba, de P_{US}^1 para P_{US}^2. O equilíbrio do mercado monetário, portanto, move-se do ponto 1 para o ponto 2. (Como M_{US}^1 não muda imediatamente, a oferta de moeda americana real cai para M_{US}^1/P_{US}^2, realinhando a oferta de moeda real com a demanda de moeda reduzida). A relação da PPC no quadrante sudoeste mostra que o salto do nível de preços de P_{US}^1 para P_{US}^2 requer uma depreciação do dólar em relação ao euro (a taxa de câmbio dólar/euro move-se para cima, de $E_{\$/€}^1$ para $E_{\$/€}^2$). No diagrama do mercado de câmbio (quadrante nordeste), essa depreciação do dólar é mostrada como a mudança do ponto 1' para o ponto 2'. O dólar sofre depreciação apesar do aumento em $R_\$$, porque expectativas intensificadas da depreciação futura do dólar em relação ao euro deslocam para fora do ponto que mede o retorno em dólar esperado sobre depósitos em euro.

APÊNDICE DO CAPÍTULO 16 ■ Níveis de preço e a taxa de câmbio em longo prazo   **463**

Ali você pode ver que a depreciação do dólar em relação ao euro está associada com um movimento no equilíbrio do mercado de câmbio do ponto 1' para o ponto 2'. A figura mostra por que o dólar sofre depreciação, apesar do aumento em $R_\$$. A razão é um movimento para fora na linha inclinada para baixo, que dá a taxa de retorno esperada em dólar para os depósitos em euro. Por que aquela linha se desloca para fora? Um maior crescimento monetário futuro esperado implica depreciação futura esperada do dólar mais rápida em relação ao euro e, portanto, um aumento na atratividade dos depósitos em euro. É a mudança nas expectativas que leva simultaneamente a um aumento na taxa de juros nominal em dólares e a uma depreciação do dólar no mercado de câmbio.

Para resumir, não podemos prever como um aumento na taxa de juros do dólar afetará a taxa de câmbio do dólar sem saber *por que* a taxa nominal de juros aumentou. Em um modelo de preço flexível no qual a taxa de juros nominal nacional aumenta por causa de um crescimento maior esperado da oferta de moeda futura, a moeda nacional sofrerá depreciação (e não valorização) graças às expectativas de uma depreciação futura mais rápida.

CAPÍTULO 17

Produto e a taxa de câmbio no curto prazo

As economias americana e canadense registraram taxas de variação negativas da similares produção durante 2009, ano de profunda recessão global. Mas enquanto o dólar americano sofreu depreciação em relação às moedas estrangeiras em torno de 8% durante o ano, o dólar canadense sofreu *apreciação* de aproximadamente 16%. O que explica essas experiências contrastantes? Ao completar o modelo macroeconômico construído nos Capítulos 14 a 16, este capítulo resolverá os fatores complicados que fazem mudar a produção, as taxas de câmbio e a inflação. Os Capítulos 15 e 16 apresentaram as conexões entre as taxas de câmbio, taxas de juros e níveis de preços, mas sempre supomos que os níveis de produto eram determinados fora do modelo. Esses capítulos deram-nos somente uma ideia parcial de como as mudanças macroeconômicas afetam uma economia aberta, porque os eventos que mudam as taxas de câmbio, taxas de juros e níveis de preços também podem afetar o produto. Agora completamos essa ideia examinando como o produto e a taxa de câmbio são determinados no curto prazo.

Nossa discussão combina o que aprendemos sobre mercados de ativos e o comportamento de longo prazo das taxas de câmbio com um novo elemento, uma teoria de como o mercado de bens e serviços ajusta-se às mudanças de demanda quando os preços de produtos, em si, demoram para se ajustarem na economia. Como aprendemos no Capítulo 15, fatores institucionais como contratos nominais de longo prazo podem dar origem a preços de mercado de bens e serviços "rígidos" ou que demoram a se ajustar. Ao combinar o modelo de curto prazo do mercado de produção com nossos modelos do mercado de câmbio e monetário (os mercados de ativos), construímos um modelo que explica o comportamento de curto prazo de todas as variáveis macroeconômicas importantes em uma economia aberta. O modelo de taxa de câmbio de longo prazo do capítulo anterior fornece a estrutura e o contexto que os participantes dos mercados de ativos utilizam para formar suas expectativas sobre as taxas de câmbio futuras.

Como as mudanças de produto podem afastar a economia do pleno emprego, as ligações entre o produto e as outras variáveis macroeconômicas, como o saldo do comércio e a conta corrente, são de grande preocupação para os formuladores de políticas econômicas. Na última parte deste capítulo, utilizaremos nosso modelo de curto prazo para examinar como as ferramentas políticas macroeconômicas afetam o produto e a conta corrente e como podem ser utilizadas para manter o pleno emprego.

CAPÍTULO 17 ■ Produto e a taxa de câmbio no curto prazo **465**

OBJETIVOS DE APRENDIZAGEM

Após a leitura deste capítulo, você será capaz de:

- Explicar o papel da taxa de câmbio real na determinação da demanda agregada para o produto de um país.
- Ver como o equilíbrio de curto prazo de uma economia aberta pode ser analisado como a interseção de uma linha de equilíbrio de mercado de ativos (*AA*) e uma linha de equilíbrio de mercado de bens e serviços (*DD*).
- Entender como as políticas monetária e fiscal afetam a taxa de câmbio e o produto nacional no curto prazo.
- Descrever e interpretar os efeitos de longo prazo de mudanças de política macroeconômica permanentes.
- Explicar a relação entre as políticas macroeconômicas, o saldo da conta corrente e a taxa de câmbio.

Determinantes da demanda agregada em uma economia aberta

Para analisar como o produto é determinado no curto prazo quando os preços dos bens e serviços são rígidos, introduzimos o conceito de **demanda agregada** para o produto de um país. A demanda agregada é a quantidade de mercadorias e serviços de um país demandada pelas famílias, empresas e governos em todo o mundo. Assim como a produção de uma mercadoria ou serviço individual depende, em parte, da demanda por ela, o nível geral de curto prazo de produto de um país depende da demanda agregada por seus produtos. A economia está em seu pleno emprego no longo prazo (por definição) porque os salários e o nível de preços mais cedo ou mais tarde ajustam-se para garanti-lo. No longo prazo, o nível de produto nacional, portanto, depende somente da oferta de fatores de produção nacional disponível, como mão de obra e capital. Entretanto, como veremos, esses fatores produtivos podem ser super ou subempregados no curto prazo devido a mudanças na demanda agregada que ainda não causaram seus efeitos de longo prazo por completo nos preços.

No Capítulo 13, aprendemos que o produto de uma economia é a soma de quatro tipos de despesas que geram a renda nacional: consumo, investimento, compras de governo e a conta corrente. De forma correspondente, a demanda agregada para o produto de uma economia aberta é a soma da demanda de consumo (C), demanda de investimento (I), demanda do governo (G) e a demanda de exportação líquida, isto é, a conta corrente (CA). Cada um desses componentes de demanda agregada depende de vários fatores. Nesta seção, examinamos os fatores que determinam a demanda de consumo e a conta corrente. Discutiremos a demanda do governo mais tarde neste capítulo quando examinarmos os efeitos da política fiscal. Por ora, suporemos que G é dado. Para evitar complicar nosso modelo, também supomos que a demanda de investimento é dada. Os determinantes da demanda de investimento são incorporados no modelo do Apêndice 3 deste capítulo.

Determinantes da demanda de consumo

Neste capítulo, vamos ver a quantidade que os residentes de um país desejam consumir dependendo da renda disponível, Y^d (isto é, a renda nacional menos impostos, $Y - T$).[1]

---

[1] Um modelo mais completo permitiria outros fatores, como riqueza real, renda futura esperada e taxa de juros real para afetar os planos de consumo. O Apêndice 1 deste capítulo liga a formulação aqui à teoria microeconômica do consumidor, que foi a base de nossa discussão no Apêndice do Capítulo 6.

466 PARTE III ▪ Taxas de câmbio e macroeconomia da economia aberta

(*C, Y, e* T são todos medidos em termos de unidades de produto nacional.) Com essa suposição, o nível de consumo desejado de um país pode ser escrito como uma função da renda disponível:

$$C = C(Y^d).$$

Como cada consumidor naturalmente demanda mais mercadorias e serviços conforme sua renda aumenta, esperamos também que o consumo aumente conforme a renda disponível cresça no nível agregado. Portanto, a demanda de consumo e a renda disponível estão positivamente relacionadas. Entretanto, quando a renda disponível cresce, a demanda de consumo geralmente sobe *menos*, porque parte do aumento da renda é poupada.

Determinantes da conta corrente

O saldo de conta corrente, visto como a demanda pelas exportações de um país menos a demanda por importações do país, é determinado por dois fatores principais: a taxa de câmbio nacional real em relação à moeda estrangeira (isto é, o preço de uma cesta de despesas típica estrangeira em termos de cestas de despesas nacional) e a renda nacional disponível. (Na realidade, a conta corrente de um país depende de muitos outros fatores, como o nível de despesa estrangeira, mas por ora definimos esses outros fatores como constantes.)[2]

Expressamos o saldo de conta corrente de um país como uma função da taxa de câmbio real de sua moeda, $q = EP^*/P$, e da renda nacional disponível, Y^d:

$$CA = CA(EP^*/P, Y^d).$$

Como um lembrete da discussão do Capítulo 16, observe que os preços em moeda nacional das cestas de despesas representativas nacional e estrangeira são, respectivamente, EP^* e P, onde E (a taxa de câmbio nominal) é o preço da moeda estrangeira em termos de moeda nacional; P^* é o nível de preços estrangeiro; e P é o nível de preços nacional. A taxa de câmbio *real q*, definida como o preço da cesta estrangeira em termos da cesta nacional, é, portanto, EP^*/P. Se, por exemplo, a cesta representativa de mercadorias e serviços europeus custa € 40 (P^*), a cesta representativa americana custa US$ 50 (P) e a taxa de câmbio dólar/euro é US$ 1,10 por euro (E), então o preço da cesta europeia em termos de cestas americanas é

$$EP^*/P = \frac{(1,10\ \$/€) \times (40\ €/\text{Cesta europeia})}{(50\ \$/\text{Cesta americana})}$$

$$= 0,88\ \text{cesta americana/cesta europeia}.$$

Mudanças de taxa de câmbio real afetam a conta corrente, porque refletem as mudanças nos preços de mercadorias e serviços nacionais em relação às mercadorias e serviços estrangeiros. A renda disponível afeta a conta corrente por meio de seu efeito na despesa total dos consumidores nacionais. Para compreender como esses efeitos da taxa de câmbio real e renda disponível funcionam, é útil olhar separadamente para a demanda por exportações de um país, *EX*, e a demanda por importações pelos residentes do país, *IM*. Como vimos no Capítulo 13, a relação entre a conta corrente e as exportações e importações se dá pela identidade

$$CA = EX - IM,$$

quando *CA, EX* e *IM* são todas medidas em termos de produto nacional.

---

[2]Como foi observado na nota de rodapé 1, estamos ignorando uma série de fatores (como a riqueza e as taxas de juros) que afetam o consumo juntamente com a renda disponível. Já que alguma parte de qualquer mudança de consumo vai para as importações, esses determinantes de consumo omitidos também ajudam a determinar a conta corrente. Seguindo a convenção do Capítulo 13, também estamos ignorando as transferências unilaterais ao analisar o saldo da conta corrente.

CAPÍTULO 17 ■ Produto e a taxa de câmbio no curto prazo **467**

Como as variações na taxa de câmbio real afetam a conta corrente

Você vai lembrar-se de que uma cesta nacional representativa de despesas inclui alguns produtos importados, mas coloca maior peso em mercadorias e serviços produzidos nacionalmente. Ao mesmo tempo, a cesta estrangeira representativa está enviesada para mercadorias e serviços produzidos no país estrangeiro. Portanto, um aumento no preço da cesta estrangeira em termos de cestas nacionais, digamos, será associado com um aumento no preço relativo do produto estrangeiro em geral relacionado ao produto nacional.[3]

Para determinar como a mudança no preço relativo do produto nacional afeta a conta corrente, com todo o resto igual, devemos perguntar como ela afeta a *EX* e a *IM*. Quando EP^*/P aumenta, por exemplo, os produtos estrangeiros tornam-se mais caros em relação aos produtos nacionais: cada unidade de produto nacional agora compra menos unidades de produto estrangeiro. Os consumidores estrangeiros responderão a essa mudança de preço (uma depreciação real da moeda nacional) demandando mais de nossas exportações. Essa resposta dos estrangeiros, vai, portanto, aumentar *EX* e melhorar a conta corrente nacional.

O efeito do aumento da mesma taxa de câmbio real na *IM* é mais complicado. Os consumidores nacionais respondem à mudança de preço comprando menos unidades dos produtos estrangeiros mais caros. No entanto, a resposta deles não implica que *IM* deve cair, porque *IM* representa o *valor* das importações medido em termos de produto nacional, não o *volume* dos produtos estrangeiros importados. Já que um aumento em EP^*/P (uma depreciação real da moeda nacional) tende a aumentar o valor de cada unidade de importação em termos de unidades de produto nacional, as importações medidas em unidades de produto nacional podem subir devido a esse aumento em EP^*/P, mesmo se as importações caírem quando medidas em unidades de produto estrangeiro. Portanto, a *IM* aumenta ou diminui quando EP^*/P aumenta, de forma que o efeito de uma mudança da taxa de câmbio real na conta corrente *CA* é ambíguo.

Se a conta corrente melhora ou piora, isso depende de qual efeito da mudança da taxa de câmbio real é dominante – o *efeito de volume* das despesas de um consumidor, que muda as quantidades de exportação e importação, ou o *efeito de valor*, que muda o produto nacional equivalente de um *dado* volume de importações estrangeiras. Supomos por ora que o efeito de volume de uma mudança na taxa de câmbio real sempre supere o efeito de valor, de forma que, com todo o resto igual, a depreciação real da moeda melhora a conta corrente e uma apreciação real da moeda piora a conta corrente.[4]

Embora tenhamos expressado nossa discussão das taxas de câmbio reais e da conta corrente em termos de respostas dos consumidores, as respostas dos produtores são tão importantes quanto as dos consumidores e trabalham da mesma forma. Quando a moeda de um país sofre depreciação em termos reais, as empresas estrangeiras descobrem que o país pode fornecer insumos de produção intermediários mais baratos. Esses efeitos tornam-se mais fortes devido à tendência crescente de empresas multinacionais em instalar diferentes estágios de seus processos de produção em uma série de países. Por exemplo, a montadora alemã BMW pode transferir a produção da Alemanha para sua fábrica em Spartanbur, na Carolina do Sul, se a depreciação do dólar baixar o custo relativo de produção nos Estados Unidos. A mudança de produção representa um aumento na demanda mundial pela produção e mão de obra americana.

---

[3]A taxa de câmbio real está sendo utilizada aqui essencialmente como uma medida de resumo conveniente dos preços relativos de produtos nacionais em relação aos estrangeiros. Uma análise mais exata (mas muito mais complicada) trabalharia explicitamente com funções de demanda e oferta separadas para os bens não comercializáveis e os comercializáveis de cada país, mas levaria a conclusões bem parecidas com aquelas que chegaremos a seguir.

[4]Essa suposição exige que as demandas de importação e de exportação sejam relativamente *elásticas* com respeito à taxa de câmbio real. O Apêndice 2 deste capítulo descreve uma condição matemática precisa, chamada de *condição de Marshall-Lerner*, sob a qual a suposição no texto é válida. O apêndice também examina as evidências empíricas sobre o horizonte temporal durante o qual a condição de Marshall-Lerner se sustenta.

468 PARTE III ■ Taxas de câmbio e macroeconomia da economia aberta

TABELA 17.1	Fatores que determinam a conta corrente
Mudança	**Efeito na conta corrente, CA**
Taxa de câmbio real, $EP^*/P\uparrow$	$CA\uparrow$
Taxa de câmbio real, $EP^*/P\downarrow$	$CA\downarrow$
Renda disponível, $Y^d\uparrow$	$CA\downarrow$
Renda disponível, $Y^d\downarrow$	$CA\uparrow$

Como variações na renda disponível afetam a conta corrente

O segundo fator que influencia a conta corrente é a renda nacional disponível. Já que um aumento em Y^d faz com que os consumidores nacionais aumentem seus gastos em *todas* as mercadorias, incluindo as importações do exterior, um aumento na renda disponível, com todo o resto igual, piora a conta corrente. (Um aumento em Y^d não surte efeito na demanda de exportação porque mantemos a renda estrangeira constante e não permitimos que Y^d a afete.)

A Tabela 17.1 resume nossa discussão sobre como as mudanças da taxa de câmbio real e da renda disponível influenciam a conta corrente nacional.

A equação da demanda agregada

Agora combinamos os quatro componentes da demanda agregada para chegar a uma expressão para a demanda agregada total, representada por D:

$$D = C(Y - T) + I + G + CA(EP^*/P, Y - T),$$

na qual escrevemos a renda disponível Y^d como a produção, Y, menos os impostos, T. Essa equação mostra que a demanda agregada por produto nacional pode ser escrita como uma função da taxa de câmbio real, da renda disponível, da demanda de investimento e da despesa do governo:

$$D = D(EP^*/P, Y - T, I, G).$$

Agora queremos ver como a demanda agregada depende da taxa de câmbio real e do PNB nacional dados o nível de impostos, T, a demanda de investimento, I, e as compras de governo, G.[5]

A taxa de câmbio real e a demanda agregada

Um aumento em EP^*/P torna as mercadorias e serviços nacionais mais baratos em relação às mercadorias e serviços estrangeiros e desloca tanto a despesa nacional como a estrangeira de mercadorias estrangeiras para mercadorias nacionais. Como resultado, CA aumenta (como pressupomos na seção anterior) e a demanda agregada, D, portanto, sobe. *Uma*

---

[5]Como observado acima, o investimento I é tomado como dado, embora possamos imaginar que mude por razões que estão fora do modelo (em outras palavras, supomos que é uma variável exógena em vez de endógena). Fazemos a mesma suposição sobre G. Não seria difícil fazer I endógena, entretanto, como é feito no Apêndice 3 deste capítulo, no qual o investimento é uma função declinante da taxa de juros nacional real. (Essa é a suposição feita no modelo padrão IS-LM dos cursos intermediários de macroeconomia.) Para uma dada taxa de câmbio futura esperada e um dado nível de produto de pleno emprego, o modelo do Apêndice 3 implica que a demanda de investimento pode ser expressa como $I(E,Y)$, em que um aumento em E (depreciação da moeda nacional) aumenta a demanda de investimento, assim como um aumento no produto Y. Modelar o investimento dessa forma dentro deste capítulo não mudaria nossas previsões de forma significativa.

depreciação real da moeda nacional, com todo o resto igual, aumenta a demanda agregada pelo produto nacional; uma apreciação real diminui a demanda agregada por produto nacional.

Renda real e demanda agregada

O efeito da renda real nacional na demanda agregada é um pouco mais complicado. Se os impostos são fixos a um nível dado, um aumento em Y representa um aumento igual na renda disponível Y^d. Embora esse aumento em Y^d faça o consumo subir, ele piora a conta corrente ao aumentar a despesa nacional em importações estrangeiras. O primeiro desses efeitos aumenta a demanda agregada, mas o segundo a diminui. No entanto, já que o aumento no consumo é dividido entre maior despesa em produtos nacionais e maior despesa em importações estrangeiras, o primeiro efeito (o da renda disponível no consumo total) é maior do que o segundo (o efeito da renda disponível só na despesa de importação). Portanto, *um aumento na renda real, com todo o resto igual, aumenta a demanda agregada pelo produto nacional e uma queda na renda real nacional diminui a demanda agregada pelo produto nacional.*

A Figura 17.1 mostra a relação entre a demanda agregada e a renda real Y para valores fixos da taxa de câmbio real, impostos, demanda de investimento e despesa de governo. Quando Y aumenta, o consumo sobe por uma fração do aumento na renda. Parte desse aumento no consumo, aliás, vai para despesas de importação. O efeito de um aumento em Y na demanda agregada para o produto nacional é, portanto, menor do que o aumento correspondente na demanda de consumo, que é menor, por sua vez, do que o aumento em Y. Mostramos isso na Figura 17.1 ao desenhar a linha de demanda agregada com uma inclinação inferior a 1. (A linha faz interseção com o eixo vertical acima da origem, porque o investimento, o governo e a demanda estrangeira fariam a demanda agregada maior do que zero, mesmo no caso hipotético de produto nacional zero.)

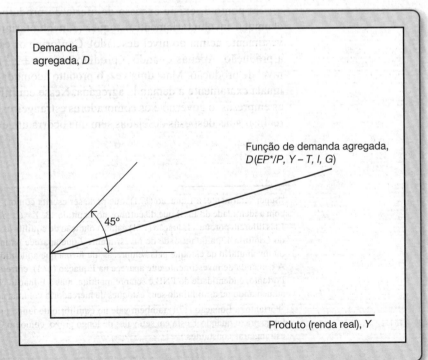

FIGURA 17.1

Demanda agregada como uma função do produto.

A demanda agregada é uma função da taxa de câmbio real (EP^*/P), renda disponível ($Y - T$), demanda de investimentos (I) e o gasto do governo (G). Se todos os outros fatores permanecem inalterados, um aumento no produto (renda real), Y, aumenta a demanda agregada. Como o aumento na demanda agregada é menor do que o aumento na produção, a inclinação da função da demanda agregada é menor do que 1 (como indicado por sua posição dentro do ângulo de 45 graus).

470 PARTE III ■ Taxas de câmbio e macroeconomia da economia aberta

Como o produto é determinado no curto prazo

Tendo discutido os fatores que influenciam a demanda para a produção de uma economia aberta, agora estudamos como a produção é determinada no curto prazo. Mostramos que o mercado de bens está em equilíbrio quando a produção nacional real, Y, iguala-se à demanda agregada para o produto nacional:

$$Y = D(EP^*/P, Y - T, I, G). \tag{17.1}$$

A igualdade entre oferta e demanda agregadas, portanto, determina o nível de equilíbrio no mercado de bens e serviços curto prazo.[6]

Nossa análise da determinação da produção real aplica-se ao curto prazo, porque pressupomos que os preços dos bens e serviços são *temporariamente fixos*. Como veremos mais tarde neste capítulo, as mudanças do produto real de curto prazo, que ocorrem quando os preços estão temporariamente fixos, mais cedo ou mais tarde causam mudanças no nível de preços que movem a economia para seu equilíbrio de longo prazo. No equilíbrio de longo prazo, os fatores de produção são empregados plenamente, o nível de produto real é completamente determinado pela oferta de fatores e a taxa de câmbio real ajusta-se para igualar o produto real de longo prazo à demanda agregada.[7]

A determinação do produto nacional em curto prazo é ilustrada na Figura 17.2, na qual novamente colocamos em gráfico a demanda agregada como uma função do produto por níveis fixos de taxa de câmbio real, impostos, demanda de investimento e despesa de governo. A interseção (no ponto 1) da linha de demanda agregada e a linha de 45 graus desenhada a partir da origem (a equação $D = Y$) proporciona um nível de produto único, Y^1, no qual a demanda agregada iguala-se ao produto nacional.

Vamos utilizar a Figura 17.2 para ver por que o produto tende a estabelecer-se em Y^1 no curto prazo. A um nível de produto de Y^2, a demanda agregada (ponto 2) é maior do que o produto. Portanto, as empresas aumentam sua produção para satisfazer esse excesso de demanda. (Se eles não fizessem isso, teriam que utilizar os estoques para satisfazer o excesso de demanda, reduzindo o investimento abaixo do nível desejado, I.) Portanto, a produção expande até que a renda nacional alcance Y^1.

No ponto 3, existe excesso de oferta do produto nacional e as empresas acabam por acumular involuntariamente estoques (e involuntariamente aumentam suas despesas de investimento acima do nível desejado). Conforme os estoques crescem, as empresas cortam a produção. Apenas quando o produto cair para Y^1 as empresas se contentarão com seu nível de produção. Mais uma vez, o produto acomoda-se no ponto 1, o ponto no qual ela se iguala exatamente à demanda agregada. Nesse equilíbrio de curto prazo, os consumidores, as empresas, o governo e os compradores estrangeiros de produtos nacionais são capazes de realizar suas despesas desejadas sem que ocorra um excesso de produção.

---

[6]Superficialmente, a Equação (17.1), que pode ser escrita como $Y = C(Y^d) + I + G + CA(EP^*/P, Y^d)$, parece-se com a identidade do PNB que discutimos no Capítulo 13, $Y = C + I + G + CA$. Em que as duas equações diferem? Elas diferem porque a Equação (17.1) é uma condição de equilíbrio, não uma identidade. Como você deve lembrar do Capítulo 13, a quantidade de investimento I que aparece na identidade do PNB inclui acúmulo *indesejado* ou involuntário de estoque pelas empresas, de forma que a identidade do PNB sempre é mantida por definição. A demanda de investimento que aparece na Equação (17.1), entretanto, é o investimento *desejado* ou planejado. Portanto, a identidade do PNB é sempre mantida, mas a Equação (17.1) se sustenta somente se as empresas estão aumentando ou diminuindo seus estoques de mercadoria voluntariamente.

[7]Portanto, a Equação (17.1) também vale no equilíbrio de longo prazo, mas determina a taxa de câmbio real de longo prazo quando Y está em seu valor de longo prazo, como no Capítulo 16. (Estamos mantendo as condições estrangeiras constantes.)

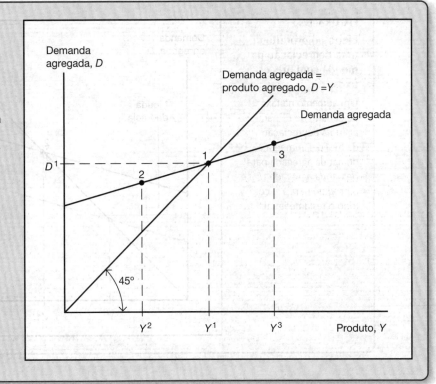

FIGURA 17.2
A determinação do produto no curto prazo.
No curto prazo, o produto é estabelecida em Y^1 (ponto 1), onde a demanda agregada, D^1, iguala-se à demanda de produto, Y^1.

Equilíbrio do mercado de bens no curto prazo: a relação *DD*

Agora que já compreendemos como o produto é determinado para uma taxa de câmbio real dada EP^*/P, vamos analisar como a taxa de câmbio e o produto são simultaneamente determinadas no curto prazo. Para entender esse processo, precisamos de dois elementos. O primeiro, desenvolvido nesta seção, é a relação entre o produto e a taxa de câmbio (a relação *DD*) que deve valer quando o mercado de bens está em equilíbrio. O segundo, desenvolvido na próxima seção, é a relação entre o produto e a taxa de câmbio que deve valer quando o mercado monetário nacional e o mercado de câmbio (os mercados de ativos) estão em equilíbrio. Os dois são necessários porque a economia como um todo está em equilíbrio somente quando os mercados de bens e serviços e de ativos estão em equilíbrio.

Produto, a taxa de câmbio e o equilíbrio do mercado de bens e serviços

A Figura 17.3 ilustra a relação entre a taxa de câmbio e o produto gerada pelo equilíbrio no mercado de bens e serviços. Especificamente, ilustra o efeito de uma depreciação da moeda nacional em relação à moeda estrangeira (isto é, um aumento em E de E^1 para E^2) para valores fixos de nível de preços nacional, P, e nível de preços estrangeiro, P^*. Com os níveis de preços fixos nacionalmente e no exterior, o aumento na taxa de câmbio nominal torna as mercadorias e os serviços estrangeiros mais caros em relação aos nacionais. Essa mudança de preço relativo desloca a linha de demanda agregada para cima.

A queda no preço relativo do produto nacional altera a linha de demanda agregada para cima, porque a cada nível de produto nacional a demanda por produtos nacionais é maior.

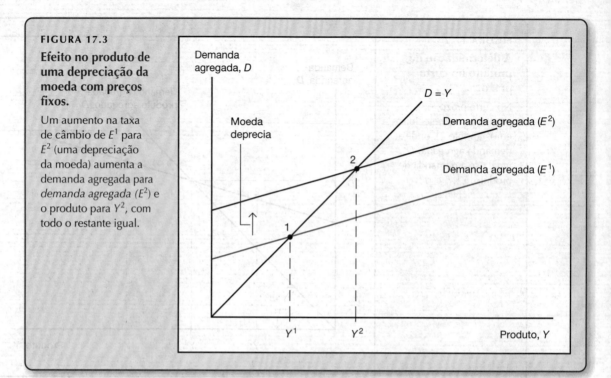

FIGURA 17.3
Efeito no produto de uma depreciação da moeda com preços fixos.

Um aumento na taxa de câmbio de E^1 para E^2 (uma depreciação da moeda) aumenta a demanda agregada para *demanda agregada* (E^2) e o produto para Y^2, com todo o restante igual.

Por exemplo, tanto os consumidores americanos quanto os estrangeiros de automóveis parecidos mudam suas demandas em direção aos modelos americanos quando o dólar sofre depreciação. O produto expande de Y^1 para Y^2 à medida que as empresas se defrontam com excesso de demanda nos níveis iniciais de produção.

Embora tenhamos considerado o efeito de uma mudança em E com P e P^* mantidos fixos, é fácil analisar os efeitos das mudanças em P ou P^* na produção. *Qualquer aumento na taxa de câmbio real EP^*/P (seja por um aumento em E, um aumento em P^* ou uma queda em P) causará uma alteração para cima na função de demanda agregada e uma expansão da produção, com todo o resto igual.* (Um aumento em P^*, por exemplo, tem efeitos qualitativos idênticos àqueles de um aumento em E.) *De forma similar, qualquer queda em EP^*/P, seja qual for a causa (uma queda em E, em P^* ou um aumento em P), fará com que o produto caia, com tudo mais constante.* (Um aumento em P, com E e P^* mantidos fixos, por exemplo, faz com que os produtos nacionais sejam mais caros em relação aos produtos estrangeiros, reduz a demanda agregada pelo produto nacional e faz com que o produto caia.)

Derivando a relação DD

Supõe-se que P e P^* são fixos no curto prazo, uma depreciação da moeda nacional (um aumento em E) está associada com um aumento no produto nacional, Y, enquanto uma apreciação (uma queda em E) está associada com uma queda em Y. Essa associação nos dá uma das duas relações entre E e Y necessárias para descrever o comportamento macroeconômico de curto prazo de uma economia aberta. Resumimos essa relação pela **relação DD**, que mostra todas as combinações de produto e taxa de câmbio para as quais o mercado de bens está no equilíbrio de curto prazo (demanda agregada = produto agregado).

A Figura 17.4 mostra como obter a relação *DD*, que relaciona E e Y quando P e P^* são fixos. A parte superior reproduz o resultado da Figura 17.3 (uma depreciação da moeda

FIGURA 17.4

Derivando a relação DD.

A relação DD (mostrada no painel inferior) inclina-se para cima porque um aumento na taxa de câmbio de E^1 para E^2, com todo o resto igual, faz com que o produto aumente de Y^1 para Y^2.

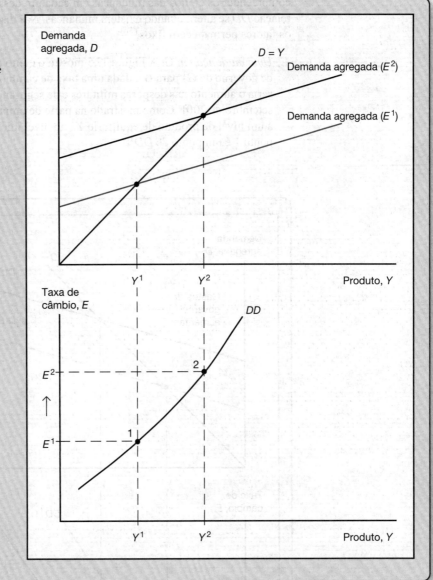

nacional altera a função de demanda agregada para cima, fazendo o produto aumentar). A relação DD na parte inferior coloca em gráfico a relação resultante entre a taxa de câmbio e o produto (dado que P e P^* são mantidos constantes). O ponto 1 na relação DD dá o nível de produção, Y^1, no qual a demanda agregada iguala-se à oferta agregada quando a taxa de câmbio é E^1. Uma depreciação da moeda para E^2 leva a um maior nível de produto Y^2 de acordo com a parte superior da figura, e essa informação permite-nos localizar o ponto 2 na DD.

Fatores que mudam a relação DD

Uma série de fatores afeta a posição da relação DD: os níveis de demanda do governo, os impostos e o investimento, os níveis de preços nacional e estrangeiro, as variações no comportamento do consumo nacional e a demanda estrangeira por produto nacional. Para compreender os efeitos das mudanças em cada um desses fatores, devemos estudar como a relação DD se altera quando existem mudanças. Nas discussões a seguir, supomos que todos os fatores permanecem fixos.

1. *Uma mudança em G.* A Figura 17.5 mostra o efeito em DD de um aumento nas compras de governo de G^1 para G^2, dada uma taxa de câmbio constante de E^0. Um exemplo disso seria o aumento nas despesas militares e de segurança dos EUA após os ataques de 11 de setembro de 2001. Como mostrado na parte de cima da figura, a taxa de câmbio E^0 leva a um nível de produto de equilíbrio Y^1 no nível inicial da demanda do governo. Então o ponto 1 é um ponto de DD^1.

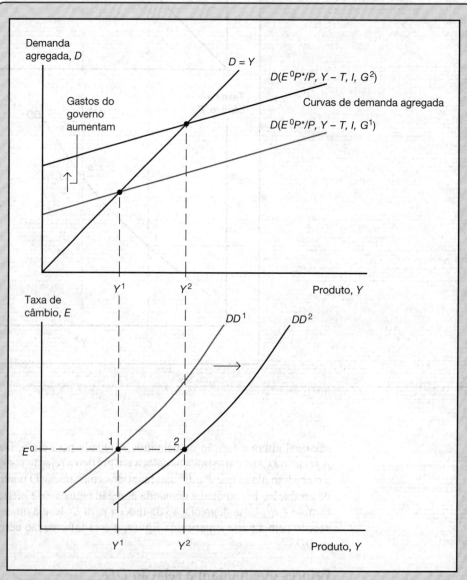

FIGURA 17.5
Demanda do governo e a posição da relação DD.

Um aumento na demanda do governo de G^1 para G^2 aumenta o produto em todo nível da taxa de câmbio. A mudança, portanto, desloca DD para a direita.

CAPÍTULO 17 ■ Produto e a taxa de câmbio no curto prazo **475**

Um aumento em G faz com que a linha de demanda agregada na parte de cima da figura mude para cima. Com todo o resto permanecendo inalterado, o produto aumenta de Y^1 para Y^2. O ponto 2 na parte de baixo mostra o maior nível de produto no qual a demanda e a oferta agregadas agora são iguais, *dada uma taxa de câmbio inalterada de* E^0. O ponto 2 agora é a nova curva DD, DD^2.

Para uma taxa de câmbio qualquer, o nível de produto que iguala a demanda e a oferta agregada é maior após o aumento em G. Isso implica que *um aumento em G faz com que DD mude para a direita, como mostrado na Figura 17.5. De forma similar, uma diminuição em G faz com que DD mude para a esquerda.*

O método e o raciocínio que acabamos de utilizar para estudar como um aumento em G altera a curva DD podem ser aplicados para todos os casos que seguem. Aqui, resumimos os resultados. Para testar o seu entendimento, utilize diagramas similares à Figura 17.5 para ilustrar como os fatores econômicos listados a seguir mudam as curvas.

2. *Uma mudança em T.* Os impostos, T, afetam a demanda agregada ao mudar a renda disponível e, portanto, o consumo, para qualquer nível de Y. Logo, um aumento nos impostos faz com que a função da demanda agregada da Figura 17.1 desloque-se para *baixo* dada a taxa de câmbio E. Já que esse efeito é o oposto ao de um aumento em G, um aumento em T deve fazer com que a relação DD mude para a esquerda. De forma similar, uma queda em T, como o corte de impostos promulgado após 2001 pelo presidente americano George W. Bush, causa uma mudança para a direita da DD.

3. *Uma mudança em I.* Um aumento na demanda de investimento tem o mesmo efeito que um aumento em G: a linha de demanda agregada se desloca para cima e DD se desloca para a direita. Uma queda na demanda de investimento desloca DD para a esquerda.

4. *Uma mudança em P.* Dados E e P^*, um aumento em P faz com que o produto nacional seja mais cara em relação à estrangeira e diminui a demanda líquida de exportação. A relação DD é deslocada para a esquerda à medida que a demanda agregada cai. Uma queda em P faz com que as mercadorias nacionais fiquem mais baratas e causa um deslocamento de DD para a direita.

5. Uma mudança em P^*. Dados E e P, um aumento em P^* faz com que as mercadorias e os serviços estrangeiros sejam relativamente mais caros. A demanda agregada para produto nacional, portanto, aumenta e DD é deslocada para a direita. De forma similar, uma queda em P^* faz com que DD mude para a esquerda.

6. *Uma mudança na função do consumo.* Suponha que os residentes da economia subitamente decidam que querem consumir mais e poupar menos em cada nível de renda disponível. Isso poderia ocorrer, por exemplo, se os preços das casas aumentassem e os proprietários tomassem empréstimos garantidos pelo aumento da sua riqueza. Se o aumento na despesa de consumo não for inteiramente dedicado para importações do exterior, a demanda agregada pelo produto nacional aumenta e a linha de demanda agregada muda para cima para qualquer taxa de câmbio dada E. Isso implica uma mudança para a direita da relação DD. Uma queda independente no consumo (se não for inteiramente por causa de uma queda na importação de demanda) muda DD para a esquerda.

7. *Uma mudança na demanda entre mercadorias estrangeiras e nacionais.* Suponha que não exista nenhuma mudança na função do consumo nacional, mas os residentes nacionais e estrangeiros subitamente decidam dedicar mais de seus gastos para mercadorias e serviços produzidos no país de origem. (Por exemplo, medo da doença da vaca louca no exterior aumenta a demanda por produtos de carne bovina americana.) Se a renda nacional disponível e a taxa de câmbio real permanecem as mesmas, a mudança da demanda *melhora* a conta corrente ao aumentar as exportações e diminuir as importações. A linha de demanda agregada muda para cima, e DD, portanto, muda para a direita. O mesmo raciocínio mostra que uma mudança na demanda mundial para longe dos produtos nacionais e em direção aos produtos estrangeiros faz com que DD mude para a esquerda.

Você pode ter reparado que uma simples regra lhe permite prever o efeito em DD de qualquer das perturbações que discutimos: *qualquer perturbação que aumenta a demanda*

476 PARTE III ▪ Taxas de câmbio e macroeconomia da economia aberta

agregada para o produto nacional muda a relação DD para a direita. Qualquer perturbação que diminua a demanda agregada para o produto nacional muda a relação DD para a esquerda.

Equilíbrio de mercado de ativos no curto prazo: a relação *AA*

Agora obtivemos o primeiro elemento em nossa história sobre a taxa de câmbio de curto prazo e a determinação de renda, a relação entre a taxa de câmbio e o produto que é consistente com a igualdade de oferta e demanda agregada. A relação é resumida pela relação *DD*, que mostra todos os níveis da taxa de câmbio e produto nos quais o mercado de bens está em equilíbrio de curto prazo. No entanto, como observamos no começo da seção anterior, o equilíbrio na economia como um todo equilíbrio nos mercados de ativos, assim como no mercado de produção, e não há nenhuma razão por que, em geral, pontos na relação *DD* deveriam levar ao equilíbrio de mercado de ativos.

Portanto, para completar a história do equilíbrio de curto prazo, introduzimos um segundo elemento para garantir que a taxa de câmbio e o nível de produto consistentes com o equilíbrio do mercado de bens também sejam consistentes com o equilíbrio do mercado de ativos. A relação entre a taxa de câmbio e as combinações de produto que são consistentes com o equilíbrio no mercado monetário nacional e no mercado de câmbio é chamada de **relação *AA***.

Produto, a taxa de câmbio e o equilíbrio do mercado de ativos

No Capítulo 14, estudamos a condição de paridade de juros, segundo a qual o mercado de câmbio está em equilíbrio somente quando as taxas de retorno esperadas em depósitos nacionais e estrangeiros são iguais. No Capítulo 15, aprendemos como a taxa de juros que entra na relação de paridade de juros é determinada pela igualdade da oferta real de moeda e da demanda real de moeda nos mercados monetários nacionais. Agora combinamos essas condições de equilíbrio do mercado de ativos para ver como a taxa de câmbio e o produto devem estar relacionadas quando todos os mercados de ativos ficam equilibrados simultaneamente. Como o foco para o momento é na economia nacional, a taxa de juros estrangeira é considerada dada.

Para uma determinada taxa de câmbio futura esperada, E^e, a condição de paridade de juros que descreve o equilíbrio do mercado de câmbio é a Equação (14.2),

$$R = R^* + (E^e - E)/E,$$

onde R é a taxa de juros sobre depósitos em moeda nacional e R^* é a taxa de juros sobre depósitos em moeda estrangeira. No Capítulo 15, vimos que a taxa de juros nacional que satisfaz a condição de paridade de juros também deve igualar a oferta real de moeda nacional, M^s/P, com a demanda agregada real por moeda (veja a Equação [15.4]):

$$M^s/P = L(R, Y).$$

Lembre-se que a demanda agregada por moeda real, $L(R, Y)$, aumenta quando a taxa de juros cai, porque uma queda em R torna os ativos não monetários que pagam juros menos atraentes de serem mantidos. (Por outro lado, um aumento na taxa de juros diminui a demanda real por moeda.) Um aumento no produto real, Y, eleva a demanda real por moeda aumentando o volume das transações monetárias que as pessoas devem realizar (e uma queda no produto real reduz a demanda real por moeda, diminuindo as transações de que as pessoas precisam).

Agora utilizamos ferramentas diagramáticas desenvolvidas no Capítulo 15 para estudar as mudanças na taxa de câmbio que devem acompanhar as mudanças de produção, de forma que os mercados de ativos permaneçam em equilíbrio. A Figura 17.6 mostra a taxa de juros de equilíbrio nacional e a taxa de câmbio associadas com o nível de produto Y^1 para uma oferta nominal de moeda dada, M^s; um nível de preços nacional dado, P; uma taxa de juros estrangeira, R^*; e um valor dado da taxa de câmbio futura esperada, E^e. Na parte inferior da figura, vemos que com um produto real em Y^1 e a oferta real de moeda em M^s/P, a taxa de juros R^1 equilibra o mercado monetário nacional (ponto 1), enquanto a taxa de câmbio E^1 equilibra o mercado de câmbio (ponto 1'). A taxa de câmbio E^1 equilibra o mercado de câmbio, pois iguala a taxa de retorno esperada sobre depósitos estrangeiros, medida em termos de moeda nacional, a R^1.

Um aumento no produto de Y^1 para Y^2 aumenta a demanda agregada por moeda real de $L(R, Y^1)$ para $L(R, Y^2)$, mudando a linha de demanda por moeda completa na parte de baixo da Figura 17.6. Essa mudança, por sua vez, aumenta a taxa de juros de equilíbrio nacional para R^2 (ponto 2). Com E^e e R^* fixos, a moeda nacional deve sofrer apreciação de E^1 para E^2 para trazer o mercado de câmbio de volta ao equilíbrio no ponto 2'. A moeda nacional sofre apreciação apenas o suficiente para que o aumento na taxa, na qual se espera que

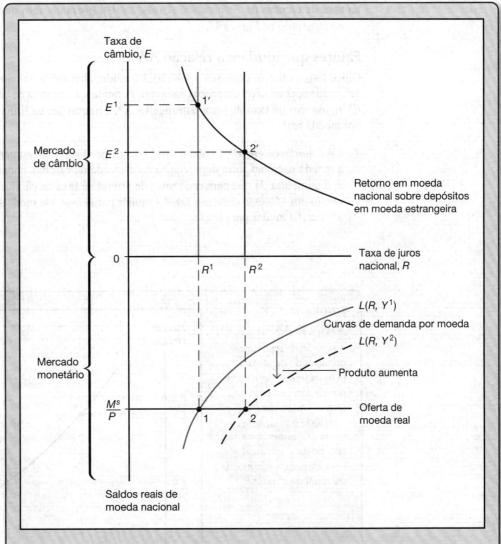

FIGURA 17.6

Produto e a taxa de câmbio no equilíbrio do mercado de ativos.

Para os mercados de ativos (câmbio e moeda) permanecerem em equilíbrio, um aumento no produto deve ser acompanhado por uma apreciação da moeda, com todo o resto igual.

ela sofra *depreciação* no futuro, compense o aumento da vantagem da taxa de juros dos depósitos em moeda nacional. *Para os mercados de ativos permanecerem em equilíbrio, um aumento no produto nacional deve ser acompanhado de uma apreciação da moeda nacional, com todo o resto igual, e uma queda no produto nacional deve ser acompanhada por uma depreciação.*

Derivando a relação AA

Enquanto a relação *DD* traça as taxas de câmbio e os níveis de produto nos quais o mercado de bens e serviços está em equilíbrio, a relação *AA* relaciona as taxas de câmbio e os níveis de produto que mantêm os mercados monetário e de câmbio em equilíbrio. A Figura 17.7 mostra a relação *AA*. A partir da Figura 17.6, vemos que para qualquer nível de produto Y, existe uma taxa de câmbio única E que satisfaz a condição de paridade de juros (dadas a oferta real de moeda, a taxa de juros estrangeira e a taxa de câmbio futura esperada). Nosso raciocínio anterior nos diz que com todas as outras coisas iguais, um aumento em Y^1 para Y^2 produzirá uma apreciação da moeda nacional, isto é, uma queda na taxa de câmbio de E^1 para E^2. A relação *AA*, portanto, tem uma inclinação negativa, como mostrado na Figura 17.7.

Fatores que mudam a relação AA

Cinco fatores fazem com que a relação *AA* mude: alterações na oferta de moeda nacional, M^s, mudanças no nível de preços nacional, P, mudanças na taxa de câmbio futura esperada, E^e, mudanças na taxa de juros estrangeira, R^*, e alterações na linha de demanda agregada por moeda real.

1. *Uma mudança em M^s*. Para um nível fixo de produção, um aumento em M^s faz com que a moeda nacional sofra depreciação no mercado de câmbio, com todo o resto igual (isto é, E aumenta). Já que para cada nível de produto a taxa de câmbio, E, é maior após o aumento em M^s, esse aumento faz *AA* mudar para *cima*. De modo similar, uma queda em M^s faz *AA* mudar para *baixo*.

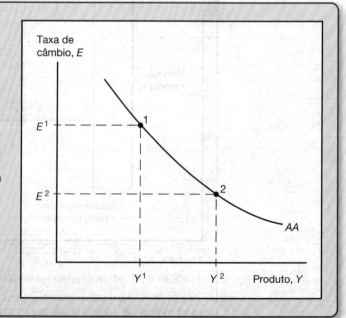

FIGURA 17.7

A relação AA.

A relação de equilíbrio do mercado de ativos (*AA*) inclina-se para baixo porque um aumento no produto de Y^1 para Y^2, com todo o resto igual, causa um aumento na taxa de juros nacional e uma apreciação da moeda nacional de E^1 para E^2.

CAPÍTULO 17 ■ Produto e a taxa de câmbio no curto prazo **479**

2. *Uma mudança em P.* Um aumento em P reduz a oferta real de moeda e eleva a taxa de juros. Com o resto (incluindo Y) igual, esse aumento na taxa de juros faz com que E caia. O efeito de um aumento em P é, portanto um deslocamento de AA para baixo. Uma queda em P resulta em um deslocamento de AA para cima.

3. *Uma mudança em E^e.* Suponha que os participantes do mercado de câmbio subitamente revejam suas expectativas sobre o valor futuro da taxa de câmbio, de forma que E^e aumenta. Tal mudança altera a curva na parte superior da Figura 17.6 (que mede o retorno esperado em moeda nacional de depósitos em moeda estrangeira) para a direita. O aumento em E^e, portanto, faz a moeda nacional sofrer depreciação, com todo o resto igual. Como a taxa de câmbio que produz o equilíbrio no mercado de câmbio é maior após um aumento em E^e, dada a produção, AA move-se para cima quando a taxa de câmbio futura esperada aumenta e move-se para baixo quando ela cai.

4. *Uma mudança em R*.* Um aumento em R* aumenta o retorno esperado sobre depósitos em moeda estrangeira e, portanto, move a linha inclinada para baixo no topo da Figura 17.6 para a direita. Dada a produção, a moeda nacional deve sofrer depreciação para restaurar a paridade de juros. Um aumento em R*, portanto, tem o mesmo efeito em AA que um aumento em E^e: causa uma mudança para cima. Uma queda em R* desloca AA para baixo.

5. *Uma mudança na demanda real por moeda.* Suponha que os residentes nacionais decidam que preferem manter menores saldos reais de moeda em cada nível de produto e taxa de juros. (Tal mudança em preferências de ativos a serem mantidos é uma *redução na demanda por moeda*.) Uma redução na demanda por moeda implica uma mudança para dentro da função da demanda agregada por moeda real $L(R,Y)$ para qualquer nível fixo de Y e, portanto, resulta em uma taxa de juros menor e em um aumento em E. Portanto, uma redução na demanda por moeda tem o mesmo efeito que um aumento na oferta de moeda, que é uma mudança de AA para cima. A alteração oposta de um aumento na demanda por moeda deslocaria AA para baixo.

Equilíbrio de curto prazo para uma economia aberta: juntando as relações *DD* e *AA*

Ao pressupor que os preços são temporariamente fixos, obtivemos duas relações separadas para a taxa de câmbio e para os níveis de produção: a relação *DD*, ao longo da qual o mercado de bens e serviços está em equilíbrio, e a relação *AA*, ao longo da qual os mercados de ativos estão em equilíbrio. Um equilíbrio de curto prazo para a economia como um todo deve apoiar-se nas *duas* relações, porque tal ponto deve trazer equilíbrio simultâneo nos dois mercados. Podemos, portanto, encontrar o equilíbrio de curto prazo identificando a interseção das relações *DD* e *AA*. Mais uma vez, é a suposição de que os preços domésticos estão temporariamente fixos que faz dessa interseção um equilíbrio de *curto prazo*. A análise nesta seção continua a supor que a taxa de juros estrangeira, R*, o nível de preços estrangeiro, P*, e a taxa de câmbio futura esperada, E^e, também são fixos.

A Figura 17.8 combina as relações *DD* e *AA* para localizar o equilíbrio de curto prazo. A interseção de *DD* e *AA* no ponto 1 é a única combinação de taxa de câmbio e produto consistente tanto com a igualdade da demanda agregada e a oferta agregada *quanto* com o mercado de ativo de equilíbrio. Os níveis de equilíbrio de curto prazo da taxa de câmbio e produto são, portanto, E^1 e Y^1.

Para você se convencer de que a economia vai se equilibrar de fato no ponto 1, imagine que a economia está, em vez disso, em uma posição como a do ponto 2 na Figura 17.9. No ponto 2, que está acima de AA e DD, os mercados de bens e serviços e de ativos estão fora do equilíbrio. Como E está tão alto em relação a AA, a taxa à qual se espera que E caia no futuro também é alta em relação à que manteria a paridade de juros. A maior taxa de apreciação futura esperada da moeda nacional implica que o retorno esperado da moeda

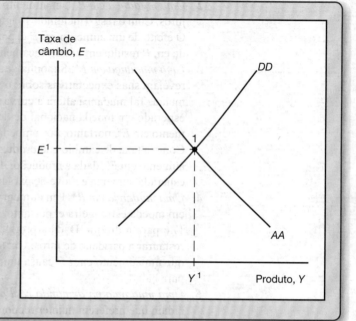

FIGURA 17.8
Equilíbrio de curto prazo: A interseção entre DD e AA.

O equilíbrio de curto prazo da economia ocorre no ponto 1, onde o mercado de bens e serviços (cujos pontos de equilíbrio são resumidos pela curva DD) e o mercado de ativos (cujos pontos de equilíbrio são resumidos pela curva AA) estão em equilíbrio simultaneamente.

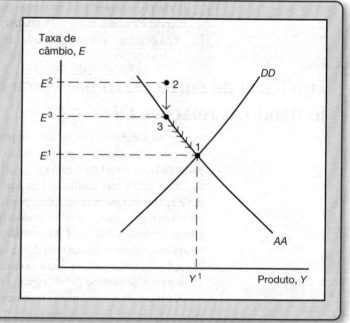

FIGURA 17.9
Como a economia alcança seu equilíbrio de curto prazo.

Como os mercados de ativos ajustam-se rapidamente, a taxa de câmbio salta imediatamente do ponto 2 para o ponto 3 em AA. Então a economia move-se para o ponto 1 junto com AA, à medida que o produto aumenta para satisfazer à demanda agregada.

nacional sobre depósitos estrangeiros está abaixo daquele em depósitos nacionais, então existe excesso de demanda por moeda nacional no mercado de câmbio. O maior nível de E no ponto 2 também torna as mercadorias nacionais mais baratas para os compradores estrangeiros (dados os preços de moeda nacional da mercadoria), causando um excesso de demanda por bens e serviços nesse ponto.

CAPÍTULO 17 ■ Produto e a taxa de câmbio no curto prazo **481**

O excesso de demanda por moeda nacional resulta em uma queda imediata na taxa de câmbio de E^2 para E^3. Essa apreciação equilibra os retornos esperados sobre depósitos nacionais e estrangeiros e coloca a economia no ponto 3 da curva AA de equilíbrio do mercado de ativos. Mas já que o ponto 3 está acima da relação DD, ainda existe excesso de demanda por produto nacional. Conforme as empresas aumentam a produção para evitar a diminuição dos estoques, a economia percorre AA para o ponto 1, onde a demanda e a oferta agregada são iguais. Como os preços de ativos podem saltar imediatamente, embora mudanças nos planos de produção levem algum tempo, os mercados de ativos permanecem em equilíbrio contínuo mesmo enquanto a produção está mudando.

A taxa de câmbio cai à medida que a economia aproxima-se do ponto 1 ao longo de AA, porque aumentar o produto nacional faz com que a demanda por moeda cresça, levando a taxa de juros constantemente para cima. (A moeda deve sofrer apreciação constante para diminuir a taxa futura esperada da apreciação da moeda nacional e manter a paridade de juros.) Uma vez que a economia alcance o ponto 1 em DD, a demanda agregada iguala-se ao produto e os produtores não enfrentam mais a diminuição involuntária de estoques. Portanto, a economia estabelece-se no ponto 1, o único no qual os mercados de bens e serviços *e* ativos estão equilibrados.

Alterações temporárias nas políticas monetária e fiscal

Agora que vimos como o equilíbrio de curto prazo da economia é determinado, podemos estudar como as mudanças nas políticas macroeconômicas do governo afetam o produto e a taxa de câmbio. Nosso interesse nos efeitos das políticas macroeconômicas vem de sua utilidade de neutralizar as alterações econômicas que causam flutuações na produção, no emprego e na inflação. Nesta seção, aprenderemos como as políticas de governo podem ser utilizadas para manter o pleno emprego em economias abertas.

Concentramo-nos em dois tipos de política de governo, a **política monetária**, que funciona por meio de mudanças na oferta de moeda, e a **política fiscal**, que funciona por meio de mudanças nas despesas de governo ou nos impostos.[8] No entanto, para evitar as complicações que seriam introduzidas pela inflação em curso, não olharemos para as situações nas quais a oferta de moeda cresce com o tempo. Portanto, o único tipo de política monetária que estudaremos explicitamente é o de aumentos ou declínios únicos nas ofertas de moeda.[9]

Nesta seção, examinamos as alterações *temporárias* nas políticas, alterações que o público espera que sejam revertidas no futuro próximo. Agora pressupõe-se que a taxa de câmbio futura esperada, E^e, igualar-se-á à taxa de câmbio de longo prazo discutida no Capítulo 16, isto é, a taxa de câmbio que prevalece uma vez que o pleno emprego é alcançado e os preços nacionais ajustaram-se completamente às alterações do passado nos mercados de bens e serviços e de ativos. De acordo com essa interpretação, uma alteração temporária nas políticas *não* afeta a taxa de câmbio de longo prazo esperada, E^e.

Pressupomos do começo ao fim que os eventos na economia que estamos estudando não influenciam a taxa de juros estrangeira, R^*, ou o nível de preços, P^*, e que o nível de preços nacional, P, é fixo no curto prazo.

---

[8]Um exemplo do último (como observado anteriormente) seria o corte de impostos realizado durante a administração do Presidente George W. Bush, entre 2001 e 2005. Outras políticas, como as comerciais (tarifas aduaneiras, quotas e assim por diante), têm efeitos colaterais macroeconômicos. Essas políticas, entretanto, não são utilizadas rotineiramente para fins de estabilização macroeconômica, então não as discutiremos neste capítulo. (O Problema 2 no fim deste capítulo pergunta o que você acha dos efeitos macroeconômicos de uma tarifa.)

[9]Você pode estender os resultados a seguir para um cenário de inflação em curso pensando em mudanças da taxa de câmbio e nível de preços que descreveremos como desvios das trajetórias temporais ao longo das quais E e P inclinam-se para cima em taxas constantes.

Política monetária

O efeito de curto prazo de um aumento temporário na oferta de moeda nacional é mostrado na Figura 17.10. Um aumento na oferta de moeda leva AA^1 para cima, onde está AA^2, mas não afeta a posição de DD. A alteração para cima na linha de equilíbrio do mercado de ativos move a economia do ponto 1, com a taxa de câmbio E^1 e produto Y^1, para o ponto 2, com a taxa de câmbio E^2 e produto Y^2. Um amento na oferta de moeda causa uma depreciação da moeda nacional, uma expansão do produto e, portanto, um aumento no emprego.

Para compreender as forças econômicas que causam esses resultados, podemos relembrar nossas discussões anteriores sobre o equilíbrio do mercado de ativos e da determinação da produção. A um nível inicial de produto Y^1 e a um dado nível de preços fixo, um aumento na oferta de moeda deve impulsionar a taxa de juros nacional, R, para baixo. Temos pressuposto que a mudança monetária é temporária e não afeta a taxa de câmbio futura, E^e, então, para preservar a paridade de juros em face de um declínio em R (dado que a taxa de juros estrangeira, R^*, não muda), a taxa de câmbio deve sofrer depreciação imediatamente para criar a expectativa de que a moeda nacional sofrerá apreciação no futuro a uma taxa mais rápida do que era esperado antes de R cair. Entretanto, a depreciação imediata da moeda nacional faz com que os produtos nacionais sejam mais baratos em relação aos estrangeiros. Portanto, existe um aumento na demanda agregada, que deve ser igualado por um aumento no produto.

Política fiscal

Como vimos anteriormente, uma política fiscal expansionista pode tomar a forma de um aumento na despesa do governo, um corte nos impostos ou uma combinação dos dois, o que

FIGURA 17.10

Efeitos de um aumento temporário na oferta de moeda.

Ao deslocar AA^1 para cima, um aumento temporário na oferta de moeda causa uma depreciação da moeda e um aumento no produto.

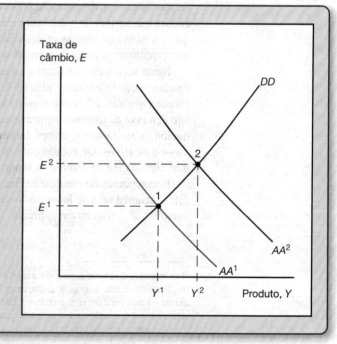

CAPÍTULO 17 ■ Produto e a taxa de câmbio no curto prazo 483

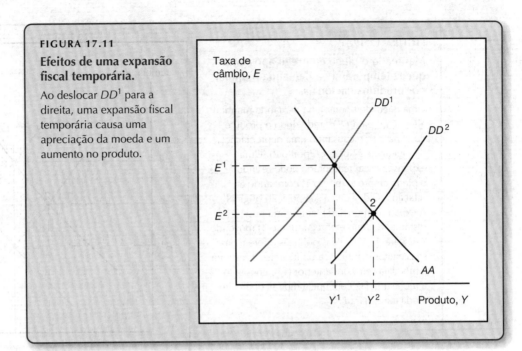

FIGURA 17.11
Efeitos de uma expansão fiscal temporária.
Ao deslocar DD^1 para a direita, uma expansão fiscal temporária causa uma apreciação da moeda e um aumento no produto.

aumenta a demanda agregada. Portanto, uma expansão fiscal temporária (que não afeta a taxa de câmbio futura esperada) altera a relação DD para a direita, mas não move AA.

A Figura 17.11 mostra como a política fiscal expansionista afeta a economia no curto prazo. No início, a economia está no ponto 1, com uma taxa de câmbio E^1 e produto Y^1. Suponha que o governo decida gastar 30 bilhões de dólares para desenvolver um novo ônibus espacial. Esse aumento único nas compras do governo move a economia para o ponto 2, fazendo com que a moeda sofra apreciação para E^2 e o produto expanda para Y^2. A economia responderia de uma forma similar a um corte temporário de impostos.

Que forças econômicas produzem o movimento do ponto 1 para o ponto 2? O aumento no produto causado pela elevação na despesa do governo aumenta as transações de demanda por moeda real. Dado um nível de preços fixo, esse aumento na demanda de moeda eleva a taxa de juros, R. Como a taxa de câmbio futura esperada, E^e, e a taxa de juros estrangeira, R^*, não mudaram, a moeda nacional deve sofrer apreciação para criar a expectativa de uma depreciação subsequente grande o bastante para compensar a diferença maior na taxa de juros internacional em favor dos depósitos de moeda nacional.

Políticas para manter o pleno emprego

A análise desta seção pode ser aplicada ao problema de manter o pleno emprego em economias abertas. Como a expansão monetária temporária e a expansão fiscal temporária aumentam o produto e o emprego, elas podem ser utilizadas para neutralizar os efeitos de alterações temporárias que levam à recessão. De forma similar, perturbações que levam ao superemprego podem ser compensadas por meio de políticas macroeconômicas contracionistas.

A Figura 17.12 ilustra essa utilização da política macroeconômica. Suponha que o equilíbrio inicial da economia seja no ponto 1, onde o produto iguala-se ao nível de pleno

FIGURA 17.12
Mantendo o pleno emprego após uma queda temporária na demanda mundial por produtos nacionais.

Uma queda temporária na demanda mundial altera DD^1 para DD^2, reduzindo o produto de Y^f para Y^2 e causando uma depreciação da moeda de E^1 para E^2 (ponto 2). Uma expansão fiscal temporária pode restaurar o pleno emprego (ponto 1) colocando a relação DD de volta a sua posição original. A expansão monetária temporária pode restaurar o pleno emprego (ponto 3) movendo AA^1 para AA^2. As duas políticas diferem em seus efeitos cambiais: a política fiscal restaura a moeda a seu valor anterior (E^1), enquanto a monetária faz com que a moeda deprecie ainda mais, para E^3.

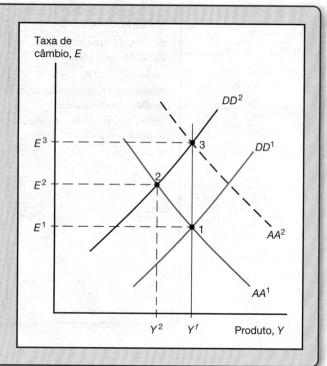

emprego, representado por Y^f. De repente, os gostos do consumidor afastam-se temporariamente dos produtos nacionais. Como já vimos neste capítulo, tal alteração é uma diminuição na demanda agregada por mercadorias nacionais e faz com que a curva DD^1 desloque-se para a esquerda, para DD^2. No ponto 2, o novo equilíbrio de curto prazo, a moeda sofreu depreciação para E^2, e a produção, em Y^2, está abaixo de seu nível de pleno emprego: a economia está em recessão. Como supomos que a alteração nas preferências é temporária, elas não afetam E^e, então não existe mudança na posição de AA^1.

Para restabelecer o pleno emprego, o governo deve utilizar a política monetária, a fiscal ou as duas. Uma expansão fiscal temporária leva DD^2 de volta à posição original, restaurando o pleno emprego e levando a taxa de câmbio para E^1. Um aumento temporário na oferta de moeda altera a curva de equilíbrio do mercado de ativos para AA^2 e coloca a economia no ponto 3, uma mudança que restaura o pleno emprego, mas faz com que a moeda nacional deprecie ainda mais.

Outra causa possível de recessão é um aumento temporário na demanda por moeda, ilustrado na Figura 17.13. Um aumento na demanda por moeda eleva a taxa de juros e aprecia a moeda, fazendo, assim, as mercadorias nacionais serem mais caras e causando uma contração na produção. A Figura 17.3 mostra essa perturbação do mercado de ativos como uma mudança para baixo de AA^1 até AA^2, o que move a economia de seu equilíbrio de pleno emprego inicial do ponto 1 para o ponto 2.

As políticas macroeconômicas expansionistas podem mais uma vez restaurar o pleno emprego. Um aumento temporário na oferta de moeda muda a curva AA de volta para AA^1 e devolve a economia à sua posição inicial no ponto 1. Esse aumento temporário na oferta de moeda compensa completamente o aumento da demanda por moeda ao dar aos residentes nacionais o dinheiro adicional que desejam reter. A expansão fiscal temporária muda DD^1 para DD^2 e restaura o pleno emprego no ponto 3. Mas a mudança para o ponto 3 envolve uma apreciação ainda maior da moeda.

FIGURA 17.13

Políticas para manter o pleno emprego após um aumento da demanda de moeda.

Após um aumento temporário da demanda de moeda (mostrado pelo deslocamento de AA^1 para AA^2), tanto um aumento na oferta de moeda quanto uma expansão fiscal temporária podem ser utilizados para manter o pleno emprego. As duas políticas têm diferentes efeitos na taxa de câmbio: a política monetária restaura a taxa de câmbio de volta para E^1, enquanto a política fiscal leva a uma maior apreciação (E^3).

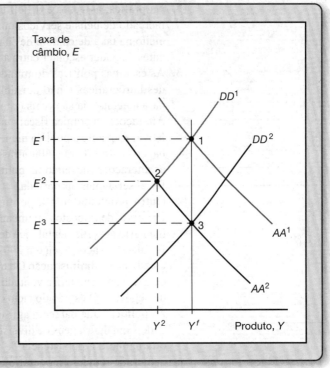

Viés de inflação e outros problemas de formulação de políticas

A facilidade aparente com a qual o governo consegue manter o pleno emprego em nosso modelo é ilusória, e você não deve sair da nossa discussão sobre política com a ideia de que é fácil manter a macroeconomia em um curso estável. Aqui estão alguns dos muitos problemas que podem surgir:

1. Preços nominais rígidos não só dão ao governo o poder de aumentar o produto quando ela está anormalmente baixa, mas também podem tentá-lo a criar um *boom* econômico politicamente útil, digamos, pouco antes de uma eleição apertada. Essa tentação causa problemas quando trabalhadores e empresas antecipam-na, pois aumentarão as demandas de salário e preço na expectativa de políticas expansionistas. O governo então vai encontrar-se na posição de utilizar ferramentas de política expansionista apenas para evitar a recessão que maiores preços nacionais causariam! Como resultado, a política macroeconômica pode ter um **viés de inflação**, levando a uma inflação maior, mas a nenhum ganho médio na produção. Tal aumento na inflação ocorreu nos Estados Unidos, assim como em vários outros países, durante a década de 1970. O problema do viés de inflação levou a uma busca por instituições – por exemplo, bancos centrais que operam independentemente do governo no poder – que poderiam convencer os atores do mercado de que as políticas do governo não seriam utilizadas de maneira míope, à custa da estabilidade de preços de longo prazo. Como observamos no Capítulo 15, muitos bancos centrais pelo mundo procuram agora alcançar níveis anunciados de meta de (baixa) inflação. Os Capítulos 21 e 22 discutirão alguns desses esforços em maiores detalhes.[10]

---

[10]Para uma discussão clara e detalhada do problema de viés de inflação, veja o Capítulo 14 em: Andrew B. Abel, Ben S. Bernanke e Dean Croushore, *Macroeconomics*. 9. ed. Nova York: Pearson, 2017. O problema do viés de inflação pode surgir mesmo quando as políticas de governo não são politicamente motivadas, como Abel, Bernanke e Croushore explicam. A ideia básica é que quando fatores como as leis de salário mínimo mantêm a produção ineficientemente baixas, diminuindo o emprego, a expansão monetária que aumenta o emprego pode mover a economia na direção de uma utilização mais eficiente de seus recursos totais. O governo pode querer alcançar uma melhor alocação de recursos apenas com base na ideia de que tal mudança potencialmente beneficia todos na economia. Mas a expectativa do setor privado sobre tais políticas ainda vai gerar inflação.

486 PARTE III ■ Taxas de câmbio e macroeconomia da economia aberta

2. Na prática, às vezes é difícil ter certeza se uma perturbação na economia começa no mercado de bens e serviços ou de ativos. Ainda assim, um governo preocupado com o efeito na taxa de câmbio de sua resposta política necessita saber a fonte da perturbação antes de poder escolher entre a política monetária e a fiscal.

3. As escolhas políticas do mundo real são frequentemente determinadas por necessidades burocráticas e não por uma reflexão detalhada, que leve em conta se os choques para a economia são reais (isto é, originados no mercado de produção) ou monetários. Alterações na política fiscal quase sempre podem ser feitas após longa deliberação legislativa, enquanto a política monetária é em geral exercida de forma rápida e eficiente pelo banco central. Para evitar atrasos processuais, os governos estão propensos a responder às alterações mexendo na política monetária mesmo quando uma mudança na política fiscal seria mais apropriada.

4. Outro problema com a política fiscal é seu impacto no orçamento governamental. Um corte de impostos ou um aumento de despesas podem levar a um maior déficit orçamentário governamental, que deve mais cedo ou mais tarde ser fechado por uma reversão fiscal, como aconteceu em 2009, após o pacote de estímulo fiscal multibilionário patrocinado pela administração Obama nos Estados Unidos. Infelizmente, não existe garantia de que o governo terá a vontade política de sincronizar essas ações com o estado do ciclo de negócios. O estado do ciclo eleitoral pode ser mais importante, como já vimos.

5. As políticas que parecem agir rapidamente em nosso modelo simples operam, na realidade, com defasagens de diversas extensões. Ao mesmo tempo, a dificuldade de calcular o tamanho e a persistência de um dado choque torna mais difícil saber precisamente quanto de remédio monetário ou fiscal devemos administrar. Essas incertezas forçam os decisores políticos a basear suas ações em previsões e palpites que podem vir a estar bem longe da verdade.

Alterações permanentes nas políticas monetária e fiscal

Uma alteração permanente das políticas afeta não só o valor atual do instrumento político do governo (a oferta de moeda, a despesa do governo ou os impostos), mas também a taxa de câmbio de *longo prazo*. Isso, por sua vez, afeta as expectativas sobre as taxas de câmbio futuras. Como essas mudanças nas expectativas têm uma grande influência na taxa de câmbio que prevalece no curto prazo, os efeitos das alterações políticas permanentes diferem daqueles das alterações temporárias. Nesta seção, olhamos para os efeitos de mudanças permanentes nas políticas monetária e fiscal, tanto no curto quanto no longo prazo.[11]

Para facilitar a compreensão dos efeitos de longo prazo das políticas, supomos que a economia está inicialmente em uma posição de equilíbrio de longo prazo, e que as mudanças políticas que examinaremos são as únicas que ocorrem (nossa condição tradicional de "com todo o resto igual"). Essas suposições significam que a economia começa no pleno emprego, com a taxa de câmbio em seu nível de longo prazo e com nenhuma mudança na taxa de câmbio esperada. Em especial, sabemos que a taxa de juros nacional deve ser, de início, igual à taxa estrangeira, R^*.

Um aumento permanente da oferta de moeda

A Figura 17.14 mostra os efeitos de curto prazo de um aumento permanente da oferta de moeda em uma economia inicialmente em seu nível de produto de pleno emprego Y^f (ponto 1). Como vimos, mesmo um aumento temporário em M^s faz a linha de equilíbrio do mercado de ativos mudar para cima, de AA^1 para AA^2. No entanto, como o aumento em M^s agora é permanente, ele também afeta a taxa de câmbio esperada para o futuro, E^e. O Capítulo 15

---

[11]Você pode estar pensando se uma mudança permanente na política fiscal é sempre possível. Por exemplo, se o governo começa com um orçamento equilibrado, uma expansão fiscal não leva a um déficit e, portanto, exige uma eventual contração fiscal? O Problema 3 no fim deste capítulo sugere uma resposta.

FIGURA 17.14
Efeitos de curto prazo de um aumento permanente na oferta de moeda.

Um aumento permanente na oferta de moeda, que desloca AA^1 para AA^2 e move a economia do ponto 1 para o ponto 2, tem efeitos mais fortes na taxa de câmbio e no produto do que um aumento temporário igual, que move a economia somente para o ponto 3.

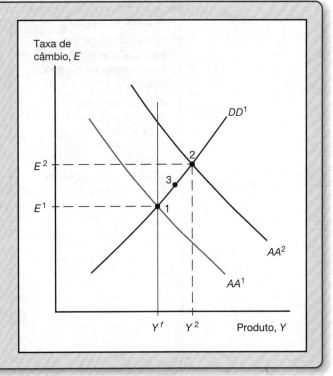

mostrou como um aumento permanente da oferta de moeda afeta a taxa de câmbio de longo prazo: um aumento permanente em M^s deve, no fim das contas, levar a um aumento proporcional em E. Portanto, o aumento permanente em M^s faz a taxa de câmbio futura esperada, E^e, subir proporcionalmente.

Como um aumento em E^e acompanha um aumento *permanente* na oferta de moeda, a mudança para cima de AA^1 até AA^2 é *maior* do que aquela causada por um aumento igual, mas transitório. No ponto 2, o novo equilíbrio de curto prazo da economia, Y e E são maiores do que seriam se a mudança na oferta de moeda fosse temporária. (O ponto 3 mostra o equilíbrio que pode ser resultado de um aumento temporário em M^s.)

Ajuste a um aumento permanente da oferta de moeda

O banco central não reverte o aumento na oferta de moeda mostrado na Figura 17.14, então é natural perguntar como a economia é afetada *ao longo do tempo*. No equilíbrio de curto prazo, mostrado no ponto 2 na Figura 17.14, o produto está acima de seu nível de pleno emprego e mão de obra e as máquinas estão trabalhando horas extras. A pressão para cima no nível de preços desenvolve-se à medida que os trabalhadores demandam maiores salários e os produtores aumentam os preços para cobrir seus crescentes custos de produção. O Capítulo 15 mostrou que embora um aumento na oferta de moeda deva, com o tempo, fazer todos os preços de moeda aumentarem em proporção, ele não tem efeito duradouro na produção, nos preços relativos ou nas taxas de juros. Ao longo do tempo, a pressão inflacionária, que segue a expansão permanente da oferta de moeda, leva o nível de preços ao seu novo valor de longo prazo e devolve a economia a seu pleno emprego.

A Figura 17.15 vai ajudá-lo a visualizar o ajuste de volta ao pleno emprego. Sempre que o produto é maior do que seu nível de pleno emprego, Y^f, e os fatores produtivos estão trabalhando horas extras, o nível de preços P está subindo para dar conta dos custos de produção que estão aumentando. Embora as relações DD e AA sejam atraídas para um nível de preços constante P, vimos como um aumento em P faz com que sejam alteradas. Um aumento em P faz as mercadorias nacionais serem mais caras em relação às estrangeiras, desencorajando

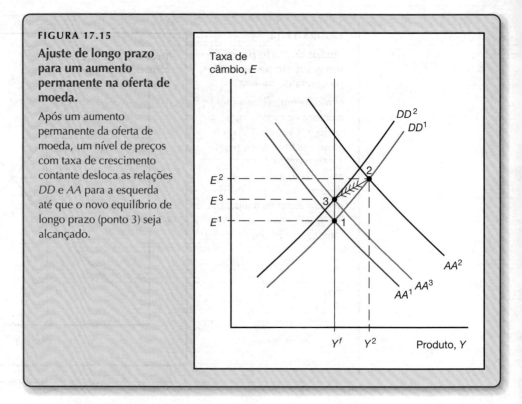

FIGURA 17.15

Ajuste de longo prazo para um aumento permanente na oferta de moeda.

Após um aumento permanente da oferta de moeda, um nível de preços com taxa de crescimento contante desloca as relações DD e AA para a esquerda até que o novo equilíbrio de longo prazo (ponto 3) seja alcançado.

as exportações e encorajando as importações. Portanto, um aumento no nível de preços nacional faz com que DD^1 mude para a esquerda ao longo do tempo. Como um aumento no nível de preços reduz constantemente a oferta real de moeda ao longo do tempo, AA^2 também vai para a esquerda conforme o preço sobe.

As relações DD e AA param de mudar somente quando se cruzam no nível de produto de pleno emprego Y^f. Enquanto o produto diferir de Y^f, o nível de preços mudará e as duas relações também continuarão a mudar. A posição final das relações é mostrada na Figura 17.15 como DD^2 e AA^3. No ponto 3, de interseção, a taxa de câmbio E e o nível de preços P aumentaram em proporção ao aumento na oferta de moeda, como exigido pela neutralidade da moeda no longo prazo. (AA^2 não é alterado de volta para sua posição original porque E^e está permanentemente mais alta após o aumento permanente na oferta de moeda: ela também aumenta pela mesma porcentagem que M^s.)

Repare que ao longo do caminho de ajuste entre o equilíbrio inicial de curto prazo (ponto 2) e o equilíbrio de longo prazo (ponto 3), a moeda nacional de fato sofre apreciação (de E^2 para E^3) após sua depreciação drástica inicial (de E^1 para E^2). Esse comportamento da taxa de câmbio é um exemplo do fenômeno de *ultrapassagem* da taxa de câmbio discutido no Capítulo 15, no qual a resposta inicial da taxa de câmbio a algumas mudanças é maior do que suas respostas de longo prazo.[12]

Podemos recorrer às nossas conclusões para descrever a resposta política adequada a uma alteração monetária permanente. Um aumento permanente na demanda por moeda, por exemplo, pode ser compensado com um aumento permanente de igual magnitude na oferta de moeda. Tal política mantém o pleno emprego, mas como o nível de preços cairia na ausência da política, ela não terá consequências inflacionárias. Em vez disso, a expansão monetária pode mover a economia direto para sua posição de pleno emprego de longo prazo.

---

[12]Embora inicialmente haja uma ultrapassagem da taxa de câmbio no caso mostrado na Figura 17.15, a ultrapassagem não precisa ocorrer em todas as circunstâncias. Você pode explicar o porquê? E o caso de "subpassagem" parece razoável?

Entretanto, tenha em mente que, na prática, é difícil diagnosticar a origem ou a persistência de um choque específico para a economia.

Uma expansão fiscal permanente

Uma expansão fiscal permanente, além de ter um impacto imediato no mercado de bens e serviços, também afeta os mercados de ativos por meio de seu impacto nas expectativas da taxa de câmbio de longo prazo. A Figura 17.16 mostra os efeitos de curto prazo de uma decisão do governo em gastar 10 bilhões de dólares extras por ano em seu programa de viagem espacial *para sempre*. Como antes, o efeito direto desse aumento em G na demanda agregada faz com que DD^1 mude para direita até DD^2. Mas como o aumento na demanda do governo por mercadorias e serviços nacionais é permanente neste caso, ele causa uma apreciação de longo prazo da moeda, como vimos no Capítulo 16. A queda resultante em E^e leva a relação de equilíbrio do mercado de ativos AA^1 para baixo, até AA^2. O ponto 2, onde as novas relações DD^2 e AA^2 se cruzam, é o equilíbrio de curto prazo da economia, e nesse ponto a moeda sofre apreciação para E^2 a partir de seu nível inicial, embora o produto esteja inalterado em Y^f.

O resultado importante ilustrado na Figura 17.16 é que quando uma expansão fiscal é permanente, a valorização adicional da moeda causada pela mudança nas expectativas da taxa de câmbio reduz o efeito expansionista da política na produção. Sem esse efeito adicional de expectativas em razão da permanência da mudança fiscal, o equilíbrio estaria inicialmente no ponto 3, com maior produto e menor apreciação. Quanto maior o deslocamento para baixo da relação de equilíbrio do mercado de ativos, maior a apreciação da moeda. Essa apreciação "desloca" (*crowds out*) a demanda agregada por produtos nacionais, tornando-os mais caros em relação aos produtos estrangeiros.

A Figura 17.16 é desenhada para mostrar um caso no qual a expansão fiscal, ao contrário do que você pode ter pensado, *não* tem efeito líquido no produto. Entretanto, esse não é um caso especial. Na verdade, é inevitável sob as suposições que adotamos. O argumento que

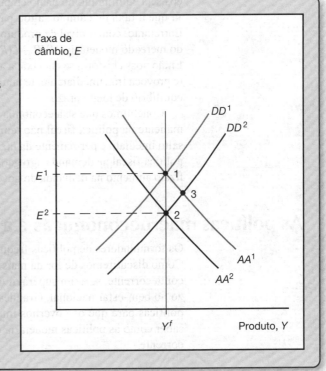

FIGURA 17.16

Efeitos de uma expansão fiscal permanente.

Como uma expansão fiscal permanente muda as expectativas da taxa de câmbio, ela desloca AA^1 para a esquerda e DD^1 para a direita. O efeito no produto (ponto 2) é nulo se a economia começa no equilíbrio de longo prazo. Uma expansão fiscal *temporária* comparável, por outro lado, levaria a economia para o ponto 3.

490 PARTE III ■ Taxas de câmbio e macroeconomia da economia aberta

estabelece esse ponto requer cinco passos. Se dedicar o tempo necessário para compreendê-los, você solidificará sua compreensão do material que cobrimos até o momento:

1. Como primeiro passo, convença-se (talvez revisando o Capítulo 15) de que como a expansão fiscal não afeta a oferta de moeda, M^s, os valores de longo prazo da taxa de juros nacional (que são iguais à taxa de juros estrangeira) ou o nível de produto (Y^f), ela pode não causar impacto no nível de preços de longo prazo.

2. Em seguida, lembre-se de nossa suposição de que a economia começa no equilíbrio de longo prazo com a taxa de juros nacional, R, igual à taxa estrangeira, R^*, e o produto igual a Y^f. Observe também que a expansão fiscal deixa a oferta real de moeda, M^s/P, inalterada no curto prazo (isto é, nem o numerador, nem o denominador mudam).

3. Agora imagine, contrariamente ao que a Figura 17.16 mostra, que o produto realmente aumentou acima de Y_f. Como M^s/P não muda no curto prazo (Passo 2), a taxa de juros nacional, R, teria de aumentar acima de seu nível inicial de R^* para manter o mercado monetário em equilíbrio. No entanto, já que a taxa de juros estrangeira permanece em R^*, um aumento em Y para qualquer nível acima de Y^f implica uma depreciação esperada da moeda nacional (pela paridade de juros).

4. Repare a seguir que alguma coisa está errada com essa conclusão. Já sabemos (do Passo 1) que o nível de preços de longo prazo não é afetado pela expansão fiscal, então as pessoas podem esperar uma depreciação nominal da moeda nacional logo após a mudança política somente quando a moeda sofre depreciação em termos reais, enquanto a economia retorna ao equilíbrio de longo prazo. Tal depreciação real, tornando os produtos nacionais relativamente baratos, só pioraria a situação inicial do sobre-emprego que imaginamos existir e, portanto, impediria o produto de retornar de fato a Y^f.

5. Por fim, concluímos que a aparente contradição é solucionada somente se o produto não aumenta nada após a mudança da política fiscal. A única possibilidade lógica é que a moeda sofra apreciação imediata ao seu novo valor de longo prazo. Essa apreciação desloca a demanda líquida por exportações somente o suficiente para deixar o produto em seu nível de pleno emprego, apesar do maior nível de G.

Repare que essa mudança de taxa de câmbio, que permite que o mercado de bens e serviços seja equilibrado no pleno emprego, também deixa os mercados de ativos em equilíbrio. Já que a taxa de câmbio saltou para seu novo valor de longo prazo, R permanece em R^*. Entretanto, com o nível de produto também em Y^f, a condição de equilíbrio de longo prazo do mercado monetário $M^s/P = L(R^*, Y^f)$ ainda é mantida, como estava antes da ação fiscal. Então nossa história se encaixa: a apreciação da moeda que uma expansão fiscal permanente provoca traz imediatamente tanto o mercados de ativos quanto o de bens para posições de equilíbrio de longo prazo.

Concluímos que se a economia começa no equilíbrio de longo prazo, uma mudança permanente na política fiscal não tem efeito líquido na produção. Em vez disso, ela causa um salto imediato e permanente da taxa de câmbio que compensa exatamente o efeito direto da política fiscal na demanda agregada. Uma queda na demanda líquida de exportação neutraliza o aumento na demanda do governo.

As políticas macroeconômicas e a conta corrente

Os formuladores de políticas frequentemente preocupam-se com o nível da conta corrente. Como discutiremos de forma mais completa no Capítulo 19, um desequilíbrio excessivo na conta corrente, seja um superávit ou um déficit, pode ter efeitos indesejáveis de longo prazo no bem-estar nacional. Grandes desequilíbrios externos também podem gerar pressões políticas para que os governos imponham restrições ao comércio. Portanto, é importante saber como as políticas monetária e fiscal voltadas para objetivos nacionais afetam a conta corrente.

A Figura 17.17 mostra como o modelo *DD-AA* pode ser estendido para ilustrar os efeitos das políticas macroeconômicas na conta corrente. Além das curvas *DD* e *AA*, a figura contém uma nova curva, denominada *XX*, que mostra as combinações da taxa de câmbio e produto nas quais o saldo da conta corrente seria igual a um nível desejado, digamos $CA(EP^*/P, Y - T) = X$. A curva inclina-se para cima porque, com todo o resto igual, um aumento no produto encoraja gastos em importações e, portanto, piora a conta corrente se não for acompanhado de uma depreciação da moeda. Já que o nível real de *CA* pode diferir de *X*, o equilíbrio de curto prazo da economia *não* precisa estar na curva *XX*.

A característica central da Figura 17.17 é que *XX* é *mais plana* do que *DD*. Para entender o porquê, basta se perguntar como a conta corrente muda quando movemo-nos para cima na curva *DD* a partir do ponto 1, onde todas as três curvas cruzam-se (de forma que, inicialmente, $CA = X$). Conforme aumentamos *Y*, movendo-nos para cima ao longo de *DD*, a demanda *nacional* pelo produto nacional aumenta por menos do que o aumento na produção em si (já que alguma renda é poupada e algumas despesas recaem sobre as importações). No entanto, ao longo de *DD*, *a demanda agregada total tem de ser igual à oferta*. Portanto, para prevenir um excesso de oferta no produto nacional, *E* deve aumentar de forma drástica o suficiente ao longo de *DD* para fazer a demanda de exportação aumentar mais rápido do que a demanda de importação. Em outras palavras, a demanda estrangeira líquida – a conta corrente – deve subir suficientemente ao longo de *DD* conforme o produto sobe para corresponder à folga deixada pela poupança nacional. Portanto, à direita do ponto 1, *DD* está acima da curva *XX*, onde $CA > X$. Um raciocínio similar mostra que à esquerda do ponto 1, *DD* situa-se abaixo da curva *XX* (onde $CA < X$).

Os efeitos das políticas macroeconômicas na conta corrente agora podem ser examinados. Como mostrado anteriormente, um aumento na oferta de moeda, por exemplo, desloca a economia para uma posição como o ponto 2, expandindo o produto e depreciando a moeda. Uma vez que o ponto 2 situa-se acima de *XX*, a conta corrente melhorou devido à ação política. *A expansão monetária faz o saldo da conta corrente aumentar no curto prazo.*

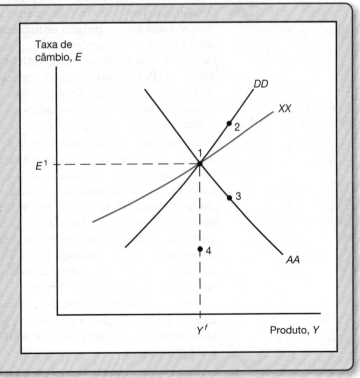

FIGURA 17.17

Como as políticas macroeconômicas afetam a conta corrente.

Ao longo da curva *XX*, a conta corrente é constante a um nível $CA = X$. A expansão monetária move a economia para o ponto 2 e, portanto, aumenta o saldo da conta corrente. A expansão fiscal temporária move a economia para o ponto 2, enquanto a expansão fiscal permanente move-a para o ponto 4. Nos dois casos, o saldo da conta corrente cai.

492 PARTE III ■ Taxas de câmbio e macroeconomia da economia aberta

Considere a seguir uma expansão fiscal temporária. Essa ação muda *DD* para a direita e move a economia para o ponto 3 na figura. Como a moeda sofre apreciação e a renda aumenta, ocorre uma deterioração na conta corrente. Uma expansão fiscal permanente tem o efeito adicional de mudar *AA* para a esquerda, produzindo um equilíbrio no ponto 4. Como o ponto 3, o ponto 4 está abaixo de *XX*, então, novamente, a conta corrente fica em pior situação, ainda mais do que no caso temporário. *A política fiscal expansionista reduz o saldo da conta corrente.*

Ajuste do fluxo de comércio gradual e dinâmica da conta corrente

Uma importante suposição por trás do modelo *DD-AA* é que, com todo o resto igual, uma depreciação real da moeda nacional imediatamente melhora a conta corrente, enquanto uma apreciação real faz com que a conta corrente piore instantaneamente. Na realidade, entretanto, o comportamento que está na base dos fluxos de comércio pode ser muito mais complexo do que sugerimos até agora, envolvendo elementos dinâmicos, tanto do lado da oferta quanto da demanda, que levam a conta corrente a ajustar-se somente aos poucos às mudanças na taxa de câmbio. Nesta seção, discutiremos alguns dos fatores dinâmicos que parecem importantes para explicar os padrões reais do ajuste da conta corrente e que indicam como sua presença pode modificar as previsões de nosso modelo.

A curva J

Às vezes, a conta corrente de um país *piora* imediatamente após uma depreciação real da moeda e começa a melhorar só alguns meses depois, de forma contrária à suposição que fizemos ao obter a curva *DD*. Se a conta corrente inicialmente piora após uma depreciação, sua trajetória temporal, mostrada na Figura 17.18, tem um segmento inicial que lembra um J e, portanto, é chamado de **curva J**.

A conta corrente, medida em produto nacional, pode se deteriorar drasticamente logo após uma depreciação real da moeda (a mudança do ponto 1 para o ponto 2 na figura), porque a maioria dos pedidos de importação e exportação é realizada com vários meses de antecedência. Nos primeiros meses após a depreciação, os volumes de exportação e importação, por consequência, podem refletir decisões de compra que foram feitas com base na antiga taxa de câmbio real: o efeito primário da depreciação é aumentar o valor do nível pré-contratado das importações em termos de produtos nacionais. Como as exportações medidas em produto nacional não mudam, embora as importações medidas em produto nacional aumentem, ocorre uma queda inicial na conta corrente, como mostrado.

Mesmo após os contratos antigos de exportação e importação terem sido cumpridos, ainda leva tempo para novos envios ajustarem-se por completo à mudança do preço relativo. Do lado da produção, os produtores de exportações podem ter de instalar fábricas e equipamentos adicionais e contratar novos trabalhadores. Na medida em que as importações consistem em materiais intermediários utilizados na produção nacional, o ajuste de importação também ocorrerá gradualmente enquanto os importadores mudam para novas técnicas de produção que economizam os insumos intermediários. Existem defasagens também no lado do consumo. Para expandir significativamente o consumo estrangeiro de exportações nacionais, por exemplo, pode parecer necessário construir novos pontos de varejo no exterior, um processo que consome muito tempo.

O resultado dessas defasagens em ajuste é a melhora gradual da conta corrente mostrada na Figura 17.18, conforme se move do ponto 2 para o ponto 3 e além. Mais cedo ou mais tarde, o aumento na conta corrente diminui gradualmente conforme o ajuste à depreciação real é completado.

As evidências empíricas indicam, para os países mais industrializados, uma curva J que dura mais do que seis meses, mas menos do que um ano. Portanto, o ponto 3 na figura é

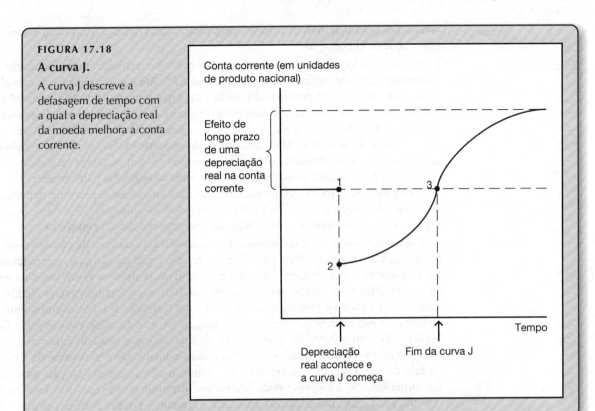

FIGURA 17.18
A curva J.
A curva J descreve a defasagem de tempo com a qual a depreciação real da moeda melhora a conta corrente.

normalmente alcançado até um ano após a depreciação real, e a conta corrente continua a melhorar depois disso.[13]

A existência de um efeito significativo da curva J força-nos a modificar algumas de nossas conclusões anteriores, ao menos para o curto prazo de um ano ou menos. A expansão monetária, por exemplo, pode desvalorizar o produto inicialmente pela depreciação da moeda nacional. Nesse caso, pode levar algum tempo antes de um aumento na oferta de moeda resultar em uma conta corrente melhorada e, portanto, em uma demanda agregada maior.

Se a política monetária expansionista realmente desvaloriza o produto no curto prazo, a taxa de juros nacional precisará cair mais do que normalmente precisaria para equilibrar o mercado monetário nacional. De forma correspondente, a taxa de câmbio ultrapassará de forma mais acentuada para criar a maior apreciação esperada da moeda nacional exigida pelo equilíbrio do mercado de câmbio. Ao introduzir uma fonte adicional de ultrapassagem, os efeitos da curva J amplificam a volatilidade das taxas de câmbio.

Pass-through da taxa de câmbio e inflação

Ao discutir como a conta corrente é determinada no modelo *DD-AA*, supomos que as mudanças na taxa de câmbio nominal causam mudanças proporcionais nas taxas de câmbio reais no curto prazo. Como o modelo *DD-AA* presume que os preços nominais P e P^* não podem saltar de repente, os movimentos na taxa de câmbio real, $q = EP^*/P$, correspondem perfeitamente no curto prazo a movimentos na taxa nominal, E. Na realidade, entretanto, mesmo a correspondência de curto prazo entre os movimentos da taxa de câmbio nominal e real, embora bem próximos, é menos do que perfeita. Para compreender por completo como os movimentos da taxa de câmbio *nominal* afetam a conta corrente no curto prazo,

---

[13]Veja a discussão da Tabela 17A2.1 no Apêndice 2 deste capítulo.

494 PARTE III ▪ Taxas de câmbio e macroeconomia da economia aberta

precisamos examinar mais de perto a ligação entre a taxa de câmbio nominal e os preços das exportações e importações.

O preço em moeda nacional produto estrangeira é o resultado da multiplicação da taxa de câmbio pelo preço da moeda estrangeira, ou EP^*. Até aqui, supomos que quando E aumenta, por exemplo, P^* permanece fixo de forma que o preço da moeda nacional em mercadorias importadas do exterior aumenta em proporção. A porcentagem pela qual os preços aumentam quando a moeda nacional sofre depreciação de 1% é conhecida como grau de **pass-through** da taxa de câmbio para preços de importação. Na versão do modelo *DD-AA* que estudamos anteriormente, o grau de *pass-through* é 1; qualquer mudança da taxa de câmbio é completamente passada para os preços de importação. (Obviamente, a situação é simétrica para os parceiros comerciais do país, que enfrentam o preço de importação P/E em termos de moeda estrangeira. Com P também fixo no curto prazo em nosso modelo, isso implica um *pass-through* de 1 para os preços estrangeiros das exportações.)

Contudo, contrário a essa suposição, o *pass-through* da taxa de câmbio pode ser incompleto. Uma razão possível para isso é a segmentação do mercado internacional, que permite que empresas imperfeitamente competitivas pratiquem *precificação a mercado* ao cobrar diferentes preços para o mesmo produto em diferentes países (lembre-se da seção "Explicando os problemas com a PPC" no Capítulo 16). Por exemplo, uma grande empresa estrangeira que fornece automóveis para os Estados Unidos pode ficar tão preocupada com a perda de participação de mercado que não aumenta imediatamente seus preços nos Estados Unidos em 10% quando o dólar sofre depreciação de 10%, apesar do fato de que a receita das vendas americanas, medidas em sua própria moeda, cairá. De forma similar, a empresa pode hesitar em diminuir seus preços nos Estados Unidos em 10% após uma apreciação do dólar desse tamanho, porque pode assim ganhar maiores lucros sem investir recursos imediatamente ao expandir seus envios para os Estados Unidos. Em qualquer um dos casos, a empresa pode esperar para ver se os movimentos da moeda refletem uma tendência definitiva antes de assumir compromissos de preço e produto que podem ser dispendiosos de desfazer. Na prática, muitos preços de importações americanas tendem a subir somente pela metade de uma típica depreciação do dólar durante o ano seguinte.

Portanto, vemos que embora a mudança permanente da taxa de câmbio nominal possa ser completamente refletida nos preços da importação no longo prazo, o grau de *pass-through* pode ser bem menor do que 1 no curto prazo. No entanto, o *pass-through* incompleto terá efeitos complicados no *timing* de ajuste da conta corrente. Por um lado, o efeito da curva J no curto prazo de uma mudança de moeda nominal será amortecido por uma baixa sensibilidade dos preços de importação à taxa de câmbio. E de outro, o *pass-through* incompleto implica que os movimentos da moeda têm efeitos menos do que proporcionais nos preços relativos que determinam os volumes do comércio. A incapacidade dos preços relativos em ajustarem-se rapidamente, por sua vez, virá acompanhada por um lento ajuste nos volumes do comércio. Note também como a ligação entre as taxas de câmbio nominal e real pode ser ainda mais enfraquecida pelas respostas do preço *nacional*. Em economias altamente inflacionárias, por exemplo, é difícil alterar a taxa de câmbio, EP^*/P, apenas alterando a taxa nominal E, porque o aumento resultante na demanda agregada provoca rapidamente a inflação nacional, que por sua vez aumenta P. Na medida em que os preços de exportação de um país aumentam quando sua moeda sofre depreciação, qualquer efeito favorável em sua própria posição competitiva nos mercados mundiais será dissipado. Tais aumentos de preço, entretanto, como o *pass-through* parcial, podem enfraquecer a curva J.

Cadeias de valor globais e efeitos da taxa de câmbio nos preços das exportações e importações

Boa parte do comércio internacional assume a forma de produtos intermediários, que podem ser importados para serem incorporados a outros bens, exportados subsequentemente pelo país importador. Vimos no Capítulo 8 como o IED, terceirização e *offshoring* levaram à acceleração desse processo nos últimos anos. O resultado foi uma rede complexa de **cadeias de valor globais**, nas quais diferentes países produzem partes do valor agregado em um produto final. Sob esses arranjos, o valor agregado de um país pode atravessar as fronteiras muitas vezes, em estágios de produção sucessivos, antes de chegar ao comprador final. A Figura 17.9 ilustra um aspecto crítico das cadeias de valor globais: para muitos países, o valor importado anteriormente representa uma parcela significativa do valor bruto das exportações (as chamadas "ligações para trás", ou *backward linkages*). Outro aspecto crítico das cadeias de valor globais é que as exportações de um país podem ser transformadas em insumos de várias rodadas de exportações de outros países (as chamadas "ligações para a frente", ou *forward linkages*).

As ligações para a frente e para trás podem ter consequências importantes para os efeitos das mudanças na taxa de câmbio sobre os preços de exportações e importações. Para simplificar a nossa discussão, vamos supor que o *pass-through* de uma mudança da taxa de câmbio para os preços de importações é completo, isto é, quando a moeda de um país sofre depreciação, seus preços de importação aumentam imediatamente e em proporção à depreciação. Se o país tem fortes ligações para trás, no entanto, esse pressuposto significa que o preço das importações intermediárias usadas para produzir suas exportações aumenta. O resultado é que a depreciação tem efeito apenas parcial na redução dos preços de exportações que cobra dos seus parceiros comerciais. Por exemplo, suponha que a Itália exporta bicicletas ao preço de € 500, mas que metade desse custo representa insumos importados de outros países. Se o euro sofre uma depreciação de 10% em relação a todas as outras moedas, o preço em euro da bicicleta sobe então para € 525, um aumento de 5 $.

Sem esse aumento no preço em euro da bicicleta, a depreciação de 10% do euro reduziria o seu preço em *dólar* em 10%. Com o aumento do preço em euro, no entanto, a queda no preço em dólar é de apenas 10% − 5% = 5%, isto é, a queda do preço em dólar do euro menos o aumento do preço em dólar da bicicleta. A presença de ligações para trás, assim, atenua o efeito de uma depreciação da moeda nos preços das exportações (e, logo, das exportações líquidas) de uma determinada variação da taxa de câmbio.

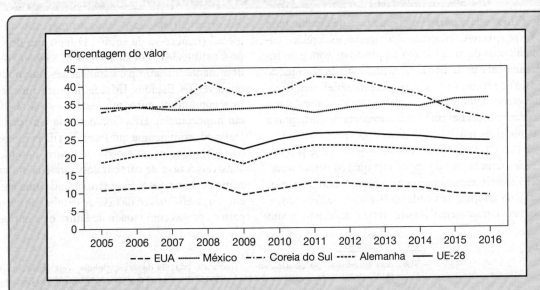

FIGURA 17.19
Conteúdo de importação das exportações para países selecionados e União Europeia, 2005-2016.
O valor agregado importado pode representar uma parcela significativa do valor das exportações.

Fonte: OCDE.

PARTE III ■ Taxas de câmbio e macroeconomia da economia aberta

As ligações para a frente funcionam no mesmo sentido no lado das importações, embora o efeito seja mais tortuoso. Como uma depreciação da moeda reduz os preços das exportações do país, ela também reduz os preços das importações que incorporam tais exportações na forma de insumos. Mesmo que os preços em moeda nacional das importações aumentem totalmente em resposta a uma depreciação da moeda nacional, *dados* os preços em moeda estrangeira das importações, a depreciação da moeda pode reduzir os próprios preços das importações em moeda estrangeira na presença de cadeias de valor globais. Esse efeito reduz o impacto da taxa de câmbio em reduzir a demanda por importações e aumentar as exportações líquidas.

Podemos concluir que as cadeias de valor globais fazem os ajustes cambiais afetarem a demanda de forma menos eficaz? A resposta: não necessariamente. Há fortes evidências de que cadeias de valor globais mais complexas estão intimamente ligadas a maiores volumes de importações e de exportações (motivo pelo qual ajudaram a elevar significativamente o volume do comércio global, como observado no Capítulo 8). Quanto maiores os volumes de comércio, no entanto, maior será o impacto macroeconômico de uma mudança da taxa de câmbio no PIB. Esse efeito do volume de comércio pode compensar os efeitos das ligações para a frente e para trás, o que deixa o impacto geral das variações cambiais na demanda e no produto mais ou menos como era antes.[14]

A conta corrente, a riqueza e a dinâmica das taxas de câmbio

Nosso modelo teórico mostrou que uma expansão fiscal permanente causaria tanto uma apreciação da moeda quanto um déficit em conta corrente. Embora nossa discussão anterior neste capítulo tenha focado no papel dos movimentos do nível de preços em trazer a economia de sua posição imediata, após uma mudança política permanente, para sua posição de longo prazo, a definição da conta corrente deveria alertá-lo para outra dinâmica subjacente: a riqueza externa líquida de uma economia com um déficit diminui ao longo do tempo.

O *PASS-THROUGH* PARA PREÇOS DE IMPORTAÇÕES E EXPORTAÇÕES

Vimos que o *pass-through* da taxa de câmbio para preços internacionais é complexo, está relacionado ao poder de mercado das empresas de comércio internacional e pode diferir entre diferentes horizontes de ajuste de preços. Contudo, os pesquisadores identificaram outros fatores críticos que afetam a maneira como os economistas devem prever o impacto de curto prazo das políticas macroeconômicas e as prováveis consequências das taxas de câmbio para os níveis de preços.

Um fator crítico é a moeda na qual os bens comercializados internacionalmente são *faturados*, ou seja, a moeda na qual os vendedores cotam seus preços e recebem o pagamento. Assim como o dólar americano é a principal *moeda-veículo* do mercado de câmbio global (lembre-se da seção "O mercado de câmbio" no Capítulo 14), o dólar é também a *moeda de fatura* dominante, mesmo para transações que podem não envolver os Estados Unidos (a outra moeda de fatura comum é o euro, mas está muito atrás do dólar em importância). Gita Gopinath, da Universidade de Harvard, argumentou que os preços de bens comercializados, medidos na moeda de fatura, não são muito sensíveis à taxa de câmbio dessa moeda até um horizonte de dois anos.[15] Esse fato implica uma assimetria entre o *pass-through* da taxa de câmbio de curto prazo para os países com moeda de fatura e os outros.

---

[14]Para dois estudos sobre elasticidades cambiais e cadeias de valor globais, veja: Gustavo Adler, Sergii Meleshchuk e Carolina Osorio Buitron, "Global Value Chains and External Adjustment: Do Exchange Rates Still Matter?" IMF Working Paper WP/19/300, dez. 2019; e Georgios Georgiadis, Johannes Gräb e Makram Khalil, "Global Value Chain Participation and Exchange-Rate Pass-Through", European Central Bank Working Paper Series 2327, nov. 2019. Também relevante é a discussão analítica sobre cadeias de valor globais em Maurice Obstfeld, "Harry Johnson's 'Case for Flexible Exchange Rates'–50 Years Later", *The Manchester School* 88 (set. 2020), pp. 86-113.

[15]"The International Price System". In: *Inflation Dynamics and Monetary Policy* (Kansas City, MO: Federal Reserve Bank of Kansas City, 2016).

CAPÍTULO 17 ■ Produto e a taxa de câmbio no curto prazo

Por exemplo, mais de 90% das importações e exportações americanas são faturadas em dólares. Como esses preços são bastante rígidos quando medidos em dólares, a depreciação do dólar pouco afeta os preços de importação pagos por consumidores e empresas dos EUA, mas o *pass-through* imediato para os importadores de bens americanos, em termos das suas próprias moedas, é próximo a 1. A consequência é que a depreciação do dólar pode fortalecer as exportações americanas imediatamente, mas ter pouco impacto nas importações do país. Obviamente, as empresas estrangeiras que vendem para os Estados Unidos e faturam em dólares têm lucros menores em termos das suas próprias moedas (você entende o porquê?) e, logo, querem aumentar os preços americanos das suas mercadorias ao longo do tempo para recuperar os seus prejuízos.

Em 2015, por outro lado, apenas 13% das importações japonesas se originavam dos Estados Unidos, mas 71% delas eram faturadas em dólares (com apenas 24% das importações faturadas na moeda nacional, o iene). Assim, uma depreciação do iene em relação ao dólar tem um impacto enorme nos preços de importação. As exportadoras japonesas, por sua vez, que em sua maioria não faturam em ienes, quase não observam um efeito de curto prazo nos preços de exportação, mas seus lucros de exportação sofrem efeitos significativos. Em contraste com os Estados

Unidos, o principal canal para o ajuste líquido das exportações a uma mudança na taxa de câmbio pode, ao menos no curto prazo, ser um ajuste das importações e não das exportações. É exatamente o oposto do que ocorreria para os Estados Unidos.

As moedas de fatura são apenas mais um fator a complicar a análise do *pass-through*. Além delas, a relação entre uma mudança na taxa de câmbio e as variações subsequentes nos preços também depende exatamente de por que a taxa de câmbio mudou, como observou Kristin Forbes, do Massachusetts Institute of Technology.[16] Por exemplo, se o dólar perde força devido a uma queda na demanda agregada dos EUA, o que reduz os lucros das empresas que exportam para o país, essas organizações podem não querer aumentar seus preços em dólar de forma agressiva. Nesse caso, o *pass-through* parecerá baixo. A resposta será diferente se a depreciação for causada por um fator que aumenta simultaneamente a demanda pela produção americana, como uma mudança global nas preferências dos investidores por ativos não denominados em dólar.

No Capítulo 14 (em nossa seção "Equilíbrio no mercado de câmbio"), observamos que, no mundo real, o efeito na taxa de câmbio de uma mudança na taxa de juros depende de por que esta segunda taxa variou. Da mesma forma, a consequência de uma mudança na taxa de câmbio dependerá dos fatores econômicos subjacentes que causaram a mudança.

Embora não tenhamos incorporado explicitamente efeitos de riqueza em nosso modelo, seria de esperar que o consumo das pessoas diminuísse à medida que suas riquezas diminuem. Como o país com um déficit em conta corrente transfere riqueza para estrangeiros, o consumo nacional cai ao longo do tempo e o consumo estrangeiro aumenta. Quais são os efeitos da taxa de câmbio dessa redistribuição internacional da demanda de consumo em favor dos estrangeiros? Estrangeiros têm uma preferência relativa por consumir as mercadorias que produzem e, como resultado, a demanda mundial relativa por mercadorias nacionais cairá e a moeda nacional tenderá a sofrer depreciação em termos reais.

Essa perspectiva de maior longo prazo leva a um quadro complicado da evolução da taxa de câmbio real após uma mudança permanente como a expansão fiscal. De início, a moeda nacional sofrerá apreciação conforme o saldo da conta corrente cai drasticamente. Mas então, ao longo do tempo, a moeda começará a sofrer depreciação conforme as expectativas dos participantes do mercado focam no efeito da conta corrente em níveis de riqueza internacional relativos.[17]

---

[16]"Much Ado about Something Important: How Do Exchange Rate Movements Affect Inflation?" Bank of England (set. 2015).

[17]Um modelo influente das taxas de câmbio e da conta corrente é apresentado por Rudiger Dornbusch e Stanley Fischer. "Exchange Rates and the Current Account". *American Economic Review*, v. 70, p. 960-971, dez. 1980.

A armadilha da liquidez

Durantes os longos anos da Grande Depressão da década de 1930, a taxa de juros nominal chegou a zero nos Estados Unidos e o país acabou preso no que os economistas chamam de **armadilha da liquidez**.

Lembre-se do Capítulo 15 que o dinheiro é o mais *líquido* dos ativos, único na facilidade com a qual pode ser trocado por mercadorias. Uma armadilha da liquidez é uma cilada, porque uma vez que a taxa de juros nominal de uma economia cai para zero, o banco central teria grandes dificuldades para reduzi-la mais que isso ao aumentar a oferta de moeda (isto é, ao aumentar a liquidez da economia). Por quê? Com taxas de juros nominais negativas, as pessoas considerarão o dinheiro estritamente preferível aos títulos, e estes, portanto, terão excesso de oferta. Embora uma taxa de juros zero possa agradar àqueles que tomam empréstimos, pois podem fazê-lo de graça, isso preocupa os formuladores de políticas macroeconômicas, que estão presos em uma situação na qual podem não mais conduzir a economia por meio de expansão monetária convencional. Assim, os economistas recomendam que, se possível, os bancos centrais evitem o **limite inferior zero (ZLB, do inglês *zero lower bound*)** da taxa de juros nominal.

Embora os bancos centrais tenham muita dificuldade para reduzir a taxa de juros nominal abaixo de zero, pode haver algum escopo limitado para ações nesse sentido. A partir de 2014, vários grandes bancos centrais, sendo o Banco Central Europeu o mais proeminente entre eles, começaram a forçar as taxas de juros nominais a entrar em território negativo; na prática, eles cobravam dos bancos comerciais pelo caixa que guardavam no banco central. Com o dinheiro rendendo uma taxa nominal de 0%, por que alguém ia querer manter um depósito que pagava uma taxa de juros nominal *negativa*, por menor que fosse? A resposta está relacionada aos riscos de se guardar grandes quantidades em dinheiro vivo, como roubos ou incêndios, além dos custos de comprar um cofre de grande porte ou alugar espaço no cofre alheio (mas as vendas de cofres aumentaram em alguns países!).

Em algum momento, é claro, se a taxa de juros torna-se negativa o suficiente, ainda começará a valer a pena usar dinheiro vivo, apesar desses custos. Por consequência, há um limite mínimo para as taxas de juros nominais – muitos economistas colocariam o limite em algum ponto entre –1 e –2%, embora o número provavelmente seja diferente em cada economia. Considerando a possibilidade de taxas de juros ligeiramente negativas, os economistas preferem falar de um *limite inferior efetivo* (ELB, do inglês *effective lower bound*), não em um ZLB, sendo que a economia cai na armadilha da liquidez quando atinge o ELB. No restante deste livro, vamos praticamente ignorar a diferença entre ZLB e ELB por uma questão de simplicidade e associaremos a armadilha da liquidez à taxa de juros presa no ZLB.

Os economistas pensavam que as armadilhas de liquidez eram uma coisa do passado, até que o Japão caiu em uma no fim da década de 1990. Apesar da drástica diminuição das taxas de juros pelo banco central do país, o Banco do Japão (BOJ, *Bank of Japan*), sua economia estagnou e sofreu deflação (um nível de preços em queda) desde, pelo menos, meados da década de 1990. Em 1999, as taxas de juros de curto prazo do país tinham efetivamente chegado a zero. Em setembro de 2004, por exemplo, o Banco do Japão relatou que a taxa de juros *overnight* (a mais imediatamente afetada pela política monetária) era somente 0,001% ao ano.

Vendo sinais de recuperação, o BOJ aumentou as taxas de juros ligeiramente a partir de 2006, mas retrocedeu de volta para zero conforme a crise financeira global ganhou força no fim de 2008 (veja o Capítulo 19). Essa crise também atingiu os Estados Unidos fortemente e, como a Figura 14.2 (no Capítulo 14, seção "A demanda por ativos em moeda estrangeira") sugere, as taxas de juros então despencaram em direção a zero tanto nos Estados Unidos quanto no Japão. Simultaneamente, outros bancos centrais pelo mundo cortaram suas próprias taxas de modo drástico. A armadilha da liquidez tinha se tornado global.

CAPÍTULO 17 ■ Produto e a taxa de câmbio no curto prazo **499**

O dilema que um banco central enfrenta quando a economia está em uma desaceleração da armadilha de liquidez pode ser visto ao considerar a condição de paridade de juros quando a taxa de juros nacional

$$R = 0 = R^* + (E^e - E)/E.$$

Suponha por ora que a taxa de câmbio futura, E^e, é fixa. Suponha que o banco central aumente a oferta de moeda nacional de forma que deprecie a moeda temporariamente (isto é, para aumentar E hoje, mas retornar a taxa de câmbio para o nível E^e mais tarde). A condição de paridade de juros mostra que E não pode aumentar uma vez que $R = 0$, porque a taxa de juros se tornaria *negativa*. Em vez disso, apesar do aumento na oferta de moeda, a taxa de câmbio permanece firme no nível

$$E = E^e/(1 - R^*).$$

A moeda não pode depreciar mais do que isso.

Como isso é possível? Nosso argumento usual de que um aumento temporário na oferta de moeda reduz a taxa de juros (e deprecia a moeda) baseia-se na suposição de que as pessoas adicionarão dinheiro às suas carteiras somente se os títulos tornarem-se menos atrativos de serem mantidos. Entretanto, a uma taxa de juros de $R = 0$, as pessoas são indiferentes sobre trocas entre títulos e moeda – os dois rendem uma taxa de retorno nominal igual a zero. Uma compra no mercado aberto de títulos por moeda, digamos, não perturba os mercados: as pessoas ficarão felizes em aceitar dinheiro adicional em troca de seus títulos com nenhuma mudança na taxa de juros zero e, portanto, nenhuma mudança na taxa de câmbio. Em contraste com o caso que examinamos anteriormente neste capítulo, um aumento na oferta de moeda não terá efeito na economia! Um banco central que *reduz* progressivamente a oferta de moeda vendendo títulos acabará por elevar a taxa de juros – a economia não pode funcionar sem alguma moeda –, mas essa possibilidade não é útil quando a economia está em crise e uma *queda* nas taxas de juros é o remédio de que precisa.

A Figura 17.20 mostra como o diagrama *DD-AA* pode ser modificado para retratar a região de posições de equilíbrio potencial envolvendo a armadilha da liquidez. A relação *DD* é a mesma, mas a relação *AA* agora tem um segmento plano em níveis de produto tão baixos que o mercado monetário se equilibra a uma taxa de juros R igual a zero. O segmento plano de *AA* mostra que a moeda não pode sofrer depreciação além do nível $E^e/(1 - R^*)$. No ponto de equilíbrio 1 no diagrama, produto está em um nível Y^1, que fica abaixo do nível de pleno emprego Y^f.

Vamos considerar a seguir como uma expansão de mercado aberto de oferta de moeda funciona nesse estranho mundo de juros zero. Embora não mostremos isso na Figura 17.20, essa ação deslocaria *AA para a direita*: a uma taxa de câmbio inalterada, o maior nível de produto Y aumenta a demanda de moeda, deixando as pessoas contentes em ficar com o dinheiro adicional a uma taxa de juros inalterada $R = 0$. O trecho horizontal de *AA* torna-se mais longo como resultado. Com mais moeda em circulação, o produto real e a demanda de moeda podem aumentar mais do que antes, sem levar a taxa de juros nominal para um nível positivo. (Mais cedo ou mais tarde, conforme Y aumenta cada vez mais, a demanda de moeda aumentada resulta em taxas de juros R progressivamente maiores e, portanto, em apreciação progressiva da moeda ao longo do segmento de inclinação descendente de *AA*.) O resultado surpreendente é que o equilíbrio simplesmente permanece no ponto 1. Portanto, a expansão monetária não tem efeito no produto ou na taxa de câmbio. Esse é o sentido no qual a economia caiu em uma "armadilha".

Nossa suposição anterior de que a taxa de câmbio futura esperada é fixa será um ingrediente crucial nessa história da armadilha de liquidez. Suponha que o banco central possa prometer com credibilidade aumentar a oferta de moeda *permanentemente*, de forma que

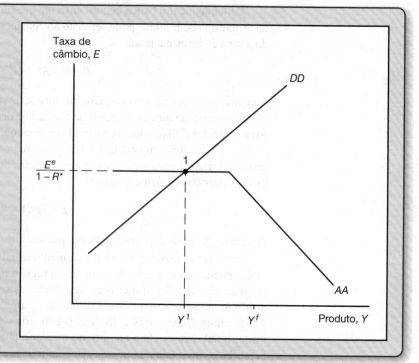

FIGURA 17.20
A armadilha da liquidez de produto baixo.
No ponto 1, o produto está abaixo de seu nível de pleno emprego. Contudo, como as expectativas da taxa de câmbio E^e são fixas, uma expansão monetária meramente deslocará AA para a direita, deixando o ponto de equilíbrio inicial o mesmo. O trecho horizontal de AA dá origem à armadilha da liquidez.

E^e aumente ao mesmo tempo em que a oferta de moeda atual. Nesse casso, a relação AA mudará tanto para cima quanto para a direita; o produto vai, portanto, se expandir; e a moeda sofrerá depreciação. No entanto, os observadores da experiência japonesa argumentaram que os funcionários do BOJ temiam tanto a depreciação e a inflação (assim como vários presidentes de bancos centrais durante o começo da década de 1930) que os mercados não acreditaram que estivessem dispostos a depreciar a moeda permanentemente. Em vez disso, os mercados suspeitavam de uma intenção de restaurar uma taxa de câmbio valorizada mais tarde e tratavam qualquer expansão monetária como temporária. Somente na primeira metade de 2013 o governo japonês anunciou, enfim, uma intenção crível de expandir a oferta de moeda o suficiente e manter as taxas de juros em zero por tempo o suficiente para atingir uma taxa anual de inflação de 2%. Nesse ponto, o iene sofreu depreciação drástica.[18]

Com os Estados Unidos e o Japão mantendo taxas de juros em zero ou quase zero até 2016, alguns economistas temiam que o *Federal Reserve* fosse incapaz de parar uma deflação americana similar à do Japão. O *Federal Reserve* e outros bancos centrais responderam adotando o que veio a ser chamado de *políticas monetárias não convencionais*, nas quais o banco central compra categorias específicas de ativos com moeda recém-emitida, aumentando a oferta de moeda nesse processo. Uma política dessas envolve a compra de títulos governamentais de longo prazo de forma a reduzir as taxas de juros de longo prazo. Essas taxas desempenham um grande papel em determinar os juros cobrados por empréstimos imobiliários e, quando estes caem, a demanda habitacional, portanto, aumenta. Outra política não convencional possível, que discutiremos no Capítulo 18, é a compra de moeda estrangeira.

---

[18]Uma política similar foi defendida por Paul R. Krugman. "It's Baaack: Japan's Slump and the Return of the Liquidity Trap". *Brookings Papers on Economic Activity*, v. 2, p. 137-205, 1998.

CAPÍTULO 17 ■ Produto e a taxa de câmbio no curto prazo

501

ESTUDO DE CASO

Qual é o tamanho do multiplicador fiscal?

Muitos estudantes encontram o **multiplicador fiscal** na primeira vez que são expostos à macroeconomia. O multiplicador mede o tamanho do aumento no produto causado por um aumento nos gastos do governo, ou, em símbolos, $\Delta Y/\Delta G$.

Embora à primeira vista possa parecer que o multiplicador é grande, os estudantes rapidamente aprendem sobre os fatores que podem reduzir seu tamanho. Se um aumento nos gastos do governo também leva a um aumento na taxa de juros e isso, por sua vez, desencoraja os gastos em consumo e investimento, então o multiplicador é menor: uma parte do impacto expansionista potencial da política fiscal é "deslocada" pelo aumento na taxa de juros.

Na economia aberta, o multiplicador é menor ainda. Alguns gastos particulares vazam pela economia por meio de importações e, se a taxa de câmbio sofre apreciação, então, como vimos neste capítulo, a redução resultante em exportações líquidas é um canal adicional para o deslocamento.

Por fim, sob as condições de flexibilidade de preços e pleno emprego, o multiplicador é essencialmente zero: se o governo deseja consumir mais e os recursos já estão plenamente empregados na produção, então o setor privado deve abrir mão do produto que o governo quer. Não existe uma forma de extrair muito mais dos estoques existentes plenamente empregados dos fatores produtivos, então $\Delta Y/\Delta G \approx 0$.

A incerteza sobre o tamanho do multiplicador gerou preocupações fora das universidades quando o mundo entrou em recessão, em 2008, devido à crise financeira global que discutiremos nos próximos capítulos (começando com o Capítulo 19). A expansão fiscal maciça entrou em jogo mais uma vez com a crise da covid-19, em 2020. Os Estados Unidos, a China e outros países montaram grandes programas de expansão fiscal, incluindo aumento nas despesas do governo, para sustentar suas economias atingidas. Esses recursos foram desperdiçados ou foram úteis para reduzir a gravidade da crise? Seria mais fácil ou mais doloroso reduzir os gastos do governo mais para a frente a fim de reverter os déficits que a recessão causou? A resposta depende do tamanho do multiplicador fiscal.

Os economistas têm estudado a questão do tamanho do multiplicador há anos, mas a gravidade da recessão de 2008-2009 inspirou uma nova safra de estudos teóricos e empíricos. Vimos anteriormente que, em uma economia aberta, os gastos permanentes de governo não têm impacto no produto – o multiplicador é zero –, mas gastos de governo temporários podem aumentar o produto (lembre-se da Figura 17.16). É mais provável que a expansão fiscal anticíclica seja temporária (porque a recessão é temporária), e por isso esse também é o caso focado pelas pesquisas recentes.

Em um levantamento extenso, Robert E. Hall, da Universidade de Stanford, sugere que a maioria dos estudos encontrou um multiplicador entre 0,5 e 1,0 (veja o trabalho dele nas Leituras adicionais). Isto é, quando o governo aumenta o consumo em US$ 1, o aumento resultante no produto será de, no máximo, US$ 1 – menor do que os grandes multiplicadores dos mais simples modelos de economia fechada, mas ainda assim um efeito que provavelmente terá impacto substancial positivo no emprego.

Vimos anteriormente, entretanto, que, em 2009, muitas economias industrializadas diminuíram suas taxas de juros drasticamente, algumas vezes entrando em armadilhas de liquidez com taxas de juros zero. Hall explicou que essa situação é

502 PARTE III ■ Taxas de câmbio e macroeconomia da economia aberta

excepcional, porque o "deslocamento" (*crowding out*) tradicional não ocorre, e ele imaginava que, para economias em armadilhas de liquidez, o multiplicador poderia alcançar 1,7. Lawrence Christiano, Martin Eichenbaum e Sergio Rebelo, da Universidade de Northwestern, sugeriram um número muito maior com base em seu modelo teórico: embora abaixo de 1 seja normal, o multiplicador pode atingir 3,7 em uma armadilha de liquidez! Alan Auerbach e Yuriy Gorodnichenko, da Universidade da Califórnia, Berkeley, analisaram dados dos países membros (em sua maioria os ricos) da Organização para a Cooperação e o Desenvolvimento Econômico e descobriram que para economias em recessão (embora não necessariamente em armadilha de liquidez), o multiplicador fica em torno de 2.[19]

Nosso modelo da armadilha de liquidez permite-nos ver facilmente que o multiplicador é maior quando a taxa de juros é mantida em zero, e isso também rende uma previsão adicional interessante para o caso da economia aberta. Não só não existe deslocamento por meio da taxa de juros, como também não existe deslocamento por meio da taxa de câmbio.

A Figura 17.16 mostra o efeito no produto de um aumento temporário em G sob condições normais (taxa de juros positiva). Compare isso com o efeito em Y de um aumento de gastos similar na Figura 17.19 (supondo que R permanece em zero). Como (por suposição) a taxa de câmbio esperada E^e não muda quando o aumento em G é temporário, DD apenas desliza para a direita ao longo da porção horizontal de AA, que em si não muda. Nem a taxa de juros, nem a taxa de câmbio futura esperada mudam na Figura 17.20, então a paridade de juros implica que a taxa de câmbio atual não pode mudar também. Em contrapartida, na Figura 17.16, o aumento no produto faz subir a demanda por moeda, elevando R e valorizando a moeda. Como a apreciação da moeda reduz as exportações líquidas, limitando, dessa forma, o efeito positivo líquido na produção, o multiplicador é menor na Figura 17.16 do que na Figura 17.20. Na verdade, na Figura 17.20, o multiplicador é o mesmo sob a *taxa de câmbio fixa*, um caso que examinaremos no Capítulo 18.

Uma região em que o tamanho do multiplicador tornou-se tópico de controvérsia foi a Europa, onde os países simultaneamente cortaram os gastos do governo drasticamente após 2009 para reduzir a dívida e os déficits públicos. Nossa discussão sobre o multiplicador pode levá-lo a crer que os efeitos foram altamente contracionistas. Foi exatamente o que aconteceu, como veremos no Capítulo 21.

---

[19]Veja: Christiano, Eichenbaum e Rebelo. "When Is the Government Spending Multiplier Large?". *Journal of Political Economy*, v. 119, p. 78-121, fev. 2011; e Auerbach and Gorodnichenko. "Fiscal Multipliers in Recession and Expansion". In: Alberto Alesina e Francesco Giavazzi (Eds.). *Fiscal Policy after the Financial Crisis*. Chicago: University of Chicago Press, 2013, p. 63-102.

CAPÍTULO 17 ■ Produto e a taxa de câmbio no curto prazo **503**

RESUMO

- A *demanda agregada* para o produto de uma economia aberta consiste em quatro componentes, correspondentes aos quatro componentes do PNB: demanda por consumo, demanda por investimento, demanda do governo e conta corrente (demanda de exportação líquida). Um importante determinante da conta corrente é a taxa de câmbio real, a relação do nível de preços estrangeiro (medido em moeda nacional) para o nível de preços nacional.

- O produto é determinado no curto prazo pela igualdade da demanda agregada e da oferta agregada. Quando a demanda agregada é maior do que a produção, as empresas aumentam a produção para evitar diminuição não intencional do estoque. Quando ela é menor do que a produção, as empresas diminuem a produção para evitar acúmulo não intencional do estoque.

- O equilíbrio de curto prazo ocorre a uma taxa de câmbio e nível de produto nos quais – dados o nível de preços, a taxa de câmbio futura e as condições econômicas estrangeiras – a demanda agregada iguala-se à oferta agregada e os mercados de ativos estão em equilíbrio. Em um diagrama com a taxa de câmbio e o produto real em seus eixos, o equilíbrio de curto prazo pode ser visto como a interseção de uma *relação DD* inclinada para cima, ao longo da qual o mercado de bens e serviços equilibra-se, e uma *relação AA* inclinada para baixo, na qual os mercados de ativos equilibram-se.

- Um aumento temporário na oferta de moeda, que não altera a taxa de câmbio nominal esperada de longo prazo, causa uma depreciação da moeda e um aumento na produção. Uma expansão fiscal temporária também resulta em um aumento na produção, mas causa uma apreciação da moeda. A *política monetária* e a *política fiscal* podem ser utilizadas pelo governo para compensar os efeitos de perturbações no produto e no emprego. Entretanto, a expansão monetária temporária é inútil para aumentar o produto ou afetar a taxa de câmbio quando a economia está em uma *armadilha de liquidez* com a taxa de juros nominal no *limite inferior zero*.

- Uma alteração permanente na oferta de moeda, que de fato altera a taxa de câmbio nominal esperada de longo prazo, causa movimentos mais nítidos na taxa de câmbio e, portanto, tem efeitos mais fortes de curto prazo no produto do que as alterações transitórias. Se a economia está em seu pleno emprego, um aumento permanente na oferta de moeda leva a um nível de preços crescente, que, no fim das contas, reverte o efeito da depreciação inicial da taxa de câmbio nominal sobre a taxa de câmbio real. No longo prazo, o produto retorna ao seu nível inicial e todos os preços em dinheiro aumentam em proporção ao aumento na oferta de moeda.

- Como a expansão fiscal permanente muda a taxa de câmbio esperada de longo prazo, isso causa uma apreciação mais acentuada da moeda do que uma expansão temporária igual. Se a economia começa no equilíbrio de longo prazo, a apreciação adicional torna as mercadorias e serviços nacionais tão caros que o "deslocamento" resultante da demanda de exportação líquida anula o efeito da política no produto e no emprego. Nesse caso, uma expansão fiscal permanente não tem efeito expansionista nenhum. O *multiplicador fiscal* é zero para expansão fiscal permanente, diferente da expansão fiscal temporária.

- Um grande problema prático é assegurar que a capacidade do governo em estimular e economia não o tente a ajustar a política para metas políticas de curto prazo, criando, dessa forma, um *viés de inflação*. Outros problemas incluem a dificuldade de identificar as fontes ou durações das mudanças econômicas e defasagens de tempo na implementação das políticas.

504 PARTE III ▪ Taxas de câmbio e macroeconomia da economia aberta

- Se as exportações e importações ajustam-se gradualmente a mudanças na taxa de câmbio real, a conta corrente pode seguir um padrão de *curva J* após uma apreciação real da moeda, primeiro ficando em pior situação e então melhorando. Se tal curva J existe, a depreciação da moeda pode ter um efeito contracionista inicial na produção, e a ultrapassagem da taxa de câmbio será amplificada. *Pass-through* limitado da taxa de câmbio, junto com aumentos do preço nacional, podem reduzir o efeito de uma mudança de taxa de câmbio nominal na taxa de câmbio real. O mesmo vale para as *cadeias de valor globais*, embora essas formas de produção também tendam a elevar os níveis brutos das exportações e importações.

TERMOS-CHAVE

armadilha da liquidez, p. 498	limite inferior zero (ZLB, *zero lower bound*), p. 498	política monetária, p. 481
cadeias de valor globais, p. 495		relação *AA*, p. 476
curva J, p. 492	multiplicador fiscal, p. 501	relação *DD*, p. 472
demanda agregada, p. 465	*pass-through*, p. 493	viés de inflação, p. 485
	política fiscal, p. 481	

QUESTÕES

1. Como a relação *DD* muda se existe um declínio na demanda de investimento?
2. Suponha que o governo imponha uma tarifa aduaneira em todas as importações. Utilize o modelo *DD-AA* para analisar os efeitos que essa medida teria na economia. Analise tanto tarifas temporárias quanto permanentes.
3. Imagine que o Congresso passe uma emenda constitucional exigindo que o governo americano sempre mantenha um orçamento equilibrado. Portanto, se o governo deseja mudar seus gastos, deve sempre mudar os impostos na mesma quantia, isto é, $\Delta G = \Delta T$. A emenda constitucional implica que o governo não pode mais utilizar a política fiscal para afetar o emprego e a produção? (Dica: analise um aumento de "orçamento equilibrado" nos gastos do governo, um que seja acompanhado por um aumento de impostos igual.)
4. Suponha que exista uma queda permanente na demanda agregada privada para o produto do país (uma mudança para baixo da linha de demanda agregada inteira). Qual é o efeito na produção? Qual reposta política de governo você recomendaria?
5. Por que um aumento temporário nos gastos do governo faz com que a conta corrente caia a uma quantia menor do que um aumento permanente nos gastos do governo?
6. Se um governo tem inicialmente um orçamento equilibrado, mas então corta impostos, ele está incorrendo em um déficit que deve, de alguma forma, financiar. Suponha que as pessoas pensem que o governo vai financiar seu déficit imprimindo a moeda extra de que precisa agora para cobrir seus gastos. Você ainda esperaria que o corte de impostos causasse uma apreciação da moeda?
7. Você observa que a moeda de um país sofre depreciação enquanto sua conta corrente fica em pior situação. Quais dados você poderia olhar para decidir se está presenciando um efeito de curva J? Qual outra mudança macroeconômica poderia trazer uma depreciação da moeda junto com uma deterioração da conta corrente mesmo se não existisse uma curva J?
8. Um novo governo vence uma eleição e anuncia que, uma vez no poder, aumentará a oferta de moeda. Utilize o modelo *DD-AA* para estudar a resposta da economia a esse anúncio.
9. Como você desenharia o diagrama *DD-AA* quando a resposta da conta corrente às mudanças na taxa de câmbio segue uma curva J? Utilize esse diagrama modificado para examinar os efeitos de alterações temporárias e permanentes nas políticas monetária e fiscal.

CAPÍTULO 17 ■ Produto e a taxa de câmbio no curto prazo **505**

10. Como seria a condição de Marshall-Lerner se o país cujas variações na taxa de câmbio real *não* começassem com uma conta corrente de zero? (A condição de Marshall-Lerner é obtida no Apêndice 2 sob a suposição "padrão" de uma conta corrente inicialmente equilibrada.)

11. Nosso modelo aceita o nível de preços P como dado no curto prazo, mas, na realidade, a apreciação da moeda causada por uma expansão fiscal permanente faz com que P caia um pouco ao diminuir alguns preços de importação. Se P cai levemente como resultado da expansão fiscal permanente, ainda é verdade que não existem efeitos de produção? (Como antes, suponha um equilíbrio de longo prazo inicial.)

12. Suponha que a paridade de juros não seja exatamente mantida, mas que a verdadeira relação seja $R = R^* + (E^e - E)/E + \rho$, onde ρ é um termo medindo o grau de risco diferencial de depósitos nacionais *versus* estrangeiros. Suponha que um aumento permanente nos gastos nacionais do governo, ao criar a probabilidade de déficits governamentais futuros, também aumente ρ, isto é, faz com que os depósitos em moeda nacional sejam mais arriscados. Avalie os efeitos dessa política sobre o produto nessa situação.

13. Se uma economia *não* começa no pleno emprego, é verdade que uma mudança permanente na política fiscal não tem efeito atual na produção?

14. Considere a seguinte versão linear do modelo *AA-DD* no texto: o consumo é dado por $C = (1 - s)Y$ e o saldo da conta corrente é dado por $CA = aE - mY$. (Nos livros de estudo de macroeconomia, s algumas vezes é chamado de *propensão marginal para poupar* e m é chamado de *propensão marginal para importar*.) Então a condição de equilíbrio nos mercados de mercadorias é $Y = C + I + G + CA = (1 - s)Y + I + G + aE - mY$. Escreveremos a condição do equilíbrio do mercado monetário como $M^s/P = bY - dR$. Supondo que o banco central pode manter tanto a taxa de juros, R, quanto a taxa de câmbio, E, constantes e que o investimento I também é constante, qual é o efeito de um aumento nos gastos do governo G *no produto Y*? (Esse número é frequentemente chamado de *multiplicador fiscal de economia aberta*, mas como você pode ver, ele é relevante apenas em condições estritas.) Explique seu resultado intuitivamente.

15. Veja se consegue retraçar os passos do argumento de cinco passos no final da seção sobre "Alterações permanentes nas políticas monetária e fiscal" para mostrar que a expansão fiscal permanente não pode fazer o produto *cair*.

16. A discussão do capítulo sobre "Viés de inflação e outros problemas de formulação de políticas" (parágrafo 4) afirma que uma expansão fiscal *permanente* pode ser algo que não existe de fato. O que você acha? Como essas considerações afetariam a taxa de câmbio e os efeitos da política fiscal sobre o produto? Você vê quaisquer paralelos com a discussão deste capítulo sobre o impacto de mais longo prazo dos desequilíbrios em conta corrente?

17. Se você comparar economias de baixa inflação com economias nas quais a inflação é alta e muito volátil, o quanto esperaria que o *pass-through* se diferenciaria da taxa de câmbio? Por quê?

18. Durante a votação do projeto de lei de estímulo fiscal americano em fevereiro de 2009, muitos membros do Congresso exigiram cláusulas conhecidas como "Buy American", que teriam impedido o governo de gastar dinheiro em mercadorias importadas. De acordo com a análise deste capítulo, os gastos do governo americano limitados por esse tipo de restrição teriam tido mais efeito no produto americano do que gastos de governo sem restrições? Por quê?

19. Retorne ao Problema 14 e repare que, para completar o modelo ali descrito, devemos adicionar a condição de paridade de juros. Observe também que se Y^f é o nível de produto de pleno emprego, então a taxa de câmbio de longo prazo esperada, E^e, satisfaz a equação: $Y^f = (aE^e + I + G)/(s + m)$. (Estamos novamente aceitando o investimento I como dado.) Utilizando essas equações, demonstre algebricamente que se a economia começa no pleno emprego com $R = R^*$, um aumento em G não tem nenhum efeito na produção. Qual é o efeito na taxa de câmbio? Como a mudança da taxa de câmbio depende de a e por quê?

506 PARTE III ▪ Taxas de câmbio e macroeconomia da economia aberta

20. Podemos expressar uma aproximação linear para a condição de paridade de juros (precisa para pequenas mudanças de taxa de câmbio) como: $R = R^* + (E^e - E)/E^e$. Adicione isso ao modelo dos Problemas 14 e 19 e calcule Y como uma função de G. Qual é o multiplicador fiscal para mudanças temporárias em G (aquelas que não alteram E^e)? Como a sua resposta depende dos parâmetros a, b e d, e por quê?

LEITURAS ADICIONAIS

Argy, V. e Porter, M. G. "The Forward Exchange Market and the Effects of Domestic and External Disturbances under Alternative Exchange Rate Systems". *International Monetary Fund Staff Papers*, v. 19, p. 503-532, nov. 1972. Uma análise avançada de um modelo macroeconômico similar ao deste capítulo.

Morten Linnemann Bech e Aytek Malkhozov. "How Have Central Banks Implemented Negative Policy Rates?" *BIS Quarterly Review* (mar. 2016), pp. 31-45. Revisão das experiências recentes dos bancos centrais com taxas de juros nominais negativas.

Dornbusch, R. "Exchange Rate Expectations and Monetary Policy". *Journal of International Economics*, v. 6, p. 231-244, ago. 1976. Um exame formal da política monetária e da taxa de câmbio em um modelo com uma curva J.

Robert C. Feenstra, Philip Luck, Maurice Obstfeld e Katheryn N. Russ. "In Search of the Armington Elasticity". *Review of Economics and Statistics* 100 (mar. 2018), pp. 135-150. Crítica metodológica técnica e novas estimativas das elasticidades do comércio dos EUA.

Gagnon, J. E. "Productive Capacity, Product Varieties, and the Elasticities Approach to the Trade Balance". *Review of International Economics*, v. 15, p. 639-659, set. 2007. Analisa o papel de novos produtos na determinação de elasticidades de comércio de longo prazo.

Hall, R. E. "By How Much Does GDP Rise if the Government Buys More Output?". *Brookings Papers on Economic Activity*, v. 2, p. 183-231, 2009. Discussão minuciosa (mas avançada) sobre o multiplicador fiscal em modelos macroeconômicos contemporâneos e na prática.

Daniel Leigh, Weicheng Lian, Marcos Poplawski-Ribeiro e Viktor Tsyrennikov. "Exchange Rates and Trade Flows: Disconnected?" Chapter 3. In: Fundo Monetário Internacional, *World Economic Outlook*, FMI, out. 2015. Análise empírica de como a resposta do comércio às taxas de câmbio evoluiu em um contexto com precificação a mercado.

Marquez, J. *Estimating Trade Elasticities*. Boston: Kluwer Academic Publishers, 2002. Pesquisa abrangente sobre a estimativa das elasticidades do comércio.

Rangan, S. e Lawrence, R. Z. *A Prism on Globalization*. Washington, D.C.: Brookings Institution, 1999. Uma análise das respostas de empresas multinacionais aos movimentos da taxa de câmbio.

Svensson, L. E. O. "Escaping from a Liquidity Trap and Deflation: The Foolproof Way and Others". *Journal of Economic Perspectives*, v. 17, p. 145-166, outono de 2003. Discussão clara sobre as opções de política para economias que enfrentam deflação, incluindo políticas monetárias não convencionais.

Banco Mundial. *Trading for Development in the Age of Global Value Chains: World Development Report 2020*. Washington, D.C.: World Bank Group, 2019. Panorama abrangente do desenvolvimento das cadeias de valor globais e o seu papel no comércio e no crescimento econômico.

APÊNDICE 1 DO CAPÍTULO 17

Comércio intertemporal e demanda de consumo

No capítulo, supomos que a demanda de consumo privado é uma função de renda disponível, $C = C(Y^d)$, com a propriedade de que quando Y^d aumenta, o consumo aumenta em uma quantia menor (de forma que a poupança, $Y^d - C[Y^d]$, também aumenta). Este apêndice interpreta essa suposição no contexto de modelo intertemporal do comportamento do consumo discutido no Apêndice do Capítulo 6.

A discussão no Capítulo 6 pressupunha que o bem-estar dos consumidores depende da demanda de consumo presente D_P e da demanda de consumo futura D_F. Se a renda presente é Q_P e a renda futura é Q_F, os consumidores podem utilizar empréstimo ou a poupança para alocar seu consumo durante o tempo de qualquer forma consistente com a *restrição orçamentária intertemporal*

$$D_P + D_F/(1 + r) = Q_P + Q_F/(1 + r),$$

onde r é a taxa de juros real.

A Figura 17A1.1 lembra-o de como o consumo e a poupança foram determinados no Capítulo 6. Se as produções presente e futura estão inicialmente descritas pelo ponto classificado como 1 na figura, o desejo de um consumidor de escolher a curva de indiferença de maior utilidade consistente com suas restrições orçamentárias leva o consumo ao ponto 1 também.

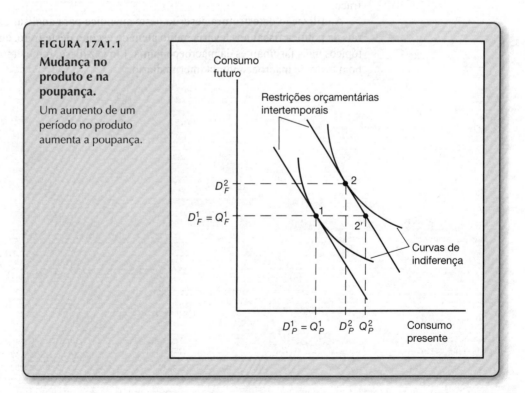

FIGURA 17A1.1
Mudança no produto e na poupança.
Um aumento de um período no produto aumenta a poupança.

PARTE III ■ Taxas de câmbio e macroeconomia da economia aberta

Pressupomos zero poupança no ponto 1 para mostrar de forma mais clara o efeito de um aumento no produto atual, para a qual nos voltamos a seguir. Suponha que o produto presente aumente, enquanto o produto futuro permanece inalterado, movendo a dotação de renda para o ponto 2′, que se situa horizontalmente à direita do ponto 1. Você pode ver que o consumidor desejará espalhar o aumento no consumo que lhe é permitido durante sua vida *inteira*. Ele pode fazer isso poupando uma parte do aumento da renda presente, $Q_P^2 - Q_P^1$, e movendo-se para cima junto com sua linha de orçamento a partir da dotação no ponto 2′ para o ponto 2.

Agora, se reinterpretarmos a notação de forma que o produto presente, Q_P, corresponda à renda disponível, Y^d, e a demanda de consumo presente corresponda a $C(Y^d)$, veremos que embora o consumo certamente dependa de outros fatores além da renda disponível atual (em especial, a renda futura e a taxa de juros real), seu comportamento implica um aumento na renda vitalícia, que é concentrado no presente e vai, de fato, levar a um aumento no consumo atual menor do que o aumento na renda atual. Já que as mudanças de produto que temos considerado neste capítulo são todas mudanças temporárias que resultam da rigidez de curto prazo dos preços em moeda nacional, o comportamento do consumo que simplesmente presumimos no capítulo captura a característica do comportamento de consumo intertemporal essencial para que o modelo *DD-AA* funcione.

Também poderíamos utilizar 17A1.1 para analisar os efeitos no consumo de uma taxa de juros real, que mencionamos na nota de rodapé 1. Se a economia está inicialmente no ponto 1, uma queda na taxa de juros real *r* faz a linha do orçamento rodar em sentido anti-horário em torno do ponto 1, causando um aumento no consumo presente. Contudo, se inicialmente a economia vinha poupando uma quantia positiva, como no ponto 2, esse efeito seria ambíguo, um reflexo das forças contrárias dos efeitos renda e substituição que introduzimos na primeira parte deste livro sobre a teoria do comércio internacional. Nesse segundo caso, o ponto de dotação é o ponto 2′, então uma queda na taxa de juros real causa uma rotação anti-horária da linha de orçamento em torno do ponto 2′. Como indicado pelas evidências empíricas, o efeito positivo de uma menor taxa de juros real no consumo provavelmente seja fraco.

A utilização da estrutura descrita neste apêndice para analisar os aspectos intertemporais da política fiscal nos levaria muito além do escopo deste livro, embora esse seja um dos tópicos mais fascinantes da macroeconomia. Em vez disso, remetemos os leitores a qualquer bom texto de macroeconomia intermediário.[20]

---

[20]Por exemplo, veja: Abel, Bernanke e Croushore, *op. cit.*, Capítulo 15.

APÊNDICE 2 DO CAPÍTULO 17

A condição de Marshall-Lerner e estimativas empíricas de elasticidades do comércio

O capítulo supôs que a depreciação real da moeda de um país melhora sua conta corrente. No entanto, como observamos, a validade dessa suposição depende da resposta dos volumes de exportação e importação para as mudanças da taxa de câmbio real. Neste apêndice, obtemos uma condição naquelas respostas para a suposição no texto ser válida. A condição, chamada de *condição de Marshall-Lerner*, afirma que, com todo o resto igual, uma depreciação real melhora a conta corrente se os volumes de exportação e importação forem suficientemente elásticos com respeito à taxa de câmbio real. (A condição recebeu o nome dos dois economistas que a descobriram, Alfred Marshall e Abba Lerner.) Após obter a condição de Marshall-Lerner, olhamos para suas estimativas empíricas de elasticidades do comércio e analisamos suas consequências para as respostas reais da conta corrente às mudanças da taxa de câmbio real.

Para começar, escreva a conta corrente, medida em unidades de produto nacional, como a diferença entre as exportações e importações de mercadorias e serviços similarmente medidos:

$$CA(EP^*/P, Y^d) = EX(EP^*/P) - IM(EP^*/P, Y^d).$$

A demanda de exportação é escrita como função apenas de EP^*/P, porque a renda estrangeira está sendo mantida constante.

Considere que q representa a taxa de câmbio real EP^*/P e EX^* representa as importações medidas em termos de produto *estrangeiro* em vez de nacional. A notação EX^* é utilizada porque as importações nacionais do exterior, medidas em termos de produto estrangeiro, são iguais ao volume de exportações estrangeiras para o país. Se identificarmos q com o preço de produtos estrangeiros em termos de produtos nacionais, então IM e EX^* são relacionados por

$$IM = q \times EX^*,$$

isto é, importações medidas em produto nacional = (unidades de produto nacional/unidade de produto estrangeiro) × (importações medidas em unidas de produto estrangeiro).[15]

Podemos, portanto, expressar a conta corrente como:

$$CA(q, Y^d) = EX(q) - q * EX^*(q, Y^d).$$

Agora considere que EX_q representa o efeito de um aumento em q (uma depreciação real) na demanda de exportação e que EX_q^* representa o efeito de um aumento em q no volume de importação. Dessa forma,

$$EX_q = \Delta EX/\Delta_q, \quad EX_q^* = \Delta EX^*/\Delta q.$$

---

[15]Como avisamos anteriormente no capítulo, a identificação da taxa de câmbio real com preços de produtos relativos não é bem exata, já que, como definimos, a taxa de câmbio real é o preço relativo das cestas de despesas. Contudo, para a maioria dos fins práticos, a discrepância não é qualitativamente importante. Um problema mais grave com a nossa análise é que as produções nacionais consistem, em parte, em bens e serviços não comercializáveis, e a taxa de câmbio real cobre seus preços assim como aqueles dos comercializáveis. Para evitar a complexidade adicional que resultaria de um tratamento mais detalhado da composição das produções nacionais, ao obter a condição de Marshall-Lerner, pressupomos que a taxa de câmbio real pode ser aproximadamente identificada com o preço relativo das importações em termos de exportações.

510 PARTE III ■ Taxas de câmbio e macroeconomia da economia aberta

Como vimos no capítulo, EX_q é positivo (uma depreciação real torna os produtos relativamente mais baratos e estimula as exportações), enquanto EX_q^* é negativo (um barateamento relativo dos produtos nacionais reduz a demanda de importação nacional). Utilizando essas definições, podemos agora perguntar como um aumento em q afeta a conta corrente, com todo o resto igual.

Se o sobrescrito 1 indica o valor inicial de uma variável enquanto o sobrescrito 2 indica seu valor após q ter mudado em $\Delta q = q^2 - q^1$, então a mudança na conta corrente causada por uma mudança de taxa de câmbio real Δq é

$$\Delta CA = CA^2 - CA^1 = (EX^2 - q^2 \times EX^{*2}) - (EX^1 - q^1 \times EX^{*1})$$

$$= \Delta EX - (q^2 \times \Delta EX^*) - (\Delta q \times EX^{*1}).$$

Dividindo por Δq dá a resposta da conta corrente a uma mudança em q,

$$\Delta CA/\Delta q = EX_q - (q^2 \times EX_q^*) - EX^{*1}.$$

Essa equação resume os dois efeitos de conta corrente de uma depreciação real discutidos no texto, o efeito *volume* e o efeito *valor*. Os termos que envolvem EX_q e EX_q^* representam o efeito volume, o efeito de uma mudança em q no número de unidades de produtos exportados e importados. Esses mesmos termos são sempre positivos porque $EX_q > 0$ e $EX_q^* < 0$. O último termo, EX^{*1}, representa o efeito valor e é precedido de um sinal de menos. Esse último termo nos diz que um aumento em q piora a conta corrente na medida em que aumenta o valor de produto nacional do volume inicial de importações.

Estamos interessados em saber quando o lado direito da equação é positivo, de forma que uma depreciação real faz o saldo da conta corrente aumentar. Para responder a essa questão, primeiro definimos a *elasticidade da demanda de exportação* com respeito a q,

$$\eta = (q^1/EX^1)EX_q,$$

e a elasticidade da demanda de importação com relação a q,

$$\eta^* = -(q^1/EX^{*1})EX_q^*,$$

(A definição de η^* envolve um sinal de menos porque $EX_q^* < 0$, e estamos definindo as elasticidades do comércio como números positivos.) Retornando a nossa equação para $\Delta CA/\Delta q$, multiplicamos seu lado direito por (q^1/EX^1) para expressá-la em elasticidades dos termos de troca. Então, se a conta corrente está inicialmente a zero (isto é, $EX^1 = q^1 \times EX^{*1}$), esse último passo mostra que $\Delta CA/\Delta q$ é positivo quando

$$\eta + (q^2/q^1)\eta^* - 1 > 0.$$

Se é suposto que a mudança em q é pequena, de forma que $q^2 \approx q^1$, a condição para um aumento em q melhorar a conta corrente é

$$\eta + \eta^* > 1.$$

Essa é a condição de Marshall-Lerner, que afirma que se a conta corrente é inicialmente zero, uma depreciação real na moeda causa um superávit em conta corrente se a soma das elasticidades dos preços relativos das demandas de exportação e importação é maior do que 1. (Se a conta corrente não é inicialmente zero, a condição torna-se mais complexa.) Ao aplicar a condição de Marshall-Lerner, lembre-se de que sua derivação supõe que a renda disponível é mantida constante quando q muda.

Agora que temos a condição de Marshall-Lerner, podemos perguntar se as estimativas empíricas das equações do comércio implicam elasticidades de preço consistentes com a suposição deste capítulo, de que uma depreciação da taxa de câmbio real melhora a conta corrente. A Tabela 17A2.1 apresenta as estimativas de elasticidade do Fundo Monetário

APÊNDICE 2 DO CAPÍTULO 17 ■ Produto e a taxa de câmbio no curto prazo **511**

TABELA 17A2.1	Elasticidades de preço estimadas para o comércio internacional em mercadorias manufaturadas					
	η			η^*		
País	Impacto	Curto prazo	Longo prazo	Impacto	Curto prazo	Longo prazo
Áustria	0,39	0,71	1,37	0,03	0,36	0,80
Bélgica	0,18	0,59	1,55	—	—	0,70
Grã-Bretanha	—	—	0,31	0,60	0,75	0,75
Canadá	0,08	0,40	0,71	0,72	0,72	0,72
Dinamarca	0,82	1,13	1,13	0,55	0,93	1,14
França	0,20	0,48	1,25	—	0,49	0,60
Alemanha	—	—	1,41	0,57	0,77	0,77
Itália	—	0,56	0,64	0,94	0,94	0,94
Japão	0,59	1,01	1,61	0,16	0,72	0,97
Países Baixos	0,24	0,49	0,89	0,71	1,22	1,22
Noruega	0,40	0,74	1,49	—	0,01	0,71
Suécia	0,27	0,73	1,59	—	—	0,94
Suíça	0,28	0,42	0,73	0,25	0,25	0,25
Estados Unidos	0,18	0,48	1,67	—	1,06	1,06

Fonte: As estimativas são retiradas de: Jacques R. Artus e Malcolm D. Knight. *Issues in the Assessment of the Exchange Rates of Industrial Countries*. Occasional Paper 29. Washington, D.C.: Fundo Monetário Internacional, jul. 1984, tabela 4. As estimativas não disponíveis são indicadas por traços.

Internacional para o comércio em mercadorias manufaturadas. Na tabela são informadas as elasticidades de preço para exportação e importação medidas para três horizontes temporais sucessivamente mais longos e, portanto, considera a possibilidade de que as demandas de exportação e importação ajustem-se gradualmente às mudanças de preço relativo, como na discussão do efeito da curva J. As elasticidades de impacto medem a resposta dos fluxos de comércio para as mudanças de preço relativo nos primeiros seis meses após a mudança; as elasticidades de curto prazo aplicam-se a período de ajuste de um ano; e as elasticidades de longo prazo medem a resposta dos fluxos de comércio às mudanças de preço ao longo de um período de ajuste infinito hipotético.

Para a maioria dos países, as elasticidades de impacto são tão pequenas que a soma do impacto das elasticidades de exportação e importação é menor do que 1. Já que as elasticidades de impacto normalmente não atendem a condição de Marshall-Lerner, a estimativa apoia a existência de um efeito inicial de curva J que faz a conta corrente deteriorar-se imediatamente após uma depreciação real.

Também é verdade, entretanto, que a maioria dos países representados na tabela satisfaz à condição de Marshall-Lerner no curto prazo e que praticamente todos também o fazem no longo prazo. As evidências, portanto, são consistentes com a suposição adotada no capítulo: exceto para curtos períodos de tempo, é provável que a depreciação real melhore a conta corrente, enquanto é provável que uma apreciação real a piore.

APÊNDICE 3 DO CAPÍTULO 17

O modelo *IS-LM* e o modelo *DD-AA*

Neste apêndice, examinamos a relação entre o modelo *DD-AA* do capítulo e outro modelo usado frequentemente para responder perguntas na macroeconomia internacional, o modelo *IS-LM*. O modelo *IS-LM* permite que taxas de juros reais nacionais afetem a demanda agregada de modo a generalizar o modelo *DD-AA*.

O diagrama normalmente usado para analisar o modelo *IS-LM* tem a taxa de juros nominal e produto nos eixos, não a taxa de câmbio nominal e a produção. Assim como o diagrama *DD-AA*, o diagrama *IS-LM* determina o equilíbrio de curto prazo da economia como a interseção de duas curvas de equilíbrio de mercado individuais, chamadas de *IS* e *LM*. A curva *IS* é a relação entre as taxas de juro nominais e os níveis de produto aos quais os mercados de bens e de câmbio estão em equilíbrio, enquanto a curva *LM* mostra os pontos nos quais o mercado monetário está em equilíbrio.[22]

O modelo *IS-LM* pressupõe que os investimentos, assim como algumas formas de compras dos consumidores (p. ex., de automóveis e outros bens duráveis), têm relação negativa com a taxa de juros real esperada. Quando essa taxa é baixa, as empresas lucram ao tomar empréstimos e executar planos de investimento (no apêndice do Capítulo 6 foi apresentado um modelo dessa relação entre os investimentos e a taxa de juros real). Uma taxa de juros real esperada baixa também torna lucrativo manter estoques em vez de ativos alternativos. Por ambos os motivos, seria de esperar que os investimentos aumentassem quando a taxa de juros real esperada cai. Da mesma forma, como os consumidores consideram os empréstimos baratos e a poupança pouco atraente quando a taxa de juros real é baixa, as compras de consumidores sensíveis aos juros também aumentam quando a taxa de juros real cai. Como mostrado no Apêndice 1 do Capítulo 17, no entanto, debates teóricos e evidências empíricas sugerem que a resposta de consumo à taxa de juros é mais fraca do que a resposta de investimento.

No modelo *IS-LM*, a demanda agregada é, portanto, expressa como uma função da taxa de câmbio real, da renda disponível *e* da taxa de juros real.

$$D(EP^*/P, Y - T, R - \pi^e) = C(Y - T, R - \pi^e) + I(R - \pi^e)$$
$$+ G + CA(EP^*/P, Y - T, R - \pi^e),$$

em que π^e é a taxa de inflação esperada e $R - \pi^e$, portanto, é a taxa de juros real esperada. O modelo pressupõe que P, P^*, G, T, R^* e E^e são dados (para simplificar a notação, excluímos G da função de demanda agregada D.)

---

[22]Em um contexto de economia fechada, a exposição original do modelo *IS-LM* encontra-se em J. R. Hicks, "Mr. Keynes and the 'Classics': A Suggested Interpretation", *Econometrica* 5 (abr. 1937), pp. 147-159. O artigo de Hicks ainda é uma leitura agradável e instrutiva. O nome *IS* vem do fato de que, em uma economia fechada (mas não necessariamente em uma economia aberta!), o mercado de bens está em equilíbrio quando o investimento (*I*) e a poupança (*S*, de *saving*) são iguais. Na relação *LM*, a demanda por moeda real (*L*) é igual à oferta de moeda real (M^s/P na nossa notação). A versão da economia aberta do modelo, com o pressuposto sobre expectativas $E = E^e$ adotado por uma questão de simplicidade, é chamado de *modelo Mundell-Fleming*. Robert Mundell, economista da Universidade de Columbia, venceu o Prêmio Nobel em 1999 pelo seu trabalho no modelo.

APÊNDICE 3 DO CAPÍTULO 17 ■ Produto e a taxa de câmbio no curto prazo **513**

Para determinar a curva *IS* de combinações de E e Y tais que a demanda agregada seja igual à produção,

$$Y = D(EP^*/P, Y - T, R - \pi^e),$$

antes precisamos enunciar a condição de equilíbrio do mercado de bens e serviços tal que não dependa de E.

Para calcular E, usamos a condição de paridade de juros, $R = R^* + (E^e - E)/E$. Se resolvermos essa equação para calcularmos E, o resultado é:

$$E = E^e/(1 + R - R^*).$$

O uso dessa expressão na função de demanda agregada mostra que podemos expressar a condição para o equilíbrio do mercado de bens e serviços como:

$$Y = D[E^e P^*/P(1 + R - R^*), Y - T, R - \pi^e].$$

Para ter uma imagem completa de como variações no produto afetam o equilíbrio do mercado de bens, devemos lembrar que a taxa de inflação na economia depende positivamente da diferença entre o produto real (Y) e o produto em "pleno emprego" (Y_f). Portanto, escrevemos π_e como uma função crescente dessa diferença:

$$\pi^e = \pi^e(Y - Y^f).$$

Sob esse pressuposto para as expectativas, o mercado de bens está em equilíbrio quando:

$$Y = D[E^e P^*/P(1 + R - R^*), Y - T, R - \pi^e(Y - Y^f)].$$

Essa condição mostra que uma queda na taxa de câmbio nominal R eleva a demanda agregada por meio de dois canais: (1) Dada a taxa de câmbio futuro esperada, uma queda em R causa uma depreciação da moeda nacional que melhora a conta corrente. (2) Dada a inflação esperada, uma queda em R incentiva diretamente as despesas de consumo e investimento que afetam apenas parcialmente as importações. Apenas o segundo canal, o efeito da taxa de juros nas despesas, estaria presente em uma economia fechada de acordo com o modelo *IS-LM*.

A curva *IS* é determinada pela resposta do produto a essa queda na taxa de juros para manter o equilíbrio do mercado de produção. Como uma queda em R eleva a demanda agregada, o mercado de bens e serviços permanece em equilíbrio após R cair apenas se Y sobe. Portanto, a curva *IS* tem inclinação descendente, como mostra a Figura 17A3.1. Embora ambas as curvas *IS* e *DD* reflitam o equilíbrio do mercado de produção, *IS* tem inclinação descendente, enquanto *DD* tem inclinação ascendente. O motivo para essa diferença é que a taxa de juros e a taxa de câmbio estão inversamente relacionadas pela condição de paridade de juros, dada a taxa de câmbio futuro esperada.[23]

A inclinação da curva *LM* (ou equilíbrio do mercado monetário) é muito mais fácil de derivar. O equilíbrio do mercado monetário vale quando $M^s/P = L(R, Y)$. Como um aumento na taxa de juros reduz a demanda por moeda, o resultado é uma oferta de moeda em excesso para um determinado nível de produção. Para manter o equilíbrio no mercado monetário após o aumento de R, Y deve, portanto, aumentar também (pois o aumento do produto estimula a demanda por moeda decorrente de transações). Logo, a curva *LM* tem inclinação positiva, como mostra a Figura 17A3.1. A interseção das curvas *IS* e *LM* no ponto 1 determina os valores de equilíbrio de curto prazo da produção, Y^1, e a taxa de juros nominal R^1.

---

[23] Ao concluirmos que *IS* tem inclinação negativa, argumentamos que um aumento do produto reduz a demanda em excesso por bens e serviços causada por uma queda em R. Essa redução da demanda em excesso ocorre porque a demanda por consumo aumenta menos do que o aumento da produção, ainda que também aumente. Observe, no entanto, que um aumento no produto também aumenta a inflação esperada e, logo, estimula a demanda. Assim, é concebível que uma queda na produção, e não um aumento, elimine a demanda em excesso no mercado de produção. Supomos que essa possibilidade perversa (que criaria uma curva *IS* com inclinação ascendente) não ocorre de fato.

514 PARTE III ■ Taxas de câmbio e macroeconomia da economia aberta

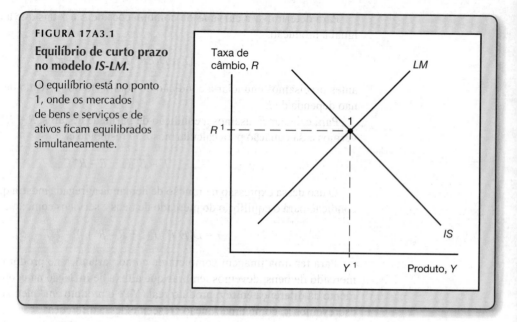

FIGURA 17A3.1
Equilíbrio de curto prazo no modelo IS-LM.
O equilíbrio está no ponto 1, onde os mercados de bens e serviços e de ativos ficam equilibrados simultaneamente.

A taxa de juros de equilíbrio, por sua vez, determina uma taxa de câmbio de equilíbrio de curto prazo por meio da condição de paridade de juros.

O modelo *IS-LM* pode ser utilizado para analisar os efeitos das políticas monetárias e fiscais. Um aumento temporário na oferta de moeda, por exemplo, desloca *LM* para a direita, o que reduz a taxa de juros e expande a produção. Um aumento *permanente* na oferta de

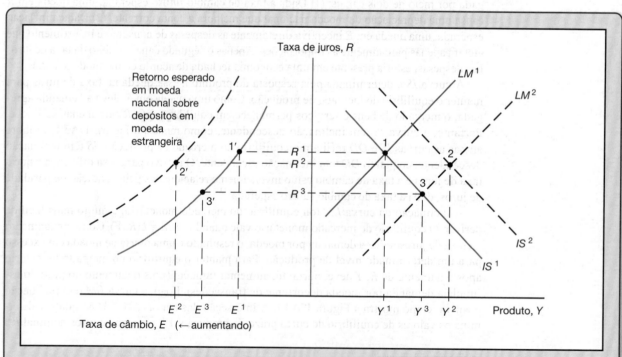

FIGURA 17A3.2
Efeitos de aumentos temporários e permanentes na oferta de moeda no modelo IS-LM.
Um aumento temporário na oferta de moeda desloca apenas a curva *LM* para a direita, mas um aumento permanente desloca ambas as curvas *IS* e *LM* nessa direção.

moeda, entretanto, desloca *LM* para a direita, mas também *IS*, pois, em uma economia aberta, essa relação depende de E^e, que aumenta. O lado direito da Figura 17A3.2 mostra esses deslocamentos. No novo equilíbrio de curto prazo após um aumento permanente na oferta de moeda (ponto 2), o produto e a taxa de juros estão mais altas do que o equilíbrio de curto prazo (ponto 3) após um aumento temporário igual. A taxa de juros nominal pode ser ainda mais alta no ponto 2 do que no ponto 1. Essa possibilidade oferece outro exemplo de como o efeito Fisher da inflação esperada do Capítulo 16 pode elevar a taxa de juros nominal após uma expansão monetária.

O lado esquerdo da Figura 17A3.2 mostra como as variações monetárias afetam a taxa de juros. É o nosso gráfico tradicional do equilíbrio no mercado de câmbio, mas refletido através do eixo vertical para que um movimento para a esquerda ao longo do eixo horizontal seja um aumento em E (uma depreciação da moeda nacional). A taxa de juros R_2 após um aumento permanente na oferta de moeda implica um equilíbrio do mercado de câmbio no ponto 2, pois a elevação correspondente em E^e desloca a curva que mede o retorno esperado em moeda nacional sobre depósitos estrangeiros. A curva não se desloca se o aumento da oferta de moeda é temporário, de modo que a taxa de juros de equilíbrio R_3 resultante nesse caso leva a um equilíbrio cambial no ponto 3.

A política fiscal é analisada na Figura 17A3.3, que pressupõe um ponto de partida de equilíbrio de longo prazo. Um aumento temporário nas despesas de governo, por exemplo, desloca IS_1 para a direita, mas não afeta *LM*. O novo equilíbrio de curto prazo no ponto 2 mostra um aumento no produto e na taxa de juros nominal, enquanto o equilíbrio do mercado de câmbio no ponto 2 indica uma apreciação temporária da moeda. Um aumento permanente nas despesas de governo causa uma queda na taxa de câmbio de equilíbrio de longo prazo e, logo, uma queda em E^e. Portanto, a curva *IS* não se desloca tanto quanto no caso de uma política temporária. Na verdade, ela não se desloca em nada: assim como no modelo

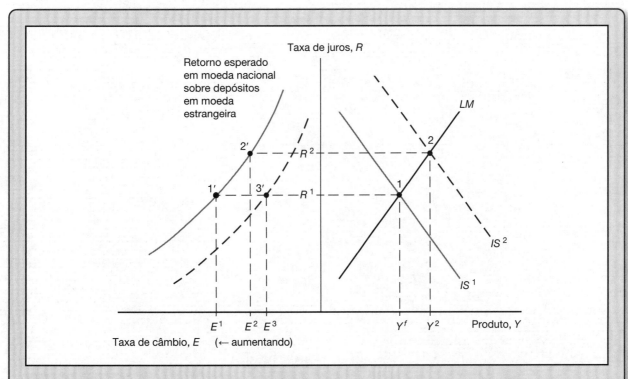

FIGURA 17A3.3
Efeitos de expansões fiscais permanentes e temporárias no modelo *IS-LM*.
A expansão fiscal temporária tem um efeito positivo na produção, mas a expansão fiscal permanente não tem efeito algum.

516 PARTE III ■ Taxas de câmbio e macroeconomia da economia aberta

DD-AA, uma expansão fiscal permanente não afeta o produto ou a taxa de juros nacional. O motivo pelo qual medidas fiscais permanentes são mais fracas do que as transitórias pode ser observado no lado esquerdo da figura (ponto 3). A mudança correspondente nas expectativas sobre a taxa de câmbio gera uma apreciação mais acentuada da moeda e, logo, por meio da resposta das exportações líquidas, um efeito de "deslocamento" (*crowding out*) na demanda agregada.[24]

---

[24] Uma diferença entre o modelo *IS-LM* e o modelo *DD-AA* é que, no primeiro, a expansão monetária pode causar uma deterioração da conta corrente (mesmo na ausência de efeitos da curva J) ao reduzir a taxa de juros real e, logo, incentivar as despesas domésticas. Deixamos para o aluno interessado a missão de derivar a versão *IS-LM* da curva *XX* discutida no Capítulo 17.

CAPÍTULO 18

Taxas de câmbio fixas e intervenção cambial

Nos capítulos anteriores, desenvolvemos um modelo que nos ajuda a compreender como a taxa de câmbio e a renda nacional de um país são determinadas pela interação dos mercados de ativos e de bens de serviço. Usando esse modelo, vimos como as políticas fiscais e monetárias podem ser usadas para manter o pleno emprego e um nível de preços estável.

Para simplificar a discussão, supomos que as taxas de câmbio são *completamente* flexíveis, ou seja, que as autoridades monetárias nacionais não negociam no mercado de câmbio para influenciar as taxas de câmbio. No entanto, na realidade, o pressuposto da flexibilidade completa da taxa de câmbio nem sempre é exato. Como mencionado anteriormente, a economia mundial operou sob um sistema de taxas de câmbio de dólar *fixas* entre o final da Segunda Guerra Mundial e 1973, com bancos centrais negociando rotineiramente moedas estrangeiras para manter suas taxas de câmbio nos níveis acordados internacionalmente. Os países industrializados agora operam sob um sistema híbrido de **taxas de câmbio flutuantes administradas** – um sistema em que os governos podem tentar moderar os movimentos da taxa de câmbio sem manter taxas de câmbio rigidamente fixas. Diversos países em desenvolvimento têm mantido alguma forma de fixação da taxa de câmbio pelo governo, por razões que discutiremos no Capítulo 22.

Neste capítulo, estudaremos como os bancos centrais intervêm no mercado de câmbio para fixar taxas de câmbio e como as políticas macroeconômicas funcionam quando as taxas de câmbio são fixas. O capítulo vai nos ajudar a compreender o papel da intervenção do banco central no câmbio na determinação das taxas de câmbio sob um regime de flutuação administrada.

518 PARTE III ■ Taxas de câmbio e macroeconomia da economia aberta

OBJETIVOS DE APRENDIZAGEM

Após a leitura deste capítulo, você será capaz de:

- Entender como um banco central deve gerenciar a política monetária a fim de fixar o valor da sua moeda no mercado de câmbio.
- Descrever e analisar a relação entre as reservas de divisas do banco central, suas compras e vendas no mercado de câmbio e a oferta de moeda.
- Explicar como as políticas monetária, fiscal e esterilizada afetam a economia sob uma taxa de câmbio fixa.
- Discutir as causas e efeitos das crises do balanço de pagamentos.
- Descrever como funcionam os sistemas multilaterais alternativos para atrelar as taxas de câmbio.

Por que estudar as taxas de câmbio fixas?

Uma discussão sobre taxas de câmbio fixas pode parecer desatualizada em uma época em que as manchetes dos jornais regularmente destacam as mudanças bruscas nas taxas de câmbio das principais moedas dos países industrializados. Contudo, existem quatro razões pelas quais devemos entender as taxas de câmbio fixas antes de analisarmos os problemas da política macroeconômica contemporânea:

1. *Flutuação administrada.* Como observado anteriormente, os bancos centrais podem intervir nos mercados de moeda para influenciar as taxas de câmbio. Então, embora as taxas de câmbio do dólar das moedas dos países industrializados não sejam fixadas pelos governos atualmente, tampouco são deixadas flutuar sempre à vontade. O sistema de flutuação parcial das taxas de câmbio do dólar também é chamado de *flutuação suja*, para distingui-lo de uma flutuação limpa, em que os governos não fazem nenhuma tentativa direta de influenciar os valores da moeda estrangeira. (O modelo da taxa de câmbio desenvolvido nos capítulos anteriores pressupunha uma taxa de câmbio flutuante limpa ou completamente flexível).[1] Como o atual sistema monetário é um híbrido entre os sistemas "puros" de taxa fixa e flutuante, entender as taxas de câmbio fixas nos ajuda a compreender os efeitos da intervenção cambial quando ocorre sob taxas flutuantes.

2. *Regime de moeda regional.* Alguns países pertencem a *uniões cambiais*, organizações cujos membros concordam em fixar suas taxas de câmbio mútuas ao mesmo tempo em que permitem que o valor de suas moedas flutue em relação às moedas dos países não membros. Atualmente, por exemplo, a Dinamarca atrela o valor da sua moeda ao euro, no âmbito do *Mecanismo de Taxas de Câmbio* da União Europeia.

3. *Países em desenvolvimento.* Embora os países industriais em geral permitam que suas moedas flutuem em relação ao dólar, essas economias são responsáveis por menos de um sexto dos países do mundo. Vários países em desenvolvimento tentam atrelar ou gerenciar os valores de suas moedas, muitas vezes em termos de dólar, mas às vezes em termos de uma moeda não dólar ou alguma "cesta" de moedas escolhidas pelas autoridades. O Marrocos atrela sua moeda a uma cesta, por exemplo, enquanto Barbados atrela sua moeda ao dólar americano, e o Senegal, ao euro. Nenhuma análise dos problemas

---

[1] É discutível se uma flutuação verdadeiramente limpa já existiu na realidade. A maioria das políticas governamentais afeta a taxa de câmbio, e os governos raramente empreendem políticas sem considerar as consequências destas para as taxas de câmbio.

CAPÍTULO 18 ■ Taxas de câmbio fixas e intervenção cambial **519**

dos países em desenvolvimento chegaria muito longe sem levar em consideração as consequências das taxas de câmbio fixas.[2]

4. *Lições do passado para o futuro.* As taxas de câmbio fixas foram a norma em muitos períodos, como nas décadas antes da Primeira Guerra Mundial, entre os anos de 1920 e 1931 e outra vez entre 1945 e 1973. Hoje, os economistas e políticos insatisfeitos com as taxas de câmbio flutuantes às vezes propõem novos acordos internacionais que ressuscitariam uma forma do sistema de taxas fixas. Tais planos beneficiariam a economia mundial? Quem iria ganhar ou perder? Para comparar os méritos das taxas de câmbio fixas e flutuantes, devemos entender o funcionamento das taxas fixas.

Intervenção do banco central e a oferta de moeda

No Capítulo 15, definimos a oferta de moeda de uma economia como a quantidade total de moeda e depósitos bancários mantidos por pessoas físicas e jurídicas e pressupomos que o banco central tenha determinado a quantidade de moeda em circulação. Para entender os efeitos da intervenção do banco central no mercado de câmbio, antes precisamos analisar como as transações financeiras do banco central afetam a oferta de moeda.[3]

O balanço do banco central e a oferta de moeda

A principal ferramenta que usamos no estudo de transações de banco central nos mercados de ativos é o **balanço do banco central**, que registra os ativos detidos pelo banco central e seu passivo. Como qualquer outro balanço patrimonial, o do banco central é organizado de acordo com os princípios da contabilidade das partidas dobradas. Qualquer aquisição de um ativo pelo banco central resulta em uma mudança positiva no lado dos ativos do balanço, enquanto qualquer aumento no passivo do banco resulta em uma mudança positiva no lado do passivo do balanço.

---

[2]O Fundo Monetário Internacional (FMI), uma agência internacional que discutiremos no Capítulo 19, publica uma classificação útil dos regimes de taxa de câmbio de seus países-membros. Os regimes no final de abril de 2018 encontram-se na sua publicação, o *Annual Report on Exchange Arrangements and Exchange Restrictions 2018*, disponível em: <https://www.elibrary-areaer.imf.org/Documents/YearlyReport/AREAER_2018.pdf>. (O FMI chama esses regimes de taxa de câmbio "de fato", porque são baseados no que os países realmente fazem, não no que dizem que fazem.) Em abril de 2018, 66 países, incluindo a maioria dos principais países industrializados e os 19 países que então usavam o euro, tinham moedas "flutuantes" ou "livremente flutuantes". (O euro em si flutua independentemente do dólar e outras moedas importantes, como discutiremos no Capítulo 21.) Treze países não tinham suas próprias moedas (incluindo o Equador, Panamá e Zimbábue). Quarenta e três usavam "câmbio fixo convencional" (*conventional pegs*), do tipo que estudaremos neste capítulo, enquanto 11 outros tinham "conselhos monetários" (um tipo especial de regime de taxa de câmbio fixa ao qual a análise do presente capítulo em grande parte se aplica). Entre os regimes de câmbio fixo convencional havia muitos países mais pobres, mas também a Arábia Saudita, rica em petróleo, e a Dinamarca, membro da União Europeia. Mais 27 países, incluindo Egito, Macedônia e Vietnã, tinham "regimes de estabilização cambial" em que as autoridades fixam as taxas de câmbio, mas sem qualquer compromisso formal para fazê-lo. Um país (Tonga) permitia que a sua taxa de câmbio se movesse dentro de faixas horizontais; 18 outros tinham "*crawling pegs*", em que a taxa de câmbio é forçada a seguir um caminho predeterminado, ou "regimes *crawl-like*". (O último grupo inclui a China.) Por fim, 13 países (incluindo Síria, Camboja e Nigéria) tinham "outros regimes administrados". Como você pode ver, há uma enorme gama de sistemas de taxa de câmbio diferentes, e o caso das taxas de câmbio fixas continua a ser muito importante.

[3]Como salientamos no Capítulo 13, as agências governamentais, exceto bancos centrais, podem intervir no mercado de câmbio, mas suas operações de intervenção, ao contrário das dos bancos centrais, não têm nenhum efeito significativo nas ofertas de moeda nacionais. (Na terminologia introduzida nas próximas páginas, as intervenções por agências que não sejam os bancos centrais são automaticamente esterilizadas.) Para simplificar a discussão, continuamos a supor, quando o pressuposto não for enganoso, que apenas os bancos centrais realizam intervenções cambiais.

520 PARTE III ■ Taxas de câmbio e macroeconomia da economia aberta

Um balanço do banco central do país imaginário de Pecúnia é mostrado a seguir.

Balanço do banco central

Ativos		Passivos	
Ativos externos	$ 1.000	Depósitos mantidos por bancos privados	$ 500
Ativos internos	$ 1.500	Moeda em circulação	$ 2.000

No ativo do balanço do Banco de Pecúnia são citados dois tipos, *ativos externos* e *ativos internos*. Os ativos externos consistem principalmente em títulos de moeda estrangeira detidos pelo banco central. Eles compõem as reservas internacionais oficiais do banco central e seu nível varia quando o banco central intervém no mercado de câmbio com compras ou vendas de moeda estrangeira. Por razões históricas, discutidas mais adiante neste capítulo, as reservas internacionais do banco central também incluem qualquer quantidade de ouro que ele possuir. A característica definidora das reservas internacionais é que elas são créditos sobre estrangeiros ou um meio universalmente aceito de pagamentos internacionais (p. ex., ouro). No presente exemplo, o banco central possui US$ 1.000 em ativos externos.

Os ativos internos são propriedades do banco central dos créditos de pagamentos futuros por seus próprios cidadãos e instituições nacionais. Esses créditos geralmente assumem a forma de títulos do governo nacional e de empréstimos para bancos privados nacionais. O Banco de Pecúnia possui US$ 1.500 em ativos internos. Seus ativos totais, portanto, resultam em US$ 2.500, a soma dos ativos externos e internos.

Na lista de passivos do balanço constam os depósitos dos bancos privados e a moeda em circulação, tanto em notas como em moedas. (Famílias e empresas não bancárias em geral não podem depositar dinheiro no banco central, ao passo que os depósitos no banco central geralmente servem como lastro parcial dos passivos dos próprios bancos.) Depósitos bancários privados são passivos do banco central, porque o dinheiro pode ser retirado sempre que os bancos privados precisarem. A moeda em circulação é considerada um passivo do banco central, em parte por razões históricas: houve uma época em que os bancos centrais eram obrigados a dar certa quantidade de ouro ou prata para qualquer pessoa que pretendesse trocar moeda nacional por um desses metais preciosos. O balanço patrimonial anterior mostra que os bancos privados de Pecúnia depositaram US$ 500 no banco central. A moeda em circulação é igual a US$ 2.000, então o total do passivo do banco central equivale a US$ 2.500.

O ativo total do banco central é igual a seu passivo total, mais seu patrimônio líquido, que supomos no exemplo presente ser zero. Como as mudanças no patrimônio líquido do banco central não são importantes para nossa análise, vamos ignorá-las.[4]

A suposição adicional de que o patrimônio líquido é constante significa que as mudanças nos ativos do banco central que consideraremos causam *automaticamente* alterações iguais no passivo. Quando o banco central adquire um ativo, por exemplo, ele pode pagar por ele de duas maneiras. Um pagamento em dinheiro aumenta a oferta de moeda em circulação pela quantia da compra de ativos do banco. Um pagamento por cheque promete ao proprietário um depósito do banco central igual em valor ao preço do ativo. Quando o destinatário do cheque deposita na sua conta em um banco privado, os créditos do banco privado no banco central (e, portanto, os passivos do banco central para os bancos privados) aumentam na mesma quantia. Em ambos os casos, a compra de ativos pelo banco central provoca

---

[4]Existem várias maneiras pelas quais o patrimônio líquido de um banco central (também chamado de *capital* do banco central) pode mudar. Por exemplo, o governo pode permitir que seu banco central mantenha uma fração dos ganhos de juros em seus ativos, e esse fluxo de juros aumentaria o patrimônio líquido do banco se reinvestido. Tais mudanças no patrimônio líquido tendem a ser empiricamente pequenas o bastante para que possam, em geral, ser ignoradas para fins de análise macroeconômica. No entanto, veja o problema no fim do Capítulo 19.

CAPÍTULO 18 ■ Taxas de câmbio fixas e intervenção cambial **521**

automaticamente um aumento igual no seu passivo. Da mesma forma, as vendas de ativos do banco central envolvem a retirada de moeda de circulação ou a redução dos créditos dos bancos privados no banco central e, portanto, uma queda no passivo do banco central em relação ao setor privado.

Entender o balanço do banco central é importante, porque as alterações em seus ativos causam alterações na oferta de moeda doméstica. A discussão do parágrafo anterior sobre a igualdade entre mudanças nos ativos e passivos do banco central ilustra o funcionamento do mecanismo.

Quando o banco central compra um ativo do público, por exemplo, seu pagamento – seja dinheiro ou cheque – entra diretamente na oferta de moeda. O aumento no passivo do banco central associado com a compra de ativos, portanto, faz com que a oferta de moeda se expanda. A oferta de moeda diminui quando o banco central vende um ativo ao público, porque o dinheiro ou o cheque que recebe em pagamento sai de circulação, reduzindo o passivo do banco central para o público. Alterações no nível das participações de ativos do banco central fazem com que a oferta de moeda mude na mesma direção, porque exigem mudanças iguais no passivo do banco central.

O processo que descrevemos pode ser familiar para você a partir do estudo de operações de mercado aberto do banco central em cursos anteriores. Por definição, as operações de mercado aberto envolvem compra ou venda de ativos internos, mas as transações oficiais em ativos estrangeiros têm o mesmo efeito direto sobre a oferta de moeda. Você também vai lembrar que quando o banco central compra ativos, por exemplo, o aumento consequente da oferta de moeda é geralmente *maior* do que a compra de ativos inicial, por causa da criação de depósitos múltiplos dentro do sistema bancário privado. Este efeito *multiplicador monetário*, que aumenta o impacto das operações do banco central sobre a oferta de moeda, reforça nossa principal conclusão: *qualquer compra de ativos pelo banco central automaticamente resulta em um aumento da oferta de moeda doméstica, enquanto qualquer venda de ativos pelo banco central, automaticamente, faz com que a oferta de moeda caia.*[5]

Intervenção cambial e a oferta de moeda

Para ver mais detalhadamente como a intervenção cambial afeta a oferta de moeda, vamos examinar um exemplo. Suponha que o Banco de Pecúnia vai para o mercado de câmbio e vende US$ 100 de títulos estrangeiros em troca de moeda pecuniana. A venda reduz as participações oficiais de ativos externos de US$ 1.000 para US$ 900, fazendo o ativo do balanço do banco central encolher de US$ 2.500 para US$ 2.400.

O pagamento que o Banco de Pecúnia recebe por esses ativos externos automaticamente reduz também seu passivo em US$ 100. Se o Banco de Pecúnia for pago com moeda nacional, a moeda vai para seu cofre e sai de circulação. A moeda em circulação, portanto, cai US$ 100. (O Problema 15 no final do capítulo considera o efeito idêntico na oferta de moeda do pagamento com cheque.) Como resultado da venda de ativos estrangeiros, o balanço do banco central muda da seguinte forma:

Balanço do banco central após a venda de US$ 100 de ativos estrangeiros (comprador paga em dinheiro)

Ativos		Passivos	
Ativos externos	$ 900	Depósitos mantidos por bancos privados	$ 500
Ativos internos	$ 1.500	Moeda em circulação	$ 1.900

---

[5]Para uma descrição detalhada da criação de depósitos múltiplos e o multiplicador monetário, consulte Frederic S. Mishkin. *The Economics of Money, Banking, and Financial Markets*, 12ª ed., Capítulo 14. Nova York: Pearson, 2018.

522 PARTE III ■ Taxas de câmbio e macroeconomia da economia aberta

Após a venda, os ativos ainda serão iguais aos passivos, mas ambos terão uma redução de US$ 100, igual ao montante de moeda que o Banco de Pecúnia retirou de circulação mediante sua intervenção no mercado de câmbio. A mudança no balanço do banco central implica um declínio na oferta de moeda pecuniana.

Uma *compra* de US$ 100 de ativos estrangeiros pelo Banco de Pecúnia faria seu passivo aumentar US$ 100. Se o banco central pagar sua compra em dinheiro, a moeda em circulação aumentará US$ 100. Se pagar com um cheque dos próprios fundos, os depósitos de banco privado para o Banco de Pecúnia por fim aumentariam US$ 100. Em ambos os casos, haveria um aumento da oferta de moeda doméstica.

Esterilização

Os bancos centrais às vezes realizam transações de ativos estrangeiros e nacionais iguais em direções opostas para anular o impacto de suas operações de câmbio na oferta de moeda doméstica. Este tipo de política é chamado de **intervenção cambial esterilizada**. Para entender como a intervenção cambial esterilizada funciona, vamos analisar o exemplo a seguir.

Suponha que mais uma vez o Banco de Pecúnia venda US$ 100 de seus ativos estrangeiros e receba como pagamento um cheque de US$ 100 do banco privado Pecuniacorp. Essa transação faz os ativos externos do banco central e seus passivos diminuírem simultaneamente US$ 100, e, portanto, há uma queda na oferta de moeda doméstica. Se o banco central pretende anular o efeito da sua venda de ativos estrangeiros sobre a oferta de moeda, pode *comprar* US$ 100 de ativos domésticos, como títulos do governo. Essa segunda ação aumenta os ativos internos do Banco de Pecúnia *e* seus passivos em US$ 100 e, portanto, cancela o efeito da oferta de moeda da venda de US$ 100 em ativos estrangeiros. Se o banco central compra os títulos do governo com um cheque, por exemplo, as duas transações (uma venda de US$ 100 de ativos estrangeiros e a compra de US$ 100 de ativos internos) têm o seguinte efeito líquido no seu balanço.

Balanço do banco central após a venda esterilizada de US$ 100 de ativos estrangeiros

Ativos		Passivos	
Ativos externos	$ 900	Depósitos mantidos por bancos privados	$ 500
Ativos internos	$ 1.600	Moeda em circulação	$ 2.000

Balanço do banco central antes da venda esterilizada de US$ 100 de ativos estrangeiros

Ativos		Passivos	
Ativos externos	$ 1.000	Depósitos mantidos por bancos privados	$ 500
Ativos internos	$ 1.500	Moeda em circulação	$ 2.000

A diminuição de US$ 100 de ativos estrangeiros do banco central é combinada com um aumento de US$ 100 nos ativos internos, e o lado do passivo do balanço não muda. A venda esterilizada de divisas, portanto, não tem efeito sobre a oferta de moeda.

A Tabela 18.1 resume e compara os efeitos das intervenções cambiais esterilizadas e não esterilizadas.

O balanço de pagamentos e a oferta de moeda

Em nossa discussão sobre a contabilidade do balanço de pagamentos no Capítulo 13, definimos o balanço de pagamentos de um país (ou balanço de compensações oficial) como as compras líquidas de ativos estrangeiros pelo banco central doméstico menos as compras líquidas de ativos domésticos por bancos centrais estrangeiros. Vendo de forma diferente, o balanço de pagamentos é igual aos saldos de conta corrente mais conta capital *menos* o

CAPÍTULO 18 ■ Taxas de câmbio fixas e intervenção cambial **523**

TABELA 18.1	Efeitos de uma intervenção cambial de US$ 100: resumo		
Ação doméstica do banco central	Efeito sobre a oferta de moeda doméstica	Efeito sobre ativos internos do banco central	Efeito sobre ativos externos do banco central
Compra de câmbio não esterilizada	+$ 100	0	+$ 100
Compra de câmbio esterilizada	0	–$ 100	+$ 100
Venda de moeda não esterilizada	–$ 100	0	–$ 100
Venda de moeda esterilizada	0	+$ 100	–$ 100

componente não reserva do saldo da conta financeira, isto é, a diferença de pagamentos internacionais que os bancos centrais devem financiar por meio de suas transações de reserva. Um déficit do balanço de pagamentos domésticos, por exemplo, significa que passivos de reserva líquida do país estão aumentando: alguma combinação de vendas de reservas pelo banco central doméstico e compras de reservas pelos bancos centrais estrangeiros está cobrindo uma conta corrente doméstica mais o déficit em conta capital não correspondido totalmente pelas vendas líquidas privadas de bens de estrangeiros, ou um superávit da conta corrente doméstica que fica aquém das compras privadas líquidas dos créditos financeiros sobre os estrangeiros.

O que aprendemos nesta seção ilustra a importante ligação entre o balanço de pagamentos e o crescimento da oferta de moeda nacional e estrangeira. *Se os bancos centrais não estão esterilizando e o país de origem tem um superávit do balanço de pagamentos, por exemplo, qualquer aumento associado de ativos estrangeiros do banco central doméstico implica uma maior oferta de moeda doméstica. Da mesma forma, qualquer diminuição associada de créditos de um banco central estrangeiro no país de origem implica uma diminuição da oferta de moeda estrangeira.*

No entanto, o quanto uma disparidade medida do balanço de pagamentos afetará as ofertas de moeda nacionais e estrangeiras é bastante incerto na prática. Por um lado, temos de saber como o ônus do ajustamento do balanço de pagamentos é dividido entre os bancos centrais, ou seja, quanto a diferença de pagamentos é financiada mediante intervenção oficial doméstica e quanto por estrangeiros. Essa divisão depende de vários fatores, como os objetivos macroeconômicos dos bancos centrais e os arranjos institucionais que regulam a intervenção (discutidos mais adiante neste capítulo). Segundo, os bancos centrais podem estar esterilizando para agir contra os efeitos monetários das alterações das reservas. Por fim, como observamos no final do Capítulo 13, algumas operações do banco central ajudam indiretamente a financiar o déficit do balanço de pagamentos do país estrangeiro, mas não aparecem nos números do balanço de pagamentos publicados por esse último. Tais operações podem ainda assim afetar o passivo monetário do banco que as realiza.

Como o banco central fixa a taxa de câmbio

Tendo visto como as operações cambiais do banco central afetam a oferta de moeda, podemos analisar agora como um banco central fixa a taxa de câmbio da moeda nacional mediante intervenção cambial.

Para manter a taxa de câmbio constante, um banco central deve estar sempre disposto a trocar moedas à taxa de câmbio fixa com os atores privados no mercado de câmbio. Por exemplo, para fixar a taxa do dólar/iene em ¥ 120 por dólar, o Banco do Japão deve estar

524 PARTE III ■ Taxas de câmbio e macroeconomia da economia aberta

disposto a comprar ienes com suas reservas de dólares, e em qualquer quantidade que o mercado desejar, a uma taxa de ¥ 120 por dólar. O banco também deve se dispor a comprar qualquer quantidade de ativos de dólar que o mercado queira vender por iene naquela taxa de câmbio. Se o Banco do Japão não intervisse no mercado de modo a remover tais ofertas ou demandas em excesso por iene, a taxa de câmbio teria que mudar para restabelecer o equilíbrio.

O banco central pode ter sucesso em manter a taxa de câmbio fixa somente se suas transações financeiras assegurarem que os mercados de ativos permaneçam em equilíbrio quando a taxa de câmbio estiver em seu nível fixo. O processo pelo qual o equilíbrio do mercado de ativos é mantido é ilustrado pelo modelo de equilíbrio simultâneo do mercado monetário e de câmbio usado nos capítulos anteriores.

Equilíbrio do mercado de câmbio sob uma taxa de câmbio fixa

Para começar, consideramos como o equilíbrio no mercado de câmbio pode ser mantido quando o banco central fixa a taxa de câmbio permanentemente no nível E^0. O mercado de câmbio está em equilíbrio quando a condição de paridade de juros se mantém, ou seja, quando a taxa de juros doméstica, R, é igual a taxa de juros externa, R^*, mais $(E^e - E)/E$, a taxa de depreciação esperada da moeda doméstica contra a moeda estrangeira. No entanto, quando a taxa de câmbio é fixada em E^0 e os participantes do mercado esperam que ela permaneça fixa, a taxa de depreciação da moeda nacional esperada é *zero*. A condição de paridade de juros implica, portanto, que E^0 é a taxa de câmbio de equilíbrio de hoje apenas se

$$R = R^*.$$

Como nenhuma mudança de taxa de câmbio é esperada pelos participantes no mercado de câmbio, eles se contentam em manter as ofertas disponíveis de depósitos de moeda nacional e estrangeira apenas se oferecerem a mesma taxa de juros.[6]

Para garantir o equilíbrio no mercado de câmbio quando a taxa de câmbio é fixada permanentemente em E^0, o banco central deve, portanto, manter R igual a R^*. Como a taxa de juros doméstica é determinada pela interação entre a demanda por moeda real e a oferta de moeda real, devemos olhar o mercado monetário para completar nossa análise da taxa de câmbio fixa.

Equilíbrio do mercado monetário sob uma taxa de câmbio fixa

Para manter a taxa de juros doméstica em R^*, a intervenção de câmbio do banco central deve ajustar a oferta de moeda para que R^* iguale a demanda agregada por moeda real doméstica à oferta de moeda real:

$$M^s/P = L(R^*, Y).$$

Dados P e Y, a condição de equilíbrio mencionada diz qual deve ser a oferta de moeda, se uma taxa de câmbio permanentemente fixa tiver que ser consistente com o equilíbrio de mercado de ativos a uma taxa de juros externa R^*.

Quando o banco central intervém para manter a taxa de câmbio fixa, ele deve ajustar a oferta de moeda doméstica *automaticamente* para que o equilíbrio do mercado monetário

---

[6]Mesmo quando uma taxa de câmbio está fixada em algum nível, os participantes do mercado podem esperar que o banco central a altere. Em tais situações, a taxa de juros doméstica deve ser igual à taxa de juros externa mais a taxa de depreciação esperada da moeda doméstica (como sempre) para o mercado de câmbio ficar em equilíbrio. Examinamos esse tipo de situação posteriormente neste capítulo, mas, por ora, suporemos que ninguém espera que o banco central altere a taxa de câmbio.

CAPÍTULO 18 ■ Taxas de câmbio fixas e intervenção cambial **525**

seja mantido com $R = R^*$. Tomemos um exemplo para ver como funciona esse processo. Suponha que o banco central tenha fixado E no nível E^0 e os mercados de ativos inicialmente estejam em equilíbrio. De repente o produto aumenta. Uma condição necessária para manter a taxa de câmbio fixa permanentemente em E^0 é que o banco central restabeleça o equilíbrio do mercado de ativos atual nesse ritmo, *dado* que as pessoas esperam que E^0 prevaleça no futuro. Então abordamos a questão como: que medidas monetárias mantêm a taxa de câmbio atual constante, dadas as expectativas inalteradas sobre a taxa de câmbio futura?

Um aumento do nível de produto eleva a demanda por moeda doméstica, e esse aumento na demanda por moeda normalmente forçaria a taxa de juros doméstica para cima. Para evitar que a apreciação da moeda doméstica ocorra (dado que as pessoas esperam uma taxa de câmbio E^0 no futuro), o banco central deve intervir no mercado de câmbio por meio da compra de ativos estrangeiros. Essa compra de ativos estrangeiros elimina o excesso de demanda por moeda doméstica, porque o banco central emite dinheiro para pagar os bens estrangeiros que compra. O banco automaticamente aumenta a oferta de moeda dessa forma até que os mercados de ativos voltem ao equilíbrio com $E = E^0$ e $R = R^*$.

Se o banco central não compra ativos externos quando o produto aumenta, mas, em vez disso, mantém constante o estoque de moeda, ele ainda pode manter a taxa de câmbio fixa em E^0? A resposta é não. Se o banco central não atendesse a demanda por moeda em excesso causada por um aumento no produto, a taxa de juros doméstica começaria a subir acima da taxa externa, R^*, para equilibrar o mercado monetário doméstico. Operadores de câmbio, percebendo que os depósitos de moeda nacional estavam oferecendo uma maior taxa de retorno (tendo em conta as expectativas), começariam a dar lances que aumentariam o preço da moeda nacional em termos de moeda estrangeira. Na ausência de intervenção do banco central, a taxa de câmbio assim cairia abaixo de E^0. Para evitar essa apreciação, o banco central deve vender moeda doméstica e comprar ativos externos, aumentando assim a oferta de moeda e impedindo que qualquer demanda por moeda em excesso empurre a taxa de juros doméstica para cima de R^*.

Uma análise diagramática

Esse mecanismo de fixação da taxa de câmbio pode ser retratado usando uma ferramenta diagramática desenvolvida anteriormente. A Figura 18.1 mostra o equilíbrio simultâneo dos mercados de câmbio e monetário interno quando a taxa de câmbio é fixada em E^0 e espera-se que permaneça fixa em E^0 no futuro.

O equilíbrio do mercado monetário situa-se inicialmente no ponto 1, na parte inferior da figura. O diagrama mostra que, para um determinado nível de preços, P, e um determinado rendimento nacional, Y^1, a oferta de moeda deve ser igual a M^1 quando a taxa de juros doméstica for igual à taxa externa, R^*. A parte superior da figura mostra o equilíbrio do mercado de câmbio no ponto 1'. Se a taxa de câmbio futura esperada for E^0, a condição de paridade de juros se mantém quando $R = R^*$ somente se a taxa de câmbio atual também for igual a E^0.

Para entender como o banco central deve reagir a mudanças macroeconômicas para segurar a taxa de câmbio permanentemente em E^0, vejamos novamente o exemplo de um aumento na renda. Um aumento na renda (de Y^1 para Y^2) eleva a demanda encaixes reais de moeda a cada taxa de juros, assim deslocando para baixo a função de demanda agregada por moeda na Figura 18.1. Conforme observado, uma condição necessária para manter a taxa fixa é restabelecer o equilíbrio de mercado de ativos *atual*, dado que E^0 ainda é a taxa de câmbio futura esperada. Então podemos supor que a curva inclinada para baixo no painel superior da figura não se altera.

Se o banco central não tomasse nenhuma atitude, o novo equilíbrio do mercado monetário seria no ponto 3. Como a taxa de juros doméstica está acima de R^* no ponto 3, a moeda teria de apreciar para trazer o mercado de câmbio ao equilíbrio no ponto 3'.

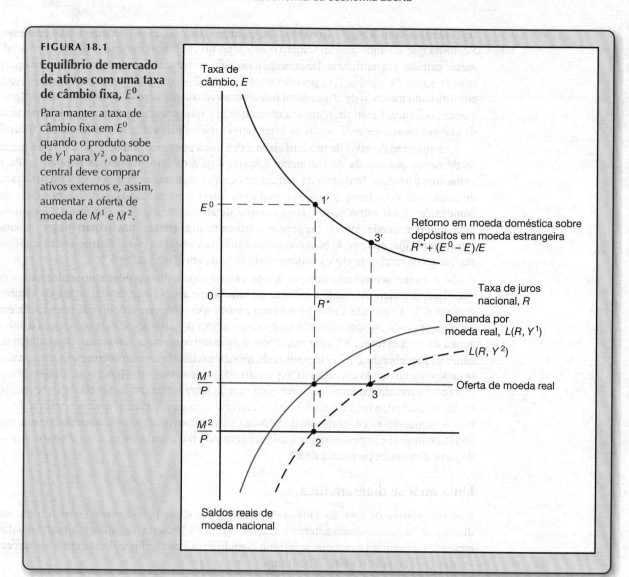

FIGURA 18.1
Equilíbrio de mercado de ativos com uma taxa de câmbio fixa, E^0.
Para manter a taxa de câmbio fixa em E^0 quando o produto sobe de Y^1 para Y^2, o banco central deve comprar ativos externos e, assim, aumentar a oferta de moeda de M^1 e M^2.

O banco central não pode permitir que essa apreciação da moeda doméstica ocorra se estiver fixando a taxa de câmbio, então irá comprar ativos externos. Como já vimos, o aumento de ativos externos do banco central é acompanhado de uma expansão da oferta de moeda doméstica. O banco central vai continuar a comprar ativos externos até a oferta de moeda doméstica expandir para M^2. No equilíbrio de mercado monetário resultante (ponto 2 na figura), a taxa de juros doméstica novamente é igual a R^*. Dada essa taxa de juros doméstica, o equilíbrio do mercado de câmbio permanece no ponto 1, com a taxa de câmbio de equilíbrio ainda igual a E^0.

Políticas de estabilização com uma taxa de câmbio fixa

Tendo visto como o banco central usa a intervenção cambial para fixar a taxa de câmbio, podemos agora analisar os efeitos de diversas políticas macroeconômicas. Nesta seção, podemos considerar três condições possíveis: política monetária, política fiscal e uma mudança brusca no nível da taxa de câmbio fixa, E^0.

CAPÍTULO 18 ■ Taxas de câmbio fixas e intervenção cambial   527

As políticas de estabilização que estudamos no Capítulo 17 têm efeitos surpreendentemente diferentes quando o banco central fixa a taxa de câmbio em vez de permitir ao mercado de câmbio determiná-la. Ao fixar a taxa de câmbio, o banco central abre mão de sua capacidade de influenciar a economia pela política monetária. A política fiscal, no entanto, torna-se uma ferramenta mais potente para afetar o produto e o emprego.

Assim como no Capítulo 17, usamos o modelo DD-AA para descrever o equilíbrio de curto prazo da economia. Lembre-se de que o esquema DD mostra combinações de taxa de câmbio e produto para as quais o mercado de bens e serviços está em equilíbrio; a relação AA mostra combinações de taxa de câmbio e produto para as quais os mercados de ativos estão em equilíbrio; e o equilíbrio de curto prazo da economia como um todo é a interseção entre DD e AA. Para aplicar o modelo no caso de uma taxa de câmbio permanentemente fixa, acrescentamos a suposição de que a taxa de câmbio futura esperada é igual à taxa na qual o banco central está atrelando sua moeda.

Política monetária

A Figura 18.2 mostra o equilíbrio de curto prazo da economia como ponto 1, quando o banco central fixa a taxa de câmbio no nível E^0. O produto é igual a Y^1 no ponto 1 e, como na última seção, a oferta de moeda é o nível onde uma taxa de juros interna igual à taxa estrangeira (R^*) coloca o mercado monetário em equilíbrio. Agora, vamos supor que, na esperança de aumentar a produção, o banco central tente aumentar a oferta de moeda por meio de uma compra de ativos internos.

Sob uma taxa de câmbio flutuante, o aumento de ativos internos do banco central empurraria a curva de equilíbrio original de mercado ativo AA^1 à direita para AA^2 e, portanto, resultaria em novo equilíbrio no ponto 2 e em depreciação da moeda. Para evitar essa depreciação e manter a taxa em E^0, o banco central troca ativos externos por moeda doméstico no mercado de câmbio. A moeda que o banco recebe sai de circulação, e a curva de equilíbrio

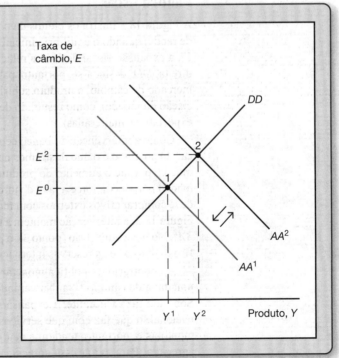

FIGURA 18.2
A expansão monetária é ineficaz sob uma taxa de câmbio fixa.
O equilíbrio inicial é indicado no ponto 1, onde os mercados de ativos e de bens e serviços entram simultaneamente em equilíbrio a uma taxa de câmbio fixa de E^0 e um nível de produto de Y^1. Na esperança de aumentar o produto para Y^2, o banco central decide aumentar a oferta de moeda comprando ativos internos e mudando de AA^1 para AA^2. Como o banco central deve manter E^0, contudo, tem que trocar ativos externos por moeda nacional, uma ação que diminui a oferta de moeda imediatamente e retorna AA^2 para AA^1. O equilíbrio da economia, portanto, permanece no ponto 1, com o nível de produto inalterado em Y^1.

528 PARTE III ▪ Taxas de câmbio e macroeconomia da economia aberta

do mercado de ativos se desloca de volta para a posição inicial conforme a oferta de moeda doméstica cai. Somente quando a oferta de moeda está de volta ao nível original, e, portanto, a relação do mercado de ativos é novamente AA^1, a taxa de câmbio não está mais sob pressão. Portanto, a tentativa de aumentar a oferta de moeda sob uma taxa de câmbio fixa devolve a economia ao seu equilíbrio inicial (ponto 1). *Sob uma taxa de câmbio fixa, as ferramentas de política monetária do banco central não têm como afetar a oferta de moeda da economia ou o seu nível de produto de equilíbrio.*

Esse resultado é muito diferente daquele a que chegamos no Capítulo 17, em que um banco central pode usar a política monetária para aumentar a oferta de moeda e (deixando de lado as armadilhas de liquidez) o produto quando a taxa de câmbio flutua. Então é instrutivo perguntar por que surge a diferença. Por meio da compra de ativos internos sob uma taxa flutuante, o banco central causa um excesso de oferta inicial de moeda doméstica que simultaneamente empurra a taxa de juros doméstica para baixo e enfraquece a moeda. Sob uma taxa de câmbio fixa, no entanto, o banco central vai resistir a qualquer tendência da moeda a desvalorizar com a venda de ativos externos por moeda doméstica, o que elimina a oferta de moeda em excesso inicial que sua mudança de política causou. Como qualquer aumento na oferta de moeda doméstica, por menor que seja, fará a moeda nacional deprecie, o banco central deve continuar a vender ativos externos até a oferta de moeda retornar ao nível original. No final, o aumento de ativos internos do banco central é compensado exatamente por uma *diminuição* igual nas reservas internacionais oficiais do banco. Da mesma forma, uma tentativa de diminuir a oferta de moeda pela venda de ativos internos causaria um *aumento* igual nas reservas externas que impediria a oferta de moeda de se alterar no final. Sob taxas fixas, a política monetária pode afetar a composição dos ativos do banco central, porém nada mais.

Então, ao fixar uma taxa de câmbio, o banco central perde sua capacidade de usar a política monetária para fins de estabilização macroeconômica. No entanto, a segunda ferramenta de estabilização crucial do governo, a política fiscal, é mais eficaz sob uma taxa fixa do que sob uma taxa flutuante.

Política fiscal

A Figura 18.3 ilustra os efeitos da política fiscal expansionista, como um corte no imposto de renda, quando o equilíbrio inicial da economia está no ponto 1. Como vimos no Capítulo 17, a expansão fiscal desloca a relação de equilíbrio de mercado de bens e serviços para a direita. DD^1 desloca-se, portanto, para DD^2 na figura. Se o banco central não interviesse no mercado de câmbio, o produto subiria para Y^2 e a taxa de câmbio cairia para E^2 (uma apreciação da moeda), como resultado de um aumento na taxa de juros doméstica (pressupondo expectativas inalteradas).

Como a intervenção do banco central mantém a taxa de câmbio fixa após a expansão fiscal? O processo é o que ilustramos na Figura 18.1. De início, há um excesso de demanda por moeda, porque o aumento do produto gera essa demanda. Para evitar que o excesso de demanda por moeda force a taxa de juros doméstica a subir e aprecie a moeda, o banco central deve comprar ativos externos com moeda doméstica, aumentando sua oferta. Nos termos da Figura 18.3, a intervenção mantém a taxa de câmbio em E^0 ao deslocar AA^1 para a direita até AA^2. No novo equilíbrio (ponto 3), o produto é maior do que originalmente, a taxa de câmbio fica inalterada e as reservas internacionais oficiais (e a oferta de moeda) são mais elevadas.

Ao contrário da política monetária, a política fiscal pode afetar o nível de produto sob uma taxa de câmbio fixa. Na verdade, é ainda mais eficaz do que sob uma taxa flutuante! Sob uma taxa flutuante, a expansão fiscal é acompanhada de uma apreciação da moeda nacional, o que faz com que serviços e produtos nacionais sejam mais caros nos mercados mundiais e, portanto, tendam a neutralizar o efeito positivo direto da política na demanda agregada. Para evitar essa apreciação, um banco central que está fixando a taxa de câmbio é forçado a expandir a oferta de moeda via compras de moeda estrangeira. O efeito

FIGURA 18.3
Expansão fiscal sob uma taxa de câmbio fixa.

A expansão fiscal (mostrada pela mudança de DD^1 para DD^2) e a intervenção que a acompanha (a mudança de AA^1 para AA^2) movem a economia do ponto 1 para o ponto 3.

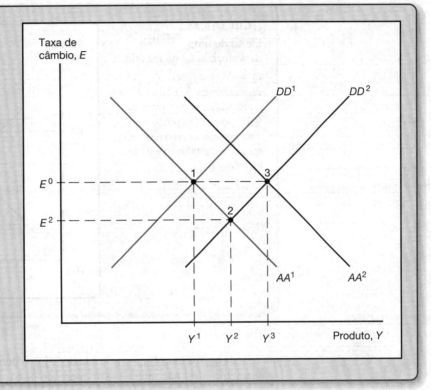

expansionista adicional desse aumento consequente na oferta de moeda explica por que a política fiscal é mais potente sob uma taxa fixa do que sob uma taxa flutuante.

Alterações na taxa de câmbio

Um país que fixa sua taxa de câmbio às vezes se decide por uma mudança brusca no valor em moeda estrangeira da moeda nacional. Isso pode acontecer, por exemplo, se o país estiver perdendo reservas cambiais rapidamente por causa de um grande déficit na conta corrente que exceda os influxos financeiros privados. Uma **desvalorização** ocorre quando o banco central eleva o preço da moeda nacional em moeda estrangeira, E, e uma **valorização** ocorre quando o banco central diminui E. Tudo o que o banco central tem de fazer para desvalorizar ou valorizar é anunciar que está disposto a negociar moeda doméstica por moeda estrangeira, em quantidades ilimitadas, à nova taxa de câmbio.[7]

A Figura 18.4 mostra como uma desvalorização afeta a economia. Um aumento no nível da taxa de câmbio fixa, de E^0 para E^1, faz os bens e serviços domésticos ficarem mais baratos em relação a mercadorias e serviços estrangeiros (dado que P e P^* sejam fixos no curto prazo). A produção, portanto, move-se para o maior nível Y^2, mostrado pelo ponto 2 na relação DD. O ponto 2, no entanto, não fica sobre a relação de equilíbrio do mercado de ativos inicial AA^1. No ponto 2, inicialmente, há um excesso de demanda por moeda doméstica devido ao aumento nas transações que acompanham o aumento do produto. Essa demanda

---

[7]Em geral, observamos uma diferença sutil entre os termos *desvalorização* e *depreciação* (e entre *valorização* e *apreciação*). Depreciação (apreciação) é um aumento em E (uma queda em E) quando a taxa de câmbio flutua, enquanto a desvalorização (valorização) é um aumento em E (uma queda em E) quando a taxa de câmbio é fixa. Depreciação (apreciação), portanto, envolve a voz ativa (como em "a moeda apreciou-se"), enquanto a desvalorização (valorização) envolve a voz passiva (como em "a moeda foi desvalorizada"). Dito de outra forma, desvalorização (valorização) reflete uma decisão consciente do governo, enquanto a depreciação (apreciação) é um resultado conjunto das ações do governo e das forças de mercado.

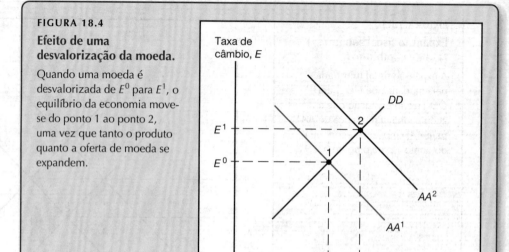

FIGURA 18.4
Efeito de uma desvalorização da moeda.
Quando uma moeda é desvalorizada de E^0 para E^1, o equilíbrio da economia move-se do ponto 1 ao ponto 2, uma vez que tanto o produto quanto a oferta de moeda se expandem.

por moeda em excesso empurraria a taxa de juros doméstica acima da taxa de juros mundial se o banco central não intervisse no mercado de câmbio. Para manter a taxa de câmbio em seu novo nível fixo, E^1, o banco central deve, portanto, comprar ativos externos e expandir a oferta de moeda até a curva do mercado de ativos atingir AA^2 e cruzar o ponto 2. A desvalorização, portanto, provoca um aumento na produção, um aumento nas reservas oficiais e uma expansão de oferta de moeda.[8]

Os efeitos da desvalorização ilustram as três razões principais por que os governos às vezes optam por desvalorizar suas moedas. Primeiro, a desvalorização permite que o governo combata o desemprego doméstico, apesar da falta de uma política monetária eficaz. Se os gastos do governo e os déficits orçamentários forem politicamente impopulares, por exemplo, ou se o processo legislativo for lento, um governo pode optar pela desvalorização, a forma mais conveniente de impulsionar a demanda agregada. Uma segunda razão para desvalorizar é a melhoria resultante na conta corrente, um fato que o governo pode acreditar que seja desejável. O terceiro motivo por trás das desvalorizações, que mencionamos no início desta subseção, é seu efeito sobre as reservas de moeda estrangeira do banco central. Se o banco central está ficando sem reservas, uma desvalorização repentina, excepcional (aquela que ninguém espera que se repita), pode ser usada para atrair mais reservas.

Ajuste da política fiscal e variações cambiais

Se as alterações fiscais e a taxa de câmbio ocorrem quando há pleno emprego e as mudanças de políticas públicas são mantidas indefinidamente, elas acabarão por fazer com que o nível de preços domésticos mova-se de tal forma que o pleno emprego seja restaurado. Para

---

[8]Depois que a moeda doméstica é desvalorizada, os participantes do mercado esperam que a nova taxa de câmbio, mais alta, em vez da taxa velha, prevaleça no futuro. A mudança de expectativas por si só desloca AA^1 para a direita, mas sem a intervenção do banco central, essa alteração por si só é insuficiente para mover AA^1 até AA^2. No ponto 2, como no ponto 1, $R = R^*$ se o mercado de câmbio se equilibrar. Entretanto, como o produto é mais elevada no ponto 2 do que no ponto 1, a demanda por moeda real também é maior no ponto anterior. Com P fixada, uma expansão da oferta de moeda, portanto, é necessária para fazer do ponto 2 uma posição de equilíbrio do mercado monetário, ou seja, um ponto sobre a nova relação AA. As compras do banco central de ativos externos são, portanto, uma parte necessária da mudança da economia para seu novo equilíbrio de taxa de câmbio fixa.

CAPÍTULO 18 ■ Taxas de câmbio fixas e intervenção cambial **531**

entender esse processo dinâmico, por sua vez, discutimos o ajuste da economia, a expansão fiscal e a desvalorização.

Se a economia estiver inicialmente no pleno emprego, a expansão fiscal gera elevação da produção, e esse aumento acima do seu nível de pleno emprego faz com que o nível de preços domésticos, P, comece a subir. Conforme P sobe, o produto doméstica torna-se mais caro, então a demanda agregada gradualmente cai, retornando o produto para o nível inicial, de pleno emprego. Uma vez que esse ponto é alcançado, a pressão ascendente sobre o nível de preços chega ao fim. Não há nenhuma apreciação real no curto prazo, como ocorre com uma taxa de câmbio flutuante, mas independentemente de a taxa de câmbio ser flutuante ou fixa, a taxa de câmbio real aprecia-se *no longo prazo* pela mesma quantidade.[9] No caso presente, a apreciação real (uma queda no EP^*/P) assume a forma de um aumento de P em vez de uma queda em E.

À primeira vista, o aumento do nível de preços de longo prazo causado por uma expansão fiscal sob taxas fixas parece inconsistente com a conclusão do Capítulo 15 de que, para um nível de produto e uma taxa de juros determinados, o nível de preços e a oferta de moeda movem-se proporcionalmente no longo prazo. Na verdade, não há nenhuma inconsistência, porque a expansão fiscal *provoca* um aumento da oferta de moeda ao forçar o banco central a intervir no mercado de câmbio. Para fixar a taxa de câmbio ao longo do processo de ajuste, o banco central deve aumentar a oferta de moeda por meio de compras de intervenção proporcionalmente ao aumento de longo prazo em P.

A adaptação de uma desvalorização é semelhante. Na verdade, como uma desvalorização não muda as condições de oferta ou de demanda em longo prazo do mercado de bens e serviços, o aumento do nível de preços em longo prazo causado por uma desvalorização é proporcional ao aumento da taxa de câmbio. Uma desvalorização sob uma taxa fixa tem o mesmo efeito de longo prazo que um aumento proporcional na oferta de moeda sob uma taxa flutuante. Como a última política, a desvalorização é neutra no longo prazo, no sentido em que seu único efeito no equilíbrio de longo prazo da economia é um aumento proporcional em todos os preços nominais e na oferta de moeda doméstica.

Crises do balanço de pagamentos e a fuga de capitais

Até agora, pressupomos que os participantes do mercado de câmbio acreditam que uma taxa de câmbio fixa se manterá no nível atual para sempre. Em muitas situações práticas, no entanto, o banco central pode considerar indesejável ou inviável manter a atual taxa de câmbio fixa. O banco central pode estar com poucas reservas externas, por exemplo, ou pode enfrentar uma alta taxa de desemprego nacional. Como os participantes no mercado sabem que o banco central pode desvalorizar a moeda em resposta a tais situações, não seria razoável para eles esperar que a atual taxa de câmbio se mantenha para sempre.

A crença do mercado em uma mudança iminente na taxa de câmbio dá origem a uma **crise do balanço de pagamentos**, uma mudança brusca nas reservas estrangeiras oficiais, provocada por uma alteração nas expectativas sobre a taxa de câmbio futura. Nesta seção, usamos nosso modelo de equilíbrio de mercado de ativos para examinar como as crises do balanço de pagamentos podem ocorrer sob taxas de câmbio fixas. (Em capítulos posteriores, descreveremos uma gama mais ampla de crises financeiras.)

A Figura 18.5 mostra os mercados de ativos em equilíbrio nos pontos 1 (mercado monetário) e 1' (mercado de câmbio) com a taxa de câmbio fixada em E^0 e esperando-se que se mantenha assim indefinidamente. M^1 é a oferta de moeda consistente com esse equilíbrio inicial. Suponha que uma súbita deterioração na conta corrente, por exemplo, leve o mercado de câmbio a esperar que o governo desvalorize no futuro e adote uma nova taxa

---

[9]Para ver isso, observe que a taxa de câmbio real de equilíbrio de longo prazo, EP^*/P, em ambos os casos deve satisfazer a mesma equação, $Y_f = D(EP^*/P, Y_f - T, I, G)$, onde Y_f, como no Capítulo 17, é o nível de produto de pleno emprego.

FIGURA 18.5

Fuga de capitais, a oferta de moeda e a taxa de juros.

Para manter a taxa de câmbio fixa em E^0, depois que o mercado decide que o câmbio vai ser desvalorizado para E^1, o banco central deve usar suas reservas para financiar uma saída financeira privada que diminui a oferta de moeda e aumenta a taxa de juros doméstica.

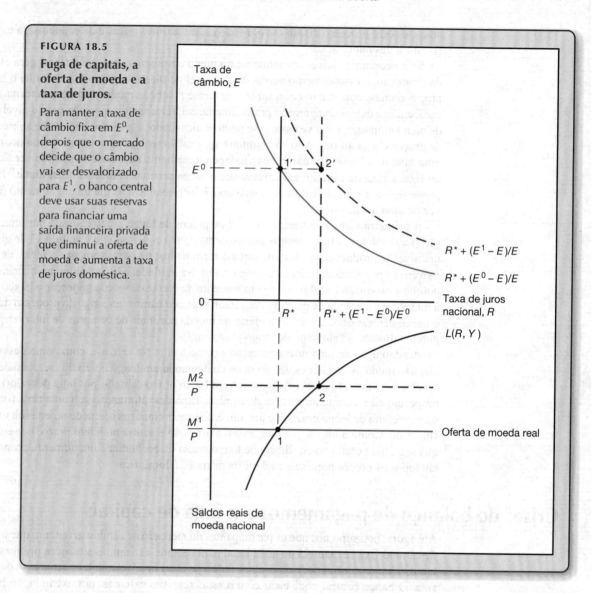

de câmbio fixa, E^1, que é maior do que a taxa atual, E^0. A parte superior da figura mostra essa mudança nas expectativas como um deslocamento para a direita da curva, que mede o retorno esperado em moeda nacional sobre depósitos de moeda estrangeira. Uma vez que a taxa de câmbio atual ainda é E^0, o equilíbrio no mercado de câmbio (ponto 2') requer um aumento da taxa de juros doméstica para $R^* + (E^1 - E^0)/E^0$, que agora é igual ao retorno esperado em moeda nacional sobre ativos em moeda estrangeira.

De início, no entanto, a taxa de juros doméstica permanece em R^*, que está abaixo do novo retorno esperado sobre ativos externos. Esse diferencial causa uma demanda excessiva por ativos em moeda estrangeira no mercado de câmbio; para continuar mantendo a taxa de câmbio em E^0, o banco central deve vender reservas externas e, assim, diminuir a oferta de moeda doméstica. A intervenção do banco chega ao fim quando a oferta de moeda cai para M^2, de modo que o mercado monetário esteja em equilíbrio com taxa de juros $R^* + (E^1 - E^0)/E^0$ que coloca o mercado de câmbio em equilíbrio (ponto 2). *A expectativa de uma desvalorização futura provoca uma crise do balanço de pagamentos, marcada por uma queda acentuada nas reservas e um aumento na taxa de juros doméstica acima da taxa mundial.* Da mesma forma, uma valorização esperada provoca um aumento abrupto

CAPÍTULO 18 ■ Taxas de câmbio fixas e intervenção cambial **533**

nas reservas externas, junto com uma queda na taxa de juros doméstica abaixo da taxa mundial.

A perda de reserva que acompanha um susto de desvalorização costuma ser chamada de **fuga de capitais**. Os residentes fogem da moeda nacional para vendê-la ao banco central em troca de moeda estrangeira. Então, investem a moeda estrangeira no exterior. Ao mesmo tempo, os estrangeiros convertem carteiras dos ativos domésticos em suas próprias moedas e repatriam os lucros. Quando temores de desvalorização surgem porque as reservas do banco central são inicialmente baixas, a fuga de capitais é especialmente preocupante para o governo. Ao pressionar as reservas, já bastante baixas, a fuga de capitais pode forçar o banco central a desvalorizar mais rapidamente e em uma quantidade maior do que a planejada.[10]

O que causa as crises monetárias? Muitas vezes, um governo está seguindo políticas que não são consistentes com a manutenção de uma taxa de câmbio fixa em longo prazo. Uma vez que as expectativas do mercado consideram essas condições, as taxas de juros do país inevitavelmente são forçadas para cima. Por exemplo, o banco central de um país pode estar comprando títulos do governo nacional para permitir que o governo tenha déficits fiscais continuados. Já que essas compras do banco central de ativos internos causam perdas contínuas das reservas de câmbio do banco central, as reservas cairão em direção a um ponto em que o banco central talvez se encontre sem meios para sustentar a taxa de câmbio. Conforme a possibilidade de um colapso aumenta ao longo do tempo, as taxas de juros domésticas também sobem, até que o banco central de fato fique sem reservas externas e a taxa de câmbio fixa seja abandonada. (O Apêndice 2 deste capítulo apresenta um modelo detalhado desse tipo e mostra que o colapso da indexação da moeda pode ser causado por um *ataque especulativo* intenso, no qual operadores de câmbio de repente adquirem a totalidade das reservas estrangeiras restantes do banco central.) A única forma de o banco central evitar esse destino é parar de financiar o déficit, torcendo para que isso force o governo a não gastar mais do que ganha.

No exemplo anterior, o esgotamento das reservas externas e o fim da taxa de câmbio fixa são inevitáveis, tendo em conta as políticas macroeconômicas. As saídas financeiras que acompanham uma crise monetária apenas aceleram um colapso inevitável, o que teria ocorrido de qualquer forma, embora em movimento mais lento, mesmo que os fluxos financeiros privados pudessem ser banidos. Contudo, nem todas as crises são desse tipo. Uma economia pode estar vulnerável à especulação da moeda, mesmo sem estar em tão mal estado que um colapso do regime de taxa de câmbio fixa seja inevitável. As crises monetárias que ocorrem em tais circunstâncias muitas vezes são chamadas de **crises monetárias autorrealizáveis**, embora seja importante ter em mente que o governo pode, em última análise, ser responsável por essas crises ao criar ou tolerar fraquezas econômicas domésticas que convidam os especuladores a atacar a moeda.

Por exemplo, considere uma economia na qual os passivos de bancos comerciais domésticos são principalmente depósitos de curto prazo, e na qual muitos dos empréstimos dos bancos às empresas tenham probabilidade de não serem pagos no caso de uma recessão. Se os especuladores suspeitam que haverá uma desvalorização, as taxas de juros vão subir e elevar agudamente os custos de empréstimos dos bancos, ao mesmo tempo que causam uma recessão e reduzem o valor dos ativos do banco. Para impedir que os bancos domésticos fechem as portas, o banco central pode também emprestar-lhes dinheiro, perdendo reservas externas no processo e, possivelmente, sua capacidade de atrelar a taxa de câmbio. Nesse caso, é o surgimento de expectativas de desvalorização entre os operadores de câmbio que empurra a economia para a crise e obriga a taxa de câmbio a ser alterada.

---

[10]Se a demanda agregada depende da taxa de juros real (como no modelo de *IS-LM* dos cursos intermediários de macroeconomia), a fuga de capitais reduz a produção, reduzindo a oferta de moeda e aumentando as taxas de juros reais. Esse efeito possivelmente contracionista de fuga de capitais é outra razão pela qual os decisores esperam evitá-la.

534 PARTE III ■ Taxas de câmbio e macroeconomia da economia aberta

No restante deste capítulo, vamos continuar a pressupor que o mercado não espera nenhuma alteração da taxa de câmbio quando as taxas de câmbio são fixas. Mas retornaremos à análise anterior repetidamente em capítulos posteriores, quando discutirmos as experiências infelizes de diversos países com taxas de câmbio fixas.

Flutuação administrada e intervenção esterilizada

Sob a flutuação administrada, a política monetária é influenciada por variações cambiais sem ser completamente subordinada às exigências de uma taxa fixa. Em vez disso, o banco central enfrenta um *trade-off* entre os objetivos domésticos, como emprego ou estabilidade da taxa de inflação e da taxa de câmbio. Suponha que o banco central tente expandir a oferta de moeda para combater o desemprego doméstico, por exemplo, mas, ao mesmo tempo, realize vendas de ativos estrangeiros para conter a depreciação resultante da moeda doméstica. A intervenção cambial tende a *reduzir* a oferta de moeda, dificultando, mas não necessariamente anulando a tentativa do banco central de reduzir o desemprego.

As discussões sobre a intervenção cambial nos fóruns de política e na imprensa muitas vezes parecem ignorar a ligação estreita entre a intervenção e a oferta de moeda que exploramos anteriormente em detalhes. Entretanto, na realidade, essas discussões muitas vezes pressupõem que a intervenção cambial está sendo *esterilizada*, de modo que as transações de ativos domésticos opostas impedirão que ela afete a oferta de moeda. Estudos empíricos sobre o comportamento dos bancos centrais confirmam essa suposição e mostram consistentemente que os bancos centrais praticam a intervenção esterilizada tanto sob regimes de taxa de câmbio fixa quanto flexível.

Apesar da intervenção esterilizada generalizada, há considerável desacordo entre os economistas sobre seus efeitos. Nesta seção, estudamos o papel da intervenção esterilizada no manejo da taxa de câmbio.[11]

Substitutibilidade perfeita de ativos e a ineficácia da intervenção esterilizada

Quando um banco central realiza uma intervenção cambial esterilizada, suas transações deixam a oferta de moeda doméstica inalterada. É difícil de encontrar uma justificativa para tal política usando o modelo de determinação da taxa de câmbio desenvolvido anteriormente, porque o modelo prediz que, sem uma mudança simultânea da oferta de moeda, a intervenção do banco central não afetará a taxa de juros doméstica e, portanto, não afetará a taxa de câmbio.

Nosso modelo prevê também que a esterilização será infrutífera sob uma taxa de câmbio fixa. O exemplo de uma expansão fiscal ilustra por que um banco central poderia desejar esterilizar sob uma taxa fixa e por que nosso modelo diz que essa política vai fracassar. Lembre-se de que, para manter a taxa de câmbio constante quando a política fiscal torna-se mais abrangente, o banco central deve comprar ativos externos e expandir a oferta de moeda doméstica. A política gera produção, mas como consequência também causa inflação, que o banco central pode tentar evitar pela esterilização do aumento da oferta de moeda que sua política fiscal induziu. No entanto, com a mesma rapidez que o banco central vender ativos internos para reduzir a oferta de moeda, terá de *comprar* mais ativos externos para manter a taxa de câmbio fixa. A ineficácia da política monetária sob uma taxa de câmbio fixa implica que a esterilização é uma política que joga contra si mesma.

---

[11]Nos Estados Unidos, o *Federal Reserve Bank* de Nova York realiza intervenções para o *Federal Reserve System*, e as intervenções são rotineiramente esterilizadas. Consulte o *Federal Reserve Bank* de Nova York, "Fedpoint: U.S. Foreign Exchange Intervention", disponível em: <http://www.newyorkfed.org/aboutthefed/fedpoint/fed44.html>.

CAPÍTULO 18 ■ Taxas de câmbio fixas e intervenção cambial **535**

A característica fundamental do nosso modelo que conduz a esses resultados é a suposição de que o mercado de câmbio está em equilíbrio apenas quando os retornos esperados sobre títulos de moeda nacional e estrangeira são os mesmos.[12] Essa suposição é muitas vezes chamada de **substitutibilidade perfeita de ativos**. Dois ativos são substitutos perfeitos quando, como nosso modelo supôs, os investidores não se importam com a maneira como suas carteiras serão divididas entre eles, desde que ambos produzam a mesma taxa de retorno esperada. Com a substitutibilidade perfeita de ativos no mercado de câmbio, a taxa de câmbio é determinada de modo a manter a condição de paridade de juros. Quando for esse o caso, não há nada que um banco central possa fazer mediante a intervenção cambial que não pudesse fazer também por meio de operações de mercado aberto puramente domésticas.

ESTUDO DE CASO

Os mercados podem atacar uma moeda *forte*? O caso da Suíça, 2011-2015

O franco suíço (CHF) tem sido tradicionalmente uma moeda "porto seguro": uma moeda que os investidores compram quando temem a instabilidade da economia global. Quando uma crise financeira global latente se intensificou em setembro de 2008 (como discutiremos em capítulos posteriores), o padrão normal se repetiu. Os investidores (muitos dos quais eram suíços e proprietários de ativos substanciais no exterior) correram para colocar seu dinheiro na Suíça. Como você pode ver na Figura 18.6, o preço do franco suíço em euros caiu de modo drástico (uma apreciação do franco suíço), enquanto as reservas do banco central, o Banco Nacional Suíço (SNB, do inglês Swiss National Bank), aumentaram de forma aguda. (As reservas são medidas no eixo vertical à direita da figura.) As reservas subiram porque o SNB estava intervindo no mercado de câmbio, comprando euros com francos a fim de retardar a apreciação do franco.

O SNB cortou rapidamente as taxas de juros, para estimular a atividade econômica e desencorajar a apreciação. Até novembro de 2008, as taxas de juro de curto prazo suíças estavam essencialmente em zero (onde permaneceram). A taxa de câmbio do franco suíço logo se estabilizou em níveis ligeiramente acima de 1,5 CHF por euro.

Mas a pressão renovada veio quando a zona do euro entrou em sua própria crise financeira no final de 2009 (como discutiremos no Capítulo 21). O franco suíço apreciou radicalmente em relação ao euro e as reservas incharam como resultado de mais compras de moeda estrangeira. A Suíça começou a sofrer deflação e desemprego conforme os preços de importação caíram e as indústrias de exportação (como a indústria de relojoaria) não conseguiam concorrer com os preços do mercado mundial. Em agosto de 2011, a moeda atingiu 1,12 CHF por euro.

Nesse ponto, o SNB tomou medidas radicais: em setembro de 2011, o banco comprometeu-se a defender um preço mínimo em euro de 1,2 CHF por euro. Isso permitiria que o franco suíço depreciasse acima do piso, mas não valorizasse abaixo dele. Para isso, o SNB teve que comprar todos os euros que o mercado queria vender a uma taxa de 1,2 CHF por euro.

A Figura 18.6 mostra que posteriormente as reservas internacionais da Suíça aumentaram ainda mais rápido. Conforme o dinheiro entrava, vindo dos especuladores

---

[12]Estamos supondo que todos os ativos que rendem juros (não moeda) denominados na mesma moeda, sejam depósitos ilíquidos a prazo ou títulos do governo, são substitutos perfeitos em portfólios. O termo amplo "títulos" será geralmente usado para se referir a todos esses ativos.

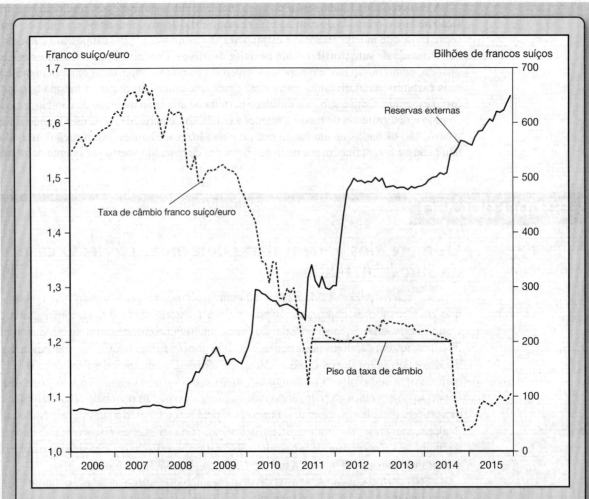

FIGURA 18.6
Taxa de câmbio do franco suíço em relação ao euro e as reservas cambiais suíças, 2006-2016.
O Banco Nacional Suíço interveio pesadamente para retardar a apreciação do franco suíço face ao euro, definindo um piso sob o preço do euro em setembro de 2011 e abandonando-o em janeiro de 2015.

Fonte: Banco Nacional Suíço.

apostando que o piso da moeda não se manteria, as reservas de moeda estrangeira do SNB atingiam um nível igual a cerca de três quartos do produto nacional de um ano! Quando uma moeda fraca está sob ataque, o banco central que a defende, que está vendendo as reservas, pode acabar ficando sem reservas. Mas existe algum limite para sua capacidade de segurar uma moeda *forte*, ao *comprar* reservas com seu próprio dinheiro, que tem o poder de imprimir sem limite? A maior restrição em potencial é que, ao comprar reservas e permitir o aumento da oferta de moeda, o banco central estimula a inflação excessiva. Mas isso não aconteceu. Em parte por causa do crescimento econômico pífio dos vizinhos da zona do euro, a Suíça permaneceu em deflação por muito tempo depois que entrou em cena para limitar a apreciação do franco suíço.

O piso da taxa de câmbio foi mantido até o final de 2014, enquanto as reservas externas se estabilizaram em meio trilhão de francos suíços. Em 15 de janeiro de 2015, o SNB surpreendentemente abandonou o piso cambial de 1,2 franco por euro e o franco se valorizou até atingir 0,8 francos por euro nas operações *intraday* (não mostrado no gráfico da Figura 18.6, que mostra o valor da taxa de câmbio apenas no final de cada mês). Após a forte apreciação inicial, o franco retrocedeu um pouco, estabilizando-se em cerca de 1,1 franco por euro em 2016 (antes de entrar em um período temporário de enfraquecimento no ano seguinte). As intervenções pesadas do SNB ajudaram a comprar essa estabilidade.

O que levou o SNB a eliminar o piso da taxa de câmbio? Em janeiro de 2015, acreditava-se que o BCE estava preparando um programa de compras de ativos não convencionais em resposta à baixa inflação e ao baixo crescimento da zona do euro. O programa teria enfraquecido o euro ainda mais, criando pressão para a apreciação do franco suíço e forçando o SNB a realizar ainda mais compras de euros, e possivelmente compras em larga escala. Com suas reservas de euro já enormes, o SNB corria o risco de uma enorme perda de capital (medida em francos suíços) se abandonasse o piso da taxa de câmbio e permitisse que o franco se valorizasse em relação ao euro. Em vez de aumentar a sua exposição à perda e atrelar o franco a um nível ainda mais distante do seu ponto de equilíbrio natural, o SNB decidiu que chegara o momento de sair do jogo.

Os exportadores suíços naturalmente reclamaram da decisão, que o CEO do grupo Swatch chamou de um "tsunami". A mudança também teve consequências importantes em outros países, como a Polônia, onde muitos cidadãos haviam realizado empréstimos de baixos juros em francos suíços em vez de zloty poloneses, mais caros – essencialmente, um *carry trade* de alto risco. Os empréstimos poloneses em francos suíços representavam cerca de 8% do seu PIB na época em que o franco foi liberado. Os pagamentos mensais de mais de meio milhão de mutuários poloneses com hipotecas em francos aumentaram entre 15 e 20% após a apreciação do franco suíço. Na época da redação deste capítulo, o governo polonês estava redigindo uma lei para transferir essas perdas cambiais para os bancos que estenderam os empréstimos imobiliários.

Em contrapartida à substitutibilidade perfeita de ativos, a **substitutibilidade imperfeita de ativos** existe quando os retornos esperados dos ativos podem diferir em equilíbrio. A situação está em contraste com aquela suposta no Capítulo 14, na qual a condição de Paridade descoberta de juros (PDJ) liga os diferenciais de juros estritamente aos movimentos esperados na taxa de câmbio. Como também vimos no Capítulo 14, o principal fator que pode levar à substitutibilidade imperfeita de ativos no mercado de câmbio é o *risco*. Se os títulos denominados em moedas diferentes têm diferentes graus de risco, os investidores podem estar dispostos a ganhar menos retornos esperados sobre títulos que são menos arriscados. Da mesma forma, manterão um ativo muito arriscado apenas se seu retorno esperado for relativamente alto.

Em um mundo de substitutibilidade perfeita de ativos, os participantes do mercado de câmbio se preocupam apenas com as taxas de retorno esperadas; uma vez que essas são determinadas pela política monetária, as ações como intervenção esterilizada que não afetam a oferta de moeda também não afetam a taxa de câmbio. Entretanto, sob a substitutibilidade imperfeita de ativos, *tanto* o risco *quanto* o retorno são importantes, então as ações do banco

538 PARTE III ■ Taxas de câmbio e macroeconomia da economia aberta

central que alteram o grau de risco dos ativos em moeda nacional podem alterar a taxa de câmbio, mesmo quando a oferta de moeda não muda. Contudo, para entender como a intervenção esterilizada pode alterar o grau de risco dos ativos em moeda nacional, devemos modificar nosso modelo de equilíbrio no mercado de câmbio.

Equilíbrio no mercado de câmbio com substitutibilidade imperfeita de ativos

Quando títulos de moeda nacional e estrangeira são substitutos perfeitos, o mercado de câmbio está em equilíbrio apenas se a condição de paridade descoberta de juros (PDJ) vale:

$$R = R^* + (E^e - E)/E. \tag{18.1}$$

Quando títulos de moeda nacional e estrangeira são substitutos *imperfeitos*, essa condição em geral não se sustenta. Em vez disso, o equilíbrio no mercado de câmbio exige que a taxa de juros doméstica seja igual ao retorno esperado em moeda nacional sobre títulos estrangeiros, *mais* um **prêmio de risco**, ρ, que reflete a diferença entre o grau de risco dos títulos nacionais e estrangeiros:

$$R = R^* + (E^e - E)/E + \rho. \tag{18.2}$$

Observe que se a condição de paridade *coberta* de juros (PCJ) é verdadeira, a condição (14.3) do Capítulo 14 se aplica. Se, ao mesmo tempo, a PDJ *não* se sustenta, entretanto, a condição (14.4) também não se sustenta. Em vez disso, combinando as expressões (14.3) e (18.2), vemos que, em vez de (14.4), a taxa de câmbio a termo satisfaz:

$$(F - E)/E = (E^e - E)/E + \rho.$$

Em outras palavras, sob a substitutibilidade imperfeita de ativos, o prêmio a termo de uma moeda é igual à taxa de depreciação esperada *mais* o prêmio de risco. A derivação anterior pressupunha que a PCJ é válida; se não for, entretanto, a determinação da taxa de câmbio a termo torna-se ainda mais complexa, como discutiremos no Capítulo 20.

O Apêndice 1 deste capítulo desenvolve um modelo detalhado de equilíbrio do mercado de câmbio com substitutibilidade imperfeita de ativos. A principal conclusão desse modelo é que o prêmio de risco dos ativos domésticos sobe quando o estoque de títulos domésticos do governo disponível a ser mantido pelo público aumenta e cai quando crescem os ativos internos do banco central. Não é difícil de entender o raciocínio econômico por trás desse resultado. Os investidores privados tornam-se mais vulneráveis a mudanças inesperadas na taxa de câmbio de moeda doméstica quando aumenta o estoque de títulos domésticos do governo que eles têm. Entretanto, os investidores não estarão dispostos a assumir o aumento no risco de manter mais dívidas internas do governo, a menos que sejam compensados por uma maior taxa de retorno esperada sobre os ativos de moeda nacional. Um maior estoque da dívida pública interna, portanto, aumentará a diferença entre os retornos esperados sobre títulos de moeda nacional e estrangeira. Da mesma forma, quando o banco central compra ativos internos, o mercado já não precisa mais mantê-los. Assim, a vulnerabilidade privada ao risco de taxa de câmbio da moeda doméstica é mais baixa, e há uma queda no prêmio de risco dos ativos da moeda doméstica.

Esse modelo alternativo de equilíbrio de mercado externo implica que o prêmio de risco depende positivamente do estoque da dívida pública interna, representada por B, menos os ativos internos do banco central, representados por A:

$$\rho = \rho(B - A). \tag{18.3}$$

O prêmio de risco nos títulos internos, portanto, aumenta quando $B - A$ sobe. Essa relação entre o prêmio de risco e as participações de ativos internos do banco central permite ao banco alterar a taxa de câmbio mediante intervenção cambial esterilizada. Implica também que as operações oficiais em ativos domésticos e estrangeiros podem diferir em seus impactos no mercado de ativos.[13]

Os efeitos da intervenção esterilizada com substitutibilidade imperfeita de ativos

A Figura 18.7 modifica nossas imagens anteriores de equilíbrio do mercado de ativos ao adicionar uma substitutibilidade imperfeita de ativos para ilustrar como uma intervenção esterilizada pode afetar a taxa de câmbio. A parte inferior da figura, que mostra o mercado monetário em equilíbrio no ponto 1, não muda. A parte superior também está muito parecida com a anterior, exceto que a relação inclinada para baixo agora mostra como a *soma* do retorno esperado em moeda doméstica sobre os ativos externos *e* o prêmio de risco dependem da taxa de câmbio. (A curva continua a inclinar-se para baixo, porque se considera

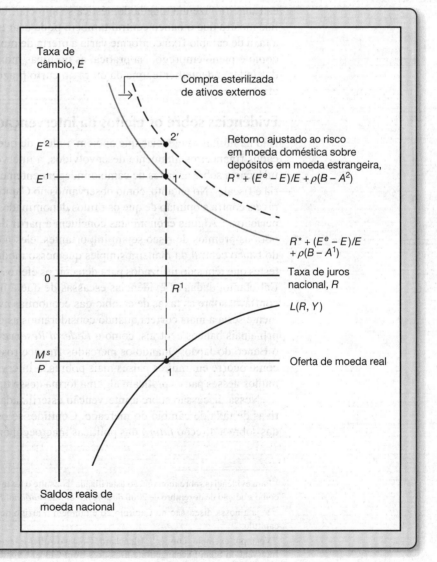

FIGURA 18.7
Efeito de uma compra esterilizada pelo banco central de ativos externos sob substitutibilidade imperfeita de ativos.

Uma compra esterilizada de ativos externos deixa inalterada a oferta de moeda, mas gera o retorno ajustado ao risco que depósitos de moeda nacional devem oferecer em equilíbrio. Como resultado, a curva de retorno no painel superior desloca-se para cima e para a direita. Mantendo iguais todas as outras variáveis, isso deprecia a moeda nacional de E^1 para E^2.

---

[13] O estoque de ativos internos do banco central é muitas vezes chamado de *crédito interno* do banco central.

540 PARTE III ▪ Taxas de câmbio e macroeconomia da economia aberta

que o prêmio de risco por si não depende da taxa de câmbio.) O equilíbrio no mercado de câmbio está no ponto $1'$, que corresponde a uma dívida doméstica do governo de B e ativos domésticos do banco central de A^1. Nesse ponto, a taxa de juros doméstica é igual ao retorno em moeda nacional ajustado ao risco sobre os depósitos estrangeiros (como na Equação [18.2])

Vamos usar o diagrama para examinar os efeitos de uma compra esterilizada de ativos estrangeiros pelo banco central. Combinando sua aquisição de ativos externos com a venda de ativos internos, o banco central mantém a constante oferta de dinheiro em M^s e evita qualquer alteração na parte inferior da Figura 18.7. Contudo, devido à venda de ativos nacionais, os ativos internos do banco central são mais baixos (caem para A^2) e o estoque de ativos domésticos que o mercado deve se manter, $B - A^2$, portanto, é maior do que o estoque inicial $B - A^1$. Esse aumento eleva o prêmio de risco ρ e desloca para a direita a relação inclinada negativamente na parte superior da figura. O mercado de câmbio agora se situa no ponto $2'$ e a moeda nacional deprecia para E^2.

Com substitutibilidade imperfeita de ativos, mesmo compras esterilizadas de câmbio fazem a moeda doméstica desvalorizar. Da mesma forma, a vendas esterilizadas de moeda estrangeira fazem a moeda doméstica se apreciar. Uma ligeira modificação de nossa análise mostra que o banco central também pode usar a intervenção esterilizada para manter a taxa de câmbio fixa conforme varia a oferta de moeda para alcançar objetivos nacionais, como o pleno emprego. Na prática, as políticas monetária e cambial podem ser gerenciadas independentemente uma da outra no curto prazo, quando a intervenção esterilizada é eficaz.

Evidências sobre os efeitos da intervenção esterilizada

Não há muitas evidências que apoiem a ideia de que, para os países mais ricos, com mercados financeiros altamente desenvolvidos, a intervenção esterilizada exerce uma grande influência sobre as taxas de câmbio independentemente das posições das políticas monetária e fiscal.[14] No entanto, como observamos no Capítulo 14, há também evidências consideráveis contra a opinião de que os títulos denominados em moedas diferentes são substitutos perfeitos.[15] Alguns economistas concluem a partir desses resultados conflitantes que, embora os prêmios de risco sejam importantes, eles não dependem das transações de ativos do banco central da maneira simples que nosso modelo pressupõe. Outros afirmam que os testes que têm sido utilizados para detectar os efeitos da intervenção esterilizada são falhos. Entretanto, dadas as evidências escassas de que a intervenção esterilizada tem um efeito confiável sobre as taxas de câmbio das economias avançadas, uma atitude cética provavelmente seria a mais correta quando consideramos as opções de políticas disponíveis para os principais bancos centrais, como o *Federal Reserve* dos EUA, o Banco Central Europeu e o Banco do Japão. Quando os mercados financeiros são menos desenvolvidos, entretanto, como ocorre em muitos países mais pobres, a intervenção esterilizada pode ter eficácia, e muitos desses países praticam alguma forma desse tipo de ação.[16]

Nossa discussão sobre a intervenção esterilizada supôs que isso não muda as expectativas de taxa de câmbio do mercado. Contudo, se os participantes no mercado têm dúvidas sobre a direção *futura* das políticas macroeconômicas, a intervenção esterilizada pode

---

[14]Para evidências sobre intervenção esterilizada, consulte o texto de Sarno e Taylor nas Leituras adicionais, bem como a edição de dezembro de 2000 do *Journal of International Financial Markets, Institutions, and Money*.

[15]Veja a nossa discussão no Capítulo 20 e também o artigo de Froot e Thaler nas Leituras adicionais deste capítulo.

[16]Veja, por exemplo, Olivier J. Blanchard, Gustavo Adler e Irineu de Carvalho Filho, "Can Foreign Exchange Intervention Stem Exchange Rate Pressures from Global Capital Flow Shocks?" International Monetary Fund Working Paper WP/15/159, jul. 2015. A maior eficácia da intervenção fora das economias avançadas decorre dos atritos (incluindo controles administrativos) nas transações financeiras internacionais, além dos mercados de câmbio menos líquidos.

CAPÍTULO 18 ▪ Taxas de câmbio fixas e intervenção cambial **541**

sinalizar para onde o banco central espera (ou deseja) que a taxa de câmbio se mova. Este **efeito de sinalização de intervenção cambial**, por sua vez, pode alterar a visão do mercado sobre as futuras políticas monetárias ou fiscais e causar uma mudança imediata da taxa de câmbio, mesmo quando os títulos denominados em diferentes moedas são substitutos perfeitos.

O efeito de sinalização é mais importante quando o governo está descontente com o nível da taxa de câmbio e declara em público que vai alterar as políticas monetárias ou fiscais para produzir uma mudança. Intervindo simultaneamente em uma base esterilizada, o banco central às vezes empresta credibilidade a esse comunicado. Uma compra esterilizada de ativos externos, por exemplo, pode convencer o mercado de que o banco central pretende trazer uma depreciação da moeda doméstica, porque o banco vai perder dinheiro se, em vez disso, ocorrer uma apreciação. Até mesmo os bancos centrais devem observar seus orçamentos!

No entanto, um governo pode ficar tentado a explorar o efeito de sinalização para benefícios temporários, mesmo quando não tem qualquer intenção de mudar a política monetária ou fiscal para produzir uma taxa de câmbio diferente em longo prazo. O resultado de gritar "Lobo!" muitas vezes é o mesmo no mercado de câmbio que em outras situações. Se os sinais do governo no mercado de câmbio não são acompanhados de mudanças políticas concretas, esses sinais logo perdem a sua eficácia. Assim, a intervenção de sinalização não pode ser encarada como uma arma política a ser empunhada independentemente da política monetária e fiscal.[17]

Moedas de reserva no sistema monetário mundial

Até agora, temos estudado um único país que fixa sua taxa de câmbio em termos de única moeda estrangeira hipotética pelo comércio de ativos internos por externos, quando necessário. No mundo real existem muitas moedas, e é possível que um país controle as taxas de câmbio de sua moeda doméstica em relação a algumas moedas estrangeiras ao mesmo tempo em que permite flutuar em relação a outras.

Esta seção e a próxima adotam uma perspectiva global e estudam o comportamento macroeconômico da economia mundial sob dois sistemas possíveis para fixação das taxas de câmbio de *todas* as moedas em relação umas às outras.

O primeiro sistema de taxa fixa é muito parecido com o que temos estudado. Nele, uma moeda é escolhida como **moeda de reserva**, aquela que os bancos centrais mantêm em suas reservas internacionais, e o banco central de cada nação fixa a taxa de câmbio da sua moeda em relação a ela, estando pronto para trocar moeda doméstica por ativos de reserva a essa taxa. Entre o final da Segunda Guerra Mundial e 1973, o dólar foi a principal moeda de reserva, e quase todos os países atrelavam a taxa de câmbio de seu dinheiro ao dólar.

O segundo sistema de taxa fixa (estudado na próxima seção) é um **padrão-ouro**. Sob um padrão-ouro, os bancos centrais atrelam os preços das suas moedas em termos de ouro e mantêm o ouro como reservas internacionais oficiais. O auge do padrão-ouro internacional foi entre 1870 e 1914, embora muitos países tenham tentado sem sucesso restaurar um padrão-ouro permanente após o fim da Primeira Guerra Mundial, em 1918.

Ambos os padrões de moeda de reserva e o padrão-ouro resultam em taxas de câmbio fixas entre *todos* os pares de moedas do mundo. Mas os dois sistemas têm consequências muito diferentes para como os países dividem o ônus do financiamento do balanço de pagamentos e para o crescimento e o controle das ofertas de moeda nacionais.

---

[17]Para a discussão sobre o papel desempenhado pelo efeito de sinalização, consulte: Kathryn M. Dominguez e Jeffrey A. Frankel. *Does Foreign Exchange Intervention Work?* Washington, D.C.: Institute for International Economics, 1993; e Richard T. Baillie, Owen F. Humpage e William P. Osterberg. "Intervention from an Information Perspective". *Journal of International Financial Markets, Institutions, and Money*, v. 10, p. 407-421, dez. 2000.

542 PARTE III ■ Taxas de câmbio e macroeconomia da economia aberta

A mecânica de um padrão de moeda de reserva

Para um bom exemplo do funcionamento de um sistema de moeda de reserva, considere o sistema baseado no dólar dos Estados Unidos criado no final da Segunda Guerra Mundial. Sob esse sistema, cada banco central fixava a taxa de câmbio de sua moeda em dólar por meio de operações do mercado de câmbio nas quais a moeda nacional era negociada por ativos em dólar. A necessidade frequente de intervir significava que cada banco central tinha que ter em mão reservas em dólar suficientes para atender a qualquer excesso de oferta de moeda que pudesse surgir. Os bancos centrais, portanto, mantinham uma grande parcela de suas reservas internacionais na forma de títulos do Tesouro dos Estados Unidos e depósitos em dólar de curto prazo, que rendem juros e podem ser transformados em moeda com custo relativamente baixo.

Como o preço de cada moeda em dólar foi fixado pelo seu banco central, a taxa de câmbio entre quaisquer duas moedas foi automaticamente fixada também por arbitragem no mercado de câmbio. Como funciona esse processo? Considere o seguinte exemplo baseado no franco francês (FFr) e no marco alemão (DM), que eram as moedas da França e da Alemanha antes da introdução do euro. Vamos supor que o preço do franco francês em dólares tenha sido fixado em 5 FFr por dólar, enquanto o preço do marco em dólares foi fixado em 4 DM por dólar. A taxa de câmbio entre o FFr e o DM tinha que permanecer constante em 0,80 DM por franco = (4 DM por dólar) ÷ (5 FFr por dólar), mesmo que nenhum banco central negociasse diretamente francos por DM para manter o preço relativo dessas duas moedas fixo. À taxa de DM/FFr de 0,85 DM por franco, por exemplo, você poderia ter um lucro certo de US$ 6,25 vendendo US$ 100 para o antigo banco central francês, o Banco da França, por (US$ 100) × (5 FFr por dólar) = 500 FFr, vendendo seus 500 FFr no mercado de câmbio por (500 FFr) × (0,85 DM por franco) = 425 DM e depois vendendo o DM para o Bundesbank (banco central da Alemanha até 1999) por (425 DM) ÷ (4 DM por dólar) = US$ 106,25. Entretanto, com todo mundo tentando explorar essa oportunidade de lucro com a venda de francos por DM no mercado de câmbio, o DM teria apreciado contra o franco até a taxa de DM/FFr alcançar 0,80 DM por franco. Da mesma forma, a uma taxa de 0,75 DM por franco, a pressão no mercado de câmbio teria forçado o DM a depreciar em relação ao franco até a taxa de 0,80 DM por franco ser alcançada.

Mesmo que cada banco central atrelasse a taxa de câmbio de sua moeda apenas ao dólar, as forças de mercado automaticamente manteriam todas as outras taxas de câmbio – chamadas de taxas cruzadas – constantes nos valores implicados pelas taxas do dólar. Assim, o sistema cambial do mundo pós-Segunda Guerra era um sistema em que as taxas de câmbio entre quaisquer duas moedas eram fixas.[18]

A posição assimétrica do centro de reserva

Em um sistema de moeda de reserva, o país cuja moeda é mantida como reserva ocupa uma posição especial, porque nunca tem de intervir no mercado de câmbio. A razão é que, se existem N países com N moedas no mundo, há apenas $N - 1$ taxas de câmbio contra a moeda de reserva. Se os $N - 1$ países de moeda não reserva fixarem suas taxas de câmbio em relação à moeda de reserva, não há nenhuma taxa de câmbio deixada para o centro de reserva fixar. Assim, o país do centro nunca precisa intervir e não tem nenhum dos encargos de financiamento de seu balanço de pagamentos.

Esse conjunto de disposições coloca o país emissor de reservas em uma posição privilegiada, porque pode usar sua política monetária para a estabilização macroeconômica, mesmo que tenha taxas de câmbio fixas. Vimos no início deste capítulo que, quando um país deve intervir para manter uma taxa de câmbio constante, qualquer tentativa de

---

[18]As regras do sistema do pós-guerra permitiam que os valores em dólar das moedas variassem até 1% acima ou abaixo dos valores "oficiais". Isso significava que taxas cruzadas poderiam flutuar até 4%.

CAPÍTULO 18 ■ Taxas de câmbio fixas e intervenção cambial **543**

expandir sua oferta de moeda acabará sendo frustrada por perdas de reservas internacionais. Mas como o centro de reserva é o único país no sistema que pode desfrutar de taxas de câmbio fixas sem precisar intervir, ele ainda é capaz de usar a política monetária para fins de estabilização.

Qual seria o efeito de uma compra de ativos internos pelo banco central do país da moeda de reserva? A expansão resultante na sua oferta de moeda empurraria momentaneamente sua taxa de juros abaixo daquela vigente no exterior e assim causaria um excesso de demanda por moedas estrangeiras no mercado de câmbio. Para impedir que suas moedas apreciem contra a moeda de reserva, todos os outros bancos centrais no sistema seriam forçados a comprar ativos de reserva com suas próprias divisas, expandindo suas ofertas de moeda e empurrando as taxas de juros abaixo do nível estabelecido pelo centro de reserva. O produto em todo o mundo, bem como nacionalmente, iria se expandir depois de uma compra de ativos internos pelo país de reserva.

Nossa história sobre a política monetária sob um sistema de moeda de reserva aponta para uma assimetria básica. O país de reserva tem o poder de afetar sua própria economia, bem como as economias estrangeiras, por meio da política monetária. Outros bancos centrais são forçados a abandonar a política monetária como uma ferramenta de estabilização e, em vez disso, devem "importar" passivamente a política monetária do centro de reserva, por causa de seu compromisso de atrelar suas moedas à moeda de reserva.

Essa assimetria inerente de um sistema de reserva coloca um imenso poder econômico nas mãos do país de reserva e, portanto, tende a provocar disputas sobre políticas dentro do sistema. Tais problemas ajudaram na desagregação do "padrão-dólar" do pós-guerra em 1973, um tópico que discutiremos no Capítulo 19.

O padrão-ouro

Um padrão-ouro internacional evita a assimetria inerente em uma moeda de reserva padrão, evitando o problema da "enésima moeda". Sob um padrão-ouro, cada país fixa o preço de sua moeda em termos de ouro, estando pronto para comercializar a moeda nacional por ouro, sempre que necessário, para defender o preço oficial. Como existem N moedas e N preços de ouro em termos dessas moedas, nenhum país ocupa uma posição privilegiada dentro do sistema: cada um é responsável por atrelar o preço da sua moeda em termos do ativo de reserva internacional oficial, o ouro.

A mecânica de um padrão-ouro

Como os países atrelam suas moedas ao ouro sob um padrão-ouro, as reservas internacionais oficiais assumem a forma de ouro. As regras do padrão-ouro também exigem que cada país permita as importações e exportações de ouro através de suas fronteiras sem entraves. Sob esses regimes, um padrão-ouro, como um sistema de moeda de reserva, resulta em taxas de câmbio fixas entre todas as moedas. Por exemplo, se o preço do dólar em ouro é fixado em US$ 35 por onça pelo *Federal Reserve*, enquanto o preço da libra em ouro é fixado em £ 14,58 por onça pelo banco central da Grã-Bretanha, o Bank of England, a taxa de câmbio dólar/libra deve ser constante em (US$ 35 por onça) / (£ 14,58 por onça) = US$ 2,40 por libra. O mesmo processo de arbitragem que mantém as taxas de câmbio cruzadas fixas em um sistema de moeda de reserva mantém também as taxas de câmbio fixas sob um padrão-ouro.[19]

---

[19]Na prática, os custos de transportar e segurar o ouro em trânsito determinam estreitos "pontos de ouro" nos quais as taxas de câmbio podem flutuar.

544 PARTE III ■ Taxas de câmbio e macroeconomia da economia aberta

Correção monetária simétrica sob um padrão-ouro

Em razão da simetria inerente de um padrão-ouro, nenhum país no sistema ocupa uma posição privilegiada, sendo dispensado da responsabilidade de intervir. Tendo em conta os efeitos internacionais de uma compra de ativos internos por um banco central, podemos ver mais detalhadamente como a política monetária funciona sob um padrão-ouro.

Suponha que o Bank of England decida aumentar sua oferta de moeda mediante uma compra de ativos internos. O aumento inicial da oferta de moeda da Grã-Bretanha pressionará para baixo as taxas de juros britânicas e fará os ativos em moeda estrangeira ficarem mais atraentes do que os britânicos. Os titulares de depósitos em libra vão tentar vendê-las por depósitos em moedas estrangeiras, mas nenhum comprador *privado* estará interessado. Sob taxas de câmbio flutuantes, a libra depreciaria contra as moedas estrangeiras até a paridade de juros ser restabelecida. No entanto, essa depreciação não pode ocorrer quando todas as moedas estão atreladas ao ouro. Por que não? Como os bancos centrais são obrigados a trocar as suas moedas por ouro a taxas fixas, os titulares infelizes de libras podem vendê-las para o Bank of England por ouro, vender o ouro para outros bancos centrais por suas moedas e usar essas moedas para comprar depósitos que oferecem taxas de juros superiores à taxa de juros em libras. A Grã-Bretanha, portanto, sofre uma saída financeira privada e os países estrangeiros se beneficiam de um influxo.

Esse processo restabelece o equilíbrio no mercado de câmbio. O Bank of England perde reservas externas uma vez que é forçado a comprar libras e vender ouro para manter fixo o preço da libra em ouro. Os bancos centrais estrangeiros ganham reservas quando *compram* ouro com suas moedas. Os países compartilham o ônus do ajuste do balanço de pagamentos. Como as reservas estrangeiras oficiais estão em declínio na Grã-Bretanha e aumentando no exterior, a oferta de moeda britânica está caindo, forçando a taxa de juros britânica de volta para cima; e as ofertas de moedas estrangeiras estão subindo, empurrando as taxas de juros estrangeiras para baixo. Uma vez que as taxas de juros novamente tornam-se iguais em todos os países, os mercados de ativos estão em equilíbrio e não há mais nenhuma tendência para o Bank of England perder ouro, nem para os bancos centrais estrangeiros ganharem-no. A oferta de moeda mundial total (não a oferta de moeda britânica) acaba sendo mais elevada pela quantidade de compra de ativos domésticos do Bank of England. As taxas de juros são mais baixas em todo o mundo.

Nosso exemplo ilustra a natureza simétrica da correção monetária internacional sob um padrão-ouro. Sempre que um país está perdendo reservas e vendo sua oferta de moeda encolher como consequência disso, os países estrangeiros estão ganhando reservas e vendo suas ofertas de moeda expandirem. Em contraste, a correção monetária sob um padrão de moeda de reserva é altamente assimétrica. Os países podem ganhar ou perder reservas sem induzir qualquer mudança na oferta de moeda do país da moeda de reserva, e apenas esse último tem a capacidade de influenciar as condições monetárias nacionais e mundiais.[20]

Vantagens e desvantagens do padrão-ouro

Os defensores do padrão-ouro argumentam que ele tem outra propriedade desejável além da simetria. Como os bancos centrais em todo o mundo são obrigados a fixar o preço do ouro em dinheiro, não podem permitir que suas ofertas de moeda cresçam mais rapidamente do que a demanda real de moeda, uma vez que tal crescimento monetário rápido acaba por

---

[20]Originalmente, as moedas de ouro eram uma parte substancial da oferta de moedas nos países de padrão-ouro. As perdas de ouro de um país aos estrangeiros, portanto, não deveriam assumir a forma de uma queda nas reservas de ouro do banco central: cidadãos privados podiam derreter moedas de ouro em lingotes e enviá-los ao exterior, onde eram recunhadas como moedas de ouro estrangeiras ou vendidas ao banco central estrangeiro por papel-moeda. Em termos de nossa análise anterior do balanço do banco central, as moedas de ouro circulantes são consideradas um componente da base monetária que não é passivo do banco central. Ambas as formas de exportação de ouro, assim, resultariam em queda na oferta de moeda doméstica e em aumento nas ofertas de moedas estrangeiras.

CAPÍTULO 18 ■ Taxas de câmbio fixas e intervenção cambial **545**

elevar os preços de todos os bens e serviços, incluindo o ouro. Um padrão-ouro, portanto, coloca limites automáticos na extensão a que os bancos centrais podem causar aumentos nos níveis de preços nacionais por meio de políticas monetárias expansionistas. Esses limites podem fazer os valores reais das moedas nacionais ficarem mais estáveis e previsíveis, reforçando assim as transações econômicas decorrentes do seu uso (veja o Capítulo 15). Tais limites para a criação da moeda não existem em um sistema de moeda de reserva; o país com moeda de reserva não enfrenta nenhuma barreira automática para a criação ilimitada de moeda.

Compensar esse benefício potencial de um padrão-ouro tem alguns inconvenientes:

1. O padrão-ouro impõe restrições indesejáveis à utilização da política monetária para combater o desemprego. Em uma recessão mundial, pode ser desejável para todos os países expandir suas ofertas de moeda em conjunto, mesmo que isso fosse elevar o preço do ouro em termos da moeda nacional.
2. Atrelar os valores das moedas ao ouro garante um nível de preços geral estável somente se o preço relativo do ouro e de outros bens e serviços for estável. Por exemplo, suponha que o preço do ouro em dólar seja US$ 35 por onça, enquanto o preço do ouro em termos de uma cesta de produção típica seja um terço de uma cesta por onça. Isso implica um nível de preços de US$ 105 por cesta de produção. Agora, vamos supor que há uma grande descoberta de ouro na América do Sul e o preço relativo do ouro em termos de produção caia a um quarto de uma cesta por onça. Com o preço do dólar inalterado em US$ 35 por onça de ouro, o nível de preços teria que subir de US$ 105 para US$ 140 por cesta. Na verdade, estudos da era do padrão-ouro revelam flutuações do nível de preços surpreendentemente grandes decorrentes de tais mudanças no preço relativo do metal.[21]
3. Um sistema de pagamentos internacionais baseado em ouro é problemático, pois os bancos centrais não podem aumentar a participação das reservas internacionais conforme suas economias crescem, a menos que haja novas descobertas contínuas de ouro. Cada banco central precisaria manter algumas reservas de ouro para fixar o preço em ouro de sua moeda e servir como um amortecedor contra percalços econômicos imprevistos. Os bancos centrais, então, podem causar desemprego mundial na tentativa de competir por reservas com a venda de ativos internos e, assim, encolher suas ofertas de moeda.
4. O padrão-ouro poderia dar aos países com produção de ouro potencialmente grande, como a Rússia e a África do Sul, uma capacidade considerável de influenciar as condições macroeconômicas em todo o mundo por meio de vendas de ouro no mercado.

Em razão dessas desvantagens, poucos economistas são favoráveis a um retorno atual ao padrão-ouro. Já em 1923, o economista britânico John Maynard Keynes caracterizava o ouro como uma "relíquia bárbara" de um sistema monetário internacional primitivo.[22] Enquanto a maioria dos bancos centrais continuam a manter algum ouro como parte de suas reservas internacionais, seu preço agora não desempenha nenhum papel especial em influenciar as políticas monetárias dos países.

O padrão bimetálico

Até o início dos anos 1870, muitos países aderiam a um **padrão bimetálico**, em que a moeda era baseada em prata e ouro. Os Estados Unidos foram bimetálicos de 1837 até a Guerra Civil, embora a grande potência bimetálica da época fosse a França, que abandonou o bimetalismo pelo ouro em 1873.

---

[21]Veja, por exemplo: Richard N. Cooper. "The Gold Standard: Historical Facts and Future Prospects". *Brookings Papers on Economic Activity*, v. 1, p. 1-45, 1982.

[22]Veja: Keynes. "Alternative Aims in Monetary Policy". Reimpresso em *Essays in Persuasion*. New York: W. W. Norton & Company, 1963. Para uma visão contrária sobre o padrão-ouro, consulte Robert A. Mundell. "International Monetary Reform: The Optimal Mix in Big Countries". In: James Tobin (Ed.). *Macroeconomics, Prices and Quantities*. Washington, D.C.: Brookings Institution, p. 285-293, 1983.

PARTE III ■ Taxas de câmbio e macroeconomia da economia aberta

Em um sistema bimetálico, a casa da moeda de um país imprimirá quantidades especificadas de ouro *ou* prata em sua unidade monetária nacional (geralmente por uma taxa). Nos Estados Unidos antes da Guerra Civil, por exemplo, 371,25 grãos de prata (um grão sendo 1/480 de uma onça) ou 23,22 grãos de ouro poderiam ser transformados em, respectivamente, um dólar de prata ou um dólar de ouro. Essa paridade estabelecida fazia o ouro valer 371,25/23,22 = 16 vezes mais do que a prata.

No entanto, a paridade da casa da moeda pode diferir do preço relativo dos dois metais, e quando isso ocorre, um ou outro pode sair de circulação. Por exemplo, se o preço do ouro em termos de prata subir para 20:1, uma depreciação da prata em relação à paridade da casa da moeda de 16:1, ninguém iria querer converter ouro em moedas de dólar de ouro na casa da moeda. Mais dólares poderiam ser obtidos, em vez disso, usando o ouro para comprar prata no mercado e, em seguida, tendo a prata cunhada em dólares. Como resultado, o ouro tenderia a sair de circulação monetária quando seu preço de mercado relativo subisse acima do preço relativo da casa da moeda, e a moeda de prata tenderia a desaparecer no caso contrário.

A vantagem do bimetalismo era que podia reduzir a instabilidade do nível de preços resultante da utilização de apenas um dos metais. Caso o ouro se tornasse escasso e caro, a prata mais barata e relativamente abundante se tornaria a forma predominante de moeda, reduzindo desse modo a deflação que implicaria um padrão-ouro puro. Não obstante essa vantagem, no final do século XIX, a maior parte do mundo tinha seguido a Grã-Bretanha, a principal potência industrial da época, e adotado um padrão-ouro puro.

O padrão-ouro de câmbio

A meio caminho entre o padrão-ouro e um padrão de moeda de reserva pura, temos o **padrão-ouro de câmbio**. Sob um padrão-ouro de câmbio, as reservas dos bancos centrais consistem em ouro *e* moedas, cujos preços em termos de ouro são fixos, e cada banco central corrige sua taxa de câmbio para uma moeda com um preço fixo de ouro. Um padrão-ouro de câmbio pode operar como um padrão-ouro para conter o crescimento monetário excessivo em todo o mundo, mas permite mais flexibilidade no crescimento das reservas internacionais, que podem consistir em ativos, além de ouro. Um padrão-ouro de câmbio está, no entanto, sujeito às outras limitações de um padrão-ouro listadas anteriormente.

O sistema de moeda de reserva do mundo pós-Segunda Guerra centrado no dólar foi, na verdade, originalmente criado como um padrão-ouro de câmbio. Enquanto os bancos centrais estrangeiros tinham o trabalho de fixar as taxas de câmbio, o *Federal Reserve* dos Estados Unidos era responsável por segurar o preço em dólar do ouro em US$ 35 a onça. Em meados da década de 1960, o sistema operava na prática mais como um sistema puro de moeda de reserva do que um padrão-ouro. Pelas razões que explicaremos no Capítulo 19, o presidente Richard M. Nixon cortou unilateralmente a relação do dólar com o ouro em agosto de 1971, pouco antes de os países industrializados abandonarem o sistema de taxas de câmbio de dólar fixas.

ESTUDO DE CASO

A demanda por reservas internacionais

O capítulo explicou que ativos do banco central consistem em dois componentes: ativos em moeda nacional, como títulos do governo, e ativos em moeda estrangeira, as reservas internacionais do banco. Historicamente e até os dias atuais, as reservas internacionais têm sido valorizadas pelos bancos centrais porque podem ser negociadas com estrangeiros por bens e serviços, mesmo em circunstâncias como crises financeiras e guerras, quando o valor dos ativos domésticos pode ser posto em dúvida. O ouro desempenhou o papel de ativo de reserva internacional por excelência sob o padrão-ouro – e enquanto

CAPÍTULO 18 ■ Taxas de câmbio fixas e intervenção cambial **547**

o dólar americano continua a ser o ativo de reserva principal hoje, economistas debatem por quanto tempo esse privilégio especial dos EUA irá durar. Como os bancos centrais e governos podem alterar suas políticas para afetar os níveis nacionais das reservas internacionais, é importante compreender os fatores que influenciam as exigências dos países para reservas internacionais.

Um bom ponto de partida para pensar nas reservas internacionais é o modelo no capítulo em que títulos nacionais e estrangeiros são substitutos perfeitos, a taxa de câmbio é fixa e a confiança na taxa de câmbio fixa é absoluta. Nesse modelo, o resultado de que a política monetária é ineficaz também implica que bancos centrais individuais podem adquirir todas as reservas internacionais de que precisam sem muito sofrimento! Eles fazem isso tão simplesmente por uma venda de ativos internos no mercado aberto, que provoca um influxo imediato e igual de ativos estrangeiros, mas nenhuma mudança na taxa de juros doméstica ou em outras condições econômicas nacionais. Na vida real, a missão pode não ser tão fácil, porque as circunstâncias em que os países precisam de reserva são precisamente aquelas em que as condições citadas de perfeita confiança na credibilidade e na taxa de câmbio indexada são suscetíveis de serem violadas. Como resultado, os bancos centrais gerenciam suas reservas de forma *preventiva*, mantendo um estoque que acreditam ser suficiente em tempos de crise futuros.[23]

Como de costume, há custos, bem como benefícios, na aquisição e exploração de reservas, e o nível de reservas que o banco central pretende segurar refletirá um equilíbrio entre os custos e benefícios. Algumas autoridades monetárias (como as de Hong Kong) valorizam tanto as reservas que toda a oferta de moeda é lastreada por ativos externos – não há absolutamente ativos monetários internos. No entanto, na maioria dos casos, os bancos centrais mantêm ativos domésticos e estrangeiros, com o nível ideal de reservas determinado pelo *trade-off* entre custos e benefícios.

A partir de meados da década de 1960, os economistas desenvolveram e procuraram a verificação empírica das teorias formais da demanda por reservas internacionais. Nesse cenário, com mercados de capitais internacionais muito mais limitados do que são hoje (veja o Capítulo 20), uma grande ameaça às reservas era uma queda brusca das receitas de exportação, e os bancos centrais mediam os níveis de reserva em termos do número de meses de necessidades de importação que elas poderiam cobrir. Por consequência, os níveis de variabilidade das exportações, importações e fluxos financeiros internacionais, que poderiam causar a flutuação das reservas muito perto de zero, eram vistos como determinantes principais da demanda por reservas internacionais. Nessa teoria, a maior variabilidade aumentaria a demanda por reservas. Uma variável adicional aumentando a demanda média de reservas poderia ser o ajuste do custo que os países sofreriam se, de repente, tivessem que aumentar as exportações ou reduzir as importações para gerar um superávit comercial ou aumentar as taxas de juros para atrair capital estrangeiro. A maior abertura econômica poderia facilitar tais ajustes, reduzindo assim a demanda por reservas, mas também poderia tornar uma economia mais vulnerável a choques de comércio exterior, criando desse modo níveis de reserva desejados.[24]

Por outro lado, o principal custo das reservas é o de juros. Um banco central que alterna de títulos domésticos para reservas estrangeiras perde os juros sobre os títulos

---

[23]Surge um problema diferente sob um sistema como o padrão-ouro, em que o estoque global de reservas internacionais pode ser limitado (em contraste com um sistema de moeda de reserva). A dificuldade é que todos os países não podem aumentar simultaneamente suas reservas, então os esforços de muitos países para fazê-lo ao mesmo tempo afetarão as condições econômicas globais. O Problema 18 no fim do capítulo pede que você reflita sobre esse caso.

[24]Um estudo inicial e influente foi de H. Robert Heller. "Optimal International Reserves". *Economic Journal*, v. 76, p. 296-311, jun. 1966.

nacionais e, em vez disso, ganha os juros sobre a moeda de reserva, por exemplo, dólares. Se os mercados têm qualquer temor de que a moeda nacional poderia ser desvalorizada, então os títulos domésticos oferecerão uma maior taxa de juros do que as reservas estrangeiras, implicando que será caro movimentar o portfólio do banco central em direção às reservas. Claro, se a moeda de reserva apreciar em relação à moeda nacional, o banco central vai ganhar, com uma perda correspondente se a moeda de reserva depreciar.

Além disso, as reservas podem oferecer juros mais baixos simplesmente por causa de sua maior liquidez. Esse custo de juros de manter reservas relativamente líquidas é análogo ao custo de juros de manter o dinheiro, que analisamos no Capítulo 15.

Na década de 1960, muitos economistas argumentavam que os países com taxas de câmbio mais flexíveis teriam mais facilidade para gerar superávits de exportação se as reservas ficassem baixas – poderiam permitir que suas moedas depreciassem, talvez evitando a recessão que, caso contrário, poderia ser necessária para criar um superávit da balança comercial. Quando países industriais adotaram as taxas de câmbio flutuantes na década de 1970, muitos economistas, portanto, esperavam que a demanda por reservas internacionais caísse drasticamente.

A Figura 18.8 mostra, no entanto, que nada disso aconteceu. Para países industrializados, a taxa de crescimento das reservas internacionais permaneceu positiva

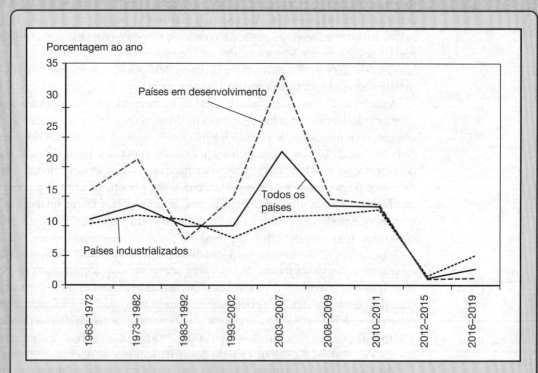

FIGURA 18.8

Taxas de crescimento das reservas internacionais.

As taxas de crescimento anualizadas das reservas internacionais não declinaram de modo acentuado após a década de 1970. Recentemente, os países em desenvolvimento adicionaram grandes somas às suas reservas, mas seu ritmo de acumulação diminuiu a partir dos anos de crise de 2008-2009. A figura mostra as médias das taxas de crescimento anual.

Fonte: Fundo Monetário Internacional.

CAPÍTULO 18 ■ Taxas de câmbio fixas e intervenção cambial **549**

desde a década de 1960. Para os países em desenvolvimento, a taxa de crescimento das reservas foi, em média, alta nas últimas quatro décadas (o aumento acentuado em meados da década de 2000 até certo ponto reflete a enorme compra de reservas pela China). O crescimento das reservas, independentemente da desaceleração recente, continuou apesar da adoção de taxas de câmbio mais flexíveis por muitos países em desenvolvimento.

Uma explicação para esse ocorrido, que discutiremos mais em capítulos posteriores, é que o crescimento do mercado de capitais global aumentou muito a variabilidade potencial dos fluxos financeiros internacionais, em especial quando atravessam as fronteiras de países em desenvolvimento propensos a crises.[25] A queda acentuada no crescimento das reservas de países em desenvolvimento no período 1982-1992, mostrada na Figura 18.8, reflete uma crise de dívida internacional durante os anos de 1982-1989. Naquela crise, as fontes de crédito estrangeiras secaram e muitos países em desenvolvimento foram obrigados a recorrer a suas reservas. Vemos um declínio ainda maior no crescimento das reservas durante os anos de crise de 2008-2009. Esses episódios ilustram por que os países em desenvolvimento têm aumentado tão ansiosamente as suas reservas. Até mesmo um país em desenvolvimento com uma taxa de câmbio flutuante pode precisar pagar credores estrangeiros e residentes nacionais com dólares para evitar uma crise financeira e o colapso da moeda.

Nada sobre essa explicação contradiz as teorias anteriores. A demanda por reservas internacionais ainda reflete a variabilidade no balanço de pagamentos. Contudo, a rápida globalização dos mercados financeiros nos últimos anos causou um grande aumento na variabilidade potencial e nos riscos potenciais que a variabilidade apresenta.

Os países podem e vão optar por manter reservas internacionais em outras moedas que não o dólar dos Estados Unidos. Eles tendem a manter apenas aquelas moedas que são mais propensas a reter seu valor ao longo do tempo e a ser prontamente aceitas pelos credores e exportadores estrangeiros. Graças à grande e geralmente próspera região geográfica que ele serve, o euro, introduzido em 1999, é o desafiante mais forte para o papel do dólar.

A Figura 18.9 mostra a importância das quatro moedas principais nas reservas internacionais dos países. Durante a primeira década de existência do euro, do seu nascimento em 1999 até 2009, sua participação nas reservas globais aumentou de 18% para 28%. Posteriormente, no entanto, a crise da zona do euro que iniciou no final de 2009 (discutida no Capítulo 21) minou a confiança no euro enquanto moeda de reserva, então a sua participação nas reservas globais caiu de volta para 20%. A parcela do dólar diminuiu de 71% a 64% desde 1999. A libra esterlina da Grã-Bretanha era a principal moeda de reserva mundial até a década de 1920. No entanto, hoje ela compõe apenas cerca de 5% das reservas globais, enquanto a parcela do iene japonês, cerca de três vezes a da libra esterlina durante meados da década de 1990, agora é ligeiramente menor, totalizando 4%.

Após sua introdução em 1999, alguns economistas especularam que o euro ultrapassaria o dólar como a principal moeda de reserva internacional. Dada a aparente

---

[25]Trabalhos recentes sobre os determinantes modernos da demanda de reservas internacionais incluem os de Robert Flood e Nancy Marion. "Holding International Reserves in an Era of High Capital Mobility". *Brookings Trade Forum* 2001, p. 1-47; Joshua Aizenman e Jaewoo Lee. "International Reserves: Precautionary versus Mercantilist Views, Theory and Evidence". *Open Economies Review*, v. 18, p. 191-214, abr. 2007; e Maurice Obstfeld, Jay C. Shambaugh, e Alan M. Taylor. "Financial Stability, the Trilemma, and International Reserves". *American Economic Journal: Macroeconomics*, v. 2, p. 57-94, abr. 2010.

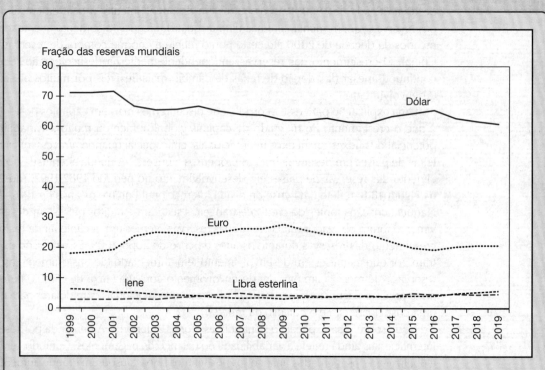

FIGURA 18.9

Composição das reservas globais por moeda.

Enquanto o papel do euro como moeda de reserva aumentou durante a sua primeira década de existência, a moeda sofreu desde a crise do euro. O dólar continua a ser o favorito absoluto do mercado.

Fonte: Fundo Monetário Internacional, Currency Composition of Foreign Exchange Reserves (COFER) (composição das moedas das reservas cambiais), disponíveis em: <http://www.imf.org/external/np/sta/cofer/eng/index.htm>. Esses dados abrangem apenas os países que reportam a composição da reserva para o FMI.

tendência recente de se afastar do euro, mostrada na Figura 18.9, esse dia ainda parece distante. Contudo, a história certamente mostra como as principais moedas de reserva podem ser derrubadas por outras recém-chegadas.[26]

RESUMO

- Há uma ligação direta entre a intervenção do banco central no mercado de câmbio e a oferta de moeda doméstica. Quando o banco central de um país adquire ativos externos, a oferta de moeda do país aumenta automaticamente. Da mesma forma, uma venda de ativos externos do banco central reduz automaticamente a oferta de moeda. O *balanço*

---

[26]Para um dos primeiros estudos estatísticos formais sobre os possíveis futuros do euro, veja Menzie Chinn e Jeffrey A. Frankel, "Will the Euro Eventually Surpass the Dollar as Leading International Reserve Currency?" In: Richard H. Clarida, ed., *G7 Current Account Imbalances: Sustainability and Adjustment* (Chicago: University of Chicago Press, 2007), pp. 283-322. Um levantamento mais recente sobre a competição entre as principais moedas globais é o livro de Eichengreen, Mehl e Chitu na seção Leituras adicionais do Capítulo 14.

CAPÍTULO 18 ■ Taxas de câmbio fixas e intervenção cambial **551**

do banco central mostra como a intervenção cambial afeta a oferta de moeda, porque o passivo do banco central, que aumenta ou diminui quando seus ativos aumentam ou diminuem, é a base do processo de oferta de moeda doméstica. O banco central pode anular o efeito de oferta de moeda da intervenção por meio de *esterilização*. Sem a esterilização, há uma ligação entre o balanço de pagamentos e as ofertas de moeda nacionais, que depende de como os bancos centrais compartilham os encargos das lacunas de financiamento do balanço de pagamentos.

■ Um banco central pode fixar a taxa de câmbio da sua moeda em relação à moeda estrangeira se estiver disposto a trocar quantidades ilimitadas de dinheiro doméstico por ativos externos nessa taxa. Para corrigir a taxa de câmbio, o banco central deve intervir no mercado de câmbio sempre que necessário, para evitar o surgimento de uma demanda em excesso ou oferta de ativos em moeda nacional. Na prática, o banco central ajusta seus ativos externos – e, assim, a oferta de moeda doméstica – para garantir que os mercados de ativos estejam sempre em equilíbrio sob a taxa de câmbio fixa.

■ O compromisso de fixar uma taxa de câmbio força o banco central a sacrificar a sua capacidade de usar a política monetária para a estabilização. Uma compra de ativos internos pelo banco central faz com que ocorra uma queda igual nas reservas internacionais oficiais, deixando a oferta de moeda e o produto inalterados. Da mesma forma, uma venda de ativos internos pelo banco faz com que reservas estrangeiras subam o mesmo montante, mas não tem outros efeitos.

■ A política fiscal, ao contrário da política monetária, tem um efeito mais poderoso sobre o produto sob taxas de câmbio fixas do que sob taxas flutuantes. Sob uma taxa de câmbio fixa, a expansão fiscal não causa, no curto prazo, uma apreciação real que "desloca" a demanda agregada. Em vez disso, ela força as compras do banco central de ativos externos e uma expansão da oferta de moeda. A *desvalorização* também aumenta a demanda agregada e a oferta de moeda no curto prazo. (A *valorização* tem efeitos opostos.) No longo prazo, a expansão fiscal provoca uma apreciação real, um aumento na oferta de moeda e um aumento no nível de preços domésticos, enquanto a desvalorização faz os níveis de longo prazo da oferta de moeda e os preços subirem proporcionalmente à variação da taxa de câmbio.

■ *As crises do balanço de pagamentos* ocorrem quando os participantes do mercado esperam que o banco central altere a taxa de câmbio em relação ao seu nível atual. Se o mercado decide que uma desvalorização está chegando, por exemplo, a taxa de juros doméstica se eleva acima da taxa de juros mundial e as reservas externas caem drasticamente conforme o capital privado flui para o estrangeiro. As *crises monetárias autorrealizáveis* podem ocorrer quando uma economia é vulnerável à especulação. Em outras circunstâncias, um colapso da taxa de câmbio pode ser o resultado inevitável de políticas governamentais inconsistentes.

■ Um regime de *flutuação administrada* permite que o banco central mantenha alguma capacidade de controlar a oferta de moeda doméstica, mas à custa de maior instabilidade cambial. No entanto, se os títulos nacionais e estrangeiros são *substitutos imperfeitos*, o banco central pode ser capaz de controlar tanto a oferta de moeda quanto a taxa de câmbio mediante a intervenção cambial esterilizada. Evidências empíricas fornecem pouco suporte para a ideia de que a intervenção esterilizada tenha um efeito direto significativo nas taxas de câmbio. Mesmo quando os títulos nacionais e estrangeiros são *substitutos perfeitos*, de modo que não há *prêmio de risco*, a intervenção esterilizada pode operar indiretamente por meio de um *efeito de sinalização* que muda a visão do mercado sobre as políticas futuras.

■ Um sistema mundial de taxas de câmbio fixas, em que países atrelam os preços das suas moedas em termos da *moeda de reserva*, envolve uma assimetria marcante: o país da moeda de reserva, que não tem que fixar nenhuma taxa de câmbio, pode influenciar a atividade econômica doméstica e no exterior por meio de sua política monetária. Em contraste, todos os outros países são incapazes de influenciar seu produto ou o produto estrangeiro mediante a política monetária. Essa assimetria política reflete o fato de

552 PARTE III ▪ Taxas de câmbio e macroeconomia da economia aberta

que o centro de reserva não precisa arcar com nenhuma parcela do ônus de financiar o seu balanço de pagamentos.

▪ Um *padrão-ouro*, no qual todos os países fixam os preços de suas moedas em termos de ouro, evita a assimetria inerente em uma moeda de reserva padrão e coloca restrições sobre o crescimento da oferta de moeda dos países. (Um arranjo relacionado foi o *padrão bimetálico*, com base em prata e ouro.) Mas o padrão-ouro tem graves inconvenientes que o tornam impraticável como uma maneira de organizar o sistema monetário internacional de hoje. Até mesmo o *padrão-ouro de câmbio* baseado em dólar estabelecido após a Segunda Guerra Mundial acabou por ser impraticável.

TERMOS-CHAVE

balanço do banco central, p. 519
crise do balanço de pagamentos, p. 531
crises monetárias autorrealizáveis, p. 533
desvalorização, p. 529
efeito de sinalização de intervenção cambial, p. 541

fuga de capitais, p. 533
intervenção cambial esterilizada, p. 522
moeda de reserva, p. 541
padrão bimetálico, p. 545
padrão-ouro, p. 541
padrão-ouro de câmbio, p. 546
prêmio de risco, p. 538

substitutibilidade imperfeita de ativos, p. 537
substitutibilidade perfeita de ativos, p. 535
taxas de câmbio flutuantes administradas, p. 517
valorização, p. 529

QUESTÕES

1. Mostre como uma expansão nos ativos internos do banco central, em última análise, afeta seu balanço sob uma taxa de câmbio fixa. Como as operações do banco central no mercado de câmbio se refletem nas contas do balanço de pagamentos?

2. Faça as etapas do Problema 1 para um aumento de gastos do governo.

3. Descreva os efeitos de uma desvalorização inesperada no balanço do banco central e nas contas do balanço de pagamentos.

4. Explique por que uma desvalorização melhora a conta corrente no modelo do capítulo. (Dica: considere a curva *XX* desenvolvida no Capítulo 17.)

5. Você consegue pensar em razões pelas quais um governo sacrificaria voluntariamente parte de sua capacidade de usar a política monetária para ter taxas de câmbio mais estáveis?

6. Como a expansão fiscal afeta a conta corrente sob uma taxa de câmbio fixa?

7. Explique por que as expansões fiscais temporárias e permanentes não têm efeitos diferentes sob taxas de câmbio fixas, como ocorre sob taxas de câmbio flutuantes.

8. A desvalorização é muitas vezes usada pelos países para melhorar suas contas correntes. No entanto, desde que a conta corrente seja igual a poupança nacional menos o investimento doméstico (veja o Capítulo 13), essa melhora pode ocorrer somente se o investimento cair, a poupança subir ou ambos. Como a desvalorização afeta a economia nacional e o investimento doméstico?

9. Usando o modelo *DD-AA*, analise os efeitos no balanço de pagamentos e no produto de uma tarifa de importação sob taxas de câmbio fixas. O que aconteceria se todos os países do mundo, simultaneamente, tentassem melhorar o emprego e o balanço de pagamentos mediante a imposição de tarifas?

10. Quando um banco central desvaloriza após uma crise de balanço de pagamentos, normalmente ganha reservas externas. Esses influxos financeiros podem ser explicados usando nosso modelo? O que aconteceria se o mercado acreditasse que ocorreria *outra* desvalorização em um futuro próximo?

11. Suponha que, sob o sistema "padrão-dólar" do pós-guerra, os bancos centrais estrangeiros possuíssem reservas em dólar na forma de notas de dólar escondidas em seus cofres, e não sob a forma de notas do Tesouro dos EUA. O mecanismo de correção monetária

CAPÍTULO 18 ■ Taxas de câmbio fixas e intervenção cambial **553**

internacional seria simétrico ou assimétrico? (Dica: pense sobre o que acontece com a oferta de moeda dos Estados Unidos e do Japão, por exemplo, quando o Banco do Japão vende ienes por notas de dólar que decide guardar.)

12. "Quando os títulos nacionais e estrangeiros são substitutos perfeitos, um banco central deve ser indiferente sobre o uso de ativos nacionais ou estrangeiros para implementar a política monetária". Discuta essa afirmação.

13. A intervenção de câmbio dos Estados Unidos, às vezes, é feita por um Fundo de Estabilização do Câmbio, ou FEC (uma divisão do Departamento do Tesouro dos Estados Unidos), que gerencia uma carteira de títulos de moeda estrangeira e do governo dos Estados Unidos. Uma intervenção do FEC para apoiar o iene, por exemplo, assumiria a forma de uma mudança de portfólio de venda de ativos denominados em dólar e compra de ativos em ienes. Mostre que as intervenções do FEC são automaticamente esterilizadas e, portanto, não alteram as ofertas de moeda. Como as operações do FEC afetam o prêmio de risco cambial?

14. Use um diagrama como a Figura 18.7 para explicar como um banco central pode alterar a taxa de juros doméstica ao mesmo tempo em que mantém a taxa de câmbio fixa sob substitutibilidade imperfeita de ativos.

15. Na seção deste capítulo "Intervenção do banco central e a oferta de moeda", analisamos como a venda de US$ 100 de seus ativos estrangeiros afeta o balanço do banco central. O pressuposto naquele exemplo foi que o comprador dos ativos estrangeiros pagou sob a forma de dinheiro da moeda nacional. Suponha que, em vez disso, o comprador pague com um cheque sacado de sua conta em Pecuniacorp, um banco privado doméstico. Usando um balanço como os apresentados no texto, mostre como a transação afeta o balanço do banco central e a oferta de moeda.

16. Observamos no texto que os sistemas de taxas de câmbio "fixas" podem não resultar em taxas de câmbio absolutamente fixas, mas em faixas estreitas, dentro das quais a taxa de câmbio pode mover-se. Por exemplo, os pontos de ouro (mencionados na nota de rodapé 18) produziram tais bandas sob um padrão-ouro. (Normalmente, essas bandas eram na ordem de mais ou menos 1% da paridade "central" de câmbio.) Até que ponto tais bandas para a taxa de câmbio permitiriam que a taxa de juros doméstica se movesse independentemente de uma taxa estrangeira? Mostre que a resposta depende do vencimento ou do *termo* da taxa de juros. Para ajudar a sua intuição, suponha bandas de mais ou menos 1% da taxa de câmbio e considere, de forma alternativa, as taxas para depósitos de três meses, de seis meses e de um ano. Com bandas tão estreitas, haveria muita margem para independência nas taxas de empréstimo de dez anos?

17. Em um mundo de três países, um banco central fixa uma taxa de câmbio, mas deixa que as outras flutuem. O banco central pode usar a política monetária para afetar a produção? Ele pode fixar as duas taxas de câmbio?

18. No estudo de caso "A demanda por reservas internacionais", afirmamos que, exceto no caso de um sistema de moeda de reserva, uma tentativa de todos os bancos centrais elevarem simultaneamente suas quantidades de reserva internacional por meio das vendas dos ativos internos no mercado aberto poderia ter um efeito contracionista sobre a economia mundial. Apresente uma explicação que contraste os casos de um sistema padrão-ouro e um sistema de moeda de reserva.

19. Se um país mudar sua taxa de câmbio, o valor de suas reservas estrangeiras, medido em moeda nacional, também muda. Essa última mudança pode representar ganho ou perda de moeda nacional para o banco central. O que acontece quando um país desvaloriza sua moeda em relação à moeda de reserva? E quando revaloriza? Como esse fator pode afetar o custo potencial de manter as reservas externas? Certifique-se de considerar o papel da paridade de juros na formulação de sua resposta.

20. Analise o resultado de uma desvalorização permanente por uma economia vítima de uma armadilha de liquidez do tipo descrito no Capítulo 17.

554 PARTE III ■ Taxas de câmbio e macroeconomia da economia aberta

21. Lembre-se de nossa discussão sobre o piso de moeda do franco suíço no estudo de caso "Os mercados podem atacar uma moeda *forte*? O caso da Suíça". Lembre-se também da discussão do Capítulo 17 sobre a armadilha de liquidez. Como a Suíça tem estado em uma armadilha de liquidez o tempo todo em que tem defendido seu piso de moeda, nossa discussão da teoria da armadilha de liquidez no Capítulo 17 sugere por que a inflação da Suíça não subiu com as compras de câmbio pesadas por parte do SNB?

22. Retornando novamente ao caso do piso de moeda do franco suíço, com as taxas de juros da Suíça em zero, o que você acha que aconteceria se os especuladores monetários esperassem que o franco suíço se valorizasse mais do que a taxa de juros do euro?

LEITURAS ADICIONAIS

Bird, G. e Rajan, R. "Too Much of a Good Thing? The Adequacy of International Reserves in the Aftermath of Crises". *World Economy*, v. 86, p. 873-891, jun. 2003. Acessível revisão da literatura sobre a demanda de reservas internacionais.

Branson, W. H. "Causes of Appreciation and Volatility of the Dollar". In: *The U.S. Dollar – Recent Developments, Outlook, and Policy Options*. Kansas City: Federal Reserve Bank of Kansas City, 1985, p. 33-52. Desenvolve e aplica um modelo de determinação da taxa de câmbio com substitutibilidade imperfeita de ativos.

Barry Eichengreen. *Exorbitant Privilege: The Rise and Fall of the Dollar and the Future of the International Monetary System*. Nova York: Oxford University Press, 2011. Uma perspectiva histórica abrangente sobre o *status* especial do dólar.

Friedman, M. "Bimetallism Revisited". *Journal of Economic Perspectives*, v. 4, p. 85-104, outono 1990. Uma reconsideração fascinante das avaliações dos economistas sobre o padrão duplo ouro-prata.

Habermeier, K. et al. "Revised System for the Classification of Exchange Rate Arrangements". IMF Working Paper WP/09/211, set. 2009. Explica como o Fundo Monetário Internacional classifica os diferentes sistemas nacionais de determinação das taxas de câmbio.

Humpage, O. F. "Institutional Aspects of U.S. Intervention". *Federal Reserve Bank of Cleveland Economic Review*, v. 30, p. 2-19, 1º trimestre de 1994. Como o Tesouro dos Estados Unidos e a Reserva Federal coordenam a intervenção cambial.

Ethan Ilzetzki, Carmen M. Reinhart e Kenneth S. Rogoff. "Exchange Arrangements Entering the 21st Century: Which Anchor Will Hold?" *Quarterly Journal of Economics* 134 (maio 2019), pp. 599-646. Crônica detalhada dos dados que acompanham a evolução dos arranjos cambiais.

Jeanne, O. *Currency Crises: A Perspective on Recent Theoretical Developments*. Princeton Special Papers in International Economics, v. 20. International Finance Section, Department of Economics, Princeton University, mar. 2000. As ideias recentes sobre ataques e crises especulativas.

Mundell, R. A. "Capital Mobility and Stabilization Policy under Fixed and Flexible Exchange Rates". *Canadian Journal of Economics and Political Science*, v. 29, p. 475-485, nov. 1963. Relato clássico dos efeitos das políticas monetárias e fiscais sob regimes cambiais alternativos.

Mussa, M. *The Role of Official Intervention*. Occasional Paper 6. Nova York: Group of Thirty, 1981. Discute a teoria e a prática da intervenção cambial do banco central sob uma flutuação suja.

Obstfeld, M. "Models of Currency Crises with Self-Fulfilling Features". *European Economic Review*, v. 40, p. 1037-1048, abr. 1996. Mais informações sobre a natureza das crises do balanço de pagamentos.

Jonathan D. Ostry, Atish R. Ghosh e Marcos Chamon. "Two Targets, Two Instruments: Monetary and Exchange Rate Policies in Emerging Market Economies." IMF Staff Discussion Note SDN/12/01 (fev. 2012). Descreve a gestão conjunta da política monetária e da taxa de câmbio em um contexto de mercados emergentes no qual a condição de paridade de juros descoberta não se sustenta.

Sarno, L. e Taylor, M. P. "Official Intervention in the Foreign Exchange Market: Is It Effective and, If So, How Does It Work?". *Journal of Economic Literature*, v. 39, p. 839-868, set. 2001. Um estudo útil sobre a intervenção cambial.

APÊNDICE 1 DO CAPÍTULO 18

Equilíbrio no mercado de câmbio com substitutibilidade imperfeita de ativos

Este apêndice desenvolve um modelo de mercado de câmbio em que os fatores de risco podem fazer os ativos em moeda doméstica e moeda estrangeira serem substitutos imperfeitos, de modo que a PDJ não se sustenta. O modelo dá origem a um prêmio de risco que pode diferenciar as taxas de retorno esperadas sobre ativos nacionais e estrangeiros.

Demanda

Como os indivíduos não gostam de situações de risco em que sua riqueza pode variar bastante de um dia para outro, eles decidem como alocar sua riqueza entre diferentes ativos com uma análise do grau de risco da carteira resultante, bem como do retorno esperado que o portfólio oferece. Alguém que coloca sua riqueza inteiramente em libras esterlinas, por exemplo, pode esperar um retorno elevado, mas a riqueza pode ser exterminada se a libra depreciar inesperadamente. Uma estratégia mais sensata é investir em várias moedas, mesmo que algumas tenham retornos esperados mais baixos do que a libra, e, assim, reduzir o impacto da má sorte sobre a riqueza com uma moeda qualquer. Repartindo o risco entre várias moedas, um indivíduo pode reduzir a variabilidade de sua riqueza.

As considerações de risco tornam razoável supor que a demanda de um indivíduo por ativos em moeda nacional que rendem juros aumenta quando os juros que oferecem (R) aumentam em relação ao retorno em moeda nacional sobre ativos em moeda estrangeira [$R^* + (E^e - E)/E$]. Em outras palavras, um indivíduo estará disposto a aumentar o grau de risco da sua carteira ao investir mais em ativos em moeda nacional apenas se for compensado por um aumento da rentabilidade esperada em relação a esses ativos.

Resumimos essa suposição escrevendo a demanda do indivíduo i por títulos em moeda nacional, B_i^d, como uma função crescente da diferença da taxa de retorno entre títulos nacionais e estrangeiros,

$$B_i^d = B_i^d[R - R^* - (E^e - E)/E].$$

É claro, B_i^d também depende de outros fatores específicos ao indivíduo i, como sua fortuna e sua renda. A demanda por títulos em moeda nacional pode ser positiva ou negativa e, no primeiro caso, o indivíduo i é um devedor líquido em moeda doméstica, ou seja, um *fornecedor* de títulos em moeda nacional.

Para encontrar a demanda *agregada* privada para títulos em moeda nacional, precisamos apenas acrescentar demandas individuais B_i^d para todos os indivíduos i no mundo. Essa soma dá a demanda agregada para títulos de moeda nacional, B^d, que também é uma função crescente da diferença da taxa de retorno esperada em favor de ativos em moeda nacional. Portanto,

$$\text{Demanda} = B^d[R - R^* - (E^e - E)/E]$$
$$= \text{soma para todos } i \text{ de } B_i^d[R - R^* - (E^e - E)/E].$$

Como alguns indivíduos privados podem estar contraindo empréstimos e, portanto, fornecendo títulos, B^d deveria ser interpretado como a demanda *líquida* do setor privado por títulos em moeda doméstica.

Oferta

Uma vez que estamos interpretando B^d como a demanda *líquida* do setor privado por títulos de moeda nacional, a variável de oferta adequada para definir o equilíbrio de mercado é a oferta líquida de títulos em moeda nacional para o setor privado, ou seja, a oferta de títulos que não são da responsabilidade de qualquer indivíduo ou empresa. A oferta líquida, portanto, é igual ao valor dos títulos do *governo* em moeda nacional mantidos pelo público, B, deduzido o valor dos ativos em moeda nacional mantidos pelo banco central, A:

$$\text{Oferta} = B - A.$$

A deve ser subtraído de B para encontrarmos a oferta líquida dos títulos, porque as compras de títulos do banco central reduzem a oferta disponível para investidores privados. (Em geral, também teríamos que subtrair de B os ativos em moeda doméstica mantidos por bancos centrais estrangeiros.)

Equilíbrio

O prêmio de risco, ρ, é determinado pela interação entre oferta e demanda. O prêmio de risco é definido como

$$\rho = R - R^* - (E^e - E)/E,$$

ou seja, como a diferença de retorno esperada entre os títulos domésticos e estrangeiros (o desvio da PDJ). Podemos, portanto, escrever a demanda líquida do setor privado por títulos de moeda nacional como uma função crescente de ρ. A Figura 18A1.1 mostra essa relação desenhando a curva de demanda por títulos de moeda nacional com uma inclinação positiva.

A curva de oferta de títulos é vertical em $B - A^1$ porque a oferta líquida de títulos no mercado é determinada pelas decisões do governo e do banco central e é independente do prêmio de risco. O equilíbrio ocorre no ponto 1 (a um prêmio de risco de ρ^1), onde a demanda líquida do setor privado por títulos de moeda nacional é igual à oferta líquida. Observe que para valores de R, R^* e E^e, o equilíbrio mostrado no diagrama também pode ser visto como determinante da taxa de câmbio, pois $E = E^e/(1 + R - R^* - \rho)$.

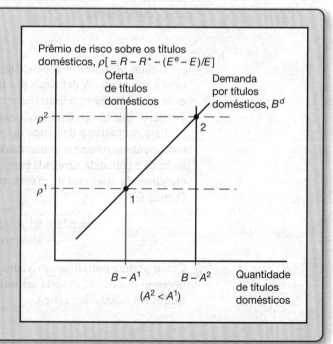

FIGURA 18A1.1

A oferta de títulos domésticos e o prêmio de risco de câmbio sob substitutibilidade imperfeita de ativos.

Um aumento na oferta de títulos em moeda nacional que o setor privado deve deter eleva o prêmio de risco dos ativos em moeda nacional.

APÊNDICE 1 DO CAPÍTULO 18 ■ Taxas de câmbio fixas e intervenção cambial

A Figura 18A1.1 também mostra o efeito de uma venda de ativos internos pelo banco central, que reduz suas participações de ativos domésticos para $A^2 < A^1$. Essa venda aumenta a oferta líquida de títulos em moeda nacional para $B - A^2$ e desloca a curva de oferta para a direita. O novo equilíbrio ocorre no ponto 2, a um prêmio de risco de $\rho^2 > \rho^1$. Da mesma forma, o aumento da dívida do governo em moeda nacional, B, aumentaria o prêmio de risco.

O modelo, portanto, estabelece que o prêmio de risco é uma função crescente de $B - A$, assim como consideramos na discussão sobre a intervenção esterilizada que levou à Equação (18.3).

Você deve reconhecer que a nossa discussão sobre determinação do prêmio de risco é uma simplificação de várias formas, não menos por causa da suposição de que o país é pequeno, de modo que todas as variáveis estrangeiras podem ser tomadas como dadas. No entanto, em geral, as ações tomadas pelos governos estrangeiros também podem afetar o prêmio de risco, que pode assumir valores *negativos*, bem como valores positivos, é claro. Ou seja, as políticas ou eventos que tornam os títulos estrangeiros progressivamente mais arriscados um dia farão com que os investidores estejam dispostos a manter títulos de moeda nacional à taxa de retorno esperada *abaixo* das taxas dos títulos de moeda estrangeira.

Uma forma de capturar essa possibilidade seria generalizar a Equação (18.3) no texto e, em vez disso, expressar o prêmio de risco como

$$\rho = \rho(B - A, B^* - A^*),$$

onde $B^* - A^*$ *é o estoque líquido de títulos em moeda estrangeira que o público deve manter. Nessa formulação estendida, um aumento de $B - A$ ainda aumenta ρ, mas um aumento em* $B^* - A^*$ faz com que ρ caia, tornando os títulos estrangeiros relativamente mais arriscados.

APÊNDICE 2 DO CAPÍTULO 18

A cronologia das crises do balanço de pagamentos

No texto, construímos o modelo de uma crise do balanço de pagamentos como uma súbita perda de confiança na promessa do banco central de manter a taxa de câmbio fixa no futuro. Como observado anteriormente, uma crise monetária muitas vezes não é o resultado das mudanças arbitrárias no sentimento do mercado, ao contrário do que formuladores de políticas exasperados envolvidos em crises muitas vezes afirmam. Em vez disso, um colapso da taxa de câmbio pode ser o resultado inevitável de políticas governamentais inconsistentes com manter uma taxa de câmbio fixa permanentemente. Em tais casos, a teoria econômica simples pode nos permitir prever a data de uma crise por meio de uma análise cuidadosa das políticas do governo e da resposta racional do mercado a elas.[27]

É mais fácil entender os pontos principais usando as suposições e notações da abordagem monetária para o balanço de pagamentos (aquelas desenvolvidas no Apêndice 3 deste capítulo) e a abordagem monetária à taxa de câmbio (Capítulo 16). Para simplificar, vamos supor que os preços sejam perfeitamente flexíveis e que o produto seja constante em seu nível de pleno emprego. Vamos também supor que os participantes do mercado tenham previsão perfeita sobre o futuro.

O momento exato de uma crise de pagamentos não pode ser determinado independentemente das políticas do governo. Em particular, temos de descrever não só como o governo está se comportando hoje, mas também como pretende reagir a eventos futuros da economia. São feitas duas suposições sobre o comportamento oficial: (1) o banco central está permitindo que o estoque de crédito interno do banco central, A, expanda constantemente e vai fazê-lo para sempre; (2) o banco central atualmente está fixando a taxa de câmbio no nível E^0, mas permitirá que a taxa de câmbio flutue livremente para sempre se suas reservas estrangeiras, F^*, caírem para zero. Além disso, as autoridades defenderão E^0 até o fim vendendo reservas externas a esse preço enquanto tiverem reservas para vender.

O problema com as políticas do banco central é que elas são inconsistentes com a manutenção de uma taxa de câmbio fixa por tempo indeterminado. A abordagem monetária sugere que as reservas externas vão cair constantemente conforme os ativos internos aumentam continuamente. Portanto, com o passar do tempo, as reservas terão que acabar e a taxa de câmbio fixa E^0 terá que ser abandonada. Na verdade, os especuladores forçarão a questão montando um ataque especulativo e comprando todas as reservas do banco central enquanto as reservas ainda estiverem em um nível positivo.

Podemos descrever o momento dessa crise com a ajuda de uma definição e um diagrama. A taxa de câmbio flutuante *paralela* no tempo t, denotada E_t^s, é a taxa de câmbio que prevaleceria no tempo t se o banco central não mantivesse reservas estrangeiras e permitisse a moeda flutuar, mas continuasse a permitir que o crédito interno crescesse ao longo do tempo. Sabemos da abordagem monetária que o resultado seria uma situação de *inflação em curso*, na qual E_t^s tende a subir ao longo do tempo, na proporção da taxa de crescimento do crédito interno. O painel superior da Figura 18A2.1 mostra essa tendência ascendente na taxa flutuante paralela, junto com o nível E^0, no qual a taxa de câmbio está atrelada

---

[27] Modelos alternativos de crises do balanço de pagamentos são desenvolvidos em: Paul Krugman. "A Model of Balance-of-Payments Crises". *Journal of Money, Credit and Banking*, v. 11, p. 311-325, ago. 1979; Robert P. Flood e Peter M. Garber, "Collapsing Exchange Rate Regimes: Some Linear Examples". *Journal of International Economics*, v. 17, p. 1-14, ago. 1984; e Maurice Obstfeld. "Rational and Self-Fulfilling Balance-of-Payments Crises". *American Economic Review*, v. 76, p. 72-81, Mar. 1986. Consulte também o artigo de Obstfeld nas Leituras adicionais.

inicialmente. O tempo T indicado no eixo horizontal é definido como a data em que a taxa de câmbio paralela atinge E^0.

O painel inferior da figura mostra como as reservas se comportam ao longo do tempo quando o crédito interno está crescendo constantemente. (Um aumento nas reservas é um movimento para baixo, desde a origem ao longo do eixo vertical.) Mostramos o caminho das reservas como uma curva angulada que cai gradualmente até o tempo T, ponto em que as reservas caem em um curso único para zero. Essa perda de reserva precipitada (de tamanho F^*_T) é o ataque especulativo que força o fim da taxa de câmbio fixa, e agora argumentamos que tal ataque deve ocorrer precisamente no tempo T para que os mercados de ativos estejam em equilíbrio a cada momento.

Estamos supondo que o produto Y é fixo, então as reservas cairão ao longo do tempo com a mesma velocidade com que o crédito interno cresce, contanto que a taxa de juros doméstica R (e, portanto, a demanda por moeda doméstica) não mude. O que sabemos sobre o comportamento da taxa de juros? Sabemos que, enquanto a taxa de câmbio permanecer fixa de maneira convincente, R será igual à taxa de juros externa R^* porque nenhuma depreciação será esperada. Assim, as reservas caem gradualmente ao longo do tempo, como mostrado na Figura 18A2.1, enquanto a taxa de câmbio permanece fixa em E^0.

Imagine agora que as reservas chegam primeiro a zero em um tempo como T', que é *posterior* ao tempo T. Nossa taxa de câmbio paralela, E_S, é definida como a taxa flutuante de equilíbrio que prevalece quando as reservas externas são zero, então se as reservas

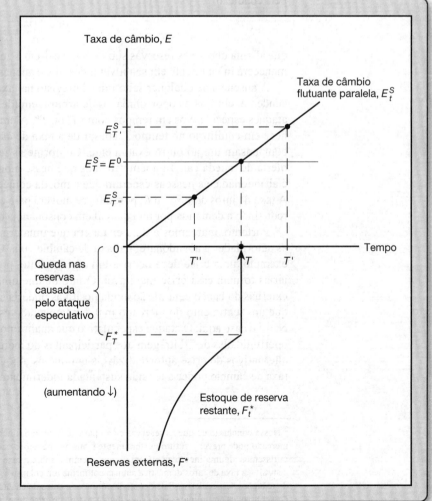

FIGURA 18A2.1
Como é determinada a cronologia de uma crise do balanço de pagamentos.

O mercado encena um ataque especulativo e compra as reservas estrangeiras restantes F^*_T no tempo T, que é quando a taxa de câmbio flutuante paralela E^s_t fica igual à taxa de câmbio fixa pré-colapso E^0.

560 PARTE III ■ Taxas de câmbio e macroeconomia da economia aberta

chegaram primeiro a zero no tempo T', as autoridades abandonam E^0 para sempre e a taxa de câmbio salta imediatamente para o nível superior $E^S_{T'}$. Há algo errado com esse "equilíbrio", no entanto: cada participante do mercado sabe que a moeda interna depreciará muito bruscamente no tempo T' e tentará lucrar com a compra de reservas externas do banco central, a um preço inferior E^0, apenas um instante *antes de* T'. Assim, o banco central perderá todas suas reservas antes de T', ao contrário da nossa suposição de que primeiro as reservas atingiriam zero em T'. Então não estamos realmente observando um equilíbrio.

Chegamos a um equilíbrio supondo, em vez disso, que os especuladores compram o estoque de reserva oficial em um momento como T'' que é *anterior* ao tempo T? Novamente, a resposta é não, como você pode ver ao considerar as escolhas que enfrenta um titular individual de ativos. Ele sabe que, se as reservas do banco central chegarem a zero no tempo T'', a moeda irá apreciar de E^0 para $E^S_{T'}$ conforme o banco central deixar o mercado de câmbio. Isso, portanto, vai pressioná-lo a não se juntar a qualquer ataque especulativo que empurre as reservas a zero no tempo T''. Na verdade, ele prefere *vender* tanta moeda estrangeira quanto possível para o banco central imediatamente antes do tempo T'', e então comprá-la pelo preço mais baixo determinado pelo mercado que prevaleceria após uma crise. Entretanto, uma vez que todos os participantes de mercado achariam interessante agir dessa forma, um ataque especulativo simplesmente não pode ocorrer antes do tempo T. Nenhum especulador desejaria comprar reservas do banco central ao preço E^0, sabendo que uma perda de capital discreta imediata estaria prestes a acontecer.

Só se as reservas estrangeiras chegarem a zero, precisamente no tempo T, os mercados de ativos estarão continuamente em equilíbrio. Conforme observado, o tempo T é definido pela condição

$$E^S_T = E^0,$$

que afirma que, se as reservas subitamente caírem a zero no tempo T, a taxa de câmbio permanecerá inicialmente em seu nível indexado, e apenas depois flutuará para cima.

A ausência de qualquer salto inicial previsto na taxa de câmbio, seja ascendente ou descendente, elimina as oportunidades de arbitragem (descritas anteriormente) que impedem ataques especulativos em tempos como T' ou T''. Além disso, o mercado de câmbio permanece em equilíbrio no tempo T, apesar de a taxa de câmbio não saltar, porque dois fatores compensam um ao outro exatamente. Conforme as reservas caem bruscamente a zero, a oferta de moeda cai. Também sabemos que nesse momento em que a taxa de câmbio fixa é abandonada, as pessoas esperam que a moeda comece a depreciação ao longo do tempo. A taxa de juros doméstica R, portanto, se moverá para cima para manter a paridade de juros, reduzindo a demanda por moeda real em consonância com a queda na oferta de moeda real.

Portanto, marcamos a data exata em que uma crise do balanço de pagamentos obriga as autoridades a abandonarem a taxa de câmbio fixa. Observe mais uma vez que, no nosso exemplo, uma crise deve ocorrer em *algum* ponto, porque as políticas monetárias perdulárias tornam essa crise inevitável. O fato de que uma crise ocorre enquanto as reservas externas do banco central são ainda positivas poderia sugerir aos observadores superficiais que um sentimento do mercado mal fundamentado está levando a um pânico prematuro. Não é o caso aqui. O ataque especulativo que analisamos é o único resultado que não oferece oportunidades de arbitragem aos participantes do mercado.[28] No entanto, existem modelos alternativos de crise autorrealizáveis em que os ataques podem ocorrer mesmo quando a taxa de câmbio poderia ter sido sustentada indefinidamente na ausência de um ataque.

---

[28]Nossa conclusão de que as reservas caem para zero em um único ataque vem de nossas suposições de que o mercado pode prever o futuro perfeitamente e que as operações ocorrem continuamente. Se, em vez disso, permitíssemos alguma incerteza mínima – por exemplo, sobre a taxa de crescimento do crédito interno do banco central –, a taxa de juros doméstica subiria conforme um colapso se tornasse mais provável, causando uma série de reduções "especulativas" da demanda por moeda antes do esgotamento final das reservas externas. Cada um desses ataques preliminares seria semelhante ao tipo de crise descrito no capítulo.

APÊNDICE 3 DO CAPÍTULO 18

A abordagem monetária ao balanço de pagamentos

A forte relação discutida no Capítulo 18 entre o balanço de pagamentos de um país e a sua oferta de moeda sugere que as flutuações nas reservas do banco central podem ser interpretadas como o resultado de mudanças no mercado monetário. Esse método de análise do balanço de pagamentos é chamado de *abordagem monetária ao balanço de pagamentos*. A abordagem monetária foi desenvolvida nas décadas de 1950 e 1960 pelo departamento de pesquisa do Fundo Monetário Internacional, sob Jacques J. Polak, e por Harry G. Johnson, Robert A. Mundell e seus alunos na Universidade de Chicago.[29]

A abordagem monetária pode ser ilustrada por um modelo simples que liga o balanço de pagamentos a eventos no mercado monetário. Para começar, lembre-se de que o mercado monetário está em equilíbrio quando a oferta de moeda real é igual à demanda por moeda real, ou seja, quando:

$$M^s/P = L(R,Y).$$

Agora considere que F^* denota os ativos externos do banco central (medidos em moeda nacional) e A seus ativos internos (crédito interno). Se μ é o *multiplicador monetário* que define a relação entre os ativos totais do banco central ($F^* + A$) e a oferta de moeda, então:

$$M^s = \mu(F^* + A).$$

A mudança nos ativos externos do banco central durante qualquer período de tempo, ΔF^*, é igual ao balanço de pagamentos (para um país que não tem moeda de reserva). Ao combinar as duas equações anteriores, podemos expressar os ativos externos do banco central como:

$$F^* = (1/\mu)PL(R,Y) - A.$$

Se pressupormos que μ é uma constante, o superávit da balança de pagamentos é:

$$\Delta F^* = (1/\mu)\Delta[PL(R,Y)] - \Delta A.$$

A equação anterior resume a abordagem monetária. O primeiro termo no lado direito reflete mudanças na demanda por moeda nominal e nos informa que, com tudo mais sendo igual, um aumento na demanda por moeda causa um superávit do balanço de pagamentos e um aumento correspondente na oferta de moeda que mantém o equilíbrio do mercado monetário. O segundo termo na equação do balanço de pagamentos reflete fatores de oferta no mercado monetário. Um aumento no crédito interno aumenta a oferta de moeda em relação à demanda, com tudo mais sendo igual: assim, o balanço de pagamentos deve entrar em déficit para reduzir a oferta de moeda e restaurar o equilíbrio do mercado monetário.

Como o balanço de pagamentos é igual à soma dos superávits da conta corrente e da conta financeira (não reserva) (veja o Capítulo 13), boa parte dos textos de economia publicados antes de a abordagem monetária ser desenvolvida explicavam os movimentos no balanço de pagamentos como o resultado de variações na conta corrente ou financeira. Uma

---

[29]Muitos artigos originais que utilizam a abordagem monetária estão reunidos em Jacob A. Frenkel e Harry G. Johnson, eds., *The Monetary Approach to the Balance of Payments* (Londres: George Allen and Unwin, 1976), e em Fundo Monetário Internacional, *The Monetary Approach to the Balance of Payments* (Washington, D.C.: International Monetary Fund, 1977).

PARTE III ■ Taxas de câmbio e macroeconomia da economia aberta

contribuição importante da abordagem monetária foi enfatizar que, em muitas situações, os problemas do balanço de pagamentos são o resultado direto de desequilíbrios no mercado monetário, e que uma solução de política que dependa da política monetária seria, portanto, a mais apropriada. Um grande déficit no balanço de pagamentos pode ser o resultado da criação de crédito interno em excesso, por exemplo. Embora esse déficit do balanço de pagamentos geralmente envolva tanto um déficit em conta corrente quanto um saldo privado positivo da conta financeira, seria equivocado considerá-lo como causado fundamentalmente por uma queda exógena na demanda mundial relativa por bens ou ativos nacionais.

Entretanto, existem muitos casos realistas em que uma análise do balanço de pagamentos baseada na abordagem monetária seria tortuosa e possivelmente enganosa enquanto guia para a formulação de políticas. Suponha, por exemplo, que ocorra uma queda temporária na demanda estrangeira por produtos nacionais. Essa mudança causaria uma queda na conta corrente e no balanço de pagamentos, mas esses efeitos podem ser compensados (quando não há restrições rígidas à conta de capital) por uma política fiscal expansionista temporária.

Como o produto cai e, logo, a moeda também, a abordagem monetária também prevê que um déficit do balanço de pagamentos resultará de uma queda na demanda por exportações. Seria errado, no entanto, que os formuladores de políticas concluíssem que a associação entre o déficit do balanço de pagamentos e uma queda na demanda por moeda significa que a contração do crédito interno seria a melhor resposta. Se o banco central restringisse o crédito interno para melhorar o balanço de pagamentos, o desemprego permaneceria alto e poderia até mesmo aumentar.

A abordagem monetária é uma ferramenta analítica extremamente útil, mas deve ser aplicada com cautela na busca de soluções para problemas macroeconômicos. Sua utilidade é maior para a formulação de soluções para problemas de políticas públicas que são resultados diretos de variações na demanda ou oferta de moeda nacional.

CAPÍTULO 19

Sistemas monetários internacionais: uma visão histórica

Nos Capítulos 17 e 18, vimos como um único país pode utilizar políticas monetárias, fiscais e cambiais para mudar os níveis de emprego e produção dentro de suas fronteiras. Embora essa análise normalmente pressuponha que as condições macroeconômicas no resto do mundo não são afetadas pelas ações do país que estamos estudando, essa suposição, em geral, não é válida: qualquer mudança na taxa de câmbio real do país automaticamente implica uma mudança oposta nas taxas de câmbio reais estrangeiras, e qualquer alteração na despesa nacional geral tende a mudar a demanda nacional por mercadorias estrangeiras. A não ser que o país seja insignificantemente pequeno, as ocorrências dentro de suas fronteiras afetam as condições macroeconômicas no exterior e, portanto, complicam a tarefa dos formuladores de políticas.

A interdependência inerente das economias nacionais abertas tem tornado mais difícil para os governos atingirem metas políticas como o pleno emprego e a estabilidade do nível de preços. Os canais de interdependência dependem, por sua vez, dos arranjos monetários, fiscais e de taxa de câmbio que os países adotam: um conjunto de instituições chamado de *sistema monetário internacional*. Este capítulo examina como o sistema monetário internacional influenciou a formulação de política macroeconômica durante quatro períodos: a era do padrão-ouro (1870-1914); o período entreguerras (1918-1939); os anos após a Segunda Guerra Mundial, durante os quais as taxas de câmbio foram fixadas sob o acordo de Bretton Woods (1946-1973); e o período recente de confiança generalizada nas taxas de câmbio flutuantes (1973-presente). Como veremos, os arranjos monetários internacionais alternativos têm criado diferentes *trade-offs* para a política macroeconômica.

Em uma economia aberta, a política macroeconômica tem duas metas básicas: equilíbrio interno (manter o pleno emprego com estabilidade de preços) e equilíbrio externo (evitar desequilíbrios excessivos em pagamentos internacionais). Como um país não pode alterar sua posição internacional de pagamentos sem causar automaticamente uma mudança oposta de igual magnitude na posição de pagamentos do resto do mundo, a busca de um país por suas metas macroeconômicas influencia inevitavelmente o quão bem os outros países irão atingir suas metas. Portanto, a meta de equilíbrio externo oferece uma clara ilustração de como ações políticas adotadas no exterior podem mudar a posição de uma economia em relação à posição que seu governo prefere.

Durante todo o período desde 1870, com seus diversos regimes monetários internacionais, como os países tentaram atingir os equilíbrios interno e externo e quão bem-sucedidos eles foram? Por que sistemas monetários internacionais

564 PARTE IV ■ Política macroeconômica internacional

diversos prevaleceram em tempos diferentes? Os responsáveis pelas decisões políticas preocuparam-se com as repercussões estrangeiras de suas ações, ou cada um adotou medidas nacionalistas, que eram autodestrutivas para a economia mundial como um todo? As respostas para essas questões dependem do sistema monetário internacional em vigor naquele momento.

OBJETIVOS DE APRENDIZAGEM

Após a leitura deste capítulo, você será capaz de:

- Explicar como as metas de equilíbrios interno e externo motivam os responsáveis pelas decisões políticas da economia em economias abertas.
- Entender o trilema monetário que os responsáveis pelas decisões políticas de economias abertas inevitavelmente enfrentam e como o sistema monetário internacional alternativo trata esse trilema de formas diferentes.
- Descrever a estrutura do padrão-ouro internacional, que ligava as taxas de câmbio e políticas dos países antes da Primeira Guerra Mundial, e o papel da Grande Depressão da década de 1930 em acabar com os esforços para restaurar a ordem monetária mundial pré-1914.
- Discutir como o sistema de Bretton Woods pós-Segunda Guerra Mundial de taxas de câmbio globalmente fixas foi desenvolvido para combinar estabilidade de taxa de câmbio com autonomia limitada das políticas macroeconômicas nacionais.
- Explicar como o sistema Bretton Woods desmoronou em 1973 e por que muitos economistas naquela época favoreceram um sistema financeiro internacional como o atual, baseado em taxas de câmbio flutuantes de dólar.
- Resumir como as políticas monetária e fiscal de um grande país, como os Estados Unidos, são transmitidas ao exterior sob as taxas de câmbio flutuantes.
- Discutir como a economia mundial se saiu nos anos recentes e quais lições a experiência pós-1973 ensina sobre a necessidade de coordenação de políticas em nível internacional.

Metas de política macroeconômica em uma economia aberta

Em economias abertas, os formuladores de políticas são motivados pelas metas de equilíbrios interno e externo. Definido de forma simples, o **equilíbrio interno** requer o pleno emprego dos recursos de um país e a estabilidade do nível de preços nacional. O **equilíbrio externo** é atingido quando a conta corrente de um país não está em um déficit tão profundo que impeça o país de pagar sua dívida externa no futuro, nem em um superávit tão forte que coloque os estrangeiros nessa posição.

Na prática, nenhuma dessas definições captura toda a gama das preocupações políticas potenciais. Junto com o pleno emprego e a estabilidade do nível de preços geral, por exemplo, os responsáveis pelas decisões políticas podem ter uma determinada distribuição de renda como meta interna adicional. Dependendo dos arranjos da taxa de câmbio ou de outros fatores, os formuladores de políticas podem preocupar-se com mudanças em contas do balanço de pagamentos além da conta corrente. Para complicar ainda mais a situação, a linha entre metas externas e internas pode ser imprecisa. Como uma pessoa deve classificar uma meta de emprego para as indústrias de exportação, por exemplo, quando o crescimento das exportações influencia a capacidade da economia de pagar sua dívida externa?

Entretanto, as definições simples de equilíbrios interno e externo dadas anteriormente capturam as metas que a maioria dos formuladores de políticas compartilham, independentemente de seu ambiente econômico específico. Portanto, organizamos nossa análise

CAPÍTULO 19 ■ Sistemas monetários internacionais: uma visão histórica **565**

em torno dessas definições e discutimos possíveis aspectos adicionais de equilíbrios interno e externo quando eles são relevantes.

Equilíbrio interno: pleno emprego e estabilidade do nível de preços

Quando os recursos produtivos de um país estão plenamente empregados e seu nível de preços está estável, o país está em equilíbrio interno. Não precisamos explicar os desperdícios e dificuldades que ocorrem quando os recursos são subempregados. No entanto, se a economia de um país está "superaquecida" e os recursos são *superempregados*, ocorre um tipo de desperdício diferente (embora provavelmente menos prejudicial). Por exemplo, trabalhadores com horas extras podem preferir trabalhar menos e desfrutar de lazer, mas seus contratos exigem que trabalhem mais horas por dia durante períodos de demanda alta. As máquinas que trabalham de forma mais intensa do que o normal tenderão a estragar com mais frequência e depreciarão mais rapidamente.

Sub ou superemprego também levam a movimentos gerais do nível de preços que reduzem a eficiência da economia ao tornar o valor real da unidade monetária menos certo e, portanto, um guia menos útil para decisões econômicas. Já que os salários e preços nacionais aumentam quando as demandas por mão de obra e produção ultrapassam níveis de pleno emprego e caem no caso oposto, o governo deve evitar movimentos substanciais na demanda agregada em relação ao seu nível de pleno emprego para manter um nível de preços estável e previsível.

A inflação ou a deflação podem acontecer mesmo em condições de pleno emprego, é claro, se as expectativas dos trabalhadores e empresas sobre a política monetária futura levarem a uma espiral de preços e salários para cima ou para baixo. Contudo, tal espiral pode continuar somente se o banco central cumprir as expectativas por meio de injeções ou retiradas contínuas de moeda (Capítulo 15).

Um resultado particularmente perturbador de um nível de preços estável é seu efeito no valor real de contratos de empréstimos. Como os empréstimos tendem a ser denominados na unidade monetária, mudanças inesperadas no nível de preços fazem a renda ser redistribuída entre credores e devedores. Um súbito aumento no nível de preços americano, por exemplo, melhora a situação de quem tem dívidas em dólar, já que a moeda que devem aos credores agora vale menos em termos de mercadorias e serviços. Ao mesmo tempo, o aumento de nível de preços deixa os credores em pior situação. Como tal redistribuição de renda acidental pode causar sofrimento considerável para aqueles que são prejudicados, os governos têm outra razão para manter a estabilidade do nível de preços.[1]

Teoricamente, uma tendência perfeitamente previsível de aumento ou queda de preços não seria muito dispendiosa, já que todos seriam capazes de calcular facilmente o valor real da moeda em qualquer ponto no futuro. Mas, no mundo real, uma taxa de inflação previsível parece ser algo que não existe. De fato, a experiência mostra que a imprevisibilidade do nível de preços geral amplia-se tremendamente em períodos de mudança rápida no nível de preços. Os custos da inflação ficaram mais evidentes no período pós-guerra em países como Argentina, Brasil, Sérvia e Zimbábue, onde aumentos astronômicos no nível de preços fizeram com que as moedas nacionais praticamente parassem de funcionar como unidades de conta ou reserva de valor.

Portanto, para evitar a instabilidade do nível de preços, o governo deve impedir grandes flutuações na produção, que também são indesejáveis em si. Além disso, o governo deve assegurar que a oferta de moeda não cresça rápido ou devagar demais de forma a evitar a inflação e a deflação.

---

[1]A situação é um pouco diferente quando o governo em si é um grande devedor na moeda nacional. Nesses casos, uma inflação surpresa que reduz o valor real da dívida do governo pode ser uma forma conveniente de tributar o público. Esse método de tributação era muito comum em países em desenvolvimento no passado (veja o Capítulo 22), mas, em outros lugares, normalmente é aplicado com relutância e em situações extremas (p. ex., durante ou logo após guerras). Uma política de tentar surpreender o público com a inflação mina a credibilidade do governo e, por meio do efeito Fisher, piora os termos nos quais o governo pode pegar empréstimos no futuro.

566 PARTE IV ▪ Política macroeconômica internacional

Equilíbrio externo: o nível ótimo da conta corrente

A noção de equilíbrio externo é mais difícil de definir do que a do equilíbrio interno, porque não existem referências inequívocas como "pleno emprego" ou "preços estáveis" para aplicar às transações externas de uma economia. A questão de se o comércio de uma economia com o mundo afora causa problemas macroeconômicos depende de vários fatores, incluindo as circunstâncias particulares da economia, as condições do mundo afora e os arranjos institucionais que governam suas relações econômicas com países estrangeiros. Um país comprometido em fixar sua taxa de câmbio em relação a uma moeda estrangeira, por exemplo, pode muito bem adotar uma definição diferente do equilíbrio externo do que um país cuja moeda flutua.

Os livros de economia internacional frequentemente identificam o equilíbrio externo com equilíbrio na conta corrente de um país. Embora essa definição seja apropriada em algumas circunstâncias, ela não é apropriada como regra geral. Lembre-se do Capítulo 13 que um país com um déficit em conta corrente está pegando emprestados recursos do resto do mundo, os quais terá que devolver no futuro. Entretanto, essa situação não é necessariamente indesejável. Por exemplo, as oportunidades do país para investir os recursos emprestados podem ser atrativas em relação às oportunidades disponíveis no resto do mundo. Nesse caso, pagar de volta os empréstimos de estrangeiros não apresenta nenhum problema, porque um investimento lucrativo vai gerar um retorno alto suficiente para cobrir os juros e o principal desses empréstimos. Da mesma forma, um superávit em conta corrente pode não apresentar nenhum problema se a poupança nacional está sendo investida de forma mais lucrativa no exterior do que seria no próprio país.

De forma mais geral, podemos pensar nos desequilíbrios da conta corrente como mais um exemplo de como os países ganham com o comércio. O comércio envolvido é o que chamamos de *comércio intertemporal*, isto é, o comércio do consumo durante o tempo (veja os Capítulos 6 e 17). Assim como países com diferentes habilidades de produzir mercadorias em um único ponto no tempo ganham ao concentrar sua produção no que fazem de melhor, os países podem ganhar em concentrar o investimento mundial naquelas economias mais capazes de transformar a produção atual em produção futura. Os países com fracas oportunidades de investimento deveriam investir menos nacionalmente e canalizar suas poupanças para atividades de investimentos mais produtivos no exterior. Em outras palavras, países onde o investimento é relativamente improdutivo deveriam ser exportadores líquidos de produção atualmente disponível (e, portanto, ter superávits em conta corrente), enquanto países onde o investimento é relativamente produtivo deveriam ser importadores líquidos da produção disponível (e ter déficits em conta corrente). Para pagar suas dívidas externas quando os investimentos atingem a maturidade, os últimos países exportam a produção para os primeiros e, dessa forma, completam a troca de produção presente por produção futura.

Outras considerações também podem justificar uma conta corrente desequilibrada. Um país onde a produção cai temporariamente (p. ex., por causa de uma safra excepcionalmente ruim) pode desejar pegar um empréstimo com estrangeiros para evitar uma queda drástica temporária em seu consumo, que ocorreria de qualquer forma. Na ausência desse empréstimo, o preço da produção presente em termos de produção futura seria mais alto no país de baixa produção do que no exterior, então o comércio intertemporal que elimina essa diferença de preço leva a ganhos mútuos.

A insistência de que todos os países tenham uma conta corrente equilibrada desconsidera esses importantes ganhos de comércio ao longo do tempo. Portanto, nenhum formulador de políticas realista desejaria adotar uma conta corrente equilibrada como meta política apropriada em todas as circunstâncias.

Em um dado ponto, entretanto, os formuladores de políticas geralmente adotam *alguma* meta de conta corrente como objetivo, e essa meta define seu objetivo de equilíbrio externo. Embora o nível da meta da conta corrente em geral não seja zero, os governos normalmente tentam evitar superávits e déficits externos demasiado grandes, a não ser que tenham evidências claras de que desequilíbrios grandes são justificados por ganhos potenciais de comércio

CAPÍTULO 19 ■ Sistemas monetários internacionais: uma visão histórica **567**

intertemporal. Os governos são cautelosos porque o equilíbrio exato da conta corrente que maximiza os ganhos do comércio intertemporal é difícil, se não impossível, de descobrir. Além disso, esse equilíbrio ideal de conta corrente pode mudar de forma imprevisível ao longo do tempo conforme as condições nas economias nacional e global mudam. Contudo, os equilíbrios da conta corrente que erram feio o alvo podem causar sérios problemas.

Problemas com déficits em conta corrente excessivos Por que os governos preferem evitar déficits em conta corrente grandes demais? Como observado, um déficit em conta corrente (que significa que a economia está pegando empréstimos do exterior) pode não representar problema se os fundos emprestados são canalizados para projetos de investimento nacional produtivos, que se pagam com a receita que geram no futuro. Algumas vezes, entretanto, grandes déficits em conta corrente representam um consumo temporariamente alto, resultado de políticas governamentais mal-orientadas ou outros problemas de funcionamento na economia. Em outros momentos, os projetos de investimento que se apoiam em fundos estrangeiros podem ser malplanejados e baseados em expectativas muito otimistas sobre a lucratividade futura. Nesses casos, o governo pode desejar reduzir o déficit em conta corrente imediatamente em vez de enfrentar problemas no pagamento de dívidas estrangeiras mais tarde. Em especial, um grande déficit em conta corrente causado por uma política fiscal expansionista, que não torna as oportunidades de investimento nacional simultaneamente mais lucrativas, pode sinalizar a necessidade do governo de mudar seu curso econômico para restaurar o equilíbrio externo. Toda economia aberta enfrenta uma **restrição orçamentária intertemporal** que limita seus gastos ao longo do tempo a níveis que lhe permitam pagar os juros e o principal de sua dívida externa. Uma versão simples daquela restrição orçamentária que discutimos nos Apêndices dos Capítulos 6 e 17, enquanto uma versão mais realista é derivada no quadro adiante sobre o endividamento externo e as dívidas da Nova Zelândia.

Às vezes, a meta externa é imposta pelo exterior em vez de escolhida pelo governo nacional. Quando os países começam a ter problema com seus pagamentos de empréstimos externos passados, os credores estrangeiros ficam relutantes em emprestar-lhes novos fundos e podem até mesmo exigir pagamento imediato dos empréstimos anteriores. Os economistas referem-se a tal evento como **parada súbita** em empréstimos exteriores. Nesses casos, o governo nacional deve tomar ação severa para reduzir o empréstimo exterior desejado do país para níveis possíveis, assim como pagar empréstimos que estão vencendo e que os estrangeiros não querem renovar. Um grande déficit em conta corrente pode minar a confiança dos investidores estrangeiros e contribuir para uma parada súbita. Além disso, no caso de uma parada súbita, quanto maior o déficit inicial, maior e mais difícil é a queda necessária em gastos nacionais para fazer a economia viver estritamente dentro de suas possibilidades.

Problemas com superávits em conta corrente excessivos Um superávit excessivo em conta corrente representa problemas diferentes daqueles representados pelos déficits. Um superávit em conta corrente implica que o país está acumulando ativos localizados no exterior. Por que os créditos nacionais crescentes em riqueza estrangeira seriam um problema? Uma razão em potencial decorre do fato de que, para um dado nível de poupança nacional, um superávit em conta corrente maior implica menor investimento em fábricas e equipamentos nacionais. (Isso vem da identidade de renda nacional, $S = CC + I$, que diz que a poupança nacional total, S, é dividida entre o acúmulo de ativos estrangeiros, CC, e investimento nacional, I). Vários fatores podem levar os formuladores de políticas a preferirem que a poupança nacional seja empregada em níveis maiores de investimento nacional e níveis menores de investimento estrangeiro. Primeiro, os retornos sobre o capital nacional podem ser mais fáceis de tributar do que aqueles sobre ativos localizados no exterior. Segundo, uma adição ao estoque de capital nacional pode reduzir o desemprego nacional e, portanto, levar a uma renda nacional maior do que uma adição igual aos ativos estrangeiros. Por fim, o investimento nacional feito por uma empresa pode ter efeitos de transbordamento tecnológico benéficos para outros produtores nacionais que a empresa investidora não captura.

568 PARTE IV ■ Política macroeconômica internacional

UM PAÍS PODE PEDIR EMPRÉSTIMOS PARA SEMPRE?
O CASO DA NOVA ZELÂNDIA

A pequena Nova Zelândia, localizada no Oceano Pacífico (com uma população em torno de 5 milhões), tem tido déficits em conta corrente todos os anos por muitos anos, há tanto tempo quanto as estatísticas do país conseguem alcançar. Como resultado, sua dívida líquida para credores estrangeiros está em torno de 50% de sua produção nacional. Ainda assim, os credores continuam a conceder crédito e parecem não se preocupar com o pagamento (em contraste com muitos casos que estudaremos mais para a frente). É possível que um país endividado tome empréstimos ano após ano sem quebrar? Talvez surpreendentemente, a resposta é sim – se não toma empréstimos demais.

Para entender o porquê, temos de pensar sobre a restrição orçamentária de um país quando pode pegar empréstimo e emprestar no longo prazo.[2] (Nossa análise também salientará por que o IIP, a posição de investimento internacional líquido, como definido no Capítulo 13, é tão importante). Vamos continuar a considerar o IIP a riqueza externa líquida do país (créditos sobre os estrangeiros menos os passivos) e o PIB o produto interno bruto ou a produção dentro das fronteiras do país. Considere que r (constante) representa tanto a taxa de juros que o país ganha em riqueza mantida no exterior quanto a que paga seus passivos para os estrangeiros.[3] Se pensarmos, para simplificar, que o produto nacional bruto Y é a soma do PIB e a renda de investimento estrangeiro líquida, $Y = PIB + rIIP$, então podemos expressar a conta corrente em qualquer ano t como

$$CA_t = IIP_{t+1} - IIP_t = Y_t - (C_t + I_t + G_t)$$
$$= rIIP_t + PIB_t - (C_t + I_t + G_t).$$

(Pense em IIP_{t+1} como a riqueza externa líquida ao *fim* do ano t. Vimos no estudo de caso do Capítulo 13 que a relação anterior não é absolutamente exata em razão dos ganhos de preço e das perdas sobre passivos externos líquidos que não são capturados pelas contas de renda e produto nacional. Falaremos mais sobre isso no final.)

Defina as exportações líquidas, a diferença (possivelmente negativa) entre o que um país produz nacionalmente e o que demanda, como $NX_t = PIB_t - (C_t + I_t + G_t)$. (As exportações líquidas também são chamadas de "balança comercial".) Então podemos reescrever a equação anterior de conta corrente como

$$IIP_{t+1} = (1 + r)IIP_t + NX_t.$$

Agora temos de recorrer a uma simples, porém tortuosa, álgebra. Imagine que na última equação começamos em um ano denominado $t = 0$, e que existe um ano T bem longe no futuro no qual as dívidas de todas devem ser pagas, de forma que $IIP_T = 0$. Aplicaremos a equação anterior para o IIP sucessivamente para os anos 1, 2, 3 e assim por diante até T. Para começar, observe que a equação anterior pode ser manipulada para tornar-se

$$IIP_0 = -\frac{1}{1 + r}NX_0 + \frac{1}{1 + r}IIP_1.$$

Mas uma relação similar a essa última vale com IIP_1 do lado esquerdo e IIP_2 e NX_1 do lado direito. Se substituirmos isso pelo IIP_1 anterior, teremos

$$IIP_0 = -\frac{1}{1 + r}NX_0 - \frac{1}{(1 + r)^2}NX_1$$
$$+ \frac{1}{(1 + r)^2}IIP_2.$$

É claro, podemos continuar a fazer essas substituições até alcançarmos $IIP_T = 0$ (o ponto no qual todas as dívidas foram totalmente pagas). A equação

---

[2]Nossa discussão está intimamente relacionada com dos Apêndices dos Capítulos 6 e 17, mas é mais geral, pois permite vários períodos de tempo (não somente dois) e um IIP inicial de não zero.

[3]Uma interpretação simples do modelo é imaginar que todos os ativos e passivos estrangeiros são títulos denominados em uma única moeda global, onde r é a taxa de juros *nominal* medida na moeda global. Na prática, entretanto, as taxas de retorno nominais sobre ativos e passivos estrangeiros podem diferir e podem ser um pouco imprevisíveis, como discutimos a seguir neste quadro. Nos apêndices dos Capítulos 6 e 17, interpretamos r como a taxa de juros *real* global, que poderíamos utilizar aqui também se medíssemos o PIB, Y, e o IIP todos em termos reais (em vez de em termos de moeda global hipotética).

CAPÍTULO 19 ■ Sistemas monetários internacionais: uma visão histórica

resultante é a *restrição orçamentária intertemporal* da economia:

$$IIP_0 = -\frac{1}{1+r}NX_0 - \frac{1}{(1+r)^2}NX_1$$

$$-\frac{1}{(1+r)^3}NX_2 - \cdots - \frac{1}{(1+r)^T}NX_{T-1}.$$

Se o país tem um *IIP* inicialmente positivo (ativos estrangeiros maiores do que passivos), essa restrição intertemporal afirma que o país pode ter um fluxo de déficits de exportação líquida no futuro ($NX < 0$), desde que o *valor presente descontado* desses déficits não seja maior do que os créditos líquidos iniciais da economia sobre estrangeiros. Por outro lado, se inicialmente o *IIP* < 0, a economia deve ter superávits futuros de exportações líquidas suficientes para pagar sua dívida líquida aos estrangeiros (com juros, que é o motivo pelo qual as exportações líquidas são descontadas por r e descontadas de forma mais pesada quanto mais longe no futuro ocorrerem.). Então, um país endividado como a Nova Zelândia definitivamente não pode ter déficits de *exportação líquida* ou *balança comercial* para sempre. Em algum ponto, deve produzir mais mercadorias e serviços do que absorve a fim de pagar o que deve. Caso contrário, está eternamente pegando mais empréstimos para pagar o que deve, uma estratégia que deve, um dia, entrar em colapso quando o país não tiver mais novos credores (e provavelmente muito antes disso).[4]

Mas e o saldo da conta corrente, que iguala as exportações líquidas *mais* o fluxo negativo de juros líquidos de pagamentos implicado pelo *IIP* negativo do país? Talvez você se surpreenda em descobrir que essa soma não precise *nunca* ser positiva para o país permanecer merecedor de crédito.

Para entender o porquê, é útil reescrever a restrição orçamentária intertemporal anterior em termos de *razões* relativas à produção nominal (PIB nominal), *iip* = *IIP/ PIB* e *nx* = *NX/PIB*. Suponha que o PIB nominal

cresça a uma taxa anual constante g que esteja abaixo de r, significando que $PIB_t = (1 + g)\,PIB_{t-1}$. Então, após dividir a restrição orçamentária intertemporal pelo PIB no ano 0, podemos ver que

$$iip_0 = \frac{IIP_0}{PIB_0} = -\frac{1}{1+r}\frac{NX_0}{PIB_0} - \frac{1}{(1+r)^2}\frac{NX_1}{PIB_1}$$

$$\frac{PIB_1}{PIB_0} - \cdots - \frac{1}{(1+r)^T}\frac{NX_{T-1}}{PIB_{T-1}}\frac{PIB_{T-1}}{PIB_0}$$

$$= -\frac{1}{1+r}nx_0 - \frac{1+g}{(1+r)^2}nx_1 - \frac{(1+g)^2}{(1+r)^3}nx_2$$

$$-\cdots - \frac{(1+g)^{T-1}}{(1+r)^T}nx_{T-1}.$$

Agora vamos aplicar essa versão da restrição orçamentária do país, que simplificamos ao pensar que o horizonte temporal é muito longo, tornando a restrição aproximadamente igual à expressão de somatória infinita:

$$iip_0 = -\frac{1}{1+g}\sum_{t=1}^{\infty}\left(\frac{1+g}{1+r}\right)^t nx_{t-1}.$$

Para ilustrar como um país pode facilmente ter um déficit em conta corrente perpétuo, vamos perguntar em que nível *constante* de exportações líquidas $\overline{nx}$ permitirá ao país respeitar essa restrição orçamentária. Encontramos esse nível de exportação líquida constante substituindo $\overline{nx}$ na equação anterior e simplificando ao usar a fórmula de soma de uma série geométrica.[5]

$$iip_0 = -\frac{1}{1+g}\sum_{t=1}^{\infty}\left(\frac{1+g}{1+r}\right)^t \overline{nx} = \frac{-\overline{nx}}{r-g}.$$

Essa solução implica exportações líquidas de $\overline{nx} = -(r-g)iip_0$. Por exemplo, se iip_0 é negativo (o país é um devedor líquido), então $\overline{nx}$ *precisará ser positivo*

---

[4]As estratégias baseadas em sempre pagar velhos credores com dinheiro emprestado de novos credores (em vez de pagar com ganhos genuínos de investimento) são conhecidas como *esquema de pirâmide*. Em inglês, são chamados de *Ponzi schemes* por causa de Charles Ponzi (1882-1949), que prometeu a investidores ingênuos de Massachusetts que poderia dobrar seu dinheiro em 90 dias. Quando tinha de pagá-los, Ponzi usava os fundos fornecidos por novos investidores. As autoridades americanas prenderam Ponzi em 1920 após a natureza fraudulenta de seu modelo de negócio ficar conhecida. Mais recentemente, o financista Bernard Madoff manteve um esquema muito maior do que o de Ponzi por muitos anos.

[5]Lembre-se de suas aulas de matemática no colegial que se x é um número menor do que 1 em valor absoluto, então $x + x^2 + x^3 + \cdots = \dfrac{x}{1-x}$. No exemplo atual, $x = \dfrac{1+g}{1+r} < 1$.

e, por construção, é grande o suficiente para o país pagar sua dívida ao longo do tempo.

Qual nível de saldo de conta corrente isso implica, todavia? O saldo da conta corrente no ano inicial $t = 0$ (expresso como uma fração de seu PIB) é igual a $cc_0 = r(iip_0) + \overline{nx} = r(iip_0) - (r - g)iip_0 = g(iip_0)$. Para um país devedor como a Nova Zelândia, a conta corrente inicial é, portanto, um déficit. Uma consequência adicional importante desse nível de conta corrente, entretanto, é que a proporção do IIP para o PIB permanecerá constante para sempre no nível $\overline{iip} = iip_0$, de forma que a conta corrente também permanecerá constante em $g(\overline{iip})$: esse nível de conta corrente é suficiente para manter a relação de ativos líquidos estrangeiros ou dívidas para o PIB constantes, dado que o PIB nominal está crescendo a uma taxa g.[6] Portanto, se a relação de exportações líquidas para o PIB é mantida constante no valor certo, um país com uma dívida externa líquida inicial terá déficits perpétuos em sua conta corrente ao mesmo tempo que ainda mantém uma relação constante entre passivos líquidos estrangeiros e produção nacional.

A Figura 19.1 mostra dados da Nova Zelândia sobre exportações líquidas e conta corrente (lado esquerdo do eixo vertical) e o IIP (lado direito do eixo vertical), todos expressos como porcentagens do PIB. Na história recente, como você pode ver, a Nova Zelândia tem tido um saldo de conta corrente negativo todos os anos, mas ainda assim sua relação IIP-para-PIB tem média de cerca de −70% do PIB desde 1992 (e ficou acima da média e, em geral, tem crescido – ou seja, tornado-se menos negativo – desde 2011). Como isso tem sido possível? Como a taxa de crescimento médio do PIB nominal da Nova Zelândia foi de 5%

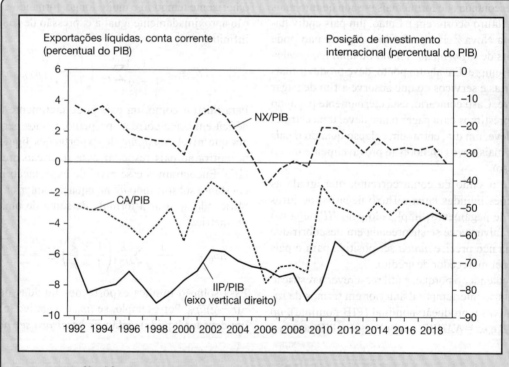

Exportações líquidas, conta corrente e posição de investimento internacional líquido da Nova Zelândia, 1992-2019.

A Nova Zelândia teve um déficit em conta corrente durante décadas, mas seu passivo estrangeiro líquido gira em torno de 70% do PIB, em média, e tem diminuído nos últimos anos.

Fonte: Statistics New Zealand.

---

[6] Portanto, se o PIB nominal cresce em 5% ao ano, a conta corrente aumentará os ativos ou dívidas líquidos estrangeiros em 5% também, deixando a relação constante. O Problema 8 no fim deste capítulo pede para você confirmar isso algebricamente.

CAPÍTULO 19 ■ Sistemas monetários internacionais: uma visão histórica **571**

para o período 1992-2019, nossa fórmula anterior sugere que a uma taxa de juros de $r = 6\%$ por ano, a relação *IIP*-para-PIB permanece constante em 70% se, em média, a Nova Zelândia tem um superávit das exportações líquidas anual igual a

$$\overline{nx} = -(r - g)\,iip_0 = (0,06 - 0,05) * (0,7)$$

$$= 0,01 * 0,7 = 0,007,$$

ou 0,7% do PIB. Mas esse número está confortavelmente abaixo da proporção média entre as exportações líquidas da Nova Zelândia e seu PIB durante o período 1992-2019 mostrado na figura, que era de 1,5%.[7]

Podemos confirmar *independentemente* que a taxa de retorno do *IIP* da Nova Zelândia foi de cerca de 6% durante esse período? Tais estimativas não são tão fáceis de fazer, porque precisaríamos de dados detalhados dos passivos e investimentos estrangeiros do país e suas taxas de retorno (lembre-se de nossa discussão sobre o *IIP* americano no fim do Capítulo 13). Podemos ter uma resposta parcial (porque ignora ganhos de capital e perdas sobre ativos e passivos estrangeiros) por uma análise do balanço de renda de investimento internacional da Nova Zelândia, calculado como uma fração do *IIP*. Durante 1992-2019, a Nova Zelândia pagou, em média, juros líquidos e dividendos iguais a 7,5% de sua dívida externa líquida. Isso é maior do que a taxa de 6% que estabiliza o *IIP* em relação ao PIB.

Deveríamos nos preocupar? Há vários motivos para isso não ser necessário. Uma possibilidade é que os fluxos de juros para a Nova Zelândia são subestimados nos dados oficiais, por causa do problema padrão de sub-reportar (Capítulo 13). Além disso, os passivos brutos estrangeiros da Nova Zelândia consistem, em sua maioria, em dívida bancária, denominados em dólares neozelandeses (ou "kiwi"), embora seus ativos brutos estrangeiros incluam ações substanciais mais outros ativos denominados em moedas estrangeiras. Apesar de o kiwi ter sofrido valorização desde 1992 (de em torno de 55 para a 72 centavos de dólar americano por dólar kiwi), os mercados de ações globais foram muito bem durante esse período. Por exemplo, o índice Standard and Poor's 500 dos preços de ações americanas aumentou aproximadamente nove vezes. Esses ganhos sobre ativos estrangeiros provavelmente ajudaram a reduzir o custo anual *total* médio do *IIP* negativo da Nova Zelândia para mais próximo de 6%. Por fim, lembre-se de que a razão média entre exportações líquidas e PIB da Nova Zelândia está confortavelmente acima do nível de 0,7% que estabiliza a sua razão de dívida externa líquida negativa à sua média de longo prazo quando $r = 6\%$ ao ano. Em geral, portanto, o país parece estar pagando sua dívida externa sem dificuldades. Nos últimos anos, o passivo estrangeiro líquido diminuiu apesar da continuidade dos déficits em conta corrente.

Se um grande superávit em conta corrente nacional reflete empréstimos externos excessivos feitos por estrangeiros, o país pode não conseguir cobrar todo o dinheiro que lhe devem no futuro. Em outras palavras, o país pode perder parte de sua riqueza externa se os estrangeiros descobrirem que pegaram emprestado mais do que podem pagar. Em contrapartida, o não pagamento de um empréstimo entre os seus residentes leva a uma redistribuição da riqueza nacional dentro do país, mas não causa mudança no nível de riqueza nacional.[8] Os superávits em conta corrente excessivos também podem ser inconvenientes por razões políticas. Países com grandes superávits podem tornar-se alvo de barreiras de importação discriminatórias impostas por parceiros comerciais com déficits externos. O Japão esteve nessa posição no passado e os superávits da China inspiraram as ameaças protecionistas mais visíveis da atualidade. Para evitar restrições prejudiciais, os países com superávits podem tentar impedir que seus superávits tornem-se grandes demais.

Resumo O objetivo do equilíbrio externo é um nível da conta corrente que permita que os ganhos de comércio mais importantes ao longo do tempo sejam concretizados sem

---

[7]O déficit em conta corrente médio implicado por esse cálculo é bem grande: $g(iip_0) = 0,05 \times 0,7 = 3,5\%$ do PIB anualmente.

[8]Esse fato foi apontado por John Maynard Keynes em: "Foreign Investment and National Advantage". *The Nation and Athenaeum*, v. 35, p. 584-587, 1924.

572 PARTE IV ■ Política macroeconômica internacional

arriscar os problemas discutidos anteriormente. Como não sabem exatamente qual é esse nível da conta corrente, os governos podem tentar evitar déficits ou superávits muito grandes a menos que haja evidências claras de ganhos consideráveis advindos do comércio intertemporal.

Contudo, há uma assimetria fundamental entre as pressões que forçam os países deficitários ou superavitários a ajustar seus equilíbrios externos para baixo. Grandes déficits que se prolongam por muito tempo podem ser eliminados à força com uma parada súbita nos empréstimos, é improvável que os países devedores parem subitamente de querer absorver os fundos fornecidos pelos estrangeiros! Assim, as pressões de ajuste confrontadas pelos países deficitários normalmente são muito mais fortes do que aquelas enfrentadas pelos superavitários.

Classificação dos sistemas monetários: o trilema monetário da economia aberta

A economia mundial evoluiu por meio de uma variedade de sistemas monetários internacionais desde o século XX. Uma ideia simples decorrente dos modelos que estudamos na última parte deste texto será muito útil na compreensão das diferenças cruciais entre esses sistemas, bem como os fatores econômicos, políticos e sociais que levam os países a adotar um sistema em vez do outro. A ideia na qual iremos nos apoiar é a de que os formuladores de políticas em uma economia aberta enfrentam um **trilema monetário** inescapável ao escolher os regimes monetários que permitam atingir suas metas de equilíbrios interno e externo com mais facilidade.

O Capítulo 18 mostrou como um país que fixa a taxa de câmbio da sua moeda enquanto permite os movimentos livres de capital internacional abre mão do controle sobre a política monetária nacional. Esse sacrifício ilustra a impossibilidade de um país em ter mais do que dois itens da lista a seguir:

1. Estabilidade da taxa de câmbio.
2. Política monetária voltada para metas nacionais.
3. Livre circulação de capitais internacionais.

Como essa lista contém propriedades de um sistema monetário internacional que a maioria dos economistas consideraria desejável em si, a necessidade de escolher somente duas é um trilema para regimes políticos. É um *tri*lema e não um *di*lema porque são três as opções disponíveis: 1 e 2, 1 e 3 ou 2 e 3.

Como já vimos, os países com taxas de câmbio fixas que permitem a livre movimentação internacional de capitais sacrificam o item 2, uma política monetária voltada para o próprio país. Por outro lado, se um país com taxa de câmbio fixa restringe os fluxos financeiros internacionais de forma que a condição de paridade de juros, $R = R^*$, não precise se sustentar (sacrificando dessa forma o item 3), ele ainda é capaz de mudar a taxa de juros nacional de modo a influenciar a economia nacional (portanto, preservando o item 2). Dessa forma, por exemplo, o país pode ser capaz de reduzir o superaquecimento nacional (chegando mais próximo do equilíbrio interno ao aumentar a taxa de juros) sem causar uma queda em suas exportações (impedindo um potencial desvio do equilíbrio externo em virtude de uma valorização de sua moeda). Por fim, como o Capítulo 17 mostrou, um país que tem uma taxa de câmbio flutuante (e, portanto, abre mão do item 1) pode utilizar a política monetária para guiar a economia apesar de os fluxos financeiros internacionais que o envolvem serem livres. Mas o resultado pode ser uma taxa de câmbio bastante imprevisível, complicando o planejamento econômico de importadores e exportadores.

Na Figura 19.1, as três propriedades desejáveis anteriores de um regime monetário internacional estão esquematizadas como os vértices de um triângulo. Somente dois podem

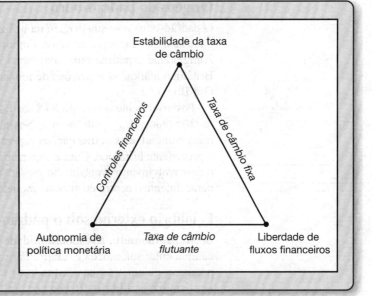

FIGURA 19.1
O trilema monetário para economias abertas.
Os vértices do triângulo mostram três características que os responsáveis pelas decisões políticas nas economias abertas prefeririam que seu sistema monetário atingisse. Infelizmente, no máximo duas podem coexistir. Cada um dos três regimes políticos indicados nas arestas do triângulo (taxa de câmbio flutuante, taxa de câmbio fixa e controles financeiros) é consistente com duas metas entre as quais ele se situa no diagrama.

ser alcançados simultaneamente. Cada aresta do triângulo representa um regime político consistente com as duas propriedades mostradas nos vértices.

É claro, o trilema não implica que os regimes intermediários sejam impossíveis, somente que vão exigir que o formulador de políticas faça a difícil escolha entre objetivos diferentes. Por exemplo, uma intervenção monetária mais agressiva para administrar a taxa de câmbio pode reduzir a volatilidade da taxa, mas somente ao custo de reduzir a capacidade da política monetária em buscar metas que não a taxa de câmbio. De forma similar, uma abertura parcial da conta financeira permitirá alguns empréstimos internacionais. Ao mesmo tempo, entretanto, fixar a taxa de câmbio diante de mudanças da taxa de juros nacional exigirá fazer volumes maiores de intervenção e possivelmente recorrer mais às reservas externas, que seriam necessárias se as transações internacionais fossem completamente proibidas. Portanto, a capacidade do banco central de garantir a estabilidade da taxa de câmbio (evitando desvalorizações e crises) vai diminuir. Muitos países de renda média (como a China) limitam a flexibilidade da taxa de câmbio, mas, ao mesmo tempo, usam restrições aos mercados financeiros e pagamentos internacionais como forma de fortalecer seu controle monetário internacional – e, para um determinado nível de estabilidade cambial, restrições menos rígidas significam menos controle monetário.

Política macroeconômica internacional sob o padrão-ouro, 1870-1914

O período do padrão-ouro entre 1870 e 1914 fundamentava-se em ideias sobre política macroeconômica internacional bem diferentes daquelas que formam a base dos regimes monetários internacionais desde a Segunda Guerra Mundial. Mesmo assim, o período demanda atenção, porque tentativas subsequentes de reformar o sistema monetário internacional com base em taxas de câmbio fixas podem ser vistas como tentativas de basear-se nos pontos fortes do padrão-ouro e evitar seus pontos fracos. (Alguns desses pontos fortes e fracos foram discutidos no Capítulo 18.) Esta seção analisa como o padrão-ouro funcionava na prática antes da Primeira Guerra Mundial e examina o quão bem ele permitia que os países atingissem metas de equilíbrios interno e externo.

Origens do padrão-ouro

O padrão-ouro teve sua origem na utilização de moedas de ouro como meio de troca, unidade de conta e reserva de valor. Embora o ouro tenha desempenhado esses papéis desde a Antiguidade, o padrão-ouro como uma instituição legal data de 1819, quando o Parlamento Britânico anulou as restrições de longa data à exportação de moedas e barras de ouro da Grã-Bretanha.

Posteriormente no século XIX, os Estados Unidos, a Alemanha, o Japão e outros países também adotaram o padrão-ouro. Nessa época, a Grã-Bretanha era a maior potência econômica mundial, e as outras nações esperavam alcançar sucesso econômico similar seguindo o precedente britânico. Com a superioridade da Grã-Bretanha no comércio internacional e o desenvolvimento avançado de suas instituições financeiras e indústria, Londres tornou-se naturalmente o centro do sistema monetário internacional baseado no padrão-ouro.

Equilíbrio externo sob o padrão-ouro

Sob o padrão-ouro, a responsabilidade primária de um banco central era fixar a taxa de câmbio entre sua moeda e o ouro. Para manter esse preço oficial do ouro, o banco central precisava de um estoque adequado de reserva de ouro. Portanto, os formuladores de políticas viam o equilíbrio externo não em termos de metas da conta corrente, mas como uma situação na qual o banco central não estava nem ganhando ouro do exterior, nem (o que seria muito mais preocupante) perdendo ouro para os estrangeiros a uma taxa rápida.

Na terminologia moderna do Capítulo 13, os bancos centrais tentavam evitar flutuações drásticas na *balança de pagamentos*, a diferença entre o saldo da conta corrente mais o saldo da conta de capital e o saldo de fluxos financeiros líquidos de não reservas no exterior. Como as reservas internacionais tomaram a forma de ouro durante esse período, o superávit ou o déficit na balança de pagamentos tinha de ser financiado por envios de ouro entre os bancos centrais.[9] Para evitar grandes movimentações de ouro, os bancos centrais adotaram políticas que impulsionavam a balança de pagamentos para zero. Diz-se que um país está em **equilíbrio da balança de pagamentos** quando a soma de suas contas correntes e capital, menos o componente não reserva de fluxos financeiros líquidos no exterior, iguala a zero, de forma que o saldo da conta corrente mais a conta de capital é inteiramente financiado por empréstimos internacionais sem movimentos de reserva oficial.

Muitos governos adotavam uma atitude *laissez-faire* em relação à conta corrente. Os superávits britânicos entre 1870 e a Primeira Guerra Mundial eram, em média, iguais a 5,2% de seu PNB, um número que é incrivelmente alto pelos padrões pós-1945. Vários países que pegaram empréstimos, entretanto, vivenciaram dificuldades em algum momento para pagarem suas dívidas externas. Talvez porque a Grã-Bretanha fosse o exportador líder mundial da teoria econômica internacional, assim como do capital durante esses anos, os textos sobre o padrão-ouro dessa época dão pouca ênfase aos problemas de ajuste da conta corrente.

O mecanismo preço-fluxo-espécie

O padrão-ouro contém alguns mecanismos automáticos poderosos que contribuem para o alcance simultâneo do equilíbrio da balança de pagamentos por todos os países. O mais importante deles, o **mecanismo preço-fluxo-espécie**, era reconhecido já no século XVIII (quando metais preciosos eram chamados de "espécie"). Em 1752, o filósofo escocês David Hume descreveu o mecanismo preço-fluxo-espécie da seguinte forma:

> Suponha que quatro quintos de todo o dinheiro na Grã-Bretanha sejam destruídos em uma noite e a nação também seja reduzida à mesma condição, em relação à espécie, que se encontrava nos reinos dos Harrys e dos Edwards, qual seria a consequência? O preço de toda a mão de obra e mercadorias não deve afundar em proporção e tudo ser vendido

---

[9]Na verdade, os bancos centrais começaram a manter moedas estrangeiras em suas reservas mesmo antes de 1914. (A libra esterlina era a principal moeda de reserva na época.)

CAPÍTULO 19 ■ Sistemas monetários internacionais: uma visão histórica **575**

tão barato quanto era naquelas épocas? Que nação poderia então disputar conosco em qualquer mercado estrangeiro, ou pretenderia navegar ou vender manufaturas pelo mesmo preço que para nós proporcionaria lucro suficiente? Em quão pouco tempo, portanto, isso deve trazer de volta o dinheiro que perdemos e nos elevar ao nível de todas as nações vizinhas? Quando chegamos a essa condição, imediatamente perdemos a vantagem da mão de obra e mercadorias mais baratas; e o influxo adicional de moeda é interrompido por nossa plenitude e saciedade.

De novo, suponha que todo o dinheiro da Grã-Bretanha fosse multiplicado por cinco em uma noite, o efeito contrário não deve ocorrer? Não devem aumentar toda a mão de obra e mercadorias a uma altura tão exorbitante que nenhuma nação vizinha poderia comprá-las de nós, enquanto essas mercadorias, por outro lado, tornam-se comparativamente tão baratas que, apesar de todas as leis que poderiam ser formuladas, elas nos inundariam e nosso dinheiro fluiria para fora até que decaíssemos ao mesmo nível dos estrangeiros e perdêssemos aquela grande superioridade de riquezas que nos deixara com tais desvantagens?[10]

É fácil traduzir a descrição de Hume do mecanismo preço-fluxo-espécie em termos mais modernos. Suponha que o superávit em conta corrente mais a conta de capital da Grã-Bretanha sejam maiores do que seu saldo de não reserva da conta financeira. Como as importações líquidas estrangeiras da Grã-Bretanha não estão sendo inteiramente financiadas pelos empréstimos britânicos, o déficit deve ser acompanhado pelos fluxos das reservas internacionais (isto é, ouro) para a Grã-Bretanha. Esses fluxos de ouro automaticamente reduzem as ofertas de moeda estrangeira e incham a oferta de moeda britânica, reduzindo os preços estrangeiros e elevando os britânicos. (Observe que Hume compreendia por completo a lição do Capítulo 15, de que os níveis de preços e as ofertas de moeda movem-se proporcionalmente no longo prazo.)

A ocorrência simultânea de um aumento nos preços britânicos e uma queda nos preços estrangeiros – uma valorização real da libra, dada a taxa de câmbio fixa – reduz a demanda estrangeira por mercadorias e serviços britânicos e, ao mesmo tempo, aumenta a demanda britânica por mercadorias e serviços estrangeiros. Essas mudanças na demanda trabalham para reduzir o superávit em conta corrente britânico e reduzir o déficit em conta corrente estrangeiro. Mais cedo ou mais tarde, portanto, os movimentos das reservas param e todos os países alcançam o equilíbrio da balança de pagamentos. O mesmo processo funciona de forma inversa, eliminando uma situação inicial de superávit estrangeiro e déficit britânico.

"Regras do jogo" do padrão-ouro: mito e realidade

Em teoria, o mecanismo preço-fluxo-espécie poderia operar automaticamente. Mas as reações dos bancos centrais aos fluxos de ouro através de suas fronteiras forneceram outro mecanismo potencial para ajudar a restaurar o equilíbrio da balança de pagamentos. Os bancos centrais que estavam persistentemente perdendo ouro enfrentavam o risco de tornarem-se incapazes de cumprir suas obrigações para resgatar papel-moeda. Portanto, eles estavam motivados a vender ativos nacionais quando o ouro estava sendo perdido, elevando as taxas de juros nacionais e atraindo fluxos de fundos do exterior. Os bancos centrais que ganhavam ouro tinham incentivos muito mais fracos para eliminar suas próprias importações do metal. O incentivo principal era a maior lucratividade dos ativos nacionais que geravam juros em comparações com o ouro "improdutivo". Um banco central que estivesse acumulando ouro poderia ficar tentado a comprar ativos nacionais, dessa forma diminuindo as taxas de juros no país, aumentando o escoamento financeiro e levando o ouro para o exterior.

Essas medidas de crédito nacional, se executadas pelos bancos centrais, reforçavam o mecanismo preço-fluxo-espécie, levando o país em direção ao equilíbrio da balança de pagamentos. Após a Primeira Guerra Mundial, as práticas de venda de ativos nacionais em

---

[10]Hume. "Of the Balance of Trade". Reimpresso (de forma abreviada). In: Barry Eichengreen e Marc Flandreau (Eds.). *The Gold Standard in Theory and History*. Londres: Routledge, 1997, p. 33-43.

576 PARTE IV ■ Política macroeconômica internacional

face de um déficit e de compra de ativos diante de um superávit tornaram-se conhecidas como "regras do jogo" do padrão-ouro – uma frase supostamente cunhada por Keynes. Como tais medidas aceleravam o movimento de todos os países em direção às suas metas de saldo externo, elas aumentavam a eficiência do processo de ajuste automático inerente no padrão-ouro.

Pesquisas posteriores mostraram que as supostas "regras do jogo" do padrão-ouro eram frequentemente violadas antes de 1914. Como observado, os incentivos para obedecer à regra aplicavam-se com maior força aos países deficitários do que aos superavitários, então, na prática, eram os países deficitários que arcavam com o ônus de equilibrar as balanças de pagamentos de *todos* os países. Ao nem sempre agirem de modo a reduzir os fluxos de ouro, os países superavitários pioravam um problema de coordenação política internacional inerente ao sistema: os países deficitários competindo por uma oferta limitada de reservas de ouro podiam adotar políticas monetárias excessivamente contracionistas que prejudicavam o emprego, enquanto faziam pouco para melhorar suas posições de reserva.

Na verdade, os países frequentemente revertiam as regras e *esterilizavam* os fluxos de ouro, isto é, vendiam ativos nacionais quando as reservas estrangeiras estavam aumentando e compravam ativos nacionais quando as reservas estrangeiras caíam. A interferência do governo em exportações privadas de ouro também enfraqueceu o sistema. Portanto, a imagem do ajuste da balança de pagamentos suave e automático antes da Primeira Guerra Mundial nem sempre correspondia à realidade. Algumas vezes os governos ignoravam as "regras do jogo" e os efeitos de suas ações em outros países.[11]

Equilíbrio interno sob o padrão-ouro

Fixando os preços das moedas em termos de ouro, o padrão-ouro visava a limitar o crescimento monetário na economia do mundo e, portanto, a garantir a estabilidade nos níveis de preços mundial. Embora os níveis de preços dentro dos países do padrão-ouro não tenham subido muito entre 1870 e 1914, como durante o período após a Segunda Guerra Mundial, os níveis de preços nacionais moveram-se de forma imprevisível em horizontes mais curtos conforme períodos de inflação e deflação seguiam um ao outro. O histórico de altos e baixos do padrão-ouro em relação à estabilidade de preços refletia um problema discutido no Capítulo 18: a mudança nos preços relativos do ouro e de outras *commodities*.

Além disso, o padrão-ouro não parece ter feito muito para garantir o pleno emprego. A taxa de desemprego dos EUA, por exemplo, teve média de 6,8% entre 1890 e 1913, ao passo que teve média em torno de 5,8% entre 1948 e 2021.[12]

Uma causa fundamental da instabilidade interna de curto prazo sob o padrão-ouro antes de 1914 era a subordinação da política econômica a objetivos externos. Antes da Primeira Guerra Mundial, os governos não assumiam a responsabilidade por manter o equilíbrio interno da forma como fizeram após a Segunda Guerra. Nos Estados Unidos, a dificuldade econômica resultante levou à oposição política ao padrão-ouro, como o estudo de caso a seguir explica. Em termos do trilema de política monetária discutido anteriormente, o padrão-ouro permitia altos graus de estabilidade de taxa de câmbio e mobilidade de capital financeiro internacional, mas não permitia que a política monetária buscasse metas de política interna. Essas prioridades eram consistentes com o poder político limitado naquela época, uma das mais vulneráveis ao desemprego.

---

[11]Um estudo influente sobre as práticas do banco central sob o padrão-ouro é o de Arthur I. Bloomfield. *Monetary Policy under the International Gold Standard: 1880-1914*. Nova York: Federal Reserve Bank of New York, 1959.

[12]Os dados dos níveis de preço são dados por Cooper (citado na seção "O padrão-ouro" do Capítulo 18) e os dados para o desemprego americano foram adaptados da mesma fonte. Devem-se comparar com cuidado os dados de desemprego no padrão-ouro e no pós-Segunda Guerra Mundial, porque os métodos utilizados para reunir os dados antigamente eram muito mais imperfeitos. Um estudo crítico sobre os dados do desemprego americano pré-1930 é o de Christina D. Romer. "Spurious Volatility in Historical Unemployment Data". *Journal of Political Economy*, v. 94, p. 1-37, fev. 1986.

CAPÍTULO 19 ■ Sistemas monetários internacionais: uma visão histórica 577

A importância dos objetivos da política interna aumentou após a Segunda Guerra Mundial como resultado de uma instabilidade econômica mundial dos anos entreguerras, 1918-1939. E as consequências internas desagradáveis das tentativas de restaurar o padrão-ouro após 1918 ajudam a moldar o pensamento dos arquitetos do sistema de taxa de câmbio fixa adotado após 1945. Para compreender como o sistema monetário internacional após a Segunda Guerra Mundial tentou reconciliar as metas do equilíbrio interno e do externo, devemos, então, examinar os eventos econômicos do período entre as duas guerras mundiais.

ESTUDO DE CASO

A economia política dos regimes de taxa de câmbio: conflito sobre o padrão monetário dos Estados Unidos durante a década de 1890

Como aprendemos no Capítulo 18, os Estados Unidos tinham um padrão monetário bimetálico até a Guerra Civil, com prata e ouro em circulação. Quando a guerra começou, o país adotou o papel-moeda (chamado de *greenback*) e uma taxa de câmbio flutuante, mas, em 1879, um padrão-ouro puro (e uma taxa de câmbio fixa em relação às outras moedas padrão-ouro como a libra esterlina britânica) foi adotado.

As ofertas mundiais de ouro tinham aumentado drasticamente após descobertas na Califórnia em 1849, mas o retorno do dólar para o ouro em 1879 na paridade pré-Guerra Civil exigiu deflação nos Estados Unidos. Além disso, uma escassez global do ouro gerou uma pressão contínua para baixo nos níveis de preço logo após a restauração americana do ouro. Em 1896, o nível de preços americano estava em torno de 40% abaixo de seu nível de 1869. A dificuldade econômica era generalizada e tornou-se especialmente grave após um pânico bancário em 1893. Os fazendeiros, que viram os preços dos produtos agrícolas caírem mais depressa até mesmo do que o nível de preços geral, foram especialmente atingidos.

Na década de 1890, uma aliança populista ampla de fazendeiros, mineiros e outros pressionou pela restauração do sistema bimetálico prata-ouro que havia prevalecido antes da Guerra Civil. Eles desejavam retornar para a antiga paridade relativa de moedas 16:1 para ouro e prata, mas no começo da década de 1890, o preço de mercado do ouro em termos de prata tinha aumentado para em torno de 30. Os populistas previram que a monetização da prata em 16:1 levaria a um aumento no estoque de moeda de prata e possivelmente reverteria a deflação, conforme as pessoas utilizassem dólares de ouro para comprar a prata mais barata no mercado e então levá-la à casa da moeda para cunhar. Esses fatos teriam tido inúmeras vantagens do ponto de vista dos fazendeiros e de seus aliados, como desfazer as tendências adversas dos termos de troca das décadas anteriores e reduzir o valor real das dívidas hipotecárias dos fazendeiros. Os donos de minas de prata do oeste do país, em particular, estavam loucamente entusiasmados. Por outro lado, os financistas do leste consideravam o "dinheiro sadio" – isto é, ouro, e só ouro – como essencial para alcançar uma integração mais completa dos Estados Unidos com os mercados mundiais.

PARTE IV ▪ Política macroeconômica internacional

O movimento pela prata alcançou seu ápice em 1986, quando o Partido Democrata nomeou William Jennings Bryan para concorrer à presidência após um discurso de convenção empolgante, no qual famosamente proclamou: "Não crucificareis a humanidade em uma cruz de ouro". Mas então, novas descobertas de ouro na África do Sul, no Alasca e em outros lugares começaram a reverter as tendências deflacionárias anteriores pelo mundo, neutralizando a prata como questão política. Bryan perdeu as eleições de 1896 e 1900 para o republicano William McKinley e, em março de 1990, o Congresso aprovou a Lei do Padrão-ouro, que definitivamente fez com que o dólar fosse lastreado exclusivamente por ouro.

Os leitores modernos do livro infantil clássico de 1900 de L. Frank Baum, *O mágico de Oz*, normalmente não se dão conta de que a história de Dorothy, Totó e seus amigos é uma interpretação alegórica da luta política americana em torno do ouro. A estrada de tijolos amarelos representa a falsa promessa de ouro, o nome "Oz" é uma referência a uma onça (oz.) de ouro, e os sapatinhos de prata de Dorothy, alterados para sapatinhos de rubi na versão bem conhecida do filme colorido de Hollywood, oferece o verdadeiro caminho para casa para o altamente endividado estado do Kansas.[13]

Embora muitos observadores tenham identificado a dívida agrícola como um dos principais fatores para a agitação de prata da década de 1890, Jeffry Frieden, cientista político de Harvard, mostra que um fator mais relevante era o desejo dos interesses agrícolas e mineiros em aumentar o preço de seus produtos em relação às mercadorias não comercializáveis.[14] As indústrias, que competiam com as importações, haviam obtido proteção tarifária como contrapeso à deflação. Portanto, como um grupo, tinham pouco interesse em mudar o padrão monetário. Como os Estados Unidos eram praticamente exportadores exclusivos de produtos primários, as tarifas de importação não teriam conseguido ajudar os agricultores e mineiros. Contudo, uma depreciação do dólar americano prometia aumentar os preços em dólar de produtos primários em relação aos preços dos não comercializáveis. Por meio de uma análise estatística cuidadosa da votação do Congresso em projetos de lei relacionados ao sistema monetário, Frieden mostra que o apoio legislativo para a prata não estava relacionado a níveis de endividamento, estando, na verdade, altamente correlacionado com o emprego estadual na agricultura e mineração.

O Entreguerras, 1918-1939

O governo suspendeu efetivamente o padrão-ouro durante a Primeira Guerra Mundial e financiou parte de suas despesas militares massivas imprimindo moeda. Além disso, forças de trabalho e capacidade produtiva foram reduzidas drasticamente por meio de perdas de guerra. Como resultado, os níveis de preços eram maiores em todos os lugares na conclusão da guerra em 1918.

Vários países vivenciaram inflação galopante conforme seus governos tentavam ajudar no processo de reconstrução por meio de despesas públicas. Para financiar suas compras, esses governos simplesmente imprimiram o dinheiro de que precisavam, assim como fizeram algumas vezes durante a guerra. O resultado foi um aumento drástico nas ofertas de moeda e nos níveis de preços.

---

[13]Um relato informativo e divertido é o de Hugh Rockoff. "The 'Wizard of Oz' as a Monetary Allegory". *Journal of Political Economy*, v. 98, p. 739-760, ago. 1990.

[14]Veja: "Monetary Populism in Nineteenth-Century America: An Open Economy Interpretation". *Journal of Economic History*, v. 57, p. 367-395, jun. 1997.

CAPÍTULO 19 ▪ Sistemas monetários internacionais: uma visão histórica **579**

O retorno fugaz para o ouro

Os Estados Unidos voltaram para o ouro em 1919. Em 1922, em uma conferência em Gênova, na Itália, um grupo de países, incluindo Grã-Bretanha, França, Itália e Japão, concordou em um programa que clamava pelo retorno ao padrão-ouro e para a cooperação entre os bancos centrais em alcançar os objetivos externos e internos. Ao darem-se conta de que suprimentos de ouro poderiam ser inadequados para satisfazer às demandas por reservas internacionais dos bancos centrais (um problema do padrão-ouro observado no Capítulo 18), a Conferência de Gênova sancionou um padrão-ouro de *câmbio* pelo qual os países menores poderiam manter como reservas as moedas de vários países grandes, cujas próprias reservas internacionais consistiriam inteiramente em ouro.

Em 1925, para retornar ao padrão-ouro, a Grã-Bretanha atrelou a libra ao ouro no preço pré-guerra. Winston Churchill, Chanceler do Tesouro, defendeu o retorno à antiga paridade com base em que qualquer desvio do preço pré-guerra minaria a confiança na estabilidade das instituições financeiras britânicas, que tinham desempenhado papel de liderança nas finanças internacionais durante a era do padrão-ouro. Embora o nível de preços britânico viesse caindo desde a guerra, em 1925 ele ainda era maior do que nos dias do padrão-ouro pré-guerra. Portanto, para retornar o preço em libra do ouro para o nível pré-guerra, o Banco da Inglaterra foi forçado a seguir políticas monetárias contracionistas que contribuíram para um grave desemprego.

A estagnação britânica na década de 1920 acelerou o declínio de Londres como o centro financeiro líder mundial. O enfraquecimento da economia britânica provou-se problemático para a estabilidade do padrão-ouro restaurado. Alinhados com as recomendações da Conferência de Gênova, muitos países mantinham reservas internacionais em forma de depósitos em Londres. No entanto, as reservas de ouro britânicas eram limitadas, e a estagnação persistente do país não inspirava confiança na sua capacidade de cumprir com suas obrigações estrangeiras. O início da Grande Depressão em 1929 logo foi seguido por quebras de bancos mundo afora. A Grã-Bretanha deixou o ouro em 1931, quando os detentores estrangeiros de libra esterlina (incluindo vários bancos centrais) perderam a confiança na promessa britânica de manter o valor de sua moeda e começaram a converter suas libras esterlinas em ouro.

Desintegração econômica internacional

Conforme a depressão continuou, muitos países renunciaram ao padrão-ouro e permitiram que suas moedas flutuassem no mercado de câmbio. Ante o crescente desemprego, a resolução do trilema em favor das taxas de câmbio fixas tornou-se difícil de ser mantida. Os Estados Unidos deixaram o ouro em 1933, mas retornaram a ele em 1934, tendo aumentado o preço em dólar do ouro de US$ 20,67 para US$ 35 por onça. Os países que se mantiveram fiéis ao padrão-ouro sem desvalorizar suas moedas foram os que mais sofreram durante a Grande Depressão. De fato, pesquisas recentes colocam muito da culpa da propagação mundial da depressão no padrão-ouro em si (veja o estudo de caso "O padrão de ouro internacional e a Grande Depressão").

Grandes danos econômicos surgiram dessas restrições no comércio internacional e nos pagamentos, que se proliferaram conforme os países tentavam desencorajar as importações e manter a demanda agregada limitada ao território nacional. A tarifa Smoot-Hawley imposta pelos Estados Unidos em 1930 tinha a intenção de proteger os empregos americanos, mas teve efeito prejudicial no emprego no exterior. A resposta estrangeira envolveu restrições ao comércio retaliatórias e acordos de comércio preferenciais entre grupos de países. O comércio mundial desmoronou drasticamente. Uma medida que aumenta o bem-estar nacional é chamada de *políticas de empobrecimento do vizinho* (*beggar-thy--neighbor*) quando beneficia o próprio país ao custo de piorar as condições econômicas no exterior. Entretanto, todos são prejudicados quando os países adotam *simultaneamente* políticas desse tipo.

A incerteza sobre as políticas do governo leva a movimentos acentuados de reserva para países com taxas de câmbio atreladas e movimentos acentuados de taxa de câmbio para aqueles com taxas flutuantes. Muitos países proibiram transações de conta financeira privada para limitar esses efeitos de desenvolvimento do mercado de câmbio. Essa foi outra forma de abordar o trilema. As barreiras ao comércio e a deflação nas economias industriais da América e da Europa levaram ao repúdio generalizado de dívidas internacionais privadas, particularmente por países latino-americanos, cujos mercados de exportação estavam desaparecendo. Os governos na Europa Ocidental repudiaram suas dívidas com os Estados Unidos e a Grã-Bretanha incorridas por causa da Primeira Guerra Mundial. Em resumo, a economia mundial desintegrou-se em unidades nacionais cada vez mais autárquicas (isto é, autossuficientes) no começo da década de 1930.

Em face à Grande Depressão, a maioria dos países resolveu a escolha entre equilíbrio externo e interno com a redução das suas ligações de comércio com o resto do mundo e a eliminação, por decreto governamental, da possibilidade de um desequilíbrio externo significativo. Ao reduzir os ganhos com o comércio, essa abordagem impôs custos altos à economia mundial e contribuiu para a lenta recuperação da depressão, que em muitos países ainda era incompleta em 1939. Todos os países teriam ficado em melhor situação em um mundo com o comércio internacional mais livre, desde que a cooperação internacional tivesse ajudado cada país a preservar seu equilíbrio externo e a estabilidade financeira sem sacrificar as metas de política interna. Foi essa compreensão que inspirou o projeto para o sistema monetário internacional pós-guerra, o **acordo de Bretton Woods**.

ESTUDO DE CASO

O padrão de ouro internacional e a Grande Depressão

Uma das características mais marcantes da Grande Depressão, que durou uma década a partir de 1929, foi sua natureza global. Em vez de estar confinada aos Estados Unidos e seus principais parceiros comerciais, a crise espalhou-se rapidamente, e com força, para a Europa, a América Latina e outros lugares. O que explica o âmbito quase universal da Grande Depressão? Um estudo recente mostra que o padrão-ouro internacional desempenhou um papel central no início, no aprofundamento e na propagação da maior crise econômica do século XX.[15]

Em 1929, a maioria das economias de mercado estava novamente no padrão-ouro. No entanto, na ocasião, os Estados Unidos, na tentativa de desacelerar sua economia superaquecida por meio de contração monetária, e a França, tendo acabado de terminar um período inflacionário e retornado ao ouro,

---

[15]Contribuições importantes para essa pesquisa incluem o trabalho de Ehsan U. Choudhri e Levis A. Kochin. "The Exchange Rate and the International Transmission of Business Cycle Disturbances: Some Evidence from the Great Depression". *Journal of Money, Credit, and Banking*, v. 12, p. 565-574, 1980, Peter Temin. *Lessons from the Great Depression*. Cambridge, MA: MIT Press, 1989; e Barry Eichengreen. *Golden Fetters: The Gold Standard and the Great Depression, 1919-1939*. Nova York: Oxford University Press, 1992. Um resumo conciso e lúcido é o de Ben S. Bernanke. "The World on a Cross of Gold: A Review of 'Golden Fetters: The Gold Standard and the Great Depression, 1919-1939' ". *Journal of Monetary Economics*, v. 31, p. 251-267, abr. 1993.

CAPÍTULO 19 ■ Sistemas monetários internacionais: uma visão histórica **581**

enfrentavam grandes influxos financeiros. Mediante os superávits resultantes da balança de pagamentos, ambos os países foram absorvendo o ouro monetário do mundo a um ritmo alarmante. (Em 1932, os dois países sozinhos tinham mais de 70% dele!) Outros países no padrão-ouro não tinham escolha senão se envolver em vendas de ativos domésticos e aumentar as taxas de juros se desejassem conservar seus estoques de ouro cada vez menores. A contração monetária mundial resultante, combinada com as ondas de choque do *crash* da bolsa de Nova York de outubro de 1929, mergulharam o mundo em uma recessão profunda.

Uma série de falências bancárias em todo o mundo só acelerou a espiral descendente da economia global. O padrão-ouro foi novamente um culpado importante. Muitos países desejavam preservar suas reservas do metal para serem capazes de manter-se no padrão-ouro. Esse desejo muitas vezes desencorajava seus bancos centrais de fornecerem aos bancos privados com problemas os empréstimos que poderiam ter-lhes permitido manter as portas abertas.

Afinal, qualquer dinheiro fornecido aos bancos pelos seus bancos centrais domésticos teria aumentado os créditos privados em potencial sobre as preciosas reservas de ouro do governo.[16] Talvez a evidência mais clara do papel do padrão-ouro seja o comportamento contrastante da produção e do nível de preços em países que deixaram o padrão-ouro relativamente cedo, como a Grã-Bretanha, e os que escolheram uma resposta diferente para o trilema e, em vez disso, teimaram em continuar nele. Os países que abandonaram o padrão-ouro libertaram-se para adotar políticas monetárias mais expansionistas que limitaram (ou impediram) a deflação doméstica e a contração da produção. Os países com os maiores deflações e contrações da produção ao longo dos anos 1929-1935 incluíam França, Suíça, Bélgica, Países Baixos e Polônia, que ficaram no padrão-ouro até 1936.

O sistema de Bretton Woods e o Fundo Monetário Internacional

Em julho de 1944, representantes de 44 países reunidos em Bretton Woods, New Hampshire, redigiram e assinaram os Artigos de Acordo do **Fundo Monetário Internacional (FMI)**. Lembrando os acontecimentos econômicos desastrosos do período entreguerras, estadistas dos países aliados esperavam projetar um sistema monetário internacional que fomentaria a estabilidade do pleno emprego e dos preços, permitindo a cada um dos países alcançar o equilíbrio externo, sem restrições ao comércio internacional.[17]

O sistema instituído pelo acordo de Bretton Woods requeria taxas fixas de câmbio contra o dólar americano e um preço de dólar invariável em ouro – US$ 35 a onça.

---

[16]Chang-Tai Hsieh e Christina D. Romer argumentam que o medo de ser forçado a sair do ouro não pode explicar a relutância da Reserva Federal dos Estados Unidos em expandir a oferta de moeda na década de 1930. Ver: "Was the Federal Reserve Constrained by the Gold Standard during the Great Depression? Evidence from the 1932 Open Market Purchase Program". *Journal of Economic History*, v. 66, p. 140-176, mar. 2006.

[17]A mesma conferência estabeleceu uma segunda instituição, o Banco Mundial, cujos objetivos eram ajudar os beligerantes a reconstruírem suas economias destruídas e auxiliar os antigos territórios coloniais a se desenvolverem e modernizarem. Em 1947, o Acordo Geral sobre Tarifas Aduaneiras e Comércio (GATT) foi inaugurado como um fórum para a redução multilateral das barreiras comerciais. O GATT foi concebido como um prelúdio para a criação da Organização Internacional de Comércio (OIC), cujos objetivos na área de comércio seriam paralelos aos do FMI na área financeira. Infelizmente, a OIC foi condenada pela incapacidade do Congresso dos EUA e do Parlamento da Grã-Bretanha de ratificar a sua carta. Na década de 1990, o GATT se tornou a atual Organização Mundial do Comércio (OMC).

582 PARTE IV ■ Política macroeconômica internacional

Os países-membros mantinham suas reservas internacionais oficiais em grande parte sob a forma de ouro ou ativos em dólar e tinham o direito de vender dólares para a Reserva Federal por ouro ao preço oficial. O sistema era então um padrão-ouro de câmbio, tendo o dólar como sua principal moeda de reserva. Na terminologia do Capítulo 18, o dólar era a "enésima moeda", em cujos termos as $N - 1$ taxas de câmbio do sistema eram definidas. Os próprios Estados Unidos raramente interviram no mercado de câmbio. Em geral, os $N - 1$ bancos centrais estrangeiros intervinham quando necessário para fixar as $N - 1$ taxas de câmbio do sistema, enquanto os Estados Unidos eram responsáveis, em teoria, pela fixação do preço em dólar do ouro.

Objetivos e estrutura do FMI

Os Artigos de Acordo do FMI, mediante uma mistura de disciplina e flexibilidade, esperavam evitar uma repetição da experiência turbulenta do período entreguerras.

A maior disciplina na gestão monetária era a exigência de taxas de câmbio fixas ao dólar, que, por sua vez, era atrelado ao ouro. Se um banco central além da Reserva Federal buscasse uma expansão monetária excessiva, ele perderia reservas internacionais e consequentemente seria incapaz de manter a taxa de câmbio de sua moeda fixa ao dólar. Uma vez que o crescimento elevado monetário dos Estados Unidos conduziria à acumulação de dólares pelos bancos centrais estrangeiros, as políticas monetárias da própria Reserva Federal eram restritas pela obrigação de resgatar aqueles dólares por ouro. O preço oficial do ouro de US$ 35 por onça servia como um freio adicional sobre a política monetária americana, pois esse preço se elevaria caso muitos dólares fossem criados.

No entanto, as taxas de câmbio fixas eram vistas como mais do que um dispositivo para impor disciplina monetária no sistema. Com ou sem razão, a experiência do Entreguerras convencera os arquitetos do FMI de que as taxas de câmbio flutuantes eram a causa da instabilidade especulativa e, logo, prejudiciais ao comércio internacional.

A experiência do Entreguerras mostrou também que os governos nacionais não estariam dispostos a manter o livre comércio e as taxas de câmbio fixas à custa do desemprego doméstico de longa duração. Depois da experiência da Grande Depressão, os governos foram amplamente considerados responsáveis por manter o pleno emprego. O acordo do FMI, portanto, tentava incorporar flexibilidade suficiente para permitir que os países atingissem um equilíbrio externo de forma ordenada, sem sacrificar objetivos internos ou taxas de câmbio previsíveis.

Duas características principais dos Artigos de Acordo do FMI ajudaram a promover essa flexibilidade no ajuste externo. Primeiro, os membros do FMI contribuíram com suas moedas e ouro para formar um *pool* de recursos financeiros que o FMI poderia emprestar aos países em necessidade. Segundo, embora as taxas de câmbio contra o dólar fossem fixas, essas paridades poderiam ser ajustadas com a autorização do FMI. Tais desvalorizações e revalorizações supostamente seriam pouco frequentes e realizadas apenas em casos em que uma economia estivesse em *desequilíbrio fundamental*. Embora os artigos do FMI não definam "desequilíbrio fundamental", o termo era destinado a cobrir os países que haviam sofrido mudanças adversas permanentes na demanda por seus produtos, de modo que, sem desvalorização, teriam de enfrentar longos períodos de desemprego e déficits externos. Contudo, a flexibilidade de uma taxa de câmbio ajustável não estava disponível para a "enésima moeda" do sistema de Bretton Woods, o dólar dos Estados Unidos.

Como o sistema de Bretton Woods resolveu o trilema? Em essência, o sistema baseava-se no pressuposto de que os movimentos do capital financeiro privado poderiam ser restritos, permitindo algum grau de independência para as políticas monetárias orientadas internamente. O novo sistema, portanto, era diametralmente oposto à subordinação do padrão-ouro da política monetária a considerações externas, como a liberdade de fluxos financeiros. Depois da experiência de alto desempenho no Entreguerras, os arquitetos do

CAPÍTULO 19 ■ Sistemas monetários internacionais: uma visão histórica **583**

sistema de Bretton Woods esperavam garantir que os países não fossem obrigados a adotar políticas monetárias contracionistas por causa da balança de pagamentos em face de uma crise econômica.

Apoiando essa ênfase sobre o emprego elevado, as restrições aos fluxos financeiros internacionais permitiriam variações cambiais "ordenadas" em situações de desequilíbrio persistente. Em teoria, os formuladores de políticas seriam capazes de alterar as taxas de câmbio de forma deliberada, sem a pressão de enormes ataques especulativos. Como veremos, no entanto, embora essa abordagem tenha funcionado bem inicialmente, o próprio sucesso do sistema de Bretton Woods em reconstruir o comércio internacional tornava progressivamente mais difícil para os responsáveis políticos evitarem ataques especulativos com o passar dos anos.

Conversibilidade e a expansão dos fluxos financeiros privados

Assim como a aceitação geral da moeda nacional elimina os custos de troca dentro de uma economia única, o uso de moedas nacionais no comércio internacional faz a economia mundial funcionar com mais eficiência. Para promover o comércio multilateral eficiente, os estatutos do FMI instaram os membros a tornarem suas moedas nacionais conversíveis logo que possível. Uma **moeda conversível** é aquela que pode ser livremente trocada por moedas estrangeiras. Os dólares americano e canadense se tornaram conversíveis em 1945. Isso significava, por exemplo, que um residente canadense que adquirisse dólares poderia usá-los para fazer compras nos Estados Unidos, poderia vendê-los no mercado de câmbio por dólares canadenses ou vendê-los para o Banco do Canadá, que então tinha o direito de vendê-los para a Reserva Federal (à taxa de câmbio dólar/ouro fixa) em troca de ouro. A *in*conversibilidade geral tornaria o comércio internacional extremamente difícil. Um cidadão francês pode não estar disposto a vender bens para um alemão em troca de marcos alemães inconversíveis, porque esses marcos seriam utilizáveis apenas de acordo com as restrições impostas pelo governo alemão. Sem um mercado em francos franceses inconversíveis, o alemão seria incapaz de obter moeda francesa para pagar os bens franceses. A única maneira de negociação seria, portanto, por meio de escambo, a troca direta de mercadorias por mercadorias. A maioria dos países da Europa não restaurou a conversibilidade até o final de 1958, com o Japão seguindo até 1964.

A conversibilidade inicial do dólar americano, junto com sua posição especial no sistema de Bretton Woods e o domínio econômico e político dos Estados Unidos, ajudaram a fazer o dólar ser a moeda-chave do mundo do pós-guerra. Como os dólares eram livremente conversíveis, grande parte do comércio internacional tendia a ser faturado em dólares, e os importadores e exportadores mantinham saldos de dólar para transações. Na prática, o dólar tornou-se uma moeda internacional – um meio de troca, unidade de conta e reserva de valor universal. Os bancos centrais naturalmente viam vantagens em manter suas reservas internacionais na forma de ativos em dólar remunerados.

A restauração da conversibilidade na Europa em 1958 gradualmente começou a mudar a natureza das limitações externas dos formuladores de políticas. Conforme o comércio de moeda estrangeira expandia, os mercados financeiros em diferentes países tornavam-se mais integrados – um passo importante para a criação do mercado de câmbio mundial da atualidade. Com as crescentes oportunidades para mover os fundos através das fronteiras, as taxas de juros nacionais tornaram-se mais intimamente ligadas, e a velocidade com que as mudanças políticas podem fazer um país perder ou ganhar reservas internacionais aumentou. Após 1958, e cada vez mais nos 15 anos seguintes, os bancos centrais tinham que estar atentos às condições financeiras estrangeiras ou assumir o risco de que perdas de reservas súbitas poderiam deixá-los sem os recursos necessários para atrelar as taxas de câmbio. Enfrentando um aumento repentino nas taxas de juros estrangeiras, por exemplo, um banco central seria forçado a vender ativos internos e aumentar a taxa de juros nacional para estabilizar suas reservas internacionais.

584 PARTE IV ■ Política macroeconômica internacional

A restauração da conversibilidade não resultou em uma integração financeira internacional imediata e completa, como considerado no modelo de taxas de câmbio fixas estabelecido no Capítulo 18. Pelo contrário, a maioria dos países continuou a manter as restrições sobre as transações da conta financeira, uma prática que o FMI explicitamente permitia. Mas as oportunidades para os fluxos de capital *disfarçados* aumentaram drasticamente. Por exemplo, importadores dentro de um país podiam, na prática, comprar ativos externos ao acelerar os pagamentos a fornecedores estrangeiros em relação aos embarques de mercadorias reais. Na prática, eles contraíam empréstimos de fornecedores estrangeiros ao atrasar os pagamentos. Essas práticas comerciais – conhecidas, respectivamente, como *"leads"* e *"lags"* – proporcionavam duas das muitas maneiras pelas quais as barreiras oficiais aos movimentos de capitais privados poderiam ser contornadas. Mesmo que a condição de igualdade das taxas de juros internacionais pressuposta no capítulo anterior não se mantivesse exatamente, as ligações entre as taxas de juros dos países ficaram mais rígidas conforme o sistema de Bretton Woods amadurecia. A resolução de Bretton Woods do trilema estava gradualmente sendo desfeita.

As crises e os fluxos de capitais especulativos

Superávits e déficits em conta corrente assumiram importância adicional sob as novas condições de fluxos financeiros privados cada vez mais móveis. Um país com um déficit grande e persistente em conta corrente pode ser suspeito de estar em "desequilíbrio fundamental" no âmbito dos Artigos de Acordo do FMI e, portanto, pronto para uma desvalorização da moeda. A suspeita de uma desvalorização iminente poderia, por sua vez, desencadear uma crise do balanço de pagamentos (veja o Capítulo 18).

Alguém que possuísse depósitos em libra durante uma desvalorização da libra, por exemplo, sofreria uma perda, uma vez que o valor em moeda estrangeira de ativos em libra diminuiria na mesma intensidade que a mudança da taxa de câmbio. Portanto, se a Grã-Bretanha tivesse um déficit em conta corrente, os detentores de libras ficariam nervosos e mudariam sua riqueza para outras moedas. Para manter atrelada a taxa de câmbio da libra em face ao dólar, o Banco da Inglaterra (banco central da Grã-Bretanha) teria de comprar libras e fornecer os ativos externos que os participantes do mercado quisessem possuir. Essa perda das reservas externas, se grande o suficiente, poderia forçar a desvalorização, deixando o Banco da Inglaterra sem reservas suficientes para sustentar a taxa de câmbio.

Da mesma forma, países com grandes superávits em conta corrente poderiam ser vistos pelo mercado como candidatos à revalorização. Nesse caso, seus bancos centrais iriam encontrar-se inundados com reservas oficiais como resultado da venda de moeda doméstica no mercado de câmbio para impedir a moeda de valorizar. Um país nessa posição teria de enfrentar o problema de ter sua oferta de moeda crescendo descontroladamente, um fato que poderia elevar o nível de preços e perturbar o equilíbrio interno. Os governos, portanto, tornaram-se cada vez mais relutantes em contemplar realinhamentos de taxa de câmbio, temendo os ataques especulativos resultantes.

No entanto, as crises da balança de pagamentos tornaram-se cada vez mais frequentes e violentas ao longo da década de 1960 e no início dos anos 1970. Um recorde do déficit da balança comercial britânica no início de 1964 levou a um período de especulação intermitente contra a libra, o que complicou a formulação de políticas britânica até novembro de 1967, quando a libra foi enfim desvalorizada. A França desvalorizou seu franco e a Alemanha revalorizou seu marco em 1969 após ataques especulativos semelhantes, nos quais a França enfrentou afluxos financeiros especulativos e a Alemanha enfrentou influxos financeiros especulativos. (Os dois países ainda tinham as suas próprias moedas naquele tempo.) Essas crises tornaram-se tão maciças no começo da década de 1970 que, por fim, derrubaram a estrutura de taxas de câmbio fixas de Bretton Woods. Portanto, a possibilidade de uma crise na balança de pagamentos aumentou a importância do objetivo externo de uma meta de conta corrente. Mesmo os desequilíbrios em conta corrente justificados por diferentes oportunidades de investimento internacional ou causados por fatores puramente temporários podem ter impulsionado as suspeitas do mercado de uma iminente mudança de paridade. Nesse ambiente, os formuladores de políticas tinham incentivos adicionais para evitar alterações agudas na conta corrente.

Análise de opções de políticas para alcançar os equilíbrios interno e externo

Como os países individuais foram capazes de alcançar os equilíbrios interno e externo sob as regras do sistema de Bretton Woods? Um diagrama simples vai ajudá-lo a visualizar as opções políticas disponíveis. (O problema dos Estados Unidos no âmbito do sistema de Bretton Woods era um pouco diferente, como descreveremos mais adiante.) Em conformidade com as condições aproximadas posteriores no sistema de Bretton Woods, vamos supor que haja um alto grau de mobilidade do capital financeiro através das fronteiras, para que a taxa de juros doméstica não possa ser definida independentemente da taxa de câmbio.

Nossa estrutura diagramática na verdade se aplica tanto se a taxa de câmbio for fixa, como no âmbito do sistema de Bretton Woods, quanto se for flexível. O diagrama mostra como a posição do país com relação a seus objetivos internos e externos depende do nível da sua taxa de câmbio, E, e do nível de despesas domésticas. E essa posição não é necessariamente restrita pelo regime de taxas de câmbio. Em todos os pontos, E é o preço em moeda nacional da moeda estrangeira (o dólar sob Bretton Woods). A análise se aplica ao curto prazo, porque supõe-se que os níveis de preços domésticos e estrangeiros (P e P^*, respectivamente) sejam fixos.

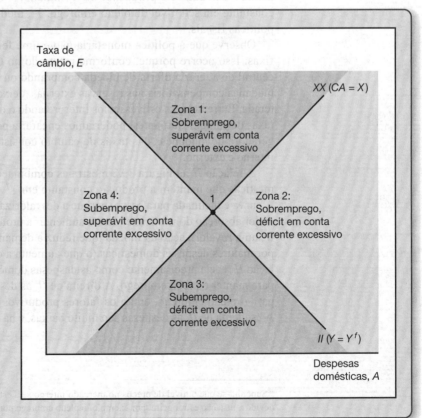

FIGURA 19.2
Equilíbrio interno (II), equilíbrio externo (XX) e as "quatro zonas de desconforto econômico".

O diagrama mostra as consequências de diferentes níveis de taxa de câmbio, E, e despesas domésticas em geral, A, para o emprego e a conta corrente.
Ao longo de II, a produção está em seu nível de pleno emprego, Y^f. Ao longo de XX, a conta corrente está em seu nível-meta, X.

586 PARTE IV ▪ Política macroeconômica internacional

Manutenção do equilíbrio interno

Primeiro, considere o equilíbrio interno, que exige que a demanda agregada seja igual ao nível de pleno emprego da produção, Y^f.[18]

Lembre-se de que a demanda agregada para a produção interna é a soma de consumo C, investimento, I, compras do governo, G, e a conta corrente, CC. Esse montante, o total de despesas domésticas, também chamado de *absorção* do mercado interno, é denotado por $A = C + I + G$ (é claro, algumas dessas despesas domésticas em geral recaem sobre as importações e, portanto, não contribuem para a demanda agregada por produção interna, enquanto a demanda externa pelas nossas exportações é adicionada a essa demanda agregada). No Capítulo 17, expressamos o superávit em conta corrente como uma função decrescente da renda disponível e uma função crescente da taxa de câmbio real, EP^*/P. No entanto, como os gastos de importação sobem conforme as despesas domésticas totais A aumentam, da mesma forma, podemos expressar a conta corrente como uma função decrescente dos gastos e uma função crescente da taxa de câmbio real, $CC(EP^*/P, A)$. Sob essa nova notação, a condição de equilíbrio interno (produção de pleno emprego igual à demanda agregada) é, portanto,

$$Y^f = C + I + G + CA(EP^*/P, A) = A + CA(EP^*/P, A). \tag{19.1}$$

A Equação (1.19) sugere quais são as ferramentas políticas que afetam a demanda agregada e, portanto, a produção, no curto prazo. O governo pode influenciar diretamente o gasto total A por meio da política fiscal, por exemplo. A expansão fiscal (uma elevação em G ou uma queda em T) estimula a demanda agregada e faz com que a produção aumente, mesmo que parte dos gastos adicionais vá para compras de importados. Da mesma forma, uma desvalorização da moeda (uma elevação em E) torna os serviços e bens domésticos mais baratos em relação àqueles vendidos no exterior e, assim, aumenta a demanda e a produção. Os formuladores de políticas podem manter a produção constante em seu nível de pleno emprego, Y^f, mediante mudanças na taxa de câmbio ou políticas fiscais.

Observe que a política monetária não é uma ferramenta política sob taxas de câmbio fixas. Isso ocorre porque, conforme mostrado no Capítulo 18, uma tentativa pelo banco central de alterar a oferta de moeda comprando ou vendendo ativos internos causará uma mudança compensatória nas reservas externas, deixando a oferta de moeda doméstica inalterada. Entretanto, se estivéssemos interpretando o diagrama para aplicar a uma situação de taxas de câmbio flutuantes, poderíamos encarar a política monetária como potencialmente geradora de mudanças das taxas de câmbio consistentes com uma posição de equilíbrios interno e externo.

A relação *II* na Figura 19.2 mostra as combinações de taxas de câmbio e despesas domésticas que mantêm a produção constante em Y^f e, assim, mantêm o equilíbrio interno. A curva é inclinada para baixo, porque a desvalorização da moeda (uma elevação em E) e a maior absorção doméstica tendem a aumentar a produção. Para manter a produção constante, uma *re*valorização da moeda (que reduz a demanda agregada) deve então ser alcançada por maiores despesas domésticas (o que aumenta a demanda de produção agregada). A relação *II* revela precisamente como as despesas domésticas devem mudar conforme E muda para manter o pleno emprego. À direita de *II*, as despesas são maiores do que o necessário para o pleno emprego, então os fatores produtivos da economia estão superempregados. À esquerda de *II*, as despesas são muito baixas, e há desemprego.

---

[18]Suponha-se que o nível de preços no mercado interno seja estável em pleno emprego, mas se P^* for instável devido à inflação estrangeira, por exemplo, o pleno emprego por si só não garantirá a estabilidade de preços sob uma taxa de câmbio fixa. Esse problema complexo é considerado nas páginas seguintes, quando examinamos a inflação mundial sob taxas de câmbio fixas.

CAPÍTULO 19 ■ Sistemas monetários internacionais: uma visão histórica **587**

Manutenção do equilíbrio externo

Já vimos como as despesas domésticas e as variações cambiais influenciam a produção e, assim, ajudam o governo a alcançar seu objetivo interno de pleno emprego. Como essas variáveis afetam o equilíbrio externo da economia? Para responder a essa pergunta, suponha que o governo tenha um valor meta, X, para o superávit em conta corrente. O objetivo do equilíbrio externo exige que o governo gerencie as despesas domésticas (talvez por meio da política fiscal) e a taxa de câmbio, de modo que a equação

$$CA(EP^*/P, A) = X \qquad (19.2)$$

seja satisfeita.

Dados P e P^*, um aumento em E torna as mercadorias nacionais mais baratas e melhora a conta corrente. Um aumento nas despesas domésticas, A, no entanto, tem o efeito oposto sobre a conta corrente, porque faz as importações aumentarem. Para manter sua conta corrente em X conforme a moeda desvaloriza (ou seja, conforme E aumenta), o governo deve promulgar políticas que elevem as despesas domésticas. A Figura 19.3, portanto, mostra que a relação XX, ao longo da qual o equilíbrio externo se mantém, tem inclinação positiva. A relação XX mostra a quantidade das despesas adicionais que manterá o superávit da conta corrente em X conforme a moeda for desvalorizada por um determinado valor.[19] Uma vez que um aumento em E aumenta as exportações líquidas, a conta corrente está em superávit em relação a seu nível-meta X, acima de XX. Da mesma forma, abaixo de XX, a conta corrente está em déficit em relação a seu nível-meta.[20]

Políticas de mudança nas despesas e troca das despesas

As relações II e XX dividem o diagrama em quatro regiões, às vezes chamadas de "as quatro zonas de desconforto econômico". Cada uma delas representa os efeitos das configurações de políticas diferentes. Na zona 1, o nível de emprego é muito alto e o superávit de conta corrente é muito grande; na zona 2, o nível de emprego é muito alto, mas o déficit em conta corrente é muito grande; na zona 3, há uma situação de subemprego e de um déficit excessivo; e na zona 4, o subemprego acompanha um superávit de conta corrente maior do que o nível-meta. Juntas, as políticas de mudanças nas despesas e taxas de câmbio podem colocar a economia no cruzamento de II e XX (ponto 1), o ponto no qual o equilíbrio interno e o externo se mantêm. O ponto 1 mostra o conjunto de políticas que coloca a economia na posição que os formuladores de políticas prefeririam.

Se a economia estiver inicialmente no ponto 1, ajustes adequados nas despesas domésticas e na taxa de câmbio são necessários para realizar o equilíbrio interno e o externo. Uma mudança na política fiscal que influencia os gastos, a fim de mover a economia para o ponto 1, chama-se uma **política de mudanças nas despesas**, porque altera o *nível* de demanda

---

[19]Você consegue ver como derivar a relação XX mostrada na Figura 19.2 da curva XX diferente (mas relacionada) na Figura 17.17? (Dica: use o último diagrama para analisar os efeitos da expansão fiscal.)

[20]Uma vez que o banco central não afeta a economia quando eleva suas reservas estrangeiras por uma operação de venda de ativos internos no mercado aberto, nenhuma restrição de reserva separada é mostrada na Figura 19.2. Na prática, o banco pode contrair empréstimos de reservas livremente do exterior com a venda de ativos internos ao público. (Durante um susto de desvalorização, essa tática não funcionaria, porque ninguém iria querer vender os ativos estrangeiros do banco por dinheiro doméstico.) Nossa análise, no entanto, supõe a substitutibilidade perfeita de ativos entre títulos nacionais e estrangeiros (veja o Capítulo 18). Sob a substitutibilidade imperfeita de ativos, as vendas de ativos domésticos do banco central para atrair divisas empurraria para cima a taxa de juros doméstica em relação à estrangeira. Assim, embora a substitutibilidade imperfeita de ativos desse ao banco central uma ferramenta política adicional (política monetária), ela também o tornaria responsável por uma meta política adicional (a taxa de juros doméstica). Se o governo está preocupado com a taxa de juros doméstica, porque afeta o investimento, por exemplo, a ferramenta política adicional não necessariamente aumentaria o conjunto de opções políticas atraentes. Os bancos centrais exploraram a substitutibilidade imperfeita sob Bretton Woods, mas não conseguiram tirar os países dos dilemas políticos ilustrados no texto.

total da economia por bens e serviços. O ajuste das taxas de câmbio que a acompanha é chamado de **política de troca de despesas**, porque muda a *direção* da demanda, deslocando-a entre as importações e a produção interna. Em geral, tanto as mudanças nas despesas quanto a troca de despesas são necessárias para alcançar os equilíbrios interno e externo. Para além da política monetária, a política fiscal é a principal alavanca do governo para pressionar as despesas domésticas totais para cima ou para baixo.

Sob as regras de Bretton Woods, esperava-se que as variações cambiais (política de troca de despesas) fossem infrequentes. Isso deixava a política fiscal como a principal ferramenta política para mover a economia aos equilíbrios interno e externo. Mas, como mostra a Figura 19.2, um instrumento, a política fiscal, é em geral insuficiente para alcançar os dois objetivos de equilíbrio interno e externo. Apenas se a economia tivesse sido deslocada horizontalmente do ponto 1 a política fiscal seria capaz de fazer o trabalho sozinha. Além disso, a política fiscal é uma ferramenta complicada, já que muitas vezes não pode ser implementada sem aprovação legislativa. Outra desvantagem é que uma expansão fiscal, por exemplo, talvez precise ser revertida depois de algum tempo, caso leve a déficits orçamentários governamentais crônicos.

Devido à inflexibilidade das taxas de câmbio durante o período de Bretton Woods, os formuladores de políticas por vezes encontravam-se em situações difíceis. Com o nível de gastos e as taxas de câmbio indicados pelo ponto 2 na Figura 19.3, há um subemprego e um déficit de conta corrente excessivo. Apenas a combinação de desvalorização e expansão dos gastos indicada na figura movimenta a economia aos equilíbrios interno e externo (ponto 1). A política fiscal expansionista, por si só, pode eliminar o desemprego, movendo a economia ao ponto 3, mas o custo do desemprego reduzido é um déficit externo maior. Embora a política fiscal contracionista sozinha possa trazer equilíbrio externo (ponto 4), a produção cai em consequência e a economia se move para longe do equilíbrio interno. Não é de admirar que dilemas políticos como o situado no ponto 2 tenham dado origem a suspeitas de que

FIGURA 19.3
Políticas para gerar os equilíbrios interno e externo.
A menos que a moeda esteja desvalorizada e o nível de despesas domésticas suba, os equilíbrios interno e externo (ponto 1) não podem ser alcançados. Por si só, uma mudança na política fiscal, por exemplo, permite que a economia atinja o equilíbrio interno (ponto 3) *ou* o equilíbrio externo (ponto 4), mas apenas ao custo de aumentar a distância da economia da meta que é sacrificada.

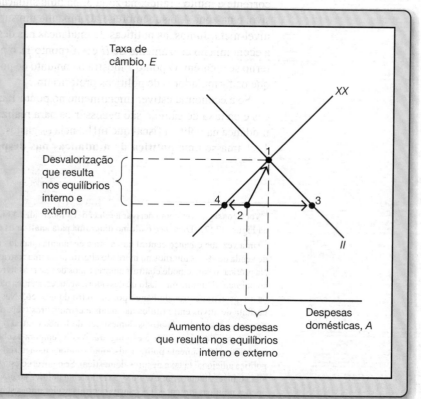

CAPÍTULO 19 ■ Sistemas monetários internacionais: uma visão histórica **589**

a moeda estivesse prestes a ser desvalorizada. A desvalorização melhora a conta corrente e a demanda agregada ao aumentar a taxa de câmbio real EP^*/P de uma só tacada. A alternativa é um período longo e politicamente impopular de desemprego para produzir um aumento igual na taxa de câmbio real por meio de uma queda em P.[21]

Na prática, os países às vezes usam as mudanças em suas taxas de câmbio para aproximarem-se do nos equilíbrios equilíbrios interno e externo, embora as mudanças normalmente sejam acompanhadas por crises da balança de pagamentos. Muitos países também apertaram os controles sobre as transações da conta financeira para romper as ligações entre as taxas de juros nacionais e estrangeiras e tornar a política monetária mais eficaz (como determina o trilema). Nesse caso, só foram parcialmente bem-sucedidos, como provariam os eventos que levaram ao colapso do sistema.

O problema do equilíbrio externo dos Estados Unidos sob Bretton Woods

O problema do equilíbrio externo dos Estados Unidos foi diferente daquele enfrentado pelos outros países do sistema Bretton Woods. Como o emissor da enésima moeda, os Estados Unidos não eram responsáveis por atrelar as taxas de câmbio do dólar. Sua principal responsabilidade era segurar o preço em dólar do ouro em US\$ 35 por onça e, em particular, garantir que os bancos centrais estrangeiros poderiam converter suas participações de dólar em ouro a esse preço. Para esse fim, tinham que manter reservas suficientes de ouro.

Como os Estados Unidos precisavam ouro por dólares com bancos centrais estrangeiros, a possibilidade de que outros países pudessem converter suas reservas de dólares em ouro era uma restrição externa potencial na política macroeconômica dos Estados Unidos. Contudo, na prática, os bancos centrais estrangeiros estavam dispostos a ficar com os dólares que acumulavam, desde que pagassem juros e fossem dinheiro internacional por excelência. E a lógica do padrão-ouro de câmbio dotava que os bancos centrais estrangeiros deveriam continuar a acumular dólares. Como as fontes de ouro do mundo não estavam crescendo rápido o suficiente para acompanhar o crescimento da economia mundial, a única maneira de os bancos centrais poderem manter níveis adequados de reserva internacional (exceto pela deflação) era acumular ativos denominados em dólar. As conversões de ouro oficiais ocorriam algumas vezes, e estas esgotavam o estoque americano de ouro, causando preocupação. Mas, desde que a maioria dos bancos centrais estivesse disposta a adicionar dólares a suas reservas e renunciar o direito de resgatar aqueles dólares por ouro americano, a restrição externa dos Estados Unidos parecia mais flexível do que a enfrentada por outros países no sistema.

Em um livro influente publicado em 1960, o economista Robert Triffin, da Universidade de Yale, chamou a atenção para um problema fundamental de longo prazo do sistema de Bretton Woods, o **problema de confiança**.[22] Triffin percebeu que, conforme as necessidades de reservas internacionais dos bancos centrais cresciam ao longo do tempo, suas reservas de dólares necessariamente subiriam até excederem o estoque de ouro americano. Uma vez que os Estados Unidos tinham prometido resgatar esses dólares a US\$ 35 por onça, já não teriam a capacidade de cumprir suas obrigações se todos os detentores de dólares tentassem simultaneamente convertê-los em ouro. Isso levaria a um problema de confiança: os bancos centrais, sabendo que seus dólares já não eram "tão bons quanto o ouro", poderiam abandonar sua disposição de acumular mais dólares e poderiam até mesmo derrubar o sistema na tentativa de trocar os dólares que já possuíam.

---

[21]Como um exercício para testar seu entendimento, mostre que uma queda em P, com o restante igual, reduz tanto II quanto XX, movendo o ponto 1 verticalmente para baixo.

[22]Veja: Triffin. *Gold and the Dollar Crisis*. New Haven: Yale University Press, 1960.

590 PARTE IV ■ Política macroeconômica internacional

Uma solução possível no momento era um aumento do preço oficial do ouro em termos de dólar e todas as outras moedas. Mas esse aumento seria inflacionário e teria a consequência politicamente não atraente de enriquecer os principais países fornecedores de ouro. Além disso, um aumento no preço do ouro teria feito os bancos centrais esperarem mais declínios no valor do ouro das suas reservas de dólar no futuro, o que possivelmente teria agravado o problema de confiança em vez de resolvê-lo!

ESTUDO DE CASO

O fim de Bretton Woods, inflação mundial e a transição para as taxas flutuantes

Ao final de 1960, o sistema Bretton Woods de taxas de câmbio fixas começava a mostrar as tensões que logo conduziriam a seu colapso. Essas tensões estavam intimamente relacionadas com a posição especial dos Estados Unidos, onde a inflação ganhava força por causa do crescimento monetário superior, bem como dos maiores gastos do governo com os novos programas sociais, como o Medicare, e a impopular Guerra do Vietnã.

A aceleração da inflação americana na década de 1960 foi um fenômeno mundial. A Tabela 19.1 mostra que, no início da década de 1970, a inflação também irrompera em economias europeias.[23] A natureza mundial do problema da inflação não foi um acidente. A teoria no Capítulo 18 prevê que, quando o país de moeda de reserva acelera seu crescimento monetário, como os Estados Unidos fizeram na segunda metade da década de 1960, um efeito é um aumento automático nas taxas de crescimento monetário e de inflação no exterior conforme os bancos centrais estrangeiros compram a moeda de reserva para manter suas taxas de câmbio e expandir suas ofertas de dinheiro simultaneamente. Uma interpretação do colapso do sistema Bretton Woods é que os

TABELA 19.1	Taxas de inflação nos países industrializados, 1966-1972 (% ao ano)						
País	**1966**	**1967**	**1968**	**1969**	**1970**	**1971**	**1972**
Grã-Bretanha	3,6	2,6	4,6	5,2	6,5	9,7	6,9
França	2,8	2,8	4,4	6,5	5,3	5,5	6,2
Alemanha	3,4	1,4	2,9	1,9	3,4	5,3	5,5
Itália	2,1	2,1	1,2	2,8	5,1	5,2	5,3
Estados Unidos	2,9	3,1	4,2	5,5	5,7	4,4	3,2

Fonte: Organização para a Cooperação e o Desenvolvimento Econômico. *Main Economic Indicators: Historical Statistics, 1964-1983.* Paris: OECD, 1984. As figuras são aumentos percentuais no índice de preços ao consumidor médio de cada ano em relação ao ano anterior.

---

[23] Os números da inflação dos Estados Unidos para 1971 e 1972 são artificialmente baixos por causa da diretiva do presidente Nixon para controles de preços e salários administrados pelo governo, em agosto de 1971. Em princípio, o compromisso dos Estados Unidos de atrelar o preço de mercado de ouro deveria ter limitado a inflação dos Estados Unidos, mas, na prática, os Estados Unidos foram capazes de enfraquecer esse compromisso ao longo do tempo, permitindo assim que o preço de *mercado* do ouro subisse, embora ainda mantendo a promessa de resgatar dólares dos bancos centrais a US$ 35 por onça. No final dos anos 1960, os Estados Unidos eram, portanto, o único país no sistema que não enfrentava o trilema monetário completo. O país tinha taxas de câmbio fixas, porque *outros* países atrelaram suas moedas ao dólar, mas podia ainda orientar a política monetária para seus objetivos nacionais. Para avaliações recentes da inflação mundial na década de 1970, consulte: Michael Bordo e Athanasios Orphanides (Eds.). *The Great Inflation.* Chicago: University of Chicago Press, 2013.

CAPÍTULO 19 ■ Sistemas monetários internacionais: uma visão histórica **591**

países estrangeiros foram obrigados a *importar* a inflação indesejável dos Estados Unidos por meio do mecanismo descrito no Capítulo 18. Para estabilizar os níveis de preço e recuperar o equilíbrio interno, eles tiveram que abandonar as taxas de câmbio fixas e permitir que suas moedas flutuassem. O trilema monetário implica que esses países não podem atrelar suas taxas de câmbio e simultaneamente controlar a inflação doméstica.

Em adição às tensões, a economia dos Estados Unidos entrou em recessão em 1970 e, à medida que o desemprego subia, os mercados se convenciam cada vez mais de que o dólar teria que ser desvalorizado em relação a todas as principais moedas europeias. Para restaurar o pleno emprego e uma conta corrente equilibrada, os Estados Unidos tiveram que realizar uma depreciação real do dólar. Essa depreciação real poderia ser provocada de duas formas: a primeira opção era uma queda no nível de preços dos Estados Unidos em resposta ao desemprego doméstico, junto com um aumento nos níveis de preços estrangeiros em resposta às contínuas compras de dólares por bancos centrais estrangeiros. A segunda opção era uma queda no valor nominal do dólar em termos de moeda estrangeira. A primeira via – o desemprego nos Estados Unidos e a inflação no exterior – parecia um caminho doloroso para os formuladores de políticas seguirem. Os mercados imaginavam corretamente que uma alteração no valor do dólar seria inevitável. Essa percepção levou a vendas maciças de dólares no mercado de câmbio.

Após várias tentativas infrutíferas de estabilizar o sistema (incluindo uma decisão unilateral dos Estados Unidos em agosto de 1971 para acabar completamente com a ligação entre o dólar e o ouro), os principais países industrializados permitiram que suas taxas de câmbio do dólar flutuassem em março de 1973.[24] A flutuação era vista na época como uma resposta temporária aos movimentos de capitais especulativos incontroláveis. Mas os regimes temporários adotados em março de 1973 acabaram por ser permanentes e marcaram o fim das taxas de câmbio fixas e o início de um novo período turbulento nas relações monetárias internacionais.

A mecânica da inflação importada

Para entender como a inflação pode ser importada do exterior, a menos que as taxas de câmbio sejam ajustadas, olhe novamente para a representação gráfica do equilíbrio interno e externo, mostrada na Figura 19.2. Suponha que o país se depare com inflação estrangeira. Em nossa discussão anterior, supomos que o nível de preços estrangeiros, P^*, é dado. Agora, no entanto, P^* aumenta conforme o resultado da inflação no exterior. A Figura 19.4 mostra o efeito sobre a economia doméstica.

Você pode ver como as duas curvas mudam quando pergunta o que aconteceria se a taxa de câmbio nominal caísse em proporção ao aumento de P^*. Nesse caso, a taxa de câmbio real EP^*/P seria afetada (dado P), e a economia permaneceria em equilíbrio interno ou externo caso ambas as condições originalmente se sustentassem. Portanto, a Figura 19.4, mostra que, para uma determinada taxa de câmbio inicial, um aumento de P^* desloca tanto II_1 quanto XX_1 para baixo na mesma distância (aproximadamente igual ao aumento proporcional em P^* vezes a taxa de câmbio inicial). A interseção entre as novas curvas II_2 e XX_2 (ponto 2) encontra-se diretamente abaixo da interseção original no ponto 1.

Portanto, se a economia começar no ponto 1, um aumento de P^*, *dada* a taxa de câmbio fixa e o nível de preços no mercado interno, pressiona a economia na zona 1 com

---

[24]Muitos países em desenvolvimento continuaram a atrelar seu câmbio ao dólar, e diversos países europeus continuavam a atrelar suas taxas de câmbio mútuas como parte de um acordo informal, chamado "serpente". A serpente evoluiu para o Sistema Monetário Europeu (discutido no Capítulo 21) e, por fim, levou à moeda única da Europa, o euro.

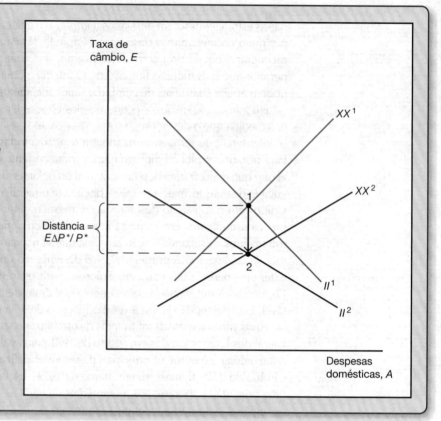

FIGURA 19.4
Efeito sobre o equilíbrio interno e externo de um aumento no nível de preços estrangeiros, P^*.
Depois de P^* subir, o ponto 1 situa-se na zona 1 (sobre-emprego e um superávit excessivo). A revalorização (uma queda em E) restaura o equilíbrio imediatamente ao mover o conjunto de políticas para o ponto 2.

sobre-emprego e um superávit indesejavelmente elevado em sua conta corrente. O fator que causa esse resultado é uma desvalorização da moeda real que desloca a demanda mundial para o país de origem (EP^*/P aumenta porque P^* aumenta).

Se nada for feito pelo governo, o sobre-emprego coloca uma pressão ascendente sobre o nível de preços no mercado interno, a qual desloca gradualmente as duas curvas de volta a suas posições originais. As curvas param de deslocar uma vez que P tenha aumentado em proporção a P^*. Nessa fase, a taxa de câmbio real, o emprego e a conta corrente estão nos níveis iniciais, então o ponto 1 é, mais uma vez, uma posição de equilíbrio interno e externo.

A maneira de evitar a inflação importada é revalorizar a moeda (ou seja, reduzir E) e passar para o ponto 2. Uma revalorização restaura o equilíbrio interno e externo imediatamente, sem inflação doméstica, usando a taxa de câmbio nominal para compensar o efeito da subida de P^* na taxa de câmbio real. Apenas uma política de troca de despesas é necessária para responder a um puro aumento dos preços estrangeiros.

O aumento de preços no mercado interno que ocorre quando não há revalorização requer um aumento da oferta de moeda doméstica, pois os preços e a oferta de moeda mudam proporcionalmente no longo prazo. O mecanismo que ocasiona esse aumento é a intervenção cambial pelo banco central doméstico. Conforme os preços e a produção interna aumentam após a elevação em P^*, a oferta de moeda real encolhe e a demanda real por participações em dinheiro aumenta. Para evitar que a pressão ascendente resultante na taxa de juros domésticos valorize a moeda, o banco central deve adquirir reservas internacionais e expandir a oferta de moeda nacional. Dessa forma, as políticas inflacionárias perseguidas pelo centro de reserva respingam nas ofertas de moeda dos países estrangeiros.

CAPÍTULO 19 ■ Sistemas monetários internacionais: uma visão histórica **593**

Avaliação

O colapso do sistema Bretton Woods foi, em parte, decorrente do poder macroeconômico desproporcional dos Estados Unidos, que lhe permitiu gerar inflação global. Mas foi também causado, em grande medida, pelo fato de que a ferramenta-chave de troca das despesas, necessária para o equilíbrio interno e externo – o ajuste cambial discreto –, inspirou ataques especulativos que tornaram o equilíbrio interno e externo progressivamente mais difícil de alcançar. O sistema, portanto, foi vítima do trilema. Conforme os fluxos financeiros internacionais se tornaram mais difíceis de conter, os formuladores de políticas enfrentaram um *trade-off* cada vez mais intenso entre a estabilidade cambial e as metas monetárias nacionais. Entretanto, na década de 1970, o eleitorado dos países industrializados esperava havia muito tempo que os governos dessem prioridade à economia doméstica. Então foram as taxas de câmbio fixas que saíram de cena.

O caso a favor das taxas de câmbio flutuantes

Quando as crises de moeda internacional de escopo e frequência crescentes irromperam na década de 1960, a maioria dos economistas começou a defender a flexibilização das taxas de câmbio. Muitos alegaram que um sistema de taxas de câmbio flutuantes (em que os bancos centrais não intervêm no mercado de câmbio), além de dar à taxa de câmbio a flexibilidade necessária, também produziria diversos outros benefícios para a economia mundial. Assim, a chegada de taxas de câmbio flutuantes em março de 1973 foi saudada por muitos economistas como uma novidade saudável na evolução do sistema monetário mundial, que colocaria os mercados no centro das atenções na determinação das taxas de câmbio.

O caso a favor das taxas de câmbio flutuantes se assentava em pelo menos quatro reivindicações principais:

1. *Autonomia da política monetária.* Se os bancos centrais já não fossem mais obrigados a intervir nos mercados cambiais para fixar as taxas de câmbio, os governos seriam capazes de usar a política monetária para alcançar os equilíbrios interno e externo. Além disso, nenhum país seria forçado a importar a inflação (ou deflação) do exterior.
2. *Simetria.* Sob um sistema de taxas flutuantes, desapareceriam as assimetrias inerentes de Bretton Woods, e os Estados Unidos já não seriam capazes de definir as condições monetárias do mundo por si sós. Ao mesmo tempo, os Estados Unidos teriam a mesma oportunidade que outros países de influenciar a sua taxa de câmbio em relação às moedas estrangeiras.
3. *Taxas de câmbio como estabilizadores automáticos.* Mesmo na ausência de uma política monetária ativa, a adaptação rápida das taxas de câmbio determinadas pelo mercado ajudaria os países a manter os equilíbrios interno e externo em face de mudanças na demanda agregada. Os períodos longos e agonizantes de especulação anteriores aos realinhamentos das taxas de câmbio sob as regras de Bretton Woods não ocorreriam com a flutuação.
4. *Taxas de câmbio e equilíbrio externo.* As taxas de câmbio determinadas pelo mercado mudariam automaticamente, para evitar o surgimento de grandes déficits e superávits em conta corrente.

Autonomia da política monetária

No final do sistema de taxas fixas de Bretton Woods, os países que não os Estados Unidos tinham pouco espaço para usar a política monetária para atingir os equilíbrios interno e externo. Os países podiam manter suas taxas de câmbio do dólar fixadas apenas se mantivessem a taxa de juros doméstica em consonância com a dos Estados Unidos. Assim, nos anos finais das taxas de câmbio fixas, os bancos centrais impuseram restrições cada vez mais rigorosas sobre os pagamentos internacionais, para manter o controle sobre suas taxas

594 PARTE IV ■ Política macroeconômica internacional

de juros e ofertas de moeda. No entanto, essas restrições foram apenas parcialmente bem-sucedidas em reforçar a política monetária e tiveram o efeito colateral prejudicial de distorcer o comércio internacional.

Os defensores das taxas flutuantes apontam que a remoção da obrigação de indexar valores de moeda restauraria o controle monetário aos bancos centrais. Se, por exemplo, o banco central enfrentasse desemprego e desejasse expandir sua oferta de moeda em resposta, já não haveria qualquer barreira legal para a depreciação da moeda que isso causaria. Da mesma forma, o banco central de uma economia superaquecida poderia arrefecer a atividade ao contrair a oferta de moeda sem se preocupar com que influxos de reserva indesejados prejudicassem seu esforço de estabilização. O maior controle sobre a política monetária permitiria que os países desmantelassem suas barreiras distorcidas a pagamentos internacionais. Em outras palavras, as taxas flutuantes implicavam uma abordagem para o trilema monetário que sacrificaria as taxas de câmbio fixas em favor da liberdade dos fluxos financeiros e da política monetária.

Consistente com esse ponto de vista, os defensores das taxas flutuantes também argumentaram que essas taxas permitiriam que cada país escolhesse a sua própria taxa de inflação de longo prazo desejada, em vez de ter que importar passivamente a taxa de inflação estabelecida no exterior. Vimos no Capítulo 18 que um país enfrentando um aumento no nível de preços estrangeiro será desequilibrado e, finalmente, importará a inflação externa se mantiver sua taxa de câmbio fixa. No final da década de 1960, muitos países sentiam que estavam importando inflação dos Estados Unidos. Ao revalorizar sua moeda – isto é, reduzir o preço da moeda nacional em moeda estrangeira –, um país pode isolar-se completamente de um aumento inflacionário nos preços estrangeiros e, assim, permanecer em equilíbrios interno e externo. Um dos argumentos mais reveladores a favor das taxas flutuantes foi a sua capacidade, em teoria, de gerar automaticamente as alterações das taxas de câmbio que isolam as economias da inflação em curso no exterior.

O mecanismo por trás desse isolamento é a paridade de poder de compra (veja o Capítulo 16). Lembre-se de que, quando todas as mudanças na economia mundial são monetárias, a PPC se aplica em longo prazo: as taxas de câmbio, por fim, se alteram, para compensar exatamente as diferenças nacionais da inflação. Se o crescimento monetário dos Estados Unidos leva a uma duplicação de longo prazo do nível de preços americano, enquanto o nível de preços na Europa mantém-se constante, a PPC prevê que o preço do euro de longo prazo em dólar vai ser reduzido para a metade. Essa mudança de taxa de câmbio nominal mantém inalterada a taxa de câmbio *real* entre o dólar e o euro e, portanto, mantém o equilíbrio interno e o externo da Europa. Em outras palavras, a alteração das taxas de câmbio de longo prazo prevista pela PPC é exatamente a mudança que isola a Europa da inflação dos Estados Unidos.

Um aumento induzido pela moeda nos preços dos Estados Unidos também causa uma valorização *imediata* do câmbio contra o dólar, quando a taxa de câmbio flutua. No curto prazo, o tamanho dessa valorização pode diferir do que prevê a PPC, mas os especuladores de divisas que podem ter montado um ataque nas taxas de câmbio de dólar fixo aceleram o ajuste das taxas flutuantes. Uma vez que eles sabem que as moedas estrangeiras valorizarão em longo prazo de acordo com a PPC, agem conforme suas expectativas e empurram as taxas de câmbio na direção de seus níveis de longo prazo.

Em contrapartida, os países que operavam sob as regras de Bretton Woods foram forçados a escolher entre a inflação correspondente dos Estados Unidos para manter suas taxas de câmbio do dólar fixo ou revalorizar deliberadamente suas moedas em proporção ao aumento dos preços americanos. Contudo, sob o câmbio flutuante, o mercado de câmbio gera automaticamente as alterações das taxas de câmbio que protegem os países da inflação dos Estados Unidos. Uma vez que esse resultado não requer quaisquer decisões de política governamental, as crises de revalorização ocorridas sob taxas de câmbio fixas são evitadas.[25]

---

[25]Os países também podem evitar a importação da *deflação* indesejada com o uso de taxas flutuantes, já que a análise anterior se aplica, invertida, a uma queda no nível de preços estrangeiros.

CAPÍTULO 19 ▪ Sistemas monetários internacionais: uma visão histórica **595**

Simetria

O segundo argumento apresentado pelos defensores da taxa flutuante foi que o abandono do sistema Bretton Woods removeria as assimetrias que causaram tanto desacordo internacional na década de 1960 e no início dos anos 1970. Havia duas principais assimetrias, ambas resultantes do papel central do dólar no sistema monetário internacional. Primeiro, como os bancos centrais atrelavam suas moedas ao dólar e acumulavam dólares como reservas internacionais, a Reserva Federal dos Estados Unidos desempenhava o papel principal em determinar a oferta de moeda mundial, e os bancos centrais estrangeiros tinham pouco espaço para determinar suas próprias ofertas de moeda nacionais. Segundo, qualquer país estrangeiro poderia desvalorizar sua moeda contra o dólar em condições de "desequilíbrio fundamental", mas as regras do sistema não davam aos Estados Unidos a opção de desvalorizar sua moeda em relação às moedas estrangeiras. Ao contrário, a desvalorização do dólar necessitava de um período longo e economicamente perturbador de negociação multilateral.

Um sistema de taxas de câmbio flutuantes poderia acabar com essas assimetrias. Uma vez que os países já não indexariam as taxas de câmbio ao dólar, cada um estaria em condições de orientar as condições monetárias domésticas. Pela mesma razão, os Estados Unidos não enfrentariam qualquer obstáculo especial para alterar sua taxa de câmbio por meio de políticas monetárias ou fiscais.

As taxas de câmbio de todos os países seriam determinadas simetricamente pelo mercado de câmbio, não pelas decisões do governo.[26]

Taxas de câmbio como estabilizadores automáticos

O terceiro argumento a favor das taxas flutuantes relaciona-se com sua capacidade, em teoria, de promover a adaptação rápida e relativamente indolor a certos tipos de mudanças econômicas. Um exemplo desse tipo de mudança, discutido anteriormente, é a inflação estrangeira. A Figura 19.5, que usa o modelo DD-AA apresentado no Capítulo 17, examina outro tipo de mudança, comparando a resposta de uma economia sob uma taxa de câmbio fixa e uma taxa de câmbio flutuante a uma queda temporária da demanda externa pelas suas exportações.

Uma queda na demanda por exportações do país de origem reduz a demanda agregada para cada nível de taxa de câmbio, E, e, portanto, desvia a relação DD para a esquerda, de DD^1 para DD^2. (Lembre-se de que a relação DD mostra os pares de taxa de câmbio e produção para os quais a demanda agregada é igual à produção agregada.) A Figura 19.5a mostra como essa mudança afeta o equilíbrio da economia quando a taxa de câmbio flutua. Como se presume que a variação de demanda seja temporária, ela não muda a taxa de câmbio esperada no longo prazo e, assim, não altera a relação AA^1 do equilíbrio do mercado de ativos. (Lembre-se de que a relação AA mostra os pares de taxa de câmbio e produção para os quais o mercado de câmbio e o mercado monetário interno estão em equilíbrio.) O equilíbrio da economia no curto prazo situa-se, portanto, no ponto 2; comparado com o equilíbrio inicial no ponto 1, a moeda deprecia (E sobe) e a produção cai. Por que a taxa de câmbio aumenta de E^1 para E^2? Quando demanda e produção caem, reduzindo a demanda por moeda das transações, a taxa de juros doméstica deve também cair para manter o mercado monetário em equilíbrio. Essa queda faz com que a moeda nacional desvalorize no mercado de câmbio, e a taxa de câmbio sobe, portanto, de E^1 para E^2.

O efeito da mesma perturbação de demanda por exportação sob uma taxa de câmbio fixa é mostrado na Figura 19.5b. Uma vez que o banco central deve evitar a depreciação da moeda que ocorre sob uma taxa flutuante, ele compra moeda doméstica com reservas externas, uma ação que contrai a oferta de moeda e desloca AA^1 para a esquerda, até AA^2. O novo equilíbrio de curto prazo da economia sob uma taxa de câmbio fixa está no ponto 3, onde a produção é igual a Y^3.

---

[26]O argumento da simetria não é um argumento contra sistemas de taxa fixa em geral, mas um argumento contra o tipo específico de sistema de taxa de câmbio fixa que desmoronou na década de 1970. Como vimos no Capítulo 18, um sistema de taxa fixa com base em um padrão-ouro internacional pode ser completamente simétrico.

FIGURA 19.5

Efeitos de uma queda na demanda de exportação.

A resposta a uma queda na demanda por exportação (vista na mudança de DD^1 para DD^2) difere sob taxas de câmbio fixas e flutuantes. (a) Com uma taxa flutuante, a produção cai apenas para Y^2, conforme a depreciação da moeda (de E^1 para E^2) desloca a demanda em direção aos produtos nacionais. (b) Com a taxa de câmbio fixada em E^1, a produção cai até a Y^3 à medida que o banco central reduz a oferta de moeda (refletida na mudança de AA^1 para AA^2).

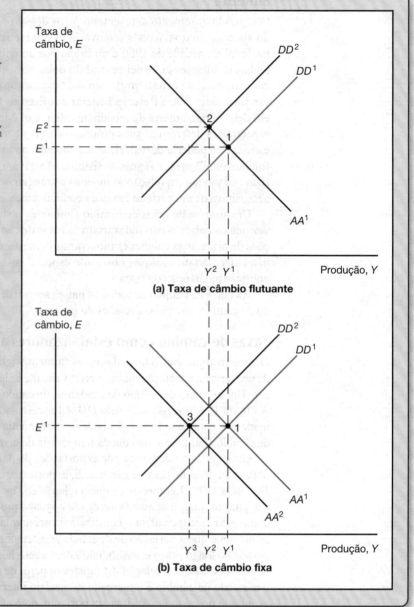

A Figura 19.5 mostra que a produção realmente cai mais sob uma taxa fixa do que sob uma taxa flutuante, caindo até a Y^3, em vez de Y^2. Em outras palavras, o movimento da taxa de câmbio flutuante estabiliza a economia, reduzindo o efeito do choque sobre o emprego em relação ao seu efeito sob uma taxa fixa. A depreciação da moeda, no caso de taxas flutuantes, torna os serviços e bens domésticos mais baratos quando a demanda por eles cai, compensando parcialmente a redução inicial da demanda. Além de reduzir a saída do equilíbrio interno causada pela queda na demanda por exportação, a depreciação reduz o déficit crescente nas contas correntes, o qual ocorre sob taxas fixas por tornar os produtos nacionais mais competitivos nos mercados internacionais.

Consideramos o caso de uma queda transitória da demanda por exportação, mas podemos tirar conclusões ainda mais fortes quando há uma queda *permanente* da demanda por exportação. Nesse caso, a taxa de câmbio esperada, E^e, também sobe, e AA desloca-se para cima como resultado. Um choque permanente provoca uma depreciação maior do que um choque temporário, e o movimento da taxa de câmbio, portanto, protege mais a produção interna quando o choque é permanente.

No âmbito do sistema Bretton Woods, uma queda na demanda por exportação, como mostrado na Figura 19.5b, teria, caso fosse permanente, conduzido a uma situação de "desequilíbrio fundamental", causando uma desvalorização da moeda ou um longo período de desemprego doméstico, conforme os salários e os preços caíssem. A incerteza sobre as intenções do governo teria encorajado saídas de capital especulativas, piorando ainda mais a situação pelo esgotamento das reservas do banco central e pela contração da oferta de moeda nacional em um momento de desemprego. Os defensores das taxas flutuantes apontam que o mercado de câmbio acarretaria automaticamente a depreciação da moeda *real* necessária por meio de um movimento na taxa de câmbio nominal. Essa mudança das taxas de câmbio reduziria ou eliminaria a necessidade de diminuir o nível de preços por meio do desemprego, e como isso ocorreria imediatamente, não haveria nenhum risco de ruptura especulativa, como haveria sob uma taxa fixa.

Taxas de câmbio e equilíbrio externo

Um benefício final proposto pelos defensores das taxas de câmbio flutuantes foi que poderiam prevenir o surgimento de déficits ou superávits em conta corrente persistentemente altos. Como um país com um grande déficit em conta corrente está contraindo empréstimos de estrangeiros e aumentando assim a sua dívida externa, em consequência terá que gerar maiores excedentes de exportações sobre importações para pagar os juros sobre a dívida. Os superávits maiores, por sua vez, exigirão uma moeda depreciada. Defensores da taxa flutuante sugeriam que os especuladores, prevendo essa depreciação, reduziriam a moeda antecipadamente, tornando as exportações mais competitivas e as importações mais caras em curto prazo. Essa especulação estabilizante, se mantida, impediria que déficits em conta corrente ficassem muito grandes. (O mesmo mecanismo, com valorização substituindo a depreciação, limitaria os superávits externos.)

Um corolário dessa visão é que as taxas de câmbio flutuantes não seriam voláteis demais, porque especuladores estabilizantes constantemente levariam as taxas em direção a níveis consistentes com o equilíbrio externo.

Como essas previsões se saíram após 1973? Mostraremos que, enquanto algumas foram confirmadas, os defensores das taxas flutuantes em geral eram demasiado otimistas de que um sistema de taxas de câmbio determinadas pelo mercado funcionaria sem turbulência do mercado de câmbio ou conflitos entre países por causa das suas políticas.

ESTUDO DE CASO

Os primeiros anos das taxas flutuantes, 1973-1990

Uma revisão da história macroeconômica da economia mundial desde 1973 oferece dados importantes para analisar os êxitos e as deficiências do sistema monetário internacional moderno. Começamos com um resumo dos primeiros anos turbulentos das taxas de câmbio flutuantes.

INFLAÇÃO E DESINFLAÇÃO, 1973-1982

O ato de abertura da era de taxas de câmbio flutuantes foi uma quadruplicação do preço mundial do petróleo entre o final de 1973 e o início de 1974, plano executado pela recém-assertiva Organização de Países Exportadores de Petróleo (OPEP), um cartel internacional que inclui a maioria dos grandes produtores de petróleo. O consumo e os investimentos diminuíram em todos os lugares, e a economia mundial caiu em recessão. Os saldos de conta corrente de países importadores de petróleo se agravaram.

O modelo que desenvolvemos nos Capítulos 14 a 18 prevê que a inflação tende a aumentar nos períodos de *boom* e a cair nas recessões. Como o mundo entrou em recessão profunda em 1974, no entanto, a inflação acelerou na maioria dos países. A Tabela 19.2 mostra como a inflação nas principais regiões industrializadas subiu na década entre 1973 e 1982, mesmo com o desemprego em ascensão.

O que aconteceu? Um fator importante foi o choque do petróleo em si: elevando diretamente os preços dos produtos petrolíferos e os custos das indústrias que usavam energia, o aumento do preço do petróleo fez os níveis de preços saltarem. Além disso, as pressões inflacionárias em todo o mundo, que tinham se acumulado desde o final da década de 1960, arraigaram-se no processo de fixação de salários e continuavam a contribuir para a inflação, apesar da deterioração do quadro de emprego. As mesmas expectativas inflacionárias que estavam dirigindo novos contratos de salário também estavam colocando pressão ascendente adicional sobre os preços das *commodities*, conforme os especuladores acumulavam estoques de *commodities* cujos preços eles esperavam que subissem. Ao longo dos anos seguintes, os banqueiros centrais demonstraram não estar dispostos a combater essas pressões inflacionárias ao custo de um nível de desemprego ainda maior.

Para descrever as condições macroeconômicas incomuns de 1974-1975, os economistas cunharam uma nova palavra que se tornou comum: **estagflação**, uma combinação

---

TABELA 19.2 — **Dados macroeconômicos para principais regiões industriais, 1963-2019**

Período	1963-1972	1973-1982	1983-1992	1993-2006	2007-2009	2010-2015	2016-2019
Inflação (% a.a.)							
Estados Unidos	3,3	8,8	3,8	2,6	2,1	1,7	1,9
Europa	3,9	10,1	5,8	3,1	2,5	1,5	1,2
Japão	5,5	8,7	1,8	0,1	0,0	0,5	0,5
Desemprego (% da força de trabalho)							
Estados Unidos	4,7	7,0	6,8	5,3	6,6	7,6	4,2
Europa	1,9	5,5	9,4	10,2	7,9	10,4	7,8
Japão	1,2	1,9	2,5	4,1	4,3	4,2	2,6
Crescimento do PIB *per capita* real (% a.a.)							
Estados Unidos	4,0	2,3	3,5	3,2	−0,3	2,2	2,2
Europa		2,6	2,5	2,2	−0,3	1,2	2,3
Japão	7,9	3,7	4,0	1,1	−1,7	1,5	1,1

Fontes: Fundo Monetário Internacional, Eurostat e Banco Mundial.

CAPÍTULO 19 ■ Sistemas monetários internacionais: uma visão histórica **599**

de estagnação da produção e inflação elevada. A estagflação foi o resultado de dois fatores:

1. Aumentos nos preços das *commodities* que elevavam diretamente a inflação ao mesmo tempo que deprimiam a oferta e a demanda agregada.
2. Expectativas de inflação futura que alimentavam as tarifas e outros preços apesar da recessão e do desemprego crescente.

Libertos da necessidade de defender uma taxa de câmbio fixa, os governos responderam com políticas expansionistas que alimentaram ainda mais a inflação. Muitos países, movendo-se para um vértice diferente do trilema, conseguiram até relaxar os controles de capital que tinham criado antes de 1974. Esse relaxamento aliviou o problema de ajuste dos países em desenvolvimento, que foram capazes de tomar empréstimos mais facilmente dos mercados financeiros de países desenvolvidos para manter o seu próprio crescimento econômico e seus gastos. Por sua vez, a força relativa da demanda do mundo em desenvolvimento pelas exportações dos países industrializados ajudou a atenuar a gravidade da recessão de 1974-1975. No entanto, nos países industrializados, o desemprego saltou e permaneceu teimosamente alto, conforme mostra a Tabela 19.2.

Em meados da década de 1970, os Estados Unidos tentaram combater o desemprego mediante a política monetária expansionista, enquanto outros países, como a Alemanha e o Japão, estavam mais preocupados com a inflação. O resultado desse desequilíbrio político – uma expansão vigorosa nos Estados Unidos que não foi acompanhada por expansão no exterior – foi uma forte depreciação do dólar após 1976. A inflação dos Estados Unidos atingiu níveis de dois dígitos (como a inflação em muitos outros países, incluindo Canadá, França, Itália e Reino Unido). A depreciação do dólar nesses anos fica evidente na Figura 19.6, que mostra os dois **índices de taxas de câmbio nominal e real efetivas** do dólar. Esses índices medem, respectivamente, o preço de um dólar em termos de uma cesta de moedas estrangeiras e o preço da produção dos Estados Unidos em termos de uma cesta de produção estrangeira. Assim, um aumento de qualquer índice é uma valorização do dólar (nominal ou real), enquanto uma queda é uma depreciação.

Para restaurar a fé no dólar, o presidente Jimmy Carter indicou um novo Presidente do Conselho de Governadores da Reserva Federal (*Federal Reserve Board*) com ampla experiência em assuntos financeiros internacionais, Paul A. Volcker. O dólar começou a fortalecer-se em outubro de 1979, quando Volcker anunciou um aperto da política monetária dos Estados Unidos e a adoção, por parte da Reserva Federal, dos mais rigorosos procedimentos para controlar o crescimento da oferta de moeda.

A queda do xá do Irã em 1979 provocou uma segunda rodada de aumentos de preços do petróleo por interromper as exportações daquele país. Em 1975, formuladores de políticas macroeconômicas em países industrializados tinham respondido ao primeiro choque do petróleo com políticas monetárias e fiscais expansionistas. Eles responderam de forma muito diferente ao segundo choque do petróleo. Em 1979 e 1980, o crescimento monetário na verdade foi *restrito* na maioria dos grandes países industrializados, na tentativa de compensar o aumento da inflação que acompanhou o aumento de preço de petróleo. Essa abordagem política impediu um surto de inflação, mas ajudou a causar uma recessão mundial.

Em novembro de 1980, vimos a eleição do presidente Ronald Reagan, que fizera campanha em uma plataforma anti-inflacionista. Tendo em conta o resultado das eleições e o abrandamento monetário de Volcker, o valor do dólar foi às alturas (veja a Figura 19.6). As taxas de juros dos Estados Unidos também tinham subido acentuadamente no final de 1979. Em 1981, as taxas de juros de curto prazo nos Estados Unidos tinham quase dobrado em relação aos seus níveis de 1978.

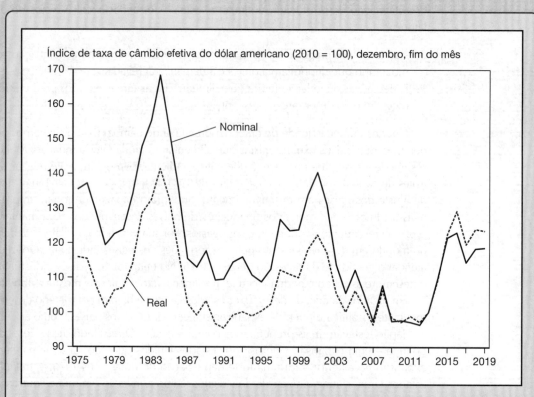

FIGURA 19.6

Índices de taxa de câmbio nominal e real efetiva do dólar, 1975-2019.

Os índices são medidas do valor nominal e real do dólar americano em termos de uma cesta de moedas estrangeiras. Um aumento nos índices é uma valorização do dólar, uma diminuição é uma depreciação. Para ambos os índices, o valor de 2010 é 100.

Fonte: Banco de Compensações Internacionais.

Ao elevar a taxa de juros dos Estados Unidos e fazer com que os investidores esperassem um dólar mais forte no futuro, a ação dos Estados Unidos levou a uma valorização imediata do dólar. Essa apreciação tornou as mercadorias americanas mais caras em relação às estrangeiras, reduzindo, assim, a produção dos Estados Unidos.

No entanto, a valorização do dólar não foi bem recebida no exterior, apesar de que poderia, em teoria, ter emprestado às economias estrangeiras algum estímulo positivo em um período de crescimento lento. A razão foi que um dólar mais forte dificultava aos países estrangeiros suas próprias lutas contra a inflação, elevando os preços de importação que enfrentavam e encorajando demandas por salários maiores de seus trabalhadores. Um dólar mais forte teve o efeito contrário nos Estados Unidos, acelerando o declínio da inflação americana. A política monetária apertada dos Estados Unidos, portanto, teve um efeito de empobrecimento do vizinho no exterior, já que baixou a inflação americana em parte por exportar a inflação para as economias estrangeiras.

Os bancos centrais estrangeiros responderam intervindo nos mercados de moeda para retardar o aumento do dólar. Mediante o processo de venda das reservas de dólar e compra de suas próprias moedas, alguns bancos centrais reduziram suas taxas de crescimento monetário para 1980 e 1981, forçando a alta das taxas de juros. A contração monetária sincronizada nos Estados Unidos e no exterior, logo após o segundo

CAPÍTULO 19 ■ Sistemas monetários internacionais: uma visão histórica **601**

choque do petróleo, jogou a economia mundial em profunda recessão. Em 1982 e 1983, o desemprego em todo o mundo subiu para níveis sem precedentes no período pós--Segunda Guerra. Enquanto o desemprego dos Estados Unidos voltou rapidamente ao seu nível pré-recessão, o desemprego no Japão e em especial na Europa manteve-se permanentemente mais alto (ver Tabela 19.2). Entretanto, a contração monetária e a recessão trazidas por ele rapidamente levaram a uma queda drástica das taxas de inflação nos países industrializados.

O DÓLAR FORTE E O ACORDO DE PLAZA

Durante a campanha eleitoral, o presidente Reagan tinha prometido reduzir os impostos e equilibrar o orçamento federal. Ele cumpriu a primeira dessas promessas em 1981. Ao mesmo tempo, o governo Reagan promoveu a aceleração dos gastos com a defesa. O saldo dessas e de ações subsequentes do Congresso foi um déficit orçamentário inflado do governo dos Estados Unidos e um forte estímulo fiscal à economia. A posição fiscal dos Estados Unidos encorajou a contínua valorização do dólar (consulte a Figura 19.6). Em fevereiro de 1985, a valorização acumulada do dólar contra a moeda alemã desde o final de 1979 era de 47,9%. A recessão atingiu seu ponto mais baixo nos Estados Unidos em dezembro de 1982 e a produção começou a se recuperar no país e no exterior quando o estímulo fiscal americano foi transmitido para o exterior por meio da constante valorização do dólar.

Embora a expansão fiscal americana tenha contribuído para a recuperação mundial, os déficits orçamentários federais crescentes levantaram sérias preocupações sobre a estabilidade futura da economia mundial. Como os déficits crescentes não foram correspondidos por aumentos equivalentes da poupança privada ou diminuição do investimento, o saldo da conta corrente americana deteriorou-se acentuadamente. Em 1987, os Estados Unidos tornaram-se um devedor líquido para países estrangeiros e seu déficit em conta corrente foi ao nível recorde (até então) do pós-guerra de 3,6% do PIB. Alguns analistas ficaram preocupados que os credores estrangeiros perdessem a confiança no valor futuro dos ativos em dólar que estavam acumulando e os vendessem, causando uma depreciação súbita e precipitada do dólar.

Igualmente preocupante foi o impacto do dólar forte sobre a distribuição de renda dentro dos Estados Unidos. A valorização do dólar tinha reduzido a inflação dos Estados Unidos e permitido aos consumidores comprar importações mais baratas, mas as pessoas prejudicadas pela mudança dos termos de troca estavam mais bem organizadas e tinham mais voz do que aqueles que se beneficiaram. Formou-se uma bola de neve de pressões protecionistas à medida que as indústrias que competiam com importações começaram a exigir que o governo as protegesse da concorrência estrangeira.

O governo Reagan tinha, desde o início, adotado uma política de "negligência benigna" em relação ao mercado de câmbio, recusando-se a intervir, exceto em circunstâncias incomuns (p. ex., após a tentativa de assassinato do presidente Reagan). Em 1985, no entanto, a ligação entre o dólar forte e a crescente onda protecionista tornou-se impossível de ignorar.

Temendo um desastre para o sistema de comércio internacional, representantes dos órgãos econômicos dos Estados Unidos, Grã-Bretanha, França, Alemanha e Japão anunciaram no Hotel Plaza de Nova York, em 22 de setembro de 1985, que iriam intervir em conjunto no mercado de câmbio para produzir a depreciação do dólar. O dólar caiu drasticamente no dia seguinte e continuou a diminuir durante 1986 e o início de 1987, conforme os Estados Unidos mantiveram uma política monetária flexível e reduziram as taxas de juros do dólar em relação às taxas de juros de moedas estrangeiras (consulte a Figura 19.6).

602 PARTE IV ∎ Política macroeconômica internacional

Interdependência macroeconômica sob uma taxa flutuante

Até agora, nossa modelagem da economia aberta centrou-se no caso relativamente simples de um país pequeno que não podia afetar a produção, os níveis de preços ou as taxas de juros do exterior mediante suas próprias políticas monetárias e fiscais. No entanto, essa descrição obviamente não se adapta aos Estados Unidos, com o seu nível de produção nacional igual a cerca de um quinto do produto total do mundo. Portanto, para discutir as interações macroeconômicas entre os Estados Unidos e o resto do mundo, temos de pensar sobre a transmissão de políticas entre países ligados por uma taxa de câmbio flutuante. Vamos oferecer uma discussão breve e intuitiva, em vez de um modelo formal, e vamos nos restringir ao curto prazo, em que podemos pressupor que os preços de produção nominal são fixos.

Imagine uma economia mundial composta de dois grandes países, Doméstica e Estrangeira. Nosso objetivo é avaliar como as políticas macroeconômicas de Doméstica afetam as de Estrangeira. A complicação principal é que não podemos mais considerar que nenhum dos dois países enfrenta uma taxa de juros externa fixa ou um nível fixo de demanda por exportações estrangeiras. Para simplificar, vamos considerar apenas o caso de desvios *permanentes* na política monetária e fiscal.

Vamos analisar primeiro uma expansão monetária permanente em Doméstica. Sabemos que no caso de um país pequeno (Capítulo 17), Doméstica depreciaria a moeda e sua produção aumentaria. O mesmo acontece quando a economia de Doméstica é grande, mas agora, o resto do mundo é afetado também. Como Doméstica está experimentando a depreciação real da moeda, Estrangeira deve estar experimentando a *valorização* real da moeda, que torna os bens de Estrangeira relativamente caros e, portanto, tem um efeito depressivo sobre a produção de Estrangeira. O aumento na produção de Doméstica, no entanto, atua no sentido oposto, uma vez que Doméstica gasta um pouco de sua renda extra em mercadorias de Estrangeira e, por conta disso, a demanda agregada pela produção de Estrangeira aumenta. A expansão monetária de Doméstica, portanto, tem dois efeitos opostos na produção de Estrangeira, com o resultado líquido dependendo do efeito que for mais intenso. A produção de Estrangeira pode aumentar ou diminuir.[27]

A seguir, vamos pensar sobre uma política fiscal expansionista permanente em Doméstica. No caso do pequeno país do Capítulo 17, uma expansão fiscal permanente causou uma valorização real da moeda e uma deterioração da conta corrente que anulou totalmente qualquer efeito positivo sobre a demanda agregada. Na prática, o impacto expansionista do relaxamento fiscal de Doméstica vazou inteiramente para o exterior (porque a contrapartida do saldo de conta corrente inferior de Doméstica deve ser um equilíbrio maior da conta corrente no exterior). No caso de países grandes, a produção de Estrangeira ainda aumenta, uma vez que as exportações de Estrangeira se tornam relativamente mais baratas quando a moeda de Doméstica sofre valorização. Além disso, agora alguns aumentos de gastos de Estrangeira intensificam as exportações de Doméstica, então a produção de Doméstica realmente aumenta junto com a de Estrangeira.[28]

Resumimos nossa discussão da interdependência macroeconômica entre grandes países da seguinte forma:

1. *Efeito de uma expansão monetária permanente por Doméstica.* A produção de Doméstica sobe, a moeda de Doméstica se desvaloriza e a produção de Estrangeira pode subir ou descer.
2. *Efeito de uma expansão fiscal permanente por Doméstica.* A produção de Doméstica sobe, a moeda de Doméstica se valoriza e a produção de Estrangeira sobe.

---

[27]A condição de equilíbrio do mercado monetário de Estrangeira é $M^*/P^* = L(R^*, Y^*)$. Como M^* não está mudando e P^* é rígido e, portanto, fixo no curto prazo, a produção de Estrangeira pode aumentar apenas se a taxa de juros nominal de Estrangeira subir também, e pode cair somente se a taxa de juros nominal de Estrangeira cair.

[28]Considerando a condição de equilíbrio do mercado monetário de Doméstica (em analogia com a nota de rodapé 27), você verá que a taxa de juros nominal de Doméstica deve subir. Um argumento paralelo mostra que a taxa de juros de Estrangeira aumenta ao mesmo tempo.

CAPÍTULO 19 ■ Sistemas monetários internacionais: uma visão histórica **603**

ESTUDO DE CASO

Transformação e crise na economia mundial

A queda do Muro de Berlim em 1989 marcou o início do fim do império soviético. Em última análise, os países do antigo bloco soviético iriam adotar estruturas de mercado e entrar na economia mundial. Ao mesmo tempo, a China continuava um gradual processo de reformas orientadas para o mercado, iniciado em 1978, que estavam começando a levar à modernização e ao crescimento econômico rápido. Essas mudanças simultâneas aumentariam significativamente o tamanho da economia global e a força de trabalho mundial na virada do século.

CRISES NA EUROPA E NA ÁSIA, 1990-1999

A reunificação das Alemanhas em 1º de julho de 1990 desencadeou pressões inflacionárias na Alemanha. Ao mesmo tempo, outros países europeus estavam fixando suas taxas de câmbio à moeda antiga da Alemanha, o marco alemão (DM), no âmbito do mecanismo de taxas de câmbio fixas da União Europeia, o Sistema Monetário Europeu (EMS, do inglês *European Monetary System*). A reação monetária contracionista da Alemanha a suas pressões inflacionárias internas levaram a um crescimento mais lento em seus parceiros do EMS, muitos dos quais não foram afligidos pelo aumento da inflação como foi a Alemanha. As pressões assimétricas resultantes dentro do EMS levaram a um ataque especulativo sobre as paridades fixadas pelo EMS em 1992.

A inflação japonesa elevou-se em 1989, em parte como resultado de uma política monetária relativamente frouxa de 1986 a 1988, projetada para evitar a maior valorização do iene após o aumento acentuado após o Acordo de Plaza. Dois sintomas muito visíveis dessas pressões foram a decolagem dos preços das ações e a dos imóveis no Japão. A estratégia do Banco do Japão de puncionar essas bolhas de preços de ativos por meio da política monetária restritiva e de taxas de juros altas foi bem-sucedida, e o índice da bolsa de valores Nikkei, de Tóquio, perdeu mais da metade do seu valor entre 1990 e 1992. Infelizmente, a queda acentuada nos preços dos ativos deixou o sistema bancário do Japão em crise e a economia em recessão no início de 1992.

A recuperação de fato nunca ocorreu. Em 1998, a economia japonesa parecia estar em queda livre, com o encolhimento do PIB, preços em declínio e o nível de desemprego mais alto em mais de quatro décadas. A deflação e a estagnação do Japão mostraram que seriam muito prolongadas, durando uma década e meia, quase sem interrupção.

No entanto, em 1997-1998, os problemas da economia japonesa espalharam-se aos países em desenvolvimento do Leste Asiático, com os quais ele tinha laços comerciais fortes. Como veremos no Capítulo 22, várias dessas economias tinham experimentado taxas de crescimento do PIB espetacularmente rápidas por muitos anos até 1997. Muitas delas também mantinham suas taxas de câmbio fixas, ou em bandas, em relação ao dólar americano. A desaceleração japonesa em 1997, portanto, enfraqueceu as economias do Leste Asiático.

O resultado final foi uma série de ataques especulativos em cascata sobre as moedas do Leste Asiático, começando com o baht da Tailândia, na primavera de 1997, e passando para a Malásia, Indonésia e Coreia. Essas economias caíram em profunda recessão (como discutiremos em mais detalhes no Capítulo 22), puxadas para baixo pelo Japão, mas também puxando o Japão para baixo em um círculo vicioso. A Rússia declarou moratória das dívidas internas e externas em 1998, desencadeando o nervosismo dos investidores globais e o caos financeiro doméstico. O medo de uma depressão mundial provocou uma série de cortes de taxas de juros pela Reserva Federal, bem como um corte coordenado das taxas de juros sem precedentes por 11 países europeus que

604 PARTE IV ■ Política macroeconômica internacional

preparavam-se para abrir mão de suas moedas nacionais em 1999 e adotar o euro. Essas medidas contribuíram para evitar um colapso econômico global.

A CRISE DAS "PONTO COM" E O SURGIMENTO DOS DESEQUILÍBRIOS GLOBAIS

O mercado de ações dos Estados Unidos foi às alturas na década de 1990 conforme o dinheiro migrava para as ações das "ponto com" de alta tecnologia, relacionadas com as novas tecnologias baseadas na internet. Os investimentos cresceram e o déficit em conta corrente dos Estados Unidos inchou. Quando os preços das ações começaram a entrar em colapso em 2000, ajudando a criar uma recessão, a Reserva Federal cortou as taxas de juros agressivamente. Apesar de uma queda no investimento, o déficit em conta corrente dos Estados Unidos logo voltou a subir por causa da queda da poupança. Um fator que reduziu a poupança dos Estados Unidos foi o rápido aumento de preços dos bens imobiliários. As taxas de juros eram baixas e, conforme os americanos contraíam empréstimos garantidos pelos valores crescentes de seus imóveis, a taxa de poupança doméstica líquida dos Estados Unidos caiu abaixo de zero. Como resultado, o déficit em conta corrente americano atingiu um nível inédito de 6% do PIB em meados da década (consulte a Figura 13.2), e o dólar começou a depreciar (consulte a Figura 19.6). Os preços dos imóveis também aumentaram em muitos países fora dos Estados Unidos, desde o Reino Unido até a Espanha e a Estônia, e esses países, assim como os Estados Unidos, também tenderam a incorrer em maiores déficits comerciais.

De fato, durante os anos após 1999, o padrão dos desequilíbrios externos globais aumentou acentuadamente. A Figura 19.7 retrata esse processo. É útil pensar nos valores negativos na figura (os déficits) como apresentando demandas líquidas pela poupança global, enquanto os valores positivos (os superávits) mostram as ofertas líquidas da poupança (poupança excedendo as necessidades de investimento interno). Em um equilíbrio para os mercados financeiros globais, a demanda mundial por poupanças é igual à oferta mundial, que é outra maneira de dizer que os saldos em conta corrente de todos os países devem totalizar zero.

Do lado da demanda, a explosão drástica do déficit em conta corrente dos Estados Unidos foi o fator dominante. Como a conta corrente é igual a poupança menos o investimento, um grande déficit dos Estados Unidos significava que o investimento americano (na prática, uma demanda por poupança) excedia em muito a oferta de poupança gerada pelas famílias, empresas e unidades governamentais americanas. Contribuindo também para a demanda mundial pela poupança, embora, em uma escala muito menor, havia a demanda impulsionada por investimentos vinda dos países em rápido desenvolvimento da Europa Central e Oriental (veja a Figura 19.7).

A característica intrigante dos dados é que, conforme o déficit dos Estados Unidos aumentava – refletindo um *aumento* na demanda americana pela poupança mundial – a taxa de juros real de longo prazo dos Estados Unidos *caía*, continuando um processo que havia começado em torno de 2000 quando a crise das "ponto com" reduziu a demanda de investimento e as expectativas do mercado de crescimento econômico futuro (veja a Figura 19.8). As taxas de juros reais mais baixas ajudaram a elevar os preços domésticos americanos, incentivando as pessoas a contraírem empréstimos contra o valor dos seus imóveis e gastar mais da renda nacional, tal como observado anteriormente. Poderia parecer mais natural, em vez disso, que as taxas de juros reais tivessem *subido*, incentivando a poupança e desencorajando os investimentos nos Estados Unidos. Então, como pode ter acontecido o oposto, ou seja, uma queda nas taxas de juros reais? Por que, além disso, esse fenômeno também foi visto em outros países, como mostrado na Figura 19.8? A resposta deve estar em uma mudança na economia e no comportamento de investimento fora dos Estados Unidos.

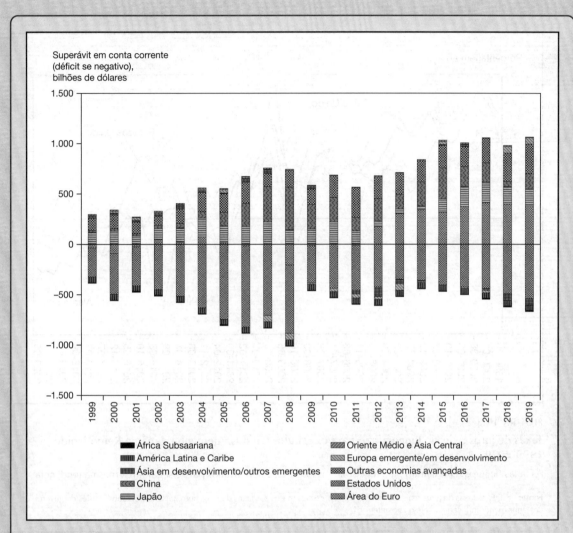

FIGURA 19.7
Desequilíbrios externos globais, 1999-2019.

Durante a primeira metade dos anos 2000, o grande aumento do déficit em conta corrente dos Estados Unidos foi correspondido por aumentos nos superávits de outros países, sobretudo os da Ásia (principalmente China). Após 2008, os desequilíbrios encolheram temporariamente, mas aumentaram desde então, sendo que a zona do euro desenvolveu um superávit considerável.

Fonte: Fundo Monetário Internacional, banco de dados *World Economic Outlook*, outubro de 2019. Números de 2019 são projeções.

A Figura 19.8 mostra que, ao longo da década de 2000, os superávits em conta corrente de vários países que não os Estados Unidos subiram (principalmente na China, mas também no Japão e nos países recém-industrializados, como Singapura e Taiwan). Os economistas ainda debatem as causas desses superávits, mas diversos fatores provavelmente se destacam. Um deles foi a emergência da China como um parceiro importante na economia mundial, especialmente depois que entrou para a Organização Mundial do Comércio, em dezembro de 2001. O crescimento da economia privada chinesa a partir da década de 1970 levou a uma expansão econômica muito rápida, mas também a perturbações econômicas para grande parte da enorme população do país

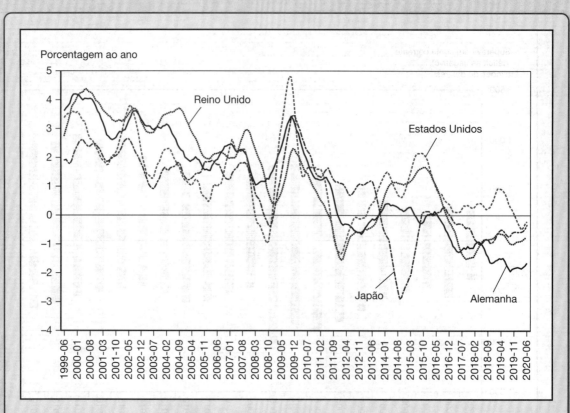

FIGURA 19.8
Taxas de juros reais de longo prazo para os Estados Unidos, Alemanha, Japão e Reino Unido, 1999-2020.

As taxas de juros reais caíram para níveis baixos nos anos 2000. Muitos países seguiram a mesma tendência.

Fonte: OCDE. As taxas de juros reais são médias móveis de seis meses das taxas de juros nominais mensais sobre títulos do governo de dez anos menos inflação durante o ano anterior.

– por exemplo, uma redução de benefícios sociais, como os serviços de saúde, que as empresas estatais disponibilizavam anteriormente. Como medida de precaução, os chineses economizaram mais do que haviam feito no passado. Ao mesmo tempo, o crescimento econômico explosivo do país (junto com o forte crescimento dos Estados Unidos) aumentou os preços de uma gama de *commodities* primárias, especialmente o petróleo. As receitas de exportação brasileira de soja e ferro, óleo de palma da Malásia e petróleo russo, venezuelano, congolês e saudita também subiram. Essas receitas extraordinárias inesperadas, maiores do que a capacidade dos beneficiários de gastarem ou investirem, também ajudaram a elevar a poupança mundial.

Um segundo fator também atuou na criação de superávits em conta corrente fora dos Estados Unidos. As crises econômicas e financeiras da década de 1990 tornaram os países mais pobres mais cautelosos em suas políticas fiscais e também reduziram sua vontade de investir. Da mesma forma, a incerteza econômica no Japão deprimia a demanda por investimentos naquele país. Um resultado das políticas econômicas mais conservadoras do mundo em desenvolvimento foi o rápido acúmulo de reservas em dólar, como já mencionado, um resultado que forneceu a esses países mais pobres uma proteção bem-vinda contra possíveis infortúnios econômicos futuros.

CAPÍTULO 19 ■ Sistemas monetários internacionais: uma visão histórica **607**

Em suma, a maior oferta de poupança de países fora dos Estados Unidos, junto com a demanda por investimentos geralmente menor, mais do que compensaram os efeitos sobre os mercados financeiros globais do maior déficit em conta corrente dos EUA. O resultado foi uma queda nas taxas de juros globais, que contribuiu para a valorização dos preços imobiliários globais.[29]

A CRISE FINANCEIRA GLOBAL E A PANDEMIA

Em agosto de 2007, eclodiu uma grave crise financeira, dessa vez não nos países em desenvolvimento, mas nos mercados de crédito dos Estados Unidos e da Europa. A crise se espalhou por todo o mundo, crescendo como uma bola de neve para gerar um pânico financeiro mundial e recessão em 2008-2009. A crise tinha suas raízes no mercado americano de hipotecas de imóveis. Vamos estudar os aspectos financeiros da crise e sua propagação em mais detalhes no Capítulo 20.

Um elemento-chave que levou à crise foi o período de taxas de juros reais menores de longo prazo, mostrado na Figura 19.8. As baixas taxas de juros contribuíram para a elevação dos preços imobiliários nos Estados Unidos e em muitos outros países. E, nos Estados Unidos, levou a práticas muito mais arriscadas entre os credores hipotecários (p. ex., empréstimos com entradas mínimas ou zero, ou com taxas de juros iniciais mais baixas, chamadas de *teaser rates*). Para piorar a situação, essas hipotecas "*subprime*" ou "*nonprime*" eram re-embaladas e vendidas a outros investidores em todo o mundo, os quais, em muitos casos, não faziam ideia dos riscos que estavam assumindo.

Essas taxas de juros reais baixas baixas estimularam a demanda global. Por fim, o consumo dos exportadores de *commodities* começou a alcançar a sua renda e a demanda por investimentos do mundo aumentou. Como você pode ver na Figura 19.8, as taxas de juros reais eram baixas de 2003 até o final de 2005 e, em seguida, subiram rapidamente nos Estados Unidos. Esse aumento abrupto fez com que muita gente que havia contraído empréstimos para comprar casas não pudesse cumprir seus pagamentos de hipoteca mensais. Por sua vez, os credores dos proprietários tiveram problemas, e a crise de crédito de 2007 eclodiu. Em níveis mais elevados de taxa de juros, muitos dos empréstimos imobiliários *subprime* feitos antes da década de 2000 por credores hipotecários agressivos começaram a parecer que nunca seriam pagos. Os credores (incluindo bancos de todo o mundo) tiveram, então, sérias dificuldades em contrair empréstimos próprios.

Apesar dos cortes das taxas de juros por muitos bancos centrais e outras intervenções financeiras destinadas a ajudar as economias, o mundo entrou em recessão. A recessão aprofundou-se drasticamente quando a crise financeira intensificou-se no outono de 2008. Os principais países, incluindo os Estados Unidos e a China, lançaram grandes programas de estímulo fiscal, enquanto os bancos centrais, em muitos casos, reduziram suas taxas de juros nominais. (A Figura 14.2 mostra as taxas de juros nos Estados Unidos e no Japão.) Embora essas políticas impedissem que a economia mundial entrasse em queda livre, o desemprego aumentou rapidamente no mundo todo (veja a Tabela 19.2) e a produção em geral se contraiu em 2009. Em 2010, a economia mundial tinha estabilizado, mas o crescimento permaneceu morno no mundo industrializado, o desemprego estava demorando para declinar e a recessão deixou muitos governos com déficits fiscais muito mais altos que não podiam ser mantidos indefinidamente. Nos anos seguintes a 2009, grande parte do mundo em desenvolvimento se recuperou mais robustamente da crise do que o mundo industrializado, mas nos Estados Unidos, na Europa e no Japão, a recuperação da pior crise global desde a Grande Depressão permaneceu frágil

---

[29]O Problema 13 no final deste capítulo sugere uma estrutura econômica simples que vai ajudá-lo a entender os efeitos das mudanças na demanda mundial e curvas de oferta para a poupança. O artigo de Ben Bernanke, na seção Leituras adicionais, oferece uma análise detalhada das baixas taxas de juros reais de meados da década de 2000.

608 PARTE IV ■ Política macroeconômica internacional

e avançou a solavancos. O crescimento nos Estados Unidos e no Reino Unido voltou a ser mais robusto em meados da década de 2010, mas a recuperação no segundo país foi interrompida pela vitória inesperada da opção de abandonar a União Europeia em junho de 2016. A China se desacelerou na década de 2010 à medida que reorientou sua economia, reduzindo o alto investimento e aumentando o consumo, mas junto com o crescimento mais lento em outras regiões do mundo, a transição chinesa reduziu a demanda global por *commodities*, o que prejudicou as economias das nações exportadoras de *commodities*, especialmente nos países em desenvolvimento. Discutiremos essa relação em mais detalhes no Capítulo 22. Em fatos que abordaremos no Capítulo 21, a recuperação da área do euro estagnou e inverteu quando uma crise existencial entrou em erupção no final de 2009. A crise do euro foi impulsionada por crescimento lento, desemprego, problemas bancários e altas dívidas públicas legadas pela crise global de 2007-2009. O pior da crise do euro havia passado no final de 2012, e nos últimos anos da década, as principais economias industrializadas e emergentes tinham, na sua maioria, pleno emprego e taxas de crescimento iguais ou próximas ao seu potencial.

A eleição de Donald Trump para a presidência dos EUA teve consequências positivas e negativas para a economia mundial. De um lado, o corte de impostos americano sancionado em dezembro de 2017 turbinou o crescimento americano no curto prazo, e parte desse estímulo levou ao aumento das importações americanas, o que beneficiou os exportadores estrangeiros. Por outro lado, o presidente Trump adotou medidas protecionistas radicais contra diversos parceiros comerciais americanos, especialmente a China e a União Europeia, além de esforçar-se para renegociar diversos acordos de comércio, como o Acordo de Livre Comércio Norte-Americano (Nafta). Em 2018, as perturbações resultantes no comércio haviam retardado o crescimento global e, em especial, o comércio mundial. De acordo com o FMI, entre 2018 e 2018, a taxa de crescimento do PIB real mundial caiu de 3,1 para 2,4%, enquanto a taxa de crescimento do volume de comércio global caiu de 3,7 para apenas 1,1%.

E então, no início de 2020, o mundo começou a sentir os efeitos da pandemia da Covid-19. Diversas economias instituíram *lockdowns* parciais, o que causou uma queda na produção e saltos radicais no desemprego em todo o mundo. Apesar de um histórico de cooperação internacional em questões de saúde por meio da Organização Mundial da Saúde, do Banco Mundial e de outras instituições internacionais, os países focaram suas ações em direções diferentes na tentativa de controlar a disseminação do novo coronavírus causador da doença e tiveram resultados diversos. Nos primeiros meses da crise, vários países adotaram políticas de "empobrecimento do vizinho" e limitaram as exportações de suprimentos médicos.

As respostas nacionais de saúde pública diferiram e, em alguns casos, entraram em conflito, mas muitos governos responderam com níveis sem precedentes de estímulo fiscal e monetário. Em especial, a política fiscal atenuou a contração que teria ocorrido, em parte pela complementação de renda generosa para os desempregados e por medidas para evitar falências. O painel (a) da Figura 19.9 apresenta estimativas do FMI (do final de junho de 2020) sobre a queda da produção causada pelos *lockdowns* da pandemia e o caminho da recuperação subsequente mais provável até o final de 2021. O painel (b) compara os aumentos projetados do endividamento do governo e dos déficits em torno da crise da Covid-19 (2020) com a Grande Recessão (2009).[30] Como sempre, os resultados fiscais refletem o impacto de novas despesas e também a perda de receitas causada pela contração da economia. Contudo, a impressão passada pela Figura 19.9 de que a resposta fiscal de 2020 foi muito maior que a de 2009, está correta.

---

[30] O "equilíbrio fiscal" do governo registra suas despesas menos as receitas, de modo que um equilíbrio fiscal negativo é um déficit orçamentário.

CAPÍTULO 19 ▪ Sistemas monetários internacionais: uma visão histórica 609

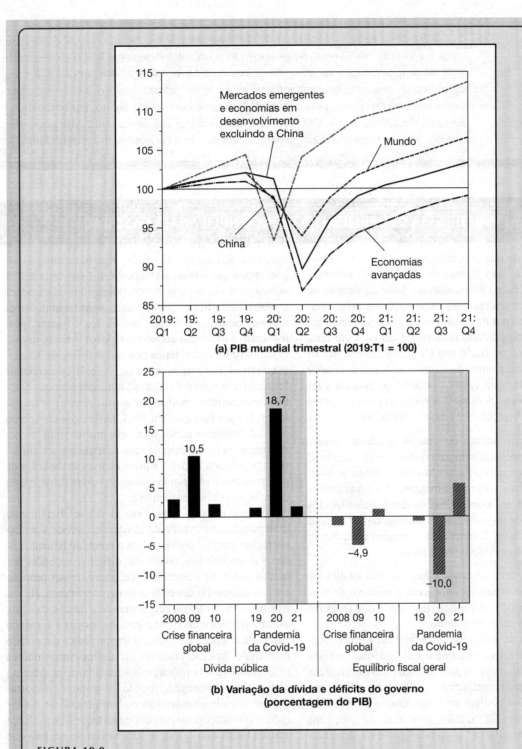

FIGURA 19.9
Consequências imediatas para a produção e consequências fiscais da crise da pandemia global.
Os níveis de produção globais caíram abruptamente devido aos *lockdowns* da pandemia, e os governos reagiram com medidas fiscais ainda mais vigorosas do que aquelas adotadas durante a crise financeira global anterior.
O painel (a) mostra índices do nível do PIB. O painel (b) mostra os déficits e a dívida pública globais agregados.

Fonte: Fundo Monetário Internacional, *World Economic Outlook*, atualização de junho de 2020, com base em estimativas da equipe do FMI.

610 PARTE IV ■ Política macroeconômica internacional

> Na época da redação deste capítulo, o cronograma da recuperação global dessa crise ainda era incerto, com o ritmo da recuperação econômica fortemente ligado ao desenvolvimento de tratamentos e vacinas para o vírus. A plena recuperação dos mercados de mão de obra provavelmente será lenta. Como os governos administrarão os altíssimos níveis de endividamento criados pela crise também é uma questão em aberto. Por fim, e muito infelizmente, a deterioração da cooperação internacional antes e durante a crise pode criar um legado de amargura que atrapalhará a recuperação da economia mundial no futuro.

O PROBLEMA COMPLICADO DA MANIPULAÇÃO CAMBIAL

No final do nosso estudo de caso "Os primeiros anos das taxas flutuantes, 1973-1990", observamos que a rápida valorização do dólar na década de 1980 levou os setores com importações a pressionarem o governo por proteção contra a concorrência estrangeira. Um resultado posterior do dólar forte foi a Omnibus Foreign Trade and Competitiveness Act of 1988 (Lei Abrangente de Comércio Internacional e Competitividade de 1988), que até hoje embasa a legislação nacional para muitas medidas protecionistas americanas. A Seção 3004 da lei afirma que:

> O Departamento do Tesouro analisará anualmente as políticas cambiais dos países estrangeiros, em consulta com o Fundo Monetário Internacional, e considerará se os países manipulam a taxa de câmbio entre a sua moeda e o dólar dos Estados Unidos para fins de impedir ajustes efetivos do balanço de pagamentos ou de obter uma vantagem competitiva injusta no comércio internacional.

O achado deveria provocar negociações de alta intensidade com o país infrator, com o objetivo de mudar as políticas de intervenção monetária que levavam a exportações subprecificadas.

A questão da depreciação cambial competitiva surgiu pela primeira vez durante o Entreguerras, quando os países abandonaram o padrão-ouro e desvalorizaram suas moedas para combater a Grande Depressão. Essas desvalorizações podiam ser consideradas políticas de empobrecimento do vizinho, no sentido de que, com elas, cada país estaria "roubando" parte da demanda

agregada dos outros. Contudo, alguns estudiosos argumentam que o resultado coletivo foi, na verdade, *benéfico* para a economia global, pois as desvalorizações também permitiram que os países adotassem políticas monetárias expansionistas que, no seu conjunto, promoveram a expansão econômica global.[31] Embora esse resultado combinado tenha sido muito diferente do efeito coletivo altamente negativo da proteção comercial de "empobrecimento do vizinho", algumas práticas cambiais competitivas podem ter efeitos negativos no exterior. Foi por isso que, em 1944, os Artigos de Acordo do FMI faziam os países-membros prometerem "evitar manipular taxas de câmbio ou o sistema monetário internacional para impedir ajustes efetivos do balanço de pagamentos ou obter uma vantagem competitiva injusta em relação aos outros membros (...)".

Quando um país torna a sua moeda artificialmente mais barata no mercado de câmbio, ele vende suas exportações para os outros países a preço de banana, então, à primeira vista, talvez seja difícil de entender por que os parceiros comerciais reclamam dessas práticas em vez de mandar um bilhete de agradecimento. Há vários motivos. Se nossa economia sofre de desemprego, as importações mais baratas podem desviar a demanda agregada dos bens nacionais, o que prejudica o mercado de mão de obra local mesmo que alguns consumidores se beneficiem das importações mais baratas. Mesmo com o pleno emprego agregado, no entanto, importações artificialmente baratas podem prejudicar nossas indústrias que concorrem com importações, o que força a perda localizada de empregos. Por fim, se um país que

---

[31] Um estudo influente é Barry Eichengreen e Jeffrey Sachs, "Exchange Rates and Economic Recovery in the 1930s", *Journal of Economic History* 45 (dez. 1985), pp. 925-946. Vimos na seção "Interdependência macroeconômica sob uma taxa flutuante" deste capítulo que uma expansão monetária em âmbito nacional estimula a produção no estrangeiro, pois o ganho de produção nacional resultante aumenta as importações, mas reduz a produção estrangeira ao tornar os bens nacionais mais baratos. O resultado líquido para a produção estrangeira é ambíguo. Se ambos os países adotam expansões monetárias semelhantes, no entanto, as taxas de câmbio não variam muito, o que cria um impacto expansionista para ambos os países. Um raciocínio semelhante mostra por que a contração fiscal em âmbito nacional reduz inequivocamente a produção estrangeira.

CAPÍTULO 19 ■ Sistemas monetários internacionais: uma visão histórica

compete conosco nos mercados de exportação desvaloriza a sua moeda, precisamos reduzir os preços das nossas próprias exportações para competir; é uma perda dos termos de troca e também uma possível causa de desemprego no setor de exportações.

Vimos que muitas políticas de governo afetam a taxa de câmbio, sendo as políticas fiscal e monetária as mais proeminentes entre elas. Quais políticas podem ser chamadas de "manipulação" e quais são opções legítimas que, por acaso, também afetam as taxas de câmbio? A resposta é sutil. As políticas de intervenção esterilizada ou impostos sobre operações de câmbio projetados para depreciar a moeda além de um valor consistente com o equilíbrio externo contam como manipulação. Contudo, a maioria dos observadores não proibiria medidas macroeconômicas convencionais cuja intenção seria garantir a estabilidade interna, mesmo quando parte do mecanismo dessas políticas envolve o enfraquecimento da moeda, pois poderiam ter transbordamentos econômicos internacionais positivos e, o que é mais importante, geralmente ser motivadas por objetivos internos. Para o FMI, que tem a missão de monitorar práticas monetárias, a *intenção* por trás de uma decisão política importa. Ainda se debate a indexação da moeda da Suíça entre 2011 e 2015 (lembre-se do estudo de caso "Os mercados podem atacar uma moeda forte? O caso da Suíça, 2011-2015", no Capítulo 18). A Suíça manipulou a sua moeda para manter uma vantagem competitiva artificial contra o euro? Ou adotou medidas apropriadas para prevenir a deflação doméstica e o desemprego quando não podia recorrer à política monetária convencional?

Não é o fim da história, entretanto. Alguns formuladores de políticas de mercados emergentes defendem que a flexibilização quantitativa no limite inferior efetivo das taxas de juros (discutida no Capítulo 17) é uma política de empobrecimento do vizinho quando opera principalmente por meio do canal cambial. Essa perspectiva ainda não é consenso. Modelos teóricos mostram, entretanto, que um país em uma armadilha da liquidez pode espalhá-la para o resto do mundo ao depreciar a sua moeda (veja o artigo de Caballero, Farhi e Gourinchas na seção Leituras adicionais).

Quando o superávit em conta corrente chinês aumentou radicalmente na década de 2000 (lembre-se da Figura 19.7), produtos chineses inundaram os mercados dos países industrializados. Como a China agia constantemente de modo a gerenciar o valor da sua moeda contra o dólar, ao ponto de atrelar a taxa de câmbio até julho de 2005, vários políticos americanos acusavam a China de manipulação cambial e defendiam a imposição de tarifas compensatórias para combater a vantagem competitiva artificial dos chineses. Frente a essa ameaça, a China começou a permitir que a sua moeda se valorizasse gradualmente; o superávit em conta corrente do país diminuiu significativamente quando medido como porcentagem do PIB, mas o processo tem sido lento.

Atualmente, o Departamento do Tesouro dos EUA utiliza três indicadores quantitativos para decidir se deve ou não designar um país como manipulador cambial:

1. Ter um superávit comercial bilateral de mais de US$ 20 bilhões com os Estados Unidos.
2. Ter um superávit em conta corrente total (multilateral) de mais de 2% do PIB.
3. Compras de intervenção líquidas oficiais de moeda estrangeira no total de mais de 2% do PIB ocorrendo em pelo menos seis dos 12 últimos meses.

Apesar de realizar revisões frequentes, o Departamento do Tesouro raramente acusa grandes parceiros comerciais de serem manipuladores cambiais. Uma exceção ocorreu em agosto de 2019, em meio a uma disputa sobre tarifas com os Estados Unidos, quando a China permitiu que a sua moeda, o yuan renminbi, se desvalorizasse temporariamente abaixo de ¥ 7 por dólar. Na época, a China atendia apenas um dos critérios do Tesouro para ser considerada um manipulador (o critério de superávit bilateral). Como, além disso, designar a China de manipulador cambial dessa maneira não teve repercussões discerníveis, alguns observadores concluíram que o principal resultado do incidente foi minar a credibilidade do processo de avaliação do Departamento do Tesouro.

A preocupação com as práticas de intervenção chinesas diminuiu desde então, sobretudo à medida que a China interviu vigorosamente nos últimos anos para *impedir* a depreciação do yuan. Ao mesmo tempo, novos episódios de manipulação cambial ainda têm o potencial de perturbar relações comerciais internacionais e infligir prejuízos para todos. Algumas disputas comerciais podem ser resolvidas por meio da Organização Mundial do Comércio, mas a OMC foi projetada para adjudicar políticas comerciais, não cambiais. Diagnosticar a manipulação cambial objetivamente e enfrentá-la de maneira eficaz, portanto, ainda é um desafio para o sistema monetário internacional.[32]

---

[32]Para uma revisão abrangente da manipulação cambial e opções para desincentivá-la, veja C. Fred Bergsten e Joseph E. Gagnon, *Currency Conflict and Trade Policy: A New Strategy for the United States* (Washington, D.C.: Peterson Institute for International Economics, 2017).

612 PARTE IV ■ Política macroeconômica internacional

ESTUDO DE CASO

Os perigos da deflação

Durante as primeiras décadas após o fim do sistema de Bretton Woods em 1973, os bancos centrais de todo o mundo passavam a maior parte do seu tempo preocupados com a inflação alta e os seus efeitos negativos para a economia. Foi para controlar a inflação alta que muitos bancos centrais adotaram regimes de metas de inflação, nos quais desvios da inflação real ou projetada em relação a uma meta anunciada, geralmente de 2% ao ano nas economias industrializadas, causa a adoção de uma política monetária mais rígida ou mais flexível.

É fácil explicar por que a inflação alta é ruim, mas pode ser menos óbvio por que o caso contrário, de inflação abaixo da meta ou deflação, também é problemático. Obviamente, a deflação pode ser um sintoma de desemprego alto, sendo um caso extremo a Grande Depressão; mas a deflação pode ocorrer mesmo quando o desemprego não está muito longe das médias históricas. Nesse caso, por que o banco central deveria se preocupar com isso? Dados recentes (veja a figura na próxima página) mostram que as taxas de inflação ficaram persistentemente abaixo de 2% em diversos países industrializados, beirando à deflação em alguns deles. Os bancos centrais expressaram a sua preocupação em alto e bom som e, na maioria dos casos, reagiram de forma vigorosa.

Por quê? A seguir, apresentamos alguns dos perigos da deflação, os quais também podem se aplicar (embora em menor grau) a taxas de inflação abaixo da meta e próximas a zero (também chamadas de *lowflation*, em inglês, ou "baixaflação"):

1. *Deflação da dívida*. Irving Fisher, o economista da Universidade de Yale que deu seu nome ao efeito Fisher (Capítulo 16), escreveu sobre esse problema durante a Grande Depressão, mas ele tem bastante relevância na atualidade, pois muitas famílias, empresas e governos ainda têm alto nível de endividamento após a série de crises financeiras que tiveram início em 2007. Quando os preços caem, os valores reais das dívidas aumentam e os devedores têm mais dificuldade para pagá-las. Essa mudança redistribui a riqueza dos devedores com despesas altas para os credores com poupanças altas, o que reduz a demanda agregada total, mas também eleva a probabilidade dos devedores de entrarem em mora nos seus empréstimos anteriores. O resultado é que fica mais difícil escapar do crescimento econômico pífio que tende a ser a causa inicial da deflação, então as forças deflacionárias podem ser reforçadas, o que causa uma espiral descendente.

2. *Menor resiliência econômica*. Como vimos, trabalhadores e empresas podem hesitar em reduzir preços e salários quando enfrentam mudanças econômicas, o que leva ao desemprego. Sob níveis moderados de inflação, entretanto, é mais fácil ajustar-se às mudanças de preço necessárias. Por exemplo, quando os preços da energia aumentam rapidamente, as empresas podem precisar cortar custos de mão de obra para não falirem. Se os preços aumentam em 2% e os salários em apenas 1%, o custo real da mão de obra cai; mas se os preços não aumentassem nada, os trabalhadores teriam que aceitar um corte de 1% em seus salários. No segundo caso, a resistência às reduções salariais nominais provavelmente causaria desemprego.

3. *Armadilhas da liquidez mais frequentes*. A baixa inflação e a deflação significam que, com tudo mais igual, as taxas de juros nominais tendem a ser mais baixas (o efeito Fisher discutido no Capítulo 16). Mas se as taxas de juros nominais são menores, aumenta a probabilidade de os bancos centrais caírem em uma armadilha da liquidez (Capítulo 17) e não conseguirem reagir a eventos econômicos negativos que poderiam piorar o desemprego. Os bancos centrais podem adotar políticas monetárias

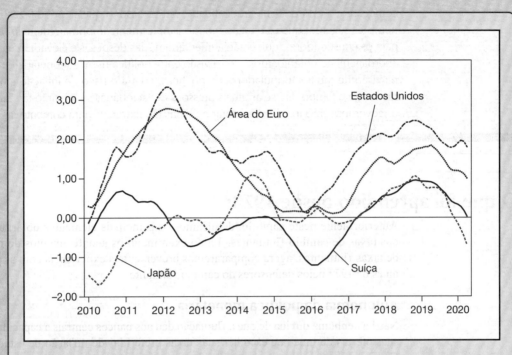

Taxas de inflação recentes em algumas economias avançadas.

Os números apresentados são médias móveis de 12 meses das taxas de inflação ano a ano mensais. O IPC japonês foi ajustado para os aumentos na alíquota do imposto sobre consumo em abril de 2014 e outubro de 2019.

Fontes: OCDE e Departamento de Estatística do Japão.

não convencionais, mas estas podem ser menos eficazes e vir acompanhadas de efeitos colaterais indesejáveis.

4. *Perda de credibilidade das metas de inflação.* Como a armadilha da liquidez tira dos bancos centrais a sua principal ferramenta para combater a taxa de inflação, as metas do banco central perdem credibilidade, o que permite que as expectativas de deflação ou de inflação baixa criem um círculo vicioso e reforcem as pressões descendentes nos preços. Obviamente, essas pressões são reforçadas pela deflação da dívida e pela menor resiliência da economia. Essas forçam podem fazer com que seja extremamente difícil escapar da armadilha das taxas de juros zero e inflação baixa.

O medo da deflação é um motivo importante para os bancos centrais adotarem metas de inflação positivas, não zero. Alguns economistas acreditam que mesmo uma meta de inflação de 2% representa um seguro insuficiente contra os perigos da deflação. Uma proposta é que os bancos centrais dos países industrializados elevem suas metas – por exemplo, para os níveis de 4 a 6% que tendem a prevalecer em países como a Índia ou o Brasil. Outra ideia é que os bancos centrais adotem uma trajetória de níveis de preços fixos com inclinação ascendente de 2% ao ano em vez de definir metas para a taxa de inflação em si. Sob essa proposta, se cai abaixo de 2%, a inflação deve acelerar acima desse nível posteriormente de modo a voltar à trajetória da meta do IPC; assim, qualquer queda da inflação abaixo da meta cria automaticamente expectativas de uma inflação acima da meta temporária no futuro. Implementar qualquer uma dessas ideias é extremamente difícil, entretanto, após entrar em uma armadilha da liquidez e as metas de inflação

614 PARTE IV ■ Política macroeconômica internacional

> começarem a perder a sua credibilidade. Nesse caso, o que se pode fazer? Alguns economistas sugerem que os bancos centrais simplesmente imprimam dinheiro e mandem-o para os consumidores, que então aumentariam suas despesas e elevariam os preços. Essa abordagem, no entanto, turvaria a divisão entre política fiscal e monetária de modos que, na visão de muitos formuladores de políticas, criaria o risco de inflação em excesso no futuro. Só o tempo dirá se as atuais pressões deflacionárias se tornarão tão intratáveis que os governos serão forçados a adotar medidas tão extremas para combatê-las.

O que foi aprendido desde 1973?

Anteriormente neste capítulo, delineamos os principais elementos do argumento em prol das taxas de câmbio flutuantes. Tendo examinado os acontecimentos do período recente de taxas flutuantes, agora compararemos brevemente a experiência com as previsões feitas antes de 1973 pelos defensores do câmbio flutuante.

Autonomia da política monetária

Não há nenhuma dúvida de que a flutuação deu aos bancos centrais a capacidade de controlar suas ofertas de moeda e escolher suas taxas preferidas de inflação de estado estacionário. Como resultado, as taxas de câmbio flutuantes permitiram uma divergência internacional muito maior da inflação. A depreciação do câmbio compensou os diferenciais de inflação entre os países durante o período de taxas flutuantes? A Figura 19.10 compara a depreciação da moeda nacional em face ao dólar com a diferença entre a inflação doméstica e dos Estados Unidos para as seis maiores economias de mercado industrializadas além dos Estados Unidos. A teoria PPC prevê que os pontos na figura deverão situar-se ao longo da linha de 45 graus, indicando a taxa de câmbio proporcional e as alterações do nível de preços relativo, mas não é exatamente isso que observamos. Embora a Figura 19.10 confirme, portanto, a lição do Capítulo 16 de que a PPC nem sempre se sustenta exatamente, mesmo durante longos períodos de tempo, ela mostra que, no geral, os países com inflação alta tenderam a ter moedas mais fracas do que seus vizinhos com inflação baixa. Além disso, a maior parte da diferença nas taxas de depreciação é causada pelas diferenças de inflação, o que torna a PPC um fator importante por trás da variabilidade da taxa de câmbio nominal de longo prazo.

Embora a parte do isolamento da inflação do argumento de autonomia política seja amplamente apoiada por uma proposta de *longo prazo*, a análise econômica e a experiência de ambos mostra que, no curto prazo, os efeitos das mudanças monetárias, bem como fiscais, são transmitidos além das de fronteiras nacionais sob taxas flutuantes. O modelo macroeconômico de dois países desenvolvido anteriormente, por exemplo, mostra que a política monetária afeta a produção no curto prazo, tanto em âmbito nacional quanto no exterior, uma vez que altera a taxa de câmbio real (lembre-se da seção "Interdependência macroeconômica sob uma taxa flutuante"). Os céticos com relação à flutuação, portanto, tinham razão em afirmar que as taxas flutuantes não isolariam os países completamente de choques da política externa.

Simetria

Como os bancos centrais continuaram a manter as reservas de dólar e a intervir, o sistema monetário internacional não se tornou simétrico após 1973. O euro ganhou importância como uma moeda de reserva internacional (e a libra britânica recuou), mas o dólar manteve-se como o componente principal das reservas oficiais da maioria dos bancos centrais.

O economista Ronald McKinnon, da Universidade de Stanford, tem argumentado que o sistema de taxas flutuantes atual é semelhante em alguns aspectos ao sistema assimétrico de

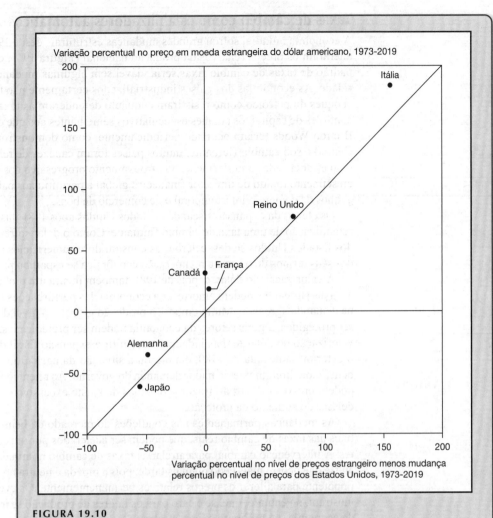

FIGURA 19.10

Tendências da taxa de câmbio e diferenciais de inflação, 1973-2019.

Ao longo do período de taxas flutuantes, como um todo, uma inflação mais elevada esteve associada com maior depreciação da moeda. A relação exata prevista pela PPC relativa, no entanto, não se manteve para a maioria dos países. A diferença de inflação no eixo horizontal é calculada como $(\pi - \pi_{EUA}) \div (1 + \pi_{EUA}/100)$ usando a relação exata de PPC relativa dada na nota de rodapé 1 do Capítulo 16.

Fonte: Fundo Monetário Internacional, *International Financial Statistics* e Global Financial Data.

moeda de reserva que fundamentava o regime de Bretton Woods.[31] Ele sugere que as alterações na oferta de moeda do mundo teriam sido amortecidas sob um mecanismo de correção monetária mais simétrico. Nos anos 2000, a política da China de limitar a valorização da sua moeda contra o dólar levou à acumulação de vastas reservas de dólar, possivelmente reforçando o crescimento econômico em todo o mundo que precedeu a crise financeira de 2007-2009. Como resultado, alguns economistas têm caracterizado o período do início e meados da década de 2000 como um "sistema de Bretton Woods revivido".[34]

---

[33]Ronald I. McKinnon, *An International Standard for Monetary Stabilization*, Policy Analyses in International Economics, v. 8. Washington, D.C.: Institute for International Economics, 1984.

[34]Veja: Michael Dooley, David Folkerts-Landau e Peter Garber. *International Financial Stability: Asia, Interest Rates, and the Dollar*, 2. ed. Nova York: Deutsche Bank Securities Inc., 2008.

Taxas de câmbio como estabilizadores automáticos

A economia mundial sofreu grandes mudanças estruturais desde 1973. Como esses desvios alteraram os preços relativos da produção nacional (Figura 19.7), é duvidoso que qualquer padrão de taxas de câmbio fixas seria viável sem algumas mudanças significativas de paridade. As economias dos países industrializados certamente não teriam resistido aos dois choques do petróleo como resistiram enquanto defenderam as taxas de câmbio fixas. Sem controles de capital, os ataques especulativos semelhantes aos que derrubaram o sistema de Bretton Woods teriam ocorrido periodicamente, como demonstrou a experiência recente. Contudo, sob câmbio flutuante, muitos países foram capazes de relaxar os controles de capital estabelecidos anteriormente. O afrouxamento progressivo dos controles impulsionou o crescimento rápido de um setor financeiro global e permitiu aos países alcançarem maiores ganhos de comércio intertemporal e de comércio de bens.

Os efeitos da expansão fiscal dos Estados Unidos após 1981 ilustram as propriedades de estabilização de uma taxa de câmbio flutuante. Como o dólar sofreu valorização, a inflação dos Estados Unidos se desacelerou, os consumidores americanos aproveitaram a melhoria dos seus termos de troca e a recuperação econômica se espalhou para o exterior.

A valorização do dólar, depois de 1981, também ilustra um problema com a visão de que as taxas flutuantes podem amortecer a economia das perturbações reais, como as mudanças na demanda agregada. Muito embora a produção global e o nível de preços *globais* possam ser protegidos, alguns setores da economia podem ser prejudicados. Por exemplo, embora a valorização do dólar tenha ajudado a transmitir a expansão fiscal dos Estados Unidos para o exterior na década de 1980, ela piorou a situação da agricultura americana, que não se beneficiou diretamente da maior demanda do governo. As alterações da taxa de câmbio real podem provocar danos ao trazer problemas de ajuste excessivo em alguns setores e gerar defesas do aumento da proteção.

As mudanças permanentes nas condições do mercado de bens requerem ajustes eventuais nas taxas de câmbio reais, que podem ser acelerados por um sistema de taxas flutuantes. A intervenção cambial para atrelar as taxas de câmbio nominais não pode impedir esse ajuste que ocorre mais cedo ou mais tarde, pois a moeda é neutra no longo prazo e, portanto, impotente para alterar os preços relativos permanentemente. Os eventos da década de 1980 mostram, no entanto, que, se é caro para os fatores de produção se moverem entre os setores da economia, há um motivo para atrelar as taxas perante choques temporários no mercado de produção. Infelizmente, essa lição deixa aos formuladores de políticas a difícil tarefa de determinar quais perturbações são temporárias e quais são permanentes.

A experiência também mostra que uma taxa de câmbio flutuante pode deixar o país mais vulnerável a choques decorrentes do próprio mercado de câmbio, como flutuações no prêmio de risco da moeda. Nesses casos, a taxa de câmbio pode, na verdade, atuar como um amplificador do choque.

Equilíbrio externo

Como a Figura 19.8 deixou claro, o sistema de taxas de câmbio flutuantes não impediu desvios grandes e persistentes do equilíbrio externo. Na verdade, a recusa da China em permitir a livre flutuação de sua própria moeda é parte da história dos grandes desequilíbrios globais da década de 2000. Se o yuan chinês tivesse sido livre para valorizar no mercado de câmbio, os superávits da China e os déficits correspondentes no resto do mundo poderiam ter sido menores.

Mas mesmo antes do surgimento da China como uma potência econômica mundial e antes da criação do euro, os grandes déficits e superávits em conta corrente, como o déficit dos Estados Unidos da década de 1980 e os superávits persistentes do Japão, decerto ocorreram. Os mercados financeiros eram evidentemente capazes de desviar as taxas de câmbio de valores consistentes com o equilíbrio externo, como sugerido pela Figura 19.6 para o caso do dólar. Sob flutuação, os desequilíbrios externos persistiram por anos antes de as taxas de câmbio serem ajustadas. Grandes oscilações nas taxas de câmbio reais, que afastam os países para longe do equilíbrio externo, são chamadas de *desalinhamentos*, e frequentemente inspiram as pressões políticas para a proteção contra as importações.

CAPÍTULO 19 ■ Sistemas monetários internacionais: uma visão histórica **617**

O problema da coordenação de políticas

Problemas de coordenação internacional de políticas claramente não desapareceram sob taxas de câmbio flutuantes. O problema de resolver os desequilíbrios globais fornece um bom exemplo, no sentido de que a ação unilateral por países deficitários para reduzir os desequilíbrios conduziria à deflação global, enquanto os países superavitários têm poucos incentivos para evitar esse resultado pelo aumento da demanda interna e pela valorização de suas moedas.

Existem outros exemplos que são, talvez, ainda mais impressionantes, no sentido de que todos os países claramente se beneficiariam se pudessem fazer um acordo e coordenar suas políticas, em vez de agirem por conta própria, adotando a tendência de empobrecimento do vizinho. Por exemplo, durante a desinflação do início da década de 1980, os países industrializados, como um grupo, poderiam ter alcançado seus objetivos macroeconômicos mais efetivamente se tivessem negociado uma abordagem conjunta para os objetivos comuns. O Apêndice deste capítulo apresenta um modelo formal, baseado nesse exemplo, para ilustrar como todos os países podem ganhar com uma coordenação internacional de políticas.

Outro exemplo vem da resposta fiscal global à recessão causada pela crise de 2007-2009. Vimos no início deste capítulo (e no Capítulo 17) que quando um país gera despesas governamentais, parte do impacto expansionista dissemina-se para o exterior. No entanto, o país vai pagar o custo da política sob a forma de um maior déficit governamental. Uma vez que os países não internalizam todos os benefícios de suas próprias expansões fiscais, mas pagam o custo total, eles adotarão muito pouco delas em uma recessão global.

Entretanto, se os países pudessem negociar um acordo *em conjunto* para expandir, talvez fossem mais eficazes na luta contra a recessão (e eles poderiam até mesmo conseguir reduzir os custos fiscais). A resposta à crise de 2007-2009 foi discutida periodicamente pelas nações do Grupo dos 20 (G20), um agrupamento informal dos maiores países industrializados e em desenvolvimento, incluindo Argentina, Brasil, China, Índia e Rússia. Nas fases iniciais da crise, houve acordo generalizado sobre a resposta fiscal no âmbito do G20. Mais tarde, conforme os países apresentaram taxas de recuperação mais divergentes, a coordenação das políticas tornou-se mais difícil e as reuniões do G20 produziram poucos resultados concretos.

As taxas de câmbio fixas sequer são uma opção para a maioria dos países?

Existe alguma alternativa prática às taxas de câmbio flutuantes quando os mercados financeiros estão abertos ao comércio internacional? A experiência pós-Bretton Woods sugere uma hipótese extrema: regimes de taxas de câmbio fixas duradouras podem não ser sequer *possíveis*. Em um mundo integrado financeiramente em que os fundos podem se transferidos instantaneamente entre os mercados financeiros nacionais, as taxas de câmbio fixas não podem ser mantidas com credibilidade no longo prazo, a menos que o país esteja disposto a manter controles sobre os movimentos de capitais (como a China faz), ou, no outro extremo, adotar uma moeda única compartilhada com os seus parceiros monetários (como na Europa). Sem essas medidas, o argumento se esvai, as tentativas de fixar as taxas de câmbio necessariamente não terão credibilidade e serão relativamente curtas. Você vai reconhecer que essas previsões resultam do trilema.[35]

---

[35]Para um enunciado inicial da hipótese de que as taxas de câmbio fixas combinadas com capital móvel podem ser instáveis, consulte: Maurice Obstfeld. "Floating Exchange Rates: Experience and Prospects". *Brookings Papers on Economic Activity*, v. 2, p. 369-450, 1985. Para discussões mais recentes, consulte: Barry Eichengreen. *International Monetary Arrangements for the 21st Century*. Washington, D.C.: Brookings Institution, 1994; Lars E. O. Svensson. "Fixed Exchange Rates as a Means to Price Stability: What Have We Learned?". *European Economic Review*, v. 38, p. 447-468, maio 1994; Maurice Obstfeld e Kenneth Rogoff. "The Mirage of Fixed Exchange Rates". *Journal of Economic Perspectives*, v. 9, p. 73-96, out. 1995; e o livro de Klein e Shambaugh em Leituras adicionais.

618 PARTE IV ■ Política macroeconômica internacional

Essa visão pessimista das taxas de câmbio fixas baseia-se na teoria de que as crises monetárias especulativas podem, pelo menos em parte, ser eventos autorrealizáveis (veja o Capítulo 18). De acordo com esse ponto de vista, mesmo um país seguindo políticas monetárias e fiscais prudentes não está seguro contra ataques especulativos em sua taxa de câmbio fixa. Uma vez que o país encontre um revés econômico, como deve ocorrer mais cedo ou mais tarde, os especuladores irão atacar, forçando as taxas de juros domésticas às alturas e infligindo sofrimento econômico suficiente para que o governo opte por abandonar sua meta de taxa de câmbio.

Na virada do século XXI, os ataques especulativos contra taxas de câmbio fixas – na Europa, no Leste Asiático e em outros lugares – ocorriam com frequência aparentemente crescente. O número e as circunstâncias dessas crises concederam plausibilidade cada vez maior para o argumento de que é impossível atrelar valores de moeda por muito tempo, mantendo os mercados de capitais abertos e políticas nacionais soberanas. Além disso, muitos países fora do mundo industrializado têm permitido maior flexibilidade da taxa de câmbio nos últimos anos e, aparentemente, se beneficiado dessa estratégia, como veremos no Capítulo 22. Alguns países parecem estar avançando na direção de maior controle sobre os fluxos financeiros transfronteiriços ou de sacrifícios mais drásticos da autonomia monetária (p. ex., a adoção do euro). É bem provável que aspectos ligados à coordenação das políticas serão confrontados no futuro dentro de um sistema em que países diversos escolhem regimes de política diferentes, sujeitos aos condicionantes do trilema monetário.

RESUMO

- Em uma economia aberta, os formuladores de políticas tentam manter o *equilíbrio interno* (pleno emprego e um nível de preços estável) e o *equilíbrio externo* (um nível de conta corrente que não seja tão negativo que faça com que o país seja incapaz de pagar suas dívidas externas, nem tão positivo que faça com que os estrangeiros sejam colocados nessa posição). A definição de equilíbrio externo depende de uma série de fatores, incluindo regime das taxas de câmbio e condições econômicas mundiais. Como as políticas macroeconômicas de cada país têm repercussões no exterior, a capacidade de o país alcançar o equilíbrio interno e externo varia de acordo com as políticas que outros países escolhem adotar. Um país com déficits grandes e persistentes pode parecer estar violando a sua própria *restrição orçamentária intertemporal*, colocando-se em risco de enfrentar uma *parada* súbita no financiamento externo.

- As limitações dos regimes cambiais alternativos podem ser compreendidas em termos do *trilema monetário* da economia aberta, que afirma que os países devem escolher duas das três características seguintes de um sistema de política monetária: estabilidade da taxa de câmbio, liberdade de fluxos financeiros transfronteiriços e autonomia de política monetária.

- O sistema do padrão-ouro continha um mecanismo automático poderoso para garantir o equilíbrio externo, o *mecanismo preço-fluxo-espécie*. Os fluxos de ouro que acompanham os déficits e superávits causavam mudanças de preço que reduziam os desequilíbrios de conta corrente e, portanto, tendiam a levar todos os países de volta ao equilíbrio externo. No entanto, o desempenho do sistema em manter o equilíbrio interno teve altos e baixos. Com a erupção da Primeira Guerra Mundial, em 1914, o padrão-ouro foi suspenso.

- Tentativas de retorno ao padrão-ouro pré-guerra, após 1918, foram infrutíferas. Conforme a economia mundial entrou em uma depressão geral após 1929, o padrão-ouro restaurado desmoronou e a integração econômica internacional se enfraqueceu. Nas condições econômicas turbulentas do período, os governos fizeram do equilíbrio interno sua principal preocupação e tentaram evitar o problema de equilíbrio externo fechando parcialmente suas economias ao resto do mundo. O resultado foi uma economia mundial em que as situações de todos os países poderiam ter sido superadas mediante a cooperação internacional.

CAPÍTULO 19 ▪ Sistemas monetários internacionais: uma visão histórica **619**

- Os arquitetos do *Fundo Monetário Internacional (FMI)* esperavam projetar um sistema de taxas de câmbio fixas que incentivaria o crescimento do comércio internacional ao mesmo tempo que estabeleciam demandas de equilíbrio externo suficientemente flexíveis para que pudessem ser atendidas sem sacrificar o equilíbrio interno. Com esse fim, a carta do FMI continha dispositivos de financiamento para países deficitários e permitia ajustes cambiais em condições de "desequilíbrio fundamental". Todos os países atrelavam suas moedas ao dólar. Os Estados Unidos atrelavam ao ouro e concordavam em trocar ouro por dólares com bancos centrais estrangeiros ao preço de US$ 35 por onça.

- Depois de a *conversibilidade da moeda* ser restaurada na Europa em 1958, os mercados financeiros dos países tornaram-se mais estreitamente integrados, a política monetária tornou-se menos eficaz (exceto para os Estados Unidos) e os movimentos em reservas internacionais tornaram-se mais voláteis. Essas mudanças revelaram um ponto fraco importante no sistema. Para alcançar o equilíbrio interno e o externo ao mesmo tempo, *políticas de troca de despesas*, bem como de *mudança nas despesas* foram necessárias. Mas a possibilidade de políticas de troca de despesas (variações cambiais) poderia dar origem a fluxos financeiros especulativos que prejudicariam as taxas de câmbio fixas. Como o país da moeda de reserva principal, os Estados Unidos enfrentaram um problema de equilíbrio externo único: o *problema de confiança*, que surgiria conforme as reservas oficiais estrangeiras em dólar inevitavelmente cresciam além das reservas de ouro americanas. Uma série de crises internacionais levou a um abandono em fases, até março de 1973, da ligação entre o dólar e o ouro e das taxas de câmbio fixas em dólar para os países industrializados.

- Antes de 1973, os pontos fracos do sistema de Bretton Woods levaram muitos economistas a defender as taxas de câmbio flutuantes. Eles tinham quatro argumentos principais em favor da flutuação. Primeiro, argumentavam que as taxas flutuantes dariam aos legisladores da política macroeconômica nacional maior autonomia na gestão de suas economias. Segundo, previram que as taxas flutuantes removeriam as assimetrias do regime de Bretton Woods. Terceiro, salientaram que as taxas de câmbio flutuantes eliminariam rapidamente os "desequilíbrios fundamentais" que levaram às mudanças de paridade e aos ataques especulativos sob taxas fixas. Quarto, alegaram que esses mesmos movimentos das taxas de câmbio poderiam prevenir os grandes e persistentes desvios em relação ao equilíbrio externo.

- Nos primeiros anos da flutuação, as taxas flutuantes pareciam, em geral, funcionar bem. Em particular, é improvável que os países industrializados teriam podido manter taxas de câmbio fixas em face da *estagflação* causada pelos dois choques do petróleo. No entanto, o dólar sofreu uma depreciação acentuada após 1976 conforme os Estados Unidos adotaram políticas macroeconômicas mais expansionistas do que as de outros países industrializados.

- Uma reviravolta acentuada em direção a um crescimento monetário mais lento nos Estados Unidos, junto com um déficit orçamentário crescente do governo dos Estados Unidos, contribuiu para a valorização maciça do dólar entre 1980 e o início de 1985. Outras economias industrializadas buscaram a desinflação junto com os Estados Unidos, e a desaceleração monetária resultante em todo o mundo que ocorreu logo após o segundo choque do petróleo levou a uma recessão profunda. Conforme a recuperação da recessão se desacelerava no fim de 1984 e a conta corrente dos Estados Unidos começava a registrar déficit recorde, a pressão política para restrições comerciais abrangentes começou a ganhar corpo em Washington. No Hotel Plaza em Nova York, em setembro de 1985, os Estados Unidos e quatro outros grandes países industrializados concordaram em adotar um plano que coordenaria suas ações para derrubar o dólar.

- A estabilidade cambial foi minimizada como meta política principal nos anos 1990 e 2000. Em vez disso, os governos tomaram como meta a baixa inflação doméstica, mantendo o crescimento econômico. Após 2000, os desequilíbrios externos globais aumentaram drasticamente. Nos Estados Unidos e em outros países, os déficits externos se associaram a aumentos rápidos nos preços dos imóveis. Quando estes entraram em colapso

620 PARTE IV ■ Política macroeconômica internacional

a partir de 2006, o sistema financeiro global parou e a economia mundial entrou em uma recessão profunda.

■ Uma lição inequívoca dessas experiências parece ser que nenhum sistema de taxa de câmbio funciona bem quando a cooperação econômica internacional deixa de funcionar. Limites estritos à flexibilidade da taxa de câmbio entre as principais moedas dificilmente serão restaurados no futuro próximo. Mas a maior troca de informações entre os formuladores de políticas internacionais deve melhorar o desempenho do sistema monetário internacional.

TERMOS-CHAVE

acordo de Bretton Woods, p. 580
equilíbrio da balança de pagamentos, p. 574
equilíbrio externo, p. 564
equilíbrio interno, p. 564
estagflação, p. 598
Fundo Monetário Internacional (FMI), p. 581

índices de taxas de câmbio nominal e real efetivas, p. 599
mecanismo preço-fluxo-espécie, p. 574
moeda conversível, p. 583
parada súbita, p. 567
política de mudança nas despesas, p. 587

política de troca de despesas, p. 588
problema de confiança, p. 589
restrição orçamentária intertemporal, p. 567
trilema monetário, p. 572

QUESTÕES

1. Se você fosse responsável por políticas macroeconômicas em uma economia aberta pequena, que efeito qualitativo cada um dos seguintes eventos teria em sua meta para a balança externa?
   a. Grandes depósitos de urânio são descobertos no interior do seu país.
   b. O preço mundial de seu principal bem de exportação, o cobre, aumenta permanentemente.
   c. O preço mundial do cobre aumenta temporariamente.
   d. Há um aumento temporário do preço mundial do petróleo.

2. Sob um padrão-ouro do tipo analisado por Hume, descreva como o equilíbrio da balança de pagamentos entre os dois países, A e B, seria restaurado após uma transferência de renda de B para A.

3. Apesar das falhas do padrão-ouro pré-1914, alterações da taxa de câmbio eram raras para os países do "núcleo" (incluindo os países mais ricos da Europa e os Estados Unidos). Em contrapartida, essas mudanças tornaram-se frequentes no Entreguerras. Você pode pensar em razões para esse contraste?

4. Sob um padrão-ouro, os países podem adotar políticas monetárias excessivamente contracionistas, já que todos os países lutam em vão por uma parcela maior da oferta limitada de reservas de ouro do mundo. O mesmo problema pode surgir sob um padrão de moeda de reserva quando os títulos denominados em moedas diferentes são todos substitutos perfeitos?

5. Um banco central que adota uma taxa de câmbio fixa pode sacrificar sua autonomia na definição da política monetária interna. Às vezes, argumenta-se que, quando esse for o caso, o banco central também abre mão da capacidade de usar a política monetária para combater a espiral de preços e salários. O argumento é assim: "Suponha que os empregados demandem salários mais elevados e os patrões cedam, mas os empregadores, em seguida, elevem os preços da produção para cobrir seus custos mais elevados. Agora o nível de preços é mais elevado e os saldos reais são momentaneamente inferiores, então, para evitar um aumento da taxa de juros que valorizaria a moeda, o banco central deve comprar divisas estrangeiras e expandir a oferta de moeda. Essa ação acomoda as demandas salariais iniciais com crescimento monetário, e a economia se move permanentemente para um nível mais alto de salários e preços. Com uma taxa de câmbio

CAPÍTULO 19 ■ Sistemas monetários internacionais: uma visão histórica **621**

fixa, é, portanto, impossível conter os salários e os preços". O que há de errado com esse argumento?

6. Suponha que o banco central de um pequeno país com uma taxa de câmbio fixa seja confrontado por um aumento da taxa de juros mundial, R^*. Qual é o efeito em suas reservas externas? E na sua oferta de moeda? É possível compensar qualquer um desses efeitos por meio de operações domésticas de mercado aberto?

7. Como as restrições às transações da conta financeira privada podem alterar o problema de alcançar os equilíbrios o interno e externo com uma taxa de câmbio fixa? Que custos podem envolver tais restrições?

8. No quadro sobre a Nova Zelândia, derivamos uma equação mostrando como o IIP muda ao longo do tempo: $IIP_{t+1} = (1 + r)\, IIP_t + NX_t$. Mostre que, se $g = (PIB_{t+1} - PIB_t)/PIB_t$ é a taxa de crescimento de produção nominal (PIB) e as variáveis em minúsculas denotam proporções do PIB nominal (como no capítulo), podemos expressar essa mesma equação da seguinte forma:

$$iip_{t+1} = \frac{(1 + r)iip_t + nx_t}{1 + g}.$$

Use essa fórmula para encontrar a relação das exportações líquidas para o PIB que mantém a proporção de IIP para o PIB iip constante ao longo do tempo.

9. Você é um assessor econômico do governo da China em 2008. O país tem um superávit em conta corrente e enfrenta pressões inflacionárias crescentes.
   a. Mostre a localização da economia chinesa em um diagrama como a Figura 19.2.
   b. Qual seria seu conselho sobre como as autoridades devem alterar a taxa de câmbio do yuan renminbi?
   c. Qual seria seu conselho sobre a política fiscal? A esse respeito, você tem três dados: primeiro, o superávit em conta corrente é grande, mais de 9% do PIB. Segundo, a China hoje fornece um nível bastante baixo de serviços públicos para o seu povo. Terceiro, o governo da China gostaria de atrair trabalhadores rurais do campo para emprego na indústria, então as autoridades chinesas preferem amortecer qualquer impacto negativo de seu pacote de política sobre o emprego urbano.

10. Use o modelo *DD-AA* para examinar os efeitos de um único aumento no nível de preços estrangeiros, P^*. Se a taxa de câmbio futura esperada E_e cai imediatamente em proporção a P^* (em consonância com PPC), mostre que a taxa de câmbio também valorizará imediatamente em proporção ao aumento de P^*. Se a economia estiver inicialmente em equilíbrios interno e externo, sua posição será perturbada por tal aumento em P^*?

11. Se a *taxa de inflação* estrangeira subir permanentemente, você espera que uma taxa de câmbio flutuante isole a economia doméstica no curto prazo? O que aconteceria no longo prazo? Ao responder à última questão, preste atenção na relação entre as taxas de juros nominais internas e externas de longo prazo.

12. Imagine que os títulos em moeda nacional e estrangeira são substitutos imperfeitos e que os investidores de repente mudam sua demanda para títulos em moeda estrangeira, elevando o prêmio de risco dos ativos internos (Capítulo 18). Qual é o regime de taxa de câmbio que minimiza o efeito na produção – fixa ou flutuante?

13. O estudo de caso "Transformação e crise na economia mundial" discutiu os grandes desequilíbrios globais dos anos 2000 e sugeriu que é possível analisar os fatores que determinam taxas de juros reais do mundo em termos do equilíbrio entre a demanda mundial pela poupança (a fim de financiar o investimento) e a oferta mundial da poupança (assim como em uma economia fechada – como o mundo). Como um primeiro passo para a formalização dessa análise, considere que não existem diferenças internacionais nas taxas de juros reais, por causa de variações na taxa de câmbio real esperada. (Por exemplo, você pode pensar que sua análise é de longo prazo, em que é esperado que as taxas de câmbio reais permaneçam em seus níveis de longo prazo.) Como segundo passo,

622 PARTE IV ■ Política macroeconômica internacional

suponha que uma maior taxa de juros real reduza o investimento desejado e eleve a poupança desejada em todo o mundo. Você pode, em seguida, elaborar uma imagem simples do quadro de oferta e demanda de equilíbrio do mercado de capitais mundial, em que as quantidades (economizadas ou investidas) estão no eixo horizontal e a taxa de juros real no eixo vertical? Em tal contexto, como um aumento na poupança mundial, definida da maneira usual como um deslocamento para fora em toda a relação da oferta de poupança, afetaria a poupança, os investimentos e a taxa de juros real de equilíbrio? Relacione sua discussão ao estudo de caso "Transformação e crise na economia mundial" e ao artigo de Ben S. Bernanke nas Leituras adicionais. (Para uma exposição clássica de um modelo semelhante, consulte: Lloyd A. Metzler. "The Process of International Adjustment under Conditions of Full Employment: A Keynesian View". In: Richard E. Caves e Harry G. Johnson (Eds.). *Readings in International Economics*. Homewood, IL: Richard D. Irwin, Inc. for the American Economic Association, 1968, p. 465-486.)

14. O capítulo sugeriu que, como os grandes aumentos de preços do petróleo transferem renda para países que não podem aumentar rapidamente seu consumo ou investimento e, portanto, devem economizar suas receitas extraordinárias, as taxas de juros reais do mundo caem no curto prazo. Reúna dados sobre a taxa de juros real dos Estados Unidos para 1970-1976, um período que inclui o primeiro choque de petróleo da OPEP. Como a taxa de juros real dos Estados Unidos se comportou? (Você pode pensar que as taxas de inflação esperadas eram iguais à inflação real.)

15. Observamos neste capítulo que os bancos centrais estrangeiros, especialmente na Ásia, acumularam grandes reservas estrangeiras de dólar após 2000. Uma preocupação persistente era que os bancos centrais, temendo a depreciação do dólar, passassem suas reservas de dólares para euros. Mostre que essa ação seria equivalente a uma enorme venda esterilizada de dólares no mercado de câmbio. Quais poderiam ser os efeitos? Certifique-se de explicitar sua suposição sobre a substitutibilidade perfeita *versus* imperfeita de ativos.

16. A Austrália, assim como seu vizinho, a Nova Zelândia, teve uma longa sequência de déficits em conta corrente e é um devedor internacional. Acesse o *site* do Australian Bureau of Statistics, em http://www.abs.gov.au/statistics, e encontre os dados de que você precisa para realizar uma análise de "sustentabilidade externa" da conta corrente, como aquele feito para a Nova Zelândia no capítulo. Você vai precisar de dados a partir de 1992 por PIB nominal, o IIP, a conta corrente, e o saldo em bens e serviços *NX* (de *"time series spreadsheets"* após clicar em "Data Downloads"). O objetivo do exercício é descobrir a taxa de juros *r* sobre o *IIP* que estabiliza a relação *IIP/PIB* em seu valor mais recente, tendo em conta a média histórica de NX e a média histórica de crescimento do PIB nominal (todos desde 1992). (Aviso: este é um exercício desafiador que o obrigará a navegar o sistema de dados australianos e decidir quais os dados mais apropriados para usar, tendo em conta o que você viu no Capítulo 13.)

LEITURAS ADICIONAIS

Ahamed, L. *Lords of Finance: The Bankers Who Broke the World*. New York: Penguin Press, 2009. Relato histórico vívido sobre as crises monetárias internacionais entre as guerras mundiais do século XX.

Bernanke, B. S. "The Global Saving Glut and the U.S. Current Account Deficit". Sandridge Lecture, 10 mar. 2005. Disponível em: <www.federalreserve.gov/boarddocs/speeches/2005/200503102/default.htm>. Diagnóstico do ex-Presidente da Reserva Federal sobre as baixas taxas de juros reais de meados da década de 2000.

Blanchard, O. J.; Milesi-Ferretti, G. M. "(Why) Should Current Account Balances Be Reduced?" *IMF Economic Review*, v. 60, p. 139-150, abr. 2012. Os autores oferecem um levantamento conciso e atualizado dos perigos dos déficits e superávits em conta corrente de grandes magnitudes.

Ricardo J. Caballero, Emmanuel Farhi e Pierre-Olivier Gourinchas. "Global Imbalances and Policy Wars at the Zero Lower Bound". Working Paper 21670, National Bureau of Economic Research,

CAPÍTULO 19 ■ Sistemas monetários internacionais: uma visão histórica · **623**

fev. 2020 (versão revisada). Análise avançada de como as taxas de câmbio e desequilíbrios globais podem propagar a deflação internacionalmente.

Corden, W. M. "The Geometric Representation of Policies to Attain Internal and External Balance". *Review of Economic Studies*, v. 28, p. 1-22, jan. 1960. Uma análise diagramática clássica das políticas macroeconômicas de alteração das despesas e de mudança de despesas.

Eichengreen, B. *Globalizing Capital: A History of the International Monetary System*, 3. ed. Princeton: Princeton University Press, 2019. Panorama compacto e perspicaz da história monetária internacional desde o padrão-ouro.

Friedman, M. "The Case for Flexible Exchange Rates". In: *Essays in Positive Economics*. Chicago: University of Chicago Press, 1953, p. 157-203. Uma exposição clássica dos méritos das taxas de câmbio flutuantes.

Gagnon, J. E. *Flexible Exchange Rates for a Stable World Economy*. Washington, D.C.: Peterson Institute for International Economics, 2011. O autor apresenta um caso atualizado da flexibilidade da taxa de câmbio.

Kindleberger, C. P. *The World in Depression 1929-1939*. 40th Anniversary edition. Berkeley & Los Angeles: University of California Press, 2013. Um líder no campo da economia internacional examina as causas e os efeitos globais da Grande Depressão.

Klein, M. W. e Shambaugh, J. C. *Exchange Rate Regimes in the Modern Era*. Cambridge, MA: MIT Press, 2010. Análise abrangente das causas e consequências dos regimes cambiais alternativos.

Maurice Obstfeld. "Harry Johnson's 'Case for Flexible Exchange Rates'—50 Years Later". *The Manchester School* 88 (set. 2020), pp. 86-113. Analisa o estado recente do debate sobre taxas de câmbio fixas *versus* flexíveis.

Obstfeld, M; Taylor e A. M. *Global Capital Markets: Integration, Crisis, and Growth*. Cambridge, U.K.: Cambridge University Press, 2004. Estudo histórico das ligações entre a integração financeira internacional e os regimes cambiais.

Maurice Obstfeld e Alan M. Taylor. "International Monetary Relations: Taking Finance Seriously." *Journal of Economic Perspectives* 31 (verão de 2017), pp. 3-28. Panorama do sistema monetário internacional à luz da importância crescente dos mercados financeiros e da estabilidade financeira.

Solomon, R. *The International Monetary System, 1945-1981*. New York: Harper & Row, 1982. Excelente crônica do período Bretton Woods e os primeiros anos do câmbio flutuante. O autor foi chefe da divisão de finanças internacionais da Reserva Federal durante o período que antecedeu a desagregação das taxas de câmbio fixas.

APÊNDICE DO CAPÍTULO 19

Falhas de coordenação de políticas em nível internacional

Este apêndice ilustra a importância da coordenação da política macroeconômica, mostrando como todos os países podem sofrer como resultado de decisões políticas egoístas. O fenômeno é outro exemplo de Dilema do Prisioneiro da teoria dos jogos. Os governos podem alcançar resultados macroeconômicos melhores para todos se cooperam na escolha das suas políticas.

Esses pontos são abordados usando um exemplo baseado na desinflação do início de 1980. Lembre-se de que as políticas monetárias contracionistas em países industrializados ajudaram a lançar a economia mundial em profunda recessão em 1981. Os países esperavam reduzir a inflação pela desaceleração do crescimento monetário, mas a situação foi complicada pela influência das taxas de câmbio no nível de preços. Um governo que adota uma política monetária menos restritiva do que seus vizinhos tende a enfrentar uma depreciação da moeda, o que parcialmente frustra suas tentativas de desinflacionar.

Muitos observadores sentem que, em suas tentativas individuais de resistir à depreciação da moeda, os países industrializados, como um grupo, adotaram políticas monetárias excessivamente rígidas, que aprofundaram a recessão. Todos os governos teriam ganhado mais se tivessem adotado políticas monetárias mais flexíveis, mas levando em conta as políticas que outros os governos adotaram, não era do interesse de nenhum governo individual mudar de rumo.

Esse argumento pode se tornar mais preciso com um modelo simples. Há dois países, Doméstica e Estrangeira, e cada país tem duas opções de política, uma política monetária muito restritiva e uma política monetária um pouco restritiva. A Figura 19A.1, que é semelhante a um diagrama que usamos para analisar as políticas comerciais, mostra os resultados em Doméstica e Estrangeira para as escolhas de políticas diferentes pelos dois países. Cada linha corresponde a uma decisão de política monetária determinada por Doméstica e cada coluna a uma decisão tomada por Estrangeira. As caixas contêm os dados de alterações nas

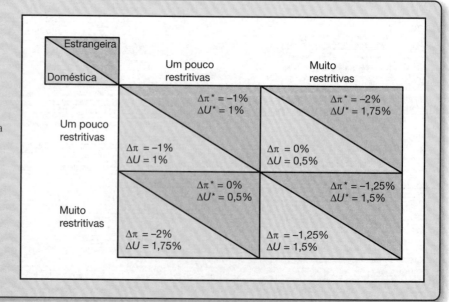

FIGURA 19A.1
Efeitos hipotéticos de diferentes combinações de políticas monetárias sobre a inflação e o desemprego.

As opções de política monetária em um país afetam os resultados das escolhas de política monetária efetuadas no estrangeiro.

taxas de inflação anual em Doméstica e Estrangeira (Δπ e Δπ*) e taxas de desemprego (ΔU e ΔU*). Dentro de cada caixa, as entradas inferiores esquerdas são os resultados de Doméstica e as entradas superiores direitas são os resultados de Estrangeira.

Os valores hipotéticos na Figura 19A.1 podem ser entendidos em termos do modelo de dois países deste capítulo. Sob condições um pouco restritivas, por exemplo, as taxas de inflação caem até 1% e as taxas de desemprego aumentam em 1% em ambos os países. Se Doméstica desloca-se de repente para uma política muito restritiva, enquanto Estrangeira fica imóvel, a moeda de Doméstica sofre valorização, sua inflação cai ainda mais e o desemprego aumenta. A contração monetária adicional de Doméstica, no entanto, tem dois efeitos sobre Estrangeira. A taxa de desemprego de Estrangeira cai, mas como a valorização da moeda de Doméstica é uma *de*preciação da moeda de Estrangeira, a inflação de Estrangeira volta a subir ao seu nível de pré-desinflação. Em Estrangeira, os efeitos deflacionários do aumento do desemprego são compensados pelo impacto inflacionário de uma moeda em depreciação nos preços das importações e demandas salariais. A crise monetária mais intensa de Doméstica, portanto, tem um efeito de empobrecimento do vizinho em Estrangeira, que é forçada a "importar" um pouco da inflação de Doméstica.

Para traduzir os resultados na Figura 19A.1 em retornos políticos, supomos que cada governo deseje obter a maior redução da taxa de inflação com o menor custo em termos de desemprego. Ou seja, cada governo deseja maximizar $-\Delta\pi/\Delta U$, a redução da inflação por ponto de aumento do desemprego. Os números na Figura 19A.1 conduzem para a matriz de retorno mostrada na Figura 19A.2.

Como Doméstica e Estrangeira se comportam perante os resultados nessa matriz? Suponha que cada governo "vá por sua conta" e escolha a política que maximiza seu próprio retorno dada a opção de política do outro país. Se Estrangeira adota uma política um pouco restritiva, Doméstica se dá melhor com uma política muito restritiva (resultado = 8/7) do que com uma pouco restritiva (resultado = 1). Se Estrangeira é muito restritiva, Doméstica fica ainda melhor por ser muito restritiva (resultado = 5/6) do que por ser um pouco restritiva (resultado = 0). Então, não importa o que Estrangeira faz, o governo de Doméstica sempre escolherá uma política monetária muito restritiva.

Estrangeira encontra-se em uma posição simétrica. Ela também fica melhor com uma política muito restritiva, independentemente do que Doméstica fizer. O resultado é que

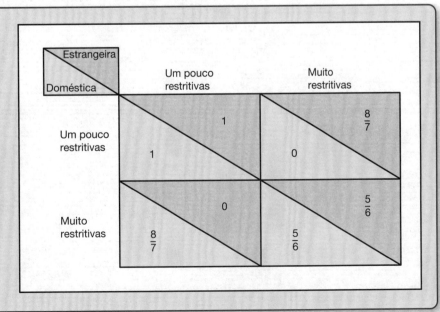

FIGURA 19A.2
Matriz de resultados para os diferentes medidas de política monetária.

Cada entrada é igual à redução da inflação por unidade de aumento da taxa de desemprego (calculado como $-\Delta\pi/\Delta U$). Se cada país "vai por sua conta", ambos escolhem condições bastante restritivas. Condições um pouco restritivas, se adotadas pelos dois países, levam a um resultado melhor para ambos.

626 PARTE IV ■ Política macroeconômica internacional

ambos os países vão escolher políticas monetárias muito restritivas e cada um receberá um retorno de 5/6.

Observe, no entanto, que *ambos* ficam realmente melhores se adotarem simultaneamente as políticas um pouco restritivas. O retorno resultante para cada um é 1, que é maior que 5/6. Sob essa última configuração política, a inflação cai menos nos dois países, mas o aumento do desemprego é bem menor do que sob condições muito restritivas.

Uma vez que ambos os países melhoram as suas situações com políticas um pouco restritivas, por que elas não são adotadas? A resposta está na raiz do problema da coordenação de políticas. Nossa análise supõe que cada país "vai por sua conta" quando maximiza seu próprio retorno. Sob essa suposição, uma situação em que ambos os países fossem um pouco restritivos não seria estável: cada país iria querer reduzir o seu crescimento monetário ainda mais e usar sua taxa de câmbio para apressar a desinflação à custa do seu vizinho.

Para ocorrer o resultado superior no canto superior esquerdo da matriz, Doméstica e Estrangeira devem chegar a um acordo explícito, ou seja, eles devem *coordenar* suas escolhas políticas. Os dois países devem concordar em abrir mão dos ganhos de "empobrecimento do vizinho" oferecidos por políticas muito restritivas, e cada país deve respeitar esse acordo, apesar do incentivo para trapacear. Se Doméstica e Estrangeira conseguem cooperar, ambos acabam com um conjunto ideal de inflação e desemprego.

A realidade da coordenação de políticas é mais complexa do que nesse exemplo simples, porque as escolhas e os resultados são mais numerosos e mais incertos. Essas complexidades adicionais fazem com que os formuladores de políticas fiquem menos dispostos a se comprometerem com acordos de cooperação e menos certos de que os seus colegas estrangeiros vão honrar com os termos acordados.

CAPÍTULO 20

Globalização financeira: crise e oportunidade

Se um financista chamado Rip van Winkle tivesse ido dormir na década de 1960 e despertado hoje, teria ficado chocado com as mudanças na natureza e na escala da atividade financeira internacional. No começo da década de 1960, por exemplo, a maioria dos negócios bancários era puramente doméstica, envolvendo a moeda e os clientes do país de origem do banco. Cinco décadas mais tarde, muitos bancos derivavam uma grande parte de seus lucros de atividades internacionais. Para sua surpresa, Rip veria que consegue localizar agências do Citibank em São Paulo e filiais do Barclays Bank da Grã-Bretanha em Nova York. Também teria descoberto que se tornou rotina para uma filial de um banco americano localizado em Londres aceitar um depósito denominado em ienes japoneses de uma empresa sueca ou emprestar francos suíços para um fabricante holandês. Por fim, notaria uma participação muito maior das instituições financeiras não bancárias nos mercados internacionais e uma enorme expansão no volume puro e simples de transações globais.

O mercado no qual moradores de diferentes países comercializam ativos é chamado de **mercado internacional de capitais**. O mercado internacional de capitais não é um mercado único de verdade; em vez disso, é um grupo de mercados estreitamente interligados em que ocorrem as trocas de ativos com alguma dimensão internacional. Os comércios em moeda internacional realizam-se no mercado de câmbio, que é uma parte importante do mercado internacional de capitais. Os principais participantes do mercado internacional de capitais são os mesmos do cambial (Capítulo 14): bancos comerciais, grandes corporações, instituições financeiras não bancárias, bancos centrais e outras agências governamentais. E, como as do mercado de câmbio, as atividades do mercado internacional de capitais ocorrem em uma rede de centros financeiros do mundo ligados por sistemas de comunicação sofisticados. Os ativos negociados no mercado internacional de capitais, no entanto, incluem ações e títulos de países diferentes, além de depósitos bancários denominados em suas moedas.

Este capítulo aborda quatro questões principais sobre o mercado internacional de capitais. Primeira, como pode essa rede financeira global bem azeitada aumentar os ganhos dos países pelo comércio internacional? Segunda, o que causou o rápido crescimento na atividade financeira internacional desde o início dos anos 1960? Terceira, que perigos são apresentados por um mercado de capitais mundial integrado, ultrapassando as fronteiras nacionais? E quarta, como os formuladores de políticas podem minimizar os problemas gerados pelo mercado de capitais global, sem reduzir drasticamente os benefícios que ele oferece?

628 PARTE IV ▪ Política macroeconômica internacional

OBJETIVOS DE APRENDIZAGEM

Após a leitura deste capítulo, você será capaz de:

- Compreender a função econômica da diversificação da carteira internacional.
- Explicar os fatores que levaram ao crescimento explosivo recente dos mercados financeiros internacionais.
- Analisar os problemas na regulamentação e supervisão dos bancos internacionais e das instituições financeiras não bancárias.
- Descrever alguns métodos diferentes que foram usados para medir o grau de integração financeira internacional.
- Compreender os fatores que levaram à crise financeira mundial que começou em 2007.
- Avaliar o desempenho dos mercados de capitais internacionais na vinculação das economias dos países industrializados.

Mercado internacional de capitais e os ganhos de comércio

Nos capítulos anteriores, a discussão sobre os ganhos do comércio internacional concentrou-se nas trocas envolvendo bens e serviços. Ao criar um sistema de pagamentos mundial que reduz os custos de transação, os bancos participantes do mercado internacional de capitais ampliam os ganhos de comércio resultantes dessas trocas. Além disso, o mercado internacional de capitais reúne os mutuários e credores de diferentes países com o objetivo de financiar o padrão global dos desequilíbrios de conta corrente. Mas a maioria dos negócios que ocorrem no mercado internacional de capitais é de trocas de bens entre os residentes de países diferentes, por exemplo, a troca de ações da IBM por títulos do governo britânico. Embora tal comércio de ativos seja às vezes ridicularizado como "especulação" improdutiva, na verdade, ele leva a ganhos de comércio que podem beneficiar os consumidores de todos os lados.

Três tipos de ganho de comércio

Todas as transações entre os residentes de países diferentes se enquadram em uma das três categorias: trocas de bens ou serviços por bens ou serviços, trocas de bens ou serviços por ativos e trocas de ativos por ativos. A todo momento, um país geralmente está realizando trocas em cada uma dessas categorias. A Figura 20.1 (que pressupõe haver dois países, Doméstica e Estrangeira) ilustra os três tipos de transações internacionais, e cada um deles envolve um conjunto diferente de possíveis ganhos de comércio.

Até agora, neste livro, discutimos dois tipos de ganhos de comércio. Os Capítulos 3 a 8 mostraram que os países podem ganhar por concentrar as atividades de produção naquilo em que são mais eficientes e usar um pouco da sua produção para pagar as importações de outros produtos do exterior. Esse tipo de ganho de comércio envolve a troca de bens ou serviços por outros bens ou serviços. A seta horizontal superior na Figura 20.1 mostra as trocas de bens e serviços entre Doméstica e Estrangeira.

Um segundo conjunto de ganhos de comércio resulta do comércio *intertemporal*, que é a troca de bens e serviços por créditos de bens e serviços futuros, ou seja, por ativos (Capítulos 6 e 19). Quando um país em desenvolvimento toma emprestado do exterior (ou seja, vende um título para estrangeiros) para que possa importar materiais para um projeto de investimento interno, ele está envolvido no comércio intertemporal – o comércio que não seria possível sem um mercado internacional de capitais. As setas diagonais na Figura 20.1 indicam as trocas de bens ou serviços por ativos. Se Doméstica tem um déficit em conta corrente com Estrangeira, por exemplo, ela é uma exportadora líquida de ativos para Estrangeira e uma importadora líquida de bens e serviços de Estrangeira.

FIGURA 20.1

Os três tipos de transações internacionais.

Moradores de diferentes países podem negociar bens ou serviços por outros bens ou serviços, bens ou serviços por ativos (ou seja, por produtos e serviços futuros) e ativos por outros ativos. Todos os três tipos de câmbio levam a ganhos de comércio.

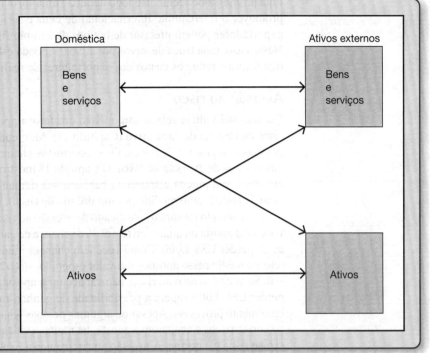

A seta horizontal inferior na Figura 20.1 representa a última categoria de transações internacionais, as transações de ativos por ativos, como a troca de bens imóveis localizados na França por títulos do tesouro dos Estados Unidos. Na Tabela 13.2 (na seção "A contabilidade do balanço de pagamentos" do Capítulo 13), você verá na conta financeira do balanço de pagamentos americano de 2019 tanto uma compra líquida de US$ 440,75 bilhões de ativos estrangeiros por residentes dos Estados Unidos quanto uma compra líquida de US$ 797,96 bilhões de ativos dos Estados Unidos por residentes estrangeiros. (Esses números não incluem derivativos; o BEA informa apenas o comércio *líquido* de derivativos). Então, enquanto os Estados Unidos poderiam ter financiado seu déficit em conta corrente simplesmente pela venda de ativos aos estrangeiros, sem comprar nenhum deles, os Estados Unidos e residentes estrangeiros também fizeram trocas puras de ativos.[1] Um volume de comércio de bens entre países dessa magnitude ocorre em parte porque o comércio internacional de ativos, como negócios envolvendo bens e serviços, pode produzir benefícios para todos os países envolvidos.

Enquanto as distinções anteriores podem parecer simples na teoria, lembre-se de que, no mundo real, diferentes tipos de comércio podem ocorrer simultaneamente porque são complementares. Por exemplo, importadores podem precisar comprar bens estrangeiros com base em crédito de vendedores e pagar depois que venderem mercadorias para consumidores domésticos. Nesse caso, a capacidade dos importadores em obter bens hoje em troca de

---

[1] As transações de ativos *brutas* totais são muito maiores até do que essas compras *líquidas* indicam. As compras americanas líquidas de ativos estrangeiros são as compras americanas brutas menos as vendas americanas brutas de ativos estrangeiros, enquanto as compras estrangeiras líquidas de ativos americanos são, da mesma forma, as compras estrangeiras brutas menos as vendas estrangeiras brutas. Portanto, o valor bruto dos débitos do balanço de pagamentos americano decorrente de transações de ativos com estrangeiros seria igual às compras brutas de ativos estrangeiros realizadas por residentes americanos mais as vendas brutas dos ativos americanos dos residentes estrangeiros (que residentes americanos necessariamente adquirem, gerando débitos do balanço de pagamentos).

630 PARTE IV ■ Política macroeconômica internacional

uma promessa de reembolso logo depois – uma forma comércio intertemporal – é vital para promover o intercâmbio internacional de bens e serviços. Como um segundo exemplo, os exportadores podem precisar de recibos de câmbio futuro nos mercados cambiais a termo. Nesse caso, uma troca de ativos por ativos – moeda estrangeira futura contra moeda doméstica futura – reduz os custos dos exportadores de realizar intercâmbios de bens e serviços.

Aversão ao risco

Quando indivíduos selecionam ativos, um fator importante nas suas decisões é o grau de risco de retorno de cada ativo (Capítulo 14). Mantendo iguais todas as outras variáveis, as pessoas não gostam de riscos. Os economistas chamam essa propriedade das preferências das pessoas de **aversão ao risco**. O Capítulo 18 mostrou que os investidores aversos ao risco em ativos em moeda estrangeira baseiam sua demanda por um determinado ativo em seu grau de risco (como medido por um prêmio de risco), bem como em seu retorno esperado.

Um exemplo tornará o significado de aversão ao risco mais claro. Suponha que ofereçam a você uma aposta na qual você tem 50% de chance de ganhar US$ 1.000, mas tem 50% de chance de perder US$ 1.000. Como você tem chances iguais de ganhar e de perder US$ 1.000, o retorno médio nessa aposta – seu valor esperado – é $(1/2) \times (US\$ 1.000) + (1/2) \times (-US\$ 1.000) = 0$. Se você é avesso ao risco, não vai aceitar a aposta, porque, para você, a possibilidade de perder US$ 1.000 supera a possibilidade de ganhar, mesmo que ambos os resultados sejam igualmente prováveis. Apesar de algumas pessoas (chamadas de *amantes do risco*) gostarem de correr riscos e aceitarem a aposta, há muitas evidências de que o comportamento de aversão ao risco é a norma. A aversão ao risco ajuda a explicar, por exemplo, a rentabilidade das companhias de seguros e a venda de apólices que permitem às pessoas protegerem a si ou às suas famílias contra os riscos financeiros de roubo, doença e outros percalços.

Se as pessoas são avessas ao risco, valorizam uma carteira (ou portfólio) de ativos com base não apenas no seu retorno esperado, mas também no grau de risco do retorno. Sob a aversão ao risco, por exemplo, as pessoas podem estar dispostas a manter títulos denominados em várias moedas diferentes, mesmo que as taxas de juros que ofereçam não sejam ligadas pela condição de paridade de juros, se a carteira resultante de ativos oferecer uma combinação desejável de retorno e risco. Em geral, uma carteira cujo rendimento varia muito de ano para ano é menos desejável do que uma que ofereça o mesmo retorno médio, com apenas leves flutuações de ano a ano. Essa observação é básica para compreender por que os países trocam ativos.

Diversificação da carteira como motivo para o comércio internacional de ativos

O comércio internacional de ativos pode fazer ambas as partes se beneficiarem do comércio, permitindo-lhes reduzir o risco do retorno sobre a sua riqueza. O comércio realiza essa redução de risco, permitindo que ambas as partes diversifiquem suas carteiras – dividir sua riqueza entre um espectro amplo de ativos e, assim, reduzir a quantidade de dinheiro que investiram em cada ativo individual em jogo. O falecido economista James Tobin, da Universidade de Yale, um criador da teoria da escolha de carteira com aversão ao risco, uma vez descreveu a ideia de **diversificação da carteira** como "Não colocar todos seus ovos em um mesmo cesto". Quando uma economia está aberta para o mercado internacional de capitais, pode reduzir o risco de sua riqueza colocando alguns dos seus "ovos" em "cestas" estrangeiras adicionais. Essa redução no risco é o motivo básico para o comércio de ativos.

Um exemplo simples de dois países ilustra como os países são beneficiados pelo comércio de bens. Imagine que há dois países, Doméstica e Estrangeira, e os moradores de cada um possuem apenas um ativo, a terra nacional que produz uma colheita anual de kiwis.

Entretanto, o rendimento da terra é incerto. Metade do tempo, a terra de Doméstica produz uma colheita de 100 toneladas de kiwi ao mesmo tempo em que a terra de Estrangeira produz uma colheita de 50 toneladas. Na outra metade do tempo, os resultados são invertidos: a colheita de Estrangeira é de 100 toneladas, mas a colheita de Doméstica é de apenas

CAPÍTULO 20 ■ Globalização financeira: crise e oportunidade **631**

50. Em média, então, cada país tem uma colheita de $(1/2) \times (100) + (1/2) \times (50) = 75$ toneladas de kiwi, mas seus habitantes nunca sabem se o próximo ano trará fome ou fartura.

Agora suponha que os dois países possam fazer comércio de uma parcela da propriedade dos seus respectivos ativos. Um proprietário de Doméstica de uma quota de 10% em terra de Estrangeira, por exemplo, recebe 10% da safra anual de kiwi de Estrangeira, e um proprietário de Estrangeira de uma quota de 10% em terra de Doméstica, da mesma forma, tem direito a 10% da safra de Doméstica. O que acontece se o comércio internacional desses dois ativos for permitido? Os residentes de Doméstica vão comprar uma quota de 50% de terras de Estrangeira, e vão pagar por isso dando aos residentes de Estrangeira uma quota de 50% em terra de Doméstica.

Para entender por que esse é o resultado, pense nos retornos para as carteiras de Doméstica e Estrangeira quando ambos são igualmente divididos entre títulos de terra de Doméstica e Estrangeira. Quando os tempos são bons em Doméstica (e, portanto, ruins em Estrangeira), cada país ganha o mesmo retorno de sua carteira: metade da colheita de Doméstica (100 toneladas de kiwi) mais a metade da colheita de Estrangeira (50 toneladas de kiwi) ou 75 toneladas de frutas. No caso contrário – maus momentos em Doméstica, bons tempos em Estrangeira – cada país *ainda* ganha 75 toneladas de frutas. Se os países mantiverem carteiras divididas igualmente entre os dois ativos, portanto, cada país ganha um retorno *certo* de 75 toneladas de frutas – igual à colheita média ou esperada de cada antes de o comércio internacional de ativos ser possível.

Uma vez que os dois ativos disponíveis – terra de Doméstica e Estrangeira – têm o mesmo retorno médio, qualquer carteira constituída desses ativos produz um retorno esperado (ou médio) de 75 toneladas de frutas. Contudo, as pessoas em todos os lugares são avessas ao risco, então todas preferem ter a carteira 50% descrita, que dá um retorno garantido de 75 toneladas de fruta todos os anos. Depois que o comércio é aberto, portanto, os moradores dos dois países trocarão títulos de terra até atingirem o resultado de 50%. Como esse comércio elimina o risco enfrentado por ambos os países, sem alterar os retornos médios, eles estarão claramente melhores como resultado do comércio de bens.

Nosso exemplo é simplista, pois os países na verdade nunca podem eliminar *todos* os riscos via comércio internacional de ativos. (E ao contrário do mundo do modelo, o mundo real é mesmo um lugar arriscado no final das contas!) No entanto, o exemplo demonstra que os países ainda assim podem *reduzir* o grau de risco da sua riqueza ao diversificar suas carteiras de ativos internacionalmente. Uma função importante do mercado internacional de capitais é possibilitar essa diversificação.[2]

O cardápio dos ativos internacionais: dívida *versus* capital próprio

Os comércios internacionais de ativos podem ser trocas de muitos tipos diferentes de ativos. Entre os muitos ativos negociados no mercado internacional de capitais estão os títulos e depósitos denominados em diferentes moedas, ações e instrumentos financeiros mais complicados, como as opções de ações ou moeda. Uma compra de bens imobiliários estrangeiros e a aquisição direta de uma fábrica em outro país são outras formas de diversificação no exterior.

Ao pensar em comércios de ativos, é frequentemente útil fazer uma distinção entre **instrumentos de dívida** e **instrumentos de capital próprio**. Títulos e depósitos bancários são instrumentos de dívida, uma vez que especificam que o emitente do instrumento deve

---

[2]O Pós-escrito matemático deste capítulo desenvolve um modelo detalhado da diversificação da carteira internacional. Você deve ter notado que no nosso exemplo os países poderiam reduzir o risco mediante transações que não sejam a troca de ativos que descrevemos. O país de produção alta poderia ter um superávit de conta corrente e emprestar ao país de produção baixa, por exemplo, assim diminuindo parcialmente a diferença de consumo transnacional em cada estado da economia mundial. Assim as funções econômicas dos comércios intertemporais e de trocas de ativos puros podem se sobrepor. Em certa medida, o comércio ao longo do tempo pode substituir o comércio entre estados da natureza e vice-versa, simplesmente porque diferentes estados econômicos do mundo ocorrem em diferentes pontos cronológicos. Mas, em geral, os dois tipos de comércio não são substitutos perfeitos um para o outro.

632 PARTE IV ■ Política macroeconômica internacional

pagar um valor fixo (a soma do principal mais juros), independentemente das circunstâncias econômicas. Em contraste, uma ação é um instrumento de capital próprio: é um crédito sobre os lucros da empresa, em vez de um pagamento fixo, e seu pagamento irá variar de acordo com as circunstâncias. Da mesma forma, as ações da fruta kiwi negociadas em nosso exemplo são instrumentos de capital próprio. Escolhendo como dividir suas carteiras entre instrumentos de dívida e de capital próprio, indivíduos e nações podem se organizar para ficar perto dos níveis de consumo e de investimento desejados, apesar das diferentes eventualidades que podem ocorrer.

A linha divisória entre a dívida e o capital próprio não é bem nítida na prática. Mesmo que o pagamento em dinheiro do instrumento seja o mesmo em diferentes estados do mundo, seu pagamento *real* em um estado particular dependerá dos níveis de preços nacionais e das taxas de câmbio. Além disso, os pagamentos que um determinado instrumento promete fazer podem não ocorrer em casos de falência, confisco de ativos de capital estrangeiro pelo governo e assim por diante. Ativos como títulos corporativos de baixo grau, que superficialmente parecem ser de dívida, podem na realidade ser como capital próprio ao oferecer retornos que dependem da evolução financeira duvidosa do emitente. O mesmo se revelou verdadeiro para a dívida de muitos países em desenvolvimento, como veremos no Capítulo 22.

Sistema bancário internacional e mercado internacional de capitais

O exemplo anterior do kiwi de Doméstica e Estrangeira retratou um mundo imaginário com apenas dois ativos. Como o número de ativos disponíveis no mundo real é enorme, instituições especializadas têm surgido para reunir compradores e vendedores de ativos localizados em países diferentes.

A estrutura do mercado internacional de capitais

Como observamos, os principais participantes do mercado internacional de capitais incluem bancos comerciais, empresas, instituições financeiras não bancárias (como companhias de seguros, fundos do mercado monetário, fundos de *hedge* e fundos de pensões), bancos centrais e outras agências governamentais.

1. *Bancos comerciais.* Os bancos comerciais estão no centro do mercado internacional de capitais, não só porque atuam no mecanismo de pagamentos internacionais, mas também pela ampla variedade de atividades financeiras que realizam. Os passivos bancários consistem principalmente em depósitos de diversos vencimentos, bem como em dívida e empréstimos em curto prazo de outras instituições financeiras, enquanto seus ativos consistem principalmente em empréstimos (para corporações e governos), depósitos em outros bancos (depósitos interbancários) e diversos outros valores mobiliários, incluindo títulos. Os bancos multinacionais também estão bastante envolvidos em outros tipos de transações de ativos. Por exemplo, podem *subscrever* emissões de ações e títulos, concordando, por uma taxa, em encontrar compradores para as ações e os títulos a um preço garantido. Um dos principais fatos sobre o sistema bancário internacional é que os bancos muitas vezes têm liberdade para realizar atividades no exterior que não seriam autorizados a executar em seus países de origem. Esse tipo de assimetria regulatória tem estimulado o crescimento do sistema bancário internacional nos últimos 50 anos.

2. *Corporações.* As corporações – em particular aquelas com operações multinacionais como Coca-Cola, IBM, Toyota e Nike – rotineiramente financiam seus investimentos por fontes estrangeiras de fundos. Para obter esses fundos, as corporações podem vender ações, que dão aos proprietários um crédito sobre o capital próprio dos ativos da empresa, ou podem usar o financiamento por dívida. O financiamento por dívida muitas vezes assume a forma de empréstimos de e por meio de bancos internacionais ou outros credores institucionais; as empresas também vendem papéis comerciais de curto prazo e instrumentos de dívida corporativa no mercado internacional de capitais. As corporações

CAPÍTULO 20 ■ Globalização financeira: crise e oportunidade **633**

frequentemente denominam seus títulos em moeda do centro financeiro em que os títulos estão sendo oferecidos para venda. Contudo, cada vez mais as corporações estão adotando novas estratégias de denominação que tornam seus títulos atraentes para um espectro mais amplo de potenciais compradores.

3. *Instituições financeiras não bancárias.* As instituições não bancárias, como companhias de seguros, fundos mútuos, fundos de pensões e fundos de *hedge*, tornaram-se importantes atores no mercado internacional de capitais conforme adquiriram ativos estrangeiros para diversificar suas carteiras. Os *bancos de investimento* são de particular importância, pois, apesar de não serem realmente bancos, especializaram-se na subscrição de ofertas de ações e títulos por corporações e (em alguns casos) governos, assessoria em fusões e aquisições e facilitação de transações para os clientes, entre outras funções. Os bancos de investimento podem ser independentes, mas na maioria dos casos pertencem a grandes conglomerados financeiros, que incluem também os bancos comerciais. Exemplos proeminentes incluem Goldman Sachs, Deutsche Bank, Citigroup e Barclays Capital.

4. *Bancos centrais e outras agências governamentais.* Os bancos centrais estão envolvidos rotineiramente nos mercados financeiros internacionais mediante intervenção cambial. Além disso, outras agências governamentais frequentemente contraem empréstimos do exterior. Os governos e as estatais de países em desenvolvimento têm tomado empréstimos substanciais de bancos comerciais estrangeiros e regularmente vendem títulos no exterior.

Independente da medida adotada para avaliá-la, a escala das operações no mercado internacional de capitais tem crescido muito mais rápido do que o PIB mundial desde a década de 1970. Um fator importante nesse fato é que, começando com o mundo industrializado, os países têm desmantelado progressivamente as barreiras aos fluxos de capital privados através de suas fronteiras.

Uma razão importante para esse desenvolvimento está relacionada com os sistemas de taxa de câmbio. De acordo com o trilema monetário do Capítulo 19, a ampla adoção de taxas de câmbio flexíveis desde a década de 1970 permitiu que países reconciliassem os mercados de capital abertos com autonomia monetária doméstica. Os países-membros da união econômica e monetária europeia (Capítulo 21) têm seguido uma rota diferente em relação a suas taxas de câmbio mútuas. No entanto, o euro flutua em relação às moedas estrangeiras e a zona do euro como uma unidade orienta sua política monetária para objetivos macroeconômicos internos, permitindo liberdade de pagamentos internacionais.

Sistema bancário *offshore* e negociação de moeda *offshore*

Uma das características mais difundidas do setor bancário comercial da atualidade é que as atividades bancárias têm se tornado globalizadas conforme os bancos estabelecem agências fora de seus países de origem em centros financeiros estrangeiros. Em 1960, apenas oito bancos americanos tinham filiais em países estrangeiros, mas agora centenas têm essas sucursais. Da mesma forma, o número de escritórios de bancos estrangeiros nos Estados Unidos aumentou sistematicamente.

O termo **sistema bancário** *offshore* é usado para descrever os negócios que escritórios de bancos estrangeiros conduzem fora de seus países de origem. Os bancos podem realizar negócios estrangeiros por meio de qualquer dos três tipos de instituições:

1. Uma *agência* localizada no exterior, que organiza os empréstimos e as transferências de fundos, mas não aceita depósitos.

2. Um banco *subsidiário* localizado no estrangeiro. Uma subsidiária de um banco estrangeiro difere de um banco local apenas em que um banco estrangeiro é o controlador. As subsidiárias estão sujeitas às mesmas regulamentações que os bancos locais, mas não estão sujeitas às regulamentações do país de origem.

634 PARTE IV ■ Política macroeconômica internacional

3. Uma *sucursal* estrangeira, que é apenas um escritório do banco doméstico em outro país. As sucursais realizam os mesmos negócios que os bancos locais *e* são geralmente sujeitas à regulamentação bancária local e do país de origem. Entretanto, muitas vezes, as sucursais podem aproveitar diferenças regulamentares internacionais.

O crescimento da **negociação de moeda** *offshore* foi acompanhado da evolução do sistema bancário *offshore*. Um depósito *offshore* nada mais é do que um depósito bancário em uma moeda diferente do país no qual reside o banco – por exemplo, depósitos em iene em um banco de Londres ou depósitos em dólar em Zurique. Muitos dos depósitos no mercado de câmbio são depósitos *offshore*. Depósitos de moeda *offshore* são geralmente chamados de **eurodivisas**, que é um termo mal aplicado, já que muito da negociação de eurodivisa ocorre em centros não europeus, como Singapura e Hong Kong. Os depósitos em dólar localizados fora dos Estados Unidos são chamados de **eurodólares**. Os bancos que aceitam depósitos denominados em eurodivisas (incluindo eurodólares) são chamados de **eurobanks**. O advento da nova moeda europeia, o euro, tornou esta terminologia ainda mais confusa!

Motivações para o rápido crescimento do sistema bancário *offshore* e da troca de moeda têm sido o aumento do comércio internacional e a natureza cada vez mais multinacional da atividade corporativa. As empresas americanas envolvidas no comércio internacional, por exemplo, exigem serviços financeiros no exterior, e os bancos americanos naturalmente expandiram seus negócios domésticos com essas empresas em áreas estrangeiras. Ao oferecer compensação de pagamentos mais rápida e a flexibilidade e a confiança estabelecidas nas relações anteriores, os bancos americanos competem com os estrangeiros, que também poderiam servir os clientes americanos. O comércio de eurodivisa é outra consequência natural da expansão do comércio mundial de bens e serviços. Os importadores britânicos de produtos americanos frequentemente precisam aceitar depósitos em dólar, por exemplo, e é natural que os bancos com sede em Londres tentem atrair essa clientela.

O crescimento do comércio mundial por si, no entanto, não explica o crescimento do sistema bancário internacional desde a década de 1960. Outro fator é o desejo dos bancos de escaparem de regulamentações do governo doméstico nas atividades financeiras (e às vezes dos impostos) deslocando algumas de suas operações para o exterior e em moedas estrangeiras. Outro fator é em parte político: o desejo de alguns depositantes de reter as moedas fora das jurisdições dos países que as emitem. Nos últimos anos, a tendência de os países abrirem os seus mercados financeiros para estrangeiros permitiu que os bancos internacionais competissem globalmente por novos negócios.

Outro fator por trás da rentabilidade das operações de eurodivisas é regulatório: na formulação de regras bancárias, os governos nos principais centros de eurodivisa discriminam entre depósitos denominados em moeda doméstica e aqueles denominados em outras moedas, entre as transações com os clientes domésticos e com clientes estrangeiros e entre as atividades de bancos estrangeiros e de bancos domésticos. Depósitos em moeda nacional geralmente são mais fortemente regulamentados, como forma de manter o controle sobre a oferta de moeda doméstica, enquanto os bancos recebem mais liberdade nos seus negócios em moeda estrangeira.

As assimetrias regulatórias explicam por que esses centros financeiros cujos governos historicamente impunham menos restrições ao sistema bancário estrangeiro tornaram-se os principais centros de eurodivisa. Londres é o líder a esse respeito, mas foi seguido por Luxemburgo, Barein, Hong Kong e outros países que diminuíram as restrições e os impostos sobre as operações do banco estrangeiro dentro das suas fronteiras como forma de competir por clientes no setor bancário internacional.

O sistema bancário paralelo (sombra)

Nas últimas décadas, uma assimetria regulatória importante surgiu entre os bancos. Ela é muitas vezes denominada **sistema bancário paralelo**. Hoje, inúmeras instituições financeiras fazem prestação de serviços de pagamento e de crédito semelhantes às que os bancos oferecem. Fundos mútuos do mercado monetário dos Estados Unidos, por exemplo,

CAPÍTULO 20 ▪ Globalização financeira: crise e oportunidade **635**

fornecem serviços de emissão de cheques aos clientes e também são grandes atuantes no fornecimento de crédito às empresas (via mercados de papéis comerciais) e em empréstimos em dólares para bancos fora dos Estados Unidos. Os bancos de investimento também forneceram crédito a outras entidades e oferecem serviços de pagamento. O sistema bancário paralelo incluiu até mesmo sistemas de investimento patrocinados pelos bancos, mas supostamente independentes dos balanços dos próprios bancos. No entanto, os bancos paralelos em geral estão sujeitos a regulações mínimas em comparação com os convencionais.

Por que tem sido assim? Historicamente, os formuladores de políticas monetárias têm visto os bancos como o principal foco de preocupação por causa de sua centralidade no sistema de pagamentos, para o fluxo de crédito para as empresas e os mutuários individuais e para a execução da política monetária. Mas o sistema bancário paralelo tem crescido drasticamente e retomado muitas das mesmas funções do sistema bancário tradicional. Os ativos totais de setor bancário paralelo são difíceis de mensurar precisamente, mas nos Estados Unidos, hoje, eles são comparáveis aos ativos do setor bancário tradicional.

Além disso, os bancos do sistema paralelo estão intimamente interligados com bancos como credores e devedores. Como resultado, a estabilidade do sistema bancário paralelo (sombra) não pode ser facilmente divorciada da dos bancos: se um banco paralelo se envolver em encrenca, o mesmo pode ocorrer com os bancos que lhe emprestaram dinheiro. Isso se tornou dolorosamente claro durante a crise financeira global de 2007-2009, como veremos mais à frente neste capítulo. Voltamo-nos agora para uma discussão sobre a regulamentação de operações bancárias, mas os leitores devem estar cientes de que os bancos são apenas uma categoria que atua no mercado financeiro internacional e que o destino dos bancos tende a depender dos outros participantes do mercado. A maior parte do que diremos a seguir sobre "bancos" também se aplica aos bancos paralelos.

Fragilidade financeira e o sistema bancário

Muitos observadores acreditam que a natureza desgovernada da atividade global do sistema bancário até agora deixou o sistema financeiro mundial vulnerável à falência dos bancos em uma escala maciça. A crise financeira de 2007-2009, que discutiremos em seguida, apoia essa crença. Para entender o que deu errado com a globalização financeira, primeiro precisamos rever a fragilidade inerente da atividade bancária, mesmo quando em uma economia fechada hipotética, e as salvaguardas que os governos nacionais têm implementado para evitar a falência dos bancos.

O problema da falência de um banco

Um banco vai à falência quando não consegue cumprir suas obrigações com seus depositantes e outros credores. Os bancos usam fundos emprestados para oferecer empréstimos e adquirir outros bens, mas alguns dos mutuários do banco podem ser incapazes de pagar seus empréstimos, ou os ativos do banco podem declinar de valor por algum outro motivo. Quando isso acontece, o banco pode não conseguir pagar seus compromissos de curto prazo, incluindo moeda escritural, que são, em grande parte, reembolsáveis imediatamente, sem aviso prévio.

Uma característica peculiar do sistema bancário é que a saúde financeira do banco depende da confiança dos depositantes (e outros credores) no valor dos seus ativos. Se os depositantes, por exemplo, acreditam que muitos dos ativos do banco caíram de valor, todos têm um incentivo para retirar fundos dele e colocá-los em um banco diferente. Um banco confrontado com uma grande e súbita perda de depósitos – uma corrida bancária – tende a fechar as portas, mesmo se o lado de ativos de seu balanço for fundamentalmente sólido. A razão é que muitos ativos são ilíquidos e não podem ser vendidos rapidamente para cumprir obrigações de depósito sem perda substancial para o banco. Se há um clima de pânico financeiro, portanto, a falência do banco pode não ser limitada aos bancos que têm má gestão de seus ativos. É do interesse de cada depositante retirar seu dinheiro de um banco

636 PARTE IV ■ Política macroeconômica internacional

se todos os outros depositantes estão fazendo o mesmo, mesmo quando os ativos do banco, se ao menos pudessem ser mantidos até o vencimento, fossem suficientes para reembolsar totalmente o passivo do banco.

Infelizmente, mesmo se um único banco ficar em apuros, a suspeita pode recair em outros bancos que lhe emprestaram dinheiro: se perderem o suficiente com os empréstimos, podem ser incapazes de cumprir suas próprias obrigações. Quando os bancos estão altamente interligados por meio de empréstimos mútuos e contratos de derivativos, as corridas bancárias, portanto, podem ser altamente contagiosas. A menos que os formuladores de políticas possam isolar o pânico de forma rápida, os efeitos dominó dos problemas de um único banco podem resultar em uma crise bancária generalizada, ou *sistêmica*.

É mais fácil entender a vulnerabilidade do banco olhando para seu balanço. O balanço estilizado a seguir mostra a relação entre os passivos e ativos do banco e a sua diferença, o *capital* do banco (recursos não emprestados, fornecidos pelos proprietários do banco, titulares das ações do banco):

Balanço do banco

Ativos		Passivos	
Empréstimos	$ 1.950	Reservas no banco central	$ 1.000
Moeda escritural	$ 1.950	Passivos de curto prazo por atacado	$ 1.400
Títulos e valores mobiliários	$ 75	Dinheiro em caixa	$ 1.400
Depósitos a prazo e dívida de longo prazo	$ 25	Capital	$ 200

Nesse exemplo, os ativos do banco (listados no lado Ativos do balanço) somam US$ 4.000. Eles são compostos de uma pequena quantidade de dinheiro em caixa (US$ 25) e reservas (US$ 75, as últimas compostas de depósitos no banco central nacional), além de empréstimos potencialmente menos líquidos para pessoas físicas e jurídicas (US$ 1.950) e outros valores mobiliários (como títulos do governo ou de empresas, totalizando US$ 1.950). O dinheiro nos cofres do banco obviamente pode ser usado a qualquer momento para atender os saques dos clientes, assim como os depósitos no banco central, mas os empréstimos (p. ex., hipotecas) não podem ser resgatados sempre que a instituição deseja e, logo, são altamente ilíquidos. Os valores mobiliários, por outro lado, podem ser liquidados, mas se as condições do mercado forem desfavoráveis, o banco pode ter que aceitar um prejuízo se for forçado a vendê-los no curto prazo. Durante um pânico financeiro, por exemplo, outros bancos podem estar tentando liquidar títulos semelhantes ao mesmo tempo, o que reduz seus preços de mercado.

O banco lucra quando aceita o risco de que seus ativos podem se desvalorizar, ao mesmo tempo em que promete aos depositantes e outros credores de curto prazo que poderão retirar seu dinheiro sempre que quiserem. O lado de Passivo do balanço reflete a liquidez que o banco aprovisiona para os seus credores. Os depósitos a prazo e a dívida de longo prazo do banco (US$ 1.400) são fontes de financiamento que *não podem* fugir quando os credores bem entendem, então o banco paga uma taxa de juros maior sobre esses passivos do que sobre suas duas fontes de financiamento de curto prazo, moeda escritural (de varejo) (US$ 1.000) e passivo de curto prazo de atacado (US$ 1.400). Os últimos podem assumir diversas formas, incluindo empréstimos *overnight* de outros bancos (incluindo o banco central) ou *acordos de recompra* garantidos (também chamados de *repo*, de *repurchase agreement*), nos quais o banco usa um ativo como garantia em troca do dinheiro do credor, prometendo comprar o ativo de volta posteriormente (em geral, no dia seguinte) a um preço ligeiramente maior. Se todos os credores de atacado se recusam a renovar seus empréstimos de curto prazo para o banco, no entanto, ele terá que vender seus ativos para conseguir dinheiro, exatamente como no caso de uma corrida bancária dos depositantes de varejo. Em geral, os balanços dos bancos são caracterizados por um *descasamento de prazos* (eles têm mais passivos a pagar no curto prazo do que ativos desse tipo), que é o que os torna vulneráveis a corridas.

CAPÍTULO 20 ■ Globalização financeira: crise e oportunidade **637**

O **capital do banco** (aqui, US$ 200) é a diferença entre ativos e passivos e é o montante que o banco pode perder em seus ativos antes de se tornar *insolvente*, ou seja, incapaz de pagar suas dívidas com a venda de seus ativos. Sem a reserva de capital do banco, ele não teria margem para erro, e os credores nunca acreditariam em sua capacidade de reembolsá--los sempre. Nesse caso, o banco não poderia exercer a atividade de explorar a diferença de juros ou "trânsito" entre seu passivo líquido e seus ativos menos líquidos. Como um banco depende da confiança de seus credores, até a suspeita de que poderia ser insolvente pode originar demanda por reembolso imediato pelos credores, forçando-o a liquidar ativos com perda e tornando-o insolvente de fato. Esse cenário é mais provável no caso de uma crise financeira *sistêmica*, em que os preços dos ativos transacionáveis, que normalmente o banco venderia com facilidade, estão deprimidos em decorrência da crise de vendas por numerosas instituições financeiras.[3]

Quanto menor o capital do banco, maior a chance de ele tornar-se insolvente por perdas nos valores de ativos se elas forem causadas por eventos externos na economia ou por uma corrida pelos seus credores. Em consequência, pode surpreendê-lo que grandes bancos globalmente ativos tenderam a operar no passado com margens bastante pequenas de capital. No nosso exemplo, que não é realista, a proporção de capital para ativos totais do banco é apenas US$ 200/US$ 4.000 = 5%, sugerindo que o banco poderia tolerar no máximo uma perda de 5% dos ativos antes de falir. Muitos bancos globais grandes têm operado com níveis ainda mais baixos de capital! Embora costumem evitar grandes posições em ativos altamente arriscados, como ações, e também evitem posições não cobertas ou "abertas" em moeda estrangeira, numerosos bancos em todo o mundo ainda tiveram problemas durante a crise financeira global de 2007-2009. Em razão dessa experiência, formuladores de políticas internacionais estão tentando garantir que os bancos em todo o mundo mantenham níveis mais elevados de capital, como explicaremos mais à frente neste capítulo.

As falências bancárias obviamente infligem sérios danos financeiros a depositantes individuais que perdem seu dinheiro. Mas além desses prejuízos, a falência bancária pode prejudicar a estabilidade macroeconômica da economia. Problemas de um banco podem facilmente se espalhar aos bancos mais sólidos se pessoas suspeitarem que eles tenham emprestado ao banco que está com problemas. Tal perda geral de confiança nos bancos prejudica o sistema de crédito e pagamentos no qual a economia se insere. Uma onda de falências bancárias pode causar uma drástica redução na capacidade do sistema bancário para financiar investimentos, despesas em bens duráveis e compras de imóveis, reduzindo assim a demanda agregada e lançando a economia em uma recessão. Há fortes evidências de que a sequência de fechamentos de bancos dos Estados Unidos na década de 1930 ajudou a iniciar e piorar a Grande Depressão, e o pânico financeiro decerto agravou a grave recessão mundial que começou em 2007.[4]

---

[3]Os bancos centrais também têm posições de capital, embora não tenhamos enfatizado este fato no Capítulo 18. Os ativos do banco central normalmente excedem os passivos, e os lucros resultantes são usados para cobrir as despesas do banco – por exemplo, salários do pessoal e os custos de operação da planta física do banco central. Quaisquer lucros superiores a essas despesas são normalmente entregues ao tesouro nacional. Em geral, as ações do capital do banco central não são negociadas publicamente (elas são propriedade do governo), embora historicamente esse não tenha sido sempre o caso. (Para pegar um caso notável, o Banco da Inglaterra era privado desde sua fundação, em 1694, até 1946.) Se um banco central tem perdas grandes o suficiente – com intervenções cambiais, por exemplo – isso pode reduzir seu capital o bastante para que seja obrigado a solicitar o financiamento do governo. Os bancos centrais preferem não estar nessa posição, porque o governo poderia impor condições que reduziriam a independência do banco central.

[4]Para uma avaliação da década de 1930, veja: Ben S. Bernanke. "Nonmonetary Effects of the Financial Crisis in the Propagation of the Great Depression". Capítulo 2. In: *Essays on the Great Depression*. Princeton, NJ: Princeton University Press, 2000. As crises bancárias também podem levar a crises de balanço de pagamentos. As políticas macroeconômicas necessárias para neutralizar o colapso do sistema bancário podem tornar mais difícil manter uma taxa de câmbio fixa (como ilustrado pela crise na área do euro que discutiremos posteriormente neste livro). Um estudo clássico é: Graciela L. Kaminsky e Carmen M. Reinhart. "The Twin Crises: The Causes of Banking and Balanceof-Payments Problems". *American Economic Review*, v. 89, p. 473-500, jun. 1999.

638 PARTE IV ■ Política macroeconômica internacional

Salvaguardas de governo contra a instabilidade financeira

Como as consequências potenciais de um colapso bancário são tão prejudiciais, os governos tentam evitar falências bancárias mediante extensa regulamentação de seus sistemas bancários nacionais. Os próprios bancos bem geridos tomam precauções contra a falência, mesmo na ausência de regulamentação, mas os custos da falência vão muito além dos proprietários do banco. Assim, alguns bancos, tendo em conta seus próprios interesses, mas ignorando os custos da falência para a sociedade, podem ser levados a assumir um nível de risco maior do que o socialmente ideal. Além disso, mesmo os bancos com estratégias de investimento cautelosas podem ir à falência se começarem a circular rumores de problemas financeiros. Muitas das medidas cautelares de regulamentação de bancos tomadas pelos governos hoje são um resultado direto das experiências dos seus países durante a Grande Depressão.

Na maioria dos países, uma extensa "rede de segurança" foi criada para reduzir o risco de falência bancária. As principais salvaguardas são:

1. *Seguro de depósito.* Um legado da Grande Depressão dos anos 1930 é o seguro de depósito. Nos Estados Unidos, a Federal Deposit Insurance Corporation (FDIC) segura os depositantes do banco contra perdas de até o limite atual de US$ 250.000. Os bancos são obrigados a contribuir para a FDIC para cobrir o custo desse seguro. O seguro da FDIC desencoraja corridas aos bancos por pequenos depositantes que sabem que suas perdas serão reembolsadas pelo governo: eles não têm mais incentivo para retirar seu dinheiro só porque os outros estão fazendo isso. Desde 1989, a FDIC também oferece seguro para depósitos com associações de poupança e empréstimo (S&L).[5] A ausência de seguro de governo é uma razão que os formuladores de políticas às vezes dão para a regulamentação comparativamente leve de operações *offshore* dos bancos, bem como para o sistema bancário paralelo.

2. *Depósitos compulsórios.* Os depósitos compulsórios são uma ferramenta possível da política monetária, influenciando a relação entre a base monetária e os agregados monetários. Ao mesmo tempo, os depósitos compulsórios forçam o banco a manter uma parte de seus ativos em uma forma líquida que seja facilmente mobilizada para ir ao encontro de fluxos repentinos de saída de depósitos. Nos Estados Unidos, os bancos tendem a manter reservas em excesso além das necessárias, então os depósitos compulsórios não são importantes. Em nosso exemplo de balanço anterior, as reservas líquidas totais do banco (inclusive caixa) são US$ 100, apenas 2,5% de seus ativos totais.

3. *Requisitos de capital e restrições de ativos.* Os reguladores de bancos estrangeiros e dos Estados Unidos definem os níveis mínimos de capital exigidos do banco para reduzir a vulnerabilidade do sistema à falência. Outras regras impedem os bancos de reterem os ativos que são "arriscados demais", como as ações ordinárias, cujos preços tendem a ser voláteis. Os bancos devem também lidar com regras contra o empréstimo de uma fração grande demais dos seus ativos para um único cliente privado ou para um único governo estrangeiro.

4. *Exame bancário.* Supervisores de governo têm o direito de examinar os livros-caixa de um banco para garantir a conformidade com os padrões de capital do banco e outros regulamentos. Os bancos podem ser forçados a vender ativos que o examinador considere arriscados ou dar baixa em empréstimos que o examinador ache que não serão reembolsados para ajustar seus balanços. Em alguns países, o banco central é o principal supervisor do banco, enquanto, em outros, uma autoridade de supervisão financeira separada lida com esse trabalho.

5. *Prestamista de última instância.* Os bancos podem tomar empréstimos do banco central à taxa de juros de desconto ou por outros sistemas disponibilizados pela instituição (em geral, depois que apresentam ativos de valor comparável ou superior como garantia). Enquanto o empréstimo aos bancos é uma ferramenta de gestão monetária, o banco

---

[5]Os titulares de depósitos de mais de US$ 250.000 ainda têm um incentivo para correr se suspeitarem de problemas, é claro, como fazem credores de banco sem seguro (e quirografários) que não sejam depositantes, incluindo outros bancos.

CAPÍTULO 20 ■ Globalização financeira: crise e oportunidade **639**

central também pode usar descontos para prevenir ou isolar pânicos bancários. Uma vez que um banco central tem a capacidade de criar moeda, ele pode emprestar a bancos que enfrentam saídas maciças de depósitos tanto quanto precisarem para atender as solicitações de seus depositantes. Nessas situações, o banco central está agindo como um **prestamista de última instância** (LLR, do inglês *lender of last resort*) ao banco. Com efeito, os Estados Unidos estabeleceram a Reserva Federal em 1913 precisamente como uma salvaguarda contra o pânico financeiro. Quando os depositantes sabem que o banco central está a postos como o LLR, eles têm mais confiança na capacidade de um banco privado para suportar um pânico e, portanto, são menos propensos a correr se problemas financeiros surgirem. No entanto, a administração de serviços de LLR é complexa. Se os bancos acharem que o banco central *sempre* vai socorrê-los, correrão riscos excessivos. Então o banco central deve subordinar o acesso aos seus serviços de LLR a uma boa gestão. Para decidir quando os bancos em apuros não criaram os próprios problemas por correrem riscos insensatos, o ideal é o LLR envolver-se estreitamente no processo de análise bancária.

6. *Reestruturação e salvamentos organizados pelo governo.* O papel de LLR do banco central destina-se a ajudar bancos sofrendo problemas de liquidez *temporária* por causa de credores nervosos. Espera-se que o banco seja solvente se o banco central puder dar tempo suficiente para liquidar ativos a preços favoráveis; e, se assim for, o banco central não perderá dinheiro como resultado de sua intervenção. Muitas vezes, no entanto, os credores estão agitados por uma boa razão e grandes perdas em ativos são inevitáveis. Nesse caso, as autoridades fiscais nacionais, junto com o dinheiro do contribuinte, entram em cena. O banco central e autoridades fiscais podem organizar a compra de um banco que está falindo por instituições mais saudáveis, às vezes jogando seu dinheiro no negócio como forma de incentivo. As autoridades fiscais podem também recapitalizar o banco com dinheiro público, assim tornando o governo um proprietário de parte do banco ou de todo ele, até que o banco esteja de pé e as ações públicas possam ser vendidas para compradores privados. Nesses casos, a falência pode ser evitada graças à intervenção do governo como um gestor de crises, mas talvez à custa do dinheiro público. O governo pode, como alternativa, optar por impor perdas (também chamadas de *haircuts* – literalmente, "cortes de cabelo") aos créditos de credores para quirografários ou depositantes sem seguro proteger os contribuintes.[6]

Quão bem-sucedidas foram salvaguardas como essas? A Figura 20.2 mostra a frequência das crises bancárias nacionais em curso – crises sistêmicas que afetaram grandes partes dos sistemas bancários dos países – entre 1970 e 2017.[7] As crises dos sistemas bancários nas economias em desenvolvimento mais pobres e nos mercados emergentes são mostradas nos picos sólidos, enquanto as crises nas economias industriais, incluindo os Estados Unidos, são mostradas nos picos hachurados. Obviamente, tais crises sistêmicas não são eventos raros! Como discutiremos no Capítulo 22, ao longo de grande parte da história recente os países mais pobres regulamentaram seus bancos de forma muito menos eficaz do que os países mais ricos, o que implica maior frequência de instabilidade financeira no mundo em desenvolvimento. No entanto, isso mudou em 2007-2009, conforme os bancos de muitas das economias mais prósperas precisaram de apoio extensivo do governo para sobreviver. A crise de 2007-2009, portanto, revelou graves lacunas da rede de segurança bancária, as quais vamos analisar a seguir.

A rede de segurança dos bancos comerciais americanos funcionou razoavelmente bem até o final dos anos 1980, mas como resultado da desregulamentação, da recessão de 1990-1991 e de uma queda acentuada nos valores da propriedade comercial, os fechamentos de bancos aumentaram drasticamente e o fundo de seguro do FDIC foi esgotado. Como os

---

[6]Detentores de títulos quirografários são os credores que não exigiram a garantia para seus empréstimos. Aqueles que exigem garantias recebem uma menor taxa de juros porque seus empréstimos são menos arriscados.

[7]A cronologia da crise foi extraída de: Luc Laeven e Fabián Valencia. "Systemic Banking Crises Database II," *IMF Economic Review* 68 (jun. 2020), pp. 307-361.

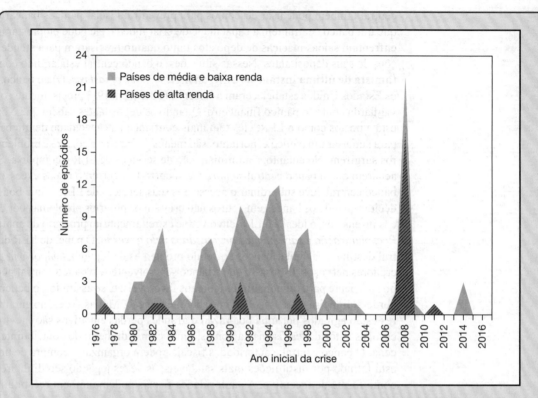

FIGURA 20.2
Frequência de crises bancárias sistêmicas por nível de renda nacional, 1976-2017.
As crises bancárias generalizadas são abundantes em todo o mundo desde meados da década de 1970, principalmente nos países mais pobres, mas, a partir de 2008, uma parcela significativa dos países mais ricos também enfrentou episódios graves.

Fonte: Reproduzido de Laeven e Valencia, *op. cit*. Agradecemos a Luc Laeven por fornecer os dados.

Estados Unidos, outros países que desregulamentaram o sistema bancário doméstico na década de 1980 – incluindo o Japão, os países escandinavos, o Reino Unido e a Suíça – enfrentaram problemas graves uma década mais tarde. Muitos reformaram seus sistemas de garantias bancárias, como resultado, mas, como veremos, essas garantias nem de perto foram suficientes para prevenir a enorme crise financeira de 2007-2009.

Risco moral e o problema do "grande demais para quebrar"

As garantias bancárias listadas anteriormente dividem-se em duas categorias: (1) sistemas de apoio financeiro de emergência para os bancos ou seus clientes e (2) restrições a riscos imprudentes incorridos pelos bancos.

É importante entender que esses dois tipos de salvaguarda são complementares e não substitutos. Uma expectativa de apoio LLR ou um pacote de resgate organizado pelo governo em caso de problemas pode fazer com que os bancos concedam empréstimos excessivamente arriscados e estabeleçam provisões inadequadas para perdas de investimento. O seguro de depósito tranquiliza os depositantes de que não precisam monitorar as decisões da administração do banco; e sem a ameaça de um banco para discipliná-los, os gerentes prosseguirão com as estratégias mais arriscadas na margem, inclusive mantendo uma proteção de capital inadequada e mantendo dinheiro em caixa insuficiente.

A possibilidade de que uma pessoa com seguro contra um acidente tome menos cuidado para evitá-lo é chamada de **risco moral**. A supervisão bancária doméstica e as restrições

CAPÍTULO 20 ■ Globalização financeira: crise e oportunidade **641**

A ÁLGEBRA SIMPLES DO RISCO MORAL

O risco moral, que resulta de uma combinação de garantias governamentais percebidas e fraca regulamentação da instituição garantida, tem ajudado a estimular o investimento excessivamente especulativo em muitas economias. Para ver como funciona, imagine que há um investimento potencial – digamos, uma grande propriedade imobiliária – que vai custar US$ 70 milhões adiantados. Se tudo correr bem, o projeto produzirá um retorno de US$ 100 milhões. Mas há apenas uma chance de um terço disso e uma chance de dois terços de que o investimento gere apenas US$ 25 milhões. O retorno esperado, então, é apenas (1/3 × US$ 100 milhões) + (2/3 × US$ 25 milhões) = US$ 50 milhões, que é muito abaixo do custo inicial de US$ 70 milhões. Normalmente, esse investimento nunca seria feito.

Contudo, garantias de resgate do governo mudam o resultado. Suponha que uma incorporadora imobiliária seja capaz de *tomar emprestada* toda a soma de US$ 70 milhões, pois pode convencer os credores de que o governo vai protegê-los se o projeto falhar e ela não puder pagar. Então, do ponto de vista dela, há uma chance de um terço de ganhar US$ 30 milhões (= US$ 100 milhões − US$ 70 milhões). Caso contrário, simplesmente abandonaria o projeto. Se der cara, ela ganha; se der coroa, os contribuintes perdem.

O exemplo anterior pode parecer extremo, mas esse tipo de lógica levou a desastres financeiros em muitos países. A crise financeira de 2007-2009 é o exemplo mais recente – e o mais caro até agora –, mas tem muitos precedentes. Na década de 1980, a indústria de associações de poupança e empréstimo dos Estados Unidos era agraciada com o equivalente a privilégio sem responsabilidade: o governo garantia depósitos, sem regulamentação rigorosa de riscos. A conta resultante aos contribuintes dos Estados Unidos foi de US$ 150 bilhões. A inépcia semelhante do setor financeiro levou a perdas muito maiores dos bancos na década de 1990 nos mais diversos países industrializados, desde a Suécia até o Japão.

---

de balanço são necessárias para limitar o risco moral resultante do seguro de depósito e o acesso ao prestamista de última instância, que, sem elas, levaria os bancos a oferecerem empréstimos excessivamente arriscados e não aprovisionar reservas adequadas para a possibilidade de inadimplência.

O limite de US$ 250.000 da FDIC ao tamanho dos depósitos segurados destina-se a limitar o risco moral por incentivar grandes depositantes e outros credores do banco, incluindo credores interbancários, a monitorar as ações dos gerentes de banco. Em princípio, esses grandes depositantes poderiam levar seus negócios para outro lugar se seu banco parecesse correr riscos imprudentes. O problema é que alguns bancos tornaram-se tão grandes nos mercados globais e tão interligados com outros bancos e bancos paralelos que sua falência poderia desencadear uma reação em cadeia que lançaria todo o sistema financeiro em crise.

Quando os boatos começaram a circular em maio de 1984 de que a Continental Illinois National Bank tinha feito um grande número de maus empréstimos, o banco começou logo a perder seus depósitos grandes, sem seguro. Na época, o banco era o sétimo maior nos Estados Unidos, e muitos dos seus depósitos pertenciam a bancos estrangeiros, então sua falência poderia ter desencadeado uma crise bancária global muito maior. Como parte de seu esforço de resgate, a FDIC estendeu sua cobertura de seguro para todos os depósitos do Continental Illinois, independentemente do tamanho. Esse e episódios posteriores convenceram as pessoas de que o governo dos Estados Unidos estava seguindo uma política de "grande demais para quebrar" ao proteger integralmente todos os credores dos maiores bancos.

Quando uma instituição financeira é *sistemicamente importante* – isto é, "grande demais para quebrar" ou "interligada demais para quebrar" –, seus administradores e os credores esperam que o governo não tenha escolha e seja obrigado a apoiá-la no caso de ela se meter em encrenca. O risco moral resultante desencadeia um círculo vicioso: como acredita-se que a instituição está sob o apoio do governo, pode tomar empréstimos mais baratos e envolver-se em estratégias arriscadas (enquanto os tempos são bons), gerando retornos elevados. Os lucros resultantes permitem que a instituição se torne ainda maior e mais interligada, levando a mais lucros, mais crescimento e mais risco moral. Como resultado, o sistema financeiro como um todo se torna menos estável.

642 PARTE IV ■ Política macroeconômica internacional

Por essa razão, os economistas estão cada vez mais a favor de limites ao tamanho das empresas financeiras, apesar do possível sacrifício das eficiências de escala. Como disse Alan Greenspan, ex-presidente da Reserva Federal: "Se são grandes demais para quebrar, são grandes demais". Muitos economistas também são favoráveis a forçar os grandes complexos bancários e bancos paralelos a elaborarem "testamentos em vida", permitindo-lhes serem fechados e liquidados em caso de insolvência, com o mínimo de interrupção e custo mínimo para os contribuintes. A ameaça crível de fechamento do banco é necessária para limitar o risco moral – os gerentes de banco precisam saber que podem ir à bancarrota caso se comportarem mal – mas conceber procedimentos concretos não é fácil, especialmente no contexto internacional.

Como veremos, o problema de risco moral é central para a compreensão tanto da crise financeira global de 2007-2009 quanto das medidas que foram adotadas para evitar crises futuras. No entanto, outro elemento importante naquela crise e em sua transmissão internacional foi a natureza globalizada do sistema bancário.

O desafio da regulação bancária internacional

Nesta seção, vamos aprender como a internacionalização do sistema bancário (e de instituições financeiras em geral) enfraquece as salvaguardas puramente nacionais contra o colapso do sistema bancário. Entretanto, ao mesmo tempo, a interdependência financeira global tornou mais urgente a necessidade de salvaguardas eficazes. O resultado é um segundo *trilema* para formuladores de políticas internacionais.[8]

O trilema financeiro

O sistema bancário *offshore* envolve um enorme volume de depósitos interbancários – aproximadamente 80% de todos os depósitos de eurodivisa, por exemplo, são de propriedade de bancos privados. Um elevado nível de depósito interbancário implica que os problemas que afetam um único banco podem ser altamente contagiosos e se espalhar com rapidez aos bancos com que faz negócios. Com esse efeito dominó, uma perturbação localizada pode desencadear um pânico bancário em escala global, como ocorreu na crise de 2007-2009.

Apesar dessas apostas muito altas, as regulações bancárias do tipo usado nos Estados Unidos e em outros países tornam-se ainda menos eficazes em um ambiente internacional, em que os bancos podem deslocar seus negócios entre diferentes jurisdições regulatórias. Uma boa maneira de ver por que um sistema bancário internacional é mais difícil de regular do que um sistema nacional é entender como a eficácia das salvaguardas dos Estados Unidos, que descrevemos na seção anterior, é reduzida em consequência das atividades bancárias *offshore*.

1. O seguro de depósito basicamente não existe no sistema bancário internacional. Os sistemas de seguro de depósito nacionais podem proteger os depositantes nacionais e também estrangeiros, mas o montante de seguro disponível é sempre pequeno demais para cobrir o tamanho dos depósitos habituais no sistema bancário internacional. Em particular, estão desprotegidos os depósitos interbancários e outras fontes de financiamento de atacado.

2. A ausência de depósitos compulsórios no exterior foi, historicamente, um fator importante no crescimento do comércio de eurodivisa. Enquanto *eurobanks* derivavam uma vantagem competitiva por escaparem da cobrança de depósitos compulsórios, havia um custo social em termos de estabilidade reduzida do sistema bancário. Nenhum país pode resolver o problema apenas com a imposição de depósitos compulsórios às sucursais no exterior de seus próprios bancos. No entanto, uma ação internacional conjunta foi bloqueada pela dificuldade política e técnica de chegar a um acordo sobre um conjunto de normas internacionalmente uniformes de regulamentos e pela relutância de alguns

---

[8]Como você verá, o trilema financeiro que apresentamos nesta seção é diferente do trilema monetário que introduzimos no Capítulo 19 e mencionamos de novo anteriormente neste capítulo. No entanto, ambos os trilemas dizem respeito às conexões entre a integração financeira internacional e outros objetivos de política em potencial.

CAPÍTULO 20 ▪ Globalização financeira: crise e oportunidade **643**

países em espantar os negócios bancários com o maior rigor das regulamentações. Hoje em dia, os depósitos compulsórios são menos importantes em muitos países, em parte porque os governos simplesmente perceberam a futilidade das exigências em um mundo com um sistema bancário globalizado.

3. e 4. O exame bancário para impor requisitos de capital e restrições de ativos torna-se mais difícil em um ambiente internacional. Reguladores nacionais dos bancos geralmente monitoram os balanços dos bancos domésticos e de suas sucursais estrangeiras em uma base consolidada. Mas eles são menos rigorosos em manter o controle de subsidiárias estrangeiras dos bancos e filiais, em teoria mais tenuamente ligadas ao banco matriz, porém cujas fortunas financeiras podem muito bem afetar a solvência da matriz. Os bancos foram muitas vezes capazes de aproveitar essa lassidão deslocando negócios arriscados, os quais os reguladores domésticos poderiam questionar, para jurisdições regulatórias menos rigorosas. Esse processo é conhecido como **arbitragem regulatória**. Além disso, muitas vezes é incerto qual grupo de reguladores idealmente seria responsável pelo monitoramento dos ativos de um determinado banco. Suponha que a filial londrina de um banco italiano negocie principalmente em eurodólares. Os ativos da subsidiária deveriam ser preocupação dos reguladores britânicos, italianos ou americanos?

5. Há incerteza sobre qual banco central, se algum, é responsável por prover assistência de LLR no sistema bancário internacional. O problema é semelhante ao que surge na alocação de responsabilidade de supervisão bancária. Vamos retornar ao exemplo da filial de Londres de um banco italiano. A Receita Federal deve ser responsabilizada por salvar a subsidiária de uma fuga repentina de depósitos em dólar? O Banco da Inglaterra deveria intervir? Ou o Banco Central Europeu deve ter a responsabilidade final? Quando os bancos centrais prestam assistência de LLR, aumentam suas ofertas de moeda nacionais, e isso pode comprometer os objetivos macroeconômicos nacionais. Em um cenário internacional, um banco central pode também fornecer recursos para um banco localizado no exterior cujo comportamento não esteja equipado a monitorar. Os bancos centrais, portanto, relutam em ampliar a cobertura das suas responsabilidades de LLR.

6. Quando um banco tem ativos e passivos em muitos países, vários governos podem ter que compartilhar a responsabilidade operacional e financeira de um resgate ou recuperação. As incertezas resultantes podem retardar ou mesmo impedir a operação. Os bancos globais grandes, complexos e altamente interconectados sabem quão difícil seria para os governos desligá-los e reorganizá-los em vez de apenas resgatá-los, e isso pode incentivar os riscos excessivos.

As dificuldades anteriores na regulação das instituições financeiras internacionais mostram que um **trilema financeiro** restringe o que os formuladores de políticas podem alcançar em uma economia aberta. No máximo dois dos três objetivos da lista a seguir são simultaneamente viáveis:

1. Estabilidade financeira.
2. Controle nacional sobre política de salvaguarda financeira.
3. Livre circulação de capitais internacionais.

Por exemplo, um país que se fecha financeiramente do mundo exterior pode regular seus bancos estritamente, sem se preocupar com a arbitragem regulatória internacional, promovendo a estabilidade financeira doméstica independentemente do que os reguladores estrangeiros fariam. Por outro lado, se os países delegassem o projeto e a implementação de salvaguardas financeiras a uma entidade reguladora global imune a pressões políticas nacionais, poderiam apreciar maior estabilidade financeira e transparência financeira ao mesmo tempo.[9]

---

[9]Para um exame recente do sistema bancário internacional no contexto do trilema financeiro, consulte: Dirk Schoenmaker. *Governance of International Banking: The Financial Trilemma*. Oxford: Oxford University Press, 2013.

644 PARTE IV ■ Política macroeconômica internacional

O objetivo utópico de uma autoridade financeira global onisciente é remoto, claro. Na sua ausência, no entanto, os reguladores nacionais durante quatro décadas têm tentado conciliar a crescente integração financeira com a estabilidade financeira, mediante um processo de crescente cooperação internacional. Não é por acaso que esse processo começou precisamente quando o novo sistema de taxas de câmbio flutuantes permitiu aos países mudarem para um novo vértice do trilema *monetário* (Capítulo 19) ao liberalizar os movimentos internacionais de capitais.

Cooperação regulamentar internacional até 2007

Na década de 1970, o novo regime de taxas de câmbio flutuantes apresentou uma nova fonte de perturbação: uma mudança inesperada e grande na taxa de câmbio que poderia acabar com o capital de um banco exposto.

Em resposta a essa ameaça, os diretores dos bancos centrais de 11 países industrializados criaram, em 1974, um grupo chamado **Comitê da Basileia**, cujo trabalho é "fortalecer a regulação, a supervisão e as práticas dos bancos de todo o mundo com o propósito de aumentar a estabilidade financeira", de acordo com o estatuto da instituição. (O grupo tem o seu nome por causa da cidade de Basileia, na Suíça, a sede do local de encontro dos banqueiros centrais, o Banco de Compensações Internacionais, ou BIS, do inglês Bank for International Settlements.) O Comitê da Basileia continua a ser o principal fórum para a cooperação entre reguladores bancários de diferentes países.

Em 1975, o Comitê da Basileia chegou a um acordo, chamado de Concordata, que aloca responsabilidade pela supervisão de estabelecimentos bancários multinacional entre países matriz e anfitriões. Além disso, a Concordata estimula a partilha de informações sobre bancos entre reguladores da matriz e dos países anfitriões e de "concessão de permissão para as inspeções por ou em nome das autoridades da matriz no território da autoridade anfitriã".[10] Em 1988, o Comitê da Basileia sugeriu um nível minimamente prudente de capital do banco (de modo geral, 8% dos ativos) e um sistema de medição de capital. Essas diretrizes, amplamente adotadas em todo o mundo, tornaram-se conhecidas como Basileia I. O Comitê revisou a estrutura da Basileia I em 2004, emitindo um novo conjunto de regras para o capital bancário, conhecido como Basileia II.

Uma grande mudança nas relações financeiras internacionais tem sido a importância cada vez maior de novos **mercados emergentes** como fontes e destinos para os fluxos de capital privados. Os mercados emergentes são os mercados de capitais dos países em desenvolvimento que liberalizaram seus sistemas financeiros para permitir pelo menos algum comércio de ativos privados com estrangeiros. Países como Brasil, México, Indonésia e Tailândia foram todos importantes destinatários de influxos de capital privado do mundo industrial após 1990.

Contudo, as instituições financeiras de mercados emergentes demonstraram ser fracas no passado. Essa vulnerabilidade contribuiu para a grave crise dos mercados emergentes de 1997-1999 (Capítulo 22). Entre outros problemas, os países em desenvolvimento tendiam a não ter experiência em regulação bancária, tinham normas prudenciais e padrões de contabilidade mais frouxos do que os países desenvolvidos e estavam propensos a risco moral ao oferecer aos bancos domésticos garantias implícitas de que seriam protegidos se entrassem em apuros.

Assim, a necessidade de estender internacionalmente as "melhores práticas" em normas regulatórias para os mercados de países emergentes tornou-se uma prioridade para o Comitê da Basileia. Em setembro de 1997, o Comitê emitiu o documento *Core Principles for Effective Banking Supervision* ("princípios fundamentais de supervisão bancária eficaz"), atuando em cooperação com representantes de muitos países em desenvolvimento

---

[10]A Concordata foi resumida nesses termos por W. P. Cooke, do Banco da Inglaterra, então presidente do Comitê da Basileia, em: "Developments in Co-operation among Banking Supervisory Authorities". *Bank of England Quarterly Bulletin* 21, p. 238-244, jun. 1981.

CAPÍTULO 20 ■ Globalização financeira: crise e oportunidade **645**

(e os revisou em 2006). Esse documento reuniu 25 princípios a fim de descrever os requisitos mínimos necessários para a supervisão bancária eficaz, abrangendo licenciamento dos bancos, métodos de supervisão, requisitos de comunicação para bancos e sistemas bancários transnacionais. O Comitê da Basileia e o FMI estavam monitorando a implementação internacional da versão revista dos *Core Principles* e Basileia II quando a crise financeira global eclodiu em agosto de 2007. A crise revelou deficiências na Basileia II que levaram o Comitê da Basileia a concordar sobre uma nova estrutura, a Basileia III, que descreveremos mais adiante. As atividades internacionais das instituições financeiras não bancárias são outra fonte de problemas em potencial. A falência de um grande ator no sistema bancário paralelo, como a falência de um banco, poderia perturbar gravemente os pagamentos nacionais e as redes de crédito. A crescente **securitização** (em que os ativos dos bancos são reempacotados em formas prontamente negociáveis e vendidos) e o comércio de opções e outros derivativos tornaram mais difícil para os reguladores obterem uma imagem fiel dos fluxos financeiros globais apenas pelo exame dos seus balanços. Na verdade, como veremos, a securitização e os derivativos estavam no cerne da crise de 2007-2009, que é o objeto do estudo de caso a seguir.

ESTUDO DE CASO

A crise financeira global de 2007-2009

A crise financeira e econômica global de 2007-2009 foi a pior desde a Grande Depressão. Bancos em todo o mundo faliram ou necessitaram de apoio extensivo do governo para sobreviver; o sistema financeiro global congelou; e toda a economia mundial mergulhou em uma recessão. Ao contrário de algumas recessões, essa se originou em um choque para os mercados financeiros, e o choque foi transmitido de país para país pelos mercados financeiros, à velocidade da luz.

A crise teve uma fonte aparentemente improvável: o mercado de hipotecas dos Estados Unidos.[11] Ao longo de meados da década de 2000, com taxas de juros dos Estados Unidos muito baixas e os preços dos imóveis borbulhando no país (lembre-se do Capítulo 19), credores hipotecários haviam estendido empréstimos para os mutuários com crédito instável. Em muitos casos, os mutuários planejavam manter as casas apenas por breves períodos e vendê-las mais tarde para ter lucro. Muitas pessoas fizeram empréstimos com taxas de juros baixas temporárias, chamadas de *teaser*, quando, na verdade, faltavam-lhes os meios financeiros para cumprir os pagamentos da hipoteca caso as taxas de juros subissem. E então as taxas de juros começaram a subir conforme a Reserva Federal gradualmente apertava a política monetária para combater a inflação. Os preços dos imóveis começaram a declinar nos EUA em 2006.

O montante total de empréstimos de hipoteca *subprime* de qualidade duvidosa nos EUA não era muito grande comparado à riqueza financeira total dos Estados Unidos. No entanto, os empréstimos *subprime* foram securitizados rapidamente e vendidos pelos credores originais, muitas vezes junto com outros ativos. Esse fator tornou muito difícil saber exatamente quais investidores estavam expostos ao risco cujos empréstimos hipotecários *subprime* não iriam ser reembolsados. Além disso, os bancos em todo o mundo, mas especialmente nos Estados Unidos e na Europa, eram ávidos compradores de ativos

---

[11]Para relatos úteis da crise, consulte: Markus Brunnermeier. "Deciphering the Liquidity and Credit Crunch of 2007-2008". *Journal of Economic Perspectives*, v. 23, p. 77-100, inverno 2009; Gary B. Gorton. *Slapped in the Face by the Invisible Hand: The Panic of 2007.* New York: Oxford University Press, 2010; Capítulo 12 de Frederic S. Mishkin. *The Economics of Money, Banking, and Financial Markets*, 12. ed. Nova York: Pearson, 2018; e o livro de Blinder nas Leituras adicionais.

646 PARTE IV ■ Política macroeconômica internacional

securitizados relacionados aos *subprime*, em alguns casos com a criação – fora do alcance dos reguladores – de veículos extracontábeis e opacos para tal finalidade. Uma grande motivação foi a arbitragem regulatória. Os bancos estavam ansiosos para explorar brechas nas regras prudenciais, incluindo as diretrizes Basileia II, a fim de minimizar a quantidade de capital que eram obrigados a usar contra ativos e, assim, maximizar a quantidade que poderiam emprestar para comprar os produtos de crédito securitizados. O financiamento para as compras de ativos securitizados desses bancos veio dos credores dos Estados Unidos, incluindo os fundos mútuos do mercado monetário.[12] Muito da demanda dos bancos europeus foi para os produtos dos Estados Unidos, mas, como observamos no Capítulo 19, o *boom* imobiliário da década de 2000 foi um fenômeno global, e os bancos europeus também estavam bastante expostos a crises nos mercados imobiliários de preços altos fora dos Estados Unidos. Os preços imobiliários naqueles mercados em breve seguiriam a queda dos preços do país americano. (No Capítulo 21, veremos como os problemas dos bancos da Europa levaram a uma crise na zona do euro.)

Conforme os mutuários *subprime* deixavam de pagar cada vez mais prestações durante 2007, os credores se conscientizavam mais dos riscos que enfrentavam e puxavam o mercado para trás. Ninguém sabia dizer quem estava exposto ao risco do *subprime*, ou quão vulnerável estava. Os custos dos empréstimos subiram, e muitos participantes nos mercados financeiros não tiveram escolha além de vender ativos para obter dinheiro. Diversos derivativos à venda eram tão mal compreendidos pelos mercados que compradores potenciais não sabiam como avaliá-los.

Durante a semana de 9 de agosto de 2007, os bancos centrais deram aos mercados o suporte de liquidez mais amplo desde os ataques terroristas de 11 de setembro de 2001. Em 9 de agosto, um grande banco francês, BNP Paribas, divulgou que três de seus fundos de investimento enfrentavam problemas potenciais devido a investimentos relacionados ao *subprime*. Os mercados de crédito entraram em pânico, com taxas de juros interbancárias subindo acima das taxas de referência do banco central ao redor do mundo. Os bancos receavam que outros bancos falissem e fossem incapazes de pagar, e, temendo a incapacidade de obter financiamento interbancário, todos tentavam acumular dinheiro. O Banco Central Europeu interveio como prestamista de última instância para o mercado interbancário europeu, e a Reserva Federal seguiu o exemplo nos Estados Unidos, anunciando que aceitaria títulos lastreados por hipotecas como garantia para empréstimos aos bancos. Os mercados de ações caíram em todos os lugares. A economia americana entrou em recessão no final de 2007, empurrada pelo desaparecimento do crédito e por um mercado imobiliário em colapso.

Havia ainda mais problemas no horizonte. Em março de 2008, os credores institucionais recusaram-se a rolar seus créditos de curto prazo ao quinto maior banco de investimento, o Bear Stearns, que tinha extensos investimentos relacionados ao *subprime*.

---

[12]Para documentação dos fluxos financeiros em dois sentidos entre a Europa e os Estados Unidos antes da crise, consulte: Ben S. Bernanke et al. "International Capital Flows and the Returns to Safe Assets in the United States, 2003-2007". *Financial Stability Review*, Banque de France, 2011, p.13-26. Viral V. Acharya e Philipp Schnabl ilustram a arbitragem regulatória em: "Do Global Banks Spread Global Imbalances? Asset-Backed Commercial Paper during the Financial Crisis of 2007-09". *IMF Economic Review*, v. 58, p. 37-73, ago. 2010. Muitos títulos lastreados por hipotecas (MBS, do inglês *mortgage-backed securities*) dos Estados Unidos foram reunidos por seus emissores para que fossem pagos totalmente, exceto em circunstâncias em que a falta de pagamento das obrigações da hipoteca fosse extremamente disseminada – essencialmente, um colapso grave do mercado imobiliário afetando a maioria das regiões dos Estados Unidos. Como as agências de classificação consideravam isso um evento altamente improvável, elas deram ao MBS sua maior nota. Sob as diretrizes de capital de Basileia, no entanto, os bancos eram obrigados a manter relativamente menos capital contra tais ativos aparentemente inatingíveis. Então os bancos europeus apostaram em MBS e títulos relacionados por causa de seus retornos (ligeiramente) maiores e porque poderiam, assim, pedir emprestado e emprestar em bases de capital mais leves.

Muito embora não fosse um banco, na prática, o Bear Stearns sofreu uma corrida dos seus credores. Em um resgate organizado às pressas, a Reserva Federal comprou US$ 30 bilhões de ativos "tóxicos" do Bear para persuadir o banco J. P. Morgan Chase a comprar o Bear a um preço de liquidação. A Reserva Federal foi criticada por não deixar todo o patrimônio dos acionistas do Bear ir a zero (para dissuadir o risco moral) e por ter colocado dinheiro do contribuinte em risco.

Mas mesmo depois desse resgate, a estabilidade financeira não retornou. A execução de hipotecas em mora nos Estados Unidos estava aumentando, os preços das casas continuavam caindo e, ainda assim, bancos e bancos paralelos mantinham em seus balanços ativos tóxicos que eram difíceis de avaliar ou vender. Foi nesse contexto que o governo dos Estados Unidos assumiu o controle de dois gigantes agentes hipotecários intermediários privados, mas patrocinados pelo governo: Fannie Mae e Freddie Mac.

O banco de investimento Lehman Brothers pediu concordata em 15 de setembro de 2008, após esforços frenéticos, mas sem sucesso, do Tesouro dos Estados Unidos e da Reserva Federal para encontrar um comprador. Ainda há controvérsias sobre a legitimidade jurídica das autoridades dos Estados Unidos para ter evitado o colapso. Decerto, eles ainda estavam sofrendo com as críticas sobre o Bear e esperando que a queda do Lehman pudesse ser contida. Em vez disso, a situação rapidamente ficou fora de controle. Um dia após o pedido da Lehman, a seguradora gigante American International Group (AIG, com mais de US$ 1 trilhão em ativos) sofreu uma corrida. Aparentemente sem a aprovação da alta gestão, os operadores da empresa tinham emitido mais de US$ 400 bilhões em derivativos chamados de *swaps de crédito* (CDS, do inglês *credit default swaps*), que são seguros contra não reembolso de empréstimos (incluindo empréstimos feitos para Lehman, bem como títulos lastreados em hipotecas). Com o sistema financeiro mundial em estado de colapso, parecia cada vez mais provável que os CDS seriam resgatados, mas a AIG não tinha fundos para cobri-los. A Reserva Federal entrou imediatamente com um empréstimo de US$ 85 bilhões, e, por fim, o governo dos Estados Unidos emprestou à AIG mais alguns bilhões.

No mesmo mês, os fundos mútuos do mercado monetário americano (alguns com credores na Lehman) sofreram uma corrida e tiveram seus compromissos garantidos pelo Tesouro dos Estados Unidos. O Washington Mutual Bank (o sexto maior nos Estados Unidos) faliu; o Wachovia (o quarto maior banco), em apuros, e o banco de investimentos Merrill Lynch foram comprados pelo Wells Fargo Bank e pelo Bank of America, respectivamente. Os dois últimos bancos de investimento independentes dos Estados Unidos, Goldman Sachs e Morgan Stanley, tornaram-se *holdings* bancárias, sujeitas à supervisão da Reserva Federal, mas com acesso a empréstimos da instituição; os *spreads* de empréstimos interbancários sobre as taxas do Tesouro alcançaram níveis históricos. Por fim, em meio a todo esse caos, as bolsas de valores mundiais despencaram. O Congresso dos Estados Unidos, depois de muito debate, aprovou um projeto de lei que alocava US$ 700 bilhões para compra de ativos problemáticos dos bancos, na esperança

648 PARTE IV ■ Política macroeconômica internacional

de que isso lhes permitisse retomar empréstimos normais – mas, no final, os fundos não foram usados para essa finalidade. A turbulência pós-Lehman espalhou-se para a Europa, onde diversas instituições financeiras faliram e os governos da UE emitiram garantias de depósitos gerais para evitar as corridas bancárias. Além disso, diversos países garantiram os empréstimos interbancários. Mas, a essa altura, a crise econômica já era global, com efeitos devastadores na produção e no emprego em todo o mundo.

O espaço limitado impede uma revisão detalhada das muitas políticas financeiras, fiscais e monetárias não convencionais que os bancos centrais e governos adotaram para acabar com a queda livre aparente da economia global no final de 2008 e na primeira parte de 2009.[13] (O quadro seguinte explora um aspecto da resposta política que é especialmente relevante para a economia monetária internacional.) Contudo, com os mercados imobiliários deprimidos nos países industrializados, a recuperação dos balanços financeiros e familiares estava lenta, assim como a recuperação na demanda agregada. Quando a crise da Covid-19 irrompeu em março de 2020, muitas das mesmas políticas públicas foram aplicadas mais uma vez, mas de forma muito mais extensa. Naquele caso, o gatilho fundamental para a crise foi uma pandemia global, e a fragilidade financeira foi uma consequência, não a causa.

INSTABILIDADE CAMBIAL E LINHAS DE *SWAP* DO BANCO CENTRAL

Tradicionalmente, o prestamista de última instância fornece liquidez em sua própria moeda, que pode emitir livremente. A crise de 2007-2009 deixou claro, no entanto, que no mundo moderno das finanças globalizadas os bancos podem precisar de liquidez em moeda diferente daquela de seu banco central doméstico. Uma área em que os bancos centrais inovaram durante a crise foi em tornar tal apoio prontamente disponível para bancos centrais estrangeiros. Na prática, a Reserva Federal, que foi pioneira nessa abordagem, tornou-se um LLR *global* para dólares americanos.

Por que isso foi necessário? A necessidade foi um transbordamento das perturbações nos mercados de crédito dos Estados Unidos, especialmente os mercados interbancários. Como já apontamos, nos anos que antecederam a crise, os bancos europeus tinham feito investimentos pesados em títulos lastreados por hipotecas dos Estados Unidos e outros ativos securitizados semelhantes. Os bancos europeus, no entanto, não queriam assumir o risco monetário de ter em suas carteiras esses créditos denominados em dólares.

Sem a capacidade de obter dólares por meio de depósitos de varejo, eles pegaram emprestado dólares no curto prazo em mercados atacadistas (de bancos dos Estados Unidos e fundos do mercado monetário) para financiar suas compras de títulos lastreados por ativos americanos.

Em seguida, a crise bateu e os mercados de crédito interbancário pararam de funcionar. Os bancos europeus não queriam vender seus ativos dos Estados Unidos, agora tóxicos, com perda (mesmo que conseguissem), então precisavam pedir emprestado para pagar os seus empréstimos em dólares de curto prazo e manter suas posições *hedged* em dólares. Apesar de os passivos de dólar em papel dos bancos serem equilibrados com ativos de dólar, a incompatibilidade de liquidez entre ativos e passivos criou uma incompatibilidade monetária, uma vez que os ativos não poderiam ser vendidos rapidamente pelo valor de face. Onde esses bancos conseguiriam empréstimos em dólares rapidamente agora que os mercados de crédito privado em dólar estavam congelados? Alguns, mas não todos, foram capazes de pedir emprestado à Reserva

---

[13]Um relato legível das políticas da Reserva Federal durante a crise é: David Wessel. *In Fed We Trust: Ben Bernanke's War on the Great Panic*. Nova York: Crown Business, 2009. Uma análise mais abrangente das políticas de governo em resposta à crise é o livro de Blinder nas Leituras adicionais.

Federal por intermédio de afiliados dos Estados Unidos. Outros bancos europeus não tinham garantias aceitáveis para a Reserva Federal. Para piorar a situação, a Reserva Federal ficava fechada enquanto os operadores europeus trabalhavam pela manhã.

O BCE poderia imprimir euros e emprestá-los aos bancos, mas não poderia imprimir dólares americanos. Os bancos europeus, assim, tentaram trocar os euros emprestados por dólares (vendendo-os no mercado à vista de dólares e comprando-os de volta com dólares futuros no mercado a termo). Sob paridade *coberta* de juros (PCJ), essa operação complicada tem o mesmo custo que um empréstimo direto de dólares (lembre-se da seção "Taxas de câmbio a termo e paridade coberta de juros" no Capítulo 14). Mas a PCJ estava caindo, porque os bancos não queriam emprestar dólares uns para os outros. Os *swaps* de euros por dólares, portanto, rendiam muito poucos dólares *spot* e também poucos euros a termo. Em particular, a escassez de dólares levou a uma tendência de a moeda fortalecer-se acentuadamente no mercado à vista. O episódio marcou o início da deterioração persistente da PCJ discutida no Capítulo 14, à qual voltaremos posteriormente neste capítulo. A Figura 14.8 mostra como os desvios da PCJ foram especialmente grandes durante o período de crise de 2007-2009.

As linhas de *swap* da Reserva Federal, inicialmente estendidas para o BCE e o Banco Nacional Suíço (BNS) em dezembro de 2007, destinavam-se a remediar a escassez e evitar condições anormais nos mercados de câmbio. As linhas permitiam que o BCE e BNS tomassem empréstimos de dólares diretamente da Reserva Federal e os emprestassem aos bancos domésticos necessitados.

Mas a escassez de dólares tornou-se muito mais grave após o colapso do Lehman em setembro de 2008. A Reserva Federal estendeu os *swaps* para um conjunto mais amplo de bancos centrais, incluindo quatro em países emergentes (Brasil, México, Coreia e Singapura), e disponibilizou linhas de *swap* ilimitadas para vários bancos centrais de países industrializados (incluindo o BCE e o BNS), totalmente terceirizando, assim, sua função LLR. Em última análise,

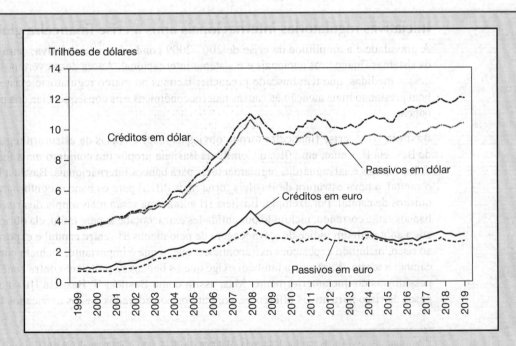

Posições bancárias internacionais em dólares e euros, 1999-2019.
Dados sobre transações bancários internacionais ilustram como o dólar é a principal moeda de financiamento do mundo, muito à frente do euro.

Fonte: Banco de Compensações Internacionais, dados de Locational Banking Statistics dos bancos que reportam suas informações.

650 PARTE IV ■ Política macroeconômica internacional

a Reserva Federal emprestou centenas de bilhões de dólares deste modo.[14]

Do mesmo modo, outros bancos centrais além da Reserva Federal (especialmente o BCE) estenderam linhas de *swap* em suas moedas, embora normalmente elas fossem de escopo mais limitado do que as da Reserva Federal. O papel da Reserva Federal como LLR global em dólares é tão crítico porque o dólar, além do seu protagonismo como moeda veículo, de reserva e de fatura dominante no cenário mundial, é a principal moeda de *financiamento* do mundo, ou seja, a moeda mais comum para a denominação de empréstimos. A figura mostra os volumes de créditos e passivos denominados em dólares de bancos internacionais, ilustrando como posições denominadas em dólares são muitíssimo maiores do que as da moeda de financiamento número dois, o euro.

A Reserva Federal liquidou suas linhas de *swap* em fevereiro de 2010, mas reativou algumas quando a crise da dívida europeia entrou em erupção pouco depois e os mercados interbancários novamente tornaram-se agitados (Capítulo 21). A experiência recente mostra com clareza a necessidade de prestamistas de última instância globais em diferentes moedas; por consequência, seis grandes bancos centrais (a Reserva Federal dos EUA, o Banco Central Europeu, o Banco da Inglaterra, o Banco do Japão, o Banco do Canadá e o Banco Nacional Suíço) tornaram permanentes as suas linhas de *swap* mútuas no final de 2013. Esse acordo entre os bancos centrais dos países industrializados exclui os mercados emergentes, que normalmente podem tomar empréstimos do FMI, mas apenas por meio de um processo geralmente menos automático do que um *swap* do banco central. E embora os recursos de empréstimos do FMI tenham triplicado com a resposta dos governos mundiais à crise, esses recursos ainda são limitados, em contrapartida à capacidade ilimitada do banco central de simplesmente emitir a própria moeda. Com a pandemia da Covid-19 no início de 2020 e o caos que provocou nos mercados financeiros, o uso das linhas de *swap* dos bancos centrais multiplicou-se e a Reserva Federal voltou a estendê-las a alguns países emergentes.

Iniciativas regulatórias internacionais após a crise financeira global

A gravidade e a amplitude da crise de 2007-2009 conduziram a iniciativas para reformar os sistemas financeiros nacionais e o sistema internacional. Agora descreveremos algumas dessas medidas, que têm buscado preencher lacunas no marco regulatório existente, também prestando mais atenção às causas macroeconômicas e às consequências dos problemas bancários.

Basileia III A crise financeira tornou óbvias as insuficiências da estrutura regulamentar de Basileia II. Então, em 2010, o Comitê da Basileia propôs um conjunto mais forte de padrões capitais e salvaguardas regulamentares para bancos internacionais, Basileia III. Sobre o capital, a nova estrutura de Basileia torna mais difícil para os bancos contornarem os requisitos de capital. Por exemplo, Basileia III adota uma visão mais ampla dos riscos que os bancos estão correndo, incluindo por entidades extracontábeis; para tanto, ela obriga os bancos a adotarem um índice de alavancagem de pelo menos 3% entre capital e exposição total ao risco, incluindo exposições extracontábeis que, o que é importante, incluem contratos de câmbio a termo. A estrutura também exige que os bancos se protejam contra cenários mais pessimistas do que anteriormente. Mas, assim como Basileia II, Basileia III ainda atribui pesos de risco para ativos diferentes, com ativos considerados menos arriscados levando a

---

[14]Para uma discussão mais aprofundada, veja: Maurice Obstfeld, Jay C. Shambaugh e Alan M. Taylor, "Financial Instability, Reserves, and Central Bank Swap Lines in the Panic of 2008", *American Economic Review* 99 (maio 2009), pp. 480-486; Patrick McGuire e Götz von Peter, "The US Dollar Shortage in Global Banking and the International Policy Response", BIS Working Papers No. 291, out. 2009; e Linda S. Goldberg, Craig Kennedy e Jason Miu, "Central Bank Dollar Swap Lines and Overseas Dollar Funding Costs", *Economic Policy Review*, Federal Reserve Bank of New York (maio 2011), pp. 3-20. Sobre o papel das linhas de *swap* na contenção de desvios da PCJ, veja: Saleem Bahaj e Ricardo Reis, "Central Bank Swap Lines", CESifo Working Paper Series 7124, ago. 2018.

CAPÍTULO 20 ▪ Globalização financeira: crise e oportunidade **651**

reduzir o capital necessário. Basileia III também exige um índice de cobertura de liquidez, sob o qual os bancos devem manter dinheiro ou títulos altamente líquidos em quantidade suficiente para cobrir 30 dias da saída de dinheiro em condições específicas de crise. Um índice de financiamento estável líquido visa a limitar a dependência dos bancos de financiamento por atacado de curto prazo (em contraste com depósitos de varejo).[15]

O Conselho de Estabilidade Financeira Em 1999, os formuladores de políticas de alguns países industrializados estabeleceram o Fórum de Estabilidade Financeira, alocado (como o Comitê da Basileia) no BIS. O objetivo, no entanto, era promover a coordenação internacional sobre um conjunto mais amplo de problemas de estabilidade financeira (incluindo regulação bancária, mas indo além) e entre um grupo potencialmente mais amplo de formuladores de políticas macroeconômicas. Em abril de 2009, no auge da crise global, o Fórum de Estabilidade Financeira tornou-se o Conselho de Estabilidade Financeira (FSB, do inglês Financial Stability Board), com a adesão de um grupo mais amplo de membros (incluindo muitas economias de mercado emergentes) e um maior número de funcionários permanentes. A função do FSB é monitorar o sistema financeiro global e fazer recomendações para a coordenação e a reforma de políticas globais, às vezes em cooperação com outras agências internacionais, como o FMI.

Reformas nacionais Países individuais não se limitaram à implementação das recomendações da Basileia III. Em diversos casos, incluindo a zona do euro, o Reino Unido e os Estados Unidos, os países iniciaram amplas reformas de seus sistemas financeiros domésticos. Em 2010, o Congresso dos Estados Unidos aprovou a Lei Dodd-Frank, que, entre outras coisas, autoriza o governo a regular instituições financeiras não bancárias consideradas "sistemicamente importantes" (como o Lehman ou AIG) e permite que o governo assuma essas empresas, de forma análoga a como a FDIC assume e liquida bancos em processo de falência.[16] Um objetivo importante da Lei Dodd-Frank foi eliminar o problema do "grande demais para quebrar", embora críticos afirmem que não tenha sido bem-sucedida nesse aspecto.

A perspectiva macroprudencial Uma importante lição da crise financeira global é que não basta os reguladores financeiros garantirem que cada instituição financeira individual seja saudável. Isso por si só não garantirá que o sistema financeiro, *como um todo*, seja saudável, e, na verdade, medidas que tornam uma instituição individual mais resistente, dado que o sistema financeiro mais amplo é saudável, poderiam colocar o sistema mais amplo em perigo se implementadas simultaneamente por todas as instituições. A **perspectiva macroprudencial** à regulamentação financeira visa a evitar tais falácias de composição no nível agregado.[17]

Como exemplo, considere os padrões de capitais da Basileia, que aplicam pesos de riscos diferentes a diferentes ativos, para determinar a quantidade que os bancos de capital precisam manter. Se existem dois ativos, A e B, com retornos semelhantes, mas o ativo B tem a menor ponderação de risco Basileia, todos os bancos vão querer manter o ativo B em vez do ativo A. Mas nesse caso, o sistema, *como um todo*, será mais vulnerável a uma queda no preço de ativos B do que se os bancos fossem mais diversificados entre os dois ativos. Isso é exatamente o que aconteceu em 2007, quando os bancos americanos e europeus estavam todos fortemente investidos em títulos ligados ao mercado imobiliário dos Estados Unidos e, portanto, todos vulneráveis a uma queda no mercado imobiliário dos EUA. Uma grande preocupação com relação às novas regras Basileia é que elas não fazem o suficiente para corrigir esse problema em nível sistêmico.

---

[15]Você pode explorar a estrutura de Basileia III em <http://www.bis.org/bcbs/basel3.htm?ql=1>.

[16]Veja: Mishkin, *op. cit.*

[17]A monografia de Brunnermeier et al., em Leituras adicionais, fornece um excelente resumo.

652 PARTE IV ▪ Política macroeconômica internacional

No entanto, em outros aspectos, as propostas da Basileia III reconhecem o problema macroprudencial. Por exemplo, o Comitê da Basileia propôs que os bancos aumentassem seus índices de capital durante *booms* de crédito, a fim de tornar o sistema mais resistente durante as diminuições, momento em que os requisitos de capital seriam afrouxados. Por que esse plano para "*buffers* de capital contracíclico" é útil? Se, em vez disso, todos os bancos vendessem simultaneamente ativos para aumentar seus *buffers* de capital em uma crise financeira – que é o que uma abordagem *micro*prudencial poderia sugerir que fizessem –, o resultado seria um "torra-torra" de ativos que deprimiria os preços de valores mobiliários e, portanto, poria em risco a solvência do sistema como um todo.

Nos Estados Unidos, a Lei Dodd-Frank estabeleceu o Conselho de Supervisão da Estabilidade Financeira (FSOC, do inglês Financial Stability Oversight Council), que inclui o presidente da Reserva Federal e o Secretário do Tesouro, para monitorar aspectos macroeconômicos de estabilidade financeira, incluindo os riscos do sistema bancário paralelo. O FSOC tem o poder de designar instituições financeiras individuais como sistemicamente importantes e sujeitá-las à supervisão reforçada. Ele pode também recomendar a dissolução de instituições que sejam muito grandes ou interligadas de modo a representar uma ameaça para a economia. No entanto, as maiores instituições financeiras ficaram ainda maiores depois da crise financeira, e muitos observadores continuam preocupados que os Estados Unidos e outros países têm feito muito pouco para resolver o problema dos "grandes demais para quebrar" e reduzir o risco moral nos mercados financeiros. Depois de ver os efeitos da falência do Lehman, os formuladores de políticas continuam com medo demais do contágio para permitir que um grande banco internacional vá à falência.

Soberania nacional e os limites da globalização Os reguladores financeiros nacionais muitas vezes enfrentam *lobbies* ferozes de suas instituições financeiras domésticas, que argumentam que as regras mais rigorosas os colocariam em desvantagem em relação a concorrentes estrangeiros (sendo também ineficazes por causa da competição estrangeira). O processo multilateral da Basileia, como a liberalização do comércio multilateral no âmbito do GATT e da OMC, tem um papel essencial para permitir que os governos superem as pressões políticas internas contra a fiscalização adequada e o controle do setor financeiro. O processo aborda parcialmente o trilema financeiro, facilitando uma delegação limitada da soberania nacional sobre a política financeira. No entanto, as restrições do trilema ainda são importantes. Por exemplo, um país que deseja controlar um *boom* imobiliário doméstico pode proibir seus bancos de fazer empréstimos muito grandes para os compradores nacionais, mas ser incapaz de impedir os empréstimos de bancos estrangeiros. Nesse caso, há um *trade-off* entre a estabilidade financeira e a integração financeira; e os países podem ser tentados a reagir mediante controles de capital ou outras medidas que segregam os mercados financeiros nacionais. A menos que os governos consigam conter com êxito os riscos inerentes aos mercados financeiros, é improvável que a globalização financeira possa continuar a proceder como tem feito nas últimas décadas.

Métricas para o desempenho do mercado internacional de capitais

A estrutura atual do mercado internacional de capitais envolve riscos de instabilidade financeira que podem ser reduzidos apenas com a estreita cooperação entre supervisores bancários e financeiros em muitos países. Mas o mesmo lucro que leva as instituições financeiras multinacionais a inovarem de forma a contornar regulamentações nacionais também pode fornecer ganhos importantes para os consumidores. Como vimos, o mercado internacional de capitais permite que os residentes de países diferentes diversifiquem suas carteiras por meio de operações com ativos arriscados. Além disso, garantindo um rápido fluxo internacional de informações sobre oportunidades de investimento em todo o mundo, o mercado pode ajudar a alocar as poupanças mundiais para seus usos mais produtivos. Quão bem o mercado internacional de capitais tem se saído nesses aspectos?

CAPÍTULO 20 ■ Globalização financeira: crise e oportunidade **653**

O grau de diversificação da carteira de ações internacional

Uma vez que dados precisos sobre as posições de carteira geral dos residentes de um país são, por vezes, impossíveis de se conseguir, pode ser difícil avaliar o grau de diversificação da carteira internacional nas bolsas de valores por observação direta. Ainda assim, até onde se sabe, os investidores demonstram um *viés doméstico* significativo: preferem muito mais investir em ações nacionais do que diversificar no estrangeiro.

O que torna ainda mais intrigante a extensão aparentemente incompleta da diversificação da carteira de ações internacional é a conjetura que a maioria dos economistas faria de que os ganhos potenciais da diversificação são grandes. Um influente estudo do economista financeiro francês Bruno Solnik, por exemplo, estima que um investidor americano que possua apenas ações americanas poderia reduzir o grau de risco da sua carteira em mais de 50% com uma maior diversificação em ações de países europeus.[18] Assim, o viés doméstico observado em quem investe em ações é difícil de entender.

Sem dúvida alguma, observamos uma explosão nos ativos e passivos internacionais brutos desde o início da década de 1990. Mas a maioria desses ativos e passivos externos consiste em instrumentos de dívida, incluindo as dívidas bancárias, em alguns casos, conduzidas por arbitragem regulatória ou tributária (lembre-se do quadro do Capítulo 13 sobre como a elisão fiscal global inflou o PIB medido da Irlanda). É provável que essas posições de dívida internacionais incluam empréstimos arriscados sistemicamente, como quando um banco no Reino Unido toma emprestado fundos de curto prazo para investir em títulos menos líquidos no exterior. Assim, mesmo que os dados mostrem que o volume de transações de ativos internacionais aumentou enormemente nas últimas décadas, eles também nos lembram que não há nenhuma medida infalível da extensão socialmente ideal do investimento estrangeiro.[19]

A extensão do comércio intertemporal

Uma maneira alternativa de avaliar o desempenho do mercado de capitais mundial foi sugerida pelos economistas Martin Feldstein e Charles Horioka. Os autores apontam que quando funciona corretamente, o mercado internacional de capitais permite que as taxas de investimento domésticas dos países divirjam amplamente de suas taxas de poupança. Nesse mundo idealizado, a economia busca seus usos mais produtivos em todo o mundo, independentemente da sua localização; ao mesmo tempo, o investimento doméstico não é limitado pela economia nacional, porque um *pool* global de fundos está disponível para financiá-lo.

Para muitos países, no entanto, as diferenças entre a economia nacional e as taxas de investimento doméstico (isto é, saldos de conta corrente) não são grandes desde a Segunda Guerra Mundial: países com altas taxas de poupança durante longos períodos também costumam ter taxas de investimentos elevadas, como ilustra a Figura 20.3. Feldstein e Horioka concluíram a partir dessa evidência que a mobilidade do capital transnacional é baixa, no sentido de que a maior parte de qualquer aumento sustentado da economia nacional levará à maior acumulação de capital doméstico. O mercado de capitais mundial, de acordo com essa

---

[18]Veja: Solnik. "Why Not Diversify Internationally Rather Than Domestically?". *Financial Analysts Journal*, p. 48-54, jul./ago. 1974.

[19]Para um levantamento sobre o mistério do viés doméstico das ações e hipóteses sobre suas causas, veja: Ian Cooper, Piet Sercu e Rosanne Vanpée, "The Equity Home Bias Puzzle: A Survey", *Foundations and Trends in Finance* 7 (2013), pp. 289-416. Uma discussão complementar é o artigo de Coeurdacier e Rey na seção Leituras adicionais. A extensão do viés doméstico entre os investidores americanos diminuiu com o passar dos anos; à medida que as operações das empresas se globalizam mais e mais, um investidor com ações de uma empresa sediada nos Estados Unidos enfrenta exposição crescente a fluxos de caixa originários no exterior. Um estudo recente sugere que quando levamos esse último fator em consideração, os investidores americanos detêm apenas 45% das suas ações na forma de patrimônio líquido americano, não os 70% da estimativa anterior (mesmo nesse caso, ainda observaríamos algum viés doméstico, pois os EUA representam, no máximo, um quarto da economia mundial). Veja: Carol Bertaut, Beau Bressler e Stephanie Curcuru, "Globalization and the Reach of Multinationals: Implications for Portfolio Exposures, Capital Flows, and Home Bias", FEDS Notes, Board of Governors of the Federal Reserve System, 18 de dezembro de 2020.

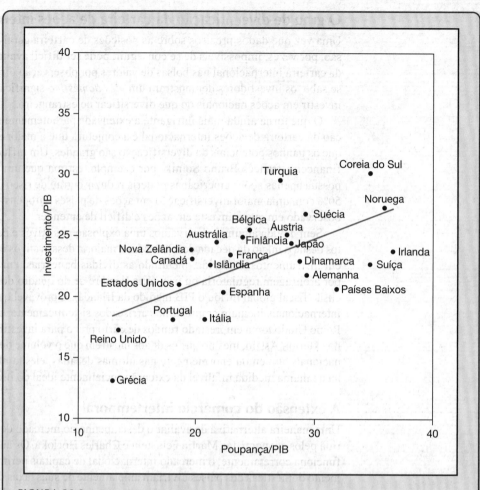

FIGURA 20.3

Taxas de poupança e de investimento para 24 países, médias de 1990-2011.

As razões da poupança e do investimento dos países da OCDE em relação à produção tendem a estar positivamente relacionadas. A linha reta de regressão do gráfico representa o melhor palpite de um estatístico do nível do índice de investimento, condicionado pelo índice de poupança, nessa amostra de países.

Fonte: Banco Mundial, *World Development Indicators*.

visão, não faz um bom trabalho de ajudar os países a colherem os ganhos de longo prazo do comércio intertemporal.[20]

O principal problema com o argumento de Feldstein-Horioka é que é impossível avaliar se a medida do comércio intertemporal é deficiente sem saber se existem ganhos de comércio ainda por explorar, e essa informação requer mais conhecimento sobre economias reais do que temos em geral. Por exemplo, a economia e o investimento de um país podem geralmente se mover juntos apenas porque os fatores que geram uma taxa alta de poupança (como o crescimento econômico rápido) também geram uma taxa alta de investimentos. Em tais casos, o ganho do país pelo comércio intertemporal pode simplesmente ser pequeno. Uma explicação alternativa da alta correlação poupança-investimento é que os governos tentaram gerir a política macroeconômica para evitar grandes desequilíbrios de conta corrente. Seja

---

[20]Veja: Martin Feldstein e Charles Horioka. "Domestic Savings and International Capital Flows". *Economic Journal*, v. 90, p. 314-329, jun. 1980.

CAPÍTULO 20 ■ Globalização financeira: crise e oportunidade **655**

como for, os eventos parecem estar ultrapassando esse debate específico. Para os países industrializados, a regularidade empírica observada por Feldstein e Horioka se enfraqueceu consideravelmente perante os altos desequilíbrios externos de Estados Unidos, Japão, Suíça e alguns dos países da zona do euro. Na época das estimativas originais de Feldstein e Horioka, que usaram dados até meados da década de 1970, a inclinação da Figura 20.3 era próxima de 1; hoje, está em torno de 0,4.

A eficiência da arbitragem de preços de ativos internacionais

Um barômetro bem diferente do desempenho do mercado internacional de capitais é a relação entre as taxas de juros *onshore* e *offshore* de ativos semelhantes denominados na mesma moeda. Se o mercado de capitais mundial está fazendo seu trabalho de comunicar informações sobre as oportunidades de investimento global, essas taxas de juros devem mover-se em conjunto e não diferir demais. As grandes diferenças das taxas de juros seriam fortes evidências de ganhos de comércio não realizados. Uma conclusão semelhante se aplicaria a fortes desvios da PCJ, que envolvem baixíssimo risco em circunstâncias normais. Como devemos interpretar as evidências à nossa disposição?

A Figura 20.4 mostra dados desde o final de 1990 referentes à diferença de taxas de juros entre dois passivos bancários comparáveis, depósitos em dólar em Londres e instrumentos do mercado monetário nos Estados Unidos. Esses dados são imperfeitos, porque as taxas de juros em comparação não são medidas precisamente ao mesmo tempo. No entanto, não fornecem indicação de quaisquer grandes ganhos inexplorados em tempos normais. O padrão das diferenças de juros *onshore-offshore* é semelhante para outros países industrializados.

O diferencial de Londres-Estados Unidos começa a crescer com a eclosão da turbulência financeira global, em agosto de 2007, e atinge um pico em outubro de 2008, um mês após o colapso do Lehman Brothers. Evidentemente, os investidores acreditavam que os instrumentos do mercado monetário, incluindo os depósitos em dólar dos bancos americanos, seriam garantidos pelo Tesouro dos Estados Unidos e pela Reserva Federal, mas que os depósitos em dólar em Londres poderiam não receber a mesma proteção. Esse problema pode não ter desaparecido completamente nos últimos anos, pois o diferencial permanece elevado e continua com algum grau de volatilidade.

Contudo, um conjunto diferente de fatores podia estar contribuindo para a situação, e esses fatores também estão por trás de desvios da PCJ. O Capítulo 14 explicou que as diferenças da PCJ observadas significam que, em princípio, seria lucrativo contrair empréstimos em dólares e investi-los em depósitos em euro ou em iene, que seriam então cobertos por compras a termo de dólares. Contudo, essas transações são mais claramente lucrativas para os grandes bancos internacionais, com as melhores classificações de crédito; bancos com classificações de crédito menores poderiam ter que pagar taxas mais elevadas pelos seus empréstimos em dólar, o que eliminaria os lucros em potencial da PCJ. A arbitragem da PCJ também deve ser lucrativa para os fundos de investimento do mercado monetário dos EUA, que administram grandes somas e poderiam adquirir depósitos estrangeiros diretamente, sem precisar de empréstimos. Por que esses grandes *players* não usam a arbitragem para eliminar os diferenciais da PCJ?

Uma das principais hipóteses é que a relutância em usar a arbitragem da PCJ totalmente se deve a regulações financeiras adotadas após a crise financeira de 2007-2009. Oferecemos dois exemplos. Nos EUA, uma reforma dos fundos de investimento *prime* do mercado monetário, que geralmente opera com ativos mais arriscados do que os títulos do governo americano, deixou claro que o valor dos depósitos poderia flutuar e que poderiam não estar imediatamente disponíveis. A migração resultante dos depósitos para mutuários menos arriscados aumentou o custo da arbitragem de diferenciais da PCJ para os fundos *prime*. Quanto aos bancos de grande porte e com boa classificação de crédito, o índice de alavancagem de Basileia III provavelmente teve um papel crucial. A arbitragem da PCJ envolve uma probabilidade incrivelmente baixa de prejuízo em períodos normais, mas sob Basileia III, mesmo uma operação de PCJ exige que o banco reserve capital para ficar em conformidade

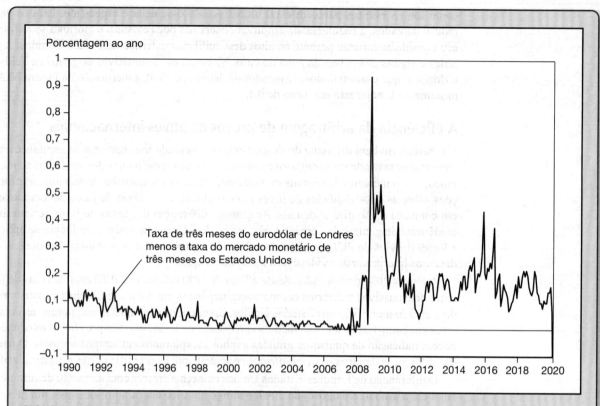

FIGURA 20.4

Comparando as taxas de juros *onshore* e *offshore* para o dólar.

A diferença entre as taxas de juro de Londres e Estados Unidos sobre os depósitos em dólar é, em geral, muito próxima de zero, mas subiu vertiginosamente no outono de 2008, quando o banco de investimento Lehman Brothers entrou em colapso, e permaneceu volátil desde então.

Fonte: Board of Governors of the Federal Reserve System e OCDE, dados mensais.

com o índice de alavancagem. Assim, o banco precisará de algum retorno positivo sobre a operação (uma diferença não desprezível na PCJ) para compensá-lo pelo custo de oportunidade de não usar esse capital em outros negócios lucrativos.[21]

As anomalias na precificação de ativos devidas a restrições regulatórias não são necessariamente evidências contra a eficiência do mercado, entretanto. A intenção por trás da regulação financeira (especialmente a regulação macroprudencial) é forçar os participantes do mercado a internalizarem os custos sociais da instabilidade financeira em potencial quando calculam a rentabilidade das suas operações. A questão se as regulações atuais são precisas, excessivas ou insuficientes nesse quesito continua a ser objeto de estudos e debates.

A eficiência do mercado de câmbio

O mercado de câmbio é um componente central do mercado internacional de capitais, e as taxas de câmbio que define ajudam a determinar a rentabilidade das operações internacionais

---

[21]Para mais detalhes e evidências, consulte o artigo de Du, Tepper e Verdelhan citado no Capítulo 14. Estudos complementares recentes da PCJ incluem: Stefan Avdjiev, Wenxin Du, Cathérine Koch e Hyun Song Shin, "The Dollar, Bank Leverage, and Deviations from Covered Interest Parity", *American Economic Review: Insights* 1 (set. 2019), pp. 193-208; e Eugenio M. Cerutti, Maurice Obstfeld e Haonan Zhou, "Covered Interest Parity Deviations: Macrofinancial Determinants", *Journal of International Economics* 130 (maio 2021). Também pode ser interessante consultar o artigo de Levich listado nas Leituras adicionais do Capítulo 14.

CAPÍTULO 20 ■ Globalização financeira: crise e oportunidade **657**

de todos os tipos. As taxas de câmbio, portanto, comunicam importantes sinais econômicos às famílias e empresas envolvidas em comércio e investimento internacionais. Se esses sinais não refletem todas as informações disponíveis sobre as oportunidades de mercado, o resultado será uma má alocação de recursos. Portanto, estudos de uso das informações disponíveis pelo mercado de câmbio são potencialmente importantes para julgar se o mercado internacional de capitais está enviando os sinais certos para os mercados. Vamos examinar três tipos de testes: com base na paridade de juros; com base na modelagem dos prêmios de risco; e para volatilidade cambial excessiva.

Estudos com base na paridade de juros A condição de paridade de juros que foi a base da discussão sobre a determinação da taxa de câmbio no Capítulo 14 também tem sido usada para estudar se as taxas de câmbio de mercado incorporam todas as informações disponíveis. Lembre-se de que a paridade de juros se mantém quando a diferença de juros entre depósitos denominados em duas moedas diferentes é a previsão do mercado da porcentagem de mudança da taxa de câmbio entre as moedas. Mais formalmente, se R_t é a taxa de juros na data t em depósitos na moeda doméstica, R_t^* é a taxa de juros sobre os depósitos de moeda estrangeira, E_t é a taxa de câmbio (definida como o preço da moeda doméstica em relação à moeda estrangeira) e E_{t+1}^e é a taxa de câmbio que os participantes do mercado esperam quando os depósitos pagando juros R_t e R_t^* vencerem, a condição de paridade de juros é

$$R_t - R_t^* = (E_{t+1}^e - E_t)/E_t. \tag{20.1}$$

A Equação (20.1) implica uma maneira simples para testar se o mercado de câmbio está fazendo um bom trabalho, usando informações atuais para a previsão das taxas de câmbio. Uma vez que a diferença de juros, $R_t - R_t^*$, é a previsão para o mercado, uma comparação entre essa mudança na taxa de câmbio *prevista* e a alteração da taxa de câmbio *real*, que ocorre posteriormente, indica a habilidade de previsão do mercado.[22]

Estudos estatísticos da relação entre as diferenças de taxa de juros e taxas de amortização posteriores mostram que a diferença de juros tem sido um preditor muito ruim, no sentido de que não foi capaz de detectar nenhuma das grandes oscilações nas taxas de câmbio. Observamos essa falha na discussão do Capítulo 14 sobre o *carry trade*. Pior ainda, como observamos ali, a diferença de juros, em média, não conseguiu prever corretamente a *direção* em que a taxa de câmbio à vista mudaria. Se a diferença de taxa de juros fosse um preditor pobre, mas imparcial, poderíamos argumentar que o mercado está definindo a taxa de câmbio de acordo com a paridade de juros e fazendo o melhor trabalho possível em um mundo em rápida mudança, onde a previsão é inerentemente difícil. O achado de viés, no entanto, parece em desacordo com a interpretação dos dados.

A condição de paridade de juros também fornece um teste de uma segunda consequência da hipótese de que o mercado usa todas as informações disponíveis na fixação das taxas de câmbio. Suponha que E_{t+1} seja a taxa de câmbio futura real que as pessoas estão tentando prever; então, o erro de previsão que cometem ao prever a depreciação futura, u_{t+1}, pode ser expresso como depreciação real menos depreciação esperada:

$$u_{t+1} = (E_{t+1} - E_t)/E_t - (E_{t+1}^e - E_t)/E_t. \tag{20.2}$$

Se o mercado está utilizando todas as informações disponíveis, seu erro de previsão, u_{t+1}, deve ser estatisticamente independente dos dados conhecidos para o mercado na data t, quando se formaram as expectativas. Em outras palavras, não deve haver nenhuma oportunidade para o mercado explorar dados conhecidos a fim de reduzir seus erros de previsão mais tarde.

---

[22]A maioria dos estudos de eficiência do mercado de câmbio analisa como o prêmio de taxa de câmbio a termo atua como preditor de alterações subsequentes na taxa de câmbio à vista. Tal procedimento é equivalente ao que estamos seguindo, se a condição de paridade coberta de juros se mantém, para que a diferença de juros $R_t - R_t^*$ seja igual ao prêmio a termo (veja o Capítulo 14). Como vimos, no entanto, a PCJ não se mantém totalmente desde o final da década de 2000.

658 PARTE IV ■ Política macroeconômica internacional

Sob a CPJ, essa hipótese pode ser testada escrevendo-se u_{t+1} como depreciação da moeda real menos a diferença de juros internacional:

$$u_{t+1} = (E_{t+1} - E_t)/E_t - (R_t - R_t^*).$$ (20.3)

Métodos estatísticos podem ser usados para examinar se u_{t+1} é previsível, em média, com base nas informações passadas. Diversos investigadores detectaram que erros de previsão, quando definidos como na Equação (20.3), *podem* ser previstos. Por exemplo, erros de previsão passados, que são amplamente conhecidos, são úteis para prever os erros futuros.[23]

O papel dos prêmios de risco Uma explicação dos resultados da pesquisa descrita é que o mercado de câmbio simplesmente ignora as informações facilmente disponíveis na fixação das taxas de câmbio. Tal constatação lançaria dúvidas sobre a capacidade do mercado internacional de capitais de comunicar os sinais de preço apropriado. Contudo, antes de ter chegado a essa conclusão, lembre-se de que quando as pessoas são avessas ao risco, a condição de paridade de juros pode *não* ser totalmente responsável pela maneira como as taxas de câmbio são determinadas. Se, em vez disso, os títulos denominados em moedas diferentes são substitutos *imperfeitos* para os investidores, a diferença da taxa de juros internacional é igual à depreciação da moeda esperada *mais* um prêmio de risco, ρ_t:

$$R_t - R_t^* = (E_{t+1}^e - E_t)/E_t + \rho_t$$ (20.4)

(veja o Capítulo 18). Nesse caso, a diferença de juros não é necessariamente a previsão do mercado de depreciação futura. Assim, sob substitutibilidade imperfeita de ativos, os resultados empíricos discutidos não podem ser usados para fazer inferências sobre a eficiência do mercado de câmbio no processamento de informações.

Como as expectativas das pessoas são inerentemente não observáveis, não há nenhuma maneira simples de decidir entre a Equação (20.4) e a condição de paridade de juros, que é o caso especial que ocorre quando ρ_t é sempre zero. Vários estudos econométricos têm tentado explicar as partidas de paridade de juros com base em teorias específicas sobre o prêmio de risco, mas nenhuma foi inteiramente bem-sucedida.[24]

Testes de volatilidade excessiva Uma das constatações mais preocupantes é que modelos estatísticos para a previsão de taxas de câmbio, com base em variáveis "fundamentais" padrão, como ofertas de moeda, déficits do governo e desempenho da produção não funcionam bem – mesmo quando valores *reais* (em vez de previstos) dos fundamentos futuros são usados para formar previsões de taxa de câmbio! Com efeito, em um famoso estudo, Richard A. Meese, do Barclays Global Investors, e Kenneth Rogoff, da Universidade de Harvard, mostraram que um modelo ingênuo de "passeios aleatórios", que simplesmente usa a taxa de câmbio de hoje como o melhor palpite de amanhã, tem melhor desempenho. Alguns têm visto esse achado como evidência de que as taxas de câmbio têm uma vida própria, sem relação com os determinantes macroeconômicos que salientamos em nossos modelos. Pesquisas mais recentes confirmam, no entanto, que enquanto o passeio aleatório supera modelos mais

---

[23]Para uma discussão mais profunda, veja: Robert E. Cumby e Maurice Obstfeld. "International Interest Rate and Price Level Linkages under Flexible Exchange Rates: A Review of Recent Evidence". In: John F. O. Bilson e Richard C. Marston (Eds.). *Exchange Rate Theory and Practice*. Chicago: University of Chicago Press, 1984, p. 121-151; e Geert J. Bekaert e Robert J. Hodrick, *International Financial Management*, 3ª ed. (Cambridge: Cambridge University Press, 2017), capítulos 6 e 7.

[24]Para pesquisas úteis, veja: Charles Engel. "The Forward Discount Anomaly and the Risk Premium: A Survey of Recent Evidence". *Journal of Empirical Finance*, v. 3, p. 123-192, 1996; Karen Lewis. "Puzzles in International Finance". In: Gene M. Grossman e Kenneth Rogoff (Eds.). *Handbook of International Economics*, v. 3. Amsterdã: North-Holland, 1996; e Hanno Lustig e Adrien Verdelhan. "Exchange Rates in a Stochastic Discount Factor Framework". In: Jessica James, Ian W. Marsh e Lucio Sarno (Eds.). *Handbook of Exchange Rates*. Hoboken, NJ: John Wiley & Sons, 2012, p. 391-420.

CAPÍTULO 20 ■ Globalização financeira: crise e oportunidade **659**

sofisticados para previsões de até um ano de distância, os modelos parecem servir melhor em horizontes de mais de um ano e têm poder explicativo para movimentos de taxa de câmbio de longo prazo.[25]

Uma linha de pesquisa adicional sobre o mercado de câmbio examina se a taxas de câmbio foram excessivamente voláteis, talvez porque o mercado de câmbio "exagere a reação" aos eventos. Uma constatação da volatilidade excessiva provaria que o mercado de câmbio está enviando sinais confusos para os operadores e investidores que baseiam suas decisões nas taxas de câmbio. Mas quão volátil deve ser uma taxa de câmbio antes que sua volatilidade se torne excessiva? Como vimos no Capítulo 14, as taxas de câmbio *devem* ser voláteis, porque para enviar os sinais de preço correto, elas devem mover-se rapidamente em resposta às notícias econômicas. As taxas de câmbio são, em geral, menos voláteis do que os preços das ações. No entanto, é ainda possível que as taxas de câmbio sejam substancialmente mais voláteis do que os fatores subjacentes que as modificam – como ofertas de moeda, produções nacionais e variáveis fiscais. Contudo, tentativas de comparar a volatilidade das taxas de câmbio com aquelas de seus determinantes subjacentes produziram resultados inconclusivos. Um problema básico subjacente aos testes de volatilidade excessiva é a impossibilidade de quantificar exatamente todas as variáveis que transmitem notícias relevantes sobre o futuro econômico. Por exemplo, como atribuir um número a uma tentativa de assassinato de um político, uma falência de um grande banco ou um ataque terrorista?

Uma área de estudo mais recente, mas intimamente relacionada, enfoca o **enigma da desconexão da taxa de câmbio**, descrito originalmente como o desafio de entender "os laços de retroalimentação de curto prazo incrivelmente fracos entre a taxa de câmbio e o resto da economia".[26] O problema, mais uma vez, é que as taxas de câmbio são muito mais voláteis do que agregados macroeconômicos mensuráveis. Além disso, elas muitas vezes parecem não ter relação com o comportamento desses agregados. Os economistas estão avançando um pouco na racionalização da desconexão da taxa de câmbio dentro de modelos econômicos abrangentes da economia global, mas todas as explicações parecem tender a depender de desvios substanciais e persistentes da CPJ.[27] Esses desvios certamente existem, como vimos anteriormente, mas como não compreendemos muito bem o que os causa, basear nossas teorias nessa "matéria escura" parece representar um salto de fé excessivo.

O resultado final As evidências ambíguas sobre o desempenho do mercado de câmbio exigem que mantenhamos a mente aberta. A opinião de que o mercado está fazendo seu trabalho bem apoiaria uma atitude de liberalidade pelos governos e uma continuação da presente tendência de aumento da integração financeira internacional no mundo industrializado. A opinião de que o mercado está fracassando, por outro lado, pode implicar a necessidade de maior intervenção cambial pelos bancos centrais e uma inversão da tendência global em direção à liberalização financeira externa. As apostas são altas, e mais pesquisas e experiências são necessárias antes que uma conclusão firme possa ser alcançada.

---

[25]O estudo original de Meese-Rogoff é: "Empirical Exchange Rate Models of the Seventies: Do They Fit Out of Sample?". *Journal of International Economics*, v. 14, p. 3-24, fev. 1983. Para previsões de mais longo prazo, veja: Menzie D. Chinn & Richard A. Meese. "Banking on Currency Forecasts: How Predictable Is Change in Money?". *Journal of International Economics*, v. 38, p. 161-178, fev. 1995; e Nelson C. Mark. "Exchange Rates and Fundamentals: Evidence on Long-Horizon Predictability". *American Economic Review*, v. 85, p. 201-218, mar. 1995. Um levantamento recente é de Pasquale Della Corte e Ilias Tsiakas. "Statistical and Economic Methods for Evaluating Exchange Rate Predictability". In: Jessica James, Ian W. Marsh e Lucio Sarno (Eds.). *Handbook of Exchange Rates*. Hoboken, NJ: John Wiley & Sons, 2012, p. 221-263.

[26]Veja Maurice Obstfeld e Kenneth Rogoff, "The Six Major Puzzles in International Macroeconomics: Is There a Common Cause?" In: Ben Bernanke e Kenneth Rogoff, eds., *NBER Macroeconomics Annual 2000* 51 (2001), pp. 339-390.

[27]Veja, por exemplo: Oleg Itskhoki e Dmitry Mukhin, "Exchange Rate Disconnect in General Equilibrium", *Journal of Political Economy* 129 (ago. 2021), pp. 2183-2232.

660 PARTE IV ■ Política macroeconômica internacional

RESUMO

- Quando as pessoas são *avessas ao risco*, os países podem ganhar por meio da troca de ativos de risco. Os ganhos de comércio tomam a forma de uma redução no grau de risco de consumo de cada país. A *diversificação da carteira* internacional pode ser realizada pela troca de *instrumentos de dívida* ou de *instrumentos de capital próprio*.

- O *mercado internacional de capitais* é o mercado no qual moradores de diferentes países comercializam ativos. Um de seus componentes importantes é o mercado de câmbio. Os bancos estão no centro do mercado internacional de capitais, e muitos operam *offshore*, ou seja, fora dos países onde estão sediados.

- Fatores regulatórios e políticos têm incentivado o sistema *bancário offshore*. Os mesmos fatores encorajaram a *negociação de moeda offshore*, ou seja, comércio em depósitos bancários denominados em moedas de países diferentes daquelas do país onde o banco está localizado. Tais operações em *eurodivisas* receberam um grande estímulo com a ausência de depósitos compulsórios para depósitos em *eurobanks*.

- A criação de um depósito de eurodivisa não ocorre porque aquela moeda deixa seu país de origem; pelo contrário, tudo o que é necessário é que um *eurobank* aceite um passivo de depósito denominado na moeda. As eurodivisas, portanto, não são uma ameaça ao controle dos bancos centrais sobre suas bases monetárias nacionais, e os temores de que os *eurodólares*, por exemplo, algum dia venham a "inundar" os Estados Unidos são descabidos.

- O sistema bancário *offshore* praticamente não é protegido pelas salvaguardas que os governos nacionais impuseram para evitar a falência de bancos nacionais. Além disso, a oportunidade que os bancos têm de deslocar as operações *offshore*, assim beneficiando-se de *arbitragem regulatória*, minou a eficácia da supervisão bancária nacional. Esses problemas criam um *trilema financeiro* que os formuladores de políticas internacionais tentaram atenuar por meio da colaboração transnacional cada vez mais ambiciosa. Desde 1974, o *Comitê da Basileia*, composto por representantes dos órgãos de supervisão bancária dos países industrializados, tem trabalhado para melhorar a cooperação regulamentar global, incluindo normas internacionais para o *capital dos bancos*. Uma terceira geração de regulamentação prudencial proposta (Basileia III) foi lançada em 2010 e está em processo de execução pelos reguladores nacionais. Ainda há incerteza, no entanto, sobre as obrigações do banco central como um *prestamista de última instância*. Essa incerteza pode refletir uma tentativa por parte de autoridades internacionais de reduzir o *risco moral*. A tendência de securitização tem aumentado a necessidade de cooperação internacional para monitoramento e regulamentação das instituições financeiras não bancárias, bem como para a ascensão dos *mercados emergentes* e de grandes *sistemas bancários paralelos*. Lacunas da rede de segurança financeira global tornaram-se evidentes durante a crise financeira global de 2007-2009. Uma lição fundamental da crise é que os governos devem adotar uma *perspectiva macroprudencial* na avaliação dos riscos financeiros, em vez de se preocupar apenas com a solidez das instituições individuais.

- Os prejuízos causados pelas crises financeiras devem ser avaliados contra os ganhos em potencial oferecidos pelos mercados internacionais de capitais. O mercado internacional de capitais tem contribuído para o aumento da diversificação da carteira internacional desde 1970, mas o grau de diversificação ainda parece incompleto em comparação com o que a teoria econômica poderia prever. Da mesma forma, alguns observadores afirmam que a extensão do comércio intertemporal, medida pelo saldo da conta corrente dos países, tem sido muito pequena. Tais afirmações são difíceis de avaliar sem informações mais detalhadas sobre o funcionamento da economia mundial do que as que estão disponíveis. Evidências menos ambíguas vêm de comparações de taxa de juros internacionais, e essas evidências apontam para um bom funcionamento do mercado (com exceção de

CAPÍTULO 20 ■ Globalização financeira: crise e oportunidade **661**

raros períodos de crise financeira internacional). As taxas de retorno sobre depósitos similares emitidos nos principais centros financeiros são normalmente muito próximas.

■ A diversificação internacional da carteira de ações parece limitada demais para ser explicada por modelos simples de diversificação global. Ao mesmo tempo, o mercado de câmbio tem um histórico de altos e baixos na comunicação de sinais de preços adequados para operadores e investidores internacionais. Testes da volatilidade cambial excessiva, por exemplo, produzem um veredito misto sobre o desempenho do mercado de câmbio. Além disso, o *enigma da desconexão da taxa de câmbio* representa um desafio para o nosso entendimento sobre as relações de curto prazo entre variações cambiais e a economia como um todo. Aliadas à história recente de crises financeiras, essas lacunas no nosso conhecimento são um argumento em prol da cautela, não de uma abordagem de *laissez-faire* pura à globalização financeira.

TERMOS-CHAVE

arbitragem regulatória, p. 643
aversão ao risco, p. 630
capital do banco, p. 637
Comitê da Basileia, p. 644
diversificação da carteira, p. 630
enigma da desconexão da taxa de câmbio, p. 659
eurobanks, p. 634
eurodivisas, p. 634

eurodólar, p. 634
instrumentos de capital próprio, p. 631
instrumentos de dívida, p. 631
mercado internacional de capitais, p. 627
mercados emergentes, p. 644
negociação de moeda *offshore*, p. 634

perspectiva macroprudencial, p. 651
prestamista de última instância (LLR), p. 639
risco moral, p. 640
securitização, p. 645
sistema bancário *offshore*, p. 633
sistema bancário paralelo, p. 634
trilema financeiro, p. 643

QUESTÕES

1. Que carteira é mais bem diversificada, uma que contém a ação de uma empresa de produtos odontológicos e uma empresa de doces ou a que contém a ação de uma empresa de produtos odontológicos e uma empresa de laticínios?

2. Imagine um mundo no qual as únicas causas de flutuações nos preços das ações sejam mudanças inesperadas nas políticas monetárias em dois países. Sob qual regime de taxa de câmbio os ganhos do comércio internacional de ativos seriam maiores, taxa fixa ou flutuante?

3. O texto aponta que a paridade coberta de juros sustenta-se muito bem para depósitos denominados em diferentes moedas emitidas em um único centro financeiro. Por que a paridade coberta de juros não se sustentaria quando são comparados os depósitos emitidos em *diferentes* centros financeiros?

4. Quando um banco dos Estados Unidos aceita um depósito de uma das suas filiais estrangeiras, esse depósito está sujeito aos depósitos compulsórios da Reserva Federal. Da mesma forma, os depósitos compulsórios da Reserva Federal são impostos a qualquer empréstimo de uma agência estrangeira de um banco americano para residentes nos Estados Unidos, ou em qualquer compra de ativos pela agência do banco de sua matriz americana. Qual você pensa ser a justificativa para esses regulamentos?

5. O economista suíço Alexander Swoboda argumentou que o crescimento inicial do mercado de eurodólar foi alimentado pelo desejo dos bancos fora dos Estados Unidos de se apropriarem de parte das receitas que os Estados Unidos estavam coletando como emissores da principal moeda de reserva. (Esse argumento encontra-se no texto *The Euro-Dollar Market: an Interpretation*, Princeton Essays in International Finance, v. 64, International Finance Section, Departamento de Economia, Universidade de Princeton, fev. 1968.) Você concorda com a interpretação de Swoboda?

6. Após a crise da dívida dos países em desenvolvimento começar em 1982 (veja o Capítulo 22), os reguladores de bancos dos Estados Unidos impuseram restrições de supervisão

662 PARTE IV ■ Política macroeconômica internacional

mais rigorosas sobre as políticas de empréstimo dos bancos americanos e suas subsidiárias. Ao longo da década de 1980, diminuiu a parcela de atuação dos bancos dos Estados Unidos na atividade bancária de Londres. Você pode sugerir uma ligação entre os dois acontecimentos?

7. Por que a crescente securitização torna mais difícil para supervisores de banco manter o controle de riscos do sistema financeiro?

8. Retorne ao exemplo no texto dos dois países que produzem quantidades aleatórias de kiwis e podem negociar créditos sobre a fruta. Suponha que os dois países também produzam framboesas, que estragam se forem transportadas entre os países e são, portanto, não comercializáveis. Como você acha que isso afetaria a proporção entre comércio internacional de ativos e PNB de Doméstica e de Estrangeira?

9. Alguns autores afirmam que a igualdade internacional de taxas de juros *reais* é o barômetro mais preciso da integração financeira internacional. Você concorda? Por que ou por que não?

10. Se você analisar os para dados no *site* do Departamento de Análise Econômica dos Estados Unidos, verá que entre o final de 2003 e o final de 2007, a dívida externa líquida dos Estados Unidos subiu muito menos do que a soma de seus déficits em conta corrente ao longo desses anos. Ao mesmo tempo, o dólar depreciou. Você vê alguma conexão? (Dica: os Estados Unidos toma a maior parte dos seus empréstimos em dólares, mas têm ativos substanciais em moeda estrangeira.)

11. Ao interpretar relações entre os ativos e passivos externos de um país e o seu PIB, devemos ser cautelosos sobre a conclusão de que a diversificação da carteira socialmente eficiente está crescendo tão rapidamente quanto o aumento relatado nos números. Suponha que um brasileiro compre um fundo de capital internacional dos Estados Unidos, que coloca o dinheiro do seu cliente no mercado de ações do Brasil. O que acontece com ativos e passivos estrangeiros brutos do Brasil e dos Estados Unidos? O que acontece com a diversificação internacional do Brasil e dos Estados Unidos?

12. Os bancos não ficam felizes quando os reguladores os forçam a elevar a proporção entre capital e ativos totais: eles argumentam que isso reduz seus lucros potenciais. Contudo, quando um banco *pede emprestado* mais a fim de adquirir ativos mais arriscados, a taxa de juros que ele deve pagar sobre o empréstimo deve ser alta o suficiente para compensar os credores do risco de o banco não conseguir pagar integralmente – e a maior taxa de juros reduz os lucros do banco. À luz dessa observação, é óbvio para você que é mais rentável para o banco financiar a compra de ativos por empréstimo, em vez de emitir quotas adicionais de ações (e desse modo aumentar, em vez de reduzir, a sua proporção de capital para ativos totais)?

13. Como seria sua resposta para o Problema 12 se os credores do banco esperassem que o governo às vezes aparecesse com um resgate que evita perdas nas obrigações de dívida do banco?

14. Se você retornar à Figura 20.4, vai notar que as taxas de juros do eurodólar de Londres tendem a exceder as taxas dos certificados de depósito bancário dos Estados Unidos após a crise financeira global, mas não antes. Por que você acha que isso ocorre? (Certifique-se de voltar a esta questão depois de ler o Capítulo 21!)

LEITURAS ADICIONAIS

Acharya, V. V.; Kulkarni, N.; Richardson, M. "Capital, Contingent Capital, and Liquidity Requirements". In: ACHARYA, V. V. et al. (Eds.). *Regulating Wall Street: The Dodd-Frank Act and the Architecture of Global Finance*. Hoboken, NJ: John Wiley& Sons, 2011, p. 143-180. Discussão clara dos objetivos e limitações da Lei Dodd-Frank e Basileia III.

CAPÍTULO 20 ■ Globalização financeira: crise e oportunidade **663**

Admati, A.; Hellwig, M. *The Bankers' New Clothes: What's Wrong with Banking and Wha tto Do about It.* Princeton, NJ: Princeton University Press, 2013. Um relato lúcido dos incentivos dos bancos para propagar a fragilidade financeira mediante o financiamento de suas explorações de ativos com endividamento em vez de capital.

Blinder, A. S. *After the Music Stopped: The Financial Crisis, the Response, and the Work Ahead.* New York: Penguin Press, 2013. Relato de um influente economista sobre as origens e as repercussões da crise financeira global de 2007-2009.

Brunnermeier, M. K. et al. *The Fundamental Principles of Financial Regulation.* Genebra e Londres: International Center for Monetary and Banking Studies and Centre for Economic Policy Research, 2009. Revisão abrangente das abordagens regulatórias à prevenção de crises financeiras, com ênfase na perspectiva macroprudencial.

Claessens, S.; Herring, R. J.; Schoenmaker, D. *A Safer World Financial System: Improving the Resolution of Systemic Institutions.* Genebra e Londres: International Center for Monetary and Banking Studies and Centre for Economic Policy Research, 2010. Discute a reorganização das instituições insolventes em um contexto global.

Coeurdacier, N.; Rey, H. "Home Bias in Open Economy Financial Macroeconomics". *Journal of Economic Literature,* v. 51, p. 63-115, mar. 2012. Visão teórica e empírica avançada do viés doméstico em carteiras de ativos internacionais.

Eichengreen, B. "International Financial Regulation after the Crisis". *Daedalus,* p. 107-114, outono 2010. Descrição e crítica da atual estrutura institucional para a cooperação global na regulação financeira internacional.

Fischer, S. "On the Need for an International Lender of Last Resort". *Journal of Economic Perspectives,* v. 13, p. 85-104, outono 1999. Centra-se na capacidade de o FMI funcionar como um prestamista de última instância internacional.

Froot , K. A.; Thaler, R. H. "Anomalies: Foreign Exchange". *Journal of Economic Perspectives,* v. 4, p. 179-192, verão 1990. Discussão clara e não técnica das evidências empíricas sobre a condição de paridade de juros.

Goodhart, C. A. E. "Myths about the Lender of Last Resort". *International Finance,* v. 2, p. 339-360, nov. 1999. Discussão clara sobre a teoria e a prática da função do prestamista de última instância.

Kindleberger, C. P.; Aliber, R. *Manias, Panics, and Crashes: A History of Financial Crises,* 5. ed. Hoboken, NJ: John Wiley & Sons, 2005. Uma revisão histórica das crises financeiras internacionais, do século XVII até hoje.

Levich, R. M. "Is the Foreign Exchange Market Efficient?". *Oxford Review of Economic Policy,* v. 5, p. 40-60, 1989. Valioso levantamento das pesquisas sobre a eficiência do mercado de câmbio.

Levy, H.; Sarnat, M. "International Portfolio Diversification". In: HERRING, R. J. (Ed.). *Managing Foreign Exchange Risk.* Cambridge, Reino Unido: Cambridge University Press, 1983, p. 115-142. Uma boa exposição da lógica da diversificação de ativos internacionais.

Mark, N. C. *International Macroeconomics and Finance.* Oxford: Blackwell Publishers, 2001. O Capítulo 6 discute eficiência do mercado de câmbio.

Obstfeld, M. "The Global Capital Market: Benefactor or Menace?". *Journal of Economic Perspectives,* v. 12, p. 9-30, outono 1998. Panorama geral das funções, operações e consequências para a soberania nacional do mercado de capitais internacional.

Obstfeld, M.; Rogoff, K. "Global Imbalances and the Financial Crisis: Products of Common Causes". In: Glick, R.; Spiegel, M. (Eds.). *Asia and the Global Financial Crisis.* San Francisco, CA: Federal Reserve Bank of San Francisco, 2010. Uma análise das relações entre fluxos financeiros globais e a crise financeira de 2007-2009.

Eswar S. Prasad. *The Dollar Trap: How the U.S. Dollar Tightened Its Grip on Global Finance.* Princeton, NJ: Princeton University Press, 2015. Análise panorâmica do papel central do dólar nos mercados financeiros globais.

Reinhartand, C. M.; Rogoff, K. S. *This Time Is Different: Eight Centuries of Financial Folly.* Princeton, NJ: Princeton University Press, 2009. Resumo histórico e baseado em dados dos precedentes e dos efeitos das crises financeiras ao redor do mundo.

Schinasi, G. J. *Safeguarding Financial Stability: Theory and Practice.* Washington, D.C.: International Monetary Fund, 2006. Resumo completo das ameaças à estabilidade financeira em um contexto de mercados financeiros globalizados.

CAPÍTULO 21

Áreas monetárias ótimas e o euro

Em 1º de janeiro de 1999, onze países-membros da União Europeia (UE) adotaram uma moeda única, o euro. Desde então, uniram-se a eles mais oito membros da UE. O experimento arrojado da Europa de formar uma União Econômica e Monetária (UEM), que muitos viam como uma fantasia visionária apenas alguns anos antes, criou uma área monetária com mais de 335 milhões de consumidores – cerca de 4,5% mais populosa do que os Estados Unidos. Se todos os países da Europa Oriental juntarem-se à zona do euro, seriam mais de 25 países estendendo-se do Oceano Ártico, no norte, ao mar Mediterrâneo, no sul, e do Oceano Atlântico, no oeste, ao mar Negro, no leste. A Figura 21.1 mostra a extensão da zona do euro em 2021.

O nascimento do euro resultou em taxas de câmbio fixas entre todos os países membros da UEM. Contudo, ao decidir formar uma união monetária, os países da UEM sacrificaram ainda mais a soberania sobre suas políticas monetárias do que geralmente exige um regime de taxa de câmbio fixa. Eles concordaram em abrir mão totalmente de suas moedas nacionais e entregar o controle das suas políticas monetárias a um Banco Central Europeu (BCE) compartilhado. O projeto do euro representa, assim, uma solução extrema para o trilema de política monetária visto no Capítulo 19: estabilidade cambial absoluta e total abertura ao comércio financeiro, mas sem qualquer tipo de autonomia monetária.

A experiência europeia gera uma série de questões importantes. Como e por que a Europa estabeleceu sua moeda única? Que benefícios o euro tem trazido para as economias de seus membros, e por que eles se encontram em uma crise prolongada? Como o euro afeta os países fora da UEM, principalmente os Estados Unidos? E que lições a experiência europeia traz para outros blocos de moeda potenciais, como o Mercosul na América do Sul?

Este capítulo centra-se na experiência europeia da unificação monetária para ilustrar os benefícios econômicos e os custos dos acordos de taxa de câmbio fixa e os esquemas de unificação monetária mais abrangentes. Como vemos na experiência europeia, os efeitos de aderir a um acordo de taxa de câmbio fixa são complexos e dependem criticamente de fatores microeconômicos e macroeconômicos. Nossa discussão sobre a Europa esclarecerá não só as forças que promovem ou obstruem uma maior unificação das economias nacionais, mas também as que fazem um país pensar duas vezes antes de abrir mão completamente de seu controle sobre a política monetária.

FIGURA 21.1
Membros da zona do euro em 1º de janeiro de 2021.
Os países com sombreado mais escuro no mapa são os 19 membros da UEM: Alemanha, Áustria, Bélgica, Chipre, Eslováquia, Eslovênia, Espanha, Estônia, Finlândia, França, Grécia, Irlanda, Itália, Letônia, Lituânia, Luxemburgo, Malta, Países Baixos e Portugal. O Reino Unido nunca adotou o euro e deixou a UE em 2020 devido ao referendo de junho de 2016.

Qualquer debate sobre as instituições europeias está repleto de abreviaturas e acrônimos. A Tabela 21.1 apresenta uma lista parcial deles para você consultar.

TABELA 21.1	Breve glossário de eurônimos
BCE	Banco Central Europeu
BEI	Banco Europeu de Investimento
SME	Sistema Monetário Europeu
UEM	União Econômica e Monetária
MTC	Mecanismo de taxas de câmbio
SEBC	Sistema Europeu de Bancos Centrais
MEE	Mecanismo europeu de estabilidade
UE	União Europeia
OMT	Transações Monetárias Diretas
PEPP	Programa de Compras de Emergência Pandêmica
PEC	Pacto de Estabilidade e Crescimento
MUS	Mecanismo único de supervisão

666 PARTE IV ■ Política macroeconômica internacional

OBJETIVOS DE APRENDIZAGEM

Após a leitura deste capítulo, você será capaz de:

- Discutir por que os europeus tentaram por muito tempo estabilizar suas taxas de câmbio mútuas ao mesmo tempo em que flutuavam contra o dólar americano.

- Descrever como a União Europeia, por meio do Tratado de Maastricht, de 1991, pôs-se a caminho para ter uma moeda única, o euro, emitido e gerido por um Banco Central Europeu (BCE).

- Detalhar a estrutura do BCE, o Sistema Europeu de Bancos Centrais, e os acordos da União Europeia para a coordenação das políticas econômicas dos estados-membros.

- Articular as principais lições da teoria das áreas monetárias ótimas.

- Recontar como se saíram em sua união monetária até o momento os 19 países que utilizam o euro e os passos que estão dando em resposta a uma série de crises econômicas prolongadas.

A evolução da moeda única europeia

Até sua extinção em 1973, o sistema de Bretton Woods fixava a taxa de câmbio de cada país--membro contra o dólar americano e, por consequência, fixava automaticamente a taxa de câmbio entre cada par de moedas não dólar. Depois de 1973, os países da UE permitiam que suas moedas flutuassem contra o dólar, mas tentavam progressivamente diminuir o quanto deixavam as suas moedas flutuarem umas contra as outras. Esses esforços culminaram com o nascimento do euro em 1º de janeiro de 1999.

O que impulsionou a cooperação monetária europeia?

O que levou os países da UE a buscarem uma coordenação mais estreita das políticas monetárias e uma estabilidade maior da taxa de câmbio mútuo? Dois motivos principais inspiraram esses movimentos e permaneceram como grandes razões para a adoção do euro:

1. *Reforçar o papel da Europa no sistema monetário mundial.* Os eventos que antecederam o colapso do sistema Bretton Woods foram acompanhados pelo declínio da confiança europeia na prontidão dos Estados Unidos para colocar suas responsabilidades monetárias internacionais à frente de seus interesses nacionais (Capítulo 19). Falando com uma só voz sobre as questões monetárias, os países da UE esperavam defender melhor seus próprios interesses econômicos em face de um egocentrismo cada vez maior dos Estados Unidos.

2. *Transformar a União Europeia em um mercado verdadeiramente unificado.* Muito embora o Tratado de Roma de 1957, que fundou a UE, tenha estabelecido uma união alfandegária, permaneceram barreiras oficiais significativas aos movimentos de mercadorias e fatores dentro da Europa. Um objetivo consistente dos membros da UE era eliminar todas essas barreiras e transformar a UE em um enorme mercado unificado, baseando-se no modelo dos Estados Unidos, incluindo o livre movimento de trabalhadores entre suas fronteiras internas. Os órgãos europeus acreditavam, no entanto, que a incerteza da taxa de câmbio, como as barreiras de comércio oficial, fosse um fator importante para reduzir o comércio dentro da Europa. Também temiam que as oscilações das taxas de câmbio causando grandes mudanças de preços relativos dentro da Europa aumentariam as forças políticas hostis ao livre comércio dentro da Europa.

CAPÍTULO 21 ■ Áreas monetárias ótimas e o euro **667**

O sonho de uma moeda única europeia foi apresentado oficialmente em 1970, e não é coincidência que, na época, o sistema de Bretton Woods de taxas de câmbio fixas (que implicava taxas de câmbio mutuamente fixas entre os países europeus) estava desmoronando.[1]

O segredo para entender como a Europa avançou tanto na unificação monetária e de mercado encontra-se na história do continente assolado pela guerra. Após o fim da Segunda Guerra Mundial, em 1945, muitos líderes europeus concordaram que a integração e a cooperação econômica entre os antigos inimigos seriam a melhor garantia contra a repetição das duas guerras devastadoras do século XX. O resultado foi uma cessão gradual dos poderes da política econômica nacional para órgãos governamentais centralizados da União Europeia, como a Comissão Europeia em Bruxelas, Bélgica (o órgão executivo da UE), e o Banco Central Europeu, em Frankfurt, na Alemanha.

Alguns europeus afirmam que essa estrutura de governança tornou-se impraticável e distante demais dos eleitores dos países-membros, sobretudo à medida que a UE expandiu-se rapidamente para o leste em 2004 para absorver países ex-membros do bloco soviético. Com frustrações correspondentes, e em meio a outras tensões da UE, os eleitores britânicos ordenaram que o seu governo negociasse a saída do Reino Unido da UE no referendo de junho de 2016. A saída subsequente da Grã-Bretanha, chamada de "Brexit", representa a primeira saída de um país-membro e um revés considerável para o projeto europeu.

BREXIT

Em 23 de junho de 2016, os cidadãos britânicos votaram em um referendo com a pergunta: "O Reino Unido deve permanecer membro da União Europeia ou deixar a União Europeia?". Para a surpresa de muitos, quase 52% deles votaram por "deixar". Após mais de quatro décadas de participação, a Grã-Bretanha pediu o divórcio – apelidado de "Brexit" – dos seus parceiros do continente. Imediatamente após a eleição, as bolsas de valores do mundo todo desabaram e, como vemos no gráfico a seguir, a libra esterlina despencou.

Além de os mercados de apostas e financeiros, colunistas e economistas em geral esperarem que a opção de permanecer na União derrotaria a de deixá-la, a maioria das empresas acreditava nesse resultado. Assim, a Brexit pegou muitos de surpresa. De acordo com a revista *The Economist*, uma pesquisa pré-referendo realizada pela federação da indústria alemã determinou que 70% das empresas não tinham planos de contingência para o caso da Brexit vencer.[2] E, como se viu, o Governo de Sua Majestade também não tinha. Nos meses após a votação, os líderes políticos britânicos atropelaram-se para descobrir como executar os desejos dos eleitores.

Talvez o ocorrido não devesse ter sido tão chocante. A relação da Grã-Bretanha com o bloco de comércio europeu fora ambivalente desde a sua encarnação original, quando era a Comunidade Europeia do Carvão e do Aço, fundada em 1952. Por exemplo, o Reino Unido não adotou o euro, preferindo manter a própria moeda, o que fez o país se sentir cada vez mais marginalizado dentro da UE. Menos de 30 meses após ser acolhido pela Europa em janeiro de 1973, o Reino Unido realizou o seu primeiro referendo sobre a questão de permanecer ou deixar a União; por uma margem de dois para um, os eleitores optaram por permanecer.

---

[1]Uma razão administrativa muito importante por que os europeus têm procurado evitar grandes movimentos nas taxas de câmbio cruzadas do continente está relacionada com a Política Agrícola Comum (PAC), o sistema da UE de apoio aos preços agrícolas. Antes do euro, os preços agrícolas eram cotados em termos de unidade monetária europeia (ECU, do inglês *european currency unit*), uma cesta de moedas da UE. Os realinhamentos das taxas de câmbio dentro da Europa alterariam abruptamente o valor real doméstico dos preços suportados, provocando protestos dos agricultores dos países revalorizados. Embora o aborrecimento de administrar a PAC sob realinhamentos cambiais tenha sido, sem dúvida, crucial para acelerar o avanço dos europeus em direção à unificação monetária, os dois motivos citados no texto são mais importantes para explicar como a Europa, finalmente, veio a adotar uma moeda comum. O Relatório Werner, de 1970, o primeiro plano oficial para uma moeda única europeia, expressa essas motivações claramente. Veja: Pierre Werner et al., *Report to the Council and the Commission on the Realization by Stages of Economic and Monetary Union in the Community* (Bruxelas: Council-Commission of the European Communities, 1970); disponível *on-line* em <https://ec.europa.eu/economy_finance/publications/pages/publication6142_en.pdf>.

[2]Veja: "After the Brexit Vote: Rules and Britannia", *The Economist,* 9 de julho de 2016.

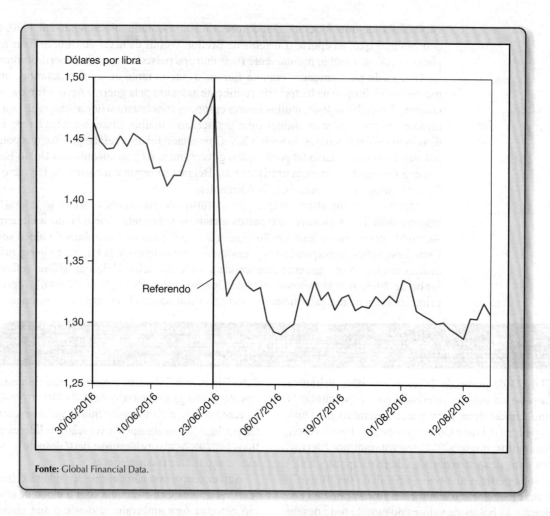

Fonte: Global Financial Data.

Deixar a UE em 2020, após quase cinco décadas de integração profunda entre as economias britânica e continental, seria muito mais caro. Ainda assim, foi o que os eleitores britânicos decidiram fazer.

Por que os eleitores britânicos decidiram deixar a União Europeia? Os motivos são complexos, mas diversos fatores se destacam. O mais importante foi o desejo de limitar a imigração da Europa Oriental e os benefícios sociais, como serviços de saúde, que o governo britânico é obrigado a oferecer aos imigrantes sob a legislação da UE. No ano com final em março de 2015, a migração líquida para a Grã-Bretanha foi de 330.000 pessoas (embora nem todos os imigrantes tenham vindo de outros países da UE). Muitos eleitores tinham raiva por acreditarem que os imigrantes roubavam suas vagas de emprego e superlotavam os serviços sociais, embora não haja evidências que sustentem esses temores (na verdade, as regiões que votaram a favor da Brexit tendiam a ter muito menos imigrantes do que as que votaram por permanecer). Outro fator foi o conjunto de regulamentações impostas pela sede da UE em Bruxelas, que muitos acreditavam serem intrusivas, excessivamente detalhadas e desnecessárias para promover o comércio intra-UE. O *slogan* da campanha pela saída da UE, muito eficaz, era "Retome o controle" (*Take back control*, no original).[3]

A saída da UE exigiu que a Grã-Bretanha renegociasse a sua relação comercial com os 27 países restantes da UE e também com o resto do mundo: enquanto estava na UE, seu comércio com parceiros de fora da União era regido por acordos negociados pela UE em nome de todos os seus membros. Outro problema é a necessidade de substituir o conjunto de regulações da UE; embora alguns argumentem que estas eram detalhadas demais em ocasiões, elas ao menos eram previsíveis. Os mais diversos setores, como companhias aéreas, universidades, empresas de energia, farmacêuticas e de telecomunicações – até apicultores –, enfrentavam incerteza em relação a regulações, subsídios e patentes que poderiam prejudicar gravemente

---

[3] O filme *Brexit* (2019), estrelado por Benedict Cumberbatch, dramatiza os eventos políticos nos meses anteriores ao referendo.

os investimentos no futuro. Um processo de negociação caótico e prolongado entre a Grã-Bretanha e a UE[27] finalmente levou o Parlamento a aprovar um Projeto de Lei do Acordo de Retirada em outubro de 2019. Sob esse projeto de lei, a Brexit ocorreu em 31 de janeiro de 2020, seguida por um período de transição de 11 meses durante o qual a Grã-Bretanha continuaria a seguir as regras da UE e teria comércio sem atrito com os outros países do bloco. O propósito do período de transição seria negociar uma relação comercial permanente.

Um elemento crítico do acordo de retirada era o protocolo referente à Irlanda e à Irlanda do Norte. O protocolo estabelecia uma estrutura para permitir que o limite entre a Irlanda do Norte (parte do Reino Unido) e a República da Irlanda continuasse a não ter controles de fronteira, independente de qual fosse a relação comercial estabelecida entre o Reino Unido e a UE no futuro. Uma das bases do Acordo de Belfast (também chamado de "Acordo da Sexta-Feira Santa"), de abril de 1988, que encerrou décadas de violência sectária na Irlanda do Norte, era a plena integração das atividades econômicas da ilha, possível apenas porque ambos os lados pertenciam à UE. Dentro da estrutura do Acordo de Belfast, a eliminação absoluta de qualquer fronteira física entre a república irlandesa e a Irlanda do Norte assumiu uma imensa importância prática e simbólica. Com o Reino Unido e a UE em áreas aduaneiras e regulatórias separadas, entretanto, como seria impossível evitar algum tipo de controle de fronteira entre as duas partes da Irlanda? A solução do protocolo irlandês basicamente transfere a fronteira aduaneira para fora da ilha. Com isso, a Irlanda do Norte fica, na prática, parcialmente dentro do mercado único europeu, exigindo controles administrativos (uma alfândega, basicamente) para o comércio entre a ilha da Grã-Bretanha (que abrange Inglaterra, Escócia e País de Gales) e a ilha da Irlanda. Sem esses controles, bens não sujeitos a normas de saúde ou tarifas da UE poderiam chegar ao mercado europeu através da Irlanda do Norte. Por exemplo, bens em trânsito da Grã-Bretanha para a República da Irlanda através da Irlanda do Norte devem pagar tarifas da UE antes de atravessarem o Mar da Irlanda. Isso exige procedimentos de controle de algum tipo quando os bens chegam à praia. Em suma, o protocolo evita as barreiras na ilha da Irlanda em si, mas ao custo de impô-las à Irlanda do Norte e ao resto do Reino Unido.[4]

O rigor dessas barreiras depende, é claro, do nível de atritos comerciais na relação que será estabelecida entre o Reino Unido e a UE. O objetivo das negociações do Reino Unido é estabelecer um comércio sem quotas ou tarifas com a UE. Em 2020, no entanto, questões como harmonização regulatória, resolução de disputas, subsídios e direitos de pesca ainda eram polêmicas. Quando a atenção dos governos foi dominada pelas suas respostas à pandemia da covid-19 e à crise econômica que provocou, começou a parecer cada vez mais provável que o ano terminaria apenas com um acordo comercial permanente extremamente limitado, ou mesmo sem acordo algum. Sob essa segunda possibilidade, a Grã-Bretanha simplesmente negociaria com a UE sob as regras gerais da Organização Mundial do Comércio (OMC), como a maioria dos países de fora da UE. O país enfrentaria tarifas e outras barreiras comerciais nas suas relações com a UE que criariam desvantagens para o seu setor financeiro, que representa uma parcela importante do PIB britânico e tinha acesso privilegiado aos outros países da UE antes da Brexit. A integração do Reino Unido às cadeias logísticas europeias, desenvolvida ao longo de quase meio século, poderia ter sido prejudicada da noite para o dia.

Praticamente no último instante, perto do Natal de 2020, o Reino Unido e a UE finalmente chegaram a um acordo sobre a sua relação comercial permanente. Os britânicos receberam comércio sem quotas e tarifas, mas com ao menos duas ressalvas. Primeiro, quotas e tarifas foram evitadas para componentes importantes do comércio industrial, o que oferecia alguma proteção para as cadeias logísticas europeias. Os serviços britânicos, especialmente os financeiros, são um elemento importantíssimo das exportações para a UE, no entanto, e estes permaneceram sujeitos a barreiras regulatórias. Segundo, o acordo permite que barreiras comerciais sejam impostas caso as normas regulatórias do Reino Unido e da UE (p. ex., regulações trabalhistas ou ambientais enfrentadas pelas empresas) divirjam de forma radical, o que daria a um parceiro uma vantagem de custo nas exportações. Esse elemento do acordo cria uma incerteza de alto custo para exportadores e importadores.

---

[4]O livro de O'Rourke na seção Leituras adicionais oferece uma visão histórica abrangente da relação entre o Reino Unido e a União Europeia, com foco na Irlanda. Um relato emocionante de como o problema da fronteira irlandesa transformou-se em elemento central para as negociações subsequentes ao referendo britânico encontra-se em: Tony Connelly, *Brexit and Ireland: The Dangers, the Opportunities, and the Inside Story of the Irish Response* (Londres: Penguin Books, 2018). O protocolo irlandês exige que a Irlanda do Norte consinta periodicamente com a renovação do seu regime comercial, com a primeira consulta ocorrendo após quatro anos.

É difícil prever qual será o custo dos efeitos da Brexit sob a nova relação comercial entre Reino Unido e UE, especialmente porque muito dos aspectos dessa relação foram deixados para serem resolvidos mais tarde. O intenso debate pré-referendo sobre os custos econômicos da Brexit exemplifica as dificuldades do processo de estimativa. Logo após o referendo, o Fundo Monetário Internacional (FMI) estimou que, se acabasse sujeito ao comércio sob as regras da OMC, o Reino Unido ficaria 3,4% mais pobre no longo prazo do que sem a Brexit. Talvez ironicamente, a maior parte dessas perdas viria da subtração da contribuição dos imigrantes para a economia britânica. O resto da UE ficaria 0,4% mais pobre sob as regras da OMC, de acordo com o FMI. Os defensores da Brexit acusaram o FMI de tentar amedrontar os britânicos, mas, dois anos depois, o próprio governo do Reino Unido estimou que os prejuízos para o país de reverter para as regras da OMC seria de 7,7% do PIB sem mudanças às políticas de imigração e de 9,3% do PIB com o fim dos influxos de trabalhadores europeus. Mantenha em mente que, além de grandes, essas perdas são permanentes.[5] O acordo de comércio firmado no final de 2020 será muito menos custoso do que a alternativa sem acordo teria sido, mas ainda deixará a economia britânica consideravelmente mais pobre do que seria se tivesse escolhido permanecer na União Europeia.

O sistema monetário europeu, 1979-1998

O precursor imediato da UEM na estrada da unificação monetária europeia foi o **Sistema Monetário Europeu (SME)**. Os oito participantes originais no mecanismo de taxas de câmbio do SME – França, Alemanha, Itália, Bélgica, Dinamarca, Irlanda, Luxemburgo e Países Baixos – começaram a operar uma rede formal de taxas de câmbio mutuamente indexadas em março de 1979. Um complexo conjunto de acordos de intervenção do SME atuou para restringir as taxas de câmbio das moedas participantes a margens de flutuação especificadas.[6]

As perspectivas de uma área de taxa fixa bem-sucedida na Europa pareciam sombrias no início de 1979, quando as taxas de inflação anuais variaram de 2,7% na Alemanha até 12,1% na Itália. Entretanto, por meio de uma mistura de cooperação política e realinhamento, o clube de taxa fixa do SME sobreviveu e até cresceu, adicionando a Espanha a suas fileiras em 1989, a Grã-Bretanha em 1990 e Portugal no início de 1992. Só em setembro de 1992 esse crescimento sofreu um revés súbito, quando a Grã-Bretanha e a Itália deixaram o mecanismo de taxa de câmbio do SME no início de uma crise monetária prolongada na Europa que forçou os membros restantes a refugiarem-se em margens de taxa de câmbio bastante largas.

A operação do SME foi auxiliada por várias válvulas de segurança que inicialmente ajudaram a reduzir a frequência de tais crises. A maioria das taxas de câmbio "fixadas" pelo SME até agosto de 1993 poderia, na verdade, flutuar para cima ou para baixo até 2,25% em relação a um valor ao par atribuído. Alguns membros foram capazes de negociar bandas de ± 6%, um sacrifício maior da estabilidade cambial, mas ganhando mais espaço para escolher suas próprias políticas monetárias. Em agosto de 1993, os países do SME decidiram alargar quase todas as bandas para ± 15% sob a pressão dos ataques especulativos.

---

[5] Veja: Fundo Monetário Internacional, *World Economic Outlook*, out. 2016, capítulo 1; e Governo de Sua Majestade, *EU Exit: Long-Term Economic Analysis, nov. 2018* (Londres: Controller of Her Majesty's Stationery Office, 2018). O estudo do governo britânico incorpora efeitos positivos dinâmicos da integração comercial à produtividade, efeitos que elevam os custos da Brexit além dos custos padrão, mas mais limitados, devido a perdas de peso morto de produção e consumo "estáticas". Um estudo acadêmico influente estima que as perdas britânicas estáticas de reverter às regras da OMC seriam de 2,7% da renda (que não está distante do número do FMI) e que incluir as perdas dinâmicas aproximadamente triplica esse nível, semelhante à análise do governo do Reino Unido. Veja: Swati Dhingra, Hanwei Huang, Gianmarco Ottaviano, João Paulo Pessoa, Thomas Sampson e John Van Reenen, "The Costs and Benefits of Leaving the EU: Trade Effects", *Economic Policy* 32 (out. 2017), pp. 651-705.

[6] Tecnicamente, todos os países-membros da UE eram membros do SME, mas somente os membros do SME que aplicavam as margens de flutuação pertenciam ao *mecanismo de taxas de câmbio* (MTC) do SME.

CAPÍTULO 21 ■ Áreas monetárias ótimas e o euro **671**

Como mais uma válvula de segurança crucial, o SME desenvolveu disposições generosas para a extensão de crédito dos membros de moedas fortes para os de moedas fracas. Se o franco francês (moeda anterior da França) depreciasse demais em comparação com o marco alemão (ou DM, moeda anterior da Alemanha), o banco central da Alemanha, o Bundesbank, emprestaria DM ao banco da França para vender por francos no mercado de câmbio.

Por fim, durante os primeiros anos de operação do sistema, vários membros (especialmente a França e a Itália) reduziram a possibilidade de ataques especulativos por meio da manutenção de *controles de capital* que limitavam diretamente as vendas domésticas dos residentes nacionais para moedas estrangeiras.

O SME passou por realinhamentos monetários periódicos. Ao todo, ocorreram onze realinhamentos entre o início do SME, em março de 1979, e janeiro de 1987. Controles de capital desempenharam um papel importante de blindagem das reservas dos membros contra especuladores durante esses ajustes. No entanto, a partir de 1987, uma remoção gradual dos controles de capital pelos países do SME aumentou a possibilidade de ataques especulativos e, assim, reduziu a vontade dos governos de considerar abertamente a desvalorização ou a valorização. A supressão dos controles reduziu muito a independência monetária dos países-membros (uma consequência do trilema da política monetária), mas a liberdade dos pagamentos e os movimentos de capitais na UE sempre foram um elemento-chave do plano dos países da UE para transformar a Europa em um mercado unificado.

Durante um período de cinco anos e meio após janeiro de 1987, nenhum evento econômico adverso foi capaz de abalar o compromisso do SME com suas taxas de câmbio fixas. Contudo, essa situação chegou ao fim em 1992, quando os choques econômicos causados pela reunificação das duas Alemanhas, em 1990, levaram a pressões macroeconômicas assimétricas na Alemanha e em seus principais parceiros do SME.

O resultado da reunificação foi um *boom* na Alemanha e uma inflação mais elevada, a que o banco central alemão, muito avesso à inflação, resistiu mediante taxas de juros muito mais altas. (A inflação muito alta na Alemanha após as duas guerras mundiais deixou cicatrizes permanentes naquele país.) Outros países do SME, como França, Itália e Reino Unido, no entanto, não estavam crescendo simultaneamente. Ao se harmonizarem com as altas taxas de juros alemãs para manterem seus câmbios fixos em relação ao da Alemanha, estavam involuntariamente empurrando suas próprias economias para uma recessão profunda. O conflito político entre a Alemanha e seus parceiros levou a uma série de ataques especulativos ferozes contra as paridades cambiais do SME, começando em setembro de 1992. Até agosto de 1993, como já mencionado, o SME foi forçado a recuar para faixas muito amplas (de ± 15%), que se mantiveram em vigor até a introdução do euro em 1999.

Dominância monetária alemã e a teoria da credibilidade do SME

Anteriormente, identificamos dois motivos principais pelos quais a União Europeia procurou fixar as taxas de câmbio internas: um desejo de defender mais efetivamente os interesses econômicos da Europa na cena mundial e a ambição de atingir maior unidade econômica interna.

A experiência da Europa com a inflação alta na década de 1970 sugere um propósito adicional que o SME tenta cumprir. Ao fixar suas taxas de câmbio em relação ao DM, os outros países do SME na verdade importavam a credibilidade do Bundesbank alemão como um inimigo da inflação e desencorajavam, assim, o desenvolvimento de pressões inflacionárias internas – as pressões que eles seriam tentados a acomodar por meio da expansão monetária. Essa visão, a **teoria da credibilidade do SME**, afirma que os custos políticos de violar um acordo internacional da taxa de câmbio podem ser úteis. Eles podem impedir os governos de depreciarem suas moedas para ganharem a vantagem do curto prazo de um *boom* econômico ao custo em longo prazo de uma inflação mais elevada.

Os formuladores de políticas em países do SME sujeitos à inflação, como a Itália, claramente ganharam credibilidade ao colocarem as decisões de política monetária nas mãos do banco central alemão, que temia a inflação. A desvalorização era ainda possível, mas apenas sujeita a restrições do SME. Como os políticos também temiam parecer incompetentes aos eleitores se desvalorizassem o câmbio, a decisão do governo de indexar ao marco alemão reduzia tanto sua vontade quanto sua capacidade de criar inflação interna.[7]

Um maior apoio para a teoria da credibilidade vem do comportamento das taxas de inflação em relação às da Alemanha, mostrado na Figura 21.2 para seis dos outros membros

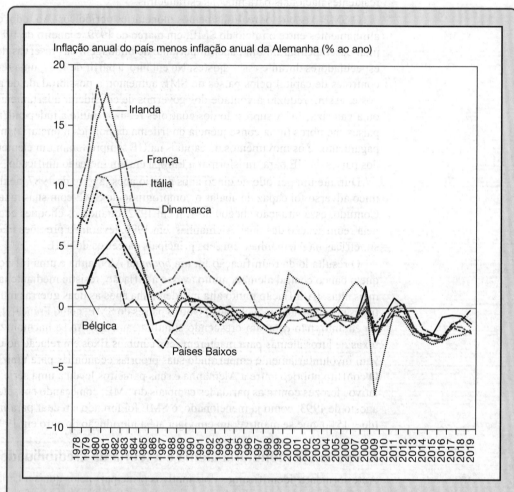

FIGURA 21.2

Convergência da inflação para os seis membros originais do SME, 1978-2019.

São mostradas as diferenças entre a inflação doméstica e a inflação alemã para os seis membros originais do SME: Bélgica, Dinamarca, França, Irlanda, Itália e Países Baixos.

Fonte: Taxas de inflação IPC do Fundo Monetário Internacional, *International Financial Statistics* e BLS.

---

[7]A teoria geral de que um país sujeito à inflação ganha ao delegar suas decisões de política monetária a um banco central "conservador" é desenvolvida em um artigo influente de Kenneth Rogoff. Veja: "The Optimal Degree of Commitment to an Intermediate Monetary Target". *Quarterly Journal of Economics*, v. 100, p. 1169-1189, nov. 1985. Para a aplicação do SME, veja: Francesco Giavazzi e Marco Pagano. "The Advantage of Tying One's Hands: EMS Discipline and Central Bank Credibility". *European Economic Review*, v. 32, p. 1055-1082, jun. 1988.

CAPÍTULO 21 ■ Áreas monetárias ótimas e o euro **673**

originais do SME.[8] Como mostra a figura, as taxas de inflação anuais convergiram gradualmente em direção aos baixos níveis da Alemanha.[9]

Iniciativas de integração do mercado

Os países da UE tentaram alcançar maior unidade econômica interna, não só pela fixação de taxas de câmbio mútuas, mas também com medidas diretas para encorajar a livre circulação de bens, serviços e fatores de produção. Mais adiante neste capítulo, você vai entender que a extensão da integração do mercado de produtos e fatores na Europa ajuda a determinar como as taxas de câmbio fixas afetam a estabilidade macroeconômica da Europa. Os esforços da Europa para aumentar a eficiência *microeconômica* por meio da liberalização do mercado direto também aumentaram a sua preferência por taxas de câmbio mutuamente fixas com base em fundamentos *macroeconômicos*.

O processo de unificação do mercado, que começou quando os membros originais da UE formaram sua união alfandegária, em 1957, ainda estava incompleto 30 anos mais tarde. Em um número grande de setores, como de automóveis e telecomunicações, o comércio interno na Europa era desencorajado por normas impostas pelos governos e os requisitos de registro. Muitas vezes, o as práticas de licenciamento ou de compras dos governos davam aos produtores nacionais praticamente um monopólio em seus mercados internos. No Ato Único Europeu de 1986 (que altera o Tratado de Roma que fundou a organização), os membros da UE deram passos políticos cruciais para removerem as barreiras internas restantes ao comércio, aos movimentos de capitais e à migração de mão de obra. Mais importante, eles retiraram a exigência do Tratado de Roma de consentimento unânime para medidas relacionadas com a realização de mercado, de modo que um ou dois membros da UE com interesses próprios não pudessem bloquear as medidas de liberalização comercial como no passado. Seguiram-se mais movimentos em direção à integração do mercado. O capital financeiro, por exemplo, agora pode mover-se com bastante liberdade, não só dentro da UE, mas também entre a UE e as jurisdições externas.

União econômica e monetária europeia

Os países podem vincular suas moedas de muitas maneiras. Podemos imaginar que os diferentes modos de vinculação formam um espectro, com regimes em uma extremidade que exigem pouco sacrifício da independência da política monetária e outros, do outro lado, que exigem que se abra mão completamente da independência.

O SME inicial, caracterizado por realinhamentos monetários frequentes e controle governamental generalizado sobre os movimentos de capitais, deixava alguma margem de manobra para as políticas monetárias nacionais. Em 1989, uma comissão chefiada por Jacques Delors, presidente da Comissão Europeia, recomendou uma transição de três estágios para uma meta em uma das extremidades do espectro político que descrevemos há pouco. Esse objetivo era uma **União Econômica e Monetária (UEM)**, uma União Europeia em que uma moeda única da UE, gerenciada por um banco central único e operando em nome de todos os membros da UE, substituiria as moedas nacionais.

Em 10 de dezembro de 1991, os líderes dos países da UE se reuniram na antiga cidade holandesa de Maastricht e concordaram em propor emendas altamente significativas ao Tratado de Roma para ratificação nacional. O objetivo dessas emendas seria encaminhar a UE para uma UEM. No **Tratado de Maastricht**, um documento de 250 páginas, havia uma cláusula determinando a introdução de uma moeda única europeia e um Banco Central Europeu até 1º

---

[8]A Figura 21.2 não inclui o pequeno país de Luxemburgo, porque antes de 1999, o país tinha uma união monetária com a Bélgica e uma taxa de inflação muito próxima à belga.

[9]Aqueles céticos sobre a teoria da credibilidade da convergência de inflação do SME apontam que Estados Unidos, a Grã-Bretanha e o Japão também reduziram a inflação a níveis baixos ao longo da década de 1980, mas o fizeram sem fixar suas taxas de câmbio. Muitos outros países fizeram o mesmo desde então.

674 PARTE IV ■ Política macroeconômica internacional

de janeiro de 1999. Em 1993, todos os 12 países então pertencentes à União Europeia tinham ratificado o Tratado de Maastricht. Os 16 países que aderiram posteriormente à UE aceitaram as disposições do Tratado quando aderiram à união (veja a Figura 21.1).[10]

Por que os países da UE se afastaram do SME em direção ao objetivo mais ambicioso de utilizar uma moeda única? Havia quatro razões:

1. Eles acreditavam que uma moeda única na UE produziria um grau maior de integração do mercado europeu do que as taxas de câmbio fixas ao remover a ameaça dos realinhamentos monetários do SME e eliminar os custos para os operadores de conversão de uma moeda do SME em outra. A moeda única era vista como um complemento necessário para planos de fusão de mercados da UE em um mercado único, em todo o continente.

2. Alguns líderes da UE achavam que a gestão alemã da política monetária do SME tinha colocado uma ênfase unilateral nos objetivos macroeconômicos alemães à custa dos interesses dos seus parceiros do SME. O Banco Central Europeu que substituiria o Bundesbank alemão no UEM teria que ser mais atencioso com problemas dos outros países, e isso daria a eles automaticamente a mesma oportunidade que a Alemanha de participar nas decisões de política monetária sistêmicas.

3. Tendo em conta a mudança para a liberdade total de movimentos de capitais na UE, parecia haver pouco a ganhar e muito a perder em manter as paridades fixas (mas ajustáveis) das moedas nacionais em vez de travar as paridades por meio de uma moeda única. Qualquer sistema de taxas de câmbio fixas entre moedas nacionais distintas estaria sujeito a ataques especulativos ferozes, como em 1992-1993. Se os europeus desejavam combinar taxas de câmbio fixas com liberdade de movimentos de capitais, uma moeda única era a melhor maneira de conseguir isso.

4. Como observado anteriormente, todos os líderes dos países da UE esperavam que as disposições do Tratado de Maastricht garantissem a estabilidade política da Europa. Para além das funções puramente econômicas, a moeda única na UE foi concebida como um símbolo potente do desejo da Europa de colocar a cooperação à frente das rivalidades nacionais que haviam levado à guerra tantas vezes no passado. Sob esse cenário, a nova moeda alinharia os interesses econômicos das nações europeias de modo a criar um interesse político avassalador em defesa da paz no continente.

Os críticos do Tratado de Maastricht negavam que a UEM teria esses efeitos positivos e se opunham às disposições do Tratado de produzir poderes governamentais mais fortes com a União Europeia. Para esses críticos, a UEM era sintomática da tendência de como as instituições centrais da União Europeia ignoravam as necessidades locais, se intrometiam em assuntos internos e reduziram símbolos queridos de identidade nacional (incluindo, claro, as moedas nacionais). Os cidadãos da Alemanha, em particular, traumatizados por memórias de graves inflações do pós-guerra, temiam que o novo Banco Central Europeu não lutasse contra a inflação tão ferozmente quanto o Bundesbank.

O euro e a política econômica na zona do euro

Como eram escolhidos os membros iniciais da UEM, como são admitidos os novos membros e qual é a estrutura do complexo de instituições financeiras e políticas que regem a política econômica na zona do euro? Esta seção fornece uma visão geral sobre essas perguntas.

---

[10]A Dinamarca e o Reino Unido, no entanto, ratificaram o Tratado de Maastricht sujeito a exceções especiais que lhes permitem "optar por sair" das disposições do tratado monetário e manter as suas moedas nacionais. A Suécia não tem uma opção formal de saída, mas explorou outros aspectos técnicos no Tratado de Maastricht para evitar juntar-se à zona do euro até o momento.

CAPÍTULO 21 ▪ Áreas monetárias ótimas e o euro   **675**

Os critérios de convergência de Maastricht e o Pacto de Estabilidade e Crescimento

O Tratado de Maastricht exige que os países da União Europeia satisfaçam diversos critérios de convergência macroeconômica antes da admissão à UEM. Entre esses critérios, temos:

1. Taxa de inflação do país no ano anterior à admissão deve ser inferior a 1,5% da taxa média dos três estados-membros com a inflação mais baixa.
2. O país deve ter mantido uma taxa de câmbio estável dentro do MTC sem desvalorização por iniciativa própria.
3. O país deve ter um déficit público não superior a 3% do seu PIB (exceto em circunstâncias excepcionais e temporárias).
4. O país deve ter uma dívida pública que esteja abaixo, ou próxima, de um nível de referência de 60% do seu PIB.

O Tratado prevê a monitoração contínua dos critérios 3 e 4 mencionados anteriormente pela Comissão Europeia, mesmo após a admissão à UEM, e a aplicação de sanções a países que violam essas regras fiscais e não corrigem situações de dívida e déficits "excessivos". A vigilância e as sanções para déficits e dívidas elevados colocam os governos nacionais sob restrições no exercício dos seus poderes fiscais nacionais. Por exemplo, um país da UEM altamente endividado que enfrenta uma recessão nacional pode ser incapaz de usar a política fiscal expansionista por medo de infringir os limites de Maastricht – uma perda de autonomia política possivelmente dispendiosa, dada a inexistência de uma política monetária nacional!

Além disso, um **Pacto de Estabilidade e Crescimento (PEC)** suplementar, negociado pelos líderes europeus em 1997, apertou ainda mais a "camisa de força" fiscal. O PEC estabeleceu "o objetivo orçamentário de médio prazo de situações próximas do equilíbrio ou em superávit". Também definiu um calendário para a imposição de sanções financeiras aos países que não conseguirem corrigir prontamente o bastante as situações de déficits e dívida "excessivos". O que explica os critérios de convergência macroeconômica, o medo de altas dívidas públicas e o PEC? Antes de assinarem o Tratado de Maastricht, os países com baixa inflação, como a Alemanha, queriam a garantia de que seus parceiros da UEM tinham aprendido a preferir um ambiente de baixa inflação e contenção fiscal. Eles temiam que, caso contrário, o euro pudesse ser uma moeda fraca, presa fácil dos tipos de políticas que têm impulsionado a inflação francesa, grega, italiana, portuguesa, espanhola e britânica em diversos momentos desde o início da década de 1970. Um governo altamente endividado, que continua a pegar empréstimos, pode ver desaparecer a demanda do mercado pelos seus títulos – um cenário de pesadelo que finalmente se concretizou para vários países europeus na crise do euro a partir de 2009. Outro medo sobre a UEM era de que o novo Banco Central Europeu enfrentasse pressões para comprar a dívida pública diretamente em tais situações, alimentando, assim, a inflação e o crescimento da oferta de moeda. Eleitores em países tradicionalmente de baixa inflação estavam preocupados se os governos prudentes dentro da UEM seriam obrigados a pagar a conta dos governos perdulários que pegavam emprestado mais do que poderiam ter recursos para pagar. Isso era especialmente verdadeiro na Alemanha, onde os contribuintes na parte ocidental do país estavam tendo o custo de absorver o leste ex-comunista. Consistente com esse medo, o Tratado de Maastricht também continha uma "cláusula de não resgate" que proibia os países da UE de assumirem as dívidas dos outros membros.

À medida que a UEM aproximava-se, em 1997, a opinião pública alemã, portanto, permanecia contra o euro. O governo alemão exigiu o PEC como uma maneira de convencer os eleitores nacionais de que o novo Banco Central Europeu realmente produziria inflação baixa e evitaria resgates. Por ironia, como a Alemanha (junto com a França) é um dos países que, posteriormente, violou as regras fiscais de Maastricht, o PEC não foi aplicado na prática durante a primeira década do euro – embora experiências posteriores tenham mostrado que as preocupações que motivaram o PEC eram válidas, como veremos.

676 PARTE IV ▪ Política macroeconômica internacional

Em maio de 1998, ficou claro que onze países da UE tinham atendido os critérios de convergência com base em dados de 1997 e se tornariam membros fundadores da UEM: Alemanha, Áustria, Bélgica, Espanha, Finlândia, França, Irlanda, Itália, Luxemburgo, Países Baixos e Portugal. A Grécia não conseguiu cumprir nenhum dos critérios em 1998, embora tenha finalmente conseguido passar em todos os seus testes, entrando na UEM em 1º de janeiro de 2001. Desde então, Eslovênia (em 1º de janeiro de 2007), Chipre e Malta (ambos em 1º de janeiro de 2008), a República Eslovaca (1º de janeiro de 2009), a Estônia (1º de janeiro de 2011), a Letônia (1º de janeiro de 2014) e a Lituânia (1º de janeiro de 2015) também aderiram à zona do euro.

Banco Central Europeu e o Eurossistema

O *Eurossistema* conduz a política monetária da zona do euro e é constituído pelo *Banco Central Europeu (BCE)*, em Frankfurt, e por 19 bancos centrais nacionais da área do euro, que agora desempenham funções análogas às dos bancos regionais do *Federal Reserve* dos Estados Unidos. As decisões do Eurossistema são tomadas por votos do Conselho Geral do BCE, composto por seis membros executivos do BCE (incluindo seu presidente) e pelos chefes dos bancos centrais nacionais da área do euro. O Sistema Europeu de Bancos Centrais (SEBC) consiste no BCE e em todos os 28 bancos centrais da UE, incluindo os de países que não utilizam o euro. Como os membros do Eurossistema, os bancos centrais que não pertencem à zona do euro estão empenhados em alcançar a estabilidade dos preços domésticos, bem como diversas formas de cooperação com o Eurossistema.

Os autores do Tratado de Maastricht esperavam criar um banco central independente, livre das influências políticas que poderiam levar à inflação.[11] O Tratado dá ao BCE um mandato primordial para buscar a estabilidade dos preços e inclui muitas disposições destinadas a isolar as decisões de política monetária da influência política. Além disso, ao contrário de qualquer outro banco central no mundo, o BCE opera além do alcance de qualquer governo nacional específico. Nos Estados Unidos, por exemplo, o Congresso poderia facilmente passar leis reduzindo a independência do *Federal Reserve*. Por outro lado, embora o BCE precise informar o Parlamento Europeu regularmente sobre suas atividades, este não tem poder para alterar os estatutos do SEBC e do BCE. Isso exigiria uma emenda ao Tratado de Maastricht, aprovada por legislaturas ou eleitores em cada país-membro da UE. No entanto, os críticos do Tratado argumentam que ele vai longe demais na blindagem do BCE a processos democráticos normais.

O mecanismo de taxas de câmbio revisadas

Para países da UE que ainda não são membros da UEM, um mecanismo de taxa de câmbio revisada – conhecido como MTC 2 – define zonas de ampla taxa de câmbio contra o euro (± 15%) e especifica o regime de intervenção recíproca para apoiar essas zonas-alvo. O MTC 2 foi considerado necessário para desencorajar as desvalorizações competitivas diante do euro por membros da UE fora da zona euro e para dar a futuros candidatos à UEM uma maneira de satisfazer o critério de convergência da estabilidade de taxa de câmbio do Tratado de Maastricht. Sob as regras de MTC 2, o BCE ou o banco central nacional de um membro da UE com sua moeda própria podem suspender as operações de intervenção do euro se elas resultarem em mudanças de oferta de moeda que ameacem desestabilizar o nível de preços no mercado interno. Na prática, o MTC 2 é assimétrico, com países periféricos atrelando suas moedas ao euro e adaptando-se passivamente às decisões do BCE sobre as taxas de juros.

---

[11]Vários estudos mostram que a independência do banco central parece estar associada com a inflação mais baixa. Para uma avaliação, veja: Christopher Crowe e Ellen E. Meade. "Central Bank Independence and Transparency: Evolution and Effectiveness". *European Journal of Political Economy*, v. 24, p. 763-777, dez. 2008.

CAPÍTULO 21 ▪ Áreas monetárias ótimas e o euro **677**

A teoria das áreas monetárias ótimas

Sem dúvida alguma, o processo de integração monetária europeia ajudou a avançar os objetivos *políticos* de seus fundadores, dando à União Europeia uma posição mais forte em assuntos internacionais. A sobrevivência e o desenvolvimento futuro do experimento monetário europeu dependem ainda mais, no entanto, de sua capacidade de ajudar os países a alcançarem seus objetivos *econômicos*. Aqui o quadro é menos claro, porque a decisão de um país de fixar sua taxa de câmbio pode, em princípio, levar a sacrifícios, bem como a benefícios econômicos.

Vimos no Capítulo 19 que, ao alterar a sua taxa de câmbio, um país pode conseguir amortecer o impacto prejudicial de diversos choques econômicos. Por outro lado, a flexibilidade da taxa de câmbio pode ter efeitos prejudiciais, como tornar os preços relativos menos previsíveis ou minar a vontade do governo de manter a inflação sob controle. Para ponderar os custos econômicos contra as vantagens de aderir a um grupo de países com taxas de câmbio mutuamente fixas, precisamos de uma estrutura para pensar sistematicamente sobre os poderes de estabilização que um país sacrifica e os ganhos de eficiência e credibilidade que poderá colher.

Nesta seção, mostraremos que os custos e benefícios de um país ao se juntar a uma área de taxa de câmbio fixa, como a zona do euro, dependem de quão integrada a sua economia é com a de seus parceiros potenciais. A análise que conduz a essa conclusão, que é conhecida como a teoria das **áreas monetárias ótimas**, prevê que as taxas de câmbio fixas são mais apropriadas para áreas intimamente integradas por meio do comércio internacional e dos movimentos de fatores de produção.[12]

Integração econômica e os benefícios de uma área de taxa de câmbio fixa: a curva *GG*

Considere como um país individual, por exemplo, a Noruega, abordaria a decisão de se juntar a uma área de taxas de câmbio fixas, por exemplo, a zona do euro. Nosso objetivo é desenvolver um diagrama simples que esclareça a escolha da Noruega.

Começamos por derivar o primeiro de dois elementos no diagrama, uma curva chamada *GG*, que mostra como o ganho potencial para a Noruega se juntar à zona do euro depende de ligações de comércio da Noruega com a região. Vamos supor que a Noruega esteja considerando indexar sua moeda, a coroa, ao euro.

Um grande benefício econômico de taxas de câmbio fixas é que elas simplificam os cálculos econômicos e, em comparação com taxas flutuantes, oferecem uma base mais previsível para as decisões que envolvem transações internacionais. Imagine o tempo e os recursos que os consumidores americanos e empresas desperdiçariam todo dia, se cada um dos 50 estados dos Estados Unidos tivesse sua própria moeda que flutuasse de valor contra as moedas de todos os outros estados! A Noruega enfrenta uma desvantagem semelhante em seu comércio com a zona do euro, quando permite que sua coroa flutue em relação ao euro. O **ganho de eficiência monetária** da adesão ao sistema de taxa de câmbio fixa é igual às economias do país entrante ao evitar incerteza, confusão e custos de transação e cálculo que surgem quando as taxas de câmbio flutuam.[13]

---

[12]A referência original é o artigo clássico de A. Mundell. "The Theory of Optimum Currency Areas". *American Economic Review*, v. 51, p. 717-725, set. 1961. O livro de Tower e Willett citado nas Leituras adicionais resume as contribuições subsequentes. Mundell defendia a ideia de que a área monetária ótima não precisa coincidir com as fronteiras nacionais. Como veremos, no entanto, a experiência recente na área do euro sugere que, se a área de moeda for além das fronteiras nacionais, algumas funções governamentais críticas podem precisar ser delegadas para autoridades supranacionais, agindo em nome da união monetária como um todo.

[13]Para ilustrar apenas um componente de ganho de eficiência monetária, as economias potenciais das comissões pagas aos corretores e bancos em operações de câmbio, Charles R. Bean, da London School of Economics, estimou que, em 1992, uma "viagem" por todas as moedas da União Europeia resultaria na perda de *metade* da quantia original. Consulte seu artigo "Economic and Monetary Union in Europe". *Journal of Economic Perspectives*, v. 6, p. 31-52, outono 1992.

Na prática, pode ser difícil fixar um número exato para o ganho de eficiência monetária total de que a Noruega desfrutaria como resultado da adesão ao euro. Contudo, podemos ter certeza de que esse ganho será maior se a Noruega negociar muito com os países da zona do euro. Por exemplo, se o comércio da Noruega com a zona do euro representar 50% do seu PNB, enquanto seu comércio com os Estados Unidos for de apenas 5% do PNB, então, mantendo as outras variáveis iguais, uma taxa de câmbio fixa coroa/euro produz claramente um ganho maior de eficiência monetária para os comerciantes noruegueses do que uma taxa fixa coroa/dólar. Da mesma forma, o ganho de eficiência de uma taxa fixa euro/coroa é maior quando o comércio entre a Noruega e a zona do euro é intenso do que quando é pequeno.

O ganho de eficiência monetária de a coroa aderir ao euro também será maior se os fatores de produção puderem migrar livremente entre a Noruega e a zona do euro. Os noruegueses que investem nos países da zona do euro se beneficiam quando os retornos sobre seus investimentos são mais previsíveis. Da mesma forma, os noruegueses que trabalham nos países da zona do euro podem se beneficiar se uma taxa de câmbio fixa fizer com que seus salários fiquem mais estáveis em relação ao custo de vida da Noruega.

Nossa conclusão é que *um alto grau de integração econômica entre um país e uma área de taxa de câmbio fixa aumenta o ganho de eficiência monetária que o país obtém quando corrige sua taxa de câmbio em relação às moedas da região.* Quanto mais intensos forem o comércio internacional e os movimentos dos fatores de produção, maior será o ganho de uma taxa de câmbio fixa internacional.

A curva *GG* inclinada para cima na Figura 21.3 mostra a relação entre o grau de integração econômica de um país com uma área de taxa de câmbio fixa e o ganho de eficiência monetário para o país de adesão à zona. O eixo horizontal da figura mede a extensão até a qual a Noruega (país ingressante em nosso exemplo) está economicamente integrada nos mercados de produtos e fatores da zona do euro. O eixo vertical mede o ganho de eficiência monetária para a Noruega em atrelar sua moeda ao euro. A inclinação positiva do *GG* reflete a conclusão de que o ganho de eficiência monetária que um país obtém ao se juntar a uma área de taxa de câmbio fixa cresce conforme sua integração econômica com a área aumenta.

Em nosso exemplo, supomos implicitamente que a área de maior taxa de câmbio, a zona do euro, tem um nível de preços estável e previsível. Se isso não acontecer, a maior variabilidade no nível de preços da Noruega que se seguiria à decisão de aderir à zona de taxa

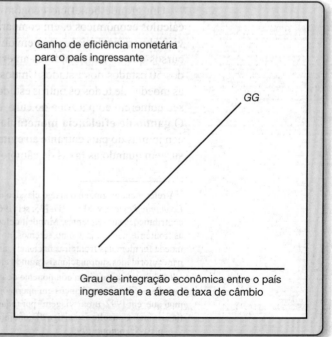

FIGURA 21.3
A curva *GG*.
A curva *GG* inclinada para cima mostra que o ganho de eficiência monetária do país em se unir a uma área de taxa de câmbio fixa aumenta conforme a integração econômica do país com a área aumenta.

CAPÍTULO 21 ■ Áreas monetárias ótimas e o euro **679**

de câmbio provavelmente compensaria qualquer ganho de eficiência monetária que pudesse advir de uma taxa de câmbio fixa. Um problema diferente surge se o compromisso da Noruega de fixar a taxa de câmbio da coroa não for plenamente aceito pelos agentes econômicos. Nessa situação, alguma incerteza sobre a taxa de câmbio permaneceria, e a Noruega, portanto, desfrutaria de um ganho menor de eficiência monetária. Entretanto, se o nível de preços da zona do euro for estável e o compromisso cambial da Noruega for firme, a conclusão principal é: quando atrela sua moeda ao euro, a Noruega ganha com a estabilidade de sua moeda em relação ao euro, e esse ganho de eficiência é maior quanto mais próximos forem os mercados da Noruega e os mercados da zona do euro.

Anteriormente neste capítulo, aprendemos que um país pode desejar atrelar sua taxa de câmbio a uma área de estabilidade dos preços para importar a determinação anti-inflacionária das autoridades monetárias da área. Contudo, quando a economia do país que está atrelando for bem integrada à da área de baixa inflação, a baixa taxa de inflação doméstica é mais fácil de se alcançar. A razão é que a estreita integração econômica conduz à convergência dos preços internacionais e, portanto, diminui as possibilidades de variação independente no nível de preços do país que está atrelando. Esse argumento fornece outra razão por que a alta integração econômica com uma área de taxa de câmbio fixa aumenta o ganho de um país que vai se tornar membro.

Integração econômica e os custos de uma área de taxa de câmbio fixa: a curva *LL*

A associação a uma área de taxa de câmbio pode envolver custos, bem como benefícios, mesmo quando a área tem baixa taxa de inflação. Esses custos surgem porque um país que se junta a uma área de taxa de câmbio desiste de sua capacidade de usar a política monetária e cambial com a finalidade de estabilizar a produção e o emprego. Essa **perda de estabilidade econômica** por se juntar ao bloco, como o ganho de eficiência monetária do país, está relacionada com a integração econômica do país com os seus parceiros cambiais. Podemos derivar uma segunda curva, a curva *LL*, que mostra a relação graficamente.

Na discussão do Capítulo 19 sobre mérito relativo das taxas de câmbio fixas e flutuantes, concluímos que quando a economia é perturbada por uma mudança no mercado de produção (isto é, por uma mudança na curva *DD*), uma taxa de câmbio flutuante tem uma vantagem sobre uma taxa fixa: a taxa flutuante ameniza automaticamente a produção e o emprego da economia, permitindo uma mudança imediata no preço relativo dos bens nacionais e estrangeiros. Além disso, você vai lembrar do Capítulo 18 que, quando a taxa de câmbio é fixa, a estabilização proposital é mais difícil de alcançar porque a política monetária não tem poder para afetar a produção interna. Tendo em conta essas duas conclusões, seria de esperar que as alterações na curva *DD* tivessem efeitos mais graves em uma economia na qual a autoridade monetária é necessária para fixar a taxa de câmbio contra um grupo de moedas estrangeiras. A instabilidade *extra* causada pela taxa de câmbio fixa é a perda de estabilidade econômica.[14]

Para derivar a curva *LL*, devemos entender como a extensão da integração econômica da Noruega com a zona do euro afetará o tamanho dessa perda de estabilidade econômica.

---

[14]Você pode pensar que quando a Noruega atrela unilateralmente sua taxa de câmbio ao euro, mas deixa a coroa livre para flutuar em relação a outras moedas além do euro, o país é capaz de manter pelo menos alguma independência monetária. Talvez você fique surpreso em saber que essa intuição está *errada*. A razão é que qualquer alteração de oferta de moeda independente na Noruega colocaria pressão sobre as taxas de juros da coroa e, portanto, sobre a taxa de câmbio euro/coroa. Então, ao atrelar a coroa mesmo que a uma única moeda estrangeira, a Noruega abre mão completamente de seu controle monetário nacional. Esse resultado, no entanto, tem um lado positivo para a Noruega. Após o país atrelar unilateralmente a coroa ao euro, as perturbações do mercado monetário doméstico (alterações na curva *AA*) já não afetarão mais a produção interna, apesar da flutuação contínua em relação às outras moedas além do euro. Por quê? Como a taxa de juros da Noruega deve ser igual à do euro, qualquer alteração simples em *AA* resultará em entrada ou saída de reserva imediata, que mantém a taxa de juros da Noruega inalterada. Assim, uma fixação coroa/euro por si só é suficiente para proporcionar estabilidade automática diante de choques monetários eventuais que alterem a curva *AA*. É por isso que a discussão no texto pode concentrar-se em alterações na curva *DD*.

680 PARTE IV ■ Política macroeconômica internacional

Imagine que a Noruega esteja aderindo ao euro e que haja uma queda na demanda agregada pela produção da Noruega – um deslocamento para a esquerda da curva *DD* norueguesa. Se as curvas *DD* dos outros países da zona do euro se deslocarem simultaneamente para a esquerda, o euro simplesmente depreciará em relação às moedas externas, proporcionando a estabilização automática que estudamos no último capítulo. A Noruega tem um problema sério somente quando enfrenta *sozinha* uma queda na demanda – por exemplo, se a procura do mundo por petróleo, um de seus principais produtos de exportação, cair.

Como a Noruega se ajustará a esse choque? Uma vez que não ocorreu nada para afetar o valor do euro, ao qual a Noruega está indexada, sua coroa permanecerá estável em relação a *todas* as moedas estrangeiras. Assim, o pleno emprego somente voltará após um dispendioso período de queda durante o qual os preços das mercadorias norueguesas e o salário dos trabalhadores noruegueses cairão.

Como a gravidade dessa queda depende do nível de integração econômica entre a economia norueguesa e a dos países da UEM? A resposta é que a maior integração implica uma queda mais rasa e, portanto, um ajuste menos oneroso para a alteração adversa no *DD*. Há duas razões para essa redução no custo de ajuste: primeira, se a Noruega tem relações comerciais estreitas com a zona do euro, uma pequena redução em seus preços levará a um aumento na demanda da zona do euro pelas mercadorias norueguesas, que é grande em relação à produção do país. Assim, o pleno emprego pode ser restaurado rapidamente. Segunda, se os mercados de mão de obra e de capital da Noruega forem estreitamente entrelaçados com os de seus vizinhos da zona do euro, os trabalhadores desempregados podem mudar-se facilmente para o exterior para encontrar trabalho e o capital nacional pode ser deslocado para usos mais rentáveis em outros países. A capacidade dos fatores de produção de migrarem para o exterior, portanto, reduz a severidade do desemprego na Noruega e a queda da taxa de retorno disponível para os investidores.[15]

Observe que nossas conclusões também se aplicam a uma situação em que a Noruega experimenta um *aumento* na demanda por sua produção (um deslocamento para a direita do *DD*). Se a Noruega estiver integrada firmemente com as economias da zona do euro, um pequeno aumento no nível de preços da Noruega, combinado com algum movimento de capital estrangeiro e de mão de obra para o país, elimina rapidamente a demanda em excesso por produtos noruegueses.[16]

Laços comerciais mais estreitos entre a Noruega e os países de *fora* da zona do euro também ajudarão o ajuste do país para os deslocamentos do *DD* norueguês que não ocorram simultaneamente na zona do euro. No entanto, a maior integração comercial com países de fora da zona do euro é uma faca de dois gumes, com implicações negativas, bem como positivas, para a estabilidade macroeconômica. A razão é que, quando a Noruega indexa a coroa ao euro, os distúrbios da zona do euro que alteram a taxa de câmbio da moeda terão efeitos mais poderosos sobre a economia da Noruega quando suas ligações comerciais com os países fora

---

[15]Equipamentos e fábricas instalados normalmente são caros de se transportar para o exterior ou de adaptar a novas utilizações. Os proprietários dos capitais noruegueses relativamente imóveis, portanto, sempre vão ganhar baixos retornos após uma queda na demanda por produtos noruegueses. No entanto, se o mercado de capitais da Noruega for integrado com o de seus vizinhos da UEM, os noruegueses vão investir algumas das suas riquezas em outros países, enquanto, ao mesmo tempo, parte do estoque de capital da Noruega estará em posse de estrangeiros. Como resultado desse processo de *diversificação* de riqueza internacional (veja o Capítulo 20), mudanças inesperadas no retorno sobre o capital da Noruega serão automaticamente compartilhadas entre os investidores em toda a área de taxa de câmbio fixa. Assim, mesmo os proprietários de capital que não pode ser movido podem evitar a perda de estabilidade econômica por causa de taxas de câmbio fixas quando a economia da Noruega estiver aberta aos fluxos de capital.

Quando a mobilidade internacional da mão de obra é baixa ou inexistente, a maior mobilidade de capitais internacional pode *não* reduzir a perda de estabilidade econômica de taxas de câmbio fixas, como discutiremos na avaliação da experiência europeia no estudo de caso "A Europa é uma área monetária ótima?".

[16]O raciocínio anterior aplica-se a outras perturbações econômicas que recaem de forma desigual sobre o mercado de produção da Noruega e dos seus parceiros cambiais. O Problema 5 no final deste capítulo pede para analisar os efeitos de um aumento na demanda por exportações na UEM que deixa a relação de demanda de exportação da Noruega inalterada.

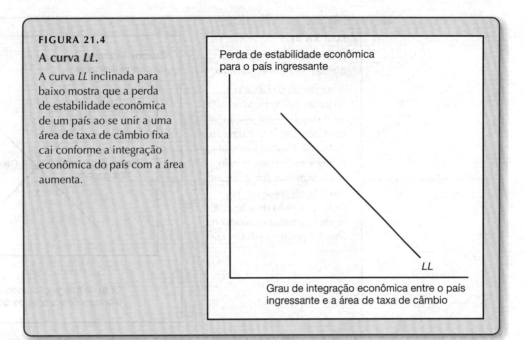

FIGURA 21.4
A curva LL.
A curva LL inclinada para baixo mostra que a perda de estabilidade econômica de um país ao se unir a uma área de taxa de câmbio fixa cai conforme a integração econômica do país com a área aumenta.

da zona do euro forem mais extensas. Os efeitos seriam análogos a um aumento no tamanho dos movimentos da curva *DD* da Noruega e aumentariam a perda de estabilidade econômica do país por atrelar-se ao euro. Seja como for, esses argumentos não mudam nossa conclusão anterior de que a perda de estabilidade da Noruega por fixar a taxa de câmbio coroa/euro cai conforme a extensão da sua integração econômica com a zona do euro aumenta.

Uma consideração adicional que ainda não discutimos reforça o argumento de que a perda de estabilidade econômica da Noruega por atrelar sua moeda ao euro é menor quando o país e a zona do euro se envolvem em um grande volume de comércio. Uma vez que, nesse caso, as importações da zona do euro compõem uma grande fração do consumo dos trabalhadores noruegueses, mudanças na taxa de câmbio euro/coroa podem afetar rapidamente os salários nominais noruegueses, reduzindo qualquer impacto sobre o emprego. Uma depreciação da coroa em relação ao euro, por exemplo, provoca uma queda acentuada nos padrões de vida dos noruegueses, quando as importações da zona do euro são substanciais; os trabalhadores tendem, portanto, a exigir maiores salários nominais de seus empregadores para compensar a perda. Nessa situação, a estabilidade macroeconômica adicional que a Noruega obtém de uma taxa de câmbio flutuante é pequena, assim o país tem pouco a perder ao fixar a taxa de câmbio euro/coroa.

Podemos concluir que *um alto grau de integração econômica entre um país e a área de taxa de câmbio fixa a que ele se integra reduz a perda de estabilidade econômica resultante por perturbações de mercado de produção.*

A curva *LL*, mostrada na Figura 21.4, resume essa conclusão. O eixo horizontal da figura mede a integração econômica do país ingressante com a área de taxa de câmbio fixa, o eixo vertical representa a perda da estabilidade econômica do país. Como já vimos, a *LL* tem uma inclinação negativa porque a perda da estabilidade econômica advinda do atrelamento às moedas da área cai conforme o grau de interdependência econômica aumenta.

A decisão de entrar para uma área monetária: juntando as curvas *GG* e *LL*

A Figura 21.5 combina as curvas *GG* e *LL* para mostrar como a Noruega deve decidir-se a fixar a taxa de câmbio da coroa em relação ao euro. A figura implica que a Noruega deve fazer isso se o grau de integração econômica entre os mercados noruegueses e os da zona do euro for pelo menos igual a θ_1, o nível de integração determinado pela interseção de *GG* e *LL* no ponto 1.

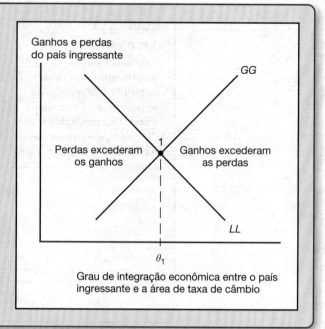

FIGURA 21.5
A decisão sobre quando atrelar a taxa de câmbio.
A interseção de GG e LL no ponto 1 determina um nível crítico de integração econômica, θ_1, entre uma área de taxa de câmbio fixa e um país que está considerando se vai ingressar. Em qualquer nível de integração acima de θ_1, a decisão de aderir rende benefícios econômicos líquidos positivos para o país ingressante.

Vamos ver por que a Noruega deve atrelar sua moeda ao euro se seu grau de integração econômica com os mercados da zona do euro for de pelo menos θ_1. A Figura 21.5 mostra que, para níveis de integração econômica abaixo de θ_1, a curva GG encontra-se abaixo da curva LL. Assim, a perda que a Noruega sofreria com a maior instabilidade da produção e do emprego após sua união excede o ganho de eficiência monetária, e o país ganharia mais se ficasse fora.

Contudo, quando o grau de integração é θ_1 ou superior, o ganho de eficiência monetária medido por GG é maior do que o sacrifício de estabilidade medida por LL, e atrelar a taxa de câmbio da coroa ao euro resulta em um ganho líquido para a Noruega. Assim, a interseção de GG e LL determina o nível de integração mínimo (aqui, θ_1) no qual a Noruega desejará atrelar sua moeda ao euro.

A estrutura GG-LL tem consequências importantes para como as alterações no ambiente econômico de um país afetam sua disposição de atrelar sua moeda a uma área monetária externa. Considere, por exemplo, um aumento no tamanho e na frequência das mudanças repentinas na demanda pelas exportações do país. Como mostrado na Figura 21.6, tal mudança empurra LL_1 para cima, até LL_2. Em qualquer nível de integração econômica com área monetária, a produção extra e a instabilidade do desemprego que o país sofre ao fixar sua taxa de câmbio agora serão maiores. Como resultado, o nível de integração econômica em que vale a pena aderir à área monetária sobe para θ_2 (determinado pela interseção de GG e LL_2 no ponto 2). Mantendo iguais todas as outras variáveis, o aumento na variabilidade em seus mercados de produtos faz os países ficarem menos dispostos a entrar em áreas de taxa de câmbio fixa – uma previsão que ajuda a explicar por que os choques de preço do petróleo pós-1973 fizeram os países não quererem reviver o sistema de Bretton Woods de taxas de câmbio fixas (Capítulo 19).

O que é uma área monetária ótima?

O modelo GG-LL que desenvolvemos sugere uma teoria da áreas monetárias ótimas. Áreas monetárias ótimas são grupos de regiões com economias intimamente ligadas pelo comércio de bens e serviços e pela mobilidade dos fatores de produção. Esse resultado decorre de nossos achados de que uma área de taxa de câmbio fixa serve melhor aos interesses econômicos de cada um dos seus membros se o grau de comércio de produção e de fatores entre as economias incluídas for alto.

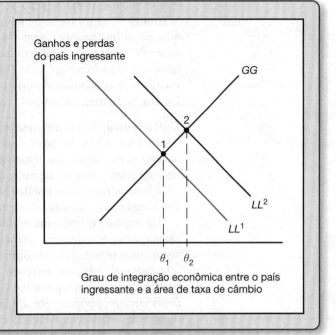

FIGURA 21.6
Um aumento da variabilidade do mercado de produção.
Um aumento no tamanho e na frequência das perturbações específicas do país aos mercados de produto do país ingressante desloca a curva LL para cima, de LL^1 para LL^2, porque para um dado nível de integração econômica com a área de taxa de câmbio fixa, a perda de estabilidade econômica do país por atrelar sua taxa de câmbio aumenta. A mudança em LL eleva o nível crítico de integração econômica em que a área de taxa de câmbio está unida ao θ_2.

Essa perspectiva nos ajuda a compreender, por exemplo, por que pode fazer sentido para os Estados Unidos, Japão e Europa permitir que suas taxas de câmbio mútuas flutuem. Apesar de essas regiões terem comércio umas com as outras, a extensão de tal comércio é modesta em comparação com os PNBs regionais, e a mobilidade inter-regional da mão de obra é baixa.

Outras considerações importantes

Embora o modelo *GG-LL* seja útil para organizar o nosso pensamento sobre as áreas monetárias ótimas, ele não resolve tudo. Pelo menos três outros elementos afetam nossa avaliação do passado e da perspectiva de desempenho da área monetária do euro.

Semelhança da estrutura econômica O modelo *GG-LL* nos mostra que o comércio extenso com o resto da área monetária facilita para que um membro se adapte a perturbações no mercado de produtos que afetam diferentemente a ele e a seus parceiros de moeda. Mas isso não nos diz quais fatores reduzirão a frequência e o tamanho dos choques de mercado de produtos específicos de cada membro.

Um elemento-chave para minimizar tais distúrbios é a semelhança na estrutura econômica, especialmente nos tipos de bens produzidos. Os países da zona do euro, por exemplo, não são inteiramente diferentes em sua estrutura industrial, como evidenciado pelo volume muito alto de *comércio intraindústria* – o comércio de produtos similares – dentro da Europa (veja o Capítulo 8). No entanto, também existem diferenças importantes. Os países do norte da Europa são mais bem dotados de capital e mão de obra qualificada do que os países do sul, e produtos da UE que fazem uso intensivo de mão de obra de baixa qualificação, portanto, tendem a vir de Portugal, Espanha, Grécia ou sul da Itália. Os diferentes padrões de exportação dos países europeus do norte e do sul criam mais oportunidades para os choques assimétricos.

Podemos ver a maior diferença estrutural entre um país e seus parceiros potenciais de união monetária deslocando a curva *LL* para cima, aumentando o grau de integração econômica necessária antes de a filiação à união monetária tornar-se uma boa ideia.

Federalismo fiscal Outra consideração na avaliação de uma área monetária é sua capacidade de transferir recursos econômicos dos membros com economias saudáveis para aqueles que sofrem reveses econômicos. Nos Estados Unidos, por exemplo, os estados-membros

684 PARTE IV ■ Política macroeconômica internacional

que se saem mal em relação ao restante da nação recebem automaticamente apoio de Washington, na forma de benefícios sociais e outros pagamentos de transferência federal que, em última análise, saem dos impostos que outros estados pagam. Além disso, as receitas de impostos federais enviadas de volta para Washington automaticamente declinam quando a economia local sofre. Tal **federalismo fiscal** pode ajudar a compensar a perda de estabilidade econômica decorrente de taxas de câmbio fixas, como acontece nos Estados Unidos. Se há mais federalismo fiscal, ele desloca a curva LL para baixo.[17]

União bancária Suponha que os países em uma área de taxas de câmbio mutuamente fixas mantenham o controle nacional sobre a regulamentação, supervisão e resolução de operações bancárias, mas ao mesmo tempo permitam liberdade de transações financeiras internacionais, incluindo para os bancos (e outras instituições financeiras). Como vimos no Capítulo 20, o *trilema financeiro* implica que seus sistemas financeiros serão menos estáveis do que com o controle centralizado e supranacional sobre a política de regulação financeira.

No entanto, o problema é ainda pior do que o de costume em uma área de taxas de câmbio fixas. Se países-membros imprimirem dinheiro em grandes quantidades, enquanto agem como prestamistas de última instância, por exemplo, eles podem ficar sem reservas internacionais e encontrar-se em uma crise monetária (Capítulo 18). Cada banco central, portanto, relutará em agir como LLR para seus bancos nacionais, e as percepções públicas dessa relutância podem, em si, incentivar corridas bancárias e, assim, aumentar o risco de instabilidade financeira e novas crises monetárias. Em termos de nossa estrutura GG-LL, menos unificação de toda a área de política bancária eleva a curva LL. Como veremos, esse problema tem sido fundamental para a crise recente na zona do euro, apesar de o exemplo anterior com base na função LLR do banco central funcionar de forma mais complexa no contexto da UEM.

Como sugere o trilema financeiro, uma maneira de deixar as taxas de câmbio fixas, mantendo o controle nacional sobre a política financeira, é proibir os movimentos de capitais internacionais. Isso não é uma opção dentro de uma união monetária como a UEM, com um banco central único compartilhado, porque a política de taxas de juros do banco central não poderia ser transmitida a todos os estados-membros se impedissem a contratação de empréstimos internacionais.

ESTUDO DE CASO

A Europa é uma área monetária ótima?

A questão crítica para julgar o sucesso econômico da UEM é se a própria Europa torna-se uma área monetária ótima. Os ganhos e perdas de uma nação ao indexar sua moeda a uma área de taxa de câmbio são difíceis de medir numericamente, mas combinando nossa teoria com informações sobre o desempenho econômico real, podemos avaliar a alegação de que a Europa, que em sua maior parte é propensa a adotar ou indexar ao euro, é uma área monetária ótima.

---

[17]O enunciado clássico do papel do federalismo fiscal na teoria das áreas monetárias ótimas é de Peter B. Kenen. "The Theory of Optimum Currency Areas: na Eclectic View". In: Robert Mundell e Alexander Swoboda (Eds.). *Monetary Problems of the International Economy*. Chicago: University of Chicago Press, 1969, p. 41-60. Talvez surpreendentemente, o argumento de Kenen é válido mesmo quando as pessoas têm acesso a mercados privados muito eficientes para a partilha de riscos. Veja: Emmanuel Farhi e Iván Werning, "Fiscal Unions". *American Economic Review* 107 (dez. 2017), pp. 3788-3834.

A EXTENSÃO DO COMÉRCIO INTRAEUROPEU

Nossa discussão anterior sugeriu que é mais provável que um país se beneficie de entrar em uma área monetária se a economia da região for estreitamente integrada à do país. O grau geral de integração econômica pode ser julgado por uma análise da integração dos mercados de produtos, ou seja, a extensão do comércio entre o país ingressante e a área monetária, e da integração dos mercados de fatores de produção, ou seja, a facilidade com que mão de obra e capital podem migrar entre o país ingressante e a área monetária.

Em janeiro de 1999, na época do lançamento do euro, a maioria dos estados-membros exportava de 10% a 20% de sua produção para outros membros da UE. Esse número é muito maior do que a extensão do comércio UE-Estados Unidos. Contudo, embora o volume médio de comércio intra-UE tenha aumentado um pouco desde a década de 1990, permanece abaixo do nível do comércio entre as regiões dos Estados Unidos. Se tomarmos o comércio em relação ao PNB como uma medida da integração do mercado de mercadorias, o modelo *GG-LL* da última seção sugere que uma flutuação comum das moedas da Europa em relação às do resto do mundo seja uma estratégia melhor para membros da UE do que seria uma taxa de câmbio euro/dólar fixa. A extensão do comércio intraeuropeu, no entanto, não é grande o suficiente para nos levar a acreditar definitivamente que a própria União Europeia seja uma área monetária ótima.

Quando o euro foi lançado, seus apoiadores tinham grandes esperanças de que promoveria substancialmente o comércio na união monetária. Essas esperanças foram reforçadas por um estudo econométrico influente de Andrew K. Rose, da Universidade Nacional de Singapura, que sugeriu que, em média, membros de uniões monetárias fazem três vezes mais comércio uns com os outros do que com países não membros – mesmo depois que controlamos para outros determinantes dos fluxos comerciais. Um estudo mais recente dos dados de comércio da UE por Richard Baldwin, do Instituto Universitário de Altos Estudos Internacionais de Genebra, reduziu muito a escala dessas expectativas na medida em que se aplicavam à experiência inicial da zona do euro.[18] Baldwin estimou que, até meados da década de 2000, o euro aumentou os níveis de comércio mútuo de seus usuários somente em cerca de 9%, com a maioria dos efeitos ocorrendo no primeiro ano, 1999. Mas ele também concluiu que a Grã-Bretanha, a Dinamarca e a Suécia, que não adotaram a moeda, viram seu comércio com os países da zona do euro aumentar em cerca de 7% no mesmo período. Esses países da UE, portanto, não ganhariam muito mais se adotassem o euro.

As medidas da UE destinadas a promover a integração do mercado após o Ato Único Europeu de 1986 provavelmente contribuíram para reforçar o comércio intra-UE. Para algumas mercadorias (como os eletroeletrônicos), tem havido convergência de preço considerável em países da UE, mas outros produtos, incluindo os automóveis, ainda podem ser vendidos por preços muito diferentes em locais diversos da Europa. Uma hipótese

---

[18] Veja: Baldwin. *In or Out: Does It Matter? An Evidence-Based Analysis of the Euro's Trade Effects*. Londres: Centre for Economic Policy Research, 2006. Rose relata sua análise e resultados iniciais em "One Money, One Market: The Effects of Common Currencies on Trade". *Economic Policy*, v. 30, p. 8-45, abr. 2000. Ele baseou seus métodos no "modelo de gravidade" do comércio internacional (Capítulo 2). Rose apresentou ressalvas às suas estimativas originalmente otimistas em: Reuven Glick e Andrew K. Rose, "Currency Unions and Trade: A Post-EMU Mea Culpa", Working Paper 21525, National Bureau of Economic Research, set. 2015.

686 PARTE IV ■ Política macroeconômica internacional

sobre a persistência de diferenças de preços que é favorecida pelos entusiastas do euro é que várias moedas possibilitavam as grandes discrepâncias de preço, mas elas estavam fadadas a desaparecer com a moeda única. O euro por si só contribuiu para a integração do mercado? Em um estudo cuidadoso do comportamento dos preços europeus desde 1990, os economistas Charles Engel, da Universidade de Wisconsin, e John Rogers, da Reserva Federal, observaram que as discrepâncias de preços intraeuropeus realmente diminuíram ao longo da década de 1990. Eles não encontraram evidências, no entanto, de maior convergência de preço após a introdução do euro em 1999.[19]

Em conclusão, considerando tanto as evidências de preços quanto as de quantidade até o momento, é improvável que a combinação de reformas do Ato Único Europeu e a moeda única tenham transformado a zona do euro em uma área monetária ótima.

QUÃO MÓVEL É A FORÇA DE TRABALHO DA EUROPA?

Os principais obstáculos à mobilidade da mão de obra dentro da Europa não são mais decorrentes dos controles de fronteira. Diferenças de língua e cultura desencorajam os movimentos de trabalhadores entre os países europeus, em maior medida do que ocorre, por exemplo, entre as regiões dos Estados Unidos. Em um estudo econométrico de 1990 comparando padrões de desemprego nas regiões dos Estados Unidos com os países da UE, Barry Eichengreen, da Universidade da Califórnia, em Berkeley, constatou que as diferenças nas taxas de desemprego regional são menores e menos persistentes nos Estados Unidos do que as diferenças entre as taxas de desemprego nacional na União Europeia.[20] A Figura 21.7 mostra a evolução das taxas de desemprego selecionadas na UE desde a década de 1990. Na próxima seção, discutimos como a divergência evidente após o final da década de 2000 está relacionada à crise paralela na zona do euro.

Mesmo *dentro* de países europeus, a mobilidade da mão de obra parece limitada, em parte por causa de regulamentos do governo. Por exemplo, a exigência em alguns países de que os trabalhadores estabeleçam residência antes de receber o auxílio-desemprego torna mais difícil para os trabalhadores desempregados procurar empregos em regiões que estão longe de suas casas atuais. A Tabela 21.2 apresenta evidências sobre a frequência de circulação regional da mão de obra em três dos maiores países da UE em comparação com os Estados Unidos. Esses dados devem ser interpretados com cautela, por causa da sua idade e porque a definição de "região" é diferente de um país para outro. Contudo, estudos mais recentes também sugerem que, em um ano típico, os americanos ainda são mais nômades do que os europeus e que a mobilidade da mão de obra na Europa continua a ser limitada.[21]

---

[19]Consulte o artigo: "European Product Market Integration after the Euro". *Economic Policy*, v. 39, p. 347-381, jul. 2004. Para confirmação, veja: Jesús Crespo Cuaresma, Balázs Égert e Maria Antoinette Silgoner. "Price Level Convergence in Europe: Did the Introduction of the Euro Matter?". *Monetary Policy and the Economy*, Oesterreichische Nationalbank (Q1 2007), p. 100-113.

[20]Veja: Eichengreen. "One Money for Europe? Lessons of the U.S. Currency Union". *Economic Policy*, v. 10, p. 118-166, abr. 1990. Um estudo mais aprofundado do mercado de trabalho dos Estados Unidos mostrou que o desemprego regional é eliminado quase inteiramente por migração de trabalhadores em vez de mudanças nos salários reais regionais. Veja: Olivier Jean Blanchard e Lawrence F. Katz. "Regional Evolutions". *Brookings Papers on Economic Activity*, v. 1, p. 1-75, 1992. Para uma discussão mais detalhada sobre as evidências de logo antes do lançamento do euro, veja: Maurice Obstfeld e Giovanni Peri, "Regional Non-Adjustment and Fiscal Policy", *Economic Policy* 26 (abril 1998), pp. 205-259.

[21]Diversos estudos mostram que os americanos reduziram a sua mobilidade nas décadas subsequentes aos estudos de Blanchard-Katz e Obstfeld-Peri citados na nota de rodapé anterior, enquanto os europeus aumentaram a sua. Esse fato levou a uma convergência parcial entre os modos de ajuste do mercado de trabalho nos Estados Unidos e na Europa, mas ainda mantém a Europa distante do ideal que seria exigido por uma área monetária ótima. Para uma comparação recente da mobilidade da mão de obra nos Estados Unidos e na Europa, veja: Robert C. M. Beyer e Frank Smets, "Labour Market Adjustments in Europe and the US: How Different?" Working Paper Series 1767, Banco Central Europeu, março de 2015.

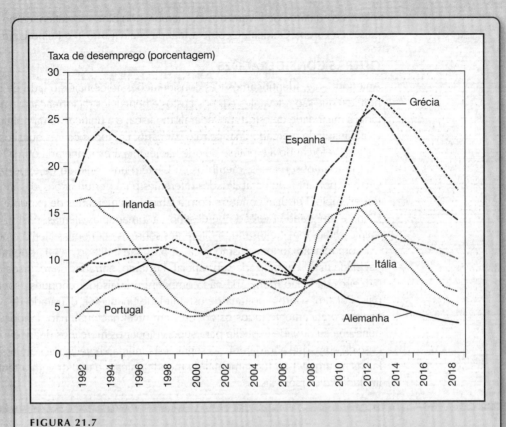

FIGURA 21.7
Taxas de desemprego em países selecionados da UE.
Taxas de desemprego amplamente divergentes aproximaram-se após o lançamento do euro em 1999, mas afastaram-se abruptamente mais uma vez desde o final da década de 2000.

Fonte: Fundo Monetário Internacional, banco de dados do *World Economic Outlook*, abril de 2020.

TABELA 21.2	Pessoas que mudaram a região de residência na década de 1990 (% da população total)		
Grã-Bretanha	**Alemanha**	**Itália**	**Estados Unidos**
1,7	1,1	0,5	3,1

Fonte: Peter Huber. "Inter-regional Mobility in Europe: A Note on the Cross-Country Evidence". *Applied Economics Letters*, v. 11, p. 619-624, ago. 2004; e "Geographical Mobility, 2003-2004". Departamento de Comércio dos EUA, mar. 2004. Dados da tabela são para a Grã-Bretanha, em 1996, Alemanha em 1990, Itália em 1999 e Estados Unidos em 1999.

Há algumas evidências de que as divergências radicais no desemprego visíveis na Figura 21.7 promoveram a maior mobilidade da mão de obra, assim como a chance de migrar para países com padrões de vida mais elevados. Mas, em algum grau, isso é uma faca de dois gumes. Os trabalhadores que tendem a ser mais móveis são mais jovens e mais produtivos, enquanto aqueles que ficam para trás estão mais próximos da aposentadoria. Esse padrão de migração pode privar os governos da base tributária de que precisam para financiar seus sistemas de saúde e de aposentadoria, o que agrava os déficits fiscais nos países já duramente atingidos pela recessão profunda. Um exemplo disso é a

688 PARTE IV ▪ Política macroeconômica internacional

migração contínua de jovens dos ex-membros do bloco soviético, como a Polônia, para países da Europa Ocidental, como a Irlanda e (até a Brexit) o Reino Unido.[22]

OUTRAS CONSIDERAÇÕES

Anteriormente, identificamos três considerações adicionais (ao lado de integração econômica) que são relevantes para os custos e benefícios da formação de uma área monetária: similaridade de estrutura, federalismo fiscal e a unificação da política em relação à estabilidade do mercado financeiro e bancário. Em todos os três quesitos, a UE não está à altura, reforçando a hipótese de que não é uma área monetária ótima.

Como já observamos, membros da UE têm um conjunto de exportações muito diverso e, portanto, vulnerabilidades diferentes para perturbações econômicas idênticas. Por exemplo, Portugal concorre com a China nos mercados de exportação, enquanto a China é um grande mercado de destino para máquinas alemãs. Assim, o maior crescimento chinês tem efeitos muito diferentes sobre as economias alemã e portuguesa.

Com relação ao federalismo fiscal, é bastante limitado na UE, que não tem uma capacidade fiscal centralizada substancial. Portanto, entradas de recursos orçamentais de parceiros da união monetária não compensam quaisquer choques específicos de cada país. Por fim, sobre a política de estabilidade financeira, o Tratado de Maastricht concentrou praticamente todos os poderes em nível nacional, não dando ao Eurossistema nenhuma autoridade explícita para supervisionar os mercados financeiros. A história da crise do euro, que abordaremos a seguir, está intimamente ligada com essas duas últimas falhas na arquitetura fundamental da moeda única – e deu origem a tentativas (por ora limitadas) de superá-las.

A crise do euro e o futuro da UEM

Como o resto do mundo, a área do euro sofreu com a crise financeira global de 2007-2009 (descrita nos Capítulos 19 e 20). Entretanto, foi só no final da fase aguda da crise financeira global – final de 2009 – que a zona do euro entrou em uma nova crise tão grave que era capaz de ameaçar a continuidade de sua existência. Nesta seção, ajudaremos você a compreender a natureza da crise do euro, as maneiras como tem sido administrada até agora e as consequências para o futuro da UEM.

Origens da crise

A faísca que acendeu a crise veio de uma fonte improvável: a Grécia, que representava apenas 3% da produção da zona do euro. No entanto, a faísca pousou em um monte amplo e profundo de feno muito seco, montado durante o período de taxas de juros baixas, especulação imobiliária e crescimento elevado do mercado financeiro que precedeu a crise financeira global.

O pavio Os ativos globais dos bancos internacionalmente ativos cresceram rápido nos anos anteriores à crise de 2007-2009, mas especialmente para os bancos europeus e para os bancos da zona do euro. Os lados dos ativos de seus balanços cresceram mediante compras de produtos lastreados pelo crédito dos Estados Unidos, mas também por meio de empréstimos a outros países da zona do euro, incluindo compras de dívida pública e empréstimos para financiar os gastos de consumo, investimento, de habitação e empréstimos de hipoteca.

---

[22]Veja, por exemplo, Ruben Atoyan et al., "Emigration and Its Economic Impact on Eastern Europe", Staff Discussion Note SDN/16/07, Fundo Monetário Internacional, jul. 2016.

CAPÍTULO 21 ■ Áreas monetárias ótimas e o euro **689**

Esses empréstimos ajudaram a estimular e, por sua vez, foram alimentados pelo crescimento explosivo do mercado imobiliário, especialmente na Irlanda e na Espanha. Um fator importante que promoveu esses fatos, como você aprendeu no Capítulo 19, era um ambiente de taxas de juros globais muito baixas, que induziu os bancos a assumirem maiores riscos em busca de lucros.

Devido a essa expansão do crédito, ativos bancários cresceram a níveis muito altos em comparação com o PIB dos países de origem dos bancos. A Tabela 21.3 ilustra as posições de alguns bancos grandes da área do euro no final de 2011; os balanços foram ainda maiores em relação à produção em 2007. Em vários países, bancos individuais tornaram-se "grandes demais para resgatar" com base nos recursos que o governo poderia angariar apenas da economia doméstica; e a situação do governo, é claro, seria muito pior em uma crise sistêmica, com vários bancos em apuros ao mesmo tempo. Por exemplo, se os ativos de um banco falido são iguais ao PIB e o governo deve injetar capital igual a 5% dos bens para restaurar a solvência do banco, então o governo teria que emitir dívida ou aumentar os impostos em 5% do PIB – uma fração muito grande – para manter o banco em funcionamento. E se vários bancos grandes falirem ao mesmo tempo?

Com o risco de taxa de câmbio agora eliminado entre países da área do euro, os rendimentos de títulos do governo se aproximaram da igualdade. Além disso, os mercados pareciam convencidos de que nenhum governo europeu jamais declararia a **moratória** das suas dívidas – afinal, nenhum país avançado em qualquer lugar tinha feito isso desde o final da década de 1940. (Uma moratória ocorre quando o devedor não cumpre os pagamentos da dívida que prometeu aos credores. O evento é chamado de *moratória soberana* quando o devedor é o governo de um país.) Como resultado, os *spreads* entre os governos considerados mais dignos de crédito por agências como a Moody's (p. ex., Alemanha) e o menos dignos de crédito (p. ex., Grécia) tornaram-se muito pequenos – muitas vezes na ordem de 25 pontos-base ou menos (veja Figura 21.8). Esse fato incentivou mais gastos e empréstimos em países como Grécia, Portugal e Espanha.

Mas com maior gasto também veio uma inflação mais elevada em relação ao nível alemão. Como resultado, os países da periferia da zona do euro – Irlanda, Portugal, Espanha, Itália e Grécia – viram suas moedas sofrerem valorização em termos reais, não só em relação à Alemanha, mas em relação a todos os seus parceiros comerciais, tanto dentro como fora da UEM. A Figura 21.9, que informa os índices da Comissão Europeia de apreciação real em relação ao deflatores do PIB, mostra como todos esses países perderam competitividade

TABELA 21.3	Ativos de alguns bancos individuais como uma relação com a produção nacional, fim de 2011	
Banco	**País**	**Ativos do banco**
Erste Group Bank	Áustria	0,68
Dexia	Bélgica	1,10
BNP Paribas	França	0,97
Deutsche Bank	Alemanha	0,82
Bank of Ireland	Irlanda	0,95
UniCredit	Itália	0,59
ING Group	Países Baixos	2,12
Banco Commercial Português	Portugal	0,57
Banco Santander	Espanha	1,19

Fonte: Dados do Fundo Monetário Internacional, banco de dados do *World Economic Outlook*. Dados sobre o patrimônio do banco de Viral V. Acharya e Sascha Steffen. "The 'Greatest' Carry Trade Ever? Understanding Eurozone Bank Risks". Discussion Paper 9432, Centre for Economic Policy Research, abr. 2013.

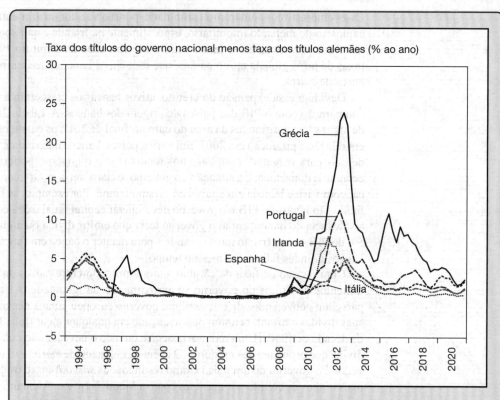

FIGURA 21.8
***Spreads* dos empréstimos dos governos nominais em relação à Alemanha.**
Rendimentos de títulos de governo de longo prazo dos países do euro convergiram ao nível da Alemanha enquanto se preparavam para aderir ao euro. Os rendimentos começaram a divergir novamente com a crise financeira global de 2007-2009 e se dividiram radicalmente após o início da crise do euro no final de 2009.

Fonte: Federal Reserve Economic Data (FRED), rendimento de títulos do governo de 10 anos.

após o início dos anos 2000, especialmente os dois com crescimentos mais extremos do mercado imobiliário, a Irlanda e a Espanha. Com uma inflação mais elevada do que a da Alemanha, mas com taxas de títulos essencialmente iguais, esses países tinham menores taxas de juros *reais* durante meados da década de 2000, um fator que os estimulou a gastar e a aumentar a inflação ainda mais (veja a Figura 21.10 para taxas de juros reais).[23] Como resultado, enquanto a Alemanha tinha superávits em conta corrente crescentes, os países periféricos tinham déficits crescentes, em alguns casos muito grandes, como mostra a Tabela 21.4. As dívidas externas então cresceram, suscitando a pergunta de como esses países gerariam

---

[23]Esse tipo de instabilidade monetária foi previsto por Sir Alan Walters, um conselheiro econômico da primeira-ministra britânica Margaret Thatcher e um grande oponente das taxas de câmbio fixas dentro da Europa. Consulte seu polêmico livro *Sterling in Danger: Economic Consequences of Fixed Exchange Rates*. Londres: Fontana, 1990. Os estudantes mais atentos se perguntarão sobre a queda temporária e bastante abrupta mostrada para a taxa de juros real da Irlanda em 2015. As taxas de juros reais na figura são calculadas com o uso de deflatores do PIB, que medem a razão entre o PIB nominal e o real. No Capítulo 13, descrevemos como o PIB irlandês de 2015 foi distorcido pela prática das multinacionais de transferir lucros para o país. As dificuldades estatísticas resultantes também dificultam a medição precisa do deflator do PIB (em outras palavras, mesmo que aceitemos o PIB nominal, a estimativa do PIB real é suspeita). Em 2015, o PIB nominal aumentou em cerca de 35%, enquanto o PIB real aumentou em cerca de 25%. Essa diferença sugere um aumento mensurado de 10% do deflator do PIB e, logo, uma taxa de câmbio real realizada bastante baixa.

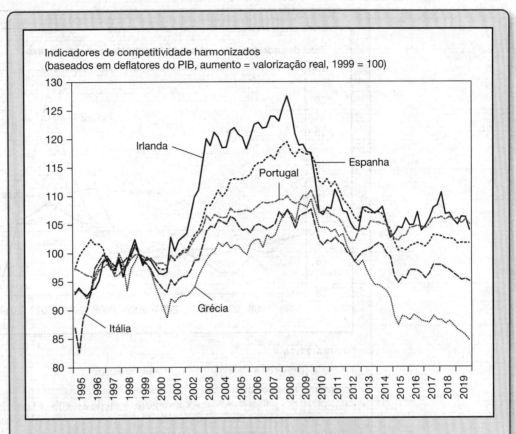

FIGURA 21.9
Apreciação real nos países periféricos da zona do euro.
Após a entrada na zona do euro, a apreciação real definiu-se para os países periféricos da zona do euro, especialmente os dois com os maiores *booms* imobiliários, a Irlanda e a Espanha.

Fonte: BCE. Índice de competitividade multilateral harmonizado com base em deflatores do PIB. Um aumento no índice é uma valorização real (perda de competitividade).

superávits de exportação líquidos necessários para pagar os credores estrangeiros. O dilema tornou-se mais agudo quando o crescimento desacelerou em consequência da crise global de 2007-2009. Como a desvalorização da moeda por países individuais da zona do euro não era uma opção para estimular as exportações líquidas, tornou-se cada vez mais provável que o ajuste para uma taxa de câmbio real mais competitiva exigiria um período de baixa inflação ou mesmo deflação, muito provavelmente acompanhada pelo desemprego significativo decorrente da rigidez dos mercados de mão de obra e de produtos. Entre outros efeitos negativos, a recessão prolongada enfraqueceria os bancos.

Nessas circunstâncias, países com taxas de câmbio fixas convencionais podem bem ter sido vítimas de ataques especulativos à moeda, forçando o governo a desvalorizar. Na UEM, no entanto, os países não têm suas próprias moedas, então ataques convencionais não são possíveis. Contudo, o outro tipo de especulação ocorreu, operando por meio de corridas bancárias e mercados de títulos do governo. Os efeitos foram devastadores.

A faísca A crise de 2007-2009 certamente causou dores de cabeça na zona do euro. Alguns bancos estavam com problemas por causa de sua exposição aos mercados imobiliários dos Estados Unidos. Também problemáticas foram as exposições aos mercados imobiliários europeus, que começaram a cair, seguindo o exemplo dos Estados Unidos (e com a Irlanda

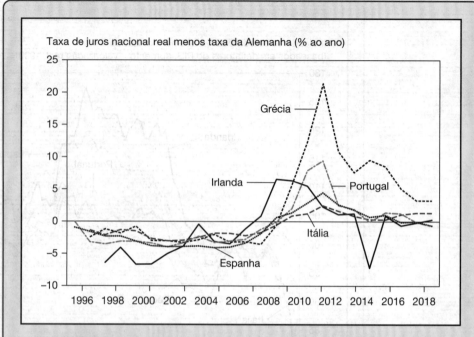

FIGURA 21.10

Taxas de juros reais divergentes da zona do euro.

Conforme o lançamento do euro em 1999 se aproximava, as taxas nominais de títulos de longo prazo nos países-candidatos convergiam, levando a menores taxas de juros reais nos países com inflação relativamente elevada. O gráfico mostra a taxa de juros real de longo prazo para cada país menos a taxa de juros real de longo prazo da Alemanha. Taxas de juros reais são taxas nominais médias de títulos do governo de dez anos menos a taxa de inflação do mesmo ano.

Fonte: Federal Reserve Economic Data (FRED). Rendimentos de títulos do governo (vencimento de 10 anos), sem ajuste sazonal e índice do deflator implícito do PIB (2015 = 100).

TABELA 21.4	Saldos de conta corrente dos países da zona do euro, 2005-2009 (% do PIB)					
	Grécia	Irlanda	Itália	Portugal	Espanha	Alemanha
2005	−7,5	−3,5	−1,7	−9,4	−7,4	5,1
2006	−11,2	−4,1	−2,6	−9,9	−9,0	6,5
2007	−14,4	−5,3	−2,4	−9,4	−10,0	7,6
2008	−14,6	−5,3	−3,4	−12,0	−9,8	6,7
2009	−11,2	−2,9	−3,1	−10,3	−5,4	5,0

Fonte: Fundo Monetário Internacional.

liderando o caminho). Mas os mercados tinham alguns receios sobre a qualidade do crédito dos governos da zona do euro até os intratáveis problemas fiscais da Grécia tornarem-se evidentes no final de 2008. Foi a faísca que acendeu o pavio dos bancos sobrecarregados e das economias não competitivas e endividadas.

A crise começou quando um novo governo grego foi eleito em outubro de 2009. Muito rapidamente, o novo governo anunciou uma má notícia: o déficit fiscal grego situava--se em 12,7% do PIB, mais que o dobro dos números anunciados pelo governo anterior.

Aparentemente, o governo anterior havia informado estatísticas econômicas falsas por muitos anos, e a dívida pública, na verdade, representava mais de 100% do PIB.

Os detentores de títulos gregos, incluindo muitos bancos na zona do euro, começaram a se preocupar com a capacidade do governo da Grécia para fechar o seu déficit crescente e pagar suas dívidas. Em dezembro de 2009, as principais agências de classificação rebaixaram a dívida do governo grego. (Como mostra a Figura 21.8, o *spread* de empréstimos do governo grego em relação aos títulos alemães subiu para níveis muito maiores do que aqueles vistos no final de 2008 e início de 2009, quando os mercados financeiros globais estavam em caos devido às consequências da crise do *subprime*.) O governo grego anunciou grandes cortes no orçamento e elevou alguns impostos nos primeiros meses de 2010, mas foi logo confrontado com greves e protestos de rua. Mais rebaixamentos seguiram-se e os custos de empréstimos gregos foram às alturas, dificultando ainda mais o pagamento pelo país a seus credores. Os investidores começaram a se preocupar que outros países deficitários pudessem enfrentar problemas semelhantes aos da Grécia. A Figura 21.8 mostra que os custos de empréstimos para Portugal e Irlanda, e mesmo para dois países maiores, a Espanha e a Itália, ficaram sob pressão. As bolsas de valores do mundo despencaram conforme crescia a perspectiva de uma crise financeira muito mais ampla na Europa.

Como a UE lidou com a crise grega? Um resgate da Grécia pelos países mais ricos teria contido a agitação do mercado, mas isso foi exatamente o resultado que países como a Alemanha desejavam evitar quando negociaram o Tratado de Maastricht e o PEC. Em meados de março de 2010, os ministros das finanças da zona do euro declararam sua intenção de ajudar a Grécia, mas não forneceram detalhes do que planejavam fazer. Com a UE incapaz de tomar medidas concretas, a crise tornou-se uma bola de neve e o valor do euro nos mercados de câmbio caiu.

Por fim, em meados de abril de 2010, os países da zona do euro, trabalhando com o FMI, concordaram com um pacote de empréstimo de € 110 bilhões para a Grécia. Mas a essa altura espalhara-se o pânico sobre a dívida do governo, e os governos português, espanhol e italiano (após o que a Irlanda já havia empreendido no final de 2008) estavam propondo suas próprias medidas de redução de déficit em um esforço para impedir que os *spreads* dos empréstimos subissem a níveis gregos. Temendo um colapso continental, os líderes da zona do euro embutiram o apoio grego dentro de um Fundo Europeu de Estabilização Financeira (FEEF) mais amplo, com financiamento de € 750 bilhões fornecidos pelos próprios empréstimos dos mercados, a Comissão Europeia e o FMI. (O FEEF era explicitamente temporário, mas foi substituído por um mecanismo europeu de estabilidade permanente, ou MEE, em outubro de 2012.) O BCE então reverteu uma política que anunciara anteriormente e começou a adquirir os títulos dos países devedores da zona do euro com problemas, despertando acusações de que estava violando o espírito do Tratado de Maastricht ao recompensar os excessos fiscais. Na verdade, a motivação do BCE foi evitar um pânico bancário, apoiando os preços dos ativos amplamente mantidos pelos bancos europeus.

Os custos de empréstimos gregos mantiveram-se elevados, e as taxas de empréstimos do mercado da Irlanda começaram a aumentar rapidamente à medida que ficava claro que o custo do governo em apoiar os bancos irlandeses instáveis equivaleria a uma grande fração do PIB. No final de 2010, a Irlanda negociou um pacote de empréstimos do FEEF de € 67,5 bilhões com a *troika*, composta pela Comissão Europeia, o BCE e o FMI. Portugal negociou um empréstimo da *troika* de € 78 bilhões em maio 2011.[24] Ambos os empréstimos, como o grego, tiveram condições que exigiam que os destinatários cortassem orçamentos de governo e instituíssem reformas econômicas estruturais (como a desregulamentação do mercado de mão de obra). A *troika* era responsável por controlar a conformidade ao acordo.

---

[24]O termo "*troika*" entrou em uso generalizado durante a crise do euro. A palavra é russa e refere-se a um conjunto de três cavalos com arreios para puxar um trenó.

694 PARTE IV ■ Política macroeconômica internacional

A moratória autorrealizável do governo e o *"doom loop"*

Por que o pânico do mercado se desenvolve e se espalha tão rápido? O debate controverso acerca do pacote grego inicial deixou claro que os países europeus do norte, como Alemanha, Finlândia e Países Baixos, tinham pouquíssima vontade de subscrever o empréstimo aos países como a Grécia, enfrentando condições de mercado desfavoráveis, direta ou indiretamente por meio de suporte para compras de títulos do BCE. Alguns políticos do norte da Europa haviam falado abertamente sobre a moratória da Grécia, ou mesmo sobre a possibilidade de ela sair do euro. Assim, a moratória soberana da dívida grega, apesar de representantes da UE inicialmente negarem essa possibilidade, parecia eminentemente possível, assim como a moratória de outros países (como Portugal) cuja dívida pública crescia rapidamente.

O medo da moratória era um problema específico da área do euro: o governo dos Estados Unidos pode sempre imprimir dólares para pagar suas dívidas e então é muito improvável que declare moratória, mas os países que utilizam o euro não podem, uma vez que a decisão de imprimir euros é do BCE, não dos governos nacionais. (É por isso que Grécia, Portugal e Irlanda estavam na posição anômala de tomar empréstimos em euro – sua própria moeda – do FMI.) A possibilidade de descumprimento dá origem a uma dinâmica de autorrealização que é análoga a uma corrida bancária (como discutido no Capítulo 20) ou a uma crise de moeda autorrealizável (como discutido no Capítulo 18): se os mercados esperarem uma moratória, eles cobrarão do governo que pede empréstimo taxas de juros muito elevadas, e se este não conseguir aumentar os impostos ou cortar gastos suficientes, será forçado a não pagar prestações da dívida e, logo, entrará em mora. Foi exatamente o que aconteceu na área do euro.[25]

Como os balanços dos bancos tornaram-se tão grandes, o estado debilitado dos bancos dos países do euro reforçou vigorosamente a probabilidade de moratória do governo. Países com necessidade de apoiar seus sistemas bancários com injeções de dinheiro público tinham que pedir o dinheiro emprestado, levando a grandes aumentos nos níveis de dívida pública e maiores temores de moratória no mercado. A Figura 21.11 mostra a evolução da dívida pública (como uma proporção em relação ao PIB) na área do euro. Enquanto a Grécia tinha, de longe, a maior dívida (alcançando incríveis 180% do PIB em 2011), você pode ver que as dívidas dos outros países foram aumentando rapidamente, alimentadas, em parte, em diversos casos, pela necessidade de socorrer os bancos. A Irlanda é o exemplo mais drástico, com a dívida subindo de apenas 24% do PIB em 2007 para quase 90% em 2010; além da recessão, o aumento também foi provocado pelo resgate dos próprios bancos que haviam impulsionado o *boom* imobiliário irlandês.[26]

Para piorar a situação, o estado perigoso do crédito de cada governo, por sua vez, enfraqueceu a solvência dos bancos nacionais. Primeiro, os bancos investiram pesadamente em títulos dos seus governos, para que quando os preços desses títulos caíssem, os ativos dos bancos e o capital do banco fossem reduzidos. Além disso, os credores dos bancos (incluindo os depositantes) entenderam que, se o próprio governo não era capaz de obter dinheiro, seria incapaz de cumprir suas promessas de apoiar os bancos, por exemplo, mediante injeções de capital público ou seguro de depósito.

Os economistas chamam a retroalimentação bilateral entre o banco em dificuldades e os problemas de empréstimo do governo de *doom loop* (literalmente "ciclo fatal"). Devido ao *doom loop*, o dinheiro privado fugiu dos bancos em países onde o governo estava tendo problemas com empréstimos. Esses países experimentaram uma *parada* súbita na concessão de empréstimos privados, e para evitar seus bancos de entrarem em colapso, o BCE teve que efetuar operações de prestamista de última instância em grande escala. Na realidade, o mercado financeiro da zona do euro tornou-se segmentado ao longo de linhas nacionais, com a solvência dos bancos dos países mais fracos julgada pela capacidade de crédito dos

---

[25]Para um modelo desse processo, consulte: Guillermo A. Calvo. "Servicing the Public Debt: The Role of Expectations". *American Economic Review*, v. 78, p. 647-661, set. 1988. O modelo é aplicado à crise do euro no artigo de De Grauwe em Leituras adicionais.

[26]Relatos vívidos das crises grega e irlandesa estão incluídos em Michael Lewis. *Boomerang: Travels in the New Third World*. Nova York: W.W. Norton & Company, 2011.

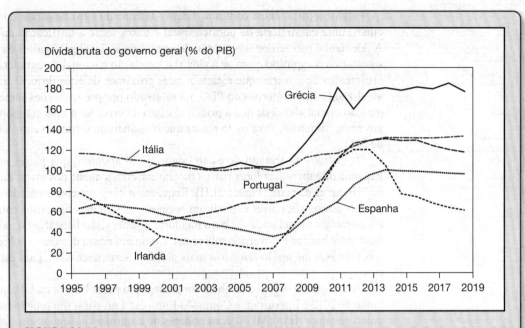

FIGURA 21.11
Razão entre dívida pública bruta e PIB na área do euro.
As dívidas públicas na zona do euro cresceram rapidamente após 2007, em parte pela necessidade de os governos apoiarem seus bancos fracos.

Fonte: Fundo Monetário Internacional, banco de dados *World Economic Outlook*, outubro de 2019.

seus governos. As empresas e as famílias nesses países enfrentaram taxas de juros altas, se de alguma maneira conseguiram fazer empréstimos.

Por causa de cortes orçamentários e do aperto de crédito, a produção despencou e o desemprego disparou. Muitos observadores questionaram se os programas de austeridade incluídos nos pacotes de apoio financeiro dos governos e que estavam sendo praticados na UE, em geral, estavam realmente ajudando na redução da dívida pública, especialmente quando implementados simultaneamente por vários países vizinhos.

Uma crise mais ampla e respostas políticas

Mesmo depois de seu pacote de resgate inicial, a Grécia provou ser incapaz de colocar a dívida pública em um caminho sustentável. Os líderes europeus começaram a discutir abertamente a necessidade de mecanismos que permitissem aos países insolventes reestruturar sua dívida no futuro. Com a moratória sancionada oficialmente agora como uma possibilidade concreta, os *spreads* de títulos da Itália aumentaram de modo acentuado no segundo semestre de 2011. A Itália era muito maior do que a Grécia, a Irlanda ou Portugal, e seus problemas fiscais eram grandes demais para serem tratados sem um compromisso orçamentário muito maior de seus parceiros da zona do euro. Para a Espanha, outro país grande, os custos dos empréstimos também estavam subindo por causa do seu enorme setor bancário, que tinha sido seriamente enfraquecido pelo colapso imobiliário do país.

Em março de 2012, a Grécia enfim reestruturou sua dívida pública, impondo grandes perdas aos detentores de títulos privados. No entanto, a dívida total do país caiu apenas um pouco (Figura 21.11). A essa altura, grande parte da dívida estava em mãos oficiais (em especial, do BCE). Em junho de 2012, ministros das finanças da zona do euro estenderam à Espanha um empréstimo do SME com o potencial de chegar a € 100 bilhões para cobrir a recapitalização do sistema bancário debilitado. Apesar desses fatos, Grécia e Espanha permaneceram em tumulto.

696 PARTE IV ▪ Política macroeconômica internacional

Perante a turbulência contínua, líderes da zona do euro lançaram duas iniciativas principais, uma em matéria de política fiscal e outra sobre a unificação da política bancária. A Alemanha patrocinou um tratado de estabilidade fiscal para países da UE, sob o qual os signatários comprometeram-se a alterar a legislação nacional de uma forma que produzisse orçamentos de governo que estariam mais próximos do equilíbrio. O tratado, uma versão atualizada e mais rigorosa do PEC, foi motivado por preocupações semelhantes e reflete a posição oficial alemã de que a principal causa da crise foi o mau comportamento fiscal dos governos nacionais. Para os 16 países que o assinaram, o tratado entrou em vigor no início de 2013.

Os críticos do tratado de estabilidade fiscal apontam que países como a Irlanda e a Espanha tinham indicadores fiscais favoráveis, com a queda dos níveis da dívida em relação ao PIB, antes da crise (Figura 21.11). Enquanto o diagnóstico alemão descrevia a Grécia, as dívidas dos outros países explodiram porque seus sistemas bancários entraram em colapso, e a estratégia alemã nada fez para melhorar a supervisão bancária ou para quebrar o *doom loop* entre bancos e governos soberanos. Como em nossa discussão sobre as áreas monetárias ótimas, uma *união bancária* mais próxima seria necessária para estabilizar a zona do euro.

Esse segundo objetivo também foi perseguido pelos líderes da UE, que se reuniram em junho de 2012 e instruíram a Comissão Europeia a preparar um projeto para um mecanismo único de supervisão (MUS) com poderes de controlar os bancos em toda a zona do euro. Os líderes também recomendaram que, uma vez que o MUS estivesse implementado, o SME deveria ter o poder para recapitalizar os bancos *diretamente*, ou seja, com qualquer empréstimo resultante, aparecendo como um passivo do SME, isto é, como uma responsabilidade conjunta da zona do euro e não de qualquer governo-membro, independentemente de onde residissem os bancos recapitalizados. Essa recomendação importante foi destinada a reduzir a força do *doom loop* ao nível nacional, mas deixou alguns governos temerosos da perspectiva de serem forçados a socorrer bancos em outros países.

Em resposta à diretiva da cúpula, em setembro de 2012, a Comissão recomendou uma abordagem tripla à união bancária, destinada a centralizar a supervisão financeira, o seguro de depósito e a resolução (ou seja, reorganização ou venda) de bancos insolventes dentro da área do euro. Essas medidas, como observado, pretendiam desativar o *doom loop* em nível nacional e melhorar a qualidade e a credibilidade da supervisão financeira para a união monetária. Mais especificamente, a Comissão recomendou a criação de um MUS, de um regime amplo de seguro de depósito na zona do euro e de um mecanismo único de resolução (MUR), para ser operado (como o MUS) no nível da zona do euro. O MUS começou a operar em 4 de novembro de 2014. Embora sediado no BCE, com autoridade sobre os bancos maiores e mais interconectados da zona do euro, o MUS ainda dava aos governos nacionais o protagonismo na regulação dos bancos menores. O MUR entrou em operação em 1º de janeiro de 2016. No entanto, a ideia de um seguro de depósito centralizado na área do euro ainda enfrenta forte oposição de um grupo de países liderados pela Alemanha, e os recursos para a resolução de bancos insolventes ainda são em sua maioria nacionais. Assim, o *doom loop* permanece substancialmente operante, e é difícil enxergar como o BCE será capaz de impor seus éditos de fiscalização sem o cacife e os recursos financeiros para fechar e reorganizar bancos em falência ante a oposição potencial dos políticos nacionais.

Muitos observadores têm recomendado que a zona do euro fortaleça o federalismo fiscal mediante um orçamento centralizado maior, gerido por uma autoridade fiscal com a capacidade de tributar, gastar e emitir eurotítulos conjuntos. Alguns países da zona do euro se opõem vigorosamente a qualquer medida no sentido do que apelidam de "união de transferências". Como veremos, no entanto, a recessão causada pela pandemia da covid-19 ainda assim levou a UE a adotar um primeiro passo limitado nessa direção.[27]

---

[27]Para uma pesquisa de propostas de eurobônus, consulte: Stijn Claessens, Ashoka Mody e Shahin Vallée. "Paths to Eurobonds". Working Paper WP/12/172, Fundo Monetário Internacional, jul. 2012.

CAPÍTULO 21 ■ Áreas monetárias ótimas e o euro **697**

Transações Monetárias Diretas do BCE

Apesar dos esforços de reforma anteriores, os mercados para dívidas soberanas da periferia da zona do euro mantiveram-se voláteis durante o verão de 2012, com investidores especulando que a Grécia poderia até sair da UEM. Esse resultado – conhecido coloquialmente como um "Grexit" – teria desestabilizado ainda mais as taxas de empréstimos de outros países, abrindo o precedente de que um governo poderia abandonar o euro e introduzir uma moeda nacional em seu lugar. Em 26 de julho de 2012, o Presidente do BCE, Mario Draghi, fez a declaração dramática: "Em nosso mandato, o BCE está pronto para fazer qualquer coisa para preservar o euro. E acreditem em mim, será o suficiente". Seis semanas mais tarde, ele revelou um programa chamado Transações Monetárias Diretas (OMT, do inglês Outright Monetary Transactions) no qual o BCE faria exatamente isso – compraria títulos soberanos, potencialmente de forma ilimitada, para impedir que suas taxas de juros subissem demais. Para se qualificar para o OMT, os países teriam primeiro que concordar com um plano de estabilização do SME.

Embora o OMT não tenha sido usado de fato, o rendimento dos títulos dos países periféricos caiu rapidamente, como mostra a Figura 21.8, simplesmente devido à *expectativa* do que o BCE faria com o seu arsenal monetário ilimitado (o salto da taxa de empréstimos grega em 2015 reflete problemas adicionais, mas o rendimento dos seus títulos também caiu à medida que o país adotou um novo programa de ajustes e os credores oficiais europeus perdoaram dívidas adicionais em 2018).

Resposta à pandemia da covid-19

Os países da UE instituíram *lockdowns* para tentar conter a disseminação do vírus da covid-19 no primeiro trimestre de 2020, o que provocou quedas abruptas na atividade econômica em todo o continente. Os governos nacionais, mesmo aqueles que já possuíam altos níveis de endividamento, adotaram medidas fiscais arrojadas para apoiar suas economias. Além disso, uma resposta de políticas conjuntas vigorosa por parte das instituições da UE ajudou a atenuar os efeitos da crise. O MEE disponibilizou empréstimos para países da zona do euro com uma única condição, a saber, a promessa de usar os recursos exclusivamente para financiar despesas de saúde relacionadas à pandemia. Uma iniciativa da Comissão Europeia apoiou os programas de horários de trabalho reduzidos dos países-membros, nos quais empresas podiam usar reduções de horários em vez de demissões, mas continuariam a pagar salários normais ou próximos ao normal. O Banco Europeu de Investimento (BEI) estendeu crédito para as empresas de pequeno e médio porte mais atingidas. Uma medida importante foi que o BCE implementou um programa de compras de emergência pandêmica (PEPP, do inglês Pandemic Emergency Purchase Program) no valor de € 750 bilhões (mais de 5% do PIB da zona do euro em 2019) para comprar ativos da zona do euro. Segundo o BCE, "Na medida em que alguns limites autoimpostos poderiam prejudicar as ações que o BCE é obrigado a tomar para cumprir o seu mandato, o Conselho do BCE considerará revisá-los o quanto for necessário para que suas ações sejam proporcionais aos riscos que enfrentamos. O BCE não tolerará quaisquer riscos à transmissão harmônica de sua política monetária em todas as jurisdições da zona do euro".[28] O PEPP ajudou a impedir um salto nos custos de empréstimos para os membros altamente endividados da zona (Figura 21.8). O BCE logo expandiu o PEPP significativamente, muito além das suas dimensões originais.

A UE foi além em julho de 2020, quando concordou em criar um fundo de recuperação de € 750 bilhões (o Next Generation EU) para apoiar a reconstrução pós-pandemia dos países-membros. Mais de metade do apoio assumiu a forma de concessões, não empréstimos, e a Comissão Europeia financiou o programa com a emissão de títulos conjuntos da UE, algo jamais realizado antes em uma escala significativa. A iniciativa representou uma extensão

---

[28] O *press release* do BCE que anunciou o PEPP está disponível em: <https://www.ecb.europa.eu/press/pr/date/2020/html/ecb.pr200318_1~3949d6f266.en.html>.

698 PARTE IV ■ Política macroeconômica internacional

sem precedentes do federalismo fiscal, em parte com o objetivo de preservar o apoio político para a UE ante o impacto assimétrico da pandemia nos diferentes países.

O futuro da UEM

O experimento de moeda única na Europa é a tentativa mais ousada a colher os ganhos de eficiência do uso de uma moeda única por um grupo grande e diversificado de estados soberanos. Se a UEM for bem-sucedida, promoverá a integração europeia política, assim como econômica, e trará a paz e prosperidade em uma região que um dia poderá incluir toda a Europa Oriental e mesmo a Turquia. Se o projeto do euro fracassar, no entanto, sua força motriz, o objetivo da unificação política europeia, retrocederá.

Contudo, a UEM deve superar alguns desafios difíceis, se quiser sobreviver à crise atual e prosperar:

1. A Europa não é uma área monetária ótima. Portanto, eventos econômicos assimétricos dentro de diferentes países da zona do euro – fatos que podem muito bem requerer diferentes taxas de juro nacionais sob um regime de moedas nacionais individuais – continuarão a ser difíceis de enfrentar por meio da política monetária. O projeto da moeda única tem levado a união econômica a um nível muito além do que a UE tem até agora sido capaz (ou desejosa) de fazer na área da união política. Ainda assim, em resposta à crise do euro, a UE está aumentando o controle centralizado sobre a política econômica além do plano inicial para o BCE por meio do Tratado de Estabilidade Fiscal, de maiores poderes para a Comissão e da união bancária na zona do euro. Muitos europeus esperavam que a união econômica levasse a uma maior união política, mas é possível que as querelas contínuas em torno de políticas econômicas sabotem esse objetivo. Poderes governamentais reforçados no centro da UEM também exigem maior controle democrático, mas pouco tem sido feito para atender a essa necessidade. A Brexit exemplifica uma tendência mais geral de parte do eleitorado de todo o continente de considerar a superestrutura da UE, incluindo aquela que governa o euro, como estando sob o controle de um grupo de tecnocratas distantes e politicamente irresponsáveis, que não respondem às necessidades do povo.
2. Na maioria dos países da União Europeia, os mercados de mão de obra permanecem rígidos e sujeitos a regulações e encargos trabalhistas que impedem a mobilidade da mão de obra entre indústrias e regiões. O resultado tem sido níveis persistentemente altos de desemprego. A menos que os mercados de trabalho tornem-se muito mais flexíveis, como na união monetária dos Estados Unidos, países individuais da zona do euro terão mais dificuldade para ajustarem-se na direção do pleno emprego e de taxas de câmbio reais competitivas. E não faltam outros problemas estruturais.

Ainda não está definido se a zona do euro desenvolverá instituições mais elaboradas para a realização de transferências fiscais entre os países. No mínimo, algum tipo de respaldo fiscal centralizado para a união bancária planejada é essencial para garantir sua eficácia. A crise do euro mostrou a necessidade de uma capacidade fiscal europeia centralizada o suficiente para lidar de modo rápido com a instabilidade financeira inerentemente contagiosa dos países-membros. Também mostrou a força da oposição em alguns países para tal mudança institucional. A crise da covid-19 destacou mais uma vez a necessidade de ferramentas fiscais centralizadas. Alguns observadores acreditam que a iniciativa Next Generation EU, promovida vigorosamente pela França e pela Alemanha, poderia representar um primeiro passo em direção a um federalismo fiscal mais ambicioso.

A experiência dos Estados Unidos mostra que uma grande união monetária compreendendo diversas regiões econômicas pode funcionar muito bem. Entretanto, para a zona do euro alcançar sucesso econômico comparável, terá de fazer progressos na criação de mercados de trabalho e produto mais flexíveis, ao reformar seus sistemas de regulação financeiros e fiscais e ao aprofundar sua união política. A própria unificação europeia será posta em risco, a menos que o projeto do euro e sua instituição definidora, o BCE, tenham sucesso na promoção de prosperidade, bem como de estabilidade de preços.

CAPÍTULO 21 ■ Áreas monetárias ótimas e o euro **699**

RESUMO

- Os países da União Europeia tiveram duas razões principais para favorecer as taxas de câmbio fixas mutuamente: eles acreditam que a cooperação monetária lhes dará mais peso nas negociações econômicas internacionais e veem a taxas de câmbio fixas como um complemento para as iniciativas da UE destinadas à construção de um mercado comum europeu.

- O *Sistema Monetário Europeu* de taxas de câmbio fixas intra-UE foi inaugurado em março de 1979 e originalmente incluía Alemanha, Bélgica, Dinamarca, França, Irlanda, Itália, Luxemburgo e Países Baixos. Áustria, Espanha, Grã-Bretanha e Portugal se juntaram mais tarde. Controles de capital e realinhamentos frequentes eram ingredientes essenciais na manutenção do sistema até meados da década de 1980, mas, desde então, controles foram abolidos como parte do programa mais amplo de unificação do mercado da União Europeia.

- Na prática, todas as moedas do SME foram atreladas à moeda antiga da Alemanha, o marco alemão (DM). Como resultado, a Alemanha foi capaz de definir a política monetária para o SME, assim como os Estados Unidos faziam no sistema de Bretton Woods. A *teoria de credibilidade do SME* diz que os governos participantes lucraram com a reputação do Bundesbank alemão de inimigo da inflação. Na verdade, as taxas de inflação nos países do SME tendiam, por fim, a convergir em torno da taxa de inflação geralmente baixa da Alemanha.

- Em 1º de janeiro de 1999, onze países da União Europeia deram início a uma *união econômica e monetária (UEM)*, mediante a adoção de uma moeda comum, o euro, emitida por um Banco Central Europeu (BCE) com sede em Frankfurt, Alemanha. (Aos 11 membros iniciais mais tarde se juntaram vários outros países.) O Eurossistema é composto por bancos centrais nacionais de membros do euro e pelo BCE, cujo conselho geral dirige a política monetária na UEM. O processo de transição do sistema de taxa de câmbio fixa do SME para a UEM foi definido no *Tratado de Maastricht*, assinado pelos líderes europeus em dezembro de 1991.

- O Tratado de Maastricht especificou um conjunto de critérios de convergência macroeconômica que os países da UE precisam satisfazer para se qualificar para admissão à UEM. Um objetivo importante dos critérios de convergência foi tranquilizar os eleitores nos países de inflação baixa, como a Alemanha, de que a nova moeda europeia gerenciada conjuntamente seria tão resistente à inflação quanto tinha sido o DEM. Um *Pacto de Estabilidade e Crescimento* (PEC), idealizado pelos líderes da UE em 1997, por insistência da Alemanha, foi concebido para limitar o déficit e a dívida no nível nacional.

- A teoria das áreas monetárias ótimas implica que os países vão querer adotar as áreas de taxa de câmbio fixa intimamente ligadas às próprias economias por meio do comércio e da mobilidade dos fatores. A decisão de um país de se juntar a uma área de taxa de câmbio é determinada pela diferença entre o *ganho de eficiência monetária* em aderir e a *perda de estabilidade econômica* em se juntar. O diagrama *GG-LL* relaciona ambos os fatores ao grau de integração econômica entre o país ingressante e a zona de taxa de câmbio fixa maior. É somente quando a integração econômica ultrapassa um nível crítico que passa a ser benéfico unir-se ao bloco.

- A União Europeia não parece satisfazer todos os critérios para uma área monetária ótima. Apesar de muitas barreiras à integração dos mercados da União Europeia terem sido removidas desde a década de 1980 e o euro parecer ter promovido o comércio intra-UE, o nível do comércio ainda não é muito extensivo. Além disso, a mobilidade da mão de obra entre e mesmo dentro dos países da UE parece mais limitada do que em outras grandes áreas monetárias, como os Estados Unidos. Por fim, o nível de *federalismo fiscal* na União Europeia é muito pequeno para proteger os países-membros de eventos econômicos adversos, e as políticas para a estabilidade do setor bancário não estão centralizadas adequadamente.

700 PARTE IV ■ Política macroeconômica internacional

- A crise do euro foi provocada pelos problemas fiscais gregos revelados no final de 2009, mas o motivo por que se espalhou tão amplamente foi que os bancos da zona do euro foram além do limite, e alguns países sofreram grandes valorizações reais que não poderiam resolver pela desvalorização. A perspectiva de que alguns governos pudessem ficar *inadimplentes* em suas dívidas prejudicou os bancos e, inversamente, a fraqueza dos bancos forçou os governos a salvamentos caros, em um *doom loop* que se retroalimentava. Os resultados foram taxas de empréstimos crescentes para os governos e a fuga de capitais de países fiscalmente comprometidos. O BCE ofereceu empréstimos maciços como prestamista de última instância aos bancos periféricos conforme havia a fuga de capitais. Ao mesmo tempo, seus governos precisavam de empréstimos de outros membros da UE e do FMI, os empréstimos que vieram com a condição de austeridade fiscal e reformas estruturais. A austeridade combinada com crédito apertado em tantos países vizinhos deu origem a profundas recessões.
- As respostas à crise incluíram restrições fiscais renovadas sobre os governos da zona do euro, bem como progresso incompleto, mas útil, no sentido de uma união bancária da zona do euro. A iniciativa mais eficaz para reduzir as taxas de empréstimos do governo, no entanto, foi a promessa do BCE de transações monetárias diretas. Nos últimos anos, o BCE realizou compras em larga escala de títulos soberanos (entre outros ativos) de modo a reduzir as taxas de juros de longo prazo e prevenir a inflação, e estendeu essas ações ainda além para responder aos efeitos econômicos da pandemia da covid-19. No lado fiscal, o Next Generation EU, fundo de recuperação da pandemia da Comissão Europeia, pode ser um passo promissor na busca de um maior federalismo fiscal.

TERMOS-CHAVE

áreas monetárias ótimas, p. 677
doom loop, p. 694
federalismo fiscal, p. 684
ganho de eficiência monetária, p. 677
moratória, p. 689

Pacto de Estabilidade e Crescimento (PEC), p. 675
perda de estabilidade econômica, p. 679
Sistema Monetário Europeu (SME), p. 670

teoria da credibilidade do SME, p. 671
Tratado de Maastricht, p. 673
União Econômica e Monetária (UEM), p. 673

QUESTÕES

1. Por que as disposições do SME para a ampliação de créditos do banco central de membros de moeda forte para os de moeda fraca aumentaram a estabilidade das taxas de câmbio do SME?

2. No SME, antes de setembro de 1992, a taxa de câmbio lira italiana/marco alemão podia flutuar até 2,25% para cima *ou* para baixo. Suponha que a paridade central lira/marco e a banda fossem fixas nessa forma e não pudessem ser alteradas. Qual seria a diferença máxima possível entre as taxas de juros de *um ano* da lira e os depósitos em marco? Qual seria a diferença máxima possível entre as taxas de juros de *seis meses* da lira e os depósitos em marco? E sobre depósitos de *três meses*? As respostas surpreenderam você? Dê uma explicação intuitiva.

3. Continue com o Problema 2. Imagine que, na Itália, a taxa de juros em títulos de cinco anos do governo fosse de 11% ao ano e que, na Alemanha, a taxa em títulos de cinco anos do governo fosse de 8% ao ano. Quais teriam sido as consequências para a credibilidade da atual paridade de câmbio lira/DM?

4. Suas respostas para os Problemas 2 e 3 exigem uma suposição de que as taxas de juros e as alterações esperadas na taxa de câmbio estejam ligadas por paridade de juros? Por que ou por que não?

5. Suponha que, logo após a Noruega aderir ao euro, a UEM tenha se beneficiado de uma mudança favorável da demanda mundial por exportações da UEM não norueguesas. O que acontece com a taxa de câmbio da coroa norueguesa em relação às moedas não

CAPÍTULO 21 ■ Áreas monetárias ótimas e o euro **701**

euro? Como a Noruega é afetada? Como o tamanho desse efeito depende do volume das trocas comerciais entre a Noruega e as economias da zona do euro?

6. Use o diagrama *GG-LL* para mostrar como um aumento no tamanho e na frequência das mudanças inesperadas em função da demanda por moeda de um país afeta o nível de integração econômica com uma área monetária à qual o país vai querer unir-se.

7. Durante as pressões especulativas sobre o mecanismo de taxa de câmbio (MTC) do SME pouco antes de a Grã-Bretanha permitir a flutuação da libra em setembro de 1992, *The Economist*, uma revista semanal de Londres, afirmou o seguinte:

Os críticos ao governo (britânico) querem taxas de juros menores e acham que isso seria possível se a Grã-Bretanha desvalorizasse a libra, deixando o MTC, se necessário. Eles estão errados. Sair do MTC logo levaria a taxas de juros maiores, não menores, conforme a gestão econômica britânica perderia o grau de credibilidade já conquistado por meio da associação ao MTC. Há dois anos, os títulos do governo britânico rendiam três pontos percentuais mais do que os do governo alemão. Hoje, a diferença é de meio ponto, refletindo a crença dos investidores de que a inflação britânica está declinando – permanentemente. (veja: "Crisis? What Crisis?". *The Economist*, 29 ago. 1992, p. 51.)

a. Por que os críticos ao governo britânico pensaram que seria possível reduzir as taxas de juros depois de a libra sair do MTC? (A Grã-Bretanha estava em uma recessão profunda no momento em que o artigo foi escrito).

b. Por que a *The Economist* achava que o oposto ocorreria logo após a Grã-Bretanha sair do MTC?

c. Em que maneira a associação ao MTC poderia dar credibilidade aos formuladores de políticas britânicos? (A Grã-Bretanha entrou no MTC em outubro de 1990.)

d. Por que um nível alto das taxas de juros nominais britânicas em relação às taxas alemãs teria sugerido uma expectativa de alta inflação britânica no futuro? Você pode pensar em outras explicações?

e. Sugira duas razões por que as taxas de juros britânicas podem ter sido um pouco maiores do que as alemãs no momento da escrita, apesar da suposta "crença de que a inflação britânica está declinando – permanentemente."

8. Imagine que o SME houvesse se tornado uma união monetária com uma moeda única, mas que não tivesse criado um Banco Central Europeu para gerenciar essa moeda. Imagine, em vez disso, que a tarefa tenha sido deixada para os diversos bancos centrais nacionais, cada um dos quais estivesse autorizado a emitir quanta moeda europeia quisesse e a conduzir as operações de mercado aberto. Quais problemas você imagina que decorreriam de tal regime?

9. Por que a incapacidade de criar um mercado de trabalho unificado da UE seria particularmente nociva para as perspectivas de uma UEM funcionando sem problemas, se ao mesmo tempo o capital tem completa liberdade para se mover entre os países da UE?

10. Antes da Brexit, a Grã-Bretanha pertencia firmemente à UE, mas não adotara o euro, e havia um debate acirrado em torno da questão.

a. Encontre dados macro sobre o desempenho da economia britânica desde 1998 (inflação, desemprego, crescimento do PIB real) e compare-os com os dados da zona do euro.

b. Quais foram as taxas de juros nominais na Grã-Bretanha e da zona do euro depois de 1998? Como a Grã-Bretanha estaria se o BCE tivesse definido a taxa de juros nominal da Grã-Bretanha no nível da zona do euro e se a taxa de câmbio da libra esterlina em relação ao euro tivesse sido fixada?

11. Os movimentos na taxa de câmbio externa do euro podem ser vistos como choques do mercado de bens que têm efeitos assimétricos em diferentes membros da zona do euro. Quando o euro aumentou de preço em relação à moeda da China, em 2007, qual país sofreu a maior queda na demanda agregada, a Finlândia, que não compete diretamente com a China em seus mercados de exportação, ou a Espanha, que compete? O que teria acontecido se a Espanha mantivesse sua antiga moeda, a peseta?

702 PARTE IV ■ Política macroeconômica internacional

12. Na união monetária dos Estados Unidos, parece que nunca nos preocupamos se um estado tem um grande déficit da conta corrente. Já viu esses dados no jornal? Você sequer conseguiria encontrar os dados em qualquer fonte de estatísticas do governo dos Estados Unidos? Por exemplo, seria de imaginar que o estado de Louisiana teve grande déficit em conta corrente depois que foi devastado pelo furacão Katrina em 2005. Mas o possível déficit em conta corrente da Louisiana não foi considerado digno de cobertura pela imprensa financeira. Sabemos, no entanto, que, em 2008, a Grécia teve um déficit em conta corrente de 14,6% do PIB, Portugal teve um déficit de 12% do PIB e a Espanha teve um déficit de 9,8% do PIB (Tabela 21.4). Os governos desses países deveriam se preocupar com seus enormes déficits? (Dica: relacione sua resposta ao debate sobre a necessidade de PEC.)

13. Visite o *site* do FMI em www.imf.org e encontre o banco de dados do *World Economic Outlook*. Então, baixe os dados sobre o saldo de conta corrente (como uma porcentagem do PIB) para Grécia, Espanha, Portugal, Itália e Irlanda. O que acontece com as contas correntes desses países depois de 2009 durante a crise do euro? Você pode explicar o que vê?

14. Suponha que seja possível para um país sair da zona do euro e começar a imprimir sua própria moeda. Suponha também que haja um ponto em que o BCE (talvez por estar preocupado com as perdas financeiras) pare de fazer empréstimos para os bancos desse país. O que aconteceria se os credores de repente começassem a fugir dos bancos do país?

15. Na primavera de 2013, Chipre seguiu a Grécia, Irlanda e Portugal em concordar com um empréstimo de emergência da *troika* formada por UE, BCE e FMI. A causa foram as grandes perdas no sistema bancário cipriota. Após a imposição de perdas em alguns depósitos bancários cipriotas, o governo, com aprovação da UE, impôs controles de capital para evitar que os moradores levassem o dinheiro para o exterior. Por que você acha que foi dado esse passo (que violou a filosofia do mercado único da UE)? (A Grécia foi forçada a seguir uma abordagem semelhante em meados de 2015, quando os depósitos fugiram do país por temerem uma possível saída do euro. Por ora, no entanto, os credores da Grécia continuam dispostos a estender crédito suficiente para impedir a falência do país.)

16. Imagine que um único país grande na zona do euro (a Alemanha, por exemplo), executa uma expansão fiscal, na qual o seu governo compra mais da produção do próprio país. Qual seria o efeito nos outros membros da zona do euro?

    a. Comece usando o modelo *DD-AA*, considerando a zona do euro uma única economia, com uma taxa de câmbio que flutua em relação ao resto do mundo. A seguir, considere os canais através dos quais a mudança na política alemã poderia afetar outros membros da união monetária se a mudança for permanente. E se for temporária?

    b. Agora imagine que a zona do euro está em uma armadilha da liquidez, com a taxa de referência do BCE em zero (lembre-se do Capítulo 17). Voltando à Figura 17.19, como você acha que uma expansão fiscal alemã temporária afeta os outros membros da união monetária? E uma expansão permanente?

LEITURAS ADICIONAIS

Alesina, A.; Giava zzi, F. (Eds.). *Europe and the Euro*. Chicago: University of Chicago Press, 2010. Ensaios sobre a primeira década do euro.

Helge Berger, Giovanni Dell'Ariccia e Maurice Obstfeld. "Revisiting the Economic Case for Fiscal Union in the Euro Area". *IMF Economic Review* 67 (set. 2019), pp. 657-683. Defende que romper o *doom loop* na zona do euro exige um amplo nível de federalismo fiscal.

Markus K. Brunnermeier, Harold James e Jean-Pierre Landau. *The Euro and the Battle of Ideas*. Princeton, NJ: Princeton University Press, 2016. Análise abrangente das tensões na governança da zona do euro.

CAPÍTULO 21 ■ Áreas monetárias ótimas e o euro **703**

Corden, W. M. *Monetary Integration*. Princeton Essays in International Finance 32. International Finance Section, Department of Economics, Princeton University, abr. 1972. Análise clássica da unificação monetária.

Grauwe, P. D. "The Governance of a Fragile Eurozone". *Australian Economic Review*, v. 45, p. 255-268, set. de 2012. Interpreta a crise na zona do euro em termos de especulação autorrealizável nos mercados de dívida soberana.

Eichengreen, B.; Temin, P. "Fetters of Gold and Paper". *Oxford Review of Economic Policy*, v. 26, p. 370-384, outono 2010. Explora as semelhanças entre as consequências das taxas de câmbio fixas na zona do euro e o padrão-ouro durante a Grande Depressão.

Feldstein, M. "The Political Economy of the European Economic and Monetary Union: Political Sources of an Economic Liability". *Journal of Economic Perspectives*, v. 11, p. 23-42, outono 1997. Um dos maiores economistas americanos dá sua opinião contra a UEM.

James, H. *Making the European Monetary Union*. Cambridge, MA: Harvard University Press, 2012. Relato histórico detalhado da pré-história da UEM, incluindo as negociações sobre como o BCE seria estruturado.

Kenen, P. B.; Meade, E. E. *Regional Monetary Integration*. Cambridge, Reino Unido: Cambridge University Press, 2008. Um resumo abrangente da experiência da zona do euro e das perspectivas para outras grandes áreas monetárias no Leste da Ásia e América Latina.

LANE, P. R. "The European Sovereign Debt Crisis". *Journal of Economic Perspectives*, v. 26, p. 49-68, verão 2012. Resumo conciso da crise da dívida da zona do euro.

Kevin O'Rourke. *A Short History of Brexit*. Londres: Penguin UK, 2019. Relato legível sobre o contexto histórico da Brexit e as consequências imediatas do referendo de 2016.

Pisani-Ferry, J. et al. "What Kind of European Banking Union?". Bruegel Policy Contribution 2012/12, jun. 2012. Revisão compacta das questões em torno da criação de uma união bancária no interior da UE.

Thomas Sampson. "Brexit: The Economics of International Disintegration." *Journal of Economic Perspectives* 31 (outono 2017), pp. 163-184. Discussão clara sobre as lições da Brexit para a integração europeia e global.

Shambaugh, J. C. "The Euro's Three Crises". *Brooking Papers on Economic Activity*, v. 1, p. 157-211, 2012. Um olhar amplo sobre os problemas da zona do euro que levaram à crise.

Tower, E.; Willett, T. D. *The Theory of Optimal Currency Areas and Exchange Rate Flexibility*. Princeton Special Papers in International Economics 11. International Finance Section, Department of Economics, Princeton University, maio 1976. Oferece um panorama da teoria das áreas monetárias ótimas.

CAPÍTULO 22

Países em desenvolvimento: crescimento, crise e reforma

Até agora, estudamos as interações macroeconômicas entre economias de mercados industrializados, como as dos Estados Unidos e da Europa Ocidental. Dotados com capital e mão de obra especializada, esses países politicamente estáveis geram níveis altos de renda para seus residentes. E seus mercados, comparados com aqueles de alguns países mais pobres, há muito tempo são relativamente livres do controle governamental direto.

Contudo, diversas vezes desde os anos 1980, os problemas macroeconômicos dos países em desenvolvimento do mundo têm estado na dianteira das preocupações sobre a estabilidade de toda a economia internacional. Durante as décadas seguintes à Segunda Guerra Mundial, o comércio entre as nações em desenvolvimento e as industrializadas expandiu-se, assim como as transações financeiras de países em desenvolvimento com países mais ricos. Por sua vez, relações mais intensas entre os dois grupos de economias têm tornado cada grupo mais dependente da saúde econômica do outro do que antes. Eventos em países em desenvolvimento, portanto, têm um impacto significativo no bem-estar e nas políticas das economias mais avançadas. Desde os anos 1960, alguns países que já foram pobres aumentaram sensivelmente seu padrão de vida, enquanto outros ficaram ainda mais atrás do mundo industrial. Ao compreender essas experiências de desenvolvimento contrastante, tiramos lições políticas importantes que podem estimular o crescimento em todos os países.

Este capítulo estuda os problemas macroeconômicos de países em desenvolvimento e as repercussões desses problemas no mundo desenvolvido. Embora as ideais e as lições da macroeconomia internacional que desenvolvemos nos capítulos anteriores também se apliquem aos países em desenvolvimento, os problemas diferenciados que aqueles países enfrentaram na luta para alcançar as economias ricas tornam necessária uma discussão separada. Além disso, os baixos níveis de renda das áreas em desenvolvimento tornam as tribulações macroeconômicas ainda mais dolorosas do que nas economias desenvolvidas, com consequências que podem ameaçar a coesão política e social.

CAPÍTULO 22 ■ Países em desenvolvimento: crescimento, crise e reforma **705**

OBJETIVOS DE APRENDIZAGEM

Após a leitura deste capítulo, você será capaz de:

- Descrever a distribuição de renda mundial persistentemente desigual e as evidências de suas causas.
- Resumir as principais características econômicas dos países em desenvolvimento.
- Explicar a posição dos países em desenvolvimento no mercado de capitais mundial e o problema da moratória da dívida externa dos países em desenvolvimento.
- Recontar a história recente das crises financeiras dos países em desenvolvimento.
- Discutir as medidas propostas para ampliar os ganhos dos países mais pobres com a participação no mercado de capitais mundial.

Renda, riqueza e crescimento na economia mundial

A pobreza é o problema básico que os países em desenvolvimento enfrentam, e escapar dela é seu grande desafio político e econômico. Em comparação com as economias industrializadas, a maioria dos países em desenvolvimento é pobre nos fatores de produção essenciais para a indústria moderna: capital e mão de obra qualificada. A escassez relativa desses fatores contribui para os níveis baixos de renda *per capita* e frequentemente impede os países em desenvolvimento de alcançarem as economias de escala das quais muitas nações mais ricas se beneficiam. Mas a escassez de fatores é geralmente um sintoma de problemas mais profundos. A instabilidade política, os direitos de propriedade instáveis e as políticas econômicas equivocadas com frequência desencorajam o investimento em capitais e habilidades e reduzem a eficiência econômica de outras maneiras.

A distância entre ricos e pobres

As economias mundiais dividem-se em quatro categorias principais, de acordo com os seus níveis de renda *per capita* anual:

1. Economias de baixa renda (incluindo Afeganistão, Coreia do Norte, Tajiquistão, Síria, Iêmen e Haiti, além de boa parte da África Subsaariana).
2. Economias de renda média inferior (incluindo Bangladesh, Camboja, Vietnã, Índia, Paquistão, Filipinas, diversos países do Oriente Médio, América Latina e Caribe, algumas ex-repúblicas soviéticas, incluindo a Ucrânia, e quase todos os países africanos restantes).
3. Economias de renda média superior (incluindo os países latino-americanos restantes, um punhado de países africanos, diversos países caribenhos, Bulgária, Geórgia, Cazaquistão, Turquia, Indonésia, Irã, Iraque, Malásia, China e Rússia).
4. Economias de alta renda (incluindo as economias de mercado industrializadas ricas; o restante dos países caribenhos; Panamá e Uruguai; um punhado de ex-países em desenvolvimento excepcionalmente bem-aventurados, como Israel, Coreia do Sul e Singapura; o Kuwait e a Arábia Saudita, ricos em petróleo; e alguns países da Europa Oriental que foram bem-sucedidos na sua transição, como a República Tcheca, a Eslováquia, a Hungria, a Polônia e a Estônia).

As duas primeiras categorias são compostas principalmente de países em um estágio de desenvolvimento retardatário em relação às economias industrializadas, enquanto as duas últimas reúnem quase todas as economias de mercado emergentes (e também as economias industrializadas, obviamente). Na Tabela 22.1 são mostrados os níveis de renda média *per capita* em dólar de 2019 para esses grupos de países, junto com outro indicador de bem-estar econômico, a expectativa de vida ao nascer média em 2018.

706 PARTE IV ■ Política macroeconômica internacional

TABELA 22.1	Indicadores de bem-estar econômico em quatro grupos de países	
Grupo de renda	PIB *per capita* (dólares de 2019)	Expectativa de vida em 2018 (anos)
Baixa renda	780	63
Renda média inferior	2.177	68
Renda média superior	9.040	75
Renda alta	44.584	81

Fonte: Banco Mundial, World Development Indicators.

A Tabela 22.1 ilustra as disparidades agudas nos níveis de renda internacional na segunda década do século XXI. A renda *per capita* nacional média nas economias mais ricas é 57 vezes a média dos países em desenvolvimento mais pobres! Mesmo os países de renda média superior têm somente cerca de um quinto da renda *per capita* do grupo industrializado. Os valores de expectativa de vida geralmente refletem as diferenças internacionais nos níveis de renda. A expectativa de vida média cai à medida que a pobreza relativa aumenta.[1]

A desigualdade de renda mundial se estreitou com o tempo?

Explicar as diferenças de renda entre os países é um dos objetivos mais antigos da economia. Não é por acaso que o clássico livro de 1776 de Adam Smith era intitulado *A riqueza das nações*. Desde pelo menos um século antes de Smith, os economistas procuravam não somente explicar por que as rendas dos países diferiam em um determinado momento, mas também solucionar o quebra-cabeças mais difícil de por que alguns países tornam-se ricos enquanto outros ficam estagnados. O debate sobre as melhores políticas para promover o crescimento econômico tem sido ferrenho, conforme veremos neste capítulo.

Tanto a profundidade do enigma do crescimento econômico quanto o resultado de encontrar políticas favoráveis ao crescimento são ilustrados na Tabela 22.2, que mostra *taxas de crescimento* de produção *per capita* de diversos grupos de países entre 1960 e 2017. (Esses dados de produção reais têm sido corrigidos para responder por desvios da paridade do poder de compra.) Durante esse período, os Estados Unidos cresceram a uma taxa *per capita* anual aproximada de 2% que muitos economistas diriam ser o máximo em longo prazo para uma economia madura. Os países industrializados que eram mais prósperos em 1960 em geral cresceram a taxas mutuamente comparáveis. Como resultado, suas diferenças de renda em comparação com os Estados Unidos mudaram relativamente pouco. No entanto, os países industrializados mais pobres de 1960 com frequência cresceram muito mais depressa do que os Estados Unidos na média e, como um resultado, sua renda *per capita* tendeu a alcançar a dos Estados Unidos. Por exemplo, o Japão, que era 63% mais pobre do que os Estados Unidos em 1960, era apenas cerca de 28% mais pobre em 2017 – tendo assim estreitado significativamente a diferença de renda anterior.

O processo de crescimento do Japão para alcançar os países mais ricos ilustra a tendência para as diferenças entre os padrões de vida de vários países *industrializados* diminuírem durante o pós-guerra. A teoria por trás dessa **convergência** observada nas rendas *per capita* é enganosamente simples. Se o comércio é livre, se o capital pode se movimentar para países que oferecem os retornos mais elevados, e se o próprio conhecimento atravessa as fronteiras políticas – e, portanto, esses países sempre têm acesso às tecnologias de produção de ponta – então não existe motivo para as diferenças de renda internacionais persistirem

---

[1]O Capítulo 16 mostrou que uma comparação internacional das rendas em *dólar* revela níveis de bem-estar relativos imprecisamente, porque os níveis de preço dos países mensurados em uma moeda comum (aqui, dólares americanos) em geral diferem. O Banco Mundial fornece valores de renda nacionais ajustados para levar em conta desvios da paridade do poder de compra (PPC). Esses números reduzem muito, mas não eliminam, as disparidades na Tabela 22.1. A Tabela 22.2 relata algumas rendas ajustadas à PPC.

CAPÍTULO 22 ■ Países em desenvolvimento: crescimento, crise e reforma

TABELA 22.2	Produção *per capita* em países selecionados, 1960-2017 (dólares de 2011)		
	Produção *per capita*		
País	**1960**	**2017**	**Taxa média de crescimento anual, 1960-2017 (porcentagem por ano)**
Industrializado em 1960			
Canadá	15.573	44.975	1,9
França	11.344	38.170	2,2
Alemanha	13.337	46.349	2,2
Itália	10.176	35.668	2,2
Japão	6.400	39.381	3,2
Espanha	7.301	33.593	2,7
Suécia	14.478	45.844	2,0
Reino Unido	12.719	38.153	1,9
Estados Unidos	17.319	54.586	2,0
África			
Quênia	1.952	3.090	0,8
Nigéria	2.665	5.270	1,2
Senegal	2.917	3.111	0,1
África do Sul	7.204	12.004	0,9
Zimbábue	1.132	1.914	0,9
América Latina			
Argentina	9.283	16.432	1,0
Brasil	3.995	14.066	2,2
Chile	5.734	22.123	2,4
Colômbia	4.059	13.585	2,1
Costa Rica	4.329	14.712	2,2
México	6.633	16.792	1,6
Paraguai	2.618	8.948	2,2
Peru	5.135	11.808	1,5
Venezuela	11.935	11.321	–0,1
Ásia			
China	815	13.465	5,0
Hong Kong	4.459	50.271	4,3
Índia	1.048	6.548	3,3
Indonésia	1.635	11.173	3,4
Malásia	2.639	24.574	4,0
Singapura	4.368	69.150	5,0
Coreia do Sul	1.573	36.999	5,7
Taiwan	2.070	43.501	5,5
Tailândia	1.162	14.884	4,7

Obs.: Os dados foram retirados da Penn World Table, Versão 9.1, e utilizam taxas de câmbio PPC para comparar as rendas nacionais (variáveis *RGDPNA/POP*). Para uma descrição, consulte o *site* da Penn World Table, disponível em <https://www.rug.nl/ggdc/productivity/pwt>.

para sempre. Algumas distâncias persistem na realidade em virtude das diferenças entre as políticas adotadas pelos países industrializados; contudo, as forças de convergência precedentes parecem ser fortes o bastante para manter a renda dos países industriais praticamente na mesma faixa. Lembre-se também de que as diferenças na produção *per capita* podem não refletir exatamente as diferenças na produção *por trabalhador empregado*, porque a maioria

708 PARTE IV ▪ Política macroeconômica internacional

dos países industrializados tem taxas de desemprego e de participação na força de trabalho diferentes daquelas observadas nos Estados Unidos.

Apesar de uma teoria de convergência simples ser atrativa, nenhuma tendência clara para as rendas *per capita* convergirem caracteriza o mundo como um todo, conforme mostra o restante da Tabela 22.2. Nessa tabela vemos discrepâncias enormes nas taxas de crescimento em longo prazo entre os diferentes grupos de países regionais, mas sem uma tendência geral para os países mais pobres crescerem mais rapidamente. Diversos países da África Subsaariana, embora na base da escala de renda mundial, cresceram (na maioria dos anos pós-guerra) a taxas bem abaixo daquelas dos principais países industrializados.[2] O crescimento também foi relativamente lento na América Latina, onde apenas alguns países (em especial Brasil e Chile) superaram a taxa de crescimento médio dos Estados Unidos, apesar dos níveis de renda inferiores.

Em contrapartida, os países do Leste Asiático *tenderam* a crescer a taxas bem acima daquelas do mundo industrializado, conforme a teoria da convergência preveria. A Coreia do Sul, com um nível de renda próximo ao do Senegal em 1960, cresceu cerca 6% ao ano (em termos *per capita*) desde então, e em 1997 foi classificada como um país de renda alta pelo Banco Mundial. A taxa de crescimento médio anual de 5% de Singapura promoveu o país ao *status* de renda alta. Alguns países do Leste Europeu que viviam sob o regime soviético até 1989 também passaram rapidamente aos níveis de renda superiores.

Um país que pode conseguir até uma taxa de crescimento anual de 3% verá sua renda *per capita* real dobrar a cada geração. Mas, com taxas de crescimento observadas nos países do Leste Asiático como Hong Kong, Singapura, Coreia do Sul e Taiwan, a taxa *per capita* real aumenta *cinco* vezes a cada geração!

O que explica os padrões de crescimento muito divergentes em longo prazo na Tabela 22.2? A resposta está nas características econômicas e políticas dos países em desenvolvimento e os modos como têm mudado durante o tempo em resposta tanto aos eventos mundiais quanto às pressões internas. As características estruturais dos países em desenvolvimento também têm ajudado a determinar seu sucesso em alcançar objetivos macroeconômicos fundamentais além do crescimento rápido, como inflação baixa, índice de desemprego baixo e estabilidade do setor financeiro.

A importância dos países em desenvolvimento para o crescimento global

Uma mudança crucial na economia global durante o último meio século é que as economias mais pobres hoje representam uma parcela muito maior da renda global do que no passado (mais de metade, medida em PPC) e também uma parcela maior do crescimento econômico global. A Figura 22.1 ilustra essa evolução, alocando o crescimento do PIB global total a seus diferentes componentes regionais desde a década de 1960.

Como vemos, nos anos 1960, os Estados Unidos e as outras economias avançadas eram responsáveis pela grande maioria das contribuições para o crescimento mundial. Na década de 2010, no entanto, os países ricos explicavam significativamente menos de metade dele. Dois fatos principais explicam essa mudança. Primeiro, as economias emergentes e em desenvolvimento, apesar da heterogeneidade considerável do seu desempenho, tenderam, em geral, a crescer mais rapidamente do que os países avançados; assim, à medida que sua participação no PIB global aumentou, sua contribuição para o crescimento mundial tornou--se mais importante. Gigantes como a China e a Índia tiveram um papel importante nesse processo. Segundo, o crescimento das economias avançadas se desacelerou.

---

[2]Por outro lado, outros países na África Subsaariana alcançaram agora o *status* de renda média superior. Botsuana, no sul da África, alcançou esse *status* mais cedo. O país apresentou uma taxa média de crescimento *per capita* bem acima de 5% ao ano nas três décadas após 1960. A África do Sul também é um país de renda média superior, mas embora há muito tempo tenha PIB *per capita* alto em relação à maior parte do continente, o país cresceu lentamente e, logo, nunca atingiu o *status* de renda alta. Sua prosperidade relativa *média* obscurece o altíssimo nível de desigualdade de renda entre as famílias, maior até que em outros países africanos, e, logo, a pobreza considerável do país.

CAPÍTULO 22 ■ Países em desenvolvimento: crescimento, crise e reforma 709

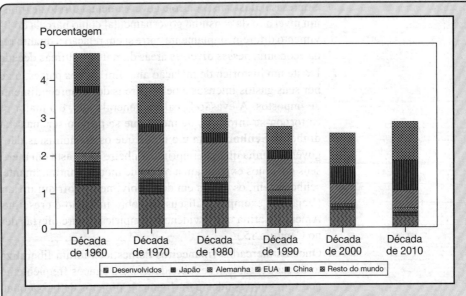

FIGURA 22.1
Os países mais ricos se tornaram menos importantes para o crescimento do PIB global.
À medida que muitas economias em desenvolvimento cresceram mais rapidamente e passaram a representar uma parcela maior da produção mundial, suas taxas de crescimento do PIB tornaram-se mais importantes para a determinação do crescimento mundial total. Ao mesmo tempo, o crescimento das economias mais ricas tendeu a desacelerar-se.

Fonte: FMI, *World Economic Outlook*. O grupo das "economias avançadas" no gráfico exclui o Japão, a Alemanha e os Estados Unidos, mostrados separadamente. O crescimento mundial é calculado com o uso de pesos do PIB, com o PIB medido a preços de mercado. Dados parciais para a década de 2010.

Para entender o crescimento econômico global, devemos nos voltar cada vez mais para as economias mais pobres. Além disso, o que acontece com as economias desses países terá consequências importantes para os países mais ricos. Que características e políticas determinaram o seu desempenho?

Características estruturais dos países em desenvolvimento

Os países em desenvolvimento diferem amplamente entre si, e nenhuma relação simples de características "típicas" descreveria com precisão todos eles. No início dos anos 1960, esses países eram muito mais parecidos uns com os outros em suas abordagens políticas comercial e macroeconômica e em outras intervenções governamentais na economia. Então as coisas começaram a mudar. Os países do Leste Asiático abandonaram a industrialização por substituição de importações, adotando em seu lugar uma estratégia de desenvolvimento orientada para a exportação. Essa estratégia mostrou-se muito bem-sucedida. Mais tarde, países na América Latina também reduziram as barreiras comerciais enquanto ao mesmo tempo tentaram controlar o papel do governo na economia, reduzir a inflação cronicamente alta e, em muitos casos, abrir as contas de capital para transações particulares. Esses esforços foram bem-sucedidos em algumas dimensões (a inflação é muito menor em toda a região), mas não em outras (o crescimento em boa parte da América Latina ainda enfrenta obstáculos).

Portanto, embora muitos países em desenvolvimento tenham reformado suas economias para se aproximar das estruturas das economias industriais bem-sucedidas, o processo permanece incompleto, e muitos deles tendem a apresentar pelo menos uma das seguintes características:

1. Existe uma história de controle governamental direto e extenso da economia, incluindo restrições no comércio internacional, propriedade ou controle governamental de grandes

PARTE IV ■ Política macroeconômica internacional

empresas industriais, controle governamental direto de transações financeiras internas e um nível alto de consumo governamental como parcela do PNB. Os países em desenvolvimento diferem amplamente entre si em relação a quanto reduziram o papel do governo na economia nessas diversas áreas durante as últimas décadas.

2. Existe um histórico de inflação alta. Em muitos países, o governo foi incapaz de pagar por seus gastos intensos e pelas perdas dos empreendimentos estatais apenas por meio de impostos. A evasão fiscal foi generalizada, e a maior parte da atividade econômica tornou-se informal, de modo que se provou ser mais fácil simplesmente imprimir dinheiro. **Senhoriagem** é o nome que os economistas dão aos recursos reais que um governo ganha quando imprime dinheiro que gasta em mercadorias e serviços. Quando seus governos expandiam a oferta de moeda continuamente para extrair altos níveis de senhoriagem, os países em desenvolvimento sofriam inflação e mesmo hiperinflação. (Veja, por exemplo, a discussão sobre inflação e crescimento da oferta de moeda na América Latina em "Evidências empíricas sobre ofertas de moeda e níveis de preços", no Capítulo 15.)

3. Onde os mercados financeiros domésticos foram liberalizados, instituições de crédito fracas costumam ser abundantes. Os bancos frequentemente emprestam fundos que pediram emprestados para financiar projetos de baixa qualidade ou muito arriscados. Os empréstimos podem ser feitos na base de conexões pessoais em vez de retornos prospectivos, e as salvaguardas do governo contra a fragilidade financeira, como a supervisão bancária (Capítulo 20), tendem a ser ineficazes devido a incompetência, inexperiência e fraude pura e simples. Embora a negociação de ações em bolsa tenha se desenvolvido em muitos mercados emergentes, costuma ser mais difícil para os acionistas descobrirem, nos países em desenvolvimento, como o dinheiro da empresa está sendo gasto ou como controlar os gestores da empresa. A estrutura jurídica para resolver a posse de ativos em casos de falência também é tipicamente fraca. Não obstante a instabilidade recente em mercados financeiros de países desenvolvidos, ainda é verdade que, em comparação, os mercados financeiros de países em desenvolvimento permanecem menos eficazes para dirigir as economias em direção a seus usos em investimentos mais eficientes. Como resultado, tais países permanecem ainda mais propensos à crise.

4. Nos locais em que as taxas de câmbio não são atreladas (como na Arábia Saudita), elas tendem a ser dirigidas mais fortemente por governos de países em desenvolvimento. As medidas governamentais para limitar a flexibilidade da taxa de câmbio refletem tanto o desejo de manter a inflação sob controle quanto o medo de que as taxas de câmbio flutuantes estejam sujeitas a uma volatilidade enorme nos mercados relativamente de baixo volume das moedas de países em desenvolvimento. Existe um histórico de alocação de câmbio por decretos governamentais em vez de pelo mercado, uma prática (chamada *controle de câmbio*) que alguns países em desenvolvimento ainda mantêm. A maior parte desses países tem tentado, em particular, controlar os movimentos de capitais limitando as transações de câmbio em conexão com o comércio em ações. Mais recentemente, contudo, muitos mercados emergentes abriram suas contas de capital.

5. Recursos naturais ou *commodities* agrícolas compõem uma parcela importante das exportações para muitos países em desenvolvimento – por exemplo, o petróleo russo, a madeira da Malásia, o ouro sul-africano e o café colombiano. Os exportadores de *commodities* primárias, por sua vez, estão vulneráveis aos altos e baixos dos preços internacionais, como discutido no quadro "O superciclo de *commodities*".

6. Tentativas de contornar controles governamentais, impostos e regulamentações têm ajudado a tornar as práticas de corrupção, como suborno e extorsão, um meio de vida em muitos – se não na maioria – dos países em desenvolvimento. Muito embora o desenvolvimento da atividade econômica oculta (a economia "informal") tenha, em muitos casos, ajudado a eficiência econômica ao restabelecer um grau de alocação de recursos baseado no mercado, no fim das contas, os dados deixam claro que corrupção e pobreza andam de mãos dadas.

O SUPERCICLO DE *COMMODITIES*

Durante as duas últimas décadas, os preços de *commodities* agregados passaram por um ciclo de expansão e contração, subindo mais de 400% entre 1998 e 2020, com uma interrupção vertiginosa, mas breve, durante a Grande Recessão que iniciou em 2007, e então caindo mais de 50% entre 2011 e 2016. Esses ciclos ocorreram diversas vezes no passado, o que levou os economistas Bilge Erten e José Antonio Ocampo a identificarem uma série de "superciclos de *commodities*" de longo prazo desde o século XIX, cada um dos quais durou cerca de 30 a 40 anos.[3]

O ciclo recente aplicou-se de forma bastante geral a diferentes grupos de *commodities*. Entre 1999 e 2008, a maioria dos preços de *commodities* teve crescimento anual na casa de dois dígitos, incluindo combustíveis como petróleo, carvão e gás natural; metais como alumínio, ferro e estanho; e alimentos como milho, arroz e trigo. O gráfico a seguir mostra o ciclo recente de preços de *commodities* agregados, medido pelo índice de preços de *commodities* em dólar do FMI.

Diversos fatores contribuíram para o aumento dos preços de *commodities* entre 1999 e 2011, especialmente o crescimento rápido das economias emergentes, as restrições da oferta e as taxas de juros reais globais baixas.

1. *Crescimento das economias emergentes.* Durante a primeira década do século XXI, a economia chinesa cresceu rapidamente, e em 2011 respondia por cerca de metade da demanda global por diversos recursos naturais, especialmente metais industriais. Centenas de milhões dos seus cidadãos fizeram a transição da economia rural para empregos industriais, o que alimentou setores com alto uso de recursos na construção e na indústria. Um fato bastante citado que indica o ritmo da urbanização chinesa é que o país usou mais cimento entre 2011 e 2013 do que os Estados Unidos durante todo o século XX! Outros mercados emergentes, como Brasil, Rússia e Índia, também contribuíram para a alta demanda por *commodities* durante a maior parte desse período. Alguns deles também eram exportadores de *commodities*, e a alta demanda mundial pelas suas próprias exportações apoiava a sua demanda por importações de *commodities* de outros países.

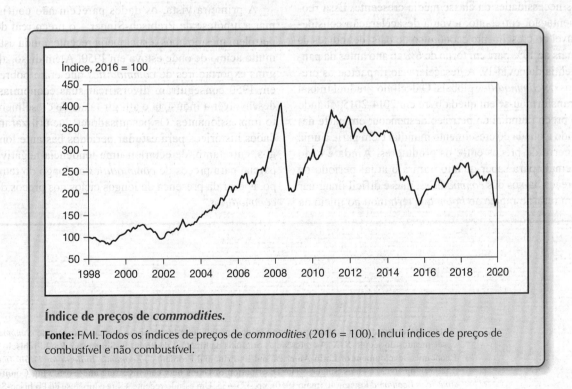

Índice de preços de *commodities*.
Fonte: FMI. Todos os índices de preços de *commodities* (2016 = 100). Inclui índices de preços de combustível e não combustível.

---

[3]Veja: Bilge Erten e José Antonio Ocampo, "Super Cycles of Commodity Prices since the Mid-Nineteenth Century", *World Development* 44 (abril 2013), pp. 14-30.

2. Restrições da oferta. Diversos choques à oferta também ajudaram a elevar os preços, como secas em regiões agrícolas importantes e violência e distúrbios em alguns países produtores de petróleo. Além disso, os longos tempos de ciclo em alguns investimentos em setores extrativistas significam que a oferta pode ser relativamente inelástica no curto prazo. Da mesma forma, alguns exportadores de *commodities* enfrentaram gargalos na oferta, como infraestruturas de transporte inadequadas.

3. Taxas de juros baixas. O ambiente de taxas de juros baixas discutido nos capítulos anteriores (lembre-se da Figura 19.8) também contribuiu para o aumento nos preços das *commodities*, pois investidores buscavam maior rendimento em ativos alternativos e investiam em estoques de *commodities*. O crédito global abundante até a crise financeira de 2007-2009 facilitava essa especulação.

Desde 2011, a China tenta afastar a sua economia do investimento e da indústria, incluindo a construção, e avançar na direção de mais consumo interno, especialmente de serviços. O governo chinês considera essa evolução necessária tanto para reduzir o nível ineficientemente alto de investimento quanto para atender as necessidades da classe média crescente. Essa reorientação, entretanto, levou à desaceleração considerável do crescimento econômico do país, de índices de mais de 10% para em torno de 6% ao ano antes da pandemia da covid-19. A desaceleração impactou os preços de *commodities* globais. O declínio gradual inicial transformou-se em queda livre em 2014-2015, quando o preço mundial do petróleo despencou, em parte devido à queda do crescimento mundial e em parte a uma guerra de preços entre os produtores. Ainda é cedo demais para saber quanto durará o atual período de preços baixos das *commodities*, mas é difícil imaginar um retorno rápido ao *boom* que terminou no início da década de 2010. A queda dos preços de *commodities* significou um crescimento mais lento para os países de baixa renda emergentes exportadores de *commodities*, alguns dos quais dependem muito de um pequeno número de exportações primárias. A África, que se beneficiou do *boom* nos preços na década de 2000, sofreu um impacto especialmente forte. É possível que os exportadores de *commodities* tenham que diversificar suas exportações ainda mais e entrar em áreas que não sejam *commodities* se desejarem aumentar os seus índices de crescimento e recuperar o aumento da sua renda *per capita*.

As dificuldades recentes dos exportadores de *commodities* reanimaram o interesse pela hipótese defendida em 1950 pelos economistas Raúl Prebisch e Hans Singer. Prebisch e Singer previram que os países em desenvolvimento exportadores de *commodities* estavam fadados a um processo secular de declínio dos termos de troca e, logo, teriam dificuldade para convergir com os níveis de renda dos países avançados. Segundo o seu argumento, a demanda global por *commodities* é inelástica à renda, enquanto a demanda por bens manufaturados e serviços aumenta fortemente com a renda, de modo que à medida que a economia mundial crescesse, os termos de troca dos exportadores de produtos primários inevitavelmente cairiam.

À primeira vista, os dados parecem não confirmar a hipótese de Prebisch-Singer – o preço real do petróleo, mesmo após a sua queda recente, ainda está muito acima de onde estava em 1950! Além disso, alguns exportadores de *commodities* que eram pobres em 1950 conseguiram diversificar suas economias, desenvolver a indústria e atingir taxas de crescimento impressionantes. Os pesquisadores que utilizaram dados históricos para estudar períodos bastante longos, entretanto, detectaram uma tendência negativa parcial para preços de *commodities* ao longo do tempo, apesar da presença de longos ciclos nos preços de *commodities*.[4]

---

[4]Erten e Ocampo, *op. cit.*, detectam uma tendência negativa de longo prazo nos preços reais de *commodities* desde meados do século XIX. As referências originais da hipótese de Prebisch-Singer são: Raúl Prebisch, "The Economic Development of Latin America and Its Principal Problems", *Economic Bulletin for Latin America* 7 (1950), pp. 1-12; e Hans Singer, "The Distribution of Gains between Investing and Borrowing Countries", *American Economic Review* 40 (maio 1950), pp. 473-485. Um estudo recente sobre a hipótese de Prebisch-Singer que utiliza uma série de dados de muito longo prazo é: Rabah Arezki, Kaddour Hadri, Prakash Loungani e Yao Rao, "Testing the Prebisch-Singer Hypothesis since 1650: Evidence from Panel Techniques That Allow for Multiple Breaks", *Journal of International Money and Finance* 42 (abril 2014), pp. 208-223.

CAPÍTULO 22 ■ Países em desenvolvimento: crescimento, crise e reforma   713

Para uma grande amostra de países em desenvolvimento e industrializados, a Figura 22.1 mostra a forte relação positiva entre a produção *per capita* real anual e um índice inverso de corrupção – variando de 1 (mais corrupto) a 10 (o mais limpo) – publicado pela organização Transparência Internacional.[5] Diversos fatores estão por trás dessa forte relação positiva. As regulamentações governamentais que promovem corrupção também prejudicam a prosperidade econômica. Estudos estatísticos detectaram que a corrupção por si só tende a ter efeitos líquidos negativos sobre a eficiência econômica e o crescimento.[6] Por fim, países mais pobres não têm os recursos para conter a corrupção efetivamente, e a pobreza em si gera uma vontade maior de burlar as regras.

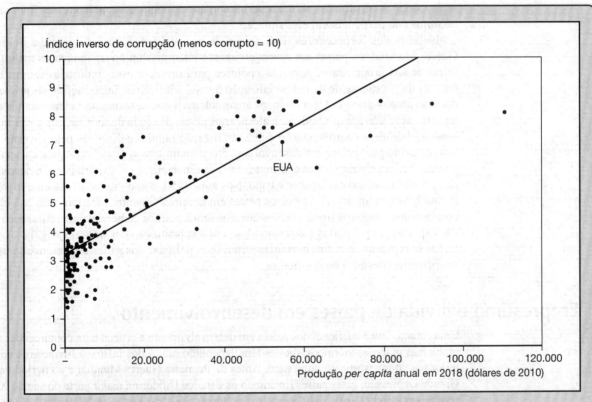

FIGURA 22.2
Corrupção e produção *per capita*.
A corrupção tende a aumentar à medida que a produção *per capita* real diminui.

Nota: A figura mostra os valores de 2018 de um índice (inverso) de corrupção e valores de 2018 de produção real *per capita* ajustada para PPC, mensurada em dólares americanos de 2010 (a quantidade que um dólar poderia comprar nos Estados Unidos em 2010). A linha reta representa uma melhor estimativa estatística do nível de corrupção do país com base na sua produção *per capita* real.
Fonte: Transparência Internacional, Índice de Percepção de Corrupção; Banco Mundial, World Development Indicators.

---

[5] De acordo com os *rankings* de 2018 da Transparência Internacional, o país menos corrupto no mundo era a Dinamarca (com um escore alto de 8,8), e o mais corrupto era o Sudão do Sul (com um escore minúsculo de 1,3). O escore dos Estados Unidos era 7,1, uma queda em relação aos 7,6 de 2015. Para dados detalhados e um panorama geral da economia da corrupção, veja: Vito Tanzi. "Corruption around the World". *International Monetary Fund Staff Papers*, v. 45, p. 559-594, dez. 1998. O segundo capítulo de Fundo Monetário Internacional, *Fiscal Monitor: Curbing Corruption* (Washington, D.C., April 2019), é dedicado a um levantamento mais recente.

[6] Existem, naturalmente, evidências anedóticas abundantes sobre as ineficiências econômicas associadas com a corrupção. Considere a seguinte descrição de 1999 dos negócios no Brasil, que tinha um escore de 3,8 pela Transparência Internacional 2015:

> A corrupção vai bem além de extorquir camelôs. Quase toda atividade econômica imaginável está sujeita a alguma forma de extorsão oficial.

714 PARTE IV ■ Política macroeconômica internacional

Muitas das características gerais que hoje ainda definem os países em desenvolvimento tomaram forma nos anos 1930 e remontam à Grande Depressão (Capítulo 19). A maior parte dos países em desenvolvimento experimentou controles diretos sobre o comércio e pagamentos para conservar as reservas de câmbio e salvaguardar o emprego doméstico. Confrontados com uma ruptura maciça do sistema de mercado mundial, países industrializados e em desenvolvimento permitiram igualmente que seus governos assumissem funções diretas crescentes no emprego e na produção. Muitas vezes, os governos reorganizaram mercados de trabalho, estabeleceram controle estrito sobre os mercados financeiros, controlaram preços e nacionalizaram indústrias críticas. Contudo, a tendência em direção ao controle governamental da economia mostrou-se mais persistente nos países em desenvolvimento, onde as instituições políticas permitiam que as empresas com interesses financeiros no *status quo* perpetuassem essa situação.

Isolados dos fornecedores tradicionais de bens industrializados durante a Segunda Guerra Mundial, os países em desenvolvimento encorajavam novas indústrias manufatureiras de sua propriedade. A pressão política para proteger essas indústrias foi um fator por trás da popularidade da industrialização por substituição de importações nas primeiras décadas do pós-guerra. Além disso, as áreas coloniais que se tornaram independentes após a guerra acreditavam que poderiam alcançar os níveis de renda de seus antigos governantes somente por meio de urbanização e industrialização rápidas e dirigidas pelo governo. Por fim, os principais países em desenvolvimento temiam que seus esforços para escapar da pobreza seriam ameaçados se continuassem a se especializar em exportações de *commodities* primárias, como café, cobre e trigo. Nos anos 1950, como vimos, a influente hipótese Prebisch-Singer argumentava que os países em desenvolvimento sofreriam com o declínio contínuo dos termos de troca a menos que usassem a política comercial para retirar recursos das exportações primárias e direcioná-los para a substituição das importações. Essas previsões se provaram erradas, mas influenciaram as políticas dos países em desenvolvimento nas primeiras décadas do pós-guerra.

Empréstimo e dívida de países em desenvolvimento

Uma característica adicional dos países em desenvolvimento é crucial para compreender seus problemas macroeconômicos: muitos têm dependido muito dos influxos financeiros do exterior para o investimento doméstico. Antes da Primeira Guerra Mundial e no período até a Grande Depressão, esses países (incluindo os Estados Unidos na maior parte do século XIX) receberam grandes influxos financeiros de terras mais ricas. A Grã-Bretanha foi o maior prestamista internacional, mas a França, a Alemanha e outras forças europeias contribuíram igualmente para financiar o desenvolvimento industrial em alguns países então em desenvolvimento (como Argentina, Austrália, Canadá e os Estados Unidos) e para a extração de recursos naturais ou agricultura latifundiária em outros (como Brasil, Peru, Quênia e Indonésia).

Nas décadas seguintes à Segunda Guerra Mundial, muitas economias em desenvolvimento recorreram novamente às economias de países mais ricos e acumularam uma dívida substancial para com o resto do mundo (cerca de onze trilhões de dólares em termos brutos no início de 2020). A dívida dos países em desenvolvimento estava no centro de diversas crises de crédito internacional que preocuparam formuladores de políticas econômicas no mundo inteiro a partir do início dos anos 1980.

As grandes empresas brasileiras costumam concordar em pagar subornos, mas as multinacionais geralmente se recusam e preferem pagar multas. O dinheiro – pago nos níveis municipal, estadual e federal – é dividido entre burocratas e seus padrinhos políticos. Eles garantem que seja impossível estar completamente em conformidade a todas as minúcias de leis, regulamentos, decretos e diretivas do Brasil.

Os subornos e multas são parte do "Custo Brasil", termo que resume as inúmeras despesas que inflam o custo de conduzir negócios no Brasil.

Veja: "Death, Decay in São Paulo May Stir Reformist Zeal". *Financial Times*, 20/21 mar. 1999, p. 4.

CAPÍTULO 22 ■ Países em desenvolvimento: crescimento, crise e reforma **715**

A economia de influxos financeiros para países em desenvolvimento

Conforme afirmado, muitos países em desenvolvimento receberam influxos financeiros extensos do exterior e hoje têm dívidas substanciais com os estrangeiros. A Tabela 22.3 mostra o padrão de empréstimos desde 1973 pelos países em desenvolvimento não produtores de petróleo (veja a segunda coluna de dados). Conforme você pode ver, esses países enquanto grupo foram, em linhas gerais, consistentes na sua qualidade de devedores (deixando de lado os grandes exportadores de petróleo, que têm grandes superávits quando o preço mundial do petróleo está alto). Que fatores causaram influxos financeiros ao mundo em desenvolvimento?

Lembre-se da equação (analisada no Capítulo 13) que relaciona a poupança nacional, S, o investimento doméstico, I, e o saldo de conta corrente, CC: $S - I = CC$. Se a poupança nacional tiver pouco investimento doméstico, a diferença é igual ao déficit em conta corrente. Em virtude da pobreza e de instituições financeiras pobres, a poupança nacional é quase sempre baixa em países em desenvolvimento. Entretanto, como esses países têm relativamente pouco capital, as oportunidades para introduzir ou expandir lucrativamente plantas e equipamentos podem ser abundantes. Tais oportunidades justificam um alto nível de investimentos. Ao ter um déficit em sua conta corrente, um país pode obter recursos externos para investir, mesmo que seu nível de poupança doméstica seja baixo. Contudo, um déficit em conta corrente implica que o país está contraindo empréstimos no estrangeiro. Em troca de ser capaz de importar mais mercadorias estrangeiras hoje do que suas exportações atuais podem pagar, o país deve prometer efetuar no futuro o pagamento dos juros e do principal dos empréstimos ou dos dividendos de ações em empresas vendidas para estrangeiros.

Desse modo, os incentivos ao *comércio intertemporal* que o Capítulo 6 examinou poderiam explicar boa parte dos empréstimos contraídos pelos países em desenvolvimento. Os países com baixa renda geram pouca poupança própria para tomar vantagens de todas as suas oportunidades de investimentos lucrativas, então precisam tomar empréstimos do exterior. Em países com capital em abundância, por outro lado, muitas oportunidades de investimento produtivas já foram exploradas, mas os níveis de poupança são relativamente elevados. No entanto, os poupadores em países desenvolvidos podem obter taxas mais altas de retorno ao emprestar e financiar investimentos no mundo em desenvolvimento.

Observe que, quando os países em desenvolvimento tomam emprestado para realizar investimentos produtivos que não seriam capazes de realizar de outro modo, tanto eles quanto os credores adquirem ganhos de comércio. Os devedores ganham porque podem consolidar seus estoques de capital, apesar da poupança nacional limitada. Os credores lucram ao mesmo tempo porque obtêm retornos mais altos em suas poupanças do que ganhariam domesticamente.

Embora as razões descritas forneçam uma explicação para a dívida e os déficits externos dos países em desenvolvimento, isso não significa que todos os empréstimos de países desenvolvidos para países em desenvolvimento sejam justificados. Empréstimos que

TABELA 22.3	**Saldo de conta corrente acumulado dos principais exportadores de petróleo, outros países em desenvolvimento e países desenvolvidos, 1973-2019 (bilhões de dólares)**		
	Principais exportadores de petróleo	**Outros países em desenvolvimento**	**Países avançados**
1973-1981	253	−246	−184
1982-1989	−65	−143	−427
1990-1998	−58	−523	−106
1999-2019	5.313	−852	−758

Fonte: Fundo Monetário Internacional, *International Financial Statistics* e dados do World Economic Outlook. Contas correntes globais geralmente não somam zero por causa de erros, de omissões e da exclusão de alguns países em alguns períodos.

PARTE IV ■ Política macroeconômica internacional

financiam investimentos não lucrativos – por exemplo, *shopping centers* enormes que nunca são ocupados – ou importações de mercadorias de consumo podem resultar em dívidas que os devedores não podem pagar. Além disso, as políticas governamentais equivocadas, que reduzem artificialmente as taxas de poupança nacional, podem levar a empréstimos estrangeiros excessivos. A queda de 1982-1989 no nível de empréstimos de países em desenvolvimento evidente na Tabela 22.3 está associada com as dificuldades que alguns países mais pobres tiveram em honrar seus pagamentos aos credores.

Uma ocorrência surpreendente que teve início por volta de 2000 foi que países em desenvolvimento (incluindo muitos que não eram exportadores de petróleo, em especial a China) tiveram superávits, uma contrapartida dos déficits dos países mais ricos (principalmente o dos Estados Unidos). Ao contrário do que preveria a teoria econômica simples, o capital estava fluindo *morro acima*, dos países mais pobres para os mais ricos. Mencionamos esse padrão de desequilíbrio global no Capítulo 19 (veja o estudo de caso "Transformação e crise na economia mundial"), e nos aprofundaremos no fenômeno mais adiante neste capítulo, no quadro "Paradoxos do capital". Uma razão para esses superávits era o forte desejo dos países em desenvolvimento de acumular reservas internacionais, conforme discutiremos no quadro "Por que os países em desenvolvimento acumularam altos níveis de reservas internacionais?".

O problema da moratória

Ganhos potenciais de contrair e conceder empréstimos internacionais não se concretizarão a menos que os credores tenham confiança de que serão pagos. Conforme observamos no Capítulo 21, um empréstimo é considerado em *moratória* quando o devedor, sem a concordância do credor, deixa de pagar no prazo de acordo com o contrato de empréstimo. Tanto a instabilidade social quanto a política, bem como as fraquezas frequentes em suas finanças públicas e instituições financeiras, tornam muito mais arriscado emprestar para países em desenvolvimento do que para países industrializados. E, de fato, a história dos fluxos financeiros para os países em desenvolvimento é repleta de crises financeiras e contratos de empréstimo inadimplentes.

1. No início do século XIX, diversos estados dos Estados Unidos declararam moratória de empréstimos europeus que tinham feito para financiar a construção de infraestrutura, como canais de navegação.
2. Durante todo o século XIX, os países da América Latina tiveram problemas de pagamento. Isso foi especialmente verdadeiro para a Argentina, que gerou uma crise financeira global em 1890 (a Crise do Banco Baring) quando não teve como cumprir suas obrigações.
3. Em 1917, o novo governo comunista da Rússia repudiou a dívida externa incorrida pelos governantes anteriores. Os comunistas fecharam a economia soviética para o restante do mundo e embarcaram em um programa de desenvolvimento econômico com planejamento centralizado, muitas vezes imposto impiedosamente.
4. Durante a Grande Depressão dos anos 1930, a atividade econômica mundial entrou em colapso e os países em desenvolvimento foram excluídos dos mercados de exportação dos países industrializados por um muro de proteção (veja o Capítulo 19). Como resultado, quase todos os países em desenvolvimento entraram em moratória das suas dívidas externas, e o fluxo financeiro privado para os países em desenvolvimento minguou por quatro décadas. Diversos países europeus entraram em moratória das suas dívidas da Primeira Guerra Mundial para com os governos aliados, principalmente os Estados Unidos.
5. Muitos países em desenvolvimento entraram em moratória (ou reescalonaram suas dívidas estrangeiras) nas décadas recentes. Por exemplo, em 2005, após extensas negociações, a maior parte dos credores privados da Argentina concordou em aceitar somente cerca de um terço dos valores contratuais de seus créditos no país. Após chegar a um acordo sobre as dívidas restantes e voltar aos mercados de capitais em 2016, a Argentina negociou uma redução da dívida com credores privados novamente em 2020.

CAPÍTULO 22 ■ Países em desenvolvimento: crescimento, crise e reforma 717

Contrações súbitas da produção e do emprego de um país ocorrem invariavelmente após uma *parada súbita*, na qual o país perde de súbito o acesso a todos os recursos de fundos estrangeiros (veja o Capítulo 19). Em um nível muito básico, a necessidade dessas contrações pode ser vista na equação da conta corrente, $S - I = CC$. Imagine que um país tem um déficit de conta corrente que é 5% de seu PNB inicial, quando subitamente os credores estrangeiros ficam temerosos e cortam todos os novos empréstimos. Uma vez que sua ação força o saldo de conta corrente a ser pelo menos zero ($CC \geq 0$), a equação $S - I = CC$ nos diz que por meio de alguma combinação de uma queda no investimento ou um aumento na poupança, $S - I$ deve imediatamente subir até pelo menos 5%. A queda aguda necessária na demanda agregada necessariamente deprime muito a produção do país. Mesmo que inicialmente não esteja em vias de moratória – imagine que os credores estrangeiros foram dominados por um súbito surto de pânico irracional –, a contração brusca na demanda que o país sofreria tornaria a moratória uma possibilidade real.

De fato, as coisas provavelmente podem ficar bem piores para o país do que o exemplo anterior sugere. Os credores estrangeiros não só bloquearão novos empréstimos se temerem a inadimplência, mas naturalmente também tentarão conseguir tanto mais dinheiro de fora do país quanto possível exigindo o pagamento *integral* de quaisquer empréstimos para que o principal possa ser exigido em curto prazo (p. ex., depósitos bancários de curto prazo líquidos). Quando o país em desenvolvimento paga o principal da dívida, ele está aumentando a sua riqueza estrangeira *líquida*. Para gerar o lançamento de conta corrente positivo correspondente (veja o Capítulo 13), o país deve, de alguma forma, aumentar suas exportações líquidas. Desse modo, em uma crise de parada súbita, o país não só terá que conseguir uma conta corrente de zero, mas também será, na verdade, obrigado a conseguir um *superávit* ($CC > 0$). Quanto maior for a dívida externa do país em *curto prazo* – a dívida cujo principal pode ser demandado pelos credores –, maior será o aumento da poupança ou na compressão do investimento que será necessário para evitar uma moratória. Você já deve ter observado que as paradas súbitas em países em desenvolvimento e crises de moratória podem ser impulsionadas por um mecanismo de autopreenchimento análogo àqueles por trás das crises autorrealizáveis do balanço de pagamentos (Capítulo 18), corridas bancárias (Capítulo 20) e problemas de dívidas soberanas na área do euro (Capítulo 21). De fato, a lógica subjacente é a mesma. Além disso, as crises do balanço de pagamentos (quando a taxa de câmbio é atrelada) *e* corridas bancárias tendem a acompanhar crises de moratória nos países em desenvolvimento. Uma crise do balanço de pagamentos ocorre porque as reservas de câmbio oficiais do país podem ser os únicos meios prontos que tem para pagar a dívida externa no curto prazo. Por meio do esgotamento de suas reservas oficiais, o governo pode proteger a demanda agregada reduzindo o tamanho do superávit em conta corrente necessário para cumprir as demandas dos credores de serem pagos.[7] Mas a perda de suas reservas deixa o governo incapaz de atrelar a taxa de câmbio no futuro. Ao mesmo tempo, os bancos têm problemas quando os depositantes domésticos e estrangeiros, temendo a depreciação da moeda e as consequências da moratória, sacam fundos e compram reservas estrangeiras na esperança de pagar dívidas em moeda estrangeira ou enviar riqueza com segurança para o exterior. Já que os bancos frequentemente já estavam fracos, os saques em larga escala logo os pressionam à falência. Por fim, um impacto negativo sobre as finanças públicas pode completar o *doom loop*. Se o governo precisa contrair mais dívidas devido ao resgate dos bancos, então seu próprio crédito está enfraquecido, o que aumenta os custos de empréstimo e a probabilidade de uma moratória soberana.

Como cada uma dessas crises "trigêmeas" reforça as demais, uma crise financeira de um país em desenvolvimento tende a ser grave, de ter efeitos negativos disseminados pela economia e de se multiplicar muito rapidamente. A origem imediata desse colapso econômico

---

[7]Esteja certo de ter entendido por que isso é assim. Se necessário, reveja os conceitos de contabilidade de economia aberta do Capítulo 13. Para uma análise estatística das características das crises monetárias, bancárias e de moratória, veja: Pierre-Olivier Gourinchas e Maurice Obstfeld. "Stories of the Twentieth Century for the Twenty-First". *American Economic Journal: Macroeconomics*, v. 4, p. 226-265, jan. 2012.

718 PARTE IV ■ Política macroeconômica internacional

disseminado pode ser a conta financeira (como na parada súbita), o mercado de câmbio ou o sistema bancário, dependendo da situação específica do país.

Quando um governo se torna inadimplente com suas obrigações, o evento é chamado de moratória *soberana*. Uma situação conceitualmente diferente ocorre quando um grande número de mutuários domésticos *privados* não pode pagar suas dívidas aos estrangeiros. Contudo, na prática, em países em desenvolvimento os dois tipos de moratória caminham juntos. O governo pode resgatar o setor privado ao assumir suas dívidas estrangeiras, desse modo esperando evitar o colapso econômico disseminado. Além disso, um governo com problemas pode provocar inadimplências privadas ao limitar o acesso dos residentes domésticos a suas reservas de câmbio minguantes. Essa ação dificulta muito mais pagar as dívidas em moeda estrangeira. Em ambos os casos, o governo torna-se intimamente envolvido nas negociações subsequentes com os credores estrangeiros.

As crises de moratória foram raras nas primeiras três décadas após a Segunda Guerra Mundial: a emissão de dívidas pelos países em desenvolvimento era limitada, e os credores geralmente eram agências internacionais oficiais ou governamentais, como o Fundo Monetário Internacional (FMI) e o Banco Mundial. No entanto, à medida que o fluxo livre de capital global particular se expandiu após os primeiros anos da década de 1970, crises de moratória importantes ocorreram repetidamente (conforme veremos), levando muitos a questionarem a estabilidade do mercado mundial de capitais.[8]

Formas alternativas de influxo financeiro

Quando um país em desenvolvimento apresenta um déficit em conta corrente, está vendendo ativos para estrangeiros para financiar a diferença entre seu gasto e sua renda. Embora tenhamos agrupado essas vendas de ativos sob o termo amplo *empréstimo*, os influxos financeiros que financiam os déficits dos países em desenvolvimento (e, de fato, qualquer déficit do país) podem adquirir diversas formas. Tipos diferentes de influxos financeiros predominaram em diferentes períodos históricos. Como surgem obrigações diferentes aos credores, um entendimento da cena macroeconômica nos países em desenvolvimento necessita de uma análise cuidadosa de cinco canais principais pelos quais esses países têm financiado seus déficits externos.

1. *Financiamento de títulos*. Países em desenvolvimento ocasionalmente vendem títulos para cidadãos estrangeiros particulares para financiar seus déficits. O financiamento de títulos foi dominante no período até 1914 e nos anos entre as guerras mundiais (1918-1939). Essa modalidade voltou a ser popular após 1990, à medida que os países em desenvolvimento tentaram liberalizar e modernizar seus mercados financeiros.

2. *Financiamento bancário*. Entre o início da década de 1970 e o final da de 1980, os países em desenvolvimento contraíram extensamente empréstimos de bancos comerciais nas economias desenvolvidas. Em 1970, quase um quarto das finanças externas dos países em desenvolvimento foi fornecido por bancos. Em 1981, os bancos forneceram uma quantidade de finanças quase igual ao déficit de conta corrente agregada dos países em desenvolvimento não produtores de petróleo, mas a importância do empréstimo bancário diminuiu nos anos 1990.

3. *Empréstimo oficial*. Os países em desenvolvimento algumas vezes contraem empréstimos de agências estrangeiras oficiais, como o Banco Mundial ou o Banco Interamericano

---

[8]Sobre a história da moratória até meados da década de 1980, veja: Peter H. Lindert e Peter J. Morton. "How Sovereign Debt Has Worked". In: Jeffrey D. Sachs (Ed.). *Developing Country Debt and Economic Performance*, v. 1. Chicago: University of Chicago Press, 1989. Um panorama das crises de moratória da dívida do século XX se encontra em Atish Ghosh et al., *IMF-Supported Programs in Capital Account Crises*, Occasional Paper 210. Washington, D.C.: International Monetary Fund, 2002. Para uma pesquisa histórica abrangente, veja: Carmen Reinhart e Kenneth Rogoff, *This Time Is Different: Eight Centuries of Financial Folly*. Princeton, NJ: Princeton University Press, 2009. Reinhart e Rogoff documentam que, para os países em desenvolvimento, as crises de moratória podem ocorrer em níveis comparativamente baixos de dívida externa em relação à produção.

CAPÍTULO 22 ■ Países em desenvolvimento: crescimento, crise e reforma **719**

de Desenvolvimento. Tais empréstimos podem ser feitos sob uma base "concessional", ou seja, a taxas de juros abaixo dos níveis do mercado, ou sob uma base do mercado, que permite que o credor ganhe a taxa de retorno de mercado. No período pós-Segunda Guerra Mundial, os fluxos de empréstimos oficiais para as nações em desenvolvimento encolheram em relação ao total de fluxos, mas continuaram a ser dominantes em alguns países, por exemplo, muitos daqueles situados na África Subsaariana.

4. *Investimento estrangeiro direto.* No investimento estrangeiro direto, uma empresa de propriedade de residentes estrangeiros adquire ou expande uma empresa ou fábrica subsidiária localizada no país em desenvolvimento onde há uma filial (Capítulo 8). Um empréstimo da IBM para sua fábrica no México, por exemplo, seria um investimento direto pelos Estados Unidos no México. A transação entraria na contabilidade do balanço de pagamentos do México como uma venda de ativos financeiros (e na contabilidade do balanço de pagamentos dos Estados Unidos como uma aquisição de ativos financeiros iguais). Desde a Segunda Guerra Mundial, o investimento estrangeiro direto tem sido uma fonte consistentemente importante de capital dos países em desenvolvimento.

5. *Investimento de carteira em propriedade de empresas.* Desde o início da década de 1990, investidores em países desenvolvidos têm demonstrado um apetite maior em comprar ações de empresas de países em desenvolvimento. A tendência tem sido reforçada por muitos esforços de países em desenvolvimento na **privatização** – ou seja, vender para proprietários particulares grandes empreendimentos de propriedade do estado, em áreas-chave, como eletricidade, telecomunicações e petróleo. Nos Estados Unidos, diversas empresas de investimento oferecem fundos mútuos especializados em ações de mercados emergentes.

Podemos classificar os cinco tipos de financiamentos descritos em duas categorias: financiamento por *dívida* e financiamento por *capital próprio* (Capítulo 20). Títulos, bancos e finanças oficiais são todas formas de financiamento por dívida. Nesse caso, o devedor deve pagar o valor de face do empréstimo mais juros, independentemente de suas próprias circunstâncias econômicas. Investimento direto e compra de carteira de ações são, por outro lado, formas de financiamento por capital próprio. Proprietários estrangeiros de um investimento direto, por exemplo, têm direito a uma parcela de retorno líquido do investimento, não a um fluxo fixo de pagamentos em dinheiro. Desse modo, eventos econômicos adversos no país anfitrião resultam em uma queda automática nos ganhos de investimentos diretos e nos dividendos pagos a estrangeiros.

A distinção entre financiamento por dívida e por capital próprio é útil para analisar como os pagamentos de países em desenvolvimento aos estrangeiros ajustam-se aos eventos imprevisíveis, como recessões ou mudanças nos termos de troca. Quando os passivos de um país estão na forma de dívida, seus pagamentos programados aos credores não caem, mesmo se sua renda real cair. Pode então se tornar muito penoso para o país continuar a honrar suas obrigações externas – o suficiente para levar o país à moratória. A vida frequentemente é mais fácil, contudo, com o financiamento por capital próprio. Nesse caso, uma queda da renda doméstica reduz automaticamente os ganhos dos acionistas estrangeiros, sem violar qualquer acordo do empréstimo. Ao adquirir parte do patrimônio líquido, os estrangeiros concordaram efetivamente em compartilhar tanto os tempos ruins quanto os tempos bons da economia. Portanto, o financiamento por capital próprio, em vez daquele por dívida, dos seus investimentos, deixa um país em desenvolvimento muito menos vulnerável ao risco de uma crise da dívida externa.

O problema do "pecado original"

Quando os países em desenvolvimento incorrem em dívidas com estrangeiros, elas muitas vezes são expressas em termos da moeda estrangeira principal – o dólar americano, o euro ou o iene. Essa prática não é sempre uma questão de escolha. Em geral, os credores de países mais ricos, temendo a desvalorização extrema e a inflação que ocorreram tantas vezes no passado, insistem para que os países mais pobres prometam pagar nas moedas dos credores.

720 PARTE IV ■ Política macroeconômica internacional

Se as dívidas soberanas fossem denominadas em moedas nacionais, em vez de estrangeiras – em outras palavras, se o contrato de empréstimo fosse uma promessa de pagar os credores estrangeiros com moeda nacional –, então os governos de países em desenvolvimento poderiam simplesmente imprimir suas próprias moedas para pagar seus credores. Os governos nunca precisariam entrar em moratória, embora, ao criarem inflação, estariam reduzindo o valor *real* das suas obrigações.

Em contraste com os países em desenvolvimento, os países mais ricos contraem empréstimos quase sempre em termos de suas próprias moedas. Assim, os Estados Unidos tomam dólares emprestados de estrangeiros, a Grã-Bretanha contrai empréstimos em libras esterlinas, o Japão toma emprestados ienes e a Suíça pede emprestados francos suíços.

Para esses países mais ricos, a capacidade de denominar suas dívidas externas em suas próprias moedas, mantendo ativos externos denominados em moeda estrangeira, é uma vantagem considerável – mesmo além da liberdade que isso dá para o governo pagar na moeda que pode imprimir. Por exemplo, suponha que uma queda na demanda mundial por produtos dos Estados Unidos leve a uma depreciação do dólar. Vimos no Capítulo 19 como tal depreciação pode amortecer a produção e o emprego nos Estados Unidos. A carteira americana de ativos e passivos estrangeiros, na verdade, produz mais uma vantagem de amortecimento: como, na maior parte, os ativos dos Estados Unidos são denominados em moeda estrangeira, o valor em dólar desses ativos *sobe* quando o dólar se desvaloriza em relação às moedas estrangeiras. Ao mesmo tempo, como os passivos estrangeiros dos Estados Unidos são predominantemente (cerca de 95%) em dólares, seu valor em dólar sobe muito pouco. Então uma queda na demanda mundial por bens americanos leva à transferência substancial de riqueza de estrangeiros para os Estados Unidos – um tipo de pagamento de seguro internacional.

Para os países pobres que devem contrair empréstimos em uma grande moeda estrangeira, uma queda na demanda por exportação tem o efeito oposto. Como os países mais pobres tendem a ser devedores líquidos nas principais moedas estrangeiras, uma depreciação da moeda doméstica causa a transferência de riqueza para estrangeiros ao *elevar* o valor da moeda nacional da dívida externa líquida. Isso equivale a seguro negativo!

Um país que pode contrair empréstimos no estrangeiro em sua própria moeda consegue reduzir os recursos reais que deve aos estrangeiros, sem desencadear uma moratória, simplesmente por desvalorizar sua moeda. Um país em desenvolvimento forçado a contrair empréstimos em moeda estrangeira não tem essa opção e pode reduzir o que deve aos estrangeiros apenas por meio de alguma forma de moratória pura.[9]

Os economistas Barry Eichengreen, da Universidade da Califórnia, em Berkeley, e Ricardo Hausmann, da Universidade de Harvard, cunharam o termo **pecado original** para descrever a incapacidade dos países em desenvolvimento de contrair empréstimos em suas próprias moedas.[10] Na opinião desses economistas, a incapacidade dos países pobres é um problema estrutural causado principalmente por características de mercado de capitais global – como o potencial de diversificação adicional limitado que a moeda de um país pequeno fornece aos credores dos países ricos, que já possuem todas as principais moedas em suas carteiras. Outros economistas acreditam que o "pecado" dos países em desenvolvimento não é particularmente "original", mas, em vez disso, derivado de sua própria história de políticas econômicas imprudentes. O debate está longe de se resolver, mas seja qual for a verdade, é evidente que, em razão do pecado original, o financiamento por dívida nos mercados internacionais é mais problemático para as economias em desenvolvimento do que para as desenvolvidas.

Um fenômeno relacionado, mas distinto, é a grande escala de empréstimos privados *internos* em dólares ou outras moedas estrangeiras principais em muitos países em

---

[9]Como vimos no Capítulo 21, o governo da Grécia deixou de pagar sua dívida em 2012, a primeira moratória por um país de renda alta desde a década de 1940. Os países da zona do euro enfrentam uma restrição exclusiva em comparação com outros países de renda alta, no entanto. Como a política monetária é controlada pelo BCE, um único governo da zona do euro não pode optar por desvalorizar suas dívidas legalmente mediante a desvalorização da moeda nacional.

[10]Veja seu artigo: "Exchange Rates and Financial Fragility". In: *New Challenges for Monetary Policy*. Kansas City, MO: Federal Reserve Bank of Kansas City, 1999, p. 329-368.

CAPÍTULO 22 ■ Países em desenvolvimento: crescimento, crise e reforma **721**

desenvolvimento. Como resultado, os devedores de moeda estrangeira podem encontrar-se em dificuldades quando a moeda nacional deprecia.[11]

A crise da dívida da década de 1980

Em 1981-1983, a economia mundial sofreu uma recessão intensa. Assim como a Grande Depressão tornou difícil para os países em desenvolvimento pagar seus empréstimos estrangeiros – causando rapidamente uma moratória quase universal –, a grande recessão dos anos 1980 também provocou uma crise em torno da dívida dos países em desenvolvimento.

O Capítulo 19 descreveu como, em 1979, o *Federal Reserve* dos Estados Unidos adotou uma dura política anti-inflação que aumentou as taxas de juros do dólar e ajudou a levar a economia mundial a uma recessão em 1981. A queda na demanda agregada dos países industrializados teve um impacto negativo direto sobre os países em desenvolvimento, é claro, mas três outros mecanismos também foram importantes. Como o mundo em desenvolvimento tinha dívidas extensas denominadas em dólar com taxa ajustável (pecado original em ação), houve um aumento imediato e espetacular da carga de juros com a qual os países devedores tinham que arcar. O problema foi ampliado pela apreciação acentuada do dólar no mercado de câmbio, que elevou substancialmente o valor real dos encargos da dívida em dólar. Por fim, o preço das *commodities* entrou em colapso, piorando os termos de troca de muitas economias pobres.

A crise começou em agosto de 1982, quando o México anunciou que seu banco central tinha ficado sem reservas externas e que não poderia mais cumprir os pagamentos de sua dívida externa. Vendo semelhanças potenciais entre o México e outros grandes devedores latino-americanos, como Argentina, Brasil e Chile, os bancos de países industrializados – os maiores credores privados para a América Latina na época – correram para reduzir seus riscos ao cortar novos créditos e exigir o reembolso de empréstimos anteriores.

Os resultados foram uma incapacidade generalizada dos países em desenvolvimento para cumprir obrigações de dívida anterior e um movimento rápido para uma moratória quase generalizada. A América Latina foi, talvez, mais duramente atingida, mas também foram atingidos os países do bloco soviético, como a Polônia, que tinha contraído empréstimos de bancos europeus. Os países africanos, cujas dívidas na maioria eram com agências oficiais, como o FMI e o Banco Mundial, também ficaram inadimplentes. A maioria dos países do Leste Asiático conseguiu manter o crescimento econômico e evitar o reescalonamento da dívida (isto é, estender os pagamentos mediante a promessa de pagar juros adicionais no futuro). No entanto, no final de 1986, mais de 40 países tinham encontrado graves problemas de financiamento externo. O crescimento diminuíra drasticamente (ou tinha revertido) em grande parte do mundo em desenvolvimento, e os empréstimos a esses países caíram muito. De início, os países industrializados, com envolvimento pesado do Fundo Monetário Internacional, tentaram persuadir os grandes bancos a continuarem a emprestar, argumentando que uma resposta de crédito coordenada era a melhor garantia de que dívidas anteriores seriam reembolsadas. Os formuladores de políticas nos países industrializados temiam que conglomerados bancários gigantes como o Citicorp e o Bank of America, que tinham empréstimos significativos na América Latina, fossem à falência no caso de uma moratória generalizada, derrubando o sistema financeiro mundial consigo.[12] (Como você pode ver, houve mais de uma quase tragédia no caminho até a crise financeira de 2007-2009!) Mas a

---

[11]Para ideias sobre os motivos da denominação de passivos em moeda estrangeira, consulte o artigo de Rajan e Tokatlidis em Leituras adicionais. Quando a moeda é o dólar americano, o fenômeno é chamado de **dolarização**. Cada vez mais, alguns dos governos das economias dos mercados emergentes mais prósperos conseguem emitir títulos em moedas domésticas nos mercados de títulos domésticos, com alguma demanda de investidores estrangeiros (especialmente fundos mútuos). Essa novidade tem contribuído para atenuar um pouco (mas não eliminar) o problema do pecado original.

[12]Em 1981, os empréstimos de países em desenvolvimento dos oito maiores bancos dos Estados Unidos ascenderam a 264% de seu capital, então as perdas de 50% dos empréstimos os teriam tornado insolventes. Consulte a tabela 5.1a em Federal Deposit Insurance Corporation. *History of the 80s: Lessons for the Future. Volume I: An Examination of the Banking Crises of the 1980s and Early 1990s*. Washington: FDIC, 1997.

722 PARTE IV ▪ Política macroeconômica internacional

crise não acabou até 1989, quando os Estados Unidos, temendo a instabilidade política ao sul, insistiram que os bancos americanos dessem alguma forma de alívio da dívida para os países em desenvolvimento endividados. Em 1990, os bancos concordaram em reduzir a dívida do México em 12% e, dentro de um ano, acordos de redução também tinham sido negociados por Filipinas, Costa Rica, Venezuela, Uruguai e Níger. Quando a Argentina e o Brasil chegaram a acordos preliminares com seus credores em 1992, parecia que a crise da dívida da década de 1980 enfim estivesse resolvida, mas só após anos de estagnação econômica.

Reformas, influxos de capital e o retorno da crise

O início dos anos 1990 assistiu a uma renovação de fluxos de capital privados para os países em desenvolvimento, incluindo alguns da América Latina altamente endividados no centro da crise de dívida da década anterior. Conforme mostra a Tabela 22.3, o nível de empréstimos externos dos países em desenvolvimento não produtores de petróleo como um grupo se expandiu muito.

As baixas taxas de juros nos Estados Unidos no início dos anos 1990 certamente forneceram um ímpeto inicial para esses fluxos de capital renovados. Talvez mais importante, contudo, eram os grandes esforços nas economias receptoras para estabilizar a inflação, um movimento que exigia que o governo limitasse seus papéis na economia e aumentasse as receitas dos impostos. Ao mesmo tempo, os governos procuravam diminuir as barreiras comerciais, desregulamentar os mercados de mão de obra e de produtos e melhorar a eficiência dos mercados financeiros. A privatização disseminada serviu tanto para a meta microeconômica de estimular a eficiência e a competição quanto para a meta macroeconômica de eliminar a necessidade de o governo cobrir as perdas de empresas estatais mal-administradas e protegidas.

O que finalmente forçou os países a realizarem grandes reformas, apesar dos interesses políticos que lutavam a favor do *status quo*? Um fator foi a própria crise da dívida da década de 1980, que resultou naquilo que muitos analistas denominaram uma "década perdida" do crescimento da América Latina. Muitos dos formuladores de políticas relativamente jovens que subiram ao poder na América Latina quando a crise da dívida chegava ao fim eram economistas de boa formação que acreditavam que as políticas econômicas e instituições equivocadas tinham levado à crise e piorado seus efeitos. Outro fator foi o exemplo do Leste Asiático, que sobreviveu à crise da dívida da década de 1980 praticamente incólume. Apesar de ser mais pobre do que a América Latina até 1960, o Leste Asiático agora era mais rico.

Reformas econômicas recentes tomaram formas diferentes nos países da América Latina, e alguns tiveram um progresso significativo. Aqui, contrastamos os aspectos macroeconômicos das abordagens realizadas em quatro grandes países que fizeram tentativas de reformas amplas (embora não igualmente bem-sucedidas). Todos eles enfrentavam dificuldades no final da década de 2010, mesmo antes de a pandemia da covid-19 eclodir.

Argentina A Argentina esteve sob regime militar entre 1976 e 1983, mas a economia continuou caótica mesmo após o retorno da democracia. Após anos marcados por crises bancárias, instabilidade fiscal e até mesmo hiperinflação, o país por fim passou por uma reforma institucional radical no início dos anos 1990. As tarifas de importação foram reduzidas, os gastos do governo sofreram cortes, as principais estatais, incluindo a companhia aérea nacional, foram privatizadas, e as reformas fiscais aumentaram a receita do governo.

O componente mais ousado do programa da Argentina, contudo, foi a nova Lei da Conversibilidade de abril de 1991, que tornou a moeda da Argentina completamente conversível em dólares americanos em uma taxa *fixa* de exatamente um peso por dólar. A Lei da Conversibilidade também exigiu que a base monetária fosse totalmente lastreada por ouro ou moeda estrangeira; assim, em um único golpe, o país reduziu abruptamente a capacidade de o banco central financiar os déficits do governo mediante a criação constante de dinheiro. A Lei da Conversibilidade representou uma versão extrema da abordagem baseada na taxa de câmbio para reduzir a inflação que tinha sido tentada muitas vezes no passado,

CAPÍTULO 22 ■ Países em desenvolvimento: crescimento, crise e reforma **723**

mas previsivelmente terminara em uma crise monetária. A lei monetária de 1991, exigindo 100% de respaldo do câmbio para a base monetária, tornou a Argentina um exemplo de um **conselho monetário**, no qual a base monetária é respaldada inteiramente por moeda estrangeira e o banco central, desse modo, detém os ativos domésticos. Dessa vez, a abordagem funcionou por quase uma década. Apoiado por reformas financeiras e econômicas genuínas, o plano da Argentina teve um efeito drástico sobre a inflação, que permaneceu baixa após cair de 800% em 1990 para bem menos de 5% até 1995. Contudo, a inflação continuada nos primeiros anos do plano de conversibilidade, apesar de uma taxa de câmbio fixa, implicou uma forte apreciação real do peso, cerca de 30% de 1990 até 1995. A apreciação real levou ao desemprego e a um déficit crescente em conta corrente.

Em meados da década de 1990, o processo de apreciação real do peso terminou, mas o desemprego continuou alto devido à rigidez nos mercados de trabalho. Embora até 1997 a economia estivesse crescendo rapidamente, o crescimento subsequente tornou-se negativo e o déficit do governo mais uma vez saiu do controle. À medida que a economia mundial escorregava para a recessão em 2001, o crédito externo da Argentina ia minguando. O país entrou em moratória da sua dívida externa em dezembro de 2001 e abandonou o atrelamento peso/dólar em janeiro de 2002. O peso depreciou rapidamente e a inflação elevou-se mais uma vez. A produção argentina caiu para cerca de 11% em 2002, embora o crescimento tenha retornado em 2003, quando a inflação caiu.

O desempenho econômico pós-2003 é um tanto opaco, pois o governo não informou estatísticas econômicas precisas. Em 2015, o país elegeu um governo reformista, que chegou a um acordo com os credores internacionais e voltou a contrair empréstimos nos mercados internacionais de capitais. Infelizmente, a inflação e os déficits do governo continuaram problemáticos, e os investidores internacionais logo entraram em pânico novamente perante os desequilíbrios macroeconômicos persistentes e choques relacionados a eventos climáticos. O resultado foi outra rodada de moratória da dívida em 2019.

Brasil Como a Argentina, o Brasil sofreu inflação galopante na década de 1980, bem como múltiplas tentativas malsucedidas de estabilização acompanhadas por reformas monetárias. Contudo, o país levou mais tempo para controlar a inflação, e abordou sua desinflação menos sistematicamente do que os argentinos.[13]

Em 1994, o governo brasileiro introduziu uma nova moeda, o real, atrelada ao dólar. À custa de falências bancárias disseminadas, o Brasil defendeu a nova taxa de câmbio com taxas de juros altas em 1995, então mudou para uma indexação do tipo *crawling peg* fixa crescente em face da valorização real substancial. A inflação caiu de uma taxa anual de 2.669% (em 1994) para menos de 10% em 1997.

Contudo, o crescimento econômico continuou sendo pouco expressivo. Embora o governo do Brasil tenha realizado uma redução nas barreiras de importação, privatização e arrocho fiscal, o progresso global do país na reforma econômica foi muito mais lento do que no caso da Argentina, e o déficit fiscal do governo permaneceu inquietantemente elevado. Uma boa parte do problema era a taxa de juros muito alta que o governo tinha que pagar em sua dívida, uma taxa que refletia o ceticismo nos mercados de que a valorização limitada do real em relação ao dólar poderia ser mantida.

Por fim, em janeiro de 1999, o Brasil desvalorizou o real em 8% e então permitiu que ele flutuasse. Muito rapidamente, o real perdeu 40% de seu valor perante o dólar. A recessão seguiu à medida que o governo lutava para impedir que a moeda entrasse em queda livre, mas durou pouco, a inflação não decolou, e (como as instituições financeiras do Brasil tinham evitado fazer empréstimos pesados em dólares) o colapso do setor financeiro foi evitado. O Brasil elegeu um presidente populista, Luiz Inácio Lula da Silva, em outubro de 2002, mas as políticas de mercado que ele por fim (e inesperadamente) adotou preservaram o acesso do país aos mercados de crédito internacional. O crescimento econômico foi saudável e

---

[13]Para um relato, consulte Rudiger Dornbusch. "Brazil's Incomplete Stabilization and Reform". *Brookings Papers on Economic Activity*, v. 1, p. 367-404, 1997.

724 PARTE IV ■ Política macroeconômica internacional

o país tornou-se uma força no mundo emergente. Um fator fundamental no sucesso foram suas fortes exportações de *commodities*, principalmente para a China. Entretanto, em 2014, o Brasil entrou em uma recessão que se intensificou em 2015, em meio a acusações de corrupção generalizada tanto nos partidos do governo quanto nos da oposição. Outro fator que contribuiu para a recessão foi a desaceleração chinesa em torno da mesma época, que exerceu uma pressão negativa sobre os preços de *commodities* globais (lembre-se do quadro "O superciclo de *commodities*"). Em 2018, um novo governo populista de direita prometeu combater a corrupção e introduzir reformas econômicas, mas o progresso foi limitado. Em 2020, a atitude negligente do presidente do Brasil em relação à pandemia da covid-19 levou o país a ter alguns dos maiores índices de infecção e mortalidade do mundo.

Chile Tendo aprendido as lições do profundo desemprego e colapso financeiro no início da década de 1980, o Chile implementou reformas mais consistentes mais tarde na década. De modo muito importante, o país instituiu um ambiente regulatório rígido para as instituições financeiras domésticas e removeu uma garantia explícita de resgate que tinha ajudado a agravar a crise da dívida anterior do Chile. O país usou um regime cambial do tipo *crawling peg* para derrubar a inflação gradualmente, mas o sistema foi operado com flexibilidade para evitar a valorização real extrema. O banco central chileno tornou-se independente das autoridades fiscais em 1990 (no mesmo ano em que um governo democrático substituiu o regime militar do General Pinochet). Essa ação solidificou ainda mais o compromisso de não financiar déficits orçamentários ao ordenar ao banco central que imprimisse dinheiro.[14]

Outra nova política, introduzida em 1991, exigia que todos os influxos de capital (exceto compras de patrimônio líquido) fossem acompanhados de um depósito não remunerado de um ano, igual a 30% da transação. Como a duração do depósito obrigatório era limitada, a penalidade caía desproporcionalmente em influxos de curto prazo, aqueles mais propensos a saques por investidores estrangeiros em uma crise. Uma motivação para o imposto implícito sobre o influxo de capital era limitar a valorização real da moeda. O outro era reduzir o risco de que uma retirada súbita de fundos estrangeiros de curto prazo pudesse provocar uma crise financeira. Há controvérsias consideráveis entre os economistas a respeito de se as barreiras ao influxo de capital chilenas tiveram sucesso em seus objetivos, embora seja difícil crer que elas tenham provocado muito prejuízo.[15] Seja como for, o governo desmantelou os controles em 1998, quando o Chile sentiu as repercussões da crise financeira na Ásia (veja a próxima seção).

Por algum tempo, as políticas do Chile deram excelentes resultados. Entre 1991 e 1997, o país desfrutou de taxas de crescimento do PIB de mais de 8% ao ano, em média. Ao mesmo tempo, a inflação caiu de 26% ao ano em 1990 para apenas 6% em 1997. O Chile tem sido avaliado não só como o país menos corrupto da América Latina, mas também como menos corrupto do que vários membros da União Europeia e do que os Estados Unidos. Exportações de *commodities*, como o cobre, são importantes para o Chile, então a economia do país desacelerou à medida que os preços de *commodities* caíram durante a década de 2010. Contudo, a gestão econômica chilena continuou entre as melhores da América Latina.

As reformas de mercado chilenas vieram ao custo de maior desigualdade de renda, entretanto. A frustração popular acumulou-se com o tempo e irrompeu em protestos abertos, às

---

[14]Para um resumo dos aspectos da abordagem chilena à reforma econômica, veja: Barry P. Bosworth, Rudiger Dornbusch e Raúl Labán (Eds.). *The Chilean Economy: Policy Lessons and Challenges*. Washington, D.C.: Brookings Institution, 1994. Um relato clássico dos problemas financeiros chilenos no início da década de 1980 encontra-se em: Carlos F. Díaz-Alejandro. "Goodbye Financial Repression, Hello Financial Crash". *Journal of Development Economics*, v. 19, p. 1-24, set./out. 1985. Esse artigo é altamente recomendado, já que os problemas discutidos por Díaz-Alejandro revelaram-se pertinentes muito além do contexto específico do Chile.

[15]Para uma discussão, veja: Kevin Cowan e José de Gregorio. "International Borrowing, Capital Controls, and the Exchange Rate: Lessons from Chile". In: Sebastian Edwards (Ed.). *Capital Controls and Capital Flows in Emerging Economies*. Chicago: University of Chicago Press, 2007, p. 241-296.

CAPÍTULO 22 ■ Países em desenvolvimento: crescimento, crise e reforma **725**

vezes violentos, após um evento aparentemente trivial: um aumento das passagens de metrô em Santiago, capital do país. Logo em seguida, a pandemia também atingiu a economia chilena.

México O México introduziu um programa de reforma e estabilização ampla em 1987, combinando uma redução agressiva da dívida e dos déficits públicos com metas de câmbio e diretrizes de preços e salários negociadas com os representantes da indústria e dos sindicatos.[16] No mesmo ano, o país assumiu um compromisso significativo com o livre comércio, unindo-se ao GATT. (O México posteriormente se juntou à Organização para a Cooperação e o Desenvolvimento Econômico [OCDE] e, em 1994, aderiu ao Acordo de Livre Comércio Norte-Americano [Nafta].)

O México fixou a taxa de câmbio do seu peso em relação ao dólar dos Estados Unidos no final de 1987, adotou um *crawling peg* no início de 1989 e uma *crawling band* no final de 1991. O governo mantinha um teto para a possível valorização do peso, mas anunciou a cada ano após 1991 um limite gradualmente crescente na extensão permitida de depreciação da moeda. Assim, foi autorizado que o intervalo de flutuação da taxa de câmbio possível aumentasse ao longo do tempo.

Apesar dessa flexibilidade potencial, as autoridades mexicanas mantiveram a taxa de câmbio perto de seu teto de valorização. O peso, portanto, nitidamente subiu de preço em termos reais, e surgiu um grande déficit em conta corrente. Em 1994, as reservas de divisas do país caíram para níveis muito baixos. A agitação civil, uma transição presidencial iminente e temores de desvalorização contribuíram para essa queda. Outro fator importante por trás do vazamento de reserva estrangeira, no entanto, foi uma extensão contínua de créditos do governo aos bancos que sofriam perdas com empréstimos. O México privatizara rapidamente seus bancos sem salvaguardas regulatórias adequadas, e também tinha aberto sua conta de capital, dando assim aos bancos acesso gratuito aos fundos estrangeiros. Como os bancos estavam confiantes de que seriam socorridos pelo governo se tivessem problemas, o risco moral era desenfreado. Na esperança de estimular o crescimento e reduzir um déficit em conta corrente que até então era quase 8% do PNB, o novo governo do México, que assumiu em dezembro de 1994, desvalorizou o peso 15% além do limite de depreciação prometido um ano antes. A indexação de moeda desvalorizada foi imediatamente atacada por especuladores, e o governo recuou para uma flutuação. Os investidores estrangeiros em pânico empurraram o peso para baixo precipitadamente, e em pouco tempo o México tornou-se incapaz de contrair empréstimos, exceto a juros punitivos. Como em 1982, o risco de moratória voltou a pairar no horizonte. O país só evitou o desastre com a ajuda de um empréstimo de emergência de US\$ 50 bilhões, orquestrado pelo Tesouro dos Estados Unidos e pelo FMI.

A inflação, que caíra de 159% em 1987 para apenas 7% em 1994, subiu enquanto o peso depreciou. A produção nacional do México recuou mais de 6% em 1995. O desemprego mais do que duplicou em meio a cortes fiscais agudos, taxas de juros nas alturas e uma crise bancária generalizada. Contudo, a contração durou apenas um ano. Em 1996, a inflação estava caindo e a economia se recuperava com o peso continuando a flutuar. O México recuperou o acesso aos mercados de capitais privados e reembolsou o Tesouro dos Estados Unidos antes do previsto. Uma grande conquista foi expandir suas instituições democráticas e afastar-se do regime de partido único que, na prática, caracterizara grande parte da história do país no século XX.

Assim como no Brasil, a corrupção tem sido um problema grave no México. Outro é a depredação dos cartéis do narcotráfico. A eleição de um presidente populista de esquerda em 2018 levou a um retrocesso nas reformas e, em 2020, a uma resposta indecisa à pandemia da covid-19. Ambos os fatos prejudicaram a economia mexicana.

---

[16]As ideias por trás da abordagem mexicana são explicadas por um de seus arquitetos, Pedro Aspe Armella, um economista formado no Massachusetts Institute of Technology, que foi ministro das finanças no período 1988-1994. Consulte seu livro *Economic Transformation the Mexican Way*. Cambridge, MA: MIT Press, 1993. Consulte também Nora Lustig, *Mexico: The Remaking of an Economy*. Washington, D.C.: Brookings Institution, 1992.

726 PARTE IV ▪ Política macroeconômica internacional

Leste Asiático: sucesso e crise

No início de 1997, os países do Leste Asiático eram a inveja do mundo em desenvolvimento. Suas taxas de crescimento rápido iam levá-los ao alto da escala de desenvolvimento, colocando vários deles a um passo do *status* de países desenvolvidos (patamar que vários se encontram hoje). Então eles foram afetados por uma crise financeira desastrosa. A velocidade com que o sucesso econômico do Leste Asiático se transformou em caos econômico foi um choque intenso para a maioria dos observadores. O revés provocou uma crise mais ampla que envolveu países tão distantes como a Rússia e o Brasil. Nesta seção, analisamos a experiência do Leste Asiático. As lições, como veremos, reforçam aquelas da América Latina.

O milagre econômico do Leste Asiático

Como vimos na Tabela 22.2, a Coreia do Sul era uma nação extremamente pobre na década de 1960, com uma pequena indústria e aparentemente poucas perspectivas econômicas. Em 1963, no entanto, o país lançou uma série de amplas reformas econômicas, mudando da estratégia de desenvolvimento de substituição de importações voltada para o mercado interno para uma estratégia que enfatizava as exportações. E o país começou uma ascensão econômica notável. Durante os 50 anos seguintes, a Coreia do Sul aumentou seu PIB real *per capita* em cerca de 16 vezes – mais do que o aumento que os Estados Unidos alcançaram ao longo do século passado.

Ainda mais notável foi que a Coreia do Sul não estava sozinha. Sua ascensão econômica foi paralela à de várias outras economias do Leste Asiático. Na primeira onda, foram Hong Kong, Taiwan e Singapura, que começaram a crescer rapidamente na década de 1960. No decorrer das décadas de 1970 e 1980, o clube das economias asiáticas de crescimento rápido expandiu-se para incluir Malásia, Tailândia, Indonésia, e – impressionantemente – China, a nação mais populosa do mundo. Pela primeira vez desde a ascensão do Japão como potência industrial no fim do século XIX, uma parte substancial do mundo parecia fazer a transição do Terceiro para o Primeiro Mundo.

Ainda há uma controvérsia considerável sobre as razões desse "milagre econômico". No início de 1990, estava na moda entre alguns comentaristas atribuir o crescimento da Ásia a um sistema asiático comum de cooperação entre empresas e governos e política industrial. No entanto, mesmo um olhar superficial para as economias envolvidas lança dúvidas sobre a ideia de um sistema comum. As economias de crescimento alto incluem regimes como o da Coreia do Sul, onde o governo tomou um papel ativo na alocação de capital entre as indústrias. Mas também incluíam regimes como os de Hong Kong e Taiwan, onde esse tipo de política industrial estava praticamente ausente. Algumas economias, como as de Taiwan e Singapura, dependiam fortemente da criação de subsidiárias locais de empresas multinacionais. Outras, como Coreia do Sul e Hong Kong, dependiam principalmente de empreendedores nacionais.

O que as economias de crescimento alto tinham em comum eram as taxas elevadas de poupança e investimento; melhoria rápida dos níveis educacionais entre a força de trabalho; taxas de inflação relativamente moderadas; e se não livre comércio, pelo menos, um elevado grau de abertura e integração com os mercados mundiais.

Talvez surpreendentemente, antes de 1990 as economias asiáticas em crescimento mais rápido financiaram a maior parte de suas taxas de investimento elevado com a poupança interna. Na década de 1990, no entanto, a popularidade crescente dos mercados emergentes entre os investidores do mundo desenvolvido levou a empréstimos substanciais para o desenvolvimento da Ásia. Vários dos países asiáticos começaram a ter, como contrapartida a esses empréstimos, grandes déficits em conta corrente como uma proporção do PIB. Alguns economistas se preocupavam que esses déficits poderiam elevar o risco de uma crise semelhante à que atingiu o México no final de 1994, mas a maioria dos observadores avaliava que os grandes fluxos de capital para as economias de crescimento tão rápido e estáveis do ponto de vista macroeconômico eram justificados pela rentabilidade esperada das oportunidades de investimento.

CAPÍTULO 22 ■ Países em desenvolvimento: crescimento, crise e reforma   **727**

POR QUE OS PAÍSES EM DESENVOLVIMENTO ACUMULARAM ALTOS NÍVEIS DE RESERVAS INTERNACIONAIS?

Os países em desenvolvimento enfrentando crises normalmente descobrem que suas reservas internacionais alcançaram níveis muito baixos. Um país que está fixando sua taxa de câmbio pode não ter escolha além de deixar sua moeda depreciar uma vez que suas reservas se esgotaram. Um país sem reservas de câmbio líquidas pode não ter como pagar os credores que tinham estendido empréstimos de moeda em curto prazo anteriormente. Como na corrida bancária, o mercado teme que a depreciação ou a moratória potencial possa ser autorrealizável. Se a confiança do mercado falhar, as reservas rapidamente desaparecerão e nenhum novo empréstimo de estrangeiros será possível. A crise de liquidez resultante pode impossibilitar que o país cumpra suas obrigações externas remanescentes.

Esse tipo de mecanismo de "corrida bancária" tem estado no centro de muitas crises de países em desenvolvimento, incluindo a crise econômica de 1997-1998 da Ásia, que discutiremos a seguir. Após a crise da Ásia, que afetou diversos países em todo o mundo, diversos economistas sugeriram que os países em desenvolvimento tomem o problema em suas próprias mãos. Como o crédito externo tende a minguar precisamente quando é mais necessário, os países poderiam proteger-se melhor se acumulassem grandes quantidades de dinheiro vivo – dólares, euros e outras moedas estrangeiras amplamente aceitas.

Quando os países tinham pouco envolvimento com os mercados de capital mundiais (como durante os anos 1950 e início dos anos 1960), a adequação das reservas era julgada geralmente pela referência à probabilidade de que os ganhos com exportação podiam ficar temporariamente aquém das necessidades de importação. Mas no mundo de finanças globalizadas da atualidade, o volume de reservas necessário para deter uma crise pode ser uma ordem de magnitude maior. Conforme o economista Martin Feldstein de Harvard afirma:

O meio mais direto para um país alcançar liquidez é acumular quantidades substanciais de reservas externas líquidas (...) [Um] governo não deveria julgar a adequação de suas reservas em relação aos valores de importações. Uma meta de reservas comum de, digamos, seis meses de importações, ignora o fato de que as crises monetárias dependem de fluxos de capital, não do financiamento de comércio. O que importa é o valor das reservas em relação ao potencial de venda de ativos pelos especuladores, mesmo se as condições econômicas fundamentais do país não justificarem uma deterioração da moeda.[17]

Comentamos sobre o crescimento das reservas internacionais no Capítulo 18. Conforme observamos ali, à medida que as reservas tinham crescido em todos os países, desde a crise de dívida dos anos 1980, elas tinham crescido de modo rápido especialmente nos países em desenvolvimento. Contudo, para esses países, como um grupo, o ritmo de acúmulo das reservas tinha acelerado mais drasticamente desde a crise financeira do final dos anos 1990. A figura anexa mostra as reservas internacionais mantidas como uma fração da produção nacional para o grupo de todos os países em desenvolvimento, bem como para Brasil, Rússia, Índia e China. (Esses quatro países são frequentemente referidos como os "BRICs" em virtude de seus recentes desempenhos de crescimento intenso.) Em todos os casos mostrados, as reservas mais do que dobraram (como uma fatia do produto nacional) entre 1999 e 2009, antes de cair em três dos quatro países. A proporção de reservas da China aumentou em um fator de 3,3 durante aquele período, e a da Rússia aumentou em um fator de 5,7.[18]

Para diversos países em desenvolvimento, os níveis de reservas são tão altos que excedem o total de suas dívidas de moeda externa para estrangeiros em curto prazo. Essas grandes reservas, portanto, fornecem um alto grau de proteção contra uma parada súbita de influxos de capital. De fato, elas ajudaram os países em desenvolvimento a sobreviver ao colapso do crédito dos países industrializados de 2008-2009 (ver Capítulo 20). Conforme você pode observar na Figura 22.2, os países em desenvolvimento em geral

---

[17]Veja: Feldstein, "A Self-Help Guide for Emerging Markets", *Foreign Affairs* 78 (março/abril 1999), pp. 93-109. Para um tratamento analítico recente, veja: Olivier Jeanne, "International Reserves in Emerging Market Countries: Too Much of a Good Thing?" *Brookings Papers on Economic Activity* 1 (2007), pp. 1-79.

[18]Os países em desenvolvimento têm cerca de 60% das suas reservas na forma de dólares americanos. O restante está principalmente em euros, mas também em algumas moedas importantes alternativas, como o iene japonês, a libra esterlina do Reino Unido e o franco suíço.

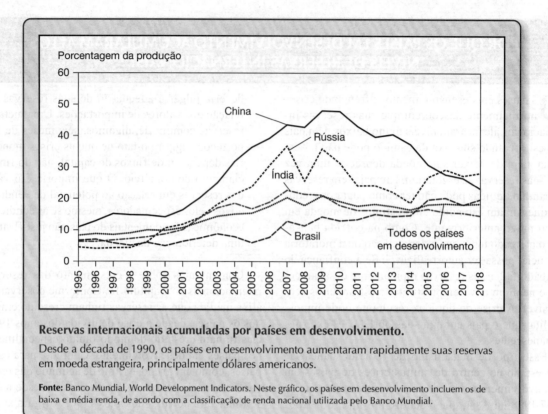

Reservas internacionais acumuladas por países em desenvolvimento.

Desde a década de 1990, os países em desenvolvimento aumentaram rapidamente suas reservas em moeda estrangeira, principalmente dólares americanos.

Fonte: Banco Mundial, World Development Indicators. Neste gráfico, os países em desenvolvimento incluem os de baixa e média renda, de acordo com a classificação de renda nacional utilizada pelo Banco Mundial.

gastaram algumas reservas para se proteger durante a crise de 2007-2009.

No entanto, o motivo de autosseguro para a realização de reservas não é toda a história. Em alguns casos, o crescimento das reservas foi um subproduto das políticas de intervenção para impedir a valorização da moeda (lembre-se do quadro sobre manipulação cambial no Capítulo 19). A China é um desses casos. Por muitos anos, a estratégia de desenvolvimento da China dependeu de aumento nos níveis de exportação de mercadorias mão de obra-intensivas para estimular um rápido aumento do padrão de vida. Na prática, a valorização do renminbi chinês torna a mão de obra chinesa mais cara em relação à mão de obra estrangeira, então a China limitou firmemente a valorização da moeda ao longo do tempo mediante a compra de dólares. Apesar dos controles de capital limitando os influxos de fundos estrangeiros, o dinheiro especulativo entrou no país na expectativa de valorização futura, e as reservas incharam enormemente. A partir de 2015, os fluxos de capital se inverteram e, durante um período, a China permitiu que a moeda se desvalorizasse gradualmente em resposta a pressões nesse sentido. No final de 2018, as reservas chinesas ainda representavam cerca de um quarto da produção nacional.

Pontos fracos asiáticos

Como sabemos, em 1997 as economias da Ásia viveram de fato uma grave crise financeira. E, em retrospecto, várias deficiências em suas estruturas econômicas – algumas compartilhadas por países latino-americanos que passaram por crises – ficaram evidentes. Três questões, em especial, se destacaram:

1. *Produtividade.* Embora o rápido crescimento das economias do Leste Asiático não fosse em nenhum sentido uma ilusão, mesmo antes da crise, vários estudos sugeriam que alguns limites à expansão estavam aparecendo. O resultado mais surpreendente de vários estudos foi que a maior parte do crescimento da produção asiática poderia ser explicada

CAPÍTULO 22 ■ Países em desenvolvimento: crescimento, crise e reforma **729**

simplesmente pelo crescimento rápido de *insumos* de produção – capital e mão de obra – e que houvera aumento relativamente pequeno da produtividade, ou seja, na produção por unidade de insumo. Assim, na Coreia do Sul, por exemplo, a convergência em direção à produção *per capita* de um país desenvolvido parecia ser principalmente por causa de uma mudança rápida dos trabalhadores da agricultura para a indústria, um aumento nos níveis de educação e um crescimento maciço na relação capital-mão de obra no setor de atividades não agrícolas. Evidências de um estreitamento da diferença tecnológica com o Ocidente eram inesperadamente difíceis de encontrar. A consequência desses estudos foi que taxas altas constantes de acumulação de capital acabariam por produzir rendimentos decrescentes e, possivelmente, que os grandes influxos financeiros que ocorriam não se justificavam pela rentabilidade futura, afinal.

2. *Regulação bancária*. De mais relevância imediata para a crise foi o mau estado da regulação bancária na maioria das economias asiáticas. Depositantes nacionais e investidores estrangeiros consideravam os bancos asiáticos seguros, não só em razão da força das economias, mas também por acreditarem que os governos apoiariam os bancos em caso de qualquer dificuldade. Contudo, os bancos e outras instituições financeiras não estavam sujeitos à supervisão eficaz do governo sobre os tipos de riscos que eles estavam assumindo. Como a experiência na América Latina deveria ter esclarecido, o risco moral estava presente em grande quantidade. Apesar disso, vários dos países do Leste Asiático tinham facilitado o acesso privado a fluxos financeiros na década de 1990, e dinheiro estrangeiro estava prontamente disponível tanto para os bancos quanto diretamente para os mutuários corporativos do Leste Asiático. Por causa do pecado original, as dívidas externas eram fixadas em termos de moeda estrangeira.

Em vários países asiáticos, laços estreitos entre os interesses comerciais e os funcionários do governo parecem ter ajudado a promover um risco moral considerável na concessão de empréstimos. Na Tailândia, as chamadas empresas de financiamento, muitas vezes gerenciadas por familiares de funcionários do governo, emprestavam dinheiro para empreendimentos imobiliários altamente especulativos; na Indonésia, os credores estavam muito ansiosos para financiar empreendimentos para membros da família do presidente. Esses fatores ajudam a explicar como, apesar das elevadas taxas de poupança, vários países do Leste Asiático foram levados a investir tanto que suas contas correntes estavam em déficit antes da crise.

Alguns analistas sugerem que empréstimos excessivos, conduzidos pelo risco moral, ajudaram a criar um *boom* insustentável nas economias asiáticas – especialmente no setor imobiliário – que ocultou temporariamente a má qualidade de muitos dos investimentos; e o fim inevitável desse *boom* causou uma espiral descendente de diminuição dos preços e a falência dos bancos. No entanto, embora o risco moral fosse certamente um fator importante no período que antecedeu a crise, sua importância continua a ser tema de debates consideráveis.

3. *Estrutura jurídica*. Um ponto fraco importante das economias asiáticas tornou-se evidente apenas depois que tropeçaram: a falta de uma boa estrutura jurídica para lidar com as empresas em apuros. Nos Estados Unidos, existe um procedimento bem estabelecido para falência – ou seja, para lidar com uma empresa que não pode pagar as suas dívidas. Em tal procedimento, os tribunais tomam posse da empresa em nome de seus credores e, em seguida, procuram encontrar uma maneira de satisfazer suas reivindicações da forma mais adequada possível. Muitas vezes, isso significa manter a empresa em existência e converter as dívidas que não conseguirá pagar em ações de titularidade. Nas economias asiáticas, no entanto, a legislação falimentar era fraca, em parte porque o crescimento surpreendente das economias tinha tornado as falências corporativas um evento raro. Quando as coisas realmente ficaram ruins, desenvolveu-se um impasse destrutivo. As empresas em dificuldades simplesmente deixavam de pagar suas dívidas. Elas então não podiam funcionar eficazmente, porque ninguém emprestaria a elas até que as dívidas existentes fossem pagas. Além disso, os credores não tinham nenhuma maneira de confiscar as empresas enfraquecidas de seus proprietários originais.

O QUE O LESTE ASIÁTICO FEZ CERTO?

O crescimento das economias do Leste Asiático, entre as décadas de 1960 e 1990 demonstrou que é possível para um país subir rapidamente a escada do desenvolvimento. Mas quais são os ingredientes para tal sucesso?

Uma maneira de responder a essa pergunta pode ser olhar para os atributos distintos do que o Banco Mundial, em seu estudo de 1993 intitulado *The East Asian Miracle* ("o milagre do Leste Asiático"), chama de EAADs, as economias asiáticas de alto desempenho.

Um ingrediente importante foi uma elevada taxa de poupança: em 1990, as EAADs economizaram 34% do PIB, em comparação com apenas metade na América Latina e um pouco mais no sul da Ásia.

Outro ingrediente importante foi uma forte ênfase na educação. Mesmo em 1965, quando as EAADs ainda eram muito pobres, tinham altos índices de matrícula na educação básica: basicamente, todas as crianças recebiam escolaridade básica em Hong Kong, Singapura e Coreia do Sul, e até mesmo a extremamente pobre Indonésia tinha um índice de matrículas de 70%. Em 1987, os índices de matrícula no ensino secundário no Leste Asiático superavam em muito os dos países latino-americanos, como o Brasil.

Por fim, duas outras características das EAADs, como já observado, eram um ambiente macroeconômico relativamente estável, livre de inflação elevada ou problemas econômicos importantes, e uma porcentagem alta de comércio no PIB. Essas características tornavam as economias do Leste Asiático bem diferentes das de países sujeitos à crise na América Latina. Tais contrastes desempenharam um papel importante na "conversão" de muitos líderes na América Latina e em outros lugares para a ideia de reforma econômica, em termos de um compromisso com a estabilidade dos preços e a abertura dos mercados ao mundo.

Claro, cada economia tem seus pontos fracos, mas o desempenho das economias do Leste Asiático tinha sido tão espetacular que poucos prestaram muita atenção neles. Mesmo aqueles que estavam cientes de que as economias "milagrosas" tinham problemas jamais poderiam ter previsto a catástrofe que recaiu sobre elas em 1997.

A crise financeira asiática

Em geral, considera-se que a crise financeira asiática teve início em 2 de julho de 1997, com a desvalorização do baht tailandês. A Tailândia vinha acumulando um enorme déficit da conta corrente e mostrando sinais de dificuldades financeiras por mais de um ano. Em 1996, ficou evidente que tinham sido construídas torres de escritórios em número excessivo; primeiro, o mercado imobiliário nacional e, em seguida, sua bolsa de valores entrou em declínio. No primeiro semestre de 1997, a especulação sobre uma possível desvalorização do baht levou a uma perda acelerada das reservas de câmbio, e, em 2 de julho, o país tentou uma desvalorização controlada de 15%. Entretanto, como foi o caso do México, em 1994, a tentativa de desvalorização moderada ficou fora de controle, provocando enorme especulação e um mergulho muito mais profundo.

A Tailândia em si é uma economia pequena. No entanto, a queda acentuada na moeda tailandesa foi seguida pela especulação em relação a outras moedas, primeiro a de seu vizinho imediato, Malásia; em seguida, da Indonésia; e, por fim, da muito maior e mais desenvolvida economia da Coreia do Sul. Todas essas economias pareciam aos especuladores compartilhar com a Tailândia as fraquezas listadas anteriormente; todas estavam sentindo os efeitos, em 1997, do retorno da desaceleração econômica em seu maior vizinho industrial, o Japão. Em todos esses casos, os governos foram confrontados com dilemas complicados, decorrentes em parte da dependência de suas economias do comércio internacional e em parte do fato de que empresas e bancos nacionais tinham grandes dívidas denominadas em

CAPÍTULO 22 ■ Países em desenvolvimento: crescimento, crise e reforma **731**

dólares. Se os países apenas permitissem que suas moedas caíssem, o aumento dos preços das importações teria ameaçado produzir inflação perigosa, e o súbito aumento do valor de dívidas em moeda nacional poderia ter empurrado muitos bancos e empresas potencialmente viáveis à falência. Por outro lado, defender as moedas exigiria pelo menos altas temporárias das taxas de juros para convencer os investidores a manterem seu dinheiro no país, e essas taxas de juros altas produziriam uma crise econômica e causariam falência de bancos.

Assim, todos os países atingidos, exceto a Malásia, voltaram-se para o FMI para receber assistência e obtiveram empréstimos em troca de implementação de planos econômicos que supostamente conteriam os danos: taxas de juros mais altas para limitar a depreciação da taxa de câmbio, esforços para evitar grandes déficits orçamentários e reformas "estruturais" que deveriam lidar com as fraquezas que tinham provocado inicialmente. Apesar da ajuda do FMI, no entanto, o resultado da crise monetária foi uma nítida desaceleração econômica. Todos os países com problemas passaram de taxas de crescimento superiores a 6% em 1996 para uma contração severa em 1998.

Pior de todos foi o caso da Indonésia, onde crise econômica e instabilidade política reforçaram-se mutuamente em uma espiral mortal, tudo agravado ainda mais pelo colapso da confiança dos residentes nacionais nos bancos do país. No verão de 1998, a rúpia indonésia havia perdido 85% de seu valor original, e poucas grandes empresas do país, se alguma, estavam solventes. A população foi confrontada com o desemprego em massa e, em alguns casos, com a incapacidade de pagar por alimentos básicos. A violência étnica eclodiu.

Devido ao colapso na confiança, as economias asiáticas com problemas também foram forçadas a uma inversão drástica de suas posições de conta corrente. A maioria mudou abruptamente de "às vezes grandes déficits" para "enormes superávits". A maior parte dessa inversão veio não por um aumento das exportações, mas por uma enorme queda das importações, conforme as economias se contraíam.

As moedas finalmente se estabilizaram em toda a Ásia atingida pela crise e as taxas de juros diminuíram, mas o transbordamento direto da queda em toda a região causou desacelerações ou recessões em vários países vizinhos, incluindo Hong Kong, Singapura e Nova Zelândia. O Japão e até mesmo partes da Europa e América Latina sentiram os efeitos. A maioria dos governos continuou a tomar o medicamento prescrito pelo FMI, mas em setembro de 1998, a Malásia – que nunca aceitara um programa do FMI – tomou uma atitude diferente e impôs controles extensos nas saídas de capital, esperando que estes permitiriam que o país aliviasse as políticas monetárias e fiscal sem que sua moeda entrasse em uma espiral descendente. China e Taiwan, que mantiveram o controle dos capitais e tinham superávits em conta corrente ao longo do período pré-crise, atravessaram a crise praticamente incólumes.

Felizmente, a crise na Ásia Oriental tinha "forma de V": depois da contração acentuada da produção em 1998, o crescimento retornou em 1999, já que as moedas depreciadas estimulavam o aumento das exportações. No entanto, nem todas as economias da região se saíram igualmente bem, e resta a controvérsia sobre a eficácia do experimento da Malásia com controles de capital. As economias que, em vez disso, dependeram da ajuda do FMI, em geral ficaram infelizes com sua gestão da crise, que consideraram como desajeitada e intrusiva. Esses ressentimentos provaram ser duradouros: enquanto governos podem recorrer ao FMI para financiamento condicional no caso de uma parada súbita, os países da crise asiática juraram nunca mais fazê-lo de novo. Essa determinação tem sido um motivo importante para o "autosseguro" com grandes estoques de reservas internacionais.

Lições das crises de países em desenvolvimento

A crise dos mercados emergentes que começou com a desvalorização tailandesa de 1997 produziu o que poderia ser chamado de orgia de acusações mútuas. Alguns ocidentais responsabilizaram as políticas dos próprios asiáticos pela crise, em especial o "capitalismo de compadres" sob o qual empresários e políticos tinham relacionamentos confortáveis demais.

732 PARTE IV ■ Política macroeconômica internacional

Alguns líderes asiáticos, por sua vez, responsabilizaram as maquinações dos financistas ocidentais; até Hong Kong, normalmente um bastião do sentimento do livre mercado, começou a intervir para bloquear o que chamava de uma conspiração de especuladores para baixar sua bolsa e minar a sua moeda. E quase todo mundo criticou o FMI, embora alguns dissessem que era errado mandar os países tentarem limitar a depreciação de suas moedas e outros que era errado permitir que as moedas chegassem a desvalorizar.

No entanto, algumas lições claras emergem de um estudo cuidadoso da crise asiática e das crises anteriores de países em desenvolvimento na América Latina e em outros lugares.

1. *Escolher o regime correto de taxa de câmbio.* É perigoso para um país em desenvolvimento fixar sua taxa de câmbio, a menos que tenha os meios e o compromisso de fazê-lo, aconteça o que acontecer. Os países do Leste Asiático descobriram que a confiança nas metas da taxa de câmbio oficiais incentivou empréstimos em moeda estrangeira. No entanto, quando a desvalorização ocorreu, boa parte do setor financeiro e muitas corporações tornaram-se insolventes devido a extensas dívidas denominadas em moedas estrangeiras. Os países em desenvolvimento que tinham estabilizado a inflação com sucesso adotaram sistemas de taxa de câmbio mais flexíveis ou adotaram uma flexibilidade maior rapidamente após um período inicial de atrelamento, destinado a reduzir as expectativas de inflação. Mesmo na Argentina, onde o medo do público de retornar ao passado hiperinflacionário incutiu uma determinação amplamente compartilhada de evitar a inflação, uma taxa de câmbio fixa provou ser insustentável no longo prazo. As experiências do Brasil, Chile, México e outros países latino-americanos mostram que os maiores países em desenvolvimento conseguem viver muito bem com uma taxa de câmbio flutuante.

2. *A importância central do sistema bancário.* Uma grande parte do que fez a crise asiática ser tão devastadora foi que não era puramente uma crise monetária, mas uma crise monetária inextricavelmente misturada com crises bancárias e financeiras. No sentido mais imediato, os governos foram confrontados com o conflito entre restringir a oferta de moeda para apoiar a moeda e a necessidade de imprimir grandes quantidades de dinheiro para lidar com as corridas bancárias. Mais amplamente, o colapso de muitos bancos causou caos na economia, cortando canais de crédito, o que tornava difícil até para empresas lucrativas permanecerem no negócio. Isso não deveria ser surpresa em relação à Ásia. Efeitos similares da fragilidade do sistema bancário desempenharam funções nas crises de Argentina, Chile e Uruguai na década de 1980; do México em 1994-1995; e mesmo nas de países industrializados como a Suécia durante os ataques ao SME em 1992 (Capítulo 21). Infelizmente, o desempenho espetacular da economia da Ásia antes da sua crise cegou as pessoas para suas vulnerabilidades financeiras. As crises bancárias dos países avançados em 2007-2009 (Capítulo 20) representam outra lição sobre os perigos dessa mentalidade.

3. *A sequência correta das medidas de reforma.* Reformadores econômicos nos países em desenvolvimento aprenderam da maneira mais difícil que a ordem em que são tomadas medidas de liberalização realmente importa. Essa verdade também decorre da teoria econômica básica: o princípio do *segundo melhor* nos diz que quando uma economia sofre várias distorções, a remoção de apenas algumas delas pode piorar as coisas, não melhorar. Países em desenvolvimento em geral sofrem de muitas, muitas distorções, assim, esse ponto é especialmente importante para eles. Considere o sequenciamento da liberalização da conta financeira e da reforma do setor financeiro, por exemplo. É claramente um erro abrir a conta financeira antes de pôr em vigor salvaguardas sólidas e a supervisão das instituições financeiras domésticas. Caso contrário, a capacidade de tomar dinheiro emprestado do exterior incentivará apenas empréstimos imprudentes concedidos por bancos nacionais. Quando a economia se desacelerar, o capital estrangeiro fugirá, deixando os bancos domésticos insolventes. Assim, os países em desenvolvimento devem atrasar a abertura da conta financeira até que o sistema financeiro nacional esteja forte o suficiente para suportar os, às vezes, violentos fluxo e refluxo de capitais do

CAPÍTULO 22 ■ Países em desenvolvimento: crescimento, crise e reforma **733**

mundo. Os economistas argumentam também que a liberalização do comércio deve preceder a liberalização da conta financeira. A liberalização da conta financeira pode causar volatilidade das taxas de câmbio reais e impedir a transição dos fatores de produção de mercadorias não comercializáveis para as indústrias de mercadorias comercializáveis.

4. *A importância do contágio.* Uma última lição da experiência dos países em desenvolvimento é a vulnerabilidade das economias, mesmo aparentemente saudáveis, às crises de confiança geradas por eventos em outras partes do mundo – um efeito dominó que tem sido conhecido como **contágio**. O contágio estava presente quando a crise na Tailândia, uma pequena economia no Sudeste Asiático, provocou uma nova crise na Coreia do Sul, uma economia muito maior a uns 2.000 km de distância. Um exemplo ainda mais espetacular surgiu em agosto de 1998, quando um mergulho no rublo russo provocou enorme especulação contra o real brasileiro. O problema do contágio e a preocupação de que mesmo a mais cuidadosa gestão econômica não pode oferecer imunidade total tornaram-se centrais para a discussão de possíveis reformas do sistema financeiro internacional, que veremos a seguir.

Reforma da "arquitetura" financeira do mundo

Dificuldades econômicas levam, inevitavelmente, a propostas de reformas econômicas. Após a crise econômica asiática e suas repercussões, muitas pessoas concluíram que o sistema financeiro e monetário internacional, ou pelo menos a parte que se aplica a países em desenvolvimento, precisava de mudanças. Propostas para tal revisão foram agrupadas sob o título impressionante, e vago, de planos para uma nova "arquitetura" financeira.

Por que a crise asiática convenceu quase todos da necessidade de repensar as relações monetárias internacionais, quando as crises no início da década de 1990 não fizeram o mesmo? Uma das razões foi que os problemas dos países asiáticos pareciam derivar principalmente de suas conexões com o mercado mundial de capitais. A crise demonstrou claramente que um país pode ser vulnerável a uma crise monetária, mesmo se sua posição parecer saudável por medidas normais. Nenhuma das economias asiáticas com problemas tinha graves déficits, taxas excessivas de expansão monetária, níveis preocupantes de inflação ou qualquer dos outros indicadores que tradicionalmente têm sinalizado a vulnerabilidade a ataques especulativos. Se havia graves deficiências nas economias – uma proposição que é questionável, uma vez que alguns economistas argumentam que as economias teriam permanecido bastante saudáveis se não fosse pelos ataques especulativos –, elas envolviam questões como a força do sistema bancário, que poderiam ter permanecido dormentes na ausência de fortes depreciações da moeda.

A segunda razão para repensar as finanças internacionais foi a força de contágio aparente em todo o mercado internacional de capitais. A velocidade e a força com que os distúrbios do mercado podem ser espalhados entre economias distantes sugeriram que as medidas preventivas tomadas pelas economias individuais podem não ser suficientes. Assim como uma preocupação sobre a interdependência econômica havia inspirado a arquitetura de Bretton Woods para a economia mundial em 1944, formuladores de políticas ao redor do mundo colocaram novamente a reforma do sistema internacional em pauta após a crise asiática.

Os países em desenvolvimento, em geral, se recuperaram rapidamente da crise financeira de 2007-2009 – dessa vez, ao contrário de 1982, os países ricos foram os que sofreram recessões prolongadas (Capítulo 19). Mas não ficou claro se a resiliência dos países em desenvolvimento decorreu de reformas aprovadas após a crise asiática, reservas internacionais maiores, altos preços das *commodities*, maior flexibilidade das taxas de câmbio ou das taxas de juro historicamente baixas aplicadas pelos bancos centrais dos países industrializados. Além disso, o medo da crise voltou quando o crescimento nos países em desenvolvimento caiu subitamente com a desaceleração do crescimento global e a queda dos preços de *commodities* no início da década de 2010. Tendo em conta o contágio de tirar o fôlego exibido novamente quando a crise de 2007-2009 se espalhou pelo globo, o sentimento de que as

734 PARTE IV ■ Política macroeconômica internacional

finanças internacionais precisam de uma reforma geral manteve-se forte. Analisaremos a seguir algumas das principais questões envolvidas.

Mobilidade de capitais e o trilema do regime da taxa de câmbio

Um dos efeitos da crise asiática foi dissipar quaisquer ilusões que possamos ter sobre a disponibilidade de respostas fáceis para os problemas da macroeconomia internacional e das finanças. A crise e sua propagação tornaram muito claro que alguns *trade-offs* de políticas muito conhecidos para economias abertas permanecem tão gritantes como sempre – e, talvez, tenham se tornado ainda mais difíceis de gerenciar.

O Capítulo 19 analisou o *trilema monetário* básico para as economias abertas. Dos três objetivos que a maioria dos países compartilha – independência na política monetária, estabilidade na taxa de câmbio e a livre circulação de capitais –, apenas dois podem ser alcançados simultaneamente. A estabilidade da taxa de câmbio é mais importante para o país em desenvolvimento típico do que para o país desenvolvido típico. Os países em desenvolvimento têm menos capacidade de influenciar seus termos de troca do que os desenvolvidos, e a estabilidade da taxa de câmbio pode ser mais importante para manter a inflação sob controle e evitar o estresse financeiro nos países em desenvolvimento. Em particular, a prática generalizada de países em desenvolvimento em pegar empréstimos em dólares ou outras moedas importantes (externa e internamente) significa que as depreciações da moeda podem aumentar significativamente o ônus real das dívidas.

O dilema que pretensos reformadores da arquitetura financeira mundial enfrentam pode então ser resumido da seguinte forma: por causa da ameaça do tipo de crises monetárias que atingiu a Ásia em 1997 e o México em 1994-1995, parece difícil, se não impossível, alcançar todos os três objetivos ao mesmo tempo. Ou seja, para atingir um deles, um país deve desistir de um dos outros dois objetivos. Até o fim da década de 1970, a maioria dos países em desenvolvimento mantinha controles cambiais e limitava os movimentos de capitais privados em particular, como já vimos. (Alguns países grandes em desenvolvimento, em especial a China e a Índia, ainda conservam tais controles.) Embora houvesse uma evasão considerável dos controles, eles diminuíram o ritmo dos movimentos de capitais. Como resultado, países poderiam atrelar suas taxas de câmbio durante longos períodos – produzir estabilidade cambial –, ainda assim desvalorizando suas moedas ocasionalmente, o que oferecia autonomia monetária considerável. O problema principal com os controles era que impunham restrições onerosas às transações internacionais, o que reduzia a eficiência e contribuía para a corrupção.

Nas últimas duas décadas do século XX, o capital tornou-se substancialmente mais móvel, em grande parte porque os controles foram suspensos, mas também por causa da melhora da tecnologia de comunicação e da desregulamentação e inovação da indústria financeira nas economias avançadas. Essa nova mobilidade do capital tornou os regimes de indexação ajustável extremamente vulneráveis à especulação, uma vez que o capital poderia fugir de uma moeda ao menor indício de que poderia ser desvalorizada. (O mesmo fenômeno ocorreu entre países desenvolvidos na década de 1960 e no início dos anos 1970, como vimos no Capítulo 19.) Os países em desenvolvimento tornaram-se cada vez mais expostos a ciclos financeiros globais cada vez mais poderosos, como discutiremos no quadro sobre esse tópico.

O resultado foi levar os países em desenvolvimento em direção a um ou outro lado do triângulo na Figura 19.1: ou taxas de câmbio rigidamente fixas e uma renúncia à autonomia monetária, como a dolarização ou o sistema de conselho monetário descrito anteriormente, ou taxas de câmbio administradas flexivelmente (e até mesmo flutuantes). Mas mesmo quando escolhem uma taxa de câmbio flexível, os países em desenvolvimento têm ficado desconfortáveis com o extremo de uma taxa determinada exclusivamente pelo mercado. Enquanto uma economia grande como a dos Estados Unidos pode aceitar uma taxa de câmbio amplamente flutuante, uma economia em desenvolvimento menor muitas vezes considera os custos de tal volatilidade difíceis de sustentar, em parte porque é mais aberta e em parte porque ele sofre do pecado original. Como resultado, até mesmo países que afirmam

CAPÍTULO 22 ■ Países em desenvolvimento: crescimento, crise e reforma **735**

que deixam suas moedas "flutuarem" podem exibir um "medo de flutuar" e, em vez disso, limitam flutuações cambiais ao longo do tempo.[19] Enquanto isso, um sistema rígido, como um conselho monetário, pode privar um país de flexibilidade, especialmente quando está lidando com crises financeiras, em que o banco central deve atuar como prestamista de última instância.

Vários economistas respeitados, incluindo Jagdish Bhagwati e Joseph Stiglitz, da Universidade de Columbia, e Dani Rodrik, da Universidade de Harvard, têm argumentado que os países em desenvolvimento devem manter ou restabelecer as restrições à mobilidade do capital para poder exercer autonomia monetária enquanto desfrutam de taxas de câmbio estáveis.[20] Diante da crise asiática, China e Índia, por exemplo, suspenderam os planos de liberalizar suas contas de capital; alguns países que tinham liberalizado os movimentos de capitais consideraram a possibilidade de promulgar restrições (como a Malásia de fato fez). A maioria dos formuladores de políticas, tanto nos países em desenvolvimento quanto nos industrializados, continua a considerar os controles de capital difíceis de aplicar por muito tempo ou perturbadores dos relacionamentos comerciais normais (bem como uma enorme fonte de corrupção). Essas reservas aplicam-se mais aos controles de *saídas* de capital, porque as restrições são particularmente difíceis de manter eficazmente quando proprietários de riqueza estão fugindo para o exterior a fim de evitar perdas potencialmente grandes.

Contudo, nos últimos anos, um grande número de países de mercados emergentes, do Brasil a Israel, abriu-se mais a impor controles limitados sobre *influxos* financeiros, e até mesmo o FMI tornou-se mais aberto a sua utilização. Uma das razões para a mudança é um motivo *macroprudencial*: limites de influxos financeiros poderiam limitar os empréstimos bancários excessivos durante os surtos de crescimento e, desse modo, moderar a contração resultante em caso de parada súbita ou reversão de fluxo financeiro posteriormente. Uma motivação igualmente (se não mais) importante foi o desejo de limitar a valorização da moeda real e o dano resultante para as exportações, sem recorrer a políticas de monetárias inflacionárias.[21]

Enquanto há uma abertura renovada para controles de entrada de capital, a maioria das discussões da arquitetura financeira tem focado, em vez disso, nas medidas curativas – maneiras de tornar as escolhas restantes menos penosas, mesmo quando os controles de capital não são usados.

Medidas "profiláticas"

Uma vez que o risco de crise financeira é o que torna tão difíceis as decisões envolvendo a escolha do regime de taxa de câmbio, algumas propostas recentes centram-se nas formas de reduzir esse risco. Propostas típicas incluem chamadas para o seguinte:

Mais "transparência". Pelo menos uma parte do que deu errado na Ásia era que os bancos estrangeiros e outros investidores emprestaram dinheiro a empresas asiáticas sem qualquer ideia clara de quais seriam os riscos e, em seguida, retiraram seu dinheiro de modo igualmente cego quando se tornou claro que os riscos eram maiores do que tinham imaginado. Portanto, há muitas propostas para maior "transparência" – isto é, a melhor prestação de informações financeiras –, da mesma forma que as corporações nos Estados Unidos são obrigadas a fornecer relatórios públicos exatos de suas posições

---

[19]Veja: Guillermo A. Calvo e Carmen M. Reinhart. "Fear of Floating". *Quarterly Journal of Economics*, v. 117, p. 379-408, maio 2002.

[20]Veja: Jagdish N. Bhagwati. "The Capital Myth". *Foreign Affairs*, v. 77, p. 7-12, maio/jun. 1998; Dani Rodrik, "Who Needs Capital-Account Convertibility?". In: Stanley Fischer et al., *Should the IMF Pursue Capital-Account Convertibility? Princeton Essays in International Finance* 207, maio 1998; e Joseph E. Stiglitz. *Globalization and Its Discontents.* New York: W. W. Norton & Company, 2003.

[21]Como uma indicação da abordagem atual do FMI, veja, por exemplo: Jonathan D. Ostry et al. "Capital Controls: When and Why?". *IMF Economic Review*, v. 59, p. 562-580, 2011; e Fundo Monetário Internacional. *The IMF's Institutional View on Capital Flows in Practice* (nota de informação do Grupo dos Vinte, jul. 2018, disponível em: <https://www.imf.org/external/np/g20/pdf/2018/073018.pdf>).

736 PARTE IV ■ Política macroeconômica internacional

financeiras. A esperança é que o aumento da transparência reduzirá tanto a tendência de muito dinheiro ser direcionado a um país quando as coisas estão indo bem quanto a fuga desesperada quando a verdade acabar sendo menos favorável do que o esperado.

Sistemas bancários mais fortes. Como vimos, um fator que fez a crise asiática ser tão grave foi a maneira como a crise cambial interagiu com as corridas bancárias. É no mínimo possível que essas interações tivessem sido mais leves se os bancos fossem mais fortes. Assim também há muitas propostas para o fortalecimento dos bancos, mediante regulamento mais rigoroso dos riscos que correm e aumento dos requisitos de capital, que asseguram que as quantidades substanciais de dinheiro dos proprietários estão em risco. Claro, a crise de 2007-2009 demonstrou que os mercados financeiros de países industrializados realmente estavam menos robustos do que pareciam. A necessidade de maior transparência e regulação mais rigorosa das instituições financeiras é universal.

Linhas de crédito otimizadas. Alguns reformistas também desejam estabelecer linhas de crédito especiais que as nações poderiam utilizar na eventualidade de uma crise monetária, o que, na prática, aumentaria suas reservas cambiais. A ideia seria que a mera existência dessas linhas de crédito as tornaria desnecessárias: enquanto os especuladores soubessem que os países tinham crédito suficiente para atender até mesmo uma grande saída dos fundos, não esperariam nem temeriam que suas próprias ações produziriam uma desvalorização repentina. Tais linhas de crédito poderiam ser fornecidas por bancos privados, ou por órgãos públicos, como o FMI. Essa área de reforma também pode ser vista como aplicável aos países mais ricos após os acontecimentos de 2007-2009 (veja o quadro sobre *swaps* de moeda do banco central no Capítulo 20).

Aumento de influxos de capital de patrimônio em relação a influxos de dívida. Se os países em desenvolvimento financiassem uma proporção maior de seus influxos de capital estrangeiros privados por meio da carteira de investimentos de capital ou investimento estrangeiro direto, em vez de pela emissão de dívida, a probabilidade de moratória seria muito menor. Os pagamentos dos países estrangeiros estariam mais estreitamente ligados a suas fortunas econômicas e cairiam automaticamente quando os tempos estivessem difíceis. Na verdade, tem havido uma tendência para os mercados emergentes dependerem mais de capital estrangeiro em vez de financiamento por dívida, e esse fato provavelmente melhorou a resiliência dos mercados emergentes em face da crise financeira global de 2007-2009.[22]

A comunidade internacional reconhece que os países em desenvolvimento desempenham um papel cada vez mais importante, como credores e mutuários, nos mercados financeiros mundiais. Discussões em curso, na Basileia e em outros lugares, sobre a cooperação global na regulamentação do sistema bancário cada vez mais incluem os países principais de mercado emergente como participantes-chave.

Como lidar com a crise

Mesmo com as medidas profiláticas propostas, as crises certamente ainda acontecerão. Assim, também há propostas para modificar a maneira como o mundo reage a essas crises.

Muitas dessas propostas se relacionam com o papel e as políticas do FMI. Aqui as opiniões são duramente divididas. Alguns críticos conservadores acreditam que o FMI deve simplesmente ser abolido, argumentando que sua existência incentiva empréstimos irresponsáveis, ao fazer os mutuários e credores acreditarem que sempre serão salvos das consequências de suas ações – uma versão do argumento do risco moral já descrito. Outros críticos argumentam que o FMI é necessário, mas tem interpretado mal seu papel – por

---

[22]Essa tendência é documentada por Eswar S. Prasad. "Role Reversal in Global Finance". In: *Achieving Maximum Long-Run Growth: A Symposium Sponsored by the Federal Reserve Bank of Kansas City*. Kansas City, MO: Federal Reserve Bank of Kansas City, 2012, p. 339-390. Consulte também o artigo de Forbes nas Leituras adicionais.

MERCADOS EMERGENTES E CICLOS FINANCEIROS GLOBAIS

Embora os países emergentes e em desenvolvimento componham uma parcela grande e crescente da economia global em termos de PIB, seus mercados financeiros são muito menores do que os das economias avançadas. Os eventos nos mercados financeiros dos países ricos têm, portanto, efeitos de transbordamento desproporcionais nos países mais pobres, especialmente nas economias de mercado emergentes, mais expostas aos fluxos de capitais internacionais.

Os *booms* nos preços de ativos e fluxos de capitais ajudam a erguer as economias emergentes, enquanto os colapsos levam a desacelerações, apesar de respostas fiscais e monetárias contracíclicas. Dado o protagonismo do dólar na economia mundial (lembre-se do Capítulo 20), as políticas monetárias do *Federal Reserve* são um fator crítico desses ciclos financeiros globais. Os ciclos também podem refletir outros fatores, como o apetite por risco dos investidores globais, especialmente sua atração por investimentos em mercados emergentes.[23]

Silvia Miranda-Agrippino, do Banco da Inglaterra, e Hélène Rey, da London Business School, construíram um índice do ciclo financeiro global derivado dos preços globais de ações, títulos e *commodities*. A figura compara o seu índice, o *GFCy*, com o crescimento real do PIB agregado dos países de média e baixa renda desde 1980 (a informação agregada inclui as economias de mercado emergentes). A correlação positiva salta aos olhos e apoia a ideia de que ocorrências nos preços de ativos globais são um fator importante por trás dos eventos nos países mais pobres.

Além de o crescimento econômico nos países mais pobres estar altamente correlacionado com o ciclo financeiro global, o ciclo em si tem a política monetária

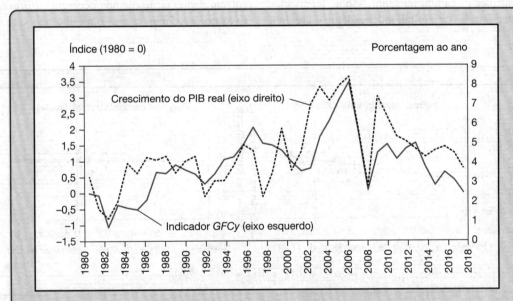

Ciclos financeiros globais e movimentos no PIB do mundo em desenvolvimento.
A taxa de crescimento do PIB dos países mais pobres acompanha de perto o ciclo financeiro global.

Fonte: *GFCy*: Miranda-Agrippino e Rey, "U.S. Monetary Policy and the Global Financial Cycle", *Review of Economic Studies* 87 (nov. 2020), pp. 2754-2776. As observações anuais do *GFCy* são médias das observações mensais. Crescimento do PIB em economias emergentes e em desenvolvimento: banco de dados World Economic Outlook, abril de 2020.

---

[23] O artigo de Reinhart, Reinhart e Trebesch na seção Leituras adicionais conta a história dos ciclos de fluxo de capital desde o início do século XIX.

americana como um dos seus fatores mais importantes. Miranda-Agrippino e Rey demonstram estatisticamente que a política monetária do *Federal Reserve* reduz os preços de ativos globais, faz com que intermediários financeiros globais encolham seus balanços e reduz fluxos de crédito nacionais e transnacionais. Esses efeitos indicam que a política monetária restritiva dos EUA reduz a atividade econômica nos países em desenvolvimento.

Em outras obras, Hélène Rey questiona se a forte influência do ciclo financeiro global nos mercados emergentes, e especialmente o papel central da política monetária americana, elimina a sua capacidade de conduzir suas economias nacionais usando as próprias políticas monetárias, mesmo quando a taxa de câmbio é flexível. Em caso positivo, a única maneira prática de recuperar algum nível de independência monetária seria usar fortes sistemas de controle do fluxo de capital para atenuar as forças financeiras globais. Para provocar ainda mais, o trilema transforma-se em dilema: as duas opções são autonomia monetária com controles de capital ou submissão às forças globais sem controles de capital, independente do regime cambial. Se estiver correto, o paradigma sombrio de Rey restringe as opções de políticas dos países pobres muito além daqueles sugeridos pelo trilema.[24]

Vimos que muitas das economias de mercado emergentes realizam intervenções para administrar suas taxas de câmbio, mas isso elimina as vantagens da flexibilidade? As evidências sugerem que não. O gráfico com dois painéis mostra as variações da taxa de câmbio real efetiva contra surpresas no crescimento do PIB para as maiores economias de mercado emergentes. No gráfico, medimos as surpresas no crescimento do PIB no eixo horizontal com base em revisões nas previsões do FMI para as taxas de crescimento dos países entre abril e outubro de cada ano. Um aumento no eixo horizontal significa que o crescimento foi maior do que o projetado, enquanto um aumento no eixo vertical indica uma valorização efetiva real da moeda.

Quando dividimos as observações por país e ano entre regimes mais e menos flexíveis, vemos na figura que as moedas dos países com taxas mais flexíveis sofrem depreciação quando ocorrem surpresas negativas no crescimento, mas o mesmo não vale para os

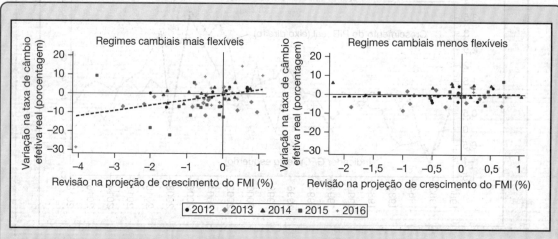

Choques ao crescimento do PIB e variações da taxa de câmbio efetiva real.

Sob regimes cambiais mais flexíveis, mas não sob os menos flexíveis, as taxas de câmbio reais sofrem depreciação quando enfrentam surpresas negativas no crescimento.

Fonte: Banco de dados World Economic Outlook do FMI e Banco de Compensações Internacionais.

---

[24] Veja o artigo "Dilemma Not Trilemma: The Global Financial Cycle and Monetary Policy Independence". In: *Global Dimensions of Unconventional Monetary Policy: A Symposium Sponsored by the Federal Reserve Bank of Kansas City* (Kansas City, MO: Federal Reserve Bank of Kansas City, 2014), pp. 285-333.

CAPÍTULO 22 ■ Países em desenvolvimento: crescimento, crise e reforma **739**

países com taxas menos flexíveis.[25] A conclusão é que as taxas de câmbio flexíveis ainda podem ter um papel útil em proteger a economia dos choques negativos, venham estes do ciclo financeiro global ou de outras direções. Para essas economias com taxas flexíveis, os resultados de crescimento provavelmente teriam sido muito mais variáveis caso tivessem sido forçadas a defender taxas de câmbio mais rígidas.

Esses achados não sugerem, entretanto, que intervenções cambiais e controles de capital não podem ser úteis em algumas circunstâncias. As taxas de câmbio podem ser voláteis a ponto de causar efeitos negativos nos mercados emergentes. Além disso, vimos que mesmo o FMI tornou-se mais aberto a controles de capital (embora alguns países temam que os investidores estrangeiros reagirão negativamente caso recorram a tais controles – o problema do estigma). No futuro, os mercados emergentes precisarão usar uma série de ferramentas (intervenção, política monetária, política macroprudencial e até medidas de fluxo de capital) para navegar um ambiente financeiro global cada vez mais complexo.

tentar, por exemplo, insistir na reforma estrutural quando, em vez disso, deveria restringir-se a questões financeiras macroeconômicas limitadas. Vários países asiáticos se ressentiam de ter que seguir os conselhos do FMI durante a crise na década de 1990. Para eles, como já vimos, um motivo para o acúmulo de reservas foi evitar ter que tomar emprestado dólares do FMI – e aceitar as condições do Fundo. Por fim, os defensores do FMI – e também alguns de seus críticos – argumentam que a agência simplesmente não tem recursos suficientes para cumprir a sua missão, que em um mundo de alta mobilidade de capitais, ele precisa ter a capacidade de fornecer empréstimos muito maiores e muito mais depressa do que é capaz hoje. Os recursos do FMI aumentaram muito como resultado da crise de 2007-2009, e a instituição deu uma porcentagem maior de voto na gestão do FMI aos países mais pobres, o que permitiu que representasse o mundo em desenvolvimento com muito mais eficácia. Medidas como essas devem melhorar o funcionamento do sistema internacional.

Outro conjunto de propostas é baseado na ideia de que às vezes um país simplesmente não pode pagar suas dívidas, e que o sistema financeiro internacional deve, portanto, ser estruturado de modo a dar velocidade – e reduzir os custos – à renegociação entre credores e devedores. Como observamos em nossa discussão sobre a crise da dívida da década de 1980, baixas limitadas da dívida levaram ao fim dessa crise.

No grupo dos governos credores, o Clube de Paris serve como fórum para a reestruturação da dívida dos países em desenvolvimento. Infelizmente, a China, que se tornou um credor oficial importante, não é membro, o que cria problemas em relação ao tratamento igual de todos os credores governamentais. A questão é ainda mais complexa para os detentores de títulos privados. Após a crise asiática, o FMI propôs um Mecanismo de Reestruturação da Dívida Soberana que serviria como uma espécie de tribunal de falências para devedores soberanos em apuros.[26] Diversos países ricos, incluindo os Estados Unidos, rejeitaram a proposta. Em vez disso, muitos contratos de dívida soberanos evoluíram de modo a conter "cláusulas de ação coletiva", as quais permitem que uma maioria qualificada dos detentores dos títulos votem pela instituição de negociações de reestruturação da dívida com uma entidade soberana em má situação. Mesmo na zona do euro, a emissão de títulos soberanos, começando em janeiro de 2013, continha cláusulas que tornavam mais fácil para os governos renegociar suas dívidas com os credores privados. Essa abordagem alternativa falhou em alguns aspectos, entretanto.

---

[25]A análise usa as classificações de taxa de câmbio "grosseiras" do artigo de Ilzetzki, Reinhart e Rogoff listado na seção Leituras adicionais do Capítulo 18, disponível em https://www.ilzetzki.com/irr-data. O regime marginal (classificado como "menos flexível") é "uma banda *crawling* na prática mais estreita ou igual a ±2%".

[26]Veja: Anne O. Krueger, *A New Approach to Sovereign Debt Restructuring* (Washington, D.C.: International Monetary Fund, 2002); disponível em: <https://www.imf.org/external/pubs/ft/exrp/sdrm/eng/sdrm.pdf>.

740 PARTE IV ■ Política macroeconômica internacional

A pandemia da covid-19 provou uma fuga maciça de capitais privados dos países mais pobres, chamando a atenção para a possibilidade de moratórias generalizadas e a falta de procedimentos confiáveis para uma reestruturação ordeira.[27] Os críticos das disposições de reestruturação antecipadas defendem que estas são ineficazes ou contraproducentes, pois incentivam os países a contrairem empréstimos demais, sabendo que poderiam renegociar suas dívidas mais facilmente – novamente, uma questão de risco moral. A resposta a essa crítica é que há um risco moral igualmente grande, ou maior, no lado dos credores internacionais, que muitas vezes subestimaram os riscos na busca por um maior rendimento. Dificultar a reestruturação para os devedores, o que aumenta a credibilidade da sua ocorrência, poderia incutir um sentimento de cautela adequada entre possíveis credores.

Entendendo os fluxos de capitais globais e a distribuição global de renda: geografia é destino?

Como salientamos no início deste capítulo, o mundo de hoje caracteriza-se por uma vasta dispersão internacional em níveis de renda e bem-estar. Entretanto, em contradição com uma teoria simples de convergência, não há nenhuma tendência sistemática para os níveis de renda dos países mais pobres convergirem, mesmo lentamente, para os níveis dos países mais ricos.[28] Nos modelos macroeconômicos convencionais de crescimento econômico, a renda *per capita* real dos países depende de seus estoques de capital físico e humano, cujos produtos marginais são mais altos onde os estoques são baixos em relação ao estoque de mão de obra não qualificada. Como os altos produtos marginais de investimento apresentam incentivos fortes para o acúmulo de capital, incluindo os influxos de capital do exterior, os modelos padrão preveem que os países mais pobres tenderão a crescer mais depressa do que os ricos. Em última análise, se tiverem acesso às mesmas tecnologias utilizadas em países mais ricos, os países pobres se tornarão ricos.

Contudo, na prática, essa história feliz é a exceção e não a regra. Além disso, relativamente pouco capital flui para os países em desenvolvimento, apesar da previsão da simples teoria de convergência de que o produto marginal do capital e, portanto, os retornos sobre investimento estrangeiro, devem ser altos nesses locais. A escala dos fluxos de capital para o mundo em desenvolvimento é minúscula em comparação com os fluxos brutos entre os países desenvolvidos. E desde o final da década de 1990, os Estados Unidos têm sugado a maioria dos superávits em conta corrente disponíveis do mundo.

Na verdade, os riscos de investir em vários dos países em desenvolvimento limitam sua atratividade para os investidores, tanto estrangeiros quanto nacionais; e esses riscos estão intimamente relacionados com o baixo desempenho desses país em termos de crescimento econômico. Quando os governos hesitam ou são incapazes de proteger os direitos de propriedade, os investidores não estarão dispostos a investir em capital físico ou humano, então o crescimento será baixo ou inexistente. (O quadro "Paradoxos do capital" analisa com mais profundidade o comportamento dos fluxos de capitais de países ricos aos países pobres.)

---

[27]Para uma discussão, ver Anna Gelpern, Sean Hagan e Adnan Mazarei, "Debt Standstills Can Help Vulnerable Governments Manage the COVID-19 Crisis". In: Maurice Obstfeld e Adam S. Posen, eds., *How the G20 Can Hasten Recovery from COVID-19* (Washington, D.C.: Peterson Institute for International Economics, 2020), pp. 44-51.

[28]Embora essa afirmação seja verdadeira quando a unidade de estudo é o país, é menos precisa quando a unidade de estudo é o indivíduo. Em 1960, uma enorme parcela dos pobres do mundo morava na China e na Índia, dois países que experimentaram crescimento relativamente rápido nos últimos anos. Uma causa principal do seu crescimento, no entanto, foram as reformas econômicas favoráveis ao mercado. Para uma discussão mais aprofundada, veja: Stanley Fischer. "Globalization and Its Challenges". *American Economic Review*, v. 93, p. 1-30, maio 2003. Para medidas de desigualdade global, consulte o livro de Bourguignon na seção Leituras adicionais.

CAPÍTULO 22 ▪ Países em desenvolvimento: crescimento, crise e reforma **741**

O que explica o fato de que alguns países têm se tornado muito ricos, enquanto alguns atraem pouco ou nenhum investimento estrangeiro e permanecem na pobreza extrema? Duas escolas de pensamento importantes sobre a questão enfocam as *características geográficas* dos países ou então suas *instituições de governo*.

Um dos proponentes principais da teoria da geografia é o geógrafo da UCLA Jared Diamond, cujo fascinante e influente livro *Armas, germes e aço: Os destinos das sociedades humanas* ganhou um prêmio Pulitzer em 1998. Em uma versão da visão da geografia, os aspectos do ambiente físico do país, como clima, tipo de solo, doenças e acessibilidade geográfica determinam seu desempenho econômico no longo prazo. Assim, por exemplo, o clima hostil, a ausência de grandes espécies de animais facilmente domesticadas e a presença de febre amarela e malária condenaram as zonas tropicais a ficar atrás das regiões mais temperadas da Europa, que poderiam apoiar as inovações agrícolas, como a rotação de culturas. Por essas razões, argumenta Diamond, foram os europeus que conquistaram os habitantes do Novo Mundo e não vice-versa.

PARADOXOS DO CAPITAL

Embora muitos países em desenvolvimento tenham contraído empréstimos de credores desenvolvidos ao longo dos anos desde a Segunda Guerra Mundial, o padrão global dos fluxos financeiros dos países ricos aos países pobres tem divergido cada vez mais do que a teoria econômica básica parece prever: um forte fluxo de empréstimos de países de alta renda, ricos em capital, para países de baixa renda, onde o capital é escasso e onde as oportunidades de investimento são, portanto, presumivelmente abundantes.

A figura ilustra o padrão global de saldos de conta corrente desde 1980. Até a década de 2010, os empréstimos contraídos por países em desenvolvimento não produtores de petróleo eram bastante limitados, com a exceção parcial da década de 1990, quando diversos mutuários de países em desenvolvimento (entre eles México e Tailândia) eventualmente tiveram problemas. Ao mesmo tempo, os superávits em conta corrente pelo grupo dos países ricos eram pequenos ou inexistentes. Então, na década de 2000, os países de alta renda desenvolveram superávits consideráveis e contraíram grandes empréstimos dos países emergentes e de baixa renda.

Logo antes de ocorrer o *boom* de empréstimos contraídos pelos países em desenvolvimento da década de 1990, o economista Robert E. Lucas Jr., da Universidade de Chicago, observou que as grandes disparidades de renda entre países ricos e pobres, se causadas por diferenças em dotações de capital, deveriam implicar grandes oportunidades para o capital estrangeiro de mover-se de forma rentável para o mundo em desenvolvimento. Por que, então, o investimento não ficava muito abaixo da poupança nos países ricos e muito superior à poupança em países pobres? Lucas sugeriu que a resposta estava relacionada com a escassez de *capital humano* nos países pobres – na forma de uma força de trabalho altamente qualificada e de *know-how* gerencial. Outros estudiosos colocaram mais peso na maior fragilidade dos direitos de propriedade e na estabilidade do governo nos países mais pobres, uma posição que foi parcialmente corroborada pelas crises dos anos 1990.[29]

Curiosamente, o fluxo de capital limitado do pós-guerra dos países ricos aos países pobres foi previsto no início da década de 1950 por Ragnar Nurkse, economista da Universidade de Columbia. O século XIX testemunhou um *boom* em investimentos ultramarinhos

---

[29]Essas teorias não são mutuamente exclusivas; como mencionado, a má proteção aos direitos de propriedade desincentiva o investimento em capital humano. Sobre o enigma dos baixos fluxos de capital para países pobres, veja: Robert E. Lucas Jr., "Why Doesn't Capital Flow from Rich to Poor Countries?" *American Economic Review* 80 (maio 1990), pp. 92-96. Um estudo que liga os fluxos de capital limitados à baixa qualidade institucional é: Laura Alfaro, Sebnem Kalemli-Ozcan e Vadym Volosovych, "Why Doesn't Capital Flow from Rich to Poor Countries? An Empirical Investigation", *Review of Economics and Statistics* 90 (maio 2008), pp. 347-368. Carmen Reinhart e Kenneth Rogoff atribuem o enigma de Lucas à probabilidade de moratória dos países em desenvolvimento. Veja: "Serial Default and the 'Paradox' of Richto- Poor Capital Flows", *American Economic Review* 94 (maio 2004), pp. 53-58.

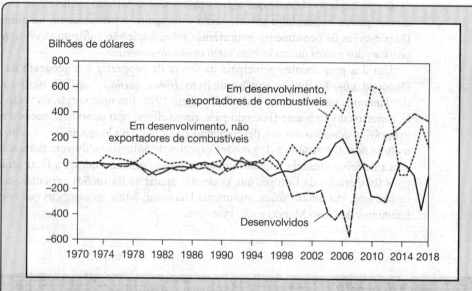

Saldo de conta corrente de principais grupos de países, 1980-2019.
Fonte: Fundo Monetário Internacional, bancos de dados *World Economic Outlook* e External Wealth of Nations. Observe que os desequilíbrios regionais normalmente não se compensam devido a erros e omissões. Agradecemos a Gian Maria Milesi-Ferretti pela ajuda com os dados.

europeus, durante o qual Grã-Bretanha, o principal credor global, investiu cerca de 4% de sua renda no exterior anualmente pelas cinco décadas que precederam a Primeira Guerra Mundial. Nurkse afirmou que as condições por trás desses empréstimos eram muito especiais e improváveis de serem replicadas após a Segunda Guerra Mundial. A maioria do investimento, observou ele, fluiu para muito poucos países de "colonização recente", financiando a infraestrutura (como estradas de ferro) necessária para as ondas de imigrantes europeus que acompanharam o fluxo de capital. Esses imigrantes transplantaram *know-how* europeu, bem como instituições de governança que tornaram mais provável a utilização eficaz dos recursos de investimento. Não surpreendentemente, a maioria dos países beneficiários – especialmente Austrália, Nova Zelândia, Canadá e Estados Unidos – são ricos, enquanto a maioria das economias "extrativistas" mais pobres, que receberam uma parcela muito menor de investimento estrangeiro antes de 1914, permanece pobre até hoje.[30]

Eventos no início do século XXI fizeram o padrão internacional dos fluxos de capital parecer ainda mais paradoxal do que antes. Não era só o capital que não fluía dos países ricos aos países pobres em quantidades apreciáveis; na verdade fluía *no sentido inverso*, dos pobres para os ricos, e em grande escala. Por trás desse padrão residem alguns fatos específicos: crescimentos de ativos nos países ricos estimularam o consumo e o investimento em habitação, por exemplo, causando grandes déficits de conta corrente, enquanto o crescimento rápido dos países ricos, principalmente a China, aumentou os preços das *commodities*, permitindo que muitos exportadores relativamente pobres de matérias-primas tivessem superávits. A China também teve enormes superávits em conta corrente na década de 2000 conforme suas despesas não acompanharam o crescimento rápido e o país interviu no mercado de câmbio para manter sua moeda artificialmente desvalorizada (lembre-se da Figura 19.7). Esses padrões se atenuaram mais recentemente, à medida que as economias avançadas e a China desaceleraram e os preços das *commodities* caíram. Na década de 2010, os países em desenvolvimento não exportadores de petróleo, enquanto grupo, começaram a ter déficits novamente, mesmo enquanto os países ricos passaram a ter superávits, ao passo que os exportadores de

---

[30] Veja Ragnar Nurkse, "International Investment To-Day in the Light of Nineteenth-Century Experience", *Economic Journal* 64 (dez. 1954), pp. 744-758.

CAPÍTULO 22 ■ Países em desenvolvimento: crescimento, crise e reforma **743**

petróleo, ante o colapso dos preços do petróleo a partir de 2014, passaram abruptamente dos superávits para os déficits. Os déficits recentes dos países em desenvolvimento não produtores de petróleo, no entanto, são pequenos em comparação com o tamanho da economia mundial.

Quando analisaram os dados com mais cuidado, entretanto, os economistas descobriram novos paradoxos, ainda mais enigmáticos do que aqueles observados por Lucas em 1990.

Primeiro, a experiência desde 1970 revelou que, em média, o capital estrangeiro não parece estimular o crescimento econômico. Em vez disso, os países que cresceram mais rápido foram os que dependeram mais da poupança interna e têm déficits menores em conta corrente (e, muitas vezes, superávits). Por exemplo, as economias de sucesso do Leste da Ásia, em especial a China, geralmente tiveram níveis de poupança altos. Um segundo paradoxo relacionado, destacado por Pierre-Olivier Gourinchas, da Universidade da

Califórnia, em Berkeley, e Olivier Jeanne, da Johns Hopkins University, chama-se "enigma da alocação": os países com menor crescimento na produtividade da mão de obra e capital na verdade atraem relativamente mais influxos financeiros estrangeiros do que os países com crescimento de produtividade alto.

Os pesquisadores ainda estão buscando resolver esses novos enigmas. Muitos países pobres têm sistemas financeiros fracos que não conseguem lidar com grandes influxos de empréstimos estrangeiros sem um risco de crise elevado. Assim, os países que geram grande volume de poupança podem ter uma vantagem de crescimento. Gourinchas e Jeanne sugerem que seu enigma de alocação esteja relacionado com o acúmulo de reservas internacionais por algumas economias de crescimento rápido (como a da China). Essas economias frequentemente recebem influxos substanciais de investimento estrangeiro direto, mas sua poupança é tão alta que ainda têm superávits globais em suas contas correntes.[31]

Outro fator destacado em algumas teorias geográficas é o acesso ao comércio internacional. Países montanhosos e sem litoral fazem menos comércio com o mundo exterior – e, portanto, têm desempenho pior – do que aqueles países abençoados com bons portos marítimos, hidrovias internas navegáveis e estradas facilmente percorridas.

Em contraste, aqueles que favorecem as instituições do governo como o fator decisivo para a prosperidade econômica enfocam no sucesso do governo em proteger os direitos de propriedade privada, encorajando assim a iniciativa privada, os investimentos, a inovação e o crescimento econômico, em última análise. De acordo com essa visão, um país que não pode proteger os seus cidadãos de confisco arbitrário da propriedade – por exemplo, por meio de extorsão por gângsteres privados ou de funcionários públicos corruptos – será um país em que as pessoas não verão utilidade em se esforçar em busca de riqueza.[32] Esse mecanismo é um dos fatores subjacentes à associação positiva entre menor corrupção e maior renda *per capita*, mostrada na Figura 22.2: um nível de corrupção baixo promove a atividade econômica produtiva, garantindo aos investidores que os frutos de seu trabalho não serão apreendidos arbitrariamente. Contudo, como observamos ao discutir essas evidências, a inclinação positiva na figura não é evidência decisiva de que as instituições nacionais determinam a renda nacional. Poderia ser, por exemplo, que a inclinação mostrada fosse causada principalmente pelo desejo dos países mais ricos de conter a corrupção e pelos maiores recursos que podem dedicar a essa tarefa. Mesmo que esse seja o caso, ainda pode ser verdade que a geografia determina os níveis de renda e também define, assim, em última análise, as instituições. No entanto, se a geografia mais favorável conduz à renda mais elevada e, por meio de renda mais elevada, a um melhor ambiente institucional (caracterizado, entre outras coisas, por corrupção menor), então a linha de pensamento baseada na geografia parece

---

[31]Veja: Eswar Prasad, Raghuram Rajan, and Arvind Subramanian, "The Paradox of Capital", *Finance & Development* 44 (março 2007); e Gourinchas e Jeanne, "Capital Flows to Developing Countries: The Allocation Puzzle", *Review of Economic Studies* 80 (out. 2013), pp. 1484-1515.

[32]Veja, por exemplo: Douglass C. North. *Institutions, Institutional Change, and Economic Performance*. Cambridge: Cambridge University Press, 1990.

744 PARTE IV ■ Política macroeconômica internacional

estar certa. Para os formuladores de políticas, a possibilidade de reforçar o crescimento econômico mediante a reforma das instituições parece mais tênue.[33]

Como se pode esperar distinguir entre as várias possibilidades estatísticas? Uma estratégia é encontrar algum fator mensurável que influencie as instituições que regem a propriedade privada, mas que, por outro lado, esteja relacionada com níveis de renda *per capita* atual. Os estatísticos chamam tal variável de *variável instrumental* (ou, mais simplesmente, um *instrumento*) para as instituições. Como o instrumento não é afetado pela renda atual, sua relação medida estatisticamente com a renda atual reflete um efeito causal das instituições sobre a renda, em vez do contrário. Infelizmente, pelas inter-relações complexas entre as variáveis econômicas, variáveis instrumentais válidas são, em geral, notoriamente difíceis de encontrar.

Os economistas Daron Acemoglu e Simon Johnson, do Massachusetts Institute of Technology, e James Robinson, da Universidade de Chicago, sugerem uma abordagem imaginativa para esse dilema. Propõem que as taxas de mortalidade históricas dos primeiros colonizadores europeus nas ex-colônias sejam usadas como instrumento para a qualidade institucional.[34] A afirmação de que a mortalidade dos colonos fornece um instrumento útil baseia-se em dois argumentos.

Primeiro, eles argumentam que o nível de mortalidade dos colonos determinou as instituições posteriores que regem os direitos de propriedade. (Esse é mais um caso da geografia influenciando a renda *por meio* de seu efeito sobre as instituições.) Em áreas com altas taxas de mortalidade (como o antigo Congo Belga, na África), os europeus não puderam se fixar com êxito. Muitas dessas áreas eram densamente povoadas antes de os europeus chegarem, e o objetivo dos colonizadores era saquear as riquezas o mais eficazmente possível, oprimindo os povos nativos no processo. As instituições criadas pelos europeus, portanto, foram direcionadas para o objetivo da extração de recursos, em vez de para a proteção dos direitos de propriedade, e essas instituições exploradoras foram dominadas por novas elites dominantes indígenas quando as antigas colônias alcançaram a independência. Em contrapartida, os próprios europeus se estabeleceram em regiões escassamente povoadas e de baixa mortalidade, como América do Norte e Austrália, e exigiram instituições que protegessem os direitos políticos e econômicos, salvaguardando a propriedade privada contra ataques arbitrários. (Lembre-se da disputa sobre tributação sem representação que provocou a Revolução Americana!) Esses países, que receberam os maiores influxos de capital estrangeiro no século XIX, prosperaram e estão ricos hoje.

Um instrumento válido deve satisfazer um segundo requisito, além de ter uma influência sobre as instituições. Ele não deve afetar, de outro modo, a renda *per capita* atual. Acemoglu, Johnson e Robinson argumentam que esse requisito também é satisfeito. Como eles dizem:

A grande maioria das mortes de europeus nas colônias foi causada por malária e febre amarela. Embora essas doenças fossem fatais para os europeus que não tinham

---

[33]Em países que foram colônias europeias, as instituições atuais muitas vezes foram implantadas por governantes estrangeiros. A geografia desempenhou um papel nos tipos de instituições que os colonizadores configuraram. Assim, nas Índias Ocidentais e no Sul dos Estados Unidos, o clima e o solo eram propícios à agricultura de plantação com base no trabalho escravo e em uma tecnologia de retornos crescentes que garantia o cultivo de grandes unidades agrícolas e uma distribuição de renda desigual. As instituições resultantes – mesmo se configuradas por colonos de países cujos governos eram até certo ponto esclarecidos – eram fundamentalmente hostis aos ideais políticos igualitários e à proteção da propriedade. A desigualdade de riqueza e poder perpetuou-se em muitos casos, dificultando assim o crescimento a longo prazo. Para uma discussão clássica, veja: Stanley L. Engerman e Kenneth D. Sokoloff. "Factor Endowments, Institutions, and Differential Paths of Growth among New World Economies: A View from Economic Historians of the United States". In: Stephen Haber (Ed.). *How Latin America Fell Behind*. Stanford, CA: Stanford University Press, 1997. A hipótese das instituições permite que a geografia afete a renda, mas exige que a geografia afete a renda apenas (ou principalmente) ao influenciar as instituições.

[34]Os dados englobam os soldados, marinheiros e bispos, e são extraídos do século XVII ao XIX. Veja: Daron Acemoglu, Simon Johnson e James Robinson. "The Colonial Origins of Comparative Development: An Empirical Investigation". *American Economic Review*, v. 91, p. 1369-1401, dez. 2001.

CAPÍTULO 22 ■ Países em desenvolvimento: crescimento, crise e reforma **745**

imunidade, tinham efeito limitado sobre os indígenas adultos que haviam desenvolvido diversos tipos de imunidades. É improvável, portanto, que essas doenças sejam a razão pela qual muitos países na África e na Ásia são muito pobres hoje. (...) Essa noção é apoiada pelas taxas de mortalidade [baixas] da população local nessas áreas.[35]

Acemoglu, Johnson e Robinson mostram que o efeito das taxas de mortalidade dos primeiros colonos europeus sobre a renda *per capita* atual, operando por meio da influência da mortalidade das instituições posteriores, é grande. Eles ainda argumentam que, quando o último efeito é levado em conta, variáveis geográficas, como a distância do Equador e as taxas de infecção por malária, não têm nenhuma influência independente nos níveis de renda atual. Se aceitamos as premissas da análise estatística, a teoria das instituições parece sair vitoriosa sobre a teoria da geografia. Mas o debate não terminou aí.

Alguns críticos sugerem que as medidas de Acemoglu, Johnson e Robinson da qualidade institucional são insuficientes; outros argumentam que os dados de mortalidade são problemáticos ou mesmo que as taxas de mortalidade históricas poderiam estar relacionadas diretamente à produtividade de hoje. Em um estudo recente, um grupo de economistas argumenta que a principal influência sobre as instituições é o capital humano, ou seja, as competências acumuladas e a educação da população. Mesmo uma ditadura autoritária pode estabelecer democracia e direitos de propriedade conforme seus cidadãos tornam-se mais instruídos. Esses autores afirmam que a Coreia do Sul fez exatamente isso e sugerem que, talvez, o capital humano dos colonizadores europeus, não o transplante das suas instituições, foi o que impulsionou o crescimento subsequente.[36] Como salientamos antes, uma das causas do crescimento elevado subsequente do Leste Asiático foi o alto nível de investimento na educação, muitas vezes decretado por governos não democráticos.

Diversas ex-colônias asiáticas podem representar contraexemplos à teoria de Acemoglu, Johnson e Robinson. Índia, Indonésia e Malásia, por exemplo, foram todas colônias europeias com as populações indígenas em esmagadora maioria, mas suas taxas de crescimento econômico em geral excederam as das economias desenvolvidas.

RESUMO

- Existem diferenças enormes na renda *per capita* e no bem-estar entre os países em diferentes estágios de desenvolvimento econômico. Além disso, os países em desenvolvimento não têm demonstrado uma tendência uniforme de *convergência* para os níveis de renda dos países industrializados. Entretanto, alguns países em desenvolvimento, especialmente diversos no Leste Asiático, tiveram um aumento drástico nos padrões de vida desde a década de 1960. Explicar por que alguns países continuam a ser pobres e quais políticas podem promover o crescimento econômico continua a ser um dos desafios mais importantes na ciência econômica.
- Os países em desenvolvimento formam um grupo heterogêneo, especialmente porque muitos embarcaram em uma vasta reforma econômica nos últimos anos. Muitos têm pelo menos algumas das seguintes características: pesado envolvimento do governo na

---

[35]Acemoglu, Johnson e Robinson, *ibid.*, p. 1371.

[36]Veja: Edward L. Glaeser et al. "Do Institutions Cause Growth?". *Journal of Economic Growth*, v. 9, p. 271-303, set. 2004. Em apoio às explicações institucionais sobre as explicações geográficas, consulte: Dani Rodrik, Arvind Subramanian e Francesco Trebbi. "Institutions Rule: The Primacy of Institutions over Geography and Integration in Economic Development". *Journal of Economic Growth*, v. 9, p. 131-165, jun. 2004. Para uma visão contrária, consulte: Jeffrey D. Sachs. "Institutions Don't Rule: Direct Effects of Geography on Per Capita Income". Working Paper 9490, National Bureau of Economic Research, fev. 2003. O papel do comércio internacional no crescimento é outro foco de pesquisa atual. Rodrik e seus coautores argumentam que a abertura ao comércio internacional não é um determinante principal direto da renda *per capita*, e sim que essa abertura conduz a instituições melhores e, por meio desse canal indireto, à renda mais elevada.

746 PARTE IV ▪ Política macroeconômica internacional

economia, incluindo uma grande parte das despesas públicas no PNB; um histórico de inflação alta, geralmente refletindo as tentativas do governo de extrair *senhoriagem* da economia ante a ineficácia da cobrança de impostos; instituições de crédito fraco e mercados de capitais subdesenvolvidos; taxas de câmbio atreladas e controles de câmbio ou capital, incluindo regimes cambiais com indexação *crawling peg* com o objetivo de controlar a inflação ou impedir a valorização real; uma forte dependência de exportações de *commodities* primárias. A corrupção parece aumentar conforme cresce a pobreza relativa de um país. Muitas das características dos países em desenvolvimento anteriores datam da Grande Depressão da década de 1930, quando os países industrializados se voltaram para o mercado interno e os mercados mundiais entraram em colapso.

▪ Como muitas economias em desenvolvimento oferecem oportunidades potencialmente ricas de investimento, é natural para elas ter déficits em conta corrente e pedir emprestado para países mais ricos. Em princípio, os empréstimos de países em desenvolvimento podem causar ganhos de comércio que beneficiam tanto os mutuários quanto os credores. Na prática, no entanto, empréstimos tomados por países em desenvolvimento às vezes levaram a crises de moratória que em geral causam crises monetárias e bancárias. Como as crises monetárias e bancárias, as de moratória podem conter um elemento autorrealizável ainda que sua ocorrência dependa das fraquezas fundamentais no país que contrai empréstimos. Muitas vezes as crises de moratória começam com uma *parada* súbita de fluxos financeiros.

▪ Na década de 1970, conforme o sistema Bretton Woods entrou em colapso, países da América Latina entraram em uma era de desempenho macroeconômico claramente inferior em relação ao crescimento e à inflação. Os empréstimos externos descontrolados levaram, na década de 1980, a uma crise generalizada da dívida de países em desenvolvimento, com impacto maior na América Latina e África. Começando com o Chile, em meados de 1980, alguns grandes países latino-americanos passaram a empreender reformas econômicas mais completas, incluindo não só a desinflação, mas também controle do orçamento do governo, vigorosa *privatização*, desregulamentação e reforma da política de comércio. A Argentina adotou um *conselho monetário* em 1991. Nem todos os reformadores latino-americanos tiveram sucesso igual no fortalecimento de seus bancos, e as falências ocorreram em diversos países. Por exemplo, o conselho monetário da Argentina entrou em colapso após dez anos.

▪ Apesar de seus históricos incrivelmente bons de crescimento com produção alta e inflação e déficits orçamentários baixos, vários países em desenvolvimento importantes do Leste Asiático foram atingidos por graves crises de pânico e depreciação da moeda devastadora em 1997. Em retrospecto, os países afetados tinham várias vulnerabilidades, a maioria delas relacionadas com o risco moral generalizado em bancos e finanças domésticas e ligados ao *pecado original* das dívidas denominadas em moeda estrangeira. Os efeitos da crise se espalharam para países tão distantes como a Rússia e o Brasil, ilustrando o elemento de *contágio* das crises financeiras internacionais nos dias atuais. Esse fator, além do fato de que os países do Leste Asiático tinham poucos problemas óbvios antes de suas crises chegarem, deu origem a pedidos de repensar a "arquitetura" financeira internacional. Essas demandas foram reforçadas pela natureza global da crise financeira de 2007-2009.

▪ As propostas de reforma da arquitetura internacional podem ser agrupadas como medidas preventivas ou como medidas curativas *ex post* (ou seja, após o fato), com as últimas sendo aplicadas uma vez que as salvaguardas não conseguiram impedir uma crise. Entre as medidas preventivas temos a maior transparência relativa das políticas e posições financeiras dos países; melhor regulamentação do sistema bancário nacional; e linhas de crédito mais amplas, de fontes privadas ou do FMI. As medidas *ex post* que têm sido sugeridas incluem empréstimos mais extensos e flexíveis pelo FMI. Alguns observadores sugerem o uso mais extenso de controles de capital, tanto para prevenir quanto para

CAPÍTULO 22 ■ Países em desenvolvimento: crescimento, crise e reforma **747**

gerenciar as crises, mas em geral não há muitos países tomando essa rota. Nos próximos anos, os países em desenvolvimento sem dúvida experimentarão controles de capital, taxas de câmbio flutuantes, *dolarização* e outros regimes. A arquitetura que vai surgir em última análise não está totalmente clara.

■ Pesquisas recentes sobre os determinantes finais do crescimento econômico nos países em desenvolvimento centram-se em questões geográficas, como o ambiente de doença e recursos institucionais (como a proteção do governo dos direitos de propriedade e dotações de capital humano). O fluxo de capital dos países ricos para os pobres também depende desses fatores. Embora os economistas concordem que todos esses determinantes sejam importantes, é menos claro onde a política deve focar primeiro suas tentativas de levantar os países pobres da sua pobreza. Por exemplo, a reforma institucional pode ser um primeiro passo adequado se o acúmulo de capital humano variar de acordo com a proteção dos direitos de propriedade e a segurança pessoal. Por outro lado, faz pouco sentido criar um quadro institucional para o governo se houver capital humano insuficiente para geri-lo efetivamente. Nesse caso, a educação deve vir primeiro. Como os obstáculos estatísticos para alcançar respostas inequívocas são imensos, deve haver um esforço equilibrado em todas as frentes.

TERMOS-CHAVE

conselho monetário, p. 723
contágio, p. 733
convergência, p. 706

dolarização, p. 721
pecado original, p. 720
privatização, p. 719

senhoriagem, p. 710

QUESTÕES

1. Um governo pode sempre coletar mais senhoriagem se simplesmente deixar a oferta de moeda crescer mais rápido? Explique sua resposta.

2. Considere que a taxa de inflação de um país era 100% ao ano em 1990 e em 2000, mas que a inflação estava caindo em 1990 e subindo em 2000. Sendo as outras variáveis iguais, em que ano a receita de senhoriagem foi maior? (Suponha que os detentores de ativos anteciparam corretamente o comportamento da inflação.)

3. No início de 1980, o governo brasileiro, mediante uma taxa de inflação média de 147% ao ano, tinha apenas 1,0% de produção como senhoriagem, enquanto o governo de Serra Leoa tinha 2,4% com uma taxa de inflação de menos de um terço da do Brasil. Você consegue pensar em diferenças na estrutura financeira que possam explicar parcialmente esse contraste? (Dica: em Serra Leoa, a relação da moeda com a produção nominal média era de 7,7%; no Brasil, era uma média de apenas 1,4%.)

4. Suponha que uma economia aberta para os movimentos de capitais internacionais tenha uma taxa de câmbio com *crawling peg* sob a qual a sua moeda está atrelada a cada momento, mas é desvalorizada continuamente a uma taxa de 10% ao ano. Como a taxa de juros nominal interna estaria relacionada com a taxa de juros nominal estrangeira? E se o *crawling peg* não tiver plena credibilidade?

5. O acúmulo de dívida externa de alguns países em desenvolvimento (como a Argentina), na década de 1970, foi causado, em parte, pela fuga de capitais (legal ou ilegal) em face da desvalorização esperada da moeda. (Governos e bancos centrais tomaram emprestadas divisas para sustentar suas taxas de câmbio, e esses fundos foram parar em mãos privadas e em contas bancárias em Nova York e em outros lugares.) Uma vez que a fuga de capitais deixa um governo com uma grande dívida, mas em compensação cria um ativo estrangeiro para os cidadãos que levam o dinheiro para o exterior, a dívida líquida consolidada do país, como um todo, não muda. Isso significa que os países cuja dívida

748 PARTE IV ■ Política macroeconômica internacional

externa do governo é resultado principalmente da fuga de capitais não enfrentam um problema de dívida?

6. Grande parte dos empréstimos de países em desenvolvimento durante a década de 1970 foi realizada pelas empresas estatais. Em alguns desses países, tem havido movimentos de privatização da economia com a venda de estatais a proprietários privados. Os países teriam contraído mais ou menos empréstimos se suas economias tivessem sido privatizadas mais cedo?

7. De que maneira a decisão de um país em desenvolvimento de reduzir as restrições comerciais, como as tarifas de importação, pode afetar sua capacidade de contrair empréstimos no mercado mundial de capitais?

8. Dada a produção, um país pode melhorar sua conta corrente pelo corte de investimentos ou consumo (privado ou do governo). Depois que começou a crise da dívida na década de 1980, muitos países em desenvolvimento alcançaram melhorias em suas contas correntes por corte de investimentos. Essa foi uma estratégia sensata?

9. Por que a Argentina teria que dar a senhoriagem aos Estados Unidos se desistisse de seu peso e dolarizasse completamente sua economia? Como você poderia medir o tamanho do sacrifício de senhoriagem da Argentina? (Para completar este exercício, pense nas etapas reais pelas quais a Argentina teria que passar para dolarizar sua economia. Você pode supor que os ativos do banco central argentino consistem em 100% de títulos do Tesouro dos Estados Unidos com juros.)

10. Os primeiros estudos da hipótese de convergência econômica, que analisaram dados para um grupo de países atualmente industrializados, encontraram que aqueles que eram relativamente pobres há um século cresceram depois mais rapidamente. É válido deduzir desse achado que a hipótese de convergência é verdadeira?

11. Alguns críticos da adoção de taxas de câmbio fixas por economias de mercado emergentes argumentam que essas taxas criam uma espécie de risco moral. Você concorda? (Dica: os mutuários se comportariam de modo diferente se soubessem que as taxas de câmbio eram mutáveis de um dia para outro?)

12. Em algumas economias de mercados emergentes, não são só as obrigações de dívida aos estrangeiros que são denominadas em dólares, mas também muitas dívidas internas das economias, ou seja, as dívidas de um residente doméstico para outro. No capítulo, chamamos esse fenômeno de dolarização de passivos. Como a dolarização de passivos pode agravar a perturbação do mercado financeiro causada por uma acentuada depreciação da moeda nacional em face ao dólar?

13. Suponha que a função de produção para produção acumulada nos Estados Unidos seja a mesma que na Índia, $Y = AK^{\alpha}L^{1-\alpha}$, onde A é um fator de produtividade total, K é o estoque de capital e L é a oferta de mão de obra. Usando a Tabela 22.2, calcule a relação da renda *per capita* Y/L na Índia e nos Estados Unidos em 2010. Use essas informações para descobrir a relação do produto marginal do capital da Índia e dos Estados Unidos. (O produto marginal do capital é dado por $\alpha AK^{\alpha-1}L^{1-\alpha}$.) Relacione a resposta ao enigma de Lucas sobre fluxos de capital dos ricos para os pobres. Quanto A deveria ter para diferir entre a Índia e os Estados Unidos para fazer o produto marginal do capital ser o mesmo nos dois países?

LEITURAS ADICIONAIS

S. Ali Abbas, Alex Pienkowski e Kenneth Rogoff, eds. *Sovereign Debt: A Guide for Economists and Practitioners*. Oxford: Oxford University Press, 2020. Análise abrangente do histórico, da teoria, medição e reestruturação da dívida soberana.

Aziz, J.; Dunaway, S. V.; Prasad, E. (Eds.). *China and India: Learning from Each Other*. Washington, D.C.: International Monetary Fund, 2006. Ensaios sobre estratégias de chineses e indianos para promover o crescimento e a estabilidade econômica.

CAPÍTULO 22 ■ Países em desenvolvimento: crescimento, crise e reforma **749**

François Bourguignon. *The Globalization of Inequality*. Princeton, NJ: Princeton University Press, 2012. Levantamento abrangente da evolução da desigualdade global e dos fatores por trás dela.

Calvo, G. A.; Mishkin, F. S. "The Mirage of Exchange Rate Regimes for Emerging Market Countries". *Journal of Economic Perspectives*, v. 17, p. 99-118, inverno 2003. Argumenta que as instituições são mais importantes do que os regimes de taxa de câmbio para entender o desempenho macroeconômico dos países em desenvolvimento.

Eichengreen, B.; Hausmann, R. (Eds.). *Other People's Money: Debt Denomination and Financial Instability in Emerging Market Economies*. Chicago: University of Chicago Press, 2005. Ensaios sobre o pecado original.

Fishlow, A. "Lessons from the Past: Capital Markets During the 19th Century and the Interwar Period". *International Organization*, v. 39, p. 383-439, verão 1985. Revisão histórica da experiência de empréstimos internacionais, incluindo comparações com a crise da dívida pós-1982.

Forbes, K. "The 'Big C': Identifying and Mitigating Contagion". In: *The Changing Policy Landscape: A Symposium Sponsored by the Federal Reserve Bank of Kansas City*. Kansas City, MO: Federal Reserve Bank of Kansas City, 2013, p. 23-87. Um levantamento abrangente da transmissão de choque contagioso através de mercados internacionais.

Goldstein, M. *Managed Floating Plus*. Washington, D.C.: Institute for International Economics, 2002. Uma proposta para o gerenciamento da flexibilidade da taxa de câmbio por economias de mercado emergentes.

Fundo Monetário Internacional. "The International Architecture for Resolving Sovereign Debt Involving Private-Sector Creditors—Recent Developments, Challenges, and Reform Options." Policy Paper 2020/043, 1 de out. de 2020 (disponível em <https://www.imf.org/en/Publications/ Policy-Papers/Issues/2020/09/30/The-International-Architecture-for-Resolving-Sovereign-Debt-Involving-Private-Sector-49796>). Panorama do processo de reestruturação da dívida soberana na prática e opções para melhorias.

Olivier Jeanne, Arvind Subramanian e John Williamson. *Who Needs to Open the Capital Account?* Washington, D.C.: Peterson Institute for International Economics, 2011. Reavaliação do caso em prol da abertura financeira pelos países em desenvolvimento.

Ayhan Kose, M.; Prasad, E. S. *Emerging Markets: Resilience and Growth amid Global Turmoil*. Washington, D.C.: Brookings Institution, 2010. Um estudo amplo da relativa resiliência das economias emergentes ante a crise financeira global de 2007-2009.

Landes, D. S. *The Wealth and Poverty of Nations*. New York: W. W. Norton & Company, 1999. Resumo abrangente da experiência do desenvolvimento global.

Mckinnon, R. I. *The Order of Economic Liberalization: Financial Control in the Transition to a Market Economy*. 2. ed. Baltimore: Johns Hopkins University Press, 1993. Ensaios sobre o sequenciamento adequado das reformas econômicas.

Miguel, E. *Africa's Turn?* Cambridge, MA: MIT Press, 2009. Uma apresentação de pontos de vista sobre o desempenho econômico e perspectivas da África.

Montiel, P. J. *Macroeconomics in Emerging Markets*. 2. ed. Cambridge: Cambridge University Press, 2011. Visão analítica abrangente de questões da política macroeconômica para as economias em desenvolvimento.

Eswar S. Prasad. *Gaining Currency: The Rise of the Renminbi*. Oxford: Oxford University Press, 2017. Avalia o papel da moeda chinesa no passado e no provável futuro dos mercados monetários internacionais.

Rajan, R. G.; Tokatlidis, I. "Dollar Shortages and Crises". *International Journal of Central Banking*, v. 1, p. 177-220, set. 2005. Excelente resumo das fraquezas institucionais das economias em desenvolvimento que dão origem à dolarização de passivos.

Carmen M. Reinhart, Vincent Reinhart e Christoph Trebesch. "Global Cycles: Capital Flows, Commodities, and Sovereign Defaults, 1815-2015." *American Economic Review* 106 (maio 2016): 574-580. Dois séculos da relação entre *booms* e *crashes* nos fluxos de capitais e preços de *commodities*.

Rodrik, D. *One Economics, Many Recipes: Globalization, Institutions, and Economic Growth*. Princeton: Princeton University Press, 2007. Ensaios sobre a interação das instituições e a globalização no processo de crescimento econômico.

PÓS-ESCRITO DO CAPÍTULO 5

O modelo de proporção dos fatores

Neste pós-escrito, definimos um tratamento matemático formal para o modelo de proporções dos fatores de produção explicado no Capítulo 5. O tratamento matemático é útil para aprofundar sua compreensão do modelo.

Custos e preços dos fatores

Considere a produção de um bem que exija capital e trabalho como fatores de produção. Desde que o bem seja produzido com retornos de escala constantes, a tecnologia de produção pode ser resumida em termos da *isoquanta unitária* (*II* na Figura 5P.1), uma curva mostrando todas as combinações entre capital e trabalho que podem ser usadas para produzir uma unidade desse bem. A curva *II* revela que há um *trade-off* entre a quantidade de capital usada por unidade de produção, a_K, e a quantidade de trabalho por unidade de produção, a_L. A curvatura da isoquanta unitária reflete o pressuposto de que se torna cada vez mais difícil substituir capital por mão de obra conforme aumenta a relação capital-trabalho e vice-versa.

Em uma economia de mercado competitiva, os produtores escolherão a relação capital-trabalho na produção que minimize os seus custos. A escolha da produção que minimiza os custos é mostrada na Figura 5P.1 como ponto *E*, o ponto em que a isoquanta unitária *II* é tangente a uma linha cuja inclinação é igual a menos a proporção do preço do trabalho, *w*, para o preço do capital, *r*.

O custo real de produção é igual à soma do custo das entradas de capital e trabalho,

$$c = a_K r + a_L w, \qquad (5P.1)$$

onde os coeficientes de entrada, a_K e a_L, foram escolhidos para minimizar o *c*.

Como a relação capital-trabalho foi escolhida para minimizar os custos, a consequência é que uma mudança na relação não pode reduzi-los. Os custos não podem ser reduzidos aumentando a_K e reduzindo a_L, ou vice-versa. Logo, uma mudança infinitesimal na proporção capital-trabalho pela escolha que minimiza os custos não deve ter nenhum efeito no custo. Consideremos que da_K, da_L sejam mudanças pequenas entre as opções de entrada ideais. Então

$$r da_K + w da_L = 0 \qquad (5P.2)$$

para qualquer movimento ao longo da isoquanta unitária.

Considere a seguir o que acontece se os preços dos fatores *r* e *w* mudarem. Isso terá dois efeitos: vai mudar a escolha de a_K e a_L e vai mudar o custo de produção.

Primeiro, considere o efeito das quantidades relativas de capital e trabalho usadas para produzir uma unidade de produção. A relação trabalho-capital que minimiza os custos varia de acordo com a relação entre o preço da mão de obra e o do capital:

$$\frac{a_K}{a_L} = \Phi\left(\frac{w}{r}\right). \qquad (5P.3)$$

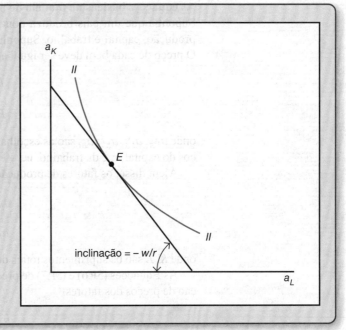

FIGURA 5P.1
Produção eficiente
A relação capital-trabalho que minimiza o custo depende dos preços dos fatores.

O custo de produção também vai mudar. Para pequenas alterações nos preços dos fatores dr e dw, a mudança no custo de produção é

$$dc = a_K dr + a_L dw + r da_K + w da_L. \tag{5P.4}$$

De acordo com a Equação (5P.2), no entanto, já sabemos que os últimos dois termos da Equação (5P.4) têm soma zero. Portanto, o efeito dos preços dos fatores no custo pode ser escrito

$$dc = a_K dr + a_L dw. \tag{5P.4'}$$

Observamos que é muito conveniente derivar uma equação um tanto diferente da Equação (5P.4'). Dividindo e multiplicando-se alguns de seus elementos, teremos a nova equação a seguir:

$$\frac{dc}{c} = \left(\frac{a_K r}{c}\right)\left(\frac{dr}{r}\right) + \left(\frac{a_L w}{c}\right)\left(\frac{dw}{w}\right). \tag{5P.5}$$

O termo dc/c pode ser interpretado como a *mudança percentual* em c e pode ser convenientemente designado como $\hat{c}$; da mesma forma, consideremos $dr/r = \hat{r}$ e $dw/w = \hat{w}$. O termo $a_K r/c$ pode ser interpretado como *a participação do capital nos custos de produção totais*; pode ser convenientemente designado θ_K. Assim, a Equação (5P.5) pode ser escrita de forma compacta como

$$\hat{c} = \theta_K \hat{r} + \theta_L \hat{w}, \tag{5P.5'}$$

onde

$$\theta_K + \theta_L = 1.$$

Esse é um exemplo de *hat algebra* ("álgebra do chapéu"), uma maneira extremamente útil de expressar relações matemáticas em economia internacional.

752 Pós-escritos matemáticos

As equações básicas no modelo de proporção dos fatores

Suponha que um país produza dois bens, tecido T e alimento A, usando dois fatores de produção, capital e trabalho. Suponha que a produção de alimentos seja capital-intensiva. O preço de cada bem deve ser igual a seu custo de produção:

$$P_A = a_{KA}r + a_{LA}w, \tag{5P.6}$$

$$P_T = a_{KT}r + a_{LT}w, \tag{5P.7}$$

onde a_{KA}, a_{LA}, a_{KT}, a_{LT} são as escolhas de entradas que minimizam os custos, dados os preços do capital, r, e da trabalho, w.

Além disso, os fatores de produção da economia devem ser totalmente empregados:

$$a_{KA}Q_A + a_{AT}Q_T = K, \tag{5P.8}$$

$$a_{LA}Q_A + a_{LT}Q_T = L, \tag{5P.9}$$

onde K, L são os suprimentos totais de capital e mão de obra.

As Equações (5P.6) e (5P.7) de preço dos fatores implicam equações para a taxa de variação de preços dos fatores.

$$\hat{P}_A = \theta_{KA}\hat{r} + \theta_{LA}\hat{w}, \tag{5P.10}$$

$$\hat{P}_T = \theta_{KT}\hat{r} + \theta_{LT}\hat{w}, \tag{5P.11}$$

onde θ_{KA} é a participação do capital no custo de produção de A, etc., $\theta_{KA} > \theta_{KT}$ e $\theta_{LA} < \theta_{LT}$, porque A é mais capital-intensivo do que T.

As equações de quantidade (5P.8) e (5P.9) devem ser tratadas com mais cuidado. Os insumos unitários a_{KA}, etc. podem mudar se os preços dos fatores mudarem. Entretanto, se os preços das mercadorias forem mantidos constantes, então os preços dos fatores não mudarão. Assim, para *determinados* preços de A e T, também é possível escrever equações *hat* em termos de ofertas de fatores e produção:

$$\alpha_{KA}\hat{Q}_A + \alpha_{KT}\hat{Q}_T = \hat{K}, \tag{5P.12}$$

$$\alpha_{LA}\hat{Q}_A + \alpha_{LT}\hat{Q}_T = \hat{L}, \tag{5P.13}$$

onde α_{KA} é a parcela do estoque de capital da economia que é usada na produção de A etc., $\alpha_{KA} > \alpha_{LA}$ e $\alpha_{KT} < \alpha_{LT}$, pela maior intensidade de capital na produção de A.

Preços de mercadorias e preços dos fatores

As equações de preços dos fatores (5P.10) e (5P.11) podem ser solucionadas juntas aos preços dos fatores expressos como o resultado dos preços das mercadorias (essas soluções fazem uso do fato que $\theta_{LA} = 1 - \theta_{KA}$ e $\theta_{LT} = 1 - \theta_{KT}$):

$$\hat{r} = \left(\frac{1}{D}\right)[(1 - \theta_{KT})\hat{P}_A - \theta_{LA}\hat{P}_T], \tag{5P.14}$$

$$\hat{w} = \left(\frac{1}{D}\right)[\theta_{KA}\hat{P}_T - \theta_{KT}\hat{P}_A], \tag{5P.15}$$

Pós-escrito do Capítulo 5 **753**

onde $D = \theta_{KA} - \theta_{KT}$ (implicando que $D > 0$). Elas podem ser organizadas na forma

$$\hat{r} = \hat{P}_A + \left(\frac{\theta_{LA}}{D}\right)(\hat{P}_A - \hat{P}_T), \tag{5P.14'}$$

$$\hat{w} = \hat{P}_T + \left(\frac{\theta_{KT}}{D}\right)(\hat{P}_A - \hat{P}_T). \tag{5P.15'}$$

Suponha que o preço do A aumente em relação ao preço de T, então $\hat{P}_A > \hat{P}_T$. Então, temos que:

$$\hat{r} > \hat{P}_A > \hat{P}_T > \hat{w}. \tag{5P.16}$$

Ou seja, o preço real do capital sobe em termos de ambas as mercadorias, enquanto o preço real da mão de obra cai em termos de ambas as mercadorias. Em especial, se o preço de A subisse, sem alteração no preço de T, a taxa salarial na verdade cairia.

Ofertas de fatores e produção

Enquanto os preços das mercadorias puderem ser tomados como dados, as equações (5P.12) e (5P.13) podem ser resolvidas, usando o fato de que $\alpha_{KT} = 1 - \alpha_{KA}$ e $\alpha_{LT} = 1 - \alpha_{LA}$, para expressar a mudança na produção de cada mercadoria como o resultado de mudanças nas ofertas de fatores:

$$\hat{Q}_A = \left(\frac{1}{\Delta}\right)[\alpha_{LT}\hat{K} - \alpha_{KT}\hat{L}], \tag{5P.17}$$

$$\hat{Q}_T = \left(\frac{1}{\Delta}\right)[-\alpha_{LA}\hat{K} + \alpha_{KA}\hat{L}], \tag{5P.18}$$

onde $\Delta = \alpha_{KA} - \alpha_{LA}$, $\Delta > 0$.

Essas equações podem ser reescritas como:

$$\hat{Q}_A = \hat{K} + \left(\frac{\alpha_{KT}}{\Delta}\right)(\hat{K} - \hat{L}), \tag{5P.17'}$$

$$\hat{Q}_T = \hat{L} - \left(\frac{\alpha_{LA}}{\Delta}\right)(\hat{K} - \hat{L}). \tag{5P.18'}$$

Suponha que P_A e P_T permaneçam constantes enquanto a oferta de capital se eleve em relação à oferta de trabalho: $\hat{K} > \hat{L}$. Então, fica imediatamente evidente que

$$\hat{Q}_A > \hat{K} > \hat{L} > \hat{Q}_T. \tag{5P.19}$$

Em particular, se K sobe com L permanecendo constante, a produção de A aumenta por uma proporção maior do que K, enquanto a produção de T realmente cairá.

PÓS-ESCRITO DO CAPÍTULO 6

Economia mundial de comércio

Oferta, demanda e equilíbrio

Equilíbrio mundial

Embora, para fins gráficos, seja mais fácil expressar o equilíbrio mundial como uma igualdade entre a oferta relativa e a demanda relativa, para um tratamento matemático, é preferível usar uma formulação alternativa. Essa abordagem centra-se nas condições de igualdade entre oferta e demanda de qualquer dos dois bens, tecido ou alimentos. Não importa qual mercadoria é escolhida, porque o equilíbrio no mercado de tecido implica equilíbrio no de alimentos e vice-versa.

Para ver essa condição, consideremos que Q_T, Q_T^* seja a produção de tecido em Doméstica e Estrangeira, respectivamente; D_T, D_T^* a quantidade demandada em cada país; e variáveis correspondentes com um A subscrito o mercado de alimentos. Além disso, consideremos que p seja o preço de tecido em relação ao de alimentos.

Em todos os casos, as despesas mundiais serão iguais à renda mundial. A renda mundial é a soma dos rendimentos obtidos com as vendas de tecidos e as vendas de alimentos; as despesas mundiais são a soma das compras de tecidos e compras de alimentos. Assim, a igualdade de rendimentos e despesas pode ser escrita

$$p(Q_T + Q_T^*) + Q_A + Q_A^* = p(D_T + D_T^*) + D_A + D_A^*. \tag{6P.1}$$

Agora, vamos supor que o mercado mundial de tecidos esteja em equilíbrio; isto é

$$Q_T + Q_T^* = D_T + D_T^*. \tag{6P.2}$$

Então, da Equação (6P.1) temos que

$$Q_A + Q_A^* = D_A + D_A^*. \tag{6P.3}$$

Ou seja, o mercado de alimentos deve estar em equilíbrio também. Claramente, o inverso também é verdadeiro: se o mercado de alimentos estiver em equilíbrio, então o mercado de tecido também estará.

É, portanto, suficiente concentrar-se no mercado de tecidos para determinar o preço de equilíbrio relativo.

Produção e renda

Cada país tem uma fronteira de possibilidade de produção ao longo da qual pode alternar entre produzir tecido e produzir alimentos. A economia escolhe o ponto na fronteira que maximiza o valor de produção a determinado preço relativo de tecido. Esse valor pode ser escrito

$$V = pQ_T + Q_A. \tag{6P.4}$$

Como nos casos de minimização de custos descritos no pós-escrito do Capítulo 5, o fato de que o conjunto de produção escolhido maximiza o valor implica que uma pequena

Pós-escrito do Capítulo 6 **755**

mudança na produção ao longo da fronteira de possibilidade de produção que desvie do conjunto ideal não afeta o valor de produção:

$$pdQ_T + dQ_A = 0.$$ (6P.5)

Uma mudança no preço relativo de tecido conduzirá a uma alteração do conjunto de produção e uma mudança no valor da produção. A alteração do valor de produção é

$$dV = Q_T dp + pdQ_T + dQ_A.$$ (6P.6)

No entanto, como os dois últimos termos são, pela Equação (6P.5), iguais a zero, essa expressão pode ser reduzida a

$$dV = Q_T dp.$$ (6P.6')

Da mesma forma, em Estrangeira,

$$dV^* = Q_T^* dp.$$ (6P.7)

Renda, preços e utilidade

Cada país é tratado como se fosse um indivíduo. Os gostos do país podem ser representados por uma função de utilidade, dependendo do consumo de alimentos e de tecido:

$$U = U(D_T, D_A).$$ (6P.8)

Suponha que um país tenha uma renda I em termos de alimentos. Sua despesa total deve ser igual a esses rendimentos, de modo que

$$pD_T + D_A = I.$$ (6P.9)

Os consumidores vão maximizar a utilidade dadas sua renda e os preços que eles enfrentam. Consideremos que MU_T, MU_A seja a utilidade marginal que os consumidores derivam de tecidos e alimentos; então, a mudança na utilidade que resulta de qualquer mudança no consumo é

$$dU = MU_T dD_T + MU_A dD_A.$$ (6P.10)

Como os consumidores estão maximizando a utilidade de acordo com os preços e a renda dados, não pode haver uma mudança acessível no consumo que melhore a sua situação. Essa condição implica que, na melhor situação possível,

$$\frac{MU_T}{MU_A} = p.$$ (6P.11)

Agora considere o efeito sobre a utilidade da alteração de rendas e preços. Diferenciando a Equação (6P.9), temos

$$p\,dD_T + dD_A = dI - D_T dp.$$ (6P.12)

Mas a partir das equações (6P.10) e (6P.11),

$$dU = MU_A [p\,dD_T + dD_A].$$ (6P.13)

Assim,

$$dU = MU_A [dI - D_T dp].$$ (6P.14)

É conveniente introduzir agora uma nova definição: a mudança na utilidade dividida pela utilidade marginal de alimentos, que é a mercadoria em que o rendimento é medido, pode ser definida como a mudança na *renda real* e indicada pelo símbolo dy:

$$dy = \frac{dU}{MU_A} = dI - D_T\, dp. \tag{6P.15}$$

Para a economia, como um todo, a renda é igual ao valor de produção: $I = V$. Assim, o efeito na renda real da economia de uma mudança no preço relativo do tecido é

$$dy = [Q_T - D_T]dp. \tag{6P.16}$$

A quantidade $Q_T - D_T$ representa as exportações de tecidos da economia. Um aumento no preço relativo de tecidos, então, beneficiará uma economia que exporta tecidos; assim, é uma melhoria nos termos de troca dessa economia. É instrutivo reafirmar essa ideia de uma forma ligeiramente diferente:

$$dy = [p(Q_T - D_T)]\left(\frac{dp}{p}\right). \tag{6P.17}$$

O termo entre chaves é o valor das exportações; o termo entre parênteses é a variação percentual dos termos de troca. Portanto, a expressão diz que o ganho de renda real de uma determinada porcentagem da variação dos termos de troca é igual à variação percentual dos termos de troca multiplicada pelo valor inicial das exportações. Se um país inicialmente exporta US$ 100 bilhões e seus termos de troca melhoram em 10%, o ganho é equivalente a um ganho na renda nacional de US$ 10 bilhões.

Oferta, demanda e a estabilidade do equilíbrio

No mercado de tecidos, uma mudança no preço relativo induzirá alterações na oferta e na demanda. Do lado da oferta, um aumento de p conduzirá Doméstica e Estrangeira a produzir mais tecido. Vamos denotar essa resposta de oferta em Doméstica e Estrangeira, respectivamente, de modo que

$$dQ_T = s\, dp, \tag{6P.18}$$

$$dQ_T^* = s^*dp. \tag{6P.19}$$

O lado da demanda é mais complexo. Uma mudança em p produzirá efeitos tanto de *renda* quanto de *substituição*. Esses efeitos são ilustrados na Figura 6P.1. Ela mostra uma economia que enfrenta inicialmente um preço relativo indicado pelo declive da linha VV^0. Tendo em conta esse preço relativo, a economia produz no ponto Q^0 e consome no ponto D^0. Agora suponha que o preço relativo do tecido suba para o nível indicado pela inclinação de VV_2. Se não houvesse nenhum aumento na utilidade, o consumo passaria a D^1, que envolveria uma inequívoca diminuição do consumo de tecido. Há também, no entanto, uma mudança na renda real da economia. Nesse caso, como a economia inicialmente é uma exportadora líquida de tecido, a renda real aumenta. Essa alteração leva ao consumo em D^2, em vez de D^1, e esse efeito de renda tende a aumentar o consumo de tecido. Analisar o efeito da mudança em p na demanda requer levar em conta tanto o efeito de substituição, que é a mudança no consumo que ocorreria se a renda real fosse mantida constante, e o efeito de renda, a alteração adicional do consumo que é a consequência do fato de a renda real mudar.

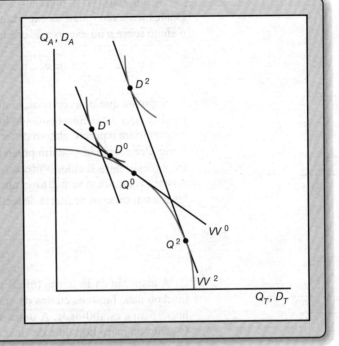

FIGURA 6P.1
Efeitos do consumo de uma mudança no preço.
Uma mudança nos preços relativos produz efeitos de renda e de substituição.

Considere que o efeito de substituição é denotado por $-e\,dp$; ele será sempre negativo. Além disso, considere que o efeito de renda é denotado por $n\,dy$; enquanto o tecido for uma mercadoria normal para a qual a demanda aumenta com a renda real, ele será positivo se o país for um exportador líquido de tecido e será negativo se for um importador líquido.[1] Então, o efeito total de uma mudança de p na demanda de Doméstica para tecido será

$$dD_T = -e\,dp + n\,dy$$
$$= [-e + n(Q_T - D_T)]dp. \qquad (6P.20)$$

O efeito sobre a demanda de Estrangeira da mesma forma é

$$dD_T^* = [-e^* + n^*(Q_T^* - D_T^*)]dp. \qquad (6P.21)$$

Como $Q_T^* - D_T^*$ é negativo, o efeito de renda em Estrangeira é negativo.

O efeito de demanda e oferta agora pode ser reunido para obtermos o efeito total de uma mudança em p no mercado de tecidos. O *excesso de oferta* de tecidos é a diferença entre a produção e o consumo mundial desejado:

$$ES_T = Q_T + Q_T^* - D_T - D_T^*. \qquad (6P.22)$$

O efeito de uma mudança em p sobre o excesso de oferta mundial é

$$dES_T = [s + s^* + e + e^* - n(Q_T - D_T) - n^*(Q_T^* - D_T^*)]dp. \qquad (6P.23)$$

---

[1] Se o alimento também for uma mercadoria normal, n deve ser menor que $1 > p$. Para ver esse efeito, observe que se I fosse subir até dI sem qualquer mudança em p, os gastos em tecido subiriam até $np\,dI$. A menos que $n < 1/p$, então, mais de 100% do aumento da renda seria gasto com tecidos.

No entanto, se o mercado estiver inicialmente em equilíbrio, as importações de Doméstica serão iguais às exportações de Estrangeira, de modo que $Q_T^* - D_T^*$ $\alpha-(Q_T-D_T)$; o efeito sobre p no excesso de oferta, portanto, pode ser escrito

$$dES_T = [s + s^* + e + e^* - (n - n^*)(Q_T - D_T)]dp. \qquad (6P.23')$$

Suponha que o preço relativo de tecido fosse inicialmente um pouco maior do que seu nível de equilíbrio. Se o resultado fosse um excesso de oferta de tecido, as forças de mercado empurrariam o preço relativo de tecido para baixo e, assim, levariam à restauração do equilíbrio. Por outro lado, se um preço relativo elevado demais de tecido levar a uma *demanda* em excesso para tecido, o preço subirá ainda mais, afastando a economia do equilíbrio. Assim, o equilíbrio será *estável* apenas se um pequeno aumento no preço relativo de tecido levar a um excesso de oferta de tecido; ou seja, se

$$\frac{dES_T}{dp} > 0. \qquad (6P.24)$$

A inspeção da Equação (6P.23') revela os fatores que determinam se o equilíbrio é estável ou não. Tanto os efeitos de oferta como os efeitos de substituição da demanda contribuem para a estabilidade. A única fonte de instabilidade encontra-se nos efeitos de renda. O efeito do lucro líquido é de sinal ambíguo: depende se $n > n^*$; ou seja, se em Doméstica há uma maior propensão marginal a consumir tecido quando sua renda real aumenta do que ocorre em Estrangeira. Se $n > n^*$, o efeito de renda trabalha contra a estabilidade, enquanto se $n < n^*$, ele reforça as outras razões para a estabilidade. Os efeitos de renda podem levar à instabilidade do equilíbrio, porque podem gerar uma curva de demanda relativa para o mundo que é inclinada para cima.

A seguir, suporemos que a Equação (6P.24) se sustenta, de modo que o equilíbrio da economia mundial seja, na verdade, estável.

Efeitos das mudanças na oferta e na demanda

O método de estática comparativa

Para avaliar os efeitos das mudanças na economia mundial, é aplicado um método conhecido como *estática comparativa*. Em cada um dos casos considerados no texto, a economia mundial é submetida a algumas mudanças que levarão a uma alteração no preço relativo mundial de tecido. O primeiro passo no método de estática comparativa é calcular o efeito da mudança da economia mundial sobre o excesso de oferta de tecido *no p original*. Essa mudança é denotada por $dES|_p$. Então, a mudança no preço relativo necessária para restabelecer o equilíbrio é calculada por

$$dp = \frac{-dES|_p}{(dES/dp)}, \qquad (6P.25)$$

onde dES/dp reflete os efeitos de oferta, renda e substituição descritos anteriormente.

Os efeitos de uma determinada alteração no bem-estar nacional podem ser calculados em duas etapas. Em primeiro lugar, há o efeito direto, seja ele qual for, que a mudança tem sobre a renda real, o que podemos denotar por $dy|p$; depois, há o efeito indireto da variação resultante dos termos de troca, que pode ser calculado pela Equação (6P.16). Assim, o efeito total sobre o bem-estar é

$$dy = dy|_p + (Q_T - D_T)dp. \qquad (6P.26)$$

Pós-escrito do Capítulo 6   **759**

Crescimento econômico

Considere o efeito do crescimento na economia em Doméstica. Como apontado no texto, por "crescimento", queremos dizer um desvio para fora na fronteira de possibilidade de produção. Essa alteração vai levar a mudanças na oferta de tecido e alimentos no preço relativo inicial p; considere que dQ_T e dQ_A sejam essas mudanças na produção. Se o crescimento for fortemente enviesado, uma ou outra dessas mudanças poderá ser negativa, mas como as possibilidades de produção se expandiram, o valor de produção para o p inicial deve subir:

$$dV = p\ dQ_T + dQ_A = dy|_p > 0. \tag{6P.27}$$

No p inicial, a oferta de tecido aumentará a quantidade dQ_T. A demanda por tecido também aumentará, em uma quantidade $ndy|_p$. O efeito líquido sobre o excesso de oferta mundial de tecido, portanto, será

$$dES|_p = dQ_T - n(p\ dQ_T + dQ_A). \tag{6P.28}$$

Essa expressão pode ter sinal positivo ou negativo. Suponha primeiro que o crescimento tenda para tecido, de modo que, enquanto $dQ_T > 0$, $dQ_A \leq 0$. Então a demanda por tecido aumentará até

$$dD_T = n(p\ dQ_T + dQ_A) \leq np\ dQ_T > dQ_T.$$

(Veja a nota de rodapé 1.)

Assim, o efeito global sobre o excesso de oferta será

$$dES|_p = dQ_T - dD_T > 0.$$

Como resultado, $dp = -dES|_p/dES/dp) < 0$: termos de troca de Doméstica pioram.

Por outro lado, suponha que o crescimento seja fortemente enviesado para alimentos, de modo que $dQ_T \leq 0$, $dQ_A > 0$. Então, o efeito sobre a oferta de tecido para o p inicial é negativo, mas o efeito sobre a demanda de tecido permanece positivo. Logo

$$dES|_p = dQ_T - dD_T < 0,$$

de modo que $dp > 0$. Os termos de troca de Doméstica melhoram.

O crescimento que é menos tendencioso pode mover p para qualquer um dos lados, dependendo da força do viés em comparação com a forma como Doméstica divide sua renda na margem.

Passando a seguir para os efeitos de bem-estar, o efeito sobre Estrangeira depende somente dos termos de troca. O efeito sobre Doméstica, no entanto, depende da combinação da mudança da renda inicial e a mudança subsequente nos termos de troca, conforme mostrado na Equação (6P.26). Se o crescimento mudar os termos de troca contra Doméstica, essa condição irá opor-se ao efeito favorável imediato de crescimento.

Mas o crescimento pode agravar os termos de troca suficientemente para realmente piorar a situação do país em crescimento? Para ver que isso pode ocorrer, considere primeiro o caso de um país que experimenta uma mudança enviesada em suas possibilidades de produção, que eleva Q_T e reduz Q_A, deixando o valor da sua produção inalterado nos preços relativos iniciais. (Essa mudança não deveria necessariamente ser considerada crescimento, porque viola o pressuposto da Equação (6P.27), mas é um ponto de referência útil.) Então, não haveria nenhuma mudança na demanda no p inicial, enquanto a oferta de tecido sobe; assim, p deve cair. A mudança na renda real é $dy|_p - (Q_T - D_T)dp$; pela construção, no entanto, esse é um caso no qual $dy|_p = 0$, então dy é certamente negativo.

Agora, esse país não cresceu, no sentido normal do termo, porque o valor da produção nos preços iniciais não subiu. Entretanto, permitindo que a produção de qualquer mercadoria suba um pouco mais, teríamos um caso em que a definição de crescimento é satisfeita. Contudo, se o crescimento extra for suficientemente pequeno, ele não compensará a perda

760 Pós-escritos matemáticos

de bem-estar advinda da queda em p. Portanto, um crescimento suficientemente tendencioso pode piorar um país em crescimento.

Uma transferência de renda

Agora descreveremos como uma transferência de renda (digamos, como ajuda externa) afeta os termos de troca.[2] Suponha que Doméstica faça uma transferência de alguns dos seus rendimentos para Estrangeira. Considere que o montante da transferência, medido em termos de alimentos, seja da. Que efeito tem essa ajuda nos termos de troca?

Com preços relativos inalterados, não há nenhum efeito sobre a oferta. O único efeito é sobre a demanda. A renda de Doméstica é reduzida até da, enquanto a de Estrangeira se eleva na mesma quantidade. Esse ajuste leva a um declínio em D_T até $-n\,da$, enquanto D_T^* sobe até $n^*\,da$. Assim,

$$dES|_p = (n - n^*)da \qquad (6P.29)$$

e a mudança nos termos de troca é

$$dp = -da\,\frac{n - n^*}{dES/dp}. \qquad (6P.30)$$

Os termos de troca de Doméstica vão piorar se $n > n^*$, que é amplamente considerado como o caso normal. Eles, no entanto, melhorarão se $n^* > n$.

O efeito sobre o rendimento real de Doméstica combina um efeito negativo direto da transferência e um efeito indireto nos termos de troca que pode ser positivo ou negativo. É possível que o efeito favorável nos termos de troca compense a perda de renda? Nesse modelo, não.

Para ver o motivo, observe que

$$dy = dy|_n + (Q_T - D_T)dp$$

$$= -da + (Q_T - D_T)dp$$

$$= -da\left\{1 + \frac{(n - n^*)(Q_T - D_T)}{s + s^* + e + e^* - (n - n^*)(Q_T - D_T)}\right\}$$

$$= -da\,\frac{s + s^* + e + e^*}{s + s^* + e + e^* - (n - n^*)(Q_T - D_T)} < 0. \qquad (6P.31)$$

Álgebra semelhante revelará, de maneira correspondente, que uma transferência não pode piorar aquele que a recebe.

Uma explicação intuitiva desse resultado é o seguinte. Suponha que p suba o suficiente para deixar Doméstica tão bem quanto ficaria se não fosse feita nenhuma transferência e para não melhorar a situação de Estrangeira devido à transferência. Então não haveria nenhum efeito de renda na demanda da economia mundial. Mas o aumento no preço produziria tanto um aumento da produção de tecido quanto a substituição na demanda que reduziria aquela por tecido, levando a um excesso de oferta que reduziria o preço. Esse resultado demonstra que um p suficientemente elevado para reverter os efeitos de bem-estar diretos de uma transferência está acima do equilíbrio p.

---

[2]No apêndice *on-line* do Capítulo 6, discutimos um importante exemplo histórico de uma grande transferência de renda e suas consequências para os termos de troca dos países doador e receptor.

Pós-escrito do Capítulo 6 **761**

Uma tarifa

Suponha que Doméstica coloque uma tarifa de importação impondo um imposto igual à fração t do preço. Então, para um determinado preço relativo mundial de tecido p, os consumidores e os produtores de Doméstica terão de enfrentar um preço relativo interno $\bar{p} = p > (1 + t)$. Se a tarifa for suficientemente pequena, o preço relativo interno será aproximadamente igual a

$$\bar{p} = p - p. \qquad (6P.32)$$

Além de afetar p, uma tarifa elevará as receitas, que suporemos que serão redistribuídas para o resto da economia.

Aos termos de troca iniciais, uma tarifa influenciará o excesso de oferta de tecido de duas maneiras. Primeiro, a queda no preço relativo de tecido em Doméstica vai diminuir a produção de tecido e induzir os consumidores a substituírem alimentos em direção a tecido. Segundo, a tarifa pode afetar o rendimento real de Doméstica, com efeitos de renda resultantes sobre a demanda. Contudo, se Doméstica começa sem tarifas e impõe uma pequena tarifa, o problema pode ser simplificado, porque a tarifa terá um efeito desprezível sobre o rendimento real. Para ver essa relação, lembre-se de que

$$dy = p\, dD_T + dD_A.$$

O valor da produção e o valor do consumo devem ser sempre iguais nos preços mundiais, de modo que

$$p\, dD_T + dD_A = p\, dQ_T + dQ_A$$

aos termos de troca iniciais. Mas como a economia estava maximizando o valor de produção antes de a tarifa ser imposta,

$$p\, dQ_T + dQ_A = 0.$$

Como não há nenhum efeito de renda, resta apenas o efeito de substituição. A queda no preço relativo interno p induz uma diminuição da produção e um aumento no consumo:

$$dQ_T = -sp\, dt, \qquad (6P.33)$$

$$dD_T = ep\, dt, \qquad (6P.34)$$

onde dt é o aumento da tarifa. Assim,

$$dES|_p = -(s + e)p\, dt < 0, \qquad (6P.35)$$

o que implica que:

$$dp = \frac{-dES|_p}{dES/dp}$$

$$= \frac{p\, dt(s + e)}{s + s^* + e + e^* - (n - n^*)(Q_T - D_T)} > 0. \qquad (6P.36)$$

Essa expressão mostra que uma tarifa inequivocamente melhora os termos de troca do país que a impõe.

PÓS-ESCRITO DO CAPÍTULO 8

O modelo de concorrência monopolística

Queremos considerar os efeitos de mudanças no tamanho do mercado em equilíbrio em uma indústria monopolista competitiva. Cada empresa tem a relação de custo total

$$C = F + cX, \qquad (8P.1)$$

onde c é o custo marginal, F um custo fixo e X a produção da empresa. Isso implica uma curva de custo médio de fórmula

$$AC = C/X = F/X + c. \qquad (8P.2)$$

Além disso, cada empresa enfrenta uma curva de demanda de fórmula

$$X = S\,[1/n - b(P - \bar{P})], \qquad (8P.3)$$

onde S é o total das vendas da indústria (tomado como dado), n é o número de empresas, e $\bar{P}$ é o preço médio cobrado por outras empresas (que cada empresa entende como dado).

Cada empresa escolhe seu preço para maximizar os lucros. Os lucros de uma empresa típica são

$$\pi = PX - C = PS\,[1/n - b(P - \bar{P})] - F - cS\,[1/n - b(P - \bar{P})]. \qquad (8P.4)$$

Para maximizar os lucros, uma empresa define o derivativos $d\pi/dP = 0$. Isso implica

$$X - SbP + Sbc = 0. \qquad (8P.5)$$

No entanto, como todas as empresas são simétricas, em equilíbrio, $P = \bar{P}$ e $X = S/n$. Assim, a Equação (8P.5) implica

$$P = 1/bn + c, \qquad (8P.6)$$

que é a relação derivada no texto.

Como $X = S/n$, o custo médio é uma função de S e n,

$$AC = Fn/S + c. \qquad (8P.7)$$

Contudo, em equilíbrio de lucro zero, o preço cobrado por uma empresa típica deve também ser igual a seu custo médio. Então devemos ter

$$1/bn + c = Fn/S + c, \qquad (8P.8)$$

que, por sua vez, implica

$$n = \sqrt{S/bF}. \qquad (8P.9)$$

Isso mostra que um aumento no tamanho do mercado, S, conduzirá a um aumento no número de empresas, n, mas não em proporção direta – por exemplo, uma duplicação do tamanho do mercado aumentará o número de empresas em um fator de aproximadamente 1,4.

Pós-escrito do Capítulo 8   **763**

O preço cobrado pela empresa representativa é

$$P = 1/bn + c = c + \sqrt{F/Sb}, \tag{8P.10}$$

que mostra que um aumento no tamanho do mercado conduz a preços mais baixos.

Por fim, observe que as vendas por empresa, X, são iguais a

$$X = S/n = \sqrt{SbF}. \tag{8P.11}$$

Isso mostra que a escala de cada empresa individual também aumenta com o tamanho do mercado.

PÓS-ESCRITO DO CAPÍTULO 20

Aversão ao risco e diversificação da carteira internacional

Este pós-escrito desenvolve um modelo de diversificação da carteira internacional por investidores avessos ao risco. O modelo mostra que os investidores geralmente se preocupam com o risco, bem como com o retorno de suas carteiras. Em particular, as pessoas podem ter ativos cujos retornos esperados sejam inferiores aos de outros ativos se essa estratégia reduzir o grau de risco global da sua riqueza.

Um investidor representativo pode dividir sua riqueza real, R, entre um ativo de Doméstica e um ativo de Estrangeira. Dois possíveis estados de natureza podem ocorrer no futuro, e é impossível prever com antecedência qual ocorrerá. No estado 1, que ocorre com a probabilidade q, uma unidade de riqueza investida no ativo de Doméstica paga D_1 unidades de produção e uma unidade de riqueza investida no ativo de Estrangeira paga E_1 unidades de produção. No estado 2, que ocorre com probabilidade $1 - q$, os retornos de investimentos unitários em Doméstica e os ativos em Estrangeira são D_2 e E_2, respectivamente.

Considere que α seja a parte da riqueza investida em ativos de Doméstica e $1 - \alpha$ seja a parcela investida nos ativos de Estrangeira. Então se ocorrer o estado 1, o investidor poderá consumir a média ponderada dos valores dos dois ativos,

$$C_1 = [\alpha D_1 + (1 - \alpha)E_1] \times R. \tag{20P.1}$$

Da mesma forma, o consumo no estado 2 é

$$C_2 = [\alpha D_2 + (1 - \alpha)E_2] \times R. \tag{20P.2}$$

Em qualquer um dos estados, o investidor deriva a utilidade $U(C)$ de um nível de consumo de C. Uma vez que o investidor não sabe antecipadamente qual estado ocorrerá, ele toma a decisão de carteira para maximizar a utilidade média ou *esperada* de consumo futuro,

$$qU(C_1) + (1 - q)U(C_2).$$

Uma derivação analítica da carteira ideal

Depois que os níveis de consumo do estado 1 e do estado 2 dados pelas equações (20P.1) e (20P.2) são substituídos na função de utilidade esperada apresentada anteriormente, o problema de decisão do investidor pode ser expresso da seguinte forma: escolher a composição da carteira α para maximizar a utilidade esperada,

$$qU\{[\alpha D_1 + (1 - \alpha)E_1] * R\} + (1 - q)U\{[\alpha D_2 + (1 - \alpha)E_2] * R\}.$$

Esse problema é resolvido (como sempre) diferenciando-se essa utilidade esperada em relação a α e definindo a derivada resultante igual a 0.

Considere que $U'(C)$ seja a derivada da função de utilidade $U(C)$ em relação a T; isto é, $U'(C)$ é a *utilidade marginal* do consumo. Então, α maximiza a utilidade esperada se

$$\frac{D_1 - E_1}{D_2 - E_2} = -\frac{(1 - q)U'\{[\alpha D_2 + (1 - \alpha)E_2] * R\}}{qU'\{[\alpha D_1 + (1 - \alpha)E_1] * R\}}. \tag{20P.3}$$

Pós-escrito do Capítulo 20 **765**

Essa equação pode ser resolvida para α, a composição da carteira ideal.

Para um investidor avesso ao risco, a utilidade marginal do consumo, $U'(C)$, cai conforme o consumo sobe. Diminuir a utilidade marginal explica por que alguém que é avesso ao risco não correrá um risco com um retorno esperado de zero: o consumo extra possibilitado por uma vitória rende menos utilidade do que a utilidade sacrificada se a aposta for perdida. Se a utilidade marginal do consumo não mudar conforme ocorrem as mudanças de consumo, podemos dizer que o investidor é *neutro ao risco* em vez de avesso ao risco. Um investidor neutro ao risco está disposto a aceitar apostas com retorno esperado igual a zero.

Entretanto, se o investidor é neutro para riscos, de modo que $U'(C)$ seja constante para todos os C, a Equação (P20.3) torna-se

$$qD_1 + (1 - q)D_2 = qE_1 + (1 - q)E_2,$$

que afirma que *as taxas de retorno esperadas sobre ativos de Doméstica e de Estrangeira são iguais*. Esse resultado é a base para a afirmação no Capítulo 14 de que todos os bens devem produzir o mesmo retorno esperado em equilíbrio quando considerações de risco (e liquidez) são ignoradas. Assim, a condição de paridade de juros do Capítulo 14 é válida sob comportamento neutro ao risco, mas não é, em geral, sob aversão ao risco.

Para essa análise fazer sentido, nenhum dos ativos pode gerar um retorno maior do que o outro em *ambos* os estados de natureza. Se um ativo dominasse os outros dessa forma, o lado esquerdo da Equação (20P.3) seria positivo enquanto seu lado direito seria negativo (porque a utilidade marginal do consumo geralmente é considerada positiva). Assim, (20P.3) não teria nenhuma solução. Intuitivamente, ninguém iria querer manter um determinado ativo se estivesse disponível outro que *sempre* tivesse resultado melhor. Na verdade, se alguém desejasse fazê-lo, outros investidores seriam capazes de obter lucros de arbitragem sem risco pela emissão de ativos de baixo retorno e o uso dos resultados para comprar o ativo de alto retorno.

Para ser definitivo, portanto, supomos que $D_1 > E_1$ e $D_2 < E_2$, para que o ativo de Doméstica seja melhor no estado 1 mas pior no estado 2. Essa suposição será usada agora para desenvolver uma análise diagramática que ajudará a ilustrar as consequências adicionais do modelo.

Uma derivação diagramática da carteira ideal

A Figura 20P.1 mostra as curvas de indiferença para a função de utilidade esperada, descrita por $qU(C_1) + (1 - q)U(C_2)$. Os pontos no diagrama devem ser pensados como planos de contingência mostrando o nível de consumo que ocorre em cada estado da natureza. As preferências representadas aplicam-se a esses planos de consumo contingente em vez de consumo de mercadorias diferentes em um único estado de natureza. No entanto, tal como acontece com as curvas de indiferença padrão, cada curva na figura representa um conjunto de planos de contingência para consumo com os quais o investidor está igualmente satisfeito.

Para compensar o investidor por uma redução do consumo no estado 1 (C_1), o consumo no estado 2 (C_2) deve aumentar. As curvas de indiferença, portanto, inclinam-se para baixo. Entretanto, cada curva torna-se mais plana conforme C_1 cai e C_2 se eleva. Essa propriedade das curvas reflete a propriedade de $U(C)$, que a utilidade marginal do consumo declina quando C sobe. Conforme C_1 cai, o investidor pode ser mantido na sua curva de indiferença original apenas por incrementos sucessivamente maiores em C_2: adições ao C_2 estão se tornando menos benéficas ao mesmo tempo em que as subtrações de C_1 são cada vez mais dolorosas.

As equações (20P.1) e (20P.2) implicam que, escolhendo a divisão da carteira dada por α, o investidor também escolhe seus níveis de consumo nos dois estados da natureza. Assim, o problema de escolher uma carteira ideal é equivalente ao problema de escolher de forma otimizada os níveis de consumo contingentes C_1 e C_2. Por conseguinte, as curvas de indiferença na Figura 20P.1 podem ser usadas para determinar a carteira ideal para o investidor. Tudo

FIGURA 20P.1
Curvas de indiferença para os níveis de consumo incertos.

As curvas de indiferença são conjuntos de planos de consumo do contingente de estado com os quais o indivíduo é igualmente feliz. A restrição orçamentária descreve o *trade-off* entre o consumo no estado 1 e no estado 2, que resulta de mudanças na carteira de ativos entre Doméstica e Estrangeira.

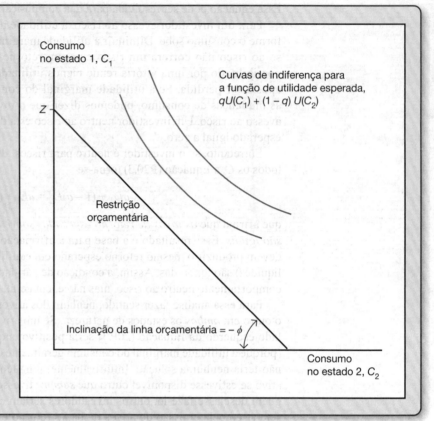

o que é necessário para concluir a análise é uma linha orçamentária mostrando o *trade-off* entre o consumo do estado 1 e o consumo do estado 2 que o mercado disponibiliza.

Este *trade-off* é dado pelas equações (20P.1) e (20P.2). Se a Equação (20P.2) é resolvida para α, o resultado é

$$\alpha = \frac{E_2 R - C_2}{E_2 R - D_2 R}.$$

Após a substituição dessa expressão para α em (20P.1), essa última equação torna-se

$$C_1 + \phi C_2 = Z, \tag{20P.4}$$

onde $\phi = (D_1 - E_1)/(E_2 - D_2)$ e $Z = R*(D_1 E_2 - D_2 E_1)/(E_2 - D_2)$. Observe que, porque $D_1 > E_1$ e $D_2 < E_2$, tanto ϕ quanto Z são positivos. Assim, a Equação (20P.4) parece a restrição orçamentária que surge na análise usual de escolha do consumidor, com ϕ desempenhando o papel de um preço relativo e Z o papel da renda medida em termos de consumo do estado 1. Essa restrição orçamentária é representada graficamente na Figura 20P.1 como uma linha reta com inclinação $-\phi$ intersectando o eixo vertical em Z.

Para interpretar ϕ como o *trade-off* de mercado entre o consumo do estado 2 e do estado 1 (isto é, como o preço do consumo no estado 2 em termos de consumo do estado 1), suponha que o investidor desloque uma unidade de sua riqueza de Doméstica para os ativos de Estrangeira. Uma vez que o ativo de Doméstica tem o maior retorno do capital no estado 1, a perda líquida de consumo no estado 1 é D_1 menos o retorno do capital de ativos de Estrangeira no estado 1, E_1. Da mesma forma, o ganho líquido em consumo no estado 2 é $E_2 - D_2$. Para obter o consumo adicional do estado 2 de $E_2 - D_2$, o investidor, portanto, deve

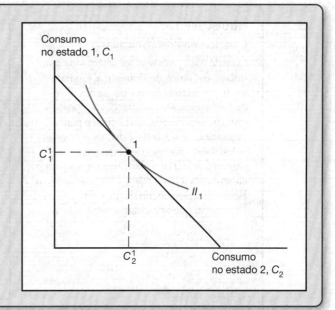

FIGURA 20P.2
Maximizando a utilidade esperada.
Para maximizar a utilidade esperada, o investidor faz as escolhas de consumo contingentes ao estado mostradas no ponto 1, onde a restrição orçamentária é tangente à curva de indiferença atingível mais alta, II_1. A composição da carteira ideal, α, pode ser calculada como $(E_2R - C_2^1) \div (E_2R - D_2R)$.

sacrificar $D_1 - E_1$ no estado 1. O preço de uma única unidade de C_2 em termos de C_1 é, então, $D_1 - E_1$ dividido por $E_2 - D_2$, que é igual a ϕ, o valor absoluto da inclinação da restrição orçamentária (20P.4).

A Figura 20P.2 mostra como as escolhas de C_1 e C_2 – e, por consequência, a escolha da composição da carteira α – são determinadas. Como de costume, o investidor escolhe os níveis de consumo dados pelo ponto 1, onde a restrição orçamentária toca a curva de indiferença mais alta atingível, II_1. Tendo em conta as escolhas ideais de C_1 e C_2, α pode ser calculado usando as equações (20P.1) ou (20P.2). Conforme nos movemos para baixo e para a direita ao longo da restrição orçamentária, a composição da carteira de ativos de Doméstica, α, cai. (Por quê?)

Para alguns valores de C_1 e C_2, α pode ser negativo ou maior que 1. Essas possibilidades não levantam problemas conceituais. Um α negativo, por exemplo, significa que o investidor adotou uma posição "curta" (ou de venda a descoberto) no ativo de Doméstica, ou seja, emitiu uma quantidade positiva das demandas de estado contingente que prometem pagar a seus titulares D_1 unidades de produção no estado 1 e D_2 no estado 2. As receitas desse empréstimo são usadas para aumentar a composição da carteira do ativo de Estrangeira, $1 - \alpha$, acima de 1.

A Figura 20P.3 mostra os pontos na restrição orçamentária do investidor nos quais α = 1 (de modo que $C_1 = D_1R$, $C_2 = D_2R$) e α = 0 (de modo que $C_1 = E_1R$, $C_2 = E_2R$). A partir de α = 1, o investidor pode mover-se para cima e para a esquerda ao longo da restrição pela venda a descoberto do ativo de Estrangeira (assim tornando α maior do que 1 e 1 – α negativo). O investidor pode se mover para baixo e para a direita de α = 0 pela venda a descoberto do ativo de Doméstica.

Os efeitos das variações das taxas de retorno

O diagrama que desenvolvemos pode ser usado para ilustrar o efeito de alterações nas taxas de retorno sob a aversão ao risco. Suponha, por exemplo, que o retorno do capital do estado 1 do ativo de Doméstica suba, enquanto todos os outros retornos do capital e a riqueza do investidor, R, permaneçam iguais. O aumento em D_1 eleva ϕ, o preço relativo do consumo do estado 2, e, portanto, inclina a restrição orçamentária mostrada na Figura 20P.3.

Contudo, precisamos de mais informações para descrever completamente como a posição da restrição orçamentária na Figura 20P.3 muda quando D_1 aumenta. O raciocínio a

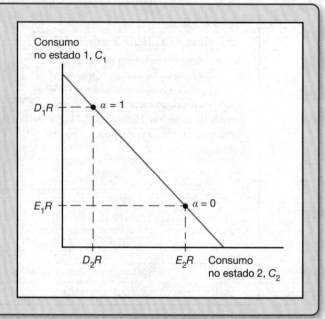

FIGURA 20P.3
Carteiras não diversificadas.
Quando $\alpha = 1$, o investidor detém toda a sua riqueza em ativos de Doméstica. Quando $\alpha = 0$, possui toda a sua riqueza nos ativos de Estrangeira. Movimentações ao longo da restrição orçamentária para cima e para a esquerda de $\alpha = 1$ correspondem às vendas a descoberto do ativo de Estrangeira, que elevam α acima de 1. Movimentações para baixo e para a direita de $\alpha = 0$ correspondem às vendas a descoberto do ativo em Doméstica, que empurram α abaixo de 0.

seguir preenche essa lacuna. Considere a alocação de portfólio $\alpha = 0$ na Figura 20P.3, sob a qual toda riqueza é investida nos ativos de Estrangeira. Os níveis de consumo contingente resultantes da presente estratégia de investimento, $C_1 = E_1 R$, $C_2 = E_2 R$, não mudam em consequência de um aumento em D_1, porque a carteira que estamos considerando não envolve o ativo de Doméstica. Uma vez que o par de consumo associado com $\alpha = 0$ não muda quando D_1 sobe, vemos que $C_1 = E_1 R$, $C_2 = E_2 R$ é um ponto sobre a nova restrição orçamentária: após um aumento de D_1, é ainda viável para o investidor pôr toda a sua riqueza nos ativos de Estrangeira. Segue-se que o efeito de um aumento em D_1 fará a restrição orçamentária na Figura 20P.3 girar no sentido horário em torno do ponto $\alpha = 0$.

O efeito sobre o investidor de um aumento em D_1 é mostrado na Figura 20P.4, que pressupõe que, inicialmente, $\alpha > 0$ (ou seja, o investidor inicialmente possui uma quantidade positiva do ativo de Doméstica).[1] Como de costume, tanto um efeito de "substituição" quanto um de "renda" influenciaram a mudança de plano de consumo contingente do investidor do ponto 1 para o ponto 2. O efeito de substituição é uma tendência de demandar mais C_1, cujo preço relativo caiu, e menos C_2, cujo preço relativo aumentou. No entanto, o efeito de renda da elevação em D_1 empurra toda a restrição orçamentária para fora e tende a aumentar o consumo em *ambos* os estados (contanto que $\alpha > 0$ inicialmente). Como o investidor será mais rico no estado 1, pode se dar ao luxo de direcionar parte de sua riqueza aos ativos de Estrangeira (que têm o maior retorno do capital no estado 2) e, assim, nivelar seu consumo nos dois estados. A aversão ao risco explica o desejo do investidor de evitar flutuações de grande consumo entre os estados. Como sugere a Figura 20P.4, C_1 definitivamente aumenta enquanto C_2 pode subir ou descer. (No caso ilustrado, o efeito de substituição é mais forte do que o efeito de renda, e C_2 cai.)

Uma ambiguidade correspondente a essa ocorre sobre o efeito do aumento em D_1 na composição da carteira, α. A Figura 20P.5 ilustra as duas possibilidades. A chave para entender a figura é observar que, se o investidor *não* muda α em resposta ao aumento de D_1, suas escolhas de consumo são dadas pelo ponto 1', que fica sobre a nova restrição orçamentária verticalmente acima do ponto de consumo inicial 1. Por que isso ocorre? A Equação (20P.2)

---

[1] O caso em que $\alpha < 0$ inicialmente é deixado como um exercício.

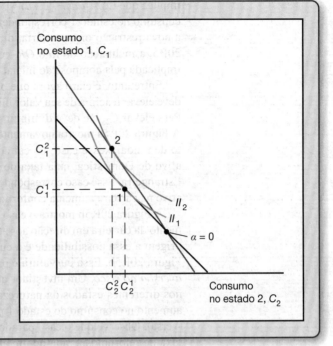

FIGURA 20P.4

Efeitos de um aumento no D_1 sobre o consumo.

Um aumento em D_1 faz a restrição orçamentária girar no sentido horário em torno de $\alpha = 0$, e o ideal do investidor desvia-se para o ponto 2. O consumo no estado 1 sempre aumenta; no caso mostrado, o consumo no estado 2 diminui.

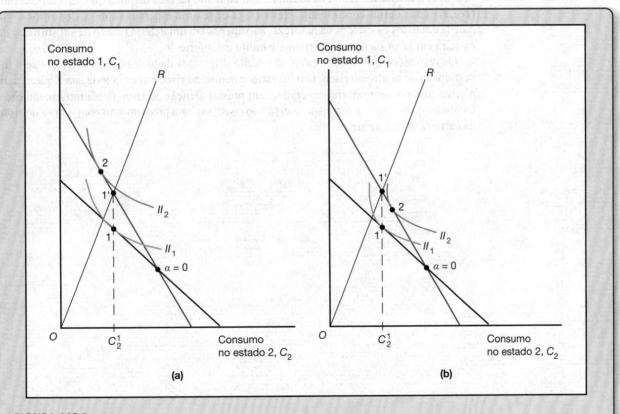

FIGURA 20P.5

Efeitos de um aumento no D_1 na composição da carteira.

Painel (a): se o investidor não é tão avesso ao risco, ele desloca sua carteira para o ativo em Doméstica, escolhendo uma proporção C_1/C_2 maior do que a indicada pela inclinação de OR. Painel (b): um investidor muito avesso ao risco pode aumentar o consumo no estado 2 deslocando sua carteira em direção aos ativos de Estrangeira.

implica que $C_2^1 = [\alpha d_2 + (1 - \alpha)e_2] \times R$ não muda se α não muda. O valor novo e mais alto do consumo no estado 1 correspondente à escolha original de carteira é dado pelo ponto sobre a nova restrição orçamentária, diretamente acima de C_2^1. Em ambos os painéis da Figura 20P.5, a inclinação do raio OR, conectando a origem e o ponto 1', mostra a relação C_1/C_2 implicada pela composição inicial da carteira após a elevação em D_1.

Entretanto, é claro agora que para desviar para um valor mais baixo de C_2, o investidor deve elevar α acima de seu valor inicial, ou seja, desviar a carteira para o ativo de Doméstica. Para elevar C_2, ele deve diminuir α, ou seja, desviar em direção aos ativos de Estrangeira. A Figura 20P.5a mostra novamente o caso em que o efeito de substituição compensa o efeito de renda. Nesse caso, C_2 cai conforme o investidor desloca sua carteira na direção do ativo de Doméstica, cuja taxa de retorno esperada aumentou em relação à dos ativos de Estrangeira. Esse caso corresponde ao que estudamos no texto, no qual a participação de um ativo na carteira aumenta conforme sua taxa de retorno esperada relativa aumenta.

A Figura 20P.5b mostra o caso inverso, em que C_2 sobe e α cai, implicando um deslocamento da carteira em direção aos ativos de Estrangeira. Podemos observar que o fator dando origem a essa possibilidade é a curvatura mais acentuada das curvas de indiferença II na Figura 20P.5b. Essa curvatura é precisamente o que os economistas entendem pelo termo *aversão ao risco*. Um investidor que se torna mais avesso ao risco considera os consumos nos diferentes estados da natureza como substitutos piores e, portanto, requer um maior aumento no consumo do estado 1 para compensar a queda no consumo do estado 2 (e vice-versa). Observe que o caso paradoxal, mostrado na Figura 20P.5b, em que um aumento na taxa de retorno esperada de um ativo pode levar os investidores a demandarem *menos*, é improvável no mundo real. Por exemplo, um aumento na taxa de juros que uma moeda oferece, sendo as outras coisas iguais, eleva a taxa de retorno esperada sobre os depósitos dessa moeda em todos os estados da natureza, não apenas em um deles. O efeito de substituição da carteira em favor da moeda, portanto, é muito mais forte.

Os resultados que encontramos são muito diferentes daqueles que ocorreriam se o investidor fosse neutro ao risco. Um investidor neutro ao risco passaria toda sua riqueza para o ativo com o maior retorno esperado, sem prestar atenção ao risco dessa movimentação.[2] Contudo, quanto maior o grau de aversão ao risco, maior a preocupação com o grau de risco da carteira global de ativos.

---

[2] De fato, um investidor neutro ao risco sempre gostaria de levar a posição vendida máxima no ativo de retorno baixo e, correspondentemente, a posição mais comprada possível no ativo de retorno alto. É esse comportamento que dá origem à condição de paridade de juros.

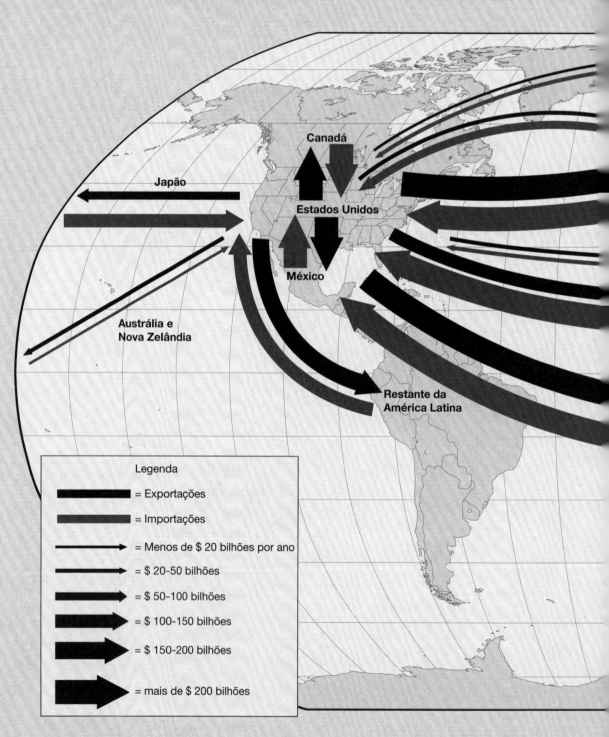

Fluxos de comércio de mercadorias com

Estados Unidos (em dólares de 2018)

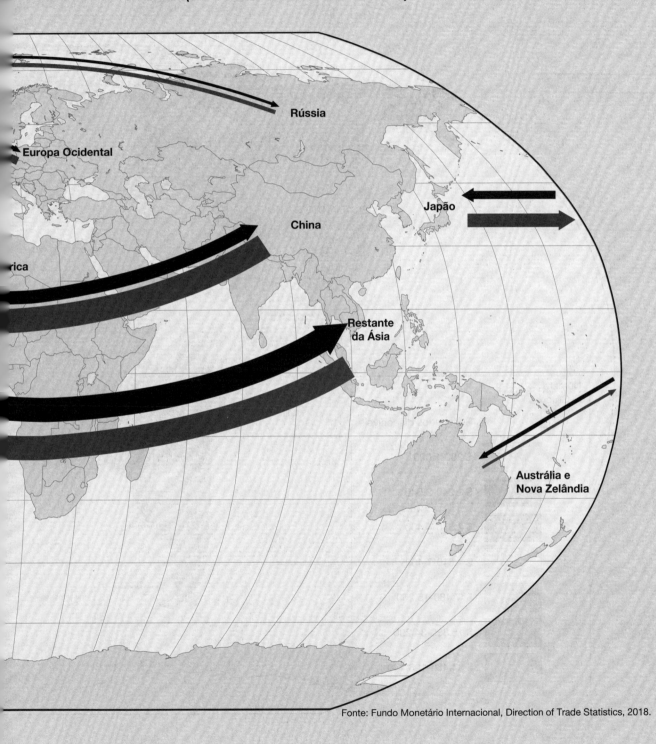

Fonte: Fundo Monetário Internacional, Direction of Trade Statistics, 2018.

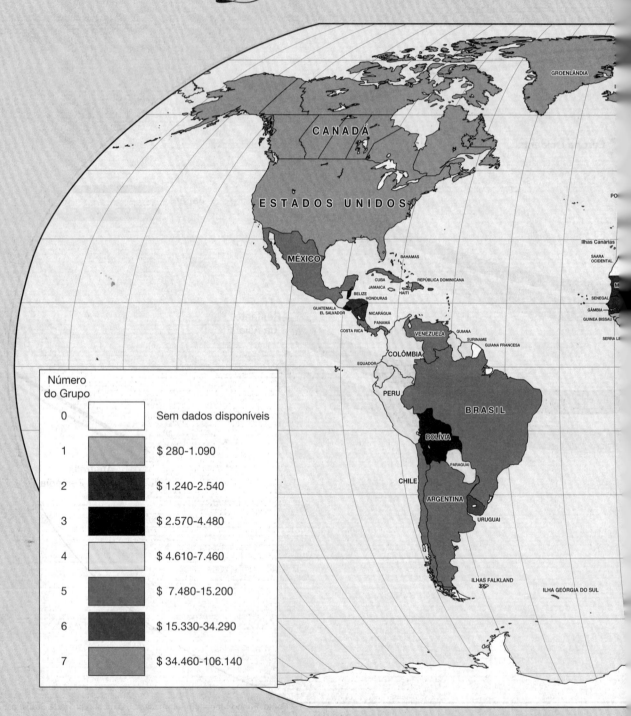

Produto nacional bruto per capita

em dólares de 2019)

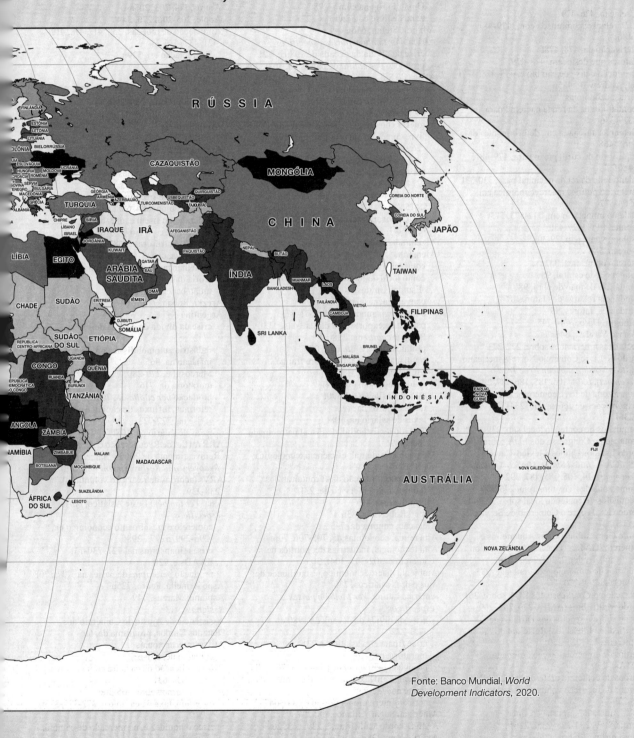

Fonte: Banco Mundial, *World Development Indicators*, 2020.

Índice

Obs.: Os números de página seguidos por f indicam figuras; aqueles seguidos por t indicam tabelas.

A

AA, relação, 476-479
　DD, relação, combinada com, 479-481, 480f
　derivação da, 478, 478f
　fatores que deslocam, 478-479
　produção e taxa de câmbio e, 476-478, 477f
Abel, Andrew B., 485n
Abertas, economias
　contabilidade da renda nacional para, 329-336
　demanda agregada em, determinantes da, 465-468
　equilíbrio de curto prazo para, 479-481, 480f
　identidade da renda nacional para, 330-331
　metas da política macroeconômica em, 564-572
　trilema monetário em, 572-573, 573f
Absoluta, PPC, 429-430
Absoluta, vantagem, 29-30
Absorção, 586
Absorção doméstica, 332n
Abundância de capital, 98
Abundância de mão de obra, 98
Abundância relativa dos fatores, 87
Abundantes, fatores, 99
Acemoglu, Daron, 744-745
Acharya, Viral V., 646n
Aço, tarifas americanas sobre, 272-273
Acordo de Livre Comércio Norte-Americano (Nafta – *North American Free Trade Agreement*), 6, 14, 105, 185, 186-187, 292
　como zona de livre comércio, 276
　exportações de açúcar sob, 234-238, 235f, 236f
　requisitos de conteúdo local sob, 239
　votação no Congresso dos EUA sobre, 261
Acordo Estados Unidos-México-Canadá (USMCA – *United States-Mexico-Canada Agreement*), 14, 105, 185, 187, 292
　como zona de livre comércio, 276, 277
　requisitos de conteúdo local sob, 239-240
Acordo Geral sobre o Comércio de Serviços (GATS), 270
Acordo Geral sobre Tarifas Aduaneiras e Comércio (GATT – *General Agreement on Tariffs and Trade*), 7, 267, 268, 581n
　acordos de comércio preferencial e, 275
　OMC *vs.*, 269-270
　votação no Congresso dos EUA sobre, 261
Acordo Multifibras (AMF), 239, 263, 269
Acordo sobre Aspectos dos Direitos de Propriedade Intelectual Relacionados ao Comércio (TRIPS), 270
Acordos de comercialização ordenada (OMAs), 239
Acordos de comércio preferencial, 275-278
Acordos de restrição voluntária (ARVs), 238-239
Açúcar, quota de importação americana sobre, 68-69, 234-238, 235f, 236f
Adler, Gustavo, 496n, 540n
Administradas, taxas de câmbio flutuantes, 517, 518
　intervenção esterilizada e, 534-541

Aduaneiras, uniões, 275, 276
　União Europeia como, 278
　zona de livre comércio *vs.*, 277
Advjiev, Stefan, 656n
África. *Ver também países específicos*
　crise da dívida da década de 1980 e, 721
　produção *per capita* de países na, 707t, 708
África do Sul, produção *per capita* da, 707t
Agências governamentais, no mercado internacional de capitais, 633
Agricultura
　guerra comercial EUA-China e, 263
　livre comércio em produtos agrícolas e, 269
　proteção comercial para, 262-263
　subsídios para, efeito no Terceiro Mundo, 274
Agrupamento do mercado de trabalho, 154, 155-156
AIG (American International Group), 647
Airbus, 171, 233
Aizenman, Joshua, 549n
Alemanha
　comércio com a China, 688
　como local de fornecimento para os Estados Unidos, 204
　convergência salarial na, 75
　dominância monetária da, 671-673
　padrão de exportações da, 113-114, 113f
　PIB *per capita* na, 288t
　produção *per capita* da, 707t
　retaliação contra tarifa sobre frango direcionada à, 231
　reunificação da, 603, 671
　taxa de inflação na, 590t
　taxas de juros na, 7
　taxas de salário na, 108t
　Tratado de Estabilidade Fiscal patrocinado pela, 696
Alemanha Ocidental, eficiência tecnológica da, 111t
Alfândegas e Proteção das Fronteiras dos Estados Unidos, Serviço de, 231
Alfaro, Laura, 741n
Aliber, Robert Z., 383n
Alocação, enigma da, 743
Alta renda, economias de, 705-706, 706t
Alta tecnologia, indústrias de, política de comércio e, 302-303, 304f, 305
Ambiente macroeconômico, estabilidade do, nos países asiáticos, 730
América Latina. *Ver também países específicos*
　crise da dívida da década de 1980 e, 721-722
　crise financeira asiática e, 731
　moratória na, 716
　produção *per capita* de países na, 707t, 708
　reformas, influxos de capital e o retorno da crise na, 722-725
American International Group (AIG), 647
American Sugar Alliance, 68, 237
AMF (Acordo Multifibras), 239, 263, 269
Amiti, Mary, 228n
Análise de equilíbrio geral, 30
Annual Report on Exchange Arrangements and Exchange Restrictions 2018, 519n

Antidumping, tarifas, 195-197
Antràs, Pol, 203, 205n
Apple, 205-206, 270, 344
Apreciação de moedas, 358, 417, 418, 419-421, 432, 436
　depreciação *vs.*, 529n
　real, 448
　taxa de, 370
Apreciação, taxa de, 370
Apropriabilidade, 289, 290
Ar Limpo, Lei do, OMC e, 314
Arbitragem, 361
　regulatória, 643
Arbitragem de preços de ativos internacionais, eficiência da, 655-656, 656f
Áreas monetárias ótimas, 664-670
　definição de, 682-683
　euro e. *Ver* Euro; Euro, crise do
　Europa como, 684-688, 687f, 687t
　federalismo fiscal e, 683-684
　GG, curva, e, 677-679, 678f
　GG-LL, estrutura, e, 681-684, 682f, 683f
　LL, curva, e, 679-681, 681f
　semelhança da estrutura econômica e, 683
　teoria das, 677-688
　união bancária e, 684
Arezki, Rabah, 712n
Argentina
　crise da dívida da década de 1980 e, 722, 732
　indústria automobilística na, 252
　inflação na, 565
　Mercosul e, 279-280
　moratória da, 716
　produção *per capita* da, 707t
　reformas, influxos de capital e o retorno da crise na, 722-723
　taxas de salário na, 108t
ARRA (Lei de Recuperação e Reinvestimento de 2009 – *American Recovery and Re-Investment Act*), 240-241
ARVs (acordos de restrição voluntária), 238-239
Ásia. *Ver também* Leste Asiático; *países específicos*
　comércio e crescimento econômico na, 296-299, n297f, 298f
　crises financeiras na, 721, 730-731
　EAADs e, 730
　produção *per capita* de países na, 707t, 708
Aspe Armella, Pedro, 725n
Asplund, Marcus, 449
Assignats, 413
Assistência de Ajuste de Comércio dos Estados Unidos, programa de, 69
Ativos internacionais
　cardápio de, 631-632
　diversificação da carteira como motivo para, 630-631
Ativos, retorno sobre, 365-366
　esperado, taxa de câmbio e, 372-375, 373t, 374f
　risco e liquidez e, no mercado de câmbio, 370-371
　taxa de, 365-366
　taxas de câmbio e, 367-369
Atkeson, Andrew, 439n

Índice   777

Ato Único Europeu de 1986, 673, 685, 686
Atoyan, Ruben, 688n
Atum, importações americanas de, 253
Auerbach, Alan, 502
Austrália, *carry trade* e, 379-381, 380f
Automobilística, indústria
  argentina, 252
  japonesa, RVE sobre exportações de
    automóveis para os Estados Unidos e, 238
  Nafta e USMCA e, 187
  quota de importação dos EUA sobre
    automóveis e, 258
  sul-coreana, 289
Autor, David H., 320
Autorrealizáveis, crises monetárias, 533
Aversão ao risco, ganhos de comércio e, 630

B

Baba, Naohiko, 383n
Bahaj, Saleem, 650n
Bahrein, como centro de Eurodivisas, 634
Baillie, Richard T., 541n
Baixa renda, economias de, 705, 707t
Balanço de compensações oficial, 345-346.
  Ver também Balanço de pagamentos
Balanço de pagamentos, 6-7, 337-350
  conta corrente e, 340-341, 341t
  conta de capital e, 341-342
  conta financeira e, 342
  crises e fluxos de capitais especulativos e,
    584-585
  discrepância estatística e, 342-343
  exemplos de transações emparelhadas e,
    338-339
  identidade fundamental do balanço de
    pagamentos e, 339-340
  oferta de moeda e, 522-523
  transações de reserva oficiais e, 345-346
Balanço de pagamentos, contabilidade do,
  325-326
Balanço do banco central, oferta de moeda e,
  519-521
Balassa, Bela, 45n, 46, 444
Balassa-Samuelson, teoria de, 444-445, 456
Baldwin, Richard, 685
Baldwin, Robert E., 261
Bancário internacional, sistema, 632-635
  estrutura do mercado internacional de
    capitais e, 632-633
  sistema bancário *offshore* e negociação de
    moeda *offshore* e, 633-634
  sistema bancário paralelo e, 635
Banco Central Europeu (BCE), 646, 664, 665t
  funcionamento do, 676
  fundação do, 673
  linhas de *swap* e, 649, 650
  programa de Transações Monetárias
    Diretas e, 697
Banco Commercial Português, ativos do, 689t
Banco Europeu de Investimento (BEI), 665t,
  697
Banco Mundial, 718
Banco Nacional Suíço (SNB)
  linhas de *swap* e, 649
  resposta à crise financeira de 2008, 535-
    537, 536f
Banco Santander, ativos do, 689t
Bancos
  crises financeiras e, 732
  fortalecimento de, para evitar crises
    financeiras, 736

Bancos
  comerciais. *Ver* Bancos comerciais
  grandes demais para quebrar, 641-642
  investimento, no mercado internacional de
    capitais, 633
  reestruturação de, 639
  resgates de, 639
Bancos centrais. *Ver também* Oferta de
moeda
  balanço dos, oferta de moeda e, 519-521
  como prestamista de última instância, 639
  dos Estados Unidos, 345, 649
  fixação da taxa de câmbio por, 523-526
  linha de *swap* dos, 648-650
  no mercado de câmbio, 360
  no mercado internacional de capitais, 633
  posições de capital dos, 637n
  transações de reserva e, 345-346
Bancos comerciais
  no mercado de câmbio, 359-360
  no mercado internacional de capitais, 632
Bangalore, India, 160
Bangladesh
  condições de trabalho em, 315
  eficiência tecnológica de, 111t
  exportações de, 310
  padrão de exportações de, 113-114, 113f
  PIB *per capita* nos, 288t
  pobreza de, 287
  vantagem comparativa em vestuário, 47,
    47t
Bank of Ireland, ativos do, 689t
Barclays Capital, 633
Baring, crise do Banco, 716
Barreiras ao comércio, paridade do poder de
  compra e, 438-439
Barreiras burocráticas, 241
Basileia, Comitê da, 644-645
Basileia I, 644
Basileia II, 644
Basileia III, 650-651
Bay Bridge, 240-241
BCE. *Ver* Banco Central Europeu
Bean, Charles R., 677n
Beghin, John Christopher, 236n
BEI (Banco Europeu de Investimento), 665t,
  697
Bekaert, Geert J., 658n
Belfast, Acordo de, de abril de 1998, 669
Bélgica, comércio dos EUA com a, 13
Bem-estar
  com economias externas, 161-163, 162f
  de mudanças nos termos de troca e,
    128-129
Bem-estar nacional, argumentos de, contra o
  livre comércio, 254-258
Benefício social marginal, 256
Bens, comércio de, 340
Bens não comercializáveis, no modelo
  ricardiano, 45
Bergsten, C. Fred, 611n
Bernanke, Ben S., 420n, 485n, 580n, 637n,
  646n
Bernard, Andrew B., 192n, 194n, 203n
Bertaut, Carol, 646n, 653n
Beyer, Robert C. M., 686n
Bhagwati, Jagdish N., 134, 445, 735
Biden, Joseph R., Jr., 344
Big Mac, hambúrgueres, lei do preço único
  e, 440-443
Bimetálico, padrão, 545-546
Birka, Linha, balsas, 449-450
Blanchard, Olivier Jean, 540n, 686n

Blinder, Alan, 20
Bloomfield, Arthur I., 576n
BNP Paribas, 646
  ativos do, 689t
Boeing, 171, 233
Bogen, Jeffrey R., 337n
Booms imobiliários, crise do euro e, 689, 690
Borjas, George, 77n
Borusyak, Kirill, 228n
Botões, indústria de, economias externas de
  escala na, 158-159, 158f, 159f, 162
Bowen, Harry P., 110
Brander, James, 305
Brander-Spender, análise de, 305-308, 305t,
  306t
Brasil
  apreciação do real, 7
  crise da dívida da década de 1980 e, 722
  crise financeira na, 733
  industrialização por substituição de
    importações no, 293t
  inflação na, 565
  Mercosul e, 279-280
  produção *per capita* do, 707t
  reformas, influxos de capital e o retorno da
    crise no, 723-724
  taxas de salário no, 108t
Bressler, Beau, 653n
Bretton Woods, acordo de, 580
  argumento em prol de abandonar, 593-597
  equilíbrio externo e, 589-593
  fim do, 590-591
  FMI e, 581-585
Brexit, 6, 278, 667-670
BRICS, países. *Ver também* Brasil; China;
  Índia; Rússia; África do Sul
  fluxos de IED para, 200
Broda, Christian, 185
Brownfield, IED, 197
Brunnermeier, Markus K., 381n, 645n, 651n
Buchanan, Patrick, 25
Buitron, Carolina Osorio, 496n
Burns, Ken, 33
Burnside, Craig, 381n
Burstein, Ariel, 439n
Bush, George W., 475, 481n
Buy American, Lei, 240-241

C

Cadeias de valor globais, efeitos da taxa
  de câmbio nos preços das exportações e
  importações e, 494-496, 495f
Cagan, Phillip, 414n
Calvo, Guillermo A., 694n, 735n
Câmbio, mercado de, 359-381. *Ver também*
Câmbio, taxas de
  ativos e retornos sobre ativos no, 365-366,
    367-369
  atores no, 359-360
  características do, 361-362
  carry trade e, 379-381, 380f
  demanda por ativos em moeda estrangeira
    e, 364-371
  eficiência do, 656-659
  equilíbrio no. *Ver* Equilíbrio do mercado
    de câmbio
  futuros no, 364
  liquidez e, 366, 370-371
  opções no, 364
  paridade de juros e, 371-372
  risco e, 366, 370-371
  swaps no, 364

778 Índice

taxas de câmbio e retornos e, 372-375, 373t, 374f

taxas de juros e, 367, 368f

Câmbio, taxas de, 355-359. *Ver também* Câmbio, mercado de

a termo, paridade coberta de juros e, 362-363, 363f, 382-385, 384f

abordagem monetária às, 430-436

alterações permanentes de oferta de moeda e, 416-418, 417f, 418f

áreas monetárias ótimas e. *Ver* Áreas monetárias ótimas

crises financeiras e, 732

de longo prazo, modelo geral das, 446-454

determinação das, 7

economia política das, 577-578

efeitos da, nos preços das exportações e importações, 494-497, 495f

equilíbrio, 375-376, 375f

equilíbrio de mercado de ativos e, 476-478, 477f

equilíbrio de mercado de produção no curto prazo e, 471-472, 472f

expectativas e taxas de juros e, 376-377

inflação e conta corrente e, 493-494

moeda como meio de troca, 392

moeda e taxa de juros ligados a, 401-404, 402f, 403f

nominal, 446

nos países em desenvolvimento, 710

oferta de moeda dos EUA e taxa de câmbio dólar/euro e, 404

oferta de moeda e, no curto prazo, 401-407

oferta de moeda e, no longo prazo, 410-411

oferta de moeda europeia e taxa de câmbio dólar/euro e, 404-407, 405f, 406f

preços nacionais e estrangeiros e, 356, 358

preços relativos e, 358-359, 359t

real, 446-448

retornos esperados e, 372-375, 373t, 374f, 376-377, 378-379

retornos sobre ativos e, 367-369

spot, 362-363, 363f

taxas de juros e, 376-378, 377f, 378f

Cambodja, padrão de exportações do, 113-114, 113f

Canadá

comércio dos EUA com, 14, 14f, 15, 15t, 16f, 87

como local de fornecimento para os Estados Unidos, 204

integração econômica com os EUA, 188

Nafta e. *Ver* Acordo de Livre Comércio Norte-Americano

peças importadas do, 204

produção *per capita* do, 707t

USMCA e. *Ver* Acordo Estados Unidos-México-Canadá

Capitais, fuga de, 533

Capital, conta de, 337-338

balanço de pagamentos e, 341-342

Capital do banco, 637

Capital próprio, instrumentos de, 632

Capital-intensiva, produção, 93

Carbono, tarifas de, 319-320

Carry trade, 379-381, 380f

Cartéis do narcotráfico, no México, 725

Carter, Jimmy, 599

Cassel, Gustav, 428

Cayman, Ilhas, 200n

CDSs (*swaps* de crédito – *credit default swaps*), 647

Cecchetti, Stephen, 420n

CEE (Comunidade Econômica Europeia), 185, 278

Cerutti, Eugenio M., 656n

Chamon, Marcos, 735n

Chéquia, taxas de salário na, 108t

Chile

crise financeira no, 732

industrialização por substituição de importações no, 293t

produção *per capita* do, 707t

reformas, influxos de capital e o retorno da crise no, 724-725

China

como local de fornecimento para os Estados Unidos, 204

competição de importações da, emprego americano e, 70-72, 71f

concorrência portuguesa com, 688

crescimento econômico da, 296-297, 297f, 298f, 712, 726

crescimento rápido das exportações da, 320-321

distribuição de renda na, 102

dumping por parte da, 196-197

economia externa na, 154

exportações alemãs para, 688

exportações de vestuário da, 47, 47f

ganhos dos consumidores americanos com importações da, 129

guerra comercial dos EUA com, 71n, 72-73, 263

indústria de botões na, 158-159, 158f, 159f, 162

manipulação cambial pela, 611, 616, 728

montagem do iPhone na, 205, 206

padrão de exportações da, 114, 114f

peças importadas da, 204

PIB *per capita* na, 288t

poluição na, 317-318, 318f

produção *per capita* da, 707t

produtividade e salários na, 38

superávit comercial da, 6

tarifa americana sobre exportações de painéis solares da, 140-141

tarifas americanas sobre importações da, 227

Chinn, Menzie D., 381n, 550n, 659n

Chitu, Livia, 362n, 550n

Choques comerciais, 320-321

Choques dos termos de troca, exposição dos países em desenvolvimento a, 137

Choudhri, Ehsan U., 580n

Christiano, Lawrence, 502

Churchill, Winston, 579

Ciclos financeiros globais, mercados emergentes e, 737-738

Ciclos financeiros globais, mercados emergentes e, 737-738

Citicorp, 721

Citigroup, 633

Claessens, Stijn, 696n

Clarida, Richard, 421

Clinton, Bill, 313

Clinton, Kevin, 383n

Coca-Cola, 632-633

Coletiva, ação, política de comércio e, 260-262

Colômbia, produção *per capita* da, 707t

Comércio

composição do, 18-20, 18f, 19f, 19t

economias de escala e, 152-153, 152f

economias externas e. *Ver* Economias externas de escala

conteúdo de fatores do. *Ver* Conteúdo de fatores do comércio

princípios fundamentais do, 21

ganhos de. *Ver* Ganhos de comércio

PIB e, 11-13, 12f, 14-15, 14f, 15t

globalização e, 16-18

impedimentos ao, 14-15, 14f, 15t, 16f

distribuição de renda. *Ver* Distribuição de renda

inter-regional, 164-166, 164t

intertemporal. *Ver* Intertemporal, comércio

intraeuropeu, extensão do, 685-686

intraindústria, 184-185, 185t, 683

tamanho do mercado e, 190-192, 191f

modelos de. *Ver* Heckscher-Ohlin, modelo de; Ricardiano, modelo; Modelo padrão de comércio; Fatores específicos, modelo de concorrência monopolística e, 179-187

diferenças de desempenho entre produtores e, 188-190, 189f

economia política do, 67-73

recursos e. *Ver* Heckscher-Ohlin, modelo de

offshoring de serviços e, 20, 21f

participação no PIB, nos países asiáticos, 730

modelo de fatores específicos de. *Ver* Fatores específicos, modelo de

desemprego e, 69-73, 70f

entre economias de dois fatores, no modelo de Heckscher-Ohlin, 97-108

quantidade de, 5-6

modelo de gravidade do, 10, 11-13, 12f

Comércio, Departamento de, dos EUA, 195

Comércio mundial. *Ver* Comércio

Comércio, padrões de. *Ver* Padrões de comércio

Comissão de Comércio Internacional, 195

Comparativa, vantagem, 25-26, 26t

Babe Ruth, exemplo de, 33

com muitos bens, 40-44

equívocos sobre, 37-40

especialização e, 42

intertemporal, 143-144

produtividade e competitividade e, 37-39

salários relativos e, 40-44, 41t, 43f

Competição política, política de comércio e, 259-260, 259f

Complementaridade entre capital e habilidade, participação decrescente da mão de obra na renda e, 106-107, 106f

Compra, opções de (*call*), 364

Compras de governo, na contabilidade da renda nacional, 330

Compras nacionais, 241

Comunidade Econômica Europeia (CEE), 185, 278

Comunidade Europeia do Carvão e do Aço (CECA), 667

Concordata, 644

Confiança, problema de, 589

Connelly, Tony, 669n

Conselho de Estabilidade Financeira (FSB – Financial Stability Board), 651

Conselho de Supervisão da Estabilidade Financeira (FSOC – Financial Stability Oversight Council), 652

Conselhos monetários, 723

Consumidor, excedente do, 222-223, 223f

Consumo, demanda de, determinantes da, 465-466

Conta, moeda como unidade de, 392-393

Índice — 779

Contabilidade da renda nacional, 325, 326-336
compras de governo na, 330
consumo na, 329
conta corrente e dívida externa e, 331-333, 333f
depreciação de capital e transferências internacionais e, 328
investimento na, 329-330
para uma economia aberta, 330-336, 331t, 333f
PIB e, 329
poupança e conta corrente e, 334
poupanças privada e do governo e, 335-336
produto nacional e renda nacional e, 327-328
Contabilidade das partidas dobradas, exemplos de, 338-339
Contágio, crises financeiras e, 733
Conteúdo de fatores do comércio, 109-112
ajuste empírico melhor para, 111-112, 112t
comércio faltante e, 110-111, 111t
dados globais e, 110
testes com dados dos EUA e, 109-110, 109t
Continental Illinois National Bank, 641
Controle governamental, em países em desenvolvimento, 709-710
Controles de capital, 671
Convencionais, câmbios fixos, 519n
Convergência, em rendas per capita, 706-708, 707t
Conversibilidade, Lei da (Argentina), 722-723
Conversíveis, moedas, 583
Cooper, Ian, 653n
Cooper, Richard N., 545n
Coordenação de políticas, 7-8
Core Principles for Effective Banking Supervision (Comitê da Basileia), 644-645
Coreia do Sul
como país avançado, 287
crescimento econômico da, 296-297, 297f, 298f, 726
crise financeira asiática e, 730
crise financeira na, 733
educação em, 730
indústria automobilística da, 289
PIB per capita na, 288t
produção per capita da, 707t, 708
produtividade e, 39
taxas de salário na, 108t
Coreia do Sul, superávit comercial da, 6
Corporações
multinacionais. Ver Multinacionais
no mercado de câmbio, 360
no mercado internacional de capitais, 632-633
Corrupção
chilena, 724
mexicana, 725
nos países em desenvolvimento, 710, 713, 713f
Costa Rica, produção per capita da, 707t
Covid-19, pandemia da, 608, 609f, 610
crescimento econômico e, 324
ferramentas de políticas implementadas em resposta a, 648
no Brasil, 724
no México, 725
países em desenvolvimento e, 137
resposta da UE à, 697
saídas de capital privado dos países mais pobres e, 740
Cowan, Kevin, 724n

Cox, Lydia, 73
Crawling pegs, 519n
Credibilidade do SME, teoria da, 671-673, 672f
Créditos, 337
Crescimento econômico, 131-137
asiático, comércio e, 296-299, 297f, 298f
de países recém-industrializados, efeito nas nações desenvolvidas, 135-137, 136f
efeitos internacionais do, 133-137
empobrecedor, 134-135
enviesado, 131, 132f, 133
enviesado pela exportação, 133
enviesado pela importação, 133
fronteira de possibilidade de produção e, 131, 132f, 133
global, importância dos países em desenvolvimento para, 708, 709f
globalização e, 316-318, 317f, 318f
oferta relativa mundial e termos de troca e, 133, 134f
pandemia da covid-19 e, 324
Criação de comércio, 277
Crise financeira global de 2007-2009, 607-608, 645-648
iniciativas regulatórias internacionais após, 650-652
linhas de swap do banco central e, 648-650
Crises bancárias
crise imobiliária dos EUA e, 8
salvaguardas de governo contra, 638-640, 640f
Crises do balanço de pagamentos, 531-534, 532f
fuga de capitais e, 533
Crises financeiras
asiática de 1997-1998, 730-731
crise da dívida da década de 1980, 721-722
de países em desenvolvimento, lições de, 731-733
global, de 2007-2009. Ver Crise financeira global de 2007-2009
Grande Depressão. Ver Grande Depressão
latino-americanas, retorno das, 722-725
lidar com, 736, 739-740
redução do risco de, 735-736
Crises monetárias autorrealizáveis, 533
Croushore, Dean, 485n
Crowe, Christopher, 676n
Crucini, Mario J., 436n
Cuaresma, Jesús, 686n
Culturais, questões, política de comércio e, 314
Cumby, Robert E., 658n
Curcuru, Stephanie, 653n
Curto prazo, 401
Curva de aprendizado, 163-164, 163f
Curva de demanda relativa, 31, 31f
Curva de oferta
em queda futura, 157
relativa, 31, 31f
Curva de oferta em queda futura, 157
Custo médio
custo marginal vs., 173-174, 174f
de produção, 157

D

DAE. Ver Departamento de Análise Econômica dos Estados Unidos
data de liquidação, 362
moeda como reserva de, 393
Davis, Donald, 111

DD, relação, 471-476
AA, relação, combinada com, 479-481, 480f
derivação da, 472-473, 473f
fatores que deslocam, 473-476, 474f
LL, curva, e, 679-680
De Carvalho Filho, Irineu, 540n
De Grauwe, Paul, 438n
De Gregorio, José, 724n
Deardorff, Alan, 99n
Débitos, 337
Decrescentes, rendimentos, 54-55, 55f
Déficit orçamentário governamental, 335-336
Déficits
na conta corrente, 332, 567, 691
na conta corrente, influxos financeiros para financiar, 718-719
orçamentários, 335-336
Déficits orçamentários, 335-336
Deflação, 411
perigos da, 612-614
Deflação da dívida, 612
Della Corte, Pasquale, 659n
Delors, Jacques, 673
Demanda
agregada. Ver Demanda agregada
de consumo, determinantes da, 465-466
de mão de obra, no modelo de fatores específicos, 57-59, 58f
derivada, 42
por ativos em moeda estrangeira, 364
por moeda. Ver Demanda por moeda
por reservas internacionais, 546-550, 548f, 550f
preços relativos e, no modelo padrão de comércio, 125-128, 127f, 128f
taxa de câmbio real de longo prazo e, 448-451, 451f
Demanda agregada
determinantes da, 465-468
equação da, 468-469
renda real e, 469, 469f
taxa de câmbio real e, 468-469
Demanda agregada por moeda, 395-396, 397f
Demanda por moeda
agregada, 395-396, 397f
equilíbrio no mercado monetário e, 398-399, 398f
interação com oferta de moeda, 397-401
liquidez e, 395
por indivíduos, 394-395
produção e taxa de juros e, 400, 401f
retorno esperado e, 394-395
risco e, 395
DeMarco, Laurie Pounder, 646n
Demolição naval, 318-319
Deng Xiaoping, 296
Departamento de Análise Econômica dos Estados Unidos (DAE ou BEA – Bureau of Economic Analysis), 337n
posição de investimento internacional e, 346-347
Depósitos compulsórios, 638
ausência, no sistema bancário internacional, 642-643
Depreciação de capital, PNB e, 328
Depreciação de moedas, 358, 432, 436
apreciação vs., 529n
real, 447-448
taxa de, 369
Depreciação, taxa de, 369
Derivada, demanda, 42
Derivativos financeiros, 342, 364

780 Índice

Desai, Mihir, 207n
Desalinhamentos, 616
Descoberta, condição de paridade de juros (PDJ) , 382, 657
Desconexão da taxa de câmbio, enigma da, 659
Desemprego, 325
  americano, *offshoring* e, 207-208, 209f
  comércio e, 69-73, 70f
  política e, 69-73, 70f
Desenvolvidos, países
  comércio com países em desenvolvimento, desigualdade de renda e, 100-102
  crescimento das economias recém-industrializadas e, 135-137, 136f
  padrões de comércio com países em desenvolvimento, 112-114, 113f, 114f
Desequilíbrios comerciais, 325
Desequilíbrios globais, emergência de, 604-608, 605f, 606f
Desvalorização, 529
  valorização *vs.*, 529n
Desvio de comércio, 277
  Mercosul e, 278-279
Deutsche Bank, 633
  ativos do, 689t
Dexia, ativos do, 689t
Dhingra, Swati, 670n
Diamond, Jared, 741
Diaz-Alejandro, Carlos P., 724n
Diferenciação de produto, 174
Diferenciados, produtos, 174
Dinamarca
  comércio da, 685
  corrupção na, 713n
  ratificação do Tratado de Maastricht pela, 674n
  taxa de câmbio da, 518
Dinâmicos, retornos crescentes, 163-164, 163f
Dinâmicos, retornos crescentes, 163-164, 163f
DiPace, F., 137n
Discrepância estatística, 342-343
Disponível, renda
  mudanças na, efeitos na conta corrente de, 468, 468t
  nacional, 328n
Distorção de produção, perda por, tarifas e, 226
Distribuição de renda
  comércio e, 67-68, 99-102
  distância entre países ricos e pobres e, 705-706, 706t
  estreitamento da desigualdade da, 706-708, 707t
  ganhos de comércio e, 64-67, 66f
  mudança tecnológica enviesada pela qualificação e, 102-107, 103f, 104f
  participação da mão de obra na, declínio da, 106-107, 106f
  política de comércio e, 258-263
  preços relativos e, 61-63
Distribuição de renda global, fluxos de capitais globais e, 740-745
Diversificação da carteira
  como motivo para o comércio internacional de ativos, 630-631
  internacional, extensão da, 653
Dívida externa, 332-333
Dívida, instrumentos de, 632
Dodd-Frank, Lei, 651, 652
Doha, Rodada, 273-274, 280
Dolan, Matthew, 231n

Dólar (EUA)
  apreciação do, 599-600
  forte, Acordo de Plaza e, 601
Dolarização, 721n
Dominguez, Kathryn M., 541n
Dooley, Michael, 615n
Doom loop, 694
Dorn, David, 320
Dornbusch, Rudiger, 439n, 497n, 723n
Downs, Anthony, 259n
Draghi, Mario, 697
Du, Wenxin, 384, 656n
Dum Dums, 237
Dumping, 194-197

E

EAADs (economias asiáticas de alto desempenho), 730
Economia internacional
  assunto central da, 3-9
  importância da, 1-2
  subáreas da, 9
Economia política, 250-281
  da proteção comercial, 68-69
  de regimes cambiais, 577-578
  desemprego e, 69-73, 70f
  distribuição de renda e comércio e, 258-263
  liberalização da política de comércio e, 273-280, 274t, 275t
  livre comércio e, 251-258. *Ver também* Livre comércio, acordos de
  negociações internacionais de políticas de comércio e, 264-273, 264f
Economias asiáticas de alto desempenho (EAADs), 730
Economias de escala
  comércio internacional e, 152-153, 152f
  estrutura de mercado e, 153-154
  externas. *Ver* Economias externas de escala
  internas. *Ver* Economias internas de escala
  livre comércio e, 252
Economias externas de escala, 153-164
  agrupamento do mercado de trabalho e, 155-156
  comércio e bem-estar com, 161-163, 162f
  comércio internacional e, 158-164
  equilíbrio de mercado e, 157, 157f
  fornecedores especializados e, 154-155
  padrões de comércio e, 159-161, 161f
  produção e preços e, 158-159, 158f, 159f
  retornos crescentes dinâmicos e, 163-164, 163f
  teoria das, 154
  transbordamentos de conhecimento e, 156-157
Economias internas de escala, 153, 170
Economias recém-industrializadas (NIEs)
  crescimento das, efeito nas nações avançadas, 135-137, 136f
  participação da mão de obra na renda e, 106-107, 106f
ECU (Unidade Monetária Europeia – *European Currency Unit*), 667n
Ederington, Josh, 319n
Educação, nos países asiáticos, 730
Edwards, Lawrence, 101n
Efetiva, taxa de proteção, 221
Eficiência, argumento da, para o livre comércio, 251-252, 251f, 252t
Eficiência, perda de, tarifas e, 225-226, 226f

Égert, Balázs, 686n
Eichenbaum, Martin, 502
Eichengreen, Barry, 362n, 550n, 580n, 610n, 617n, 686, 720
ELB (limite inferior efetivo), 498
Elisão fiscal, transferência de lucros e, 343-344
Elliott, Kimberly Ann, 312
Elobeid, Amani, 236n
Emergentes, mercados
  ciclos financeiros globais e, 737-738
  sistemas financeiros de, 644
Emissões de gases do efeito estufa, 319-320. *Ver também* Meio ambiente
Empobrecedor, crescimento, 134-135
Empobrecimento do vizinho, políticas de, 308, 579
Emprego. *Ver também* Mão de obra; Relativos, salários; Salários
  americano, *offshoring* e, 207-208, 209f
  pleno, equilíbrio interno e, 565
Empréstimos oficiais, para países em desenvolvimento, 719
Empréstimos, para países em desenvolvimento, 715-718, 715t, 719
Empréstimos, tomados por países em desenvolvimento, 715-718, 715t
Engel, Charles, 443n, 658n, 686
Engerman, Stanley L., 744n
Entradas, conjunto de, no modelo de Heckscher-Ohlin, 91, 92f, 93, 93f
Enviesado, crescimento, 131, 132f, 133f
Equalização dos preços dos fatores, 107-108, 108t
  no mercado monetário, 398-399, 398f
Equilíbrio
  análise de equilíbrio geral e, 30
  balanço de pagamentos, 574
  condição de paridade de juros e, 371-372
  de mercado. *Ver* Equilíbrio de mercado de ativos, no curto prazo; Equilíbrio de mercado
  longo prazo. *Ver* Equilíbrio de longo prazo
  mercado monetário, sob taxas de câmbio fixas, 524-525
  mudanças na taxa de câmbio e, retornos esperados e, 372-375, 373t, 374f
  mudanças nas expectativas e, taxas de câmbio e, 378-379
  mudanças nas taxas de juros e, taxas de câmbio e, 377-378, 377f, 378f
  no mercado de ativos. *Ver* Equilíbrio de mercado de ativos, no curto prazo
  no mercado de câmbio, 371-381
  taxa de câmbio de equilíbrio e, 375-376, 375f
  taxas de juros e expectativas e, 376-377
Equilíbrio de longo prazo, 407
  taxas de câmbio nominal e real no, 451-454, 453t
Equilíbrio de mercado de ativos, no curto prazo, 476-479
  AA, relação, derivação e, 478, 478f
  fatores que deslocam a relação *AA* e, 478-479
  produção e taxa de câmbio e, 476-478, 477f
Equilíbrio de mercado de produção no curto prazo, 471-476
  DD, derivação da relação, e, 472-473, 473f
  fatores que deslocam a relação *DD* e, 473-476, 474f
  taxa de câmbio e, 471-472, 472f

Índice **781**

Equilíbrio de mercado. *Ver também*
Equilíbrio de mercado de ativos, no curto
prazo; Equilíbrio de mercado de bens e
serviços no curto prazo
de câmbio, sob substitutibilidade
imperfeita de ativos, 538-539
economias externas e, 157, 157f
na concorrência monopolística, 176-179,
177f
Equilíbrio do balanço de pagamentos, 574
Equilíbrio do mercado de câmbio, 371-381
sob substitutibilidade imperfeita de ativos,
538-539
sob taxas de câmbio fixas, 524
Equilíbrio, taxas de câmbio de, 375-376, 375f
Equivalentes tarifários, das quotas, 235
Erste Group Bank, ativos do, 689t
Erten, Bilge, 711, 712n
Escassos, fatores, 99
Espanha
boom imobiliário na, 689, 690
empréstimos da, 689, 690f, 695
inflação na, 689
produção *per capita* da, 707t
Especialização
ganhos de comércio da, 34-35
modelo ricardiano e. *Ver* Ricardiano,
modelo
vantagem comparativa e, 42
Especuladores, *hedgers vs.*, 371n
Especulativos, ataques, 533
Esperados, retornos
demanda por moeda e, 394-395
taxas de câmbio e, 372-375, 373t, 374f, 376-
377, 378-379
Estabilização cambial, regime de, 519n
Estabilizadores automáticos
taxas de câmbio como, 595-597, 596f
taxas de câmbio flutuantes como, 616
Estados Unidos
abastecimento no estrangeiro por empresas
nos, 203-204, 204f
abundância de capital dos, 98
banco central dos, 345, 649
comércio de serviços nos, 20, 21f
conteúdo de fatores das exportações e
importações dos, 109-110, 109t
corrupção na, 713n
crise imobiliária nos, 8
desemprego nos, 598t
disputa comercial sobre companhias aéreas
e, 233
embargo contra a Grã-Bretanha, 36
emissões de gases do efeito estufa dos,
319-320
emprego e competição das importações
chinesas nos, 70-72, 71f
guerra comercial de Trump dos, 71n, 72-
73, 227-230, 227f, 228f, 230f, 250
imigração para, 77-79, 77f, 78f
importações de atum dos, 253
importações e exportações como
porcentagens do PIB, 1, 2f
indústria de botões nos, 158-159, 158f, 159f
indústria de laticínios nos, 260
indústria de semicondutores japonesa e,
308-309
indústria têxtil nos, 263, 263t
inflação nos, 590t, 598t
integração econômica canadense com, 188
Lei do Ar Limpo dos, 314
locais de fornecedores estrangeiros para,
204

modelo ricardiano e, 46, 46f
Nafta e. *Ver* Acordo de Livre Comércio
Norte-Americano
offshoring e desemprego nos, 207-208,
209f
padrão monetário durante a década de
1890, 577-578
padrão-ouro e, 579
padrões sobre poluição de ar dos, 271
parceiros comerciais dos, 10-12, 11f, 12f,
13, 14, 14f, 87
PIB *per capita* nos, 288t
PIB *per capita* real nos, 598t
posição de investimento internacional dos,
346-347, 347t-349t, 350, 350f
produção *per capita* dos, 707t
produtos manufaturados no comércio dos,
19, 19t
proteção ao comércio agrícola nos, 263
quota de importação sobre automóveis nos,
258
requisitos de conteúdo local nos, 240-241
restrições à importação de açúcar dos, 68-
69, 234-238, 235f, 236f
tarifa sobre painéis solares chineses,
140-141
taxas de juros nos, 500
taxas de salário nos, 108t
USMCA e. *Ver* Acordo Estados
Unidos-México-Canadá
Estagflação, 599
Estatísticas de Trabalho, Departamento de,
dos EUA, 69
Esterilizada, intervenção cambial, 522, 523t
com substitutibilidade imperfeita de ativos,
539-540, 539f
evidências sobre os efeitos da, 540-541
ineficácia da, 534-538
Estratégica, política comercial, 301. *Ver
também* Política de comércio
Estrutura de mercado, economias de escala
e, 153-154
Estrutura jurídica, do Leste Asiático,
fraqueza da, 729
Euro, 7, 519n
Brexit e, 667-670
dominância monetária alemã e, 671-673,
672f
evolução do, 666-674
extensão do comércio intraeuropeu e,
685-686
iniciativas de integração do mercado e, 673
motivos para cooperação monetária
europeia e, 666-667
pandemia da covid-19 e, 697
SME e, 670-671
Tratado de Estabilidade Fiscal e, 696
UEM e, 673-674, 698
Euro, crise do, 688-698
ampliação do, 695
origens da, 688-691, 689t, 690f-692f, 692t,
693
resposta de política a, 695-696, 695f
transações monetárias diretas do BCE e,
697
Eurobanks, 634
Eurodólares, 634
Euromoedas , 634
Europa. *Ver também países específicos*
comércio intraindústria na, 683
como área monetária ótima, 684-688, 687f,
687t
crise financeira asiática e, 731

desemprego nos, 598t
inflação na, 598t
PIB *per capita* real nos, 598t
Política Agrícola Comum na, 262
tarifa sobre exportações de frango
americano, 231
Europa Ocidental, tarifa sobre exportações de
frango americano para a, 231
Eurossistema, estrutura do, 676
Exame bancário, 638
Excesso, retornos em, 305
Ex-fábrica, preço, 195n
Expansão enviesada das possibilidades de
produção, 96
Exploração, 39-40
Exportação, crescimento enviesado pela, 133
Exportação, subsídios à, 232, 232f
efeitos dos, 139, 140f, 241t
no modelo padrão de comércio, 137-138,
139, 140-141, 140f
termos de troca e, 139-141, 140f
Exportações. *Ver também* Comércio
como porcentagem do PIB, 1, 2, 2f, 3f
de países em desenvolvimento, 710
Export-Import Bank, 241
Externalidades, política de comércio e, 302
Externo, equilíbrio
como meta da política macroeconômica,
566-572
definição de, 564
manutenção do, 587
opções políticas para alcançar o, 585-589,
585f
sob o padrão-ouro, 573, 574-576, 577-578
sob o sistema de Bretton Woods, 589-593
taxas de câmbio e, 597, 616
trilema monetário e, 572-573, 573f
Externos, preços, 138

F

Fajgelbaum, Pablo D., 228n, 229n
Falências bancárias, 635-637
Falha de mercado, proteção da indústria
nascente e, 289-290
Falhas de mercado interno, 256
como argumento contra o livre comércio,
255-258, 256f
Fallick, Bruce, 53n
Fallows, James, 308
Fannie Mae, 647
Farhi, Emmanuel, 684n
Fatores
abundantes, 99
escassos, 99
Fatores específicos, modelo de, 52-64, 123
comércio internacional no, 63-64, 64f
definição de, 53
fronteira de possibilidade de produção e,
54-57, 54f-56f
preços relativos e distribuição de renda e,
61-63
preços, salários e alocação de mão de obra
e, 57-61, 58f, 59f
pressupostos do, 53-54
Fatura, moeda de, dólar americano como, 496
Federal Deposit Insurance Corporation
(FDIC), 638, 641
Federal Reserve System, 345
linhas de *swap* e, 649
Federalismo fiscal, 688
áreas monetárias e, 683-684

782 Índice

FEEF (Fundo Europeu de Estabilização Financeira), 693
Feenstra, Robert, 105n
Feldstein, Martin, 653-655, 727
Filiais multinacionais, 197
Filipinas
  industrialização por substituição de importações nas, 293t
  taxas de salário nas, 108t
Financeiros, centros, 160
Financiamento bancário, por países em desenvolvimento, 718
Fiscal, política
  ajuste a, mudanças na taxa de câmbio e, 530-531
  definição de, 481
  mudanças permanentes na, 489-490, 489f
  mudanças temporárias na, 481, 482-483, 483f
  para manter o pleno emprego, 483-484, 484f, 485f
  sob taxas de câmbio fixas, 528-529, 529f
Fischer, Stanley, 497n, 740n
Fisher, efeito, 433-436, 435f, 565n, 612
Fisher, Irving, 434n, 612
Fixas, taxas de câmbio
  ajustes à política fiscal e, 530-531
  análise diagramática das, 525-526, 526f
  benefícios das, integração econômica e, 677-679, 678f
  custos das, integração econômica e, 679-681, 681f
  equilíbrio do mercado de câmbio sob, 524
  equilíbrio do mercado monetário sob, 524-525
  fixação de, pelos bancos centrais, 523-526
  impossibilidade das, 617-618
  mudanças nas, 529-531, 530f
  política fiscal sob, 528-529, 529f
  política monetária sob, 527-528, 527f
  políticas de estabilização com, 526-531
  razões para estudar, 518-519
Flaaen, Aaron, 73, 197n
Flood, Robert, 549n
Flutuantes, taxas de câmbio
  administrada, 517
  argumento em prol de, 593-597
  autonomia da política monetária e, 593-594
  como estabilizadores automáticos, 595-597, 596f, 616
  equilíbrio externo e, 597
  independência macroeconômica sob, 602
  inflação e, 598-601, 598t, 600f
  primeiros anos das, 597-601, 598t, 600f
  simetria e, 595
  transição para, 590-591
Fluxos de capitais globais
  distribuição de renda global e, 740-745
  padrões paradoxais dos, 741-743
Fluxos financeiros líquidos, 337
FMI. *Ver* Fundo Monetário Internacional
Foley, C. Fritz, 207n
Folkerts-Landau, David, 615n
Forbes, Kristin, 497
Ford, 231
Formador de preço, 172
Fornecedores especializados, 154-155
Fort, Teresa C., 203
Fórum de Estabilidade Financeira, 651
França
  inflação na, 413, 590t
  padrão bimetálico e, 545

padrão de exportações da, 113-114, 113f
produção *per capita* da, 707t
"Frango, Imposto do", 231
Frankel, Jeffrey A., 444n, 541n, 550n
Freddie Mac, 647
Friberg, Richard, 449
Frieden, Jeffry, 578
Fronteira de possibilidade de produção, 27-28, 27f, 30, 30f
  crescimento econômico e, 131, 132f, 133f
  intertemporal, 141-142, 142f
  modelo de fatores específicos e, 54-57, 54f-56f
  modelo de Heckscher-Ohlin e, 89-91, 91f, 92f
Froot, Kenneth A., 540n
FSB (Conselho de Estabilidade Financeira – Financial Stability Board), 651
FSOC (Conselho de Supervisão da Estabilidade Financeira – Financial Stability Oversight Council), 652
Fundo de Estabilização do Câmbio, 345
Fundo Europeu de Estabilização Financeira (FEEF), 693
Fundo Monetário Internacional (FMI), 519n, 581-585, 718
  conversibilidade e expansão dos fluxos financeiros privados e, 583-584
  crises e fluxos de capitais especulativos, 584-585
  Mecanismo de Reestruturação da Dívida Soberana do, 739
  objetivos e estrutura do, 582-583
Futuros, no mercado de câmbio, 364

G

Gagnon, Joseph E., 611n
Ganho de eficiência monetária, 677
Ganho dos termos de troca, tarifas e, 226, 226f
Ganhos de comércio, 4-5
  americanos, de importações chinesas, 129
  aversão ao risco e, 630
  cardápio de ativos internacionais e, 631-632
  com a especialização, 34-35
  distribuição de renda e, 64-67, 66f
  diversificação da carteira como motivo para o comércio internacional de ativos e, 630-631
  livre comércio e, 252-253
  mercado internacional de capitais e, 628-632
  tipos de, 628-630, 629f
Garber, Peter, 615n
GATS (Acordo Geral sobre o Comércio de Serviços), 270
GATT. *Ver* Acordo Geral sobre Tarifas Aduaneiras e Comércio
Gelpern, Anna, 740n
Genberg, Hans, 438n
General Motors, 270
Geografia, comércio inter-regional e, 164-166, 164t
Geografia econômica, 166
Georgiadis, Georgios, 496n
GG, curva, 677-679, 678f
  LL, curva, combinada com (modelo *GG-LL*), 681-682, 682f, 683f
Ghosh, Atish R., 735n
Giavazzi, Francesco, 672n
Glaeser, Edward L., 745n

Glick, Reuven, 685n
Globalização
  comércio e, 16-18
  meio ambiente e, 316-320
  movimento antiglobalização e, 310
  política de comércio e, 310-315
  reação contra, 6
Goldberg, Linda S., 421n, 650n
Goldberg, Pinelopi K., 228n, 229n, 436n, 439n
Goldin, Claudia, 102n
Goldman Sachs, 633, 647
Goldsmith, James, 39
Google, 270, 344
Googleplex, 20
Gopinath, Gita, 436n, 439n, 443n
Gorodnichenko, Yuriy, 502
Gorton, Gary B., 645n
Gourinchas, Pierre-Olivier, 436n, 443n, 717n, 743
Gräb, Johannes, 496n
Grã-Bretanha. *Ver também* Reino Unido
  conta corrente da, 574
  embargo americano contra, 36
  modelo ricardiano e, 46, 46f
  retorno ao padrão-ouro, 579
  saída da União Europeia, 6, 278, 667-670
  taxa de inflação na, 590t
Grande Depressão
  falências bancárias e, 579
  moratórias de países em desenvolvimento durante, 716
  padrão-ouro e, 580-581
Gravidade, modelo de, do comércio mundial, 10, 11-13, 12f
Grécia
  crise do euro e, 688, 692-693, 694
  empréstimos da, 689, 690f
  inflação na, 689
  reestruturação da dívida pela, 695
  taxas de salário na, 108t
Greenfield, IED, 197
Greenpeace, 319
Grossman, Gene M., 207n, 262n, 316-317
Grove, Andy, 307
Guerras comerciais
  agricultura e, 263
  negociações para evitar, 265-266
  problema das, 265, 265f
  sob Trump, 71n, 72-73, 227-230, 227f, 228f, 230f, 250

H

Hadri, Kaddour, 712n
Hagan, Sean, 740n
Haiti, padrão de exportações do, 113-114, 113f
Hall, Robert E., 413n, 501
Hanson, Gordon H., 79n, 105n, 320
Hausmann, Ricardo, 720
Head, Keith, 187n
Heckscher, Eli, 87
Heckscher-Ohlin, modelo de, 87-116, 123
  na economia de dois fatores. *Ver* Heckscher-Ohlin, modelo de, em uma economia de dois fatores
Heckscher-Ohlin, modelo de, em uma economia de dois fatores, 88-97
  comércio internacional entre economias de dois fatores e, 97-108
  conjunto de entradas e, 91, 92f, 93, 93f
  conteúdo de fatores do comércio e, 109-112, 109t, 111t, 112t

Índice   **783**

distribuição de renda e comércio e, 99-102
equalização dos preços dos fatores e, 107-108, 108t
evidências empíricas sobre, 109-115
mudança tecnológica enviesada pela qualificação e desigualdade de renda e, 1, 102-107, 103f
padrões de exportação entre países desenvolvidos e em desenvolvimento e, 112-114, 113f, 114f
preços dos fatores e preços de mercadorias no, 93-96, 94f, 95f
preços e produção no, 88-91, 91f-93f
preços relativos e padrões de comércio e, 98-99, 98f
recursos e produção no, 96-97, 97f
Heckscher-Ohlin, teorema de, 99
Hedge, 363
Hedgers, especuladores *vs.*, 371n
Heller, H. Robert, 547n
Helpman, Elhanan, 262n
Henderson, J. Vernon, 165n
Herbert, Bob, 39n
Hewlett-Packard, 160
Hines, James R., 207n
Hiperinflação zimbabuana, 413-415
Hoang, Mai-Chi, 337n
Hodrick, Robert J., 658n
Hong Kong
  ascensão econômica de, 726
  como centro de Euromoedas, 634
  crise financeira asiática e, 731
  educação em, 730
  eficiência tecnológica de, 111t
  livre comércio e, 251
  produção *per capita* de, 707t
Horioka, Charles, 653-655
Horizontal, IED, 198, 201-202
Hortaçsu, A., 197n
Howard, John, 316
Howell, Kristy L., 337n
Hsieh, Chang-Tai, 436n, 443n, 581n
Huang, Hanwei, 670n
Hume, David, 1, 2, 574-575
Humpage, Owen F., 541n

I

IBM, 632-633
Identidade da renda nacional, para uma economia aberta, 330-331
Identidade fundamental do balanço de pagamentos, 339-340
IED. *Ver* Investimento estrangeiro direto
IIP (posição de investimento internacional líquido), 333, 333f
Ilhas Virgens Britânicas, 200
Imigração, economia americana e, 77-79, 77f, 78f
Imperfeita, concorrência, 171-179
  concorrência monopolística como. *Ver* Monopolística, concorrência
  monopólio como, 172-174, 172f
  política de comércio e, 305-309
Imperfeitos, mercados de capitais, 289, 290
Importação, crescimento enviesado pela, 133
Importações. *Ver também* Comércio
  como porcentagem do PIB, 1, 2, 2f, 3f
Índia
  crescimento econômico na, 296-299, 297f, 298f
  demolição naval na, 319
  economia externa na, 154

industrialização por substituição de importações na, 291
produção *per capita* da, 707t
produtividade e salários na, 38
Indiferença, curvas de, 126-127, 127f
Indonésia
  ascensão econômica da, 726
  crise financeira asiática e, 730, 731
  produção *per capita* da, 707t
Indústria nascente, argumento da, 164, 288-290
  justificativas de falha de mercado e, 289-290
  problemas com, 289
Industrialização por substituição de importações, 288-294
  abandono mexicano da, 292
  argumento da indústria nascente e, 288-290
  problemas da, 293-294, 293t
Industrializados avançados, países. *Ver* Países desenvolvidos
Inflação
  argentina, 722, 723
  brasileira, 723
  custos da, 565
  definição de, 411
  em curso, paridade de juros e PPC e, 432-433
  importada, 591-592, 592f
  mundial, fim de Bretton Woods e, 590-591
  na zona do euro, 689-690
  nos países em desenvolvimento, 710
  rigidez de preços de curto prazo *vs.* flexibilidade de preços de longo prazo e, 411-413, 412f
  taxa de câmbio e conta corrente e, 493-494
  taxas de câmbio e, 411-415
  taxas de câmbio flutuantes e, 598-601, 598t, 600f
Inflação, viés de, 485
Influxos de capital, aumento da, para evitar crises financeiras, 736
ING Group, ativos do, 689t
Inshoring, 208
Instabilidade cambial, linhas de *swap* do banco central e, 648-650
Instabilidade financeira, salvaguardas de governo contra, 638-640, 640f
Instituições financeiras, em países em desenvolvimento, 710
Instrumentais, variáveis (instrumentos), 744
Integração econômica
  custos do comércio e decisões de exportação e, 192-194, 192f
  diferenças de desempenho entre produtores e, 188-190, 189f
  tamanho do mercado e, 190-192, 191f
Intel, 198, 307
Intelectual, propriedade, 344
Intensidade dos fatores, 87
Interbancária, negociação, 360
Interbancários, empréstimos, 647
Internacionais, ativos. *Ver* Ativos internacionais
Internacionais, reservas. *Ver* Reservas internacionais
Internacionais, sistemas monetários, 563
  durante 1918-1939, 578-581
  metas de política em economias abertas e, 564-572
  opções de equilíbrio interno e externo e, 585-589, 585f

problema do equilíbrio externo americano e, 589-593
sistema de Bretton Woods e, 581-585, 589-593
sob o padrão-ouro, 573-578
taxas de câmbio e. *Ver* Câmbio, taxas de; Câmbio, mercado de
Internacional, comércio. *Ver* Comércio
Internacional, moeda. *Ver* Moeda
Internalização, motivo de, 204
International Ladies' Garment Worker's Union (Sindicato Internacional dos Trabalhadores do Vestuário Feminino), 263
Interno, equilíbrio interno
  como meta da política macroeconômica, 565
  definição de, 564
  manutenção do, 586
  opções políticas para alcançar o, 585-589, 585f
  sob o padrão-ouro, 573, 576-577
  trilema monetário e, 572-573, 573f
Internos, preços, 138
Inter-regional, comércio, 164-166, 164t
Intertemporal, comércio, 141, 332
  empréstimos para países em desenvolvimento e, 715
  extensão do, 653-655, 654f
  fronteira de possibilidade de produção intertemporal e, 141-142, 142f
  ganhos de, 629
  taxa de juros real e, 142-143, 143f
  vantagem comparativa e, 143-144
Intertemporal, fronteira de possibilidade de produção, 141-142, 142f
Intertemporal, restrição orçamentária, 567, 568-571
Intervenção cambial
  esterilizada, 522, 523t
  oferta de moeda e, 521-522
Intervenção cambial oficial, 345
Intraeuropeu, comércio, extensão do, 685-686
Intraindústria, comércio, 184-185, 185t, 683
Investimento
  estrangeiro. *Ver* Investimento estrangeiro direto
  na contabilidade da renda nacional, 329-330
  posição de investimento internacional dos EUA e, 346-347, 347t-349t, 350, 350f
Investimento, bancos de, no mercado internacional de capitais, 633
Investimento estrangeiro direto (IED), 197-210
  brownfield, 197
  decisões de abastecimento no estrangeiro e, 202-204, 204f
  greenfield, 197
  horizontal, 198, 201-202
  padrões de fluxo de, 199-201, 200f
  para países em desenvolvimento, 719
  terceirização e, 203-209
  vertical, 198, 199f
Investimento externo líquido, 334
iPhone, fabricação do, 205-206
Irlanda
  boom imobiliário na, 689, 690
  comércio dos EUA com, 13
  inflação na, 689
  PIB da, 343-344
Irwin, Douglas, 36
Isard, Peter, 436n
Isovalor, linhas de, 125

784 Índice

Itália
  crise do euro e, 695
  inflação na, 590t, 689
  produção *per capita* da, 707t
Itskhoki, Oleg, 659n
Ivashina, Victoria, 383n

J

J, curva, 492-493, 493f
J.P Morgan Chase, 647
Janssens, Marc, 438n
Japão
  carry trade e, 379-381, 380f
  crise econômica no, 603
  crise financeira asiática e, 731
  desemprego nos, 598t
  eficiência tecnológica do, 111t
  inflação na, 598t
  PIB *per capita* no, 288t
  PIB *per capita* real no, 598t
  política de comércio e, 308-309
  produção *per capita* do, 707t
  proteção ao comércio agrícola no, 262-263
  RVE sobre exportações de automóveis para os Estados Unidos e, 238
  tarifas sobre importações de caminhões do, 231
  taxas de juros no, 498, 500
  taxas de salário no, 108t
Jaravel, Xavier, 129n, 228n
Jeanne, Olivier, 743
Jefferson, Thomas, 36
Jensen, J. Bradford, 192n, 194n, 203n
Johnson, Lyndon B., 231
Johnson, Robert C., 206n
Johnson, Simon, 744-745
Jones, Ronald W., 52
Juros, taxas de
  abordagem monetária à taxa de câmbio e, 431
  demanda agregada por moeda e, 395. 397f
  diferenças internacionais em, taxa de câmbio real e, 454-455
  equilíbrio, interação entre oferta e demanda de moeda e, 397-401
  limite inferior efetivo e, 498
  limite inferior zero das, 498
  moeda e taxa de câmbio ligados a, 401-404, 402f, 403f
  oferta de moeda e, 399-400, 400f
  produção e, 400, 401f
  taxas de câmbio e, 376-378, 377f, 378f

K

Kalemli-Ozcan, Sebnem, 741n
Kambourov, Gueorgui, 53n
Kamin, Steven, 646n
Kaminsky, Graciela L., 637n
Katz, Lawrence F., 102n, 686n
Kenen, Peter B., 684n
Kennedy, Craig, 650n
Kennedy, Patrick J., 228n, 229n
Kennedy, Paul, 37n
Kennedy, Rodada, 268
Keynes, John Maynard, 17, 545, 571n, 576
Khalil, Makram, 496n
Khandelwal, Amit K., 228n, 229n
Klein, Michael W., 421n
Klenow, Peter J., 413n
Knetter, Michael M., 436n, 439n
Koch, Cathérine, 656n
Kochin, Levis A., 580n

Koech, Janet, 415n
Kravis, Irving B., 445
Krueger, Alan, 316-317
Krueger, Anne O., 739n
Krugman, Paul R., 438n, 439n, 500n
Kuznets, curva ambiental de, 316-317, 317f

L

La Porta, Rafael, 745n
Laeven, Luc, 639n
Landry, Anthony, 436n
Laticínios, indústria de, proteção comercial e, 260
Lawrence, Robert Z., 67n, 101n
Leamer, Edward E., 110
Lee, Jaewoo, 549n
Lehman Brothers, 647, 649
Lei de Recuperação e Reinvestimento de 2009 (ARRA – *American Recovery and Re-Investment Act*), 240-241
Lei do preço único, 427-428
  evidências sobre, 440-443
  paridade do poder de compra e, 428-429
  preços rígidos e, 449-450
Leliaert, Hilda, 438n
Leontief, paradoxo de, 109-110, 109t
Leontief, Wassily, 109
Leste Asiático. *Ver também países específicos*
  crise financeira no, 730-731
  milagre econômico do, 726
  pontos fracos do, 728-730
Levich, Richard M., 383n
Levinson, Arik, 319n
Lewis, Karen, 658n
Lewis, Michael, 694n
LG, 197
Li, Nicholas, 436n, 443n
Liberalização do comércio, 268-269
  desde 1985, 294, 295f, 296
Limite inferior efetivo (ELB – *effective lower bound*), 498
Limite inferior zero (ZLB – *zero lower bound*), 498
Lindert, Peter H., 716n
Linhas de crédito, otimização de, para evitar crises financeiras, 736
Lipsey, Robert E., 445
Liquidez, 366
  demanda por moeda e, 395
  retorno e risco e, no mercado de câmbio, 370-371
Liquidez, armadilha da, 498-500, 500f
Livre comércio, acordos de, 6
  argumento em prol de, 251-254
  argumento político para, 253-254
  argumentos de bem-estar nacional contra, 254-258
  busca de renda e, 253
  economias de escala e, 252
  eficiência e, 251-252, 251f, 252t, 253
  inovação e, 252-253
  produtividade e, 253
LL, curva, 679-681, 681f
  GG, curva, combinado com, 681-682, 682f, 683f
LLR (prestamista de última instância), 638-639, 684
Localização, motivo de, 204
Londres, Inglaterra, como centro financeiro, 160, 165-166, 634
Longo prazo, 401
Lopez-de-Silanes, Florencio, 745n

Los Angeles, como centro da indústria cinematográfica, 165
Loungani, Prakash, 712n
Lucas, Robert E., Jr., 741
Lula da Silva, Luiz Inácio, 723
Lustig, Hanno, 658n
Luxemburgo, como centro de Eurodivisas, 634

M

M1, 393
M2, 393n
M3, 393n
Maastricht, Tratado de, 673-674, 688
  critérios de convergência do, 675-676
MacDougall, G. D. A., 45n
Macroeconomia, 324-325
Macroeconômica, política. *Ver também* Fiscal, política; Monetária, política
  conta corrente e, 490-492, 491f
  durante 1918-1939, 578-581
  mudança nas despesas, 587-588
  objetivos de, nas economias abertas, 564-572
  opções de equilíbrio interno e externo e, 585-589, 585f
  problema do equilíbrio externo americano e, 589-593
  problemas de coordenação com, 617
  problemas na formulação de, 485-486
  sistema de Bretton Woods e, 581-585, 589-593
  sob o padrão-ouro, 573-578
  taxas de câmbio e. *Ver* Câmbio, taxas de troca de despesas, 588
Macroprudencial, perspectiva, 651-652, 735
Madoff, Bernard, 569n
Magee, Christopher S., 261
Malásia
  ascensão econômica da, 726
  crise financeira asiática e, 730, 731
  produção de painéis solares na, 141
  produção *per capita* da, 707t
Malin, Benjamin A., 413n
Manovskii, Iourii, 53n
Mantegna, Guido, 7
Mão de obra. *Ver também* Emprego; Relativos, salários; Salários
  alocação de, no modelo de fatores específicos, 59
  demanda por, no modelo de fatores específicos, 57-59, 58f
  produto marginal da, 54-55, 55f, 57
Maquiladoras, 292, 311, 312
Máquinas de lavar roupa, caso *antidumping* contra fabricantes de, 197
Margem de lucro sobre custo marginal, 178
Marginal, custo, custo médio *vs.*, 173-174, 174f
Marion, Nancy, 549n
Maris, Roger, 33
Mark, Nelson C., 659n
Marshall, Alfred, 153-154, 156
Marshall-Lerner, condição de, 467n
Matrizes multinacionais, 197
Mayer, Thierry, 187n, 194n
Mazarei, Adnan, 740n
McConnell, Mitch, 73n
McCormick, Frank, 383n
McDonald's, 314
  convergência salarial dos trabalhadores do, 76f, 77

McGuire, Patrick, 650n
McIndoe-Calder, Tara, 415n
McKinnon, Ronald I., 615n
Meade, Ellen E., 676n
Mecanismo de Reestruturação da Dívida
  Soberana, 739
Mecanismo de Taxas de Câmbio (MTC), 518,
  665t, 670n
  revisado, 676
Mecanismo Europeu de Estabilidade (MEE),
  665t, 693
Mecanismo Único de Resolução (MUR), 696
Mecanismo Único de Supervisão (MUS),
  665t, 696
Mediano, eleitor, 259-260, 259f
MEE (Mecanismo Europeu de Estabilidade),
  665t, 693
Meese, Richard A., 658, 659n
Mehl, Arnaud, 362n, 550n
Meio ambiente
  globalização e, 316-320
  política de comércio e, 313
  tarifas de carbono e, 319-320
Meleshchuk, Sergii, 496n
Melhor tarifa, 254-255, 255f
Melitz, Marc J., 188n
Menos desenvolvidas, nações. *Ver* Países em
  desenvolvimento
Mercado Comum, 185, 278
Mercado internacional de capitais, 8-9
  definição de, 627
  estrutura do, 632-633
  fragilidade financeira e, 635-642
  ganhos de comércio e, 628-632
  métricas para desempenho de, 652-659
  regulação bancária e. *Ver* Regulação
    bancária
  sistema bancário internacional e, 632-635
  sistema bancário *offshore* e negociação de
    moeda *offshore* e, 633-634
  sistema bancário paralelo e, 635
Mercado monetário
  equalização dos preços dos fatores no, 398-
    399, 398f
  equilíbrio no, sob taxas de câmbio fixas,
    524-525
Mercados de capitais. *Ver também* Mercado
  internacional de capitais
  imperfeitos, 289, 290
Mercosul, como zona de livre comércio,
  278-279
Merrill Lynch, 647
Meta de inflação, apreciação da moeda e,
  419-421
México
  abandono da industrialização por
    substituição de importações, 292
  abundância de mão de obra do, 98
  comércio dos EUA com, 14, 14f
  crise da dívida da década de 1980 e, 721
  crise financeira no, 732
  distribuição de renda no, 102
  industrialização por substituição de
    importações no, 293t
  Nafta e. *Ver* Acordo de Livre Comércio
    Norte-Americano
  peças importadas do, 204
  PIB *per capita* no, 288t
  produção *per capita* do, 707t
  salários no, 108t, 311, 311t, 312
  USMCA e. *Ver* Acordo Estados
    Unidos-México-Canadá
México, Cidade do, poluição na, 319

Microeconomia, 324
Microsoft, 20, 344
Minier, Jenny, 319n
Miranda-Agrippino, Silvia, 737, 738
Mishkin, Frederic S., 393n, 521n, 645n, 651n
Miu, Jason, 650n
Mobilidade da mão de obra, 73-79, 74f
  causas e efeitos da, 74, 74f
  convergência salarial na União Europeia e,
    75-76, 76f
  na UE, 686-688, 687f, 687t
Mobilidade de capitais, trilema do regime da
  taxa de câmbio e, 734-735
Modelo padrão de comércio, 123-145
  determinação do preço relativo e, 129,
    130f, 131
  efeito de bem-estar das alterações nos
    termos de troca e, 128-129
  efeitos internacionais do crescimento e,
    133-137
  empréstimos internacionais e, 141-144
  fronteira de possibilidade de produção e
    crescimento e, 131, 132f, 133
  oferta relativa mundial e termos de troca e,
    133, 134f
  possibilidades de produção e oferta relativa
    e, 124-125, 125f, 126f
  preços relativos e demanda e, 125-128,
    127f, 128f
  subsídios à exportação no, 137-138, 139,
    140-141, 140f
  tarifas e, 137-138, 139, 139f, 140
  termos de troca e, 139-141
Mody, Ashoka, 696n
Moeda, 325, 392-393
  como meio de troca, 392
  como reserva de valor, 393
  como unidade de conta, 392-393
  definição de, 393
  neutralidade de longo prazo da, 408n
  no longo prazo, 407-408
  taxa de juros e taxa de câmbio ligadas a,
    401-404, 402f, 403f
Moedas
  apreciação de. *Ver* Apreciação de moedas
  conversíveis, 583-584
  de fatura, 496
  de reserva. *Ver* Reserva, moedas de
  depreciação de. *Ver* Depreciação de
    moedas
  desvalorização da, 529
  estrangeiras, demanda por, 364
  estrangeiras, empréstimos em, 719-721
  Lei da Conversibilidade argentina e,
    722-723
  manipulação cambial chinesa e, 611, 616,
    728
  taxas de câmbio e. *Ver* Câmbio, taxas de;
    Câmbio, mercado de
  valorização da, 610-611, 616, 728
  veículo, 362, 496
Monetária, abordagem, à taxa de câmbio,
  430-436
  efeito Fisher e, 433-436, 435f
  equação fundamental da, 430-432
  inflação em curso, paridade de juros e PPC
    e, 432-433
Monetária, política. *Ver também* Oferta de
  moeda
  autonomia da, 614, 615f
  correção monetária simétrica sob um
    padrão-ouro e, 544
  definição de, 481

mudanças permanentes na, 486-489, 487f,
  488f
mudanças temporárias na, 481, 482, 482f
não convencional, 500
para manter o pleno emprego, 483-484,
  484f, 485f
sob taxas de câmbio fixas, 527-528, 527f
taxas de câmbio flutuantes e, 593-594
Monopólio, 172-174, 172f
  custos médios e marginais e, 173-174
  puro, 172
  receita marginal e preço e, 172-173
Monopólio puro, 172
Monopolística, concorrência, 174-179
  comércio intraindústria e, 184-187, 185t
  custos do comércio e decisões de
    exportação e, 192-194, 192f
  dumping e, 194-197
  equilíbrio de mercado na, 176-179, 177f
  ganhos de mercado integrado e, 181, 182f,
    183-184, 183t
  pressupostos do modelo de, 175-176
  tamanho do mercado e comércio e, 179-
    180, 180f
Moore, Lei de, 308
Moral, risco, 640-641
Moratória, 689
  de países em desenvolvimento, 716-718
Moratória soberana, 689
Morgan Stanley, 647
Morton, Peter J., 716n
Móveis, fatores, 52
MTC. *Ver* Mecanismo de Taxas de Câmbio
Mudança nas despesas, política de, 587-588
Mudança tecnológica enviesada pela
  qualificação, desigualdade de renda e, 102-
  107, 103f, 104f
Mudança tecnológica, enviesada pela
  qualificação, desigualdade de renda e, 102-
  107, 103f, 104f
Mukhin, Dmitry, 659n
Multinacionais, 197-201, 199f
  consequências das, 209-210
  transferência de lucros por, 343-344
Multiplicador fiscal, 501-502
Multiplicador monetário, 521
Mundell, Robert A., 545n, 677n
MUR (Mecanismo Único de Resolução), 696
MUS (Mecanismo Único de Supervisão),
  665t, 686
Mussa, Michael, 443

N

Nação mais favorecida (NMF), *status* de, 275
Nacional disponível, renda, 328n
Nafta. *Ver* Acordo de Livre Comércio
  Norte-Americano
Nagel, Stefan, 381n
Não bancárias, instituições financeiras
  no mercado de câmbio, 360
  no mercado internacional de capitais, 633
  regulamentação de, 651
Não comercialização, perdas de, 36
Não comercializáveis, bens, paridade do
  poder de compra e, 439
Napoleônicas, Guerras, 36
Negociação de moeda *offshore*, 634
Negociação internacional, política comercial
  e, 264-273, 264f
  benefícios e custos da, 270-273
  história da, 266-268
  liberalização do comércio e, 268-269

786 Índice

reformas administrativas e, 269-270
vantagens da negociação e, 265-266, 265t
Neutralidade da moeda no longo prazo, 408n
Next Generation EU, 697
NIEs. *Ver* Economias recém-industrializadas
Nigéria, produção *per capita* da, 707t
Nike, 632-633
NMF (nação mais favorecida) *status*, 275
Noko, Joseph, 415n
Nominais, taxas de juros, taxas de juros reais *vs.*, 455
Nominal efetiva, taxa de câmbio, índices de, 599, 600f
Nominal, taxa de câmbio, 446
no equilíbrio de longo prazo, 451-454, 453t
Norte. *Ver* Desenvolvidos, países
North, Douglass C., 743n
Nova York, como centro financeiro, 160, 165, 166
Nova Zelândia
crise financeira asiática e, 731
restrição orçamentária da, 568-571
Nurske, Ragnar, 741-742

O

Obama, Barack, 78
Obstfeld, Maurice, 496n, 549n, 617n, 650n, 656n, 658n, 659n, 686n, 717n
Ocampo, José Antonio, 711, 712n
O'Connell, Paul G. J., 444n
Oferta
preços relativos e, 28-29
taxa de câmbio real de longo prazo e, 448-451, 451f
Oferta de moeda. *Ver também* Política monetária
abordagem monetária à taxa de câmbio e, 431
ajuste a aumento permanente na, 487-489, 488f
aumento permanente na, 486-487, 487f
balanço de pagamentos e, 522-523
balanço do banco central e, 519-521
definição de, 393
determinação da, 393-394
efeito de mudanças na, no longo prazo, 408-409
EUA, taxa de câmbio dólar/euro e, 404
europeia, taxa de câmbio dólar/euro e, 404-407, 405f, 406f
evidências empíricas sobre, 409, 410f, 411f
hiperinflação e, 413-415
interação com demanda por moeda, 397-401
intervenção cambial e, 521-522
mudanças permanentes na, taxa de câmbio e, 416-418, 417f, 418f
taxa de câmbio e, no curto prazo, 401-407
taxa de câmbio e, no longo prazo, 407-411
taxas de juros e, 399-400, 400f
Offshore, negociação de moeda, 634
Offshore, sistema bancário, 633-634
Offshoring, 207-208, 209f
Offshoring de serviços, 20, 21f
Ohlin, Bertil, 87
OIC (Organização Internacional de Comércio), 267, 581n
Oligopólio, 175
Olivier, Jeanne, 727n
Olson, Mancur, 260
OMAs (acordos de comercialização ordenada), 239

OMC. *Ver* Organização Mundial do Comércio
Omnibus Foreign Trade and Competitiveness Act of 1988 (Lei Abrangente de Comércio Internacional e Competitividade de 1988), 610
OMT (Transações Monetárias Diretas – *Outright Monetary Transactions*), 665t, 697
Opções cambiais, 364
Opções, no mercado de câmbio, 364
OPEP (Organização dos Países Exportadores de Petróleo), 598
Oportunidade, custo de, 25
fronteira de possibilidade de produção e, 28
taxa de juros e demanda de moeda e, 395
Organização dos Países Exportadores de Petróleo (OPEP), 598
Organização Internacional de Comércio (OIC), 267, 581n
Organização Mundial do Comércio (OMC), 6, 7-8, 267
comércio sob regras da, Brexit e, 669-670
GATT *vs.*, 269-270
independência nacional e, 314
procedimento de resolução de disputa da, 271
sobre RVEs, 239
teste de credibilidade da, 272-273
Organização para a Cooperação e o Desenvolvimento Econômico (OCDE), 270
Origem, regras de, 239-240
O'Rourke, Kevin, 669n
Osterberg, William P., 541n
Ostry, Jonathan D., 735n
Ottaviano, Gianmarco I. P., 194n, 670n
Outros regimes administrados, 519n

P

PAC (Política Agrícola Comum), 262, 667n
Packer, Frank, 383n
Pacto Automobilístico Norte-Americano, 185
Pacto de Estabilidade e Crescimento (PEC), 665t, 675
Padrão-ouro, 541, 543-546
benefícios e desvantagens do, 544-545
correção monetária simétrica sob, 544
equilíbrio externo sob, 573, 574-576, 577-578
equilíbrio interno sob, 573, 576-577
Grande Depressão e, 580-581
mecânica do, 543
origens do, 574
padrão bimetálico e, 545-546
padrão-ouro de câmbio e, 546
política macroeconômica internacional sob, 573-578
"regras do jogo" do, 575-576
retorno dos EUA ao, em 1919, 579
Padrão-ouro de câmbio, 546
Padrões de comércio, 5
economias externas e, 159-161, 161f
em mutação, 16-20
entre países desenvolvidos e em desenvolvimento, 112-114, 113f, 114f
preços relativos e, 98-99, 98f
Pagano, Marco, 672n
Painéis solares
produção de, na Malásia, 141
tarifas americanas sobre exportações chinesas de, 140-141
Países Baixos, comércio dos EUA com, 13

Países em desenvolvimento, 704-747. *Ver também países específicos*
características estruturais dos, 709-714, 713f
ciclos financeiros globais e, 737-738
comércio com países desenvolvidos, desigualdade de renda e, 100-102
corrupção em, 710, 713, 713f
crise da dívida da década de 1980 e, 721-722
crise financeira asiática e, 730-731
distância entre ricos e pobres e, 705-706, 706t
empréstimos em moedas estrangeiras e, 719-721
estreitamento da desigualdade de renda mundial e, 706-708, 707t
exportações dos, 19-20, 19t
exposição a choques dos termos de troca e pandemia da covid-19 e, 137
fluxos de capitais globais e distribuição de renda global e, 740-745
formas alternativas de influxo financeiro para, 718-719
importância para o crescimento global, 708, 709f
influxos financeiros para, 715-716, 715t, 718-719, 722-725
lições das crises nos, 731-733
milagre econômico do leste asiático e, 726
moratória de, 716-718
padrões de comércio com países desenvolvidos, 112-114, 113f, 114f
política de comércio nos, 287-300
pontos fracos asiáticos e, 728-730
reforma da "arquitetura" financeira e, 733-740
reformas e retorno da crise em, 722-725
reservas internacionais acumuladas por, 727-728
saídas de IED dos, 200
subsídios agrícolas e, 274
taxas de câmbio de, 518-519
Panagariya, Arvind, 299n
Papell, David H., 413n
Paquistão, industrialização por substituição de importações no, 293t
Parada súbita, 567
crise do euro e, 694
nos países em desenvolvimento, 717
Paraguai
Mercosul e, 279-280
produção *per capita* do, 707t
Paralelo, sistema bancário, 635
Parceria Transpacífica (TPP – *Trans-Pacific Partnership*), 279-280
Parcial, análise de equilíbrio, 30-33, 31f
Parcial, equilíbrio, 158n
Paridade coberta de juros (PCJ)
derivações da, 655-656
deterioração da, 649
taxas de câmbio a termo e, 382-385, 384f
Paridade de juros, condição de, 371-372
eficiência do mercado de câmbio e, 657-658
inflação em curso e PPC e, 432-433
real, 455-456
Paridade do poder de compra (PPC), 426, 428-446
absoluta e relativa, 429-430
barreiras comerciais e, 438-439
bens não comercializáveis e, 439
desvios da livre concorrência e, 439-440

Índice **787**

diferenças nos padrões de consumo e
  medição do nível de preços e, 440-443
inflação em curso e paridade de juros e,
  432-433
lei do preço único e, 428-429
modelo de taxa de câmbio de longo prazo
  baseado em, 430-436
no curto e longo prazo, 443-444
Partidas dobradas, contabilidade das,
  exemplos de, 338-339
Pass-through, 493-494, 496-497
Pass-through da taxa de câmbio, 493-494,
  496-497
PCJ. *Ver* Paridade coberta de juros
PEC (Pacto de Estabilidade e Crescimento),
  665t, 675
Pecado original, 719-721
Pedersen, Lasse H., 381n
Perda de estabilidade econômica, 679
Perda por distorção de consumo
  na contabilidade da renda nacional, 329
  padrões de, paridade do poder de compra e,
    440
  tarifas e, 226
Peri, Giovanni, 686n
Perot, Ross, 39
Peru, produção *per capita* do, 707t
Pessoa, João, 670n
Petrella, I., 137n
Petróleo, preços do, 598
PIB. *Ver* Produto interno bruto
Pierce, Justin, 73
PIL (produto interno líquido), 328
Pirâmide, esquemas de, 569n
Plaza, Acordo de, 601
Pleno emprego, equilíbrio interno e, 565
PNB. *Ver* Produto nacional bruto
Pneus, indústria de, tarifa *antidumping* e, 197
Pobre, argumento da mão de obra, 39
Política Agrícola Comum (PAC), 262, 667n
Política de comércio, 216-242. *Ver também*
  Exportação, subsídios à; Tarifas
  ativista, argumentos para uma, 302-309
  barreiras burocráticas como, 241
  choques comerciais e, 320-321
  compras nacionais como, 241
  concorrência imperfeita e, 305-309
  controvérsias sobre, 301-322
  crescimento econômico asiático e, 296-
    299, 297f, 298f
  economia política do. *Ver* Economia
    política
  efeitos da, 241-242, 241t
  estratégica, 301
  globalização e o meio ambiente e, 316-320
  industrialização por substituição de
    importações e, 288-294, 293t
  liberalização do comércio desde 1985 e,
    294, 295f, 296
  movimento antiglobalização e, 310
  normas trabalhistas e negociações
    comerciais e, 312-313
  nos países em desenvolvimento, 287-300
  OMC e independência nacional e, 314
  questões ambientais e culturais e, 313-314
  quotas de importação e, 233-238
  salários e, 310-312, 311t
  subsídios à exportação como, 241
Político, argumento, para o livre comércio,
  253-254
Polônia
  crise da dívida da década de 1980 e, 721
  taxas de salário na, 108t

Poluição. *Ver* Meio ambiente
"Ponto com", crise das, 604
Ponzi, Charles, 569n
Portes, Richard, 362n
Portugal
  concorrência com a China, 688
  empréstimos de, 689, 690f
  inflação em, 689
  taxas de salário em, 108t
Posição de investimento internacional líquido
  (IIP – net international investment position),
  333, 333f
Possibilidades de produção
  expansão enviesada das, 96
  oferta relativa e, no modelo padrão de
    comércio, 124-125, 125f, 126f
Postrel, Virginia, 188n
Poupança, 325
  conta corrente e, 334
  do governo, 335
  em países asiáticos, 730
  nacional, 334
  privada, 335
Poupança do governo, 335
Poupança nacional, 334
PPC. *Ver* Paridade do poder de compra
PPC relativa, 429-430
Prasad, Eswar S., 736n, 743n
Prebisch, Raúl, 712
Prebisch-Singer, hipótese de, 712, 714
Precificação a mercado, 439-440
Preço, níveis de, 325
  demanda agregada por moeda e, 396
  equilíbrio interno e, 565
  evidências empíricas sobre, 409, 410f, 411f
  inflação e, 411-413, 412f
  medição dos, paridade do poder de compra
    e, 440
  no longo prazo, 407-408
  nos países mais pobres, 444-446
Preço-fluxo-espécie, mecanismo, 574-575
Preços
  de *commodities*, aumento dos, 711-712
  de exportações e importações, cadeias de
    valor globais e efeitos da taxa de câmbio
    nos, 494-496, 495f
  do petróleo, 598
  economias externas e, 158-159, 158f, 159f
  externos, 138
  internos, 138
  lei do preço único e, 427-428
  nacionais e estrangeiros, taxas de câmbio
    e, 356-359, 357t
  produção e, no modelo de Heckscher-
    Ohlin, 88-91, 91f-93f
  receita marginal e, 172-173
  relativos. *Ver* Relativos, preços
  rígidos, lei do preço único e, 449-450
Preços de bens, no modelo de Heckscher-
  Ohlin, 93-96, 94f, 95f
Preços de *commodities*, aumento dos, 711-712
Preços dos fatores
  equalização dos, 107-108, 108t
  no modelo de Heckscher-Ohlin, 93-96, 94f,
    95f
Prêmio a termo (desconto a termo), 383
Prestamista de última instância (LLR), 638-
  639, 684
Primários, pagamentos de rendimentos, 328n,
  340
Privada, poupança, 335
Privatização, nos países em desenvolvimento,
  719

Processo político, modelagem do, 262
Produção
  abordagem monetária à taxa de câmbio e,
    431
  capital-intensiva, 93
  custo médio de, 157
  determinação no curto prazo, 470, 471f
  economias externas e, 158-159, 158f, 159f
  equilíbrio de mercado de ativos e, 476-478,
    477f
  equilíbrio de mercado de produção e,
    471-476
  no modelo de Heckscher-Ohlin, 96-97, 97f
  preços e, no modelo de Heckscher-Ohlin,
    88-91, 91f-93f
  taxas de juros e, 400, 401f
  trabalho-intensiva, 93
Produção, função de, 53-54
Produtividade
  do Leste Asiático, fraqueza da, 728-729
  livre comércio e, 253
  salários e, 38-39
Produtividade da mão de obra
  como fator móvel, 52
  modelo ricardiano e. *Ver* Comparativa,
    vantagem; Ricardiano, modelo
Produto interno bruto (PIB), 329
  comércio internacional e, 11-13, 12f, 14-15,
    14f, 15t
  da Irlanda, 343-344
  contabilidade da renda nacional e, 329
  per capita, diferenças em, 287, 288t
  importações e exportações como
    porcentagem do, 1, 2, 2f, 3f
  comércio e, 11-13, 12f
Produto interno líquido (PIL), 328
Produto marginal de mão de obra, 54-55,
  55f, 57
Produto nacional bruto (PNB), 326
  depreciação de capital e, 328
  renda nacional e, 327-328
  transferências internacionais e, 328
Produtor, excedente do, 223-224, 224f
Programa de Compras de Emergência
  Pandêmica (PEPP – Pandemic Emergency
  Purchase Program), 665t, 697
Proporções dos fatores, teoria das. *Ver*
  Heckscher-Ohlin, modelo de; Heckscher-
  Ohlin, modelo de, em uma economia de dois
  fatores
Proteção comercial. *Ver* Protecionismo
Protecionismo, 51
  antidumping como, 195-197
  política do, 68-69
  promoção da indústria por. *Ver*
    Industrialização por substituição de
    importações
  tarifas e. *Ver* Tarifas
Proximidade-concentração, *trade-off*, 201

Q

Quênia, produção *per capita* do, 707t
Quotas de importação, 233-238
  efeitos das, 241t
Qureshi, Mahvash S., 735n

R

Rajan, Raghuram G., 721n, 743n
Rao, Yao, 712n
Reagan, Ronald, 599, 601
Real, apreciação, 448
Real, depreciação, 447-448

788 Índice

Real efetiva, índice de taxa de câmbio, 599, 600f
Real, renda, demanda agregada e, 469, 469f
Real, taxa de câmbio, 446-448
  conta corrente e, 467-468
  de longo prazo, oferta e procura e, 448-451, 451f
  demanda agregada e, 468-469
  diferenças internacionais das taxas de juros e, 454-455
  no equilíbrio de longo prazo, 451-454, 453t
Real, taxa de juros
  comércio intertemporal e, 142-143, 143f
  condição de paridade de juros real e, 455-456
  taxa de juros nominal *vs.*, 455
Real, taxa, de retorno, 365-366
Rebelo, Sérgio, 502
Receita marginal
  para monopolistas, 172
  preço e, 172-173
Recursos, no modelo de Heckscher-Ohlin, 96-97, 97f
Redding, Stephen J., 194n, 203n, 228n
Reestruturação, de bancos, 639
Reforma monetária, 408
Reformas, medidas de
  crises financeiras e, 732-733
  latino-americanas, 722-725
  nova "arquitetura" financeira e, 733-740
Refúgios da poluição, 318-319
Regime da taxa de câmbio, trilema do, 734-735
Regulação bancária
  do sistema bancário do Leste Asiático, pontos fracos da, 729
  internacional. *Ver* Regulação bancária internacional
Regulação bancária internacional, 642-652
  após a crise financeira global, 650-652
  cooperação internacional em 2007 e, 644-645
  crise financeira global de 2007-2009 e, 645-648
  instabilidade cambial e linhas de *swap* do banco central e, 648-650
  trilema financeiro e, 642-644
Regulatória, arbitragem, 643
Reinhart, Carmen M., 637n, 716n, 735n, 737n, 741n
Reinhart, Vincent, 737n
Reino Unido. *Ver também* Grã-Bretanha
  economia externa no, 154
  padrão de exportações do, 113-114, 113f
  produção *per capita* do, 707t
  produtos manufaturados no comércio do, 19, 19t
  taxas de salário no, 108t
Reis, Ricardo, 650n
Relativa, curva de demanda, 31, 31f
Relativa, curva de oferta, 31, 31f
Relativa, oferta
  mundial, termos de troca e, 133, 134f
  possibilidades de produção e, no modelo padrão de comércio, 124-125, 125f, 126f
Relativos, preços
  após comércio, determinação dos, 30-33, 31f, 34f
  demanda e, no modelo padrão de comércio, 125-128, 127f, 128f
  determinação de, 129, 130f, 131
  distribuição de renda e, 61-63

no modelo de fatores específicos, 59, 60-63, 60f-62f
  oferta e, 28-29
  padrões de comércio e, 98-99, 98f
  taxas de câmbio e, 358-359, 359t
Relativos, salários
  determinação de, no modelo multimercadorias, 42-44, 43f
  modelo ricardiano e, 35-36
  vantagem comparativa e, 40-44, 41t, 43f
Renda
  disponível. *Ver* Disponível, renda
  nacional, PNB e, 327-328
  primária, 340
  real, demanda agregada e, 469, 469f
  secundária, 340-341
Renda, busca de, 253
Renda, efeito de, 127
Renda média inferior, economias de, 705, 707t
Renda média superior, economias de, 705, 706, 706t
Renda nacional bruta (RNB), 328
Renda nacional, PNB e, 327-328
Renda nacional real (PNB real), demanda agregada por moeda e, 396, 397f
Rendas de contingenciamento, 234
Requisitos de capitais, para bancos, 638
Requisitos de conteúdo local, 239-240
Requisitos de mão de obra unitária, 26
Reserva, moedas de, 541-543
  mecânica das, 542
  posição assimétrica do centro de reserva e, 542-543
Reservas internacionais
  acúmulo, por países em desenvolvimento, 727-728
  demanda por, 546-550, 548f, 550f
Reservas internacionais oficiais, 345
Resgates, de bancos, 639
Restrição orçamentária, 65, 66f
  intertemporal, 567, 568-571
Restrições à importação de açúcar nos EUA, 68-69
Restrições de ativos, para bancos, 638
Restrições voluntárias de exportação (RVEs), 238-239
  efeitos das, 241t
Retorno, taxa de, 365-366
Rey, Hélène, 362n, 738
Ricardiano, modelo, 24-48, 51, 123
  bens não comercializáveis no, 45
  custos de transporte no, 44-45
  definição de, 26
  evidências empíricas sobre, 45-47, 46f, 47t
  fronteira de possibilidade de produção e, 27-28, 27f
  ganhos de comércio no, 34-35
  oferta e preços relativos no, 28-29, 30-33, 31f, 34f
  salários relativos e, 35-36
  vantagem comparativa e. *Ver* Comparativa, vantagem
Ricardo, David, 2, 5, 21, 26, 428, 444n
Rígidos, preços, lei do preço único e, 449-450
Riqueza das Nações (Smith), 1, 706
Risco, 366
  demanda por moeda e, 395
  retorno e liquidez e, no mercado de câmbio, 370-371
Risco, prêmios de, 538
  eficiência do mercado de câmbio e, 658
RNB (renda nacional bruta), 328

Robinson, James, 744-745
Rockoff, Hugh, 578n
Rodadas de negociação, 267-268
Rodrik, Dani, 299n, 735, 745n
Rogers, John, 686
Rogoff, Kenneth, 617n, 658, 659n, 672n, 716n, 741n
Roma, Tratado de, 666
Romalis, John, 112-113
Romer, Christina D., 576n, 581n
Romer, David, 419n
Rose, Andrew K., 444n, 685
Rossi-Hansberg, Esteban, 207n
Russ, Kadee, 73
Rússia, moratória da, 603-604, 716
Ruth, Babe, 33
RVEs. *Ver* Restrições voluntárias de exportação
Ryan, Paul, 73n
Rybczynski, efeito, 96n
Rybczynski, T. M., 96n

S

Sachs, Jeffrey D., 101n, 610n, 745n
Saez, Emmanuel, 344n
Sager, Erick, 129n
Salários
  convergência de, na União Europeia, 75-76, 76f
  diferenças em, entre países, 107-108, 108t
  no modelo de fatores específicos, 57-61, 58f, 59f
  política de comércio e, 310-312, 311t
  produtividade e, 38-39
  relativos. *Ver* Relativos, salários
Saldo da conta financeira, 337
  balanço de pagamentos e, 342
Saldo de conta corrente (conta corrente), 331-333, 333f
  ajuste do fluxo de comércio gradual e, 492-497
  balanço de pagamentos e, 340-341, 341t
  crises e fluxos de capitais especulativos e, 584-585
  déficits no, 332, 567, 691, 718-719
  determinantes do, 466, 468t
  efeitos da taxa de câmbio real no, 467-468
  efeitos de variações na renda disponível no, 468, 468t
  equilíbrio externo e, 566-572, 573, 574-576, 577-578
  política macroeconômica e, 490-492, 491f
  poupança e, 334
  superávits no, 567, 571, 574, 691
Salop, Stephen, 175n
Sampson, Thomas, 670n
Samsung, 197, 206
Samuelson, Paul, 24, 52, 66n, 96n, 444
Sarno, Lucio, 540n
Saxenian, Annalee, 156n
Scahill, Edward, 33n
Scharfstein, David S., 383n
Schnabl, Philipp, 646n
Schoenmaker, Dirk, 643
Schott, Peter K., 114n, 192n, 194n, 203n
SEBC (Sistema Europeu de Bancos Centrais), 665t, 676
Secundários, pagamentos de rendimentos, 328n, 340-341
Securitização, 645
Segurança Interna, Departamento de, 241

Índice   **789**

Seguro de depósito, 638, 641
  ausência no sistema bancário internacional, 642
Semicondutores, indústria de, política de comércio e, 308-309
Senegal, produção *per capita* do, 707t
Senhoriagem, 710
Sercu, Piet, 653n
Sérvia, inflação na, 565
Serviços, 340
Shambaugh, Jay C., 549n, 650n
Shatz, Howard, 101n
Shin, Hyun Song, 656n
Shleifer, Andrei, 745n
Silgoner, Maria Antionette, 686n
Simetria, taxas de câmbio flutuantes e, 595, 614-615
Singapura
  ascensão econômica de, 726
  crise financeira asiática e, 731
  educação em, 730
  produção *per capita* de, 707t, 708
Singer, Hans, 712
Sistema Europeu de Bancos Centrais (SEBC), 665t, 676
Sistema Monetário Europeu (SME), 665t, 670-671
  teoria da credibilidade do, 671-673, 672f
Slaughter, Matthew J., 67n, 101n
SME. *Ver* Sistema Monetário Europeu
Smets, Frank, 686n
Smith, Adam, 1, 706
Smoot-Hawley, Lei, 266
SNB. *Ver* Banco Nacional Suíço.
Sokoloff, Kenneth D., 744n
Solnik, Bruno, 653
Soviético, bloco, crise da dívida da década de 1980 e, 721, 722
Spangler Inc., 237
Spencer, Barbara, 305
Spot, taxas de câmbio, 362-363, 363f
Stein, Jeremy C., 383n
Stiglitz, Joseph E., 735
Stolper, Wolfgang, 96n
Stolper-Samuelson, efeito de, 96n
Subaru, 231n
Subramanian, Arvind, 299n, 743n, 745n
Subscrição, 632
Subsídios
  à exportação. *Ver* Exportação, subsídios à
  agrícolas, efeito no Terceiro Mundo, 274
Subsídios de crédito à exportação, 241
Substituição, efeito de, 127
Substitutibilidade imperfeita de ativos, 537
  efeitos de intervenção esterilizada com, 539-540, 539f
  equilíbrio do mercado de câmbio sob, 538-539
Substitutibilidade perfeita de ativos, 535, 537-538
Sudão do Sul, corrupção no, 713n
Suécia
  crise financeira na, 732
  produção *per capita* da, 707t
Sugar Reform Act of 2013 (Lei agrícola de 2013), 237n
Suíça, taxas de salário na, 108t
Suja, flutuação, 518
Sul. *Ver* Países em desenvolvimento
Superávit, em conta corrente, 332, 567, 571, 574, 691
Sveikauskas, Leo, 110
Svensson, Lars E. O., 617n

Swaps cambiais, 364
Swaps cambiais, 364
Swaps de crédito (CDSs – *credit default swaps*), 647

T

Tailândia
  ascensão econômica da, 726
  crise financeira asiática e, 730-731
  crise financeira na, 733
  eficiência tecnológica da, 111t
  produção *per capita* da, 707t
Taiwan
  ascensão econômica de, 726
  produção *per capita* de, 707t
Tamanho do mercado
  comércio internacional e, 190-192, 191f
  concorrência monopolística e, 179-180, 180f
Tanzi, Vito, 713n
Tarifas, 216-231
  ad valorem, 216
  americanas durante 1891-2010, 264, 264f
  custos e benefícios das, 222-231
  demanda relativa e efeitos na oferta de, 138, 139f
  disputa comercial entre EUA e Europa sobre companhias aéreas e, 233, 233
  efeitos das, 219-220, 220f, 241t
  específicas, 216
  excedente do consumidor e, 222-223, 223f
  excedente do produtor e, 223-224, 224f
  medindo a quantidade de proteção das, 220-222
  medindo os custos e benefícios das, 224-226, 225f, 226f
  melhor, 254
  negociações internacionais e. *Ver* Negociação internacional, política comercial e
  no modelo padrão de comércio, 137-138, 139, 139f, 140
  oferta, demanda e comércio de indústria única e, 217-219, 218f, 219f
  persistência das, 231
  sob Trump, 73, 227-230, 227f, 228f, 230f
  sobre aço, 272-273
  sobre máquinas de lavar roupa, 197
  termos de troca e, 139-140, 254-255, 255f
taxa de juros de equilíbrio, interação entre oferta e demanda de moeda e, 397-401
Taylor, Alan M., 438n, 549n, 650n
Taylor, Mark P., 438n, 540n
Tecnologia, política comercial e, 302-303, 304f, 305
Temin, Peter, 580n
Teoria do segundo melhor, 257
Tepper, Alexander, 384, 656n
Terceirização, 204-209
  consequências da, 209-210
Terceirização de serviços. *Ver* Comércio
Terceirização estrangeira. *Ver* Terceirização
Terceirização no estrangeiro, 202-204, 204f
Terceiro Mundo. *Ver* Países em desenvolvimento
Termo, taxa de câmbio a, 362-363, 363f
  paridade coberta de juros e, 382-385, 384f
Termos de troca, 124
  efeitos de bem-estar de mudanças nos, 128-129
  oferta relativa mundial e, 133, 134f

subsídios à exportação e, 139-141, 140f
  tarifas e, 139-140
Termos de troca, argumento dos, para uma tarifa aduaneira, 254-255, 255f
Texas Instruments, 160
Têxtil, indústria
  AMF e, 269
  em Bangladesh, 315
  proteção comercial para, 263, 263t
Thaler, Richard H., 540n
Tintelnot, Felix, 197n, 203
Títulos, financiamento de, por países em desenvolvimento, 718
Tobin, James, 630
Tokatlidis, Ioannis, 721n
Tóquio, Rodada, 268
Tower, Edward, 677n
Toyota, 198, 632-633
TPP (Parceria Transpacífica), 279-280
Trabalhistas, normas, negociações comerciais e, 312-313
Trabalho-intensivo, produção, 93
Trade-offs. Ver Oportunidade, custo de
Transações Monetárias Diretas (OMT – *Outright Monetary Transactions*), 665t, 697
Transbordamentos de conhecimento, 154, 156-157
Transferências internacionais, PNB e, 328
Transparência, aumento da, para evitar crises financeiras, 735-736
Transporte, custos de, no modelo ricardiano, 44-45
Tratado de Estabilidade Fiscal, 696
Trebbi, Francesco, 745n
Trebesch, Christoph, 737n
Trefler, Daniel, 110, 188
Tribunal de Comércio Internacional dos EUA, 231
Triffin, Robert, 589
Trilema
  do regime de taxa de câmbio, 734-735
  financeiro, 642-644, 684
  monetário, 572-573, 573f
Trilema financeiro, 684
  sistema bancário internacional e, 642-644
Trilema monetário, 572-573, 573f
TRIPS (Acordo sobre Aspectos dos Direitos de Propriedade Intelectual Relacionados ao Comércio), 270
Troca de despesas, política de, 588
Troika, 693
Truman, Edwin M., 420n
Trump, Donald
  consequências econômicas globais da presidência de, 608
  guerra comercial sob, 71n, 72-73, 227-230, 227f, 228f, 230f, 250
  sobre Nafta, 187n
Tsiakas, Ilias, 659n
Turquia
  inflação na, 413
  taxas de salário na, 108t

U

U.S. Farm Bill (Lei Agrícola dos EUA), 237n
U.S. Farm Bill (Lei Agrícola dos EUA), 68
UE. *Ver* União Europeia
UEM. *Ver* União econômica e monetária; União Monetária Europeia
Ultrapassagem da taxa de câmbio (*overshooting*), 417-418

790 Índice

União Econômica e Monetária (UEM), 673-674
União Europeia (UE), 185, 665t
  como união aduaneira, 276
  convergência salarial na, 75-76, 76f
  disputa comercial sobre companhias aéreas e, 233
  mobilidade da mão de obra na, 686-688, 687f, 687t
  origens da, 666-667
  resposta à pandemia da covid-19, 697
  saída britânica da, 6, 278, 667-670
União Monetária Europeia (UEM), 664, 665t
  futuro da, 698
União Soviética, fim da, 603
UniCredit, ativos do, 689t
Unidade Monetária Europeia (ECU – *European Currency Unit*), 667n
Unilaterais, transferências, 328
Uniões cambiais, 518
Uruguai, Rodada, 6, 268, 270-272
  crise financeira no, 732
  Mercosul e, 279-280
USMCA. *Ver* Acordo Estados Unidos-México-Canadá

V

Valdimarsson, Omar R., 443n
Vale do Silício
  economia externa no, 154-155, 156-157, 160
  indústria de mercadorias comercializáveis no, 165

Valencia, Fabián, 639n
Vallée, Shahin, 696n
Valor, efeito de, de mudanças na taxa de câmbio real, 467
Valor globais, cadeias de, efeitos da taxa de câmbio nos preços das exportações e importações e, 494-496, 495f
Van Reenen, John, 670n
Vanpée, Rosanne, 653n
Vashaw, Kirk, 237
Veículo, moeda, 362
  dólar como, 496
Venda, opções de (*put*), 364
Venezuela
  inflação na, 409, 411f
  padrões sobre poluição de ar dos EUA e, 271
  produção *per capita* da, 707t
Verdelhan, Adrien, 384, 656n, 658n
Vertical, IED, 198, 199f
Vinculação, 267
Viner, Jacob, 444n
Volatilidade excessiva, testes para, 658-659
Volcker, Paul A., 599
Volkswagen, 187, 231
Volosovych, Vadym, 741n
Volume, efeito de, de mudanças na taxa de câmbio real, 467
Von Peter, Götz, 650n

W

Wachovia, 647
Waldman, Daniel, 421
Walters, Alan, 690n

Ward, Geoffrey C., 33
Washington Mutual Bank, 647
Weinstein, David E., 111, 185, 228n
Wells Fargo Bank, 647
Werner, Pierre, 667n
Werner, Relatório, 667n
Werning, Ivan, 684n
Wessel, David, 648n
Whirlpool, 197
Whitaker, Erin M., 337n
Willett, Thomas D., 677n
Wolfe, Tom, 156n
Wood, Adrian, 101n
Woodford, Michael, 419n
Wright, Greg C., 207n
Wynne, Mark A., 413n

Y

Yuskavage, Robert E., 337n

Z

Zhou, Haonan, 656n
Zimbábue
  inflação no, 413-415, 565
  produção *per capita* do, 707t
ZLB (limite inferior zero), 498
Zonas de livre comércio, 275, 276
  Mercosul como, 278-279
  Nafta como, 276
  uniões aduaneiras *vs.*, 277
  USMCA como, 276, 277
Zucman, Gabriel, 344n